HAUPTSTADT

Zentren, Residenzen, Metropolen in der deutschen Geschichte

Herausgegeben im Auftrag
des Oberstadtdirektors der Stadt Bonn
von Bodo-Michael Baumunk
und Gerhard Brunn

Zentren, HAUPTSTADT Residenzen, Metropolen in der deutschen Geschichte

DuMont Buchverlag Köln

Die Ausstellung ist der Beitrag des Bundes zur
2000-Jahrfeier der Stadt Bonn 1989

Ausstellungsort:
Kunsthalle am August-Macke-Platz, Bonn
19. Mai–20. August 1989

Veranstalter:
Stadt Bonn

Konzeption und Ausstellungsleitung:
Bodo-Michael Baumunk

Wissenschaftliche Betreuung:
Prof. Dr. Gerhard Brunn

Katalogredaktion:
Hans Wilderotter

Redaktion: Karin Thomas
Lektorat: Oliver Waffender
Grafische Gestaltung: Winfried Konnertz
Umschlaggestaltung: Studio Laeis, Köln
Produktion: Peter Dreesen

CIP-Titelaufnahme der Deutschen Bibliothek
Hauptstadt: Zentren, Residenzen, Metropolen in der deutschen Geschichte; [eine Ausstellung in Bonn, Kunsthalle am August-Macke-Platz , 19. Mai bis 20. August 1989] / hrsg. im Auftr. d. Oberstadtdirektors d. Stadt Bonn von Bodo-Michael Baumunk u. Gerhard Brunn. – Köln: DuMont, 1989
Ausstellungskatalog
ISBN 3-7701-2364-6
NE: Baumunk, Bodo M. [Hrsg.]

Reproduktion: Litho Köcher, Köln
Satz und Druck: Rasch, Bramsche
Buchbinderische Verarbeitung: Boss-Druck, Kleve

Printed in Germany ISBN 3-7701-2364-6

Mitarbeiter der Ausstellung

Wissenschaftliche Mitarbeit:
Dr. Ursula von den Driesch, Susanne Falk, Hans-Werner Frohn, Elisabeth Knauf, Günter Morsch, Andrea Theissen, Dr. Jan Thorn-Prikker, Hans Wilderotter

Mitarbeit am Katalog:
Sonja Eisenbeiß, Elisabeth Fendl, Dr. Pia Heckes, Prof. Lore Kramer, Ulrich Kunert, Dr. Hubert Mücke, Dr. Peter Parenzan, Dr. Matthias Puhle, Dr. Alfred Sammer

Wissenschaftliche Beratung:
Prof. Dr. Karl Otmar von Aretin
Prof. Dr. Klaus Fehn
Dr. Dietrich Höroldt
Prof. Dr. Rudolf Schieffer

Bildredaktion:
Susanne Falk, Elisabeth Knauf

Ausstellungsarchitektur:
Prof. Peter Kulka

Mitarbeit an der Ausstellungsarchitektur:
Klaus Radau, Reinhard Scheithauer, Henryk Urbanietz

Lichtdesign und Vitrinen:
Jürg Steiner, Hasso von Elm

Bauleitung:
Büro Steiner, Hasso von Elm

Restauratoren:
Christiane Altmann, Stephan Böhmer, Brigitte Dreyspring

Leihverkehr:
Susanne Falk

Verwaltung:
Doris Herzog

Sekretariat:
Birgit Rüb, Britt-Marie Dunn

Plakat, Prospekt, Ausstellungsgrafik:
Studio Laeis (Köln)

Fotoarbeiten:
Fotostudio Wolfgang Morell (Bonn)

Transporte:
Internationale Kunstspedition Hasenkamp

Versicherungen:
Provinzial Feuerversicherungsanstalt der Rheinprovinz

An der Konzeption der Ausstellung, der Suche nach den Objekten und ihrer Beschreibung im Katalog (sofern nicht namentlich gekennzeichnet) haben mitgewirkt:

Susanne Falk (Abt. 2: ›Jahrtausend-Ausstellung Aachen 1925‹, Abt. 13), Andrea Theissen (Abt. 1, 2, 3, 6, 9), Hans Wilderotter (Abt. 12, 14, 15, 16; insbes. Dokumentation zur Berliner Wilhelmstraße), Elisabeth Knauf (Abt. 16), Dr. Jan Thorn-Prikker (Abt. 17), Hans-Werner Frohn (Abt. 17)

Die Itinerarkarten erarbeitete Dr. Ursula von den Driesch. Bei der Erstellung der Objektbeschreibungen waren behilflich: Klaus Behnken (Abt. 16: Mithilfe bei der Dokumentation), Sonja Eisenbeiß (Abt. 10, 11), Ulrich Kunert (Abt. 10), Birgit Ladwig (Abt. 10, 17). Die lexikalischen Stichworte haben Beate Beckmann und Hans-Werner Frohn bearbeitet.

Texttafeln zu Verfassung und territorialer Entwicklung in der deutschen Geschichte: Andrea Theissen (I–X), Prof. Dr. Gerhard Brunn (XI–XIII)

Am Aufbau beteiligte Firmen:
Museumstechnik GmbH (Berlin), Malerwerkstätten Mandt & Rackl (Bonn), Bauunternehmen Nölle (Bonn), Hünnebeck-RöRo GmbH (Ratingen), Schano GmbH (Bonn), Dickhöver Museumsdesign (Recklinghausen), Happerschoß Holzbau GmbH (Köln), F. E. Schöler & P. Schwunck Museumsausstattungen (Köln), Kunsthandlung Kleinschmidt (Bonn), MaxiMum GmbH & CoKG Autokrane und Schwertransporte (Aachen), Bali-Büsten Manufaktur (Bonn), Sulzer Anlagen- und Gebäudetechnik GmbH (Düsseldorf)

Leihgeber der Ausstellung

Aachen

Aachener Münzfreunde, Münzkabinett im stadtgeschichtlichen Museum Burg Frankenberg; Domkapitel; Institut für Straßenwesen, Erd- und Tunnelbau der Rheinisch-Westfälischen Technischen Hochschule, Prof. H. J. Kayser; Internationales Zeitungsmuseum der Stadt Aachen; Lore Müller-Arends; Museum für Stadtgeschichte und Kunstgewerbe Burg Frankenberg; Stadt Aachen; Stadtarchiv; Städtisches Suermondt-Ludwig-Museum

Allensbach

Institut für Demoskopie Allensbach

Amsterdam

Internationales Institut für Sozialgeschichte

Arolsen

Fürstlich Waldecksche Haupt-Verwaltung; Waldeckischer Geschichtsverein

Aschaffenburg

Schloßmuseum der Stadt Aschaffenburg

Bad Homburg

Museum im Gotischen Haus; Verwaltung der Staatlichen Schlösser und Gärten Hessen

Bad Honnef

Peter Profittlich; Stiftung Bundeskanzler-Adenauer-Haus; Jakob Walkembach

Bad Nauheim

Paula Dieterle geb. Schmidt

Bad Neuenahr

Katastrophenschutzschule des Bundes

Baden-Baden

Stadtmuseum im Baldreit

Berlin

Akademie der Künste; Axel Springer Verlag AG; Berlin Museum; Berlinische Galerie; Bildarchiv Preußischer Kulturbesitz; Christian Borngräber; Bundesbaudirektion; Deutsches Historisches Museum; Geheimes Staatsarchiv Preußischer Kulturbesitz; Gemeindekirchenrat der Kaiser-Wilhelm-Gedächtnis-Kirche; Claus-Peter C. Gross; Landesarchiv; Landesbildstelle; Plansammlung der Universitätsbibliothek der Technischen Universität Berlin; Prof. Erich Reuter; Sammlung Rainer Laabs; Sammlung Werner des Johanniterordens; Friederike Schwennicke de Figallo; Staatliche Museen Preußischer Kulturbesitz, Kunstbibliothek; Staatliche Museen Preußischer Kulturbesitz, Museum für Deutsche Volkskunde; Staatsbibliothek Preußischer Kulturbesitz; Stiftung Deutsche Kinemathek; Stiftung Preußischer Kulturbesitz, Der Präsident; Technische Universität Berlin, Der Präsident; Ullstein Bilderdienst; Ullstein Verlag GmbH & Co. KG; Verwaltung der Staatlichen Schlösser und Gärten

Berlin (Ost)

Allgemeine Deutsche Nachrichten Agentur (ADN)

Beverly Hills

Prof. Harold von Hofe

Bonn

Archiv der sozialen Demokratie der Friedrich-Ebert-Stiftung (FES); Bundesamt für Zivilschutz; Bundesbaudirektion; Bundesbildstelle; Bundeskanzleramt; Bundesministerium der Justiz, Justizhistorische Sammlung; Bundespräsidialamt; Deutscher Bundestag, Archiv; Deutscher Bundestag, Bibliothek; Deutscher Bundestag, Die Präsidentin; Galerie der Friedrich-Ebert-Stiftung; General-Anzeiger für die Bundeshauptstadt Bonn; Inge Kiparsky; Kunsthistorisches Institut der Universität Bonn; Ludwig-Erhard-Archiv der Ludwig-Erhard-Stiftung e. V.; Maria Meller; Politisches Archiv des Auswärtigen Amtes; Rheinhotel Dreesen; Rheinisches Amt für Bodendenkmalpflege; Dr. Max Schulze-Vorberg; Sozialdemokratische Partei Deutschlands; St. Elisabeth-Krankenhaus; Stadtarchiv; Stadt Bonn; Universitätsbibliothek; Zoologisches Forschungsinstitut und Museum Alexander Koenig

Braunschweig

Städtisches Museum

Bremen
Bremer Landesmuseum für Kunst- und Kulturgeschichte (Focke-Museum)

Bremerhaven
Deutsches Schiffahrtsmuseum

Brühl
Verwaltung Schloß Brühl

Bückeburg
Philipp Ernst Fürst zu Schaumburg-Lippe; Schaumburg-Lippischer Heimatverein

Butzbach
Richard Fenchel

Celle
Bomann-Museum

Coburg
Kunstsammlungen der Veste Coburg; Staatsarchiv; Stadtarchiv

Darmstadt
Hessisches Landesmuseum; Schloßmuseum

Detmold
Dr. Armin Prinz zur Lippe; Lippische Landesbibliothek; Lippisches Landesmuseum; Nordrhein-Westfälisches Staatsarchiv; Pianohaus Harke; Verein Ressource

Dortmund
Institut für Zeitungsforschung

Düsseldorf
Goethe-Museum Anton-und-Katharina-Kippenberg-Stiftung; Kunstmuseum Düsseldorf; Nordrhein-Westfälisches Hauptstaatsarchiv; Gerda-Maria Schwippert

Eichstätt
Diözesan-Museum

Elton Hall
William Proby Esq.

Essen-Bredeney
Historisches Archiv Friedrich Krupp GmbH Villa Hügel

Flensburg
Marineschule Mürwik

Frankfurt
Bundespostmuseum; Deutsche Bank AG; Deutsche Bibliothek; Deutsche Presse-Agentur (dpa); Freies Deutsches Hochstift/Frankfurter Goethe-Museum; Historisches Museum; Hoechst Aktiengesellschaft; Prof. Lore Kramer; Magistrat der Stadt Frankfurt/M. Dezernat Bau-Hochbauamt; Museum für Völkerkunde; Stadtarchiv; Suhrkamp-Verlag

Freiburg/Br.
Bundesarchiv-Militärarchiv

Gmund
Elisabeth Klotz-Erhard

Goslar
Stadt Goslar

Hagen
Henry-van de Velde-Gesellschaft; Karl Ernst Osthaus Museum

Hamburg
Apfelstedt + Hornung; Hans-Joachim Frielinghaus; Heinrich Bauer Verlag; Sammlung Kurt und Renate Hofmann; Spiegel Verlag; ›Die Zeit‹

Hannover
Deutsche Messe AG; Niedersächsisches Landesmuseum

Ingolstadt
Bayerisches Armeemuseum

Kaiserslautern
Theodor-Zink-Museum

Karlsruhe
Badisches Landesmuseum; Badisches Generallandesarchiv; Institut für Baugeschichte Universität Karlsruhe (TH); Stadtarchiv

Kassel
Brüder Grimm-Museum; Staatliche Kunstsammlungen; Stadtarchiv; Thyssen Henschel

Klagenfurt
Konvent der Elisabethinen

Klosterlechfeld
Jagdbombergeschwader 32

Koblenz
Bundesamt für Wehrtechnik und Beschaffung; Bundesarchiv; Landeshauptarchiv; Mittelrhein-Museum

Köln
Flughafen Köln-Bonn GmbH; Gothaer Versicherung; Prof. Elmar Hillebrand; ›Kölner Stadt-Anzeiger‹; Kölnisches Stadtmuseum; Museum Ludwig; Rudolf Peer; 4711-Archiv; Theatermuseum des Instituts für Theater-, Film- und Fernsehwissenschaft der Universität zu Köln; Westdeutscher Rundfunk

Königswinter
Emil Siebertz; Anni Veerkamp

Kopenhagen
Museet for Danmarks Frihedskamp 1940–1945

Kronach
Frankenwaldmuseum

Krumbach
Heimatmuseum

Küps
Hans-Heinrich und Elisabeth von Herwarth

Leverkusen
Museum Morsbroich, Städtisches Museum

Los Angeles
Arnold Schoenberg Institute; University of Southern California (USC); Cinema-Television Library & Archives of Performing Arts, University of Southern California (USC); Prof. Cornelius Schnauber; University of California, University Library Special Collections

Luxemburg
SKHd Großherzog von Luxemburg

Mainz
Bischöfliches Dom- und Diözesanmuseum; Christian Adalberg Kupferberg & Compagnie; Landesmuseum; Römisch-Germanisches Zentralmuseum

Mannheim
Städtisches Reiß-Museum

Marbach/N.
Schiller-Nationalmuseum und Deutsches Literaturarchiv

Marburg
Hessisches Staatsarchiv; Universitätsmuseum für Kunst und Kulturgeschichte; Prof. Ingeborg Weber-Kellermann

Meckenheim
Bundeskriminalamt

Minden
Kommunalarchiv; Mindener Museum für Geschichte, Landes- und Volkskunde

München
Architektursammlung der Technischen Universität; Bayerische Akademie der Schönen Künste; Bayerische Staatsgemäldesammlungen, Neue Pinakothek; Bayerische Verwaltung der Staatlichen Schlösser, Gärten und Seen; Bayerisches Hauptstaatsarchiv; Bayerisches Nationalmuseum; Günther Böhmer; Deutsches Theatermuseum – früher Clara Ziegler-Stiftung; Münchner Stadtmuseum; Staatliche Graphische Sammlung; Stadtbibliothek; Süddeutscher Verlag, Bilderdienst; Vereinigte Werkstätten für Kunst im Handwerk; Dr. Christian Zentner

Münster
Nordrhein-Westfälisches Staatsarchiv

Nienborstel
Hannes Heer

Nürnberg
Germanisches Nationalmuseum; Staatsarchiv; Stadt Nürnberg, Hochbauamt Bildstelle und Denkmalsarchiv; Stadtarchiv; Stadtgeschichtliche Museen

Paris
Musée Carnavalet; Musée de l'Armée

Rastatt
Wehrgeschichtliches Museum

Regensburg
Johannes Fürst von Thurn und Taxis; Museen der Stadt Regensburg; Museum Ostdeutsche Galerie; Oberpostdirektion Regensburg; Stadtarchiv

Salzburg
Max-Reinhardt-Forschungs- und Gedenkstätte;
Residenzgalerie; Salzburger Museum
Carolino Augusteum

Schönenwerd
Bally Schuhmuseum

Seligenstadt
Landschaftsmuseum

Siegen
Hans-Martin Flender

Sigmaringen
Fürstlich Hohenzollernsche Sammlungen; Staatsarchiv

Speyer
Domkapitel; Historisches Museum der Pfalz

St. Augustin
Konrad-Adenauer-Stiftung

Stockholm
Nationalmuseum

Stuttgart
Archiv der Stadt Stuttgart; Daimler-Benz-Museum; Hauptstaatsarchiv; Landesbildstelle Württemberg; Württembergisches Landesmuseum

Tübingen
Monica Guenthner-Reutter und Gabriele Rogowski

Wetzlar
Städtische Sammlungen Wetzlar/Reichskammergerichtsmuseum

Wien
Bundesmobiliensammlungen, Ehemalige Hofsilber- und Tafelkammer und Ehemaliges Hofmobilien- und Materialdepot; Graphische Sammlung Albertina; Haus-, Hof- und Staatsarchiv; Heeresgeschichtliches Museum; Kunsthistorisches Museum; Museen der Stadt Wien; Österreichische Nationalbibliothek; Österreichisches Museum für angewandte Kunst; Dr. Alfred Sammer

Wiesbaden
Hessische Landesbibliothek; Museum Wiesbaden

Wolfsburg
Automuseum; Stadtarchiv

Zürich
Thomas Mann-Archiv der Eidgenössischen Technischen Hochschule; Museum für Gestaltung, Kunstgewerbemuseum, Plakatsammlung

Bundesrepublik Deutschland

Ursula Heuss-Wolff

Private Leihgeber

Inhalt

Zum Geleit

Es gehört zu den hervorstechenden Konstanten unserer Geschichte, daß das politische, wirtschaftliche und kulturelle Leben unseres Landes sich zu fast allen Zeiten in verschiedenen bedeutenden Städten konzentrierte. Sie bringen jene regionale Vielfalt zur Geltung, deren Reichtum uns heute wieder mehr bewußt wird. Die landsmannschaftliche und kulturelle Vielfalt Deutschlands, wie sie in dem bunten Bild seiner Hauptstädte ihren Ausdruck findet, erinnert uns auch daran, daß das Geschick unseres Landes seit jeher untrennbar mit unseren europäischen Nachbarländern verflochten ist. Gerade in einer Zeit, da Europa unaufhaltsam zusammenrückt, sollten wir uns der europäischen Dimension unserer deutschen Geschichte mehr denn je bewußt werden.

Die Ausstellung ›Hauptstadt – Zentren, Residenzen, Metropolen in der deutschen Geschichte‹ stellt eine große Zahl von Städten vor, die alle in einem spezifischen Sinne als Hauptstädte oder zumindest als Residenzen gelten, sei es als Sitz politischer Macht oder als kulturelles Zentrum.

Anlaß für die Ausstellung ist dabei nicht nur der 2000. Geburtstag unserer Bundeshauptstadt Bonn. In diesem Jahr feiert die Bundesrepublik Deutschland auch ihr vierzigjähriges Bestehen. Diese 40 Jahre sind zugleich die 40 Jahre einer vertrauensvollen Zusammenarbeit zwischen dem Bund und der Bundeshauptstadt. Indem der Bund der Stadt Bonn zu ihrem zweitausendjährigen Bestehen die Ausstellung ›Hauptstadt – Zentren, Residenzen, Metropolen in der deutschen Geschichte‹ zum Geschenk macht, will er auch ein Zeichen des Dankes setzen.

Ich wünsche der Ausstellung
einen guten Erfolg

Der Bundeskanzler
Dr. Helmut Kohl

Bonn ist die Hauptstadt der Bundesrepublik Deutschland. Bonn ist nicht Metropole im Sinne der großen Hauptstädte Europas wie London, Paris oder auch Berlin. Die Ausstellung ›Hauptstadt – Zentren, Residenzen, Metropolen in der deutschen Geschichte‹ führt uns anschaulich vor Augen, daß es in der deutschen Geschichte einen eindeutig festgelegten Hauptstadttypus nicht gegeben hat, daß sich Hauptstadtprofile geändert und Hauptstadtfunktionen verlagert haben. Die Gesichter der Hauptstädte in der deutschen Geschichte waren ebenso vielfältig, wie es die geographischen Bedingungen, die Eigenarten der Menschen und die kulturellen Gegebenheiten waren. Diese Vielgestaltigkeit aufzuweisen macht einen besonderen Reiz dieser Ausstellung aus.

In der Reihe deutscher Hauptstädte wahrt auch Bonn sein eigenes Profil. Das Ansehen eines jeden Staates wird mitgeprägt vom Ansehen seiner Hauptstadt. Bonn ist »die erste Visitenkarte der Bundesrepublik Deutschland«, wie Bundeskanzler Kohl es ausgedrückt hat. Bonn ist darüber hinaus ein Symbol unserer freiheitlichen Demokratie. Die Hauptstadt Bonn ist aber auch ein Zeichen dafür, daß unser Staat, die Bundesrepublik Deutschland, sich selbst nicht als endgültig empfindet, daß unser Ziel die Wiedervereinigung Deutschlands in Frieden und Freiheit mit Berlin als Hauptstadt ist.

Wir danken der Bundesregierung, daß sie uns diese Ausstellung zum 2000. Geburtstag unserer Stadt zum Geschenk gemacht hat. Wir sehen darin ein Zeichen der Verbundenheit zwischen der Bundesrepublik Deutschland und ihrer ebenso jungen Hauptstadt. Wir sehen darin aber auch die Verpflichtung, in Bescheidenheit und Würde unseren Beitrag zum Ansehen der Bundesrepublik Deutschland zu leisten.

Der Oberbürgermeister der Stadt Bonn
Dr. Hans Daniels

Die Frage nach der Hauptstadt ist spezifisch deutsch. Sie ist so deutsch wie die Debatte um die Einzigartigkeit unserer Geschichte oder aber wie das Ringen um geplante Geschichtsmuseen. In keinem anderen Land der Welt bietet das Thema ›Hauptstadt‹ so viel Stoff zum Nachdenken, nirgendwo anders wäre es Gegenstand einer großen Ausstellung.

Im Gegensatz zu Angehörigen anderer Nationalitäten hat für uns Deutsche der Begriff ›Hauptstadt‹ einen ambivalenten Beigeschmack. Gewiß, zum Teil liegt dies an einem Unbehagen gegenüber dem Staat, das bei uns besonders ausgeprägt ist, und seinem in der Hauptstadt ansässigen Verwaltungsapparat – ein Unbehagen, das sicherlich nicht als neu, nur modern oder typisch deutsch zu bezeichnen wäre. Unser Verhältnis zur ›Hauptstadt‹ ist gekennzeichnet von unserem Verhältnis zur deutschen Geschichte und zur deutschen Gegenwart. Über 40 Jahre nach Ende des Zweiten Weltkriegs bedingt in der Hauptsache zweierlei unsere Einstellung zu Bonn und Berlin: zum einen unser Bestreben, die Realitäten so anzuerkennen, wie sie sind, zum anderen unser jeweiliges Vermögen, Wünsche und Wirklichkeit zu vereinen, daß heißt mit der Hoffnung weiterzuleben, daß eines Tages die deutsche Frage und deshalb auch die Frage der deutschen Hauptstadt sich auf diese oder jene Weise wird lösen können.

Die Schwierigkeit der Bundesbürger mit dem Begriff ›Hauptstadt‹ hat darüber hinaus noch eine andere Ursache. Es ist die Trennung zwischen Geist und Macht – zwischen den Zentren von Kultur, Politik und Wirtschaft –, die in der neu geschaffenen Bundesrepublik Deutschland vollzogen wurde. Eine Hauptstadt lebt nicht allein vom ›Glanz der Macht‹. Beispiele von Hauptstädten, die als reine Macht- und Verwaltungszentren hier und dort aus dem Boden gestampft wurden, zeigen, daß Zuneigung und Sympathie der Bürger ganz wesentlich davon abhängen, daß auch Kultur und Wirtschaft sich dort entfalten. Es ist wohl eine Konsequenz der Nachkriegsgeschichte, daß der alte Wunsch nach der großen Hauptstadt heute weitgehend nur noch ein Mythos ist. Die Menschen zieht es dorthin, wo etwas los ist; reden wir also von Zentren in Deutschland, deren Anziehungskraft von vielen Faktoren abhängt.

Berlin war als Hauptstadt des Deutschen Reiches ein Knotenpunkt von Kultur, Wirtschaft und Politik und strahlte Glanz und Gloria und schließlich kulturelle Kreativität aus. Die historische Rolle Preußens war hierfür genauso ausschlaggebend wie die geographische Mittellage Berlins und seine kulturelle Vitalität in der Zeit der Weimarer Republik. Heute begreift sich Berlin als geistiger Mittelpunkt zwischen beiden deutschen Staaten und als kulturelle Metropole von europäischem und internationalem Rang. Seine Mittellage hat es ebensowenig eingebüßt wie seine kulturelle Lebendigkeit oder geistige Kreativität. Es ist der Ort, wo Neues gedacht und gewagt wird, neue Ausdrucksformen der Kultur gefunden und neue Lebensentwürfe entwickelt werden, ja, wo auch neue gesellschaftspolitische Prozesse am ehesten zu erkennen sind und realisiert werden. Ein Ort also, wo Kultur, Gesellschaft und Politik sich stets neue Formen geben, die erst später sich andernorts durchsetzen können. Man denke nur etwa zehn Jahre zurück, an das frühe Aufkommen von Bürgerinitiativen, Selbsthilfegruppen und von Freien Gruppen in Berlin, die inzwischen auch in anderen Städten zu einem selbstverständlichen Bestandteil des Kulturlebens geworden sind.

Berlin sieht sich heute mehr denn je seiner geistigen und politischen Vorreiterrolle verpflichtet. Nicht zuletzt durch eine verstärkt auf den Menschen und seine Umwelt bezogene Politik will es Testfeld des Neuen sein, um auf diese Weise dem hohen Anspruch zu genügen, auch heute das geistige und kulturelle Zentrum der Deutschen zu sein.

Der Regierende Bürgermeister von Berlin
Walter Momper

Zur Ausstellung

Als sich im Jahre 1952 eine Reihe von Gelehrten anschickte, den Historiker Friedrich Meinecke mit einer Festschrift zu ehren, die den Titel ›Das Hauptstadtproblem in der Geschichte‹ trug, sahen die Deutschen ihre Hauptstadt Berlin zerstört, besetzt, geteilt, belagert. Ihren legendären Ruf als Metropole von kultureller Ausstrahlungskraft aus den zwanziger Jahren hatte sie mit der Machtübernahme des Nationalsozialismus verloren – zuletzt verband sich mit dem Namen Berlins nur noch die Zentrale des deutschen Schreckens, der über Europa hereingebrochen war. Wenngleich es dem eingeschlossenen Westteil der Stadt, auch in seiner schwierigen Insellage gelungen ist, eine in der Bundesrepublik beispielhafte Urbanität, ja in etlichen kulturellen Bereichen auch eine führende Position zurückzugewinnen, so blieb doch ein Vakuum, das weder Berlin selbst noch München, Frankfurt oder Hamburg ganz zu füllen vermochten.

Ein Mangel, etwas nicht Vorhandenes, ein ›statt dessen‹, hat sich mit dem Wort ›Hauptstadt‹ über weite Strecken in der deutschen Geschichte verbunden. Als Problem wurde dies den gebildeten Bewohnern des Heiligen Römischen Reiches im 18. Jahrhundert, spätestens im Zusammenhang mit der Französischen Revolution bewußt, als sie wahrnahmen, daß sich in Paris weltgeschichtliche Ereignisse anbahnten, die nicht nur von der Existenz einer massenhaften Großstadtbevölkerung, sondern auch von der konzentrierten Anwesenheit einer kritischen Intelligenz und ihren publizistischen Möglichkeiten maßgeblich beeinflußt worden waren. In seiner kurzen Notiz ›Literarischer Sansculottismus‹ kam Goethe 1794 auf das Fehlen eines Zentrums der deutschsprachigen Welt zu sprechen. Dabei ging es ihm freilich in erster Linie um die ›klassischen Werke‹, die ein Kritiker in der deutschen Literatur vermißt hatte, und die sich – Goethes Erwiderung zufolge – erst in einer Metropole würden herausbilden können. Um eine solche zu schaffen, seien allerdings Umwälzungen nötig, die er sich lieber nicht herbeiwünsche.

»Wir fürchten uns vor einer Hauptstadt« – den Worten Lenardos in ›Wilhelm Meisters Wanderjahren‹ entsprach eine verbreitete Stimmung unter den Deutschen des 19. und 20. Jahrhunderts. Dem Bedauern über die fehlende Metropole stand stets ein nicht geringer antihauptstädtischer Impuls gegenüber, der sich nicht selten mit einem distanzierten Verhältnis zur Politik und zu allem Gesellschaftlichen verbündete. Die ambivalente Haltung zu Berlin, dessen Hauptstadtanspruch oft genug in Frage gestellt wurde, und auch noch die Entscheidung von 1949 gegen Frankfurt entsprangen tiefen Zweifeln am Metropolengeist quer durch alle politischen Lager.

Neben den Begriff ›Hauptstadt‹ trat, wenn über Aspekte der Zentralität hierzulande nachgedacht wurde, häufig das Wort ›Mitte‹, das offenbar etwas anderes bezeichnete. »Berlin konnte kein Ort für Gelassenheit des Geistes und der Sinne sein, keine ›Mitte‹; es mußte sich dem Zukünftigen enger verbunden fühlen als der Tradition« – so lautete Carlo Schmids Resümee seiner Berliner Jahre. Offenbar meint die Vorstellung von ›Mitte‹ das

Gegenteil jener Dynamik und Vorreiterrolle der ›Hauptstadt‹, eine Art archimedischen Punkt im Leben der Nation, der vor allem im Geschichtsbewußtsein ruht und seine Entsprechung in der psychischen und physischen Balance des Bürgers hat.

Wo aber könnte dieser Punkt liegen, den man in anderen Ländern wie selbstverständlich in den Hauptstädten suchen würde? Liegt er am Spreebogen in Berlin, wo der Reichstag steht und in einigen Jahren das Deutsche Historische Museum? Oder am Ende im Fernmeldeamt I der Deutschen Bundespost in der Großen Eschenheimer Straße in Frankfurt, wo sich das nur in Teilen erhaltene Palais Thurn und Taxis befand – Quartier bei Kaiserkrönungen, Sitz der deutschen Bundesversammlung von 1816 bis 1866 und der ›provisorischen Zentralgewalt‹ im Revolutionsjahr 1848/49 und noch im Jahre 1925 als zweiter Amtssitz des Reichspräsidenten Ebert im Gespräch? Sicherlich war dies einer der traditionsmächtigsten Orte der deutschen Geschichte – aber er stand für einen 1866 unwiderruflich abgebrochenen Traditionsstrang.

Die Ausstellung, von der hier die Rede ist, lädt zu einem Experiment ein: Sie will Geschichte in eine Landkarte der Hauptstädte und Zentren, der Orte von Symbolwert übersetzen, Geschichte als eine Art Geographie historischer Bedeutungen und Verweise schreiben. Berlin und Weimar, Wien, Frankfurt und München, Aachen und Regensburg, Mainz, Speyer und Königspfalzen des Mittelalters werden dem Besucher in der Ausstellung begegnen – und noch etliche andere Orte mehr. Zu den Eigentümlichkeiten in der deutschen Entwicklung zählte eben, daß Vorstellungen von einer ›Mitte‹ der Nation keineswegs Stadtgestalt annehmen mußten: Die ›Nationaldenkmäler‹ wie die Walhalla sind bewußt in freier Natur angelegt worden.

Die Ausstellung ist ein Eingeständnis: Auch sie hat die ›Mitte‹ der Deutschen nicht gefunden. Lebens- und Orientierungshilfe für die Gegenwart oder für die Zukunft, wie sie mitunter von der Geschichte erwartet werden, vermag sie nicht zu geben. Anhand eines anderen, gleichfalls historischen Ausstellungsunternehmens, der Aachener ›Jahrtausend-Ausstellung‹ von 1925 und ihrer von aktuellem Interesse geleiteten Beschwörung einer mittelalterlichen Hauptstadttradition, wollte sie gleich zu Beginn auch ein wenig Selbstreflexion des eigenen Mediums betreiben.

Die Entscheidung für Bonn als Bundeshauptstadt in den Jahren 1948/49 hatte sich ganz bewußt jeder historischen Argumentation enthalten. Da gab es keine historische Sendung, die hätte geltend gemacht werden können; wenn der Ortswahl eine Symbolik anhaftete, dann war es die, daß sich der Begriff ›Hauptstadt‹ nun wieder mit dem Regelfall verband: einer typischen deutschen Kleinresidenz mit famosem Orchester und etwas zu groß geratenem Schloß. In der Ausstellung wird kein Geschichtsbild aufgeboten, das die Entscheidung von damals gleichsam historisch unterfüttert – keine gerade Linie also vom Reisekönigtum des Mittelalters, vom Pfalzbezirk Karls des Großen in Aachen über den Römerberg in Frankfurt und die Berliner Wilhelmstraße zum Palais Schaumburg.

Die Ausstellung hatte auf begrenzter Fläche Prioritäten zu setzen. Dies galt nicht nur für die Auswahl der Beispielorte, sondern – insbesondere was Berlin angeht – für die Zuspitzung auf einzelne Themen. Der Ausstrahlung einer Stadt wie Dresden in wenigen exemplarischen Stücken gerecht werden zu wollen, wäre von vornherein zum Scheitern verurteilt gewesen. Breiter Raum wurde statt dessen den kleinen Residenzen gegeben. Daß Arolsen oder Detmold einmal Hauptstädte gewesen sind, wenn auch kleinsten Zuschnittes, daß Meiningen über Jahrzehnte hinweg ein Mittelpunkt des deutschsprachigen Theaterlebens war – dies galt es ins Bewußtsein zu rücken. Die breite Streuung von Schauspiel- und Opernhäusern, Bibliotheken und Museen über das ganze Land, eine Folge der vielen Höfe anstelle der einen Metropole, ist stets und mit Recht den negativen Seiten der Viel- und Kleinstaat-

Modell der Ausstellungsarchitektur von Peter Kulka

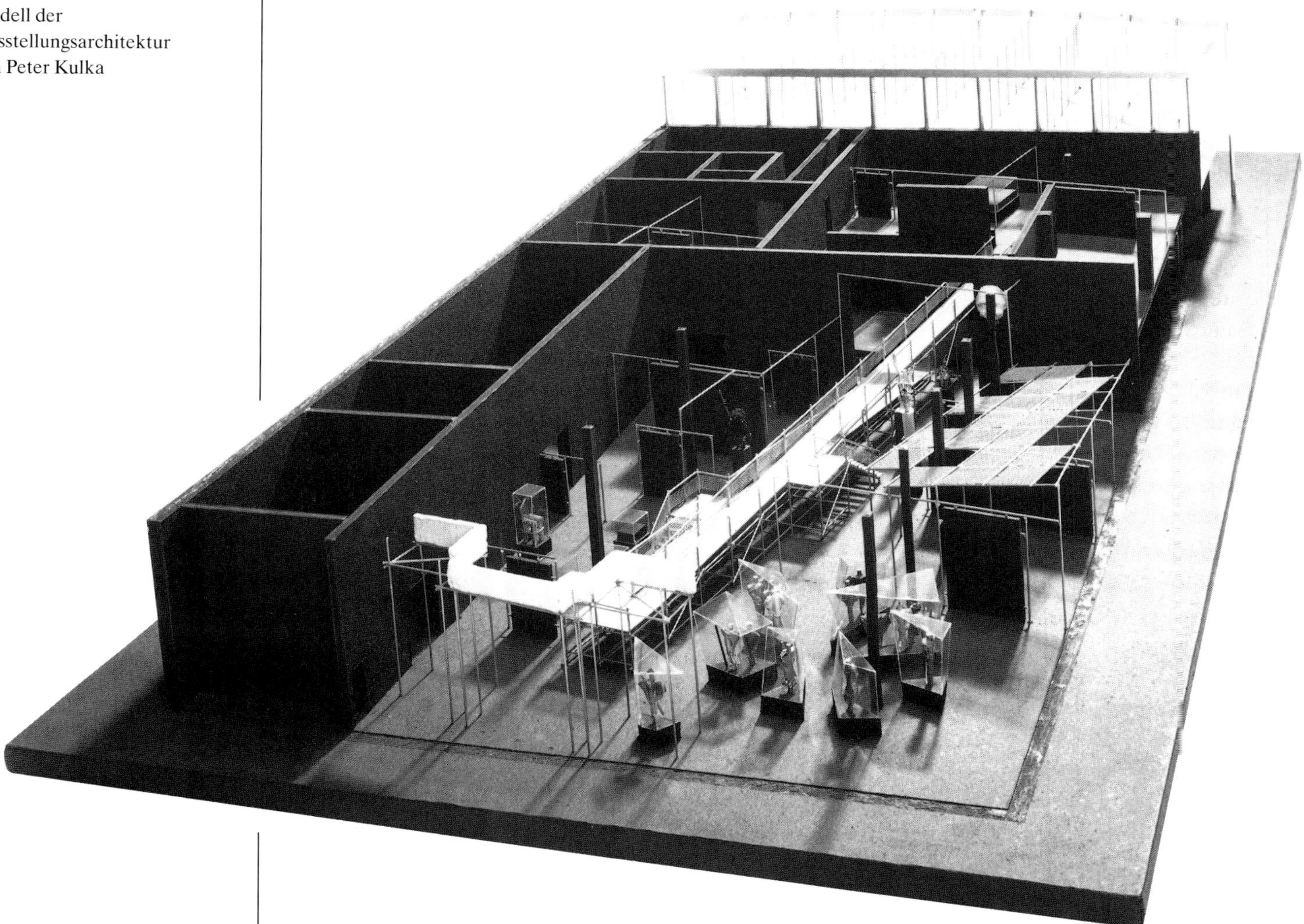

lichkeit in politischer und gesellschaftlicher Hinsicht entgegengehalten worden.

Weimar – das schien geradezu der deutsche Gegenentwurf zur Metropole zu sein: kleinstädtisch, kleinstaatlich, von Kultur statt von Politik bestimmt. Seine Stunde schlug immer dann, wenn der Machtstaat sich kompromittiert hatte. Dies war so, als die Nationalversammlung von 1919 mit diesem Tagungsort den Versuch unternahm, den ›Genius loci‹ zum Bundesgenossen in den Friedensverhandlungen mit den Alliierten zu gewinnen; es war nicht anders, als die Nachkriegsdeutschen ihr inneres Weimar entdeckten und Goethe am liebsten zum Bundespräsidenten gewählt hätten. Zu diesem Zeitpunkt war auch die Ortssymbolik Weimars längst nicht mehr unschuldig – mit dem benachbarten Konzentrationslager Buchenwald hatte auch hier der Nationalsozialismus eine Zäsur bedeutet, die seither jede Beschäftigung mit der deutschen Geschichte bestimmt.

Frankfurt und Nürnberg gilt die besondere Aufmerksamkeit der Ausstellung. Beides Orte, die niemals Hauptstädte im engeren Sinne waren und dennoch wie wenige andere ganze Epochen der deutschen Geschichte repräsentierten. Frankfurt war die Stadt der Kaiserkrönungen, in denen der komplizierte Aufbau des ›Alten Reiches‹ in jahrhundertealtem Ornat und Zeremoniell sichtbar wurde. Der Name Frankfurts steht aber auch für Demokratie und Parlamentarismus, für das erste deutsche Parlament in der Paulskirche 1848/49. Frankfurt hatte damals durchaus die Chance, Mittelpunkt des parlamentarisch geeinten Deutschland zu werden. Viele Sympathien galten dieser Stadt mit süddeutsch-altliberaler Tradition. Preußische Abneigungen gegen das ›Demokratennest‹ endeten schließlich 1866 mit der Annexion der Stadt und ihrer Degradierung zur preußischen Provinzstadt. Nürnberg, der am häufigsten von Kaisern und Königen besuchte Ort des Heiligen Römischen Reiches, bis 1796 der Aufbewahrungsort der Reichsinsignien, erfuhr im 19. Jahrhundert die romantische Verklärung zum Inbegriff der ›deutschen Stadt‹ schlechthin. In der Zeit des Nationalsozialismus, als Nürnberg zum Schauplatz der ›Reichsparteitage‹ wurde, mußten die engen Gassen, die Gemütlichkeit der alten Giebelhäuser wie ein architektonisches Sinnbild für das Zusammenrücken der ›Volksgemeinschaft‹ erscheinen, aus der andere nun erbarmungslos ausgegrenzt wurden: Die ›Rassengesetze‹ der Nationalsozialisten trugen den Namen der Stadt. Nach 1945 steht derselbe infolge der großen Prozesse gegen die Hauptverantwortlichen des Regimes auch für die Einführung juristischer und moralischer Maßstäbe in die Politik.

Die Abteilung zu Berlin ist thematisch von politischer Architektur bestimmt, insbesondere von der Wilhelmstraße, der ehemaligen Regierungsmeile Preußen-Deutschlands, die mit Hilfe eines großen Modells dokumentiert wird. Das kulturelle Leben der Stadt blieb – mit Ausnahme der Presse – ausgespart. In vielen historischen und kulturhistorischen Ausstellungen der letzten Jahre ist es ausführlich dargestellt worden; der Versuch, daraus auch nur die wesentlichen Aspekte herauszugreifen, hätte den Rahmen des Möglichen gesprengt. Wohl ist von Berliner Künstlern die Rede, aber in ihrer Eigenschaft als zumeist unwiderbringlicher Verlust für die Stadt: Auf die extreme Zentralität des kulturellen Lebens und der Politik im Berlin der Weimarer Republik folgte der extreme ›Polyzentrismus‹ desselben, die große Zerstreuung der deutschen Intellektuellen über den halben Erdball, ein Thema, das die Ausstellung, wenn auch auf die Emigration in die Vereinigten Staaten begrenzt, mit einbezogen hat.

Die Abteilung zu Bonn als Bundeshauptstadt gehört sicherlich zu den schwierigeren Kapiteln der Ausstellung, was ihr äußeres Erscheinungsbild angeht. Demokratie und Republik sind nicht glamourös – keine Kronen, keine Kutschen, keine Hofuniformen. Geschichten wie die um die Gestaltung von Adenauers Dienstschreibtisch und Erhards Kanzlerbungalow treten in den Vordergrund; Stilfragen, aber doch auch Indikatoren dafür, in welchem Spannungsfeld von Tradition und Zeitgenossenschaft die frühe Bundesrepublik und ihre Hauptstadt sich ansiedelten.

Die Ausstellung ist nicht chronologisch, sondern geographisch geordnet. Die Durchdringung und Überlagerung historischer Schichten und Bedeutungen an ein und demselben Ort, der Widerschein der Vergangenheit in der jeweiligen Gegenwart steht im Mittelpunkt ihres Interesses; Kontrastwirkungen und Anachronismen sind beabsichtigt. Die Architektur, die Peter Kulka entworfen hat, versteht sich nicht als Ausstellungs-›Inszenierung‹, nicht als Bühnenbild für ein Geschichtsdrama. Die Gestaltung wollte nicht dazu dienen, Geschichte ›lebendiger‹ zu machen. Material, Anordnung und Wegeführung vor allem unterstreichen die Ausstellungsthematik, deren Interesse nicht historischer Stimmigkeit und Atmosphäre, auch keinem ›von hier nach da‹ in der Geschichte galt, sondern nur ihrer beständig wechselnden Nähe und Ferne.

Die Ausstellung ist von vielen privaten Leihgebern und öffentlichen Sammlungen, Bibliotheken, Museen und Archiven großzügig unterstützt worden. Manches wird zum ersten Mal der Öffentlichkeit vorgestellt. Bei nicht wenigen Leihgaben handelt es sich um Kostbarkeiten, die nur als große Ausnahme zur Verfügung gestellt wurden und ein besonderes Entgegenkommen ausdrücken. Allen Leihgebern gilt daher unser besonderer Dank – für die Ausstellungsstücke selbst, in vielen Fällen auch für Rat und Hilfe bei der Suche nach Objekten. Den wissenschaftlichen Beratern der Ausstellung danken wir für die vielen Stunden, die sie dem Unternehmen geopfert haben, dem Bund dafür, daß er die Ausstellung finanziell ermöglicht hat und vielfach helfend tätig war. Insbesondere Dr. Hans Hieronymus vom Bundesministerium des Innern. Von seiten der Stadt Bonn haben vor allem die Herren Beigeordneten Jochen von Uslar-Gleichen und Willy Sauerborn sowie Jürgen Petermann immer wieder beratend und helfend eingegriffen – auch ihr Beitrag sei hier mit Dankbarkeit erwähnt.

Den Damen und Herren all jener Institutionen, denen das Ausstellungsgebäude am August-Macke-Platz sonst zur Verfügung steht, sind wir zu besonderem Dank für die Überlassung der Räumlichkeiten verpflichtet, und dafür daß sie mit Nachsicht und Verständnis die Umbaumaßnahmen ertragen haben.

Bodo-Michael Baumunk

Die Deutschen und ihre Hauptstadt

Gerhard Brunn

Unter den Entwürfen für ein neues Deutschland nach den schrecklichen Verirrungen der Jahre der nationalsozialistischen Herrschaft ist der des Würzburger Historikers Ulrich Noack für das Verhältnis der Deutschen zu ihrer Hauptstadt von besonderem Interesse. Er sah ein völliges Neubeginnen vor und schrieb in seinem 1946 erschienenen Buch ›Deutschlands neue Gestalt‹ zur Frage der Hauptstadt dieses neuen Deutschlands, die einzige Lösung, die »dem wahren und eigentlichen Sinne auch dieses Neubeginnens entspräche, wäre die Gründung einer wirklich neuen Stadt«; er meinte, am Fuße des Hohen Meißners, in der geographischen Mitte des Landes, sei der Raum für eine künftige Hauptstadt Deutschlands, »die zum Symbol eines erneuerten Lebens und Wollens der ganzen Nation werden soll. Eine Stadt der politischen Gestalt Deutschlands, aber vor allem auch eine Stadt der deutschen Kultur.«

So bizarr uns heute der Vorschlag für eine Retortenhauptstadt auf der grünen Wiese anmuten mag, so ist er doch charakteristisch dafür, daß es den Deutschen in ihrer tausendjährigen Geschichte nicht gelungen ist, einen anerkannten politisch-geographischen und kulturell-gesellschaftlichen Mittelpunkt zu finden. Wie hätten sie ihn auch finden sollen, da es doch Deutschland nicht als faßbare politisch-geographische Einheit, sondern nur als Idee gab, so daß Schiller schreiben konnte: »Deutschland, aber wo liegt es? Ich weiß das Land nicht zu finden.«

Freilich, in einem Geschichtsverständnis, das in der Errichtung des Deutschen Kaiserreiches von 1871 den End- und Ausgangspunkt einer historisch folgerichtigen Entwicklung zum deutschen Nationalstaat sah, mußte auch die Erhebung Berlins zur Reichshauptstadt und sein Aufstieg zu einer Weltmetropole eine historische Zwangsläufigkeit besitzen, weil, so formulierte es eine Zeitschrift 1885, »die großen Nationalhauptstädte (...) ein innerlich notwendiges Produkt des heutigen Staatswesens und der ganzen modernen Kultur« seien.

Die Wirklichkeit in der Bundesrepublik ist eine andere. Bonn ist eine kleine Stadt, zurückgesetzt hinter andere Städte – Hamburg, München, Stuttgart, Frankfurt, Köln, Düsseldorf –, die unter sich gleichwertig sind, von denen aber keine einen wirklich internationalen Rang besitzt und keine mit der kosmopolitischen Weltstadt Berlin der zwanziger Jahre vergleichbar ist. Damit aber entspricht die Bundesrepublik sehr viel mehr dem ›deutschen Charakter‹, als es der flüchtige Nationalstaat nach 1871 mit seiner immer gewaltigeren Hauptstadt Berlin getan hat.

Seit sich die Deutschen mit dem Problem einer Hauptstadt für ihr Land beschäftigen, lassen sich zwei gegensätzliche Einstellungen beobachten: Der Sehnsucht nach einer großen Hauptstadt seit dem 18. Jahrhundert und dem Stolz auf Berlin als einer London oder Paris ebenbürtigen Metropole stand im politischen Denken vieler Deutscher die prinzipielle Ablehnung der Großstädte, vor allem aber Berlins als der ›undeutschen‹ Inkarnation aller Übel der modernen Welt gegenüber. Berlin erschien nach 1918 und 1945 vielen als Inbegriff von Fehlentwicklungen der deutschen Geschichte.

Als aber Bonn zum Regierungssitz der Bundesrepublik Deutschland auserkoren wurde, war es der überwiegenden Zahl der Kommentatoren auch nicht recht; sie reagierten mit Hohn und Spott. Heute, nach 40 Jahren, da das Provisorium Bonn als nicht mehr bestrittene Hauptstadt der Bundesrepublik fest verankert ist, können wir die Fakten nüchtern, frei von den damaligen heftigen Gefühlsregungen betrachten und wollen noch einmal die eben formulierte These aufnehmen, daß dieses Bonn stärker jahrhundertelangen Überlieferungen der deutschen Geschichte entspricht, als es bei der völlig neuartigen Nationalhauptstadt und Weltmetropole Berlin der Jahre 1871 bis 1945 der Fall gewesen ist.

Eine Hauptstadt gehört zu den unverzichtbaren Bestandteilen eines modernen Staates. Die frühen modernen Staaten in Europa, Frankreich, England oder Spanien, erhielten dementsprechend auch frühzeitig ihre unbestrittenen Hauptstädte Paris, London, Madrid. Wenn das mittelalterliche Deutsche Reich keine derartige Metropole besaß, so war das allerdings keine deutsche Eigentümlichkeit. Überall in Europa mußten die Könige ihr Amt ambulant ausüben, schon um für sich und ihr Gefolge den Unterhalt zu sichern. Vor allem aber waren sie verpflichtet, ihr Amt persönlich auszuüben, an Ort und Stelle nach dem Rechten zu sehen, und weil mit dem König auch die bescheidenen Zentralbehörden wanderten, bewegte sich damit auch das Zentrum des Reiches. Wenn dieses Zentrum zur Ruhe kam, so nicht im geographischen Mittelpunkt des Reiches, sondern lange Zeiten am Rande, in Aachen, Rom, Wien oder gar in Prag. Nie aber entwickelte sich bis 1871 aus den verschiedenen Zentren ein einziges oder überragendes, eine einzige Mitte. Am Ende des Mittelalters löste sich die großräumige Einheit des Deutschen Reiches in eine Vielzahl mittlerer, kleiner und kleinster Territorien auf. Das Reich war bis zu seiner Auflösung, so der Historiker Thomas Nipperdey, kein »politisch handlungsfähiges Gebilde, es hatte keine festen Grenzen, keine eigenen Truppen, keine durchgängige Verwaltung und kein gleiches Recht; es war in diesem Sinne nicht ein Staat«, und so besaß es auch keine Hauptstadt im Sinne von Madrid, London oder Paris, sondern eine Vielzahl von Zentren.

Da war Wien, wo der Kaiser residierte und wo zwei Einrichtungen des Reiches, der Reichsvizekanzler und der Reichshofrat, ihre Aufgaben wahrnahmen. Mainz war die Residenz des Reichserzkanzlers und höchsten geistlichen Würdenträgers des Reiches. In Regensburg tagte seit 1663 der Immerwährende Reichstag, in dem alle Stände versammelt waren und dort in ihrer Gesamtheit das Reich gegenüber dem Kaiser repräsentierten. In Wetzlar war seit 1689/93 das Reichskammergericht zu Hause, das – zumindest in der Theorie – alle Untertanen anrufen konnten, wenn ihnen vom Landesherrn Unrecht zugefügt wurde. In Nürnberg wurden die Reichskleinodien aufbewahrt und in feierlichem Zuge nach Frankfurt gebracht, wenn dort der Kaiser gewählt und gekrönt werden sollte. Alle diese Städte waren Hauptstädte in dem Sinne, daß in ihnen das Gemeinsame, die Einheit des Reiches zum Ausdruck kam.

Neben diesen die Einheit verkörpernden Teilhauptstädten des Reiches aber gab es eine große Anzahl von Hauptstädten weitestgehend unabhängiger Staatengebilde, die das Reich umschloß. Die fürstlichen Besitzer dieser Territorien errichteten sich seit dem 16. und 17. Jahrhundert feste Herrschaftssitze und machten sie zu politischen Zentren ihres Landes.

Der fehlende Mittelpunkt des Reiches wurde bald nach dem Westfälischen Frieden, der die Partikularisierung völkerrechtlich abgesichert hatte, beklagt. Zu einem häufiger angesprochenen Thema aber wurde seit der Mitte des 18. Jahrhunderts das fehlende künstlerische und geistige Zentrum für die Philosophen und Schriftsteller, die das formten, was später die ›deutsche Kulturnation‹ genannt worden ist. Bei ihnen ist auch schon die Ambivalenz zu beobachten, die vor allem ab der zweiten Hälfte des 19. Jahrhunderts das Verhältnis des deutschen Bildungsbürgertums zu einer großen Hauptstadt auszeichnen sollte. Zum einen beneidete man die Franzosen »um das Vergnügen einer ganzen großen Hauptstadt« (Lessing) und vermißte eine »allgemein anerkannte Hauptstadt Germaniens« (Wieland).

Auf der anderen Seite aber besang Wieland auch die Vielgestaltigkeit Deutschlands als ein Element der Freiheit, das die Nachteile der fehlenden Hauptstadt bei weitem aufwiege. Herder meinte: »Daß uns eine Hauptstadt fehle, tut unserer Sache (dem ›Bau der Humanität‹) gewiß nichts.« Im Gegenteil, er griff schon den Topos auf, der im späten 19. Jahrhundert immer wieder eine Rolle spielen sollte, daß wahre Kreativität die Mauern einer Hauptstadt verschmähe und das freie Land suche.

Eine winzige Residenz, eine Provinzstadt mit knapp 6000 Einwohnern, Weimar, konnte so zum geistigen Zentrum Deutschlands aufsteigen. Goethe und Schiller, Wieland und Herder machten die Stadt, die vom Äußeren her eher den Eindruck eines großspurigen Dorfes vermittelte, zu einem Wallfahrtsort für alle Gebildeten, erhoben sie für einige Jahrzehnte zur Hauptstadt des Geistes in einem zersplitterten Deutschland. Eine wahre Hauptstadt aber war sie nicht, wie Goethe schmerzlich empfand: »Gesetzt, wir hätten in Deutschland seit Jahrhunderten nur die beiden Residenzstädte Wien und Berlin oder gar nur eine, da möchte ich doch sehen, wie es um die deutsche Kultur stände... wodurch ist Deutschland groß als durch seine bewundernswürdige Volkskultur, die alle Teile des Reiches gleichmäßig durchdrungen hat?«

Die die Einheit verkörpernden Städte verloren ihre Würde mit dem Ende des Alten Reiches 1806, und als 1815 in der Nachfolge ein deutscher Staatenbund, der Deutsche Bund, gegründet worden war, gab es noch immer keine eine Hauptstadt, sondern ganze 33. Es ist dabei nicht nur an Stuttgart oder Dresden, sondern auch an Detmold oder Gotha zu denken. ›Duodez‹ hieß die abschätzige Bezeichnung für die kleinen Fürstentümer in Deutschland, und ›Duodez‹ als Inbegriff von Engstirnigkeit und übler politischer Reaktion wurde zum Spottobjekt für Operettenschreiber und Satiriker. So eng der Horizont in den kleinen Hauptstädten aber auch sein mochte, so boten sie doch für die Bewohner der Fürstentümer einen politischen und kulturellen Mittelpunkt mit einer reichen, wenn auch unterschiedlich bestückten Palette von Einrichtungen – Theatern, Opernhäusern, Orchestern, Konzertsälen, Museen, Universitäten, höheren Schulen, Bibliotheken, Akademien und Parks.

Der Deutsche Bund von 1815 benötigte für sein Bundesorgan, den Bundestag, in dem die Gesandten der Mitgliedsstaaten über gemeinsam zu lösende politische Fragen berieten, einen Tagungsort. Die Wahl fiel auf Frankfurt, das, gewissermaßen als eine Art von Bundesdistrikt, seine Souveränität gegenüber der Begehrlichkeit Bayerns zurückgewinnen konnte. Und Frankfurt stieg, gut drei Jahrzehnte später, in der Revolution von 1848/49 für kurze Zeit zur ersten wahren deutschen Hauptstadt auf.

Nationalversammlung, Erzherzog Johann als provisorisches Staatsoberhaupt und Reichsregierung amtierten in Frankfurt. Aber als die Abgeordneten über die Hauptstadt des zukünftigen deutschen Nationalstaates berieten, gab es kontroverse Debatten. Mehrere Überlegungen, vor allem aber die zeitweiligen Unruhen in der Stadt, bewogen die Abgeordneten, auch andere Städte als Frankfurt ins Auge zu fassen. Regensburg und Nürnberg wurden genannt, aber auch Dresden, Leipzig, Hanau, Erfurt. Die Revolution scheiterte zwar, aber als 1866 und 1870 der deutsche Nationalstaat in greifbare Nähe gerückt war, gab es wieder Diskussionen um die künftige deutsche Hauptstadt, wobei etwa der preußische Thronfolger und die Gattin des preußischen Königs Kassel favorisierten.

Die Debatten dieser Jahre waren allerdings Phantomdebatten, da Österreich mit seiner Hauptstadt Wien nicht Teil des deutschen

Nationalstaates wurde und auch die nationaldemokratische Bewegung auf die Entscheidungen keinen Einfluß besaß. Für Bismarck, der nun die Entscheidung traf, durfte Preußen nicht in Deutschland aufgehen, sondern mußte »der die Entwicklung beherrschende Kern« bleiben. So gab es für ihn keinen Zweifel, daß das Zentrum der preußischen Macht, Berlin, auch das Machtzentrum des neuen deutschen Reiches werden müsse.

Da war er nun, der Mittelpunkt, der »gemeinschaftliche Schauplatz für Talente, Künste und Wissenschaften«, den Wieland 1780 erträumt, aber in Deutschland nicht für möglich und vielleicht auch nicht für wünschenswert gehalten hatte. Die heimliche Furcht der Schriftsteller der deutschen Klassik vor einer überragenden Metropole in Deutschland fand, als sie nach 1871 Wirklichkeit geworden war, in der Verketzerung Berlins durch die zeitgenössische Kulturkritik erneuten Ausdruck.

Diese ging auf die Mittelalterbegeisterung des 19. Jahrhunderts zurück, die Städte wie Nürnberg zu deutschen Idealstädten werden lassen wollte. In einer Zeit, in der sich Nürnberg neben Augsburg zu einer modernen Industriestadt in Bayern wandelte, verankerten unabhängig von der zeitgenössischen Realität unzählige Grafiken und Historienbilder seine spätmittelalterliche Erscheinung im Gemüt der Deutschen. Diese »deutscheste aller deutschen Städte«, die Heimat der Meistersinger, mußte auch der gegebene Ort für das Vorhaben des Freiherrn von Aufseß sein, ein Nationalmuseum als Ausdruck der kulturellen Einheit der Deutschen anzusiedeln.

Einen vergleichbaren Symbolgehalt erhielt Weimar als der Ort, an dem der Geist über die Macht dominierte. Es stand für ein deutsches Ideal, das von Politik nicht korrumpierte Deutschland der Dichter und Denker. ›Nürnberg‹ und ›Weimar‹ waren Chiffren für Eigentümlichkeiten des deutschen politischen Denkens. Sie verkörperten organische Gemeinschaft, Geistigkeit, Kultur, Freiheit gegen künstliche, von Interessengegensätzen zerrissene Gesellschaft, gegen Politik, Zivilisation und Stimmrecht, die sich mit ›Berlin‹ verbanden.

Die Idealisierung der mittelalterlichen Stadt oder des kleinen, überschaubaren, sich selbst genügenden kulturellen Kosmos, korrespondierte mit einer neuen Hochschätzung des Landes als der Lebensquelle eines Volkes, wie es Johann Heinrich Riehl und viele nach ihm propagierten. Vielleicht waren für die Bewußtseinsprägung Künstler wie Ludwig Richter noch einflußreicher, der mit seinen ungemein populären Druckgraphiken das Bild des Lebens auf dem Land als eine durch keinerlei Konflikte getrübte Idylle tief in der Vorstellungswelt der Deutschen verankerte. Die neue aufsteigende Welt aber wurde als Modernisierungsschock, als Krise, als Bedrohung für alle hergebrachten Formen der Kultur empfunden. Die Kulturkrise ging, so nahm man es wahr, von der großen Stadt aus, die als Synonym für Moderne galt.

Die Reichshauptstadt Berlin überstieg nun bald alle gewohnten Maßstäbe einer deutschen Stadt. Überdies war sie der Ort, an dem die Umwälzung der alten europäischen Welt zur Moderne für die Deutschen am sichtbarsten wurde. Hier stellte man vertraute Werte radikal in Frage und ersetzte sie durch neue. Mußte diese Stadt mit ihrem wirbelnden, atemberaubenden Leben nicht all denen Schrecken einjagen, die in der gemächlichen Welt auf dem Lande oder friedlichen Geruhsamkeit der alten Städte groß geworden waren? Wie es in Berlin zuging, mag eine Tagebuchnotiz der Baronin Hildegard von Spitzemberg aus dem Jahre 1898 verdeutlichen: »Das Getriebe in den Hauptverkehrsstraßen, wie Leipziger- und Friedrichstraße, ist förmlich betäubend; die elektrischen Wagen und die Trams bilden eine ununterbrochene Linie, Wagen aller Art, Droschken, Drei- und Zweiräder zu Hunderten, fahren neben-, vor-, hinter- und oft aufeinander. Das Läuten aller dieser Vehikel, das Rasseln der Räder ist ohrzerreißend, der Übergang ein Kunststück für den Großstädter, eine Pein für den Provinzler. Behauptete doch Frau von Beulwitz, sie hätten sich anfangs gerührt umarmt, wenn sie nach solchem Übergang des Potsdamer Platzes sich gesund auf der Insel wiederfanden!«

Das Kaiserreich ging 1918 in der Revolution unter, und eine Verfassung mußte für die neue deutsche Republik ausgearbeitet werden. Wo sollte die verfassunggebende Versammlung tagen? Wie schon an vorhergehenden Kreuzungspunkten der neueren deutschen Geschichte, wiederholte sich die Suche nach einem geeigneten Ort. Frankfurt meldete seine Ansprüche an, weil die Nationalversammlung des Jahres 1919, wenn sie in der Paulskirche tage, sich sinnfällig in die große freiheitliche Tradition des Jahres 1848/49 einordnen könne. Die süddeutschen Landesregierungen legten einen einstimmigen Antrag vor, die Nationalversammlung nicht nach Berlin zu berufen. Zur Auswahl standen 1919 wieder Nürnberg, aber auch, wie 1866, Kassel; daneben Bayreuth, Jena, Frankfurt, Weimar. Aus sicherheitsstrategischen und praktischen Gründen wählte man Weimar; die Wahl erfolgte aber auch wegen des Mythos dieser Stadt, die als Wirkungsstätte Goethes ein glückhaftes Symbol für die junge deutsche Republik nach innen und außen sein konnte.

Als die Nationalsozialisten 1933 an die Macht kamen und die zentralistische Führerdiktatur aufbauten, stärkten sie die Reichshauptstadt, wovon unter anderem die gigantischen Ausbaupläne Albert Speers zeugen; zugleich aber gaben die Nazis etlichen anderen Städten sozusagen als Kompensation klangvolle Titel wie ›Hauptstadt der Bewegung‹, ›Stadt der Reichsparteitage‹ und andere mehr, welche Einzigartigkeit im Reich suggerierten.

In den Nachkriegsjahren, als die Deutschen nach Wiedervereinigung strebten, wurde Berlin, das 1919 als Gefahr für die deutsche Einheit gegolten hatte, nunmehr zum Symbol der deutschen Einheit, zur Klammer, welche die Westzonen mit den abgetrennten Gebieten im Osten verband. Als jedoch die Deutschen im Westen auf Geheiß der westlichen Siegermächte den zweiten Anlauf dieses Jahrhunderts machten, eine liberale, soziale und rechtsstaatliche Republik zu errichten, und in der östlichen Hälfte des geteilten Landes eine Gegenrepublik entstand, konnte Berlin nicht Hauptstadt werden, da es nicht zu den Westzonen gehörte.

Man benötigte also nur für eine Übergangszeit, wie man dachte, bis zur Wiedervereinigung Deutschlands, einen Parlaments- und Regierungssitz. Bei der Suche gab es wiederum den Wettstreit mehrerer Städte. Karlsruhe, Celle, Kassel – zum dritten Mal seit 1866 – Stuttgart, Frankfurt und Bonn waren im Gespräch. Weil nach den Konferenzen in der amerikanischen und französischen Zone auch einmal die britische Zone zum Zuge kommen sollte, wurde der Parlamentarische Rat 1948 nach Bonn einberufen, um dort das Grundgesetz zu beraten. Bonn erfüllte seine Rolle als Ort der verfassunggebenden Versammlung und stieg, völlig überraschend, neben Frankfurt zum einzigen ernsthaften Kandidaten für die Bundeshauptstadt auf. Für die meisten politischen Beobachter aber erschien es beinahe selbstverständlich, daß die attraktive Großstadt Frankfurt, die so sehr freiheitliche Traditionen der deutschen Geschichte repräsentierte, die sich zudem bereits als Sitz zentraler Behörden der Besatzungszone bewährt hatte, gewählt werden würde. Eine ganze Menge kleinlichen Interessenspiels und viele Intrigen führten jedoch dazu, daß es anders kam. Entscheidend war am Ende die Person Konrad Adenauers, der eine zielgerichtete Politik zugunsten Bonns betrieb.

Für Bonn sprachen jedoch auch sachliche Gründe. Frankfurt wäre von Anfang an kein Provisorium gewesen, sondern mit seinem Gewicht und seinen demokratischen Traditionen ein gefährlicher Hauptstadtkonkurrent für Berlin geworden. Bonn blieb auf die Minimalfunktion einer Hauptstadt beschränkt. Es ist lediglich Sitz der obersten Bundesorgane, des Staatsoberhauptes, des Parlaments und der Regierung. Neben Bonn konnten die alten Landeshauptstädte beweisen, welcher Gehalt, welche Lebenskraft in ihnen steckte. Ohne

Mühe war es ihnen möglich, die weiteren Aufgaben einer großen Industriemacht zu übernehmen und unter sich aufzuteilen.

Bis in die letzten Jahre hinein aber wurde Bonn abschätzig, mitleidig, zornig kritisiert, wie es ja auch mit Berlin nach 1871 geschehen war. Aber, welch seltsame Verkehrung der Fronten: Während Berlin wegen seiner Liberalität, seiner Offenheit, seiner Lebhaftigkeit, seiner Weltläufigkeit Anstoß erregt hatte, es angegriffen wurde, weil es alle Widersprüche der modernen Welt in sich barg, polemisierte man gegen Bonn, weil es zu klein, zu eng, zu provinziell sei. Die Kritiker, die noch die Berliner Luft der zwanziger Jahre in der Nase verspürten, rieben sich an Bonn, weil es Bonn und nicht Berlin war. Bonn, so sagte Carlo Schmid, sei keine ›Metropolis‹, sondern eine ›A-Polis‹, also eine Nicht-Stadt.

Die Kritik ist fast gänzlich verstummt, und in der Rückschau kann man sagen, daß Bonn als Hauptstadt für die Bundesrepublik ein Glücksfall gewesen ist. Deutschland hatte Berlin nicht zuletzt deshalb so schlecht ertragen, weil es so dominierend gewesen war, weil es als Bedrohung der landschaftlichen, geschichtlich gewachsenen Vielfalt empfunden worden war. Das kleine Bonn beschwerte die selbstbewußten Bundesländer und ihre Landeshauptstädte nicht. Bonn bot die Chance, ohne das Gewicht von Geschichte – so hat es Alfred Grosser nachdrücklich vertreten – zum Symbol nicht der deutschen Nation, aber der Demokratie zu werden. Und in diesem Sinne wurde Bonn von Anfang an die Hauptstadt des Staates, Staatshauptstadt und Demokratiehauptstadt.

Mit dem Auftrag des Grundgesetzes zur Wiedervereinigung Deutschlands aber besteht implizit auch der Anspruch Berlins als Hauptstadt eines wiedervereinigten Deutschlands weiter. Die Beschlüsse der Siegermächte vom September 1944 und Juli 1945, dem Gebiet von Groß-Berlin einen Sonderstatus zu geben und es einer gemeinsamen Verwaltung zu unterstellen, ist niemals einvernehmlich aufgehoben worden und besteht daher rechtlich fort, auch wenn der Ostsektor der Stadt im Laufe der Jahre faktisch und rechtlich in die 1949 gegründete DDR integriert wurde, die diesen Teil der Stadt als Sitz ihrer Regierung und – unter Verletzung des Viermächtestatus – als Bestandteil ihres Territoriums in Anspruch nimmt. Im Westteil übertrugen die westlichen Alliierten – unter dem Vorbehalt ihrer obersten Zuständigkeit und bestimmter Rechte, Regierung und Verwaltung dem Senat der Stadt und erlaubten ihre Einbeziehung in die rechtliche, politische und wirtschaftliche Ordnung der Bundesrepublik Deutschland, was durch besondere Verfahrensweisen gewährleistet wird. Im Viermächteabkommen vom September 1971 ist der Fortbestand der Rechte und Verantwortlichkeiten der vier Mächte bestätigt, zugleich ist aber auch bestätigt worden, daß die Bindungen zwischen Berlin (West) und dem Bundesgebiet aufrechterhalten und entwickelt werden können.

Reisekönigtum

Regieren ohne Hauptstadt

Ambulanz von Herrschaftsformen in der frühen deutschen Geschichte

Rudolf Schieffer

Ohne Hauptstadt ist heute kein Staat zu machen. Als die Bundesrepublik entstand, trat der Parlamentarische Rat am 10. Mai 1949, zwei Tage nach der abschließenden dritten Lesung des Grundgesetzes, eigens zu einer letzten Arbeitssitzung zusammen, um noch zwei dringende Aufgaben zu erledigen: Neben der Verabschiedung eines Wahlgesetzes galt es, einen »vorläufigen Sitz der leitenden Bundesorgane« festzulegen, was dann bekanntlich in einer nächtlichen Kampfabstimmung zugunsten Bonns entschieden wurde. Während man hier bewußt den Ausdruck ›Hauptstadt‹ vermied und eine Regelung außerhalb des Grundgesetz-Textes suchte, da doch nur ein Provisorium geschaffen werden sollte, formulierte die schon Monate zuvor vom ›Deutschen Volksrat‹ beschlossene Verfassung der DDR ebenso bedachtsam gleich im Artikel 2: »Die Hauptstadt der Republik ist Berlin.« Bei aller Gegensätzlichkeit war man jedenfalls hüben wie drüben der Meinung, ein funktionsfähiges Staatswesen komme nicht aus ohne einen bestimmten Ort für seine führenden Repräsentanten und obersten Behörden. Dies steht im Einklang mit weltweiter Praxis, wie ein Blick in die Liste der Mitglieder der Vereinten Nationen zeigt. Alle weisen neben Flagge und Hymne ein städtisches Zentrum vor, das (zumindest dem Anspruch nach) als Schauplatz politischer Entscheidungen und öffentlicher Selbstdarstellung ihr Erscheinungsbild nach innen und außen prägt. Staatsgründungen der letzten Jahrzehnte in der Dritten Welt waren nicht selten unmittelbar verknüpft mit der Einrichtung einer solchen Hauptstadt.

Dabei ging es mitunter recht willkürlich zu. Die Schwierigkeiten, die sich zum Beispiel ergeben, wenn in einer Zone dünner Besiedlung einem wenig seßhaften und vielleicht noch durch Stammesrivalitäten gespaltenen Volk eine politische Ordnung mit festem Mittelpunkt übergestülpt werden soll, können uns bis in die Gegenwart bewußt machen, daß die Existenz einer Hauptstadt, daß Regieren von einer Zentrale aus, an verschiedene Bedingungen gebunden ist, die geschichtlich nicht von vornherein gegeben sind. Auch die deutsche und überhaupt die europäische Geschichte schließen weite Zeiträume ein, in denen es keineswegs selbstverständlich und sogar faktisch unmöglich war, das staatliche Leben, damals hauptsächlich die Ausübung von Herrschaft, dauerhaft auf eine Kapitale zu konzen-

Königswahl Heinrichs VII. in Frankfurt und Krönung in Aachen – aus der Bilderchronik des Codex Balduini (Kat. Nr. 1/1)

trieren. Das lag nur vordergründig daran, daß es im bäuerlich-aristokratischen Früh- und Hochmittelalter, also zur Zeit der Merowinger, Karolinger, Ottonen, Salier und auch noch der Staufer (6. bis 13. Jahrhundert), kaum Plätze gab, die die Bezeichnung ›Stadt‹ verdienen, nachdem die urbane Kultur der Antike, die sich ohnehin auf das Römerreich beschränkt hatte, versunken war. Gravierender noch als das Fehlen städtischer Siedlungen, die baulich und personell einen Königshof ständig hätten aufnehmen können, war die Tatsache, daß es auch an den unabdingbaren Verkehrs- und Nachrichtenverbindungen sowie am ganzen administrativen Unterbau mangelte, um von einer festen Residenz aus alles überblicken und entscheiden zu können. Statt dessen empfahl es sich, daß der König selbst umherzog und von Zeit zu Zeit nach dem Rechten sah, also an Ort und Stelle seine Getreuen versammelte und Anordnungen traf, Ämter vergab und Streitfälle entschied. Da sich nicht jeder sogleich seinem Machtwort beugte, blieb es im übrigen nicht aus, daß die königlichen Reisen auch in Strafexpeditionen oder Feldzüge übergingen. Gerade daran wird deutlich, daß der politische Erfolg davon abhing, sich nicht auf eine Hauptstadt zu fixieren, sondern den gegebenen Raum beweglich zu nutzen. An der Ausdehnung und Häufigkeit der Reisen läßt sich im Rückblick am ehesten ablesen, inwieweit es einem König gelang, seinem herrscherlichen Willen Geltung zu verschaffen.

Zu den praktischen Erfordernissen des Regierungsalltags kam das Bedürfnis nach sichtbarer Darstellung der königlichen Würde. In den begrenzten Gesichtskreis der meisten damaligen Menschen konnte der gesalbte und gekrönte Herrscher nämlich nur treten, wenn er seine zeremoniellen Handlungen über das Land verteilte. Der König war ja viel mehr als ein modernes Staatsoberhaupt; seine Autorität wurzelte in halbmagischen Vorstellungen von Geblüt, Fruchtbarkeit und Sieghaftigkeit und wurde christlich umgedeutet als göttliche Erwählung und beständige Begnadung. Demgemäß boten gerade die hohen Kirchenfeste immer wieder Gelegenheit, die ideellen Grundlagen der politischen Ordnung augenfällig zu machen, indem der Herrscher an dafür geeigneten Orten im vollen Ornat und umgeben von viel geistlicher und weltlicher Prominenz feierlich zur Kirche zog, dem Gottesdienst beiwohnte und sich anschließend der

Italienzug Heinrichs VII. – aus der Bilderchronik des Codex Balduini (Kat. Nr. 1/1)

Modell der karolingischen Königspfalz Ingelheim (Kat. Nr. 1/3)

staunenden Menge als ihr gottgewollter Gebieter präsentierte. Derartige Besuche sind in Annalen und Chroniken als stolze Höhepunkte des lokalen Geschehens verzeichnet worden, und es gibt genug Beispiele dafür, daß mittelalterliche Könige durch ihr bloßes persönliches Erscheinen Mißstimmungen überwanden und Aufrührer zum Einlenken bewogen.

Daneben sprachen aber auch elementare wirtschaftliche Notwendigkeiten für eine ambulante Herrschaftsführung. Der König lebte mit seiner recht zahlreichen Umgebung von den Erträgen seiner im Reich verstreuten Landgüter, von Abgaben der großen Kirchen und von Zuwendungen des ihm ergebenen Adels. Solange sich nicht das Geld im alltäglichen Verkehr durchsetzte, waren dies Naturalien, die sich kaum zur kontinuierlichen Ablieferung in eine mehr oder minder ferne Hauptstadt eigneten. Weit zweckmäßiger war es, daß der Herrscher dorthin kam, wo für ihn Vorräte bereitgehalten wurden, und für Tage oder Wochen Quartier nahm, bis Scheunen, Ställe und Keller geleert waren. Die sogenannte Königsgastung, d. h. die Verpflichtung zur Beherbergung und Bewirtung des umherziehenden Monarchen, war nichts anderes als eine archaische Form der Steuererhebung, die sich im Rahmen des jeweils Zumutbaren halten mußte, um dauerhaft ergiebig zu bleiben. Manche Historiker sprechen hier bildhaft vom ›Abweiden‹ des Reichsguts und der sonstigen Ressourcen, um zu verdeutlichen, daß der Königshof gleich einer mobilen Schafherde einen Futterplatz nach dem anderen aufsuchte.

Um eine konkrete Vorstellung von dem Regierungsstil zu vermitteln, der aus solchen Voraussetzungen resultierte, sei ein Jahr der staufischen Reichsgeschichte herausgegriffen. 1156 hatte Friedrich Barbarossa gerade seinen ersten Italienzug hinter sich, der ihm die Kaiserkrone einbrachte, und ging daran, seine Herrschaft nördlich der Alpen weiter zu festigen. Wie die Ortsangaben seiner Urkunden und ergänzende Nachrichten der Chronisten erkennen lassen, begann er nach den Weihnachtstagen in Worms seinen Reiseweg, indem er rheinaufwärts nach Speyer (8. Januar) und nach Straßburg (25. Januar) zog. Dort machte er offenbar kehrt, hielt in der zweiten Februarhälfte eine größere Reichsversammlung in Frankfurt ab und wandte sich dann dem Nordwesten zu, wo er den ersten Sonntag der Fastenzeit (4. März) in Lüttich beging, anschließend zur Wahl eines neuen Bischofs in Utrecht erschien und an Ostern (15. April) in Münster weilte. Auf dem weiteren Zug nach Sachsen erreichte der Kaiser am 1. Mai in Halberstadt den nördlichsten Punkt seiner Route in jenem Jahr, bevor er sich nach einer Station auf der Boyneburg bei Eschwege am 10. Mai zügig nach Süden begab. Pfingsten (3. Juni) verbrachte er auf einer Burg des Pfalzgrafen Otto von Wittelsbach, vermutlich Kelheim an der Donau, beschäftigt mit Verhandlungen über die beabsichtigte Übergabe des Herzogtums Bayern an seinen Vetter Heinrich den Löwen. In der ganzen folgenden Woche (10. bis 17. Juni) wurde in Würzburg die Vermählung Friedrichs mit Beatrix von Burgund glanzvoll gefeiert. Während der Sommermonate durchzog der Kaiser Franken, Schwaben und das Elsaß und versammelte in Nürnberg, Ulm und Colmar die Großen dieser Gegenden, doch veranlaßten ihn dann die bayeri-

Ansicht der Königspfalz und der Kirche St. Simon und Judas (Dom) in Goslar (Kat. Nr. 1/4)

schen Angelegenheiten zur Umkehr. Nach letzten Beratungen auf der Burg Donaustauf vollzog er am 8./17. September in Regensburg vor zahlreichen Großen die Erhebung Österreichs zum Herzogtum und die definitive Einigung mit den Welfen. Über Würzburg und Worms ging es im Spätherbst nach Burgund, wo uns keine einzelnen Aufenthaltsorte genannt werden, und von dort aus zu Weihnachten wieder nach Speyer.

Rechnet man alles zusammen, so kommt man auf eine Strecke von 3500 bis 4000 Kilometern, die Friedrich I. in diesem Jahren zurückgelegt hat. Nirgends kann er länger als einen Monat verweilt haben, an den meisten der erwähnten Orte war er nur wenige Tage. Einschließlich der notwendigen Zwischenstationen ergeben sich etliche Dutzend verschiedener Übernachtungsplätze binnen Jahresfrist. Das war nicht leicht zu organisieren, zumal der Herrscher nicht allein, sondern mit seiner Familie, mit hohen und niedrigen Dienern, mit geistlichen und weltlichen Beratern (samt deren Personal), mit Fürsten, Gesandten und Bittstellern durch die Lande zog und naturgemäß ebensoviele Pferde und beträchtliches Gepäck bei sich führte. Um Hunderte von Personen unterbringen und versorgen zu können, bedurfte es umsichtiger Vorkehrungen, so daß eine gewisse Reiseplanung unumgänglich war. Dabei flossen offenbar langfristige Überlegungen und plötzliche Entschlüsse ineinander. Fixpunkte bildeten die kirchlichen Hochfeste und die Reichsversammlungen, die rechtzeitig angekündigt werden mußten, während über den Rest des Jahres je nach politischer Lage disponiert werden konnte. Erfahrungen hatte man zudem mit den häufiger benutzten Reisewegen, den ›Königsstraßen‹, die vielfach Flußläufe waren, und ihrer Einteilung in Tagesetappen von 20 bis 35 Kilometern. Dennoch kam viel Unverhofftes dazwischen: Nachrichten über Todesfälle und Gewalttaten, offener oder befürchteter Widerstand, das Ausbleiben von Verhandlungspartnern und Wandlungen im Meinungsklima

Rekonstruktion des Aachener Pfalzbezirks in karolingischer Zeit nach Leo Hugot (Aachen, Museum für Stadtgeschichte und Kunstgewerbe, Burg Frankenberg)

am Hof selber. All dies konnte immer wieder zu nicht programmgemäßen Umwegen, Verzögerungen, ja Kehrtwendungen führen, ganz abgesehen von den Improvisationen, zu denen Krankheiten, Unwetter und Versorgungsprobleme nötigten. Um zu einem ganz bestimmten Termin das vorgesehene Ziel zu erreichen, wo alles zum Empfang gerüstet war, wurden daher bisweilen auch Gewaltmärsche von 50 bis 70 Kilometern am Tag erforderlich, und notfalls mußte in Bauernhütten, Scheunen oder auf freiem Feld eine Nacht überstanden werden.

Man sieht, daß sich die staufische Reichsgeschichte auf rasch wechselnden Bühnen abspielte. Die Aufenthaltsorte des Hofes, die in den Quellen des Jahres 1156 meist hervorgehoben sind, weil dort besonders wichtige Akte in Szene gesetzt wurden, spiegeln zugleich die Folge der Gastgeber wider, denen nacheinander die Würde und Bürde zufiel, für den Kaiser und seine Umgebung aufzukommen. Ganz offenkundig ist dabei das wirtschaftliche und politische Gewicht der Kirche, denn die Mehrzahl der genannten Orte – und gerade die Schauplätze der spektakulärsten und d. h. am besten besuchten Ereignisse – waren Bischofssitze: Speyer, Straßburg, Lüttich, Utrecht, Münster, Halberstadt, Würzburg, Regensburg und Worms. Hier oblag es dem Bischof und seiner Güterverwaltung, alles bereitzustellen, was zum reibungslosen Verlauf einer Festfeier oder einer Reichsversammlung vonnöten war: Unterkünfte und Stallungen, eine angemessen geschmückte Domkirche und einen Versammlungsplatz im Freien, Verpflegung samt Geschirr und Transportmitteln und vieles andere mehr aus der Stadt und ihrer Umgebung. Eigene Gebäude, die die Herrscher früherer Jahrhunderte an manchen dieser Orte noch besessen hatten, waren bis zur Stauferzeit in den Besitz der Bischöfe übergegangen, auf deren Loyalität und administrative Überlegenheit die Könige auch sonst vertrauten. Ähnliches gilt von den großen, alten Reichsabteien (wie Corvey, Hersfeld, Fulda, Lorsch oder Reichenau), die 1156 nicht ausdrücklich unter den Reisestationen erscheinen, in Anbetracht ihrer Ausstattung aber gleichfalls mit derartigen ›Staatsbesuchen‹ zu rechnen hatten. Dagegen hat uns der Zufall der Überlieferung mit der Erwähnung der Pfingstfeier auf einer Burg des bayerischen Pfalzgrafen einen wertvollen Hinweis darauf zugespielt, daß es sich auch weltliche Große gegebenenfalls etwas kosten ließen, den Herrscher bei sich aufzunehmen; freilich wird dazu eigens vermerkt, daß Barbarossa als Privatmann, also wohl mit kleinerem Gefolge, erschien.

Das Büstenreliquiar mit einem Idealbildnis Karls des Großen gilt als Geschenk Kaiser Karls IV. Mit der Krone wurde Karl IV. 1349 in Aachen gekrönt, da die Reichskleinodien noch in der Verfügungsgewalt der Erben seines Vorgängers waren. (Aachen, Domkapitel)

Erheblich mehr Möglichkeiten eröffneten da schon jene Plätze, an denen der König auf eigenem Grund und Boden einkehrte. Neben ererbtem Familienbesitz der Dynastie waren dies vor allem die von den Vorgängern übernommenen zentralen Orte des Reichsguts, die als Sammelstellen der Fiskalerträge ohnehin seine wirtschaftliche Basis ausmachten, und darüber hinaus teils den Schutz sicherer Befestigungen, teils die Annehmlichkeit eigens errichteter Gebäude für Herrscheraufenthalte boten. Der Typ der Reichsburg ist 1156 durch die nordhessische Boyneburg vertreten, die sich die Könige erst ein gutes Jahrzehnt zuvor aus dem Nachlaß einer ausgestorbenen Grafenfamilie gesichert hatten und nun unter der Leitung des Abts von Fulda zu einem wichtigen Stützpunkt auf dem Weg von Süddeutschland nach Sachsen ausbauen ließen. Dagegen gehören zu den als zeitweilige Residenzen eingerichteten Orten, die wir darum im prägnanten Sinne Pfalzen nennen, vornehmlich Frankfurt, wo schon seit 794 weit über hundertmal ein König in dem Gebäudekomplex auf dem Römerberg abgestiegen war, ferner Ulm, wo auch bereits die Karolinger Hof gehalten hatten und um die Mitte des 12. Jahrhunderts herrscherliche Neubauten im Bereich des Weinhofs entstanden, sowie Nürnberg, dessen Kaiserburg auf die Salier zurückgeht und ebenfalls von den Staufern weiter ausgestaltet worden ist. Was solche Pfalzorte 1156 vor anderen Reisestationen des Hofes auszeichnete, war nicht allein die hervorragende Verkehrslage inmitten wichtiger Verbindungslinien und die Nachbarschaft zu ergiebigen Reichsgutsbezirken; entscheidend fiel ins Gewicht, daß außer dem Wirtschaftshof (mit Speichern) ein repräsentativer, zweistöckiger Steinbau, möglichst mit einem hallenartigen Hauptraum, dem König jederzeit verfügbar war und seinem Auftreten die standesgemäße Kulisse bot. Daneben bedurfte es weiterer Wohngebäude (oder doch Zeltplätze) und einer Kirche zumindest mittlerer Größe, aus der sich nicht selten ein Stift entwickelte. Dagegen ist eine Befestigung, deren Anlage oft mit einer Verkleinerung des Areals verbunden war, erst nach und nach zu einem regelmäßigen Merkmal geworden. Kontinuierlich über längere Zeit besuchte Pfalzen zogen Händler und Handwerker an und wurden so durchweg zum Keim einer städtischen Siedlung.

Wenn irgendwo, so lagen hier die Ansatzpunkte, um die Praxis der täglich oder wöchentlich wechselnden Hauptstadt zu überwinden und zu einer ständigen Residenz des Königs zu gelangen. Es ist keineswegs so, als ob daran im Mittelalter nie gedacht worden wäre. Als Vorbild konnte man sich Karls des Großen entsinnen, der im letzten Drittel seiner langen Regierung ganz überwiegend in Aachen gelebt und diese Pfalz nur noch zu einzelnen Reisen verlassen hatte, was freilich auch vom schwindenden Elan des alternden Kaisers zeugt. Im räumlich engeren Rahmen Bayerns oder Oberitaliens gab es mit Regensburg und Pavia Beispiele dauerhaft zentraler Orte zumindest für Versammlungen der Großen, die dann mit der Zeit dazu übergingen, sich dort auch feste Quartiere zu sichern. Tatsächlich ist bei einer längerfristigen Beobachtung der Reisegewohnheiten der einzelnen Herrscher (und zumal bei einer Umsetzung der Befunde ins Kartenbild), anders als bei der Analyse eines einzigen Jahres wie 1156, unschwer zu erkennen, daß die meisten für bestimmte Plätze oder Gegenden eine deutliche Vorliebe zeigten, indem sie dort Jahr für Jahr (oder noch öfter) erschienen und dann für eine ganze Weile blieben. Wo für sie jeweils in diesem Sinne die Mitte des Reiches lag, hing von vorgegebenen politischen und wirtschaftlichen Faktoren ebenso wie von individuellen Entscheidungen ab. So hatten die ostfränkischen Spätkarolinger in der zweiten Hälfte des 9. Jahrhunderts eine klare Präferenz für Frankfurt und Regensburg, während unter den Ottonen das angestammte Sachsen mit den Pfalzen der Harzgegend und dem geistlichen Zentrum Magdeburg in den Vordergrund rückte. Im weiter gespannten Wegenetz der Salier kam den mittelrheinischen Bischofssitzen Mainz, Worms und Speyer mit den benachbarten Pfalzen wie Frankfurt, Tribur und Ingelheim ein gewisser Vorrang zu, und die Staufer schließlich bevorzugten teils den linken Oberrhein von Kaiserslautern bis Basel (mit Schwerpunkt Hagenau), teils die schwäbisch-fränkischen Lande zwischen Neckar, Donau und Main (mit Orten wie Würzburg, Nürnberg, Ulm und Wimpfen). Jedesmal wurden Gebäude errichtet oder erneuert, Bedienstete installiert und andere Vorkehrungen getroffen (bis hin zur Überlassung von Baugrund oder Behausungen an Reichsfürsten) in der Erwartung einer künftig häufigeren oder gar regelmäßigen Hofhaltung an dem favorisierten Ort, und jedesmal ist die weitere Entwicklung darüber hinweggegangen, weil die strukturellen Lebensbedingungen des Königtums und dazu jähe Wendungen im Schicksal der verschiedenen Dynastien einer räumlichen Verfestigung der Herrschaftsausübung im Wege standen.

Erst recht stieß es auf unüberwindliche Schwierigkeiten, mit der Tatsache Ernst zu machen, daß das mittelalterliche Reich seinen Namen eigentlich von einer Hauptstadt par excellence herleitete: Rom, dem Ursprungsort des Kaisertums und Mittelpunkt der lateinischen Kirche. ›König der Römer‹ wurde seit dem 11. Jahrhundert sogar der noch nicht zum römischen Kaiser erhobene, in Deutschland gewählte und geweihte Herrscher genannt, dem von der Tradition Karls des Großen und Ottos des Großen nächst Aachen, dem deutschen Krönungsort, eben die Ewige Stadt als Reiseziel vorgezeichnet war. In der Tat haben alle Nachfolger Ottos I. dorthin gestrebt – wider jede »realpolitische« Vernunft, wie manche Historiker des 19. Jahrhunderts meinten –, und die meisten sind früher oder später auch an den Tiber gelangt und haben vom Papst die Kaiserkrone empfangen, die ihnen besonderes Ansehen in der Christenheit und die Verpflichtung zum Schutz der römischen Kirche einbrachte. Die praktischen Konsequenzen dieses feierlichen Zeremoniells blieben indes weit hinter den hohen Ansprüchen zurück. So wenig wie die Kaiser als solche einen fühlbaren Vorrang gegenüber den anderen christlichen Herrschern durchsetzen konnten, gelang es ihnen, in ›ihrer‹ Stadt nachhaltig Fuß zu fassen. Man hat ausgerechnet, daß von 962 bis 1493 zwar 18 römische Kaiser fünfundvierzigmal in Rom waren, daß die Gesamtdauer ihrer Aufenthalte aber nur knapp fünf Jahre betrug, also weniger als ein Prozent des Zeitraums. Was sie in der Regel rasch wieder abreisen ließ, waren nicht nur die heimatferne Lage und das ungesunde Klima Roms, sondern mehr noch die Wechselfälle der häufigen lokalen Adelskämpfe, seit dem 12. Jahrhundert auch das Auftreten kommunaler Organe und vor allem das päpstliche Beharren auf ungeteilter Stadtherrschaft. Zu seinen Wurzeln gehörte nicht allein die gefälschte Schenkung Konstantins, aus der abgeleitet wurde, daß jede weltliche Macht vom Sitz des höchsten Priestertums ausgeschlossen sei, sondern auch der historisch verbürgte Sachverhalt, daß Rom in der Spätantike bereits lange vor dem Erlöschen des alten Kaisertums aufgehört hatte, dessen alltägliche Residenz zu sein. In diesem politischen Vakuum gingen die maßgeblichen Impulse zwangsläufig nicht mehr vom kaiserlichen Palatin, dem Urbild aller ›Paläste‹ und ›Pfalzen‹, oder gar vom Forum Romanum aus, sondern vom Lateran als der Bischofskirche und dem Verwaltungssitz der Päpste, und es blieb daher ein flüchtiger Anachronismus, daß sich der junge Otto III. seit 998 auf dem Hügel der antiken Caesaren häuslich einzurichten begann und bis 1001 mit einer Verweildauer von insgesamt 16 Monaten in der Stadt die Absicht zu erkennen gab, das Imperium wieder bevorzugt von Rom aus zu regieren. Ein Aufstand der Römer und der frühe Tod des Kaisers (1002) setzten dem Experiment rasch ein Ende.

Da sich also weder nördlich noch südlich der Alpen eine dauerhafte Hauptstadt schaffen ließ, blieb dem deutschen Herrscher des Mittelalters nichts übrig, als gemäß einer einprägsamen Formel »sein hohes Gewerbe im Umherziehen zu betreiben«. Auf einer Kulturstufe, die den allermeisten Menschen ein ziemlich ortsfestes Dasein mit beschränktem Horizont zudiktierte und räumliche Mobilität zum sozialen Privileg machte, scheint es nur konsequent zu sein, daß dem Träger der höchsten irdischen Würde das Reisen geradezu als beständige Lebensform zufiel. Der König hob sich damit sogar noch von den an der Macht beteiligten fürstlichen Großen ab; diese mußten zwar auch viel unterwegs sein, hatten aber doch mit ihrem Bischofssitz, ihrer Abtei oder ihrer Stammburg letztlich immer eine Heimstatt, von der sie aufbrachen und zu der sie zurückkehrten, während die Könige nie anderen als vorläufigen Zielen entgegenstrebten. Auch ihre Berater und Diener teilten das unstete Leben im Sattel durchweg nur eine Zeitlang, weil sie sich früher oder später zum Lohn irgendwo als Bischof, Propst, Kanoniker, Grundherr oder Gutsverwalter niederlassen konnten. So blieb es im Grunde allein dem Herrscher vorbehalten und aufgegeben, bis zum Ende seiner Tage in dauernder Bewegung zu bleiben. Er bedurfte schon deshalb einer robusten Gesundheit und mußte die Art seines Regierens den ambulanten Lebensbedingungen anpassen. Dazu gehört, daß er sich bei der Vorbereitung und Begründung seiner Entschlüsse kaum auf schriftliche Unterlagen stützen konnte, denn ein geordnetes Archiv auf Wagen und Karren durch die Lande zu führen, war natürlich undenkbar. Den Wünschen und Herausforderungen, die ihm an den einzelnen Reisestationen begegneten, mußte eher spontan und im mündlichen Austausch mit den Begleitern entsprochen werden, auch auf die Gefahr hin, mit dem Resultat in Gegensatz zu den eigenen früheren Anordnungen oder denen der Vorgänger zu treten. Ebensowenig konnte der Hof jahrhundertelang überblicken, was aus den reichlich erteilten Zusicherungen und Rechtstiteln wurde, nachdem man sie einmal aus der Hand gegeben hatte und ihre weitere (unverfälschte) Aufbewahrung allein zur Sache der Begünstigten geworden war. Solchen

Bardowiek
Verden
Petershagen
Minden
Nimwegen
Bocholt
Detmold
Lüdge
Lippspringe
Lippeham
Paderborn
Herstelle
Eresburg
Köln
Düren
Gent
Herstal
Aachen
Lüttich
Hersfeld
Seilles
Valenciennes
Godinne
Fulda
Salz
Frankfurt
Mainz
Corbeny
Longlier
Kostheim
Douzy
Ingelheim
Würzburg
Attigny
Lorsch
Worms
Reims
Blanzée
Diedenhofen
Verzenay
Metz
Speyer
Schweigen
Regensburg
Bramrath
Gondreville
Champ-le-Duc
Auxerre
Schlettstadt
Salzburg
Remiremont
Itinerar Karls des Großen (768–814)
bekannte ottonische Königswege
nachgewiesene Aufenthalte in:
Pfalz
Kloster
Bischofsitz
Erzbischofsitz
Burg
Sonstige Aufenthaltsorte
3 Zahl der Aufenthalte
N
0
100 km

Leesum
Bremen
Arneburg
Werben
Wildeshausen
Lingen
Trele
Deventer
Utrecht
Thiel
1 Rhenen
Vreden
Herford
Minden
Hildesheim
5
22 Magdeburg
Frohse
Derenburg
Goslar
Werla
Brüggen 4
2
6
Münster
Wiedenbrück
1 Elten
Nimwegen 3
Kessel
Xanten
Corvey
1 Pöhlde
Quedlinburg 16
Merseburg 4
Waben
Wurzen
Strela
1 Grona
Allstedt
2 Nord-hausen
6
Wiehe
5
Paderborn
1
5 Dortmund
Essen
Duisburg 2
Kaiserswerth
Laer
Kassel 1
Kaufungen
1 Meinleben
Naumburg
Zeitz
Rochlitz
Neuss
Fritzlar 3
Hersfeld
Dornburg 4
Maastricht 1-2
Visé 1-2
Aachen 9
Lüttich
7 Köln
1-2 Villich
Bonn
Ebsdorf
1 Saalfeld
Büllingen 1
Stablo
Rhein-bach
Hammerstein
Berstedt
3 Salz
Rohr
Andernach
Koblenz
1 Kloppenheim
Boppard
St. Goar
Mainz 6
12 Bürgel
Frankfurt
Thüngen
Gelders-heim
Kraisdorf
Ingelheim 10
Tribur 1
Oppen-heim
Seligenstadt
Würzburg
Bamberg
Hierschaid
Ivois
Trier
Worms 5
1 Lorsch
Forchheim
Diedenhofen
Ladenburg
Langenzenn 1
Nürnberg
Verdun
Bussendorf
2 Speyer
Roßtal
See
Metz
Weissenburg 1
Bruchsal
Heimsheim
Weissenburg
5 Regensburg
Pondorf
Moyenvice
Wintersbach
Nattheim
Schierling
Nieder-Altaich
Brumpt 1
Straßburg
Pforzheim
Neuburg
Moosburg
Passau
3 Erstein
Ulm
Sontheim
Freising
Augsburg
Mehring
Ötting
Illertissen
Ebersberg
Imbshausen
Breisach
Ruffach
Hohentwiel
Reichenau
Staffersee
Polling
Basel
Konstanz
Zürich
St. Gallen
Brenner
Chur
Septimer
Itinerar Otto des Großen (936 - 973)
bekannter ottonischer Königsweg
nachgewiesene Aufenthaltsorte
3 Zahl der Aufenthalte
N
0
100 km

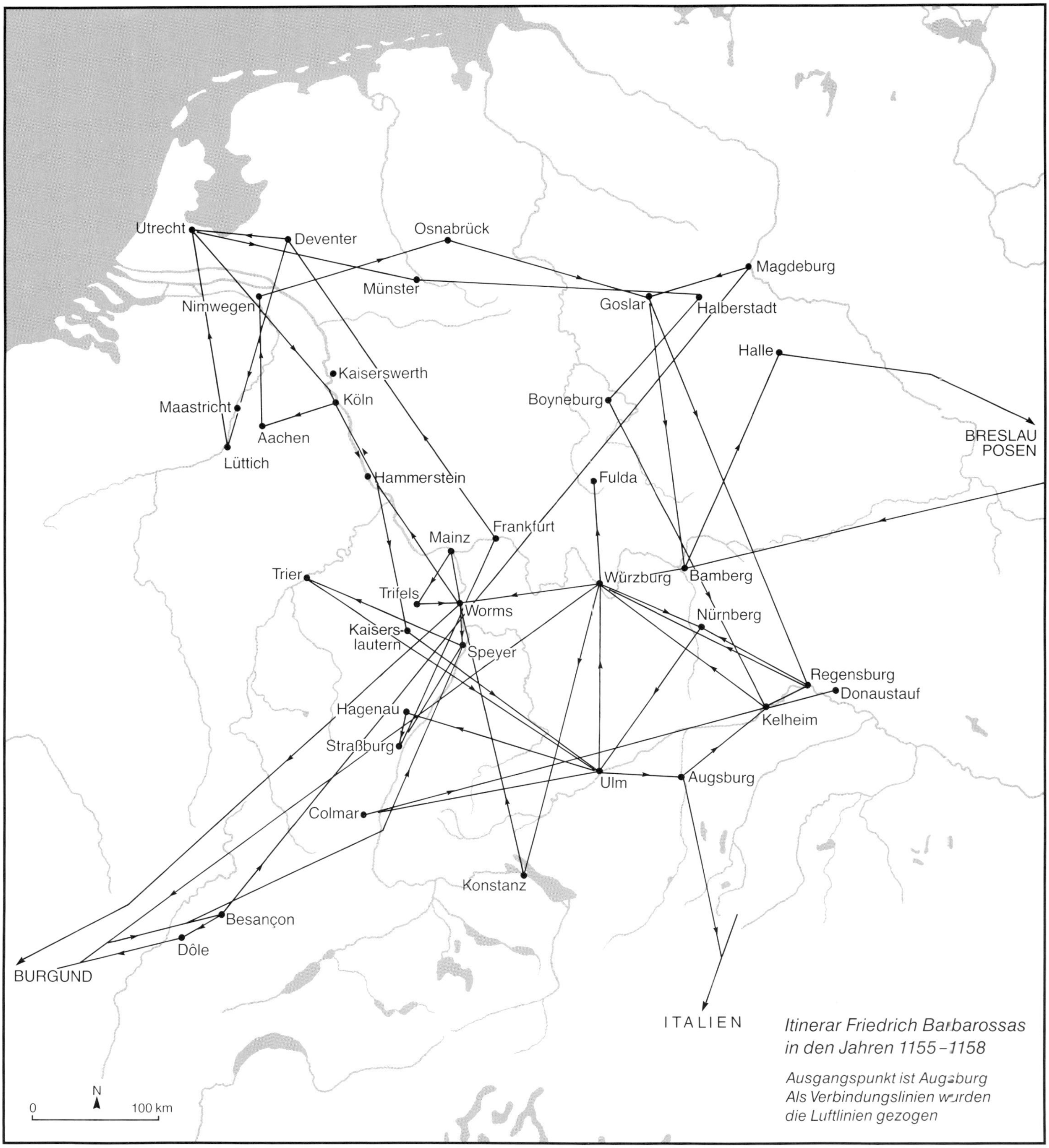

Itinerar Friedrich Barbarossas in den Jahren 1155–1158

Ausgangspunkt ist Augsburg
Als Verbindungslinien wurden die Luftlinien gezogen

Defiziten steht der beträchtliche Vorsprung an unmittelbarer Orts- und Personenkenntnis gegenüber, den ein langlebiger Herrscher im Laufe der Jahre gewann und den man nicht hoch genug veranschlagen kann. Praktisch überall schon einmal gewesen zu sein und im ganzen Lande die einflußreichen Leute in ihrer eigenen Umgebung erlebt zu haben, war von unschätzbarem Wert in einer politischen Ordnung, die kaum auf dem Eigengewicht von Institutionen, sondern auf einem Geflecht persönlicher Loyalitäten beruhte. Solange sich die Führungskunst des Königs vor allem durch steuernde Eingriffe in die permanenten Rivalitäten der großen Familien zu erweisen hatte, war die Fähigkeit zu autoritativem Auftreten an Ort und Stelle, zur Einschätzung der Menschen und zur unmittelbaren Einwirkung auf ihr Verhalten weitaus wichtiger als die gründliche Bearbeitung der Akten einer bürokratischen Hofkanzlei.

Das Regieren ohne Hauptstadt, das nicht dem bewußten Entschluß einzelner entsprungen war, wurde genausowenig mit einem Schlage überwunden. Ein Blick über die deutschen Grenzen hinaus lehrt, daß die Reiseherrschaft überall etwa vom 13. Jahrhundert an nachließ, und zwar weil sich zentrale Behörden herausbildeten, die eine häufige Anwesenheit des Königs am Ort erforderten, weil durch untergeordnete Organe sichergestellt wurde, daß die dort getroffenen Entscheidungen landesweiten Respekt fanden, und weil sich Besteuerungsformen durchsetzten, die ein buchstäbliches ›Abweiden‹ von Naturalerträgen erübrigten. Diese tiefgreifenden Wandlungen, die erst der Monarchie das Übergewicht vor allen konkurrierenden Gewalten verschafften und einen Staat als umfassenden Organismus denkbar machten, haben sich in Deutschland allerdings nicht auf der Ebene des gesamten Reiches, sondern bei der Verfestigung der Landesherrschaft in den einzelnen Territorien abgespielt, nachdem in der Stauferzeit der Versuch gescheitert war, das Königtum und Kaisertum durch den Rückhalt einer dynastischen Erbfolge dem nivellierenden Einfluß der Großen zu entziehen. Die fortschreitende Konsolidierung der historisch siegreichen Fürstenmacht ist gerade am Hervortreten zahlreicher mehr oder minder fester Residenzen abzulesen, die bis zum Beginn der Neuzeit zu administrativen Mittelpunkten der Territorien wurden und seither die politische Landkarte Deutschlands bestimmen: Düsseldorf und Oldenburg, Schwerin und Berlin, Dresden und Weimar, Kassel und Coburg, Heidelberg und Stuttgart. In den geistlichen Fürstentümern fiel dieselbe zentrale Rolle primär den Bischofsstädten (wie Mainz, Würzburg oder Bamberg) zu und mußte nur dort, wo sich die Bürger volle Stadtfreiheit erstritten, allmählich auf einen geeigneteren Platz unter dem Krummstab übertragen werden. Dies hat z. B. Bonn seit dem 16. Jahrhundert zur Residenzstadt des Kölner Kurstaates aufrücken lassen, nachdem die Erzbischöfe zuvor auch Brühl, Lechenich und Godesberg mit ähnlicher Regelmäßigkeit aufgesucht hatten.

Bei diesem Übergang zu moderneren Herrschaftsformen konnten die spätmittelalterlichen Könige nur mithalten, wenn sie in analoger Weise nach dem Ausbau der Hoheitsrechte in den Stammlanden ihres Hauses strebten. Das bestimmte den räumlichen Radius ihres persönlichen Wirkens und damit ihr Reisepensum auf die Dauer stärker als die außerhalb davon gelegenen Reste des Reichsguts, die daher in wachsendem Maße verpfändet und aufgegeben wurden. Da schon die Staufer und erst recht die nachstaufischen Königsfamilien ihren Machtschwerpunkt im Süden des Reiches hatten, konnte es nicht ausbleiben, daß zunächst der Norden und Osten, bald aber auch der Westen mehr und mehr aus ihrem unmittelbaren Blickfeld gerieten und statt dessen z. B. München unter dem Wittelsbacher Ludwig dem Bayern, Prag unter dem Luxemburger Karl IV. und später Wien (lange noch im Wechsel mit Wiener Neustadt, Graz, Linz und Innsbruck) unter den Habsburgern in den Vordergrund rückten. Die bevorzugte Residenz des Hausmacht-Territoriums der jeweiligen Herrscher wurde ganz unwillkürlich zum

Ehrenbecher für die Speyerer Zimmermannszunft von Kaiser Maximilian II. (Kat. Nr. 1/7)

Forum auch ihrer kaiserlichen Entschlüsse, zum Ziel ihrer zahlreichen Besucher aus dem ganzen Reich und zum Sitz ihrer Hofkanzlei, war damit aber keineswegs eine Hauptstadt im selben Sinne, wie sie die meisten anderen europäischen Monarchien eben damals ausbildeten. Dazu fehlte es dem kaiserlichen Regiment an durchgreifender Effektivität gegenüber den Reichsfürsten, die stets ein korporatives Gegengewicht zum gekrönten Oberhaupt bildeten. Die Zusammenkünfte von Kaiser und Reich, schrittweise im Reichstag institutionell verfestigt, hatten ziemlich regelmäßig ihren Schauplatz außerhalb der Erblande des Herrschers in Reichsstädten wie Nürnberg, Frankfurt, Speyer, Augsburg oder Regensburg, und zu Beginn jeder Regierung erinnerte bis zum Ende des Mittelalters der traditionelle Krönungsort Aachen, länger noch der Wahlort Frankfurt daran, daß das Königtum einst auf sichtbarer Präsenz an vielen Orten und beständiger Beweglichkeit beruht hatte. Das bewirkte zwar, daß die Kaiser auch weiterhin Anlässe hatten, ihr ureigenes Herrschaftsgebiet zu verlassen, um ›ins Reich‹ zu ziehen, doch waren derlei Reisen allmählich nur noch eine Abfolge ehrwürdiger Zeremonien und keine Widerspiegelung tatsächlicher Regierungsgewalt. Da das Alte Reich niemals den Schritt zu einem Staat im neuzeitlichen Sinne tat, blieb es bis zu seinem Ende auch ohne wirkliche Hauptstadt, denn erst der moderne Staat braucht einen solchen festen Mittelpunkt und ist ohne ihn nicht möglich.

Verlesung der Augsburger Konfession vor Kaiser Karl V. auf dem Reichstag zu Augsburg 1530 (Kat. Nr. 1/8)

1/1 Königswahl Heinrichs VII. in Frankfurt und Krönung in Aachen – Nr. 4a, b aus der Bilderchronik des ›Codex Balduini‹ (Balduineum) (Abb. S. 26f.)

um 1340; Feder, Wasserfarben auf Pergament, 34 × 24 cm
Koblenz, Landeshauptarchiv (Best. 1 A, Nr. 1)

Die Bilderchronik des Zuges von Heinrich VII. nach Rom entstand um 1340 im Auftrage seines Bruders, des Kurfürsten Balduin von Trier. Dessen Bischofsweihe im Jahre 1307 bildet denn auch den Beginn der 37 Blätter umfassenden Bilderserie. Im folgenden Jahr 1308 wurde Heinrich VII. in Frankfurt gewählt und in Aachen gekrönt. Vor den Ereignissen des Rom-Zuges zeigt die Chronik u. a. noch die Eheschließung von Heinrichs Sohn Johann mit der böhmischen Prinzessin Elisabeth; aus dieser Verbindung ging 1316 der spätere Kaiser Karl IV. hervor. Im Oktober 1310 brach Heinrich VII. mit 5000 Mann nach Italien auf, um sich in Rom zum Kaiser krönen zu lassen und die Herrschaft in den zum Reich gehörenden Teilen Italiens zu sichern.

Das Vorhaben stand unter keinem guten Stern, obwohl Heinrichs Ankunft in Italien auf viel Beifall stieß – z. B. denjenigen Dantes. Das Heer des Königs hatte bald heftige Kämpfe mit italienischen Stadtrepubliken zu bestehen, die für die Unabhängigkeit fochten. Allein die Belagerung Brescias dauerte fünf Monate. Heinrichs Bruder Walram und seine Ehefrau Margarete starben. In Rom wurde Heinrich zwar 1312 zum Kaiser gekrönt, jedoch waren Einzug und Aufenthalt überschattet von Scharmützeln mit römischem Stadtadel. Teile der Stadt blieben in der Hand des gegnerischen Königs Robert von Neapel. Beim Aufbruch des kaiserlichen Heeres von Pisa nach Süden starb Heinrich VII. überraschend im August 1313. Er wurde in Pisa beigesetzt.

1/2 Idealbildnis des Königs Philipp von Schwaben vom ehemaligen Mittelturm der Steinernen Brücke zu Regensburg (Nachbildung)

Original um 1207; Gips, H 79 cm
Regensburg, Oberpostdirektion

Die Steinerne Brücke in Regensburg wurde im Mittelalter als ein Wunder der Baukunst angesehen. Sie war 309,50 Meter lang, hatte eine Fahrbreite von fünf Metern und ruhte auf 16 in der Tonne gewölbten Bögen. 1135 hatte man mit dem Bau begonnen und benötigte elf Jahre bis zu seiner Fertigstellung. An der Brückenseite waren verschiedene Steinfiguren angebracht, unter ihnen, an der Nordseite, die Statue eines Königs, der aufgrund der in der Fußplatte befindlichen Inschrift als Philipp von Schwaben angesehen wird. In seiner linken Hand hält er wahrscheinlich einen Reichsapfel, in seiner rechten einen Gegenstand, der unterschiedlich – als Schatulle oder Gebäudemodell – gedeutet wird. Dementsprechend gehen auch die Überlegungen hinsichtlich des Entstehungszusammenhangs auseinander. Einmal wurde angenommen, daß die Statue zum Dank für Philipps 1207 der Stadt erteiltes Privileg aufgestellt wurde, zum anderen, daß es sich um eine Stifterfigur handelt und der ursprüngliche Standort eine Kirche gewesen ist.

1/3 Modell der karolingischen Königspfalz Ingelheim (Abb. S. 28)

K. Weidemann (Entwurf), R. Petermann, S. Weidenberg, L. Köster (Ausführung)

1975; Gips, M 1:100, 21 × 115 × 145 cm
Mainz, Römisch-Germanisches Zentralmuseum

Die Pfalz Ingelheim ließ Karl der Große in den Jahren 774 bis 787 errichten. Die halbrunde, von Wehrtürmen gesäumte Anlage im Osten umfaßte das Haupttor, von dem der Weg in das nahegelegene Mainz führte. Das Hauptgebäude, das die Pfalz auf der westlichen Seite abschloß, bildete die Königshalle (Aula Regia). An der Nordseite lag der Wohntrakt (Palas) mit einer Bäderanlage, die über eine nach römischem Vorbild errichtete Wasserleitung gespeist wurde. Auch unter den Ottonen und Saliern war Ingelheim eine bevorzugte Königspfalz, die um Anbauten wie eine Pfalzkapelle erweitert wurde. Sie war Schauplatz von Hoftagen und Konzilien. Heinrich V. ließ hier seinen Vater Heinrich IV. inhaftieren, um ihn zur Abdankung zu zwingen. Unter Friedrich Barbarossa erfuhr Ingelheim noch einmal eine Erweiterung um einen zusätzlichen Mauerring. Im 14. und 15. Jahrhundert diente das Bauwerk als Sitz eines ›Oberhofes‹ (Obergerichts). Karl IV. hat die Pfalz – ganz im Sinne seines starken Traditionsbewußtseins – noch aufgesucht. Im Krieg des Pfalzgrafen Friedrich des Siegreichen gegen den Erzbischof von Mainz geriet das Gebäude in Brand.

1/4 Ansicht der Königspfalz und der Kirche St. Simon und Judas (Dom) in Goslar (Abb. S. 29)

um 1810; Feder, aquarelliert, 34,5 × 50 cm
Goslar, Stadtarchiv (463)

Das Aquarell gibt den Zustand des Pfalzbezirks zu Anfang des 19. Jahrhunderts wieder: Stiftskirche St. Simon und Judas (Dom), Palas und dazwischen die Pfalzkapelle St. Ulrich. Wenige Jahre später schon brach man den Dom bis auf die heute noch erhaltene Vorhalle ab. Palas und Stiftskirche wurden während der Regierungszeit Kaiser Heinrichs III. um die Mitte des 11. Jahrhunderts errichtet, die Ulrichskapelle stammt vom Anfang des 12.

Jahrhunderts. In staufischer Zeit erfuhr die Pfalz tiefgreifende bauliche Veränderungen. Zwischen 1868 und 1879 erfolgte die historisierende Wiederherstellung des Palas und der Pfalzkapelle. Durch eine umfassende Rekonstruktion des Baues, die Ausmalung des großen Saals im Innern mit geschichtsmythologischen Wandmalereien, die Staufer- und Hohenzollernreich aufeinander bezogen, und den Standbildern Wilhelms I. (›Barbablanca‹) und Friedrich Barbarossas wurde die Goslarer Kaiserpfalz zum ›Nationaldenkmal‹ ausgestaltet.

1/5 Ansicht von der Ruine der Königspfalz Kaiserslautern

Franz Joseph Kisling

um 1764; Feder, grau laviert, 28,2 × 20,2 cm
Kaiserslautern, Theodor-Zink-Museum (852)

Die Zeichnung Franz Joseph Kislings, die um 1760 entstand, stellt, in vielleicht vereinfachender Form, die südliche Schmalseite der Pfalz Kaiserslautern dar. Friedrich Barbarossa hat sie wahrscheinlich bald nach seinem Regierungsantritt im Jahre 1152 errichten und zu einem Mittelpunkt des staufischen Machtgebiets werden lassen. Die Pfalz lag an der Nordwestecke der befestigten Stadt Lautern erhöht auf felsigem Grund. Sie besaß eine mehrjochige, zweigeschossige Kapelle, die unter Friedrich II. eine rechteckige Ummantelung erhielt. Auch der geräumige Saal des Palas stammt aus spätstaufischer Zeit.

Rahewin, der Otto von Freisings Chronik der Taten Kaiser Friedrichs fortgesetzt hat, rühmte die Pfalz wegen ihrer königlichen Pracht und wegen ihres ausgedehnten Wildparks. Zahlreiche Aufenthalte staufischer Herrscher zeugen von ihrer Beliebtheit: Friedrich Barbarossa besuchte sie 1158 und 1184, Heinrich VI. 1193 und zweimal 1195, Friedrich II. 1214, 1215 sowie 1217.

Im 16. Jahrhundert nahm Pfalzgraf Johann Kasimir zahlreiche Veränderungen an ihr vor. 1689 und 1703 wurde sie weitgehend zerstört und im 19. Jahrhundert schließlich völlig abgebrochen. Heute erinnern nur noch die Mauerstümpfe des Palas und der Kapelle sowie einige Bauplastiken an diese Pfalz.

1/6 Baufragment aus der Königspfalz Goslar

Mitte 11. Jhdt. (?); Sandstein, 54 × 88 × 26 cm
Goslar, Stadtarchiv

1/7 Ehrenbecher für die Speyerer Zimmermannszunft von Kaiser Maximilian II. (Abb. S. 37)

Niclaus Hornberger

Speyer 1570; Silber, teilvergoldet, H 17 cm, Dm 10,6/10,1 cm
Speyer, Historisches Museum der Pfalz (HM 1969/18)

Der Ehrenbecher war ein Geschenk Kaiser Maximilians II. an die Speyerer Zimmermannszunft, die ihm anläßlich des Reichstages von 1570 kostenlos einen Elefanten- und Eselstall und andere Bauwerke angefertigt hatte. Nicht selten führten die Kaiser damals exotische Tiere auf ihren Reisen mit.

Der Trinkbecher ist eine Arbeit des Speyerer Goldschmiedes Niclaus Hornberger (tätig von 1532 bis 1572). Unter dem Rand sind die für die Spätrenaissance typischen Blütenornamente ziseliert; die Außenwand zeigt ein Dekor, das ablaufenden Tropfen ähnlich sieht und derartigen Gefäßen den Namen ›Tränenbecher‹ gegeben hat. Im Boden befindet sich ein graviertes und emailliertes Medaillon mit dem kaiserlichen Doppeladler und dem österreichischen Herzschild.

1/8 Verlesung der Augsburger Konfession vor Kaiser Karl V. auf dem Reichstag zu Augsburg 1530

Amalie König (nach Sand)

1. Hälfte 19. Jhdt., Öl auf Leinwand, 123 × 175 cm
Coburg, Kunstsammlungen der Veste Coburg (M 49)

Für Juni 1530 berief Kaiser Karl V. einen Reichstag nach Augsburg ein, der im Zeichen einer möglichen Einigung der Religionsparteien stehen sollte – dies auch im Hinblick auf die Gefahr neuer Kriege mit den Türken. Die protestantische Sache auf dem Reichstag vertrat nicht Luther, der noch immer in der ›Reichsacht‹ war und sich in Coburg aufhielt, sondern Philipp Melanchthon. In den Monaten Mai und Juni erarbeiteten er und seine Vertrauten eine theologische Grundsatzerklärung des protestantischen Standpunktes, die von Kompromißbereitschaft gegenüber der katholischen Seite gekennzeichnet war. Diese gab ihrerseits in diskreten Verhandlungen mit Melanchthon zu verstehen, daß auch sie für eine Einheit der Kirche zu Zugeständnissen bereit sei.

Im Verlauf des Reichstages änderte allerdings der Kaiser seine auf Ausgleich abzielende Haltung unter dem Druck der päpstlichen Partei und der geistlichen Fürsten, die sich durch den Protestantismus besonders herausgefordert sahen. In dieser Situation gewann die am 25. Juni verlesene ›Confessio Augustana‹, die einer Kirchenspaltung eher entgegenwirken sollte, als Glaubensbekenntnis der führenden evangelischen Reichsstände an Eindeutigkeit. Die katholische Seite erwies sich als nicht kompromißbereit. Der Reichstag endete daher mit einer Erneuerung des ›Wormser Edikts‹ von 1521, wonach Martin Luther und seine Anhänger der Reichsacht anheimfielen. Die Glaubensspaltung mit all ihren politischen und kulturellen Konsequenzen für die spätere deutsche Geschichte war damit besiegelt.

Das Gemälde stammt von der Coburger Malerin Amalie König (1803–1847) und geht auf eine ältere, Ende des 17. Jahrhunderts gemalte Ausführung in Coburg zurück, die allerdings wohl ihrerseits die Replik eines Jahrzehnte früher entstandenen Bildes ist.

1/9 Bibel in der Übersetzung Martin Luthers mit seinem Bildnis auf dem Einband

Paul Droscher von Waldenburg

1579; Kalbsleder, 21,5 × 17,5 cm
Elton Hall, William Proby, Esq.

Leben und Werk des Reformators Martin Luther unterlagen bis weit ins 20. Jahrhundert einer stark politisierten Deutung und Wertung, die in ihm einen Wegbereiter des kleindeutschen Nationalstaates sehen wollte. Zu diesem Luther-Bild gehörte der starke Impuls gegen die westliche Latinität, gegen ›Rom‹, der von Luthers antipäpstlicher Rhetorik ausging. Dazu zählte die Unterstützung, die er und seine Lehre frühzeitig bei den norddeutschen Landesfürsten gegenüber dem universalen Kaisertum der unbeirrbar katholischen Habsburger gefunden hatten, ebenso wie Luthers deutsche Bibel-Übersetzung, der lange Zeit – von der aktuellen Forschung mittlerweile in Frage gestellt – die zentrale Rolle bei der Schaffung einer deutschen Sprachgemeinschaft zugewiesen wurde.

1/9

Römische Brunnenfigur in Gestalt
einer Bärin (Kat. Nr. 2/1)

Aachen

»Nova Roma«
Die Stadt Karls des Großen

Andrea Theissen

Das Siegel der Reichsstadt Aachen, das Karl den Großen auf dem Thron sitzend zeigt, dokumentiert die besondere Verbundenheit Aachens mit diesem Herrscher. Die Erinnerung an Karl den Großen, der ein Reich geschaffen hatte, das von der Nordsee bis zum Ebro und weit nach Süditalien hinein reichte, und der von gelehrten Zeitgenossen als »pater Europae« bezeichnet wurde, wird heute noch wachgehalten durch das alljährlich stattfindende Karlsfest und durch den Karlspreis, den die Stadt Aachen seit 1950 für besondere Verdienste um die europäische Einigung verleiht.

Die Chronik Aachens läßt sich jedoch weiter zurückverfolgen, denn früh erkannte und nutzte man die heilende Wirkung der dort entspringenden alkalischen, schwefelhaltigen Thermalquellen. In keltischer Zeit schon war der Ort besiedelt, die Römer errichteten hier zu Ende des ersten Jahrhunderts ein Militärbad für die Garnison Niedergermanien, das zu Ende des vierten Jahrhunderts wahrscheinlich verlassen wurde. Erst im achten Jahrhundert fand Aachen dann wieder Erwähnung, als nämlich König Pippin dort im Jahre 765 das Weihnachtsfest feierte und der Ort ein Jahr später »villa regis« genannt wurde. Aber erst Pippins Sohn Karl der Große machte den Ort, der nun den Namen ›Aquisgranum‹ trug, zum »sedes regni principalis«, zur »caput regni«, und begründete damit dessen herausragende Bedeutung als Zentrum des deutschen Reiches im Mittelalter.

Karl der Große herrschte, wie die Könige vor und nach ihm, zunächst nicht von einem Ort, einer Hauptstadt aus, sondern er reiste zu diesem Zweck umher. Am häufigsten besuchte er Orte in der fränkischen Kernlandschaft zwischen Rhein und Seine, wenn dies die politische Situation erlaubte. Nachweislich weilte er dreimal in Ingelheim, viermal in Mainz, sechsmal in Quierzy und in Düren, siebenmal in Diedenhofen, zwölfmal in Herstal, sechzehnmal in Worms und siebenundzwanzigmal in Aachen. Oftmals waren diese Orte jedoch Ausgangspunkte von Heereszügen, was die Statistik der bevorzugten Aufenthaltsorte verfälscht. Aussagekräftiger ist deshalb eine Zusammenstellung von Winteraufenthalten. Von den 35 Wintern, in denen Karl in Ruhe Station machen konnte, war er achtzehnmal in Aachen – allein in den Jahren 794 bis 814 dreizehnmal –, so daß man diese Stadt fast als feste Residenz bezeichnen könnte. Karls Wahl läßt sich nicht nur mit der zentralen Lage erklären, die Aachen, aber nicht nur Aachen allein, seit der Unterwerfung der Sachsen ohne Zweifel erlangt hatte; vielmehr werden die Heilquellen den Ausschlag gegeben haben, die dem rheumakranken Kaiser Linderung verschafften, wie sein Biograph Einhard berichtet.

Drei Auswerfmünzen von der Krönung Ferdinands I. in Aachen, 1531 (Kat. Nr. 2/8)

▷
Münzbeutel zur Aufbewahrung der Auswerfmünzen bei der Krönung Ferdinands I. in Aachen (Kat. Nr. 2/7)

Eine prächtige Pfalzanlage ließ Karl der Große in den Jahren 780 bis 800 an der Stelle des älteren merowingischen Palatiums bauen. Das Terrain, auf dem sich die Pfalzanlage befand, ist nicht eben, sondern fällt von dem Hochplateau des heutigen Marktes nach Südosten bis zum Thermenbereich um 12,50 Meter ab. Im Norden, wo das Gelände am höchsten war, ließ Karl der Große seine Königshalle errichten, im Süden die Pfalzkapelle. Diese beiden Bauwerke waren wohl durch einen 100 Meter langen, zweistöckigen Steinbau verbunden. Zumindest die durch Grabungen gesicherten Gebäude waren planvoll parallel oder rechtwinklig zueinander angeordnet, und zwar in Ost/West- und Nord/Süd-Richtung. Damit, so stellte der Denkmalpfleger Hugot fest, sei die Achse der römischen Siedlung, die um 45 Grad von den Himmelsrichtungen abgewichen war, verschoben worden. Zwei Erklärungen hat es für diese Neuorientierung gegeben. Einmal wurde sie mit der christlichen Maßstäben entsprechenden strengen Ostung der neuen Kapelle begründet, zum anderen mit der mythologischen germanischen Tradition, wonach sich der Haupteingang der Götterhalle Walhalla im Westen befunden habe. Welchem Erklärungsmuster der Vorzug zu geben ist, muß offen bleiben, da die schriftlichen Quellen dazu keinen Anhaltspunkt bieten, aber beide lassen sich in das ›Programm‹ Karls des Großen einfügen: die Erneuerung des römischen Reiches im Geiste des Christentums und auf fränkischer Grundlage.

Dem Reformeifer Ludwigs des Frommen ist es zu danken, daß man sich ein Bild von der arbeitsteiligen Wirtschaft des karolingischen Aachen machen kann. In einem Gesetz aus dem Jahre 820, dem ›Capitulare de disciplina palatii Aquisgranensis‹, ist von verschiedenen Aufsichtsbeamten die Rede: Ratbert, den man wohl als Domänenamtmann ansehen kann, Ernaldus, der die Kaufleute zu beaufsichtigen hatte, die auf dem Markt oder in ihren Häusern Handel trieben, sowie Petrus und Gunzo, die die Aufsicht über Handwerker und Werkstätten führten. Diejenigen, die es hier zu überwachen galt, werden, ob frei oder unfrei, in der Mehrzahl außerhalb des Pfalzbezirks in einem ›vicus‹ gelebt haben, von dem man annimmt, daß er sich westlich davon befunden habe.

Die königliche Hofhaltung erforderte eine Vielzahl von Räumen, wie heizbare Aufenthaltsräume, Schlafräume, den Speiseraum, die Küche und auch Räume für die Bediensteten. Wo ein solcher Wohnpalast in Aachen gelegen hat, konnte bisher nicht ermittelt werden. Hugots Vermutung geht dahin, daß die Wohnung des Königs im Granus-Turm, der östlich an die Königshalle anschließt, zu finden ist. Der Turm wies einen quadratischen Umriß auf und bestand aus drei einräumigen Geschossen, die sogar über eine Luftheizung und eine Latrine mit Wasserspülung verfügt haben sollen. Vielleicht hat es sich dabei um eine frühe Form eines Wohnturmes gehandelt. Ebensowenig ist bekannt, wo sich der Wirtschaftshof und die Verwaltungseinrichtungen für die umliegenden Königsgüter be-

funden haben; sie waren aus Holz erbaut und haben deshalb kaum Spuren hinterlassen.

Die Gebäude hingegen, die der Repräsentation und dem Kult dienten, also vor allem die Königshalle und Pfalzkapelle, waren in Stein ausgeführt. Deutlich tritt deshalb die Gestalt der Königshalle hervor, die der erste bedeutende weltliche Steinbau nördlich der Alpen seit der Römerzeit war. Auf seinen Grundmauern steht das heutige Rathaus. Hugot hat für den rechteckigen Bau eine Länge von 47,36 Metern ermittelt. Breite und Höhe betrugen danach jeweils 20,72 Meter. Im Süden war dem Saal ein zweigeschossiger Portikus vorgelagert. In der Mitte der nördlichen und südlichen Längsseiten befand sich je eine Apsis mit einem Radius von 6,66 Metern; die Hauptapsis lag aber im Westen; zu ihr führten drei Stufen hinauf. Hier wird man sich den Thron des Königs vorstellen müssen. Umstritten ist, in welcher Tradition die Königshalle stand, ob sie eher germanische oder römische Wurzeln hatte. Für letzteres scheinen nach Hugot der rechteckige Grundriß und die für römische Kaiserpaläste typischen Apsiden zu sprechen. Walter Kaemmerer dagegen sieht in dem Standort an der höchsten Stelle der Pfalz, als Ausdruck der Erhabenheit des Herrschers, einen Verweis auf die germanische Fürstenhalle, wie sie bei Beowulf, im Heliand und im Nibelungenlied überliefert sind. Für beide Ansichten fehlt jedoch der Beweis.

Als Verbindung zwischen dem Portikus der Königshalle und dem Atrium der Pfalzkapelle erstreckte sich ein 120 Meter langes, zweigeschossiges Gebäude, dessen schießschartenähnliche Fensteröffnungen im Erdgeschoß auf das Quartier der Wachmannschaft hindeuten. In der Mitte war dieses Gebäude von einem großen Querbau unterbrochen, bei dem es sich um einen repräsentativen Torbau handelte, durch den die Pfalzstraße hinausführte. Im Obergeschoß dieses Gebäudes vermutet man, in Anlehnung an alttestamentarische Vorbilder, eine Gerichtshalle.

Das bemerkenswerteste Gebäude der Aachener Pfalz ist aber ohne Zweifel ihre um 800

◁
Der Aachener Marktbrunnen mit dem Standbild Kaiser Karls des Großen als Tafelaufsatz (Kat. Nr. 2/5)

▽
Die Huldigung der Rheinprovinz vor König Friedrich Wilhelm III. von Preußen am 15. Mai 1815 vor dem Rathaus zu Aachen (Kat. Nr. 2/10)

Der Karlsthron im Aachener Münster (Aachen, Domkapitel)

fertiggestellte Kapelle, deren Kern das karolingische Oktogon bildet. Das Gewölbe der Kirche blieb noch jahrhundertelang die weiteste und höchste holzlose Raumüberdeckung. Die Entscheidung für diesen Baustil kann als bewußte Hinwendung Karls des Großen zur Konzeption der byzantinischen Kirche als Staats- und Herrscherkirche gesehen werden. Gleichzeitig drückt sich darin aber auch der Anspruch auf Gleichrangigkeit mit dem oströmischen Kaiser, dem Basileus aus, denn seit dem Sieg über die Langobarden richtete sich der Blick Karls des Großen stärker auf Byzanz. Eine vermittelnde Rolle nahm hier Ravenna ein, das er 787 besucht hatte und dessen Vitalis-Kirche Vorbildfunktion gehabt haben mag. Aus einem Schreiben des Papstes Hadrian von 786/87 geht hervor, daß sogar Bauteile aus Ravenna zur Ausschmückung der Aachener Pfalzkapelle verwendet wurden, und zwar Mosaik und Marmor aus dem kaiserlichen Palast. Aber nicht nur die herausragende Architektur hat die Pfalzkapelle berühmt gemacht, sondern ebenso ihre reiche Ausstattung sowie die Tatsache, daß hier Karl der Große und Otto III. beerdigt sind.

Eine vollständige Rekonstruktion der Thermen war bisher noch nicht möglich, doch muß es sich um ein überdachtes Schwimmbecken von erheblicher Größe gehandelt haben, da Einhard berichtet, daß dort oft hundert Personen und mehr gleichzeitig gebadet haben.

Was die Palastschule betrifft, die in den Quellen oft erwähnt wird, war auch hier eine genaue Lokalisierung bisher nicht möglich. Durch die Hofschule war Aachen während der Herrschaft Karls des Großen zum kulturellen Zentrum des Karolingerreiches geworden. Die bedeutendsten Vertreter des geistigen Lebens waren hier tätig. Aus England kam Alkuin, der seine Ausbildung im Kloster York genossen hatte. Im Jahr 781 war Karl der Große ihm in Parma begegnet und hatte es verstanden, ihn an seinen Hof zu ziehen. Seit 782 war Alkuin hier tätig, ehe er 796 mit der Leitung des Klosters Saint Martin in Tours beauftragt wurde. Seine Schriften stellen eine Zusammenfassung des damaligen Wissensstandes dar. Auf der Hofschule, an der die ›Sieben Freien Künste‹, die Fächer Grammatik, Rhetorik, Dialektik, Arithmetik, Geometrie, Astronomie und Musik unterrichtet wurden, erhielten vor allem Geistliche eine für die damalige Zeit umfassende Bildung, die sie befähigte, hohe kirchliche Ämter zu bekleiden, in der königlichen Kanzlei oder der Hofkapelle tätig zu sein. Auch Einhard, der bedeutendste karolingische Gelehrte fränkischer Herkunft, war unter Alkuins Leitung an der Hofschule ausgebildet worden. Er wurde später selbst Lehrer der Hofschule und gewann als Berater Karls, als Politiker, Geschichtsschreiber und Aufseher der Bauten in Aachen höchstes Ansehen. Nach Karls Tod im Jahre 814 verfaßte er die ›Vita Karoli magni‹, die grundlegende Lebensbeschreibung dieses Herrschers.

Der mittelalterliche Karlskult

»Unserem Schutzherrn Carolus, dem von Gott zur Würde des Augustus, des Kaisers, erhobenen, dem großen und friedenstiftenden Herrscher, und allen, die die Staaten lenken, gib Frieden und Leben. Salvator mundi, Du Heiland der Welt, tu illos adjuva, steh' ihnen bei!« So lautet eine Strophe der Messe, die jedes Jahr anläßlich des Karlstages im Aachener Dom am 28. Januar gelesen wird.

Die Wurzeln dieser Karlsverehrung reichen bis zu den von Karl gegründeten Klöstern, die an seinem Todestag ihres Gönners gedachten. Doch erst unter Friedrich I. nahm die Karlsverehrung den Charakter einer breiteren Bewegung an. Der 1164 von ihm eingesetzte Gegenpapst zu Alexander III., Paschalis III., sprach Karl den Großen am 29. Dezember 1165 heilig. Dies geschah zu Aachen in Anwesenheit des Kaisers. Man muß die Heiligsprechung Karls wohl als politischen Akt sehen, der einmal dazu dienen sollte, die Position des Gegenpapstes zu stärken, vor allem aber dazu, mit der Heiligkeit Karls das Kaisertum überhaupt auf göttliche Autorität zu gründen.

Friedrich I. gab in einer Urkunde für die Stadt Aachen am 8. Januar 1166 die Heiligsprechung Karls bekannt. Bei diesem Dokument handelt es sich um ein Privileg, das Rechtsfreiheiten der Stadt bestätigte und die Zollfreiheit im Reich neu hinzufügte. Die Urkunde betont besonders die antike Tradition des Ortes, seine Gründung als Sitz und Haupt des Reiches durch Karl den Großen, die einzigartige Auszeichnung durch den großen Schatz an Reliquien und vor allem die verfassungsrechtliche Bedeutung für das Königtum und das Reich: die Verpflichtung, alle nachfolgenden Könige hier einzuführen und die Bestimmung Aachens als Gericht des Reiches. Erich Meuthen hat dieses Schriftstück eingehend analysiert und ist zu dem Ergebnis gekommen, daß darin die Verleihung von Hauptstadtrechten an die Stadt Aachen zu sehen sei.

Schon 50 Jahre später begann im Marienmünster in Aachen ein Karlskult, der sich bis heute erhalten hat. Im Jahre 1215, nach der Krönung Friedrichs II., wurden die Gebeine Karls des Großen von der schlichten Holzlade, in der sie sich nach der Heiligsprechung befunden hatten, in den kostbaren, von einem Aachener Goldschmied hergestellten Karlsschrein umgebettet, den der König selbst schloß.

Eine zweite Welle der Karlsverehrung setzte während der Regentschaft Karls IV. ein. Der Kult erschien nun im Kloster Lorsch, in Neustadt am Main, Trier, Minden, Verden, Halberstadt, Magdeburg und Ingelheim. Karl IV. hatte die verfallene Pfalz Ingelheim, in der sich Karl der Große besonders häufig aufgehalten hatte, restauriert und dort ein Chorherrenstift, das Karlsstift, errichtet. Aus dieser Zeit stammt auch das heute noch vorhandene gotische Relief Kaiser Karls des Großen in der Saalkirche von Ingelheim.

Aber auch in Aachen setzte Karl IV. Zeichen seiner Verehrung für Karl den Großen. So ließ

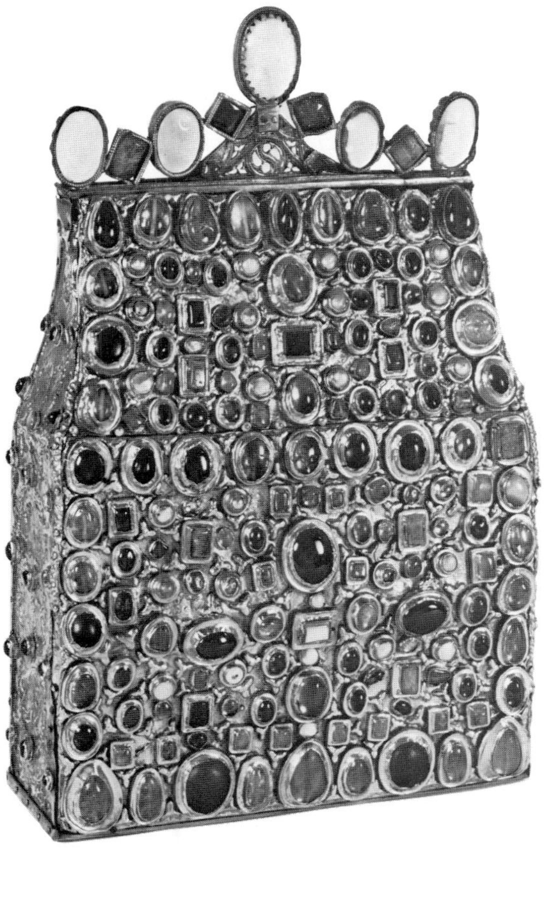

Nachbildungen der Reichskleinodien – Deckel des Reichsevangeliars (rechts) und Stephansbursa (links) (Kat. Nrn. 2/28 i, j)

er an Stelle des karolingischen Chores einen gotischen Chor nach dem Vorbild der Sainte-Chapelle in Paris errichten und stiftete, wahrscheinlich als Krönungsgeschenk, die Karlsbüste im Aachener Dom. Das Büstenreliquiar, das die Hirnschale Karls des Großen aufnehmen sollte, trägt eine Krone, bei der es sich wahrscheinlich um eine Hauskrone Karls IV. handelt, die er bei der Aachener Krönung benutzt hatte. In rechtlicher Hinsicht belebte Karl IV. eine Hauptstadtfunktion Aachens neu, indem er 1356 die Oberhofrechte, das heißt Aachen als Rechtsbelehrungsstelle zur Unterweisung anderer Gerichte, schriftlich fixierte. Das oberste Reichsgericht, das vom König losgelöste Königsgericht, hatte damit, so scheint es, seinen Sitz in Aachen. Man darf aber nicht übersehen, daß sein Einflußbereich auf den niederländisch-niederrheinischen Bereich beschränkt blieb und daneben Dortmund, Frankfurt und Ingelheim ebenfalls als Reichsoberhöfe tätig waren.

Im Jahre 1806, auf dem Höhepunkt seiner Macht, versuchte Kaiser Napoleon in Aachen an die Stelle des Karlskultes einen Napoleonskult zu setzen. Er erhob Aachen aus diesem Grunde zum Bischofssitz, und man nahm zu diesem Zweck einen Märtyrer Neopolus, der unter Diokletian gelitten hatte, in den Kalender auf. Am 15. August 1806, dem Geburtstag Napoleons, wurde erstmals das Fest des heiligen Napoleon gefeiert.

Königskrönungen

Aachen war die Krönungsstadt der deutschen Könige. Von der Krönung Otto I. im Jahre 936 bis zu der Ferdinands I. von 1531 sind insgesamt 30 Krönungen in Aachen vollzogen worden.

Widukind von Corvey berichtet in seiner großen Sachsengeschichte über die denkwürdige Krönung Ottos I.: Im Säulenvorhof der Kirche versammelten sich zunächst die Herzöge und Grafen, die die Inthronisation und die Huldigung vollzogen. Danach fand in der Kirche die Königsweihe statt. Vom Erzbischof von Mainz wurde der König zum Altar geleitet, wo die königlichen Insignien bereitlagen. Gemeinsam vollzogen die Erzbischöfe von Köln und Mainz Salbung und Krönung; anschließend führten sie den König auf die Empore des Oktogons zu dem weißmarmornen Karlsthron, von dem aus, wie Widukind formulierte, er alle sehen und von allen gesehen werden konnte. Die Krönung Ottos I. war als Bekenntnis des aus sächsischem Hause stammenden Herrschers zu der karolingischen Tradition zu verstehen, sollte aber auch dem westfränkischen Karolinger Ludwig IV. gegenüber die Zugehörigkeit der Karlsstadt zum ostfränkischen Reich demonstrieren.

Das Einnehmen des Karlsthrons galt von nun an als Aneignung der Herrschermacht. Konrad II. zum Beispiel, der am 8. September 1024 in Mainz gekrönt worden war, reiste schon zwei Wochen später nach Aachen, um durch die Besteigung des Throns das Reich in Besitz zu nehmen. Im ältesten und einflußreichsten deutschen Rechtsbuch des Mittelalters, dem ›Sachsenspiegel‹, der im ersten Drittel des 13. Jahrhunderts von Eike von Repgow verfaßt wurde, heißt es: »swen diu (kuning) uph den stul zu Aken kumt, so hat er koniclige gewalt und koniclige namen.«

Mit der Krönung Friedrich Barbarossas gewann der kirchliche, von Wahl und Huldigung getrennte Teil des Zeremoniells an Bedeutung. Nach der Darstellung des Geschichtsschreibers Otto von Freising, eines Onkels des Königs, wurde Friedrich nach seiner Ankunft in Aachen vom Palatium direkt in die Marienkirche geführt, um vom Kölner Erzbischof die Krone zu empfangen und auf dem Thron des Frankenherrschers Platz zu nehmen.

Besondere Rituale gab es bei der Fahrt zur Aachener Krönung und beim Einzug in Aachen. Vom Einritt Friedrichs III. sind zeitgenössische Berichte überliefert. Noch vor der Ankunft des Königs trafen 47 Wagen mit dem königlichen Gepäck ein. Vor dem eigentlichen königlichen Zug, der aus reich geschmückten Pferden und Reitern, Fußvolk und Spielleuten

Entwurf für das Wandgemälde ›Otto III. in der Gruft Karls des Großen‹ im Kaisersaal des Rathauses von Aachen (Kat. Nr. 2/11)

bestand, wurde das Reichsbanner getragen. Dahinter kam das zahlreiche Gefolge des Herzogs von Sachsen und des Pfalzgrafen bei Rhein, der Bischof von Lüttich mit seinen Leuten und schließlich der Herzog von Jülich. Nun folgte der Aachener Klerus mit Kreuzen, Weihwasser und Reliquien. Die ehrwürdigste Reliquie trugen der Propst und der Dekan des Marienmünsters unter einem Himmel aus Goldtuch: das Büstenreliquiar Karls des Großen. Unmittelbar dahinter trug der Kurfürst von Sachsen, umgeben von den drei geistlichen Kurfürsten, dem auf einem schwarzen Pferd reitenden König das Reichsschwert voran. Den Schluß des Zuges bildeten das etwa 1000 Personen umfassende Gefolge des Herrschers und die Begleitung der Erzbischöfe von Köln, Mainz und Trier. Mit diesem prunkvollen Einzug in die Krönungsstadt wollte der König vor aller Welt demonstrieren, daß er der legitime Nachfolger Karls des Großen sei.

Im Privileg von 1166, das Friedrich Barbarossa anläßlich der Heiligsprechung Karls des Großen erlassen hatte, war Aachen als Krönungsstadt bestimmt worden. Daran war vor allem der Erzbischof von Köln und einflußreiche Reichskanzler, Rainald von Dassel, beteiligt, der dadurch unter anderem dem Kölner Erzbischof das Krönungsrecht sichern wollte. Denn dieses Vorrecht war durchaus nicht unangefochten. Bei der Krönung Ottos I. zum Beispiel machten auch der Trierer und der Mainzer Erzbischof Ansprüche geltend.

Welche Bedeutung die Krönung am rechten Ort durch den rechten Mann hatte, verdeutlicht der Thronstreit zwischen Philipp von Schwaben und Otto IV. im Jahre 1198. Während der Süden zu dem Staufer stand, hatte der Welfe Otto mehr Anhänger im Norden, vor allem im nördlichen Rheinland. Aachen allerdings hielt zu Philipp. Daraufhin ließ Otto die Stadt belagern und konnte sich drei Wochen später vom Kölner Erzbischof Adolf von Altena in der Pfalzkirche krönen lassen. Allerdings nicht mit den richtigen Insignien, vor allem nicht mit der richtigen Krone, denn die hatte im Mainzer Dom Philipp von Schwaben empfangen. Erst der Frontenwechsel des Kölner Erzbischofs ermöglichte 1205 die Krönung Philipps in Aachen durch denselben Mann, der sieben Jahre zuvor den Welfen gekrönt hatte.

Kaiserpfalz und Krönungsstadt im Geschichtsbewußtsein des 19. und 20. Jahrhunderts

Susanne Falk

Im Jahre 1840 beauftragte der Düsseldorfer ›Kunstverein für die Rheinlande und Westfalen‹ den Maler Alfred Rethel (1816–1859) mit der Ausgestaltung des ›Krönungssaals‹ im Aachener Rathaus. Vorgesehen war ein Freskenzyklus mit Szenen aus dem Leben Karls des Großen. Die Kosten für dieses Projekt übernahm zu einem Teil die Stadt Aachen. Die acht Fresken, die die Bedeutung Karls für die Geschichte des Reiches und seinen Kampf gegen das Heidentum zum Thema hatten, wurden ab 1847 ausgeführt: ›Der Besuch Kaiser Ottos III. in der Gruft Karls des Großen‹, ›Der Sturz der Irminsäule‹, ›Die Schlacht bei Cordoba‹, ›Der Einzug in Pavia‹, ›Die Taufe Wittekinds‹, ›Die Krönung Karls des Großen‹, ›Der Bau des Aachener Münsters‹ sowie ›Die Krönung Ludwigs des Frommen‹.

Mit seinen Entwürfen stand Rethel ganz im Geiste einer neuen verwissenschaftlichten Geschichtsmalerei, die im Gegensatz zu ihren Vorgängern in der Romantik weitgehend auf Sagenstoffe und symbolisches Beiwerk verzichtete und sich auf die verbürgten Ereignisse in der Geschichte beschränkte. Er konnte dazu unter anderem auf die erste Folge der ›Monumenta Germaniae historica‹ zurückgreifen.

Nur vier der Fresken führte Alfred Rethel selbst aus, die restlichen vollendete nach seinem Tod sein Schüler Josef Kehren, doch erst 1861 waren die Arbeiten endgültig abgeschlossen. Bei Luftangriffen 1943/44 wurde das Gewölbe des ›Kaisersaales‹ zerstört. Nur noch vier der ursprünglich acht Fresken waren wenigstens zum Teil erhalten, ein fünftes hatte man schon vorzeitig in Sicherheit bringen können. Nach Kriegsende löste der Maler Franz Stiewi die verbliebenen ab, damit sie im Keller des Suermondt-Museums eingelagert und so vor weiteren Zerstörungen bewahrt werden konnten. Heute sind sie wieder im ›Kaisersaal‹ des Aachener Rathauses zu sehen.

Im selben Jahr, in dem Rethel mit seinen Arbeiten im Rathaus begann, rief die Aachener ›Constantia-Gesellschaft‹ – ein katholischer Bürgerverein, in dem sich die Aachener Honoratioren zusammengefunden hatten – zur Gründung eines Vereins auf, der sich durch das Zusammentragen entsprechender Geldmittel der Erhaltung der Aachener Münsterkirche widmen sollte. Deren baulicher Zustand hatte sich in den Jahren zuvor bedenklich verschlechtert. Im Jahre 1849 konnte sich schließlich der ›Karlsverein zur Restauration des Aachener Münsters‹ konstituieren. Sogleich begann man mit der Organisation der Spendentätigkeit und der Entwicklung eines Programms für die geplanten Restaurierungsmaßnahmen. Es gelang zudem schon im folgenden Jahr, König Friedrich Wilhelm IV. von Preußen für das Protektorat des gleichermaßen patriotisch wie religiös motivierten Unternehmens zu gewinnen.

Oberbürgermeister Farwick, Museumsdirektoren und Vertreter der Verwaltung bei der Eröffnung der Ausstellung (Kat. Nr. 2/20b)

Zunächst nahm man sich der Wiederherstellung der Chorhallen und Kapellen des Münsters an. Die Ausbesserung der Fassaden folgte. Besondere Beachtung fand indes die Ausgestaltung des karolingischen Oktogons, des achteckigen Zentralraumes. An den Entwürfen und Entscheidungen entzündete sich eine heftige denkmalpflegerische Diskussion, die sich bis ins 20. Jahrhundert hinzog.

Unter ganz anderen Vorzeichen entwickelte sich ein weiteres Unternehmen, das die Aachener Vergangenheit wieder aufleben lassen wollte. Für das Jahr 1915 plante die Stadt Aachen für den von Rethel ausgemalten ›Kaisersaal‹ eine große historische Ausstellung. Anlaß war die hundertste Wiederkehr der Angliederung der Rheinlande an Preußen, wie sie auf dem Wiener Kongreß beschlossen worden war. Das preußische Staatsgebiet reichte damit erstmals über den Rhein hinaus. Als Ausdruck dieser neuen Machtverhältnisse hatten die Vertreter der Rheinprovinz am 15. Mai 1815 auf dem Marktplatz zu Aachen dem preußischen König gehuldigt.

Zur sogenannten ›Krönungs-Ausstellung‹ sollten alle greifbaren Zeugnisse von den Krönungen der deutschen Könige und Kaiser gezeigt werden; ein Werk, bei dem nicht nur die historische und kunsthistorische Bedeutung zählte, sondern vor allem die damit beabsichtigte ›patriotische Tat‹. Aus dem ›Plan zur Krönungs-Ausstellung‹, den der Direktor des Städtischen Museums Dr. Schweitzer Anfang 1914 erstellt hatte, geht hervor, was für ein ehrgeiziges Ziel man sich gesetzt hatte:
»Die glänzenden Tage der Königskrönungen werden vor dem geistigen Auge wiedererstehen, und in den Portraits und Bildnissen der Könige und Kaiser und ihrer Paladine, der Kurfürsten, wird die herrliche Kaiseridee des Mittelalters verkörpert werden, welche Jahrhunderte hindurch der Lieblingsgedanke des deutschen Volkes war, der in dem neuen deutschen Reich und seinem erhabenen Träger wieder neue Gestalt annahm.«

Nach 1871 war die Haltung gegenüber der Tradition des Kaisertums zwiespältig gewesen. In nationalliberalen Kreisen wollte man einen solchen Traditionszusammenhang vielfach gar nicht sehen, da der neue Nationalstaat dem universalen Kaiserreich des Mittelalters mit seinem stark religiösen Fundament genau entgegengesetzt schien. Andererseits herrschte in Teilen der Geschichtsschreibung und mehr noch im populären Geschichtsbild der Festreden, Nationaldenkmäler und Gemäldezyklen ein ›ghibellinischer‹ Grundton, wonach das kleindeutsch-preußische Kaisertum sich durchaus in einer Kontinuität mit der antipäpstlichen Politik der Staufer befand. Neuartig am Geschichtsbild der ›Krönungs-Ausstellung‹ war die wertungsfreie Einbeziehung des jahrhundertelangen Kaisertums der Habsburger. Neben den starken katholischen Traditionen der Bischofsstadt Aachen mochte das enger gewordene Bündnis der beiden mitteleuropäischen Großmächte Deutschland und Österreich-Ungarn in ihrer politischen Selbstisolation vor dem Ausbruch des Ersten Weltkrieges eine solche Sichtweise bestärkt haben.

Die Beteiligung Österreichischer Institutionen an der Ausstellung war entsprechend groß. Nahezu alle großen Wiener Museen und Archive gehörten zu den Leihgebern. Ihre Direktoren waren im hochkarätig besetzten ›Gelehrten-Ausschuß‹ vertreten, der Dr. Schweitzer und dem Vorsitzenden des ›Hauptausschusses‹, Oberbürgermeister Veltmann, bei der Planung der Ausstellung zur Seite stehen sollte. In das über 80 Mitglieder zählende Gremium hatte man außerdem prominente Wissenschaftler und Museumsrepräsentanten aus der Schweiz, Holland, Belgien, Frankreich, Großbritannien, Italien und Rußland geladen. Zusätzlich war ein ›Fürstenausschuß‹ ins Leben gerufen worden, in dem unter dem Vorsitz Kaiser Wilhelms II. die Bundesfürsten der deutschen Länder tagen sollten. Der ›Ehrenausschuß‹ wiederum umfaßte mehr als 70 ranghohe Ministerialbeamte, Bischöfe, Gesandte und andere Repräsentanten aus dem In- und Ausland.

Eigens für die Ausstellung sollten die Krönungsinsignien des ›alten Reiches‹ detailge-

Entwurf für das Mosaik im Tambour des Aachener Domes (Erzengel Michael, Jungfrau Maria und Karl der Große) (Kat. Nr. 2/13)

treu nachgebildet werden. Die Originale in der Schatzkammer der Wiener Hofburg standen – trotz eines persönlichen Engagements des Kaisers, der auch Protektor der Ausstellung war – als Leihgabe nicht zur Verfügung. Der Hauptgrund dürfte gewesen sein, daß die Stadt Aachen niemals auf jene drei ursprünglich Aachener Teile des Kleinodienbestandes verzichtet hatte, die 1794 über Paderborn nach Wien gebracht worden waren, um sie vor der heranrückenden französischen Revolutionsarmee in Sicherheit zu bringen. Dasselbe galt für den Nürnberger Teil.

Für die Nachbildungen der Reichskleinodien stand ein Viertel des Gesamtetats der Ausstellung bereit. Mit den Arbeiten wurden die Goldschmiede C. A. Beumers aus Düsseldorf und August Witte aus Aachen beauftragt. Die in den Jahren nach 1914 angefertigten Kopien sind heute im Aachener Rathaus zu sehen.

Ein anderer großer Posten des Finanzplans galt der ›Reklame‹. Eine großangelegte Werbekampagne sah 80 große Streckenplakate an den Hauptzufahrtsstrecken nach Aachen sowie insgesamt 60000 Plakate in Eisenbahnwaggons und auf Schiffen vor. Broschüren, Reklamedrucksachen und Inserate in der Presse sollten überall auf die Ausstellung hinweisen. Außerdem war eine große Publikation über die Ausstellung geplant, die mit zahlreichen farbigen Tafeln und ›in sehr vornehmer Ausstattung‹ eine vollständige Ikonographie von Darstellungen der deutschen Kaiser und Könige ergeben sollte. Den weitaus größten Teil der Finanzierung wollte man aus den Zuschüssen der preußischen Staatsregierung (bzw. einer von ihr genehmigten Lotterie) und der rheinischen Provinzialregierung aufbringen. Den Rest sollte der Verkauf der Eintrittskarten und des Kataloges decken. Es wurden etwa 100000 Besucher erwartet.

Der Kriegsausbruch 1914 beendete die Vorbereitungen. Ein Teil der Mitarbeiter wurde gleich zum Militärdienst eingezogen, und allgemein herrschte die Überzeugung, daß der ›Kaiserstadt Aachen‹ als Grenzstadt nun andere, wichtigere Aufgaben zukämen. Ein Schreiben an alle Mitglieder des ›Gelehrten-Ausschusses‹ drückte jedoch die Hoffnung aus, die Ausstellung »nach glorreichem Friedensschlusse . . . um so glanzvoller« nachholen zu können.

Erst 1925 konnte der Plan – wenn auch weniger anspruchsvoll und unter anderen Vorzeichen – verwirklicht werden. Anlaß bot die ›Tausendjahrfeier‹, die Erinnerung an das Jahr 925, in dem nach zeitgenössischer Auffassung die ›politische‹ Zusammengehörigkeit der Rheinlande mit dem Reich besiegelt worden war: König Heinrich I. hatte Lothringen erobert, es damit dem Einflußbereich des westfränkischen Reiches unter Karl dem Einfältigen entzogen und dem Ostfränkischen Reich als fünftes Herzogtum angegliedert. Die Wahl dieses Ereignisses als Gründungsdatum eines ›deutschen‹ Reiches schien manchem schon damals etwas zu weit hergeholt und eher von dem Wunsch bestimmt gewesen zu sein, ein großes, identitätsstiftendes Jubiläum in einer spannungsgeladenen Zeit zu begehen.

Teilmodell des Aachener Münsters (Tambour, Kuppel und Schnitt durch das Oktogon) (Kat. Nr. 2/14)

Die linksrheinischen Gebiete waren seit dem Versailler Vertrag von 1919 von den Alliierten besetzt, und eine Zone bis 50 Kilometer östlich des Rheins war entmilitarisiert. In den Jahren 1918 bis 1923 hatten sich im Rheinland zudem separatistische Bewegungen gebildet, die aus Protest gegen die starke Zentralisierung Preußens die Lösung der Region vom Deutschen Reich und die Bildung eines ›Rheinstaates‹ forderten. Auch in Aachen waren die sogenannten ›Sonderbündler‹ aktiv. Am 21. Oktober 1923 besetzten sie das Rathaus, das Regierungspräsidium und andere öffentliche Gebäude. Leo Deckers, einer ihrer Anführer, rief im ›Kaisersaal‹ des Rathauses die ›Rheinische Republik‹ aus. Nach mehreren blutigen Zusammenstößen konnte das Rathaus zwei Tage später wieder geräumt werden. Die Truppen der Besatzungsmächte hielten sich dabei zumeist zurück; erst als am 1. November 1923 knapp tausend Angehörige des Separatistenverbandes ›Freirheinland‹ in Aachen einmarschierten, schritten die belgischen Behörden ein und wiesen die Eindringlinge aus.

In dieser Atmosphäre sollte die ›Jahrtausendfeier‹ die enge Verbundenheit der Rheinlande mit dem unbesetzten Deutschland demonstrieren und französischen Ansprüchen auf das linke Rheinufer entgegenwirken. Im Vorwort zu einer Veranstaltungsübersicht las es sich folgendermaßen: »Tausend und abertausend Jahre ist der Rhein Germaniens heiliger Strom. Wenn das Rheinland in diesem Jahr seine tausendjährige politische Zugehörigkeit zum deutschen Reiche begeht, so könnte man darin leicht historische Tüftelei sehen. Die geschichtliche Berechtigung mag umstritten sein. Der seelische Grund dieser Jahrtausendfeier aber muß nach den Kämpfen, die das Rheinland in diesen Jahren zu bestehen hatte, überall in Deutschland ... verstanden werden. Die Rheinische Jahrtausendfeier ist ein Bekenntnis und ein Gelübde: Unzerstörbar sind die Bande zwischen Rheinland und Reich!«

Den Initiatoren der ›Jahrtausendfeier‹, zu denen auch der Oberbürgermeister von Duis-

›Napoleoni, Augusti Francorum Imperatori‹ – Widmungsblatt für Kaiser Napoleon mit einer Darstellung Karls des Großen und des Aachener Münsters (Kat. Nr. 2/9)

burg und frühere Reichsinnenminister Karl Jarres sowie der Kölner Oberbürgermeister Konrad Adenauer gehörten, ging es neben diesen politischen ebenso um wirtschaftliche Aspekte: Das Unternehmen sollte vor allem den Fremdenverkehr beleben. Den Touristen, die in diesem Jahr an den Rhein kamen, wurde allerhand geboten: In nahezu allen größeren rheinischen Städten fanden Ausstellungen, Festwochen, Sportveranstaltungen und Konzerte statt. Köln zeigte die zentrale ›Jahrtausend-Ausstellung der Rheinlande‹, eine »Schau über 1000 Jahre rheinisch-deutscher Kultur«, in Koblenz fand die ›Reichsausstellung Deutscher Wein‹ statt. In Düsseldorf gab es Kunst, aber auch eine Leistungsschau des Deutschen Wäschereiverbandes zu sehen. Die »Gemeinschaft von Rhein und Reich« zu beschwören, sollte schließlich Aufgabe des Aachener Ausstellungsunternehmens sein.

Hauptthema war – wie bereits für 1915 vorgesehen – Aachen als Krönungsstätte der deutschen Könige. Endlich konnten die inzwischen fertiggestellten Kopien der Reichsinsignien zusammen mit 153 Kaiserbildnissen gezeigt werden. Der Finanzplan des Unternehmens fiel allerdings wesentlich bescheidener aus als seinerzeit. Auch die Erwartung an die Publikumsresonanz ging nur noch von 60000 Besuchern aus. Tatsächlich haben jedoch 140000 Menschen die Ausstellung besucht. Anders als zehn Jahre zuvor stand diesmal auch für die neuere Aachener Stadtgeschichte viel Platz zur Verfügung. In eigenen Abteilungen wurden Aachener Schützenwesen, Goldschmiedekunst, Architektur und Kunstgewerbe, Aachen als Wallfahrtsort, das Badeleben und die ›Friedenskongresse‹ von 1668, 1748 und 1818 dokumentiert.

Am 3. Mai 1925 eröffnete Oberbürgermeister Farwick die Ausstellung; Archivdirektor Dr. Huyskens führte die Gäste auf einem ersten Rundgang, dem ein Festakt im Aachener Konzerthaussaal vorausgegangen war. Die Festrede hielt Professor Eduard Eichmann aus München. Auch in seinem Vortrag war die nationalistische Botschaft dieser Veranstaltung nicht zu überhören: »Im Jahre 925 hat das kerndeutsche Rheinland seinen Anschluß dort gefunden, wohin es gehört. Und wie wir in Freud und Leid mit dem ganzen deutschen Volke zusammen gewachsen sind, von der Maas bis an die Memel, von der Etsch bis an den Belt, so wollen auch wir fest verkittet auf Gedeih und Verderb für alle Zukunft zusammengehören. Ans Vaterland, ans teure schließ dich an, das halte fest mit deinem ganzen Herzen!«

Die antifranzösischen Emotionen, die die Feierlichkeiten allerorts begleiteten, riefen bei den alliierten Besatzern der Rheinlande größte Besorgnis hervor. Im März bat die Interalliierte Rheinlandkommission einen Vertreter des Oberpräsidenten der Rheinprovinz zum Gespräch über die zu erwartenden Veranstaltungen. Zwar hegte man, »soweit die Tausendjahrfeier lediglich dem historischen Gedenken gewidmet sei und sich im internen Rahmen bewege«, keine Bedenken. Sogenannten ›Monsterveranstaltungen‹ jedoch, wie etwa die Jugend- und Sportfeiern bei

Bonn, zu denen über 100000 Jugendliche – auch aus den unbesetzten Gebieten – erwartet wurden, stand man sehr kritisch gegenüber: »Namentlich die jungen Leute könnten sich vielleicht zu bedenklichen Kundgebungen hinreissen lassen, da naturgemäß an solchen Tagen grosse Begeisterung herrsche.«

Als besonders provokativ empfanden die Alliierten die Aufrufe an die Bewohner der nicht besetzten Gebiete, zu den Feierlichkeiten ›an den Rhein‹ zu kommen. Selbst an österreichische und elsaß-lothringische Gruppen waren entsprechende Einladungen ergangen.

In dieser Situation geriet auch die Auswahl der Exponate für die Aachener Ausstellung unter den Druck der politischen Verhältnisse: In einem Brief an Oberbürgermeister Farwick äußerte der Kölner Erzbischof am 13. März 1925 die Vermutung, daß die Zurückhaltung, die die österreichische Regierung bezüglich der Ausleihe von Teilen des Krönungsornates an den Tag lege, wohl außenpolitische Gründe habe. Offenbar fürchtete man in Wien, daß die »Hergabe der Insignien im Sinne des Anschlußgedankens« gedeutet werden könne – vermutlich nicht zu Unrecht.

Da die Hohe Kommission groß angelegte Sympathie- und Solidaritätskundgebungen erwartete, die das kritische Verhältnis zwischen der Besatzung und den Bewohnern der Rheinlande noch zusätzlich belastet hätten, stellte sie besondere Regeln auf, nach denen »falls möglich, in freundschaftlicher Weise mit den deutschen Ortsbehörden die (Fest-)Veranstaltungen zu regeln« seien. Dazu mußten alle Programme der Feierlichkeiten den französischen Behörden im voraus zur Prüfung vorgelegt werden.

Ein ruhiger, möglichst wenig politisierter Ablauf der ›Jahrtausendfeier‹ lag jedoch auch im Interesse des Auswärtigen Amtes in Berlin. Zu groß war die Gefahr, daß unkontrollierte antifranzösische Ausbrüche die Bemühungen des Außenministers Gustav Stresemann um die Lösung der Rheinlandfrage erschwerten oder gar zunichte machten.

›Jahrtausend-Ausstellung‹ Aachen, 1925 – Blick in die Ausstellungsräume (Kat. Nr. 2/22)

Darstellung des Krönungsornates – Reichskrone (Kat. Nr. 2/29a)

Plakat der Jahrtausend-Ausstellung in Aachen
(Kat. Nr. 2/17)

2/1 Römische Brunnenfigur in Gestalt einer Bärin (Abb. S. 42)

4./5. Jhdt. n. Chr.; Bronze, 85 × 76 × 82 cm
Aachen, Domkapitel (G1)

Die Bärin ist ein lebensgroßer Hohlguß aus Bronze. In mittelalterlicher Zeit sah man diese Figur wahrscheinlich als römische Wölfin an, die als Hoheits- und Rechtssymbol galt. Das Werk wurde zu den antiken Stücken gezählt, die Karl der Große nach Aachen geholt hatte, um das neue Reichszentrum als ›Nova Roma‹ kenntlich zu machen. Die Figur fand dort als Wasserspeier Verwendung, wahrscheinlich bei dem Brunnen des Atriums der Pfalzkapelle. Daher weisen Hals und Brust Durchbohrungen auf, aus denen das Wasser hervorsprudelte. Heute hat die Figur in der Vorhalle des Domes ihren Platz.

2/2 Modell des ›Einhardsbogens‹

Pappe, Holz, 40 × 30 × 20 cm
Seligenstadt, Landschaftsmuseum

Das Modell, das nach einer Zeichnung aus dem 17. Jahrhundert gefertigt wurde, gibt das älteste Goldschmiedewerk der mittelalterlichen Kunst mit Figurenschmuck wieder. Dieser Sockel eines Reliquienkreuzes in Form eines Triumphbogens, den der Berater Karls des Großen, Einhard (770–840), zwischen 815 und 830 hat fertigen lassen, ist inzwischen verlorengegangen.

2/3 Deckplatte vom Grabmal des Kaisers Otto III.

Schwarzer Marmor, 317 × 186 × 28 cm
Aachen, Domkapitel

Otto III., der 1002 in der Burg Paterno bei Rom verstarb, wurde nach Aachen gebracht, wo man ihn – seinem Wunsch entsprechend – in der Pfalzkapelle begrub. Nach Fertigstellung der gotischen Chorhalle wurde Otto III. dorthin umgebettet. 1513 ließ Kurfürst Friedrich von Sachsen ein großes Marmorepitaph (3,10 × 1,80 m) errichten, das aber 1803 abgebrochen wurde, weil es den Blick auf den Hochaltar versperrte, wie die damalige Begründung lautete.

2/4 Sogenanntes ›Brustkreuz Karls des Großen‹

Lüttich (?), 11./12. Jhdt.; Silber graviert und vergoldet, Edelsteine, Perlen, H 8,5 cm
Aachen, Domkapitel

In seiner zwischen 1012 und 1018 verfaßten Chronik schildert Thietmar von Merseburg die von Kaiser Otto III. im Jahre 1000 veranlaßte Öffnung des Grabes Karls des Großen. Dabei soll an dessen Hals das ›goldene Kreuz‹ gefunden worden sein. Darin befand sich ein Kreuzsplitter als Reliquie.

2/5 Der Aachener Marktbrunnen mit dem Standbild Kaiser Karls des Großen als Tafelaufsatz (Abb. S. 45)

Dietrich von Rodt

1624; Silber, getrieben, teilweise gegossen, vergoldet, H 33 cm
Aachen, Suermondt-Ludwig-Museum der Stadt Aachen (KK 82)

Der Tafelaufsatz ist eine Miniaturnachahmung des oberen Teils des Aachener Marktbrunnens. Man hatte diesen Pokal während des Dreißigjährigen Krieges dem Heerführer Prinz von Croy als Geschenk angeboten, um ihn zu einem Abbruch der Belagerung der Stadt zu bewegen. Deshalb befindet sich auch dessen Wappen auf dem Tafelaufsatz.

2/6 Eidesformel des Römischen Königs als Kanonikus des Marienstifts

Johann Joseph Couven

Nachbildungen der Reichskleinodien – Reichskrone, Reichsapfel und Szepter (Kat. Nrn. 2/28a, b, c)

Rahmung um 1740; Silber, Pergament auf Eichenholz, 43 × 54 cm
Aachen, Domkapitel

2/7 Münzbeutel zur Aufbewahrung der Auswerfmünzen bei der Krönung Ferdinands I. in Aachen, 1531 (Abb. S. 44)

1531; Samt, 23 ×17 cm; Dm 13,5 cm
Aachen, Aachener Münzfreunde, Münzkabinett im stadtgeschichtlichen Museum

2/8 Drei Auswerfmünzen von der Krönung Ferdinands I. in Aachen 1531 (Abb. S. 44)

Silber, geprägt, Dm 2,26 cm; 1,9 cm; 15,8 cm
Aachen, Aachener Münzfreunde, Münzkabinett im stadtgeschichtlichen Museum

2/9 ›Napoleoni, Augusti Francorum Imperatori‹ – Widmungsblatt für Kaiser Napoleon mit einer Darstellung Karls des Großen und des Aachener Münsters (Abb. S. 54)

J. G. J. Vonasten

um 1804; Aquarell, 51 × 39,4 cm
Aachen, Museum für Stadtgeschichte und Kunstgewerbe Burg Frankenberg (BK 1287)

2/10 Die Huldigung der Rheinprovinz vor König Friedrich Wilhelm III. von Preußen am 15. Mai 1815 vor dem Rathaus zu Aachen (Abb. S. 45)

Friedrich Schirmer

Tempera, 33,3 × 46,7 cm
Aachen, Museum für Stadtgeschichte und Kunstgewerbe Burg Frankenberg (BK 97)

2/11 Entwurf für das Wandgemälde ›Otto III. in der Gruft Karls des Großen‹ im Kaisersaal des Rathauses von Aachen (Abb. S. 49)

Alfred Rethel

1847; Öl auf Leinwand, 52,5 × 82,7 cm
Düsseldorf, Kunstmuseum (4457)

Rethel selbst hat in einer Beschreibung des Bildprogramms für den Kaisersaal im Aachener Rathaus die Szene mit den Worten kommentiert: »In der Begeisterung für die Tugenden seines großen Ahnherrn pilgert Otto nach Aachen, läßt dessen Gruft öffnen und stärkt sich durch inbrünstiges Gebet vor der mächtigen Leiche zur kräftigen Nacheiferung in Gesinnungen und Taten. Diese Darstellung, welche gleichsam als eine geschichtliche Apotheose betrachtet werden kann, nach welcher derselbe der dankbaren Nachwelt ein Gegenstand andächtiger Verehrung geworden ist, schließt den Zyklus meiner Kompositionen.« Die romantische Mittelalterschau ist mit offenkundigen Hoffnungen auf eine Wiederherstellung alter Kaiserherrlichkeiten verbunden. Dies wird auch in der formalen Ähnlichkeit mit dem Kyffhäuser-Motiv deutlich, dessen Popularität in den Bildwelten des 19. Jahrhunderts stets einen politischen Unterton hatte. Das Fresko, für das die Ölskizze gemalt worden war, wurde als erstes ausgeführt, obschon es nach Rethels Aussage den Schluß des Zyklus bildete.

2/12 Entwurf für das Kuppelmosaik im Aachener Dom mit einer Darstellung der Majestas Domini und der 24 Ältesten

Jean Bethune

1871; Bleistift, Aquarell, 42,5 × 78,5 cm
Aachen, Domkapitel (234/9)

Jean Bethune (1821–1894) war Mitbegründer der St.-Lukas-Gilde und der bekannteste Neugotiker Belgiens. Das Kuppelmosaik im Aachener Münster ist sein Hauptwerk. Eine Darstellung des Zustandekommens dieses Entwurfes liefert Devliegher (1974), der auch auf die Literatur

Die Geschichte der Auseinandersetzungen um die Ausschmückung des Aachener Münsters sowie des Entscheidungsprozesses eröffnet interessante Aspekte der Geschichte der Denkmalpflege, der kirchlichen Kunstpflege sowie der Karlsromantik des 19. Jahrhunderts überhaupt. Bereits um 1850 begann die Diskussion um den rechten Weg der Restauration des Domes, die sich bis 1900 hinzog und teilweise erbittert geführt wurde.

Indem man die barocke Ausstattung in den 1860er Jahren entfernte, hoffte man, der karolingischen Form näher zu kommen. So zerstörte man Schicht um Schicht, schälte den Bau von innen aus und schuf eine ästhetische Ruine. Das kleine Aachen maß sich zunehmend mit Köln und dem dortigen Domaus- und Weiterbau. Aachen – Kaiserpfalz Karls des Großen, Gründers des Deutschen Reiches, Metropole der christlichen Welt nördlich der Alpen – wollte seine Hauptkirche in neuem Glanz erstrahlen lassen. Rückgriffe auf Ravenna, woher Karl laut Überlieferung Mosaikschmuck und Marmor für seine Kirche mitgebracht hatte, wurden zum programmatischen Verdikt.

Die rhetorische Frage: »In welchem ›Style‹ sollen wir bauen?«, wurde bestimmend für die 50 Jahre dauernde Auseinandersetzung. Konservative, ultramontane Kräfte Aachens, reformkatholische Geistliche wie Stephan Beissel, modernistisch eingestellte Mitglieder des Domkapitels und Konservative wie Franz Bock zogen den Entscheidungsprozeß immer wieder an sich. Zahlreiche unterschiedliche Entwürfe entstanden im Laufe von fast fünf Jahrzehnten, bis schließlich der Karlsverein unter dem Protektorat Kaiser Wilhelms II. durch zum karolingischen Vorbild eingeht. Die Darstellung der Majestas Domini und der 24 Ältesten war vorgegeben durch die Quellen des 17. Jahrhunderts, formale und stilistische Ausführung waren umstritten. So befand die Kommission 1881, daß die Farben des Umbraculums zu grell geraten seien. Bethune selbst war ebenfalls mit der Ausführung des Mosaizisten Salviati unzufrieden. Von verschiedenen Seiten wurden die Goldsmalten kritisiert, da sie zu hell leuchteten.

Im Jahre 1916 beschrieb der damalige Konservator Paul Clemen Bethunes Werk als »flaue und in der Zeichnung charakterlose Darstellung«. Mehrfach ist das Kuppelmosaik kurz nach seiner Entstehung überarbeitet worden. 1881, noch im Jahr der Fertigstellung, wurde das Gesicht des thronenden Christus verändert, und 1902 ersetzte Hermann Schaper das Umbraculum. Um die gleiche Zeit wurde, ebenfalls auf Schapers Anregung hin, das Goldmosaik mit brauner Farbe lasierend bemalt, damit es weniger hell strahlte. Kurz nach dem Zweiten Weltkrieg kam erneut die Diskussion auf, ob man das Innere des Oktogons nicht umgestalten sollte. Finanzmangel rettete dieses bedeutende Beispiel der Mosaik-Renaissance in Deutschland vor der Zerstörung. *Pia Heckes*

2/13 Entwurf für das Mosaik im Tambour des Aachener Domes (Erzengel Michael, Jungfrau Maria und Karl der Große) (Abb. S. 52)

Hermann Schaper

1895–1898; Bleistift, aquarelliert, 35 × 27 cm
Aachen, Domkapitel (G 202)

Die Zeichnung zeigt die zentrale Gruppe des Tambours mit Karl als Stifter des Domes. Sie entspricht weitgehend dem später ausgeführten Mosaik. In bestechenden Farben, miniaturmäßig ausgeführt, zeigt diese Zeichnung Hermann Schapers Fähigkeit, vom kleinen Format ausgehend Entwürfe für monumentale Mosaiken zu schaffen.

Diese kleine Zeichnung war das Ergebnis langwieriger Verhandlungen zwischen dem Karlsverein und dem ausführenden Künstler. Vom Wettbewerb an dauerte es zehn Jahre, bis dieser Entwurf vorlag, der alle Bedingungen erfüllte und allseits auf Gefallen stieß. Die Zeichnung ist, wie auch andere kleinformatige Arbeiten Schapers, die im Domschatz aufbewahrt werden, der vierten Planungsphase zuzurechnen. Insgesamt lassen sich sechs feststellen, die jeweils den Diskussionsstand widerspiegeln.

Als z. B. die Emails der Limburger Staurothek für die Zeit Karls des Großen als typisch angesehen wurden, sollte Schaper ins Monumentale gesteigerte Entwürfe für das Münster liefern. Später einigte man sich darauf, »modernes Bildempfinden« der Gemeindemitglieder zu berücksichtigen, und Schaper malte die Figuren des Tambours einem spätnazarenischen Zeitstil entsprechend.
Pia Heckes

2/14 Teilmodell des Aachener Münsters (Tambour/Kuppel und Schnitt durch das Oktogon) (Abb. S. 53)

Hermann Schaper

1899; Holz, Gips, 120 × 110 × 110 cm
Aachen, Domkapitel

Das Architekturmodell des Aachener Oktogons ist eines der wenigen Modelle des 19. Jahrhunderts, das sich bis heute erhalten hat. Erst 1981 wurde es – nach einer Restaurierung – in der Karlskapelle des Münsters aufgestellt. Die ehemals vorhandenen Staffagefiguren, die auf alten Fotos noch zu sehen sind, fehlen heute. Die Säulen sind teilweise herausgebrochen und die Farben verblaßt, dennoch bietet es ein relativ genaues Bild von der geplanten Ausstattung. Diese ist – wie bereits erwähnt – dem preisgekrönten Entwurf Schapers von 1888 sehr ähnlich, so daß wir uns eine Vorstellung von dem Wettbewerbsentwurf aus diesem Jahre machen können. Von der heutigen Ausstattung des Münsters weicht das Modell in vielen Details ab. So war vorgesehen, die Fußböden der Umgänge mit Marmor reich zu ornamentieren, was später auf einen Belag mit Blaustein reduziert wurde. Die Ornamentik des oberen Umgangs ist nicht so zur Ausführung gekommen, wie sie im Modell zu erkennen ist. Die ausgeführten Ornamente treten in ihrer Wirkung stärker zurück, sind kleinteiliger und weniger prachtvoll gehalten. Im Modell entsprechen sie einander in Form und Farbe, wogegen die aufgeführten Muster sich nur in den jeweils gegenüberliegenden Jochen gleichen. Diese Lösung für die Gewölbe fand Schaper nach einer Studienreise, die ihn auch nach Konstantinopel führte. Der figurale Schmuck des Tambours weicht hier nur in wenigen Details vom heutigen Zustand der Mosaiken ab. *Pia Heckes*

2/15 Aachener Separatisten-Putsch vom Oktober/November 1923

a) Erstürmung des Aachener Rathauses am 21. Oktober 1923
b) Gruppenbild der Besetzer
c) Sprengsatz im Kaisersaal nach der Besetzung
d) Zerstörtes Fresko im Kaisersaal nach der Besetzung
e) Der Kaisersaal des Aachener Rathauses nach Räumung durch die Feuerwehr und Abwehr eines erneuten Ansturms der Separatisten

Fotografien (neue Abzüge)
Aachen, Stadtarchiv (Fotosammlung XXV 6

2/16 Belgische und englische Truppen in Aachen zur Zeit der Rheinlandbesetzung

Herbert Hoffmann

1918; Fotografie (Reproduktion)
Berlin, Bildarchiv Preußischer Kulturbesitz (1627 N)

2/17 Plakat der ›Jahrtausend-Ausstellung‹ in Aachen

Anton Fries

1914/1925; 77 × 65 cm
München, Münchner Stadtmuseum (Plakatsammlung B 20/8)

Für die Ausstellung von 1925 griff man auf die Ergebnisse des Plakatwettbewerbs von 1915 zurück. Die Wahl fiel auf den mit dem dritten Preis ausgezeichneten Beitrag von Anton Fries aus München. Fries hatte das berühmte Reiterstandbild des Colleoni in Venedig zum Vorbild genommen. Wegen seiner »außerordentlich dekorativen Qualitäten« war das Plakat schon 1915 favorisiert worden.

2/18 Zwei Beiträge zum Plakatwettbewerb für die ›Krönungs-Ausstellung‹ in Aachen 1915

1914; Fotografien (alte Abzüge), je 23,9 × 17,6 cm
Aachen, Stadtarchiv (Best. ›Jahrtausendausstellung‹ VIII, I 8)

Für die Gestaltung des Plakates richtete die Stadt 1914 einen Künstlerwettbewerb aus. Die Ergebnisse waren im Aachener Kunstgewerbemuseum zu besichtigen. Punkt 1 der Bestimmungen für den Wettbewerb wies darauf hin, daß auf den ›historischen Charakter‹ der Ausstellung Rücksicht genommen werden sollte. Diese Vorgabe hatte jedoch – so der Berichterstatter der Aachener ›Allgemeinen Zeitung‹ – unter den 495 berücksichtigten Eingaben »zu den verhängnisvollsten Irrtümern und Fehlern« geführt, da die Frage »Was ist historisch?« offensichtlich auf sehr unterschiedliche Weise beantwortet wurde.

2/19 ›Das tausendjährige Rheinland‹ – Titelblatt einer Sondernummer der ›H. A. Illustrirten Zeitung‹ (Wochenbeilage des ›Hannoverschen Anzeigers‹)

1925; 43,9 × 30 cm
Aachen, Stadtarchiv (Best. ›Jahrtausendausstellung‹ VIII)

Das nationalistische Pathos, das die ›Jahrtausendfeier‹ begleitete, wird im Titelblatt dieser Zeitschrift deutlich: »Sie sollen ihn nicht haben den freien deutschen Rhein«. Die Gestalt Siegfrieds, der hier die ›Wacht am Rhein‹ hält, entstammt unverkennbar dem UFA-Film ›Die Nibelungen‹ von Fritz Lang, der 1924 in die Kinos gekommen war.

2/20 ›Jahrtausend-Ausstellung‹ Aachen 1925

a) Ankunft von Kunstwerken auf dem Aachener Bahnhof
b) Oberbürgermeister Farwick, Museumsdirektoren und Vertreter der Verwaltung bei der Eröffnung der Ausstellung (Abb. S. 50)

Fotografien (alte Abzüge), a) 9,1 × 11,9 cm;
b) 16 × 22,2 cm
Aachen, Stadtarchiv (Fotosammlung X, 8)

2/21 ›Jahrtausend-Ausstellung‹ Aachen 1925

a) Abtransport von Leihgaben aus Wien
b) Der Eingang des Rathauses während der Ausstellung

a) Albert Huyskens; b) Mertens

Fotografien (alte Abzüge), a) 12 × 9 cm; b) 22,8 × 16 cm
Aachen, Stadtarchiv (Fotosammlung X, 8)

2/22 ›Jahrtausend-Ausstellung‹ Aachen 1925 – Blick in die Ausstellungsräume (Abb. S. 55)

Drei Fotografien (alte Abzüge), 8,4 × 11,5 cm;
8,6 × 11,7 cm; 8,6 × 11,1 cm
Aachen, Stadtarchiv (Fotosammlung X, 8)

Für die ›Jahrtausend-Ausstellung‹ von 1925 mußten im Krönungssaal des Rathauses und 13 Nebenräumen über 1400 Objekte Platz finden. Der Wunsch, möglichst viele Objekte zu zeigen, führte allerdings zu erheblichen Platz- und Hängeproblemen.

2/23 ›Jahrtausend-Ausstellung‹ Aachen 1925 – Ansichten des ›Kaisersaales‹ als Ausstellungsraum und einer Vitrine mit der Kopie des Krönungsmantels für Franz I. von der Krönung Josephs II. (1764)

Drei Fotografien (alte Abzüge), 8,2 × 11,5 cm;
18 × 24 cm; 12,7 × 5,5 cm
Aachen, Stadtarchiv (Fotosammlung X, 8)

2/24 ›Jahrtausend-Ausstellung‹ Aachen 1925 – Dokumentationsaufnahmen von Leihgaben

a) Schädel des gebratenen Ochsen von der Krönung Leopolds II. (1790)

dessen finanzielle Mithilfe und die Tatkraft einiger Bauräte sich für Hermann Schaper als ausführenden Maler entschieden. *Pia Heckes*

2/28c

2/28h

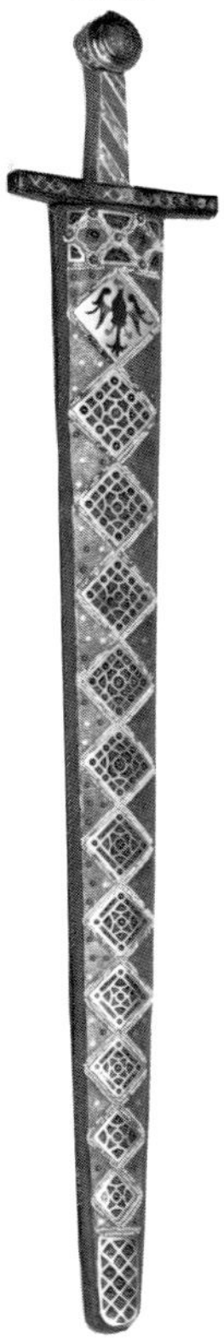

b) Kopie der Blauen Tunicella für Franz I. von der Krönung seines Sohnes Joseph II. (1764)

Fotografien (alte Abzüge), a) 24 × 18 cm; b) 18 × 24 cm
Aachen, Stadtarchiv (Fotosammlung X, 8 A 10 u. E 132)

2/25 ›Jahrtausend-Ausstellung‹ Aachen 1925 – Dokumentationsaufnahmen von Leihgaben

a) Weinbrunnen-Adler von der Krönung Franz II.
b) Beutel für Auswerfmünzen bei einer Kaiserkrönung

Fotografien (alte Abzüge), je 24 × 18 cm
Aachen, Stadtarchiv (Fotosammlung X,8 E 133 u. E 102)

2/26 ›Jahrtausend-Ausstellung‹ Aachen 1925 – Dokumentationsaufnahmen von Leihgaben

a) ›Feuerwerk für Kaiser Matthias in Frankfurt 1612‹
b) ›Großer Triumphwagen von Albrecht Dürer‹

Fotografien (alte Abzüge), a) 24 × 18 cm; b) 18 × 24 cm
Aachen, Stadtarchiv (Fotosammlung X,8, E 157 u. E 31)

2/27 Aufzeichnungsgerät für Klima und Luftfeuchtigkeit

1920er Jahre; Holz, Messing, 20,5 × 21,5 × 36 cm
Bad Homburg, Verwaltung der Staatlichen Schlösser und Gärten Hessen

2/28 Nachbildungen der Reichskleinodien

a) Reichskrone
Gold und Goldfiligran, verschiedene Edelsteine, Perlen, Email, Stirnplatte H 15,5 cm; Kreuz H 9,9 cm
b) Reichsapfel
Gold und Goldfiligran, Edelsteine, Perlen, H 21 cm
c) Szepter
Silber (?), vergoldet, L 59 cm
d) Reichskreuz
Eichenholz mit Goldblech beschlagen, an der Vorderseite Edelsteine und Perlen, an den Seitenwänden Niello, H 77 cm
e) Aspergill (Weihwasserwedel)
Silber, L 38 cm
f) Heilige Lanze
Stahl, Gold, L 40 cm
g) Reichsschwert (Mauritius-Schwert)
Stahl, Knauf und Parierstange schwach vergoldet, Griff mit Silberdraht umwickelt, Scheide aus Olivenholz mit Goldblech verkleidet, Emailplatten, L 110 cm
h) Zeremonienschwert
Holz mit Goldplatten verkleidet, Filigran und Zellenschmelz, L 108,5 cm
i) Deckel des Reichsevangeliars
Einband roter Samt, Beschläge und Deckel aus vergoldetem Silber, getrieben, mit einzelnen Edelsteinen, 34,5 × 26,1 cm
j) Stephansbursa
Goldblech über einem Holzkern, Rückseite vergoldetes Silber, Edelsteine, Perlen, H 32 cm

Düsseldorf, C. A. Beumers (a, b, c, e, f, g, h) und Aachen, August Witte (d, i, j); Aachen, Stadt Aachen Krönungsfestsaal des Rathauses (RCK 3, 9, 10, 4, 11, 2, 5,7, 8, 1)

a) Original: Westdeutsch, 2. Hälfte des 10. Jahrhunderts

Die zu den Reichskleinodien gehörende Bügelkrone ist kein einheitliches Werk. Der Reif stammte aus ottonischer Zeit. Er war vermutlich Bestandteil der für die Kaiserkrönung Ottos I. 962 hergestellten Krone. Stirnkreuz und Bügel dagegen sind der Regentschaft Konrads II. (1024–1039) zuzurechnen. Ursprünglich wurde die Krone über einer Mitra getragen. Der Kronenkörper besteht aus acht durch Scharniere verbundenen Goldplatten, die vier großen Platten über Stirn, Nacken und Schläfen sind reich mit Edelsteinen und Perlen besetzt, die Zwischenglieder mit Emails versehen, die Christus als König der Könige und drei Darstellungen alttestamentarischer Könige zeigen: den kranken König Ezechias, dem Isaias verkündet, daß Gott ihm noch 15 Lebensjahre schenke, König David als Sinnbild der Gerechtigkeit und König Salomo als Sinnbild der Weisheit.

b) Original: Westdeutsch (Köln?), letztes Viertel des 12. Jahrhunderts

Der Reichsapfel ist wahrscheinlich für die Krönung Heinrichs VI. im Jahre 1191 angefertigt worden. Anknüpfend an antike Traditionen symbolisiert er den Anspruch auf universale Herrschaft des Königs als Stellvertreter Gottes auf Erden.

c) Original: Deutsch, 1. Hälfte des 14. Jahrhunderts

Das Szepter gehört zu den jüngsten Bestandteilen des Insignienbestandes; aus dem Hochmittelalter ist keines überliefert. Neben dem kurzen Szepter war bis ins 12. Jahrhundert noch der Langstab in Gebrauch, der von da an aber nur noch dem Klerus z. B. als Bischofsstab, vorbehalten war, während das Szepter nun allein dem weltlichen Herrscher zukam.

d) Original: Westdeutsch, um 1024

Das unter Kaiser Konrad II. fertiggestellte Reichskreuz diente der Aufbewahrung der Reichsreliquien, der Heiligen Lanze im Querarm und der Kreuzpartikel im Schaft. Ursprünglich war es ein Vortragskreuz; der Schaft ist erst in der Zeit Karls IV. hinzugekommen.

2/28d

e) Original: Deutsch, 1. Drittel des 14. Jahrhunderts

Im Hochmittelalter wurde die geistliche Stellung des Kaisers noch stark betont; der Weihwasserwedel im Bestand der Reichsinsignien verweist darauf. Der Form nach entspricht er einem Szepter, als das er auch interpretiert wurde.

f) Original: Italien, 8./9. Jahrhundert

Die Heilige Lanze, der älteste Bestandteil der Reichskleinodien, war die bedeutendste Christusreliquie. Das Lanzenblatt ist wahrscheinlich zerbrochen, als ein Nagel, der vorgeblich vom Kreuz Christi stammte, eingefügt wurde. Deshalb wird es von einem schmalen Eisenband zusammengehalten. Wann dies geschah, ist nicht erwiesen, es muß aber vor der Zeit Ottos III. geschehen sein, denn eine von ihm verschenkte Kopie hatte das Eisenband bereits. Gleichzeitig ist die Lanze aber auch als Zeichen für die Herrschaft über Italien angesehen worden. Nach der langobardischen Tradition diente sie zur Einweisung in die Herrschaft. Unter den Ottonen wurde sie als siegbringende Waffe im Kampf mitgeführt, so bei der Ungarnschlacht auf dem Lechfeld von 955 und von Otto III. 996 bei seinem Zug nach Rom.

g) Original: Scheide deutsch, 1. Hälfte des 11. Jahrhunderts, Schwert zwischen 1198 und 1218

Das Reichsschwert wurde dem Herrscher beim Krönungszug vorgetragen. Die Scheide, der älteste Teil des Schwertes, stammt aus der Zeit Heinrichs III. Sie ist mit 14 Goldplatten verkleidet, die je ein Relief einer Herrschergestalt zeigen, wahrscheinlich die Herrscherreihe von Karl dem Großen bis Konrad II.

h) Original: Palermo (vor 1220)

Das Zeremonienschwert war Teil des Krönungsornats Kaiser Friedrichs II. Der Knauf aus vergoldetem Silber trägt neben dem einköpfigen Reichsadler den böhmischen Löwen, der in der Zeit Karls IV. hinzugefügt wurde. Parierstange und Griff aus Holz sind mit Goldplatten mit Filigran und Zellenschmelzen verziert. Die Scheide besteht aus Leinengewebe, das mit Goldplatten, Emailzellenschmelz, Perlen und Rubinen geschmückt ist. Seit dem 15. Jahrhundert wurde das Zeremonienschwert zum Ritterschlag nach der Krönung benutzt.

i) Original der Handschrift: Hof Karls des Großen (Aachen), Ende des 8. Jahrhunderts; Original des Einbandes: Hans von Reutlingen, Aachen um 1500 (Abb. S. 47)

Die Handschrift wurde bei der Krönung in Aachen zur Eidesleistung verwandt. Sie ist auf Purpurpergament in Gold und Silber in einer Kolumne geschrieben; die Evangelientexte in Unziale, alles andere in Capitalis Rustica. Die Handschrift enthält die Evangelien mit den Prologen und dem Capitulare, ausgestattet mit 16 Kanonbögen, vier größeren Initialen an den Evangelienanfängen und vier ganzseitigen Evangelistenbildern. In den Kanontafeln und Evangelistenbildern erkennt man antike Vorbilder.

Der ursprüngliche Einband ist verloren, der heutige stammt aus der Zeit um 1500. Er stellt in der Mitte als Idealbild aller Herrscher Gottvater dar, dessen Züge auf ein Idealbild Karls des Großen zurückzugehen scheinen. Das Evangeliar gehörte zum Aachener Bestand der Reichskleinodien.

j) Original: Reims (?), 1. Drittel des 9. Jahrhunderts (Abb. S. 47)

Die Burse ist einer der ältesten Bestandteile der Reichskleinodien. Sie wurde in Aachen aufbewahrt und mußte bei Krönungen auf dem Tisch mit den Insignien liegen. Nach der Überlieferung enthielt sie

2/28g und Säbel Karls des Großen

2/28f

Erde, die mit dem Blut des Märtyrers Stephanus getränkt war, der Reliquieninhalt ist aber verlorengegangen.

Nicht ausgestellt, aber wie Evangeliar und Stephansbursa zum ursprünglichen Aachener Bestand zählend, ist der sogenannte ›Säbel Karls des Großen‹. Original: Osteuropa (Ungarn?), 2. Hälfte des 9. oder 10. Jahrhunderts.

2/29 Darstellung des Krönungsornates
a) Reichskrone (Abb. S. 55)
b) Alba, Krönungsmantel, Gurt für das Reichsschwert
c) Adlerdalmatika, Gugel, Blaue Tunicella, Stola
d) Strümpfe, Handschuhe, Schuhe

Johann Adam Delsenbach

1790 (Druck), Kupferstiche, koloriert, je 42 × 52 cm
Nürnberg, Germanisches Nationalmuseum (HB 26833, 26838, 26837, 26839)

Es handelt sich um die Tafeln II, V, VI und VIII aus: ›Wahre Abbildung der sämtlichen Reichskleinodien, welche in der des Heiligen Römischen Reichs Freyen Stadt Nürnberg aufbewahrt werden.‹ Nürnberg 1790. Der Nürnberger Zeichner und Kupferstecher Johann Adam Delsenbach (1687–1765) hat die Reichsinsignien im Auftrag des Reichskleinodienverwahrers Ebner von Eschenbach auf neun Blättern naturgetreu wiedergegeben.

b) Die Tafel V zeigt links das Chorhemd, die Alba, und rechts den berühmten Krönungsmantel. Die Alba wurde 1181 in der königlichen Werkstatt in Palermo gefertigt. Sie ist wahrscheinlich erstmals anläßlich der Kaiserkrönung Friedrichs II. verwandt worden. Auf dem Blatt ist auch das Cingulum, der Gürtel zum Schnüren der Alba, abgebildet.

Ebenfalls in Palermo, allerdings schon 1133/34, entstand für den Normannenkönig Roger II. der Krönungsmantel aus roter Seide, reich mit Gold bestickt. Die Mantelfläche zeigt zwei stilisierte Löwen, jeder ein Kamel schlagend. Von den Normannen ist der Mantel auf die Staufer übergegangen.

c) Auf der Tafel VI sind die Adlerdalmatica und die Tunicella abgebildet. Die Tunicella ist in den königlichen Werkstätten in Palermo in der Zeit Rogers II. entstanden und stammt vielleicht von dem gleichen Ornat wie der Krönungsmantel. Da die Dalmatica enger als die Alba ist, hat man im 18. Jahrhundert beide Gewänder in umgekehrter Reihenfolge getragen, also die Alba über der Dalmatica.

Die Adlerdalmatica ist aus chinesischem Stoff um 1300 gefertigt. Sie ist erstmals 1350 erwähnt und wurde einige Male anstelle der sizilianischen bei Krönungen benutzt. Dürer stellte auf seinem Idealbild Karls des Großen den Kaiser mit der Adlerdalmatica bekleidet dar. Die dazugehörige Gugel (Kapuze mit kragenartigem Schulterstück) ging bei der Flüchtung der Reichskleinodien aus Nürnberg verloren.

d) Auf Tafel VIII bildete Delsenbach neben Handschuhen und Strümpfen drei Paar Schuhe ab: das Krönungspaar und die beiden ›Niderschuh‹, also die beiden weniger bedeutenden Paar Schuhe. Davon sind nur die Krönungsschuhe, die allgemein dem Krönungsornat Friedrichs II. zugeschrieben wurden, nach Wien gelangt. Eine Analyse der Konstruktion der Schuhe ließ Günter Gall in einer neueren Untersuchung zu dem Schluß kommen, daß sie erst im 17. Jahrhundert nach dem Muster der aus Palermo stammenden Sandalia gefertigt wurden.

2/30

2/30 Lieutenant Richard Swenson von der US-Army mit den Aachener Nachbildungen der Reichsinsignien an ihrem Auslagerungsort in einem Bergstollen bei Siegen

1945; Fotografie (Reproduktion)
Siegen, H.-M. Flender (239-PA-6-71-8)

Die für die ›Jahrtausend-Ausstellung‹ in Aachen angefertigten Kopien der Reichskleinodien wurden während des Zweiten Weltkrieges zusammen mit anderen Kunstschätzen in den ›Hainer Hüttenstollen‹ in der Nähe von Siegen ausgelagert und dort am 3. April 1945 von Soldaten der 8. Infanterie-Division der 1. US-Armee entdeckt.

Speyer

»Metropolis Germaniae«

Andrea Theissen

»Hauptstadt Deutschlands« (metropolis germaniae) wurde Speyer von dem in der Normandie schreibenden englischen Mönch Ordericus Vitalis anläßlich der Beisetzung Heinrichs V. im Jahre 1125 im Dom genannt.

Der Aufstieg Speyers zu einer von den deutschen Königen bevorzugten Stadt – denn nur so ist der Begriff ›metropolis‹ in damaliger Zeit zu verstehen – ist das Ergebnis der großzügigen Förderung von Bistum und Stadt durch die Salier, dem mächtigen, im Speyergau reich begüterten Grafengeschlecht, das mit Konrad II. im Jahre 1024 erstmals die Königswürde erlangte. Eine Förderung, die die rechtliche, die wirtschaftliche, die politische und die städtebauliche Entwicklung Speyers gleichermaßen betraf. Zahlreiche Aufenthalte salischer und staufischer Könige und Kaiser in der Stadt belegen deren hervorragende Bedeutung: Heinrich III. weilte elfmal hier, Heinrich IV. siebzehnmal, Heinrich V. dreizehnmal, Friedrich I. achtmal, Philipp von Schwaben neunmal, Friedrich II. siebzehnmal, dessen Sohn Heinrich dreizehnmal und Konrad IV. achtmal. Viele dieser Besuche galten der Abhaltung von Hoftagen.

Unter den vielen Hoftagen – seit Heinrich III. war Speyer einer der häufigsten Tagungsorte – verdienen einige besondere Beachtung. Zum Beispiel der Hoftag am Weihnachtsfest des Jahres 1146, bei dem es am 27. Dezember zu einer dramatischen Szene im Dom kam, in deren Verlauf es Bernhard von Clairvaux durch seine Predigt gelungen sein soll, den vorher ablehnenden Kaiser Konrad III. zu einer Teilnahme am zweiten Kreuzzug zu bewegen. Von großer Bedeutung für das Reich war der Hoftag von 1199, als eine große Anzahl stauferfreundlicher Fürsten, darunter 28 Reichsbischöfe, in der sogenannten Speyerer Erklärung gegen die Einmischung von Papst Innozenz III. in den Streit zwischen Philipp von Schwaben und dem Welfen Otto IV. um die deutsche Krone protestierte. Als letzte Manifestation alter Kaiserherrlichkeit schließlich wird der Hoftag von 1237 angesehen, auf dem Friedrich II. vor seinem Aufbruch nach Italien Konrad IV. zu seinem künftigen Nachfolger und Erzkanzler Siegfried von Mainz zum Reichsverweser während seiner Abwesenheit bestimmte.

Vor allem in der Reformationszeit wurden viele bedeutende Reichstage in Speyer abgehalten. Der vielleicht folgenschwerste war der von 1529; in seinem Verlauf erhoben die evangelischen Reichsstände Einspruch gegen den Beschluß der altkirchlichen Mehrheit, am Wormser Edikt von 1521 festzuhalten, worin die Reichsacht über Luther ausgesprochen und die Lektüre und Verbreitung seiner Schriften verboten worden waren.

Der Dom zu Speyer im Zustand nach seiner Zerstörung, 1689 (Kat. Nr. 3/14)

Der Weg zur ›Freistadt‹

Speyer war zunächst einmal eine Bischofsstadt. Nachdem in der Mitte des sechsten Jahrhunderts das dortige Bistum wiederbegründet worden war, erlangte der Bischof 946 durch einen Vertrag mit Konrad dem Roten, dem Herzog von Lothringen, wichtige Rechte in der Stadt: das Münzrecht, den Zoll, die Marktaufsicht und Gerichtsrechte. Stadtherr im eigentlichen Sinne wurde der Bischof jedoch erst 969, als ihm von Otto I. die große Gerichtsbarkeit übertragen wurde.

Seit der Machtübernahme der Salier traten die Bischöfe in ihrer Bedeutung für Speyer immer mehr hinter die Könige zurück, die durch zahlreiche Schenkungen das vordem nur schwach ausgestattete Bistum zum salischen Hausbistum und aus der Domschule eine Art ›Diplomatenschule des Reiches‹ machten, die sie in den Dienst der Reichskanzlei stellten.

In Zusammenhang mit der wachsenden Bevölkerung, der Ausdehnung des Stadtgebietes auf fast das Zehnfache (von acht auf 70 Hektar) und vor allem der Zunahme der herrschaftlichen und kirchlich-kulturellen Mittelpunktfunktion hatte sich die stark bäuerlich geprägte ottonische Stadt auch in ihrem sozialen Gefüge verändert. Sie wurde nun von der großen Zahl der jetzt dort ansässigen Handwerker und Kaufleute bestimmt. Deren Bürger erhoben politische Ansprüche, die sie gegenüber den Bischöfen mit wachsendem Erfolg durchsetzen konnten. Im Jahre 1294 schließlich mußte der damalige Bischof Friedrich von Bolanden auf das Recht der Steuererhebung und das Recht der Ämterbesetzung verzichten, womit der Speyerer Bischof seinen Oberhoheitsanspruch über die Stadt endgültig aufgab, die damit zu einem unabhängigen Gemeinwesen werden konnte. Speyer wurde – wie auch sechs andere ehemalige Bischofsstädte – zur ›Freistadt‹ mit einem Status, der dem einer Reichsstadt vergleichbar war.

Im Gefolge der Reichsreform zu Ende des 15. Jahrhunderts, deren Hauptanliegen die

Wahrung des Landfriedens darstellte, wurde Speyer durch die Einrichtung des Reichskammergerichts zum juristischen Mittelpunkt Deutschlands. Das Reichskammergericht hatte über Fälle von Landfriedensbrüchen hoher und höchster Herren, über eigenmächtig vorgenommene Pfändungen und Gefangennahmen, Übertretung kaiserlicher Gebote und Reichsgesetze und ähnlich schwerwiegende Vergehen zu entscheiden. Wegen der Totalzerstörung der Stadt im Pfälzischen Erbfolgekrieg 1689 wurde diese für das Leben in Speyer so lange Zeit bestimmende Reichsbehörde nach Wetzlar verlegt.

Der Kaiserdom

Die Salier zeichneten Speyer nicht zuletzt durch den Bau des 1061 geweihten Domes aus. Konrad II. hatte ihn um 1030 begonnen, sein Sohn Heinrich III. vollendete das Werk. Schon dieser erste Bau besaß mit seiner Gesamtlänge von 133,50 Metern Ausmaße, die ihn zu einem der größten mittelalterlichen Dome machten; er wurde nur noch von dem 1089 in Cluny begonnenen Bau übertroffen.

Zwei Jahrzehnte nach der Weihe des Domes aber schon griff der Rhein dessen Fundamente an, so daß Heinrich IV. den Bau wieder aufnehmen mußte. Er rief zu diesem Zweck Bischof Benno von Osnabrück nach Speyer. Dieser vollendete den Bau »geistvoll mit einer durch die Neuheit des vortrefflichen Werkes schwierigen Unternehmung« und sicherte ihn durch gewaltige Steinmassen gegen die Strömung, wie es in der Lebensbeschreibung des Bischofs heißt. Die hervorragende Neuerung bestand in der Gestaltung der Decke des Mittelschiffes. Die ursprünglich flache Holzdecke wurde durch ein Kreuzgewölbe ersetzt. Zwar war die Technik von Kreuzgratgewölben an sich nicht neu – auch im Vorgängerbau des Domes wurde sie schon in den Seitenschiffen angewandt –, aber ein Gewölbe, das eine Breite von 14 Metern überspannte, hatte es seit der Basilika Konstantins in Rom nicht mehr gegeben.

Abgesehen von geringfügigen Veränderungen blieb die Gestalt des Domes erhalten, bis

Kaiserfigur für das Denkmal im Speyerer Dom von Hans Valkenauer (Salzburg, Carolino Augusteum)

Kronreif für das Denkmal im Speyerer Dom von Hans Valkenauer (Salzburg, Carolino Augusteum)

Rekonstruktionszeichnung für das Denkmal im Speyerer Dom von Hans Valkenauer (Salzburg, Carolino Augusteum)

er im Jahre 1689 durch die Brandlegung der Franzosen zerstört wurde. Als 1793 französische Truppen Speyer erneut einnahmen und das Domkapitel nach Bruchsal, in die Residenz des Bischofs geflohen war, wurde die gesamte Innenausstattung des im 18. Jahrhundert wiederhergestellten Domes zerstört und das Gebäude in ein Kriegsmagazin umgewandelt. Ein Dekret von 1805 bestimmte den Abbruch dieses »in schlechter Gotik errichteten« Gebäudes, der sicher auch durchgeführt worden wäre, wenn der Bischof von Mainz nicht im folgenden Jahr bei Napoleon die Rückgabe des Domes an die Geistlichkeit erwirkt hätte. Nachdem die Pfalz 1815 zu Bayern gekommen war, wurde die Kathedrale umgebaut und innen mit Fresken im Stil der Nazarener versehen. Ihre heutige Gestalt ist das Ergebnis umfangreicher Restaurierungsarbeiten in den Jahren 1957 bis 1971.

Den Namen ›Kaiserdom‹ trägt der Speyerer Dom weil in ihm acht Herrscher und drei ihrer Gemahlinnen die letzte Ruhe fanden. Die Gräber des Kaiserpaares Konrad II. und Gisela befanden sich wohl zunächst in der Krypta, ehe sie in die neue, nach dem Tod Heinrichs III. geschaffene Grabanlage am Ostende des Langhauses verlegt wurden. Heinrich IV., der bei seinem Tode im Jahre 1106 noch nicht vom Kirchenbann befreit worden war, wurde in der Afrakapelle des Domes beigesetzt. Erst sein Sohn Heinrich V., zu seinen Lebzeiten der entschiedenste Widersacher seines Vaters, erreichte von Papst Paschalis II., den er zuvor in Italien besiegt hatte, die Einwilligung zu einer Beisetzung Heinrichs IV. an geweihter Stätte neben Berta, seiner schon 1087 verstorbenen Frau. Heinrich V. selbst starb im Jahre 1125 und wurde – nach den eingangs erwähnten Worten des Ordericus Vitalis – zu Speyer, der ›Hauptstadt Deutschlands‹, begraben.

Auch Friedrich I. Barbarossa wollte in Speyer beigesetzt werden wie seine Gemahlin Beatrix und beider Tochter, die 1184 gestorben waren; er liegt aber an unbekanntem Ort in der Nähe des Flusses Saleph beerdigt, in dem er 1190 als Teilnehmer des dritten Kreuzzuges ertrank. Sein Sohn Philipp von Schwaben, der im Jahre 1208 in Bamberg von dem bayrischen Pfalzgrafen Otto von Wittelsbach ermordet wurde, konnte erst fünf Jahre später, nachdem Friedrich II. die Macht des Welfen Otto IV. in Deutschland gebrochen hatte, nach Speyer überführt werden.

3/2

Erst im Jahre 1291, nach der Zeit des Interregnums, wurde mit Rudolf von Habsburg wieder ein deutscher Herrscher in Speyer beigesetzt. Er soll, nachdem er von seinen Ärzten gehört hatte, daß er nur noch wenige Tage zu leben hätte, gesagt haben: »Wohlauf nach Speyer . . .« Er ist der einzige König, dessen Grabmal ein Bildnis des Verstorbenen trägt. Die letzten beiden Beisetzungen, die von dem Trierer Erzbischof Balduin eingehend geschildert worden sind, fanden 1309 statt. Heinrich VII. von Luxemburg ließ kurz nach seiner Thronbesteigung die Leichen seiner Vorgänger Adolf von Nassau und Albrecht von Habsburg nach Speyer überführen und richtete ihnen eine prunkvolle Begräbnisfeier aus.

Die Kaisergräber blieben aber auch weiterhin im Bewußtsein der Herrscher, was sich in Besuchen Friedrichs III., Maximilians I., Karls V., Ferdinands I., Maximilians II. und Rudolfs II. zeigte. Maximilian I. gab 1514 ein

Denkmal für den Dom in Auftrag, das die acht Herrscher und die vier Frauen, die dort bestattet sind, vor zwölf Säulen stehend zeigen sollte. Auf den Säulen sollte eine mächtige Kaiserkrone ruhen. Dieses Werk blieb allerdings unvollendet und kam nicht nach Speyer.

Seit 1689, als die gesamte Ausstattung des Königschores vernichtet worden war, scheint dieser nur als leere Plattform bestanden zu haben. Die Grabmäler sind später zum Teil von den Grabstätten entfernt worden, so daß die Herrschergräber nicht mehr zu erkennen waren. Darauf hat der Münchner Gymnasialprofessor Praun im Jahre 1896 in einer Schrift hingewiesen und die Erforschung der Gräber angeregt, ein Vorschlag, den das damals zuständige ›Königliche Staatsministerium des Innern für Kirchen- und Schulangelegenheiten‹ aufgriff, indem es eine Gelehrtenkommission berief, die vom 16. August bis zum 2. September 1900 Grabungen im Kaiserchor vornahm. Die gefundenen Grabbeigaben wurden zu genauer

3/1

3/3 ▷

wissenschaftlicher Auswertung nach München gebracht und gingen nach der Konservierung nach Speyer zurück. Die Überreste der Begrabenen wurden einer anthropologischen Untersuchung unterzogen und dann am 3. September 1900 zunächst provisorisch wieder beigesetzt. Sechs Jahre später fand schließlich das Kaiserrequiem und die feierliche Übergabe der schon von der Gelehrtenkommission vorgesehenen neuerrichteten Kaisergruft statt.

3/1 Grabkrone des Kaisers Konrad II.

1039; Bronzeblech, teilvergoldet, H 14,6 cm, Dm 21,2 cm
Speyer, Domkapitel (D 4)

Die Grabkrone Kaiser Konrads II. (1024–1039), des ersten Förderers von Stadt und Bistum Speyer, ist ein hoher Kronreif mit Stirnkreuz und drei Lilienaufsätzen. In Blattgold ausgelegt sind auf dem Reif acht kleine Dreiecke und eine Inschrift PAVS ARATOR ET URBIS, auf den Aufsätzen nur noch einzelne Buchstaben zu erkennen: B NE T (aufzulösen als ›Pacis Arator et Urbis Benefactor‹). Übersetzt: »Des Friedens Förderer und der Stadt Wohltäter«. Gemeint ist hier nicht Speyer, sondern Jerusalem.

3/2 Grabkrone des Kaisers Heinrich III.

1056; Kupferblech, H 20 cm, Dm 20,2 cm
Speyer, Domkapitel (D 6)

Der Kronreif Heinrichs III. (1039–1056) wird von vier Lilien aus Kupferblech überragt, die von innen an den Reif angenietet sind. Die beiden seitlichen Lilien setzen sich nach unten rechteckig fort. Ähnliche Wangen- und Ohrendeckel hatten auch die Helme der Zeit. Eine Inschrift ist nicht vorhanden.

3/7

3/3 Reichsapfel des Kaisers Heinrich III.

um 1057; Holz, Leder, H 13,5 cm
Speyer, Domkapitel (D 509)

Der Reichsapfel aus dem Grab Heinrichs III. (1039–1056) ist eine Kugel, deren hölzerner Kern mit schwarzem Leder überzogen ist. An dem Leder kleben noch Reste der seidenen Handschuhe und des Schleiers, die sich ebenfalls in dem Steinsarkophag Heinrichs III. befunden haben. In die Kugel ist ein Kreuz aus Zedernholz eingesetzt, das auch mit Leder überzogen ist.

3/4 Bleisarg des Königs Philipp von Schwaben

1213; Bleiplatten, Eisennieten, Eisenbänder, 30 × 177,5 × 48 cm
Speyer, Domkapitel (D 48)

Philipp von Schwaben (1198-1208), der in Bamberg von dem ursprünglich als Schwiegersohn vorgesehenen bayerischen Pfalzgrafen Otto von Wittelsbach ermordet worden war, wurde erst fünf Jahre später nach Speyer überführt und dort beigesetzt.

Der Sarg ist aus verschieden großen Bleiplatten zusammengesetzt, die sich gegenseitig überlappen. Der Deckel besteht aus zwei Bleiplatten. Sie sind durch vier Eisennieten miteinander verbunden.

3/5 Mantel des Königs Philipp von Schwaben

Ende 12. Jhdt.; Seidenstoff-Fragmente, Goldborten, Dm 305 cm, Rückenhöhe 140 cm
Speyer, Domkapitel (D 332)

Der Mantel, der über die Leiche Philipps gedeckt war, hat die Form eines Pluviale. Er ist eine Rekonstruktion, auf die die Stoff-Fragmente aufgeheftet sind. Am vorderen Rand und dem Halsausschnitt befindet sich ein 6 cm breites Seidenband mit einem Muster von Rauten, abwechselnd gefüllt mit kleineren Rauten und mit einem Kreuz. In Brusthöhe rechts und links sind je ein Medaillon mit Darstellungen des thronenden Christus und der Maria in antiker Gebetshaltung aufgestickt. Der Stil der Stickerei ist byzantinisch. Es gibt Anhaltspunkte dafür, daß der Königsmantel in Palermo entstanden ist. Ähnliche Goldstickereien befinden sich unter den Reichskleinodien, die in den königlichen Werkstätten in Palermo hergestellt wurden. Die Gemahlin Philipps war eine griechische Prinzessin, die in erster Ehe mit einem Sohn des sizilianischen Königs Tankred von Lecce verheiratet war. Vielleicht gehörten die Stickereien zu dem sizilianischen Kronschatz, den Heinrich IV. nach Deutschland geholt hatte.

3/4

3/6 Öffnung der Gräber von Kaiser Konrad II. und Kaiserin Gisela

Jacob Schröck

1900; Fotografie (neuer Abzug), 15,2 × 19 cm
Speyer, Historisches Museum der Pfalz

3/7 Grab des Königs Philipp von Schwaben nach der Öffnung

Jacob Schröck

undatiert; Fotografie (neuer Abzug), 22,9 × 17,6 cm
Speyer, Historisches Museum der Pfalz

3/8 Ansicht des Grabdenkmals für Rudolf von Habsburg; nach Vernier

undatiert; Lithographie, 22,6 × 15 cm
Speyer, Historisches Museum der Pfalz (BS 1303)

3/9 Darstellung des Denkmals für die in Speyer beigesetzten Kaiser von Hans Valkenauer; Rekonstruktion nach Philipp Maria Halm

undatiert; Buntstift, 84 × 64 cm
Salzburg, Carolino Augusteum

3/8

Kaiser Maximilian I. plante, sein Kaisertum und dessen geschichtliche Wurzeln in einer Reihe von bildlichen Darstellungen zu verewigen. Neben seinem eigenen Grabmal in der Hofkirche in Innsbruck und den Bildprogrammen von Dürers ›Ehrenpforte‹ und dem ›Triumphzug‹ sollte dazu auch ein Denkmal zählen, das für den Königschor im Dom zu Speyer geplant war und auf die Begräbnisstätte der Kaiser und Könige – u. a. Rudolfs von Habsburg – Bezug nehmen sollte. Im Jahre 1514 schloß Maximilian I. mit dem Bildhauer Hans Valkenauer in Rattenberg am Inn einen Vertrag über die Lieferung von zwölf Statuen an einer entsprechenden Zahl von Säulen aus rotem Marmor. Zahlungsschwierigkeiten des Kaisers verzögerten die Ausführung, so daß das Denkmal bei Maximilians Tod 1517 unvollendet war. Rekonstruktionen der vorhandenen Baufragmente und der erhaltenen Figuren ergeben, daß die figurengeschmückten Säulen einen Kronreif mit Palmetten tragen sollten. Eine höchst moderne Form des Denkmals, vergleichbar Bauten der italienischen Renaissance wie Bramantes Tempietto, hätte sich bei der Verwirklichung des Denkmals mit der spätgotischen Tradition der Figuren Valkenauers und ihrer Gestaltung als Pfeilerfiguren vereinigt.

Die Anlage der zwölf Pfeilerfiguren läßt verschiedene ikonographische Deutungen zu: Nach A. Rohrmoser handelt es sich um die profanierte Version eines Zwölf-Apostel-Zyklus; nach W. Czerny ist der ›dodekadische Herrscherzyklus‹ auf die zwölf Kaiserbiographien des römischen Historikers Sueton zurückzuführen, die schon Einhard als Vorbild dienten und seither auf die mittelalterliche Geschichtsschreibung einwirkten.

Im Jahre 1907 erst konnte der Archivar Franz Martin sechs im Salzburger Museum Carolino Augusteum befindliche Statuen als Teile des Denkmals identifizieren; danach weitere Figuren, die in Schlössern und Klöstern der Umgebung Salzburgs teilweise ins Mauerwerk eingelassen und mittlerweile stark verwittert waren. Erhalten haben sich überdies der gesamte Kronreif und Teile des Palmettenschmuckes, während von den wiederentdeckten Figuren einige offenbar Zerstörungen des Zweiten Weltkriegs zum Opfer fielen.

3/10 Standbild einer Kaiserin für das geplante Denkmal im Dom zu Speyer

Hans Valkenauer

um 1514; roter Marmor, H 204 cm
Salzburg, Carolino Augusteum

3/11 Flugblatt auf die Zerstörung von Speyer: Ansicht der Stadt (nach Merian) und ihres Brandes im Mai 1689

Johann Hoffmann

1689; Kupferstich, 27,5 × 38,6 cm
Speyer, Historisches Museum der Pfalz (BS 2705)

Im September 1688 waren die Truppen Ludwigs XIV. in Speyer eingezogen; im Januar des folgenden Jahres ließ General Montclar die Befestigungsanlagen niederreißen. Am 27. Mai 1689 gab der General die Einäscherung der Stadt bekannt, die am 31. Mai am Nachmittag begann und mit der Zerstörung des Doms, mehrerer weiterer Kirchen und Klöster sowie von 788 Bürgerhäusern endete. Die Einwohner waren zum Verlassen der Stadt gezwungen worden; die Rückkehr wurde ihnen erst nach dem Friedensschluß von Rijswijk 1697 ermöglicht; zwischen 1689 und 1697 hatte der Rat der Stadt Speyer in Frankfurt am Main eine Art städtischer Exilregierung unterhalten.

3/12 Helm eines französischen Mineurs

17. Jhdt.
Paris, Musée de l'Armée (VIIIo H. 284)

3/13 Minenbohrer französischer Mineure

um 1689; Eisen
Speyer, Domkapitel

Die Bohrstange wurde bei den Grabungsarbeiten im Dom im Jahre 1900 gefunden. Sie diente zum Bohren von Löchern für Sprengladungen, an diesem Fundort aber möglicherweise auch zum Öffnen der Grabplatten, als die Kaisergräber 1689 von französischen Soldaten geplündert wurden.

3/14 Der Dom zu Speyer im Zustand nach seiner Zerstörung, 1689 (Abb. S. 64)

18. Jhdt.; Feder, grau laviert, 28,6 × 40,8 cm
Speyer, Historisches Museum der Pfalz (1929/4[illegible])

Das Blatt zeigt den Speyerer Dom mit dem Westwerk, das den Brand des Jahres 1689 zwar überstanden, aber derartige Schäden davongetragen hatte, daß es 1755/56 abgebrochen werden mußte.

3/15 Entwurf für die Vorhalle des Speyerer Domes (Grund- und Aufriß)

Johann Leonhard Stahl

1772; Feder, laviert, koloriert, Bütten auf Leinwand, 69,2 × 82, 6 cm
Speyer, Historisches Museum der Pfalz (BS 3043)

Die Entwurfszeichnung gehört zur Vorgeschichte des barocken Wiederaufbaus des Speyerer Doms. Nach der Niederlegung des baufälligen Westwerks im Jahre 1755/56 kam es 1772 zur Vergabe eines Auftrags an den Würzburger Architekten Franz Ignaz Michael von Neumann (1733–1785), der das zerstörte Langhaus in weitgehender Anlehnung an den Urzustand wiederherstellte, die Westfassade jedoch in einer von ihm so verstandenen barocken Interpretation des mittelalterlichen Vorbildes gestaltete. Auch der hier vorliegende, nicht verwirklichte Entwurf versucht charakteristische Rundbogenarkaden des Domes in die zeitgenössische barocke Formenwelt zu überführen.

3/16 Der Dom zu Speyer vor Vollendung der Vorhalle

um 1858; Fotografie (alter Abzug), 30,2 × 24 cm (33,7 × 27 cm K)
Speyer, Historisches Museum der Pfalz (BS 1112)

Im Jahre 1843 entschied der geschichtsbewußte König Ludwig I. von Bayern, daß der Speyerer Dom ausgemalt werden solle, und bestimmte dafür den Maler Johannes Schraudolph. Die Entdeckung des Speyerer Doms als Denkmal für die mittelalterliche Geschichte der Deutschen stand im Zeichen des wiederaufgenommenen Baus des Kölner Doms, der seit dem Spätmittelalter Fragment geblieben war und nun – unter dem Protektorat des preußischen Königshauses – als eine Art Nationaldenkmal vollendet werden sollte. Ludwig I. mußte 1848 abdanken; die Malereien Schraudolphs wurden 1853 fertig. In den Jahren zuvor regte sich der Wunsch, auch das Äußere des Gebäudes einer gründlichen Korrektur des Neumannschen Wiederaufbauwerks zu unterziehen. Erneut engagierte sich Ludwig I.; ein Dombauverein wurde gegründet. Das Vorhaben fand großzügige Förderer unter jenen Herrscherhäusern, deren Vorfahren im Speyerer Dom beigesetzt waren. Herzog Adolf von Nassau stiftete ein großes Rundfenster, und Kaiser Franz Joseph von Österreich spendete 62000 Gulden für das neue Westwerk. Zum Architekten wurde der badische Baudirektor Heinrich Hübsch (1795–1863) bestellt. Die neue Westfassade nach seinem Plan stellte nicht etwa eine Rekonstruktion des ohne weiteres rekonstruierbaren Zustandes vor der Zerstörung von 1689 dar, sondern entsprach – nach den damaligen Vorstellungen von Denkmalpflege – einem stilistischen und bauhistorischen Ideal von romanischer Architektur. Das Bauwerk wurde in den Jahren 1854 bis 1858 vollendet. In den 1950er Jahren wurde der Speyerer Dom erneut zum exemplarischen Fall der Denkmalpflege, als der nun herrschende Purismus zur weitgehenden Entfernung der Wandmalereien Schraudolphs führte.

3/17 Ansicht der Ruine des ehemaligen Ratshofes in Speyer

Franz Stöber

1789; Aquarell, 32 × 42,5 cm
Speyer, Historisches Museum der Pfalz (BS 551)

Das 1495 gegründete Reichskammergericht tagte seit 1527 im Speyerer Ratshof. Die Stadt hatte das nordwestlich des Doms gelegene Gebäude 1340 erworben. Es diente zunächst als städtisches Ratsgebäude und als Absteigequartier des deutschen Königs. Das Reichskammergericht arbeitete bis 1688 hier. Der Ratshof wurde beim Wiederaufbau Speyers nach dem Brand notdürftig gesichert; im Jahre 1819 riß man die Ruine schließlich ab.

3/18 Wappenhalter mit Reichsadlerschild. Fragment vom 1689 zerstörten Ratshof

um 1527; gelblicher Sandstein, 41,3 × 26 × 12 cm
Speyer, Historisches Museum der Pfalz (HM 0/1101–I)

Den Wappenschild-Halter fand man im Brunnen des Speyerer Ratshofes, wohin er wohl bei dem großen Stadtbrand von 1689 gelangt war. Wahrscheinlich ist er um 1527 anläßlich des Einzuges des Reichskammergerichts angefertigt worden und diente von nun an zur Zierde des alten Ratshofes. In der Renaissance zählten wappenhaltende Knaben und Putten zu den häufig verwendeten Baudekors.

3/18

3/17

Nürnberg

»Carissima civitas«
Kaiserstadt und Aufbewahrungsort der Reichsinsignien

Rudolf Endres

Bereits im Jahre 1219 lobte Kaiser Friedrich II. die Stadt an der Pegnitz als »carissima civitas«, und Karl IV. legte 1356 in seiner ›Goldenen Bulle‹ fest, daß Nürnberg als die »fürnemste und basz gelegenste stadt des Reiches« nach jeder Königswahl Schauplatz des ersten Reichstages sein sollte.

Nicht zuletzt dank dieser Bedeutung wurde Nürnberg Hüterin der Reichsinsignien, die nach dem Willen Kaiser Sigismunds von 1434 an »fürbas doselbst unwiderruflich ewiglich bleiben und sein« sollten; überdies war Nürnberg ein bevorzugter Tagungsort von Reichs- und später Kreisversammlungen sowie der Sitz des Reichsregiments.

Warum stand gerade Nürnberg jahrhundertelang in der besonderen Gunst von Kaisern und Königen? Als Grund wäre in erster Linie die unbeirrbare Reichstreue der Stadt zu nennen, »daß man sich, solange es eben ging, nicht in einen Gegensatz zum König einlassen, daß man ihm gefällig sein wollte«, wie Hermann Heimpel das fast ›eherne‹ Gesetz der Politik des Nürnberger Stadtregiments formulierte. Stärker als in anderen Reichsstädten – Frankfurt vielleicht ausgenommen – bestimmte diese politische Leitlinie bis zum Ende des alten Reiches das diplomatische Taktieren, den militärischen Einsatz und nicht zuletzt auch die Steuer- und Finanzpolitik der Stadt. Nicht selten begab sich Nürnberg dabei auf waghalsige Gratwanderungen und steuerte schließlich für Kaiser und Reich auf den finanziellen Bankrott zu.

Mit dem wirtschaftlichen Aufschwung der Stadt im 12. und 13. Jahrhundert wuchs auch das politische Selbstbewußtsein der Bürger. Konflikte mit den einflußreichen Vertretern der kaiserlichen Hoheitsrechte in der Stadt, mit den Zollerischen Burggrafen, dem Reichsschultheißen und dem Butigler, waren unausweichlich. Nur im engen Einvernehmen mit dem Kaiser war es dem bürgerlichen Stadtregiment möglich, die Kompetenzen dieser Zwischengewalten allmählich zurückzudrängen und eine Selbstverwaltung mit Niedergerichtsbarkeit und Steuererhebungsrecht einzurichten. Die politischen Emanzipationsbestrebungen der Bürgerschaft fanden schließlich ihren ersten Abschluß im großen Freiheitsbrief Kaiser Friedrichs II., der am 8. November 1219 auf einem Hoftag zu Nürnberg ausgestellt wurde. Er bildete den Grundstein für die Erringung der bürgerlichen Freiheiten und für die Ausweitung und Absicherung des Fernhandels. Ein Jahrhundert später stellte Kaiser Ludwig der Bayer als Dank für die treue Unterstützung im Kampf mit Gegenkönig und Papst allein im Jahre 1315 Nürnberg nicht weniger als 34 Urkunden aus, mit deren Hilfe es gelang, sich auch von der Landgerichtsbarkeit der Burggrafen zu befreien; im Jahre 1332 schließlich gewährte er den heimischen Handelsunternehmen an 71 Orten des Reiches Zollfreiheit.

Solche Gnadenbeweise des Königs hatten natürlich ihren Preis. Der patrizische Rat der Stadt war jedoch selbst unter stärksten Belastungen der Bürgerschaft bereit, diesen zu zahlen, wenn die Krone dafür Frieden und Sicherheit in der Reichsstadt wie auch auf den Fernhandelsstraßen gewährleistete. Die Beiträge Nürnbergs für das Reichskammergericht und das Reichsregiment wie auch die Truppenkontingente, die die Stadt für die Reichsheere zu stellen hatte, wurden nicht selten nur von denen Kölns, der nach Einwohnerzahl größten Stadt Deutschlands, übertroffen.

Mit der Entscheidung Nürnbergs, sich vor allen anderen Städten des Reiches bereits 1524 der Reformation anzuschließen, wurde jedoch das bislang so enge Verhältnis zum katholischen Reichsoberhaupt aufs Schwerste belastet. Die Königs- und Kaisertreue erforderte nun oft quälende Gewissensentscheidungen des patrizischen Stadtregiments.

Der Konflikt mit der kaiserlichen Politik trat bereits auf dem Reichstag von Speyer 1529 offen zutage, als Nürnberg sich den protestantischen Reichsständen anschloß. Melanchthon befürchtete bereits das Ende des Reiches. Um allerdings das Wohlwollen des Kaisers nicht ganz aufs Spiel zu setzen – man war schließlich auf seine Unterstützung gegen die expansionistischen Bestrebungen der benachbarten Fürstentümer angewiesen –, trat Nürnberg dem protestantischen Schmalkaldischen Bund nicht bei. Die Türkengefahr zwang Kaiser Karl V. schließlich zum Arrangement mit der protestantischen Reichsstadt. Nürnberg schloß sich 1535 einem neunjährigen Bund mit Kaiser Karl und König Ferdinand an und begründete seine Loyalität damit, daß die Reichsstadt »allzeit ihren Herren, den römischen Kaisern wie billig angehangen«. Im Jahre 1543 wurde sogar – zum letzten Mal – ein Reichstag nach Nürnberg einberufen.

Bei Ausbruch des Schmalkaldischen Krieges gegen die protestantischen Stände war Nürnberg gezwungen, Stellung zu beziehen. Wie oft in ihrer Geschichte, wahrte die Stadt auch diesmal ›wohlwollende Neutralität‹ und unterstützte den Schmalkaldischen Bund lediglich finanziell. Ähnlich war die Taktik auch im Fürstenaufstand des Jahres 1552, als für beide Parteien nur Geld und Waffen bereitgestellt wurden. Als Markgraf Albrecht Alkibiades von Brandenburg-Ansbach die Stadt im

Handelsleute beim Einzug des Kaisers Leopold I. in Nürnberg, 1658 (Kat. Nr. 4/10)

›Heiltumsbüchlein‹ mit der Darstellung einer Heiltumsweisung vor dem Schopperschen Haus in Nürnberg (Kat. Nr. 4/23)

Die Übergabe der Stadtschlüssel an Kaiser Leopold I., 1658 (Kat. Nr. 4/12)

Jahre 1554 angriff, machte Nürnberg zum ersten Mal die bittere Erfahrung, daß ihm nicht mehr das Reichsoberhaupt zu Hilfe kam. Die Stadt war gezwungen, die schwere Last des Markgräflerkrieges allein zu tragen.

Nachdem 1555 die Augsburgische Konfession reichsrechtlich anerkannt worden war, richteten sich die diplomatischen Bemühungen der evangelischen Reichsstadt in der Folgezeit auf die Wiederherstellung der guten Beziehungen zum katholischen Reichsoberhaupt. Dabei mußte das Nürnberger Stadtregiment allerdings manche Rückschläge einstecken. So weigerte sich Maximilian II., aus »sonderbaren erheblichen Ursachen«, seinen ersten Reichstag in Nürnberg abzuhalten, und Kaiser Rudolf konnte nur durch die Schenkung von Dürers Allerheiligenbild aus der Landauer Kapelle gnädiger gestimmt werden.

Als die protestantischen süddeutschen Reichsfürsten 1608 die ›Union‹ gründeten, stand Nürnberg abermals vor schwerwiegenden Entscheidungen. Man wollte weder mit dem Kaiser noch mit Bayernherzog Maximilian brechen, durch dessen Territorium die wichtigsten Handelsstraßen liefen, aber auch nicht die Glaubensgenossen im Stich lassen. Nach langem Zögern und Abwägen mußte das Stadtregiment schließlich unter dem Druck der Bevölkerung seine vorsichtig-lavierende Politik aufgeben. Im Jahre 1609 schloß sich Nürnberg dem protestantischen Konfessions-

▷

Hieronymus Braun, Ansicht der Stadt Nürnberg, 1606

1 Katharinenkirche, Kathannenkloster
2 Heilig Geist Spital
3 St. Margarethenkapelle, Burg
4 Altes Rathaus
5 St. Clara
6 Pellerhaus
7 Schoppersches Haus, Behaim'sches Haus
8 Zeughaus
9 Frauenkirche
10 Mauthalle, Kornhaus
11 Imhoff-Haus
12 Fleischbrücke
13 Rathaus
14 Nassauer Haus
15 Burg
16 Unschlitthaus
17 Fembohaus
18 Museumsbrücke
19 Tiergärtnertor
20 Germanisches Nationalmuseum
21 Hotel Deutscher Hof
22 in dieser Richtung befand sich das Gelände für die späteren NS-Bauten
→ Route des Kaisers beim Einzug in die Stadt Nürnberg

22
AUGUSTO AMPLISSIMOQUE
S.P.Q.N. PACEM ET OMNE BONUM PUBL.
PRECATUR INVENTOR HIERO: BRAUN.
Aspicitis nostri Proceres monumenta laboris
Imo non nostri: sed summo vertice olympi
Mœnia iacta Deo, & tereti demissa catenâ.
Nam Deus ille Pater lautas cum cerneret urbes
Ire suis pessum vitiis hic respice casum et
Excidium Sodomæ & Solimorum tristia dixit
Ite quidem pessum! nobis nova mœnia condam.
Quæ excipiet liquidis Pegnesus notus ab undis.
Dixit, et ut dixit, fecit: sed fecit et istud,
Et facit, ut grato fument altaria nostræ
Urbis thure precum, cunctorum frena tenenti:
Et facit, ut Pacis divino munere totus
Gaudeat hic populus tot iam labentibus annis:
Et facit, ut magnis opibus se proferat ultra
Sauromatas ditesque Indos Urbs nostra sed istud
Quomodo? Non armis non vi bellove cruento, aut
Insidijs cæcis non fraude dolove: Sed illos
Quando Senes, non bis pueros huic præficit urbi
Cum reliquis, Septem, quos continet una catena
Quos Rota, quos Turris; quos Æthiopis nigra colla;
Quos ferus Ælurus; quos & iuba nigra Leonis;
Quos Vir habens manibus peracuta harpagine ferrum
Lilia quos decorant tria; quos de stemmate longo
Patricij generis referunt Insignia natos.
Quos pietas omnes & recti conscia virtus;
Quosq; decus Phœbi variatis Artibus,
atque
1
11
6

ET VIGILENT SEMPER PAX
5
20
21
8
10
23
24
14
18
12
9
16
7
13
4
17
15
3
19

Feierliche Einholung der Reichskleinodien und Heiltümer nach Nürnberg am 22. März 1424 (Kat. Nr. 4/22)

bund an, wobei es jedoch peinlich bemüht war, den defensiven Charakter der Koalition zu betonen. Daß dieses Lavieren zwischen den Fronten Erfolg hatte, zeigte sich sehr bald an dem Besuch von Kaiser Matthias im folgenden Jahr, der sich in der Reichsstadt mit einem besonders pompösen Zeremoniell feiern ließ.

In den ersten Jahren des Dreißigjährigen Krieges verließ Nürnberg die protestantische Union und schloß sich dem kaiserlichen Lager an. Mit der Verleihung des Universitätsprivilegs für Altdorf honorierte der Kaiser diese Entscheidung der Reichsstadt. Erst das Restitutionsedikt Ferdinands II. von 1629 und die gewaltsamen Rekatholisierungen der Nürnberger Hintersassen in der Oberpfalz zwangen die Stadt, die konfessionellen Interessen stärker zu wahren und der protestantischen Leipziger Konvention beizutreten. Selbst der drohende Verlust der Reichsfreiheit konnte Nürnberg nicht daran hindern, sich nun offen gegen Kaiser und Reich zu stellen. Unter dem Druck der Bevölkerung schloß der Rat im Frühjahr 1632 ein Militärbündnis mit Gustav Adolf von Schweden, wodurch der Bruch mit dem Reichsoberhaupt vollzogen war. Erst das Auseinanderbrechen der protestantischen Front nach der schweren Niederlage der Schweden bei Nördlingen im Jahre 1634 ließ die Reichsstadt wieder auf die kaiserliche Seite wechseln.

Der Westfälische Friede von 1648 sicherte Nürnberg den evangelischen Konfessionsstand. Der Friedensexekutivkongreß des folgenden Jahres brachte die Stadt nochmals in aller Munde und verlieh ihr ein letztes Mal den Ruf, ein Zentrum hoher Politik und europäischer Geschichte zu sein.

In den folgenden Jahrzehnten gaben die Bedrohung Europas durch die Türken wie auch die gewaltsame Besetzung Straßburgs und die Verwüstung der Pfalz durch Ludwig XIV. dem Reichspatriotismus in Nürnberg gewaltigen Auftrieb. Erneut forderte das Engagement der Stadt für Kaiser und Reich enorme materielle Zugeständnisse. In den Jahren 1674 bis 1698 hatte Nürnberg Ausgaben von mehr als 5 Millionen Gulden für Durchzugs-, Einquartierungs- und Unterhaltskosten der reichsstädtischen Truppen beim Reichsheer zu bestreiten.

Am Ende des alten Reiches mußten die Stadtväter schließlich feststellen, daß Nürnberg – nicht zuletzt durch seine immensen Opfer für das Reich – an den Rand des finanziellen Ruins geraten war. Auf die Rückendekkung durch den Kaiser war das patrizische Stadtregiment besonders angewiesen, denn es war kaum mehr zu einer eigenständigen Politik fähig – weder gegenüber der bürgerlichen Opposition im Innern noch nach außen gegenüber den erstarkten Territorialmächten Kurbayern und Preußen.

Nürnberg als Hüterin der Reichsinsignien

Von 1424 bis 1796 befand sich der größte Teil der Reichsinsignien in der Obhut und Verantwortung des Nürnberger Stadtregiments: Reichskrone, Reichsapfel, Zepter, Reichs- und Zeremonienschwert, die Krönungsgewänder sowie das Reichskreuz, die Heilige Lanze und das Behältnis der Reichsreliquien mit den Partikeln des Heiligen Kreuzes. Die übrigen Stücke – Stefansbursa, Säbel und Reichsevangeliar – wurden in Aachen aufbewahrt.

Karl IV., ein überaus eifriger Reliquiensammler, bereicherte die Reichskleinodien

Die aus Wien geraubten Reichsinsignien beim Festakt ihrer Aufstellung in Nürnberg (Kat. Nr. 4/41)

Futteral für einen kleinen Reichsapfel (Kat. Nr. 4/25)

durch einige bedeutende Heiltümer: einen Span von der Krippe Jesu, ein Gewandstück des Evangelisten Johannes, eine goldene Schachtel mit drei Kettengliedern der Apostel Paulus, Petrus und Johannes und ein silbernes Kästchen mit einem Armbein der heiligen Anna. Der Nürnberger Rat konnte den Reliquienschatz noch um ein Stück vom Tischtuch des letzten Abendmahls und ein Teil vom Schürztuch des Herrn, das er bei der Fußwaschung getragen haben soll, ergänzen.

Bevor die Reichsinsignien endlich in Nürnberg eine neue Heimat fanden, folgten sie den jeweiligen Herrschern auf ihren Etappen durch das hauptstadtlose Reich bis nach Avignon, Ungarn oder Rom. Um den Bestand der Reliquienschätze durch einen ständigen Ortswechsel nicht allzusehr zu gefährden, ging man in der späten Salierzeit dazu über, sie an festen, gut gesicherten Orten zu verwahren, wie etwa auf der staufischen Reichsburg Trifels bei Annweiler. Bis 1421 wurden die Reichsinsignien und Heiltümer auf der böhmischen Burg Karlstein gehütet. Jedes Jahr überführte man sie nach Prag, wo am Freitag nach der Osteroktav, dem Fest De armis Christi, auf dem Karlsplatz die öffentliche Heiltumsweisung stattfand. Am 29. September 1423 übergab König Sigismund »das reiche heiligtum« in den Schutz von Rat und Stadt Nürnberg, und zwar als ewige Stiftung.

Was waren die Gründe für diese Überführung? Eine große Rolle mag dabei der in Böhmen drohende Hussitenangriff gespielt haben. Aber hätte zur Sicherung der Insignien und Reliquien nicht eine vorübergehende Evakuierung genügt? Mit Recht wird in der Literatur darauf hingewiesen, daß die Wahl Nürnbergs als ständiger Aufbewahrungsort wesentlich von den innenpolitischen Absichten und Zielen König Sigismunds bestimmt war. Als Gegengewicht zu Ritterschaft und Reichsfürsten versuchte er nämlich die Reichsstädte enger an sich zu binden. Auf dem Reichstag im Jahr 1422 fand er jedoch nur bei den Nürnbergern die nötige Unterstützung für seine neue Politik. König Sigismund honorierte diese Loyalität mit der Übergabe des Reichsheiltums zur ewigen Verwahrung.

Die Reichsstadt als künftige Hüterin des Kronschatzes erwartete neben einer besonderen Ehrenstellung unter den Städten des Reiches auch vielversprechende politische Vorteile. Zudem war aus den jährlichen Heiltumsweisungen, zu denen die Gläubiger aus allen Teilen des Reiches nach Nürnberg strömten, ein erheblicher wirtschaftlicher Nutzen zu ziehen, der die finanziellen Belastungen der Verwahrung und Pflege der Kostbarkeiten bei weitem übertraf. Die anschließende vierzehntägige Handelsmesse konnte sich jedoch gegen die ältere Nördlinger Messe nicht durchsetzen.

Bis zur Reformation blieb die geistliche Bedeutung der Reichskleinodien und ihre Verehrung als Reliquien äußerst lebendig. Die jährlich gefeierte Heiltumsweisung verlief nach einem streng liturgischen Ritual, wobei die anwesenden Gläubigen einen Ablaß von 40 Tagen gewinnen konnten. Die kirchlichen Feiern zum Heiltumsfest begannen eine Stunde vor Tagesanbruch mit einem gesungenen Hochamt, das an dem Altar auf der Empore des sogenannten Heiltumsstuhles gegenüber dem Schopperschen Haus – hier befanden sich die Hauptreliquien, nämlich die Heilige Lanze mit dem Nagel vom Kreuz Christi und das Reichskreuz mit den Kreuzpartikeln – meist vom Abt von St. Egidien zelebriert wurde. Die anschließende Heiltumsweisung wurde mit einem durch den ›Heiltumsschreier‹ vorgetragenen Gebet eingeleitet, das den hohen Wert der Christusreliquien herausstellte. Diesem Gebet folgten die Verkündigung der Ablässe und die drei eigentlichen Gänge der Weisung durch fünf Äbte und mehrere Ratsherrn. Dabei zeigte ein Geistlicher die zum Teil in kostbaren Behältnissen aufbewahrten Reliquien, ein zweiter deutete mit einem Zeigestab darauf, und der Heiltumsschreier gab eine kurze Erklärung der einzelnen Schaustücke. Zahlreiche Bittgebete für Kirche, Reich und Stände, der Segen durch das Heilige Kreuz, die Kreuzeshymne »O du gebenedeytes Kreuz«

Kaiser Leopold I. unter dem Traghimmel bei seinem Einzug in Nürnberg, 1658 (Kat. Nr. 4/5)

und das Osterlied »Christus ist erstanden« bildeten den Abschluß des feierlichen Zeremoniells. Mit einem großen Heiltumsmahl, zu dem sich die beteiligten Geistlichen, Ratspersonen und die wichtigsten Gäste der Reichsstadt auf dem Rathaus versammelten, fand die Heiltumsweisung ihren Abschluß.

Die Durchführung der Weisung ›unter freiem Himmel‹ machte die Bemühungen des Rates deutlich, die Reichskleinodien dem Einfluß der Kirche zu entziehen. Damit konnte man nicht zuletzt auch den alleinigen städtischen Zugriff auf die reichlichen Opfergaben und auf den Gewinn aus dem Verkauf von eigens für diesen Anlaß gedruckten Heiltumsbüchlein und von Holzschnitten mit Abbildungen der einzelnen Schaustücke sichern.

Gegen den Erwerb von sogenannten ›Klippschillingen‹, einer Art Besichtigungsgebühr und Erinnerungsstück, konnten auch außerhalb der Weisung hochgestellte Persönlichkeiten oder ganze Gruppen einen Blick auf die Heiltümer werfen. Diese privaten Weisungen erfolgten zunächst an ihrem Aufbewahrungsort, der Spitalkirche zu Heilig-Geist, in deren Nordmauern 1468 ein Schaufenster gebrochen wurde, später dann in der Sakristei der Kirche. Nach einem päpstlichen Privileg von 1463 konnten auch die Ordensschwestern von St. Katharina und St. Clara einmal im Jahr die Heiltümer während ihrer Klausur bewundern.

In nachreformatorischer Zeit verlor die Reliquienschau ihre sakrale Bedeutung und entwickelte sich nicht selten nur zum Höhepunkt des Besuchsprogramms einflußreicher Persönlichkeiten. Dabei war der Rat allerdings bemüht, die Zahl der privaten Heiltumsweisungen möglichst klein zu halten, zumal die kostbaren Stücke beim Auspacken, Ausbreiten und Wegräumen immer wieder Beschädigungen erlitten. Nicht selten wurde jedoch das Verbot, die Pretiosen in die Hand zu nehmen, mißachtet. Die Gemahlin eines kaiserlichen Generals setzte sich die Krone gar selbst aufs Haupt, und ein schwedischer General nahm sich die gleiche »unanständige Freyheit«. Im Jahr 1697 ließ man schließlich einen gläsernen Schaukasten anfertigen, in dem die wichtigsten Stücke der Heiltümer ausgelegt wurden.

Das Heilig-Geist-Spital in Nürnberg (Nürnberg, Stadtbildstelle)

Mehr noch als das Vorzeigen an Privatpersonen gefährdeten öffentliche Zurschaustellungen auf dem Marktplatz und die Verwendung bei den Kaiserkrönungen die Reichskleinodien in ihrem Bestand. Um jeglicher Beschädigung oder gar Entwendung vorzubeugen, entwickelte der Nürnberger Rat ein nahezu lückenloses Bewachungssystem. Bei den Heiltumsweisungen, zu denen sich Tausende von Menschen in der Stadt aufhielten, wurden die verstärkt besetzten Stadttore, bis auf das Frauen- und Neutor, auch tagsüber geschlossen gehalten und die Fallgitter am Ein- und Austritt der Pegnitz herabgelassen. Zudem riegelte man die Hauptverkehrsstraßen um den Marktplatz mit Ketten in festen Verankerungen ab, welche durch Kennzeichnung ihrer Einzelteile im nächsten Jahr an jeweils gleicher Stelle wieder leicht montiert werden konnten.

Das Schoppersche Haus mit dem Heiltumsstuhl stand ebenfalls unter strengster Bewachung. Mehrere hundert Schützen und ›Spießer‹, deren Einsatz durch detaillierte Ordnungen geregelt war, hielten sich an allen wichtigen Stellen in Alarmbereitschaft, und berittene Polizei durchstreifte die Stadt. Der Heiltumsstuhl selbst wurde allein von 60 Mann vor Massenausschreitungen geschützt.

Noch mehr Risiken barg der Transport der Reichsinsignien zu den jeweiligen Krönungsorten. Anfangs wurde die Überführung strengstens geheimgehalten, mit zunehmender Routine ließ man allerdings auch die Öffentlichkeit des Reiches daran teilnehmen. Die zur Krönung erforderlichen Pretiosen wurden vor Reiseantritt zunächst im Rathaus in Augenschein genommen, und kleinere schadhafte Stellen, vor allem an den Gewändern, wurden ausgebessert. Anschließend verpackte man die in Felle und Tücher gehüllten Insignien in ihre kunstvollen Behältnisse und verlud sie in Transporttruhen, die durch Wachstuch geschützt waren. Der Nürnberger Rat ordnete zur Sicherung des Transports 50 Mann ab, in Kriegszeiten bot man das Dreifache auf. Daß dieser Geleitschutz ausreichend

war, beweist die Tatsache, daß keine Nachrichten von Überfällen oder von unterwegs entstandenen ernsthaften Schäden an den Reichsinsignien überliefert sind.

Nicht selten litten die Insignien jedoch bei dem Krönungszeremoniell, obwohl die Nürnberger als rechtmäßige Verantwortliche für den Kronschatz darauf bestanden, daß nur die direkt beteiligten Personen die Stücke berühren durften. Trotz aller Vorsichtsmaßnahmen kam es jedoch häufig vor, daß vor allem die Krönungsgewänder stark in Mitleidenschaft gezogen wurden. Auch brach 1764 ein Stein aus der Reichskrone, als der Reichserbschatzmeister sie auf einem »muthigen Pferde« vom Frankfurter Dom ins königliche Quartier brachte und dabei das als Unterlage dienende Kissen zu fest an seinen Körper drückte.

Wohl als Reaktion auf die Absichten Kaiser Friedrichs III., Nürnberg das alleinige Verwahrungsrecht der Reichskleinodien streitig zu machen, entsandte die Stadt zu den Krönungsfeierlichkeiten besondere Vertreter aus

Die Fleischbrücke mit zwei Triumphsäulen – festlich geschmückt zum Einzug des Kaisers Matthias in Nürnberg, 1612 (Kat. Nr. 4/13)

den vornehmsten patrizischen Familien. Diese sogenannten ›Kronboten‹ oder ›Krongesandtschaften‹ überwachten die Vorbereitungen zum Krönungsakt und stellten durch ihre Anwesenheit sicher, daß die Reichsinsignien nach ihrem Gebrauch wieder in die Hände der Nürnberger Delegation zurückkehrten. Die Nähe zum Herrscher und zu den Reichsfürsten, die sich bei dieser Gelegenheit fast zwangsläufig ergab, machte manches politisch nutzbare Gespräch möglich.

Die Sorge des Nürnberger Rates um die Unversehrtheit der ihm anvertrauten Reichskleinodien wird schließlich auch an dem ausgeklügelten Bewachungssystem deutlich, mit dem der Kronschatz an seinem ständigen Aufbewahrungsort in der Kirche des Heilig-Geist-Spitals abgesichert war. Die Reliquien wurden in einem Schrein (Sarch) aufbewahrt, der an Ketten im Kirchengewölbe in der Nähe des Altars befestigt war. Mittels Seilwinde, die auf dem Dachboden des Chors angebracht war, konnte man die Heiltümer auf die Deckplatte des Stiftergrabes herablassen. Blickten die Gläubigen zum ›Sarch‹ hinauf, konnten sie lediglich zwei gemalte Engel erkennen, welche die bedeutendsten Kostbarkeiten, die Kreuzpartikel und die Heilige Lanze, dem Betrachter darboten. Um den Besitzanspruch der Stadt unmißverständlich zu demonstrieren, war das ganze Gehäuse mit einer Vielzahl von Silberplatten mit dem kleinen und großen Nürnberger Wappen beschlagen.

Die kaiserlichen Insignien und Gewänder lagen in einem viertürigen Wandschrank (Khalter), den man in die starke Chormauer des Sakristeigewölbes eingelassen hatte. Dahinter befand sich ein ebenfalls eingemauertes Geheimfach, in dem die Reichskrone und die äußerst wertvollen Futterale verwahrt wurden. Die eisernen Türen zum Dachboden, zum Gewölbe, die Aufzugsmechanik und der durch vorgelegte Eisen geschützte ›Khalter‹ waren jeweils durch mehrfache komplizierte Schlösser und Riegel abgesichert. Nur in Anwesenheit des Spitalmeisters und bestimmter Ratsherrn, die die verschiedenen Schlüssel in Verwahrung hatten, konnte das ›Versperr‹ geöffnet werden. Von 1430 bis etwa 1470 wurde das gut durchdachte Sicherheitssystem noch ergänzt um die nächtliche Bewachung durch die zwölf Chorschüler der Studienstiftung des Spitals, die in der Sakristei schlafen mußten.

Dank dieser genau eingehaltenen Sicherheitsvorkehrungen ist es auch zu keiner Zeit zu gewaltsamen Übergriffen auf des Reiches

Kostbarkeiten gekommen. Entwendungsabsichten mag es jedoch öfters gegeben haben, als in den Akten vermerkt wurde. In einem spektakulären Unternehmen versuchte Herzog Wilhelm V. von Bayern im Jahre 1584, die Reichsinsignien und Heiltümer mit Bestechung und der Hilfe eines verkleideten Schlossers aus den Händen des evangelischen Stadtregiments zu ›retten‹.

Nur selten mußten die Reichskleinodien ausgelagert werden: bei Baumaßnahmen an der Heilig-Geist-Kirche oder bei drohender Kriegsgefahr. Im Jahre 1689 wurden sie wegen eines bevorstehenden Angriffs der Franzosen im Tresorraum der städtischen Steuerstube untergebracht, und während des Siebenjährigen Krieges erwog man kurzzeitig sogar eine Übergabe an Kaiser und Reichsstände.

Die jahrhundertelangen Bemühungen der Reichsstadt Nürnberg um die Sicherung des gesamten Bestandes und auch die Sorge um die Erhaltung der Einzelstücke wurden schließlich durch Kaiser Karl VI. in einer Urkunde vom 21. März 1721 gewürdigt. Darin verlieh er den für die Reichskleinodien verantwortlichen obersten Hauptleuten der Reichsstadt den treffenden und stolzen Titel ›Cronhüter‹, den sie fortan auch im amtlichen Schriftwechsel führten.

Kaiserbesuche in Nürnberg

Der Aufenthalt gekrönter Häupter in der Reichsstadt bildete neben den jährlichen Heiltumsweisungen einen weiteren Höhepunkt im öffentlichen Leben des spätmittelalterlichen Nürnberg.

Vom ersten kaiserlichen Besuch im Jahre 1050 bis zum letzten im Jahre 1792 hielten sich 36 von 51 gekrönten Herrschern zumindest einmal in der Reichsstadt auf. Nach 1571 kamen allerdings nur noch sieben Könige und Kaiser nach Nürnberg, da zunächst Prag und dann Wien ständige Residenz der Habsburger geworden war. An der Spitze der kaiserlichen und königlichen Besuche stand Ludwig der

Blick auf die Kaiserburg in Nürnberg (Nürnberg, Stadtbildstelle)

◁
Das Schoppersche Haus (später Behaimsches Haus) am Hauptmarkt, Haus Nr. 15 (Nürnberg, Stadtbildstelle)

◁◁
Entwurf für Aufbauten zu einem Feuerwerk
(Kat. Nr. 4/15)

◁◁
Unterseite des Heiltumsschreins in der Kirche des Heilig-Geist-Spitals (Nürnberg, Germanisches Nationalmuseum)

Bayer, der in Nürnberg im Verlauf seiner dreiunddreißigjährigen Regierungszeit vierundsiebzigmal hofhielt; ihm folgte Karl IV., dessen Itinerar 52 meist längere Aufenthalte in Nürnberg verzeichnete.

Im 12. und 13. Jahrhundert bezogen die Monarchen während ihres Aufenthaltes in Nürnberg auf der Kaiserburg Quartier. Doch mit der Zeit empfand man den kargen und unbequemen Bau als nicht mehr angemessen. Bei seinem Besuch der Reichsstadt im Jahre 1335 nahm deshalb Ludwig der Bayer sicherlich gern die Einladung in das luxuriösere Haus seines Beraters und Geldgebers Konrad Groß an, und Karl IV. logierte seit 1356 bei der angesehenen Patrizierfamilie von Haller. Erst nachdem Kaiser Friedrich III. umfangreiche Um- und Ausbauarbeiten in der aus der Salierzeit stammenden Burg angeregt hatte, nahmen die ihm folgenden Herrscher wieder öfter Logis auf der Kaiserburg über der Stadt.

Bereits Wochen vor dem angekündigten Eintreffen begannen die Festvorbereitungen: Gesandte der Stadt reisten an den kaiserlichen Hof, um schon im Vorfeld zu klären, wann und von welcher Richtung der hohe Besuch zu erwarten sei, wie viele Gäste das Gefolge umfassen werde und an welchem Ort die Majestät zu übernachten wünsche. Vielfach wurden auch schon im voraus das beabsichtigte Empfangszeremoniell und die Art des zu erwartenden Gastgeschenks bekanntgegeben, um etwaige kaiserliche Änderungswünsche in der Planungsphase berücksichtigen zu können.

Dann begannen die Vorbereitungen in der Reichsstadt. Neben der Ausschmückung des kaiserlichen Quartiers mußte vor allem für die Unterbringung und Verpflegung der vielen hohen Gäste im Geleit des Herrschers und für den nicht selten über 1000 Mann starken Troß gesorgt werden.

Für den Empfang selbst ließ der Rat die Straßen und Plätze säubern und mit Girlanden schmücken. Auch wurden die Gebäude, die der Kaiser zu besichtigen wünschte, wie etwa das Zeughaus oder die großen Getreidespeicher, mit großem Aufwand ausgebessert und besonders instand gesetzt. Zur Sicherheit der Gäste kamen zusätzliche Wachposten und Spähtrupps zum Einsatz, und die vielen Bettler wurden unter strengste Aufsicht gestellt. Durch gedruckte Mandate unterrichtete der Rat die Bürgerschaft von dem bevorstehenden Fest und forderte sie zu Disziplin und Höflichkeit gegenüber den Gästen auf.

Ein umfangreiches Unterhaltungsprogramm sollte zudem die hohen Besucher bei Laune halten. Dazu gab der Rat Lobgedichte und Lieder in Auftrag, einzelne Handwerke sollten besondere Tänze zum Besten geben. Schließlich wurde der Ratsschreiber angewiesen, alle Vorbereitungen und den Verlauf des Kaiserbesuches genau zu notieren, damit bei künftigen Empfängen auf diese Beschreibungen zurückgegriffen werden könne.

Die ältesten erhaltenen Aufzeichnungen über den Empfang eines Kaisers in Nürnberg, die sogenannte ›Rubrica de susceptione regis Romanorum in civitate Nurembergensi‹, beziehen sich auf den Einzug des Kaisers Sigismund im Jahre 1414. Seit 1442 sind die Aufzeichnungen der Ratsschreiber über die Kaisereinzüge lückenlos überliefert, und sie zeigen bis zur Einführung der Reformation ein nur wenig verändertes Empfangszeremoniell. Neben der Abnahme der Bürgereide und der Huldigung standen vor allem drei kirchlich geprägte protokollarische Feierlichkeiten im Vordergrund: die Einholung des Kaisers vor den Stadttoren durch Priester, Ratsherrn und Schüler, die Reliquienverehrung auf dem heutigen Hauptmarkt sowie ein feierlicher Gottesdienst in St. Sebald. Wegen des konfessionellen Unterschieds zwischen der Nürnberger Bürgerschaft und dem Herrscher verzichtete der Rat aber seit der Mitte des 16. Jahrhunderts bei den Einzugsfeierlichkeiten auf die religiösen Elemente.

Das neue, überaus prachtvolle Empfangsprotokoll der Reichsstadt kam erstmals für Kaiser Karl V. zur Anwendung. In den Vormittagsstunden des 16. Februar 1541 ritten sechs Ratsmitglieder mit Begleitung dem von Cadolzburg kommenden kaiserlichen Zug entgegen und geleiteten ihn nach einer kurzen Begrüßung bis zum Spittlertor. Hier waren die übrigen Ratsherrn versammelt, die den Kaiser unter dem Donner von Geschützsalven in der Stadt willkommen hießen. Anschließend ritt der Herrscher, gefolgt vom langen Zug seiner Begleiter, unter einem von acht Ratsherren gestützten Traghimmel in die Stadt ein. Sein Weg führte ihn durch die mit Girlanden geschmückten Straßen über den Kornmarkt zur Fleischbrücke und über den Markt hinauf zum Burgtor. Hier passierte der Zug eine eigens errichtete Ehrenpforte, deren Spitze mit einem doppelköpfigen Adler bekrönt war.

Als der Kaiser durch die Pforte ritt, wurden die Flügel und der Kopf des Tieres über eine Seilwinde so bewegt, daß es sich vor Karl verneigte. Begleitet vom Spiel der Stadtmusikanten ritt der Zug den Ölberg zum prächtig geschmückten Burgtor hinauf, wo sich die Mitglieder des Rats verabschiedeten. Zu dem am Abend abgehaltenen Festmahl auf der Kaiserburg ließ der Rat süßen Wein von bester Qualität überbringen, dazu acht Schaff Fische und 28 Simra Hafer für die Pferde. Am nächsten Tag übergab der Rat an den Kaiser das Gastgeschenk, einen vergoldeten Pokal, der mit 2000 neu geprägten Nürnberger Gulden gefüllt war. Ein zweistündiges Feuerwerk, das zu Ehren des hohen Gastes auf der neuen Bastei abgebrannt wurde, bildete den Abschluß des zweiten Tages des kaiserlichen Besuchs.

Am Vormittag des 19. Februars 1541 fand zunächst die offizielle Huldigung des patrizischen Stadtregiments im Rathaussaal statt. Nach einer feierlichen Ansprache des Reichsvizekanzlers wurden die Huldigungseide verlesen, die die Ratsherrn mit »aufgehobenen Fingern« nachsprachen. Vor dem Rathaus erwartete die Nürnberger Bürgerschaft das Erscheinen des Kaisers. Gefolgt von den sieben ältesten Ratsherrn trat er durch eine Maueröffnung des Saales auf eine eigens für diesen Zweck errichtete Tribüne und ließ sich auf einem erhöhten Sessel nieder. Anschließend wurde – nach dem gleichen Zeremoniell wie schon vorher im Rathaussaal – den männlichen Bürgern der Huldigungseid abgenommen, und sie wurden zu immerwährender Treue gegenüber dem Stadtregiment verpflichtet.

Am Nachmittag des gleichen Tages verließ der Kaiser Nürnberg, um den Reichstag in Regensburg zu besuchen. Von den gleichen Ratsherren, die ihn vor der Stadt empfangen hatten, wurde er bis zur außerhalb der Stadt gelegenen Kirche St. Peter geleitet und dort verabschiedet.

Diese wichtigsten Elemente und Programmpunkte des ersten Kaiserempfangs nach der Einführung der Reformation wurden in Nürnberg auch in der Folgezeit beibehalten. Auf die prächtige Ausgestaltung der Kaiserbesuche wurde um so mehr Wert gelegt, je seltener sie stattfanden. Das barocke Zeremoniell, welches Nürnberg zum letzten Mal beim Eintreffen von Kaiser Karl VI. im Jahre 1712 inszenierte, drückte jedoch schon lange nicht mehr die einst so intensive Verbindung zum Reichsoberhaupt aus.

Das Germanische Nationalmuseum

Peter Burian

»Wer das Vaterland liebt, sey er Fürst oder Unterthan, Bürger oder Bauer, arm oder reich, der muß auch eine Liebe zur Geschichte des Vaterlandes hegen, der muß gerne dazu beitragen, die Ehre und den bleibenden Ruhm des eigenen Heerdes durch alles Schöne und Große, was uns Kunst und Geschichte darbieten, zu verherrlichen. Dieß ist mein historisches Glaubensbekenntniß ... Die Geschichts- und Kunstkenntniß sollte nicht länger Eigenthum einer Klasse, etwa der eigentlichen Studierten und Künstler seyn, sondern, wie in alter Zeit, sich unter alle Klassen der Menschen verbreiten ... Diesen Sinn wieder zu wecken steht freilich nicht in Eines Menschen Macht. Doch warum sollte in unserer Zeit, wo durch gute Schuleinrichtung die Volksbildung gegen sonst so weit vorgeschritten ist, wo Jedermann Lesen, Schreiben, ja vieles, was er nicht braucht, lernt, die vaterländische Geschichte nicht wieder großes Gemeingut werden können? Warum sollte nicht ein jeder, der etwas weiß und sieht, dieses als Baustein zur Geschichte darreichen können?«

Mit diesen Sätzen begründete im Januar 1832 der oberfränkische Reichsfreiherr Hans von Aufseß (1801–1872) im ersten Heft des von ihm herausgegebenen ›Anzeigers für Kunde des deutschen Mittelalters‹ seine Absicht, von ihm schon seit längerem gesammelte, für die deutsche Kunst- und Kulturgeschichte charakteristische Altertümer in Nürnberg auszustellen. Sie sollten den Grundstock für ein deutsches Nationalmuseum bilden, zu dessen Einrichtung ihn im September 1830 König Ludwig I. von Bayern eingeladen hatte. Weil aber dieses Vorhaben als das eines gutmeinenden Dilettanten – Aufseß war Jurist – von der Fachwelt abgelehnt wurde, verzichtete er vorerst auf sein Projekt.

Zwanzig Jahre später waren die Aussichten für dessen Realisierung viel günstiger, weil nach dem Scheitern der Revolution von 1848/49 die Bereitschaft groß war, sich durch das Unterstützen eines solchen Plans in politisch ungefährlicher Weise zur Nation und zur Größe und Würde ihrer Vergangenheit zu bekennen. So konnte Aufseß im August 1852 mit einmütiger Billigung der in Dresden tagenden ersten Versammlung deutscher Geschichts- und Altertumsforscher dieses Nationalmuseum mit Sitz in Nürnberg für gegründet erklären und seine Leitung übernehmen. Die Zustimmung, mit der überall, wo Deutsche lebten, die Nachricht vom Beginn der Museumsarbeit aufgenommen wurde, äußerte sich in Geldsammlungen, im Schenken von Museumsgut und im Gründen von zahlreichen Unterstützungsvereinen. Schon bald gehörten zu den Förderern der Anstalt Mitglieder regierender Dynastien ebenso wie Besitz- und Bildungsbürger, aber auch kleinbürgerliche Kreise, und dadurch wurde Aufseß in seiner Vorstellung bestätigt, sein Unternehmen beziehe sich auf die deutsche Nation als eine in sich ungegliederte Großgruppe.

Wichtiger noch als diese soziale Totalität war für die Sicherung des nationalen Charakters von Aufseß' Institut die Tatsache, daß es weder als Anstalt des damaligen ›Gesamtstaats‹, des Deutschen Bundes, noch als Unternehmen eines der vielen deutschen Einzelstaaten eingerichtet wurde. Rein rechtlich war es eine private Stiftung, statutarisch jedoch für die Zukunft jeder privaten Verfügung entzogen und der ganzen, wenn auch in mehreren Staaten lebenden Nation zugeordnet, die als sein ideeller Eigentümer verstanden wurde. Vornehmlich dieses Absehen von der politischen Wirklichkeit machte es möglich, daß es

Entwurf für ein schmiedeeisernes Tor zum Germanischen Nationalmuseum in der Kartäusergasse (Kat. Nr. 4/30)

von Anfang an für die Deutschen im Gebiet des Bundes wie für die Deutschen in der Schweiz, im Elsaß, in Ungarn, in Siebenbürgen, im dreigeteilten Polen und im Baltikum ›ihr‹ Museum war.

Auch der bis heute vielen rätselhaft erscheinende Museumsname dürfte mit diesem unstaatlichen Nationsverständnis zu erklären sein. Schon seit längerem war ›germanisch‹ als volltönendes, aber wissenschaftlich-abstraktes Synonym für ›deutsch‹ in Gebrauch. Vermutlich hoffte Aufseß, bei den Obrigkeiten in Deutschland, aber auch in den nichtdeutschen Staaten, in denen Deutsche lebten, werde ein in diesem Sinn ›germanisch‹ genanntes Unternehmen kaum auf politische Bedenken stoßen.

Die programmatisch gebotene Staatsferne war erkauft worden mit dem Verzicht auf jede gesicherte Förderung durch die öffentliche Hand. Schon bald aber zeigte sich, daß Spenden und jährliche, aber nur freiwillig geleistete Zahlungen nicht genügten, um den Bestand des Museums zu gewährleisten. Deshalb war die Leitung gezwungen, sich in der Haushaltsführung staatlicher Kontrolle unterzuordnen (1874) und Beauftragte des Staates in den Aufsichtsrat aufzunehmen (1894). Nur unter dieser Bedingung nämlich war man auf seiten der Obrigkeiten bereit, die laufenden Unkosten durch regelmäßig gezahlte Zuschüsse zu dekken. Doch auch jetzt blieb die Besonderheit der Nation dadurch beachtet, daß das Nürnberger Haus nicht an eine einzige der öffentlichen Gewalten in Deutschland gebunden wurde. Vielmehr übten nun die Reichsleitung, die bayerische Regierung und der Magistrat der Stadt Nürnberg, gewissermaßen als Treuhänder des eigentlichen Eigentümers, der Gesamtnation, die Aufsicht gemeinsam aus. Diese Vereinbarungen gelten noch heute. Allerdings wurde der Gesamtstaat Reich nicht durch den partiellen Gesamtstaat Bundesrepublik, sondern – entsprechend dem neuen Charakter der Föderation – durch die Gesamtheit der Länder in Gestalt der Kultusministerkonferenz ersetzt. Die Bundesregierung wurde erst nach längeren Auseinandersetzungen 1957 in die Museumsaufsicht einbezogen.

Hatten sich Änderungen in der organisatorischen Gestalt des Museums nicht vermeiden lassen, so blieb für Anlage und Ausbau der Sammlungen das Gründungskonzept uneingeschränkt gültig. Noch immer ist es die einzige Aufgabe des Instituts, die deutsche Geschichte »in ihrer weitesten Bedeutung« zu vergegenwärtigen: ». . . nicht nur das äußerlich hervortretende politische, sondern auch das sociale, häusliche und geistige Leben des Volkes« (1853). Und deshalb konzentriert man sich nach wie vor auf das Erwerben und Präsentieren solcher Überreste aus der deutschen Vergangenheit, die kulturgeschichtlich, wenn auch nicht unbedingt immer kunsthistorisch, bedeutsam sind.

Diese institutionelle und programmatische Eigenart der Anstalt war auch für die Wahl Nürnbergs als Museumssitz ausschlaggebend. Zwar war Aufseß seit den frühesten Planungen entschlossen, sein Vorhaben nur hier zu verwirklichen, denn Nürnberg war die bedeutendste Stadt in seiner fränkischen Heimat

Ansicht der Ausstellungsräume im Refektorium des Kartäuserklosters (Kat. Nr. 4/28)

und von überall her gut zu erreichen. Beides war für Aufseß wichtig, denn er hoffte, das Arbeiten von einem angesehenen Zentrum bürgerlicher Kultur aus und bei bequemen Kommunikationsmöglichkeiten werde es leicht machen, bei möglichst vielen Deutschen Interesse an seinem Unternehmen zu wecken und zu festigen.

Diese Erwartung ging aber nur deshalb in Erfüllung, weil Stadtbild und Stadtgeschichte als geradezu ideale Entsprechung zum Museumszweck erscheinen konnten. Soeben erst hatte man in der Romantik den hohen ästhetischen Wert Nürnbergs entdeckt. Die dominierende Kaiserburg und die vielen sakralen und bürgerlichen Bauten der Gotik und Renaissance zeigten, so meinte man nicht ohne Grund, »allen wahren Freunden der Geschichte und der Künste« (Per Daniel Atterbom, 1817) hier die mittelalterliche deutsche Stadt schlechthin: »Wenn einer Deutschland kennen, / Und Deutschland lieben soll, / Wird man ihm Nürnberg nennen, / Der edlen Künste voll. / Die nimmer noch veraltet, / Du treue fleiß'ge Stadt!« (Max von Schenkendorf, 1814). Bald war diese Vorstellung so stark geworden, daß sie auch noch das Verhalten gegenüber der endlich geglückten Museumsgründung bestimmte, obwohl bereits in der ersten Hälfte des Jahrhunderts der Ausbau Nürnbergs zur Industriestadt begonnen hatte. Für die Besucher der Anstalt aber konnten sich noch immer museale Präsentation und der Alltag ringsum zu einer Einheit von einmaligem Reiz verbinden. Endgültig gesichert war dieser Zusammenhang, nachdem es Aufseß gelungen war, den Komplex des um 1400 erbauten und in der Reformation profanierten Kartäuserklosters für seine Anstalt zu erwerben (1857): »Geschichte hat sich in Geschichte eingenistet« (Theodor Heuss, 1952).

Auch die politische Eigenart der Stadt sprach für Nürnberg als Sitz eines Unternehmens, bei dessen Tätigkeit der aktuelle staatliche Zustand der Nation unberücksichtigt bleiben mußte. Nürnberg war, wie die anderen Reichsstädte auch, bis zum Beginn des Jahrhunderts keiner Partikulargewalt unterstellt gewesen. Ebenso hatte wegen der wirtschaftlichen und kulturellen Bedeutung dieser Bürgergemeinde weder eine geistliche noch eine weltliche Aristokratie hier jemals irgendwelchen Einfluß gewinnen können, und Nürnbergs Rang war durch das Reichsrecht zusätzlich gesichert gewesen: Jedes Reichsoberhaupt hatte hier seinen ersten Reichstag abzuhalten, und in Nürnberg wurden die wichtigsten Stücke der Reichskleinodien aufbewahrt. Dieser ›reichische‹ Charakter der Stadt war denn auch der Grund, weshalb die bayerische Staatsführung bei der administrativen Neuordnung des Königreichs die Behörden des Regierungsbezirks Mittelfranken nicht, wie es Lage und Bedeutung Nürnbergs entsprochen hätte, hier einrichtete, sondern in der ehemaligen hohenzollerischen Residenzstadt Ansbach. Zu Recht war deshalb für Aufseß die Zugehörigkeit Nürnbergs zu einem deutschen Teilstaat etwas eher Zufälliges, die seinen ursprünglichen Charakter kaum berührte.

Schließlich verschaffte dieser Stadt, so meinte Aufseß, allein schon ihr Platz ›gerade in der Mitte von Deutschland‹ eine Art natürlichen Anspruch darauf, Standort eines Museums mit für alle Deutschen gleich wichtigen Erinnerungsstücken zu werden. Vermögen aber die aus der Kulturgeschichte und aus der reichsstädtischen Vergangenheit gewonnenen Gründe auch heute noch zu überzeugen, so widerspricht diese Behauptung so sehr der Wirklichkeit – seit langem beginnt gut 100 Kilometer weiter östlich das Siedlungsgebiet der Tschechen –, daß sie erläutert werden muß. In diesem einen Fall argumentierte Aufseß etatistisch und nicht, wie sonst, mit Bezug auf die Nation unter Verzicht auf ihren staatlichen Zustand. Denn nur für jemand, der Deutschland politisch – altes Reich, Deutscher Bund – und nicht national verstand, war Nürnberg in der hier gemeinten Weise die Mitte: Vom Belt, von der Mährischen Pforte und von Istrien ist Nürnberg in der Tat gleich weit entfernt (530–550 Kilometer), zum Westen (Luxemburg) ist die Distanz mit knapp 400 Kilometer etwas geringer. Deutlicher als in den anderen Einzelheiten des Museumsprogramms erweist sich hier Aufseß als Kind seiner Zeit. Während der Märzrevolution jedenfalls waren die Mitglieder der Frankfurter Nationalversammlung entschlossen, die Grenzen des Deutschen Bundes, auch wo sie national nicht zu rechtfertigen waren, zu den Grenzen des neuen Nationalstaats zu machen. Bei der inhaltlichen Präzisierung der Museumsarbeit jedoch blieb Aufseß seinem Vorhaben treu: 1855 wurde ausdrücklich festgelegt, mit der Geschichte der Nichtdeutschen, die in dem so gemeinten Deutschland lebten oder gelebt hatten, werde sich das Germanische Nationalmuseum nicht beschäftigen.

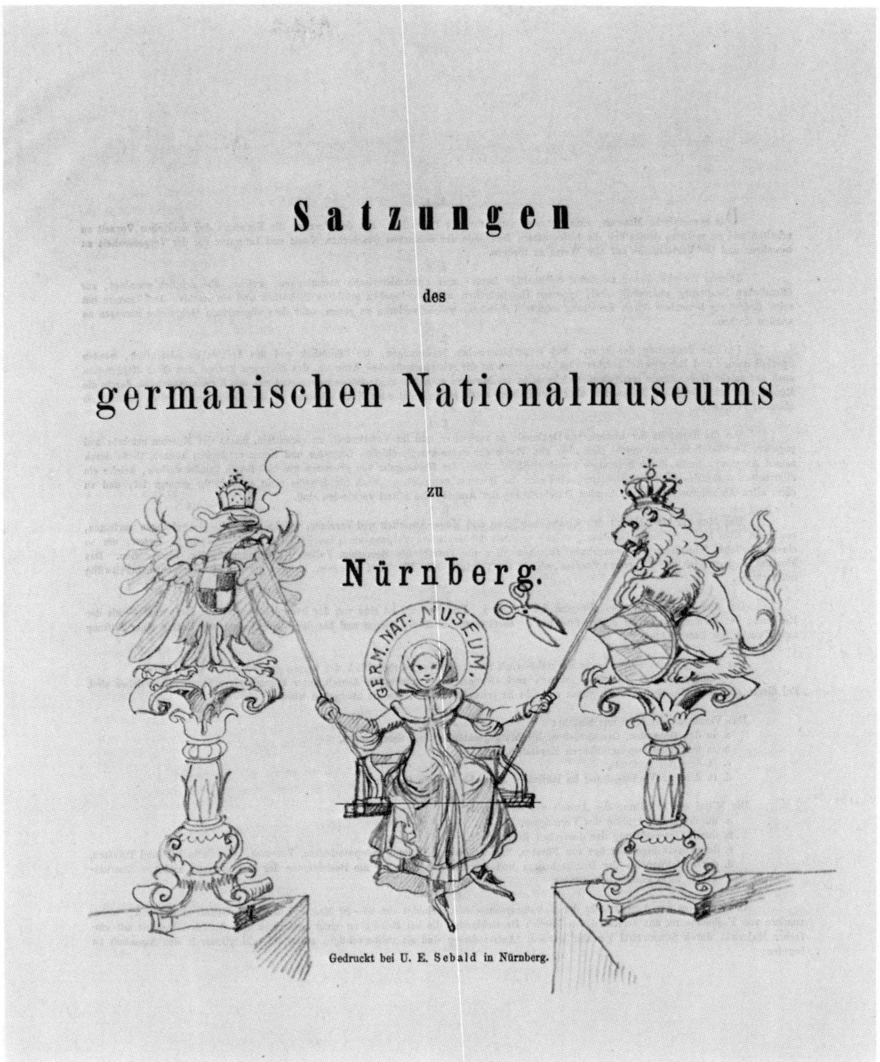

›Satzungen des Germanischen Nationalmusems‹ – mit einer handgezeichneten Karikatur (Kat. Nr. 4/33)

»Die deutscheste aller deutschen Städte«

Nürnberg als eine Hauptstadt des Nationalsozialismus

Bernd A. Rusinek

In ›Meyers Lexikon‹ von 1940 heißt es über Nürnberg: »›Die Stadt der Reichsparteitage‹ und der NS-Kampfspiele. Hptst. des Gaues Franken der NSDAP, eine der ältesten und wichtigsten Handels- und Gewerbestädte Süddeutschlands«. Die Stadt sei des »Deutschen Reiches Schatzkästlein« und gelte seit der Romantik »als das Urbild der alten deutschen Stadt«. Der NSDAP-Oberbürgermeister Liebel pries Nürnberg als »deutscheste aller deutschen Städte«.

Für die NS-Zeit ist Nürnberg Symbolstadt wie kaum eine andere: Hier erschien der ›Stürmer‹, hier fanden die Reichsparteitage der NSDAP statt, und hier wurden die ›Nürnberger Gesetze‹ verkündet; damit verbanden sich Inbegriffe perfider Judenhetze, nationalsozialistischer Massenformierung und diskriminierender, menschliche Werte verhöhnender Gesetzgebung mit dem Namen der Stadt. So wurde Nürnberg nicht nur für die Nationalsozialisten zum Symbol, sondern in gleicher Weise auch für die alliierten Siegermächte des Zweiten Weltkrieges: Am Ort der nationalsozialistischen Triumphzüge wurde das Internationale Militärtribunal (IMT) abgehalten, das den Haupttätern des Regimes den Prozeß machte.

Die mittelalterliche Kulisse der Stadt war für die Selbstdarstellung der Nationalsozialisten besonders geeignet, da sie dem Anspruch der ›Bewegung‹, die Erfüllung der deutschen Geschichte seit dem Mittelalter zu verkörpern, wie kaum eine andere entgegenkam. Aus der ›Stadt der Reichstage‹ wurde so die ›Stadt der Reichsparteitage‹.

Zunächst zur Provinzstadt herabgesunken, erfolgte im 19. Jahrhundert Nürnbergs »Wiedergeburt unter doppeltem Vorzeichen«: der Verklärung zum ›Schatzkästlein des Reiches‹ und der Entwicklung zur frühen Industriemetropole. Als 1868 Richard Wagners Zunftoper ›Die Meistersinger von Nürnberg‹ uraufgeführt wurde, begann die Entwicklung der Stadt zum »industriellen Herz Bayerns«. Nürnberg wurde zur größten bayerischen Arbeiterstadt.

Die Stadt galt als ›rot‹. Bei den Wahlen zur Deutschen Nationalversammlung im Januar 1919 erzielte die SPD 51,6 Prozent der Stimmen. Von 1920 bis 1933 regierte Oberbürgermeister Hermann Luppe, der der DDP angehörte und sich auf ein Bündnis mit den Sozialdemokraten stützen konnte. Als Industriestadt mit hohem Arbeiteranteil war Nürnberg von der großen Wirtschaftskrise am Vorabend der NS-Herrschaft besonders betroffen. Von den rund 415000 Einwohnern waren 1930 über 28000 arbeitslos, im März 1932 schon über 61000 und damit jeder dritte Erwerbstätige.

Vor dem Hintergrund dieser tristen Entwicklung erfolgte der Aufstieg der NSDAP, aber es gelang der Partei vor der ›Machtübernahme‹ dennoch nicht, die beiden Arbeiterparteien SPD und KPD bei Wahlen zu überflügeln. Selbst die Reichstagswahl am 5. März 1933, bei der allen übrigen Parteien der Wahlkampf sehr schwer oder fast unmöglich gemacht wurde, brachte der NSDAP in Nürnberg nicht die absolute Mehrheit. Mit 41,7 Prozent blieb das NSDAP-Wahlergebnis sogar geringfügig unter dem Reichsdurchschnitt (43,9 Prozent), wogegen die Hitlerpartei in Mittelfranken die absolute Mehrheit der Stimmen erzielte.

Wenn auch nach den Wahlergebnissen keine ›Hochburg‹ der NSDAP, war Nürnberg doch ein frühes Zentrum der völkischen und nationalsozialistischen Bewegung. Im Mittelpunkt dieser Aktivitäten stand Julius Streicher. Seit 1909 als Volksschullehrer in Nürnberg tätig, wurde er nach dem Ersten Weltkrieg zum rastlosen Antisemiten und fand im verängstigten und ökonomisch bedrohten Kleinbürgertum Nürnbergs starken Anhang. Im Jahre 1922 führte Streicher seine ›Bewegung‹ Hitler zu; am 20. Oktober gründete er die Nürnberger Ortsgruppe der NSDAP. Wegen seiner Teilnahme am Münchener Hitlerputsch vom 9. November 1923 hatte Streicher eine Festungsstrafe zu verbüßen. Im Jahr darauf schon wieder entlassen, wurde er mit fünf Gesinnungsgenossen in den Nürnberger Stadtrat gewählt. 1925 ernannte Hitler ihn zum ›Gauleiter Franken‹.

Streicher konnte seine antisemitischen Tiraden von 1923 bis zum Kriegsende in der Wochenzeitung ›Der Stürmer‹ verbreiten, deren Chefredakteur Ernst Hiemer ebenso wie der Herausgeber Streicher ein ehemaliger Lehrer war. Die anfängliche Auflagenhöhe des ›Stürmer‹ lag bei 2000 bis 3000 Exemplaren und stieg bis 1933 auf etwa 10000 an. Vor der ›Machtergreifung‹ wurde das Blatt hauptsächlich in Nürnberg sowie im ›Gau Franken‹ gelesen, ab 1933 erschien es reichsweit. Im Jahre 1935 erreichte die Auflage die Halbmillionengrenze; von mancher Sondernummer der Zeitung wurden zwei Millionen Exemplare verkauft.

Mit schrecklichen Karikaturen illustriert, die häufig die Sexualsphäre berührten, meldete der ›Stürmer‹ Woche um Woche angeblich von Juden begangene Verbrechen wie Morde und Vergewaltigungen. In einer Ausgabe vom April 1939 wurden die Juden als »Mörder- und Verbrechervolk« bezeichnet, das sein »verdientes Ende finden müsse«. Der ›Stürmer‹ bereitete also den millionenfachen Mord an den Juden propagandistisch vor. Im Jahre 1933 lebten 10000 Juden in Nürnberg, bei Kriegsende weniger als zehn.

Nürnberg während der Reichsparteitage der NSDAP – Eine Einheit der Wehrmacht marschiert durch das Tiergärtnertor, 1936 (Kat. Nr. 4/36h)

Schon in den zwanziger Jahren versammelten sich in Nürnberg wiederholt völkische und rechtsradikale Gruppen. So fand am 2. September 1923 der ›Deutsche Tag‹ statt, ein Aufmarsch verschiedener antirepublikanischer Gruppen und uniformierter Angehöriger der NSDAP. Der Nürnberger Rechtsanwalt Süßheim nannte den ›Deutschen Tag‹ die »Mobilmachung für den Hitlerputsch« und beschwerte sich 1925 in einem Brief darüber, daß Julius Streicher seine hetzerische und aufreizende

Nürnberg während der Reichsparteitage der NSDAP – Geschmückte Straßen in der Altstadt, 1937 (Kat. Nr. 4/36a)

Tätigkeit in Nürnberg mit Genehmigung der Polizeidirektoren ruhig fortsetzen könne, während derartige Versammlungen in München, Bamberg und Ingolstadt verboten seien. Es gebe heute, so schrieb Süßheim, »keine Stadt in Deutschland . . ., in welcher politische Verhetzung und Vergiftung einen solchen Grad wie in Nürnberg erreicht hat. Die Schuld hieran trifft nicht zuletzt Herrn Polizeidirektor Gareis . . .« Die Nürnberger Polizei kam den Nationalsozialisten in der Tat besonders entgegen. Sie war seit 1923 verstaatlicht und stand in keiner Verbindung zur demokratischen Regierung der Stadt. War die Mehrheit der Bürger auch für die Republik eingestellt, der Polizeipräsident Gareis war es nicht. Republiktreue Kräfte mußten daher die Erfahrung machen, »daß tatsächlich die Nürnberger Polizei mit zweierlei Maß mißt«. Die NSDAP konnte 1927 in Nürnberg ihren ersten ›Reichsparteitag‹ veranstalten; zwei Jahre später folgte ein zweiter, an dem etwa 200000 Menschen teilnahmen.

Im Juli 1933 sprach Hitler mit Vertretern der Stadt Nürnberg über den Luitpoldhain als künftiges Aufmarschfeld der Reichsparteitage. Die zögernde Stadtobrigkeit, der an den schönen Parkanlagen gelegen war, setzte Hitler unter Druck. Er erklärte, noch sei die Wahl auf Nürnberg nicht endgültig gefallen, und wenn die Stadt sich die mit den Riesenveranstaltungen verbundenen geschäftlichen Vorteile wegen einiger alter Beamten entgehen lassen wolle – es gebe auch noch andere Städte, die stark interessiert seien. So nannte Hitler unter anderem Stuttgart. Schließlich stellte die Stadt Nürnberg der NSDAP das Gelände am Luitpoldhain zur Verfügung, und am 30. August 1933 erklärte Hitler in seiner Eröffnungsrede auf dem »Reichsparteitag des Sieges«, daß »unser Parteitag jetzt und für immer in dieser Stadt stattfinden wird«.

Das Reichsparteitagsgelände liegt im Südosten Nürnbergs. Der Luitpoldhain, das Gelände des früheren Tiergartens, der Dutzendteich, die Zeppelinwiese, Stadionpark und umfangreiche Wald- und Heideflächen boten genügend Platz für die geplanten NSDAP-Veranstaltungen mit Hunderttausenden von Teilnehmern. Ins Gigantische gingen die Planungen Albert Speers, die der ›Zweckverband Reichsparteitag‹ seit 1935 zu verwirklichen begann. Das Gelände wurde zur größten Baustelle des Reiches, die Baukosten waren auf 700 Millionen Reichsmark veranschlagt. 1943 sollten die Bauten vollendet sein und auf einer Fläche von 16,5 Quadratkilometern rund einer Million Menschen Platz bieten.

Der Umbau der 1906 für die Bayerische Jubiläumsausstellung als Maschinenhalle errichteten Luitpoldhalle zur Tagungsstätte der Parteikongresse war 1935 abgeschlossen. Zwei Jahre später war die Umwandlung des ebenfalls 1906 geschaffenen Luitpoldhains zur Luitpoldarena beendet. Die Arena diente dem Aufmarsch von Parteiformation, der Gefallenen- und Totenehrung.

Im Jahre 1937 war auch das Zeppelinfeld fertiggestellt, ein steinernes Rechteck mit Seitentribünen und 350 Meter langer Haupttribüne. Als Vorbild der Haupttribüne, in deren Mitte sich die ›Führerempore‹ erhob, nannte Speer den Pergamonaltar. Das Zeppelinfeld war Aufführungsort des ›Lichtdoms‹, Aufmarschplatz der Politischen Leiter und des Reichsarbeitsdienstes. Die Kongreßhalle, an der seit 1935 gebaut wurde, blieb als Torso erhalten. Die an das Kolosseum in Rom erinnernde Halle sollte 50000 Menschen aufnehmen.

Mit dem Bau des ›Märzfeldes‹ wurde 1938 begonnen. Auf dieser 1000 mal 600 Meter großen Fläche sollten im Rahmen der Parteitage Manöver der Wehrmacht stattfinden. Der Name ›Märzfeld‹ erinnerte an die im März 1935 wiedererlangte ›Wehrhoheit‹ des Reiches. Von 26 großen Tortürmen aus Travertin wurden jedoch nur elf fertiggestellt. Die Pläne Albert Speers sahen eine herausragende ›Führertribüne‹ vor, über der sich eine Monumentalfigurengruppe des Bildhauers Josef Thorak erheben sollte: die ›Germania‹, umgeben von zwei Jünglingen zu Pferde.

All diese Bauten hätte das ›Große Stadion‹ allerdings in den Schatten gestellt. Hier sollten in Konkurrenz zu den Olympischen Spielen die ›Germanischen Weltfestspiele‹ stattfinden. Das hufeisenförmige Halbrund mit 80 Meter Tribünenhöhe war für 405000 Zuschauer geplant. Bei der Grundsteinlegung am 9. September 1937 erklärte Hitler, der Bau werde »ewiger Zeuge ... einer im Nationalsozialismus geeinten Nation und eines machtvollen Reiches« sein. Als Material waren Granit und verschiedenfarbiger Marmor vorgesehen. Die Arbeiten gediehen allerdings nur bis zur Ausschachtung einer Baugrube, die sich im Laufe der Jahre mit Regenwasser füllte; so entstand der ›Silbersee‹ im heutigen Volkspark Dutzendteich. Von der Kongreßhalle zum Märzfeld sollte die zwei Kilometer lange und 60 Meter breite ›Große Straße‹ führen, eine Paradestraße der Wehrmacht, deren verschiedenfarbiger Granit für den Tritt von Marschierstiefeln eigens aufgerauht war. Der nördliche Fluchtpunkt der ›Großen Straße‹ war auf die alte Nürnberger Burg ausgerichtet, um die Verbindung zwischen Nürnberg als ›Stadt der Reichsparteitage‹ und als ›Stadt der Reichstage‹ zu symbolisieren. Mit dem Bau der Straße, die von Eichen und Kolossalfiguren gesäumt werden sollte, wurde 1935 begonnen. Fertiggestellt wurde sie nicht, ›Führerparaden‹ und Wehrmachtsaufmärsche fanden auf ihr nie statt.

Die Reichsparteitage waren ausschließlich als Kultstätten für nationalsozialistische Massenrituale gedacht. Auf Wirtschaftlichkeit zielende Vorschläge der Nürnberger Stadtväter, die Gebäude als Mehrzweckhallen zu nutzen, lehnte Hitler ab. Ähnlich dem Bayreuther Festspielhaus, das auf Wagners Wunsch nur den Festspielen geweiht war und während der übrigen Zeit des Jahres ungenutzt bleiben sollte, waren die Nürnberger Bauten allein den zunächst fünf, später acht Tage dauernden ›Reichsparteitagen‹ vorbehalten. In der NS-Zeit fanden in Nürnberg sechs dieser Riesenveranstaltungen statt:

1933 der ›Reichsparteitag des Sieges‹
1934 der ›Reichsparteitag der Einheit und Stärke‹
1935 der ›Reichsparteitag der Freiheit‹
1936 der ›Reichsparteitag der Ehre‹
1937 der ›Reichsparteitag der Arbeit‹
1938 der ›Reichsparteitag Großdeutschland‹

Das Motto für 1939 sollte ›Reichsparteitag des Friedens‹ lauten; kurz vor Kriegsausbruch wurde er jedoch abgesagt.

Reichsparteitage waren keine Veranstaltungen im üblichen Sinne. Es wurde nicht debattiert wie auf Parteikonventen und in den von Republikgegnern als »Schwatzbuden« denunzierten Parlamenten, sondern es waren reine Kultveranstaltungen. Bereits 1934 war das nationalsozialistische Massenritual vollständig entwickelt und wurde in der Folgezeit nur noch geringfügig verändert. »Die Stilelemente der Bühnen- und Prozessionswelt der Reichsparteitage hatten ähnlich wie die NS-Ideologie einen synkretistischen Charakter. Sie vereinigten in sich alle Formen des politischen Kultes, wie sie sich aus den unterschiedlichen Quellen kirchlicher Liturgie und vaterländischer Feiern im Kaiserreich, aus Weihe- und Festformen der Jugendbewegung und aus der Frühzeit faschistischer Demonstrations- und Kundgebungsformen in Italien herausgebildet hatten.«

Der Ablauf war genau festgelegt. Am ersten Tag zog der ›Führer‹ feierlich in Nürnberg ein und wurde im Rathaus von der Nürnberger Obrigkeit begrüßt. Die Begrüßung konnte 1938 vor den aus Wien zurückgeholten Reichskleinodien stattfinden. Anschließend besuchte der ›Führer‹ die festliche Aufführung der Wagner-Oper ›Die Meistersinger von Nürnberg‹. Am nächsten Tag zog die Hitler-Jugend an Hitlers Hotel als dem Ziel ihres ›Bekenntnismarsches‹ vorbei. Im Anschluß wurde der Reichsparteitag in der Luitpoldhalle nach dem Vorbild eines Gottesdienstes mit der ›Blutfahne‹ – einer Reliquie des Putsches von 1923 – eröffnet. Es erfolgte der Aufmarsch von 50000 Männern des Reichsarbeitsdienstes vor der ›Führerempore‹ des Zeppelinfeldes.

Inszenatorischer Höhepunkt der Reichsparteitage aber war der ›Lichtdom‹ am Abend des fünften Tages auf dem Zeppelinfeld. Wenn Hitler unter Fanfarenklängen auf der ›Führerempore‹ erschien, blendeten 150 Flakscheinwerfer auf, die in Abständen von zwölf Metern um das Zeppelinfeld aufgestellt waren. Über den versammelten etwa 250000 Menschen bildete sich in sechs bis acht Kilometern Höhe eine bläulich schimmernde Lichtkuppel. Ein britischer Diplomat bezeichnete einmal den ›Lichtdom‹ als »feierlich und schön zugleich«. Er hatte das Gefühl, sich im Innern einer »Kathedrale aus Eis« zu befinden.

Der sechste Tag des Reichsparteitages war SA und SS gewidmet. Vor den versammelten riesigen Menschenmassen folgte, wie schon am Schluß des fünften Tages, eine Totenehrung, und neue Standarten wurden unter Salutschüssen durch Berührung mit der ›Blutfahne‹ geweiht.

Letzter Tag der Reichsparteitage war der Tag der Wehrmacht. Auf dem Zeppelinfeld wurden Schaumanöver und Paraden veranstaltet. Zum Abschluß marschierten Hunderttausende über den mittelalterlichen Nürnberger Markt vor der Frauenkirche an Hitler vorbei.

Nach einem Bericht der illegalen SPD seien manche Arbeiter »wie betäubt« aus Nürnberg zurückgekommen. Ein Teilnehmer habe gesagt: »Nazis wollen wir nach wie vor nicht werden, aber solche Massenaufmärsche, solche Organisationsleistungen sind wie Hypnose. Man verliert jeden Glauben, daß dieses System noch einmal gestürzt werden kann.«

Die Reichsparteitage waren als rauschhaft-ästhetische Selbstdarstellung des NS-Regimes genau berechnet. Zentrale Ereignisse waren der sakrale ›Lichtdom‹ und die wiederholten Totenfeiern. Der Tod und seine immer wiederkehrende Beschwörung gehörten zu den hervorstechendsten Merkmalen der nationalsozialistischen Liturgie. Die Wirkung der ästhetischen Inszenierungen sollte nicht nur die in Nürnberg anwesenden Hunderttausende erfassen, sondern auch die Millionen nicht anwesender ›Volksgenossen‹. Dieser Aufgabe diente Leni Riefenstahls Parteitagsfilm ›Triumph des Willens‹ über den ›Reichsparteitag der Einheit und Stärke‹ von 1934, mit dem das ›klassische‹ Formeninventar des NS-Propagandafilms geschaffen wurde.

Welche Elemente der Reichsparteitagsästhetik aber sind als spezifisch nationalsozialistisch und damit als Ausdruck der dem Regime eigenen Barbarei anzusehen? Sind es die Bauten? Speer wies auf antike Vorbilder hin. Auch die Ästhetisierung des Todes ist nicht genuin nationalsozialistisch, sondern geht zu großen Teilen auf die deutsche Romantik zurück.

Es war die strenge geometrische Anordnung der Menschenmassen auf den Reichsparteitagen, die gleichzeitig eine Vorstellung davon vermittelte, was dem drohte, der aus der Reihe trat. Es ist daher kein Zufall, daß am Ort der ästhetischen Hauptinszenierungen der NSDAP barbarische Ausgrenzungsgesetze verkündet wurden. Diese ›Nürnberger Gesetze‹ vom 15. September 1935 setzten die Rassenlehre in die Praxis um, die Julius Streicher hier schon seit Jahren propagiert hatte. Mit dem ›Reichsbürgergesetz‹ wurden Juden zu bloßen ›Staatsangehörigen‹ und standen als Minderberechtigte außerhalb der ›Volksgemeinschaft‹. Das zweite Nürnberger Gesetz ›zum Schutze des deutschen Blutes und der deutschen Ehre‹ verbot Eheschließungen zwischen Juden und Nicht-Juden. Streichers sexualpathologische Obsessionen erhielten mit der Kriminalisierung von sexuellen Beziehungen zwischen Juden und Nicht-Juden Gesetzeskraft. Solche Beziehungen galten nun als ›Rassenschande‹ und wurden strafrechtlich verfolgt. Ein sozialdemokratischer Berichterstatter schrieb 1935, die Rassengesetze seien die »Streichersche Pornographie in Gesetzesform«, die Juden stünden nun gewissermaßen außerhalb der Menschheit.

In der ›Stadt der Reichsparteitage‹ waren bei Kriegsende über 90 Prozent aller Gebäude zerstört. »Die amerikanische Flagge wurde heute im durch Bomben zerschmetterten Herz dieses Nazischreins... gehißt«, meldete die Armeezeitung ›The Stars and Stripes‹ am 22. April 1945. Der Kritiker Alfred Kerr, der 1933 nach England emigriert war, schrieb bei einem Besuch kurz nach dem Kriege: »Nürnberg... Das war eine Stadt; und ist eine Schutthalde. Das war gemütlich-bürgerlich; und ist ein Grauen...«

Hier wurde nach dem Krieg mit den ›Nürnberger Prozessen‹ das größte Strafgericht der Geschichte abgehalten. Die Entscheidung, deutsche Kriegsverbrecher nach dem Krieg vor Gericht zu stellen, fiel bereits 1942, ohne daß Nürnberg als Gerichtsort ins Auge gefaßt worden wäre. In London verlangten Vertreter von Staaten, die von deutschem Militär besetzt waren, die Bestrafung der für den Krieg und die Okkupation Verantwortlichen. Die United Nations War Crimes Commission (UNWCC) begann, Anzeigen über die Kriegsverbrechen zu sammeln. Durch das Londoner Abkommen über die ›Bestrafung der Hauptkriegsverbrecher der europäischen Achse‹ vom 8. August 1945 wurde festgelegt, daß für Verbrechen, deren Tatort nicht eindeutig festgelegt werden konnte, ein internationaler Militärgerichtshof der Siegermächte eingerichtet werden sollte.

Insgesamt waren es 13 Verfahren, die im Schwurgerichtssaal 600 des Justizgebäudes an der Fürther Straße stattfanden: das Hauptverfahren vor dem Internationalen Militärtribunal und zwölf weitere große Prozesse, für die die amerikanische Besatzungsmacht das Gericht stellte. Verhandelt wurde unter anderem gegen verbrecherische Ärzte, die sich an ›Euthanasie‹-Maßnahmen beteiligt oder KZ-Häftlinge ermordet hatten, um Präparatesammlungen zu vervollständigen (sieben Todesurteile am 20. August 1947); gegen Angehörige des Wirtschafts- und Verwaltungshauptamtes der SS, dem die Konzentrationslager unterstanden (drei Todesurteile am 3. November 1947); gegen den Industriellen Friedrich Flick und einige seiner Mitarbeiter wegen Beschäftigung ausländischer Zwangsarbeiter und Ausplünderung okkupierter Gebiete (drei Freiheitsstrafen am 22. Dezember 1947); gegen 23 leitende Angestellte der IG Farben, unter anderem wegen der Ausraubung von Konzentrationslagerhäftlingen, Zwangsarbeitern und Kriegsgefangenen (13 Freiheitsstrafen am 30. Juli 1948).

Der eigentliche ›Nürnberger Prozeß‹ aber war das Verfahren gegen ›Hermann Wilhelm Göring und andere‹. Die Anklageschrift trägt das Datum des 6. Oktober 1945. Knapp ein Jahr später, am 1. Oktober 1946, wurden die Urteile verkündet. Die Anklage lautete auf Verschwörung zur Entfesselung eines Angriffskrieges und Verbrechen gegen die Menschlichkeit. 24 Personen waren angeklagt. Robert Ley, der ›Reichsorganisationsleiter‹ und Führer der ›Deutschen Arbeitsfront‹, beging vor Beginn der Hauptverhandlung Selbstmord, dem Großindustriellen Gustav Krupp von Bohlen und Halbach wurde Verhandlungsunfähigkeit attestiert. Von den verbliebenen 22 Angeklagten wurden zwölf zum Tode durch den Strang verurteilt: Martin Bormann (Leiter der Parteikanzlei) in Abwesenheit, Hans Frank (Generalgouverneur von

Der Nürnberger Oberbürgermeister Willy Liebel überreicht Hitler im Rathaussaal eine Kopie des Zeremonienschwertes (Kat. Nr. 1/40)

Polen), Wilhelm Frick (Reichsinnenminister), Hermann Göring (Reichsmarschall, Preußischer Ministerpräsident und Luftfahrtminister), der vor der Vollstreckung Selbstmord beging, Alfred Jodl (Generaloberst und Chef des Wehrmachtsführungsstabes), Ernst Kaltenbrunner (Chef des Reichssicherheitshauptamtes), Wilhelm Keitel (Generalfeldmarschall, Chef des Oberkommandos der Wehrmacht), Joachim von Ribbentrop (Außenminister), Alfred Rosenberg (Minister für die besetzten Ostgebiete), Fritz Sauckel (Bevollmächtigter für den Arbeitseinsatz), Arthur Seyß-Inquart (Reichskommissar der Niederlande) und schließlich Julius Streicher, der Nürnberger Pogromhetzer, ›Stürmer‹-Herausgeber und ›Gauleiter‹ von Franken.

4/1 Umrißplan der Stadt Nürnberg und ihrer Umgebung
Paul Pfinzing
1590; Aquarell, 90,6 × 93,1 cm
Nürnberg, Germanisches Nationalmuseum (SP 5901)

4/2 Ehrenpforte beim Besuch des Kaisers Karl V. in Nürnberg, 1541 (Abb. S. 100)
Jörg Penz (?)
Feder, koloriert, 31,5 × 43 cm
Nürnberg, Staatsarchiv (Reichsstadt Nürnberg, Losungsamt Akten S. I L. 134 Nr. 19 fol. 52)

Eine Ehrenpforte wurde erstmals anläßlich des Besuchs Kaiser Karls V. in Nürnberg im Jahre 1541 in der Burgstraße errichtet. Die Ehrenpforte hatte eine große Durchfahrt in der Mitte, die drei Reiter bequem nebeneinander passieren konnten, und zwei kleinere Pforten links und rechts. Über der Durchfahrt befand sich eine Plattform für die Musikanten, die aufspielten, wenn der Kaiser hindurchritt.

Die Mittelpforte krönte ein bronzener zweiköpfiger Adler. Er erregte besonderes Aufsehen, denn man konnte ihn durch Seilzüge so bewegen, daß er sich vor dem Kaiser verneigte und die Flügel schwang. In den Nischen auf beiden Seiten der Pforte standen Symbolfiguren der vier Kardinaltugenden Gerechtigkeit, Klugheit, Tapferkeit und Mäßigkeit. Bis in das 18. Jahrhundert hinein wurden Ehrenpforten bei jedem ersten Kaiserbesuch in Nürnberg aufgestellt.

4/3 Festons für den Einzug des Kaisers Maximilian II. in Nürnberg, 1570
Mitte 16 Jhdt.; Feder, aquarelliert, mit Goldhöhungen, 31,5 × 43,5 cm
Nürnberg, Staatsarchiv (Reichsstadt Nürnberg, Bildsammlung Nr. 35.8)

4/4 Der Traghimmel für den Einzug des Kaisers Matthias in Nürnberg, 1612
Feder, aquarelliert, 40 × 53 cm
Nürnberg, Staatsarchiv (Reichsstadt Nürnberg, Bildsammlung Nr. 35.28)

4/5 Kaiser Leopold I. unter dem Traghimmel bei seinem Einzug in Nürnberg, 1658 (Abb. S. 81)
Feder, aquarelliert, mit Goldhöhungen, 38,8 × 37 cm
Nürnberg, Staatsarchiv (Reichsstadt Nürnberg, Bildsammlung Nr. 35.52)

4/6 Drei Geleitsreiter beim Einzug Kaiser Leopolds I. in Nürnberg, 1658

Feder, aquarelliert, 38,5 × 46 cm
Nürnberg, Staatsarchiv (Reichsstadt Nürnberg, Bildsammlung Nr. 35.43)

4/7 Drei der Herren Älteren des Nürnberger Rates beim Einzug Kaiser Leopolds I. in Nürnberg, 1658

Feder, aquarelliert, mit Goldhöhungen, 38,5 × 45,2 cm
Nürnberg, Staatsarchiv (Reichsstadt Nürnberg, Bildsammlung Nr. 35.50)

Zum Nürnberger Rat gehörten insgesamt fünf ›Herren Ältere‹, die einen inneren Rat bildeten und die wichtigsten Stadtgeschäfte ausübten.

4/8 Der Oberste Kriegshauptmann Nürnbergs beim Einzug des Kaisers Leopold I. in Nürnberg, 1658

Feder, aquarelliert, mit Goldhöhungen, 38,5 × 45,4 cm
Nürnberg, Staatsarchiv (Reichstadt Nürnberg, Bildsammlung Nr. 35.45)

4/9 Mitglieder des Patriziats beim Einzug des Kaisers Leopold I. in Nürnberg, 1658 (Abb. S. 101)

Feder, aquarelliert, mit Goldhöhungen, 38,5 × 45,4 cm
Nürnberg, Staatsarchiv (Reichsstadt Nürnberg, Bildsammlung Nr. 35.47)

4/10 Handelsleute beim Einzug des Kaisers Leopold I. in Nürnberg, 1658 (Abb. S. 73)

Feder, aquarelliert, 38,5 × 45,4 cm
Nürnberg, Staatsarchiv (Reichsstadt Nürnberg, Bildsammlung Nr. 35.48)

4/11 Die vorgeschriebene Kleidung der Knechte von Junkern, Kaufleuten und vermögenden Bürgern

Mitte 16. Jhdt.; Feder, aquarelliert, 31,5 × 42 cm
Nürnberg, Staatsarchiv (Reichsstadt Nürnberg, Bildsammlung Nr. 35.10)

4/3

Die Kleidung, die die Bürger anläßlich eines Kaisereinzuges zu tragen hatten, war vom Nürnberger Rat vorgeschrieben. Jeder Stand hatte dabei besondere Bestimmungen zu beachten. Die Knechte waren in schwarze Reitröcke gekleidet, die am Ärmel mit zwei roten und einem weißen Band durchzogen waren. Auch ihre Hüte waren schwarz und mit rot-weißen Federn geschmückt.

4/12 Die Übergabe der Stadtschlüssel an Kaiser Leopold I., 1658 (Abb. S. 75)

Feder, aquarelliert, mit Goldhöhungen, 38,5 × 45,5 cm
Nürnberg, Staatsarchiv (Reichsstadt Nürnberg, Bildsammlung Nr. 35.42)

Leopold I. 1658 bestand als erster Kaiser darauf, daß auch Nürnberg ihm beim Einzug symbolisch die Stadtschlüssel übergab, was dann am Spittlertor in Anwesenheit der Ratsherren geschah.

4/13 Die Fleischbrücke mit zwei Triumphsäulen. Festlich geschmückt zum Einzug des Kaisers Matthias in Nürnberg, 1612 (Abb. S. 83)

Feder, aquarelliert, mit Goldhöhungen, 40 × 53,8 cm
Nürnberg, Staatsarchiv (Reichsstadt Nürnberg, Bildsammlung Nr. 35.27)

Um 1598 wurde die Fleischbrücke über die Pegnitz in einem einzigen Bogen gespannt, was damals als technische Meisterleistung galt. Das Bauwerk trägt seinen Namen von dem damals angrenzenden städtischen Fleisch- und Schlachthaus. Bei Kaiserbesuchen wie dem hier dargestellten von Matthias 1612 nahm der Zug zum Hauptmarkt und der Burg häufig den Weg über die

4/2

Fleischbrücke. Für den Kaisereinzug wurden an der Brükke 1612 zwei Triumphsäulen aufgestellt, die mit stilisierten Kriegstrophäen und kaiserlichen Fahnen geschmückt waren.

4/14 Ansicht eines kleinen Schreibsekretärs, eines Geschenks des Nürnberger Rates an die Kaiserin Anna

Feder, laviert, koloriert, 98 × 70 cm

Nürnberg, Staatsarchiv (Reichsstadt Nürnberg, Bildsammlung Nr. 35.39)

Dem Kaiser wurde bei einem Besuch der Stadt in der Regel ein vergoldeter und mit 1000 bis 2000 Goldgulden gefüllter Pokal sowie ein Schenkwagen mit Wein, Hafer und Fisch verehrt. Auch sein Gefolge wurde mit Geschenken bedacht.

Kaiserin Anna erhielt 1612, als sie mit ihrem Gemahl Kaiser Matthias in Nürnberg weilte, vom Rat der Stadt einen Damenschreibtisch aus Ebenholz mit Silberbeschlägen geschenkt. Ein Augsburger Goldschmied hatte ihn für 1472 Gulden verkauft. In einem Fach des Schreibtisches lagen 500 Gulden. Kaiserin Anna bedankte sich für die kostbare Gabe, machte aber deutlich, daß ihr ein Stück der in Nürnberg aufbewahrten Kreuzreliquie lieber gewesen wäre.

4/15 Entwurf für Aufbauten zu einem Feuerwerk (Abb. S. 84)

1551, Feder, laviert, 46,4 × 122,5 cm

Nürnberg, Staatsarchiv (Reichsstadt Nürnberg, Bildsammlung Nr. 35.1)

4/16 Aufbauten für das Feuerwerk zu Ehren des Kaisers Matthias bei seinem Besuch in Nürnberg, 1612

Feder, aquarelliert, mit Goldhöhungen, 54,3 × 39,9 cm

Nürnberg, Staatsarchiv (Reichsstadt Nürnberg, Bildsammlung Nr. 35.37)

Höhepunkt der Feierlichkeiten zu Ehren Kaiser Matthias' im Jahre 1612 sollte ein großes Feuerwerk sein, dessen Aufbauten auf der Zeichnung abgebildet sind. Dieses Vorhaben endete in einem Fiasko. Man hatte das Feuer-

4/9

werk zu schnell angezündet, und nur zwei Kugeln stiegen auf. Das nun entstandene heftige Feuer führte unter den Zuschauern zu zahlreichen Verletzten. Eine Magd wurde durch ein herabfallendes Sprengstück tödlich getroffen. Um keine Panik entstehen zu lassen, brach der Kaiser das Feuerwerk vorzeitig ab.

4/17 Schlittenfahrt mit dem Reichsfeldzeugmeister Fürst Stolberg auf dem Dutzendteich bei Nürnberg

1763; Kupferstich, 24 × 38,5 cm
Nürnberg, Germanisches Nationalmuseum (HB 1706)

4/18 Vier Behälter zur Herstellung der Treibladung von Feuerwerkskörpern

17. Jhdt.; Holz, H 28,5 cm; 26,5 cm; 26,0 cm; 13,5 cm; Dm 8,5 cm; 8,0 cm; 8,0 cm; 8,5 cm
Nürnberg, Germanisches Nationalmuseum (W 311–314)

4/19 Klopfer für die Treibladungen von Feuerwerkskörpern

17. Jhdt.; Holz, H 19; Dm 7 cm
Nürnberg, Germanisches Nationalmuseum (W 316)

4/20 Vier Stopfhölzer zur Herstellung der Treibladungen von Feuerwerkskörpern

17. Jhdt.; Holz, L 23 cm; 34 cm; 33 cm; 33 cm
Nürnberg, Germanisches Nationalmuseum (W 325–328)

4/21 Mörser in Form eines Turms zur Abfeuerung von Feuerwerkskörpern

17. Jhdt.; Holz, bemalt, H 30 cm; Dm 10 cm
Nürnberg, Germanisches Nationalmuseum (W 1302)

4/22 Feierliche Einholung der Reichskleinodien und Heiltümer am 22. März 1424

(Abb. S. 78)
Paul Ritter
1883; Öl auf Leinwand, 354 × 377 cm
Nürnberg, Stadtgeschichtliche Museen (Gm 75)

Die Nürnberger Bevölkerung erlebte das Eintreffen der Reichsinsignien als großen Festtag, an dem Gefangene freigelassen und Hingerichtete vom Galgen genommen wurden. Schon vor der eigentlichen Ankunft war ein großer Zug, bestehend aus Klerikern, Ordensangehörigen, Ratsmitgliedern und Bürgerschaft, bis weit über das Frauentor hinaus dem Heiltum entgegengezogen. Mit einem Wagen, auf dem vorne und hinten zwei als Engel verkleidete Knaben mit brennenden Kerzen in den Händen saßen, wurde das Reichsheiltum in feierlichem Geleit bis zur Kirche des Heilig-Geist-Spitals gebracht. *Rudolf Endres*

4/24

4/23 ›Heiltumsbüchlein‹ mit der Darstellung einer Heiltumsweisung vor dem Schopperschen Haus in Nürnberg (Abb. S. 74)

Druck: Peter Vischer (?)
1487; Holzschnitt auf Pergament, koloriert 21 × 15,5 cm
Nürnberg, Staatsarchiv (Reichsstadt Nürnberg, Handschriften Nr. 399a)

Seit 1315 ist das öffentliche Zurschaustellen der Reichskleinodien als Reliquien belegt. Seit der Heiligsprechung Karls des Großen 1165 galten nicht nur Teile wie die ›Heilige Lanze‹, in die nach der Überlieferung ein Nagel vom Kreuz Christi eingelassen war, als Reliquien, sondern der gesamte Bestand – also auch die Reichskrone usf. –, da man ihn fälschlicherweise Karl dem Großen zuschrieb. In Nürnberg fanden die ›Heiltumsweisungen‹ seit 1424 am zweiten Freitag nach dem Osterfest auf einem nur zu diesem Zweck errichteten Gerüst – dem ›Heiltumsstuhl‹ – vor dem Schopperschen Haus am Hauptmarkt statt. Der Heiltumsstuhl hatte zwei Etagen; auf der unteren standen die Stadtsoldaten zur Bewachung der Reichsinsignien, auf der oberen fünf Äbte, welche die Kleinodien dem Volk zeigten, sowie Ratsherren der Stadt und ein Ausrufer, der die Kleinodien in einer festgelegten Reihenfolge ankündigte. Nach der Einführung der Reformation in Nürnberg beendete der Rat 1524 die Heiltumsweisungen.

4/24 Darstellung des kaiserlichen Krönungsornats

Albrecht Dürer
1510; Feder, aquarelliert, 41,5 × 28,5 cm
Wien, Graphische Sammlung Albertina (3125)

Im Schopperschen Hause am Hauptmarkt, vor dem bis 1524 einmal im Jahr die Reichskleinodien öffentlich ›gewiesen‹ wurden, befand sich eine Kammer, in der dieselben in der Nacht zuvor blieben. Zur Ausschmückung dieses Raumes erhielt Albrecht Dürer den Auftrag, Bildnisse der Kaiser Karl der Große und Sigismund zu malen. Diese beiden heute im Germanischen Nationalmuseum befindlichen Tafeln bildeten möglicherweise die Türen für einen Schrein, in dem die Kleinodien in der Nacht aufbewahrt wurden, und zwar in jener Kiste, in der sie 1424 nach Nürnberg gelangt waren. Dürers Bilder wurden 1513 fertiggestellt. Die hier gezeigte Zeichnung trägt die Aufschrift »Das ist des heilgen großen Keiser Karels habitus«. Neben anderen Skizzen Dürers zum Bestand der Reichsinsignien zählt auch diese Studie des gesamten Krönungsornates – in den vermutlich ein Modell stehender Mann gekleidet worden war – zu den Vorarbeiten für das Idealbildnis des Kaisers Karl.

4/25 Futteral für einen kleinen Reichsapfel (Abb. S. 80)

1457; Leder, H 28,5 cm, Dm 11,5 cm
Nürnberg, Germanisches Nationalmuseum (HG 3529)

Die Reichsinsignien wurden in ledernen Futteralen aufbewahrt und für die Krönungen nach Aachen bzw. Frankfurt transportiert. In Nürnberg blieb zufällig dieses Futteral erhalten, in dem sich einer der beiden kleinen Reichsäpfel befand; sie sind nur aus dem Tafelwerk Delsenbachs bekannt, da sie auf dem Fluchtweg der Reichsinsignien nach 1796 verlorengingen.

4/26 Zwei Schlüssel nebst einem Leinensäckchen zu ihrer Aufbewahrung für das ›Versperr‹ der Reichskleinodien

16./17. Jhdt.; L 9 cm; 8 cm; 7,5 cm
Nürnberg, Staatsarchiv (Reichsstadt Nürnberg, Cimelien Nr. 168)

4/27 Transport der Reichsinsignien von Nürnberg nach Frankfurt zur Krönung Leopolds II.

Kupferstich, koloriert, 27 × 38,2 cm
Nürnberg, Germanisches Nationalmuseum (HB 3462)

4/28 Ansicht der Ausstellungsräume im Refektorium des Kartäuserklosters (Abb. S. 90)

1857; Bleistift, grau laviert, 28 × 36,4 cm
Nürnberg, Germanisches Nationalmuseum (SP 13338)

Nach mehr als zwanzigjährigen Vorarbeiten gelang Hans Freiherr von und zu Aufseß am 1. August 1852 die Gründung des ›Germanischen Museums‹. Nürnberg wurde nicht zuletzt deshalb als Sitz bestimmt, weil es nach allgemeiner Anschauung seit der Romantik als die deutsche Stadt schlechthin galt. Das Museum fand zunächst in mehreren Gebäuden Unterkunft, bis es 1857 gelang, das ehemalige, im Jahre 1380 gestiftete Kartäuserkloster »mit seinen grossen prachtvollen Kreutzgängen, Kirche und Kapelle im reinsten deutschen (d. i. gotischen) Styl« zu erhalten. Die Wiederherstellung des teilweise verfallenen Komplexes war die erste Bauaufgabe. Mit dem stilreinen Wiederaufbau des weitgehend zerstörten Ostflügels des großen Kreuzganges konnte die Restaurierung abgeschlossen werden.

Mit der 1859 erfolgten Übersiedlung des Museums in die Gebäude des ehemaligen Kartäuserklosters hatte das Institut seine endgültige Unterbringung gefunden. Die Ansicht, eine Vorzeichnung für eine Abbildung in der ›Illustrirten Zeitung‹, zeigt einen Teil der Waffenhalle des Museums mit Durchblick auf die ›Frauenhalle‹, in der altes Hausgerät ausgestellt wurde. In diesem Ausschnitt klingt die Breite der Sammeltätigkeit des Museums an.

4/29 Ostflügel des Kreuzganges vom ehemaligen Kartäuserkloster

1830–1870; Feder, Bleistift, grau laviert, 17,5 × 23,2 cm
Nürnberg, Germanisches Nationalmuseum (SP 13337)

4/30 Entwurf für ein schmiedeeisernes Tor zum Germanischen Nationalmuseum in der Kartäusergasse (Abb. S. 89)

1862; 27 × 20,6 cm
Nürnberg, Germanisches Nationalmuseum (SP 10600)

Der Nürnberger Stadtbaurat Bernhard Solger hatte 1857 den Anbau eines Archivflügels abgeschlossen. Die Kartäuserkirche wurde restauriert und zur ›Kunstkammer‹ bestimmt. Ein 1859 errichteter Torbau, in der Art der neuen Tore der Nürnberger Stadtmauer, akzentuierte den Haupteingang des Museums nach der Kartäusergasse, das 1862 ein schmiedeeisernes Tor erhielt. Im mittleren Giebel, der auf dieser Abbildung zu niedrig wiedergegeben wird, befand sich schon seit 1859 das hier fehlende programmatische Eingangsschild.

4/42a

4/31 ›Germanisches Museum Eigenthum der Deutschen Nation‹ – Ehemalige Inschrift über dem Eingangstor

um 1860 (?); Buchstaben Bronze (?), 113 × 190 cm
Nürnberg, Germanisches Nationalmuseum (A 3502)

4/32 Bildnis des Freiherrn von Aufseß in seiner Studierstube

August von Kreling

Öl auf Leinwand, 31 × 41 cm
Nürnberg, Germanisches Nationalmuseum (GM 1150)

Der Leiter der Nürnberger Kunstschule, August von Kreling, zählte zum engeren Kreis der Förderer der Museumsgründung. Das vermutlich zu privater Gelegenheit entstandene Porträt von Hans von und zu Aufseß zeigt den Museumsgründer in seiner Studierstube im Schloß Unteraufseß und verdeutlicht sein Selbstverständnis als gelehrter ›Altertumsforscher‹.

4/33 ›Satzungen des Germanischen Nationalmuseums‹ – Mit einer handgezeichneten Karikatur (Abb. S. 91)

1869; Bleistift, 29,5 × 23,2 cm
Nürnberg, Germanisches Nationalmuseum (HZ SP 1337)

Im Jahre 1869 erhielt das Museum eine neue Satzung. Sie bestimmte das Museum zur ›Nationalanstalt für alle Deutschen‹, gab ihm als gemeinnützige Kulturstiftung den Status einer juristischen Person und legte die Unteilbarkeit und Unveräußerlichkeit der Sammlungen fest. Zu einem Zeitpunkt, da die deutsche Einigung noch nicht absehbar war, nahm die Karikatur auf dem Titelblatt der gedruckten Satzung Bezug auf die prekäre Stellung des Museums in der gewandelten politischen Landschaft. Unter den Verhältnissen des Deutschen Bundes bis 1866, mit seiner Vielzahl politisch souveräner deutscher Staaten, konnte das Museum seinem Selbstverständnis als Mittelpunkt einer kulturell definierten Nation genügen und sich der Unterstützung aus nahezu allen Ländern erfreuen, ohne politisch anzuecken. Mit dem Krieg von 1866, den Bayern mit verloren hatte, und mit der Gründung des Norddeutschen Bundes, der die Weichen für eine preußisch bestimmte deutsche Einigung gestellt hatte, sah sich das Museum im Sinne der Karikatur zu einer ›Schaukelpolitik‹ veranlaßt. Paradoxerweise hatte das Museum in Bayern selbst die größten Schwierigkeiten gehabt. Angeblich hatte es der Ministerpräsident von der Pfordten als ›staatsgefährlich‹ bezeichnet, während der bayerische König Maximilian II. vor allem eine Konkurrenz für sein Münchner Projekt eines ausgeprägt bayerischen Nationalmuseums darin gesehen hatte. Im Jahre 1867 hatte der bayerische König Ludwig II. das Protektorat übernommen. Seit 1868/69 engagierten sich aber auch Preußen und der Norddeutsche Bund in Form von finanziellen Zuwendungen und gespendeten Kunstwerken.

4/34 Szenenbild aus der Uraufführung von Richard Wagners Oper ›Die Meistersinger von Nürnberg‹ in München, 1868

Michael Echter

1870/71; Aquarell, Tusche, 47,8 × 64,6 cm
München, Deutsches Theatermuseum

Wilhelm Heinrich Wackenroders ›Herzensergießungen eines kunstliebenden Klosterbruders‹ (1797) hatten die Entdeckung und Verklärung Nürnbergs zum Ideal ständischer Ordnung, bürgerlicher Biederkeit und Kunstsinnes eingeleitet. Richard Wagners Oper ›Die Meistersinger von Nürnberg‹, worin seine Vorstellungen vom ›Künstlertum‹ und dessen Wirkungsmöglichkeiten in der Gesellschaft ihren Ausdruck fanden, ging weit über das im 19. Jahrhundert verbreitete nostalgische Alt-Nürnberg-Klischee hinaus und verstand sich als zukunftgerichtete Utopie einer Kunst-Welt. Zugleich hatte die Oper von Anfang an eine politische Dimension, die in ihrer Wirkungsgeschichte immer stärker zur Geltung kam. Der Lobgesang im Finale auf die »heil'ge deutsche Kunst«, wie sie sich in der Oper als veredelte Form des Meistergesanges in der Bürgerstadt Nürnberg darstellt, ist zugleich gegen ›welschen Dunst und welschen Tand‹, d. h. die Traditionen der französischen Zivilisation an den deutschen Fürstenhöfen gerichtet. Im Premierenmonat des Jahres 1868 erschien Wagners Schrift ›Deutsche Kunst und Deutsche Politik‹, in der derselbe antiwestliche Grundton mitsamt der hochmütigen Ablehnung des ›Nützlichkeitswesens‹ zugunsten der reinen, sich selbst genügenden Kunst vorherrscht. Die »Ästhetisierung von Macht und Politik« (Hans Mayer), die in Wagners ›Meistersingern‹ insbesondere zur Zeit des Nationalsozialismus die ideale Fest- und Feieroper gefunden hatte, hat darum zu Deutungen herausgefordert, die das Nürnberg-Bild des Opernstoffes unter dem Blickwinkel der ›Reichsparteitage‹ wahrnehmen – das eingefriedete Kunstidyll, die singende ›Volksgemeinschaft‹, die Außenseiter schafft und erbarmungslos ausgrenzt.

4/35 Entwürfe zu Bühnenbildern für die Aufführung der Oper ›Die Meistersinger von Nürnberg‹ im Deutschen Opernhaus Berlin

a) Katharinenkirche
b) Festwiese

Benno von Arent

4/34

1935; Feder, Bleistift, Aquarell, Tempera, a) 30 ×41 cm; b) 32 × 45 cm
Köln, Theatermuseum des Instituts für Theater-, Film- und Fernsehwissenschaft der Universität zu Köln

Im Jahre 1935 wurde das ›Deutsche Opernhaus‹ in Berlin nach einem großangelegten Umbau durch den Propagandaminister Goebbels eingeweiht. Als Festoper spielte man die ›Meistersinger‹ in der Regie des Intendanten Wilhelm Rode (1887–1959). Der spätere ›Reichsbühnenbildner‹ mit SS-Rang Benno von Arent (1898–1956) hatte im selben Jahr für den ›Reichsparteitag‹ in Nürnberg eine ›Meistersinger‹-Aufführung ausgestattet, deren Bühnenbilder in Berlin wiederaufgenommen wurden. Die Gestaltung der Festwiese mit schnurgerade gezogenen Fahnenreihen spielte unverhohlen auf die Nürnberger Parteitagsästhetik an. Diese Interpretation diente als Vorbild für viele ›Meistersinger‹-Inszenierungen der NS-Zeit.

4/36 Nürnberg während der ›Reichsparteitage‹ der NSDAP (Abb. S. 94)

a) Geschmückte Straße in der Altstadt, 1937
b) Hitler besichtigt das Modell des ›Großen Stadions‹, 1937
c) ›Politische Leiter‹ der NSDAP im großen Saal des Rathauses, 1936
d) Zeltlager der ›Hitler-Jugend‹, 1934
e) Ein Versammlungszelt des ›Reichsarbeitsdienstes‹, 1936
f) Planung der Massenaufmärsche, 1936
g) Feuerwerk zum Abschluß des ›Kraft durch Freude‹-Festes am Dutzendteich, 1937
h) Eine Einheit der Wehrmacht marschiert durch das Tiergärtnertor, 1936 (Abb. S. 93)

Fotografien (Reproduktionen)
Berlin, Ullstein-Bilderdienst

Die Massenaufmärsche der verschiedenen Parteiorganisationen auf dem Zeppelinfeld, die Parade durch den historischen Altstadtkern Nürnbergs, ›Lichtdome‹ und Feuerwerke dienten der Selbstdarstellung des NS-Regimes. Zugleich waren die ›Reichsparteitage‹, zu denen auch das diplomatische Corps, ausländische Ehrengäste und Delegationen aus anderen Ländern mit faschistischen Bewegungen oder Regierungen eingeladen wurden, Gelegenheit zur Verkündung politisch-programmatischer Entscheidungen. Während des ›Reichsparteitages‹ des Jahres 1935 wurden die ›Nürnberger Gesetze‹ zur Entrechtung und Diskriminierung der Juden verabschiedet. Im Jahr des Einmarsches deutscher Truppen in das entmilitarisierte Rheinland 1936, mit dem die expansiven Absichten NS-Deutschlands offenkundig wurden, gab Hitler den ›Vierjahresplan‹ bekannt, der die forcierte Kriegsrüstung und die Militarisierung des Arbeitslebens einleitete.

Von den Monumentalbauten des Aufmarschgeländes stand bei Kriegsbeginn erst ein Teil; mit dem Bau des ›Deutschen Stadions‹ wurde nicht mehr begonnen.

4/37 Entwurf für ein Deckenmosaik im Tribünenbau der ›Zeppelinwiese‹ (Abb. S. 108)

um 1935; Bleistift, Wasserfarben, Goldbronze, 81,5 × 74 cm
Berlin, Berlinische Galerie (Archiv Puhl & Wagner)

Die Haupttribüne des ›Zeppelinfeldes‹ (Entwurf: Albert Speer) entstand 1935 bis 1937.

4/38 Entwurf für ein Oberlicht in der ›Kongreßhalle‹

Ludwig Ruff

um 1935; Bleistift, Aquarell, Goldbronze 50 × 72,2 cm
Berlin, Berlinische Galerie (Archiv Puhl & Wagner)

Die Kongreßhalle, geplant für Veranstaltungen mit 50000 Menschen, war bei Kriegsausbruch unvollendet; die ursprünglichen Wandelhallen dienen heute verschiedenen Nutzungen.

4/39 Der Nürnberger ›Gauleiter‹ Julius Streicher

a) mit dem Schauspieler Heinrich George anläßlich der Dreharbeiten zu dem Film ›Das unsterbliche Herz‹, 1939
b) mit dem italienischen General Melchieri bei der Eröffnung der ›Anti-Komintern-Ausstellung‹ in der Noris-Halle

Fotografien (Reproduktionen)
München, Süddeutscher Verlag, Bilderdienst

Julius Streicher (1885–1946), von Beruf Volksschullehrer, trat 1921 mit der von ihm mitgegründeten rechtsradikalen und antisemitischen ›Deutsch-sozialen Partei‹ in die NSDAP ein. Seit 1928 war er ›Gauleiter‹ der Partei in Franken. In Nürnberg gab er die Wochenzeitschrift ›Der Stürmer‹ heraus, deren einziger Inhalt die Hetze gegen die Juden war. Nach 1933 wurde das Blatt nicht nur über die 1940 auf ca. 600000 Exemplare angewachsene Auflage, sondern auch über die sogenannten ›Stürmer-Kästen‹ in allen Dörfern und Städten verbreitet. Streicher war maßgeblich an der Organisation des Boykotts und der Ausschreitungen vom 1. April 1933 gegen Geschäfte, Arztpraxen- und Anwaltskanzleien im Besitz von Juden beteiligt; mit der Enteignung jüdischen Eigentums (›Arisierung‹) in seinem Machtbereich mehrte er sein Privatvermögen. In Nürnberg wurde er 1946 zum Tode verurteilt.

4/40 Der Nürnberger Oberbürgermeister Willy Liebel überreicht Hitler im Rathaussaal eine Kopie des Zeremonienschwertes (Abb. S. 98)

1935; Fotografie (Reproduktion)
Nürnberg, Stadtgeschichtliche Museen

Zum ›Reichsparteitag‹ 1934 überbrachte der Aachener Museumskustos und ›Gefolgschaftsführer im Stabe der Gebietsführung der HJ‹, Dr. Köhne, die Aachener Kopien der Reichskleinodien nach Nürnberg. Dort sollten sie zusammen mit dem originalen ›Heiltumsschrein‹ auf Wunsch Hitlers die Rednertribüne der Eröffnungsveranstaltung im großen Saal des Rathauses zieren, um das NS-Regime mit der Aura der alten Reichstradition zu umgeben. Ein Jahr später wollte der Nürnberger Oberbürgermeister dem ›Führer‹ eine Kopie des Zeremonienschwertes als Gastgeschenk überreichen – als Anspielung auf die wiedererlangte ›Wehrhoheit‹, die Wiedereinführung der allgemeinen Wehrpflicht. Da das Geschenk, das der Aachener Goldschmied Witte herstellen sollte – von seiner Hand stammten bereits einige der Kopien von 1915 – nicht rechtzeitig fertig wurde, wurde erneut die alte Aachener Kopie nach Nürnberg geholt, um die Übergabe wenigstens symbolisch vollziehen zu können.

4/41 Die aus Wien geraubten Reichsinsignien beim Festakt ihrer Aufstellung in Nürnberg (Abb. S. 79)

1938; zwei Fotografien (alte Abzüge, seitenverkehrt), je 10 × 14 cm
Nürnberg, Staatsarchiv (Nachlaß Bühler)

Ein halbes Jahr nach der Okkupation Österreichs im März 1938 wurden die in der Wiener Hofburg verwahrten Originale der Reichskleinodien aufgrund einer lange vorher getroffenen Entscheidung Hitlers mit einem Sonderzug der Reichsbahn nach Nürnberg gebracht, um während des ›Reichsparteitages‹ erstmals dort gezeigt zu werden. Am 6. September fand dazu ein Festakt an ihrem Ausstellungsort, der Katharinenkirche, statt. Der nationalsozialistische ›Reichsstatthalter‹ in Österreich, Arthur Seyß-Inquart, hielt eine Ansprache.

4/42 Aufbewahrungsorte der Reichskleinodien in Nürnberg 1938–1945
a) Katharinenkirche (Abb. S. 103)
b) ›Kunstbunker‹

Fotografien (Reproduktionen)
Nürnberg, Stadt Nürnberg, Hochbauamt, Stadtbildstelle und Denkmalsarchiv

a) Für die Ausstellung der Reichskleinodien in der Katharinenkirche, dem ehemaligen Versammlungsort der ›Meistersinger‹, hatte die Stadt Nürnberg eigens aufwendige, historisierend gestaltete Vitrinen anfertigen lassen. Ihren endgültigen Platz sollten die Insignien jedoch in der riesigen Kongreßhalle auf dem Parteitagsgelände finden.
b) Nach Kriegsausbruch 1939 wurde die Ausstellung geschlossen; seit 1940 befanden sich die Insignien im sogenannten ›Kunstbunker‹ in der Oberen Schmiedgasse. Beim Einmarsch der US-Armee wurden sie versteckt und erst, nachdem zwei Baubeamte in Beugehaft genommen wurden, gefunden. Im Januar 1946 brachte eine amerikanische Militärmaschine sie nach Wien zurück.

4/43 ›Nürnberg 1946. Die Welt klagt an!‹ – Plakat zum Nürnberger Hauptkriegsverbrecherprozeß

1946; Offset, 24 × 18 cm
Zürich, Museum für Gestaltung, Plakatsammlung

Der Entschluß der Alliierten, die NS-Verbrecher in großen, öffentlichen Prozessen in Nürnberg anzuklagen, stellte Staatsanwälte, Verteidiger und Richter angesichts der zahllosen und beispiellosen Verbrechen des NS-Regimes vor eine kaum lösbar erscheinende Aufgabe. Trotzdem gelang es, für das Hauptverfahren in weniger als einem Jahr ganze Berge von Beweisdokumenten zu sichten und Hunderte von Zeugen zu befragen – eine Leistung, von der die historische Forschung bis in die sechziger Jahre zehrte. Durch die akribische Beweisführung und öffentliche Verhandlung sollte dem Vorwurf einer ›Siegerjustiz‹ begegnet werden, den ein Teil der deutschen Bevölkerung freilich in fortwirkender Verblendung dennoch erhob. ›Nürnberg‹ wurde zum Symbol für neue Maßstäbe in der Beurteilung politischen Handelns. Die zögernde und wenig energische Verfolgung von NS-Verbrechen durch die spätere deutsche Justiz läßt bezweifeln, ob selbst die führenden Köpfe des nationalsozialistischen Regimes jemals einer so konsequenten und gerechten Strafe zugeführt worden wären, wie es in Nürnberg geschah. *Günter Morsch*

4/44 Blick auf die Anklagebank im Prozeß gegen die Hauptkriegsverbrecher in Nürnberg

1945/46; Farbfotografie (Reproduktion)
München, Dr. Christian Zentner

4/45 Der ehemalige preußische Ministerpräsident und ›Reichsmarschall‹ Hermann Göring in seiner Nürnberger Zelle

1945; Fotografie (Reproduktion)
München, Süddeutscher Verlag, Bilderdienst

Hermann Göring (1893–1946) war, obwohl von Hitler noch kurz vor Kriegsende aus der Partei ausgestoßen und aller Ämter enthoben, der ranghöchste überlebende Nationalsozialist. Göring, der 1941 dem Chef des Reichssicherheitshauptamtes, Reinhard Heydrich (1904–1942), den schriftlichen Befehl erteilt hatte, die ›Endlösung der Judenfrage‹ vorzubereiten, stritt jede Kenntnis des Völkermordes ab.

Seinem Beispiel folgten auch die meisten übrigen angeklagten NS-Verbrecher; Einsicht, Reue oder gar Mitarbeit bei der Aufdeckung millionenfacher Morde zeigten die NS-Haupttäter selbst im Angesicht ihres Todesurteils nur ganz selten. Vielmehr versuchte der ehemalige preußische Ministerpräsident, Oberbefehlshaber der Luftwaffe und Beauftragte für den Vierjahresplan, der wegen seiner persönlichen Schwächen auch in den Augen vieler Nationalsozialisten zu einer Art ›Witzfigur‹ abgesunken war, die Bemühungen des Nürnberger Gerichtshofes um eine ausgeglichene Verhandlungsführung lächerlich zu machen. Zum Tode durch den Strang verurteilt, entzog er sich seiner Hinrichtung durch Selbstmord. *Günter Morsch*

4/46 Anklageerhebung gegen SS, Geheime Staatspolizei und Sicherheitsdienst im Nürnberger Hauptkriegsverbrecherprozeß

1945; Fotografie (Reproduktion)
Berlin, Ullstein-Bilderdienst

4/47 Angeklagte der Nürnberger Folgeprozesse
a) Friedrich Flick und mitangeklagte Direktoren seiner Unternehmen auf dem Weg nach Nürnberg, 1946

4/37

4/44

b) Angeklagte im ›Wilhelmstraßen-Prozeß‹, 1947

Fotografien (Reproduktionen)
Berlin, Ullstein-Bilderdienst

a) Hauptgegenstand des Flick-Prozesses war die Beschäftigung von Fremdarbeitern, KZ-Gefangenen und Kriegsgefangenen unter unmenschlichen Bedingungen in Fabriken des Flick-Konzerns. Friedrich Flick (1883–1972) gehörte zu den frühen Förderern der NSDAP. Als Mitglied des ›Freundeskreises Himmler‹ unterstützte er nach 1933 die SS mit 100000 RM pro Jahr. Sein Konzern besaß großen Einfluß auf die Deutsche Stahlindustrie; er gehörte zu den großen Nutznießern der 1938 einsetzenden ›Arisierung‹ der Wirtschaft. 1947 zu sieben Jahren Gefängnis verurteilt und 1950 vorzeitig entlassen, baute Friedrich Flick seinen Konzern innerhalb weniger Jahre zu einem der größten in der Bundesrepublik aus.

b) Der ›Wilhelmstraße-Prozeß‹ war das letzte der großen Strafverfahren vor dem Nürnberger Militärgerichtshof. Von den 21 Angeklagten, die sich wegen Verbrechen gegen den Frieden, Kriegsverbrechen und Verbrechen gegen die Menschlichkeit verantworten mußten, waren 18 im Range eines Ministers oder sonstige hohe Beamte des NS-Staatsapparates. Da diese Ämter wie die Reichskanzlei, das Reichswirtschaftsministerium, das Reichsaußenministerium, das Ministerium für Ernährung und Landwirtschaft und das Reichsjustizministerium an der Berliner Wilhelmstraße lagen, wurde der sogenannte ›Fall 11‹ nach dieser zentralen Regierungsstraße benannt. Die verantwortlichen Staatsbeamten, darunter der ›Reichsbauernführer‹ Richard W. Darré (1895–1953), der langjährige Chef der Präsidialkanzlei Otto Meißner (1880–1953), der Bevollmächtigte des Deutschen Reiches in Ungarn, Edmund Veesenmayer (1904–?), der Staatssekretär im Auswärtigen Amt, Ernst von Weizsäcker (1882–1951), der Reichspressechef Otto Dietrich (1897–1952) und der Chef der Reichskanzlei, Hans Heinrich Lammers (1879–1962), bestritten weitgehend jede Verantwortung für die Verbrechen des NS-Staates. Sie beriefen sich dabei u. a. auf die in Deutschland übliche Tradition des Berufsbeamtentums. Die Urteile, zumeist geringfügige Gefängnisstrafen, fielen wohl auch deshalb relativ milde aus, weil schon vier Jahre nach dem Ende des ›Dritten Reiches‹ kaum noch ein öffentliches Interesse an der juristischen Bewältigung der NS-Verbrechen bestand. *Günter Morsch*

Frankfurt am Main

»Den besten Ruhm in Teutschland hat«
Kaiserkrönung, Deutsche Bundesversammlung und Paulskirchenparlament

Hans-Otto Schembs

Prolog

Was Hellas für Griechenland, was Rom für die Welt, Neapel für Italien, Lutetia (Paris) für Frankreich, das sei Frankfurt für Deutschland, meinte der ›Poeta laureatus‹ und Heidelberger Bibliothekar Paulus Melissus (1539–1602). Von Nicolaus Reusner (1545–1602), Professor in Lauingen, Straßburg und Jena, stammen die Worte: »Wie Hellas war dem Griechenland / ein Ehr' und überall bekannt, / Also auch Franckenfurth die Stadt / Den besten Ruhm in Teutschland hat.«

Was der Stadt Frankfurt diesen Ruhm verlieh, beschrieb Enea Silvio Piccolomini – päpstlicher Gesandter und späterer Papst Pius II. –, der 1442 zum Reichstag nach Frankfurt kam und als einer der ersten Gäste der Stadt seine Eindrücke in den ›Commentarii rerum memorabilium‹ festhielt, kurz und treffend mit den Worten: »Frankfurt, an dem Maine gelegen, ist durch häufige Messen und durch die Kaiserwahl berühmt.«

Goethe, der 1775 seine Vaterstadt verlassen und 1816 gar das Bürgerrecht aufgegeben hatte, schrieb 1811 an Bettina von Arnim über Frankfurt: »Wenn mich jemand früge, wo ich mir den Platz meiner Wiege bequemer, meiner bürgerlichen Gesinnung gemäßer, oder meiner poetischen Ansicht entsprechender denke, ich könnte keine liebere Stadt als Frankfurt nennen; sie hat das edelste Verhältniß und das bedeutendste zur Geschichte unserer Tage, sie ist gerade groß genug, daß sie die Ambition eines jungen regsamen Gemüthes befriedige.« Voller Stolz nannte er Frankfurt einmal an anderer Stelle die »heimliche Hauptstadt Deutschlands« und widmete den größten Teil des fünften Buches von Dichtung und Wahrheit der Beschreibung von Wahl und Krönung Josephs II. im Jahre 1764, die er als Junge miterlebt und die ihn tief beeindruckt hatte.

Nach einer bei Tietmar von Merseburg überlieferten Legende, die von den Brüdern Grimm in ihren Deutschen Sagenschatz aufgenommen wurde, gründete der fränkische König Karl (der Große) Frankfurt als Dank dafür, daß ihm eine Hirschkuh den Weg durch die Furt gewiesen hatte, als er vor den Sachsen

Der Weinbrunnenadler der Kaiserkrönung von 1792 (Kat. Nr. 5/19)

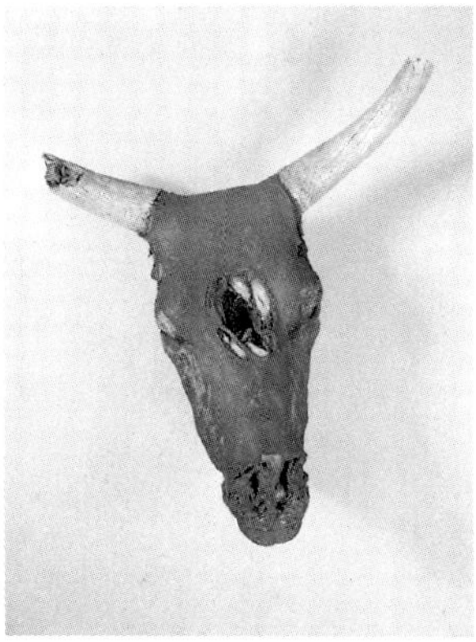

Skelettierter Ochsenkopf vom Krönungsschmaus der Frankfurter Menge bei einer der letzten Kaiserkrönungen (Kat. Nr. 5/20)

floh. Zwar bestand in Frankfurt damals schon auf dem Domhügel eine königliche Pfalz; diese erhielt aber erst durch Karl den Großen ihre Bedeutung. Im Jahre 794 verbrachte er dort mehrere Monate, feierte das Osterfest und versammelte »in loco celebri qui dicitur Franconofurd« die Großen des Reichs zu Synode und Reichsversammlung. Wie in Aachen galt Karl auch in Frankfurt als Heiliger. Im Dom wird noch heute an seinem Todestag das Karlsamt zelebriert und werden die Kaiserlaudes gesungen.

Frankfurt war in der Karolingerzeit Stätte von Synoden, Reichs- und Hoftagen, Mittelpunkt eines größeren Königsgutbezirks, ja Residenz des ostfränkischen Königs Ludwig des Deutschen. Unter seiner Regierung wurde 852 die zur Pfalz gehörende Salvatorkirche geweiht, aus der die Stiftskirche St. Bartholomäus, die Wahl- und Krönungskirche, hervorging. Im Jahre 856 wählten die Großen des fränkischen Mittelreiches Lothar II. zum König, und im Jahre 887 wurde hier Arnulf von Kärnten zum ostfränkischen König gekrönt.

In der nachkarolingischen Zeit geriet Frankfurt politisch ins Abseits, doch es entwickelte sich dank seiner hervorragenden geographischen Lage am Schnittpunkt wichtiger Verkehrswege, die hier einen bequemen Übergang über den Main fanden, zu einem bedeutenden Handelsplatz. Bereits im Talmud-Kommentar des Elieser ben Nathan aus der Mitte des zwölften Jahrhunderts wird erstmals die Herbstmesse erwähnt. Die Staufer schließlich schufen die Grundlage für die weitere Entwicklung Frankfurts. Sie bauten eine neue Pfalz, den Saalhof, und ein Schultheiß trat an die Stelle des Vogts. Die Stadt dehnte sich nach Norden und Westen aus und erhielt eine mächtige Mauer.

Im Jahre 1147 wurde in Frankfurt der zehnjährige Sohn König Konrads III., Heinrich, von den Großen des Reichs zum König gewählt; er starb jedoch vor seinem Vater. Erst mit der 1152 vollzogenen Wahl von Konrads Neffen Friedrich von Staufen, der den Beinamen ›Barbarossa‹ erhielt, begann die sechseinhalb Jahrhunderte währende, nur selten unterbrochene und 1356 mit der ›Goldenen Bulle‹ sogar gesetzlich verankerte Tradition Frankfurts als Stadt der Wahl und später auch der Krönung der deutschen Könige und Kaiser. Darüber hinaus wurde Frankfurt 1372 Reichsstadt, die, von einem durch Patriziat und Kaufmannschaft beherrschten Rat mit zwei Bürgermeistern an der Spitze regiert, nur dem König untertan war.

Das ›Grundgesetz‹ des alten Reichs, die ›Goldene Bulle‹, wie das Rechtbuch Karls IV. nach den aus Goldblech gefertigten Kapseln der kaiserlichen Siegel genannt wurde, wurde auf den Reichstagen in Nürnberg am 10. Januar und in Metz am 25. Dezember 1356 erlassen. In ihr wurde Frankfurt als Ort der Königswahl bestimmt, weil, wie es im Text heißt, es seit unvordenklicher Zeit Brauch gewesen sei, in Frankfurt die Wahl zu halten. Tatsächlich waren seit 1147 von den 20 Königen nur sechs nicht in Frankfurt gewählt worden, und bereits im 1275 niedergeschriebenen ›Schwabenspiegel‹ steht: »als man einen künic kiesen wil, daz sol man tun ze Frankenfurt.«

Bereits unter Karl IV. kam es zur Mißachtung einiger Bestimmungen der ›Goldenen Bulle‹, was zur Errichtung des konkurrierenden Königsstuhles zu Rhens führte, der letztlich aber doch Episode blieb. Frankfurts Hinwendung zum Protestantismus und schließlich der förmliche Anschluß ans lutherische Bekenntnis aber brachten die Stellung der Stadt im Reich in große Gefahr. 1531 hatte sich Karl V. veranlaßt gesehen, seinen Bruder Ferdinand in Köln statt in Frankfurt wählen zu lassen. Doch auf Anraten der evangelischen Reichsstände und der Reformatoren selbst gab Frankfurt 1548, sieben Jahre vor dem Augsburger Religionsfrieden, die Bartholomäuskirche und andere Gotteshäuser den Katholiken zurück.

Frankfurt blieb protestantisch und dennoch Wahlstadt der deutschen Könige, ja sie wurde bald sogar auch Krönungsstadt. Denn nach der Wahl Maximilians II. vollzog man auch dessen Krönung in Frankfurt, da der Erzbi-

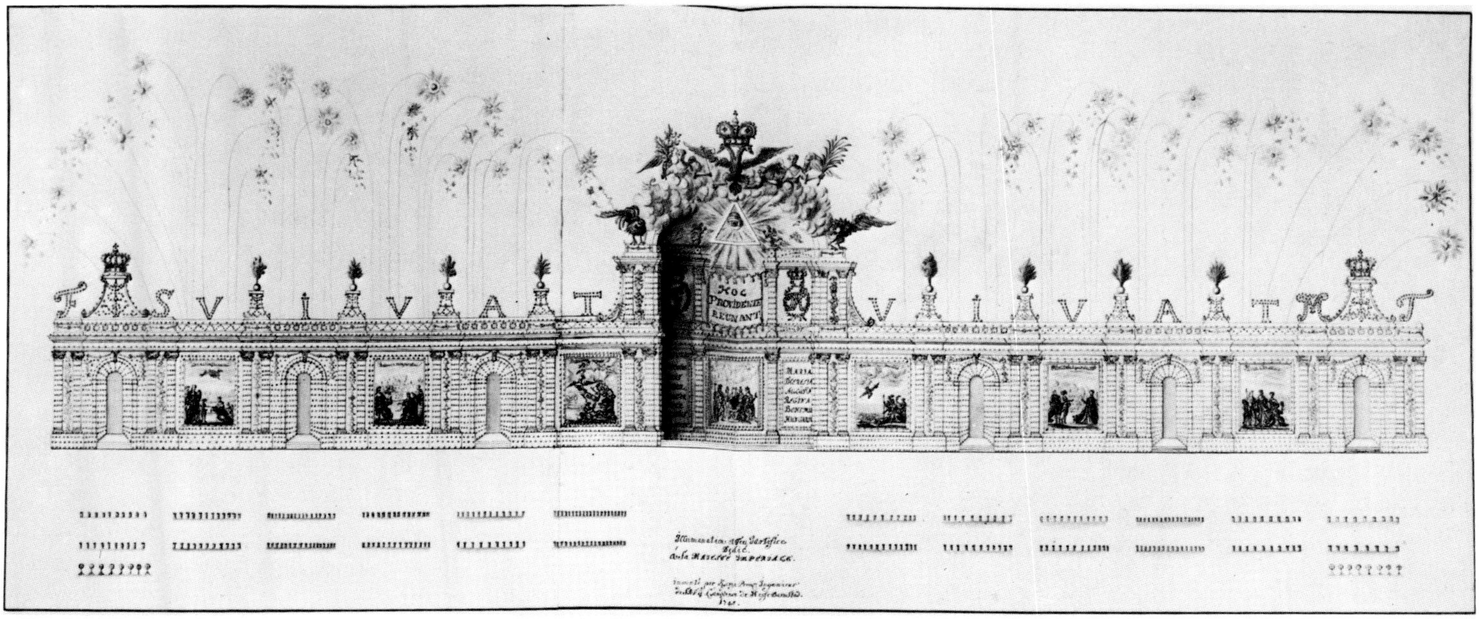

Feuerwerk anläßlich der Krönung Franz' II. (Kat. Nr. 5/30)

schof von Köln, der die Zeremonie im Aachener Dom hätte vollziehen müssen, während der Wahl in Frankfurt gestorben war. Zu der Entscheidung, die Krönung in Frankfurt vorzunehmen, mag auch die schon winterliche Witterung beigetragen haben. Zwar ließ Aachen sich sein Recht als Krönungsstadt verbriefen; dennoch führte die Krönung Maximilians II. in Frankfurt dazu, daß die Mehrzahl der folgenden Krönungen – zehn von 14 – in Frankfurt stattfand.

Quartiere

Während der Tage, Wochen, ja Monate von Wahl und Krönung stand die ganze Stadt im Zeichen des Ereignisses. Von Jahrhundert zu Jahrhundert waren Zahl der Gäste, Raumbedarf und Ansprüche gestiegen.

»Hier sagen die ältesten Bürger«, schrieb zur Kaiserwahl 1790 der Feldscher der kursächsischen Schweizergarde, »das noch niemahls so viel Volck bey einer Kayßerwahl geweßen wäre als jetzo; und kommen noch sehr viel an. Sie wißen nicht mehr, wo man einlogiren soll. Mancher Großer muß jetzo mit einer Kammer vorliebnehmen.« 60000 bis 80000 Gäste weilten damals schätzungsweise in Frankfurt. Das waren zwar weniger als das Wahl- und Krönungsdiarium angibt (100000), aber wie stets erheblich mehr als Frankfurt Einwohner hatte. Im Spätmittelalter lebten in einem bewohnten Stadtgebiet, das von West nach Ost und von Nord nach Süd jeweils 1,5 Kilometer maß, 10000 Menschen, am Ende des 18. Jahrhunderts etwa 25000.

Der Stolz der Bürger war groß, der Gewinn der sich durch Mietzins und andere Einnahmen ergab, nicht zu unterschätzen. Dennoch waren die Unruhe in den Häusern, die notwendigen Umbauten und Veränderungen und die oft beträchtlichen Schäden eine enorme Belastung für Stadt und Bevölkerung. Die Versorgung der Gäste mußte auch in Zeiten schlechter Ernten sichergestellt sein. Zudem erstreckten sich Wahl und Krönung gelegentlich über einen langen Zeitraum: bei Leopold I. vom Beginn der Wahlverhandlungen im August 1657 bis zur Krönung am 1. August 1658, bei Karl VI. vom Eintreffen der Erzbischöfe von Mainz und Trier am 7. August 1711

Darstellung des Krönungsmahls von Kaiser Ferdinand I. im Frankfurter ›Römer‹, 1558 (Kat. Nr. 5/1)

und der ersten von 25 Wahlkonferenzen am 25. August bis zur Krönung am 12. Dezember, bei Karl VII. gar vom Tod seines Vorgängers am 20. Oktober 1740 bis zur Krönung 15 Monate später.

Nach Bekanntwerden eines Wahltermins ernannte der Frankfurter Rat eine Wahl- und Krönungsdeputation. Der kaiserliche Quartiermeister (Erbmarschall Graf von Pappenheim) oder städtische Deputierte teilten das Stadtareal ein, um – in Ausübung des nie angezweifelten Rechts der Zwangseinquartierung – die Kurfürsten oder ihre Wahlgesandten und den Hofstaat bezirksweise unterzubringen. Wappen der künftigen hohen Gäste wurden an ihren Quartieren angebracht, kleinere Wappen an den umliegenden, als Herberge für das Gefolge dienenden Häusern.

Kaum ein Haus blieb ohne Einquartierung. Dazu kamen sogar schwimmende Gasthäuser auf dem Main, und trotz Verbots kampierten viele auf Straßen und Plätzen. Auch im Goethehaus wurden Gäste einquartiert: 1764 beispielsweise der Geschäftsträger Nürnbergs bei den Feierlichkeiten, Baron von Königsthal, 1790 die drei Kinder des Fürsten von Mecklenburg-Strelitz (unter ihnen die spätere Königin Luise) – eine Einquartierung ganz nach dem Geschmack von Frau Aja, die in großen Ängsten gewesen war vor den Quartiermeistern.

Ältestes Quartier des Königs war der Saalhof, die von den Staufern gebaute Pfalz am

Main. Seit dem 14. Jahrhundert nahmen die Herrscher in wechselnden Bürgerhäusern Quartier. Bevorzugt wurden repräsentative und geräumige Bauten am Liebfrauenberg am Nordrand der Altstadt: so etwa das Doppelhaus ›Zum Paradies und Grimmvogel‹ des Schultheißen Siegfried von Marburg aus der Mitte des 14. Jahrhunderts, vor allem aber das Haus Braunfels, ein mächtiger gotischer Steinbau.

Auch das Haus Laderam am Römerberg und das Deutschordenshaus in Sachsenhausen wurden als königliche Quartiere genutzt. Im 18. Jahrhundert wurde die Zeil bevorzugt, jener breite, immer repräsentativer gewordene Straßenzug des ehemaligen Viehmarktes in der Neustadt entlang der staufischen Stadtmauer. Hier lagen das Gasthaus ›Zum Römischen Kaiser‹ und das Barckhausensche Haus, in dem Karl VII. auch nach seiner Krönung hofhielt, da seine Erblande und seine Hauptstadt München besetzt waren.

Zu den jeweiligen Gebäuden für den Kaiser kamen die Häuser für den Hofstaat, so 1486 für Maximilian I. 262 Häuser nebst Stallungen für 3141 Pferde. Franz I. logierte 1745 in den Häusern ›Zum Christoffel‹ und ›Zum Feuerfunken‹ an der Südseite des gleichfalls in der Neustadt gelegenen Roßmarktes; im benachbarten ›Kranichhof‹, dem Cronstettischen Stift, hatte man einen Küchenanbau errichtet und die Wand zum ersten Stock des ›Christoffel‹ durchbrochen. 1764 wohnten Franz I. und sein Sohn Joseph im ›Kranichhof‹ selbst. Aus diesem Anlaß hatte man dort eine neue Treppe, die ›Kaisertreppe‹, erbaut. Auch das Quartier Leopolds II. befand sich dort.

Die geistlichen Kurfürsten bewohnten in der Regel ihre eigenen Häuser, die sich in der Altstadt befanden: ›Kompostellhof‹, ›Trierischer Hof‹ sowie Haus ›Paradies und Grimmvogel‹. Später traten Palais Thurn und Taxis und das Deutschordenshaus hinzu. Die weltlichen Kurfürsten oder ihre Wahlgesandten strebten nach Quartieren an den besten Plätzen der Stadt, also rund um Hauptwache und Roßmarkt (Haus Belli, Haus Phönix), an der Zeil (Barckhausensches Haus), am Liebfrauenberg (Haus Braunfels), am Kornmarkt und in der Buchgasse sowie im Saalhof. Für das Gefolge blieb nicht immer in unmittelbarer Nähe Platz. Es wurde im Großen Hirschgraben, in der Alten Mainzer Gasse und in der Saalgasse einquartiert, die kursächsische Schweizergarde im Karmeliterkloster. Vor allem die Höfe der auswärtigen Klöster in der Altstadt, wie ›Hainer Hof‹, ›Throner Hof‹, ›Patershäuser Hof‹ oder Patrizierhöfe wie der ›Nürnberger Hof‹ konnten besonders viele Pferde aufnehmen.

Die zahlreichen ausländischen Gesandtschaften, die zu Wahl und Krönung kamen, hatten es schwerer, eine Unterkunft zu finden, da sie selbst für Quartier sorgen mußten. Dies war zudem kostspieliger, weil die vom Senat erlassenen Preisordnungen für sie nicht galten. Aber auch sie kamen in Häusern bester Lage unter, wie der französische Gesandte Belle-Isle, der 1741 mit einer Dienerschaft von 212 Personen im Cronstettenstift wohnte.

Haus zum Braunfels. Liebfrauenweg 29, Parteilokal Frankfurter Parlamentarier, 1948/49 (Frankfurt, Stadtarchiv)

Zeremonien und Volksbelustigungen

Eine Fülle von Zeremonien, die sich zum Teil aus den Bestimmungen der ›Goldenen Bulle‹ ergaben, zum Teil aber auch später neu hinzutraten, und zahlreiche Geselligkeiten und Feste, die auch das Volk nicht ausschlossen, unterstreichen die Bedeutung von Wahl und Krönung für das Heilige Römische Reich Deutscher Nation wie auch für die Reichsstadt Frankfurt.

Die Feierlichkeiten begannen mit dem Einzug der Kurfürsten oder der Wahlgesandten, besonders spektakulär mit dem der drei geistlichen: des Mainzers (zum Beispiel 1742 mit 540 Pferden und 604 Bediensteten und Beamten), des Trierers (1741 mit einer Jacht, die mehrmals den Main hinauf- und herabfuhr, und 1790 mit fünf Jagdschiffen), des Kölners (1741 mit einem Defilee aus über 700 Perso-

Die ›Kaisertreppe‹ im ›Römer‹ zu Frankfurt (Frankfurt, Stadtarchiv)

Karl Heinrich Ritter von Lang sah die nun folgende Krönungszeremonie mit kritischen Augen: »Die herabwürdigenden Zeremonien, nach welchen der Kaiser alle Augenblicke vom Stuhl herab und hinauf, hinauf und herab, sich ankleiden und auskleiden, einschmieren und wieder abwischen lassen, sich vor den Bischofsmützen mit Händen und Füßen ausgestreckt auf die Erde werfen und liegen bleiben mußte, waren in der Hauptsache ganz dieselben womit der gemeinste Mönch in jedem Bettelkloster eingekleidet wird. Am possierlichsten war es, als eine Bischofsmütze im lieblichsten Nasentone und lateinisch zur Orgel hinauf intonierte, ob sie da oben nun wirklich den Serenissimum Dominum, Dominum Leopoldum wollten in regem suum habere, worauf der bejahende Chorregent gewaltig mit dem Kopfe schüttelte, seinen Fidelbogen getreulich auf und nieder schwenkte, die Chorjungfern und Singknaben aber im höchsten Diskant herunter riefen: fiat! fiat! fiat! Sowie also von Seiten dieser kleinen Herrschaft nichts mehr entgegenzustehen schien, gings nun mit der Krone eilends auf das kaiserliche Haupt, vom Empor aber mit Heerpauken und Trompeten donnernd herab: Haderipump! Haderipump! Pump Pump!«

nen und 1400 Pferden auf dem Römerberg). Eine Messe des Heiligen Geistes im Dom, die Eidesleistung der Frankfurter vor dem Erzbischof von Mainz, gegenseitige Besuche und Empfänge schlossen sich an. Die Wälle und Stadttore wurden durch Bürgerkompanien gesichert, zusätzliche Schilderhäuser auf dem Römerberg und auf dem Roßmarkt aufgestellt, Bettler und fahrendes Volk ausgewiesen.

Unter Pauken- und Trompetenklängen begannen die Kurfürsten in der großen Ratsstube im Haus ›Zum Goldenen Schwan‹, der ›Kurfürstenstube‹, die Wahlverhandlungen: Sie klärten formelle Fragen und berieten – allerdings selten – über den Kandidaten. Vor allem legten sie die Wahlkapitulationen fest, das heißt Zugeständnisse, die die Kurfürsten dem Kandidaten abverlangten. Zur eigentlichen Wahl, dem Konklave, zogen die Kurfürsten in den Dom, und zwar anfangs in die Sakristei oder in den Chor, seit der Wahl Albrechts in die ›Wahlkapelle‹, die neuerbaute Stiftsbibliothek.

In der Neuzeit ließen sich die Thronprätendenten bei ihrer Wahl vertreten. Sie hielten sich in der Nähe der Stadt auf und zogen erst zur Krönung besonders farbenprächtig und glanzvoll nach Frankfurt. Der Rat kündigte der Bevölkerung die Ankunft an; so auch am 1. Oktober 1790: »Als wird jedermänniglich hiermit alles Ernstes erinnert und ermahnet, sich bey allen und jeden Solennitäten, insonderheit aber bey nächstbevorstehendem kaiserlichen Einzug und darauf folgender Krönung still, sittsam, bescheidentlich und mit allgeziemendem Respect aufzuführen, und sollen die Eltern und Hausväter ihre Kinder, Gesind und Angehörige mit Nachdruck beständiglich darzu anhalten, damit nicht nöthig seye, durch obrigkeitliche hinlängliche Verfügung die Widerspenstige in die Schranken der Ordnung zu bringen ...«.

In der Regel wurde der künftige Kaiser dreimal von Vertretern der Stadt und von den Bürgern begrüßt: zunächst kurz nach Betreten des Stadtgebiets, zum Beispiel am Oberforsthaus oder auf der Bornheimer Heide. Die zweite Begrüßung erfolgte am Stadttor, beispielsweise am mächtigen Gallustor an der Straße von Mainz, wo Ratsherren und Schöffen dem König zum Zeichen der Unterwerfung den Stadtschlüssel überreichten und ihn unverzüglich wieder zurückerhielten. Nach feierlichem Zug durch die Stadt, nach Altarsetzung (Exaltatio) im Dom und einem feierlichen Hochamt sowie nach Unterschreiben der Wahlkapitulationen begrüßte die städtische Delegation den Kaiser in seinem Quartier ein drittes Mal und überreichte ihm und dem Gefolge Geschenke.

Am Krönungstag zog der Kaiser unter einem von Ratsherren getragenen Baldachin in einer prächtigen Prozession durch die von Bürgerkompanien geschützten Straßen von seinem Quartier zum Dom. Beim Geläut aller Glocken und beim Donner von 100 Schuß Salut wurde der Zug dort von den drei Erzbischöfen empfangen. Es schloß sich im Dom die langwierige und anstrengende Prozedur der Krönung an. Unter der Vierung salbte der Erzbischof von Mainz den knienden Herrscher, in der Wahlkapelle erhielt er die Pontifikalgewänder, wiederum unter der Vierung wurden ihm die Insignien überreicht und der Krönungsmantel angelegt. Schließlich setzten die drei Erzbischöfe ihm gemeinsam die Krone aufs Haupt. Kommunion, Inthronisation auf einem den Thron Karls des Großen symbolisierenden Sessel und der ambrosianische Lobgesang beschlossen die Zeremonie.

Es folgte der Krönungszug vom Dom durch den etwa 200 Meter langen Markt auf einem hölzernen, mit rotem Tuch ausgeschlagenen und mit Laub und Gras bestreuten Steg zum Römerberg. Tausende von Menschen säumten den Weg und sahen dem Zug von der Straße, von Tribünen und vor allem aus den Fenstern der Häuser oder aus eigens geschlagenen Löchern in den Dächern zu.

Ehe das Festbankett im Kaisersaal des Römers begann, verrichteten auf dem Römerberg die weltlichen Kurfürsten bzw. die Reichserbbeamten als ihre Vertreter die ›Erzämter‹. Diese Ämter gingen wie auch das Krö-

Krönung Franz' I. im Frankfurter Dom (Kat. Nr. 5/13)

nungsmahl auf die Krönung Ottos des Großen 936 in Aachen zurück, als die Reichsfürsten beim Mahl aufwarteten. Die ›Goldene Bulle‹ erweiterte diese Dienste auf die Öffentlichkeit, so daß ein Volksfest daraus wurde. Der Reichserbmarschall nahm einen silbernen Becher voll Hafer von einem aufgeschütteten Haufen; der Truchseß nahm ein Stück von dem Ochsen, der seit Tagen in einer Bretterbude, der ›Ochsenküche‹, briet; der Mundschenk holte vom Weinbrunnen, den die Benderzunft aufgebaut hatte, einen Becher voll Wein; der Erbkämmerer nahm von einem Tisch Wasserkanne und Handtuch, und der Pfalzgraf schließlich warf Münzen unter das Volk.

Nunmehro gieng der n[eue] römische Käyßer unter den Palldagin zu Fuße in römischen Habite, die Käysercrone auf den Kopffe und die Herren Ministres und 3 Herren geistlichen Churfürsten vorher wie auch der Graf von Pappenheim gantzu sachte auf dem Tuche nach den Römer, da ihre käßerliche Majestät alleine speisten. Ehe er sich vorher zur Taffel setzten, so ließen sie den Haber und Wein preißgeben, wie auch das Geldt zum Auswerffen, wie auch den Ochßen. Daß Tuch wurde den Augenblick hinter den Käyßer weggeschnitten. Da ist mancher mit blutigten Kopffe nach Hauße gekommen und verwundeten Fingern; ich habe selber einen verbunden bey den Tuchabschneiden, daß er baldt ein Finger eingebüßet hätte. Er hatte 4 Ellen Tuch erobert und einen halben Scheffel Haber und 3 Stückgen Geldt. Was einer eroberte, nahms ihnen der andere wieder ab. Ich habe selber einen gesehen, dießer hatte über einen Scheffel Sack voll Haber auf den Buckel erobert, um nach Hauße zu gehen; ein anderer schnitte ein Loch in den Sack, so viel der Haber wieder heraus.

Aus dem Brieftagebuch des Feldschers der kursächsischen Schweizergarde zur Wahl und Krönung Leopolds II., 1790

Kaum war diese Zeremonie vorbei und der Kaiser hatte zu tafeln begonnen, machte sich das Volk, das schon das Tuch des Krönungsweges unmittelbar nach dem letzten Bediensteten stückweise als Reliquie an sich gerissen hatte, in unvorstellbarem Tumult über den Ochsen, den Hafer und den Wein her.

Den Abschluß der offiziellen Feierlichkeiten bildeten in der Regel die Huldigungen der Frankfurter vor dem neuen Reichsoberhaupt; sie bezeichneten sich deshalb gern als ›erste Kinder des Reichs‹. Bürger und Beisassen wurden vom Rat aufgefordert, am Morgen dieses Tages, wenn die Sturmglocke läutet, »in ehrbarer Kleidung und Mänteln ohne alles Gewehr ... in guter Ordnung und Bescheidenheit« vor dem Römer zu erscheinen und »mit allen schuldigen Respect und Ehrerbietung fleißig Achtung« zu geben. Handwerksburschen und »Weibervolk« durften nicht auf die Straße. Das galt auch für die Juden, die gesondert vereidigt wurden und denen es überhaupt erst sehr spät erlaubt worden war, den Zeremonien beizuwohnen.

Zunächst überreichten die Ratsherren im Römer dem Kaiser Geschenke, baten ihn um Bestätigung der Privilegien und leisteten – bis 1790 kniend – den Eid. Danach trat der Kaiser auf den Balkon, der nur für die Zeit von Wahl und Krönung an den Römer gebaut wurde, und nahm der Frankfurter Bevölkerung den Huldigungseid ab. Im Halbrund vor dem Römer standen vorn die Adelsgesellschaften, die Geistlichen, die Gelehrten und die Mitglieder der Bürgerkollegien; dahinter, geordnet nach den 14 Stadtquartieren, die männlichen Bürger mit der Quartierfahne an der Spitze.

Am Nachmittag des Huldigungstages wurden die Nürnberger mit den Reichsinsignien verabschiedet. Letzte Zeremonie war die Verabschiedung des Kaisers, der von der städtischen Kavallerie, von den Kurfürsten und Wahlgesandten und von Ratsdelegierten zur Stadtgrenze geleitet wurde.

Auch Wahl und Krönung des Jahres 1792 verliefen noch im alten Glanz, wenn auch, im Schatten der Französischen Revolution, ruhiger und rascher als sonst. Wenige Wochen später wurde Frankfurt von französischen Truppen besetzt.

Die Deutsche Bundesversammlung 1815–1866

Nach der Errichtung des Rheinbundes unter dem Protektorat Napoleons legte Franz II. am 6. August 1806 die römisch-deutsche Kaiserwürde nieder. Damit endete das Heilige Römische Reich Deutscher Nation ebenso wie Frankfurts Status als Reichsstadt sowie als Wahl- und Krönungsstadt. Frankfurt wurde Residenz Karl Theodor von Dalbergs, des Fürstenprimas des Rheinbundes, und im Jahre 1810 zum Großherzogtum erhoben. Die Niederlagen der Franzosen im August 1813 und schließlich in der Völkerschlacht bei Leipzig (16.–19. Oktober 1813) beendeten Napoleons Herrschaft in Europa und auch das Intermezzo einer Fürstenstadt Frankfurt.

Unmittelbar nach der Völkerschlacht bei Leipzig wurde der im Frühjahr 1813 gegründete Zentralverwaltungsrat für die befreiten Gebiete in ein in Frankfurt ansässiges ›Zentralverwaltungsdepartement‹ umgewandelt, dem als Minister der Freiherr von und zum Stein vorstand. Energisch und erfolgreich kämpfte Stein gegen den von Österreich ursprünglich vorgesehenen Anschluß Frankfurts an Bayern (Denkschrift vom 5. März 1815) und für eine souveräne Stadt. Er wollte damit wenigstens symbolisch an das alte Reich anknüpfen, zumal sein Einsatz für einen Kaiser als Inhaber der Zentralgewalt gescheitert war.

Der Wiener Kongreß richtete als einzige Zentralinstanz des Deutschen Bundes einen permanenten Gesandtenkongreß ein, der offiziell als ›Bundesversammlung‹ bezeichnet, jedoch später, ja bereits in der Wiener Schlußakte, in Anlehnung an den alten Reichstag ›Bundestag‹ genannt wurde. Artikel 9 der Bundesakte vom 8. Juni 1815 setzte die Freie Stadt Frankfurt tatsächlich als Sitz des Bun-

Einzug Kaiser Franz' I. und Josephs II. in Frankfurt (Kat. Nr. 5/23)

destages fest und bestimmte den 1. September 1815 als den Tag seiner Eröffnung.

Das Palais Thurn und Taxis

Durch den bayerisch-österreichischen Territorialstreit und den Versuch Preußens, sich vertraglich die dualistische Leitung der Bundesgeschäfte anstelle einer alleinigen Präsidialgewalt Österreichs zusichern zu lassen, verzögerte sich die Eröffnung des Bundestages um mehr als ein Jahr. Am 1. Oktober 1816 begannen die vertraulichen Vorverhandlungen, bei denen Wilhelm von Humboldt die Interessen Preußens wahrnahm und die Geschäftsordnung entwarf. Am 5. November 1816 schließlich konnte der österreichische Präsidialgesandte Graf von Buol-Schauenstein im Palais Thurn und Taxis in Frankfurt den Bundestag feierlich eröffnen.

Österreich hatte dieses Palais der Fürsten von Thurn und Taxis, das ›Bundespalais‹, als Gesandtschaftsquartier und als Tagungsort des Bundestages angemietet. Vermutlich trat dieser im Erdgeschoß, im ersten Raum nördlich des Gartensaals zusammen, der mit einem runden Tisch und Empire-Stühlen ausgestattet war. Das Parkett wurde mit einem Läuferteppich geschützt. Im Revolutionsjahr 1848/49 zog die provisorische Reichsregierung in das Palais ein, und 1863 trafen sich dort die deutschen Fürsten.

Einige andere Gesandtschaften fanden in nächster Nähe Quartiere, viele in den neuen klassizistischen Häusern der Hochstraße, der Schönen Aussicht, der Neuen Mainzer Straße oder vor den Promenaden.

Zeitgenössisches Modell des Palais Thurn und Taxis in Frankfurt (Kat. Nr. 5/37)

Ludwig von Reinhard, Württembergischer Gesandter beim Bundestag (Frankfurt, Historisches Museum)

Sitzungs-Procedere und Beratungen

Grundsätzlich zuständig für Bundesangelegenheiten war der ›Engere Rat‹ des Bundestages, in dem sich die 39 Staaten zu 17 Stimmen vereinten; kleinere Staaten, wie zum Beispiel die vier Freien Städte, bildeten eine ›Kurie‹. Für bestimmte Bundesangelegenheiten war das Plenum mit 65 bzw. 69 Stimmen zuständig, in dem jedem Staat mindestens eine Stimme zustand, den größeren jedoch mehrere. Bei Abstimmungen war eine Zweidrittelmehrheit erforderlich; bei wichtigen Sachen wie Grundgesetzänderungen, Beschlüssen über Bundeseinrichtungen, Religionsangelegenheiten und der Aufnahme eines neuen Bundesmitglieds war Einstimmigkeit erforderlich.

Die Beschränkung der größeren Staaten auf nur ein Drittel der Stimmenzahl in beiden Kammern sollte Hegemonie ausschließen. Dennoch besaßen, in Fortsetzung der Entwicklung, die bereits im 18. Jahrhundert begonnen hatte, Österreich und Preußen eine eindeutige Vorrangstellung. Preußen bildete die stärkste norddeutsche Macht, Österreich hatte trotz Rückzug aus dem deutschen Südwesten noch immer erheblichen Einfluß auf die Mittel- und Kleinstaaten. Die beiden Hegemonialstaaten stimmten sich denn auch, bevor noch ein Gegenstand in Frankfurt verhandelt wurde, miteinander ab.

Bei Entscheidungen über Grundgesetze, das heißt Ergänzungen der Bundesakte, zeigte sich die begrenzte Funktionsfähigkeit des Bundestages deutlich. Für solche Entscheidungen bedurfte es einstimmiger Beschlüsse, die wegen der Weisungsgebundenheit der Gesandten kaum herbeigeführt werden konnten. Metternich lud daher die Regierungen direkt nach Wien zu Ministerialkonferenzen ein, deren Schlußakte (15. Mai 1820) in einer Plenarsitzung des Bundestages am 8. Juni 1820 als zweites und letztes Grundgesetz ratifiziert wurde. Auch die Karlsbader Beschlüsse von 1819 und die Zentraluntersuchungskommission in Mainz, beides Reaktionen auf die liberalen Tendenzen der Burschenschaften, das Wartburgfest und die Ermordung Kotzebues, gingen auf Vorabsprachen der einflußreicheren konservativen Staaten zurück.

Die Einrichtung eines obersten Bundesgerichts gelang dem Bundestag ebensowenig wie eine Verständigung über eine gemeinsame Zoll-, Handels- und Verkehrspolitik. Erfolgreicher war er mit der Aufstellung einer Bundeskriegsverfassung (9. April 1821), die nicht in die Bundesakte aufgenommen worden war. Der Deutsche Bund besaß das Recht, zum Zweck der Verteidigung Krieg zu führen; ob Angriffsgefahr vorlag, entschied der Engere Rat. Der Oberbefehl über die Bundestruppen – gegliedert in zehn von den einzelnen Staaten aufgestellte Armeekorps – wurde nur von Fall zu Fall geregelt. Als ständige militärische Einrichtung des Bundes wurden fünf Bundesfestungen geschaffen.

Bei verweigerter Rechtspflege in einem Teilstaat konnte der Deutsche Bund Beschwerden entgegennehmen. So gingen zahlreiche Eingaben ein, in denen der Bundestag um rechtlichen Beistand gebeten wurde. Als Beispiel sei hier lediglich die Petition der Frankfurter Israelitischen Gemeinde genannt, die sie dem Bundestag am Tage vor seiner Eröffnung 1816 zukommen ließ. Sie bat darum, ihr die von der Freien Stadt Frankfurt aberkannten, unter Dalberg wohlerworbenen Rechte wiederzugeben; dem wurde schließlich in einem Bundestagsbeschluß von 1824 wenigstens teilweise entsprochen.

Gesandte und gesellschaftliches Leben in Frankfurt

Die Selbständigkeit, die Frankfurt durch den Wiener Kongreß erlangt hatte, erfüllte die »dringenden Wünsche« der Stadt, denn »seit Jahrhunderte[n] an eine geregelte Freiheit gewohnt«, hatte sie im stillen »das verlorene Kleinod« reichsstädtischer Freiheit beweint, wie der Ältere Bürgermeister am 18. Oktober 1816 anläßlich der Eidesleistung der Bürger auf die neue Verfassung erklärte.

Jacob Hermann von Hertrab, Schwarzburg Rudolstädtischer Minister und Gesandter beim Bundestag (Frankfurt, Historisches Museum)

›Des schwarz roth goldenen Bundestages letzte Wanderung‹ (Kat. Nr. 5/62)

Satire auf das Bündnis Bismarcks und Rechbergs gegen Dänemark im Bundespalais zu Frankfurt (Kat. Nr. 5/40)

Marianne Lutteroth, geb. Gonhard (1798–1871) (Frankfurt, Stadtarchiv)

Zufriedenheit mit der restaurierten Souveränität ging mit einer gewissen Lässigkeit in der politischen Administration einher. Von Jacob Friedrich Leonhardi, einem wohlhabenden Frankfurter Hausbesitzer und Gesandten der 16. Kurie des Bundestages, erzählte Heinrich von Treitschke: »Als einmal eine eilige Sitzung, statt auf den üblichen Donnerstag, schon auf den Samstag, die folgende gar auf den Montag angesetzt wurde, da verwahrte er sich lebhaft, denn wie konnte ein Frankfurter auf das Menschenrecht verzichten, Sonntags zum Äpfelwein in den Stadtwald oder nach Bockenheim hinauszufahren.«

Diese Mentalität hemmte vor allem auch die industrielle Entwicklung, gegen die sich Frankfurt, wo sogar noch die Zunftordnung galt, lange sperrte. Nur mit Verzögerung schloß sich die Stadt dem Zollverein an und öffnete sich lediglich hin und wieder neuen Errungenschaften wie der Eisenbahn, dem Dampfschiff, der Gasbeleuchtung und einer modernen Wasserversorgung. Treibende Kräfte waren die Bankiers Simon Moritz von Bethmann und Amschel Mayer von Rothschild, der Frankfurt zur Börsenstadt par excellence machte.

»Wenn in Frankfurt die Literatur pfundweise verkauft werden könnte, wenn sie einigermaßen nach Trüffeln und Champignons schmeckte, wenn sie wenigstens Coupons hätte, die man abschneiden könnte, so würde sie wirklich an Wert gewinnen«, meinte einmal der Journalist Eduard Beurmann in den ›Frankfurter Bildern‹. Heinrich Heine hatte vom Krämergeist gesprochen, und selbst Frau Aja, Goethes Mutter, meinte, von dem Geld, das die Frankfurter für ›Gastereien‹ ausgäben, könnte man ganze Kunstakademien bauen. Doch die bedeutenden, zukunftsweisenden Stiftungen Städels und Senckenbergs widerlegen ebenso wie die vielfältige private Kunstpflege diese Urteile. »Welch eine liebenswürdige, aufgeweckte Stadt!«, schrieb Hector Berlioz, »Tätigkeit und Reichtum macht sich überall bemerkbar, zudem ist es wohlgebaut, glänzt und schimmert wie ein Hundertsousstück.«

Die Wurzeln freistädtischer Kultur und freistädtischen Stadtbildes liegen in der französisch-aufgeklärt geprägten Dalberg-Zeit, als Frankfurt den Weg vom Mittelalter zur Neuzeit ging. Aber auch die belebende Wirkung des Bundestages ist unverkennbar. Mit all seinen Gesandten gab er der Stadt nicht nur politische Bedeutung, sondern auch gesellschaftlichen Glanz. So wurde Frankfurt auch für die umliegenden kleineren Höfe Homburg, Wiesbaden und Darmstadt zur Stadt der Einkäufe und des Vergnügens.

Das erste bedeutende gesellschaftliche Ereignis war der Maskenball des preußischen Residenten Baron Otterstädt 1815/16. Der »elegante Hofton« herrschte in den gesandtschaftlichen Zirkeln, allen voran in denen des bayerischen und des österreichischen Gesandten Graf Buol-Schauenstein, der die bekann-

Kampierende Bundestruppen auf dem Roßmarkt in Frankfurt während des Septemberaufstandes 1848 (Kat. Nr. 5/54)

ten ›Präsidialgastmähler‹ gab und der wegen seiner klassischen Bildung berühmt war. Aber auch unter den Frankfurter Familienzirkeln gab es solche, die jenen nicht nachstanden: Guaita und Günderrode, Brentano und Bernus, vor allem das Haus des Senators und mehrmaligen Bürgermeisters Thomas (1815–1838), in dem freitags die romantischen Abende stattfanden – die Geburtsstunde der ›Monumenta Germaniae historica‹, an der Freiherr vom Stein entscheidenden Anteil hatte.

Marianne Charlotte Lutteroth geborene Gontard (1798–1871), seit 1839 Witwe, öffnete ihr Haus am Roßmarkt den Mitgliedern des Bundestages und der einheimischen Frankfurter Gesellschaft. Ihr Haus gehörte zu den gastlichsten der Stadt, und während des Fürstentages 1863 waren in ihrem Landhaus am Main alle gekrönten Häupter zu Gast. Der preußische Gesandte Otto von Bismarck, der bei Marianne Lutteroth verkehrte und von ihr verehrt wurde, schrieb 1858 an seine Frau: »Vorgestern war ich in drei verschiedenen Uniformen und am Abend noch als Mensch auf einem Ball bei der Lutteroth.« In ihrem Kreis wie auch bei ihrer jüngsten Tochter Emma, die mit dem Bankier Wilhelm Peter Metzler verheiratet war, hielt sich Bismarck gern auf. Als ›metzlern‹ bezeichnete er dies einmal. Marianne Lutteroths Schwester Clothilde Koch führte während der Nationalversammlung einen politischen Salon.

Als Bismarck 1851 nach Frankfurt kam, fand er die Stadt gräßlich langweilig. Den Bundestag nannte er eine »sehr achtungswer-

Simon Moritz von Bethmann (1768–1826) (Frankfurt, Stadtarchiv)

Modell der Paulskirche in Frankfurt (Kat. Nr. 5/48)

te, aber wenig unterhaltende Tafelrunde«, und er mokierte sich über den schlechten Atem seiner Kollegen. Er sprach von »ebenso voluminösen wie insipiden Abstimmungen« oder von einem »ganz unglaublich langweiligen Vortrag« des darmstädtischen Gesandten. Bald aber war Bismarck häufig und gern gesehener Gast auf Gesellschaften und in den Salons, und er lernte die Frankfurter und ihre gebildeten und emanzipierten Frauen schätzen. Er ging zum Apfelwein in den Bamberger Hof nach Niederrad und zur Jagd in den Taunus. Die Stadt sprach von seinen Soireen. »O wie wundervoll waren doch die acht Frankfurter Jahre – die allerschönsten meines Lebens, wie gesund war mein geliebter Bismarck, wie fröhlich und sorglos flossen unsere Tage dahin«, schrieb Johanna von Bismarck später über die Bundestagszeit.

Das Hauptstadt-Mißverständnis: Der Wachensturm 1833

Die Julirevolution in Frankreich 1830 erschütterte das 1815 in Europa geschaffene System. Die Frankfurter hatten sich zwar 1830 von dem »Revolutions- und Freiheitsschwindel«, wie Jeanette Strauß-Wohl an Ludwig Börne schrieb, nicht anstecken lassen. Allmählich aber begeisterten auch sie sich an den Freiheitsideen. Vor allem die junge, akademisch gebildete Generation wurde aktiv. Man pfiff Goethes Theaterstück ›Die Mitschuldigen‹ und seine antirevolutionäre Botschaft aus, gründete Geheimbünde und Vereine und veröffentlichte ›demagogische‹ Schriften. Der aufgestaute politische und soziale Unmut explodierte beim ›Mautkrawall‹ im September 1830 und beim ›Sperrbatzenkrawall‹ im Oktober 1831. Im Januar 1832 wurden die nach der polnischen Revolution 1830/31 geflohenen Polen von den Frankfurtern begeistert aufgenommen.

Im Frühjahr 1833 planten einige Frankfurter Bürgersöhne, so Dr. med. Gustav Bunsen, sein Bruder Karl sowie Dr. jur. Gustav Peter Körner, Dr. jur. F. K. Gärth und manche andere, eine revolutionäre Tat: Gemeinsam mit Studenten und polnischen Emigranten wollten sie nach Erstürmung der Wachen das Palais Thurn und Taxis besetzen, die Bundestagsgesandten verhaften und die Republik ausrufen. Am 30. April 1833, abends um halb zehn stürmten etwa 30 junge Männer die Hauptwache und befreiten die Inhaftierten, andere die Konstablerwache und die Domwache.

Unzulängliche Vorbereitung und der irrige Glaube, daß das Zentrum der Macht der Bundestag sei, obwohl es in Wien und Berlin lag, aber auch die Fehleinschätzung der revolutionären Entschlossenheit der Bevölkerung Frankfurts, ließen den ›Frankfurter Wachensturm‹ scheitern. Der Freiheitsklang der Sturmglocke verhallte fast ungehört von den Frankfurtern; sie folgten keineswegs dem Ruf der Revolutionäre, die Waffen zu ergreifen, sondern beschränkten sich zunächst auf amüsierte Neugierde, der aber rasch intensive Hilfeleistungen folgten: Vielen Studenten, die noch in jener Nacht und am folgenden Tag verhaftet wurden, verhalfen sie zur Flucht.

Stadt und Bundestag waren zudem durch anonyme Briefe von Ort und Zeit des Aufruhrs unterrichtet worden, so daß sie rechtzeitig die Wachen verstärkten und das Bundesmilitär in Mainz in Bereitschaft versetzten. »Daß den Abend etwas vorgehen sollte pfiffen die Spatzen von den Dächern«, erinnerte sich Friedrich Stiebel. Mancher war ins Theater gegangen – wo die Vorstellung trotz der Nähe zur Hauptwache ohne Störung zu Ende ging –, um ein Alibi zu haben, wie Stiebels Vater mit seinem Gast, Professor Schönlein, der wegen ›Demagogie‹ Würzburg hatte verlassen müssen. So blieb den auf die Stadt zumarschierenden Bauern nichts anderes übrig, als am Friedberger Tor umzukehren; das Frankfurter Linienbataillon konnte daher sehr rasch die Hauptwache zurückerobern und nach einem kurzen Feuergefecht auch die Konstablerwache wieder in seinen Besitz bringen. Nach einer knappen Stunde war der Aufruhr niedergeschlagen. Sechs tote und 14 verletzte Liniensoldaten waren zu beklagen.

Die Germania als Galionsfigur in einer allegorischen Darstellung der Deutschen Bundesflotte (Kat. Nr. 5/51)

Der Wachensturm war zwar gescheitert, dennoch reagierte der Bundestag ausgesprochen nervös. Bereits am 4. April 1833 forderte der Bundestag die Stadt auf zu erklären, welche Maßnahmen ergriffen worden seien oder ergriffen würden, um für Ruhe und Ordnung zu sorgen. Am 12. April beschloß er – aufgrund der Zweifel der Militärkommission – gegen den Willen der Stadt, Bundestruppen aus Mainz in die Stadt und in die unmittelbare Umgebung Frankfurts zu verlegen. Darüber hinaus beschloß der Bundestag am 3. April des folgenden Jahres, daß Frankfurt seine Truppen unter den Oberbefehl des Kommandierenden der Bundestruppen in Mainz stellen sollte. Dies führte zu einem sich zuspitzenden Konflikt zwischen Stadt und Bundestag, ja sogar zu Verbalnoten der Gesandten von England und Frankreich gegen die Verletzung der Souveränitätsrechte der Stadt durch den Bund. Bis Herbst 1842 blieben die Bundestruppen in Frankfurt.

Nationalversammlung in der Paulskirche 1848/1849 und provisorische Reichsregierung

Nach dem Umsturz in Paris im Februar 1848 mit der Abdankung des Königs Louis Philippe und der Bildung einer provisorischen republikanischen Regierung breitete sich die Revolution auch in Deutschland aus, zuerst in südwestdeutschen Staaten, dann in Berlin und Wien. Metternich trat zurück, und in vielen Bundesstaaten wurden neue liberale Ministerien gebildet.

Der Bundestag in Frankfurt, der mit Vertretern der ›Märzregierungen‹ besetzt war, berief einen Ausschuß zur Revision der Bundesverfassung, den Siebzehner-Ausschuß, der aus je einem Mitglied für jede Stimme des Engeren Rates bestand. Unter Führung des Historikers Friedrich Christoph Dahlmann arbeitete er den Entwurf einer bundesstaatlichen Verfassung aus, der jedoch in den späteren Beratungen keine Rolle mehr spielte.

Am 5. März 1848 hatten sich in Heidelberg 51 liberale Männer vornehmlich aus Südwestdeutschland versammelt, um ein deutsches Parlament vorzubereiten. Sie bildeten den Siebener-Ausschuß, der am 12. März an »alle früheren oder gegenwärtigen Ständemitglieder und Teilnehmer an gesetzgebenden Versammlungen in allen deutschen Landen« eine Einladung ergehen ließ, sich am 30. März zu Frankfurt einzufinden, um Grundlagen einer deutschen Parlamentsverfassung zu beraten. Die beiden Frankfurter Teilnehmer in Heidelberg baten den Frankfurter Senat, diesem Vorparlament den Kaisersaal zu überlassen, um an das alte Reich und seine Herrlichkeit anknüpfen zu können. Der Kaisersaal war dank Spenden aus ganz Deutschland zum größten Teil bereits mit neuen Gemälden der deutschen Könige und Kaiser ausgestattet worden. Wegen der großen Zahl der Abgeordneten wählte man aber die Paulskirche zum Versammlungsort.

Frankfurt empfing die Vorparlamentarier, die in den letzten Tagen des März in die Stadt strömten, gastlich und freudig mit wehendem Schwarz-Rot-Gold. Zum befürchteten bewaffneten Aufstand durch radikale Kreise, die es auch in Frankfurt gab und die einer Lösung der deutschen Frage im republikanischen Sinn auch durch eine revolutionäre Tat geneigt waren, kam es nicht. Singulär blieb, daß dem preußischen Gesandten Graf Dönhoff und dem preußischen Generalkonsul Amschel Mayer von Rothschild die Fenster eingeworfen wurden.

Das Vorparlament, das vom 31. März bis 3. April tagte, wurde nicht, wie es die Linke hoffte, zu einem permanenten revolutionären Exekutivausschuß. Unter der Führung des hessischen Liberalen Heinrich von Gagern, der seit 5. März 1848 Ministerpräsident von Hessen-Darmstadt war, beschloß es, daß ein gesamtdeutsches Nationalparlament möglichst in Übereinstimmung mit den Regierenden gewählt werden sollte.

Am 18. Mai 1848 um 16 Uhr zogen die gewählten Abgeordneten des Parlaments, der Nationalversammlung, unter großem Jubel, Glockengeläut und dem Donner der Geschütze vom Kaisersaal in die Frankfurter Paulskirche. 330 Abgeordnete nahmen an der ersten Sitzung teil; später waren in der Regel zwischen 400 und 500 von insgesamt 831 gewählten Vertretern anwesend.

Die Paulskirche war leicht in einen Parlamentssaal zu verwandeln: An die Stelle des

Altars traten der Präsidententisch, der Tisch der Sekretäre und davor die Rednertribüne. Die Kanzel wurde mit einem Tuch verhängt, auf dem der doppelköpfige Reichsadler zu sehen war, die Orgel mit einem Vorhang verdeckt. Wegen der schlechten Akustik mußte eine hölzerne Decke eingebaut werden. An der Wende vom Herbst zum Winter 1848 erhielt die Kirche eine Zentralheizung, so daß die Nationalversammlung in die deutsch-reformierte Kirche am Kornmarkt ausweichen mußte.

Hinter den Säulen zu beiden Seiten des Präsidiums saßen die Journalisten. Hinter den Bänken der Rechten befanden sich die reservierten Plätze für die Herren, daran anschließend die des diplomatischen Korps; hinter den Bänken der Linken die der Damen, die an der Nationalversammlung großes Interesse zeigten. »Ich gehe täglich in die Sitzungen und kann die Politik nicht lassen, obgleich ich fühle, daß wir Frauen uns der Sache nicht so leidenschaftlich hingeben sollten«, schrieb Clotilde Koch-Gontard am 25. Mai 1848.

Die Verständigung der Abgeordneten war wegen der Enge der Reihen schwer. Es gab zudem keine Räume für Gespräche oder zur Erfrischung. So kamen die politischen Gruppierungen, die sich allmählich herausbildeten, in Gaststätten zusammen, nach denen sie dann auch benannt wurden: ›Café Milani‹ (äußerste Rechte), ›Casino‹ (rechtes Zentrum und stärkste Fraktion), ›Württemberger Hof‹ (linkes Zentrum), ›Augsburger Hof‹ und ›Westendhall‹ (Abspaltung vom ›Württemberger Hof‹ nach rechts und links). Die Übergangsgruppe von der Mitte zur Linken kam im ›Landsberg‹ zusammen (unter ihnen der Dichter Wilhelm Jordan), die Linke im ›Deutschen Hof‹ (mit Robert Blum) und im ›Donnersberg‹ (mit Friedrich Hecker). Die Kleindeutsch-Erbkaiserlichen (von Gagern) sammelten sich im ›Weidenbusch‹ und die großdeutsche Koalition unter Anton von Schmerlings Führung im ›Pariser Hof‹, bis im Herbst die Frage ›großdeutsch – kleindeutsch‹ die Fraktionen anders gruppierte.

Viele Frankfurter Familien – Mumm, Lutteroth, Brentano, Mülhens, Metzler, von Bethmann – öffneten ihre Häuser gastlich den Abgeordneten. Bekannt war der Salon von Clotilde Gontard. Diese hatte auf einem der glanzvollen Bälle im Palais Thurn und Taxis Robert Koch, den Juniorchef des Weinhandelshauses Gogel, Koch & Co. und späteren britischen Konsul, kennengelernt und 1833 geheiratet. Durch seine geschäftlichen Verbindungen zur Pfalz kam sie mit dem rheinisch-südwestdeutschen Liberalismus in Berührung. Charmant, witzig und vielseitig begabt empfing sie in ihren Häusern, dem Stadthaus am Roßmarkt und dem Landsitz an der Mainzer Chaussee, die befreundeten Politiker vom Vorparlament und der Nationalversammlung. Aus dem Teetisch der Hausgäste entwickelte sich bald ein politischer Salon. Im Gästebuch von Clotilde, der »Parlamentsmutter«, die Heinrich von Gagern Zuneigung und Anton von Schmerling Sympathie entgegenbrachte, finden sich annähernd 100 Politiker aller Parteien, mit Ausnahme der Linken.

Am 29. Juni 1848 wurde auf Vorschlag des Parlamentspräsidenten Heinrich von Gagern mit 436 zu 112 Stimmen Erzherzog Johann von Österreich zum Reichsverweser, zum provisorischen Staatsoberhaupt, gewählt. Begleitet von den Abgeordneten Friedrich Jucho aus Frankfurt und Freiherr von Andrian-Werburg, fuhr er am 11. Juli im Sechsspänner vom Hanauer Bahnhof durch das Allerheiligentor und die menschengesäumte Allerheiligenstraße zum ›Russischen Hof‹ auf der Zeil, wo ihn Gagern erwartete. Erzherzog Johann zog mit seiner Frau und seinem zwölfjährigen Sohn, dem Grafen von Meran, ins Mülhenssche Haus in der Großen Eschenheimer Straße, unweit des Palais Thurn und Taxis, das vom Bundestag geräumt wurde und in das bald die provisorische Reichsregierung mit Fürst Karl Leiningen an der Spitze einzog.

Bereits am 24. Mai 1848 hatte die Nationalversammlung einen Ausschuß von 30 Mitgliedern (Vorsitzender: Friedrich Bassermann, Stellvertreter: Max von Gagern) zur Ausar-

Die Ereignisse des Fürstenkongresses in Frankfurt, 1863 – Konferenz der Bundesfürsten im Palais Thurn und Taxis (Kat. Nr. 5/42e)

beitung eines Verfassungsentwurfs gewählt. Dieser ging am 19. Juni dem Plenum zu. Nach sechsmonatiger intensiver, oft stürmischer Debatte wurde der Grundrechtsteil der künftigen Verfassung am 20. Dezember 1848 verabschiedet. Zu diesem Zeitpunkt hatte die Nationalversammlung aber bereits ihren Höhepunkt überschritten, war die enorme Begeisterung verflogen, die auch die Bewohner von Frankfurt erfaßt hatte.

Als ›Professorenparlament‹ wurde die Nationalversammlung apostrophiert. Tatsächlich waren aber nur 49 Professoren unter den Abgeordneten. Sie spielten jedoch eine große Rolle, und fast 75 Prozent der Abgeordneten besaßen eine akademische Bildung. Die Mehrzahl von ihnen waren Juristen (davon 106 freiberufliche Advokaten). 436 Abgeordnete standen im Beamtenverhältnis. 124 Lehrer, 43 Schriftsteller und Publizisten, 20 Bürgermeister und 33 Geistliche gehörten der Nationalversammlung an. Nur 60 Abgeordnete kamen aus der gewerblichen Wirtschaft, vier aus der Handwerkerschaft, 46 aus der Landwirtschaft, ein Abgeordneter war Kleinbauer. Zehn Prozent der Parlamentarier waren adlig.

Viele sahen sich im Parlament nicht repräsentiert. So fanden gleichzeitig mit der Nationalversammlung einige Kongresse in Frankfurt statt: der ›Demokratenkongreß‹, der ›Handwerker- und Gewerbekongreß‹ und der ›Allgemeine deutsche Arbeiterkongreß‹.

Im September kam es zum Aufstand. Als die Abgeordneten ihren kurz zuvor gefaßten Beschluß, den Waffenstillstand zwischen Preußen und Dänemark zu mißbilligen, widerriefen, versuchte eine aufgebrachte Volksmenge in die Paulskirche einzudringen. Im blutigen Barrikadenkampf unterdrückte das Militär die Rebellion. Die konservativen Abgeordneten Fürst Lichnowsky und General von Auerswald fielen bei einem Spazierritt auf der Bornheimer Heide einer fanatischen Menschenmenge zum Opfer.

Nach Verabschiedung der Grundrechte stand der Nationalversammlung die Erfüllung ihrer wichtigsten Aufgabe bevor: eine Verfassung zu schaffen. Nachdem Österreich wieder erstarkt war und sich der Einigung eines freien Deutschlands in den Weg stellte – am 9. November 1848 war der Paulskirchen-Abgeordnete Robert Blum standrechtlich erschossen worden –, setzte sich Gagern für ein kleindeutsches Reich mit dem preußischen König Friedrich Wilhelm IV. als Erbkaiser an der Spitze ein. Gagerns Verhältnis zu Erzherzog Johann kühlte ab, und das Reichsministerium stand auf dem schwachen Fundament des politischen Willens der einzelnen Staaten: »Zentralgewalt, Zentralgewalt, / Wie mächtig das und prächtig schallt; / Zum Unglück aber fehlt ihr halt / Bis jetzt noch Zentrum und Gewalt«, dichtete Franz Dingelstedt.

Am 28. März 1849 verabschiedete die Nationalversammlung die Verfassung und wählte mit 290 Stimmen bei 248 Enthaltungen Friedrich Wilhelm IV. zum Kaiser. Der preußische König jedoch lehnte die ihm angebotene Krone ab, dieses »Hundehalsband, mit dem man mich an die Revolution von 1848 ketten will«, das kein Gottesgnadentum und schon gar nicht den mittelalterlichen Thronanspruch symbolisierte. Zwar erkannten 28 deutsche Staaten die Verfassung an, Preußen jedoch lehnte sie ab. Am 10. Mai 1849 trat Gagern zurück. Zehn Tage später traten 75 Mitglieder der Mehrheitspartei aus dem Parlament aus. Das Rumpfparlament, in dem die Linken herrschten, ging am 30. Mai nach Stuttgart, wo es bald verboten wurde. Erzherzog Johann blieb in Frankfurt und legte am 20. Dezember 1849 sein Amt nieder. Am 12. Mai 1851 wurde der Bundestag im Palais Thurn und Taxis wiedereröffnet und 1852 die Paulskirche wieder der Altstadtgemeinde zurückgegeben.

Der Fürstenkongreß von 1863

Zu Beginn der sechziger Jahre versuchte Österreich als Gegengewicht zu dem erstarkenden Preußen die Verfassung des Deutschen Bundes zu reformieren. Dies sollte mit der Einrichtung eines mehrköpfigen Fürstendirektoriums, eines Delegiertenparlaments und eines periodisch tagenden Fürstenrats geschehen. Kaiser Franz Joseph von Österreich

Stuhl aus dem Palais Thurn und Taxis in Frankfurt (Kat. Nr. 5/43)

lud deshalb für die zweite Hälfte des August 1863 die deutschen Souveräne nach Frankfurt ein. Vom 16. August bis 1. September konferierten im Palais Thurn und Taxis 24 Könige, Herzöge und Fürsten sowie die Bürgermeister der vier Freien Städte.

Der Fürstenkongreß brachte der Stadt Frankfurt glanzvolle Tage, die die Zeiten von Wahl und Krönung wieder lebendig werden ließen. Die festlich geschmückte Stadt bereitete den Gästen einen prächtigen Empfang. Sie brachte vor allem dem österreichischen Kaiser, der während des Fürstentages seinen Geburtstag feierte, viel Sympathie entgegen. Es gab ein Bankett im Kaisersaal, ein Feuerwerk, eine Galavorstellung im Theater. Der preußische König aber nahm auf Rat Bismarcks am Fürstentag nicht teil, obwohl ihn Franz Joseph persönlich eingeladen hatte. Ohne den preußischen König jedoch mußte der Fürstentag ohne das erhoffte und erwünschte Ergebnis bleiben. Er stellte vielmehr die Weichen für die Auflösung des Deutschen Bundes, für ein Deutschland ohne Österreich und unter der Führung Preußens.

Okkupation und Annexion Frankfurts 1866

Die von Österreich vorgeschlagene Reform 1863 war zwar von Preußen abgelehnt worden, dennoch kämpften beide Staaten 1864 gemeinsam gegen Dänemark, das sich Schleswig-Holstein einverleiben wollte, und teilten sich im Vertrag von Gastein die Verwaltung. Doch diese Regelung barg den Keim der Zwietracht in sich. Als am 1. Juni 1866 die österreichische Regierung in Frankfurt ankündigte, sie wolle die Erbfolge in Holstein dem Urteil des Bundes unterwerfen, führte dies zu einer Reihe eskalierender Maßnahmen: zum Protest Preußens, zum Einmarsch preußischer Truppen in Holstein, zur Vorlage eines preußischen Bundesreformplans ohne Österreich, zur Forderung Österreichs nach Mobilisierung der nichtpreußischen Korps des Bundes und schließlich am 14. Juni, als der Bundestag der Mobilisierung zustimmte, zum Austritt Preußens aus dem Bund und zum Krieg zwischen Preußen und Österreich nebst verbündeten Staaten.

Die Freie Stadt Frankfurt wahrte zwar ihre Neutralität, verhielt sich allerdings sehr ungeschickt; zudem waren die Abneigung der Bevölkerung gegen Preußen – aus der reichsstädtischen Geschichte und der geographischen Lage erklärlich – und die Hinwendung nach Süden und nach Österreich offenkundig. Die Frankfurter lasen die ›Oberpostamtszeitung‹ der österreichisch gesinnten Thurn und Taxis. Frankfurt hatte nach Gastein für Wien Partei genommen. Nach dem Sieg Preußens bei Königgrätz am 3. Juli 1866 gerieten die Frankfurter daher in Panik.

Am 14. Juli 1866 verließ der verbliebene Teil der Bundesversammlung die Stadt in Richtung Augsburg. »Unsere Stadt ist eine offene Stadt und steht als solche unter dem Schutze des durch die Anerkennung aller Nationen geheiligten Völkerrechts«, hieß es daraufhin in einer Senatsproklamation an die Bürger. Zwei Tage später wurde Frankfurt dennoch durch die preußische Armee des Generals Vogel von Falckenstein besetzt. Die Stadt mußte Einquartierungen und Requisitionen ertragen, und es wurde ihr eine immens hohe Kontribution auferlegt. Als Bürgermeister Fellner die Vermögensverhältnisse der Frankfurter preisgeben sollte, nahm er sich in seinem Garten das Leben.

Am 20. September 1866 erfolgte die zwangsweise Einverleibung in den preußischen Staat: Frankfurt hörte auf, souverän zu sein. Der größte Teil der Bevölkerung sah die Annexion als tiefsten Fall in der Geschichte der Stadt an und brachte dies deutlich zum Ausdruck. Allmählich jedoch glätteten sich die Wogen, gerade im Zeichen des Deutsch-Französischen Krieges und der Reichsgründung von 1871. Otto von Bismarck, der die Friedensverhandlungen mit dem französischen Bevollmächtigten Jules Fabre im Mai 1871 im Hotel zum Schwan in Frankfurt geführt hatte, hoffte, daß dieser ›Frieden von

Frankfurt‹ – das er ja als »liberales Nest« bezeichnet hatte – zugleich ein Friede für und mit Frankfurt sein werde.

Das Ende des Bundestages in Augsburg

»Für den Fall, daß die Bundesversammlung ihren Sitz verlegen müßte, wäre unseres Erachtens die Wahl auf Augsburg zu lenken«, telegrafierte das österreichische Außenministerium am 16. Juni 1866, am Tage des Kriegsbeginns, an den österreichischen Bundestagsgesandten Aloys Freiherr von Kübeck nach Frankfurt. Augsburg lag im Königreich Bayern, fern von Frankfurt, dem Schnittpunkt eines Vormarschs preußischer Truppen, dem Hauptort der Guldenwährung, fern den wahrscheinlichen Kriegsschauplätzen und nahe der österreichischen und schweizerischen Grenze. Bereits im Herbst 1833, als schon einmal die Verlegung des Bundestagssitzes erörtert worden war, hatten sich die Augsburger Bürger um Aufnahme des Bundestages bemüht.

Baron Kübeck hielt eine Verlegung des Bundestages vorerst nicht für notwendig, ja ohne dringende Gefahr für ungünstig, da es von großem moralischen und politischen Gewicht sei, den Sitz am verfassungsmäßig zugewiesenen Ort in der Mitte Deutschlands zu belassen. Als aber die Preußen sich Frankfurt näherten, wurde zunächst am 10. Juli die Bundeskasse in die Festung Ulm geschafft, und am 11. Juli beschloß der Bundestag, wenn es vom militärischen Standpunkt geboten sei, zur Wahrung der Sicherheit seiner Beratungen seinen Sitz nach Augsburg zu verlegen. Als Preußen am 13./14. Juli Aschaffenburg nahm, setzte die Militärkommission die Abreise fest. Am 14. Juli brachte ein Sonderzug die Bundesversammlung nach Augsburg. Das Personal ließ Häuser und Einrichtungen zurück und gab sie dem Zufall preis; niemand wußte, wie er sie wiedersehen würde. Als Einzelreisende fuhren Baron Kübeck und die akkreditierten Vertreter der europäischen Mächte nach Augsburg. Fünf Sitzungen hielt der Bundestag in Augsburg ab: die erste am 18. Juli, die letzte am 26. August, nachdem Österreich im Präliminarfrieden von Nikolsburg der Auflösung des Bundes zugestimmt hatte.

Ohne Anteilnahme wurde die Anwesenheit des Bundestages in Augsburg registriert, und nur wenige bedauerten seine baldige Auflösung. Die Augsburger ›Postzeitung‹ schrieb: »Wir haben seit zwei Monaten viel erlebt, wovon sich unsere Gemütlichkeit nicht träumen ließ. Nach wieder zwei Monaten stehen wir jetzt vor neuen vollendeten Tatsachen, vielleicht sogar vor einer vollbrachten Kaiserwahl, und staunen wie ein Schlaftrunkener, der nicht weiß, wie ihm geschieht.«

Frankfurt als Hauptstadt der Republik

Nach dem Zusammenbruch des Kaiserreichs empfahl sich Frankfurt mit seiner großen demokratischen Tradition als Stützpunkt der Weimarer Republik. Schon 1919 hatte sich die Stadt erfolglos als Tagungsort der verfassunggebenden Nationalversammlung beworben.

Im Dezember 1924, auf dem Höhepunkt der nationalistischen Hetzkampagne gegen den Reichspräsidenten Friedrich Ebert nach dem für ihn ungünstigen Ausgang des Magdeburger Prozesses – der die Hetzkampagne gegen Ebert wegen seiner Beteiligung am Munitionsarbeiter-Streik im Januar 1918 zum Gegenstand hatte –, faßte die Frankfurter Stadtverordnetenversammlung mit den Stimmen von Demokraten und Sozialdemokraten, der Angestellten-Fraktion des Zentrums und der Deutschen Volkspartei folgenden Beschluß: Sie sprach dem Reichspräsidenten ihre Hochachtung und Verehrung aus und verband dies mit dem Wunsch, er möge alljährlich für bestimmte Zeiten in Frankfurt Aufenthalt nehmen, um eine stärkere Verbindung der Zentralregierung mit dem Westen und Süden des Reiches zu knüpfen. Man beschloß, das Palais Thurn und Taxis, das Bundespalais – »den Sitz der Reichsregierung des Jahres 1848, durch 50 Jahre hindurch Sitz des Präsidiums des Deutschen Bundes, ein Symbol der inneren Einheit aller deutschen Stämme« – zur Verfügung zu stellen. Am 5. Januar 1925 stimmte der Magistrat zu. Diese Initiative führte zu heftigen Angriffen und zu einer Protestkundgebung der Rechten.

Friedrich Ebert schlug ein Gespräch mit dem Frankfurter Oberbürgermeister Ludwig Landmann vor. Aus persönlichen Gründen kam dies allerdings zum vorgesehenen Termin nicht zustande. Ehe neue Verbindungen geknüpft werden konnten, starb Ebert am 25. Februar 1925. Die Stadt veranstaltete eine Trauerkundgebung im Kaisersaal und war mit einer Delegation bei der Beerdigung in Heidelberg vertreten; außerdem gedachte man Eberts in der Verfassungsfeier am 11. August 1926 in der Paulskirche, an deren Außenwand ein Denkmal für ihn aufgestellt wurde.

Nach der Wahl Hindenburgs zum neuen Reichspräsidenten telegrafierte die Stadt am 12. Mai 1925 die besten Wünsche und richtete auch an ihn die an seinen Vorgänger ausgesprochene Einladung. Frankfurt, so hieß es in der ›Volkszeitung‹ am 16. Mai 1925, sollte zweite Hauptstadt werden. Denn »Deutschland hat nur Grenzstädte. Deutschland hat keine Hauptstadt. Berlin? Eine Kolonistengründung der Ostmark, eine Massenansammlung von Steinen und Menschen, aber keine Hauptstadt.« Hamburg, Köln, München, Wien kämen nicht in Frage. »Bliebe also Frankfurt. Es hat viel für sich anzuführen. Es ist die alte Kaiserstadt. Die Stadt des ersten deutschen Parlaments. Das stärkste Moment aber: Es hat zwar starkes Lokalkolorit, aber keinen Lokalwillen. Köln ist Rheinland, München ist Bayern, Frankfurt aber ist – Nassau? Hessen? Weder die Nassauer noch die Hessen haben als solche politischen Eigenwillen. Frankfurt war immer überstämmisch, deutsch.«

Hindenburg telegrafierte zurück: »Ich danke Ihnen herzlichst für Ihre guten Wünsche und die freundliche Einladung, auf die ich zu geliegener [!] Zeit einmal zurückkommen werde.« Dabei aber blieb es.

Frankfurts Hoffnung 1949

»Goethes Stadt beginnt neu«, verkündete am 21. April 1945, gut drei Wochen nach dem Einmarsch der Amerikaner in Frankfurt und gut zwei Wochen vor der bedingungslosen Kapitulation Deutschlands, die erste Ausgabe des alliierten Nachrichtenblattes ›Frankfurter Presse‹.

Trümmerbeseitigung, Wiederaufbau und Wiederbelebung der Wirtschaft – das waren die brennendsten Themen. Zugleich wollte Frankfurt aber auch Hauptstadt werden. Die Erwartung der Stadt, Hauptstadt des 1945 gebildeten Landes Hessens zu werden, wurde durch die Entscheidung für Wiesbaden enttäuscht. Die geographische Lage der Stadt und der Wunsch von Behörden und Wirtschaft führten aber dazu, daß Frankfurt am 1. Januar 1947 Verwaltungssitz der britischen und amerikanischen Zone (Bizone), später der Trizone wurde. Am 2. Juni 1947 rief ferner General Lucius D. Clay, der amerikanische Militärgouverneur, den ›Wirtschaftsrat‹ der Bizone ins Leben, den die Landtage wählten und dem legislative Befugnisse zustanden. Am 25. Juni 1947 trat er erstmals zusammen, und zwar im Börsengebäude in Frankfurt.

Nach Bildung des Parlamentarischen Rates, der sich am 1. September 1948 in Bonn konstituierte, stellte sich auch die Frage nach dem Sitz der oberen Bundesorgane. Frankfurt, das durch Stadtrat Fritz Fay ständig in Bonn vertreten war, wies auf seine Stellung als bizonales Verwaltungszentrum und die damit verbundenen Vorleistungen hin, ebenso auf seine historische Bedeutung und auf seine demokratische Tradition. Es schlug für die ›Volkskammer‹ (das Parlament) die wiederaufgebaute Paulskirche oder die Pädagogische Akademie vor, das Cassella-Haus zwischen Feuerbach- und Barckhausstraße als Dienstsitz für den Bundeskanzler, das Haus Lindenstraße 27, das ehemalige Cronstettensche Damenstift, das in der nationalsozialistischen Zeit Domizil der Gestapo war, für den Präsidenten.

Auch nachdem sich am 10. Mai 1949 der Parlamentarische Rat mit 33 zu 29 Stimmen bei einer Enthaltung für Bonn ausgesprochen hatte, gab Frankfurt die Hoffnung nicht auf. Es warb weiter für sich; es baute weiter, so zum Beispiel den Parlamentssaal an der Pädagogischen Akademie. Es hoffte auf die Konferenz der Ministerpräsidenten in Schlangenbad am 6. Juli 1949, die bestätigte, daß die Entscheidung über den Sitz der Bundesorgane der künftige Bundestag zu treffen habe. Die Stadt versuchte den – wie man in Frankfurt empfand – fadenscheinigen Argumenten ihrer Gegner entgegenzutreten; man verwies auf die immens hohen Investitionen, die für Bonn, nicht aber für Frankfurt nötig seien. Die Alliierten kündigten die Räumung von Teilen der Stadt an, falls Frankfurt Hauptstadt werde. Es half alles nichts: Am 3. November 1949 stimmte der Bundestag gegen die Verlegung der Bundesorgane nach Frankfurt.

Die Konstablerwache in Frankfurt (Frankfurt, Stadtarchiv)

5/1 Darstellung des Krönungsmahls von Kaiser Ferdinand I. im Frankfurter ›Römer‹, 1558 (Abb. S. 112)

1595; Feder, aquarelliert, 29,9 × 45 cm
Nürnberg, Staatsarchiv (Reichsstadt Nürnberg, Handschriften Nr. 182, nach fol. 223)

5/2 Zwei Supraporten aus dem Wahlzimmer im ›Römer‹ mit Darstellungen der Reichsinsignien

Christian Leimberger

1732/33; Öl auf Leinwand, je 90 × 127 cm
Frankfurt, Historisches Museum (B 42 und B 43)

Im Jahre 1731 begannen Umbauarbeiten am Frankfurter Rathaus, dem ›Römer‹, in deren Verlauf auch die Wahlstube einer Ausschmückung im zeitgenössischen Stil unterzogen wurde. Die Serie der Supraporten von Christian Leimberger (1706–1770) zeigt die Reichsinsignien und den Krönungsornat in einer spielerischen Staffage mit Putto-Figuren. Die Inschrift auf der Kartusche im einen Bild lautet: »Nichts größeres als diesen Ornat bewahrt Deutschland.« Auf dem Schriftband des anderen steht, bezogen auf die Schuhe des Krönungsornates: »Hierin schreitend herrscht er über die Welt.«

5/3 Zweiarmiger silberner Wandblaker aus der Wahlstube im ›Römer‹

Johann Ludwig Biller II.

1737–1739; Silber, 58 × 44,5 cm
Frankfurt, Historisches Museum (X 83:162)

5/3

5/4 Kurfürst Clemens Wenzeslaus von Trier

Heinrich Foelix

1788; Öl auf Leinwand, 78 × 53 cm
Koblenz, Mittelrhein-Museum (M 1961/5)

Der letzte Kurfürst von Trier, Clemens Wenzeslaus (1739–1812), war ein Sohn des Kurfürsten Friedrich August von Sachsen. In sein Amt als Erzbischof wurde er 1768 gewählt. Er regierte sein geistliches Territorium in einem zurückhaltenden Geiste der Aufklärung, was u. a. das Beschneiden populärer religiöser Bräuche, aber auch 1783 ein Toleranzedikt gegenüber Protestanten bedeutete. Kurtrier war insofern ein Brennpunkt innerer Konflikte der Reichskirche geworden, als hier 1763 – unter dem Pseudonym ›Febronius‹ – die aufsehenerregende Schrift ›De statu Ecclesiae‹ des Weihbischofs Nikolaus von Hontheim erschienen war, die eine größere Unabhängigkeit der Kirche im Reich vom Vatikan forderte und Wege einer Annäherung der beiden großen christlichen Konfessionen suchte. Clemens Wenzeslaus, der die Tragweite des ›Febronianismus‹ anfangs vermutlich nicht ganz ermessen hatte, setzte 1778 einen Widerruf Hontheims durch, ohne die Ausbreitung von dessen Gedanken dadurch wirkungsvoll verhindern zu können. Auch Clemens Wenzeslaus trat 1785 dem reichsreformerischen ›Fürstenbund‹ bei.

Das Gemälde zeigt den Kurfürsten mit dem 1786 bezogenen Schloßneubau in seiner Residenz Koblenz. Drei Jahre später wurde die Stadt Zentrum der royalistischen Emigration aus Frankreich; 1794 besetzte die französische Revolutionsarmee die Stadt. Das Kurfürstentum wurde 1803 im ›Reichsdeputationshauptschluß‹ aufgehoben.

5/4

5/5 Bildnis des Erzbischofs und Kurfürsten von Köln Max Franz

um 1790; Öl auf Leinwand, 35,7 × 29,2 cm
Bonn, Stadtarchiv

Der letzte Kurfürst von Köln, Maximilian (Max) Franz von Habsburg-Lothringen (1784–1801) war der jüngste Bruder Kaiser Josephs II. Seit 1780 stand er dem Deutschen Orden vor. Er residierte in Bonn, der kurkölnischen Residenz von 1784 bis 1794. Dann mußte er die Stadt verlassen, bevor sie von den Soldaten der französischen Armee besetzt wurde. Das Kurfürstentum wurde 1803 aufgehoben.

5/6 Quartierschild einer Gesandtschaft zur Krönung Josephs II., 1764

Pappmaché, vergoldet, farbig gefaßt, 110 × 94 cm
Bad Homburg, Verwaltung der Staatlichen Schlösser und Gärten Hessen

5/7 Fassadenaufriß des ›Deutschordenshauses‹ in Sachsenhausen

Mitte 18. Jhdt.; Feder laviert, 35 × 65,5 cm
Frankfurt, Historisches Museum (C 1984)

1221 wurde in Sachsenhausen eine Kommende des Deutschen Ordens gegründet. Im Jahr 1309 wurde die heutige Kirche eingeweiht. Das Deutschordenshaus beherbergte zahlreiche Kaiser; so logierte Ludwig der Bayer allein 38 mal hier. Bei feierlichen Anlässen diente das Gebäude den kurkölnischen Gesandten als Quartier. Unter Kurfürst Clemens August von Köln wurde die Kommende prunkvoll im barocken Stil ausgebaut und bot den passenden Rahmen für seine aufwendige Hofhaltung. Clemens August, Bruder des Kaisers, baute vor allem das Portal und Treppenhaus um. 1805 löste Napoleon den Orden auf, der Besitz ging an den Kaiser von Österreich über. Nachdem die Kommende 1881 in den Besitz der katholischen Gemeinden Hessens übergegangen war, kaufte der Deutsche Orden ihn 1959 zurück. Von den weitläufigen Anlagen ist nur noch ein Trakt erhalten, andere wurden durch Neubauten ersetzt, die zum Teil öffentlichen Institutionen gehören. *Ursula von den Driesch*

5/8 Ansicht des Hauses ›Grimmvogel‹ am Liebfrauenberg

J. C. Zehender

1775; Feder, 26 × 24,5 cm
Frankfurt, Historisches Museum (C 2010)

Im Jahre 1367 wurde das wehrhafte Haus von dem Frankfurter Bürger Siegfried zum Paradeis errichtet. Seine Beziehungen zu Karl IV. bewirkten den Aufstieg Frankfurts zur Freien Reichsstadt. Bei dem Bau des Hauses wurde das Nachbarhaus (›Haus zum Paradeis‹) einbezogen, und seitdem gehören beide Häuser zusammen. Seit 1737 diente das Gebäude nicht mehr allein privaten Wohnzwecken, sondern ging in den Besitz der adeligen Gesellschaft ›Alten Limburg‹ über. Nach einem Umbau im zeitgemäßen Barockstil wurde das Haus für Konzerte, Bälle, Versammlungen und als Quartier ausländischer Gesandter genutzt. Im Jahre 1742 war es Quartier der kurkölnischen Gesandten bei der Wahl und Krönung Karls VII.; 1780 wurden beide Häuser abgerissen und durch einen modernen Neubau ersetzt, der in weiten Teilen heute noch erhalten ist. *Ursula von den Driesch*

5/9 Illumination des ›Cronstettenschen Hauses‹ anläßlich des Namenstages Ludwigs XV.

J. de Mouy/J. Eberspach

1741; Kupferstich, koloriert, 42,5 × 56 cm
Frankfurt, Historisches Museum (C 1161)

Im Jahre 1742 wurde das Cronstettensche Haus zum Quartier des französischen Botschafters de Belle-Isle. Dieser führte ein großes Haus und unterstrich damit – z. B. bei Ereignissen wie der glanzvollen Feier des Namenstages von König Ludwig XV. –, daß Frankreich die eigentliche Stütze und Schutzmacht für das Wittelsbacher-Kaisertum Karls VII. darstellte. Karl VII. erhob den Grafen Charles Louis Auguste Fouquet de Belle-Isle (1684–1761) in den Reichsfürstenstand. Das Cronstettensche Haus diente 1764 und 1790 als Kaiserquartier bei den Krönungsfeierlichkeiten.

5/10 Illumination am ›Belli'schen Hause‹, dem Quartier des Kurpfälzischen Wahlbotschafters am Tag der Krönung

A. Egel/E. Verelst/P. D. Choffard

um 1764; 54 × 72 cm
Frankfurt, Historisches Museum (C 14974)

5/11 Nachbildung der Reichskrone für Kaiser Karl VII. (Karkasse)

Nikolaus Nell

1742; Silber, vergoldet, getrieben, zieseliert, graviert, H 25,2 cm, Dm 22 cm
München, Bayerische Verwaltung der staatlichen Schlösser, Gärten und Seen (SK 240)

Der Kurfürst Karl Albrecht von Bayern (1697–1745) wurde 1742 mit Unterstützung Preußens und Frankreichs zum Kaiser Karl VII. gewählt. Diese Ausnahme eines wittelsbachischen Kaisertums war Folge der Schwäche Österreichs nach dem Tode Kaiser Karls VI. in der Zeit des acht Jahre dauernden ›Österreichischen Erbfolgekrieges‹. Die Kaiserwahl Karls VII. erfolgte zu einem Zeitpunkt, als seine militärische Offensive mit Frankreich und Preußen gegen die Armee der habsburgischen Kaisertochter Maria Theresia bereits gescheitert und sein Stammland Bayern mitsamt der Residenz München von den gegnerischen Truppen besetzt war. Der Kaiser blieb in Frankfurt und hielt dort Hof; die isolierte Situation führte dazu, daß auch der Immerwährende Reichstag aus Regensburg und das Reichskammergericht aus Wetzlar hierher verlegt wurden. Für kurze Zeit war Frankfurt wirklich Reichshauptstadt – aber für einen Kaiser ohne Land. Dies endete mit dem frühen Tod Karls VII.

Bei der hier gezeigten Krone handelt es sich um eine freie Kopie der Reichskrone durch den Frankfurter Goldschmied Nikolaus Nell. Vermutlich erfüllte sie in der Krönungszeremonie die Rolle der ›Hauskrone‹, repräsentierte also das Stammland des Kaisers. Auf dem Weg vom Dom zum Römer trug man sie dem Kaiser voraus. Der Juwelen- und Perlenbesatz wurde vermutlich schon 1745 entfernt; bis ins 19. Jahrhundert hinein galt die Krone, deren ursprüngliche Bestimmung in Vergessenheit geraten war, als eine Krone Karls des Großen.

5/12 Thron des Kölner Erzbischofs Clemens August bei der Krönung Karls VII. in Frankfurt, 1742

vor 1742; Holz, vergoldet, Silberbrokat,
180 × 119 × 80 cm
Aachen, Domkapitel

5/12

5/13 Krönung Franz' I. im Frankfurter Dom (Abb. S. 115)

um 1745; Öl auf Leinwand, 77 × 88 cm
München, Bayerische Verwaltung der staatlichen Schlösser, Gärten und Seen (G 1251)

Das Gemälde zeigt den Ablauf einer Krönungszeremonie, hier diejenige Franz' I. Stephan im Jahre 1745, in synchroner Darstellung: in der Mitte unter der Vierung kniet der Kaiser, um sodann vom Erzbischof von Mainz gesalbt zu werden. Danach wird er in die Wahlkapelle geführt, um den kaiserlichen Ornat zu empfangen. Nach der Einkleidung kehrt er in den Chor des Domes zurück. Dieser Augenblick nach der Rückkehr wird nur in Gestalt der Inhaber der Erzämter sichtbar, die, mit den Reichsinsignien auf Paradekissen, auf den Kaiser warten. Vor dem Krönungsaltar heben die drei Erzbischöfe und geistlichen Kurfürsten die Reichskrone, die der Erbschatzmeister auf dem Kissen bereit hält, in die Höhe und setzen sie dem Kaiser aufs Haupt (linke Bildseite). Im Hintergrund ist der letzte Akt der Krönung zu sehen: Der Kaiser hält das Zeremonienschwert in der Hand zum Ritterschlag, mit dem jetzt eine Reihe von Adeligen ausgezeichnet wird; seit 1452 ist dabei als erstes ein Mitglied der Familie von Dalberg zu berücksichtigen, so daß die Frage: »Ist kein Dalberg da?«, fester Bestandteil der Ritterschlagszeremonie ist.

5/14 Bildnis des Kaisers Franz I. mit den Reichsinsignien
Rahmen von B. F. Schalck
Rahmen 1778; Öl auf Leinwand, 180 × 100 cm
Frankfurt, Historisches Museum (B 60)

5/15 Kaiser Leopold II. im Krönungsumzug
um 1790; Kupferstich, Wasserfarben, auf Papier aufgeklebt, 26,7 × 20,6 cm
Seligenstadt, Landschaftsmuseum (43/1)

5/16 Stoff-Fragment vom Traghimmel einer Kaiserkrönung
gelbe Seide, broschiert, schwarze Seide, bestickt, 94,7 × 76,5 cm
Frankfurt, Historisches Museum (X 18990)

5/22

5/18

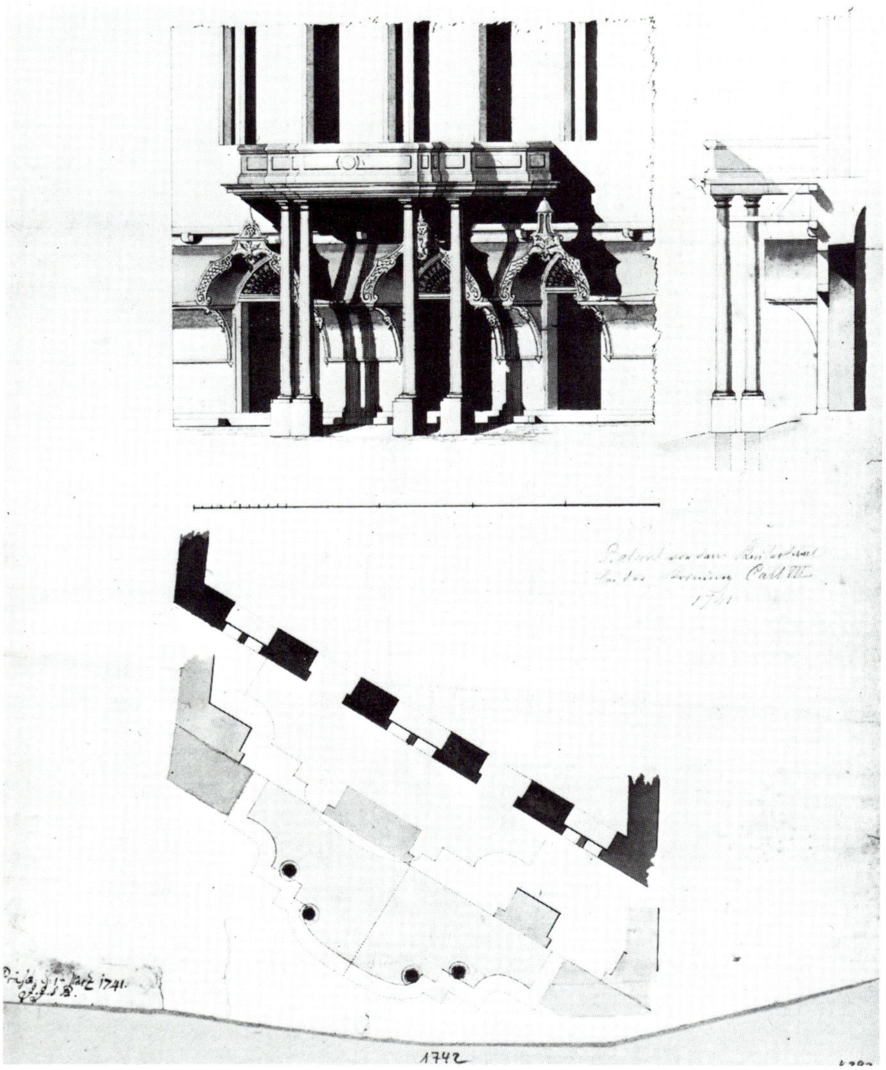

5/17 Zug Kaiser Leopolds II. zum ›Römer‹ und Ausübung der Erzämter
A. Gabler/Georg Vogel
1790; Kupferstich, koloriert, 35,5 × 51,7 cm
Frankfurt, Historisches Museum (C 14645)

Die Ausübung der Erzämter zählte zu den festen Bestandteilen des Krönungszeremoniells. In der ›Goldenen Bulle‹ Karls IV. war ihre Funktion beschrieben. Anders als die Krönung selbst, zu der nur geladene Gäste Zutritt hatten, war die Ausübung der Erzämter Teil des öffentlichen Schauspiels, dem der Kaiser vom Rathaussaal aus zusah. Die eigentlichen Amtsinhaber, die Kurfürsten von Sachsen, Brandenburg, Böhmen und – seit 1623 – Bayern wurden dabei von den Inhabern der Erbämter vertreten. Der Erbmarschall nahm ein Gefäß voll von einem aufgeschütteten Haufen Hafer und brachte ihn zum Rathaus. Der Erbtruchseß holte ein Stück des gebratenen Ochsen aus der Ochsenküche. Der Erbkämmerer trug Handwaschbecken, Wasserkanne und Handtuch. Der Erbmundschenk nahm ein Glas Wein vom Weinbrunnen. Der Erbschatzmeister warf kleine Münzen unter die Menge. In der provisorischen Küche drehte sich der gebratene Ochse, der zusammen mit dem Wein aus dem Weinbrunnen hernach der Frankfurter Bevölkerung gehörte.

5/18 Balkon vor dem großen Saal im ›Römer‹
1741; Tusche, laviert, 45 × 30,5 cm
Frankfurt, Historisches Museum (C 4816)

5/25

Der Balkon wurde als Provisorium bei jeder Krönungsfeierlichkeit vor den Fenstern des großen Rathaussaales errichtet, damit der Kaiser nach der Rückkehr aus dem Bartholomäus-Dom und vor Beginn des Festmahles in vollem Krönungsornat der Verrichtung der Erzämter auf dem Römerberg zusehen konnte.

5/19 Der Weinbrunnenadler der Kaiserkrönung von 1792 (Abb. S. 109)

1792; Holz, geschnitzt und bemalt
Frankfurt, Historisches Museum

5/20 Skelettierter Ochsenkopf vom Krönungsschmaus der Frankfurter Menge bei einer der letzten Kaiserkrönungen (Abb. S. 110)
Frankfurt, Historisches Museum (X 6619)

5/21 Entwurf für die Ochsenbratküche bei der Krönung Karls VII., 1742
J. J. Samhaimer
1741; Feder, laviert, 33 × 23 cm
Frankfurt, Historisches Museum (C 6273)

5/22 Straßenszenen bei der letzten Kaiserkrönung 1792. Aus dem ›Merkwürdigkeiten-Büchlein‹ im Nachlaß der Karoline Freifrau von Holzhausen
um 1792; Bleistift, aquarelliert, 6,5 × 7,4 cm; 5,7 × 6,6 cm
Frankfurt, Stadtarchiv (Kasten 77, Holzhausen Archiv)

5/23 Einzug Kaiser Franz' I. und Josephs II. in Frankfurt (Abb. S. 117)
Johann Dallinger von Dalling
1764; Feder, grau laviert, 35,2 × 50,8 cm
Wien, Graphische Sammlung Albertina (4680)

5/28 (Vorderseite)

5/24 Krönung Josephs II. in der Frankfurter Bartholomäus-Kirche
Johann Dallinger von Dalling
1764; Feder, grau laviert, 42,4 × 31,5 cm
Wien, Graphische Sammlung Albertina (4681)

5/25 Krönungsmahl im Kaisersaal des Frankfurter ›Römer‹
Martin van Meytens (Atelier)
um 1764; Öl auf Leinwand, 390 × 335 cm
Wien, Kunsthistorisches Museum, Gemäldegalerie

Das hier im Bild festgehaltene Ereignis hatte den jungen Johann Wolfgang Goethe zum Augenzeugen, der einen ›pfälzischen Hausoffizianten‹ gebeten hatte, ihn mit hineinzunehmen, was ihm mit einem silbernen Gefäß auf dem Arm auch gewährt wurde. Besonders fiel ihm auf, daß zwar die geistlichen Kurfürsten anwesend waren, nicht aber die weltlichen, für die gleichwohl Gedecke bereitstanden, während ihre Gesandten nicht unmittelbar an der kaiserlichen Tafel Platz nehmen durften, sondern in Nebenräumen speisten: »Und wenn dadurch der größte Teil des Saales ein gespensterhaftes Ansehn bekam, daß so viele unsichtbare Gäste auf das prächtigste bedient wurden, so war eine große unbesetzte Tafel in der Mitte noch betrübter anzusehen: Denn hier standen auch so viele Kuverte leer, weil alle die, welche ebenfalls ein Recht hatten sich daran zu setzen, anstandshalber, um an dem größten Ehrentage ihrer Ehre nichts zu vergeben, ausblieben, wenn sie sich auch dermalen in der Stadt befanden«, so seine spätere Beschreibung in ›Dichtung und Wahrheit‹.

5/26 Besteckkasten mit zwölf Bestecken des Frankfurter Ratssilbers
Johann Busch (?)
1737–1739; Kasten: Holz, Leder, Messing; Besteck: Silber; H 26 cm
Frankfurt, Historisches Museum (X 83 148)

5/27 Festmahl für die Gesandten der Reichsstädte Aachen und Nürnberg
J. G. Funck
1742; Kupferstich, koloriert, 31 × 38,5 cm
Frankfurt, Historisches Museum (C 1145)

5/28 Fächer mit Darstellung der Krönung Josephs II. zum Römischen König in Frankfurt, 1764

Pergament auf Elfenbein, 25,5 cm
Wien, Museum für angewandte Kunst (T10545)

5/29 Stickmuster für die Beutel zur Aufnahme der Geschenke der Stadt Frankfurt an Joseph II.

Dieffenbach

1764; Feder, aquarelliert, 53 × 55 cm
Frankfurt, Historisches Museum (C 11568 a)

5/30 Feuerwerk anläßlich der Krönung Franz' II. (Abb. S. 111)

Feder, aquarelliert, 39,5 × 94,6 cm
Wien, Graphische Sammlung Albertina (8496 Arch. Zeichnungen M 98.U.3.Nr. 2)

5/31 Becherglas mit der Darstellung Karls VI.

Johann Wolff Schmidt

1714–1740; Glas, geschliffen, H 14 cm, Dm 7,8–11,8 cm
Seligenstadt, Landschaftsmuseum (52/7)

5/32 Medaillon auf die Zusammenkunft Franz' I., Josephs II. und des Landgrafs Ludwig VIII. bei Heusenstamm am 16. März 1764

Zinn, Dm 9,1 cm
Seligenstadt, Landschaftsmuseum (58/6)

5/33 Medaille auf die Krönung Josephs II. zum römischen König

1764; Bronze, Dm 6,4 cm
Seligenstadt, Landschaftsmuseum (73/6)

5/34 Medaille auf die Krönung Franz' II.

1792; Silber, Dm 4,3 cm, 32 g
Seligenstadt, Landschaftsmuseum (58/14)

5/35 Spielmünzen mit den Bildnissen der Kurfürsten und des römischen Kaisers

a) Kurfürst von Bayern
b) Kurfürst von Hannover
c) Römischer Kaiser
d) Kurfürst von Köln
e) Kurfürst von Mainz
f) Kurfürst von Trier
g) Kurfürst von Sachsen
h) Kurfürst von der Pfalz
i) Kurfürst von Brandenburg

18. Jhdt.; Silber, Dm 1,66–1,8 cm
Seligenstadt, Landschaftsmuseum (58/40 a–i)

5/36 ›Merkwürdigkeiten bei der Römischen Königswahl und Kaiserkrönung‹ – Buch

Verlag Justus Perthes, Gotha
1790
Seligenstadt, Landschaftsmuseum (20/234)

5/37 Zeitgenössisches Modell des Palais Thurn und Taxis in Frankfurt (Abb. S. 118)

um 1730; Holz, 30 × 114 × 116 cm
Regensburg, Fürst Thurn und Taxis Zentralarchiv

Das Palais wurde 1731 bis 1741 nach einem Entwurf von Robert de Cotte für den Reichsgeneralpostmeister Fürst Thurn und Taxis erbaut und blieb auch nach der Übernahme des Prinzipalkommissariats im Besitz der Familie. Das Palais diente als Kurfürstenquartier bei den letzten Kaiserkrönungen. Von 1806 bis 1813 residierte hier Karl Theodor von Dalberg als Fürstprimas und Kanzler des

5/28 (Rückseite)

Palais Rothschild und Palais des Kurfürsten Wilhelm II. in der Neuen Mainzer Straße (Frankfurt, Stadtarchiv)

Rheinbundes. Napoleon empfing hier die Rheinbund-Fürsten. Nach dessen Niederlage bei Leipzig 1813 nahm der Freiherr vom Stein als Kommissar der Alliierten für die unter französischer Verwaltung stehenden Gebiete hier Quartier. Von 1816 bis 1866 diente es der Deutschen Bundesversammlung als Tagungsort und dem österreichischen Präsidialgesandten als Wohnung. Im Revolutionsjahr 1848/49 tagte hier die provisorische Zentralregierung. Im Jahre 1863 fand die Konferenz der deutschen Bundesfürsten in dem Gebäude statt. Nach dem Ende des Deutschen Bundes 1866 wurde das Palais an die Post vermietet. In den 1920er Jahren beherbergte es das Frankfurter Völkerkundemuseum. 1925 wurde kurzzeitig erwogen, es dem Reichspräsidenten als zweiten Amtssitz nach seinem Palais in der Berliner Wilhelmstraße zur Verfügung zu stellen. Das Palais Thurn und Taxis fiel einem Luftangriff im Zweiten Weltkrieg zum Opfer; nur die Flügelbauten an der Eschenheimer Straße sind erhalten.

5/38 Bildnis des österreichischen Präsidialgesandten Graf Buol-Schauenstein

F. Sieder

um 1820; Lithographie, 39 × 30 cm
Frankfurt, Historisches Museum (C 5815)

Johann Rudolf Graf Buol-Schauenstein (1763–1834) hatte – seit 1794 als kaiserlicher Direktorialgesandter – noch dem Immerwährenden Reichstag in Regensburg angehört. Im Jahre 1816 wurde er der erste amtierende Präsidialgesandte, d. h. Vorsitzende der Deutschen Bundesversammlung, die er zu einer ›selbständigen Institution der deutschen Nation‹ machen wollte. Da die wirklichen politischen Entscheidungen über die Belange des Bundes aber meist direkt von den Regierungen getroffen wurden – wie z. B. bei den Karlsbader Beschlüssen 1819 – geriet er in Widerspruch zur offiziellen Bundespolitik Österreichs, was 1823 zu seiner Amtsenthebung führte.

5/39 Bildnis des Grafen Otto von Bismarck aus seiner Zeit als Gesandter beim Deutschen Bund

Jakob Becker

um 1855; Rötelzeichnung, weiß gehöht, 13 × 13,5 cm
Frankfurt, Hoechst Aktiengesellschaft

Bismarck übernahm 1851 sein Amt als preußischer Gesandter bei der Deutschen Bundesversammlung in Frankfurt, wo ihn die liberale Presse mit Skepsis empfing. Er hatte von vielen seiner Kollegen keine sehr hohe Meinung, die großen Repräsentationsaufwand betrieben, auch wenn sie kleinere Staaten vertraten, während Preußen nicht einmal ein eigenes Gesandtschaftsgebäude erworben hatte; die Bundesversammlung bezeichnete er einmal als ›Honoratioren-Ressource‹. Sein Aufenthalt in Frankfurt stand im Zeichen der zunehmenden preußisch-österreichischen Rivalität; Bismarck hatte in seiner Frankfurter Zeit allerdings verhältnismäßig geringen Einfluß auf die Politik Preußens. Er verließ die Stadt 1859, um die diplomatische Vertretung seines Landes in St. Petersburg zu übernehmen.

5/40 Satire auf das Bündnis Bismarcks und Rechbergs gegen Dänemark im Bundespalais zu Frankfurt (Abb. S. 120)

um 1863/64; Fotografie (alter Abzug), 10 × 5 cm
Wien, Österreichische Nationalbibliothek, Bildarchiv und Porträtsammlung (Pf 2827-8 [37])

5/41 Livrée-Borten von der Dienerschaft der Bundestagsgesandten

Joh. P. Hamburger, Posamenten-Werkstatt

vor 1866; 50 × 37,5 cm
Frankfurt, Historisches Museum (X 8515)

5/42 Die Ereignisse des Fürstenkongresses in Frankfurt, 1863

a) Die Ankunft des Kaisers Franz Joseph auf dem Main-Neckar Bahnhof
b) Gala-Aufführung des ›Barbier von Sevilla‹
c) Corso der Bundesfürsten auf der ›Zeil‹
d) Die Auffahrt der Bundesfürsten vor dem Palais Thurn und Taxis
e) Konferenz der Bundesfürsten im Palais Thurn und Taxis (Abb. S. 126)
f) Gala-Diner der Bundesfürsten im Festsaal des ›Römer‹
g) Empfang für die Bundesfürsten im Bethmann'schen Museum

Feder, laviert, a) 35,7 × 52,4 cm; b) 37 × 55,4 cm; c) 34,5 ×50 cm; d) 34 × 50 cm; e) 35,4 × 51 cm; f) 34,6 × 56 cm; f) 26 × 36 cm
Regensburg, Fürst Thurn und Taxis, Graphische Sammlung (a–f)
Frankfurt, Historisches Museum (C27633) (g)

Durch den sich verschärfenden Dualismus Preußens und Österreichs geriet die deutsche Frage Ende der 1850er-/Anfang der 1860er Jahre wieder in den Mittelpunkt des Interesses.

Die Klein- und Mittelmächte, die sich seit 1859 zu Konferenzen in Würzburg trafen, entwickelten ein Triasmo-

5/42a

5/42c

Das Palais Thurn und Taxis beherbergte von 1908 bis 1944 das Frankfurter Völkerkundemuseum. Die Völkerkunde in Frankfurt stand einige Jahrzehnte unter dem Einfluß der Theorien von Leo Frobenius (1873–1938), der das Museum seit 1934 leitete. Seine Abhandlungen über das sakrale Königtum in Afrika lassen sich als nur leicht verschlüsselte Lobgesänge auf die Hohenzollernmonarchie lesen.

dell, das sich an föderalen Strukturen orientierte. Einerseits sollte die Weiterexistenz dieser Staaten gesichert werden, anderseits suchte man die Bundeskompetenzen in Ansätzen auszuweiten. So legte der sächsische Ministerpräsident Beust 1861 Pläne für ein Triumvirat im Deutschen Bund vor.

1863 ergriff Österreich in dieser Auseinandersetzung die Initiative. Es unterbreitete ein Konzept, nach dem der Bund föderal verfaßt bleiben, aber bundesstaatliche Elemente neben den staatenbündischen verstärkt werden sollten. Als Exekutive sollte ein fünf- oder sechsköpfiges Direktorium gebildet werden. Darüber hinaus sollte eine Fürstenversammlung neben einem mit nur geringen Kompetenzen ausgestatteten Bundesparlament geschaffen werden.

Kaiser Franz Joseph lud die deutschen Fürsten nach Frankfurt ein. Bis auf den preußischen König, der auf hartnäckiges Drängen Bismarcks der Einladung nicht gefolgt war, versammelten sich ab dem 16. August 1863 die deutschen Bundesfürsten in Frankfurt. Nach gesellschaftlichen Veranstaltungen begannen die Verhandlungen am 18. August. Versuche, den preußischen König doch noch zu den Verhandlungen hinzuzuziehen, scheiterten wiederum am Widerstand Bismarcks. Zwar stimmten 24 der 30 Fürsten dem österreichischen Vorschlag zu, doch konnte er nicht gegen den Widerstand Preußens realisiert werden.

5/43 Stuhl aus dem Palais Thurn und Taxis in Frankfurt (Abb. S. 127)

um 1800; Holz, roter Samt, 94 × 63 × 63 cm
Regensburg, Fürst Thurn und Taxis Hofmarschallamt

Der Stuhl gehörte zur Ausstattung des Tagungssaales beim Fürstenkongreß 1863.

5/44 Nachbildung des Gutenbergdenkmals in Mainz aus gekautem Brot

um 1840; Sockel: Holz, H 33 cm; Sockel: 13 × 13 cm
Frankfurt, Historisches Museum

Der Überlieferung nach wurde die kleine Nachbildung des Mainzer Gutenberg-Denkmals von inhaftierten Teilnehmern des gescheiterten ›Wachensturms‹ 1833 aus gekautem Brot geformt; im Jahre 1840 wurde es zu ihren und ihrer Angehörigen Gunsten versteigert.

5/45 Eingangshalle zum Völkerkundemuseum im Palais Thurn und Taxis

um 1925; Fotografie (alter Abzug), 23 × 28 cm
Frankfurt, Historisches Museum (C 31654)

5/46 Blick in die Schausammlungen des Museums für Völkerkunde in Frankfurt

Fotografie (Reproduktion)
Frankfurt, Museum für Völkerkunde (Nachlaß Hagen, Nr. 10)

5/47 Statue eines Papua aus dem Hochland von Neuguinea mit Netzschurz – ehemals Schausammlung des Museums für Völkerkunde im Palais Thurn und Taxis

um 1920/30; Gips, bemalt; Schurz: Pflanzenfasern; H 330 cm
Frankfurt, Museum für Völkerkunde (NS 577, NS 56016)

5/48 Modell der Paulskirche in Frankfurt (Abb. S. 122)

Steiner Modellbau
1986; 154 × 131 × 116 cm
Frankfurt, Magistrat der Stadt Frankfurt/M., Dezernat Bau-Hochbauamt

In der Nähe des ›Römer‹ begann man 1789 mit dem Bau einer neuen protestantischen Hauptkirche für Frankfurt. Geldmangel sowie die politischen Wirren der französischen Revolution und der napoleonischen Zeit ließen den Bau seit 1796 ruhen. Erst 1829 setzte man die Arbeit fort. Am 9. Juni 1833 wurde die klassizistische Kirche als 40 Meter langer, 30 Meter breiter und 30 Meter hoher Rundbau geweiht.

Am 15. Mai 1848 zogen die Abgeordneten der Nationalversammlung in die Kirche ein. Die durch die Bauform gegebene schlechte Akustik suchte man im November 1848 durch den Einbau einer in ca. 20 Meter Höhe angebrachten hölzernen Flachdecke zu verbessern. Ab 1852 diente das Gebäude wieder als Kirche.

Bei einem Luftangriff am 18. März 1944 brannte das Gebäude völlig aus. Eine Bürgerratssitzung beschloß am 11. April 1946, die Wiederherstellung zur Jahrhundertfeier der Nationalversammlung im Jahre 1948. Im Falle der Paulskirche entschied man sich nicht für eine historisierende Rekonstruktion. Die Vorgabe des ausgeschriebenen Ideenwettbewerbs lautete, ein Gebäude zu erstellen, das sowohl als Tagungsort – hierbei spielte der Gedanke, dort wieder ein Parlament tagen zu lassen, eine entscheidende Rolle – als auch als Kirche nutzbar wäre.

Am 18. Mai 1948 wurde die Kirche, für deren Wiedererrichtung Geld- und Sachspenden aus ganz Deutschland gesammelt worden waren, feierlich eingeweiht.

5/49 Die Nationalversammlung in der Paulskirche

1848/49; Bleistift, Feder, grau laviert, 20 × 24,7 cm
Frankfurt, Historisches Museum (C 30250)

5/50 Muster für Enterwaffen der geplanten Deutschen Bundesflotte

a) Entermesser für Mannschaften
b) Entermesser für Offiziere
c) Enterbeil
d) Enterpike
e) Visiereinrichtungen für Schiffsgeschütze
f) Zwei Abfeuerungsabzüge an Schiffsgeschützen

1948/49; Holz, Bronze, Stahl, a) L 81 cm; b) L 88 cm; c) L 57,5 cm; d) 217 cm; e) 13 × 8 cm; f) je 8 × 10 × 15 cm
Nürnberg, Germanisches Nationalmuseum (W 81, W 30, W 353, W 885, W 103 , W 1034, W 1035, W 1037)

Der in Frankfurt tagende ›50iger Aussschuß‹ zur Vorbereitung der Nationalversammlung setzte am 11. Mai 1848 eine ›Kommission für Marineangelegenheiten‹ ein, die am selben Tag einen Aufruf zur Gründung einer deutschen Kriegsflotte erließ. Eine der ersten Maßnahmen der Nationalversammlung war am 14. Juni die Bewilligung von sechs Millionen Talern aus einem noch nicht bestehenden Reichshaushalt für die Gründung einer deutschen Flotte.

Schiffe wurden in den USA und in Großbritannien gekauft und umgerüstet. Darüber hinaus wurden Rüstungsaufträge erteilt. Vor der Auftragsvergabe wurden der Nationalversammlung Muster vorgelegt. 1849 verfügte die unter Leitung des am 21. November 1848 zum Konteradmiral ernannten Karl Rudolf Bromme (genannt ›Brommy‹) stehende deutsche Bundesflotte über neun Dampfschiffe, zwei Großsegler und 27 Kanonenboote.

Eine völkerrechtliche Anerkennung fand die deutsche Flotte nicht. Das britische Außenministerium erklärte im Juni 1849, daß Schiffe, die unter einer Großbritannien unbekannten Staatshoheit Kampfhandlungen durchführten, als Freibeuter betrachtet würden.

Nach dem Scheitern der Paulskirchenverfassung ging die deutsche Flotte in Brake (später Wilhelmshaven) vor Anker. Am 5. Mai 1852 erging der Beschluß über die Auflösung der Bundesflotte. Einige große Schiffe gingen an Preußen, der Rest wurde am 31. März 1853 versteigert.

5/51 Die Germania als Galionsfigur in einer allegorischen Darstellung der Deutschen Bundesflotte (Abb. S. 123)

um 1848; Öl auf Leinwand, 83 × 65 cm
Bremen, Bremer Landesmuseum für Kunst- und Kulturgeschichte (Focke-Museum) (29.272)

5/52 Modell einer Kanonenschaluppe der Deutschen Bundesflotte

Kasten: 43,5 × 64 × 17 cm
Bremen, Bremer Landesmuseum für Kunst- und Kulturgeschichte (Focke-Museum) (F 545)

5/53 ›vormärzlich – nachmärzlich‹ – Karikatur auf die Revolution von 1848

Philipp Veit

um 1848; Bleistift, Feder, 21,7 × 35,2 cm
Mainz, Landesmuseum (GS90/1520)

5/54 Kampierende Bundestruppen auf dem Roßmarkt in Frankfurt während des Septemberaufstandes 1848 (Abb. S. 121)

Verlag E. G. May, Frankfurt a. M.

1848; Lithographie, 29,3 × 40,9 cm
Amsterdam, Int. Institut für Sozialgeschichte (Dui divers 100)

Während der Diskussion der Nationalversammlung um die Annahme des preußisch-dänischen Waffenstillstandes von Malmö kam es am 18. September 1848 zu Ausschreitungen. Demonstranten belagerten die Paulskirche. Österreicher, preußische und hessische Truppen wurden zum Schutz der Parlamentarier aufgeboten.

Innenansicht der Deutsch-reformierten Kirche in Frankfurt (Frankfurt, Stadtarchiv)

5/55 ›Die Candidaten der deutschen Kaiserkrone‹ – Karikatur zur Kaiserwahl der Nationalversammlung in der Frankfurter Paulskirche

1848/49; Lithographie, 25,8 × 32,3 cm
Wien, Graphische Sammlung Albertina (Historische Blätter Frankfurt)

5/56 ›Zur Erinnerung an die verfassungsgebende deutsche Reichsversammlung des Jahres 1848‹ – ›Club des Casino‹

Friedrich Pecht
Lithographie, 51 × 69 cm
Bad Homburg, Verwaltung der Staatlichen Schlösser und Gärten Hessen (1.2.623)

Württemberger Hof, Fahrgasse 41, Parteilokal Frankfurter Parlamentarier 1848/49 (Frankfurt, Stadtarchiv)

Die Abgeordneten des rechten Zentrums, die mit zeitweise bis zu 200 Abgeordneten die stärkste Fraktion der Nationalversammlung bildeten, trafen sich regelmäßig im ›Casino‹.

Am Tisch steht Heinrich Freiherr von Gagern (1799–1880), der die Nationalversammlung vom 19. Mai bis zum 18. Dezember 1848 als Präsident leitete. Vom 28. März 1848 bis zu seinem Rücktritt am 21. März 1849 stand er als Präsident dem Reichsministerium vor, dem auch der liberale Kölner Unternehmer Gustav von Mevissen (1815–1861) als Unterstaatssekretär für Handel angehörte. Mevissen, der auf diesem Erinnerungsblatt als sechster von links festgehalten ist, gründete 1842 die ›Rheinische Zeitung‹, deren erster Chefredakteur Karl Marx war.

Links neben Mevissen der Historiker Johann Gustav Droysen, der als Protokollführer im Verfassungsausschuß tätig war. Droysen wird als Gründer der borussisch-kleindeutschen Geschichtsschreibung einer der geistigen Väter der Reichsgründung von 1871 sein.

5/57 Parlamentarier der Paulskirche als Ziehpuppen

a) Robert von Mohl
b) Friedrich Ludwig Jahn
c) Johann Gustav Heckscher
d) Gustav Adolf Rösler

Verlag E. G. May, Frankfurt a. M.
1848; Lithographien, koloriert, H 35 cm
Mannheim, Städtisches Reiß-Museum (F 15 b)

Schon Ende 1848 war viel vom Enthusiasmus über die Nationalversammlung in der Paulskirche verflogen. Der Dichter Georg Herwegh faßte die zunehmende Kritik am schleppenden Fortgang der Dinge in die Reimworte: »Im Parla-Parla-Parlament, das Reden nimmt kein End.« In der Frankfurter Buchhandlung E. G. May erschien zu Weihnachten 1848 eine Serie von Ausschneidebögen, mit denen sich Karikaturen prominenter Abgeordneter als Hampelmänner basteln ließen. Der Titel der Serie lautete: ›Michels Märzerrungenschaften, Spielzeug von rechts und links‹. Eine später verbreitete verächtliche Sicht des Parlamentarismus kündigt sich hier schon an.

Robert von Mohl (1799–1875), süddeutscher Liberaler und Staatsrechtslehrer (Professuren in Tübingen, später Heidelberg), zählte in Frankfurt zum linken Zentrum (›Württemberger Hof‹); nach der Umgruppierung der Fraktionen zu den ›Erbkaiserlichen‹ (›Augsburger Hof‹); Justizminister in der provisorischen Reichsregierung von August 1846 bis Mai 1949. Seit 1861 badischer Gesandter bei der Deutschen Bundesversammlung in Frankfurt. Dem Reichstag gehörte Mohl 1874/75 an.

Friedrich Ludwig Jahn (1778–1852), der legendäre Turnvater aus der Zeit der ›Befreiungskriege‹ und der ›Demagogenverfolgungen‹, gehörte in der Paulskirche zu den Parteigängern eines preußischen Erbkaisertums, trat allerdings als Politiker kaum noch hervor.

Johann Gustav Heckscher (1797–1865), gehörte zu der Delegation, die den Erzherzog Johann als Reichsverweser berief. Als Parlamentarier zum rechten Zentrum (›Casino‹) gehörig; September/Oktober 1848 Außenminister der provisorischen Regierung. Anhänger einer großdeutschen Einigung. Seit 1853 Gesandter der Hansestädte in Wien.

Gustav Adolf Rösler (1818–1855) zählte zu den gemäßigten Linken (›Deutscher Hof‹); forderte im August 1848 die Abschaffung des Adels; Mitglied des Stuttgarter Rumpfparlaments 1849; im Juli desselben Jahres auf dem Hohenasperg eingekerkert. Rösler floh in die Schweiz und emigrierte von dort in die USA.

5/58 Die Feierlichkeiten zur 75-Jahr-Feier der Nationalversammlung in der Paulskirche

1923; Fotografie (Reproduktion)
Frankfurt, Stadtarchiv

Der ›Reichskunstwart‹ und spätere Mitbegründer der Freien Universität Berlin, Edwin Redslob, zu dessen Tätigkeitsbereich die zeremonielle Öffentlichkeit des Staates in der Weimarer Republik zählte, hatte vorgeschlagen, die 75-Jahr-Feier des Paulskirchenparlamentes im Jahre 1923 zu einer Demonstration zu machen, mit der sich die Republik in die Tradition von 1848/49 stellte. Daher sollte die Reichsregierung an dem ursprünglich als Lokalereignis geplanten Fest teilnehmen. Im Beisein des Reichspräsidenten Ebert begann der Jubiläumstag mit einem Festakt im ›Römer‹, bei dem Paul Hindemith die musikalischen Akzente setzte. Beim anschließenden Festzug zur Paulskirche wurde eine noch aus dem Jahre 1848 stammende Fahne getragen. Der Heidelberger Soziologe Alfred Weber hielt sodann am Ort des ersten deutschen Parlamentes einen Vortrag.

5/59 Ansicht des Denkmals für den Reichspräsidenten Friedrich Ebert an der Fassade der Paulskirche
Entwurf des Denkmals: Richard Scheibe
Fotografie (Reproduktion)
Frankfurt, Stadtarchiv (S7 c)

5/60 Reichsbanner Schwarz-Rot-Gold
a) 14 Abzeichen
b) Armbinde
c) Zwei Fotografien von Kundgebungen im Ostpark und auf der Zeil
1925–1928; 35,5 × 48,5 cm (Rahmen)
Frankfurt, Historisches Museum (Zg. Nr. 81:4)

5/61 Plakat des ›Reichsbanner‹ für die Bundesverfassungsfeier in Frankfurt am 11./12. August 1928
Farblithographie, 119 × 83 cm
Koblenz, Bundesarchiv, Plakatsammlung (2/21/23)

5/62 ›Des schwarz roth goldenen Bundestages letzte Wanderung‹ (Abb. S. 119)
G. Bender
1848; Federlithographie, 27,3 × 40,4 cm
Karlsruhe, Stadtarchiv (8/PBS V 206)

Am 14. Juli 1866 brachten sich die Gesandten der Deutschen Bundesversammlung vor der herannahenden preußischen Mainarmee nach Augsburg in Sicherheit. Die Stadt hatte sich 1833, als wegen des ›Wachensturmes‹ schon einmal über eine Verlegung des Bundessitzes nachgedacht wurde, um denselben beworben. Nun war Augsburg der Ort, wo der Deutsche Bund in einer Sitzung der noch verbliebenen Gesandten am 24. August für aufgelöst erklärt wurde. Die Karikatur zeigt die Bundesversammlung in bewußt unzeitgemäßer, vormärzlicher Gewandung, als Überbleibsel und nun geschlagenen Garanten einer zurückgebliebenen Kleinstaatenwelt. Der Sarg mit Akten und Schreibfedern bezieht sich auf den alten Vorwurf, der Deutsche Bund sei nie etwas anderes als ein wirkungsloser Produzent von viel Papier gewesen.

5/63 Der Einzug der preußischen Armee durch das Allerheiligentor in Frankfurt am 16. Juli 1866
Heinrich Hasselhorst
Bleistift, 38 × 57 cm
Frankfurt, Historisches Museum (B 967)

5/64 Entwürfe für das neue Opernhaus in Frankfurt
a) Gesamtansicht außen
b) Querschnitt durch das Treppenhaus
Richard Lucae (a) / Giesenberg, nach R. Lucae (b)
um 1872; Feder, laviert, 40,5 × 72,5 cm; 47,5 × 76,2 cm
Berlin, Plansammlung der Universitätsbibliothek der Technischen Universität (10771, 1446)

Die preußische Annexion von 1866 hatte aus der ehemaligen Freien Stadt Frankfurt, die auf eine jahrhundertelange glanzvolle Geschichte zurückblicken konnte, eine preußische Provinzstadt gemacht. Die äußeren Umstände der Besetzung waren besonders demütigend; die Stadt hatte eine Kriegsentschädigung aufzubringen, deren Betrag pro Kopf höher lag als diejenige Frankreichs 1871. Trotz alledem bedeutete der Verlust der Selbständigkeit auch eine wirtschaftliche Chance, da nun etliche gewerbehemmende Verhältnisse des längst unzeitgemäß gewordenen Stadtstaates weggefallen waren. Erst jetzt begann Frankfurts rasche Entwicklung zur Großstadt, die nach dem Willen ihrer Bewohner das Muster einer modernen, wohlhabenden und kultivierten Bürgerstadt werden sollte. Neben einem Neubau der Frankfurter Börse und dem »Palmengarten« war es das Opernhaus, das ein ungebrochenes Selbstbewußtsein der Stadt demonstrieren sollte. An Größe und Pracht suchte es seine Vorbilder nicht in Berlin, sondern in den europäischen Metropolen wie Paris oder Wien. Der 1878/80 fertiggestellte Bau war vor allem mit den Spendengeldern Frankfurter Großbürger errich-

5/64b

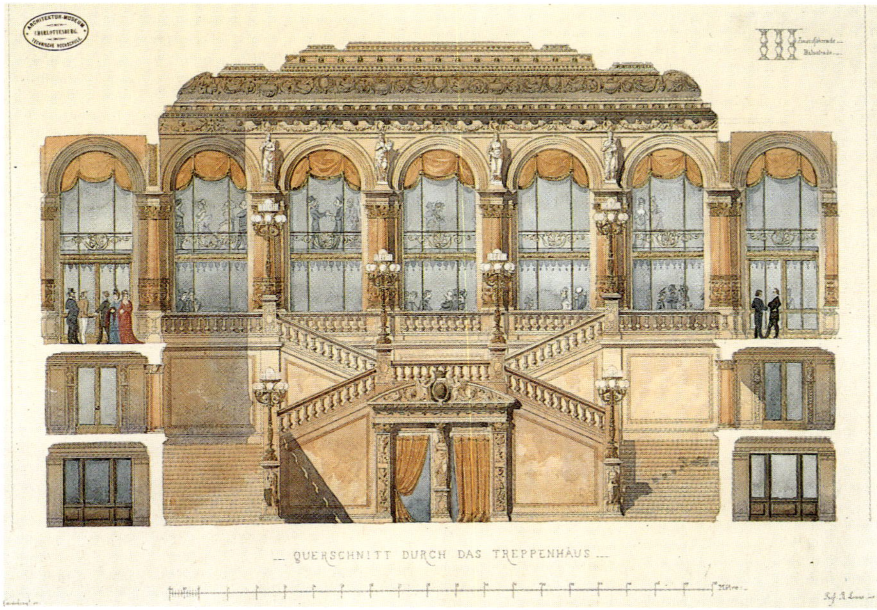

tet worden, die sich 1869 zu diesem Zweck zusammengefunden hatten.

Im März 1944 bei einem Bombenangriff zerstört, erlangte die Ruine des Opernhauses und dessen Wiederaufbau 1977 bis 1981 erneut symbolische Bedeutung. Die Nachkriegsgeschichte der Oper war von heftigen Diskussionen darüber begleitet, ob dieses Monument einer versunkenen Bürgerkultur und ihres in die Fassade eingemeißelten Kunstideals – »Dem Wahren, Guten, Schoenen« – schicklich wiederhergestellt werden könne. Dies auch im Hinblick darauf, daß der Nationalsozialismus mit Mord und Vertreibung die Geschichte der Frankfurter Juden beendet hatte, deren Besitz- und Bildungsbürgerschicht das Opernhaus zu einem großen Teil die Verwirklichung verdankt hatte.

5/65 Ansicht des Goethe-Hauses in Frankfurt

E. Mertens & Cie

1892; Fotografie (alter Abzug), 27,2 × 21,2 cm
Frankfurt, Historisches Museum (Ph 7941)

5/66 Zerstörung und Wiederaufbau des Goethe-Hauses in Frankfurt

a) Aufräumungsarbeiten durch russische Zwangsarbeiter nach dem Bombenangriff von 1943
b) Proben für die Deckenprofile im Neubau
c) letztes Fensterputzen vor der Wiedereröffnung in der Bibliothek des Vaters

Fotografien (alte Abzüge), a) 13 × 18 cm; b) 16 × 23 cm; c) 24,4 × 18 cm
Frankfurt, Freies Deutsches Hochstift/Frankfurter Goethe-Museum (IV a 12; IV d-3 8/2; IV d-5)

Am 22. März 1944 ging bei einem Luftangriff auf Frankfurt auch Goethes Geburtshaus im Hirschgraben in Flammen auf. Das Inventar, das an 18 verschiedenen Orten außerhalb Frankfurts ausgelagert worden war, überstand den Krieg ohne Schäden. Bald nach dem Ende des Zweiten Weltkrieges begann die Diskussion über den Wiederaufbau des Hauses, die wie ein Brennglas wirkte, in dem sich die widerstreitenden Vorstellungen von modernistischer und traditionalistischer Architektur bündelten. Der Leiter des Goethe-Hauses, Ernst Beutler, sprach sich, unterstützt vom Architekten Theo Kellner, für eine naturgetreue Wiederherstellung des Hauses aus.

Dem stand die Forderung nach einem Neubau, der die geretteten Möbel, Bilder, Gemälde und Geräte aufneh-

5/66a

5/68

men sollte, entgegen. Walter Dirks bemerkte hierzu 1947: »Das Haus am Hirschgraben ist nicht durch einen Bügeleisenbrand oder durch einen Blitzschlag oder durch Brandstiftung zerstört worden; (...) es hatte seine bittere Logik, daß das Goethehaus in Trümmer sank.«

Die Vertreter der Rekonstruktion setzten sich durch. Im In- und Ausland wurden Spenden gesammelt. Am 10. Mai 1951 wurde das Goethe-Haus in Anwesenheit von Bundespräsident Theodor Heuss wieder eingeweiht.

5/67 Entwurf für die Neugestaltung des zerstörten Goethe-Hauses in Frankfurt

Gerhard Weber

1947; blaue Tinte auf Transparentpapier, 22 × 31,4 cm
Berlin, Staatliche Museen Preußischer Kulturbesitz, Kunstbibliothek (Aoz 1979/116)

5/68 Bundespräsident Theodor Heuss und der Frankfurter Oberbürgermeister Walter Kolb in Begleitung der Alliierten Hohen Kommissare bei der Einweihung des wiederaufgebauten Goethe-Hauses am 10. Mai 1951

Fotografie (Reproduktion)
Frankfurt, Stadtarchiv

5/69 Innenansicht der Aula der Pädagogischen Akademie in Frankfurt während der Bauarbeiten

1949; Fotografie (Reproduktion)
Frankfurt, Stadtarchiv (S 7/c)

Mainz

»Diadem des Reiches«

Andrea Theissen

Mainz war im Mittelalter eines der Zentren des deutschen Reiches. In der Literatur des 10. und 11. Jahrhunderts wurde die Stadt deshalb mit Ehrentiteln wie »Herrin der Völker, Königin der Kirche, Metropole der Städte, Fürstin der Provinzen«, »Diadem des Reiches« und »Goldenes Haupt« versehen.

Ein Grund für die Wertschätzung, die Mainz genoß, war die wirtschaftliche Bedeutung der Stadt. Von jeher war sie als Hafen- und Anlegeplatz für den Flußverkehr auf Rhein und Main und als Knotenpunkt wichtiger Landverbindungen begünstigt. Der Reichtum der Stadt scheint bemerkenswert gewesen zu sein, wie aus der Schilderung des welterfahrenen spanischen Juden Ibrahim Ibn Jakub hervorgeht, der in den sechziger Jahren des 9. Jahrhunderts eine Reise durch Europa unternommen hatte, in deren Verlauf er auch Mainz besuchte. »Mainz ist eine sehr große Stadt, von der ein Teil bewohnt und der Rest besät ist. Es liegt im Land der Franken an einem Flusse, der Rin genannt wird, und ist reich an Weizen, Gerste, Roggen, Weinbergen und Obst... Ferner ist es auffällig, daß es dort Gewürze gibt, die nur im fernsten Morgenlande vorkommen, während sie [die Stadt Mainz] im fernsten Abendlande liegt...«

Aber wirklich entscheidend für das Ansehen von Mainz war wohl weniger außergewöhnliche Wirtschaftskraft, über die damals durchaus auch andere Städte verfügten, sondern seine durch die hervorragende Rolle des Erzbischofs als Primas der deutschen Bischöfe und Erzkanzler des Reiches bedingte politische Bedeutung. Denn wenn Lampert von Hersfeld, der bekannte Schriftsteller aus der Zeit des Investiturstreits, noch um das Jahr 1074 Mainz an die Spitze der gallischen Städte setzte, war diese Rangordnung angesichts des beeindruckenden Wirtschaftswachstums der Stadt Köln sicher nicht in ökonomischer Hinsicht gedacht. Auch ein anderer Bezugspunkt zu Mainz, Frankfurt, spielte noch im 12. Jahrhundert eine durchaus untergeordnete Rolle. »Frankfurt [ist] ein kleiner Ort im Gebiet der Stadt Mainz«, schrieb ein französischer Chronist, der von den Wundertaten Bernhards von Clairvaux im Jahre 1146 berichtete.

Trotzdem konnte Mainz ebensowenig wie die anderen Zentren des Reiches zu seiner tatsächlichen und einzigen Hauptstadt werden. Einen vergeblichen Vorstoß in diese Richtung unternahm der Kurfürst Berthold von Henneberg (1484–1504), der maßgeblich an den Reichsreformgesetzen des Jahres 1495 beteiligt war. Auf dem Reichstag zu Augsburg im Jahre 1500 erreichte er die Einsetzung des ›Reichsregiments‹, in dem er als Reichserzkanzler die bestimmende Position einnahm. Es war Bertholds Wunsch, Mainz zum Sitz des ›Reichsregiments‹ wie auch des Reichskammergerichts zu machen. Damit konnte er sich jedoch nicht durchsetzen. Das ›Reichsregiment‹, das im übrigen keine dauerhafte Einrichtung wurde, tagte in Nürnberg, das Reichskammergericht kam nach Speyer.

Ein besonderes Kapitel der Mainzer Geschichte stellen die Jahre 1631/32 während des Dreißigjährigen Krieges dar, in denen der schwedische König Gustav Adolf in Mainz residierte. Er plante, sich zum römischen König wählen zu lassen und Mainz zur Hauptstadt eines neuen »evangelischen Deutschland« zu machen; ein Plan, der mit dem Tod Gustav Adolfs im Jahre 1632 allerdings hinfällig wurde.

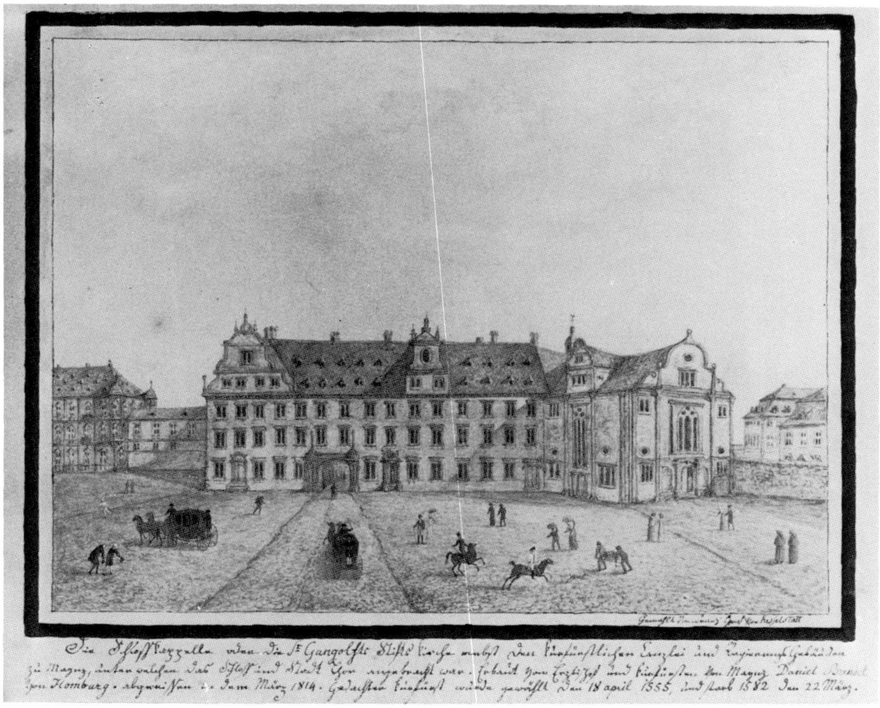

Ansicht des Stifts St. Gangolf (Regierungsgebäude) und der Hofkapelle (Kat. Nr. 6/4)

Das Erzkanzleramt

Seine hauptstadtähnliche Funktion erhielt Mainz durch das Reichserzkanzleramt. Es besaß nach der kaiserlichen Würde das größte Gewicht und wurzelte zum einen in der Mainzer Erzbischofsgewalt zum anderen im frühmittelalterlichen Erzkaplanat. Das Mainzer Erzbistum genoß den höchsten Rang unter den Erzbistümern; es bildete die größte Kirchenprovinz überhaupt. Bis zur Mitte des 14. Jahrhunderts umfaßte es 14 Bistümer: Konstanz, Eichstätt, Speyer, Straßburg, Worms, Würzburg, Augsburg, Chur, Halberstadt, Hildesheim, Olmütz, Paderborn, Prag und Verden. Erstmals 870 betraute Ludwig der Deutsche den Mainzer Erzbischof Luitbert mit dem Erzkaplanat und dem Oberkanzleramt, d. h. der Aufsicht über die Hofgeistlichkeit und die königliche Kanzlei. Seit 965 hatte der Mainzer Erzbischof als Inhaber der beiden Ämter die maßgebliche Position bei Königswahl, Königskrönung und bei Hof- bzw. Reichstagen inne. Das Krönungsrecht ging jedoch im Laufe des Mittelalters an den Kölner Erzbischof über, da die Krönungsstadt Aachen in dessen Erzdiözese lag. Seine Vorrangstellung bei der Königswahl konnte der Mainzer Bischof allerdings bis zur Auflösung des alten Reiches behaupten. In der ›Goldenen Bulle‹ Karls IV. von 1356 wurde dem Mainzer Erzbischof als dem vornehmsten der drei geistlichen und vier weltlichen Kurfürsten das Recht auf Durchführung der Königswahl bestätigt: Ihm stand die Einberufung der Wahlversammlung zu, die Aufsicht über den seit 1257 in Frankfurt stattfindenden Wahlakt, die entscheidende letzte Stimme und schließlich die Verkündung des Wahlergebnisses.

Seit Beginn des 16. Jahrhunderts gab es heftige Auseinandersetzungen um die Zuständigkeiten des Erzkanzlers; ein Tauziehen zwischen Mainz und Wien, dem Sitz der Hofkanzlei, begann. Die Reichshofkanzleiordnung von 1559 setzte dem Streit ein Ende: Formell behielt der Erzbischof und Kurfürst von Mainz die Leitung dieser Zentralbehörde, tatsächlich aber erfolgte sie durch den vom Kaiser eingesetzten Reichsvizekanzler, der bereits seit 1519 ständiger Leiter der Kanzlei war. In Mainz verblieb nur noch die Kanzlei, die das Urkundenwesen des Reiches auf den Reichstagen besorgte.

Der ›Königsmacher‹

In der Reihe der Mainzer Erzbischöfe hat es einige herausragende Persönlichkeiten gegeben, die ihren Einfluß auf die politische Entwicklung Deutschlands in besonderer Weise geltend gemacht haben. Zu ihnen zählte ohne Zweifel Willigis (975–1011), den Kaiser Otto II. im Jahre 975 zum Erzbischof bestimmte. Er war nicht nur an der Königskrönung des dreijährigen Otto III. nach dem Tode seines Vaters beteiligt, sondern er war auch der verantwortliche Berater der Kaiserinnen Theophanu und Adelheid, die während der Minderjährigkeit Ottos III. bis 994 die Regentschaft ausübten. Willigis' rasches Handeln, mit dem er nach dem frühen Tod Ottos III. 1002 bei der Königswahl die Entscheidung zugunsten des Bayernherzogs Heinrich herbeiführte, war folgenreich für Mainz und das Erzkanzleramt. Für diese Wahl ist erstmals die Beteiligung der geistlichen Fürsten wie auch die wichtige Funktion des Mainzer Erzbischofs bei dem Wahlvorgang überliefert. Von nun an behielt er das Vorrecht, die Wahlversammlung einzuberufen, den Wahlvorgang zu leiten und die entscheidende Wahlstimme abzugeben. Auch das Krönungsrecht konnte Willigis 1002 durchsetzen, wobei nicht Aachen, sondern Mainz der Krönungsort war.

Die erste bildliche Darstellung eines Mainzer Erzbischofs als ›Königsmacher‹ findet sich auf dem Grabstein Siegfrieds III. von Eppstein (1230–1249). Er zeigt diesen als mächtigen Kirchenfürsten, der die beiden antistaufischen Gegenkönige Heinrich Raspe (1246–1247) und Wilhelm von Holland (1247–1256) krönt – beide sind in ihrer Kleinheit unschwer als Geschöpfe Siegfrieds zu erkennen.

Die Mainzer wiederum haben sich ihre Unterstützung Siegfrieds im Kampf gegen die Staufer teuer bezahlen lassen. Das Stadtprivileg von 1244 gewährte den Bürgern die Wahl eines Stadtrates und so weitgehende rechtliche, militärische und finanzielle Zugeständnisse, daß Mainz faktisch, wenn auch nicht juristisch, als ›Freie Stadt‹ angesehen werden konnte.

In Siegfrieds Amtszeit fällt der ebenso bedeutsame wie spektakuläre Hoftag von 1235, zu dem Friedrich II. zum ersten Mal nach fünfzehn Jahren wieder nach Deutschland kam. »Er fuhr, wie es der kaiserlichen Majestät geziemt, in großer Pracht und Herrlichkeit, mit vielen Wagen, beladen mit Gold und Silber, Batist, Purpur, Edelsteinen und kostbaren Geräten, mit vielen Kamelen und Dromedaren. Viele Sarazenen und Äthiopier, die verschiedener Künste kundig waren, mit Affen und Leoparden, bewachten seine Schätze.« Das wichtigste Ergebnis des Mainzer Hoftages war der Erlaß des berühmten Mainzer Reichslandfriedens, der von allen Anwesenden beschworen wurde und durch seine Verbreitung in deutscher Sprache große Wirksamkeit erreichte.

Mit dem Namen des Erzbischofs Diether II. von Isenburg (1459–1463 und 1475–1482) verbindet sich die für die Stadt und den Kurstaat so folgenreiche Stiftsfehde. Diether II. war maßgeblich an einer gegen Kaiser und Papst gerichteten Fürstenopposition beteiligt. Als er es ablehnte, die von Papst Pius II. für seine Bestätigung als Erzbischof erhobenen Gebühren zu zahlen, wurde er 1461 gebannt und an seiner Stelle Adolf II. von Nassau (1461–1475) ernannt. Im Verlauf der nun ausbrechenden Stiftsfehde gelang es Adolf am 28. Oktober 1462, die Stadt zu erobern. In den unangefochtenen Besitz des Erzstifts gelangte er aber erst 1463 durch die Verzichtserklärung Diethers. Nach Adolfs Tod wählte das Domkapitel Diether erneut zum Erzbischof, der nun die durch seinen Vorgänger begonnene Politik der Umwandlung von Mainz in eine fürstliche Residenzstadt fortsetzte. Ausdruck dessen ist die Martinsburg, die er 1478 bis 1481 am Rheinufer erbauen ließ.

Eine zentrale Figur der deutschen Geschichte war Johann Philipp von Schönborn (1647–1673). Seine Friedenspolitik verschaffte ihm eine Stellung, die lange kein Kurfürst von Mainz mehr eingenommen hatte. So hatte er maßgeblichen Anteil am Zustandekommen des Westfälischen Friedens von 1648, der den Dreißigjährigen Krieg beendete. Sein Ziel war die Aufrechterhaltung des seiner Meinung nach von Habsburg bedrohten Gleichgewichts. Zu diesem Zweck initiierte er 1658 die sogenannte Rheinische Allianz, den Ersten Rheinbund, dem Frankreich als Garant des Westfälischen Friedens beitrat. Auch bei der Auflösung der Rheinischen Allianz 1667 nach einer Änderung der französischen Politik war er federführend. Die Festigung der Position des Erzkanzlers erreichte er dadurch, daß es ihm gelang, seinen Anspruch auf die Königskrönung in Frankfurt wie auch den Vorsitz im Direktorium des seit 1663 ›immerwährenden‹ Reichstages in Regensburg durchzusetzen. In Mainz stand in seiner Amtszeit der Wiederaufbau der Stadt nach dem Dreißigjährigen Krieg im Vordergrund.

Sein Neffe Lothar Franz von Schönborn (1695–1729), dem Johann Philipp in vieler Hinsicht Vorbild war, vertrat dagegen eine durchaus kaisertreue Politik. Der Höhepunkt seines weltlichen Wirkens war die Kaiserwahl Karls VI. im Jahre 1711 und dessen Krönung zum römischen Kaiser. Als Barockfürst par excellence betätigte er sich als großzügiger Mäzen und Bauherr. Eines der prachtvollsten Ergebnisse des »schönbornschen Bauwurms« in Mainz war die Schloß- und Gartenanlage ›Favorite‹ am Zusammenfluß von Rhein und Main, die 1793 zerstört wurde.

Das letzte Kapitel in der politischen Geschichte des Mainzer Erzbistums begann 1792 im Gefolge der Französischen Revolution, als die Truppen des Generals Custine einen Überraschungsangriff auf die Pfalz unternahmen. Nach der Einnahme von Speyer und Worms hatte der Erzbischof Karl Friedrich Joseph von Erthal (1774–1802), der noch wenige Monate zuvor in Frankfurt bei der Wahl und Krönung Kaiser Franz' II. seine Rolle als Reichserzkanzler und Königskröner hatte genießen können, Mainz fluchtartig verlassen. 14 Tage

Büste des Kurerzkanzlers und Fürstprimas Karl Theodor von Dalberg (Kat. Nr. 6/3)

später erschienen die Franzosen vor der Residenzstadt. Die Behörden, durch das Auftreten von Revolutionsanhängern in der Mainzer Bevölkerung erschreckt, übergaben die Stadt am 21. Oktober 1792.

1802 regierte als letzter Kurfürst von Mainz und Reichserzkanzler Karl Theodor von Dalberg in einem allerdings durch den Verlust der linksrheinischen Besitzungen – insbesondere der Stadt Mainz selbst – und durch die weitgehende Säkularisierung der rechtsrheinischen Gebiete stark dezimierten Territorium. Von der im Reichsdeputationshauptschluß 1803 vorgesehenen Aufhebung der geistlichen Fürstentümer blieb der Mainzer Erzstuhl zwar als einziger vorläufig ausgespart, er ging aber jetzt auf Regensburg über. Für Dalberg wurde ein besonderer Staat gebildet, wozu die Territorien Regensburg, Aschaffenburg und Wetzlar verwendet wurden. Sein Amt als Reichserzkanzler mußte er dann aber 1806 nach der Auflösung des Heiligen Römischen Reiches Deutscher Nation und der Errichtung des Rheinbundes niederlegen. Freilich wahrte Dalberg die Kontinuität insofern, als ihm, der seit 1806 in Frankfurt residierte, die Würde eines Erzkanzlers des Rheinbundes zugedacht war.

Die ›Central-Untersuchungs-Commission‹ in Mainz

Im Zeitalter der Restauration wurde Mainz noch einmal zu einem Zentrum in Deutschland – einem Zentrum der politischen Polizei. Am 20. September 1819 verabschiedete die Bundesversammlung in Karlsbad Maßnahmen zur Wiederherstellung von Ruhe und Ordnung im Deutschen Bund. Anlaß für diese Initiative, die wesentlich von dem österreichischen Staatskanzler Metternich ausging, war die Ermordung des konservativen Schriftstellers und Diplomaten von Kotzebue durch den Jenaer Burschenschafter Karl Ludwig Sand. Kernstück der Karlsbader Beschlüsse waren das Universitätsgesetz, das Preßgesetz und das Untersuchungsgesetz, das die Errichtung einer Zentralen Untersuchungskommission in der Bundesfeste und Stadt Mainz für die Untersuchung ›demagogischer Umtriebe‹ und revolutionärer Verbindungen beinhaltete.

Die Untersuchungskommission war zwar der Bundesversammlung unterstellt, ihre sieben Mitglieder jedoch wurden von den Regierungen Österreichs, Preußens, Bayerns, Hannovers, Badens, Hessens und Nassaus eingesetzt. Die Kommission, die 14 Tage nach Beschluß des Gesetzes ihre Arbeit aufnahm, hatte die Aufgabe, gemeinsam »hochverräterische verbrecherische Unternehmungen« und »demagogische Verbindungen gegen den Bund« aufzudecken. Was er unter ›Hochverrat‹ verstand, formulierte das nassauische Kommissionsmitglied so: Jeder, der »irgendeine Handelung, sie heiße wie sie wolle, und sey an sich schon verboten, erlaubt oder sogar edel, in der Absicht vorgenommen hat, und zur Auflösung der einzelnen deutschen Staaten in Einen großen Staat mitzuwirken, ... [ist] des Hochverrats schuldig und ... [hat] das Leben verwirkt«. So wundert es nicht, daß der Finalbericht, der in seiner Darstellung bis in das Jahr 1806 zurückging, auch die Namen Steins und Scharnhorsts enthielt.

Am 8. November 1819 nahm die Zentrale Untersuchungskommission ihre Arbeit als dritte Kommission des Deutschen Bundes, neben der Militär- und der Rheinschiffahrtskommission, in Mainz auf. Sie hatte von Anfang an mit erheblichen Schwierigkeiten zu kämpfen. Es fehlte zunächst an Diensträumen für die Beamten und die Sitzungen. Diese wurden anfangs in der Wohnung des Präsidenten abgehalten, ehe im Usingerschen Haus auf der Großen Bleiche ein geeignetes Quartier gefunden wurde. Bedeutsamer noch war die negative Einstellung der Bevölkerung gegenüber der Kommission. In einem Bericht des österreichischen Kommissionsvorsitzenden Schwarz vom 3. Dezember 1819 hieß es, die Einwohner von Mainz bezeichneten die Kommission als »Fehmegericht« oder verwechselten sie mit einem spanischen Inquisitionstribunal. Deshalb wurde der Anwesenheit von Bundestruppen in der Bundesfestung Mainz für die Sicherheit des Personals und des Gebäudes besondere Bedeutung beigemessen.

Die Einzelstaaten waren verpflichtet, zur Unterstützung der Untersuchungskommission Akten und Beilagen zu übersenden, Verhaftungen vorzunehmen und die Verhafteten nach Mainz zu bringen. Aber gerade diese wichtige Voraussetzung für eine erfolgreiche Arbeit der Kommission fehlte: Die Länderregierungen, vor allem die der konstitutionellen Staaten, versagten der Kommission weitgehend ihre Unterstützung.

Die Kommission stand unter großem Erfolgszwang, denn nur der Nachweis der Bedrohung des bestehenden Systems konnte ihre Weiterexistenz rechtfertigen. Dies führte oftmals zu einer wahren Verfolgungssucht, die selbst von Befürwortern der Karlsbader Beschlüsse kritisiert wurde. So schrieb der österreichische Kommissar von Rath am 6. Juli 1820 an Metternich: »Sichtbar handelt es sich nicht, wie in der Regel, darum, bei vorhandenen Verbrechen, den Täter aufzufinden, sondern es soll erst das Verbrechen, dessen bereits mehrere beschuldigt sind, ausgemittelt werden.« Dieses Vorgehen griff E. T. A. Hoffmann, der selbst in die preußische ›Immediatkommission zur Ermittlung hochverräterischer Verbindungen und gefährlicher Umtriebe‹ berufen worden war, in seinem Märchen ›Meister Floh‹ satirisch auf. Darin teilt der Geheime Hofrat Knarrpanti, der unschwer als sein Vorgesetzter Kamptz identifiziert werden konnte, dem Untersuchungsrichter mit, daß es seiner Schlauheit gelungen sei, den Entführer der Prinzessin zu ermitteln; auf dessen Entgegnung, daß überhaupt niemand entführt worden sei, von der Ausmittelung eines Entführers also nicht die Rede sein könne und daß doch eine Tat begangen sein müsse, wenn es einen Täter geben solle, erwidert er: »Wenn erst der Verbrecher ausgemittelt ist, findet sich das begangene Verbrechen von selbst.« Die Knarrpanti-Stücke fehlen bezeichnenderweise in allen Werkausgaben vor 1908.

Sitzung des Mainzer Jacobiner-Clubs im Akademiesaal des Kurfürstlichen Schlosses (Kat. Nr. 6/7)

Trotzdem mußte die Kommission in ihrem Bericht von 1822 zugeben, daß weniger Tathandlungen als vielmehr Versuche und Vorbereitungen festgestellt werden konnten. Der Hauptbericht der Kommission erfolgte im Dezember 1827, in der Bundesversammlung wurde aber erst im März 1831 über die Arbeit berichtet. Die Ergebnisse der Untersuchungen wurden nie veröffentlicht, der Hauptbericht in 100 Exemplaren nur für den geheimen Gebrauch gedruckt.

Zu diesem Zeitpunkt existierte die Kommission bereits nicht mehr: Am 16. Mai 1828 hatte die Bundesversammlung beschlossen, ihr die Miete aufzukündigen. Die Einrichtungsgegenstände sollten, um unerwünschtes Aufsehen zu vermeiden, bei Gelegenheit einer anderen Versteigerung und ohne Bekanntmachung mitversteigert werden. Dieses sang- und klanglose Davonstehlen wurde von Ludwig Börne, dem führenden liberalen Schriftsteller und Publizisten seiner Zeit, gebrandmarkt. Die Regierungen hätten zwar das ganze Volk der Büberei angeklagt, als man aber genötigt war, es unschuldig zu sprechen, sei dies nicht öffentlich geschehen.

Wenige Jahre später stand Mainz noch einmal im Mittelpunkt von Überlegungen, ein polizeiliches Zentrum in Deutschland zu schaffen, als Metternich den maßgeblichen Staaten des Deutschen Bundes einen entsprechenden Plan unterbreitete. An den preußischen Minister Wittgenstein schrieb er diesbezüglich: »In einem Fokus vereint, werden aus den bis jetzt getrennten Strahlen Lichtmassen entstehen, und werden die Regierungen – die Erforschung zweckmäßig geleitet – in die Möglichkeit setzen, zu Maßregeln würdig zu schreiten.« Diese Geheimbehörde war nicht als Zentrum exekutiver Gewalt gedacht, sondern als Informationsamt mit der Aufgabe, Spuren revolutionärer Umtriebe zu verfolgen und hierüber zu berichten. Zwei Gründe bewogen Metternich, Mainz als Sitz dieser geheimen Institution zu befürworten: Zum einen war die Entfernung zu Frankfurt – dem Sitz der Bundesversammlung – gering, zum anderen aber hatte Mainz diesem gegenüber den Vorzug, kein »wahres Klatschnest« zu sein.

6/1 Kopf des Erzbischofs Gerhard II.

um 1305; Sandstein, 33 × 22 cm
Mainz, Bischöfliches Dom- und Diözesanmuseum

Der Erzbischof Gerhard II. (1289–1305) aus dem Hause Eppstein war 1292 an der Königswahl Adolfs von Nassau beteiligt, die vor allem dem Interesse der Kurfürsten diente, einen ›schwachen König‹ zu haben; deshalb wurde auch nicht Albrecht, der Sohn Rudolfs von Habsburg, gewählt. Adolf von Nassau verstand es jedoch, mit finanzieller Unterstützung durch den englischen König in Thüringen und Sachsen seine Ländereien zu mehren. Der Mainzer Erzbischof, dessen Territorium gleichfalls in diese Region hineinreichte, betrieb von nun an die Absetzung Adolfs, die 1298 in Mainz beschlossen wurde.

6/2 Bildnis des Kurfürsten Johann Philipp von Schönborn

Kupferstich, 43,8 × 36,7 cm
Mainz, Landesmuseum

Johann Philipp von Schönborn (1605–1673), seit 1647 Kurfürst und Erzbischof von Mainz, versuchte in der Folge der neuen Machtverhältnisse Europas nach dem Dreißigjährigen Krieg die Reichsstände zu einer unabhängigen dritten Kraft neben Habsburg und den Großmächten Frankreich und Schweden zu machen. Dabei sollte auch die Stellung des Reichskanzlers an Bedeutung gewinnen. In Frankfurt wurde 1658 auf seine Initiative ein Bund einiger geistlicher (darunter all derer mit Kurstimme) und weltlicher Fürsten (darunter Brandenburg) gegründet. Diesem gehörte aber auch der König von Schweden (als Herzog von Bremen) an, ebenso war Frankreich vertreten, in dem der Bund seine Hauptstütze sah. Dies führte dazu, daß der Zusammenschluß im Jahre 1668 zerbrach, als Ludwig XIV. mit seiner expansiven Politik zur Bedrohung für das Reich wurde.

6/3 Büste des Kurerzkanzlers und Fürstprimas Carl Theodor von Dalberg (Abb. S. 149)

Heinrich Philipp Sommer

um 1800; Alabaster, Säulenstumpf grau gesprenkelter Marmor, H 67 cm
Aschaffenburg, Schloßmuseum der Stadt Aschaffenburg (24/60)

Der letzte Kurfürst von Mainz, Carl Theodor von Dalberg (1744–1817), wurde zu einer Schlüsselfigur am Ende des Heiligen Römischen Reiches. Zugleich war Dalberg ein Staatsmann von höchst ungewöhnlichen intellektuellen Interessen, die ihn nicht nur zum Verfasser einer Vielzahl von Schriften, sondern auch zum geschätzten Gesprächspartner Goethes und Schillers machten. Seit 1763 in kurmainzischen Diensten, wurde er 1771 zum Statthalter des zu Kurmainz gehörenden Erfurt ernannt.

Im Jahre 1787 stand die Wahl des Koadjutors an, des höchsten Amtsgehilfen und voraussichtlichen Nachfolgers des Erzbischofs von Mainz. Diese Wahl wurde zum erstrangigen Politikum. Da der Mainzer Erzbischof zugleich Erzkanzler des Reiches war, nahmen die beiden wesentlichen Interessengruppen Einfluß auf die Wahl: der von Preußen beherrschte ›Fürstenbund‹ und die österreichische kaiserliche Seite. Dalberg, der schließlich gewählt wurde, sah sich selbst als ›Reichspatrioten‹, für den die Reform des Reiches und seiner friedenserhaltenden Funktion im Vordergrund stand. Dem diente auch seine spätere Politik im Zeichen der napoleonischen Kriege. Die Hauptstadt des Kurstaates Mainz wurde 1797 endgültig von den französischen Revolutionstruppen besetzt; der Erzbischof Karl Friedrich Joseph von Erthal wich nach Aschaffenburg aus. Nach seinem Tod 1802 übernahm Dalberg das Amt. Der ›Reichsdeputationshauptschluß‹ von 1803, der alle anderen geistlichen Fürstentümer aufhob, übertrug den Erzstuhl von Mainz und die Reichserzkanzlerwürde auf Regensburg.

Im Januar 1806 forderte Dalberg Napoleon auf, seine Kaiserwürde auf den nichthabsburgischen Teil des Reiches auszudehnen. In der nationalstaatlich beengten Sichtweise des 19. Jahrhunderts wurde der Kurfürst dadurch zum ›Erzverräter‹. In Wahrheit wollte er die Reichsverfassung erhalten – ein supranationales, auf römische Universalität zurückgehendes Dach war sie ohnehin immer gewesen. Statt dessen kam es zur Auflösung des Reiches und zur Bildung des ›Rheinbundes‹, da Napoleon wenig von solch »leeren Träumereien« hielt. Dalberg sollte die Kontinuität des Erzkanzleramtes auch im Rheinbund erhalten – mit Sitz im Frankfurter Palais Thurn und Taxis –, ohne daß eine solche Zentralgewalt jemals wirksam geworden wäre.

Im Jahre 1810 wurde auch dieses geistliche Fürstentum säkularisiert; Dalbergs Territorium (der ›Primatialstaat‹), zu dem Aschaffenburg, Wetzlar, Hanau und Frankfurt zählten, wurde in ›Großherzogtum Frankfurt‹ umbenannt. Der Ort seines Bischofssitzes, Regensburg, kam zu Bayern. Die inneren Verhältnisse in Dalbergs Staat waren für die Zeit mustergültig. Nach der Niederlage Napoleons bei Leipzig 1813 legte der Kurfürst seine weltlichen Ämter nieder und zog sich in sein Bistum Regensburg zurück.

6/4 Ansicht des Stifts St. Gangolf (Regierungsgebäude) und der Hofkapelle (Abb. S. 147)

Franz von Kesselstatt

Feder, aquarelliert, 27 × 35,4 cm
Mainz, Landesmuseum (GS0/2078)

6/5 Ansicht des Stifts St. Gangolf, des Kurfürstlichen Residenzschlosses und der Martinsburg in Mainz

Franz von Kesselstatt

Feder, aquarelliert, 28,7 × 35,2 cm
Mainz, Landesmuseum (GS0/2084)

Im Jahre 1462 beseitigte Erzbischof Adolf von Nassau die Selbständigkeit der Stadt Mainz, die 1469 zur Residenzstadt des Kurfürsten und Erzbischofs wurde. Der Nachfolger, Diether von Isenburg, ließ 1478 bis 1480 die Martinsburg (im Bild rechts) als Zwingburg der kurfürstlichen Herrschaft und als Residenz in der Stadt erbauen. Die Martinsburg wurde zwischen 1805 und 1809 abgebrochen. Im St. Gangolf-Stift (im Bild links), erbaut 1570 bis 1581, befand sich die Reichskanzlei; das Bauwerk wurde 1813/14 abgerissen. Zwischen Martinsburg und St. Gangolf-Stift ist der Neubau des Residenzschlosses zu sehen. Im Jahre 1627 begonnen, ging die Vollendung nur zögerlich vonstatten; die Kurfürsten der Barockzeit residierten lieber in der Schloßanlage ›Favorite‹ außerhalb der Stadt. Nach der Angliederung von Mainz an Frankreich plante Napoleon zeitweilig, im Mainzer Stadtschloß eine kaiserliche Residenz einzurichten.

6/6 Ansicht des kurfürstlichen Lustschlosses ›Favorite‹

Salomon Kleiner/J. A. Corvinus

1724/1726; Kupferstich, 51,5 × 75 cm
Mainz, Landesmuseum Mainz (GSD0/579)

Zwischen 1704 und 1724 entstand im Süden von Mainz unter dem Kurfürsten Lothar Franz von Schönborn die Schloßanlage ›Favorite‹. Architekt war Maximilian von Welsch (1671–1745), das Vorbild – was die Idee der Bebauung mit Pavillons angeht – das Lustschloß Ludwigs XIV. Marly (1676–1689). 1792 war ›Favorite‹ im Zusammenhang mit der letzten Krönung eines Kaisers des Heiligen Römischen Reiches (Franz' I.) Schauplatz eines glanzvollen Fürstentreffens. Ein Jahr später fiel auch das Schloß ›Favorite‹ den Kriegshandlungen zwischen Reichstruppen und der französischen Revolutionsarmee zum Opfer.

6/7 Sitzung des Mainzer Jacobiner-Clubs im Akademiesaal des Kurfürstlichen Schlosses (Abb. S. 151)

1792; Feder, laviert (Faksimile), 44,3 × 57,9 cm
Mainz, Landesmuseum (1932/2)

Zu den Reformbemühungen des vorletzten Kurfürsten Karl Friedrich Joseph von Erthal zählte auch 1784 eine Neuorganisation der Universität, die Mainz zu einem Anziehungspunkt für Gelehrte aus dem ganzen Reich machte. Als im Oktober 1792 die französische Revolutionsarmee unter General Custine in Mainz einmarschierte, bildete sich vor allem aus diesen Kreisen nach dem Vorbild der Pariser Jakobiner eine ›Gesellschaft der Freunde der Freiheit und Gleichheit‹. Neben anderen zählten etwa der berühmte Naturforscher Georg Forster, seit 1788 Bibliothekar des Kurfürsten, oder der kurfürstliche Leibarzt Georg Wedekind zu den führenden Köpfen der Mainzer Jakobiner. Ein mit geringer Beteiligung gewählter ›Nationalkonvent der freien Deutschen diesseits des Rheins‹ rief im März eine Republik aus und beschloß ihre Selbstangliederung an das revolutionäre Frankreich. Der Begriff der ›Nation‹ war für die Mainzer Republikaner vor allem als Gemeinschaft der Werte Freiheit und Gleichheit definiert. Im politischen Denken der Deutschen des 19. Jahrhunderts wurde hingegen ein Begriff der Nation wirksam, der eher auf der Gemeinschaft der Sprache und der Geschichte beruhte.

6/8 Die Beschießung von Mainz durch die Reichsarmee

J. G. Schütz/J. F. Tielker

um 1793; Aquatinta, 56,5 × 69,7 cm
Mainz, Landesmuseum (GSD0/585)

Im April 1793 schlossen die Armeen der verbündeten deutschen Fürsten die Stadt Mainz ein, die am 23. Juli kapitulierte. Nach dem Abzug der französischen Armee kam es zu schweren Ausschreitungen der Bevölkerung gegen die nun schutzlosen deutschen ›Jakobiner‹.

6/9 Ansicht des ›Neubrunnenhofs‹ – Sitz der ›Central-Untersuchungs-Commission‹ zur Verfolgung ›demagogischer Umtriebe‹ und revolutionärer Verbindungen

um 1825; Feder, aquarelliert, 19 × 26,5 cm
Mainz, Landesmuseum (GS 1955/11)

6/10 Resümee aus dem Hauptbericht der ›Central-Untersuchungs-Commission‹ für die Untersuchung ›demagogischer Umtriebe‹ und revolutionärer Verbindungen

1827; Kopie, Papierlibell, 44,5 × 34,6 cm
Wien, Österreichisches Staatsarchiv, Haus-, Hof- und Staatsarchiv (Staatskanzlei, Deutsche Akten, Alte Reihe 125 [n. 47e 2])

6/11 ›Der Denker-Club: Auch eine deutsche Gesellschaft‹

um 1820; Lithographie, 18,2 × 26,5 cm
München, Günther Böhmer

6/12 ›Der Zeitungs-Club‹

Verlag Friedrich Campe, Nürnberg

um 1820; Lithographie, koloriert, 17 × 25,2 cm
München, Günter Böhmer

6/9

Wetzlar

Das Reichskammergericht

Hartmut Schmidt

Mit Beschluß vom 28. September 1689 verfügte der Immerwährende Reichstag in Regensburg die einstweilige Verlegung des Reichskammergerichts in die kleine Reichsstadt Wetzlar an der Lahn und beendete damit ein höchst unerfreuliches Intermezzo in der Geschichte dieser ehrwürdigen Reichsinstitution. Es bedeutete schon einen schmerzhaften Einschnitt in die Arbeit des obersten Gerichts des Deutschen Reiches, daß man viel zu spät das von französischen Truppen im Verlauf des pfälzischen Erbfolgekrieges bedrohte und schließlich zerstörte Speyer hatte verlassen müssen; ein bedeutender Teil des Gerichtsarchivs war so in die Hände des Feindes gefallen, obwohl es nicht an Mahnungen gefehlt hatte, das Gericht frühzeitig von seinem gefährdeten Standort nahe der Westgrenze des Heiligen Römischen Reiches deutscher Nation ins Reichsinnere zu verlegen. Man hatte auch erleben müssen, wie wenig erwünscht das nunmehr heimatlose Gericht zumindest in den bedeutenderen Reichsstädten war. Frankfurt am Main, mit der feierlichen Eröffnung des Kammergerichts am 31. Oktober 1495 durch König Maximilian I. erster Gerichtssitz und später stets das Ziel kammergerichtlicher Sehnsüchte, hatte zwar dem aus Speyer geflohenen Gerichtspersonal Zuflucht gewährt, sich aber energisch gegen die Etablierung des Gerichts am Ort selbst verwahrt. Auch zu diesem Zeitpunkt hatte es den Anschein, als wäre die historische Chance nicht erkannt und demnach nicht genutzt worden, die in dem gemeinsamen Handeln von Reichsstädten und übrigen Reichsständen lag. Letzteren war es schließlich 1495 gelungen, das Kammergericht aus der kaiserlichen Hofhaltung zu lösen, ihm eine tragfähige Geschäftsgrundlage in Form einer neuen Kammergerichtsordnung und ein fest besoldetes richterliches Personal zu verschaffen, bei dessen Berufung der reichsständische Einfluß beträchtlich war, und schließlich den Kaiser darauf festzulegen, die Entscheidungen des Gerichts zu respektieren. Nun mußte den Reichsständen daran gelegen sein, den Standort des Gerichts so zu wählen, daß keine Partikularinteressen die Gerichtstätigkeit beeinflussen konnten. So wenig der Kaiser es zulassen durfte, daß das Kammergericht in den Einflußbereich des Reichstages und damit der Reichsstände geriet, so wenig entsprach es den Wünschen der untereinander rivalisierenden Reichsstände, das Gericht etwa an einem der Kurfürstenhöfe anzusiedeln. In dieser Situation drängte sich der Gedanke auf, das Gericht in die Obhut einer kleinen Reichsstadt zu geben.

Sanduhr aus dem Reichskammergericht (Kat. Nr. 7/3)

Die häufige Verlegung des Gerichts nach seiner Einsetzung bis zur zunächst endgültigen Ansiedlung in Speyer 1527 verdeutlicht die Interessenpolarität zwischen Kaiser und Reichsständen. In Speyer freilich befand sich das Gericht schließlich doch im Einflußbereich der rheinischen Kurfürsten. Die mit der Zerstörung der Stadt durch französische Truppen am 31. Mai 1689 unausweichlich gewordene Neuansiedlung des Reichskammergerichts bot die Gelegenheit einer Korrektur.

II

Als Frankfurt am Main sich als Gerichtssitz verweigerte, bewarb sich eine Anzahl kleinerer Reichsstädte beim Reichstag um die Aufnahme des Gerichts. Unter ihnen war auch Wetzlar. Obwohl in keinem der Anträge die Formel von der Ehre, des Kaisers und Reiches hochpreisliches Kammergericht beherbergen zu dürfen, fehlte, waren die eigentlichen Antragsgründe wohl nicht allein politischer Natur. Mit dem Gericht – das am Ende des 18. Jahrhunderts 151 Personen umfaßte, zu denen die Angehörigen und die Dienstboten hinzuzurechnen waren – war immerhin eine Gruppe von etwa 1000 Personen zu erwarten. Zusätzlich hielten sich am Gerichtsort die Beauftragten klagender und beklagter Parteien auf. Dazu kamen Praktikanten, die sich mit der Kammergerichtsprozeßführung vertraut machten. Schließlich waren die ›Visitationen‹ zu bedenken, deren Personenzahl zeitweilig der des Kammergerichts selbst entsprach. Für die zweite Hälfte des 18. Jahrhunderts liegen Angaben vor, nach denen durch das Gericht in Wetzlar jährlich etwa 200000 Reichstaler in Umlauf gesetzt wurden. Aus der Zeit der letzten Kammergerichtsvisitation 1767–1776 wird berichtet, daß allein der erste kaiserliche Visitationskommissar jährlich über 100000 Reichstaler für seine – man ist fast geneigt zu sagen – ›Hofhaltung‹ ausgegeben habe.

Für die Städte, die sich um das Reichskammergericht bewarben, standen also fraglos wirtschaftliche Überlegungen im Vordergrund. Sie alle hatten während des Dreißigjährigen Krieges mehr oder weniger beträchtliche Schäden und Bevölkerungseinbußen hinnehmen müssen, soweit nicht – wie im Fall Wetzlars – schon länger zurückliegende Ereignisse ihre Wirtschaftskraft geschwächt hatten. Eine problematische Strategie der Geldbeschaffung hatte im Spätmittelalter die Stadt in eine Finanzkrise gestürzt, von deren unmittelbarer Folge, einem Stadtbankrott, und deren mittelbaren Wirkungen, dem Niedergang von Handwerk und Handel, sie sich kaum mehr erholte. Die Verlegung der für Wetzlar so wichtigen Fernhandelsstraße Köln–Frankfurt und die wie überall auch hier zu vermeldenden Stadtbrände und Pestwellen hatten die Stadt weiter herabgedrückt. Zur Zeit der Übersiedlung des Gerichts hatte Wetzlar knapp 4000

Einwohner. Es macht den Eindruck unfreiwilliger Komik, wenn die Stadt die Güte ihres Trinkwassers und die gesunde Luft in der Region hervorhob, denn sonst hatte sie dem Corpori camerali wohl auch nur wenig Anziehendes zu bieten. Seit dem Ausgang des Mittelalters stand die Stiftskirche unvollendet da, deren gemeinsame Nutzung sich zunächst das Stift und die Stadtgemeinde, nach Eintritt der Reformation die katholische und die lutherische Gemeinde geteilt hatten. Das freie exercitium religionis, die freie Ausübung der drei im Reich zugelassenen christlichen Konfessionen, das die Stadt den Kameralen in Aussicht stellte, war zunächst wenig mehr als eine Absichtserklärung, der die bisher geübte religiöse Alltagspraxis kaum entsprach und um deren Durchsetzung sich später mancherlei Streitigkeiten ergaben.

III

Mochten sich also Wetzlar und seine Mitbewerber um das Reichskammergericht vor allem wirtschaftliche Impulse von der Aufnahme des Gerichts versprechen, traten auf längere Sicht auch Nachteile ein. Vordergründig schienen sie aus der besonderen Rechtsstellung der Kameralen zu resultieren. Tatsächlich waren sie Bestandteile eines Ablösungsprozesses, in dem zunächst die in den Reichsstädten gewachsene Zunftmentalität auf jene neue aufgeklärte Kultur traf, der sich die Kameralen verpflichtet fühlten.

Die Mitglieder des Reichskammergerichts waren bis auf die Zahlung der Grundsteuer in keiner Weise abgabenpflichtig und konnten zu keinen kollektiven Bürgerpflichten herangezogen werden. Diese Privilegierung erstreckte sich auch auf die Bestimmungen von Zunftordnungen. In der Praxis bedeutete das, daß die Kameralen abgabefreie Waren – allerdings nur für ihren persönlichen Bedarf – in die Stadt einführen und Handwerker beschäftigen durften, die nicht der Aufsicht der Zünfte unterstanden. Waren für den gehobenen Bedarf wurden von auswärts eingeführt, und sogar das Steinzeuggeschirr für den Küchenalltag bezogen die Kameralen, wie Grabungen in Wetzlar ergeben haben, lieber von den gewohnten oberrheinischen Manufakturen, die sie schon in Speyer versorgt hatten, als daß sie heimische Erzeugnisse berücksichtigt hätten. Wenn daraufhin die Wetzlarer Schreiner in deutlicher Mißachtung modischer Möbelwünsche aus Gerichtskreisen von ihren Gesellen die Herstellung eines gotischen Schrankes als Meisterstück verlangten, so deckt sich das mit Goethes Klagen über die Weimarer Buchbinder, die ungeachtet der zeitgenössischen Wünsche nach handlichen Büchern in gefälligem Einband immer noch den Einband einer riesigen Hausbibel in schweinslederbezogenen Holzdeckeln mit Metallschließen als Meisterstück vorschrieben.

Der Aufenthalt des Kammergerichts mit seinen privilegierten Mitgliedern führte auf die Dauer zur Durchbrechung der geschlossenen reichsstädtischen Wirtschaftsordnung. Ebenso gefährdete die Einmischung des Gerichts städtische Hoheitsrechte, was die Reichsstadtbürger empfindlich in ihrer Ehre kränken mußte.

Modell für ein Gebäude des Reichskammergerichts (Kat. Nr. 7/4)

Audienz am Reichskammergericht (Kat. Nr. 7/2)

Als ein Fall solcher Herausforderung des Selbstbewußtseins reichsstädtischer Bürger kann die seit 1720 anhaltend vorgetragene Forderung des Kammergerichts gelten, den alten Kirchhof im Schatten der Stiftskirche zu schließen und einen neuen Friedhof vor den Mauern der Stadt anzulegen. Zwar sprachen seuchenpolizeiliche Überlegungen dringlich für die Durchführung dieses Antrags, denn wegen des beschränkten Platzes im Stadtkern wurden die Gräber viel zu schnell neu belegt und die Leichen zudem so flach beerdigt, daß man mehrfach Hunde in der Stadt antraf, die Leichenreste ausgescharrt hatten. Zumal in sommerlicher Hitze belästigten unangenehme und womöglich ungesunde Ausdünstungen die Anwohner des Kirchhofs und das Gericht, das in geringer Entfernung tagte. Gegen die Beisetzung vor der Stadtmauer sprach jedoch aus der Sicht der Bürger vor allem, daß dort bislang nur als ehrlos geltende Personen bestattet worden waren. Solange vornehme Kammergerichtsmitglieder immer noch in der Stiftskirche beigesetzt wurden, obwohl dort die genannten Belästigungen nach der Meinung des Magistrats noch gravierender waren als auf dem alten Kirchhof, mußten die Bürger das Gefühl der Deklassierung haben. Erst als – übrigens nach einem Prozeß am Kammergericht! – ein Kameraler als erster Toter auf dem 1757 geweihten Friedhof beigesetzt wurde und die Beerdigung in der Stiftskirche bis auf wenige Ausnahmen untersagt worden war, fanden sich auch die Bürger der Stadt bereit, den neuen Begräbnisplatz anzunehmen. Das Beispiel läßt ahnen, daß Auseinandersetzungen zwischen Kammergericht und Stadt Wetzlar nicht immer frei waren von einem gewissen autoritären Rigorismus auf seiten des Gerichts und einer gewissen Borniertheit auf seiten der Stadt. Die Geringschätzung, ja Feindseligkeit, mit der die Wetzlarer vom ›Kammergerichtsgeschmeiß‹ zu sprechen pflegten, markierte schärfstens auch das Aufeinanderprallen reichsstädtischen Bewußtseins und aufgeklärt-absolutistischen Beamtendenkens, wie es sich in den Residenzstädten entwickelt hatte.

IV

An der Spitze des Gerichts stand der Kammerrichter als Vertreter des Kaisers, in dessen Namen das Gericht Recht sprach. Der Kammerrichter sollte dem Reichsfürstenstand angehören und mußte katholisch sein. Juristische Spezialkenntnisse gehörten nicht zu den Qualifikationsmerkmalen für dieses Amt. Vertreter des Kammerrichters in dessen Abwesenheit und ansonsten Helfer bei der Ausübung seiner Aufgaben waren die Kammergerichtspräsidenten, zeitweilig drei an der Zahl. Für ihre Berufung galten ähnliche Qualifikationsmerkmale wie für die des Kammerrichters, allerdings wurden ihre Stellen unter Berücksichtigung konfessioneller Parität besetzt. Nachdem im 16. Jahrhundert zwei Senate gebildet worden waren, führten die Präsidenten deren Vorsitz. Seit 1677 leitete Hugo von Orsbeck (1634–1711) als Kammerrichter das Gericht. Da er zugleich Erzbischof und Kurfürst von Trier sowie Bischof von Speyer war, sah man ihn nach der feierlichen Wiedereröffnung des Gerichts am 15. Mai 1693 im ehemaligen Rathaus am Fischmarkt nur selten in Wetzlar. Seit 1698 wurde er durch den katholischen Kammergerichtspräsidenten Franz Adolf Dietrich Freiherr von Ingelheim vertreten, dem im folgenden Jahr Friedrich Ernst Graf von Solms als evangelischer Präsident zur Seite gestellt wurde. Ingelheims verwandtschaftliche Beziehungen zum Hof des Kurfürsten von Mainz, dem die Kanzlei des Reichskammergerichts unterstand, stärkten seine Position bedeutend.

Als nun 1702 Kaiser Leopold I. einen neuen Assessor präsentierte, diesem aber unter anderem Unredlichkeit bei der Anfertigung seiner Proberelation nachgewiesen wurde, weigerte sich Ingelheim, den Präsentierten anzunehmen. Statt dessen wurde der von Bayern vorgeschlagene Graf Johann Tobias Ignatz Nytz von Wartenberg gegen den erklärten Willen des evangelischen Gerichtspräsidenten Assessor. Zu diesem Vorgang, der den Wiener Hof deutlich verstimmte, kam eine gleichzeitige Untersuchung über die Autorschaft von Schmähschriften, an denen der katholische Assessor von Pyrck beteiligt sein sollte. Als ihm nahegelegt wurde, wegen des Verdachts der Mitbeteiligung sein Mandat im Untersuchungsausschuß niederzulegen, warf er dem Präsidenten Ingelheim und dem neuernannten Assessor Nytz von Wartenberg Zeugenbestechung vor, worauf von Ingelheim ihn vom Dienst suspendierte. Dies Vorgehen nahm seinerseits der Kaiser zum Anlaß, den Präsidenten und den von diesem durchgesetzten bayerischen Assessor ihrer Ämter zu entheben. Zugleich beauftragte er den nun in die Vertretung des Kammerrichters eintretenden evangelischen Präsidenten Graf Solms-Laubach, den suspendierten Assessor Pyrck wieder in sein Amt einzusetzen.

Im Vertrauen auf seine Beziehungen zu Kurmainz veranlaßte Ingelheim darauf, daß die Gruppe der katholischen Assessoren die Zusammenarbeit mit Pyrck ablehnte; die Audienzen wurden abgesagt und die Kanzlei des Gerichts geschlossen. Ab April 1704 ruhte damit die Arbeit des Reichskammergerichts.

Der Vorfall hatte das Interesse weiter Kreise am Kammergericht geweckt. Schlagartig waren Probleme sichtbar geworden, die dringend nach Lösungen verlangten. Eingriffe des Kaisers in Gerichtsangelegenheiten, die Kontrolle der Gerichtskanzlei durch Kurmainz, das Verhältnis der konfessionellen Assessorengruppen zueinander, das anmaßende Auftreten des Präsidenten, die Frage nach der politischen Neutralität der Assessoren und nicht zuletzt das immer wiederkehrende Problem der Bestechung und Bestechlichkeit – dies alles machte die lange ausgesetzte Überprüfung des Gerichts nun unausweichlich. Gleichwohl trat erst im Herbst 1707 die Visitationsdeputation zusammen. Die Wiederaufnahme der Gerichtstätigkeit erfolgte 1711; die Visitation endete 1713. Ihr sollte nur noch eine Visitation (1767–1776) folgen, ehe das Gericht 1806 aufgelöst wurde.

V

Die Assessoren waren die eigentlichen Urteiler am Kammergericht. Die Regelung des Westfälischen Friedens hatte ihre Zahl auf 50 festgelegt; tatsächlich war das Gericht meist mit weniger als der Hälfte der vorgesehenen Assessoren ausgestattet. Nach der Lahmlegung des Gerichts durch Ingelheim (1704–1711) amtierten nur noch fünf Assesso-

Das ›Herzogliche Haus‹ – zweites Reichskammergerichtsgebäude in Wetzlar (Wetzlar, Städtische Sammlungen)

ren. Zwar beschloß der Reichstag 1719 aufgrund des Gutachtens der Visitationsdeputation, wenigstens 25 Assessoren anzustellen, doch wurden nur 17 tatsächlich fest besoldet. Im Jahre 1782, nach der letzten Visitation, wurden 25 Beisitzer berufen; bei der Auflösung des Gerichts 1806 waren noch 21 Beisitzer im Amt.

Entsprechend den Bestimmungen der Kammergerichtsordnungen konnten der Kaiser, die Kurfürsten und die Reichskreise erprobte Juristen an das Kammergericht ›präsentieren‹. Das Präsentationsrecht der Reichskreise verbürgte immerhin, daß Assessoren aus allen Regionen des Reiches und aus den zugelassenen christlichen Konfessionen am Gericht vertreten waren. Das Gericht behielt sich vor, die für eine Assessorenstelle Präsentierten selbst in einem ›Examen generale et speciale‹ auf die persönliche und fachliche Eignung hin zu prüfen.

Neben ihrer Gerichtstätigkeit war die größere Zahl der Assessoren auch schriftstellerisch tätig. Bei der Würdigung der Leistungen des Gerichts darf dieser Aspekt nicht unberücksichtigt bleiben. Begonnen hatte die Kameraljurisprudenz 1563 mit dem Erscheinen der ›Observationes iudicii imperialis camerae‹ von Joachim Mynsinger von Frundeck (1517–1588). Der Autor, 1548–1556 selbst Assessor am Kammergericht in Speyer, legte hier zunächst 400, in späterer Auflage 600 kurze ›Observationes‹ vor, in denen er neben prozeßrechtlichen auch zivil- und feudalrechtliche Streitfragen aus der Urteilspraxis des Kammergerichts behandelte und durch Hinweis auf entsprechende Urteile belegte. Die Publikation von Gerichtsentscheidungen unter Nennung der Namen der Parteien war ein bis dahin unerhörter Vorgang, den das Kammergericht unter Hinweis auf den Bruch des zur Verschwiegenheit verpflichtenden Amtseids der Gerichtsmitglieder scharf mißbilligte. Die schriftliche Fixierung von Entscheidungsbegründungen war bislang nur für den internen Gebrauch bei Gericht üblich gewesen. Gleichzeitig rechtfertigten die rasche Aufnahme und weite Verbreitung der ›Observationes‹ Mynsingers offenbar dessen Vorgehen, denn nun fand die kammergerichtliche Jurisprudenz allerorts Eingang in die Spruchpraxis.

Auch in der Wetzlarer Phase des Kammergerichts setzte sich die rechtspublizistische Tätigkeit der Assessoren fort. Georg Melchior von Ludolf (1667–1740) ließ 1721 seine ›Delineatio iuris cameralis brevis et perspicua‹ erscheinen, deren lehrbuchartiger Charakter sie zur meistbenutzten Einführung in das Kameralrecht werden ließ. Berühmt waren die ›Wetzlarischen Nebenstunden‹ des Assessors Johann Ulrich von Cramer, die von 1755 bis 1773 in 128 Teilen erschienen und ›beym Höchstpreißlichen Cammergericht entschiedene Rechts-Händel zur Erweiter- und Erläuterung der teutschen in Gerichten üblichen Rechts-Gelehrsamkeit‹ vorstellten.

Bildeten Männer wie Ludolf oder Cramer entschieden die Zierde des Kammergerichts, so wurde der Glanz der höchstrichterlichen Rechtsprechung gelegentlich auch durch bedauerliches Fehlverhalten von Assessoren verdunkelt. Auf dem Höhepunkt der Tätigkeit der letzten Kammergerichtsvisitationen 1767 bis 1776 wurde bekannt, daß drei Assessoren sich in erheblichem Maße hatten bestechen lassen. Der Skandal, der 1772 an die Öffentlichkeit drang, erreichte auch den jungen Kammergerichtspraktikanten Goethe, der sich gerade in Wetzlar aufhielt. Bei der Überarbeitung seines ›Götz von Berlichingen‹ im März 1773 fügte er als Schlußszene des zweiten Akts ein Gespräch am Rande einer Bauernhochzeit ein, in dem der Brautvater und Götz über die Langsamkeit des Kammergerichtsprozesses, über Geldgier und Bestechlichkeit insbesondere eines Assessors Sapupi räsonnieren. Gemeint war unter diesem Namensanagramm der Assessor Franz von Papius, der 1772 seines Amtes enthoben und später rechtskräftig verurteilt wurde.

VI

Als Vertreter der Parteien vor Gericht fungierten die am Kammergericht zugelassenen Prokuratoren und Advokaten. Während die ersten Rederecht bei Gericht hatten, durften sich die letztgenannten nur schriftlich in den Prozeßgang einschalten. Im Verlauf des 18. Jahrhunderts waren in Wetzlar etwa 40 Prokuratoren und 20 Anwälte tätig. Auch für sie galt, was über die juristische Gelehrsamkeit und die schriftstellerische Tätigkeit der Assessoren festzustellen war. Es fanden sich unter ihnen ausgezeichnete Juristen, die überdies durch ihre Unterrichtstätigkeit für die Praktikanten – junge Juristen, die auf eigene Kosten in Wetzlar den Gang des Kameralprozesses studieren und das einschlägige Kameralrecht kennenlernen wollten – eine weitreichende Bedeutung erlangten.

Indessen vervollständigten auch die Prokuratoren und die Praktikanten auf jeweils andere Weise jene Residenzstrukturen, die allmählich das Bild der alten Reichsstadt überlagerten. Die Prokuratoren, der bestverdienende Stand bei Gericht, konnten bei 400 bis 600 Rechtssachen pro Jahr leicht ein Einkommen von 6000 Reichstalern, in Ausnahmefällen wohl auch das Doppelte erreichen. So hoben sich die Häuser, die sie erbauten oder umbauen und ausstatten ließen, im Stadtbild besonders prächtig ab, und auch die schönen Künste – Musik, Malerei, Literatur und Theater – entfalteten freilich immer noch bescheidene Blüten in Wetzlar.

Die Praktikanten dagegen, eine lockere, in stetem Wechsel begriffene Gruppe junger Intellektueller, gleichermaßen voller Spottlust und Respektlosigkeit gegenüber reichsstädtischer Biederkeit und gerichtlicher Gravität, fanden sich ohne jede Bindung an die Stadt in Wetzlar zusammen. Der oft unerwünschte, für das berufliche Fortkommen aber unentbehrliche Aufenthalt am Sitz des Gerichts forderte geradezu heraus, die Zeit mit allerlei Kurzweil zu vertreiben. Im Gasthaus zum Kronprinzen, gegenüber dem Dom und nur wenige Häuser entfernt von dem stattlichen Eckgebäude, in dem damals das Gericht amtierte, versammelte sich diese Gruppe täglich zum Mittagstisch, verstärkt von den jungen Beamten, die mit der Visitationsdeputation aus allen Reichskreisen nach Wetzlar gezogen waren. Sie hatte auffallende Ähnlichkeit mit späteren Künstler- und Literatenzirkeln, die zum Erscheinungsbild

Das von Ingelheimsche Palais – drittes Reichskammergerichtsgebäude in Wetzlar (Wetzlar, Städtische Sammlungen)

der Großstädte gehörten. Das Unterhaltungsbedürfnis war eine der stärksten Triebfedern des geselligen Lebens, das sich vor nichts mehr ängstigte als vor der Langeweile, dem ›ennuy‹.

VII

Daß wohlhabende Prozeßparteien, aber auch Städte und Staaten dauernde Bevollmächtigte nach Wetzlar entsandten, die hier den Gang der Verfahren für ihre Auftraggeber beobachteten, erscheint natürlich. Daß sie gelegentlich Sollizitanten, ›Justizmäkler‹, in Dienst nahmen, die mancherlei bedenkliche Mittel anwendeten, um Prozesse in Gang zu setzen, zu unterhalten, zu beschleunigen und günstig zu beeinflussen, wurde toleriert. Wie aber dachte man über jene Bauern, die als Vertreter einer Bauernschaft oder eines Dorfes, das gegen zumeist geistliche oder adelige Grundherren prozessierte, nach Wetzlar gekommen waren? Ihnen standen nur geringe Barmittel zur Verfügung, mit denen die Nachbarn, die während der Abwesenheit ihres Vertreters dessen Hof versorgten, sie ausgestattet hatten. Mögen die ›Untertanenprozesse‹ auch schöne Beispiele liefern für die Rechtsgleichheit aller Bürger im Reich, die auch die Armen nicht ausschloß, so gestaltete sich der Verlauf dieser Prozesse für die abgesandten Bauern häufig als Kette von Demütigungen, Mißachtungen und Entbehrungen. Im festen Vertrauen darauf, das Gericht, das doch im Namen des Kaisers Recht sprach, werde ihnen auf jeden Fall zu ihrem Recht verhelfen, und aus dem Bedürfnis heraus, die eigene Sache auch selbst in die Hände zu nehmen, verließen sie für Monate oder Jahre Hof und Familie. Mehrfach beklagte der Wetzlarer Magistrat die Häufung dieser ›armen Parteien‹, die sich über Gebühr lange in der Stadt aufhielten, durch Betteln beschwerlich seien und überdies die Kammergerichtsimmunität, die sie von Abgaben befreite und zugleich der städtischen Polizeigewalt und Jurisdiktion entzog, gröblich mißbrauchten.

Der Bauer Johann Wolter aus der Bauernschaft Surresse, die seit 1731 mit dem Grafen Nesselrode bzw. dessen Verwalter auf Haus Leythe bei Recklinghausen prozessierte, war als einer der in dem vorausgegangenen Streit besonders Geschädigten zur Beschleunigung des Prozesses 1737 nach Wetzlar entsandt worden. Johann Wolter bezog Quartier in der Vorstadt und stellte sich dem Prokurator Georg Melchior Hofmann vor, der bei Gericht die Angelegenheit offenbar mit wirklichem Engagement vertrat. Trotz zahlreicher Bittgänge schien sich der Prozeß dennoch kaum vorwärts zu bewegen; zeitweilig ruhte er vollständig. Zur Verhandlung kam es erst am 15. März 1741. Inzwischen war der Bauer Wolter so schwer erkrankt, daß ihm der Prokurator zwar noch den erfolgreichen Ausgang des Verfahrens mitteilen konnte, der Mann aber drei Tage später in einem unbeheizten Zimmer und völlig mittellos verstarb. Am 19. März wurde der vor Gericht siegreiche Untertan in Wetzlar begraben.

7/1 Instanzenweg der Gerichte

um 1700; Feder, aquarelliert, 29,8 × 20,2 cm
Münster, Nordrhein-Westfälisches Staatsarchiv (Akten des Reichskammergerichts S 1934 fol. 36)

Das Blatt zeigt schematisch die Rangfolge der Gerichte für einen Untertanen des Fürstbistums Paderborn, beginnend mit der niederen Gerichtsbarkeit in den Städten und auf dem Land über das »Hochfürstliche Paderbornische weltliche Hofgericht« bis zum kaiserlichen Hofrat in Wien und dem Reichskammergericht in Wetzlar.

7/2 Audienz am Reichskammergericht (Abb. S. 158)

Peter Fehr

um 1735; Kupferstich, 19,5 × 14,5 cm
Wetzlar, Städtische Sammlungen,
Reichskammergerichtsmuseum

Die Eröffnung neuer Verfahren und die Verlesung von Urteilen am Kammergericht fanden öffentlich statt. Der Stich zeigt eine solche öffentliche Sitzung mit dem Kammerrichter als Vertreter des Kaisers an der Stirnwand des Saales, neben sich Präsidenten und Assessoren. Auf der linken Seite haben die Advokaten und Prokuratoren Platz genommen, rechts und vor den Schranken befindet sich das Publikum – je nach Stand sitzend oder stehend. In der Mitte verliest ein Pronotar die Verlautbarungen des Gerichts.

7/3 Sanduhr aus dem Reichskammergericht (Abb. S. 156)

Um 1770; Eichenholz, vergoldete Bronze, Glas, H 48 cm
Wetzlar, Städtische Sammlungen,
Reichskammergerichtsmuseum

7/4 Modell für ein Gebäude des Reichskammergerichts (Abb. S. 157)

Johannes Wiesenfeld

1757; Linden- und Pappelholz, 54 × 54 × 30 cm
Wetzlar, Städtische Sammlungen,
Reichskammergerichtsmuseum

Nach der Übersiedlung aus Speyer kam das Reichskammergericht zunächst im Rathaus der Stadt Wetzlar unter (1690–1755), anschließend im sogenannten ›Herzoglichen Haus‹ (1755–1782) und schließlich im ehemaligen Palais des Kammerrichters von Ingelheim (1782–1806). Im Jahre 1729 beschloß das Gericht den Bau eines eigenen Kammergerichtsgebäudes, das jedoch nicht verwirklicht wurde.

Regensburg

Der ›Immerwährende Reichstag‹

Johann Schmuck

Paricius, der eine Art ›Who is who‹ und Adreßbuch für das Regensburg des 18. Jahrhunderts verfaßte, bestimmte den Reichstag für den staatsrechtlich ungebildeten Leser folgendermaßen:

> Der Reichs-Tag ist nichts anderes, als eine Zusammenkunft des Römischen Kaysers/und derer Churfürsten/Fürsten und Stände/oder Dero Höchst- und Hochansehnlichen bevollmächtigten Prinzipal-Commissarien und Gesandten um des Reichs Wolfart willen.

Wobei der »fürwährende« Reichstag der 1662 ausgeschriebene und bis dato nicht geschlossene war. Paricius stellte den Immerwährenden Reichstag als »besondere Zierde« an den Anfang seines Handbuchs.

Die Freie und Reichsstadt Regensburg brachte eine ganze Reihe von Voraussetzungen mit, die sie in gewisser Weise als Sitz dieses bedeutsamen Reichskonvents zwar nicht prädestinierte, aber die Wahl des Ortes als nicht unüberlegt erscheinen ließ. Regensburg war in der Zeit des späten Karolingerreiches Zentralort des ostfränkischen Reichsteiles und hatte diese Funktion auch späterhin für das bedeutende salische Kronland Bayern. Spätestens seit 792 wies die Stadt auch eine Tradition als häufig gewählter Ort von Reichsversammlungen auf, beides Dinge, die im geschichtsfrohen und ahnenstolzen 17. Jahrhundert sicher nicht ohne ideologische Wirkung waren.

Der Ort brachte aber auch für das jüngste und brennendste Problem der Reichsverfassung, die Glaubensspaltung und deren Handhabung, beachtenswerte Traditionen und Voraussetzungen mit. Regensburg war Schauplatz bedeutender Religionsgespräche gewesen und zeigte für die politische Realität des 17. Jahrhunderts eine, wenn auch erzwungene, religiöse und politische Toleranz. Allein fünf Reichsstände innerhalb des Stadtgebietes waren im Reichstag vertreten, die protestantische Stadt, das katholische Hochstift, sowie die drei ebenfalls katholischen Reichsstifte St. Emmeram, Niedermünster und Obermünster. Zu diesen Reichsständen kamen noch mindestens 13 Stifte, Ritterorden und Klöster.

Es wäre vermessen anzunehmen, daß dieses konfessionell gemischte Nebeneinander reibungslos funktioniert hätte – noch 1655 mußte der Rat der Stadt ein Dekret gegen die Verspottung und Beschimpfung katholischer Geistlicher erlassen. Immerhin aber war dieses Nebeneinander Realität, die niemanden in seiner Existenz gefährdete. Ein weiterer Vorteil war die Nähe zur kaiserlichen Residenz in Wien; Regensburg war von dort aus die nächstgelegene Reichsstadt, an deren Erhalt man von habsburgischer Seite ein besonderes Interesse hatte. Die Stadt hatte 1660 mit der Errichtung des neuen Rathauses auch die räumlichen Voraussetzungen geschaffen und hatte schließlich die entscheidende Wirkung des Zufalls für sich, daß der Reichstag, der nicht geschlossen wurde, ausgerechnet für Regensburg ausgeschrieben worden war. Allerdings hatte sich hier auch schon eine Art von Tradition herausgebildet. Seit der Reichstag seit ca. 1520 häufiger zusammentrat, kristallisierte sich auch Regensburg als beliebtester Sitz heraus, so daß die Stadt im Jahre 1662 bereits einige Erfahrung in der Ausrichtung von Reichstagen besaß.

Dies hatte natürlich Auswirkungen auf den Etat der Stadt. Im Jahre 1663 schlug der Posten ›Ausgaben für den Reichstag‹ gerundet mit 6902 Gulden zu Buche. Abgesehen von den hohen Bewirtungskosten, die, wenn sie anfielen, immer einen hohen Anteil an den Gesamtausgaben ausmachten, und den Verehrungen für den Kaiser, für die dasselbe gilt und die 1663 543 Gulden und 15 Kreuzer ausmachten, ist natürlich zu berücksichtigen, daß 1663 eine Vielzahl von Leistungen erbracht wurde, die in den Folgejahren nicht mehr nötig waren: ob dies nun die grünen Tücher in den Reichsstuben waren, die 18 Gulden kosteten, oder die Visitation der Quartiere durch Ratsdeputierte und Reichsquartiermeister, für die man 24 Gulden und drei Kreuzer verrechnete. 1663 behielt man sich allerdings auch noch Forderungen in Höhe von 1300 Gulden gegenüber den Mitgliedern des Städtekollegiums vor.

Dauernde Ausgaben ergaben sich durch das Auflegen der Kalender am 31. Dezember jeden Jahres in den Reichsstuben oder das Reinigen der Reichsstuben, 1663 mit 23 Gulden veranschlagt. Auch für Papier, Tinte und Federkiele hatte die Stadt zu sorgen. 1673 schlug der Reichstag nur mehr mit 2364 Gulden zu Buche, wovon allein 2061 Gulden für Fische, Wein und andere Nahrungs- und Genußmittel verrechnet wurden; die sogenannten Konfekttische, Wein und Naschereien, verschlangen dabei den größten Teil. In der Regel war der Betrag, den die Stadt für den Reichstag verwandte, sehr gering: Im Jahre 1693 kostete er sie 102 Gulden. Allein die ›Atzung‹ der Gefangenen machte in diesem Jahr 30 Gulden mehr aus, in dieser Hinsicht allerdings ein exorbitant teures Jahr.

Abgesehen von den Vorleistungen der Stadt waren die Aufwendungen für den Reichstag also relativ gering; allerdings handelt es sich dabei nur um die rechnungsmäßig eindeutig für den Reichstag ausgewiesenen Posten. Versteckt in den Rechnungsbüchern der Stadt oder in anderen Quellen tauchen immer wieder solche auf, die direkt oder indirekt mit dem Reichstag in Verbindung zu bringen sind. Nach modernen Gepflogenheiten müßte man für die Reichsstuben entgangene Mieteinnahmen ansetzen. Für den Reichstag und seine Gesandten waren bestimmte infrastrukturelle Maßnahmen zur Verfügung zu stellen. 1663 mußte den ›Reichstagsherrschaften‹ ein Platz zum Ringelrennen zugewiesen werden, mit der kaiserlichen Hofwäscherin war eine Abmachung über eine Waschhütte zu treffen und anderes mehr. Ein wichtiger Ausgabeposten ergab sich aus der Tatsache, daß durch den Immerwährenden Reichstag Regensburg zum Zielpunkt hoher und höchster Herrschaften wurde.

Trotz alledem war der Immerwährende Reichstag für die Stadt auch materiell ein, wenn auch schwer berechenbarer, Gewinn. Vor allem der Konsum der Gesandten und ihrer Bediensteten, insbesondere die aufwendige Hofhaltung des Prinzipalkommissars, sind hier zu nennen. Auch die vielfältigen Festivitäten im Rahmenprogramm des Reichstages brachten Geld in die Stadt, die ihren wirtschaftlichen Glanz schon lange verloren hatte. Besonders wichtig ist hierbei der Charakter des Reichstages als Gesandtenkonferenz, weil dadurch die Teilnehmer natürlich diplomatischen Schutz genossen. Dies hatte die nicht

Bildnis des Prinzipalkommissars Alexander Ferdinand Fürst von Thurn und Taxis (Kat. Nr. 8/4)

unbedenkliche Folge, daß das Gebiet der Stadt quasi von Immunitäten durchsetzt war. Fatal für die Wirtschaft wirkte sich dabei aus, daß die Gesandten Waren ihres Bedarfs zollfrei einführen konnten, was vor allem vom Gesandtschaftspersonal ausgenutzt wurde, das bald einen schwunghaften Schwarzhandel betrieb. Vorstellungen der Stadt blieben sehr oft ungehört.

Von außen gesehen schienen die Vorteile des Reichstages eindeutig zu überwiegen, so daß sich die Stadt ins Gerede gebracht sah und die Möglichkeit ventilierte, einen Antrag auf Transferierung des Reichskonvents zu stellen, um diesem Gerede entgegenzutreten – ein Vorhaben, das wegen seiner Aussichtslosigkeit aber wohl kaum ernst gemeint gewesen sein konnte. Der Austausch des wirtschaftlichen Renommees mit dem politischen und gesellschaftlichen war wohl auch für Regensburg der rettende Anker, um es vor dem völligen Abgleiten auf provinzielles Niveau zu bewahren, ein materiell kaum zu bewertender Vorteil, von dem die Stadt heute noch zehrt. Ohne den Immerwährenden Reichstag wäre sie, nach dem Urteil Friedrich Nicolais, eine »Einöde« gewesen.

Am handgreiflichsten wirkten sich diese Versammlungen auf den durchschnittlichen Bürger in den Beschränkungen aus, die ihm der Rat auferlegte. Ein eher gemütliches, in vielen Beziehungen auch legeres Verhalten wurde reglementiert; die Stadt sollte sich gleichsam im Feiertagskleid zeigen. Seit 1544 hatte sich folgendes Repertoire einer allgemeinen Reglementierung herausgebildet, das immer wieder in allfälligen Dekreten des Rates zur Anwendung kam: Die Regensburger sollten sich ehrerbietig, auch gegen das Gesinde der Gesandten, zeigen, in der Kirche Platz machen, die Gesandten nicht beleidigen und im Hause vorsorglich Wasser bereithalten. Im Laufe der Zeit wurde dann immer mehr Gewicht auf ordentliche Quartiere und saubere Gassen gelegt, den Bürgern wurde das politische Räsonnement untersagt, sie hatten ihre Logisgäste zu melden, Fluchen, Unzucht und Trunkenheit zu unterlassen, vor allem sollten sie auch die »Maid unbetast und unschimpffiret lassen« (1575).

Nach dem Dreißigjähriger Krieg wurden vor allem das ›herrenlose Gesindel‹, die Steuerhinterziehung durch illegales Ausschenken und wegen der Feuergefahr das Tabakschmauchen ein Problem. Die ziemlich ausführlichen Bestimmungen zur Eröffnung des Reichstages von 1662 zeigen zweierlei: Die Regensburger hatten erstens herausgefunden, daß sich durch Preistreiberei möglicherweise ein Geschäft machen ließ, und wollten durch ungeladenes Erscheinen bei ›Ceremonien und Solennitäten‹ wenigstens einen kleinen Teil des Reichstagsglanzes für sich erhaschen; zumindest wurden diese Punkte im Dekret des Rates verboten. Zweitens wurde den Regensburgern der Feiertagsrock anscheinend zu eng und unbequem. Bereits 1624 listete die Stadtverwaltung 24 Punkte auf, die sämtlich die ›incommoda‹ des Reichstages aufzeigten: das Steigen der Holzpreise, Engpässe in der Versorgung mit Lebensmitteln, die Verlotterung der Sitten durch Hoffärtigkeit, Spielerei und Unzucht und anderes mehr.

Möglicherweise war diese Notiz aber auch nur eine Reaktion der Stadtverwaltung auf sich ausbreitenden Bürgerunmut. Im Jahre 1662 mußte der Rat nämlich per Dekret festlegen, daß dem Reichserbmarschall das Besichtigen der Häuser zu gestatten sei und daß die Bürger sich nicht gegen die einlogierten Gäste wehren dürften. Nachdem der Reichstag zum Dauerzustand geworden war, dürfte die teilweise Abneigung nicht geringer geworden sein. Auch die Probleme, die der Rat während der Reichstage abstellen wollte, blieben immer die gleichen; fortwährende Bestimmungen zur Reinlichkeit der Straßen und zum ›herrenlosen Gesindel‹ belegen dies. Ein Verhalten, das der hohen Ehre, Sitz des Reichstages zu sein, entsprach, wollten sich die Regensburger aber die längste Zeit nicht angewöhnen. 1768 kam es anscheinend zu einer Verabredung der Gesandten, sich vermehrt bei der Stadt zu beschweren, da immer häufi-

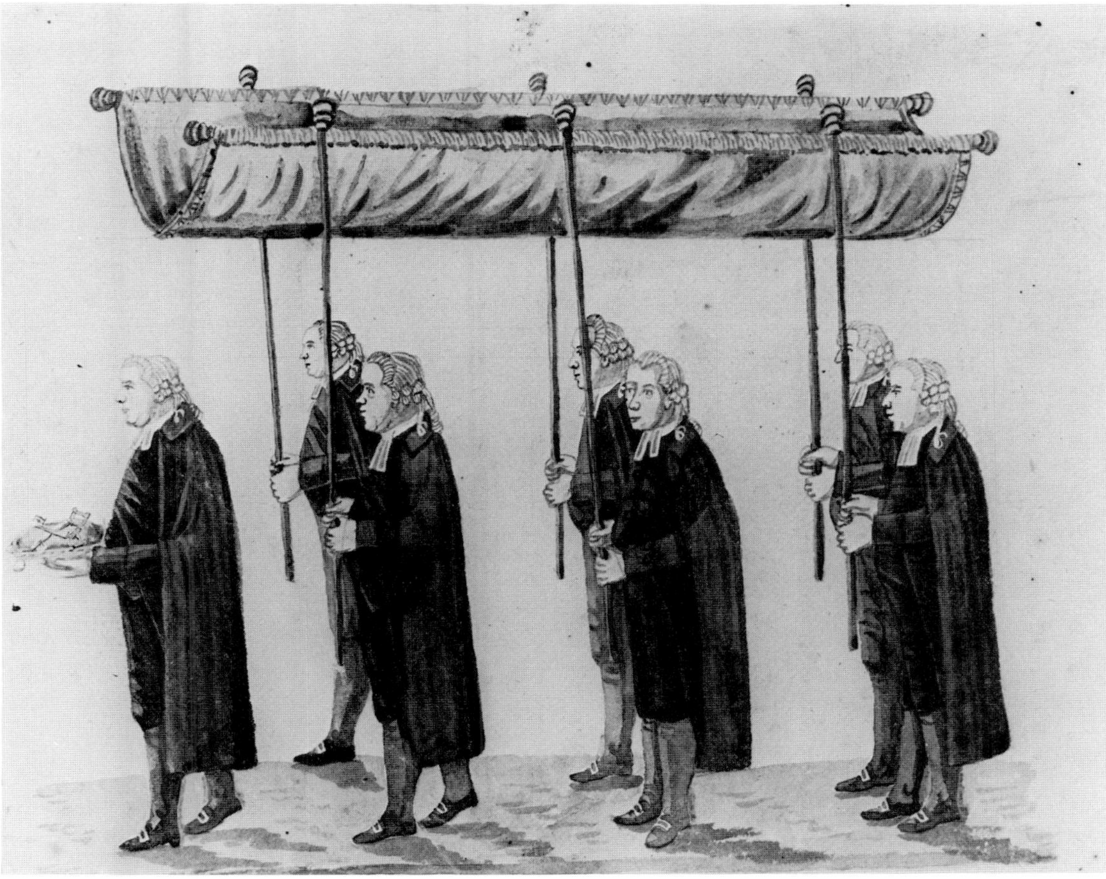

Regensburger Bürger empfangen einen Kaiser und überreichen ihm die Schlüssel der Stadt (Kat. Nr. 8/6)

ger Holz auf den Gassen gelagert wurde, was einerseits die Feuergefahr erhöhte, andererseits den Herren Gesandten die kommode Durchfahrt zum Reichstag erheblich erschwerte. Schon 1755 hatte sich der bayerische Kurfürst beschwert, daß durch Holzlagerung die Feuergefahr für das Comitial-Archiv außerordentlich sei.

Reichstag und Stadttopographie

Zentrales Funktionsgebäude des Reichstages war das Rathaus der Stadt Regensburg. Seit 1660 konnte man ein neues und ein altes unterscheiden, da 1659 mit einem Neubau begonnen wurde, wodurch eigentlich erst die räumlichen Möglichkeiten für den Reichstag geschaffen wurden. Die städtische Verwaltung konzentrierte sich von nun an im Neubau, während dem Reichstag die größten Teile des Alten Rathauses vorbehalten waren. Markanter Teilungspunkt beider Gebäude war der Rathausturm, dessen älteste Mauerteile aus dem 11. Jahrhundert stammen, während das Alte Rathaus vorwiegend im 14. Jahrhundert erbaut worden war. Der repräsentativste Raum war dabei der ›Re- und Correlationssaal‹ (»in Regenspurgischem Deutschlatein« – Nicolai), gedacht für das Plenum des Reichstages. Den drei Kollegien des Reichstages stand zusätzlich mindestens ein eigener Raum zur Verfügung, die Fürstenstube, bereits 1652 eingerichtet, mit einem fürstlichen Nebenzimmer; auch das Kurfürstenkollegium hatte zwei Räume zur Verfügung, während sich das

Ansicht des Haidplatzes mit dem Gasthof ›Zum Goldenen Kreuz‹. Kaiser Karl V. nahm hier während dreier Reichstage Quartier. Bei seinem Aufenthalt 1546 machte er die Bekanntschaft der Regensburger Gürtlerstochter Barbara Blomberg; eine Liaison, aus der der spätere Kommandeur der spanischen Flotte in der Seeschlacht von Lepanto, Don Juan d'Austria, hervorging. Im Zusammenhang mit dem Fürstenkongreß in Frankfurt stieg 1863 Kaiser Franz Joseph von Öserreich hier ab.

reichsstädtische mit nur einem Saal zufrieden geben mußte. So entstand, angefangen vom Kohlenmarkt, der dem Rathausplatz vorgelagert war und als Auffahrtplatz der Gesandten diente, über den Rathausplatz hin zum geräumigen Haidplatz mit der ›Diktaturstube‹ im Gebäude der Neuen Waag eine Platzfolge, die in ihrem repräsentativen Charakter durchaus dem Reichstag angemessen und durch diesen auch funktional geprägt war.

Neben diesen beiden offiziellen Funktionsgebäuden des Reichstages entstand aber noch eine Reihe weiterer repräsentativer Gebäude, deren Entstehung unmittelbar in Verbindung mit dem Reichstag zu bringen ist und die das Bild der Stadt sehr eindrucksvoll bestimmten und bestimmen. Dazu zählt das ›Präsidialgebäude‹ am heutigen Bismarckplatz, das 1805 von d'Herigoyen auf Veranlassung Dalbergs für den französischen Gesandten erbaut wurde. In unmittelbarer Nähe dazu findet sich das heute noch unter dem Namen ›Württembergische Gesandtschaft‹ bekannte Gebäude, das vor den Württembergern auch den hannoverschen Abgeordneten als Gesandtschaft gedient hatte. Das repräsentative ›Regierungsgebäude‹ war seit seinem Umbau 1792 Residenz des Prinzipalkommissars. Dieser hatte vordem im ›Freisinger Hof‹ residiert und dazu bereits 1753 Teile des Reichsstiftes St. Emmeram angemietet. Als 1792 der ›Freisinger Hof‹ abbrannte, räumte der Kurtrierer Gesandte seinen Sitz, der ebenfalls Eigentum des Reichsstiftes St. Emmeram war, und stellte ihn dem Prinzipalkommissar zur Verfügung. Das heutige Schloß entstand erst nach dem Untergang des Alten Reiches, als dem Fürsten von Thurn und Taxis der ganze Komplex von St. Emmeram zufiel.

Diese weitläufigen und prunkvollen Gesandtschaftsgebäude waren aber eher die Ausnahme, beschränkt auf mächtige Reichsstände und auf die Endphase des Reichstages. Klei-

Grabmal des Braunschweigisch-Lüneburgischen Reichstagsgesandten Christoph von Schrader im Dreieinigkeitskirchhof (Regensburg, Stadtarchiv)

nere Reichsstände wohnten wesentlich bescheidener, in angemieteten Häusern oder Räumen Regensburger Bürger. Der Reichstagsalmanach für 1797 gibt als Adresse des kursächsischen Gesandten die »Grimmische Behausung am neuen Pfarrplatz« an, der kurbraunschweigische Dietrich Heinrich Ludwig von Ompteda wohnte in der Elspergerischen Behausung. Nicht selten wohnten in diesen Gesandtenquartieren auch die Legationskanzlisten, während die Sekretäre durchweg eine eigene Adresse hatten. Innerhalb der Stadt zeigten sich Präferenzen für bestimmte Wohngebiete. Dies galt vor allem für die ehemalige Scherergasse, für die sich durch die Tatsache, daß in ihr sehr viele Gesandte wohnten, eben der Name Gesandtenstraße durchsetzte.

Gesandte und Stadtbevölkerung

Für das Jahr 1802 nimmt man eine ungefähre Einwohnerzahl von 22000 an; ein von Nicolai auf ca. 500 Personen geschätztes Reichstagspersonal mußte dabei der Zahl wegen nicht sonderlich auffallen. In der Regel kann man von etwa 70 Gesandtschaften ausgehen, normalerweise besetzt mit dem Gesandten, dem Legationssekretär und dem Legationskanzlisten. Oft kamen dazu bei den ranghöchsten Gesandtschaften sogenannte Gesandtschaftskavaliere, junge Adlige, die hier eine Art Praktikum absolvierten; aus ähnlichem Grund hielten sich junge Bürgerliche in der Stadt auf.

Viele Gesandte führten mehrere Voten. Im Jahre 1753 beispielsweise vertrat der Gesandte der Kurpfalz, Herr von Menshengen, zugleich die Stimmen von Pfalz-Lautern, Pfalz-Simmern, Pfalz-Neuburg und Pfalz-Zweibrücken. Vor allem die Reichsstädte ließen sich durch Regensburger Bürger vertreten und auch hier sprach in der Regel einer für mehrere Städte. Johann Georg Barth etwa, der in eben dem Jahr 1753, neben seinen vielen städtischen Ämtern auch für die Stadt Regensburg auf dem Reichstag sprach, führte dazu die Stimmen folgender Reichsstädte: Speyer, Ulm, Frankfurt, Rothenburg ob der Tauber, Goslar, Mühlhausen, Nordhausen, Bremen, Friedberg, Windsheim und Schweinfurt. Es gab allerdings auch Zeiten, vor allem zum Ende des 18. Jahrhunderts, da schmolz die Zahl der Gesandtschaften auf 29 zusammen. Da Regensburg als ausrichtende Reichsstadt auch das Direktorium des reichsstädtischen Kollegiums führte, wurden diese Posten zu beliebten Versorgungsanstalten des Patriziats. In der Geschichte des Reichstages tauchen über Generationen hinweg die immer gleichen Namen Regensburger Ratsfamilien auf. Neben dem Prinzipalkommissar und seinem üppigen Hof ist zum unmittelbaren Reichstagspersonal noch das Reichserbmarschallamt des Grafen von Pappenheim zu rechnen, das normalerweise aus dem Reichsquartiermeister, zwei Erbmarschallamtsverwesern, zwei Kanzlisten und dem Reichsprofos bestand.

Ohne Zweifel gaben die großen und mächtigen Reichsstände und die ausländischen Gesandtschaften den Ton an, an ihrer Spitze wiederum eindeutig der Vertreter des Kaisers, der Prinzipalkommissar. Er vertrat das Oberhaupt des Reiches auch in personam, indem er im ›Correlationssaal‹ während der Reichstagssitzungen mit bedecktem Haupt auf dem Platz des Kaisers saß. Dieser ständische Vorrang mußte natürlich auch in einer entsprechenden Prachtentfaltung augenfällig werden. Seit 1747 bekleideten Mitglieder des Hauses von Thurn und Taxis das Amt des Prinzipalkommissars. Deshalb verlegte das Haus im Jahre 1748 die Residenz von Frankfurt am Main nach Regensburg. Das Ausmaß der Hofhaltung soll durch einige wenige Zahlen verdeutlicht werden: Im Jahre 1773 waren alleine im Marstall 38 Bedienstete beschäftigt, zwei Jahre später waren dort 94 Pferde untergestellt. Im Jahre 1774 summierten sich die wichtigsten Posten der fürstlichen Hofhaltung auf ca. 360000 Gulden.

Die Fürsten von Thurn und Taxis waren aber nicht nur als Vertreter des Kaisers am Reichstag anwesend, sondern auch kraft eigenen Standes im Fürstenrat vertreten: aufgrund

Bildnis des Prinzipalkommissars Fürsterzbischof Guidobald von Thun (Kat. Nr. 8/1)

ihres Reichslehens des Generalpostmeisteramtes seit 1754, als gefürstete Grafen mit einem reichsunmittelbaren Territorium seit 1785.

Vor allem das Reichslehen des Generalpostmeisters ermöglichte den Fürsten von Thurn und Taxis die äußerst aufwendige Hofhaltung, denn die geringen Entschädigungen des Kaisers hätten dazu bei weitem nicht gereicht. Hofhaltung und Repräsentation waren denn auch die genuinen Aufgaben des Prinzipalkommissars. Die eigentliche Führung der politischen Geschäfte oblag dem kaiserlichen Conkommissar.

Am Ort des Reichstages waren aber auch Gesandte fremder Mächte akkreditiert; zum Teil, weil sie zugleich einzelne Reichsstände vertraten wie Dänemark, Schweden, Spanien oder England, zum Teil aber auch, weil der Reichstag als Informationsbörse und Entscheidungsgremium doch bedeutender war, als ihm die Literatur lange Zeit zugestehen wollte. Der Ort des Reichstages erhielt dadurch auch internationales Flair, und England schickte beispielsweise so bedeutende Persönlichkeiten wie Philip Stanhope, Thomas Walpole und den Dichter Sir George Etherege, der England seit 1685 vertrat und der Stadt einige handfeste Skandale lieferte, die lange Stadtgespräch sein sollten.

Der Immerwährende Reichstag brachte aber auch wichtige Veränderungen der Bevölkerungsstruktur. Im Jahre 1519 hatte der Rat der Stadt die Juden aus Regensburg vertrieben; zwei Jahre später hatte Karl V. diese Maßnahme für die Zukunft bestätigt. Mit dem Immerwährenden Reichstag änderte sich die Lage. Der Reichserbmarschall von Pappenheim, der das Geleitrecht für Juden zu den Reichstagen besaß, siedelte an 1669 Juden in der Stadt an; unter dem Schutz des Prinzipalkommissars zogen in der Folgezeit weitere Juden nach Regensburg. Deren Rechtsstatus war allerdings sehr eingeschränkt und ihre Existenz eigentlich an die des Immerwährenden Reichstages gebunden. Eine weitere Folgeerscheinung des Reichstages, die sich auf die Bevölkerungsstruktur auswirkte, waren die sogenannten Schutzverwandten. Bei früheren Reichstagen war es ein Recht der Gesandten gewesen, Schutzbriefe für die Dauer des Reichstages auszustellen, die deren Inhabern den Aufenthalt am Ort des Reichstages erlaubten. Dieses Recht galt nun auch für den Immerwährenden Reichstag. Durch dessen unbeschränkte Dauer wurden auch die Schutzverwandten zu einer ständigen Einrichtung. Im Gegensatz zu den Regensburger Bürgern, die, insbesondere zum Ende des Alten Reiches, immer drückendere Steuern zu zahlen hatten, entrichteten die Schutzverwandten nur eine geringe Gebühr. Da sie aber vor allem im Handwerk und im Handel tätig waren, entwickelten sie sich praktisch zur steuerfreien Konkurrenz der ansässigen Gewerbetreiben-

Bedeckter Gala-Tragesessel (Portechaise) vom Hofstaat des Prinzipalkommissars (Kat. Nr. 8/9)

Entwurfszeichnung für eine Gala-Kutsche (Kat. Nr. 8/11)

den, was zu vielfältigen Konflikten und langwierigen Prozessen führte.

Die sonstigen vielfältigen Ämter, vorwiegend der regensburgischen Abgeordneten, geben deutlich Auskunft über die tatsächliche Belastung durch ihre Reichstagstätigkeit. Beim Studium der Reichstagsakten fällt auf, daß, abgesehen von den sowieso nicht allzu häufigen Tagungen des Reichstages, noch eine Vielzahl freier Tage zur Verfügung stand. Vor allem die unterschiedliche konfessionelle Zugehörigkeit der Abgesandten führte dazu, daß am jeweiligen zutreffenden Feiertag die Gesandten diesen auch begingen. Auch die unterschiedlichen Kalender der Konfessionen – das evangelische Deutschland führte den gregorianischen erst 1699 ein – brachte oft eine wahre Flut freier Zeit.

Der Spielraum für vergnügliches Repräsentieren war gegeben, und er wurde weidlich genutzt. Allein schon durch die Unterscheidung von ›Divertissements‹, die das ganze Jahr angeboten wurden, und solchen, die nur saisonal zur Verfügung standen, bringt der Reichstagsalmanach des Jahres 1795 zum Ausdruck, daß man sich eigentlich auf einem fortwährenden Fest aufhielt. Als Hauptanbieter, aber beileibe nicht als Monopolist war auch hier der Prinzipalkommissar die beherrschende Figur; er verstand es, die unterschiedlichsten Lustbarkeiten auch gegen den Widerstand des Rates durchzusetzen. Zu den ›perennirenden‹ Vergnügungen gehörte das Theater, das dreimal wöchentlich im Ballhaus gegeben wurde. Ein solches Ballhaus hatte die Stadt bereits 1603 für die Gesandten des damaligen Reichstages errichtet. Das 1652 neu erbaute Haus belegte der Fürst als Dauermieter und stellte es gastierenden Ensembles unentgeltlich zur Verfügung. Die Gesandten wohnten den Aufführungen in Logen bei, um sich von den Bürgern der Stadt, die das Theater immer häufiger aufsuchten, abzuheben. Zum Theatervergnügen kamen Ballabende, festliche Tables d'hôte, Redouten, Bacchanalien, Feuerwerke, Schlittenfahrten und Tierhatzen im nahen Steinweg.

Dies waren die Feste, zu denen auch die obersten Schichten des Bürgertums Zutritt hatten. Die Haupt- und Staatsaktionen hatten offiziellen Charakter und standen in der Regel nur geladenen Gästen offen. Dies waren auch die Solennitäten, bei denen sich der ganze zeremonielle Pomp entfaltete, zu dem man in der Barockzeit fähig war. Der Gelegenheiten waren viele: Audienzen für neu akkredidierte Gesandte, Neujahrsempfänge, Festivitäten bei besonderen Anlässen – berühmt wurden die Feiern 1682 zur Geburt des Dauphin und 1667 zum Sieg der Niederlande über England. Besonders pompöser Prunk wurde entfaltet, wenn die persönlichen Daten des repräsentierten Souveräns zu zelebrieren waren: Geburt, Hochzeit, Regierungsantritt, Namenstag sowie endlich die Trauerfeier.

Im 18. Jahrhundert traten zwei Ereignisse ein, die den normalen Geschäftsgang empfindlich störten: Pest und Krieg. Von Juni bis Dezember 1713 grassierte die Pest in Regensburg. Die Anstrengungen des Rates, die Ausbreitung der Krankheit zum Stillstand zu bringen, waren die üblichen und wie üblich auch nahezu wirkungslos. In sechs Dekreten bis zum Jahre 1714 ordnete man vor allem Bußübungen, Hygiene- und Quarantänemaßnahmen sowie ärztliche Behandlung an. Als trotzdem die Seuche immer größere Ausmaße annahm – nach Angaben des Rates sollen ihr 7857 Personen zum Opfer gefallen sein – entschloß sich der Reichstag am 18. August, nach Augsburg auszuweichen, wobei er ausdrücklich betonte, Regensburg solle ›Locus comitiorum‹ bleiben. An die 7000 Personen sollen die Flucht des Reichstages genutzt haben, um mitzufliehen. Bei einer städtischen Sammlung für die Pestkranken legten die Gesandten vorher noch kümmerliche 230 Gulden in die Sammelbüchse. Nachdem der Rat bereits im Dezember 1713 die ›Contagion‹ für erloschen erklären konnte, hätte man natürlich auch den Reichstag wieder gerne in den Mauern der Stadt gesehen. Anläßlich einer Reise an den kaiserlichen Hof in Wien erhielt der Konsulent Bösner unter anderem den Auftrag, für eine Rückkehr des Reichstages nach Regensburg einzutreten. Am 23. Juli 1714 verkündete der damalige Prinzipalkommissar Maximilian Carl Fürst zu Löwenstein-Wertheim durch kaiserliches Kommissionsdekret, daß der Reichstag Mitte September nach Regensburg zurückverlegt werde und daß an den Rat der Stadt die diesbezüglichen Anweisungen ergangen seien. Am 2. Oktober wurden die Sitzungen in Regensburg wieder aufgenommen.

Knapp 30 Jahre später zwangen die Ereignisse des österreichischen Erbfolgekrieges den Reichstag zum Ausweichen. Nachdem Kaiser Karl VI. im Oktober 1741 verstorben war, kam es zu konkurrierenden Ansprüchen auf die Kaiserkrone, die sich im April 1742 der Wittelsbacher Kurfürst Albrecht sicherte. Noch bevor er aber in Frankfurt als Kaiser Karl VII. gekrönt werden konnte, hatten die Österreicher ganz Bayern besetzt. Regensburg war von kaiserfeindlichen Truppen fast eingeschlossen. Karl Albrecht verlangte daher

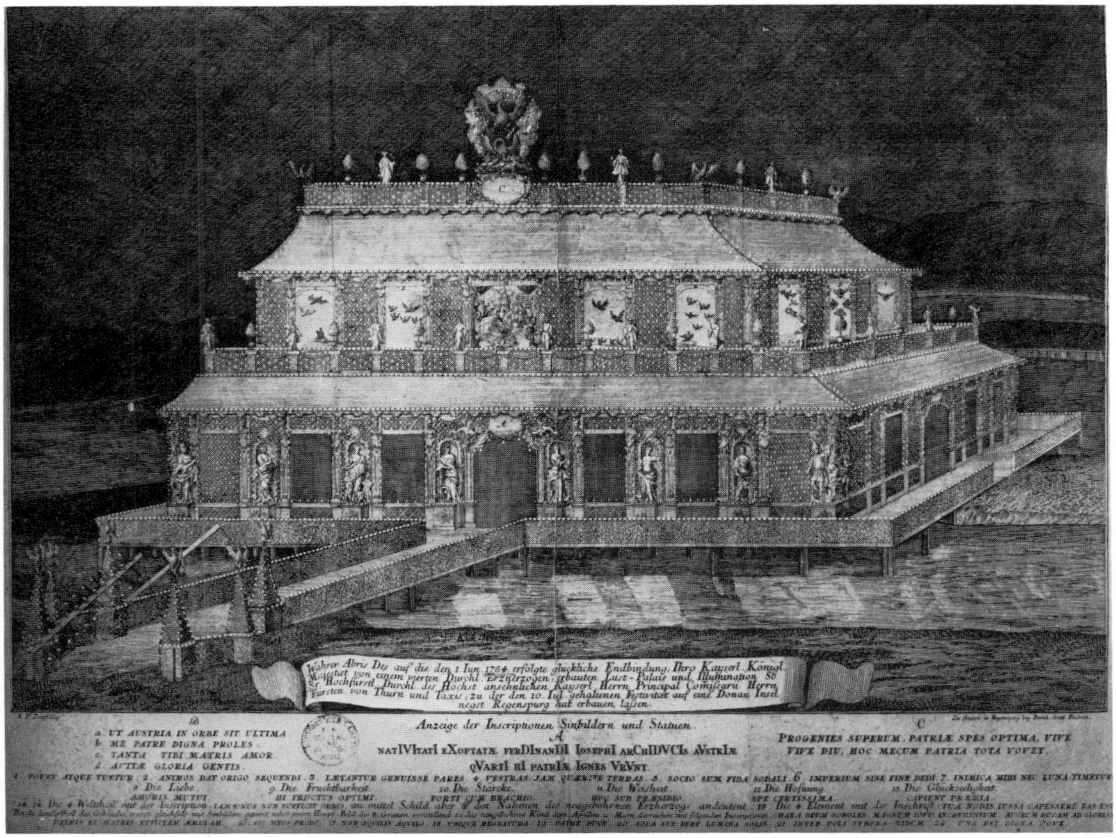

Illuminierte Fest-Architektur auf dem ›Oberen Wöhrd‹ (Kat. Nr. 8/31)

Haube eines Läufers (Kat. Nr. 8/10)

die Verlegung des Reichstages nach Frankfurt am Main, wo er am 21. Mai auch fortgesetzt wurde. Diesmal dauerte es drei Jahre, bis er nach Regensburg zurückkehrte. Erst nachdem Karl VII. 1745 gestorben, der Friede in Füssen geschlossen und Franz I. zum Kaiser gekrönt worden war, konnte der Reichstag am 29. November 1745 seine erste Sitzung in Regensburg abhalten.

Des Büchermachens ist kein Ende

Der Reichstag war eine Informationsbörse ersten Ranges: für harte politische Fakten, aber auch, wie die Gesandtenrelationen beweisen, für den alltäglichen Klatsch, dem sich eine gelangweilte Gesellschaft hingab. Die Gesandten waren bestrebt, alle nur erdenklichen gedruckten Nachrichten zu erhalten. Regensburg selbst verfügte seit 1654 bzw. 1662 über ein wöchentliches Periodikum die ›Wochentliche Ordinari Zeitung‹, welches sich in besonderer Weise dem Reichstag widmete, wie dann auch die folgenden Presseorgane einen ihrer hauptsächlichen Bezugspunkte im Reichstag sahen. Zu nennen wären hier die ›Kurtz-gefaßten Historischen Nachrichten zum Behuf der Neuern Europäischen Begebenheiten‹, die ›Staats-Relation derer neuesten Europäischen Nachrichten‹ oder ab 1784 die sogenannten ›Comitial-Nebenstunden‹. Weitere Presseorgane waren die ›Regensburger Reichs-Post-Zeitung‹ und die ›Wöchentlichen Nachrichten von gelehrten Sachen‹.

Procedere

Der Immerwährende Reichstag ist seiner Funktion und seiner staatsrechtlichen Stellung nach nicht mit einem modernen Parlament zu vergleichen. Um seine Bedeutung und sein kompliziertes Verfahren verstehen zu können, muß man sich vergegenwärtigen, daß er ein ständisches Gesandtenkollegium war. Die Gesandten waren von souveränen Fürsten oder Reichsstädten abhängig und an deren Weisungen gebunden.

Die Teilnehmer des Reichstages waren keineswegs gleichberechtigt. Auch hier galt die ständische Gliederung des Reiches, die Privilegierungen und Benachteiligungen, abhängig von der jeweiligen Rangstufe, mit sich brachte. Nur ein Beispiel soll dies deutlich machen: Den reichsstädtischen Vertretern wurde der Rang eines völkerrechtlichen Gesandten vom kurfürstlichen und fürstlichen Kollegium nicht zugestanden, sie wurden lediglich als Abgeordnete benannt und behandelt. Neben dem Prinzipalkommissar, dem Conkommissar, dem Reichserbmarschall und dem Direktorium des Reichstages, das die Mainzer Gesandtschaft innehatte, spielten die Gesandten am Reichstag die Hauptrolle. Sie traten nicht einzeln auf, sondern in den bereits genannten drei Kollegien der Kurfürsten, Fürsten und Reichsstädte. Das fürstliche Kollegium spaltete sich wiederum in eine geistliche und eine weltliche Bank, wobei beispielsweise auf der geistlichen Bank mit je einer Stimme, der ›Vota curiata‹, auch die schwäbischen und rheinischen Prälaten Platz nahmen.

Vor allem im fürstlichen Kollegium war die ständische Rangfolge ein andauerndes Problem, so etwa in der Frage, wer bei Abstimmungen den Vorrang habe. Aus der Not halfen hierbei die sogenannten zehn ›Strophen‹, in denen die Rangstreitigkeiten derart berücksichtigt wurden, daß der Aufruf der fürstlichen Reichsstände von Mal zu Mal je nach Anwendung der ›Strophe‹ wechselte. Damit nicht genug. In Religionsfragen spaltete sich der Reichstag erneut, indem er ein evangelisches und ein katholisches Corpus bildete. Als Gesandte hatten sich die Vertreter der Reichsstände natürlich auch beim Reichstagsdirektorium zu akkreditieren, Ausländer zusätzlich beim Kaiser bzw. dem Prinzipalkommissar.

Der Reichstag behandelte nur auf Antrag. Prinzipiell war jedermann antragsberechtigt. Die erste offizielle Behandlung durch den Reichstag war die ›Diktatur‹, wobei der Legationssekretär von Kurmainz als ›Reichsdiktator‹ den Antrag zur Mitschrift verlas. Damit war er offiziell bekanntgegeben und Teil der Reichstagsakten. Der nächste Schritt war die ›Ansage‹ durch den Ansagezettel, womit der Antrag offiziell auf die Tagesordnung gesetzt wurde. Nun war es an den Gesandten, von den Reichsständen Instruktionen einzuholen, da beim nächsten Schritt, der sogenannten ›Verlaßnahme‹, das Reichstagsdirektorium mit den Gesandten sich darüber absprach, ob die Instruktionen eingeholt seien, ob man zur Abstimmung bzw. zur Beratung bereit sei und wann das Abstimmungsprotokoll zu eröffnen sei. Tagungen des Reichstages fanden in der Regel freitags und montags statt und begannen offiziell um acht Uhr. Die Gesandten allerdings erschienen regelmäßig erst um zwölf Uhr. Darauf folgte die eigentliche Sitzung der drei Kollegien mit ›Proposition‹ und Abstimmung. Über das Ergebnis wurde Protokoll geführt, das zugleich Grundlage war für das ›Conclusum‹, den festgestellten Beschluß des jeweiligen Kollegiums. Hatten alle drei Kollegien abgestimmt und das ›Conclusum‹ festgestellt, erfolgte ›Relation und Correlation‹, mit anderen Worten: Die Kollegien der Kurfürsten und Fürsten versuchten zu einem einheitlichen Votum zu kommen, um dann in erneuter ›Relation und Correlation‹ mit den Städten sich zu bereden. Die Städte waren mehr oder weniger gezwungen, dem Conclusum der ersten beiden Kollegien beizutreten, da im Verhältnis der drei Kollegien das Einheitsprinzip galt. Das letzte Wort und die letzte Entscheidung standen dann dem Kaiser zu, der den Reichsschluß zu ratifizieren hatte.

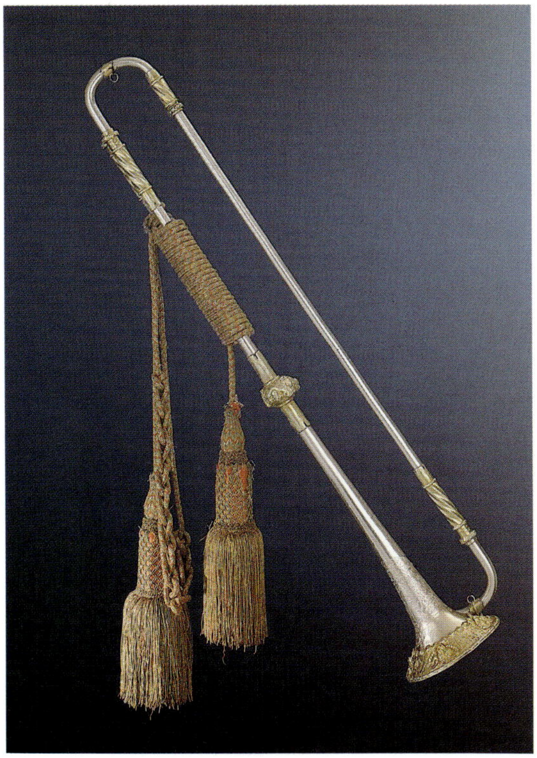

Gala-Trompete vom Hof des Prinzipalkommissars (Kat. Nr. 8/12)

Epilog

Gut 40 Jahre nach der Auflösung des Heiligen Römischen Reiches Deutscher Nation sah die Stadt nochmals die Gelegenheit, zu einem der Zentren deutscher Politik zu werden. Als es im September 1848 nach der Abstimmung der deutschen Nationalversammlung in Frankfurt über den Malmöer Waffenstillstand zu Unruhen und Tumulten kam, beeilte man sich, der »hohen Versammlung« zu versichern, daß sie »nirgends freundlicher und herzlicher aufgenommen sey« als in der alten Reichsstadt Regensburg. Und obwohl selbst der Regensburger Abgeordnete von Zerzog wenig Chancen für die Verwirklichung dieses Wunsches sah, blieb man in Regensburg hartnäckig und erneuerte im Frühjahr 1849 die Einladung, diesmal auch unter Berufung auf den Immerwährenden Reichstag.

Die Dreihundertjahrfeier des Reichstages von 1963 wurde dann mit erheblichem Aufwand begangen. Neben dem üblichen Festgeschehen – Ausstellungen, Empfänge, Publikationen etc. – war dies vor allem eine Feier des Bundesrates, der sich als Vertretung der Bundesländer noch am ehesten in die Tradition des alten Reichstages stellen konnte und der zu diesem Anlaß eine Sitzung seines innerdeutschen Ausschusses im Fürstenzimmer abhielt. Dreizehn Jahre später wurde der Reichssaal, nachdem er anläßlich des Europäischen hielt. 13 Jahre später wurde der Reichssaal, nachdem er anläßlich des Europäischen Denkmalschutzjahres mit erheblicher Bürgerbeteiligung restauriert worden war, mit einem Festakt neu eröffnet. Heute ist er Teil des Reichstagsmuseums der Stadt Regensburg.

8/1 Bildnis des Prinzipalkommissars Fürsterzbischof Guidobald von Thun (Abb. S. 170)
Johann Heinrich Schönfeld
1651; Öl auf Leinwand, 187,5 × 116 cm
Salzburg, Residenzgalerie Salzburg (19)

Graf Guidobald von Thun (1616–1668) amtierte seit 1654 als Erzbischof von Salzburg; 1667 empfing er die Kardinalswürde. Im August 1662 zog er zum ersten Mal in Regensburg ein, wo er als kaiserlicher Prinzipalkommissar, d. h. als Vertreter des Kaisers auf dem Reichstag, fungieren sollte. Der Maler der Porträts Johann Heinrich Schönfeld (1609 – ca. 1682), zählt neben Adam Elsheimer und Johann Liss zu den wenigen deutschen Barock-Künstlern von europäischem Rang.

8/2 Einzug des Prinzipalkommissars Fürstbischof Marquard Schenk von Castell
Druck b. Christoff Fischer (Regensburg)
1669; Kupferstich, 61,5 × 40 cm
Regensburg, Museen der Stadt Regensburg

Marquard Graf Schenk von Castell, Fürstbischof von Eichstätt, hatte das Amt des kaiserlichen Prinzipalkommissars in den Jahren 1669 bis 1685 inne.

8/3 Sonnenmonstranz
Matthäus Schaller, Augsburg
um 1653; Silber vergoldet, getrieben und gegossen, H 56,4 cm
Eichstätt, Diözesanmuseum (DpF 1)

8/4 Bildnis des Prinzipalkommissars Alexander Ferdinand Fürst von Thurn und Taxis
(Abb. S. 165)
Bernhard Gottlieb Friedrich
1750; Kupferstich, 83,5 × 56 cm
Regensburg, Fürst Thurn und Taxis Zentralarchiv-Hofbibliothek

Das aus der Lombardei stammende Grafengeschlecht führte seit 1649/50 mit kaiserlicher Genehmigung den Namen Thurn und Taxis und wurde 1695 in den Reichsfürstenstand erhoben. Seit 1615 war die Familie im Besitz des ›Reichspostgeneralats‹ als erblichem Thronlehen. Bis 1702 in Brüssel ansässig, mußte das Haus Thurn und Taxis die Stadt nach der Besetzung durch französische Truppen verlassen und siedelte sich in Frankfurt an. Kaiser Karl VII., der seine Residenz in Frankfurt hatte, ernannte Fürst Alexander Ferdinand von Thurn und Taxis

(1704–1773) im März 1743 zum Prinzipalkommissar des Immerwährenden Reichstages, den der Kaiser wegen der militärischen Lage im ›Österreichischen Erbfolgekrieg‹ und der bedrängten Situation seiner Herrschaft nach Frankfurt geholt hatte. Nach dem Tod Karls VII. amtierte für einige Jahre wieder der vorherige Prinzipalkommissar Johann Wilhelm Egon Fürst von Fürstenberg, bis 1748 Alexander Ferdinand erneut berufen wurde und seinen Hof nach Regensburg verlegte, wo sich der Immerwährende Reichstag seit 1745 wieder befand. Bis zum Ende des Reiches 1806 blieb das Amt des Prinzipalkommissariats nun bei den Thurn und Taxis. Möglicherweise war es – neben dem für die kostspielige Hofhaltung eines Vertreters des Kaisers nötigen Vermögen – vor allem das Postprivileg, welches das Haus für diese Aufgabe so geeignet machte, da der Reichstag in der verworrenen Struktur des ›Alten Reiches‹ vor allem eine kommunikative Wirkung hatte.

8/5 Bildnis des Prinzipalkommissars Carl Anselm Fürst von Thurn und Taxis

J. G. C. Hendschel

um 1795; Feder, aquarelliert, 19,5 × 14,7 cm
Regensburg, Fürst Thurn und Taxis Zentralarchiv-Hofbibliothek

8/6 Regensburger Bürger empfangen einen Kaiser und überreichen ihm die Schlüssel der Stadt (Abb. S. 167)

18. Jhdt.; Feder, aquarelliert, 16,5 × 20 cm
Regensburg, Fürst Thurn und Taxis Graphische Sammlung (TT RAT. IX. 103)

Die Einholung unter einem prächtigen Baldachin, die allein dem Kaiser oder König zustand und zum festen Bestandteil des aus der Antike überlieferten Adventus-Zeremoniells zählte, wurde mit dem Aufkommen der Kutsche zum lediglich symbolischen Akt. Traditionell brachten Mitglieder aus dem Gefolge des Herrschers den Baldachin nach dem Einholungszeremoniell und der Schlüsselübergabe in ihre Hand; die Stadt Regensburg mußte ihn dann jedesmal auslösen.

8/7 Zwei Schlüssel der Stadt Regensburg

Eisen, L a) 16,3 cm; b) 14,7 cm
Regensburg, Museen der Stadt Regensburg (AB 142 a, b)

8/8 Kleine Salutkanone

17. Jhdt.; Holz, Bronze, L 52 cm, B 25 cm
Regensburg, Museen der Stadt Regensburg (K 1930/16)

8/9 Bedeckter Gala-Tragesessel (Portechaise) vom Hofstaat des Prinzipalkommissars (Abb. S. 171)

um 1750; Holz, Lederbespannung, rote Samtpolsterung, 170 × 83 × 92 cm
Regensburg, Fürst Thurn und Taxis Hofmarschallamt

8/10 Haube eines ›Läufers‹ (Abb. S. 174)

1787; Silber, 15 × 18,8 cm (Silberschild)
Regensburg, Fürst Thurn und Taxis Hofmarschallamt (602 301)

Bei den ›Läufern‹ handelte es sich um Hofbedienstete, die zu Fuß den Kutschen vorauseilten und Heroldstäbe, bei Dunkelheit auch Fackeln, in den Händen trugen.

8/11 Entwurfszeichnung für eine Gala-Kutsche (Abb. S. 172)

um 1740; Bleistift, gelb und rosa laviert, 32 × 35,5 cm
Regensburg, Fürst Thurn und Taxis Zentralarchiv-Hofbibliothek

Möglicherweise handelt es sich um den sogenannten ›älteren Staatswagen‹, den Fürst Alexander Ferdinand von Thurn und Taxis aus Frankfurt mitgebracht hatte. Er war um 1740 gebaut worden und blieb in der Zeit des Regensburger Prinzipalkommissariats in Gebrauch, bis 1780 eine neue Gala-Kutsche in Auftrag gegeben wurde.

8/12 Zwei Gala-Trompeten vom Hof des Prinzipalkommissars (Abb. S. 175)

um 1750; Silber vergoldet, L 72 cm
Regensburg, Fürst Thurn und Taxis Hofmarschallamt (604 02)

8/13 Auffahrt der kurfürstlichen Gesandten vor dem Alten Rathaus

Andreas Geyer

1729; Kupferstich, 18,5 × 27 cm
Regensburg, Museen der Stadt Regensburg (G 1981/115)

Nachdem 1660 bis 1662 rechts neben dem Rathausturm (erbaut 1250) ein neues Rathaus errichtet worden war, das 1721 bis 1723 noch einmal erweitert wurde, konnte das Alte Rathaus aus dem 14. Jahrhundert ganz dem Immerwährenden Reichstag überlassen werden.

8/14 Verlesung der kaiserlichen Proposition vor den Reichsständen im ›Re- und Correlationssaal‹

Peter Troschel

1675; Kupferstich, 28,2 × 18,7 cm
Regensburg, Museen der Stadt Regensburg (G 1953/14)

Der ehemalige Tanz- und Festsaal der Reichsstadt war dem Immerwährenden Reichstag überlassen worden. Da die wesentliche Arbeit in den eigenen Sitzungszimmern der Stände erfolgte und Plenarsitzungen infolgedessen nur für Propositionen (Anträge des Kaisers oder der Stände) oder ›Conclusionen‹ (Abstimmungen über die Reichstagsbeschlüsse) stattfanden, wurde der Saal selten benutzt und war nicht beheizbar. Den Gesandten war erlaubt, die Bänke durch eigene Samtpolster bequemer zu gestalten.

8/15 Sitzordnung im ›Re- und Correlationssaal‹ des Immerwährenden Reichstages

um 1790; Feder, aquarelliert, 31 × 20,5 cm
Regensburg, Fürst Thurn und Taxis Zentralarchiv-Hofbibliothek (Slg.Resch III, Bl.133)

An der Stirnseite des Saals befand sich der Thron des Prinzipalkommissars, daneben die Sitze der Kurfürsten, wobei der Kurfürst von Trier einem in der Goldenen Bulle niedergeschriebenen Recht zufolge vor dem Thron Platz nehmen konnte. An den Längsseiten saßen die Gesandten der Reichsfürsten: rechts die weltlichen, links die geistlichen.

Quer zu dieser Reihe wurde eine kleine Bank gestellt, auf der die Vertreter der beiden einzigen evangelischen unter den geistlichen Territorien Platz nahmen, der Bistümer von Lübeck und Osnabrück. Vor der Schranke saßen links die Vertreter der schwäbischen und rheinischen Prälaten, rechts die der schwäbischen, wetterauischen und westfälischen Grafen; hinter ihnen die Vertreter der Reichsstädte, wiederum gemäß der Einteilung der Reichskreise getrennt in schwäbische und rheinische Bank.

In der Mitte des Saales befanden sich die Tische für das Protokoll, das anfangs allein in den Händen des Reichsdirektoriums und damit des Reichserzkanzlers und Kurfürsten von Mainz lag. Im Laufe der Zeit kamen eigene Direktorien der Stände hinzu.

8/16 Sitzordnung im ›Kurfürstlichen Collegium‹ des Immerwährenden Reichstages

um 1790; Feder, aquarelliert, 31 × 20,5 cm
Regensburg, Fürst Thurn und Taxis Zentralarchiv-Hofbibliothek (Slg.Resch III, Bl.129)

Das Kurfürsten-Kollegium vereinigte die Gesandten der bis 1779 neun Kurfürstentümer – der drei geistlichen (Köln, Mainz, Trier) und der sechs weltlichen (Böhmen, Brandenburg, Sachsen, Bayern, Kurpfalz, Hannover). Im Jahre 1779 erlosch die pfälzische Kur nach dem Aussterben der bayerischen Wittelsbacher. Der Kampf um die neunte Kur entspann sich zwischen einer Reihe aufstrebender Territorialherren wie dem Landgrafen von Hessen-Kassel oder dem Herzog von Württemberg. Auch in der Endphase des Reiches galt dieser Titel als erstrebenswerte Würde, so sehr, daß der Landesherr von Hessen-Kassel, der ihn 1803 schließlich erlangte, ihn bis 1866 führte, obwohl das Alte Reich längst untergegangen war.

Die vorliegende Sitzordnung überrascht insofern, als sie sogar nur sieben Kurfürstensitze zuweist: Mainz, Trier, Böhmen, Pfalz (= Bayern), Sachsen, Brandenburg und Braunschweig (= Hannover). In den Jahren 1784 bis 1789 und 1796/97 vertrat der kurkölnische Gesandte Freiherr von Karg sowohl Köln als auch Mainz. Die Sitzordnung erwähnt Mainz an der Stirnseite, da dem Kurfürsten von Mainz das Direktorium des Kurfürsten-Kollegiums oblag, nicht aber Köln. Vermutlich ist das Bild also in der erwähnten Amtszeit Kargs entstanden.

8/17 Sitzordnung im ›Fürstlichen Collegium‹ des Immerwährenden Reichstages

um 1790; Feder, aquarelliert, 31 × 20,5 cm
Regensburg, Fürst Thurn und Taxis Zentralarchiv-Hofbibliothek (Slg.Resch III, Bl.126)

Die Sitzordnung im Raum des ›Fürstencollegiums‹ war von der Trennung in weltliche und geistliche Reichsfürsten bestimmt. Ihre Gesandten nahmen auf den Bankreihen entlang der Wand Platz; auf der linken Seite bei den geistlichen Fürsten fand sich – wie im großen Re- und Correlationssaal – eine separate, quergestellte Bank für die beiden einzigen evangelischen Fürstbischöfe (Lübeck und Osnabrück). Die vordere Reihe der übrigen Bänke war den Vertretern der Prälaten und Grafen vorbehalten. An der Stirnseite des Saales befand sich der Direktorialtisch, an dem Österreich und Salzburg den Vorsitz innehatten.

Hinter dem Stuhl des jeweils Vorsitzenden saß der Reichserbmarschall von Pappenheim bzw. sein Vertreter. In der Mitte der gezeichneten Sitzordnung wird auf die Öffnung im Fußboden des Saales für die Warmluftheizung hingewiesen, die von einer Kammer im Erdgeschoß des Rathauses aus unterhalten wurde. Von der Uhr wird erwähnt, sie sei dem Vorbild der Straßburger Münsteruhr nachgebildet.

Die geringe Größe des Saales überrascht, da das Fürstencollegium doch nominell 100 Stimmen umfaßte – 60 weltliche, 34 geistliche, zwei Kuriatstimmen der Prälaten und vier Kuriatstimmen der Reichsgrafen. Tatsächlich ließen sich jedoch mehrere Fürsten von einem Gesandten vertreten; auch waren einzelnen Reichsfürsten durch Gebietserwerb oder das Aussterben von Nebenlinien mehrere Stimmen zugefallen.

8/18 Sitzordnung im ›Reichsstädtischen Collegium‹ des Immerwährenden Reichstages

um 1790; Feder, aquarelliert, 31 × 20,5 cm
Regensburg, Fürst Thurn und Taxis Zentralarchiv-Hofbibliothek (Slg. Resch III, Bl. 131)

Der Saal des ›Reichsstädtischen Collegiums‹ gliederte sich in eine links entlang der Wand laufende ›Rheinische Bank‹ mit 15 Stimmen, rechts eine ›Schwäbische Bank‹ mit deren 36. In der Mitte des Saales befand sich der Tisch des Direktoriums, das die Vertreter der Reichsstadt Regensburg innehatten. Regensburger Bürger vertraten jedoch auch in großem Umfange die anderen Reichsstädte, die ihre beste Zeit bereits hinter sich hatten, die Kosten für eigene Gesandte nicht tragen mochten und ohnehin in der Reichsverfassung nicht über sonderlichen politischen Einfluß verfügten. Das Reichsstädtische Collegium war also dem äußeren Anschein und der Zusammensetzung nach eine stark regensburgisch-lokal geprägte Angelegenheit. Entsprechend gering war der Anteil der reichsstädtischen Vertreter am ansonsten hochentwickelten zeremoniellen und gesellschaftlichen Leben in der Umgebung des Reichstages.

8/19 Sitzordnung in der ›Kurfürstlichen Nebenstube‹ des Immerwährenden Reichstages

um 1790; Feder, aquarelliert, 31 × 20,5 cm
Regensburg, Fürst Thurn und Taxis Zentralarchiv-Hofbibliothek (Slg. Resch III, Bl. 130)

Den Kurfürsten und Fürsten bzw. ihren Gesandten standen neben ihren Collegiensälen noch Nebenzimmer für geheime Beratungen ohne Kanzlisten und Sekretäre zur Verfügung. Das kurfürstliche Nebenzimmer war der am prächtigsten ausgestattete Raum im Alten Rathaus.

8/20 Sitzordnung in der ›Fürstlichen Nebenstube‹ des Immerwährenden Reichstages

um 1790; Feder, aquarelliert, 31 × 20,5 cm
Regensburg, Fürst Thurn und Taxis Zentralarchiv-Hofbibliothek (Slg. Resch III, Bl. 132)

8/21 Ansichten der Sitzungsräume des Immerwährenden Reichstages im Alten Rathaus zu Regensburg

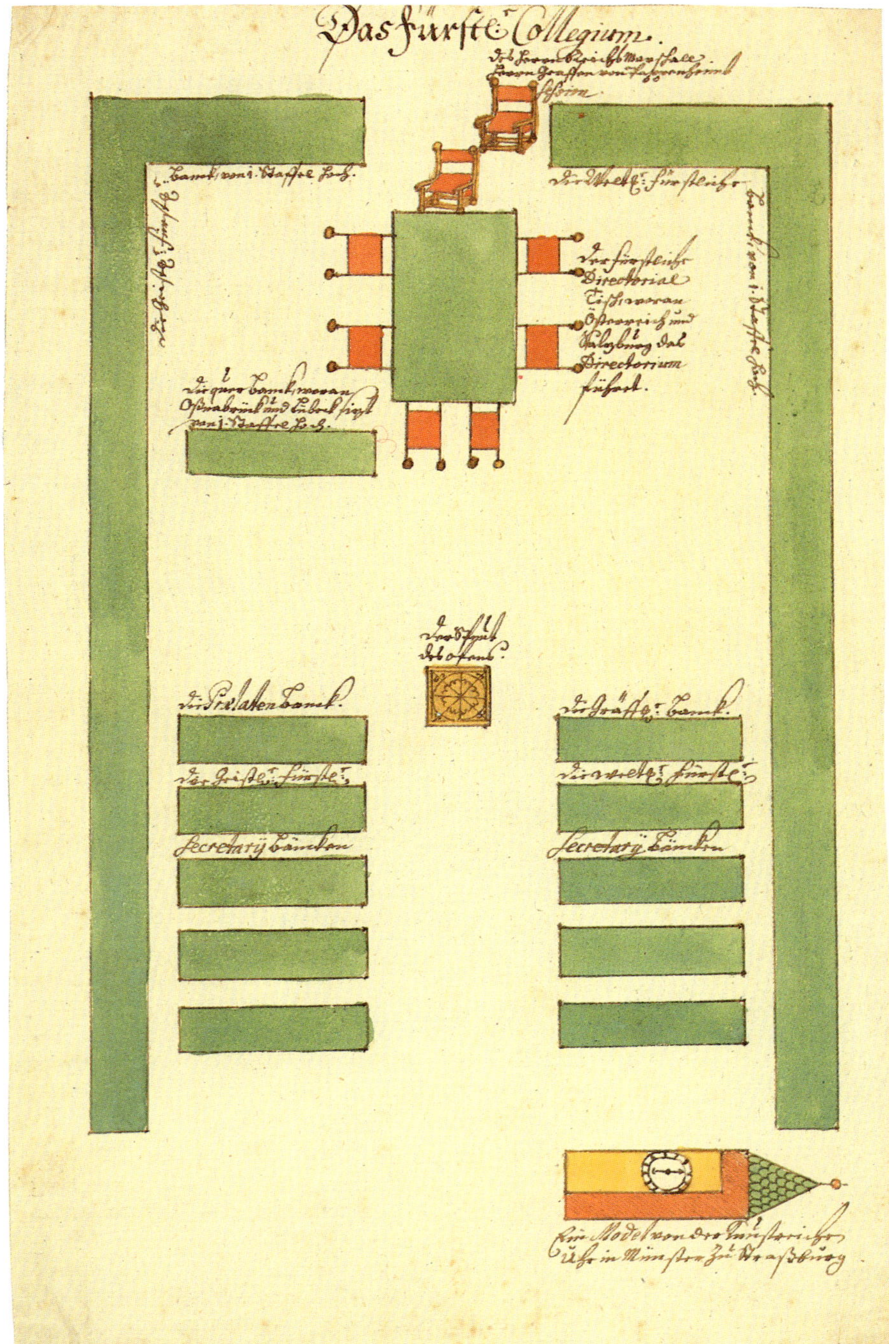

8/17

a) Kurfürstliches Collegium
b) Fürstliches Collegium
c) Reichsstädtisches Collegium
d) Kurfürstliches Nebenzimmer
e) Fürstliches Nebenzimmer

Andreas Geyer; Druck b. Vogel (Nürnberg)
1786; Kupferstiche, je 21,5 × 35 (Blgr.)
Regensburg, Museen der Stadt Regensburg (G 1979 AB 28 c,d,e,f,h)

Auf allen Ansichten der Collegien-Säle oder der jeweiligen Nebenzimmer ist im Vordergrund links oder rechts an der Wand das sogenannte ›Confect-Tischlein‹ zu sehen, auf denen für die Gesandten Backwerk und Wein bereitstanden, bis der Stadt diese Gefälligkeit zu teuer wurde.

8/22 Entwurf für einen Kachelofen im Alten Rathaus zu Regensburg

1665; Feder, grau und gelb laviert, 38,7 × 31,4 cm
Regensburg, Museen der Stadt Regensburg (G 1985/9)

8/23 Schreibzeug aus den Sitzungssälen des Reichstages

um 1700; Holz, z. T. gedrechselt, schwarz gebeizt, H 18,8 cm, B 15 cm, T 10,8 cm
Regensburg, Museen der Stadt Regensburg

8/24 Kurierkassette mit dem Wappen des Kurfürstentums Bayern

um 1700; Messing, L 42,7 cm
Regensburg, Museen der Stadt Regensburg

8/25 Zwei Medaillen auf die Rückkehr des Reichstages aus Frankfurt

a) C. D. Oexlein; b) J. L. Oexlein
1745; Silber, Dm a) 4,2 cm; b) 4,4 cm
Regensburg, Museen der Stadt Regensburg

Da der Wittelsbacher-Kaiser Karl VII. in Frankfurt residierte, während sein Stammland von österreichischen Truppen besetzt war, berief er im April 1742 den Reichstag nach Frankfurt ein, wo er im Sitzungssaal des ›Römer‹ tagte. Nach dem Tod Karls VII. 1745 kehrte der Reichstag nach Regensburg zurück.

8/26 Die Kontingente der Reichsarmee im ›Polnischen Erbfolgekrieg‹

Philipp Franz von Gudenus
1733; Feder, aquarelliert, jedes Blatt 39 × 48,7 cm
Karlsruhe, Badisches Generallandesarchiv (HfK Hs/105)

Die Reichsarmee gehörte zu den Beratungsgegenständen des Reichstages in Regensburg. Nach der ›Wormser Reichsmatrikel‹ von 1521 waren die Reichsstände im Kriegsfall zu einem nach Anzahl festgelegten Truppenkontingent verpflichtet. Die Organisation lag bei den Reichskreisen. Der Reichstag bewilligte die sogenannten ›Römermonate‹, nach denen die zur Kriegsführung notwendigen Gelder gezählt wurden. Das System funktionierte allerdings nur unvollkommen. Von den zehn Reichskreisen waren spätestens zu Beginn des 18. Jahrhunderts nur noch die Hälfte funktionierende Verbände; erst unter dem Eindruck der kriegerischen Auseinandersetzungen mit dem revolutionären Frankreich kam es in der Endphase des Reiches um 1790 wieder zu einer Verstärkung des reichsständischen Interesses an der Kreisorganisation.

Wie alle Institutionen des ›Alten Reiches‹ galt auch die Reichsarmee im Zeichen der erfolgreichen preußischen Machtpolitik des 18. und 19. Jahrhunderts als lächerliches Gebilde; diese Sicht verkennt, daß die alte Reichsverfassung ihre Bestimmung »nicht auf dem Gebiet der militärischen Macht, sondern eindeutig im Sinn einer Rechts- und Friedensordnung« (v. Aretin) hatte. Den Herausforderungen der Revolutionskriege allerdings war die Organisation der Reichsarmee in keiner Weise mehr gewachsen.

Die Uniformzeichnungen geben Truppenkontingente wieder, die zur Reichsarmee im ›Polnischen Erbfolgekrieg‹ (1733/34) unter dem Kommando des Prinzen Eugen gehörten. Der Offizier Philipp Franz von Gudenus hat sie gezeichnet.

Aus der Herkunft der einzelnen Truppen wird ersichtlich, inwieweit der jeweilige Reichskreis noch fähig und willens war, seinen Verpflichtungen nachzukommen. So sind der schwäbische und fränkische Reichskreis stark vertreten, während der westfälische Kreis, der ohnehin als ›reichsfern‹ galt, lediglich mit einem Verband des Hochstifts Paderborn, der obersächsische Kreis – zu dem mächtige Territorien wie Brandenburg-Preußen und Kursachsen zählten – mit einem gemischten Kontingent aus dem Fürstentum Schwarzburg und den verschiedenen Linien Reuß teilnahmen.

8/27 Gesandtschaftsquartier-Schild für Abt Martin Gerbert von St. Blasien

um 1750; Holz, Papiermaché, 96 × 78 cm
Regensburg, Museen der Stadt Regensburg (K 1936/106)

Der Abt des Benediktinerklosters St. Blasien wurde 1746 in den Reichsfürstenstand erhoben. Von 1764 bis 1793 übte dieses Amt Martin II. Gerbert aus, ein vielseitig schriftstellerisch tätiger Theologe, der dem aufklärerischen Gedankengut seiner Zeit aufgeschlossen gegenüberstand, eine Haltung, die ihn bei der Reform des Gottesdienstes, aber auch bei Neubau und Einrichtung der barocken Klosterkirche von St. Blasien bestimmte. Wie die Reichskirche insgesamt, die geistlichen Kurfürsten und die Klöster, geriet auch Gerbert seit den 1770er Jahren in den großen Konflikt mit Kaiser Joseph II., der Rechte und Selbständigkeit der geistlichen Territorien zu beschneiden suchte. Das Kloster wurde 1806 säkularisiert und fiel dem Großherzogtum Baden zu.

8/28 Bildnis des französischen Gesandten beim Immerwährenden Reichstag Robert de Gravel

Matthias von Sommeren

1667; Kupferstich, 14,3 × 9 cm
Regensburg, Museen der Stadt Regensburg (G 1931/61)

8/29 Bildnis des preußischen Gesandten beim Immerwährenden Reichstag Erich Christoph von Plotho

Wild/J. E. Nilson

1759; Kupferstich, 21,8 × 15,6 cm
Regensburg, Museen der Stadt Regensburg (G 1983/114)

Der preußische Gesandte war wegen eines Vorfalls aus dem Jahre 1757, nach Ausbruch des siebenjährigen Krieges, in aller Munde. Der Notar Aprill versuchte ihm eine Vorladung des Königs von Preußen vor den Reichshofrat – das höchste kaiserliche Gericht – in Wien zu überbringen, wo die Verhängung der Reichsacht gegen Friedrich II. verhandelt werden sollte. Plotho geriet darüber so in Zorn (»Was, du Flegel, insinuieren?«), daß er den Notar von seinen Dienern über die Galerien seines Quartierhauses in den Hof hinabwerfen lassen wollte. Diese brachten den entgeisterten Boten aber sicher zur Tür. Goethe, der die Geschichte kannte, sah Plotho bei der Krönung Josephs II. 1764 in Frankfurt und schildert ihn als einen Mann mit »schwarzen Feueraugen«, der sich durch eine »gewisse Spärlichkeit, sowohl in eigener Kleidung als in Livreen und Equipagen« ausgezeichnet habe.

8/30 Festmahl bei dem Prinzipalkommissar Christian August von Sachsen-Zeitz am 26. September 1717 im Rittersaal von Schloß Emmeram

Johann Matthias Steidlin/Andreas Geyer

1717; Kupferstich, 30 × 64 cm
Regensburg, Museen der Stadt Regensburg (G AB 1979/121)

Als Prinzipalkommissar amtierte Christian August, Erzbischof von Gran und Primas Ungarns, von 1716 bis 1725 in Regensburg. Das hier gezeigte Festmahl gehörte zu den umfangreichen Festlichkeiten, die aus Anlaß der Eroberung Belgrads durch die kaiserliche Armee unter dem Prinzen Eugen 1717 in Regensburg stattfanden.

Die Anordnung des Tisches sollte einem doppelten C gleichen und damit auf den Namen des regierenden Kaisers (Karl VI.) hinweisen. Die Tischdekorationen aus Zuckerwerk nehmen Bezug auf den Anlaß des Banketts. So sind u. a. der Prinz Eugen als Reiterstandbild, die Belagerung Belgrads und der Auszug der Türken aus der Stadt in kunstvoller Modellierung dargestellt.

8/31 Illuminierte Fest-Architektur auf dem ›Oberen Wöhrd‹ (Abb. S. 173)

Bernhard Gottlieb Friedrich

1754; Kupferstich, 39,7 × 54 cm
Regensburg, Museen der Stadt Regensburg (HV 909)

Auf der Donauinsel hatte Anton Franz Zauffaly, der Hofbaumeister des Prinzipalkommissars Alexander Ferdinand von Thurn und Taxis, einen Ballsaal errichtet, der dem Zeitgeschmack entsprechend Anklänge an die chinesische Architektur zeigte. Der Schmuck des Gebäudes, das mit 2400 Laternen an der Außenseite und einer vermutlich goldschimmernden Bemalung zu einem einzigen Leuchtkörper gestaltet worden war, nahm in seinem Bilderschmuck auf den Anlaß des Festes, die Geburt des kaiserlichen Prinzen Ferdinand Joseph, Bezug: Das Gemälde über dem Eingang zeigt die Geburt des Herkules, umgeben von Personifikationen der Vorsicht, des Glücks und des Ruhmes.

8/32 Feierlicher Zug des Prinzipalkommissars nach dem Dom, zur Feier des kaiserlichen Namenstages

Johann Philipp Forster

Radierung, 44 × 58,5 cm
Regensburg, Fürst Thurn und Taxis Zentralarchiv-Hofbibliothek

8/33 Huldigung der Regensburger Bürger für Kaiser Franz II.

Johann Philipp Forster

1793; Kupferstich, 20 × 28,7 cm
Regensburg, Fürst Thurn und Taxis Zentralarchiv-Hofbibliothek

Die Huldigung der Regensburger Bürgerschaft, die der Prinzipalkommissar Carl Anselm von Thurn und Taxis am 11. April 1793 für den Kaiser Franz II. entgegennahm, war die letzte im ›Alten Reich‹. Der Kaiser hatte sie in den Tagen der Kanonade von Valmy angeordnet, die den Rückzug der gegenrevolutionären Truppen aus Frank-

8/35

reich einleitete; wenige Monate zuvor war Ludwig XVI. von Frankreich geköpft worden. Womöglich symbolisiert das Bild über der Tribüne und über dem dort aufgehängten Porträt des Kaisers, eine Darstellung des Sonnengottes Phoebus Apollo, die zweifelhaften Hoffnungen auf eine Wiederherstellung unangefochtener monarchischer Herrlichkeit. Für die Feier des Treueides hatte man die provisorische Tribüne zwischen dem ›Äußeren Palais‹ und dem soeben abgebrannten ›Freisinger Hof‹ (rechts) errichtet, der eigentlichen Residenz des Prinzipalkommissars.

8/34 Silberner Blumenkranz als Ehrengabe für den Prinzipalkommissar

1793; Silber, H 42 cm
Regensburg, Fürst Thurn und Taxis Hofmarschallamt

Nachdem der Prinzipalkommissar Carl Anselm von Thurn und Taxis die Huldigung der Regensburger Bürger für Kaiser Franz II. entgegengenommen hatte, empfing er Vertreter des Rates der Reichstadt. Als Geschenke überreichten sie ihm eine Sammlung goldener und silberner Medaillen zwischen kostbar gearbeiteten Buchdeckeln sowie ein Schreibkästchen mit silbernen und goldenen Beschlägen. Dieses trug auf dem Deckel diesen Blumenkranz mit einer Widmung für Franz II. und Carl Anselm.

8/35 ›Ball-Maskerade von Fürsten von Thurn und Taxis‹ – Vor dem alten Hoftheater

1771; Feder, aquarelliert, 22,5 × 28,5 cm
Regensburg, Fürst Thurn und Taxis Hofbibliothek (TT A III.)

Mit der Übersiedelung des Hauses Thurn und Taxis nach Regensburg im Jahre 1748 kam nicht nur ein weiterer katholischer Herrschaftsträger in die protestantisch regierte Reichsstadt, auch das höfische Leben hielt Einzug. »Ohne Taxis wäre die Centralstadt Deutschlands gleich einem Landstädtchen«, heißt es in einer Reisebeschreibung. Und 1781 bemerkte Friedrich Nicolai: »Der kaiserliche Principal-Kommissarius Fürst von Thurn und Taxis hat einen prächtigen Hofstaat, und macht hier einen sehr ansehnlichen Aufwand, welcher der Stadt sehr zugute kommt...«

Die Zeichnung zeigt den Aufzug des Erbprinzen Carl Anselm von Thurn und Taxis zu einem Maskenball im Jahre 1771. Der Zug befindet sich in der Höhe des vom Fürsten 1760 als Ballsaal und Hoftheater angemieteten städtischen Ballhauses am Ägidienplatz. Auf einer roten Sänfte wird der verkleidete Prinz einhergetragen. Weiße Pumphosen, ein glänzendes, rot-goldenes Gewand und ein Turban mit roten und blauen Straußenfedern lassen ihn als türkischen Herrscher erscheinen. Fackelträger,

Wächter mit Lanzen und Säbeln – alle ›türkisch‹ gekleidet – und drei in weite rote Umhänge gehüllte Diener begleiten ihn. Von einer ähnlichen Maskerade im Jahre 1769 berichtet der protestantische Prediger Christian Gottlob Dimpfel in seiner Chronik. Dort heißt es nicht ohne kritischen Unterton: »... gefiele es zur Abwechslung Sr. Hochfürstl. Durchl. nach dero Redouten=Saal einen ganz besonderen Aufzug, worzu sehr viele Zeit und Kosten verschwendet worden, anzustellen. Hochselbiger liesse sich als Türkischer Kayser durch dero 4.Heydukken ... auf einem Thron tragen. Diese samt denen, so die Feld = Musique produciret, machten in der Zahl 30. aus, so alle in Atlas, viel bortiret, eingekleidet waren. In der Stadt ware alles wie rasend, da jedes einen Augenzeugen von dieser Masquerade abgeben wollen ...«.
Elisabeth Fendl

8/36 Ankündigung einer Aufführung des Lustspiels ›Der Revers‹ im Regensburger Hoftheater

1789; 32 ×21 cm
Regensburg, Stadtarchiv

Im Jahre 1760 mietete der Fürst von Thurn und Taxis von der Stadt Regensburg das 1652 auf dem Ägidienplatz zwischen Dominikaner- und Deutschhauskirche erbaute städtische Ballhaus für das französische Theater. Unter dem Musikintendanten von Schacht wurde 1774 die italienische Hofoper eingeführt, die wiederum 1778 von der deutschen Schaubühne abgelöst wurde; letztere machte 1784 erneut der italienischen Oper Platz. Im Jahre 1786 wurde das Hoftheater vorerst aufgelöst.

Der Regensburger Emanuel Schikaneder (1751–1812), der das Libretto zu Mozarts ›Zauberflöte‹ schrieb, übernahm im Mai 1787 das Theater. Seine »teutsche Schauspielergesellschaft« trat bis 1789 in Regensburg auf und wechselte dann mit ihrem Prinzipal nach Wien. Erfolg hatte Schikaneder vor allem mit seinen Freilichtinszenierungen auf dem Oberen Wöhrd, mit denen er auch ein Publikum anlockte, das sonst dem Theater fern stand. Seine eigene Dramatisierung der Regensburger Lokalsage von ›Hans Dollinger‹ etwa war ein solcher, immer wieder erwähnter Erfolg. Neben Selbstverfaßtem führte Schikaneder vor allem bürgerliche Familienstücke wie die Friedrich Ludwig Schröders oder August Wilhelm Ifflands auf. Das am 5. Januar gegebene Lustspiel ›Der Revers‹ stammt von Johann Friedrich Jünger (1759–1797), der von 1789 bis 1794 am Burgtheater in Wien als Dramaturg und Hoftheaterdichter wirkte. Schikaneder trat in diesem Stück selbst als Schauspieler auf. *Elisabeth Fendl*

8/37 Das ›Hatzbuch‹ des Johannes Lingauer

1776–1784; Aquarellzeichnungen und Programmzettel
Regensburg, Fürst Thurn und Taxis Hofbibliothek
(F.K.Misc.3/II.)

Ein Mietvertrag vom 13. September 1776 erlaubte dem Johann Lingauer, »Mezgern und Domkapitl: Insassen zu Regenspurg«, im »Kreitl: und Obst Gartten« des Wirtshauses zur ›Blauen Traube‹ nahe der Stad Regensburg, »ein Gerüst von Zimmerwerch zu einer Hötz ... aufzuführen«. Die Bewohner von Steinweg sprachen sich in mehreren Bittbriefen an den Kurfürsten gegen den Bau aus. Sie beschrieben das Hatztheater als »ein ungemein grosses Gebäude, welches uns Theils in unsern Gärten und Kraitwerk, wovon wir meistens leben müßen, den grösten Schaden verursacht, theils auch in den Wohnungen das für unser Profession erforderliche Licht benimmt«. Das Theater wurde trotz aller Einwände gebaut und schließlich auch noch vergrößert. Die Hatzen standen unter Aufsicht der fürstlich Thurn- und Taxischen Theaterintendanz. Lingauer wurde als Hatzmeister angestellt, als Hatzdirektor fungierte der fürstliche Kammerdiener Josef Hilt. Nach dem Vorbild anderer Höfe wie etwa dem in Wien, fanden nun jeden Sonntag ›Hatzspektakel‹ statt, während fast überall der bürgerliche Moralismus der Aufklärung diesem ›barbarischen‹ Schauspiel ein Ende bereitet hatte.

Der protestantische Rat der Stadt Regensburg äußerte schon bald seine Bedenken gegenüber diesem derben Vergnügen. Im Jahre 1777 zum Beispiel wurde von seiten des Magistrats das Austrommeln der Hatzen innerhalb der Stadt verboten. Zwar konnten die Ratsherren nichts gegen die Institution ›Hatztheater‹ unternehmen, da das Haus sich auf bayerischem Territorium befand, so wollten sie doch mit dieser ›Nachrichtensperre‹ wenigstens ein zu großes »Auslaufen« der reichsstädtischen Bevölkerung ins Katholische verhindern.

Den größten Teil der Zuschauer bei den ›Hatzspektakeln‹ stellten der Hof des Prinzipalkommissars, der Adel, Teile der Reichstagsgesandten und der ›gemeine Mann‹. ›Hatzzettel‹ informierten die Besucher über die Art der vorgestellten Hatz: Man unterschied zwischen Wasserhatzen, Feuerhatzen, Scharfhatzen und den ›lächerlichen‹ Hatzen. Bei letzteren handelte es sich um mit großem Aufwand dargestellte Szenen, wie zum Beispiel eine Bauernhochzeit oder ein Bacchus-Fest, die durch den plötzlichen Einfall ›wilder‹ Tiere zur Hatz wurden. In seinen detaillierten Aquarellen hat Lingauer solche Hatzen dargestellt. Auch über die auftretenden Tiere geben Hatzzettel und die im ›Hatzbuch‹ gebundenen Aquarelle Auskunft. Neben Bären, Hirschen, Pferden, Stieren, Wildschweinen und den eine Hauptrolle spielenden Hatzhunden wurden auch Esel, Affen, Wölfe, Dachse und sogar eine Hyäne aus Polen, Frankreich oder Holland herbeigeschafft.

Obwohl die Zahl der vor allem bürgerlichen Kritiker dieser Art von Volksbelustigung ständig wuchs, war es in Regensburg eine Naturkatastrophe, die den ›Hatzspekta-

8/37

keln‹ ein Ende machte. Der oft beschriebene Eisstoß vom Frühjahr 1784 zerstörte das Hatzgebäude und kostete den meisten Tieren das Leben. Karl Sebastian Hosang beschreibt den ›berühmten‹ Vorfall pathetisch: »In das Geheul der Hunde und Wölfe mischten die Bären und Stiere ihr jämmerliches Gebrüll . . . Allein es schien, als verlangten sie selbst nicht ihre Kerker zu sprengen und durch das Wasserelement umzukommen war ihnen erwünschter, als noch länger die Qualen der Menschen zu dulden.«
Elisabeth Fendl

8/38 Ansicht des Hatztheaters am Steinweg bei Regensburg

Johann Philipp Forster

um 1780; Radierung, 30,7 × 41,5 cm
Regensburg, Fürst Thurn und Taxis Zentralarchiv-Hofbibliothek

Dieses Blatt Forsters, der am Ende des 18. Jahrhunderts in Regensburg tätig war, zeigt das ›Hochfürstl. Taxische Hetz-Amphitheatr. bey Regensburg zur Stadt am Hof am Steinweg‹ als zweigeschossiges, um einen annähernd quadratischen Hof angelegtes Holzgebäude. Ernst Wilhelm Martius beschreibt in seinen Lebenserinnerungen das 1776 von dem Metzger und Hatzmeister Johann Lingauer errichtete Gebäude: »Zu ebener Erde befanden sich ringsrum die Behälter für die Thiere. Sie konnten durch aufziehbare Fallen nach der Arena und nach rückwärts geöffnet werden. Darüber lief ringsum ein Gang für die Hatzknechte, und über diesem waren die zwei Stockwerke von Gallerien für das Publicum erbaut«.
Elisabeth Fendl

8/39 Bildnis des Regensburger Ratsherrn und Reichstagsgesandten Georg Elsperger

Benjamin von Block (1631–1689)

1687; Öl auf Pergament, 32,5 × 22,8 cm
Regensburg, Stadtarchiv (I Aa 1)

8/37

Elsperger (1638–1715), Mitglied des Inneren Rates der Stadt Regensburg, vertrat auf dem Immerwährenden Reichstag die Reichsstädte Nördlingen, Regensburg, Speyer, Worms, Bremen und Lübeck.

8/40 Bildnis des Regensburger Ratsherrn und Reichstagsgesandten Rupert Sigismund Haeberlin

Johann Leonhard Hirschmann (1672–1750)

1716; Öl auf Pergament, 32,5 × 22,8 cm
Regensburg, Stadtarchiv (I Aa 1)

Häberle oder Haeberlin (1670–1723), u. a. Mitglied des Inneren Rates, Almosenamtsdirektor, Kämmerer und Hansgraf, vertrat auf dem Reichstag die Städte Dortmund, Heilbronn, Nördlingen, Regensburg und Worms.

8/41 Bildnis des Regensburger Ratsherrn und Reichstagsgesandten Georg Theodor Gemeiner

Öl auf Pergament, 32,5 × 22,8 cm
Regensburg, Stadtarchiv (I Aa 1)

Gemeiner (1712–1780), Syndicus, Mitglied des Inneren Rates und Almosenamtsdirektor, vertrat auf dem Reichstag 1753 bis 1780 die Städte Bremen, Rothenburg o. d. T. und Speyer, 1777 bis 1780 auch Windsheim. Bis zu seinem Tode gehörte er dem Direktorium des reichsstädtischen Collegiums an.

8/42 Bildnis des Regensburger Ratsherrn und Reichstagsgesandten Georg Matthias Selpert

Öl auf Pergament, 32,5 × 22,8 cm
Regensburg, Stadtarchiv (I Aa 1)

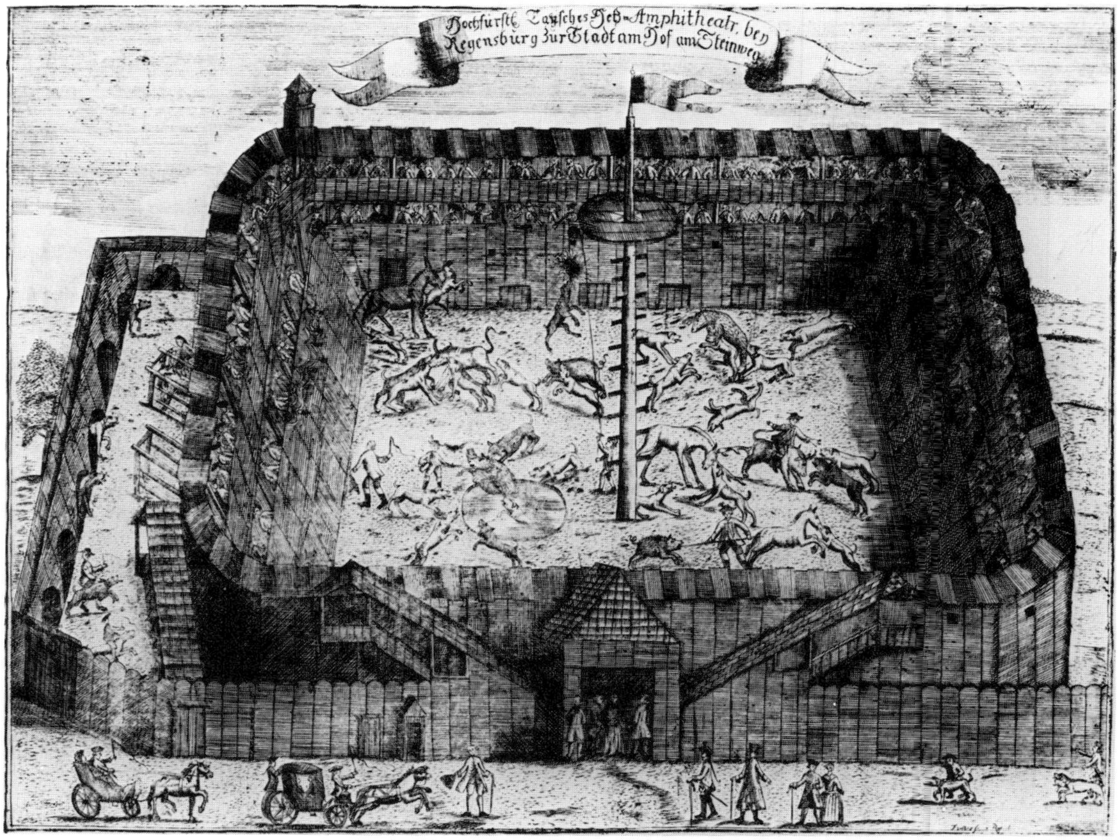

8/38

8/40

Selpert (1688–1750) studierte in Leipzig; Bildungsreisen nach Holland, Frankreich, England und Italien sind nachgewiesen. Im Jahre 1735 wurde er von Kaiser Karl VI. geadelt. Er amtierte in Regensburg als Consulent, Mitglied von Innerem Rat und Kriegsrat, Konsistorialpräsident, oberster Scholarch und Kämmerer. Er vertrat seit 1735 die Reichsstadt Heilbronn; überdies gehörte er 1725 bis 1750 dem Direktorium des reichsstädtischen Collegiums an.

8/43 Bildnis des Regensburger Ratsherrn und Reichstagsgesandten Johann Ulrich Boesner

Johann Leonhard Hirschmann (1672–1750)

1720; Öl auf Pergament, 32,5 × 22,8 cm
Regensburg, Stadtarchiv (I Aa 1)

Bösner (1680–1739), aus dem Elsaß stammend, hatte in Tübingen studiert, ab 1703 als Licentiat in Gießen und bis 1708 in Wien gelebt. Er diente der Stadt Regensburg mehrmals als Gesandter in Wien (u. a. 1713), als Consulent, Mitglied des Inneren Rates, Geheimer Rat, Schützenherr, Kriegsherr, Almosenamtsdirektor und Kämmerer. Als reichsstädtischer Abgeordneter vertrat er Bremen, Frankfurt und Speyer.

8/44 Bildnis des Regensburger Ratsherrn und Reichstagsgesandten Johann Christoph Wendler

Johann Jacob Traut (1667–1734)

Öl auf Pergament, 32,5 × 22,8 cm
Regensburg, Stadtarchiv (I Aa 1)

Wendler (1643–1715), möglicherweise einer Juristenfamilie aus Wien entstammend, studierte in Straßburg und war 1667 am Reichskammergericht in Speyer sowie 1668 beim Reichshofrat in Wien tätig. In Regensburg hatte er die Ämter eines Stadtsekretärs, Consulenten, Inneren Rates, Almosenamtsdirektors, Hansgrafs, Consistorialpräsidenten, Protoscholarchen und Kämmerers inne. Er vertrat in verschiedenen Zeiträumen die Reichsstädte Köln, Dortmund, Friedberg, Überlingen und Ulm. Als ›Deputatus primarius‹ gehörte er 1692 bis 1694 dem Direktorium des reichsstädtischen Collegiums an.

Wien

Die Geschichte der kaiserlichen Haupt- und Residenzstadt

Karl Otmar von Aretin

Wien war bereits im 12. Jahrhundert Residenz der Babenberger, und seit dem 13. Jahrhundert Sitz der ersten Habsburger. Dennoch begann die Stadt erst im Jahre 1522 mit dem Eintreffen des Erzherzogs Ferdinand, des späteren Kaisers Ferdinand I., aus dem Schatten anderer europäischer Städte herauszutreten. Die eigentliche Hauptstadt des die Welt umspannenden habsburgischen Reichs, in dem die Sonne nicht unterging, war damals noch Brüssel, Wien dagegen nur ›Außenstation‹ – eine kleine mittelalterliche Stadt, die von der Hauptkirche, dem Stephansdom, beherrscht wurde. Der Aufstieg des Hauses Habsburg berührte sie daher zunächst nur am Rande. Erst mit dem Sieg über die Türken nach der Belagerung von 1683 begann der eigentliche Aufstieg Wiens zur kaiserlichen Haupt- und Residenzstadt.

Wien im Zeitalter der Türkenkriege

Unter Ferdinand I. fielen zwei wichtige Entscheidungen: Im Jahre 1520 wurde er zum König von Böhmen gewählt, und nach dem Tod seines Schwagers Ludwig 1526 erbte er den Anspruch auf Ungarn, auch wenn dieses Land zu jener Zeit nur noch aus einem schmalen Grenzstreifen bestand. Der Rest Ungarns war in der Hand der Osmanen, die auch Wien und Niederösterreich bedrohten. So begann schon unter Ferdinand I. jene Kombination aus Türkenbedrohung und der Zusammenfassung des österreichisch-böhmisch-ungarischen Raumes, die für die Geschichte Wiens so charakteristisch wurde. Der Vielvölkerstaat und Wien als fester Platz schützten die kleinen Völker Ostmitteleuropas vor dem Schicksal, das den Balkanvölkern von den Osmanen bereitet worden war.

Im Jahre 1526 erließ Ferdinand für Wien eine Stadtverfassung, die ein Mindestmaß von Selbstverwaltung garantierte. Sie sollte für 250 Jahre das Schicksal der Stadt bestimmen. Im fernen Spanien aufgewachsen, tat sich Ferdinand, der im Schatten seines Bruders Kaiser Karl V. stand, allerdings mit den Wienern schwer.

Im Jahre 1525 fiel bei einem verheerenden Brand ein Drittel der Häuser in Schutt und Asche. Die Stadt hatte sich von diesem Unglück noch nicht erholt, als am 26. September 1529 das gewaltige Heer Sultan Suleimans des Prächtigen unter Ibrahim Pascha vor der Stadt erschien. Nach mehreren vergeblichen An-

Büste des Kaisers Leopold I. (Kat. Nr. 9/1)

griffen brach das osmanische Heer am 26. Oktober die Belagerung ab. Die Janitscharen, die nur bis zum 23. Oktober zum Kämpfen verpflichtet waren, erzwangen den Abzug. Er geschah unbehelligt von dem am 20. Oktober in Wien eingetroffenen Entsatzheer. Die Gefahr einer neuen Belagerung aber blieb bestehen.

Dennoch entschloß sich König Ferdinand 1533 endgültig, Wien zu seinem Wohnsitz zu machen und die Burg entsprechend umbauen zu lassen. Das Schweizer Tor von 1552 erinnert noch an diese Zeit. Nach der Thronentsagung Karls V. 1556 wurde Ferdinand Römischer Kaiser. Auf Wien hatte diese Rangerhöhung allerdings keine Auswirkung.

Als der Protestantismus auch in Wien aufkam, ging Ferdinand gegen dessen Anhänger, insbesondere gegen die Täufer, mit großer Härte vor. Kaspar Tauber war das erste Blutopfer der Protestanten in Wien. Als sich die neue Lehre trotzdem weiter ausbreitete, berief Ferdinand 1551 die Jesuiten nach Wien, die im ehemaligen Karmeliterkloster untergebracht wurden. Peter Canisius wirkte in Wien und übernahm sogar für kurze Zeit die Verwaltung des Wiener Bistums.

Der Regierungsantritt Kaiser Maximilians II. 1564 brachte für die Protestanten der Stadt neue Hoffnung. Die Neigung des neuen Kaisers zur neuen Lehre war unübersehbar. Aber Maximilian II. enttäuschte diejenigen, die geglaubt hatten, er würde sich offen zum Protestantismus bekennen. Die 1568 erlassene Religionskonzession gab die Ausübung der neuen Lehre nur für den Adel in seinen Schlössern und Häusern frei. All diese Vergünstigungen wurden 1576 beim Regierungsantritt des in Spanien erzogenen Kaisers Rudolf II. (1576–1612) rückgängig gemacht. Nachdem Rudolf sich nach Prag zurückgezogen hatte, wurde der Bäckersohn Melchior Klesl, der 1588 Bischof von Wien-Neustadt wurde und 1598 das Bistum Wien übernahm, zur Schlüsselfigur der Rekatholisierung der Stadt.

Hatte Klesl zwar die Gegenreformation eingeleitet, aber schließlich den Protestanten doch einige Zugeständnisse gemacht, so führte Ferdinand II. (1619–1637) sie mit aller Schärfe durch. Der böhmische Aufstand, der den Dreißigjährigen Krieg auslöste, brachte jedoch zunächst den Kaiser in arge Bedrängnis. So schlossen die Aufständischen Ferdinand am 6. Juni 1619 in Wien ein, mußten allerdings die Belagerung schon nach einer Woche wieder aufgeben. Wien blieb von da an im Dreißigjährigen Krieg weitgehend unbehelligt. Die unmittelbare Bedrohung der Hauptstadt zwang aber Ferdinand III., Sohn Ferdinands II., 1648 zum Abschluß des Westfälischen Friedens. Dieser Friede bezeichnete den Tiefpunkt des kaiserlichen Ansehens im Reich. Ferdinand III. mußte sich glücklich schätzen, daß er die Kaiserkrone dem Hause Habsburg hatte erhalten können. Die Bestimmungen des Friedens ließen ihm darüber hinaus nur noch wenige Rechte.

Wien hatte sich in dieser Zeit in eine rein katholische Stadt verwandelt. Viele Orden

Modell der Karlskirche in Wien (Kat. Nr. 9/3)

wurden hier angesiedelt und bestimmten mit ihren Kirchen das Stadtbild. Die Paulaner, Barnabiten, Augustiner, Schwarzspanier, Serviten und Kapuziner, von denen oft nicht mehr als die Ordensnamen geblieben sind, gaben Wien das Ansehen eines zweiten Rom. Klarissinnen, Karmeliterinnen und schließlich die von Kaiserin Maria Eleonore, der Gemahlin Ferdinands III., aus Italien gerufenen Ursulinen vervollständigten diese ›Klosteroffensive‹.

Am 2. April 1657 starb Ferdinand III. Da sein ältester Sohn Ferdinand IV. drei Jahre zuvor gestorben war, fiel die Wahl auf dessen Bruder Leopold, der als Leopold I. bis 1705 regierte. Mit ihm begann der Aufstieg Wiens zur europäischen Metropole.

Kaiser und Hochadel erbauen eine Stadt

Leopold I., ein schwerfälliger, zaudernder, aber künstlerisch hochbegabter Mann, dessen Kompositionen ein beachtliches Niveau erreichten, hatte zunächst schwer am Erbe des verlorenen Krieges zu tragen. Wie sein Vater bemühte er sich, durch strikte Einhaltung des Westfälischen Friedens das verlorene Vertrauen der deutschen Fürsten zurückzugewinnen. Zwei Umstände kamen ihm dabei zugute: Zum einen die Eroberungssucht Ludwigs XIV., die 1672 im Angriff gegen Holland zum ersten Mal unverhüllt zutage trat und die in der Besetzung Straßburgs 1681 einen das ganze Reich in Empörung versetzenden Höhepunkt erreichte; zum anderen die Bedrohung durch das Osmanische Reich. Aus den beiden Herausforderungen ging die Großmacht Österreich hervor, die sich in Wien ein glänzendes Denkmal setzte.

Im Jahre 1683 stand Kara Mustafa überraschend mit einem riesigen Heer, wohlversorgt mit Belagerungsgeschütz, vor Wien. Leopold hatte dagegen einen Angriff Ludwigs XIV. erwartet und zur Wiedereroberung Straßburgs gerüstet. Das kaiserliche Heer unter Prinz Karl von Lothringen war daher zu schwach, um Wien zu verteidigen, die Stadt folglich auf sich allein gestellt. Die zum Katholizismus übergetretene, in Rom lebende Königin Christine von Schweden gab die allgemein in Europa verbreitete Stimmung wieder, als sie schrieb: »Wien kann sich nicht mehr retten als nur noch durch ein Wunder ähnlich dem des Roten Meeres.« Das Wunder geschah: Eine deutsch-polnische Entsatzarmee unter dem Polenkönig Jan Sobieski und Karl von Lothringen schlug das osmanische Heer und befreite in letzter Stunde das unter Rüdiger von Starhemberg heldenhaft verteidigte Wien. Die Befreiung Ungarns in den folgenden Jahren gab der römischen Kaiserkrone neuen, über ganz Europa erstrahlenden Glanz, als Kaiser Leopold sich in Ungarn ein Reich eroberte, während Ludwig XIV. mit seinen Kriegszügen ganz Europa gegen sich aufbrachte. Im Spanischen Erbfolgekrieg fiel die Entscheidung. Nach dem Tode Leopolds am 5. Mai 1705 vertrieb sein begabter Sohn Joseph I. (1705–1711) Franzosen und Spanier aus Italien. Nach dem Tod Josephs im Jahre 1711 schien das Reich Karls V. für einen Augenblick in der Person Karls VI. (1711–1740) wieder zu erstehen, der das Erbe der spanischen Habsburger übernehmen sollte. Als Kaiser mußte Karl VI. im Frieden von Utrecht allerdings auf Spanien verzichten. Zum Ausgleich erhielt er die spanischen Nebenlande Neapel, Mailand und die Niederlande – das heutige Belgien –, und schließlich eroberte Prinz Eugen im Türkenkrieg 1717/18 ganz Ungarn und Belgrad. Damit hatte Österreich seine größte Ausdehnung erreicht. Der Feldherrenruhm des Prinzen Eugen erstrahlte mit den Siegen im Spanischen Erbfolgekrieg und im Türkenkrieg und gab der Großmacht Österreich einen glanzvollen Rahmen.

Zwischen 1683 und dem Tod Karls VI. 1740 entstand das kaiserliche Wien. Die Zerstörungen in der Stadt und an den Befestigungen sowie die niedergebrannten Vorstädte zwangen nach 1683 zu einem umfassenden Neuaufbau. Der Triumph der gegenreformatorischen Kirche verband sich mit dem Triumph des siegreichen kaiserlichen Heeres über die Ungläubigen zu einer Gloriole des wieder erstandenen Kaisertums als Schutzherr der Christenheit. Die drei letzten Habsburger, Leopold I., Joseph I. und Karl VI., schufen sich in Wien ein Denkmal, in dem die verschiedenen Strömungen des europäischen Barock zu einer unverwechselbaren Form fanden.

Im Jahre 1687 kam der Grazer Architekt Johann Bernhard Fischer von Erlach nach Wien. Sein Konkurrent Lucas von Hildebrandt ließ sich 1696 endgültig in Wien nieder. Er hatte bei Carlo Fontana, einem Schüler Lorenzo Berninis, in Rom gelernt. Zusammen mit italienischen Architekten schufen diese beiden in und um Wien eine Reihe prächtiger Palais, die zum schönsten gehören, was das europäische Barock hervorgebracht hat. Neben dem meist in finanziellen Schwierigkeiten steckenden Kaiser trat vor allem der in Böhmen und Ungarn reich gewordene österreichische Hochadel als Auftraggeber auf. Zwei Typen von Palais kristallisierten sich dabei heraus: zum einen das Winterpalais, für das Fischer von Erlach im Auftrag Prinz Eugens eine prächtige Form fand, und zum anderen der vor den Befestigungen und dem etwa 450 Meter breiten Schußfeld außerhalb Wiens gelegene Gartenpalast. Im Belvedere schuf Lucas von Hildebrandt ebenfalls für Prinz Eugen den schönsten Palast dieses Typs.

Bis 1720 wurden in und um Wien im Auftrag des Hochadels zahlreiche Lustschlösser und Gartenpalais gebaut. In dem von Hildebrandt entworfenen Palais Auersperg (1710) und dem von Fischer von Erlach gestalteten benachbarten Palais Trautson entstanden zwei Palastbauten, die wie Residenzen wirkten und den Rahmen von Adelspalais zu sprengen drohten. Im Grunde genommen waren sie auch mehr als das.

Leopold I. hatte die reichsten und angesehensten Familien des österreichischen Hochadels, die Auersperg, Dietrichstein, Lobkowitz, Liechtenstein und Trautson zu Reichsfürsten mit einem reichsunmittelbaren Territorium und mit Sitz und Stimme am Reichstag zu Regensburg gemacht. Sie besaßen ihre eigenen Kanzleien und fühlten sich in mancher Hinsicht bis zum Ende der Monarchie als dem Kaiserhaus ebenbürtig. Nicht zuletzt deswegen war Wien die herausragende Stadt des Reiches geworden, in der Fischer die Hofbibliothek mit dem Festsaal baute, der wohl einer der schönsten Bibliothekssäle des Barock ist.

Spanische, italienische, böhmische und deutsche Strömungen gingen in Wien eine einzigartige Verbindung ein. Als ›Reichsstil‹, wie ihn später Kunsthistoriker genannt haben, hatte dieses Barock großen Einfluß auf Kirchen und Palastbauten im Heiligen Römischen Reich, das nach dem Tiefpunkt von 1648, nach den Türkensiegen und der Erschöpfung Frankreichs nach Ludwig XIV. zu neuem Selbstbewußtsein gefunden hatte.

Drei Kirchenbauten in den Wiener Vorstädten dokumentierten mit ihren Deckenfresken die Verbindung von weltlichem und geistlichem Triumphgefühl: die Karlskirche von Fischer von Erlach, die von Lucas von Hildebrandt begonnene Piaristenkirche und die von dem Italiener Felice d'Allio entworfene Salesianerinnenkirche. Dazu kam die von dem Italiener Gabriele Mont begonnene und von Hildebrandt vollendete Peterskirche in der Innenstadt als Beispiel eines barocken Zentralbaus, in dem italienische und österreichische Künstler zusammenwirkten.

Gegen Ende der Regierungszeit Karls VI. war Wien unumstrittene Hauptstadt einer ganz Europa umspannenden Dynastie: Die Tatsache, daß hier Behörden wie Reichsvizekanzlei, Reichshofrat, böhmische und niederländische Hofkanzlei und der spanische Rat ansässig waren, macht dies deutlich. In seinen letzten Regierungsjahren ließ Karl VI. das Kloster Neuburg nach dem Vorbild des Escorial zu einem prunkvollen Staatskloster ausbauen, dessen Kuppel von einer Nachbildung der römischen Kaiserkrone abgeschlossen wurde. Der Bau blieb allerdings unvollendet, denn mit dem Tod Karls am 20. Oktober 1740 ging auch die große Zeit der habsburgischen Kaiser zu Ende.

Manöversessel, aufgestellt (Kat. Nr. 9/13)

Die Hofbibliothek am Josephsplatz, erbaut 1723–1735 von Johann Bernhard Fischer von Erlach (Marburg, Bildarchiv Foto Marburg)

Das Wien Maria Theresias und Josephs II.

Die Regierung der jungen Königin Maria Theresia, die 1740 den Thron bestieg, begann mit schweren Rückschlägen. Friedrich II. besetzte Schlesien, und der bayerische Kurfürst Karl Albert schickte sich an, die Erblande zu erobern. Die unmittelbare Gefahr für Wien ging jedoch vorüber, als Karl Albert überraschend nach Prag zog. Seine Wahl zum Kaiser am 20. Januar 1742 brachte für Wien den Auszug des Reichsvizekanzleramtes und des Reichshofrats. Maria Theresia zog in die verwaisten Räume der Reichsvizekanzlei.

Im Jahre 1745 wurde ihr Gemahl Franz Stephan nach dem Tode Karls VII. zum Kaiser gewählt. Maria Theresia begleitete ihn zur Krönung nach Frankfurt, lehnte aber seine Bitte ab, sich zur Kaiserin krönen zu lassen. Reichsvizekanzlei und Reichshofrat kehrten zwar im Dezember 1745 nach Wien zurück, aber die Gewichte hatten sich verschoben. Nunmehr bestimmte die österreichische Staatskanzlei und nicht die Reichsvizekanzlei auch im Reiche die habsburgische Politik. Allgemeine, von Haugwitz und später von Kaunitz eingeführte Reformen machten aus der veralteten Donaumonarchie einen modernen Staat; da dies aber nur begrenzt mit der Reichsverfassung vereinbar war, wuchs Österreich in den folgenden Jahrzehnten trotz der Rückkehr der Reichsbehörden unmerklich aus dem Reich heraus, ein Prozeß, der sich unter Joseph II. (1765–1790) beschleunigte.

Maria Theresias Architekt war Nikolaus von Pacassi. Er schuf die großartige Schloßanlage von Schönbrunn, rettete Fischer von Erlachs Festsaal in der Hofbibliothek, fügte zwei Flügel an und ließ mit dem Josephsplatz einen der schönsten Plätze in Wien entstehen, dem Franz II. das Reiterdenkmal Josephs II. hinzufügte. Mit Franz Stephan waren Franzosen nach Wien gekommen, die nun in der Architektur die Italiener verdrängten.

Im Jahre 1765 berief Maria Theresia Christof Willibald Gluck zum Musikunterricht für ihre Kinder nach Wien. Wien war immer ein Zentrum der europäischen Musikkultur gewesen. Mit Gluck aber begann eine Epoche der Wiener Musikgeschichte, die bis in unser Jahrhundert reicht. Unter Joseph II. wurde mit Mozarts Oper ›Die Entführung aus dem Serail‹ die deutsche Oper geboren, und Joseph von Sonnenfels führte das deutsche Theater in Wien zu hoher Blüte. So wurde das Burgtheater 1776 unter dem Einfluß Josephs II. zum Nationaltheater.

Die Bemühungen um eine intensivere Verwaltung machten auch vor Wien nicht halt. Eine erste Volkszählung wurde 1754 durchgeführt. Wien besaß damals 175640 Einwohner. Im Jahre 1751 wurden die Innenstadt und die Vorstädte in vier bzw. 19 Polizeibezirke eingeteilt. Der erste Leiter der Wiener Polizei war ein Franzose, Joseph de Carrière. 1783 beseitigte Joseph II. mit seiner Magistratsreform alle Reste einer städtischen Selbstverwaltung.

Die Anfänge der Industrialisierung fallen gleichfalls in diese Zeit. Um Wien herum entstand ein ganzer Kreis von Manufakturen, von denen die Porzellan- und Seidenmanufakturen am berühmtesten waren. Im Jahre 1741 hatte Maria Theresia mit dem Bau von Kasernen begonnen, den sie konsequent, auch unter dem Gesichtspunkt der inneren Sicherheit, fortsetzte. Mit ihrer Sittenkommission, die alle Seitensprünge des Adels und der Bürger auszuspionieren hatte, verärgerte sie die Wiener allerdings nachhaltig. So kam es, daß die Bevölkerung der Beisetzung der Monarchin im Jahre 1780 mit großer Gelassenheit und Distanz zusah.

Ihr Sohn Joseph erwarb sich mit dem Bau des Allgemeinen Krankenhauses 1784 und der Anlage des Lastenrings unsterbliche Verdienste um die Stadt. Seine kleinlichen Sparmaßnahmen und sein Geiz sowie seine Vielregiererei machten ihn freilich bei den Wiener Bürgern und beim Adel unbeliebt. Seine Sparsamkeit ließ ihn die Zahl der Kerzen am Altar vorschreiben und führte sogar zu der verrückten Idee eines mehrfach verwendbaren Sarges. Die Hofhaltung reduzierte er auf ein Minimum, so daß die Adelspalais an Stelle des Hofes zum Schauplatz glänzender Feste wurden, für die Joseph wiederum kein Verständnis aufbrachte. Die Wiener nahmen es auch nur mit Kopfschütteln zur Kenntnis, als Joseph 1781 allen christlichen Konfessionen freie Religionsausübung und Gleichberechtigung zusagte. Daß die Kirche des aufgelassenen Königinklosters in der Dorotheergasse in ein evangelisches Gotteshaus verwandelt wurde, rief ebensoviel Empörung hervor wie der Bau einer evangelisch-reformierten Kirche auf dem Gelände der nach der Aufhebung der kontemplativen Orden abgerissenen Klostergebäude. Hingegen gab es weniger Ärger, als der Kaiser die Juden von allen demütigenden Behinderungen befreite und ihnen den Zugang zu höheren Schulen und Universitäten eröffnete. Gerade diese Maßnahme sollte für Österreich reiche Früchte tragen. Der Tod des Kaisers – von dem Friedrich nicht zu Unrecht behauptete, er habe immer den zweiten Schritt vor dem ersten getan – am 20. Februar 1790 wurde nach all diesen Irritationen in Wien mit allgemeiner Erleichterung aufgenommen.

In seiner Regierungszeit hatte sich allerdings das Verhältnis des Reiches zu Wien verändert. Nach anfänglichen und vergeblichen Versuchen Josephs II., dem Amt des Kaisers einen neuen Inhalt zu geben, konzentrierte er sich nach 1780 ganz auf die Reform Österreichs. Der damit verbundene Ablösungsprozeß vom Reich, der den Kaiser häufig in Konflikt mit der Reichsverfassung brachte, blieb nicht unbemerkt. Mit seinem Versuch, Bayern gegen die Österreichischen Niederlande zu tauschen, und seiner Absicht, die auf österreichisches Gebiet übergreifenden Diözesananteile abzutrennen, leitete er im Reich eine ›Los von Wien‹-Bewegung ein, die die Stadt immer mehr zum Zentrum der Großmacht Österreich werden ließ. Die früher so starken Bande zwischen dem Reich und der habsburgischen Hauptstadt lockerten sich.

Von der Aufklärung zur Romantik

Nachbildung der Krone des Kaisertums Österreich (Kat. Nr. 9/23)

Die Lösung vom Reich setzte sich unter Josephs Nachfolgern fort. Nach einer kurzen Regierungszeit Kaiser Leopolds (1790–1792) bestieg im Februar 1792 sein vierundzwanzigjähriger Sohn Franz II. den Thron. Unmittelbar danach erklärte Frankreich Österreich den Krieg. Minister Thugut rannte fast zehn Jahre lang dem Phantom nach, bei einem Sieg über Frankreich werde man das Reich in eine habsburgische Erbmonarchie verwandeln können, bis Österreich 1801, total erschöpft und in seiner Hauptstadt bedroht, in Lunéville einen Frieden schließen mußte, der ein weiteres Regieren eines römischen Kaisers unmöglich machte. 1804 nahm Franz den Titel eines österreichischen Kaisers an und legte zwei Jahre später die Krone des Heiligen Römischen Reiches nieder.

Zweimal zog in dieser Zeit Kaiser Napoleon als Sieger in Wien ein. 1805, nach der Schlacht von Austerlitz, und 1809, nachdem es Erzherzog Karl, dem Bruder des Kaisers, bei Wagram nicht gelungen war, seinen Sieg über Napoleon bei Aspern (21./22. Mai 1809) zu wiederholen und die französische Armee zu vernichten. Im selben Jahr verschleppten die Franzosen den größten Teil des Wiener Archivs nach Paris und sprengten bei ihrem Abzug demonstrativ einen Teil der Stadtbefestigung. In Schönbrunn ließ Napoleon am Eingang zur Schloßanlage zwei vergoldete napoleonische Adler zurück. Sie sind heute noch dort, weil Kaiser Franz sie mit trockenem Humor schöner fand als die österreichischen.

Im Jahre 1809 sah der Kaiser sich gezwungen, seine Tochter Marie Louise Napoleon zur Frau zu geben, und wurde damit zum Schwiegervater des bestgehaßten Mannes in Europa. Als sich dessen Schicksal vier Jahre darauf erfüllte, trafen sich die Sieger im Herbst 1814 in Wien, um auf einem Kongreß die Neuordnung Europas zu beschließen.

Dieser Kongreß war geradezu die Manifestation des Wiener Prinzips der genialen Improvisation. Adel und Bürgertum Wiens wetteiferten darin, den Kaisern, Königen, Fürsten und ihren Ministern das Leben so angenehm wie möglich zu machen. Ein Fest jagte das andere. 30 Millionen Goldgulden kostete den Kaiser diese Veranstaltung, bei der die Politik mehr in den Boudoirs der Damen als in den Konferenzsälen betrieben wurde.

Auch die schönsten Feste, die zärtlichsten Liaisons und die ausgefallensten Unterhaltungen werden einmal langweilig. Aber wie sollte man einen Kongreß beenden, der nie offiziell begonnen, nie eine Geschäftsordnung und nie kontinuierliche Beratungen gesehen hatte? Napoleon nahm dem österreichischen Staatsminister Lothar Fürst Metternich diese Sorge ab, indem er das Exil auf Elba verließ und an der südfranzösischen Küste landete. Innerhalb von wenigen Wochen erledigten die versammelten Staatsmänner die anstehenden Probleme in solcher Hast, daß das Dokument der Wiener Schlußakte, das bei etwas weniger Überstürzung wohl von den Kanzleischreibern neu geschrieben worden wäre, noch Verbesserungen und Radierungen aufweist. Im Juni 1815 war der Spuk vorbei, und Wien, das die ganze Welt zu Gast gehabt hatte, ging seinen normalen Beschäftigungen wieder nach.

Es hätte aber nie seine Gäste auf diese Weise unterhalten und amüsieren können, wäre es damals nicht nach Paris die geistige Hauptstadt Europas gewesen. In Wien waren mit Mozart, Haydn und Beethoven die damals berühmtesten Komponisten zu Hause. Von ihnen lebte nur noch der ›Titan‹ Beethoven, dessen ›Fidelio‹ damals in einer neuen Fassung aufgeführt wurde und dessen 7. und 8. Symphonie ihre Uraufführung erlebten. Der junge Franz Schubert ließ mit seinen ersten Werken aufhorchen. Der Josephsplatz erhielt mit dem klassizistischen Palais Pallavicini einen Abschluß. 1817 verloren die Basteien ihren Festungscharakter, was bedeutete, daß nun bis an die Befestigungen heran gebaut werden konnte.

Innenpolitisch bedeutete die Zeit des Vormärz eine unerträgliche Bevormundung und Überwachung durch die Metternichsche Poli-

Das Arbeitszimmer des Fürsten Metternich in der Staatskanzlei in Wien (Kat. Nr. 9/21)

zei. Im Mäzenatentum waren die reichen Bürger, darunter viele Juden, gegenüber dem Adel im Vordringen. Schubertsche Kompositionen und die Walzer Joseph Lanners beherrschten die Musikszene. Franz Grillparzer, der Leiter des Hofkammerarchivs, stöhnte unter der Diktatur der Bücherzensoren. Aber trotz aller Überwachungen und Bedrückungen verließ kein Dichter Wien, amüsierte sich das Volk auf ›Wäschermädel‹-Bällen, bei Hausmusik, im Kaffeehaus und auf idyllischen Landpartien. Die Polizei ärgerte die Leute, aber in echter Wiener Manier arrangierte man sich letztlich doch.

Im Jahre 1835 starb Kaiser Franz. Sein geistig zurückgebliebener Sohn Ferdinand der Gütige wurde sein Nachfolger. Unter ihm wurde die erste große Wasserleitung nach Wien gelegt, die eine erhebliche Verbesserung der hygienischen Situation bedeutete. Die überlasteten Brunnen, in die Abwässer eindrangen, hatten 1831 zu einer verheerenden Choleraepidemie mit vielen Todesopfern geführt.

Nach 1835 verdüsterte sich auch in Wien der Horizont. Eine erhebliche Bevölkerungsvermehrung, Mißernten und der Zustrom der Landbevölkerung, die auf dem Land kein Auskommen mehr fand, schufen zusammen mit der einsetzenden industriellen Revolution eine Lage, mit der das Metternichsche Beamtenregime nicht mehr fertig wurde. Die soziale Frage und die weit verbreitete Unzufriedenheit mit der davor versagenden Regierung führten zu einer revolutionären Situation. Gerade im Bürgertum war die Ansicht weit verbreitet, daß es so nicht weitergehen könne; daher waren auch in Wien nicht die unteren Schichten, sondern die Bürger die Träger der Revolution.

Das Jahr 1848

Die Revolution von 1848 hatte einen österreichischen und einen gesamtdeutschen Inhalt. Nach anhaltenden Demonstrationen trat am 14. März der österreichische Staatskanzler Fürst Metternich zurück. Ganz Deutschland bejubelte diese Nachricht, mit der das über 30 Jahre dauernde Metternichsche System der Unterdrückung und Bespitzelung zu Ende ging. Erzherzog Johann trat an die Spitze der Frankfurter Nationalversammlung. In Wien, und das war die österreichische Seite dieses Revolutionsjahres, tagte seit dem 22. Juli ein konstituierender Reichstag, der für die vom Verfall bedrohte Donaumonarchie eine Verfassung ausarbeiten sollte.

Wien glich in diesem Sommer einem Hexenkessel. Eine Unzahl von Flugschriften und 86 Tageszeitungen heizten die Atmosphäre an. Im August kam es zu neuen Unruhen, wobei das am Anfang so aktive Bürgertum sich mehr und mehr von den Revolutionären, Studenten und Arbeitern distanzierte. Karl Marx war in diesem Sommer in Wien, ohne freilich viel auszurichten. Die Tumulte erreichten ihren Höhepunkt, als am 6. Oktober eine aufgebrachte Menge die Einschiffung eines Grenadierbataillons nach dem aufständischen Ungarn verhinderte. Es kam zu Straßenkämpfen, in denen die ›Akademische Legion‹ die Oberhand gewann. Der für den Truppeneinsatz verantwortliche Kriegsminister Latour wurde gelyncht. Der Hof verließ fluchtartig die Stadt, und man verlegte den Reichstag nach Kremsier. Nun wurden Truppen unter Alfred Fürst Windischgrätz herangeführt, die zwischen dem 24. und 30. Oktober die Stadt erstürmten.

Fünf Jahre lang mußte Wien praktisch unter einem Besatzungsregime leben. Der als Stadtkommandant eingesetzte Feldzeugmeister Ludwig Freiherr von Welden hielt strenges Gericht, dem auch der von der Frankfurter Nationalversammlung nach Wien entsandte Robert Blum zum Opfer fiel. Die im Revolutionsjahr aufgebrochenen sozialen Gegensätze blieben lange Zeit unüberbrückbar.

Die ›franzisko-josephinische‹ Ära

Nach der Abdankung seines Onkels bestieg der damals achtzehnjährige Franz Joseph am 2. Dezember 1848 den Thron. Der junge Kaiser, dessen prägendes Erlebnis die durch Militär niedergeworfene Revolution war, verhielt sich allen konstitutionellen Bestrebungen gegenüber ablehnend.

Unter dem neuen Kaiser griff Wien weit in das Umland hinaus. Die Bevölkerung stieg von 550000 Einwohnern 186[illegible] auf über zwei Millionen im Jahr 1911. Das wichtigste Ereignis für die rasch wachsende Hauptstadt war somit die 1888 von Franz Joseph angekündigte Eingemeindung der Vorstädte. Am 19. Dezember 1890 trat das Gesetz in Kraft, mit dem 43 Ortsgemeinden nach Wien eingegliedert wurden. Die wichtigste städtebauliche Leistung der franzisko-josephinischen Ära war der zu Weihnachten verkündete Beschluß, die Basteien abzureißen und an ihrer Stelle die berühmt gewordene Ringstraße anzulegen. Wenn diese wegen Geldmangels auch nicht in allem so gestaltet werden konnte, wie sie geplant war, so stellt sie doch mit dem Opernhaus, dem Parlament von Theophil Hansen, dem Burgtheater, dem 1883 eingeweihten Rathaus von Friedrich Schmidt und der Universität eine der großartigsten Straßenanlagen des 19. Jahrhunderts dar. Manche Idee, wie die, die von Gottfried Semper entworfenen Hofmuseen durch geschwungene Flügel mit der Hofburg zu einem ›Kaiserforum‹ zu verbinden, scheiterte aber oder wurde nur teilweise ausgeführt. Zu Beginn unseres Jahrhunderts wurde dieser Plan, wenn auch in bescheidener Form, mit der Neuen Hofburg und den beiden Reiterstandbildern Prinz Eugens und Erzherzog Karls auf dem Heldenplatz in eindrucksvoller Weise verwirklicht.

Maler wie Hans Makart, Anselm Feuerbach oder August Eisenmenger spiegelten das hohe Selbstbewußtsein eines mächtig gewordenen Bürgertums. In der Musik gaben Johannes Brahms, Anton Bruckner und Gustav Mahler den Ton an, und die 1847 von Otto Nicolai gegründeten Wiener Philharmoniker erlangten Weltruhm. Johann Strauß junior eroberte mit seinen Walzern die Welt, wenn auch der ›Kaiserwalzer‹ nicht Franz Joseph, sondern Kaiser Wilhelm I. von Deutschland gewidmet war. Die Wiener Operette schließlich trug den Namen der Stadt in alle Länder.

Wien blieb auch nach der Niederlage von 1866 – mit der das Kaiserreich Österreich politisch aus dem deutschen Staatenbund ausschied – die künstlerische Hauptstadt Deutschlands. Mit dem sehr österreichischen Telegramm, »Gestern schon besorgte Katastrophe heute vollständig eingetroffen«, hatte der unglückliche Feldherr Benedek seinem Kaiser das Ergebnis der Schlacht von Königgrätz mitgeteilt. Der Rückzug vom deutschen Nationalstaat blieb auf den Vielvölkerstaat nicht ohne Rückwirkungen. 1867 kam der Ausgleich mit Ungarn zustande, der die Habsburger Monarchie in zwei gleichberechtigte Reichshälften teilte. Die k. u. k. österreichisch-ungarische Monarchie war entstanden.

Wien war offiziell nach 1866 nur noch die Hauptstadt des Kaisertums Österreich. Trotzdem blieben lange noch enge Verbindungen zu dem, was man in Wien heute noch ›das Reich‹ nennt, bestehen. Die vornehmsten Familien Deutschlands, etwa viele süddeutsche Fürstenhäuser, ließen noch zur Jahrhundertwende ihre Ballgarderoben bevorzugt in Wien schneidern. So bemerkenswert der Aufstieg Berlins auch war: In den Augen der Wiener und vieler Süddeutscher haftete Berlin der Geruch des Parvenü an. Die Wiener Hofbälle blieben bis 1914 Veranstaltungen, auf denen sich der katholische Adel Deutschlands und Österreichs ein Stelldichein gab.

Die Fin-de-siècle-Stimmung war in Wien vielleicht am deutlichsten ausgeprägt, obwohl die Stadt bis zum Beginn des Ersten Weltkrieges nichts von ihrem Glanz verlor. Eine bunt zusammengesetzte Literatengesellschaft, die sich in den Cafés traf, von denen das Café Griensteidl am Michaelerplatz und das Café Central in der Herrengasse die bekanntesten waren und deren Exponent der Satiriker Karl Kraus wurde, beherrschte das reiche literarische Leben der Stadt. Wien beherbergte in dieser Zeit mit der ›Neuen Freien Presse‹, dem ›Neuen Wiener Tagblatt‹ und der christlich-sozialen ›Reichspost‹ drei Zeitungen von Weltgeltung in seinen Mauern.

Erst nach der Jahrhundertwende endete die steril gewordene Vorherrschaft des Historismus, der die Ringstraße geprägt hatte. Der in Wien ›Secession‹ genannte Jugendstil brach sich Bahn und strahlte auf den ganzen deutschen Sprachraum aus.

Die kaiserliche Haupt- und Residenzstadt Wien war schöner denn je, als die Katastrophe des Ersten Weltkrieges und damit nun das Ende der Großmacht Österreich hereinbrach. Die sieben Jahre des ›Großdeutschen Reiches‹ machten den Österreichern und speziell den Wienern ihr Eigendasein, ihre eigenen Traditionen und ihre eigene Staatlichkeit deutlich. Der Glanz des Kaiserreiches blieb erhalten und macht Wien bis heute zu einer der schönsten Städte des Kontinents.

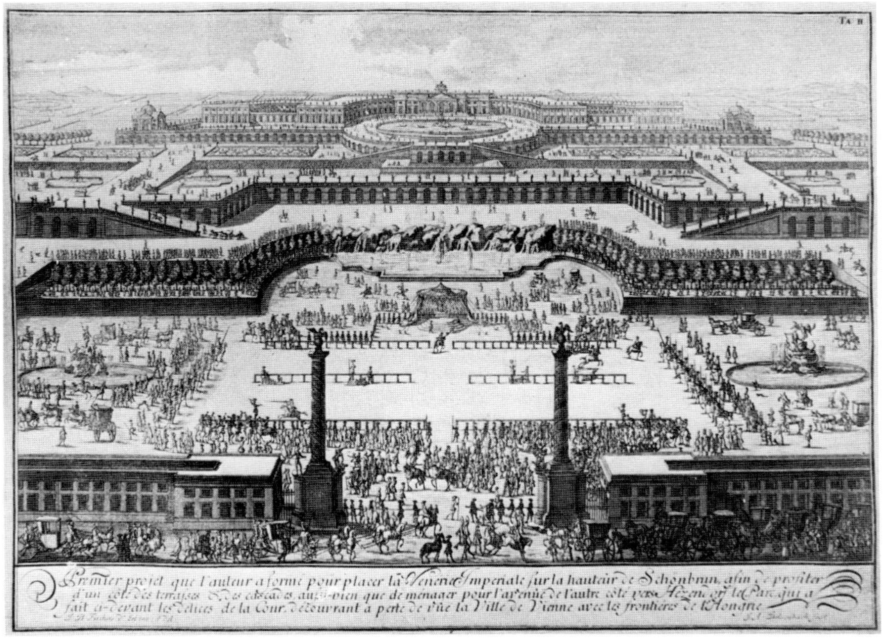

Idealansicht des Schlosses Schönbrunn (Kat. Nr. 9/4)

Das ›Kaiserliche Hoflager‹

Wien als Sitz zentraler Reichsbehörden

Juliane Mikoletzky

Mit dem Beschluß des damaligen römischen Königs und späteren Kaisers Ferdinand I. vom 20. November 1533, sein Hoflager dauerhaft nach Wien zu verlegen, beginnt die eigentliche Geschichte der Stadt als kaiserliche ›Haupt- und Residenzstadt‹. Abgesehen von einer längeren Unterbrechung unter Rudolf II., der seine Residenz 1578 nach Prag verlegte, war sie seither ständiger Sitz der habsburgischen Herrscher. Bis zum Ende des Reiches diente Wien darüber hinaus – mit Ausnahme der kurzen Regierungszeit des Wittelsbachers Karl VII. – auch als Residenz der römischen Könige und deutschen Kaiser.

Entsprechend der Doppelstellung der Habsburger als Landesherren und Kaiser des Reiches hatte die Stadt ihre Hauptstadtfunktion in zweifacher Hinsicht auszufüllen: für die österreichischen Erblande wie für das Heilige Römische Reich. Während sie jedoch in bezug auf die Erblande spätestens nach 1620 alle staatlichen Zentralfunktionen an sich ziehen konnte, blieb sie für das Reich bis zu dessen Auflösung immer nur eine Hauptstadt, die ihre Rolle mit Konkurrentinnen wie Mainz, Regensburg oder Frankfurt zu teilen hatte. Freilich kam ihr als Sitz des Reichsoberhauptes und Standort zentraler Institutionen wie des Reichshofrats und der Reichshofkanzlei sowie aufgrund des Eigengewichts der habsburgischen Herrschaft stets ein besonderer Rang zu.

Beide Aspekte, der ›landesherrliche‹ und der ›kaiserliche‹, sind jedoch aufgrund ihrer funktionalen Verklammerung und der vielfachen personellen Identität ihrer Repräsentanten meist nur analytisch zu trennen: Als sinnlich wahrnehmbar präsentierte sich den Zeitgenossen das komplexe Ergebnis einer engen Symbiose, wobei der jeweilige Betrachter, je nach ideologischem Standpunkt und politischer Interessenlage, die eine oder die andere Komponente als die bedeutendere empfunden haben mag.

Allerdings lassen sich im Laufe des 17. und 18. Jahrhunderts auch reale Gewichtsverlagerungen feststellen: In dem Maße, wie sich die Erblande als eigenes ›Reich‹ mit genuinen Großmachtansprüchen konsolidieren konnten, liefen reichspolitische und landesherrliche Interessen zunehmend weniger parallel; insbesondere seit der Mitte des 18. Jahrhunderts gewann die Eigenschaft der Habsburger als Territorialherren das Übergewicht, wurde das deutsche Kaisertum von ihnen häufiger rein instrumental oder dekorativ für die eigene Hausmachtpolitik genutzt. Dieser Prozeß hatte natürlich auch Rückwirkungen auf Wien, das als ›deutsche‹ Haupstadt das an Gewicht verlor, was es als Kapitale der habsburgischen Monarchie gewann.

Von den hier relevanten Hauptstadtfunktionen war die Residenz des Kaisers die primäre, die die Niederlassung von Reichsbehörden in Wien erst nach sich zog. Zugleich war sie diejenige, die für die Öffentlichkeit am besten sichtbar wurde und deren Einfluß auf die Stadt selbst sich am ausgiebigsten dokumentieren läßt.

Der kaiserliche Hof wurde seit seiner dauerhaften Installierung in Wien zum politischen, sozialen und kulturellen Gravitationszentrum mit direkten Auswirkungen auf das Erscheinungsbild der Stadt wie auch auf ihr soziales und ökonomisches Gefüge.

So mußte zunächst einmal Raum geschaffen werden für die Unterbringung der kaiserlichen Familie und ihres Hofstaates sowie der den

Deckenbild im großen Saal der Reichskanzlei in Wien mit einer allegorischen Darstellung des Heiligen Römischen Reiches (Wien, Österreichische Nationalbibliothek)

Hof begleitenden zentralen Verwaltungseinrichtungen. Deshalb wurde die mittelalterliche Hofburg seit dem 16. Jahrhundert immer wieder umgebaut, erweitert und an neue Bedürfnisse angepaßt: Im 16. Jahrhundert kamen unter anderem der Schweizertrakt, die Stallburg – ursprünglich als Wohngebäude für den jungen König Maximilian (II.) und seine Familie gedacht – und die Amalienburg hinzu; im 17. Jahrhundert wurde der später so genannte ›Leopoldinische Trakt‹ errichtet. Unter Karl VI. schließlich wurde eine großzügige Erweiterung bzw. Umgestaltung des gesamten Hofburgkomplexes in Angriff genommen, die jedoch erst im späten 19. Jahrhundert vollendet wurde. Dazu gehörte der Neubau der Hofbibliothek sowie die Neugestaltung des Michaeler Tors und des angrenzenden Reichskanzleitrakts. Hier, in unmittelbarer Nähe zur Hofburg, fanden auch die wichtigsten Zentralbehörden ihre Unterkunft, darunter der Reichshofrat und die Reichshofkanzlei. Im Umfeld der Burg kam es zur Ausbildung eines regelrechten ›Regierungsviertels‹.

Ein großer Teil der Hofbediensteten wie auch der Beamten der Zentralbehörden fand jedoch nicht in der Hofburg selbst Unterkunft, sondern mußte in der Stadt untergebracht werden. Das dürfte ein beträchtliches Problem dargestellt haben, zumal die Zahl der Hofbediensteten mit der Ausbildung des Kaiserhofs zum Herrschaftszentrum eines absolutistischen Fürsten ständig zunahm, um schließlich unter Karl VI. ihren Höchststand mit rund 2500 Personen zu erreichen. Gelöst wurde es zunächst auf dem traditionellen Wege der Hofquartierspflicht, d. h. der zwangsweisen Einquartierung von Hofbediensteten in Bürgerhäusern. Diese Regelung bedeutete allerdings eine große Belastung für die bürgerlichen Hausbesitzer. Daher wurden seit der Mitte des 17. Jahrhunderts Quartiersfreijahre gewährt, falls Wohnhäuser um- oder neugebaut wurden. Die Folge war ein starker Anstieg der Bautätigkeit in Wien, insbesondere von Mietshäusern: Rund 85 Prozent der Stadtbevölkerung wohnten gegen Ende des 18. Jahrhunderts bereits zur Miete.

Der Hof als Ort gesellschaftlicher und politischer Kommunikation zog darüber hinaus weitere Gruppen an: einerseits die Vertreter auswärtiger Mächte, die Gesandten, Residenten und Agenten, die den Kaiserhof selbst oder eine der Reichsbehörden zum Ziel hatten, andererseits den erbländischen Adel, der sich in Wien, ähnlich wie in anderen absolutistischen Staaten, wenn auch nicht ganz so ausschließlich wie etwa in Frankreich, zu einem Hofadel umformte.

Diese neu entstehende Hofgesellschaft siedelte sich zum Teil ebenfalls in der Nähe der Hofburg, zum Teil auch in den Vorstädten an. Es entstanden zahlreiche adlige Palastbauten – allein zwischen 1683 und 1750 waren es über 50 – die das Stadtbild von Wien bis heute prägen.

Verbunden war diese Entwicklung mit einer soziogeographischen Umstrukturierung der Stadt: Befanden sich 1664 noch 56 Prozent der Häuser im Besitz des städtischen Bürgertums, so war dieser Anteil 100 Jahre später auf gut 45 Prozent gesunken; im gleichen Zeitraum nahm der adlige Hausbesitz von rund 15 auf fast 35 Prozent zu, der Anteil von öffentlichen Gebäuden einschließlich solcher im Besitz des Kaiserhauses von knapp fünf auf 10,5 Prozent.

Flächenmäßig ging der bürgerliche Hausbesitz bis zum Ende der Barockzeit sogar noch stärker zurück, bis er nur noch etwa ein Achtel der Stadtfläche betrug. Entsprechend fand hinsichtlich der Sozialstruktur der Bevölkerung nahezu eine Umkehrung des Verhältnisses von Stadtbürgertum und Hofgesellschaft statt: 1563 zählten noch rund zwei Drittel der Wohnparteien zum städtischen Bürgertum, während der Hof, Adel und Beamte zusammen ca. ein Drittel ausmachten. Um 1730 stellten die Bürger nur noch rund 40 Prozent der Wohnparteien, der Hof und die ihm zugeordneten Gruppen dagegen etwa 60 Prozent.

Die Installierung des Kaiserhofes zwang aber nicht nur das Bürgertum, sondern auch das produzierende Gewerbe, in die Vorstädte abzuwandern. Innerhalb der Stadt hielten sich im wesentlichen solche ökonomische Funktionen, die von den Bewohnern direkt nachgefragt wurden: Gewerbe zur Versorgung mit Produkten des alltäglichen Bedarfs, Dienstleistungsgewerbe, Großhandel und Banken.

Als repräsentativer Rahmen für die Herrschaft des Kaisers in den Erblanden und im Reich entfaltete der Wiener Hof auch eine erhebliche kulturelle Ausstrahlungskraft. So zogen die rege kaiserliche Bautätigkeit und das Mäzenatentum der Habsburger zahlreiche Künstler und Kunsthandwerker aus ganz Europa an, deren Werke Gegenstand allgemeiner Bewunderung waren und ihrerseits vielen kleineren Herrschern Anreiz zur Nachahmung boten.

Ebenso gewann die öffentliche Darstellung der der Herrschaftsfunktionen eine gewisse Vorbildwirkung. Sie vollzog sich, etwa bei Botschafterempfängen oder Belehnungen, Hochzeits- oder Trauerfeierlichkeiten, kirchlichen Festen und zahlreichen anderen Anlässen, in genau vorgeschriebenen Formen, deren besondere Ausprägung am Wiener Hof, das ›spanische (genauer: spanisch-burgundische) Hofzeremoniell‹, bis zum Ende der Monarchie in ihren Grundzügen Geltung behielt. Aufgabe des Zeremoniells war es, den gesellschaftlichen Rang jeder darin einbezogenen Person in jeder denkbaren sozialen Situation sinnfällig zu machen. Seine Regeln betrafen daher Fragen der Etikette, also des Verhaltens, ebenso wie der Kleidung, Probleme des Rangs, der zustehenden Titel und im Zusammenhang damit auch des Zutritts zum Hof überhaupt; ebenso aber auch Fragen der Sicherheit oder der Organisation von Hofreisen. Das Hofzeremoniell war aber keineswegs nur repräsentatives Beiwerk; ebenso wie es den reibungslosen Ablauf diplomatischer Routineangelegenheiten wie etwa Botschafterau-

Rekonstruktion einer festlichen Tafel für Teilnehmer des Wiener Kongresses (Kat. Nr. 9/17)

dienzen gewährleisten sollte, stellte es ein Mittel zur ›Domestizierung‹ des Adels durch seine Bindung an den Hof dar, vor allem durch Schaffung und Vergabe sozialer Privilegien wie der besonderen Nähe zum Herrscher.

Eine Besonderheit des Wiener Hofzeremoniells war die unbedingte Wahrung des kaiserlichen Vorrangs vor jedem anderen Fürsten. So forderte z. B. der Kaiser von allen Monarchen die Anrede ›Majestät‹, die er selbst jedoch keinem anderen Herrscher zubilligte. Folglich erhielt etwa der französische König Ludwig XIII., der Ferdinand III. in einem Brief nur mit ›Serenität‹ angeredet hatte, von diesem nicht einmal eine Antwort. Als oberste Lehnsherren des Reiches bestanden die habsburgischen Kaiser bis zu Karl VI. auf der ›kniebiegenden Reverenz‹ des Lehnsnehmers und auf kniendem Empfang des Lehens. Erst unter Joseph II., der überhaupt mit einem Minimum an Zeremoniell auszukommen suchte, wurde dieser Kniefall abgeschafft, nachdem schon Maria Theresia den Repräsentationsaufwand des Hofes aus Ersparnisgründen eingeschränkt hatte.

Das Hofzeremoniell wirkte auch über den engeren Bereich des Hofes hinaus verhaltensprägend: In dem Maße, wie der höfische Lebensstil allgemein als vorbildlich akzeptiert wurde, begann auch das städtische Bürgertum, seine Formen so gut es ging zu kopieren und z. B. die geringsten Rangunterschiede penibel hervorzuheben, was zur sozialen Fragmentierung der städtischen Gesellschaft beitrug.

Weniger unmittelbar als der kaiserliche Hof traten die in Wien ansässigen Zentralbehörden des Reiches öffentlich in Erscheinung. Von ihnen war die Reichshofkanzlei die älteste. Ursprünglich dem Erzkanzler des Reiches unterstellt, wurde sie 1519 dem neugeschaffenen Amt des Reichsvizekanzlers zugeordnet, der den Erzkanzler zu vertreten hatte. Nominell stand das Recht zur Besetzung dieses Amtes, wie übrigens des gesamten Personals der Reichshofkanzlei, dem Mainzer Erzkanzler zu; de facto allerdings wurden seit Karl V. alle Reichsvizekanzler vom Kaiser ernannt, wobei dem Erzkanzler nur ein Vorschlags- und formelles Approbationsrecht blieb.

Amtssitz des Reichsvizekanzlers und seiner Behörde war das jeweilige kaiserliche Hoflager, tatsächlich seit dem 16. Jahrhundert überwiegend Wien. Die Amtsräume der Reichshofkanzlei befanden sich auf dem Gelände, das heute der 1723 erbaute sogenannte Reichskanzleitrakt der Burg einnimmt, und zwar in dessen rückwärtigem, zur Schauflergasse hin gelegenem Teil. Die Amtswohnung des Reichsvizekanzlers lag im Reichskanzleitrakt selbst. Hausrechtlich gehörten die Amtsräume, anders als die Amtswohnung des Reichsvizekanzlers, die als Teil des Hofquartiers dem Kaiser unterstand, in den Zuständigkeitsbereich des Erzkanzlers. Daher wurden auch die Kosten sowohl für das ältere Gebäude aus dem 16. Jahrhundert wie für den Neubau des 18. Jahrhunderts aus Mitteln des Reichstaxamtes bzw. aus vom Erzkanzler selbst bereitgestellten Geldern bestritten. Das ältere Gebäude zeigte deshalb auf Wetterfahnen und an anderen repräsentativen Stellen neben dem kaiserlichen Adler auch das Wappen des Mainzer Erzkanzlers.

Der Geschäftsbereich der Reichshofkanzlei umfaßte ursprünglich eine große Anzahl von Agenden: Sie hatte die außenpolitische und die das Reich betreffende Korrespondenz des Kaisers ebenso zu erledigen wie die in kirchlichen und akademischen Angelegenheiten, zum Teil auch die habsburgische Familien- und Hofkorrespondenz. Gegliedert war sie traditionell in eine sogenannte ›deutsche Expositur‹ (Kanzlei), die für die Angelegenheiten der zehn Reichskreise zuständig war, und eine ›lateinische Expositur‹, die praktisch alle übrigen Agenden bearbeitete. Angeschlossen war der Reichshofkanzlei das Reichstaxamt, an das die Gebühren für die Ausfertigung der in Gnaden- und Rechtsangelegenheiten ergangenen Bescheide zu entrichten waren. Diese Gebühren bildeten zumindest zeitweise eine beträchtliche Einnahmequelle, die dem Erzkanzler zugute kam und aus der sowohl die Gehälter des Reichsvizekanzlers und des Kanzleipersonals wie die Sachkosten für den Kanzleibetrieb bestritten wurden.

Die wichtigsten Beamten der Reichshofkanzlei waren neben dem Reichsvizekanzler die Sekretäre und Konzipisten. Ihre Hauptaufgabe war das Entwerfen von Schriftstükken, sie wurden aber auch zu anderen wichtigen Aufgaben außerhalb der Reichshofkanzlei herangezogen. Damit stellten sie, ebenso wie der Reichsvizekanzler, die personelle Verknüpfung der Reichshofkanzlei mit anderen Institutionen und Gremien des kaiserlichen Hofes her, auf der ein Teil der Bedeutung und des politischen Einflusses der Kanzlei beruhte.

Der Reichsvizekanzler war von Amts wegen Mitglied im kaiserlichen Geheimen Rat, dem wichtigsten außenpolitischen Beratungsgremium. Er fungierte dort unter anderem als Protokollführer, hatte gegebenenfalls aber auch vorzutragen. Ebenso war er Mitglied des Reichshofrates, hier allerdings als Vertreter des Erzkanzlers.

In ähnlicher Weise wurden auch die Sekretäre der Reichshofkanzlei herangezogen, sowohl für Zuarbeiten für den Reichshofrat (Aktenbeschaffung, Protokollführung und ähnliches) wie auch als Protokollanten im Geheimen Rat. Viele von ihnen wurden nach längerer derartiger Verwendung aufgrund ihrer im Laufe der Jahre erworbenen Sachkenntnisse zu wirklichen Geheimen Räten oder Reichshofräten ernannt.

Beiden Positionen, den Sekretären wie dem Reichsvizekanzler, ist damit eine gewisse Zwitterstellung eigen, die einen Ansatzpunkt für politische Einflußnahme auf die Reichshofkanzlei durch die kaiserliche oder die erzkanzlerische Partei bot, sobald einmal kaiserliche und Reichsinteressen sich nicht mehr deckten.

Derartige Interessengegensätze wie auch das Bestreben, innerhalb der Kanzlei die Behandlung von Reichs- bzw. kaiserlichen Sachen und von erbländischen Angelegenheiten organisatorisch zu trennen, lassen sich schon im 16. Jahrhundert erkennen, als Ferdinand I. in seiner Kanzleiordnung von 1559, offenbar auf Betreiben des Erzkanzlers, eine Separierung der Reichsakten von den erbländischen Angelegenheiten zumindest für die Registratur anordnete, während er das Kanzleipersonal, insbesondere die Sekretäre, auch weiterhin für die Erledigung von Angelegenheiten aus beiden Bereichen einsetzen wollte. Gewissermaßen institutionalisiert wurden diese Gegensätze durch die Errichtung einer eigenen ›österreichischen Hofkanzlei‹ durch Ferdinand II. im Jahre 1620.

Dieser Schritt, in dem auch das gewachsene Selbstbewußtsein Österreichs als Großmacht zum Ausdruck kam, führte zu einem ständigen Konkurrenzkampf zwischen den beiden Behörden, der bis zum Ende des Reichs andauerte.

Bereits 1637 gab es eine erste Beschwerde des Mainzer Erzkanzlers beim Kaiser, die schon die wesentlichen Streitpunkte enthielt, die auch die weitere Auseinandersetzung bestimmten: die Vornahme von Standeserhöhungen (d. h. die Verleihung von Adelsdiplomen) durch die österreichische Hofkanzlei unter Verwendung des kaiserlichen Reichssiegels (was der Erzkanzler auch deshalb übelnahm, weil ihm dadurch eine empfindliche Einbuße an Taxgeldern entstand) und die Besorgung der außenpolitischen Korrespondenz des Kaisers durch andere Instanzen als die lateinische Expositur der Reichshofkanzlei.

In der Frage der Standeserhöhungen argumentierten die Kaiser gegenüber den wiederholten Vorstellungen der Erzkanzler, es handle sich nur um die Verleihung von Adelstiteln innerhalb der Erblande, wozu sie als Landesherren berechtigt seien. Darüber hinaus gelang es ihnen jedoch sehr bald, ihre erbländi-

Bildnis des Reichsvizekanzlers Friedrich Karl von Schönborn (Kat. Nr. 9/8)

schen Untertanen dazu zu zwingen, sich Standeserhöhungsdiplome nur in der österreichischen Hofkanzlei, nicht aber in der Reichshofkanzlei ausstellen zu lassen. Erst im Laufe des 18. Jahrhunderts konnte in dieser Frage im Rahmen der Kanzleiverträge, die seit der Wahl Karls VI. im Jahre 1711 regelmäßig mit dem neuen Kaiser abgeschlossen wurden, eine Einigung insoweit erzielt werden, als die von der Reichshofkanzlei und der österreichischen Hofkanzlei ausgestellten Adelsdiplome wechselseitig anerkannt wurden. Joseph II. setzte sich dann allerdings im Zusammenhang seiner Bemühungen um eine Reform der Reichszentralbehörden über diese Kanzleiverträge hinweg, indem er 1767 anordnete, daß erbländische Untertanen, die den Reichsadel anstrebten, zuvor ein Attest der österreichischen oder böhmischen Hofkanzlei über ihre Würdigkeit beibringen müßten. Es wurde zwar bald darauf erreicht, daß diese Bestimmung auch für Reichsangehörige gegenüber der österreichischen Hofkanzlei galt, doch hat sich grundsätzlich am Ende des 18. Jahrhunderts in der Frage der Adelsverleihungen der Standpunkt des habsburgischen Landesherren gegenüber dem des Erzkanzlers als Vertreter des Reiches durchgesetzt.

Eine vergleichbare Entwicklung läßt sich hinsichtlich des zweiten wichtigen Streitpunkts, des Einflusses der Reichshofkanzlei auf die Außenpolitik des Kaisers, aufzeigen. Hier konnte sich zunächst im 17. Jahrhundert die Reichshofkanzlei insofern behaupten, als auch nach der Einrichtung der österreichischen Hofkanzlei der größere Teil der kaiserlichen diplomatischen Korrespondenz über sie abgewickelt wurde; ausgenommen blieb allerdings die politisch durchaus bedeutsame habsburgische Hauskorrespondenz über Eheprojekte, die der österreichischen Hofkanzlei vorbehalten war. Die Zurückdrängung des Einflusses der Reichshofkanzlei erfolgte in diesem Bereich eher auf ›kaltem‹ Wege dadurch, daß wichtige Informationsflüsse am Reichsvizekanzler vorbeigeleitet wurden. Dies geschah vor allem durch die Schaffung der ›Geheimen Konferenz‹ im Jahre 1669 als einem weiteren kaiserlichen Beratungsgremium in außenpolitischen Fragen, dem der Reichsvizekanzler nicht mehr von Amts wegen angehörte, wohl aber der österreichische Hofkanzler, der übrigens auch ständiges Mitglied des Geheimen Rates war. In der Folge verlor die Reichshofkanzlei weitgehend an Einfluß auf die Führung der auswärtigen Angelegenheiten des Wiener Hofes. So wurden etwa die Verhandlungen im Zusammenhang mit dem spanischen Erbfolgestreit ausschließlich über die österreichische Hofkanzlei abgewickelt. Endgültig ausgeschlossen wurde die Reichshofkanzlei jedoch erst mit dem Regierungsantritt Josephs I., der 1705 eine neue Geschäftseinteilung verfügte, wonach die österreichische Hofkanzlei von nun an die gesamte auswärtige Korrespondenz des Kaiserhofes zu erledigen hatte und der Reichshofkanzlei nur noch solche Angelegenheiten zugewiesen werden sollten, die das Reich im engeren Sinne betrafen, das heißt soweit sich der Kaiser ›nomine imperii‹ an Reichsstände oder auswärtige Fürsten wandte.

Konsequenterweise wurde daher der Reichsvizekanzler zu den Sitzungen der 1709 neu geschaffenen ›Ständigen Konferenz‹ ebenfalls nicht mehr von Amts wegen, sondern nur noch fallweise bei der Beratung von das Reich betreffenden Fragen zugezogen. Im Jahre 1721 schließlich verlor die Reichshofkanzlei ihre außenpolitische Expedition, und Joseph II. verfügte 1781, daß die Beglaubigungsschreiben aller nicht zum Reich gehörigen Gesandten ausschließlich bei der österreichischen ›Hof- und Staatskanzlei‹ abzugeben seien. Damit war praktisch jeder Einfluß der Reichshofkanzlei auf die kaiserliche Außenpolitik geschwunden, obwohl sie weiterhin die Ausführung der auswärtigen Korrespondenzen besorgte. Im Grunde aber hatte sich bereits zu Beginn des 18. Jahrhunderts für die habsburgische Hausmacht- und Außenpolitik das territoriale Prinzip gegenüber dem Reichsgedanken durchgesetzt.

Einen ähnlichen Kompetenzverlust für einen Teil seiner Aufgaben mußte auch der Reichshofrat im Laufe seiner Geschichte hinnehmen. Gegen Ende des 15. Jahrhunderts erstmals durch Kaiser Maximilian I. kreiert, wurde dieses Gremium unter Ferdinand I. fest institutionalisiert und erhielt im Rahmen von dessen Behördenreform 1559 seine grundlegende Ordnung. Ursprünglich waren ihm eine ganze Reihe von Funktionen zugeordnet: Er war der ›Staatsrat‹ des Kaisers insbesondere in Reichsangelegenheiten, eine Rolle, die er bald an den Geheimen Rat und im späten 17. Jahrhundert an die Geheime Konferenz verlor. Er diente ferner als kaiserliches Regierungs- und Verwaltungskollegium zur Ausübung der kaiserlichen Reservatrechte und Regalien im Reich. Außerdem fungierte er als oberster Reichslehnshof und als eines der beiden obersten Reichsgerichte: In dieser letzteren Funktion konnte er seine Bedeutung bis

Stutzuhr mit Apotheose auf den Wiener Kongreß – Bildnisse von Zar Alexander I., Kaiser Franz I., König Friedrich Wilhelm III. von Preußen (Kat. Nr. 9/16)

zum Ende des Reiches wahren und sogar noch steigern. Im Gegensatz zum Reichskammergericht, das eher als ständische Institution galt, war der Reichshofrat die oberste Appellationsinstanz des Kaisers. Diese enge Bindung an die Person des Kaisers zeigte sich unter anderem darin, daß sämtliche Reichshofräte beim Tod eines Kaisers entlassen wurden und der Reichshofrat selbst bis zur Wahl eines neuen Kaisers seine Tätigkeit unterbrach.

Amtssitz war das jeweilige Hoflager des Kaisers, was bis zur Mitte des 17. Jahrhunderts einen sehr häufigen Standortwechsel bedeutete. Danach blieb er jedoch ständig in Wien, wo er auch während der Abwesenheit des Kaisers zu tagen hatte. Als Amtslokal war ihm die ›Reichshofrats-Stube‹ im Reichskanzleitrakt der Hofburg zugewiesen. Das notwendige Kanzleipersonal zur Führung seiner Geschäfte wurde von der Reichshofkanzlei abgestellt; zu Beginn des 17. Jahrhunderts wurde der Posten eines eigenen Reichshofrats-Sekretärs eingerichtet, der vom Mainzer Erzkanzler besetzt und finanziert wurde. Anders als die hierarchisch aufgebaute Reichshofkanzlei war der Reichshofrat kollegial organisiert. Den Vorsitz führte seit 1559 ein Reichshofratspräsident, der in Abwesenheit durch den Reichsvizekanzler vertreten wurde. Dieser, qua Amt Mitglied des Gremiums, war der einzige Reichshofrat, der nicht vom Kaiser ernannt und besoldet wurde.

Die Anzahl der Reichshofräte variierte; vor 1650 und seit der Regierung Karls VII. (1711–1740) lag sie bei etwa 18, dazwischen nahm sie zeitweise stark zu, mit einem Maximum von 35 Räten beim Tode Leopolds I. Sozial gliederte sich der Reichshofrat in eine ›Herrenbank‹, auf der die Mitglieder des Hochadels saßen – aus dessen Reihen auch der jeweilige Reichshofratspräsident stammen mußte –, und eine ›Ritter- und Gelehrtenbank‹, die den Räten aus niederem Adel und aus dem bürgerlichen Stand – meist ausgebildeten Juristen – zugewiesen war. Wesentlich ist die nach 1648 eingeführte Bestimmung, daß sechs der Räte dem protestantischen Bekenntnis angehören mußten, die in konfessionellen Streitfragen mit einem privilegierten Stimmrecht ausgestattet waren: Ihre gemeinsamen Stimmen zählten dann soviel wie die der katholischen Räte.

Dennoch war der Reichshofrat gerade wegen seiner ungleichen konfessionellen Zusammensetzung oft heftig umstritten. Die protestantischen Reichsstände warfen ihm vor, einseitig der katholischen Religionspolitik der Habsburger zu dienen, und neigten daher dazu, eher das Reichskammergericht anzurufen als den Reichshofrat. Generell scheint dieser Vorwurf nicht ganz berechtigt gewesen zu sein; allerdings wurde vom Kaiser darauf geachtet, die protestantischen Ratsstellen mit möglichst konzilianten Vertretern ihrer Konfession zu besetzen. Daneben gab es die gegenüber Behörden nachgerade klassischen Vorwürfe eines schleppenden Geschäftsganges oder der Annahme von Bestechungen. Auch diese Klagen waren teilweise berechtigt. In seiner Geschäftsordnung war der Reichshofrat gehalten, sich nach den für das Reichskammergericht geltenden Verfahrensregeln zu richten, war aber in ihrer Anwendung flexibler und konnte so anhängige Prozesse oft schneller als dieses zum Abschluß bringen. Aber natürlich gab es, angesichts der Vielzahl der durch den Reichshofrat zu bewältigenden Aufgaben und der relativ schwachen personellen Besetzung, auch größere Rückstände. Joseph II. versuchte daher durch eine Erhöhung der Sitzungshäufigkeit und -dauer den Geschäftsgang zu beschleunigen, was ihm in gewissem Umfang auch gelang, so daß gegen Ende des 18. Jahrhunderts, als die Reichskammergerichtsbarkeit praktisch nicht mehr funktionierte, der Reichshofrat einen Teil von deren Aufgaben übernehmen konnte.

Insgesamt vertrat der Reichshofrat in seinen Entscheidungen überwiegend die kaiserlichen Interessen, und es kam auch vor, daß Urteile durch politische Überlegungen beeinflußt oder verzögert wurden. Zwar versuchte der Erzkanzler im 18. Jahrhundert mehr Einfluß auf dieses Organ zu gewinnen: So wurden seit Karl VII. die Reichshofräte auf Kaiser *und* Reich vereidigt, und der Erzkanzler erhielt das – selten genutzte – Recht, bei Anwesenheit am kaiserlichen Hof den Vorsitz zu übernehmen. Der Reichshofrat blieb jedoch bis zu seiner Auflösung durch Franz II. 1806 ein dezidiert kaiserliches Gremium. Im übrigen gelang es den Habsburgern auch in diesem Fall, ihre landesherrlichen Interessen insofern durchzusetzen, als seit der Mitte des 17. Jahrhunderts dem Reichshofrat keinerlei Kompetenzen über erbländische Angelegenheiten mehr zustanden: Hier wurde die österreichische Hofkanzlei oberste Revisionsinstanz.

Keine ständige Behörde war der Reichskriegsrat, der im Zusammenhang mit den Türkenkriegen 1664 als oberste Leitung des gesamten Reichskriegswesens geschaffen wurde. Er war nur für den Kriegsfall zu berufen, dann dem jeweiligen Reichsfeldherrn zugeordnet und bestand aus je sechs katholischen und protestantischen Reichskriegsräten sowie einem Reichsfürsten als Reichskriegsdirektor. Diese hatten sich mit zwei Reichskriegsräten am kaiserlichen Hoflager aufzuhalten. Aufgabe des Reichskriegsrats war die Beratung aller gemeinsamen Kriegsmaßnahmen und die Überwachung des vereinbarungsgemäßen Einsatzes der Reichskontingente des Heeres. Tatsächlich dürfte der Reichskriegsrat jedoch kaum in Erscheinung getreten sein; Prinz Eugen und der Markgraf Ludwig von Baden bedienten sich seiner in ihren Feldzügen nicht, und seit der Mitte des 18. Jahrhunderts ist er gar nicht mehr zusammengetreten. Seine Geschäfte wurden vom österreichischen Hofkriegsrat in Wien übernommen, der als ständige Behörde ein Vorgänger des späteren k.k. bzw. k.u.k. Kriegsministeriums war.

Der skizzierte Funktionsverlust der in Wien angesiedelten zentralen Reichsbehörden während des 17. und 18. Jahrhunderts, insbesondere die Herauslösung der erbländischen Angelegenheiten aus ihrem Kompetenzbereich zugunsten paralleler österreichischer Institutionen, ist ein wesentliches Indiz für die zunehmende Ausbildung einer Eigenstaatlichkeit des habsburgischen Länderkomplexes, für sein Herauswachsen aus dem Reich. Es gab allerdings auch Gegenbewegungen: So ließen die Bedrohung durch die Türken und die Angriffslust des absolutistischen Frankreich unter Ludwig XIV. die Reichsstände gegen Ende des 17. Jahrhunderts enger zusammenrücken und beförderten ein Wiedererstarken des Reichsbewußtseins. Entsprechend erlebte die kaiserliche Macht einen neuerlichen Bedeutungszuwachs, der in den Jahrzehnten nach dem endgültigen Sieg über die Türken 1683 seinen Höhepunkt erlebte.

Für Wien brachte die auf die Türkenbelagerung folgende Rekonstruktionsperiode eine kulturelle Blütezeit mit der Ausbildung der spezifisch österreichischen Form des Barock, das von dort aus bis weit nach Süddeutschland und in die nordöstlich gelegenen Provinzen des Habsburgerreiches ausstrahlte und Wien um 1700 zu einer Art ›Mekka‹ der Architektur werden ließ.

Am Beginn dieser Entwicklung stand eine Welle adliger Palastbauten innerhalb der Stadt und in ihrer Umgebung um 1690. Das Kaiserhaus trat erst relativ spät als Auftraggeber für Monumentalbauten auf den Plan, ganz anders als etwa in Frankreich, wo die Künste längst gezielt vom König als Mittel herrscherlicher Selbstdarstellung eingesetzt wurden. Erst in der Regierungszeit Karls VI. entstanden jene repräsentativen Bauten, die kennzeichnend sind für den Baustil, den man als ›imperialen‹ oder ›Kaiserstil‹, weniger glücklich als ›Reichsstil‹ bezeichnet hat. Verbunden ist er vor allem mit dem Namen des Johann Bernhard Fischer von Erlach.

Dessen Verbindungen zum Wiener Hof reichten weit zurück: 1687 nach Wien gekommen, wurde er 1689 zum Architekturlehrer des Kronprinzen und späteren Kaisers Joseph I. berufen, nachdem er im Jahr zuvor einen aufsehenerregenden Plan für den Bau eines kaiserlichen Jagdschlosses in Schönbrunn vorgelegt hatte. Dieser Plan, gedacht als eine Überbietung von Versailles, mit der Anlage des Schlosses etwa auf der Höhe der heutigen Gloriette, wurde zwar nie realisiert – der Bau wurde 1695 nach einem wesentlich bescheideneren Entwurf begonnen, 1700 jedoch als Torso stehengelassen und erst unter Maria Theresia durch Nikolaus von Pacassi vollendet –, entfaltete aber dennoch eine beträchtliche Wirkung als Anregung für adlige Schloßbauten in der Umgebung Wiens.

Ähnlich erging es weiteren Bauvorhaben, die während der Zeit Josephs als römischer König (1690–1705) geplant, aber nicht realisiert wurden, wie der Neubau der Reichskanzlei, die Errichtung einer Akademie der Wissenschaften (ein Projekt, für das sich besonders Leibniz engagierte) oder eines ›deutschen Escorial‹ in Klosterneuburg.

Als nennenswerter Auftraggeber tritt der Kaiserhof erst mit Karl VI. in Erscheinung, der die Künste, insbesondere die Architektur, gezielt in den Dienst der politischen Propaganda und der Herrschaftslegitimation der Habsburger stellte. Seine Hauptintention war dabei die Präsentation eines Gegenentwurfs zur absolutistischen Herrschaft Ludwigs XIV. und die Reklamation des Kaisertums als eines habsburgischen Erbes.

Durch demonstrative Bescheidenheit hinsichtlich der Hervorhebung der Person des Kaisers – die übrigens zum traditionellen Tugendkanon der Habsburger gehörte – sollte der französische König und dessen exzessive Selbstverherrlichung in der Kunst als negatives Beispiel der ›Superbia‹, des herrscherlichen Hochmuts, kenntlich gemacht werden. So wurde die Aufstellung von Herrscherstandbildern weitgehend unterdrückt, wurden allegorische und symbolische Darstellungsformen der persönlichen Abbildung vorgezogen. Ein signifikantes Beispiel dafür ist die Karlskirche, die 1716 als Pestvotivkirche erbaut wurde und nur in verschleierter Form Hinweise auf die Person Karls VI. gibt; so etwa durch die zwei Säulen der Fassade, eine Anspielung auf die kaiserliche Devise ›Constantia et fortitudine‹, oder durch die Dedikation an den heiligen Karl Borromäus, der zugleich auch Namenspatron des Kaisers war. Bezeichnenderweise zeigte Karl VI. keinerlei Interesse an Schönbrunn, das ja als eine wenn auch überbietende Nachahmung von Versailles konzipiert war; auch im Rahmen seines großen Plans zum Um- und Neubau der Hofburg blieben die eigentlichen Wohn- und Repräsentationsgebäude weitgehend unberücksichtigt und boten weiterhin einen eher unansehnlichen Anblick.

Der Erbanspruch der habsburgischen Dynastie auf die Kaiserwürde hingegen wird demonstriert durch die Darstellung des Kaisers als Träger der kanonischen Tugenden des christlichen Herrscherideals und durch die symbolische Rückführung des habsburgischen Kaisertums bis auf die römischen Kaiser. So symbolisiert etwa der Bau der Karlskirche auch die Wirkung der kaiserlichen Frömmigkeit für das körperliche Wohlergehen seiner Untertanen; im Kuppelfresko der Hofbibliothek wird Karl als ›Hercules Musagetes‹, als Förderer der Künste und Wissenschaften verherrlicht, und der Neubau der Reichskanzlei – strenggenommen ein Eingriff in Angelegenheiten des Reiches – wird begründet mit väterlicher Fürsorge des Kaisers für das Reich. Gerade an diesem Gebäude läßt sich übrigens noch einmal exemplarisch zeigen, wie zu gleicher Zeit sehr unterschiedliche Auffassungen der Beziehung von Kaiser und Reich nebeneinander existierten: Während der Fassadenschmuck des Reichskanzleitraktes ausschließlich der Verherrlichung des Kaisers dient, zeigt der Festsaal des im gleichen Gebäude gelegenen Reichsvizekanzler-Appartements ein Deckengemälde, dessen Programm von der Idee einer partnerschaftlichen Herrschaft von Kaiser und Reichsständen bestimmt ist.

Die Intention des ›imperialen Stils‹ war die Anmeldung des habsburgischen Herrschaftsanspruches im Reich und in Europa, zu einem Zeitpunkt, als de facto sowohl die Einflußmöglichkeiten des Kaisers im Reich beschnitten als auch die Prädominanz der habsburgischen Macht in der europäischen Politik ernsthaft in Frage gestellt wurde. In dem Maße, wie sich zeigte, daß diese Herrschaftsansprüche real nicht eingelöst werden konnten, begann auch der ›imperiale Stil‹ sich aufzulösen, ein Prozeß, der schon gegen Ende der Regierungszeit Karls VI. einsetzte und mit dem Tod des Kaisers seinen Abschluß fand.

9/1 Büste des Kaisers Leopold I. (Abb. S. 188)

Paul Strudel

18. Jhdt.; Marmor, H 86 cm
Wien, Kunsthistorisches Museum, Sammlung für Plastik und Kunstgewerbe (5458)

9/2 Verkleinerte Nachbildung eines Reiterstandbildes des Prinzen Eugen

nach Anton Dominikus Fernkorn

Bronze, H 55 cm; Sockel: 30,5 × 36 × 58,5 cm
Wien, Heeresgeschichtliches Museum

Prinz Eugen von Savoyen (1663–1736) begründete als Feldherr in den Kriegen gegen das Osmanische Reich und das Frankreich Ludwigs XIV. sowie als Staatsmann und Berater seiner kaiserlichen Herren den Rang Österreichs als europäischer Großmacht. Im Jahre 1865 wurde ihm auf dem Burgplatz – heute Heldenplatz – das von dem Bildhauer Anton Dominikus Fernkorn (1813–1878) geschaffene Reiterdenkmal errichtet, als Teil des monumentalen Ausbaues der Ringstraße, der Wien zu einer modernen Weltstadt des 19. Jahrhunderts machte.

9/3 Modell der Karlskirche in Wien (Abb. S. 189)

18. Jhdt. (?); Holz, Papier, bemalt, H 51 cm
Wien, Alfred Sammer

Im Jahre 1713 wurde Wien von einer furchtbaren Pestepidemie heimgesucht, der ungefähr 9000 Menschen zum Opfer fielen. Kaiser Karl VI. gelobte zum Dank für die überstandene Pestgefahr, zu Ehren seines Namenspatrons Carolus Borromaeus – zugleich der Pestpatron der katholischen Kirche – ein würdiges Gotteshaus errichten zu lassen. Auf Befehl des Kaisers erfolgte eine Ausschreibung für ein Entwurfsmodell der geplanten Kirche, woran sich die Architekten Johann Bernhard Fischer von Erlach, Johann Lucas von Hildebrandt und Ferdinando Galli Bibiena beteiligten. Nachdem das Modell Fischers den Vorzug erhalten hatte, begannen 1715 die Bauarbeiten, die nach dem Tode Fischers durch seinen Sohn Joseph Emanuel zu Ende geführt wurden. Einweihungstag war der 28. Oktober 1737.

Die Wiener Karlskirche besitzt eine tiefe und großangelegte geschichtliche Symbolik. Der Tempel von Jerusalem mit seinen beiden flankierenden Säulen Jakin und Boas wird genauso einbezogen wie die kuppelartigen Zentralbauten mit Minaretts aus dem Einflußbereich des Islam. Die pagodenhaften Aufsätze der beiden Glockentürme erinnern an die fernöstliche Gestaltung von Tempeln. Der Säulenportikus zitiert die griechisch-römische Antike. Werte der großen Weltreligionen gehen hier ebenso als

Fundament in die ›ecclesia catholica et apostolica‹ ein wie der alte ottonische Reichsgedanke einer imperialen Verbindung zwischen Thron und Altar, Caesar Augustus und Pontifex. Die kaiserliche Symbolik kommt besonders in den durch goldene Adler bekrönten Säulen zum Ausdruck, die für die kaiserlichen Tugenden der ›fortitudo‹ (Tapferkeit) und ›constantia‹ (Beständigkeit) stehen.
Alfred Sammer

9/4 Idealansicht des Schlosses Schönbrunn (›Schönbrunn I‹) (Abb. S. 197)

Johann Bernhard Fischer von Erlach/ Johann Adam Delsenbach

1693/1721; Radierung, 30,4 × 43,0 cm
Bonn, Kunsthistorisches Institut (JA 148/1)

Zu den Bauprojekten, in denen sich das gestärkte Selbst- und Sendungsbewußtsein des Hauses Habsburg nach den militärischen Erfolgen in den Türkenkriegen und in der beständigen Rivalität mit dem Frankreich Ludwigs XIV. ausdrückte, zählte die gigantische Schloßanlage Schönbrunn, die der ältere Fischer von Erlach im Jahre 1693 entwarf. Versailles sollte damit übertroffen werden. Das tatsächlich begonnene Schloß fiel daneben aber eher bescheiden aus. Im Jahre 1711 starb Joseph I.; sein Nachfolger Karl VI. brach die Ausführung ab. Unter Maria Theresia erlangte das Schloß durch die Umbauten von Nikolaus von Pacassi 1743 bis 1749 und Johann Ferdinand Hetzendorf, der 1775 die Gartenanlage mit der Gloriette abrundete, seine endgültige Gestalt.

9/5 Ansicht des Reichskanzleitraktes der Hofburg zu Wien

Salomon Kleiner

Feder, Tusche, 33 × 49 cm
Wien, Österreichische Nationalbibliothek, Kartensammlung und Globenmuseum

Die Bestimmung des Gebäudes geht aus einem Brief vom Juni 1723 hervor, in dem Johann Lucas von Hildebrandt über seinen diesbezüglichen Bauauftrag spricht: »Die Hofkammer, die Reichsvicecanceler wohnung und (der) Reich-Hofrath mit allen cantzeleyen« sollten hier einziehen.

Nicht Hildebrandt, sondern sein Konkurrent Joseph Emanuel Fischer von Erlach übernahm jedoch 1726 die Leitung des Baues. Der Reichsvizekanzler Friedrich Carl von Schönborn hatte an der Verwirklichung des Bauprojektes wesentlichen Anteil und erlangte – da es ja vornehmlich Reichsinstitutionen aufnehmen sollte – erhebliche finanzielle Zuwendungen der Reichsstände.

9/6 Fassade des Palais Batthyány-Schönborn

Johann Lucas von Hildebrandt

Feder über Graphit, grau getuscht, 35,8 × 56,3 cm
Berlin, Staatliche Museen Preußischer Kulturbesitz, Kunstbibliothek (Hdz 4744)

An den Besitzverhältnissen dieses Palais, das für die Entwicklung Wiens als Haupt- und Residenzstadt charakteristisch ist, wird das Nebeneinander von ›reichischem‹ Adel und dem des österreichischen Vielvölkerstaates deutlich. Das Palais wurde 1699 bis 1705 nach einem Entwurf von Johann Bernhard Fischer von Erlach für den Ungarn Adam Graf Batthyány erbaut. Im Jahre 1740 ging das Gebäude für 90000 Gulden in den Besitz des vormaligen Reichsvizekanzlers Friedrich Carl von Schönborn über. Heute beherbergt es die Mexikanische Botschaft. Johann Lucas von Hildebrandt, neben Fischer von Erlach der bedeutendste Architekt des barocken Wien, hatte beim Kauf des Palais vermittelnd gewirkt; möglicherweise sollte er auch – nicht ausgeführte – Umbauten vornehmen.

9/7 Bildnis des Reichsvizekanzlers Graf Dominik Andreas von Kaunitz

Peter Schwenk/G. Kneller

Kupferstich, 24,5 × 18,5 cm
Wien, Österreichische Nationalbibliothek, Bildarchiv und Porträtsammlung (Ptf Minister XII)

Graf Kaunitz (1655–1711) vertrat mit mehreren diplomatischen Aufträgen erfolgreich die Interessen des Kaisers, ehe er Reichsvizekanzler wurde, also der in Wien residierende Vertreter des Kurfürsten von Mainz, der das Reichskanzleramt inne hatte. Beim Frieden von Rijswijk (1696) war Kaunitz erster kaiserlicher Unterhändler, so daß er erst 1698 seine Geschäfte als Vizekanzler aufnehmen konnte, die er bis 1705 führte. Da das Reichskanzleramt und mithin die Stellung des ›Reiches‹ am Wiener Hof gegenüber der habsburgischen Hauspolitik einer beständigen Erosion ausgesetzt waren, konnte das Verhältnis zwischen Kaunitz, der sich als Vertrauter des Kaisers Leopold I. mehr als dessen Minister empfand, und dem Mainzer Kurfürsten nicht sehr eng werden.

9/8 Bildnis des Reichsvizekanzlers Friedrich Carl von Schönborn (Abb. S. 203)

J. A. Pfeffel

Kupferstich, 17,5 × 13 cm
Wien, Österreichische Nationalbibliothek, Bildarchiv und Porträtsammlung (PG 112.053:I [1]

Graf Friedrich Carl von Schönborn (1674–1746), Reichsvizekanzler von 1705 bis 1734, war der Neffe des Erzbischofs und Kurfürsten von Mainz, des Grafen Lothar Franz von Schönborn, der durch die Berufung eines Verwandten auf diese Stelle den Einfluß der Reichskanzlei in den politischen Geschäften des Reiches zu heben suchte. Die Geschäfte der Kanzlei führte Schönborn mit großer Gewissenhaftigkeit, jedoch in beständigem Kampf gegen den Kompetenzverlust der Kanzlei gegenüber der Hofkanzlei der habsburgischen Erblande. Im Jahre 1729 übernahm Schönborn die Fürstbistümer von Bamberg und Würzburg, so daß er sich nun über längere Zeiträume nicht mehr in Wien aufhielt. Seit dieser Zeit wies die Reichskanzlei als Behörde – zur Untätigkeit verurteilt und mit dürftigsten finanziellen Mitteln versehen – immer krassere Anzeichen des Verfalls auf; »die große Disziplinlosigkeit und der Unfleiß der Kanzleischreiber, die sich um keine Amtsstunden kümmerten, tagelang der Kanzlei fernblieben, in der Kanzlei die Zeit mit Zechgelagen und Schwätzereien hinbrachten« (Lothar Gross) und schließlich ein spektakulärer Fall von Korruption und Geheimnisverrat leiteten das Ende von Schönborns Vizekanzlerschaft ein.

9/9 Bildnis eines Grafen von Sinzendorf

Simon Peter Tilemann (Zuschr.)

vor 1670; Öl auf Leinwand, 191,5 × 108,5 cm
Berlin, Deutsches Historisches Museum

Die Identität des Dargestellten ist noch nicht schlüssig zu klären. Die Reichskrone auf dem Samtpolster verweist eindeutig darauf, daß es sich um einen Grafen von Sinzendorf handelt, da diese Familie seit 1653 vom Kurfürsten von der Pfalz mit dem Erbschatzmeisteramt belehnt war, zu dessen Würden es seit seinem Bestehen gehörte, bei der Kaiserkrönung die Reichskrone bereitzuhalten. Das Schatzmeisteramt zählte nicht zu den traditionellen Erzämtern, sondern wurde erst 1648 für die wiederhergestellte pfälzische Kur geschaffen, die es 1778 an Hannover abgab.

Mehrere Grafen Sinzendorf bekleideten in der zweiten Hälfte des 17. Jahrhunderts hohe Ämter am Kaiserhof (z. B. als Hofräte) in Wien und in der Verwaltung der habsburgischen Stammlande.

9/10 Miniaturbildnis Kaiser Josephs II.

Ende 18. Jhdt., Pastell, Aquarell, 11 × 23 cm
Seligenstadt, Landschaftsmuseum (24/14)

Joseph II. (1741–1790), der älteste Sohn Maria Theresias, wurde 1764 in Frankfurt zum römisch-deutschen König gekrönt. Er war ein Vertreter des aufgeklärten Absolutismus, der Schöpfer des – nach seinem Tode so genannten – ›Josephinismus‹, der noch bis weit ins 19. Jahrhundert wirksam blieb. Zu dieser »spezifisch österreichischen Form einer allgemeinen Bewegung« (Elisabeth Kovács) zählten eine Reform der Strafgesetzgebung mit der Aufhebung der Folter, ein ›Toleranzpatent‹, d. h. die Abschaffung etlicher diskriminierender Vorschriften für die Juden, eine Reform von Staatsverwaltung und Militär, eine Schulreform und eine Kirchenreform, welche die Geistlichkeit auf die Seelsorge und soziale Dienste beschränken wollte. Da Joseph II. seine Reformen überstürzte, stieß er damit auf erhebliche Widerstände. Vieles blieb in Ansätzen stecken. Josephs II. Bestreben, aus der österreichischen Monarchie einen modernen, absolutistischen Staat zu machen, ließ ihn das ›Reich‹ und seine schwerfällige Organisation zunehmend als Bürde empfinden. Neben die fortwirkende Rivalität mit Preußen trat in seiner Regierungszeit nun auch eine deutliche Entfremdung von den sonstigen Reichsständen, wegen der Kirchenpolitik besonders von den geistlichen Fürstentümern.

9/11 Tableau mit 26 Miniaturen der kaiserlichen Familie und der Hofgesellschaft

um 1775; Aquarelle in Samt mit Ledereinband,
2 × 32 × 23 cm
Klagenfurt, Konvent der Elisabethinen

1. Kaiser Joseph II. als junger Mann; 2. Josephs zweite Gemahlin Josepha; 3. Josephs Tochter Maria Theresia; 4. Josephs Schwester Marianne; 5. Maria Theresia als Witwe; 6. Hochmeister des Deutschen Ordens Maximilian Franz; 7. Albert von Sachsen-Teschen; 8. Maria Theresia; 9. Marie Christine; 10. Oberhofmeisterin der Kaiserin, Gräfin Fuchs; 11. Kaiser Franz I.; 12. Erzherzogin Marianne; 13. zwei kleine Hunde; 14. Franz I.; 15. Maria Theresia; 16. Kinderbildnis wahrscheinlich einer früh verstorbenen Tochter Maria Theresias; 17. Johanna Gabriela; 18. Maria Theresia; 19. Medaillon mit den Eltern von Franz I., Leopold und Elisabeth von Lothringen; 20. Knabenbildnis, wahrscheinlich von Erzherzog Ferdinand; 21. Franz I.; 22. Karl von Lothringen; 23. Karls Gattin, Maria Anna; 24. Johanna Gabriela; 25. Mädchenbildnis; 26. Bildnis eines älteren Mannes
(Nach: *Österreich zur Zeit Kaiser Josephs II.*, Kat. d. Ausst., Stift Melk 1980)

Zu Nr. 6: Maximilian Franz von Habsburg-Lothringen, jüngstes Kind von Maria Theresia, regierte 1784 bis 1794 als Kurfürst von Köln in Bonn. Zu Nr. 7: Herzog Albert von Sachsen-Teschen (1738–1822), Sohn Augusts III. von Sachsen, war mit Maria Theresias Tochter Marie Christine verheiratet (Nr. 9); als Statthalter regierte er 1765 bis 1780 Ungarn und 1780 bis 1792 die österreichischen Niederlande; 1794 führte er erfolglos die Reichsarmee gegen die französischen Revolutionstruppen; seine Grafiksammlungen bildeten den Grundstock der nach ihm benannten ›Albertina‹ in Wien. Zu Nr. 22: Karl von Lothringen (1712–1780) war ab 1748 Statthalter der österreichischen Niederlande.

9/12 Tableau mit 28 Miniaturen der kaiserlichen Familie und der Hofgesellschaft

um 1785; verschiedene Techniken in Samt mit Ledereinband, 2 × 32 × 23 cm
Klagenfurt, Konvent der Elisabethinen

27. Erzherzogin und Herzogin von Parma, Amalia; 28. Maria Theresia; 29. Amalia von Parma; 30. Amalias Tochter Marie Antonia; 31. Kaiser Franz I.; 32. Amalias Sohn Ludwig; 33. Oberhofmeisterin Maria Theresias, Gräfin Schirnding; 34. Oberhofmeisterin Maria Theresias, Gräfin Trauttmansdorff; 35. wahrscheinlich Josephs Tochter Maria Theresia; 36. Erzherzogin Elisabeth, Äbtissin in Innsbruck; 37. Mädchenbildnis; 38. Oberhofmeisterin Maria Theresias, Gräfin Colloredo; 39. Graf Colloredo; 40. Beichtvater Parhammer; 41. wahrscheinlich Lehrer Höller, Geistlicher, 42. König Ferdinand von Neapel; 43. Schwester Maria Theresias, Erzherzogin Maria Anna, 45. wahrscheinlich Graf Colloredo, 46. Maria Theresia mit geistlichem Beistand, 47. wahrscheinlich Bischof Colloredo von Olmütz; 48. Mutter Maria Theresias, Maria Christine; 49. Schattenriß, wahrscheinlich Erzherzogin Marianne; 50. Karl von Lothringen in Mönchskutte; 51. Oberhofmeisterin Gräfin Dietrichstein; 52. Mädchenbildnis; 53. verstorbenes Kind; 54. fehlt; 55. Frauenbildnis (Nach: *Österreich zur Zeit Kaiser Josephs II.*, Kat. d. Ausst., Stift Melk 1980)

Zu Nr. 39 und 45: Joseph Graf Colloredo-Waldsee (1735–1818) nahm als Offizier am Siebenjährigen Krieg teil; er bekleidete hohe militärische Ränge in der österreichischen Armee (General-Artillerie-Direktor, Feldmarschall) und führte als Staats- und Konferenzminister 1805 und 1809 bis 1814 die Geschäfte des Kriegsministeriums.

9/13 Manöversessel, in aufgestellter und zusammengeklappter Form (Abb. S. 191)

Mitte 18. Jhdt.; Buche, geschnitzt und vergoldet, 115 × 70 × 61 cm (aufgestellt)
Wien, Bundesmobiliensammlungen, Ehem. Hofmobilien- und Materialdepot (MD 043926)

Bei Manövern und auf Reisen führte der kaiserliche Hof derartige Sessel mit. Von Joseph II. heißt es: »Er hielt sich mehr als ein Viertel seiner Zeit als Mitregent und Alleinherrscher nicht in der Haupt- und Residenzstadt Wien auf, so daß bald das Wort aufkam, er regiere ›vom Postwagen aus‹« (Wolfgang May). Seine Inspektions- und Informationsreisen durch die habsburgischen Lande, das Reich und verschiedene europäische Länder gingen ohne die übliche Prachtentfaltung vonstatten.

9/14 Schraubmedaille auf den Wiener Kongreß 1814 mit Bildnissen der Herrscher europäischer Mächte

Leopold Heuberger (1786–1839)

Silber, Kupferstich, Dm 5,3 cm
Wien, Museen der Stadt Wien (57.450)

Der Wiener Kongreß war ein gesamteuropäischer Friedens- und Neuordnungskongreß, zu dem Souveräne und Gesandte mit ihrem Troß in großer Zahl zusammenkamen. Die Schraubmedaille vereinigt die Porträts von sechs Monarchen. Die Außenseite zeigt die mit einem Fuß auf der Erde stehende Siegesgöttin mit Sternenkranz und Palmzweig. Inliegend zwölf doppelseitige kolorierte Stiche, je sechs Bildnisse und daneben die dazugehörigen Namen: Franz I., Kaiser von Österreich; Alexander I., Kaiser von Rußland; Friedrich Wilhelm III., König von Preußen; Friedrich VI., König von Dänemark; Maximilian I., König von Bayern; Wilhelm I., König von Württemberg.

9/15 Sitzung des Wiener Kongresses in der Staatskanzlei am Ballhausplatz

Jean Godefroy (1771–1839), nach Jean Baptiste Isabey

Linien- und Punktierstich, 66 × 88 cm
Wien, Museen der Stadt Wien (169.581)

Über dem Bild sind die Medaillonporträts der Herrscher von England, Österreich, Spanien, Frankreich, Portugal, Preußen, Rußland und Schweden zu sehen. Die Sitzung findet im Verhandlungssaal der Staatskanzlei statt. Als Büste ist rechts im Bild der frühere Hausherr Fürst Wenzel Anton Kaunitz (1711–1794) präsent, der Staatskanzler Maria Theresias, Josephs II. und Leopolds II. Die dargestellten Verhandlungsteilnehmer: stehend (von links nach rechts): Wellington (England), Lobo und Saldanha (Portugal), Löwenhjelm (Schweden), Noailles (Frankreich), Metternich (Österreich), Latour Dupin (Frankreich), Nesselrode und Razumovsky (Rußland), Stewart (England), Wacken und Gentz (Österreich), Humboldt (Preußen), Cathcart (England).

Sitzend (von links nach rechts): Hardenberg (Preußen), Palmella (Portugal), Castlereagh (England), Dalberg (Frankreich), Wessenberg (Österreich), Labrador (Spanien), Talleyrand (Frankreich), Stackelberg (Rußland).

Auf dem Friedenskongreß fanden sich erklärte Gegner Napoleons und der Französischen Revolution der ersten Stunde wie die Briten Castlereagh (1769–1827), der ihn ablösende Wellington (1769–1852) oder der Österreicher Gentz (1764–1832) mit einem ehemaligen Außenminister (Talleyrand) oder Diplomaten (Dalberg) des gestürzten Kaisers der Franzosen zusammen. Der preußische Staats-

9/15

kanzler Hardenberg (1750–1822) hatte 1795 als Bevollmächtigter Preußens im ›Basler Frieden‹ die Gebietsgewinne des revolutionären Frankreich auf der linken Rheinseite, die auf dem Wiener Kongreß Preußen zufielen, bestätigt und die Auflösung des Reiches miteingeleitet. Nach der Niederlage Preußens gegen Napoleon 1806 hatte er entscheidenden Anteil an den inneren Reformen des preußischen Staates. Unter den Gesandten des Wiener Kongresses fanden sich Politiker, die zugleich als Schriftsteller hohes Ansehen genossen, wie der liberale Preuße Wilhelm von Humboldt (1767–1835) oder der hochkonservative Publizist und Vertraute Metternichs, Friedrich von Gentz.

9/16 Stutzuhr mit ›Apotheose auf den Wiener Kongreß‹ – Bildnisse von Zar Alexander I., Kaiser Franz I., König Friedrich Wilhelm III. von Preußen (Abb. S. 205)

um 1815; Birnbaum, Messing, Figuren: Holz, vergoldet, Glas, 80 × 45 × 25 cm
Wien, Museum für angewandte Kunst, Sammlung Sobeck (1558)

Vom Schlagwerk angetriebene Figuren: links und rechts vom Uhrwerk Herkules und Athene. Darunter ›Apotheose auf den Wiener Kongreß‹ mit Zar Alexander I., Franz

I. und König Friedrich Wilhelm III. von Preußen. Darüber Plaketten: Fürst Metternich, die Könige von Württemberg, Frankreich, Bayern und Dänemark, der Kronprinz von Schweden und der Prinzregent von England.

9/17 Rekonstruktion einer festlichen Tafel für Teilnehmer des Wiener Kongresses (Abb. S. 201)

a) 6 Speisemesser, L 26 cm; 6 Speisegabeln, L 21 cm; 6 Dessertgabeln, L 18 cm; 6 Dessertlöffel, L 19 cm; 6 Dessertmesser, L 21 cm; 4 Salzlöffel, L 12 cm; 6 Austerngabeln, L 17 cm; 2 Vorlegegabeln, L 24 cm; 2 Vorlegelöffel, L 24 cm; 2 Essig- und Ölständer, L 25 cm, B 13 cm, H 27 cm; 6 Platzteller, H 2,5 cm, Dm 24 cm; 2 Salz- und Pfefferstreuer, L 19 cm, B 11 cm, H 21 cm
Silber, vergoldet
b) 4 Flaschen mit Stöpseln, H 18 cm, Dm 9 cm; 2 Salz- und Pfefferstreuer, L 8 cm, B 6 cm, H 25 cm
Kristallglas
c) 3 Karaffen, H 23 cm; 6 Weingläser, H 16 cm; 6 Weingläser, H 14 cm; 6 Sektgläser, H 21 cm
Kristallglas mit Rautenschliff, Böhmisches Glas
d) 1 Terrine mit Deckel und Sockel, L 40 cm; 1 Terrine mit Deckel und Sockel, Dm 36 cm; 3 Kasserollen mit Deckel, H 7 cm, Dm 25 cm; 1 Fleischteller, L 37 cm, B 26 cm, H 50 cm; 1 Teller, H 4,5 cm, Dm 31 cm; 1 Schüssel H 3,5 cm, Dm 28 cm
Porzellan, Wiener Manufaktur
e) 3 Kerzenleuchter, H 62 cm
Bronze, vergoldet

Wien, Bundesmobiliensammlungen, Ehem. Hofsilber- und Tafelkammer (a: MD 180435/001–008, 011, 012–014, 044, 054, 072; b: MD 180435/045–046, 073; c: MD 180537/001, 004, 006, 008; d: MD 180505/001–011; e: MD 180443/001)

Das vergoldete Porzellan wurde bei der Wiener Manufaktur anläßlich des Wiener Kongresses 1815 in Auftrag gegeben. Kaiser Franz verwendete es nur für intime Diners, an denen ausschließlich Souveräne teilnahmen.

Das hier beigegebene Vermeilservice entstand zwischen 1798 und 1809 im Auftrag Napoleons I. Es diente zur Ausstattung der Mailänder Residenz Napoleons als König von Italien. Hergestellt und entworfen wurden die Objekte von dem französischen Goldschmied Martin-Guillaume Biennais. 1816 ließ Kaiser Franz I. (II.) anläßlich seiner Vermählung mit Caroline Augusta das Service von Mailand nach Wien transportieren. Kaiser Franz Joseph ließ in der zweiten Hälfte des 19. Jahrhunderts von der Wiener Firma Mayerhofer & Klinkosch weitere Stücke zur Ergänzung des Services anfertigen. *Peter Parenzan*

9/18 Standbild des Ludwig van Beethoven

Gips, bemalt, 49 × 12 × 12 cm
Minden, Museum für Geschichte, Landes- und Volkskunde (10E/6)

Mit der Besetzung Bonns 1794 durch die französische Revolutionsarmee endete die dortige kurkölnische Hofhaltung. Ludwig van Beethoven (1770–1827), Mitglied der Bonner Hofkapelle, sah keine Veranlassung mehr, aus Wien zurückzukehren, wo er sich seit 1792 zu einem Studienaufenthalt befand. Es gelang ihm, in Wien sehr schnell Förderer unter den führenden Adelshäusern der Kaiserstadt wie den Lichnowsky, Rasumowsky, Lobkowitz und Esterházy zu finden und Erfolge zu verzeichnen. Seine aristokratischen Gönner setzten ihm im Jahre 1808 gemeinsam eine lebenslange Rente aus, die seine geplante Abwanderung an den Hof des Königs Jérôme von Westfalen in Kassel verhinderte. Das Ende der Kriege gegen Napoleon und der Wiener Kongreß bedeuteten den äußeren Höhepunkt von Beethovens Karriere. Mit seiner Kantate ›Der glorreiche Augenblick‹ wurde der Kongreß eröffnet. Die Konzerte und musikalischen Zerstreuungen der Kongreß-Zeit brachten eine Vielzahl von Aufführungen seiner Werke mit sich. Nach 1815 stürzten ihn die zunehmende, schließlich vollständige Taubheit, familiäre Konflikte und persönliche Schicksalsschläge immer wieder in Krisen und Einsamkeit, ohne daß seine musikalische Produktivität nachließ.

9/19 Aktenmappe des Staatskanzlers Fürst Clemens Wenzel von Metternich zur Zeit des Wiener Kongresses

um 1814/15; Rotes Leder, Goldpressung, grünes Leinen, Metallverschluß, 48,5 × 32,4 cm
Wien, Museen der Stadt Wien (178.776)

Der gebürtige Rheinländer Clemens Wenzel Nepomuk Lothar Fürst von Metternich (1773–1859) wurde 1809 österreichischer Außenminister und übernahm 1813 die diplomatische Führung im Kampf gegen Napoleon I. Bei der Neuordnung Europas auf dem Wiener Kongreß sicherte er Österreich die Vormachtstellung im Deutschen Bund und in Italien. 1821 wurde er Haus-, Hof- und Staatskanzler. Metternich war der Vorkämpfer für die Erhaltung des europäischen Status quo nach dem Kongreß und gegen jede freiheitliche und nationale Bewegung. Sein Name wurde zum Inbegriff der politischen Unterdrückung vor der Revolution von 1848/49. Am 13. März 1848 wurde er gestürzt und mußte aus Wien fliehen. Der junge Kaiser Franz Joseph zog den nach Wien zurückgekehrten Metternich nach 1851 wieder häufiger zu Rate.

9/20 Die Staatskanzlei am Ballhausplatz
Norbert Bittner (1786–1857)

Tusche, 14,8 × 19,4 cm
Wien, Museen der Stadt Wien (13.966)

Die Staatskanzlei, 1717 bis 1719 von Johann Lucas von Hildebrandt als ›Geheime Hofkanzlei‹ erbaut, war nicht nur der Amtssitz Metternichs und die Zentrale seiner Politik, sondern hier hatte der Fürst auch seine Stadtwohnung. Wie die ›Wilhelmstraße‹ in Preußen-Deutschland nach 1871 für die Öffentlichkeit zum politischen Synonym wurde, so verhielt es sich auch mit dem ›Ballhausplatz‹ in der österreichisch-ungarischen Monarchie und später in der österreichischen Republik. Im Jahre 1934 war dieses Gebäude Schauplatz eines blutigen Putschversuches, mit dem österreichische Nationalsozialisten die Unabhängigkeit Österreichs zu beseitigen versuchten.

9/21 Das Arbeitszimmer des Fürsten Metternich in der Staatskanzlei in Wien (Abb. S. 195)

1829; Gouache, 20,2 × 29,3 cm
Wien, Museen der Stadt Wien (56.396)

9/22 Ansicht der Reichskrone in der Schatzkammer der Wiener Hofburg

Philipp Veit

1832/33; Bleistift, 10,5 × 10 cm
Mainz, Landesmuseum (1890/1105)

Angesichts der drohenden Einnahme Nürnbergs durch französische Truppen im Sommer 1796 wurden die Reichskleinodien durch einen der für ihre Sicherheit verantwortlichen Obristenhauptleute in aller Heimlichkeit nach Regensburg geschafft und dort gegen Zusicherung der Rückgabe dem kaiserlichen Kommissär Freiherr von Hügel übergeben. Nach vierjähriger Lagerung im dortigen Palais des Prinzipalkommissars Thurn und Taxis brachte man sie im Oktober 1800 nach Wien. Aus der vorübergehenden Evakuierung wurde trotz der seit 1803 einsetzenden Nürnberger Reklamation ein Dauerzustand. Die Zeichnung Philipp Veits ist eine Vorstudie zu seinem Gemälde der ›Germania‹, der Personifikation des Deutschen Reiches im Frankfurter Städel, die er mit dem traditionsreichen Kaiserornat bekleidete.

9/23 Nachbildung der Krone des Kaisertums Österreich (Abb. S. 194)

um 1835; Messingblech, Perlenimitate, Glassteine, Dm 30 cm, H 31 cm
Wien, Bundesmobiliensammlungen, Ehem. Hofmobilien- und Materialdepot (MD 043824)

Die Krone, die Rudolf II. (1552–1612) im Jahre 1600 von seinen Hofwerkstätten in Prag anfertigen ließ, war in erster Linie ein Schmuckstück von höchstem Wert und außergewöhnlicher Schönheit. Die ›Rudolfskrone‹ wurde von den Habsburgern als Hauskrone verwendet. Mit der Errichtung des Kaisertums Österreich im Jahre 1804 wurde sie die offizielle Krone des Habsburgerreiches und blieb dessen Staatssymbol bis 1918. Sehr wahrscheinlich ist die hier gezeigte Nachbildung als Funeralkrone für die Beisetzung von Kaiser Franz I. (II.) angefertigt worden.

9/24 Dreiteiliger Tafelaufsatz aus dem Laxenburger Dessertservice

Herstellung: Wiener Porzellan-Manufaktur

1821/24; Porzellan, Porzellanmalerei, 73 × 75 × 24,5 cm
Wien, Bundesmobiliensammlungen, Ehem. Hofsilber- und Tafelkammer (MD 180024/017 u. 018)

Es handelt sich um einen architektonischen Tafelaufsatz, dreiteilig, in Formen der romantischen Gotik. Die Füllungen zwischen den Pfeilern bilden große Porzellanfliesen mit Bildnissen des Stammes Habsburg, u. a. von Rudolf I., Albrecht I. und Friedrich III., Maximilian I., Albrecht III., Friedrich IV., Ferdinand I. und Maximilian II. (Architekturteile mit grauer Glasur). Die Bildnisse und Wappen stehen vor einem Mattgoldgrund.

Für das Lustschloß Laxenburg, dem Lieblingssitz von Kaiser Franz I. (II.), schuf die Wiener Porzellanmanufaktur ein Dessertservice. Die Franzensburg, ein gotisierender Bau, war Ausdruck für das wachsende Interesse an mittelalterlichen Bauformen. Als Kaiser Franz II. die Krone des Heiligen Römischen Reiches niedergelegt hatte und sich nun Franz I. von Österreich nannte, pflegte das Kaiserhaus in besonderem Maße den Ahnenkult. Bei jeder Gelegenheit wurde auf die Legitimation der Herr-

9/24

scherwürde durch die habsburgische Ahnenreihe hingewiesen. Ein besonders bemerkenswertes Beispiel ist dieses Service, das auf zahlreichen Pokalen und Aufsätzen Vorläufer des Hauses Habsburg darstellt. *Peter Parenzan*

9/25 Modell des Arbeitszimmers Kaiser Franz' I. in der Hofburg

Ende 19. Jhdt.; Holz, 50 × 46 × 44,5 cm
Wien, Bundesmobiliensammlungen, Ehem. Hofmobilien- und Materialdepot (MD 013566)

Franz II. (1792–1806), als Kaiser von Österreich Franz I. (1804–1835), proklamierte nach schweren Niederlagen in mehreren Kriegen mit Frankreich am 11. August 1804 das alle Erblande zusammenfassende Kaisertum Österreich, um Rang und Würdegleichheit mit Napoleon I. zu wahren. Angesichts der Auflösung des ›Alten Reiches‹ erklärte er am 6. August 1806 das Reich und die römische Kaiserwürde für erloschen. Nach dem Wiener Kongreß galt seine Hauptsorge dem Erhalt der bestehenden politischen und sozialen Ordnung. Seine einfache Lebensweise und sein Pflichtbewußtsein streicht das vielfach reproduzierte Gemälde von Johann Stephan Decker heraus, das den Kaiser am Schreibtisch in seinem Arbeitszimmer darstellt. Johann Stephan Decker zeigt den Kaiser als höchsten Beamten in der Wiener Hofburg. Dieses Bild diente als Vorlage für das hier gezeigte Modell.

9/25

9/26 Zwei ausgestopfte Kanarienvögel aus dem Besitz des Kaisers Franz I. (II.)

H 26 cm; B 23 cm; T 18 cm
Wien, Bundesmobiliensammlungen, Ehem. Hofmobilien- und Materialdepot (MD 043925)

Der Sockel unter den Präparaten trägt die Inschriften: »Büberl und Bibi – Glückliche Vögel! Ihr erheitert durch euren Gesang den besten der Kaiser. Es lächelt euch sein freundliches Auge! Euch wart zuweilen vergönnt auf seinem heilig Haupte zu ruhen.«

»Büberl – wurde 14 Jahre alt und endete am 4. April 1837. Zwei Jahre, ein Monath u. zwei Tage nach seinem Herrn. Bibi – folgte 7 Monathe später.«

9/27 Medaille auf den österreichischen Handels- und späteren Finanzminister Karl Ludwig von Bruck

C. Radnitzky

1857; Bronze, Dm 6,6 cm
Wien, Kunsthistorisches Museum, Sammlung von Medaillen, Münzen und Geldzeichen (129.605)

Karl Ludwig (Freiherr von) Bruck (1798–1860), der Sohn eines Buchbinders aus Elberfeld, stieg vom Handlungsgehilfen zu einem erfolgreichen Unternehmer auf. Er gründete in Triest den ›österreichischen Lloyd‹, eine den ganzen Orient erschließende Handels- und Schiffsfahrtsgesellschaft, und begann gleichzeitig die Vorarbeiten für die Bahnlinien Wien-Triest-Mailand. In der Revolution 1848/49 zog er als Triester Abgeordneter in die Frankfurter Nationalversammlung ein.

Im November 1848 berief der österreichische Ministerpräsident, Felix Fürst von Schwarzenberg, Bruck als Handelsminister in seine Regierung, der er bis 1851 angehörte. Im Jahre 1855 trat er erneut, diesmal als Finanzminister, in die Regierung ein. Er verfolgte die Absicht, Österreich mitsamt seinen nicht zum Deutschen Bund gehörigen Teilen in einen Unionsvertrag mit dem Zollverein zu führen. Gegenüber der später verwirklichten politischen Einigung Preußen-Deutschlands entsprach dies der Vision einer supranationalen, auf wirtschaftlicher Integration beruhenden Ordnung in Zentraleuropa. Brucks Pläne scheiterten am Widerstand Preußens. Es gelang ihm nicht, die Finanzmisere seines Landes zu beheben, die Hofgesellschaft intrigierte gegen ihn, und schließlich wurde er von Kaiser Franz Joseph entlassen, worauf er selbst seinem Leben ein Ende setzte.

Residenzen

Von Arolsen und anderen Hauptstädten

Bodo-Michael Baumunk

Was ›Hauptstadt‹ in der deutschen Geschichte auch bedeutete – ganz gleich, ob es sich um Arolsen, Bückeburg, Coburg, Detmold, Greiz, Gera, Gotha oder viele andere Orte mehr handelte –, ist in Thomas Manns kleinem Roman ›Königliche Hoheit‹ auf einen gemeinsamen Nenner gebracht: Stammburg und altes Schloß, Sommerresidenz und Eremitage; ein Städtchen mit Kurbetrieb, Hoftheater, Gardefüsilierkaserne und einer Universität, »an der ein beschauliches und ein wenig altmodisches Gelehrtentum« herrschte; ein notdürftig aufrechterhaltener Hofstaat, in welchem die Ämter des »Oberhofmarschalls, Oberzeremonienmeisters und Hausmarschalls« aus Kostengründen ein und dieselbe Person wahrzunehmen hatte; ein Landesherr, den die Einsicht melancholisch stimmte, daß alle seine »gnädigen Entschließungen« auf den Lauf der Dinge nur mehr geringen Einfluß ausübten. In der Literatur hatte sich die Darstellung der kleinen deutschen Fürstenhöfe längst ins Liebenswürdige und Märchenhafte gewendet: eine in der Kaiserzeit schon ein wenig museal gewordene Welt, über die sich bestenfalls die in solche Residenzen versetzten preußischen Offiziere und Beamten mit satrapenhaftem Übermut lustig machen konnten. So zum Beispiel über die »unglaubliche Eintönigkeit des Hoflebens« im thüringischen Schwarzburg-Sondershausen um 1890; es richte sich, wird von einem preußischen Diplomaten überliefert, »nach den Brunftzeiten der Waldbewohner, denn danach verlegt Serenissimus seine Residenzen«. Immerhin vermochte der ›lippische Thronfolgestreit‹, das heißt die Frage, ob in Detmold nach 1895 der Fürst zu Schaumburg-Lippe oder der Graf von Lippe-Biesterfeld regieren sollte, eine gewisse Resonanz in den Zeitungsspalten zu erlangen, was der Reichskanzler von Bülow in seinen Memoiren zu einer deutschen Eigentümlichkeit erklärte.

Das 19. Jahrhundert hindurch allerdings war die ›Kleinstaaterei‹ ein Kampfruf in einer auf Nationalstaats- und Großmachtgedanken eingeschworenen Publizistik und Geschichtsschreibung. Heinrich von Treitschke wütete 1864 gegen die »Fabelwelt des Partikularismus« und »ihre politische Entsittlichung der Nation«. Der Landtagspräsident des Herzogtums Nassau und großpreußisch agitierende Liberale Karl Braun zeichnete in seiner mehrmals wiederaufgelegten Aufsatzserie ›Bilder aus der deutschen Kleinstaaterei‹ vor 1866

Ansicht von Schloß Wilhelmshöhe und dem naheliegenden Park (Kat. Nr. 10/84)

boshafte Genrebilder aus Geschichte und Gegenwart vor allem der hessischen Länder. Darin erschien der Kleinstaat als Hort von Verschwendung, moralischer Verwilderung, wirtschaftlicher Ineffizienz, dynastischem Eigennutz, politischer Despotie, zeremonieller Erstarrung und militärischer Lächerlichkeit. Reizworte wie ›Soldatenhandel‹ und ›Mätressenwirtschaft‹, der Vorwurf einer Überfremdung durch französische oder italienische Sitten an den barocken Höfen, die angeblich die Herausbildung einer deutschen Nationalkultur behindert hätten, beherrschten die Erörterung des Themas.

Der Souveränitätsgewinn als Folge des Westfälischen Friedens von 1648 hatte, kaum daß es die wirtschaftliche Erholung erlaubte, bei vielen Reichsfürsten den Wunsch geweckt, ihren Residenzen repräsentative Gestalt zu geben. Versailles als Inbegriff absolutistischer Architektur machte Schule, ohne daß sich Stil und Anlage der vielen deutschen Residenzneuschöpfungen – entgegen gängiger Rede von den unzähligen deutschen Versailles-Kopien – immer darauf bezogen hätten. Der Versailles-Grundriß fand sich allerdings auch in so kleindimensionierten Schlössern wie jenem in Arolsen, das Graf Anton Ulrich von Waldeck-Pyrmont sich 1713 bis 1728 erbauen ließ. In vielen Fällen überstiegen die Ambitionen die finanziellen Mittel. In Darmstadt blieb der umfassende barocke Umbau des alten Schlosses durch Louis Remy de la Fosse bald nach dem Baubeginn 1716 stecken, und der Landgraf verlegte die Residenz nach Pirmasens. Die Unverhältnismäßigkeit von fürstlichem Selbstdarstellungswillen und wirklicher Bedeutung des Landes betraf nicht nur den

Bildnisse der Gräfin Marie Leopoldine, der Grafen Simon August und Friedrich Leopold I. zur Lippe (als Kind) sowie weiterer Personen (Kat. Nr. 10/53)

Schloßbau: In Darmstadt und Pirmasens ließ Landgraf Ludwig IX. für seine wenigen hundert Paradesoldaten die größten Exerzierhallen Europas errichten.

Im Südwesten des Reiches waren es die Zerstörungen des pfälzischen Erbfolgekrieges, die einen starken Impuls für großzügige Residenzneubauten wie in Rastatt, Mannheim oder Durlach darstellten. Angesichts der besonderen territorialen Zersplitterung in dieser Region, wo die Landesherren in der flachen Landschaft des Oberrheins ideale Bedingungen für ehrgeizige barocke Schloß- und Gartenanlagen vorfanden, rückten die in die Landschaft hineinverlängerten Residenzen förmlich aufeinander zu; Residenz und Territorium wären im barocken Idealfall zur organischen Einheit geworden.

Große Ressourcen an Bodenschätzen und Einwohnern sowie ein kunstsinniges Fürstenhaus mit weitreichendem politischen Ehrgeiz machten aus dem sächsischen Dresden unter August II. (dem Starken) und August III. im 18. Jahrhundert eine Metropole von europäischem Rang, die von den Armeen Friedrichs des Großen besonders heimgesucht wurde – im Vorgriff auf die borussische Geschichtsschreibung des 19. Jahrhunderts, in der Dresden als Antipode zu Berlin und Potsdam, das heißt als Domäne verweichlichter Prunk- und Genußsucht, erschien. Das ›Elbflorenz‹ verdankte nicht wenig dem Umstand, daß die Bewerbung des sächsischen Kurfürsten um die polnische Königskrone erfolgreich verlief. Im Falle von Rastatt war es umgekehrt: Nachdem der Wunsch des ›Türken-Louis‹, Markgraf Ludwig Wilhelms von Baden, nach dem polnischen Königstitel unerhört geblieben war, entschied er sich 1697 zur Anlage einer heimischen Residenz.

In Kassel hatte der Landgraf Karl, dessen Finanzen durch den weitreichenden Einsatz von hessischen Truppen auf vielen europäischen Kriegsschauplätzen der zweiten Hälfte des 17. Jahrhunderts gesichert waren und dessen Sohn seit 1720 auf dem schwedischen Thron saß, den Ausbau der Residenz begonnen, in deren Gestaltung sich drei der Herkunft nach verschiedene Konzepte von geplanter Zentralität begegneten. Für die Hugenotten-Ansiedlung wurde 1688 nach einem Plan des Architekten du Ry die Oberneustadt (Französisch-Neustadt) errichtet; das höfische Kassel um die ›Karlsaue‹ sollte das Vorbild von Versailles aufnehmen und einem architektonischen und gartenkünstlerischen Entwurf folgen, der unter Mitwirkung von André le Nôtre zustande kam – also eben jenen monarchischen Absolutismus kopierte, der die Hugenotten soeben aus Frankreich vertrieben hatte. Dagegen ging die Landschaftsdramaturgie des Karlsberges mit künstlichen Grotten und Kaskaden sowie der antikischen Herrscherallegorik des monumentalen Herkules-Standbildes auf Eindrücke einer Italienreise

›Stellen des Hirsches durch die Meute‹ bei einer Parforcejagd im Fürstentum Waldeck (Kat. Nr. 10/5)

des Landgrafen in den Jahren 1699 bis 1700 zurück, auf der er auch den Architekten Guerniero für Kassel gewonnen hatte. Mit dem Bau des Schlosses Wilhelmshöhe 1793 bis 1799 fand die gesamte Anlage ihren Abschluß. Da die architektonische Prachtentfaltung des Kasseler Hofes nicht zum geringsten Teil aus den Subsidiengeldern ermöglicht wurde, welche die Landgrafen für die Vermietung ihrer Truppen erhielten, wurden Kassel und besonders der ›Soldatenverkäufer‹ Friedrich II., dessen Soldaten in britischen Diensten gegen die amerikanische Unabhängigkeit zu Felde zogen, zum Inbegriff der kleinstaatlichen Misere, ein Bild, das sich allerdings auch durch das spätere Verhalten der letzten hessischen Kurfürsten rückwirkend verdüsterte.

Die badische Residenz Karlsruhe, begonnen 1715, verweist durch ihre Lage inmitten eines ausgedehnten Jagdreviers auf das seit dem 17. Jahrhundert zentrale Element des barocken Hoflebens, das zugleich eines der drückendsten und konfliktträchtigsten Privilegien darstellte: die höfische Jagd. Im winzigen Sachsen-Weimar gab es zur Zeit des Herzogs Ernst August (1688–1748) nicht weniger als 20 Jagdschlösser. Auch Goethe war 1784 in seiner Eigenschaft als Staatsdiener gezwungen, seinen Herrn auf die »wühlenden Bewohner des Ettersberges« hinzuweisen und ihm Vorhaltungen wegen seiner Jagdleidenschaft zu machen. Der Landgraf Ludwig VIII. (1691–1768) von Hessen-Darmstadt brachte die Finanzen seines Landes durch den immen-

Eine Deputation unter dem Kasseler Bürgermeister Carl Schomburg überreicht dem Kurfürsten Wilhelm II. am 15. September 1830 eine Bittschrift (Kat. Nr. 10/93)

sen Aufwand für die Jagd soweit, daß es fast unter kaiserliche Zwangskuratel gestellt worden wäre.

Das Erwerbsleben der Residenzen hing in hohem Maße von den Hofhaltungen ab – wie sehr, das mußte noch vor der großen Mediatisierungs- und Säkularisierungswelle von 1803 das kurpfälzische Mannheim erfahren. Als der Kurfürst Carl Theodor seinen Hof nach München verlegte, gingen 4000 Menschen mit ihm; der nun fehlende Markt stürzte die Stadt in eine schwere wirtschaftliche Depression.

In der ersten Hälfte des 19. Jahrhunderts wurde das Stadtbild der Residenzen noch von der individuellen Handschrift der staatlichen Oberbaumeister und Hofarchitekten geprägt; in Karlsruhe von Weinbrenner, in Hannover von Laves, in München von Klenze, in Darmstadt von Moller. Erst nach 1871, als die Industrialisierung auch in vielen Residenzstädten zu einem raschen Bevölkerungszuwachs und einer dementsprechenden Erweiterung der Stadt führte, legte sich um die alten Zentren ein Bebauungsgürtel von verwandter, wenn nicht uniformer Gestalt, die auch jener Vielzahl neuerrichteter Verwaltungs-, Justiz-, Post- oder Kasernenbauten in preußischer Behördengotik eigen war und den Integrationsprozeß im Reich augenfällig machte.

Als Industriestandorte traten viele Residenzstädte mit auffälliger Verspätung in Erscheinung. In Bayern machten Augsburg und Nürnberg den Anfang – nicht München. In Kassel und etlichen anderen Residenzen verfolgte der Hof vor 1866 eine gezielt restriktive Politik gegenüber der industriellen Entwicklung in diesen Städten, von denen großstädtische Volksmassen und die äußeren Unbilden eines Industriestandortes ferngehalten werden sollten. Detmold war vermutlich der einzige Ort Europas mit Hauptstadtcharakter, der erst 1880 an das Eisenbahnnetz angeschlossen wurde. So konnte es vorkommen, daß im späten 19. Jahrhundert Residenzen von den rasch leonischer Verhältnisse nach 1815 in den Hintergrund treten. Bizarrerien wie die Wiedereinführung des Zopfes im Kurfürstentum Hessen, die wirtschaftliche Notlage in vielen Kleinstaaten, die verweigerten Verfassungen, die ›Demagogenverfolgungen‹ nach den Karlsbader Beschlüssen und der in den ›Befreiungskriegen‹ geborene Wunsch nach

Abendgesellschaft in der ›Ressource‹ (Kat. Nr. 10/60)

wachsenden Industriestädten des Landes eingeholt oder überflügelt wurden, wie es Weimar mit Eisenach geschah.

Für die Nachteile der territorialen Zersplitterung gab es schon im 18. Jahrhundert ein geschärftes Bewußtsein unter den Staatsrechtlern und Staatsmännern. Die große Zahl von Höfen im Alten Reich und die daraus folgende Dominanz höfischer Sitten in ihrer oftmals degeneriertesten Form stieß schon auf eine verbreitete Überzeugung von der ›Verderbtheit‹ des Hoflebens. Schillers Jugenddramen geben ein lebhaftes Zeugnis davon. Daß es auch kleine Höfe gegeben hatte, in denen der aufgeklärte Absolutismus höchst bemerkenswerte Persönlichkeiten wie die Fürstin Pauline zur Lippe hervorgebracht hatte, mußte angesichts der besinnungslosen Restauration vornapo- einem deutschen Nationalstaat machten die Kleinstaaten und den Deutschen Bund als Garantiemacht ihres Fortbestehens zur besonderen Zielscheibe der Kritik.

Sie äußerte sich in der nüchternen Statistik hessen-darmstädtischen Elends, wie sie Georg Büchners ›Hessischer Landbote‹ 1834 vermittelte, aber auch in einer seltsam kolportagehaften Lust an Nebensächlichkeiten, von denen die politischen Auseinandersetzungen nicht unberührt blieben. Dies betraf zum Beispiel die ›Mätresse‹, die noch im 18. Jahrhundert eine Art sanktioniertes Hofamt darstellte, in deren Verurteilung sich aber bald bürgerliche Tugend und bigotte Moral verschwisterten. Wo sich ein Land ohnehin im permanenten innenpolitischen Kriegszustand befand wie Kurhessen, konnte eine Liaison wie die

Die Familie des Landgrafen von Hessen-Homburg im Schloßgarten (Kat. Nr. 10/73)

des reaktionären Kurfürsten Wilhelm II. mit Emilie Ortlöpp derartige Demonstrationen öffentlichen Unmuts hervorrufen, daß der Monarch seine Residenz von Kassel nach Hanau verlegen und bis zu seinem Tode 1847 die Regierungsgeschäfte an seinen Sohn abgeben mußte. Auch die jahrzehntelang wachgehaltene Anteilnahme am Kriminalfall des Findlings Kaspar Hauser, in den nach volkstümlicher Ansicht der badische Hof verwickelt war, gehört in diesen Zusammenhang.

Da die Duodezkritik auch eine Begleiterscheinung des Nationalismus war, mußte ihr auch die Weltläufigkeit, die in manchen dieser vermeintlich so krähwinkeligen Residenzen herrschte, fragwürdig erscheinen. Etliche Hauptstädte oder Sommerresidenzen von Kleinstaaten waren zugleich Kurbäder wie Wiesbaden, Homburg, Pyrmont und Baden-Baden. Schon Ende des 18. Jahrhunderts fand sich in Pyrmont zur Badesaison eine nicht mehr höfisch reglementierte, sozial durchlässige und gesprächsbereite Gesellschaft von Kurgästen aller (vermögenden) Stände und jeder regionalen Herkunft zusammen – das Experimentierfeld für eine nirgends existierende Metropole. Um die Mitte des 19. Jahrhunderts konnte sich an der Internationalität der kurenden Habitués, Kurtisanen und Roulettespieler aus ganz Europa bereits ein lauerndes Ressentiment entzünden, wie eine Reportageserie der ›Gartenlaube‹ mit dem Titel ›Aus deutschen Spielhöllen‹ bewies. Insbesondere das Glücksspiel erregte Anstoß und brachte Regierungen wie die Homburgs, Nassaus und Kurhessens in Mißkredit. Das Paulskirchenparlament hatte 1848 nichts Eiligeres zu tun, als die Spielbanken zu verbieten, und konnte dies, begünstigt durch die Nähe zu Frankfurt, in Homburg sogar durchsetzen. Die prophetischen Begrüßungsworte des Hausherrn namens Blanc – »meine Bank wird länger dauern als Euer Parlament« – sollten sich allerdings auch bewahrheiten.

Die revolutionären Ereignisse machten auch vor den kleinsten Residenzen nicht halt. Die Folgen der Julirevolution in Paris 1830 berührten vor allem die kleineren Territorien und nahmen mitunter eine Radikalität an, die selbst an die blutigen Barrikadenkämpfe in Berlin 1848 heranreichten. In Braunschweig wurde das Stadtschloß niedergebrannt und geplündert, der Landesherr verjagt. In Kassel ersparte dem Kurfürsten nur rasches Einlenken in der Frage einer landständischen Verfassung für kurze Zeit dasselbe Schicksal. Im März 1848 kam es auch in den kleinen Residenzen zu schweren Zusammenstößen und – später meist widerrufenen – Zugeständnissen der Fürsten. In Wiesbaden zogen 30000 Bauern aus den bitterarmen Bergregionen des Landes Nassau vor das Stadtschloß und drohten, es zu stürmen. In Arolsen hielten sich revoltierende Bauern am Hause des Oberrentereibeamten Schreiber schadlos. In den hohenzollernschen Fürstentümern Sigmaringen und Hechingen gab die Revolution den Anstoß, 1849 auf die Souveränität ganz zu verzichten und den Anschluß an Preußen zu wählen.

Parlamente und öffentliche Meinung spalteten sich nach 1848 zusehends in partikularistische – und das hieß nicht selten auch proösterreichische – und propreußische Parteien. Im Extremfall standen, wie in Wiesbaden oder Kassel, die mit der Habsburger-Monarchie sympathisierenden Höfe völlig isoliert inmitten einer unverhohlen für den Anschluß an Preußen optierenden Bevölkerung. Souveräne der Klein- und Mittelstaaten, viele der dort führenden Politiker und die publizistischen Anhänger des vielstaatlichen Zustandes versuchten das ›dritte‹ Deutschland auch zum ›eigentlichen‹ zu erklären – statt Preußen und statt des Vielvölkerstaats Österreich ohnehin. Über einen defensiven Charakter gelangte die Politik der ›Trias‹ allerdings nie hinaus, wie sie in München von der Pfordten, in Stuttgart

Thronsessel des Herzogs von Nassau bei der Eröffnung der Landstände im Stadtschloß Wiesbaden (Kat. Nr. 10/139)

Varnbüler, in Dresden Beust und in Darmstadt Dalwigk vertraten. Nach dem Krieg von 1866, den das ›dritte Deutschland‹ zusammen mit Österreich verloren hatte und der die Souveräne von Hannover, Kurhessen und Nassau den Thron gekostet hatte, wäre die Selbständigkeit der verbliebenen Klein- und Mittelstaaten nur im Bündnis mit auswärtigen Mächten, vor allem Frankreich zu halten gewesen, was sich nun bereits verbot. Die Zeiten, in denen der württembergische König Wilhelm I. von Stuttgart aus europäische Politik zu machen versuchte, waren vorbei.

Immerhin artikulierte sich im Zeichen der drohenden Expansion Preußens eine Strömung, die gelegentlich als ›Verfassungspartikularismus‹ bezeichnet worden ist. Es war kein Wunder, daß sie sich in Württemberg, dem konstitutionellen Musterland des Deutschen Bundes, bemerkbar machte. Der spätestens seit 1866 unter den Liberalen verbreiteten Parole »erst Einheit, dann Freiheit« setzte sie ein »erst Freiheit in allen deutschen Ländern, dann Einheit« entgegen. Unter den Erzliberalen und Preußenfeinden Karl Mayer, Conrad Haußmann und Ludwig Pfau, die in der 1864 in Stuttgart gegründeten ›Volkszeitung‹ ihr Publikationsorgan hatten, stellte vor allem der letztere die freiheitlichen Verhältnisse in den kleineren Ländern, ihren notwendigerweise friedfertigen Charakter, ganz allgemein aber auch die durch sie gegebene kulturelle Vielfalt der Militärvergötterung des siegreichen Machtstaates entgegen.

Ansicht der Karlstraße in Sigmaringen (Kat. Nr. 10/121)

Der Landesherr von Sachsen-Coburg-Gotha, Ernst II., versuchte hingegen, seinen kleinen Herrschaftsbereich zu einem Stützpunkt der Nationalbewegung zu machen. Die eine der beiden Residenzstädte des Landes, Gotha, wurde mit der Endphase des Paulskirchenparlaments im Juni 1849 zum Versammlungsort der Parteigänger eines preußischen Erbkaisertums. Als politische Richtung traten die ›Gothaer‹ dann auf dem kurzlebigen Erfurter Unionsparlament in Erscheinung. Ende der 1850er Jahre, Ernst II. hatte mittlerweile den Thron bestiegen, war die italienische Einigung fast am Ziel und weckte Hoffnungen auf einen ähnlichen deutschen Weg: ein Land als militärische und politische Führungsmacht, unterstützt durch eine breite demokratische und nationale Massenbewegung in den übrigen Staaten des Deutschen Bundes. Ernst II. wollte nun sein Land zur Operationsbasis der ›öffentlichen Meinung‹ und der vielfältigen politischen Ersatzöffentlichkeiten machen: So trafen sich die Turnvereine 1860 in Coburg, zur selben Zeit, als Garibaldi zum Sturm auf Palermo, eine der letzten Festungen des italienischen Partikularismus, ansetzte. 1861 folgten die Schützen in Gotha, und im Jahr darauf versammelten sich die Sänger in Coburg.

1860 hielt der Deutsche Nationalverein seine erste Generalversammlung in der herzoglichen Reithalle in Coburg ab. Als es darum ging, in welcher der beiden Residenzstädte der Nationalverein seinen ständigen Sitz haben sollte, ergab sich ein aufschlußreicher Dissens: Während Ernst II. Gotha bevorzugte, weil er den Einfluß des Coburger Demokraten und Publizisten Fedor Streit fürchtete, optierten die Süddeutschen für Coburg, weil ›Gotha‹ seit 1849/50 so eindeutig propreußisch und kleindeutsch klang. Coburg hingegen verwies nach Süden – noch hatten großdeutsche Einigungsbestrebungen viele Anhänger. Auch um die Frage, wo das Zentralorgan seine Redaktion haben solle, ergab sich ein die Hauptstadt-Thematik berührender Konflikt. Die Berliner plädierten selbstverständlich für die Hauptstadt des erstrebten Nationalstaates, also für die Großstadt. Auch hier aber setzten sich die Süddeutschen durch, und so wurde Coburg auch Erscheinungsort der ›Wochen-Schrift‹ (1860) und später des ›Wochenblattes‹.

Innenansicht des fürstlichen Museums in Sigmaringen – Mit den Bildnissen des Hofbibliothekars Friedrich August Lehner und seiner Frau (Kat. Nr. 10/117)

Vielleicht mochte sich Ernst II. in diesen Jahren, wie der Historiker Shlomo Na'aman für möglich hält, zum deutschen Viktor Emanuel emporphantasiert haben, dem die deutschen Turner wie Garibaldis Rothemden beim deutschen Einigungswerk zu Hilfe eilten – an den weiteren Entwicklungen hatte er jedoch nur noch als General eines preußischen Truppenkontingents Anteil.

Nach der Reichseinigung von 1871 konnten die kleinen Residenzen Stätten kauziger Resistenz gegen die neuen Verhältnisse sein, wie sie der Fürst Heinrich XXII. Reuß ältere Linie in Greiz kultivierte, der vor der Reichstagswahl 1877 seiner versammelten Dienerschaft verkündete, die Wahl des sozialdemokratischen Kandidaten werde er ihnen noch eher verzeihen als die des Liberalen, der das Land nur in den Besitz Preußens überführen wolle. Daß die Liberalen als besonders eifrige Anti-

Herzog Ernst II. von Sachsen-Coburg-Gotha als ›Tellheim‹ (Kat. Nr. 10/26)

partikularisten und Verfechter des Einheitsstaates beargwöhnt wurden, mußte auch Eugen Richter erfahren, der 1871 für den Reichstag in Schwarzburg-Rudolstadt kandidiert hatte und überall in der Residenzstadt große Plakate vorfand, auf denen vor ihm gewarnt wurde: »Was wird aus der Residenz Rudolstadt werden, wenn das Programm des Herrn Richter durchgeführt wird?«

Zu der traditionellen gesellschaftlichen und politischen Rolle der Residenzen gesellten sich durch die Hochindustrialisierung ganz neue Strukturen und Zentrenbildungen, deren Erscheinung manche Züge kleiner Staatswesen trug. Das Gußstahlunternehmen Krupp gründete seine eigenen Ortschaften, die als geschlossener wirtschaftlicher Mikrokosmos die Arbeiterwohnsiedlungen anderswo weit übertrafen. Die Beziehung der Arbeiter zum Unternehmen sollte nach dem Willen Alfred Krupps und seiner Nachfolger die Züge einer Art Nebenpatriotismus annehmen. Schließlich stellte die Villa Hügel nichts anderes als eine moderne Form der ›Residenz‹ dar, zu der sich gekrönte Häupter einschließlich Wilhelms II. wie zu einem Staatsbesuch begaben.

Kleinstaaten bedeuteten im Bismarck-Reich mitunter Nischen der Liberalität, was unter anderem der Arbeiterbewegung zugute kam. Der ›Theaterherzog‹ Georg II. von Sachsen-Meiningen opponierte 1887 gegen eine Verschärfung des Sozialistengesetzes, und König Karl von Württemberg ließ schon einmal die Bemerkung vernehmen, wäre er Arbeiter, wäre er wahrscheinlich auch Sozialdemokrat. Schwarzburg-Rudolstadt wies vor 1918 das einzige Landesparlament mit einer absoluten Mehrheit der Sozialisten auf. Wichtige Zusammenkünfte der organisierten Arbeiterbewegung fanden in Eisenach (Sachsen-Weimar) und in Gotha (Sachsen-Coburg-Gotha) statt, wo 1875 mit dem Einigungsparteitag der Lassalleaner und der Bebel/Liebknecht-Anhänger die Geburtsstunde der Sozialdemokratischen Partei schlug, so daß ›Gotha‹ ein symbolischer Ortsname für sie blieb, bis ›Godesberg‹ 1959 an dessen Stelle trat.

Die Revolution von 1918 beendete die Monarchie auch in den Residenzstädten, wenngleich der Übergang sich hier weniger dramatisch vollzog und an den Macht- und Abhängigkeitsverhältnissen vor allem in den kleinen Territorien vorerst nicht viel änderte. In Thüringen, das sich 1920 zum Land mit der Hauptstadt Weimar zusammengeschlossen hatte, verloren nun eine ganze Reihe von Städten ihren früheren Rang als Zentren eigenständiger Kleinstaaten. Einige ehemals regierende Häuser stellten ihr Prestige in den Dienst der Nationalsozialisten. Der Herzog von Sachsen-Coburg-Gotha gab dem berüchtigten Freicorps-Putschisten Kapitän Erhardt mehrmals Quartier auf seinen Schlössern Callenberg und Veste Coburg; später übernahm er Repräsentationsposten für den NS-Staat. Am Ende der Republik war es die ehemalige Residenz- und jetzige lippische Landeshauptstadt Detmold, auf die sich die Augen der Weltöffentlichkeit richteten. Der dortige Landtagswahlkampf im Januar 1933 sollte eine Art Probelauf der nationalsozialistischen

Machtübernahme sein. Mehr eine Fußnote der Geschichte, wenn auch durch den Roman von André Céline zu einigem literarischen Nachleben gelangt, sollte die unversehens zurückerlangte Hauptstadtfunktion Sigmaringens bleiben, wo sich 1944 zwangsweise die Vichy-Regierung nach der alliierten Invasion Frankreichs niederließ.

Wo es galt, ein Resümee der ›Kleinstaaterei‹ und ihrer Folgen zu ziehen, waren Politik und wirtschaftliche Verhältnisse ihren Gegnern, die Kultur hingegen ihren Fürsprechern in der Argumentation willkommen. Der bloße Verweis auf die vielen ›Musenhöfe‹ würde sich allerdings zu leicht darüber hinwegsetzen, daß es einem Johann Gottfried Herder möglicherweise lieber gewesen wäre, wenn sich seinem Lebensplan auch noch andere Alternativen als Bückeburg und Weimar geboten hätten, und daß Christian Dietrich Grabbe sich vielleicht auch lieber bei ›Lutter & Wegener‹ amüsiert hätte als in Detmold.

Die Vielzahl der Landesuniversitäten; das reiche Musikleben an den Höfen, das für Komponisten, Sänger und Musiker die Grundlage ihres Berufsstandes bis weit ins 19. Jahrhundert war; die Theater und Opernhäuser; die Kunstsammlungen und Bibliotheken – all das war keineswegs nur in den großen Landeshauptstädten, sondern auch in kleinen und kleinsten Residenzen vorhanden. Wie sehr diese Einrichtungen fester Bestandteil eines Hofes waren, zeigt das Beispiel Oldenburgs, das erst seit 1775 unter Herzog Peter Friedrich Ludwig zur Residenz wurde. Der Landesherr versuchte in kürzester Frist den eher dörflichen Ort mit den Attributen eines Herrschaftssitzes auszustatten, wozu nicht nur die Architektur in gediegenstem nordeuropäischen Klassizismus gehörte, sondern 1791 auch der Ankauf der 21000 Bände umfassenden Brandesschen Bibliothek aus Hannover und 1804 der Bildersammlung des Malers Tischbein als Grundstock einer Kunstgalerie.

›Das Innere der Veste am 2ten Coburger Sängertage‹ (Kat. Nr. 10/35)

Rapport bei König Wilhelm I. von Württemberg im Neuen Schloß zu Stuttgart (Kat. Nr. 10/128)

Das Musikleben an den Höfen reichte von großer Oper und erstklassigen Orchestern bis hin zu den ›Hofdilettantenchören‹, wie ihn noch der junge Brahms in Detmold neben seiner Dirigententätigkeit für das Hoforchester zu leiten hatte – sehr zu seinem Leidwesen, denn die herbeizitierten Mitsänger bürgerlichen Standes wagten in der Umgebung der fürstlichen Familie, der Kammerherren und Offiziere die Augen kaum vom Notenblatt zu heben. Nicht wenige Souveräne des 18. und 19. Jahrhunderts komponierten selbst oder schrieben Opern, wie Ernst II. von Sachsen-Coburg-Gotha (›Santa Chiara‹), der bei privaten Liebhaber-Aufführungen selbst als Schauspieler auftrat und die rufschädigende Wirkung von künstlerischem Dilettantismus in der Nachbarschaft politischen Ehrgeizes nicht scheute. Höfische Theaterfreude hatte in Coburg in den 1830er Jahren einen lange währenden Verfassungskonflikt heraufbeschworen, als für den Neubau des Hoftheaters ein Gebäude abgerissen wurde, das einer Fürsorgeeinrichtung diente. In Darmstadt wurde 1818/19 ein neues Hoftheater erbaut, das 1800 bis 2000 Zuschauer aufnehmen konnte – bei einer damaligen Einwohnerzahl von 20000. Vom Hoftheater Detmold um 1840 wußte Malvida von Meysenbug in ihren ›Memoiren einer Idealistin‹ zu berichten, daß es »der Mittelpunkt der Interessen und Gespräche der kleinen Residenz war, und man kann nicht leugnen, daß es zur Quelle einer Art künstlerischer und intellektueller Erziehung wurde, welche die Gesellschaft weit über die anderer, gleich großer Provinzstädte erhob«. Als 1831 das Land Lippe 800 Soldaten für die Bundesfestung Luxemburg zu stellen hatte, befürchtete freilich der in Detmold als Schauspieler arbeitende Albert Lortzing angesichts der von Soldaten wimmelnden Residenzstadt sofort, daß deren Kosten zu Lasten des Theaters gehen würden.

Eine singuläre Erscheinung stellte der ›Theaterherzog‹ Georg II. von Sachsen-Meiningen dar. Die Einsicht in die politische Bedeutungslosigkeit, die Notwendigkeit, der gebliebenen monarchischen Stellung einen Sinn zu geben, und der persönliche Enthusiasmus Georgs II. für das Theater führten zu der einzigartigen, fast 30 Jahre andauernden Theaterblüte der kleinen thüringischen Residenz. Nicht mehr das Zerstreuungsbedürfnis des Hofes stand hier im Vordergrund, sondern professionelle und stark verwissenschaftlichte Bühnenarbeit, die den Mangel an unbezahlbaren Starschauspielern auszugleichen hatte.

Diese Suche nach einer neuen Rolle im Zeichen der politischen Entmachtung und die Absicht, die unterentwickelten, von der Großindustrie immer mehr bedrohten Klein- und Heimgewerbe fortzuentwickeln, führte zu der Verbindung der regierenden Häuser in Darmstadt und Weimar mit der künstlerischen Reformbewegung des Jugendstils, welche die Chancen des Polyzentrismus in Deutschland auch im Zeichen der rasch zunehmenden Metropolenfunktion Berlins im Kaiserreich unter Beweis stellte.

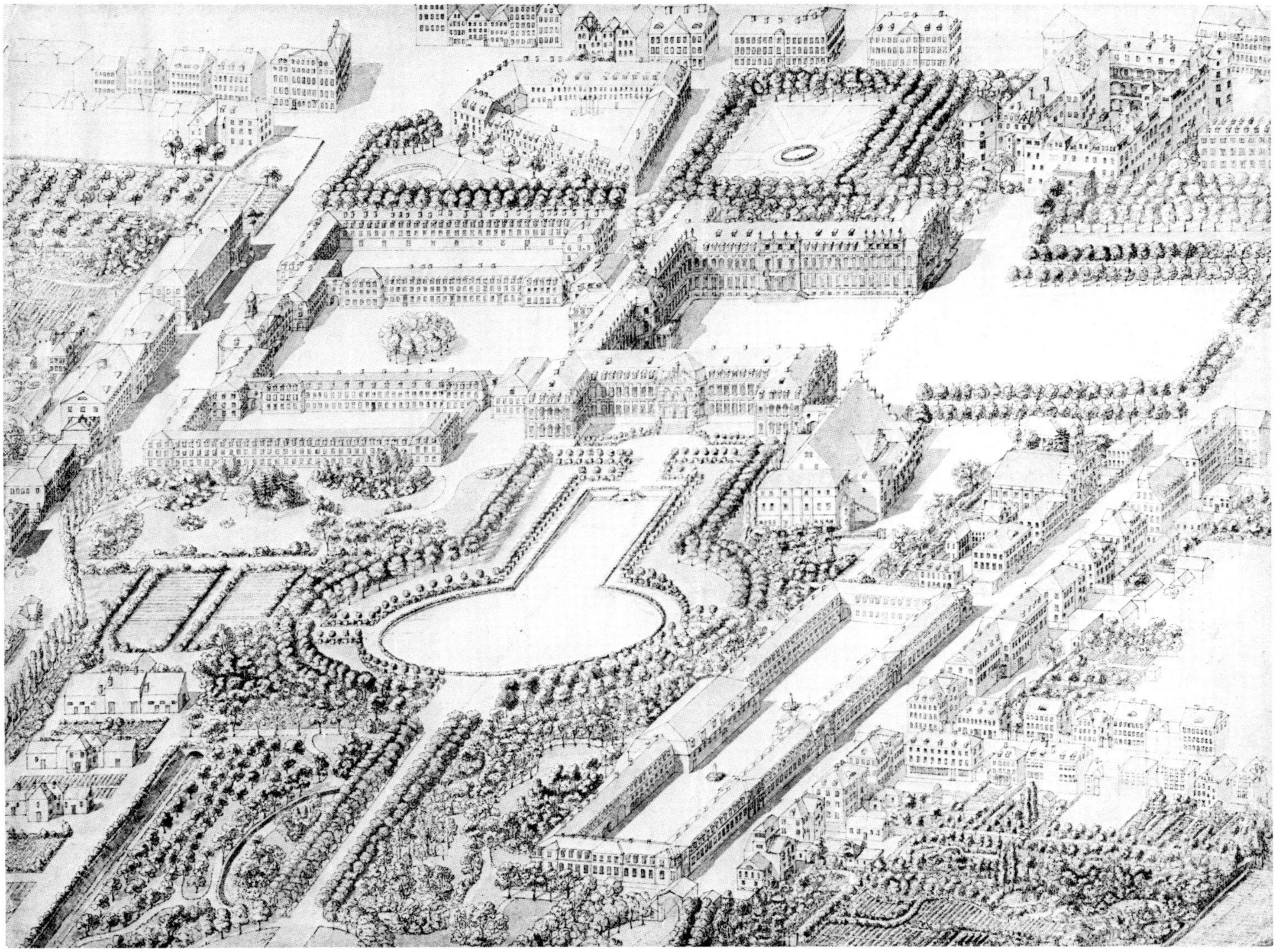

Ansicht des Schloßplatzes und der anliegenden Bebauung in der württembergischen Hauptstadt Stuttgart (Kat. Nr. 10/127)

Das ganze Fürstentum Waldeck-Pyrmont hatte um 1815 ca. 51000 Einwohner, im Jahre 1905 war die Bevölkerung auf 59000 angewachsen. Davon lebten 2800 in der Residenzstadt Arolsen, die Anfang des 18. Jahrhunderts zusammen mit dem Schloß (erbaut 1713 bis 1728) als regelmäßige barocke Anlage mit kreuzförmig geführten Hauptstraßen konzipiert worden war. Nachdem sich das Land 1867 dem Norddeutschen Bund angeschlossen hatte, mußte Fürst Georg Viktor auf Druck des Landtages einen ›Akzessionsvertrag‹ mit Preußen abschließen, welchem danach die Verwaltung des Fürstentums übertragen wurde. Dem Fürst verblieben das Begnadigungsrecht, die Kirchenhoheit und die Zustimmung zu einem Teil der Landesgesetze. 1922 wurde erst der Landesteil Pyrmont, 1929 auch Waldeck vollständig preußisch.

10/1 Ofenschirm mit dem gesticktem Wappen des Fürstentums Waldeck-Pyrmont

1830; Holz, vergoldet, Perlenstickerei, 219 × 111 cm
Arolsen, Fürstlich Waldecksche Haupt-Verwaltung

10/2 Vor dem Schreiberschen Haus in Arolsen: Straßenszene mit fürstlich-waldeckschen Hofbeamten (Abb. S. 232)

um 1830; Bleistift, Feder, aquarelliert, 37 × 16,6 cm
Arolsen, Waldeckischer Geschichtsverein

10/3 Kopfbedeckung eines Musikers am Hof des Fürsten von Waldeck in Arolsen

18. Jhdt.; Stoff, Silberfaden
Arolsen, Fürstlich Waldecksche Haupt-Verwaltung

10/4 Drei Parade-Kopfbedeckungen von Soldaten des Fürstentums Waldeck

18. Jhdt.; roter Wollstoff, Silberstickereien
Arolsen, Fürstlich Waldecksche Haupt-Verwaltung

10/5 ›Stellen des Hirsches durch die Meute‹ bei einer Parforcejagd im Fürstentum Waldeck (Abb. S. 219)

A. Querfurth

1756; Öl auf Leinwand, 85 × 126 cm
Arolsen, Fürstlich Waldecksche Haupt-Verwaltung

10/6 Sammlung von Miniaturwaffen von einem Mitglied der Büchsenmacher-Familie Albrecht

um 1740; 24 × 24 cm
Kassel, Staatliche Kunstsammlungen, Kunsthandwerk und Plastik (B XIV 180)

10/7 Bronze eines ruhenden Hirsches mit beweglichem Unterkiefer zur Verwahrung von Briefen

um 1860; Bronze, H 17,5; 16,2 × 8,4 cm (Sockel)
Bad Homburg, Verwaltung der Staatlichen Schlösser und Gärten Hessen (203/119)

10/8 Der Kurgarten in Baden-Baden

Carl Ludwig Frommel

um 1840; Aquarell, 49 × 68 cm
Baden-Baden, Stadtmuseum im Baldreit (78/146)

Die ehemalige Residenz der Markgrafen von Baden-Baden, die 1689 weitgehend in Trümmern lag, erlangte erst im 19. Jahrhundert wieder größere Bedeutung. Wegen ihrer Heilquellen wurde die Stadt zu einem Badeort mit internationalem Saison-Publikum. Seit 1806 war Baden-Baden auch Sommerresidenz des Großherzogs von Baden.

10/9 Brand und Plünderung des Braunschweiger Schlosses am 7. und 8. September 1830

Lithographie, 40,6 × 50,5 cm
Braunschweig, Städtisches Museum

Das Braunschweiger Schloß, in dem die Herzöge von Braunschweig-Wolfenbüttel seit ihrer Rückkehr von Wolfenbüttel nach Braunschweig im Jahr 1754 residierten, hat eine wechselvolle Geschichte erlebt und ist nach schwerer Beschädigung im Zweiten Weltkrieg rund 200 Jahre nach seiner Errichtung im Jahre 1960 endgültig abgerissen worden. Allerdings sind die Reste des im Luftkrieg 1944/45 zerstörten Schlosses nicht die Reste des Baues von 1754 gewesen. Zweimal brannte das Residenzschloß nämlich bereits im 19. Jahrhundert nieder, einmal in der Nacht vom 7. zum 8. September 1830 und zum zweiten Mal im Jahr 1865. Während der Brand von 1865 durch Brandstiftung verursacht war, stellte die Zerstörung des Schlosses im Jahr 1830 den Höhepunkt und Abschluß der Septemberunruhen in Braunschweig dar.

Im Juli 1830 war in Frankreich die blutige Revolution gegen König Karl X. ausgebrochen, die eine Welle von Revolutionen in anderen europäischen Ländern auslöste. In den Ländern des Deutschen Bundes fand diese Revolution jedoch ein weit geringeres Echo als 18 Jahre später die Februarrevolution in Frankreich, die den Anlaß für die bürgerliche Revolution 1848/49 in Deutschland gab.

In dem kleinen Land Braunschweig dagegen trafen die Nachrichten von der Julirevolution in Frankreich auf eine innenpolitisch äußerst gespannte Situation, so daß der Funke der Revolution übersprang und es am 6. und 7. September 1830 zur Erhebung der Braunschweiger Bürger gegen ihren regierenden Herzog Karl II. kam. Das im Jahr 1830 in Braunschweig vorhandene Unruhepotential hatte sich in den wenigen Jahren der Regentschaft Karls II. gebildet. Die Regierungszeit Karls II. von 1826 bis 1830 wurde vom Verfassungsstreit zwischen dem Herzog und den Landständen entscheidend geprägt. In der Zeit der vormundschaftlichen Regierung war im Jahr 1820 durch Karls Vormund, den englischen König Georg IV., die Erneuerte Landschaftsordnung erlassen worden, der Karl die Anerkennung versagte. Zu dem 1827 ausbrechenden und sich bis zum 4. November 1830 hinziehenden Konflikt kamen in diesen drei Jahren mehrere Ereignisse, die den Herzog teils als skurril, teils als despotisch erscheinen ließen, so daß die Abneigung und Ablehnung des neuen Herzogs bei vielen Bevölkerungsgruppen wuchs. Eine große Mißernte im Jahr 1830 und die rigide Sparpolitik Karls verursachten zusätzlich eine soziale Notsituation für die unteren Schichten. Bei der bürgerlich-adligen Führungsschicht war daher aus politischen Gründen die Bereitschaft zum offenen Protest gegeben, während die unteren Schichten aus sozialen Gründen zum Aufruhr bereit waren. So überschnitten sich im September 1830 zwei Ursachenkomplexe, verstärkten sich und kulminierten in den Septemberereignissen 1830.

Am Abend des 6. September 1830 war der Herzog in die Oper gefahren, und während der Vorstellung versammelte sich eine größere Menschenmenge als sonst üblich vor dem Theater. Der von Ahnungen getriebene Herzog verließ vorzeitig die Vorstellung, und unter dem Ruf aus der Menge »Nieder mit ihm! Nieder mit dem Herzoge!« und Steinwürfen jagte der herzogliche Wagen zum mitten in Braunschweig gelegenen Schloß. Obwohl sich eine große unruhige Menschenmenge vor dem Schloß bildete, kam es in dieser Nacht zu keinen weiteren Ausschreitungen. Am nächsten Tag versuchte der Stadtmagistrat dem Herzog den Ernst der Lage zu schildern und ihn zu Zugeständnissen zu bewegen, was teilweise gelang. Dennoch versammelte sich gegen Abend wieder eine mehrere tausend Menschen umfassende Menge, die, durch die Aufstellung der herzoglichen Truppen vor dem Schloß provoziert, in Bewegung geriet und unter »Toben und Verwünschungen« in den Schloßhof eindrang. Es kam nicht zum Kampf zwischen den Truppen und der Bevölkerung, da der Herzog das Schloß fluchtartig verließ.

Die tobende Menge vor dem Schloß war nicht mehr zurückzuhalten. Sie stürmte das Schloß und setzte es in Brand. Am Morgen des 8. September 1830 lag das Residenzschloß in Schutt und Asche, und das Land war ohne Regent. In dieser revolutionären Situation war es besonders der Umsicht des braunschweigischen Magistratsdirektors Wilhelm Bode zuzuschreiben, daß das wichtigste Ergebnis der Erhebung, die Vertreibung und Absetzung Karls II., nicht wieder rückgängig gemacht wurde. Es gelang Bode, den aus Berlin nach Braunschweig geeilten jüngeren Bruder Karls, Wilhelm, zu überzeugen, daß er die Regierung in Braunschweig übernehmen müsse, damit Ruhe und Ordnung wiederhergestellt würden. Immerhin würde Wilhelm unter Brechung des im 19. Jahrhundert gültigen Staatsprinzips der Legitimität die Regentschaft antreten, was im metternichschen Europa zu dieser Zeit ein ungeheuerlicher Vorgang war. Wäre Wilhelm nicht bereit gewesen, die Regierung zu übernehmen, hätte der Deutsche Bund durch Bundesintervention in Braunschweig eingreifen und Herzog Karl wieder auf den Thron verhelfen müssen. Trotz der Bereitschaft Wilhelms, die Regentschaft zu übernehmen, tat sich der Deutsche Bund mit der Anerkennung der Folgen der Braunschweiger Erhebung sehr schwer. Staatsrechtlich ist die Thronfolge Wilhelms von seiten des Deutschen Bundes nie anerkannt worden. De facto gab der Deutsche

10/10

Bund zum Thronwechsel in Braunschweig aber seine Zustimmung, als am 2. Dezember 1830 erklärt wurde: »Sie (die Bundesversammlung, d. Verf.) hat es auch als ihre Ansicht ausgesprochen, daß die willkührliche, ordnungs- und verfassungswidrige Regierung des Herzogs Carl die einzige Ursache des zu Braunschweig statt gehabten Aufstandes sey. Sie theilt gleichfalls die Meinung, daß von der Entfernung des Herzogs Carl von der Regierung die Erhaltung der Ruhe im Herzogthume Braunschweig abhange... Es folgt aus dieser Ansicht der Commission, daß sie die Erfüllung eines der Hauptzwecke des Bundes, Erhaltung der inneren Sicherheit Deutschlands, mit der Regierung des Herzogs Carl für unvereinbar hält.«

Wilhelm erklärte daraufhin am 20. April 1831 seinen endgültigen Regierungsantritt und beendete damit die unruhige und aufregende Übergangsphase in Braunschweig. Herzog Wilhelm regierte unangefochten bis zu seinem Tode im Jahr 1884. Die Septemberereignisse des Jahres 1830 hatten für das Land Braunschweig aber über das Jahr 1884 hinaus Wirkung. Da nämlich aufgrund der ungeklärten staatsrechtlichen Situation Herzog Wilhelms keine definitive Entscheidung über das weitere Thronfolgerecht getroffen wurde, fanden weder Karl noch Wilhelm ebenbürtige Prinzessinnen und starben ohne legitime Kinder, womit die braunschweigische Linie der Welfen ausstarb.
Matthias Puhle

10/10 Tablett mit einer Darstellung des Braunschweiger Schloßbrandes, 1830

Porzellan, 50 × 72 cm
Braunschweig, Städtisches Museum

10/11 Trinkglas des ›Schwarzen Herzogs‹, gefunden im Schutte des Königlichen Residenzschlosses Braunschweig

Glas, H 10,8 cm; Dm 8 cm
Braunschweig, Städtisches Museum

10/12 Ansicht der Schaumburg-Lippischen Residenzstadt Bückeburg

W. Strack

1825; Kupferstich, koloriert, 36,5 × 49 cm
Bückeburg, Schaumburg-Lippischer Heimatverein
(VI 18)

10/13 Bildnis des Konsistorialrates Johann Gottfried Herder

Johann Friedrich August Tischbein

1771–1776; Öl auf Leinwand, 90 × 70 cm
Bückeburg, Philipp Ernst Fürst zu Schaumburg-Lippe
(133)

Bevor Johann Gottfried Herder (1744–1803) nach Bückeburg kam, hatte er in Königsberg Medizin, Theologie und Philosophie studiert, war 1764–69 im livländischen Riga erst als Lehrer an der Domschule, dann als Prediger tätig, hatte Dänemark und Nordfrankreich bereist. In Paris hatte er die Bekanntschaft Diderots und d'Alemberts gemacht. In Eutin, am Hofe der evangelischen Fürstbischöfe von Lübeck aus dem Hause Holstein-Gottorp hatte er erstmals eine der typischen deutschen Kleinresidenzen kennengelernt, welche die weiteren Stationen seines Lebensweges und die wesentlichen Entstehungsorte seines sprach- und geschichtsphilosophischen Werkes werden sollten, dessen Gegenstand die ganze ›Menschheit‹ in der Vielfalt ihrer kulturellen und sprachlichen Erscheinungsformen bildete.

Im Jahre 1771 nahm Herder die Stelle eines Konsistorialrates in Bückeburg an. Empfohlen hatte ihn vermutlich seine Schrift über den Vorgänger in diesem Amte, den Philosophen und Mathematiker Thomas Abbt, mit dem der regierende Graf Wilhelm eng verbunden war. Herders Verhältnis zu seinem Landesherrn blieb schlecht; um so besser verstand er sich mit der Gräfin Maria, bei der das stark religiöse, von Offenbarungsglauben und Mystik beeinflußte Werk seiner Bückeburger Zeit Anregung und Anteilnahme fand. Der frühe Tod der Gräfin erleichterte ihm das Ausscheiden aus schaumburg-lippischen Diensten. Im Jahre 1774 erschien als Hauptwerk dieses Lebensabschnitts die Schrift ›Auch eine Philosophie der Geschichte der Bildung der Menschheit‹, in der sich Herder mit dem linearen Fortschrittsdenken im Geschichtsbild der Aufklärer kritisch auseinandersetzte und nach dem in der Mannigfaltigkeit der Geschichte waltenden Gesetz forschte. Im Februar 1776 erreichte Herder das Angebot aus Weimar, die dortige Stelle als Generalsuperintendent anzunehmen.

10/2

10/23

10/14 ›Brutus‹-Drama zur Musik von Friedrich Bach. Manuskript von Johann Gottfried Herder

1774; 32,5 × 18 cm
Bückeburg, Philipp Ernst Fürst zu Schaumburg-Lippe (F 1 A XXXV 1896 Bl. 64ff)

Johann Christoph Friedrich Bach (1732–1795) gehörte seit 1750 der Bückeburger Hofkapelle an, zunächst als Violinist, ab 1759 dann als Hofkapellmeister. Ein zeitgenössischer Musikalmanach zählte die Bückeburger Hofkapelle damals zu den vier besten im Reich.

10/15 Entwurf einer Medaille des Grafen Wilhelm auf J. G. Eisen in Riga

Johann Gottfried Herder

1774; 26,5 × 20,4 cm
Bückeburg, Philipp Ernst Fürst zu Schaumburg-Lippe (F 1 A XXXV 18, 96 Bl. 9)

Für die Proviantierung seiner Festung Wilhelmstein suchte Graf Wilhelm das von dem livländischen Pastor Johann Georg Eisen (1717–1779) entdeckte Verfahren zur Konservierung von Küchenkräutern und Wurzeln durch Trocknung nutzbar zu machen. 1774 zeichnete er Eisen für seine Erfindung mit einer Gold- und zwei Silbermedaillen aus, alle von Herder entworfen, der – vor seiner Bückeburger Zeit selbst für mehrere Jahre in Riga tätig – auch den Kontakt zu Eisen vermittelt hatte.

10/16 Miniaturbildnis des Grafen Wilhelm zu Schaumburg-Lippe

nach J. G. Ziesenis

auf Elfenbein, Metallrahmen, 8,5 × 6,5 cm
Bückeburg, Philipp Ernst Fürst zu Schaumburg-Lippe (1553)

Graf Wilhelm zu Schaumburg-Lippe (1724–1777) regierte seit 1748. Obwohl nur Landesherr eines sehr kleinen Territoriums, zählte er zu den bemerkenswertesten Erscheinungen des aufgeklärten Absolutismus unter den deutschen Fürsten. »Ein großer Herr, für sein Land zu groß«, urteilte der in seinen Diensten stehende Johann Gottfried Herder. Seine Zeitgenossenschaft mit Friedrich II. (dem Großen) von Preußen fordert zum Vergleich heraus. Im Gegensatz zu Friedrich hatte Graf Wilhelm in seiner Jugend Gelegenheit, am chevaleresken Leben der europäischen Höfe des Ancien régime teilzuhaben. Frühzeitig entwickelte er aber zugleich Interesse für Philosophie, Physik, Mathematik und Astronomie. An der Universität Leyden machte er 1740 die Bekanntschaft Voltaires. In seine kleine Residenz Bückeburg holte er 1765 den Philosophen Thomas Abbt (1738–1766). Die inneren Verhältnisse des Landes suchte er durch ungewöhnliche Maßnahmen zu verbessern: z. B. den Aufruf zur Bildung von Ausschüssen in der Bevölkerung, in denen Vorschläge für landwirtschaftliche Neuerungen erörtert werden sollten.

Ehrgeiz und Talent des Grafen auf militärischem Gebiet fanden – bei der Größe Schaumburg-Lippes – Betätigung vor allem im Dienste fremder Armeen im Siebenjährigen Krieg. Als Kommandeur eines portugiesisch-englischen Heeres nebst einer schaumburg-lippischen Einheit bekämpfte er erfolgreich die französisch-spanischen Truppen in Portugal und ließ nach eigenen Plänen das ›Forte de la Lippe‹ erbauen. Im eigenen Lande versuchte er, mit dem Bau der ausgeklügelten Festung Wilhelmstein im Steinhuder Meer und einer neuen, beweglichen Taktik und Truppenformierung (dem ›Bückeburger Kreuz‹) eine gewisse Verteidigungsfähigkeit des eigenen Landes zu gewährleisten.

10/16

Das politische Denken des Grafen Wilhelm, dessen Erwartungen an selbstbewußte, vom aufklärerischen Vernunftideal geleitete Bürger weit über die Möglichkeiten der Zeit und der feudalistischen Gesellschaft hinausgingen, lief auch auf eine Verteidigung des Kleinstaates hinaus, den er für reformgeeigneter hielt als den Großstaat, der in seinen Augen des beständigen Zwanges bedurfte.

10/17 ›Système figuré des connaissances humaines‹
Graf Wilhelm zu Schaumburg-Lippe
34,5 × 42 cm
Bückeburg, Philipp Ernst Fürst zu Schaumburg-Lippe (FH F I AXXXV 18.25)

10/18 Karte und Beschreibung des Weges, den Graf Wilhelm zu Schaumburg-Lippe und seine Truppen von Bückeburg nach Portugal nahmen
J. C. Praetorius
um 1762; Feder, aquarelliert, 44,2 × 33,5 cm
Bückeburg, Philipp Ernst Fürst zu Schaumburg-Lippe

10/19 Entwurf einer ›Rempart-Lafette‹ für die Festung Wilhelmstein
Graf Wilhelm zu Schaumburg-Lippe
um 1770; Feder, 32,5 × 41,5 cm
Bückeburg, Philipp Ernst Fürst zu Schaumburg-Lippe (FH S I B 5398)

10/20 Schematische Darstellung des ›Bückeburger Kreuzes‹
Graf Wilhelm zu Schaumburg-Lippe
um 1770; Feder, 18,5 × 34,5 cm
Bückeburg, Philipp Ernst Fürst zu Schaumburg-Lippe (Hofbibliothek Cm 192)

10/21 ›Hippopotame ein Seepferd und Flußpferd‹ – Entwurf für ein amphibisches Fortbewegungsmittel
J. C. Praetorius
1761; Feder, aquarelliert, je 36 × 45 cm
Bückeburg, Philipp Ernst Fürst zu Schaumburg-Lippe (FH S I B 5179 Bl. 1 und 2)

10/22 Der ›Steinhuder Hecht‹ – Ansicht mit gesetzten Segeln – Querschnitt und Grundriß des Kopfteils
J. C. Praetorius
1772; Feder, aquarelliert, 33 × 37 cm
Bückeburg, Philipp Ernst Fürst zu Schaumburg-Lippe

10/23 Das Haus des Hoftapezierers Battermann beim Einzug des Erbprinzenpaares Georg und Marie-Anna zu Schaumburg-Lippe am 21. April 1882
E. Lülves
1882; Feder, aquarelliert, 46 × 40,5 cm
Bückeburg, Schaumburg-Lippischer Heimatverein (VI 70)

10/24 Uniform eines Leibjägers am Hof des Fürsten zu Schaumburg-Lippe
um 1900; Baumwolle und Brokat, grüne und goldene Fransen
Bückeburg, Schaumburg-Lippischer Heimatverein (D 121)

10/25 Plan für eine utopische ›Sonnenstadt‹
Bernhard Christoph Faust
1807; Stahlstich, 42 × 33 cm
Bückeburg, Schaumburg-Lippischer Heimatverein (I 62)

Bernhard Christoph Faust (1755–1842) wirkte als ›Landphysicus‹ und fürstlicher Leibarzt in Bückeburg. In vielen Schriften setzte er sich für eine Verbesserung der allgemeinen Hygiene ein, darunter auch für die Pockenschutzimpfung. Als Beitrag zur Reform der Hygieneverhältnisse, im weiteren Sinne aber auch der sozialen und politischen Situation im Lande, verstand Faust seine Pläne für ›Sonnenstädte‹. Im Jahre 1807 gab er erstmals den Entwurf für eine solche streng geometrische Stadtanlage heraus, die bis in die Details von der Dauer und dem Einfallswinkel der Sonnenbestrahlung sowie einer durchdachten Wasserversorgung und -entsorgung bestimmt war. Er ging davon aus, daß bessere Wohnverhältnisse auch eine freiere und »veredelte Menschheit« hervorbringen würden.

10/26 Herzog Ernst II. von Sachsen-Coburg-Gotha als ›Tellheim‹ (Abb. S. 226)
August Linde
Fotografie (Reproduktion)
Coburg, Kunstsammlungen der Veste Coburg

10/27 Zwei Entwürfe von Adelswappen mit Interimsdiplom für den Telegraphendienstbesitzer Julius (von) Reuter

1871; Aquarell, 17,9 × 11,4 cm; 15,5 × 24,1 cm
Coburg, Staatsarchiv (LA A 7520)

10/28 Der Festzug zum Empfang der Erbprinzessin Alexandrine auf dem Schloßplatz zu Coburg

Heinrich Justus Schneider

1842; Feder, Aquarell, 37,3 × 55,2 cm
Coburg, Kunstsammlungen der Veste Coburg (Z 4204)

10/29 Ansicht der Residenzstadt Gotha von Osten, herausgegeben ›zum Besten der Kleinkinderschule‹

M. v. W.

1839; Lithographie, 15,4 × 114,3 cm
Köln, Gothaer Versicherung

10/30 Postkarte zur Erinnerung an den Gothaer ›Einigungskongreß‹ der deutschen Sozialdemokraten, 1875

Postkarte, 14 × 9,2 cm
Bonn, Archiv der sozialen Demokratie/FES (539/83)

10/31 Bildnis des liberalen Politikers und Publizisten Fe(o)dor Streit

um 1875; Fotografie (alter Abzug) 16,5 × 11,1 cm
Coburg, Staatsarchiv (Bildsammlung IV 1 Nr. 3)

Der Coburger Fe(o)dor Streit (1820–1904) hatte nach seinem Jurastudium eine Stelle im Justizdienst des Herzogtums Sachsen-Coburg-Gotha inne. Im Revolutionsjahr 1848/49 übernahm er die Redaktion des ›Coburger Tageblatts‹ und der ›Neuen deutschen Dorfzeitung‹, in denen er sich für die Ziele der Revolution einsetzte. In der Folgezeit hatte er, der radikale Republikaner, unter Verfolgungen und Haftstrafen zu leiden. Er gründete 1859 den ›Deutschen Nationalverein‹ mit und führte dessen Geschäfte und die seines Presseorgans, der ›Wochenschrift‹ (später ›Wochenblatt‹) am Zentralort Coburg bis zu seinem Ausscheiden aus dem Nationalverein 1864. Streit rief 1863 auch die ›Arbeiter-Zeitung‹ ins Leben, die der ortsansässige ›Arbeiterfortbildungsverein‹ herausgab. Die strafrechtlichen Folgen einer geschäftlichen Unregelmäßigkeit Streits wuchsen sich 1867 zum eindeutig politischen Racheakt einer jahrelangen Zuchthausstrafe aus. Danach engagierte er sich in August Bebels und Wilhelm Liebknechts ›Sozialdemokratischer Arbeiterpartei‹.

10/32 Wochenschrift des Nationalvereins Nr. 208 vom 21. April 1864

32 × 23,4 cm
Aachen, Internationales Zeitungsmuseum (92/69)

10/33 ›Arbeiter-Zeitung‹ Nr. 1 vom 4. Januar 1863, herausgegeben vom Arbeiterbildungsverein in Coburg

33,5 × 24,2 cm
Aachen, Internationales Zeitungsmuseum (92/66)

10/34 ›Schützen, Sänger, Turner, ein einig' Volk von Brüdern!‹
Schützenscheibe

Lorenz Kaim

1862; Öl auf Holz, 47 × 47 cm
Kronach, Frankenwaldmuseum (LNR 30/F9/9)

10/35 ›Das Innere der Veste am 2ten Coburger Sängertage‹ (Abb. S. 227)

Georg Bauer

Lithographie, 12,8 × 19,8 cm
Coburg, Kunstsammlungen der Veste Coburg (Cob IIIa, 12 e)

10/36 Die Reithalle zu Coburg, Versammlungsort des ›Nationalvereins‹

um 1920; Fotografie (Reproduktion)
Coburg, Stadtarchiv, Fotosammlung

10/37 Alfred Herzog von Sachsen-Coburg-Gotha in britischer Marine-Uniform

Hauke

1870–1895; Fotografie (alter Abzug), 14,3 × 10 cm
Coburg, Staatsarchiv, Bildsammlung (12 Nr. 62)

10/38 König Ferdinand I. von Bulgarien in Uniform

1911; Fotografie (alter Abzug), 19,1 × 12,7 cm
Coburg, Staatsarchiv, Bildsammlung (III 2 Nr. 6)

10/39 Herzog Carl-Eduard von Sachsen-Coburg-Gotha mit dem Führer des ›Stahlhelm‹ Franz Seldte

1927; Fotografie (alter Abzug), 8,5 × 13,8 cm
Coburg, Stadtarchiv, Fotosammlung

10/37

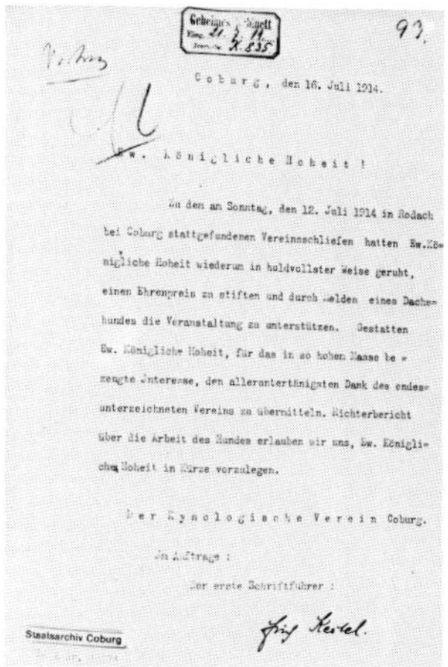

93.

Coburg, den 16. Juli 1914.

Ew. Königliche Hoheit !

Zu dem am Sonntag, den 12. Juli 1914 in Rodach bei Coburg stattgefundenen Vereinsschliefen hatten Ew. Königliche Hoheit wiederum in huldvollster Weise geruht, einen Ehrenpreis zu stiften und durch Melden eines Dachshundes die Veranstaltung zu unterstützen. Gestatten Ew. Königliche Hoheit, für das in so hohem Masse bezeugte Interesse, den alleruntertänigsten Dank des endesunterzeichneten Vereins zu übermitteln. Richterbericht über die Arbeit des Hundes erlauben wir uns, Ew. Königlichen Hoheit in Kürze vorzulegen.

Der Kynologische Verein Coburg.

Im Auftrage :

Der erste Schriftführer :

Staatsarchiv Coburg

Dankschreiben des Schützenvereins Coburg an den Landesfürsten (Coburg Staatsarchiv, Bildsammlung)

10/34

10/40 Besuch von NSDAP-Führern in Coburg am 26. Mai 1927. Grempel sen., H. Göring, Franz Ritter v. Epp, SA-Sturmbannführer Grempel jn., H. Esser, H. Dietrich

Fotografie (alter Abzug), 9 × 13,9 cm

Coburg, Staatsarchiv, Bildsammlung (VI 8 Nr. 69)

10/41 Blick in das Innere des Exerzierhauses in Darmstadt

J. F. Gout

Feder, 25,2 × 47,5 cm

Darmstadt, Hessisches Landesmuseum

Von 1770 bis 1772 ließ der ›Soldaten-Landgraf‹ Ludwig IX. in Darmstadt ein Exerzierhaus errichten, um Übungen und Paraden seiner Truppe bei jedem Wetter abhalten zu können. Mit einer Grundfläche von 88 mal 44 Metern und seiner kühnen Konstruktion übertraf das Gebäude alle vergleichbaren Baulichkeiten in Europa – der Architekt, ein Darmstädter Zimmermann namens J. M. Schuhknecht, wurde mit einem Modell der Halle nach Moskau für einen etwaigen Nachbau geschickt. Die Exerzierhalle wurde 1892 abgerissen, um dem Bau des heutigen Hessischen Landesmuseums Platz zu machen, welcher den Auftakt jener künstlerischen Reformbewegung in Darmstadt bildete, die um die Jahrhundertwende im dortigen Jugendstil gipfelte.

10/42 Das Exerzierhaus in Pirmasens
Johann Michael Petzinger
Öl auf Holz, 33 × 43,5 cm
Darmstadt, Schloßmuseum

Landgraf Ludwig IX. (1719–1790) verlegte seine Residenz aus Darmstadt in die 1763 zur Stadt erhobene Ortschaft Pirmasens, die vor allem als Garnison für die Soldaten des Landgrafen diente. Auch hier wurde ein Exerzierhaus errichtet, das dem in Darmstadt an Größe kaum nachstand. Die Leidenschaft des Landgrafen für das Militär zielte dabei nicht auf den kriegerischen Einsatz, sondern auf reine Repräsentation ab. Er komponierte selber Marschmusik, sammelte Ausstattungsstücke und Militärwaffen, beschäftigte Hofmaler allein für die Darstellung von Soldaten und Uniformen und machte mit unaufhörlichem Drill nach preußischem Vorbild (den er in seiner Jugend in preußischen Diensten kennengelernt hatte) aus seinen Truppen eine perfekt exerzierende Paradearmee, die 60 Prozent der Landeseinnahmen verbrauchte und das von der Jagdlust seines Vaters schon nahezu ruinierte Land weiter verschuldete.

10/43 Der Kabinettsrat Schleiermacher vor dem Großherzog Ludwig III. von Hessen-Darmstadt
1829; Feder, Bleistift, 8,5 × 11,5 cm
Darmstadt, Hessisches Landesmuseum (HZ 7959)

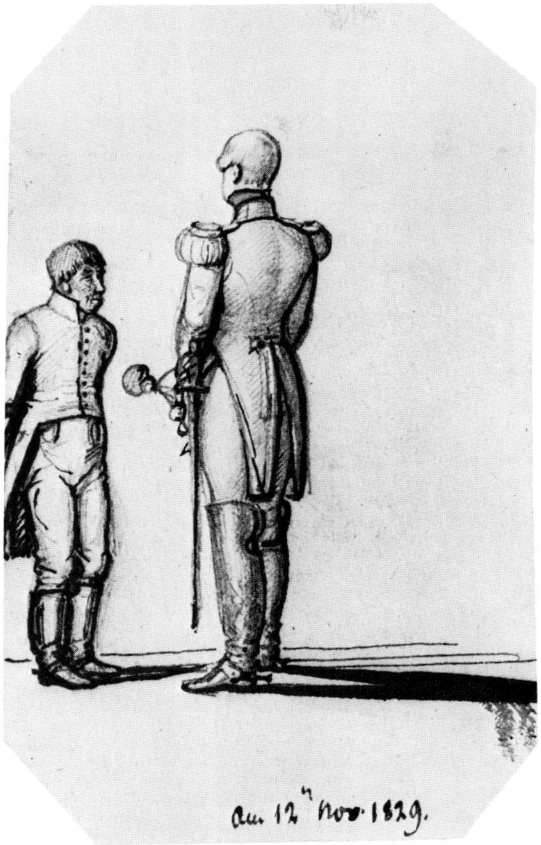

10/43

10/44 Hofdegen vom Hof Ludwigs III., Großherzog von Hessen-Darmstadt
Messing, Stahl, Perlmutt, L 94 cm (Scheide 83 cm)
Darmstadt, Schloßmuseum

10/45 Kammerherrenschlüssel vom Hof Ludwigs III. Großherzog von Hessen-Darmstadt
Messing, L 17,4 cm
Darmstadt, Schloßmuseum

10/46 Persönliche Schlüssel und Schlüsseletui des Großherzogs Ludwig III. für das Schloß Friedberg
Samt, Papier 12 × 17,5 cm (aufgeschlagen)
Darmstadt, Schloßmuseum

10/47 Entwurf für die Uniform eines Kammerherren im Großherzogtum Hessen
Entwurf: Kronprinz Ludwig (III.)
um 1840; Aquarell, Bleistift, 32,7 × 20,1 cm
Darmstadt, Schloßmuseum

10/48 Entwurf für die Uniform der Bergbeamten im Großherzogtum Hessen
Entwurf: Kronprinz Ludwig (III.)
1840/50; Aquarell, Feder, 22,7 × 18,1 cm
Darmstadt, Schloßmuseum

10/49 Entwurf einer Kokarde für die Uniform der Hofbeamten im Großherzogtum Hessen
Entwurf: Kronprinz Ludwig (III.);
Ausführung: P. Seekatz
1844; Aquarell, Feder, 23,9 × 18,7 cm
Darmstadt, Schloßmuseum

10/50 Ansprengende Reiter – Relief vom Löwentor vor der Rosenhöhe in Darmstadt
Bernhard Hoetger

1913/14; Messingblech, getrieben, 132 × 139 cm
Darmstadt, Hessisches Landesmuseum

Das Relief von Bernhard Hoetger (1874–1949) für ein Tor auf der Rosenhöhe in Darmstadt dokumentiert die letzte Phase des »Darmstädter Jugendstils«, der mit der Gründung der Künstlerkolonie Mathildenhöhe 1899 begann. Die mäzenatisch und wirtschaftsfördernd gemeinte Initiative des hessischen Großherzogs Ernst Ludwig (1868–1937) zeigte, welche Möglichkeiten der historisch gewachsene Polyzentrismus anstelle der alle kulturellen Kräfte auf sich ziehenden Metropole bereithielt. Dies betraf die kleinen Residenzen nicht zuletzt deshalb, weil eine politische Selbständigkeit nach 1871 nicht mehr bestand und die Förderung der Kultur nun eine nicht unwesentliche Legitimationsgrundlage für die Fortdauer der kleinen Höfe darstellte.

10/55

10/51 Sechs Putti
Wächtersbacher Steingutfabrik;
Entwurf: Ernst Riegel

Schlierbach; Steingut, farbig glasiert, H a) 10,3; b) 13,1; c) 15,9; d) 16,8; e) 13,2; f) 10,2 cm
Darmstadt, Hessisches Landesmuseum

Die Figuren tragen auf dem Herstellerstempel die Aufschrift »Wohlfahrts-Steingut. In Auftrag gegeben von Ihrer Königlichen Hoheit der Großherzogin von Hessen und bei Rhein«. Dies verweist darauf, daß der ›Darmstädter Jugendstil‹ nicht allein aus einem künstlerischen Impuls der Erneuerung heraus entstand, sondern auch der heimischen Industrie neue Anstöße geben sollte.

10/52 Ansicht der lippischen Residenzstadt Detmold
Gottfried von Blomberg

1806; Aquarell, 16 × 23,4 cm
Detmold, Lippische Landesbibliothek (B 105)

10/53 Bildnisse der Gräfin Marie Leopoldine, der Grafen Simon August und Friedrich Leopold I. zur Lippe (als Kind) sowie weiterer Personen (Abb. S. 218)
Spol

1768; Wachs, Textil, Holz (polimentvergoldet), Glas, 60 × 34 × 7 cm
Detmold, Armin Prinz zur Lippe (P0501)

Simon August Graf zur Lippe, übernahm im Jahre 1747 die Regierung eines Landes, das wegen der verschwenderischen Hofhaltung seiner Vorgänger an der Grenze des Ruins stand. Seine erste Aufgabe war die Konsolidierung der Landesfinanzen. Doch trotz bescheidener persönlicher Lebensweise und entgegen allen guten Absichten verschlimmerte sich die Lage zunächst noch infolge seiner verfehlten Steuer- und Währungspolitik. Simon August überließ daher die Regierungsgeschäfte seinem Kanzler, dessen Maßnahmen aber erst nach dem Tod des Grafen im Jahre 1782 die erwünschte Wirkung zeigten. Aus der zweiten Ehe Simon Augusts mit Marie Leopoldine von Anhalt-Dessau ging der Thronfolger Leopold I. hervor.

Bei den hier gezeigten Porträts handelt es sich um sehr ungewöhnliche Miniaturen aus Wachs, die offenbar von jedem Dargestellten zweimal geschaffen und später in einem Rahmen vereint wurden.

10/54 Projekt für einen Umbau des Schlosses zu Detmold

1788; Feder, Bleistift, Aquarell, 28,3 × 46,9 cm
Detmold, Lippische Landesbibliothek (1 D 21,00)

10/55 Bildnis der Fürstin Pauline zur Lippe
Ernst von Valentini

um 1800; Öl auf Elfenbein, Dm 6,3 cm
Detmold, Lippisches Landesmuseum (1986/I/75)

Pauline Christine Wilhelmine (1769–1820), seit 1796 verheiratet mit Fürst Leopold I. zur Lippe, wurde nach dessen Tod im Jahre 1802 als »Vormünderin« für ihren fünf Jahre alten Sohn Leopold Regentin des Fürstentums Lippe. Die ersten Regierungsmaßnahmen dieser überaus gebildeten und energischen Frau galten den sozialen Verhältnissen im Lande: Sie stiftete nach Pariser Vorbild 1802 eine Einrichtung, in der die Kinder arbeitender Frauen tagsüber betreut wurden (die »Paulinenanstalt« in Detmold), sie ließ von ihrem eigenen Vermögen Korn zur Versorgung der hungernden Bevölkerung ankaufen und veranlaßte ein Straßenbauprogramm zur Beschäftigung von Arbeitslosen.

Während der Koalitionskriege gegen das napoleonische Frankreich betrieb Pauline 1807 den Beitritt Lippes zum Rheinbund. Ende des gleichen Jahres suchte sie Napoleon in Paris auf, um eine Einverleibung ihres Landes in das Königreich Westfalen zu verhindern – mit Erfolg. Die 1819 von ihr erlassene Verfassung, die eine nach Dreiklassenwahlrecht zu wählende Vertretung aller Grund- und Hausbesitzer vorsah und so erstmals auch den Bauern politische Rechte gab, konnte auf Grund einer Klage der lippischen Stände wegen Verletzungen ihrer Rechte beim Deutschen Bund nicht in Kraft treten.

10/56

10/56 ›Demokratische Manier eine Bittschrift zu übergeben‹ – Karikatur auf den Demonstrationszug der Lemgoer nach Detmold

1849; Stahlstich, 16 × 9 cm
Detmold, Lippisches Landesmuseum (1988/I/58)

Die Nachrichten von der Revolution in Paris im Februar 1848 lösten auch im Füstentum Lippe politische Bewegung aus. Eine Abordnung von Bürgern der Residenzstadt Detmold überreichte dem Fürsten am 8. März eine Petition mit Forderungen nach erweiterten Mitspracherechten. Um größere Unruhen zu vermeiden, wurden sie alle bewilligt. Auf dem Lande indessen verschärfte sich die Situation bis hin zu Gewalttätigkeiten. Militär wurde eingesetzt. Am 19. Mai trat in Detmold eine Bürgerwehr zusammen, die zur Aufrechterhaltung der Ordnung beitragen sollte. Sie war auch beteiligt an der Auflösung einer Demonstration von 400 Lemgoern vor dem Detmolder Schloß am 21. Januar 1849. Es ging um die Freilassung von zwei während der Unruhen des Vorjahres festgenommenen Mitbürgern. Die Bürgerwehr setzte Schußwaffen ein; es gab zwei Verletzte. Die 1848 errungenen politischen Konzessionen (u. a. eine neue Wahl- und Landtagsordnung) waren nur von kurzer Dauer.

10/57 Die Schloßwache auf dem Schloßplatz in Detmold

um 1912; Fotografie (alter Abzug) 16,6 × 23,5 cm
Detmold, Nordrhein-Westfälisches Staatsarchiv
(D 75 Nr. 1133)

10/58 Lippische ›Hofjagd im Schwarzmeiers-Busch‹

1896; Fotografie (alter Abzug) 18,5 × 32,6 cm
Detmold, Nordrhein-Westfälisches Staatsarchiv
(L 116 Nr. 145)

10/59 Gruppenbild von Hof und Regierung des Fürstentums Lippe

um 1916; Fotografie (Reproduktion)
Detmold, Nordrhein-Westfälisches Staatsarchiv
(D 75 Nr. 1900)

Das Gruppenbild zeigt in der Mitte den letzten regierenden Fürsten Leopold IV. in Uniform, rechts neben ihm seinen Flügeladjutanten von Natzmer, links den Oberhofmarschall Loos.

Bei dem vierten von links in der Reihe der Porträtierten handelt es sich um Dr. Georg Epstein (1874–1942), den Chef des »Fürstlich Lippischen Geheimen Zivilkabinetts«. Am 12. 11. 1918, dem letzten Tag der Monarchie in Detmold, wurde er in den Freiherrnstand erhoben. Er lebte in den folgenden Jahren in Berlin. Weil er jüdischer Herkunft war, wurde er von den Nationalsozialisten ins Konzentrationslager Theresienstadt deportiert, wo er am 29. 9. 1942 starb oder ermordet wurde.

10/60 Abendgesellschaft in der ›Ressource‹ (Abb. S. 221)

Victor Zeppenfeld

1870; Kohle auf Papier, 145 × 245 cm
Detmold, Verein Ressource

Der Verein ›Ressource‹ wurde 1825 gegründet. Sein erstes festes Quartier fand er von 1831–73 in der oberen Etage des Detmolder Rathauses. Es handelte sich bei der ›Ressource‹ um eine für kleine Residenzstädte charakteristische Einrichtung, in der die verhältnismäßig große Zahl von Beamten und Offizieren, die über Bildung und gesellschaftliche Bedürfnisse, in der Regel aber nicht über ein hohes Einkommen verfügten, eine erschwingliche Form der Zerstreuung und der Teilhabe an Kulturellem fanden. In der ›Ressource‹ wurden Konzerte und Bälle veranstaltet, Billard, Whist und L'Hombre gespielt, Zeitungen gelesen und Konversation getrieben; den Damen standen zwei Nachmittage in der Woche der kleine Saal und der Spielsalon zur Verfügung. Die Detmolderin und Weltbürgerin Malvida von Meysenbug erinnerte sich in ihren Memoiren der ›Ressource‹: »Der Ton, der in diesen Vereinen herrschte, war sicher nicht der letzte Ausdruck feiner geselliger Bildung; aber da, wo (wie in Detmold) ein gutes Theater, ein treffliches Gymnasium, eine gute Töchterschule und einige Männer von Geist und Verdienst in den Wissenschaften sich vorfanden, herrschte doch eine gewisse Erhebung in den Ideen, welche sich in den Manieren und dem Ton der Unterhaltung mitteilte . . « Auch Christian Dietrich Grabbe zählte zu den Stammgästen.

10/61 Szene in der ›Ressource‹ aus dem Skizzenbuch von Malvida von Meysenbug

Malvida von Meysenbug

1840–42; Bleistift, 17 ×23,3 cm
Detmold, Nordrhein-Westfälisches Staatsarchiv (D 72 v. Meysenbug Nr. 37)

10/62 Damen der Detmolder Gesellschaft an der Detmolder ›Grotte‹

Malvida von Meysenbug

1842; Bleistift, aquarelliert, 16,9 × 23,5 cm
Detmold, Nordrhein-Westfälisches Staatsarchiv (D 72 v. Meysenbug Nr. 26)

10/63 Der Meysenbugsche Salon in Detmold

Laura von Meysenbug

1850; Aquarell, 17,8 × 19,7 cm
Detmold, Nordrhein-Westfälisches Staatsarchiv (D 72 v. Meysenbug Nr. 40)

10/63

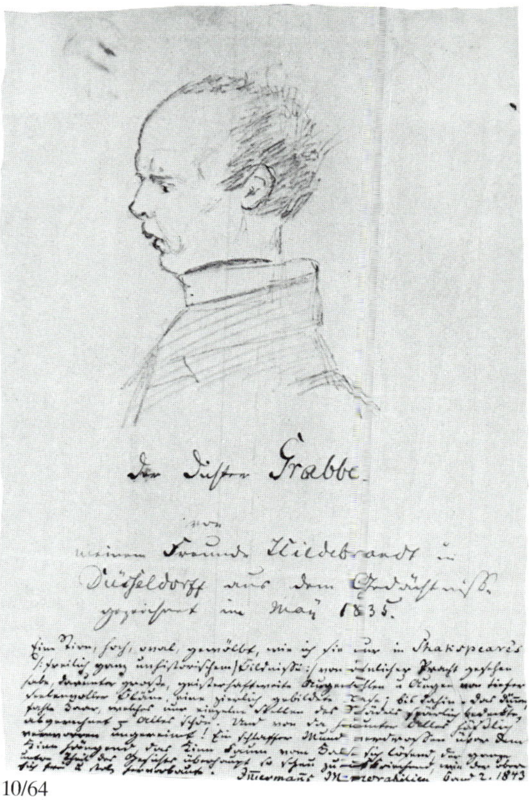

10/64

10/64 Bildnis des Christian Dietrich Grabbe

Theodor Hildebrandt

1835; Bleistift, 17,4 × 11,7 cm
Detmold, Lippische Landesbibliothek (GA B 317)

Christian Dietrich Grabbe (1801–1836) entstammte der Familie eines Zuchthausverwalters in Detmold. Nach einem eher nachlässig betriebenen Jurastudium in Leipzig und Berlin (1820–1823) kehrte er widerwillig nach Detmold zurück, wo er 1827 eine Anstellung als Auditeur (d. h. Militärrichter) erhielt. Im gleichen Jahr erschienen erstmals schriftstellerische Arbeiten von ihm und erregten sofort Aufsehen in ganz Deutschland. Doch in Detmold verblaßte sein Ruhm schnell; nur eines seiner Dramen wurde dort 1829 aufgeführt. Grabbe entwickelte sich zusehends zum Sonderling, lebte isoliert und trank. Seine 1833 geschlossene, unglückliche Ehe mit der Tochter eines höheren Beamten wurde Stadtgespräch.

Im Widerspruch zu seiner Lebenswirklichkeit standen die Helden seiner Tragödien: große Einzelne, die das alltägliche Mittelmaß durchbrechen. Grabbes Dramatik entzieht sich allen zeitgenössischen Strömungen.

Wegen liederlicher Führung seiner Amtsgeschäfte wurde Grabbe 1834 entlassen. Fluchtartig verließ er Detmold und hielt sich in Frankfurt und Düsseldorf auf, von wo er 1836 als Todkranker zu seiner Frau nach Detmold zurückkehren mußte.

10/65 Bildnis des Ferdinand Freiligrath

um 1862; Fotografie (alter Abzug), 23 × 16,8 cm
Detmold, Lippische Landesbibliothek (Fr S B 16)

Ferdinand Freiligrath (1810–1876) kam in einem Lehrerhaus in Detmold zur Welt. Nach der Schule absolvierte er eine kaufmännische Lehre in Soest. Während dieser Zeit machte er mit ersten Gedichtveröffentlichungen auf sich aufmerksam, die vom französischen Exotismus inspiriert waren. In den 1840er Jahren wurde er zum politischen Dichter, war in der Revolution von 1848/49 ein Mitstreiter von Karl Marx und mußte einige Jahre im Exil verbringen, aus dem er 1868 – inzwischen zum nationalistischen Dichter gewandelt – nach Deutschland zurückkehrte. Detmold hat er seit seiner Jugend nur noch zweimal kurz besucht; ein 1839 unternommener Versuch, ihn als Bibliothekar für die lippische Residenz zu gewinnen, scheiterte an seiner Entfremdung von den Verhältnissen in der kleinen und ländlichen Residenzstädt. Er lebte bis zu seinem Tode in Cannstatt bei Stuttgart.

10/66 Bildnis des Johannes Brahms

um 1857/58; Fotografie (alter Abzug), 20 × 14,5 cm
Hamburg, Sammlung Kurt und Renate Hofmann

10/67 Gala-Uniformen des Fürstentums Lippe
a) Kammerherr
b) Regierungsbeamter

um 1890
Detmold, Lippisches Landesmuseum
(Mi-Tx 02, Mi-Tx 04)

10/68 Uniformen des Füsilierbataillons Lippe
a) Major, 1831–40
b) Major, 1861–67

a) russischgrünes Wolltuch, Epauletten hellrot mit goldenen Bouillon-Fransen, Goldborte und Goldabzeichen;
b) russischgrünes Wolltuch, Samt, Epauletten altsilberfarben mit gleichfarbigen Bouillon-Fransen
Detmold, Lippisches Landesmuseum
(Mi-Tx 03, Mi-Tx 04)

10/69 Lippischer Hausorden mit Schwertern und Krone, Kreuz der 1. Klasse (1890–1918)

Silber, vergoldet, emailliert, 9,5 × 6,7 cm
Detmold, Lippisches Landesmuseum (HO 5)

10/70

10/70 Blick auf Dresden im Winter (Abb. S. 242)

Anton Castell

1845; Öl auf Leinwand, 94,7 × 139,2 cm
Regensburg, Museum Ostdeutsche Galerie (11959)

10/71 Konzert im Rittersaal des Schlosses Eutin

Johan Christian Lewon

Feder, aquarelliert, 20,1 × 19,9 cm
Stockholm, Nationalmuseum (THC 2027)

Das Schloß Eutin war 1689–1773 Residenz der evangelischen Fürstbischöfe von Lübeck aus dem Hause Holstein-Gottorp. Unter dem Bischof Adolf Friedrich, der bis zu seiner Wahl zum Thronfolger Schwedens 1743 hier regierte, entstand eine großzügige barocke Gartenanlage, die sowohl von Versailles wie von der kurmainzischen Residenz Favorite bei Mainz beeinflußt war. Der Hofbaumeister und Gartenarchitekt Johann Christian Löwen genannt Lewon ist der Zeichner des Blattes, das ein Dokument für das reiche Musikleben auch an kleinsten Höfen darstellt. Nach Bildung des Herzogtums Oldenburg wurde Eutin unter Herzog Peter Friedrich Ludwig (1785–1829) ein ›Weimar des Nordens‹, in dem u. a. Herder und Lavater sich aufhielten.

10/72 Uniformen des Königreichs Hannover

a) Uniform des Kulturministers im Königreich Hannover, Bodo Freiherr von Hodenberg (1826–1907)
b) Uniform des Präsidenten der Lüneburger Ritterschaft, Freiherr von Hodenberg
c) Uniform des Ministers des Inneren im Königreich Hannover, Georg Bacmeister (1805–1890)

a) 1866; dunkelblaues Tuch und gleichfarbiger Samt, Goldstickerei, niederländischer Ritterorden vom Löwen; Zweispitz: schwarzer Filz; b) vor 1866; Wolltuch, Goldstickerei, Federbesatz; c) 1866; dunkelblauer Tuch und gleichfarbiger Samt mit Goldstickerei; Zweispitz: schwarzer Filz
Celle, Bomann-Museum (Z 37, Z 20, Z 35)

a) Bodo Freiherr von Hodenberg (1826–1907) wurde 1865 von König Georg V. von Hannover zum Kultusminister ernannt. Seine Amtszeit endete schon im folgenden Jahr mit der Annexion des Königreichs durch Preußen. In der Folgezeit betätigte sich von Hodenberg in der antipreußischen Publizistik.
b) Lüneburg zählte zu den sieben ›Provinzial-Landschaften‹ des Königreichs Hannover, ständischen Vertretungen der historischen Territorien des Landes, die bestimmte Selbstverwaltungsrechte besaßen. Sie setzten sich aus den drei Kurien der Ritterschaft, der Städtedeputierten und der Vertreter der nicht-ritterlichen Grundbesitzer zusammen.
Die ritterschaftlichen Uniformen waren Ausdruck eines schon lange herrschenden Zwangs zur Sparsamkeit. Ende des 18. Jahrhunderts hatten die hannoverschen Ritterschaften König Georg III. ersucht, bei Hofe eine Uniform tragen zu dürfen, um die mit der bis dahin üblichen französischen Hoftracht verbundenen Kosten zu reduzieren.
c) Georg Heinrich Julius Bacmeister (1807–1890) war unter Georg V. in den Jahren 1851 bis 1853 nacheinander Kultus- und Finanzminister des Königreichs Hannover. 1865 wurde er noch einmal – jetzt als Innenminister – ins Kabinett berufen. Nachdem er in der Krise des Jahres 1866 erfolglos für den Abschluß eines Neutralitätsabkommens mit Preußen votiert hatte, trat er am 19. Juni des gleichen Jahres von seinem Amt zurück, drei Tage nach der Kriegserklärung Preußens an Hannover, die das Schicksal des selbständigen Königreiches besiegelte.

10/73 Die Familie des Landgrafen von Hessen-Homburg im Schloßgarten (Abb. S. 222)

B. Voigt

1851; Öl auf Leinwand, 50,5 × 66,5 cm
Bad Homburg, Verwaltung der Staatlichen Schlösser und Gärten Hessen

10/74 Vier Miniaturen: Königin Charlotte von England, Landgräfin Louise von Hessen-Homburg, Landgraf Gustav von Hessen-Homburg, König Georg III. von England

Aquarell auf Elfenbein, 25,5 × 31,5 cm
Bad Homburg, Verwaltung der Staatlichen Schlösser und Gärten Hessen (1.3.676)

10/75 ›Ansicht der Gruft des souverainen Landgrafen zu Hessen in Homburg v. d. Höh‹

H. B. Süß

1829; Tusche, laviert, 34,5 × 48,3 cm
Bad Homburg, Verwaltung der Staatlichen Schlösser und Gärten Hessen (1.3.690)

10/76 Bildnisse von Besuchern der Homburger Spielbank auf der Rückseite von ›Permanenzen‹

Johann Friedrich Voigt

um 1850; Bleistift, 28 × 48 cm (aufgeschlagen)
Bad Homburg, Museum im Gotischen Haus

10/77 ›Instruction élémentaire pour jouer au trente-et-quarante et la roulette avec les tableaux de ces jeux, d'après ceux de la banque de Homburg‹

Louis Schick

um 1860; 15 × 62,5 cm (aufgeschlagen)
Bad Homburg, Museum im Gotischen Haus

10/78 Kästchen zur Aufbewahrung von Roulettekugeln

Kirschholz: 7,5 × 21,5 × 16 cm (geschlossen);
Kugel: Elfenbein
Bad Homburg, Museum im Gotischen Haus

10/79 Modell eines ›Homburgs‹ als Firmenzeichen eines Hutgeschäftes

Filz, 8 × 16 × 15 cm
Bad Homburg, Museum im Gotischen Haus

10/80 ›Nouveau Plan du Carolsruhe‹

Michael Rößler

1739; Kupferstich, koloriert, 64,5 × 58 cm
Rastatt, Wehrgeschichtliches Museum (004 294)

Die 1689 begonnene Schloßanlage in der Residenz Durlach nach einem Entwurf von Domenico Egidio Rossi hatte den Markgrafen Friedrich Magnus von Baden-Durlach finanziell überfordert; der Bau wurde nach 1701 eingestellt. Statt dessen kam es einige Kilometer weiter zur Gründung einer ganz neuen, wenn auch zunächst eher bescheidenen Residenzstadt: ›Carols Ruh‹. Angesichts der großen Bedeutung der Jagd an den Fürstenhöfen stellte Karlsruhe geradezu die ideale Residenz dar. Inmitten eines ausgedehnten Jagdreviers gelegen, war das Straßensystem sowohl auf das Schloß als auch auf die Erschließung von ›Tiergärten‹ und ›Fasanengarten‹ bezogen. Der 1718 vollendete erste Schloßbau sollte in den folgenden Jahrzehnten repräsentativer gestaltet werden; nach einer ganzen Reihe erfolglos entwerfender Baumeister – darunter Balthasar Neumann – wurde das Schloß schließlich nach einem Plan von Philippe de La Guêpière, dem Architekten des Stuttgarter Neuen Schlosses, bis 1770 gebaut.

10/81 ›Entwürfe für modellmäßige Anbauung der neuen Stadtvergrößerung für die vorzüglichste Stadt-Gegend und Hauptstraßen‹

Friedrich Weinbrenner

um 1815; Feder, farbig angelegt, 49 × 73 cm
Karlsruhe, Badisches Generallandesarchiv (G Karlsruhe 523)

Karlsruhe wurde, nach dem Gebietszuwachs im Reichsdeputationshauptschluß und der Standeserhöhung des Fürsten 1806, zur Hauptstadt eines Großherzogtums und Mittelstaates. Der Architekt und Oberbaudirektor Friedrich Weinbrenner (1766–1826) legte unter dem Eindruck einer wachsenden Bevölkerungszahl in der Residenz Erweiterungspläne derselben vor. Der hier gezeigte Entwurf, der eine Modellbebauung für ein neues, nicht realisiertes Stadtviertel zeigt, setzt soziale Hierarchisierung noch wie selbstverständlich gleich mit der Entfernung vom Stadtzentrum. Je vermögender desto eher im Zentrum sollten die Bürger wohnen.

10/82 Uniform des badischen Hofmarschalls v. Göhler

um 1900
Rastatt, Wehrgeschichtliches Museum (015200, 015198, 015199)

Ernst August Freiherr Göhler von Ravensburg (1837–1922) zog 1865 als Abgeordneter des grundherrlichen Adels in die erste Kammer der badischen Landstände ein; von 1881 bis 1884 war er außerdem Mitglied des Reichstages. Im Jahre 1871 wurde er Kammerherr des Großherzogs Friedrich I. von Baden.

10/83 Modell zu einem Denkmal des Landgrafen Friedrich II. von Hessen

Johann August Nahl d. Ä.

um 1770; Terrakotta, 34,3 × 23 × 19,5 cm;
1,5 × 14 × 19,5 cm (Sockel)
Kassel, Staatliche Kunstsammlungen,
Neue Galerie (B VI Nr. 1)

Landgraf Friedrich II. (1720–1785) regierte in Hessen-Kassel seit 1760. Er war ein aufgeklärter Monarch, der sich um die Förderung der Wirtschaft und eine effektive Verwaltung bemühte. Seinem Lande flossen in großem Umfange englische Gelder zu, als er seine in ganz Europa berühmten Truppen im Dienste Großbritanniens gegen die amerikanische Unabhängigkeit teilnehmen ließ. Der davon herrührende Reichtum des Landgrafen kam dem glänzenden Ausbau der Residenzstadt Kassel zugute; der Landgraf wurde jedoch wegen des ›Soldatenhandels‹ zum Inbegriff abschreckender Züge der ›Kleinstaaterei‹ im 18. Jahrhundert, obwohl z. B. Preußen nicht weniger in den Genuß englischer Geldzuwendungen im Siebenjährigen Krieg gekommen war.

10/83

Der ›Soldatenhandel‹ stärkte die absolutistische Stellung des Fürsten, da er ihn von den Landständen finanziell unabhängig machte, und ermöglichte es dem Nachfolger Friedrichs II., sich erfolgreich um die Kurfürstenwürde zu bemühen.

10/84 Ansicht von Schloß Wilhelmshöhe und dem naheliegenden Park (Abb. S. 217)

Wilhelm Selig

1803; Aquarell, 54,4 × 40,8 cm
Bad Homburg, Verwaltung der Staatlichen Schlösser und Gärten Hessen (Lfd.N. 846)

Anfang des 18. Jahrhunderts begann unter dem hessischen Landgrafen Karl (1670–1730) die Ausgestaltung des Habichtswaldes bei Kassel zum Lustpark. Ursprünglich als streng symmetrische Anlage im Stil des Barock geplant, wurde das Werk unter Friedrich II. (1760–1785) als englischer Garten fortgesetzt, der die natürliche Landschaft in idealer Form nachempfinden sollte. Sein Nachfolger Wilhelm IX. brachte die Arbeiten zum Abschluß; in seiner Regierungszeit entstand nach Entwürfen Simon Louis du Rys und Heinrich Christoph Jussows auch das Schloß, das – wie der Park – nach dem Bauherrn ›Wilhelmshöhe‹ genannt wird.

Die Wasserkaskaden und das Oktogon mit der Herkulesstatue gehen auf italienische Vorbilder zurück, die Landgraf Karl auf seiner Italienreise 1700 kennengelernt hatte – dem charakteristischen Bildungserlebnis seiner Zeit und seines Standes.

10/85 Wasserflasche des hessischen Soldaten Johannes Schoene aus dem amerikanischen Bürgerkrieg

1776–1783; Holz, Dm 17 cm; T 9 cm
Kassel, Staatliche Kunstsammlungen, Kunsthandwerk und Plastik (B XIV 473)

10/86 Miniaturbildnis des Kurfürsten Wilhelm II. von Hessen

Teichmüller

Gouache auf Pappe; Rahmen: vergoldetes Metall, 4,3 × 3,2 cm
Kassel, Staatliche Kunstsammlungen, Kunsthandwerk und Plastik (1949/486)

10/87 Büste der Emilie Ortlöpp (Gräfin von Reichenbach)

Johann Christian Ruhl

Marmor, 61 × 20,5 × 20,2 cm Sockel: H 16 cm
Kassel, Staatliche Kunstsammlungen, Kunsthandwerk und Plastik (NT 311)

Kurfürst Wilhelm II. von Hessen unterhielt eine außereheliche Beziehung zu der Berliner Goldschmiedstochter Emilie Ortlöpp (1791–1843). Ihr Verkehr am Fürstenhof machte eine Nobilitierung erforderlich; seit 1821 führte sie den Titel einer Gräfin von Reichenbach-Lessonitz. In den Augen der liberalen Opposition stellte diese Liaison ein weiteres Symptom für die Dekadenz der Fürstenherrschaft dar; die Gräfin wurde eines unheilvollen Einflusses auf die hessische Politik bezichtigt. Ein Tumult der Einwohner von Kassel zwang sie im Januar 1831, die Stadt zu verlassen. Der Kurfürst folgte ihr nach Hanau; sein Sohn Friedrich Wilhelm wurde als Mitregent eingesetzt.

10/88 Fassadenaufrisse des ›Roten Palais‹ in Kassel gegen den Friedrichsplatz und das Museum Fridericianum

Entwurf: Johann Conrad Bromeis; Israel Schwalm

1824; Feder, aquarelliert, 50,4 × 62,4 cm
Kassel, Staatliche Kunstsammlungen, Graphische Sammlung (Marburger Depositum Nr. 235)

Das ›Rote Palais‹ stellte eine Erweiterung des ›Weißen Palais‹ dar, das der hessische Kurfürst Wilhelm II. seit 1813 bewohnt und nach seinem Regierungsantritt 1821 zu seiner Hauptresidenz gemacht hatte. Das ›Rote Palais‹, das fast ausschließlich Repräsentationszwecken diente, wurde 1821–1830 von dem kurhessischen Hofbaumeister Johann Conrad Bromeis (1788–1855) errichtet.

Mobiliar aus dem kriegszerstörten Gebäude gehört heute zur Ausstattung der Villa Hammerschmidt, dem Amtssitz des Bundespräsidenten.

10/89 Längsschnitt durch das Treppenhaus im ›Roten Palais‹ in Kassel

Entwurf: Johann Conrad Bromeis; Julius Eugen Ruhl

1823; Feder, aquarelliert, 50 × 72 cm
Kassel, Staatliche Kunstsammlungen, Graphische Sammlung (Marburger Depositum Nr. 234)

10/90 Uniform eines landgräflich-hessischen Leib-Haiducken am Hofe Wilhelms VIII. in Kassel

1730–1760; roter Wollstoff
Kassel, Staatliche Kunstsammlungen, Kunsthandwerk und Plastik (B XIV 661a)

10/91 Galauniform eines kurhessischen Forstmeisters

vor 1866; grünes Wolltuch, roter Seidensamt mit Goldstickerei, Hut aus Webplüsch mit Seidenflor und Roßhaarbusch
Kassel, Staatliche Kunstsammlungen, Kunsthandwerk und Plastik (B XIV 851)

10/92 Exerzierrock eines Gemeinen vom kurfürstlich-hessischen 2. Husarenregiment

1821–1832; Baumwolle, rote Wollkordel
Kassel, Staatliche Kunstsammlungen, Kunsthandwerk und Plastik (B XIV 639)

10/93 Eine Deputation unter dem Kasseler Bürgermeister Carl Schomburg überreicht dem Kurfürsten Wilhelm II. am 15. September 1830 eine Bittschrift (Abb. S. 220)

Ludwig Emil Grimm/Lithographische Anst. F. C. Vogel

Frankfurt, 1830; Lithographie, 60 × 98 cm
Kassel, Stadtarchiv (42)

Der Aufruf der Schlußakte des Wiener Kongresses von 1815 an die deutschen Fürsten, ihren Ländern ständische Verfassungen zu gewähren, fand bei den hessischen Kurfürsten Wilhelm I. und Wilhelm II. kein Gehör. Das Beispiel der Pariser Julirevolution des Jahres 1830 gab jedoch auch der liberalen Opposition in Hessen Auftrieb; eine Abordnung des Kasseler Magistrats, angeführt von dem späteren Landtagspräsidenten Carl Schomburg, trat am 15. September vor Kurfürst Wilhelm II. und überreichte ihm ihre Forderungen. Zur Vermeidung weiterer Unruhen versprach der Kurfürst, dem Land eine Verfassung zu geben.

Auf dem Platz vor dem Residenzpalais wartete eine große Volksmenge. Der Überlieferung nach – das gezeigte Bild bezieht sich darauf – war vereinbart, daß ein Mitglied der Deputation ans Fenster treten und mit einem weißen Tuch winken sollte, wenn der Kurfürst eingelenkt habe. Wenn nicht, sollte ein schwarzer Handschuh das Zeichen zum Sturm auf das Palais sein. Im Januar 1831 erhielt das Kurfürstentum Hessen ein Grundgesetz, das als das liberalste im vormärzlichen Deutschland galt – an den konfliktträchtigen Zuständen im Kurfürstentum änderte dies freilich nichts.

10/94 Schaukasten mit zwei Klebefiguren eines Gardisten vom 2. Bataillon der Kasseler Bürgergarde und eines kurhessischen Artillerie-Offiziers

um 1846–1850; 29,5 × 29,5 × 16 cm
Kassel, Staatliche Kunstsammlungen, Kunsthandwerk und Plastik (NT 240)

In der politisch gespannten Situation des Jahres 1830 ordnete die kurhessische Regierung die Aufstellung von Bürgergarden in den Städten an. Sie sollten die Gendarmerie bei der Aufrechterhaltung der Ordnung unterstützen; Militär sollte nur im Notfall zusätzlich eingesetzt werden. Tatsächlich erwiesen sich die Bürgergarden jedoch in der Folgezeit als Instrument der liberalen Kräfte, die sie eigentlich in Schach halten sollten; sie standen vielfach in Rivalität zur regulären Truppe.

10/95 Modell des Ständehauses in Kassel aus der Bauphase 1834/35

Architekt: Julius Eugen Ruhl; Modell: J. F. Blaue

1834/35; Lindenholz; 53,2 × 72,5 × 127,9 cm; M 1:50
Kassel, Staatliche Kunstsammlungen, Kunsthandwerk und Plastik (NT 310)

Nachdem Kurfürst Wilhelm II. von Hessen-Kassel einer landständischen Verfassung für Kurhessen zugestimmt hatte, die der Marburger Jurist Sylvester Jordan entworfen hatte, genehmigte er auch den Bau eines Parlamentsgebäudes. Bis zur Benutzbarkeit des neuen ›Ständehau-

10/95

ses‹ ab 1836 tagten die Landstände zur Miete im alten Kasseler Rathaus und im Weißen Palais. Das Ständehaus war bis März 1840 fertiggestellt. Der erste Landtag geriet sofort in Konflikt mit dem reaktionären Minister Hassenpflug, mußte sich zweimal vertagen und wurde im März 1838 aufgelöst. Bis zum Ende des selbständigen Staates Kurhessen erlebte das Ständehaus kaum eine ordnungsgemäß ablaufende Sitzungsperiode des Landtages. Der fortdauernde innenpolitische Konflikt in Kurhessen insbesondere über die Staatsfinanzen klang nur 1848/49 kurz ab, verschärfte sich danach aber so, daß der Kurfürst bayerische und österreichische Bundestruppen gegen seine eigene Bevölkerung ins Land holte. Bei Kriegsausbruch 1866 lehnten die Stände die Mobilmachung des mit Österreich verbündeten Kurfürsten ab und forderten den Anschluß des Landes an Preußen, welches die Annexion nach seinem militärischen Erfolg auch vollzog.

10/96 Maurerkelle für die Grundsteinlegung des Ständehauses in Kassel am 24. Juni 1834

Friedrich Proll

1834; Silber, Ebenholz, L 29,5 cm
Kassel, Staatliche Kunstsammlungen, Kunstgewerbe und Plastik (1959/49)

10/97 Prunkhammer für die Grundsteinlegung des Ständehauses in Kassel

Friedrich Proll

um 1834; Silber, Ebenholz, Hammer: L 13,5 cm; B 3,5 cm; Stiel: L 25,5 cm
Marburg, Dauerleihgabe des Hessischen Staatsarchivs Marburg im Marburger Universitätsmuseum (4094)

10/98 Präsenttisch mit sechs Blankwaffen, Helm und Küraß der kurhessischen Garde du Corps aus dem Besitz des Prinzen Philipp von Hanau

Holz mit Pyramidenmahagoni, Tisch: 80 × 92 × 60 cm
Kassel, Staatliche Kunstsammlungen, Kunsthandwerk und Plastik (433 a–i)

Das Erinnerungsstück an den Staat Kurhessen und seine Armee stammt aus dem Besitz des Prinzen Philipp von Hanau (1844–1914). Er war ein Sohn des letzten hessischen Kurfürsten Friedrich Wilhelm I. und der 1831 zur Gräfin von Schaumburg erhobenen Gertrude Lehmann. Seit 1853 führten die Gräfin und die aus dieser morganatischen Ehe hervorgegangenen Kinder den Titel von Fürsten und Fürstinnen von Hanau und zu Horowitz. Philipp diente als Leutnant in der kurhessischen Garde du Corps und später als Rittmeister in der österreichischen Armee, nachdem das Kurfürstentum 1866 von Preußen annektiert worden war und der Kurfürst mit seiner Familie ins böhmische Exil gegangen war.

10/99 Waschtisch und Toilettegarnitur aus Meißener Porzellan – aus dem Eisenbahn-Salonwagen des letzten hessischen Kurfürsten Friedrich Wilhelm I. von Hessen

um 1855; Holz, Porzellan, 80 × 71,5 × 100 cm (Tisch)
Kassel, Staatliche Kunstsammlungen, Kunsthandwerk und Plastik (1941/57; 1941/58 a–j)

Als Kurfürst Wilhelm II. von Hessen 1831 die Residenzstadt Kassel verlassen mußte, wurde sein Sohn Friedrich (1802–1875) als Mitregent eingesetzt. Nach dem Tod des Vaters bestieg er 1847 den Thron. Seine gegen den Widerstand von Ständen und Öffentlichkeit betriebene Anlehnung an Österreich zog im Krieg von 1866 das Ende des Kurfürstentums Hessen nach sich: Nach Verweigerung der geforderten Neutralität wurde Kassel von preußischen Truppen besetzt, der Kurfürst gefangengenommen, das Land von Preußen annektiert. Seine letzten Jahre verbrachte Friedrich Wilhelm im Exil auf Schloß Horowitz in der Nähe von Prag.

10/100 Entwurfszeichnung für den Eisenbahn-Salonwagen des letzten hessischen Kurfürsten Friedrich Wilhelm I. von Hessen (Ansicht und Wagenschnitt)

um 1855; Bleistift, Feder, aquarelliert, 57 × 78 cm
Kassel, Staatliche Kunstsammlungen, Planarchiv des Astronomisch-Physikalischen Kabinetts (APK TP 2)

10/101 Modell der ersten Henschel-Lokomotive ›Drache‹

Lehrlinge der Firma Henschel

1962; Messing, 34 × 55 × 17 cm
Kassel, Thyssen Henschel (65809)

10/102 Bildnis des Kurfürsten Carl Theodor von der Pfalz

Heinrich Carl Brandt (Werkstattreplik)

um 1775; Öl auf Leinwand, 102,5 × 85,8 cm
Mannheim, Städtisches Reiß-Museum (0 390)

Carl Theodor (1724–1799) regierte seit 1742 die Kurpfalz. Seine Residenzstadt Mannheim entwickelte sich unter seinem Regiment zu einem Zentrum wissenschaftlichen und künstlerischen Lebens. Im Jahre 1777 trat Carl Theodor die Nachfolge des kinderlos verstorbenen Kurfürsten Max III. Joseph in Bayern an, was die Verlegung der Residenz nach München zur Folge hatte. Carl Theodors Absichten gingen jedoch in der Folgezeit dahin, in einem großen Ländertausch mit Kaiser Joseph II. Bayern an Österreich abzutreten und dafür die österreichischen Niederlande zu erhalten. Die Verwirklichung dieser Pläne hätte Carl Theodor zum Herrscher eines wirtschaftlich starken, für die Verhältnisse des Reiches einigermaßen zusammenhängenden rheinischen Königreichs gemacht. Friedrich der Große war an dem Macht- und Gebietszuwachs Österreichs ebensowenig interessiert wie die Reichsstände an solchen, die Reichsverfassung infrage stellenden Länder-Rochaden. Freilich waren erst mit der Besetzung der österreichischen Niederlande 1794 durch die Truppen der französischen Revolution alle Hoffnungen auf den Ländertausch dahin. Nach dem Tode Josephs II. trug sich Carl Theodor mit der Absicht, selbst die Kaiserwürde anzustreben, was aber nicht die Unterstützung der übrigen Reichsstände fand.

10/103

10/103 ›Trauer Mannheims um den Verlust des Herrschersitzes‹

Franz Konrad Linck/Adam Bauer

Frankenthal, um 1778; Porzellan, bemalt und vergoldet, 21 × 30 cm
Speyer, Historisches Museum der Pfalz (HM 1979/33)

10/104

10/104 Bildnis des Herzogs Georg II. von Sachsen-Meiningen

Julius Greiner

Porzellan, 28,4 × 23,5 cm
Köln, Institut für Theater-, Film- und Fernsehwissenschaft der Universität zu Köln

Der als »Theaterherzog« bekannte Georg II. von Sachsen-Meiningen (1826–1919) widmete sich, da sein autokratischer Vater ihn nicht an den politischen Geschäften beteiligen wollte, bis in sein vierzigstes Lebensjahr allein den Wissenschaften und Künsten. Seine Studien der Rechtswissenschaften, Geschichte, Malerei und Architektur hatten ihn u. a. nach Bonn, Leipzig, Paris und London geführt. Als sein Vater, Herzog Bernhard II., der im preußisch-österreichischen Krieg 1866 die Partei Österreichs ergriffen hatte, durch eine Intervention Bismarcks und die militärische Besetzung Meiningens zur Abdankung gezwungen wurde, mußte Georg II. den Thron besteigen.

Die nun folgenden Reformen des Herzogs betrafen nicht nur Innen- und Außenpolitik, sondern auch das kulturelle Leben. Unter seiner Leitung erlangte das Meininger Hoftheater über die Grenzen der Residenz hinaus Bedeutung. Unzufrieden mit der von Starkult, mangelnder Probenarbeit und zunehmender Kommerzialisierung geprägten Situation der deutschen Bühnen und angeregt durch die Shakespeare-Inszenierungen Keans und Din-

10/105

gelstedts, wollte Georg II. Meiningen zu einem Zentrum der Shakespeare-Pflege machen.

Der Theaterstil der ›Meininger‹ strebte nach psychologischem Realismus der Darstellung, historischer Genauigkeit und philologischer Exaktheit. Dem dienten die auf wissenschaftlichen Grundlagen erarbeitete Ausstattung mit historisch getreuen Kostümen und Requisiten, eine naturalistische Geräuschkulisse, effektvolle Beleuchtung und perfekte Massenszenen. Der Herzog selbst arbeitete daran mit.

Zahlreiche Gastspielreisen führten die ›Meininger‹ in den Jahren 1874–1890 in 36 europäische und amerikanische Städte mit 2591 Aufführungen.

10/109

10/105 Bildnis der Helene Freifrau von Heldburg (Ellen Franz)

Franz von Lenbach

um 1890; Pastell, 100 × 90 cm

Köln, Institut für Theater-, Film- und Fernsehwissenschaft der Universität zu Köln

Ellen Franz (1839–1926) erhielt von ihrem bürgerlichen Elternhaus in Berlin eine hervorragende Ausbildung. Sie machte bereits in ihrer Jugend die Bekanntschaft von Franz Liszt, Hans von Bülow und Cosima Wagner. Gegen den Willen der Eltern wurde sie schließlich Schauspielerin. Nach Spielzeiten in Coburg, Stettin, Oldenburg und Mannheim bekam sie im Jahre 1869 ein Engagement am Meininger Hoftheater. Dadurch machte sie bald die Bekanntschaft des Herzogs. Nach dem Tode der zweiten Gemahlin Georgs II. heiratete dieser Ellen Franz 1873 heimlich und gegen den Willen seines Vaters, nachdem er ihr den Titel einer Freifrau von Heldburg verliehen hatte. Die volle gesellschaftliche Anerkennung blieb der nicht standesgemäßen Gemahlin zwar versagt, die Ehe des Paares galt jedoch als äußerst harmonisch. Auch nach ihrer Heirat setzte die ehemalige Schauspielerin ihre Theaterarbeit als Vortragsmeisterin des Meininger Ensembles fort.

10/106 Ansicht des Meininger Hoftheaters

Fotografie (Reproduktion)

Koblenz, Bundesarchiv, Bildarchiv

10/107 Bühnenprobe des Meininger Hoftheaters für Shakespeares ›Julius Cäsar‹ in Berlin

C. W. Allers (Friedrich Conrad)

1890; Lichtdruck nach Bleistiftzeichnung, 24,5 × 17,3 cm

Köln, Institut für Theater-, Film- und Fernsehwissenschaft der Universität zu Köln

10/108 Szenenentwurf des Meininger Hoftheaters für Shakespeares ›Wintermärchen‹ – Blick auf den Ätna

Max Brückner

Öl auf Leinwand, 35 × 46 cm

Köln, Institut für Theater-, Film- und Fernsehwissenschaft der Universität zu Köln

10/109 Kostümentwurf des Meininger Hoftheaters für ›Die Hermannsschlacht‹ von Heinrich von Kleist

Georg II. von Sachsen-Meiningen

Bleistift, Feder, 32,5 × 20,5 cm

Köln, Institut für Theater-, Film- und Fernsehwissenschaft der Universität zu Köln (17577)

10/110 Entwurf des Meininger Hoftheaters für Shakespeares ›Sommernachtstraum‹

Georg II. von Sachsen-Meiningen

Kohle, Bleistift, 22,5 × 40,5 cm

Köln, Institut für Theater-, Film- und Fernsehwissenschaft der Universität zu Köln (17576 a und b)

10/108

10/110

10/111

10/111 Uniform des Ritters vom Bayerischen Hubertus-Orden und Staatsrats von Schrenck

um 1880; blauer Stoff mit Goldstickereien
München, Bayerisches Nationalmuseum (T 5879–90)

10/112 Gala-Uniform eines bayerischen Landgerichtsdirektors

blauer Stoff mit Goldstickereien auf schwarzem Samt, Goldborte, Schiffhut: Filz
München, Bayerisches Nationalmuseum (T 5877–78; 5880; 5884–88)

10/113 Familienbildnis des Grafen Johann Ludwig von Nassau-Ottweiler

Riccard

Öl auf Leinwand, 283 × 362 cm
Bad Homburg, Verwaltung der Staatlichen Schlösser und Gärten Hessen

Johann Ludwig (1649–1715) war ein Sohn des Grafen Wilhelm Ludwig von Nassau-Saarbrücken, der wegen seines Bündnisses mit dem schwedischen König im Dreißigjährigen Krieg 1635 vom Kaiser seiner Herrschaft enthoben und ins Exil nach Metz vertrieben wurde. Nach dem Tode des Vaters 1640 kehrte Johann Ludwig mit seiner Familie zurück. Als 1659 das Land geteilt wurde, erhielt er die Grafschaft Ottweiler. Sie kam 1680 im Zuge der sogenannten ›Reunionen‹ unter französische Herrschaft; Johann Ludwig dankte zugunsten seines Sohnes Friedrich Ludwig ab und wurde Offizier im kaiserlichen Heer gegen Frankreich. Die Eigenständigkeit Nassau-Ottweilers endete mit dem Aussterben der Linie 1728.

10/114 ›Prospect der Hochfürstlich-Marggraff-Baadischen Residentz zu Rastatt wie solche gegen der Stadt anzusehen ist‹

Fr. Jg. Krohmer, Hofingenieur

1733; Feder, laviert, 45 × 98 cm
Karlsruhe, Badisches Generallandesarchiv (G Rastatt/5)

Das Schloß Rastatt ließ sich Markgraf Ludwig Wilhelm von Baden-Baden (1655–1707), Reichsgeneralfeldmarschall in den Türkenkriegen, in den Jahren 1697–1706 erbauen. Seine frühere Residenz Baden(-Baden) war im Pfälzischen Erbfolgekrieg zerstört worden; die erhoffte polnische Königskrone war ihm nicht zuteil geworden. Der Entwurf des Schlosses stammte von Domenico Egidio Rossi. Zusammen mit dem Schloß ließ der Markgraf eine auf dasselbe bezogene regelmäßige Stadtanlage errichten.

In den Jahren 1797–1799 tagte hier der Rastatter Kongreß, auf dem das Reich das linke Rheinufer an Frankreich abtrat, die großangelegte territoriale Entschädigungspolitik, vor allem die Säkularisierung der geistlichen Fürstentümer, beschloß und die Auflösung des Reichsverbandes einleitete. Im Mai 1849 begann mit einer Meuterei von Soldaten auf dem Rastatter Schloßhof der badische Aufstand als Schlußakt der Revolution von 1848/49.

10/115 Großherzogliches Schloß in Schwerin

Fr. Jantzen, nach August Stüler

1864; Feder, aquarelliert, 46,7 × 38,5 cm
Berlin, Plansammlung der Universitätsbibliothek der Technischen Universität (17 271)

10/115

Das Schweriner Schloß umfaßte bis zur Regierungszeit von Großherzog Friedrich Franz II. (1842–1883) Elemente verschiedenster Architekturepochen. In den Jahren 1843–1857 erfolgte ein großangelegter Um- und Neubau mit dem Ziel einer architektonischen Vereinheitlichung. Die Entwürfe stammen von Georg Adolph Demmler, Hermann Willebrand und Friedrich August Stüler.

10/116 Großherzogliches Schloß in Schwerin – Innenansicht

Fr. Jantzen, nach August Stüler

1864; Feder, aquarelliert, 31 × 28 cm
Berlin, Plansammlung der Universitätsbibliothek der Technischen Universität (17 272)

Fürst Karl Anton von Hohenzollern-Sigmaringen (1811 bis 1885) hatte 1849 sein Land an Preußen angegliedert. Er selbst wurde 1858 bis 1862 preußischer Ministerpräsident. Einen 1862 begonnenen Neubau für seine Bibliothek neben dem Sigmaringer Schloß widmete er vor der Fertigstellung zu einem Museum für seinen großen Kunstbesitz um, das 1867 eingeweiht wurde. Die auf diese Weise öffentlich zugängliche Sammlung von Gemälden, Skulpturen und Kunstgewerbe fand in der internationalen Fachwelt große Anerkennung.

Im September 1944 mußte Fürst Friedrich von Hohenzollern-Sigmaringen sein Schloß für die französische Vichy-Regierung räumen, die von den Deutschen nach der Invasion der Alliierten in Frankreich zwangsweise hierher gebracht wurde. Staatspräsident Pétain, Ministerpräsident Laval, ca. 450 Mitglieder der Regierung und der wenigen in Vichy akkreditierten Botschaften (Japan, Italien und Deutschland selbst) sowie deren Familienangehörige; über 250 Miliz-Soldaten des Kollaborationsregimes und andere Flüchtlinge hielten sich bis April 1945 in den Schlössern Sigmaringen, Wilflingen und Krauchenwies sowie dem ehemaligen Kloster Inzigkofen auf.

10/117 Innenansicht des fürstlichen Museums in Sigmaringen. Mit den Bildnissen des Hofbibliothekars Friedrich August Lehner und seiner Frau (Abb. S. 225)
C. E. Conrad
1872; Aquarell, 54 × 73,4 cm
Sigmaringen, Fürstlich Hohenzollernsche Sammlungen (II B 9/2244)

10/118 Fürstliches Museum in Sigmaringen. Aufriß der Wände im ›Altdeutschen Saal‹ mit Hänge- und Stellplan
Carl von Mayenfisch
1856; Federzeichnung, 32,9 × 20,7 cm
Sigmaringen, Fürstlich Hohenzollernsche Sammlungen

10/119 Gala-Livree eines Lakaien vom Hofstaat in Sigmaringen
1884; blaues Wolltuch
Sigmaringen, Fürstlich Hohenzollernsche Sammlungen

10/120 Zeremonienstab des Hofstaates in Sigmaringen in der Zeit des Fürsten Wilhelm von Hohenzollern (1905–1927)
Holz, Silberbeschläge, Messing (vergoldet), L 169,5 cm
Sigmaringen, Fürstlich Hohenzollernsche Sammlungen

10/121 Ansicht der Karlstraße in Sigmaringen (Abb. S. 224)
F. Kugler
Fotografie (alter Abzug), 19,4 × 25,2 cm
Sigmaringen, Fürstlich Hohenzollernsche Sammlungen

10/122 Gästebuch der Familie des Fürsten von Hohenzollern
1907–1956; Ledereinband, Messingbeschlag, Schmuckstein, 37,5 × 59,8 cm (aufgeschlagen)
Sigmaringen, Staatsarchiv (Dep. 39, Fürstlich Hohenzollernsches Haus- und Domänenarchiv Nr. 53, 247)

10/123 Album mit Fotos vom Aufenthalt der ›Vichy-Regierung‹ in Sigmaringen
Paula Schmidt
1944; Fotografien (alte Abzüge), 23 × 18 cm
Bad Nauheim, Paula Dieterle geb. Schmidt

10/124 Nikolausfeier im ›Zollerhof‹ mit den Mitgliedern der japanischen Botschaft und den Töchtern der Wirtin (als Knecht Ruprecht und Nikolaus)
Paula Schmidt
1944; Fotografie (alter Abzug), 11 × 9 cm
Bad Nauheim, Paula Dieterle geb. Schmidt

10/125 Neujahrsglückwünsche der deutschen Botschaft Paris ›z. Zt. Sigmaringen‹ an den Bürgermeister von Sigmaringen vom 31. Dezember 1944
27 × 21 cm
Sigmaringen, Staatsarchiv (Dep. 1, acc. 24/1977 Nr. 523)

10/126 Gästebuch des ›Zollerhof‹ in Sigmaringen – Quartier der japanischen und der italienischen Botschaft 1944/45 mit entsprechenden Eintragungen und Fotografien
nach 1943; 26 × 20 cm
Bad Nauheim, Paula Dieterle geb. Schmidt

10/127 Ansicht des Schloßplatzes und der anliegenden Bebauung in der württembergischen Hauptstadt Stuttgart (Abb. S. 229)
Nicolaus Friedrich von Thouret
um 1835; Feder, Bleistift, 35 × 42,2 cm
Stuttgart, Archiv der Stadt Stuttgart (B 588)

Am oberen rechten Rand der Ansicht liegt das Alte Schloß, das seine Gestalt im wesentlichen zwischen 1553 und 1575 erhalten hatte. Dem Gebäude gegenüber, axial zugeordnet, befand sich das ›Große Lusthaus‹, das 1583–93 als einer der bedeutendsten Renaissance-Bauten im deutschen Süden errichtet worden, zur Zeit der hier gezeigten Stadtansicht durch Umbauten aber schon stark verändert war. Das Neue Schloß (Bildmitte) entstand unter der Regierung des Herzogs Carl Eugen, dem die in Württemberg mächtigen Landstände einen solchen Bau unter der Bedingung bewilligt hatten, daß er zeitweilig wieder in Stuttgart regiere. Das Hofleben hatte sich zuvor ganz in der Riesenschloßanlage Ludwigsburg konzentriert, die sich Herzog Eberhard Ludwig (1693–1733) vor den Toren der alten württembergischen Residenz Stuttgart hatte errichten lassen. Hinter dem Neuen Schloß befanden sich eine Kavalleriekaserne, in die der Herzog 1775 seine ›Carls-Hohe-Schule‹ verlegte. Diese Bildungsanstalt, die als bekanntester Schüler Friedrich Schiller absolvierte, stand ganz im Zeichen einer aufgeklärt absolutistischen Erziehung, die dem Herzog eine nur ihm als Monarchen und weniger den Landständen loyale, perfekt ausgebildete Militär- und Beamtenkaste heranziehen sollte.

Der Zeichner der Stadtansicht, Nicolaus Friedrich von Thouret (1767–1845), als Architekt in Stuttgarter Hofdiensten, hatte auf Wunsch Goethes u. a. auch am Bau des Weimarer Schlosses mitgewirkt.

10/128 Rapport bei König Wilhelm I. von Württemberg im Neuen Schloß zu Stuttgart (Abb. S. 228)

F. S. Stirnbrand

Öl auf Leinwand, 56,6 × 71,3 cm
Stuttgart, Württembergisches Landesmuseum (1940–20)

König Wilhelm I. von Württemberg (1781–1864) stellte unter den Fürsten des ›Deutschen Bundes‹ in vielerlei Hinsicht eine Ausnahme dar. Seine Lebensgeschichte hatte abenteuerliche Züge. 1803 hatte ihn eine Liebesgeschichte mit einer Bürgerstochter zur Flucht nach Paris und politischer Konspiration mit den oppositionellen Württembergischen Landständen und dem Ersten Konsul Napoleon veranlaßt. Zur Zeit des Rheinbundes in militärischen Diensten Frankreichs, wurde er 1813 Kommandeur eines österreichischen Armeecorps im Feldzug gegen Napoleon. Auf dem Wiener Kongreß wurde Wilhelm als künftiger König von Frankreich oder deutscher Kaiser gehandelt. In der Folgezeit sah sich Wilhelm als Vertreter des ›Dritten Deutschland‹, das sich der Hegemonie Preußens und Österreichs zu erwehren hatte, auch wenn er im Zweifelsfall Loyalität eher gegenüber dem letzteren aufbrachte. 1848/49 war Wilhelm als künftiges Reichsoberhaupt, zumindest aber als Bundesfeldherr im Gespräch. Die erste Ehe mit einer Schwester des russischen Zaren und die Verwandtschaft mit der Familie Napoleons hielten seinen außenpolitischen Ehrgeiz wach; 1857 kam es in Stuttgart zu einem Treffen von Zar Alexander II. und Napoleon III., das eine Wiederannäherung der beiden Mächte nach dem Krimkrieg besiegelte.

Die Innenpolitik Wilhelms I. war widerspruchsvoll. Die Verfassung von 1819 war eine der liberalsten des Bundes. Metternich ließ mehrmals in Stuttgart wegen der dort erscheinenden oppositionellen Presse intervenieren. Andererseits fielen die empörende Inhaftierung und erzwungene Emigration Friedrich Lists in Wilhelms Regierungszeit. Das Bild des Königs als ›liberaler Musterfürst‹ war nicht frei von obrigkeitsstaatlichen Schatten.

10/129 Gala-Uniform des württembergischen Generals von Linden (Tschako, Rock und Säbel)

um 1860; dunkelgrüner Stoff, Silberstickerei
Rastatt, Wehrgeschichtliches Museum (108571, 108570, 014557)

Edmund Graf von Linden (1798–1865) diente seit 1813 als Offizier in der württembergischen Kavallerie. Im Jahre 1848 wurde er Kommandant der königlichen Leibgarde zu Pferd. Von 1857 bis zum Eintritt in den Ruhestand zwei Jahre später hatte er den Rang eines Befehlshabers der Reiterdivision in der Garnison Stuttgart inne.

10/130 Gala-Uniform des Königreichs Württemberg
a) Hofkammerpräsident
b) Staatsbeamter
c) Kammerherr

a) blaues Tuch, Goldstickerei, Seidenfutter b) blaues Tuch, Silberstickerei c) blaues Tuch, Samt, Silberstickerei, Seide
Stuttgart, Württembergisches Landesmuseum (1963–118 a–d, 1963–120 a–b, 1939–3)

10/131 Bildnis des Ludwig Pfau

1848; Daguerreotypie, 9,5 × 6,9 cm
Marbach/N, Schiller-Nationalmuseum/Deutsches Literaturarchiv (3429)

10/131

Ende 1847 gründete Ludwig Pfau (1821–1894) das Karikaturblatt ›Eulenspiegel‹ in Stuttgart. Durch seine hier veröffentlichten Gedichte und Satiren gegen Monarchie, Polizeistaat und Preußentum wurde es rasch populär. Pfau gehörte 1848 dem demokratischen Landesausschuß von Württemberg an und nahm 1849 am badischen Aufstand teil. Nach seiner Flucht in die Schweiz gelangte er 1852 nach Paris, wo er u. a. mit Heinrich Heine zusammentraf. Beim Thronwechsel in Württemberg 1863 wurde eine Amnestie erlassen, und Pfau, der zu 21 Jahren Haft verurteilt worden war, konnte in seine Heimat zurückkehren. Er gehörte zu den Begründern der ›Volkspartei‹ und der Zeitung ›Der Beobachter‹. Diese verfolgten in den 1860er Jahren eine politische Linie, die dem herrschenden Kurs auf einen preußisch dominierten kleindeutschen Nationalstaat entgegengesetzt war und demokratische Verhältnisse in den deutschen Einzelstaaten vor das Ziel der nationalen Einheit stellte. Pfau lehnte das Bismarck-Reich von 1871 entschieden ab, eine Haltung, deren polemischer Ausdruck in seinen Publikationen ihm noch mehrmals Haftstrafen einbrachte.

10/132 Standbild des Herzog Adolf von Nassau

um 1850; Bronze, H 50,5; Sockel: 110,5 cm

Bad Homburg, Verwaltung der Staatlichen Schlösser und Gärten Hessen (3. 2. 15.)

Das Herzogtum Nassau war eine Schöpfung des Wiener Kongresses von 1814/15, die den in ganz Europa verzweigten nassauischen Linien gleichsam ein künstliches Stammland schuf. In der Publizistik des 19. Jahrhunderts gegen die Kleinstaaterei wurde Nassau neben Kurhessen eine Hauptzielscheibe. Herzog Adolf von Nassau (1817–1905) schwenkte von den reformpolitischen Ansätzen seiner ersten Regierungsjahre nach 1839 bald auf einen konservativen, legitimistischen Kurs um, der sich außenpolitisch nach Österreich orientierte, während das politisch tonangebende Bürgertum seines Landes in den 1850er und 60er Jahren immer stärker nach Preußen blickte. Nassau wurde 1866 von den siegreichen Preußen annektiert. Herzog Adolf lebte danach überwiegend in Frankfurt und auf auswärtigen Besitzungen; gegen Ende seines Lebens konnte er 1890 infolge der nassauischen Erbfolge erneut einen Thron besteigen – den des Großherzogtums Luxemburg.

10/133 Modell des Schlosses Biebrich

um 1820; Holz, Pappe, 27 × 133 × 44 cm
Bad Homburg, Verwaltung der Staatlichen Schlösser und Gärten Hessen

Das Schloß wurde 1711–1721 für den Fürsten Georg August von Nassau-Idstein (1677–1721) erbaut; wesentlichen Anteil am Entwurf der Gesamtanlage hatte Maximilian von Welsch, der später u. a. das Schloß Favorite bei Mainz baute. Seit 1744 war Biebrich die Residenz des Fürsten Karl von Nassau-Usingen, was eine Erweiterung um zwei Seitenflügel und den Umbau des bisherigen Sommerschlosses für Winteraufenthalte nach sich zog. Das Modell zeigt den Zustand vor dieser Erweiterung; möglicherweise handelt es sich um ein Spielzeug nassauischer Prinzen. Auch in der Zeit des Herzogtums Nassau 1815–1866 war Biebrich neben dem benachbarten Wiesbaden Residenz des Landesherrn. Goethe hat sich bei seinen Kuraufenthalten in Wiesbaden 1814/15 jeden Sonntag zur Mittagstafel des Herzogs Friedrich August dort eingefunden und auch seinen 65. Geburtstag gefeiert: »Nach so vielen Ruinen alter und neuer Zeit«, schrieb er unter dem Eindruck der napoleonischen Kriege, sei es »wieder die angenehmste Empfindung, ein wohlerhaltenes Lustschloß zu sehen«. Im Schloßpark ging Richard Wagner häufig spazieren, als er 1862 in Biebrich die ›Meistersinger‹ fertigstellte.

10/134 Büste einer höfischen Dame

um 1770; bemaltes Holz, 81,5 × 52,8 × 32,5 cm
Mainz, Landesmuseum (63/8)

10/135 Livreen von Hofbediensteten des Herzogs von Nassau
a) Lakai
b) Bereiter

a) dunkelblaues Tuch, blauer Samt, orangefarbener Besatz b) orangefarbenes Tuch, Brokattressen
Luxemburg, SKH der Großherzog von Luxemburg

10/136 Kammerherrenschlüssel vom Hof des Herzogs von Nassau

um 1860; Messing, vergoldet, 15,3 cm
Wiesbaden, Museum Wiesbaden

10/137 Lederetui mit 12 Musterknöpfen von Hofuniformen und Livreen vom Hof des Herzogs von Nassau

um 1860; Messing, vergoldet, Silber
Wiesbaden, Museum Wiesbaden

10/138 Erinnerungsstücke an Beamtenschaft und Armee des Herzogtums Nassau
a) Zweispitz von einer Beamtenuniform
b) Epauletten des letzten Kommandeurs der

10/133

10/140

nassauischen Artillerie, Oberst Robert Graeser
c) Säbelgehänge der nassauischen Armee
d) Pickelhaube eines Offiziers
e) Käppi eines Offiziers
f) Modell einer Kanone mit Protzkasten

a) vor 1866; b) um 1866; c) vor 1866; d) 1859; e) 1866; f) vor 1866
Wiesbaden, Museum Wiesbaden; c), d), f), (13.157/1, 18258, 10.42/10.43)

10/139 Thronsessel des Herzogs von Nassau bei der Eröffnung der Landstände im Stadtschloß Wiesbaden (Abb. S. 223)

um 1840; Holz, geschnitzt und vergoldet, roter Samt, 135 × 82 × 67 cm
Bad Homburg, Verwaltung der Staatlichen Schlösser und Gärten Hessen

Der Thronsessel wurde vermutlich bei der Eröffnung der nassauischen Landstände im Stadtschloß Wiesbaden benutzt. Die beiden Kammern des nassauischen Landtages wurden bis 1866 von den liberalen Gegnern des Herzogs von Nassau beherrscht.

10/140 Ansicht des Spielsaales im Kurhaus Wiesbaden
Köbig

um 1844; Feder, grau laviert, 9,2 × 14,4 cm
Wiesbaden, Museum Wiesbaden

10/141 Spielkarten der Spielbank im Kursaal von Wiesbaden und Bad Ems 52 (+3) Karten des Trente-et-quarante-Spiels

1856–1872; Lithographie, 22 × 35 cm
Wiesbaden, Hessische Landesbibliothek (Rara 4 0 Gz 302 17, Nr. 149)

10/142 Zivile und militärische Kopfbedekkungen aus deutschen Kleinstaaten
a) Kopfbedeckung eines Soldaten des Füsilierbataillons Lippe
b) Zweispitz des kurfürstlich-hessischen Konsuls Albers bei der Hansestadt Bremen
c) Mannschaftstschako der Infanterie des Herzogtums Schwarzburg-Sondershausen

d) Tschako der Königlich-dänischen Grenztruppen für Offiziere
e) Helm eines Land-Dragoners (berittene Gendarmerie) im Großherzogtum Oldenburg
f) Tschako eines Distrikts-Husaren (berittene Landgendarmerie) im Herzogtum Mecklenburg-Strelitz

a) um 1809; b) um 1860; c) um 1830; d) um 1840; e) um 1830; f) um 1900
Detmold, Lippisches Landesmuseum a) (Mi-Tx 02)
Bremen, Bremer Landesmuseum für Kunst- und Kulturgeschichte (Focke-Museum) b) (K 1180b)
Rastatt, Wehrgeschichtliches Museum c), d), e), f), (109 657, 012 088, 010 738, 011 780)

10/143 Modell des sogenannten ›Auswandererhauses‹ in Bremerhaven

124 × 94, 2 × 72 cm
Bremerhaven, Deutsches Schiffahrtsmuseum (I/3022/84)

Für unzählige Menschen war dieses Gebäude die erste Station auf dem Weg zu einem menschenwürdigeren, von sozialer Not und politischer Unterdrückung freien Leben, das sie sich in Amerika erhofften. Das Auswandererhaus in Bremerhaven wurde 1849 errichtet, um den Emigranten, die in der Hafenstadt auf ihre Schiffe warteten, preiswerte Unterkunft und Beköstigung zu bieten. Ein Rückgang der Auswandererzahlen zwischen 1855 und 1865 sowie verbesserte Bahnverbindungen machten längere Aufenthalte in Bremerhaven später überflüssig, und das Gebäude wurde nach einer Zeit des Leerstandes anderen Nutzungen zugeführt.

10/144 ›Der Auswanderer nach Amerika an seine Landsleute‹

um 1845; Lithographie, koloriert, 44,2 × 35,1 cm
Nürnberg, Germanisches Nationalmuseum (HB 24474)

10/145 Erinnerungstafel an nach Amerika ausgewanderte Bürger
Eduard Fröschle

1846; Öl auf Eisenblech, 95 × 71 cm
Krumbach, Heimatmuseum

10/146 Panorama-Ansicht der Gußstahlfabrik Fried. Krupp in Essen
Otto Bollhagen/Fritz Jacobsen

1911; Lithographie, 34,5 × 76 cm
Essen-Bredeney, Historisches Archiv Fried. Krupp GmbH Villa Hügel (aus S1/K7. 16B)

Die Gußstahlfabrik in Essen bildete den Kern des im 19. Jahrhundert stetig wachsenden und sich verzweigenden Unternehmens Krupp, dessen Beschäftigtenzahl von 74 im Jahre 1848 auf 20200 im Jahre 1887 und 77400 vor dem Ersten Weltkrieg anstieg. Die beiden wesentlichen Produktionsbereiche bildeten Eisenbahnmaterial (Schienen, Achsen, Radbandagen) und Geschütze; später kamen die Produktion von Panzerplatten für den Kriegsschiffbau und schließlich eine eigene Werft (Germania AG in Kiel) hinzu (1902).

Alfred Krupp (1812–1887), mit dessen Namen sich der Aufstieg der Firma verbindet, und seine Nachfolger unternahmen große Anstrengungen, das Werk zu einem geschlossenen Arbeits- und Lebenszusammenhang zu runden. Arbeiterwohnsiedlungen, Pensionskasse und werkseigene Konsumanstalt sollten einen festen Stamm von Facharbeitern an das Unternehmen binden; andererseits wurden der gewerkschaftlichen oder gar politischen Betätigung der Beschäftigten weitestgehende Beschränkungen auferlegt.

10/147 Planskizze für den Bau der ›Villa Hügel‹ in Essen-Bredeney
Alfred Krupp

Bleistift, Feder, 34 × 21,5 cm
Essen-Bredeney, Historisches Archiv Fried. Krupp GmbH Villa Hügel (FAH II D 15, Bl. 30)

Die Villa Hügel ließ Alfred Krupp 1870 bis 1873 als Wohnsitz und zum Zwecke der Repräsentation des Unternehmens, zum Beispiel der Beherbergung wichtiger Gäste, errichten; ihre Gestalt wurde stark von seinen persönlichen Vorstellungen bestimmt.

10/148 Statuetten der Familie Krupp von Bohlen und Halbach in der Kostümierung für das Ritterspiel zur 100-Jahr-Feier des Unternehmens

a) Gustav Krupp von Bohlen und Halbach (1870–1950) als Ritter
b) Bertha Krupp von Bohlen und Halbach (1886–1957) als Burgfräulein
c) Alfried Krupp von Bohlen und Halbach (1907–1967) als Knappe

um 1912; Bronze auf Steinsockel, a) H 105 cm; B 75 cm; Sockel: 20 × 47 cm; b) H 79 cm; B 58 cm; Sockel: 19 × 49 cm; c) H 52 cm; B 37 cm; Sockel 11 × 29 cm
Essen-Bredeney, Historisches Archiv Fried. Krupp GmbH Villa Hügel

Im November 1911 wurde das Unternehmen Krupp 100 Jahre alt. Die Jubiläumsfeierlichkeiten sollten jedoch im August 1912 stattfinden, um zugleich den hundertsten Geburtstag von Alfred Krupp begehen zu können, in dessen Lebensjahren das Werk erst seinen eigentlichen Zuschnitt erlangt hatte. Kaiser Wilhelm II. stattete dem ›Kruppschen Reiche‹, wie er sich in seiner Ansprache ausdrückte, einen Besuch ab. In seiner Anwesenheit sollte als Höhepunkt der dreitägigen Feiern am Nachmittag des 9. August auf dem Hügel ein ›Ritterspiel‹ stattfinden. Wegen eines schweren Grubenunglücks auf der Zeche ›Lothringen‹ in Bochum wurden die Feierlichkeiten jedoch abgebrochen, und das Ritterspiel fand nicht mehr statt.

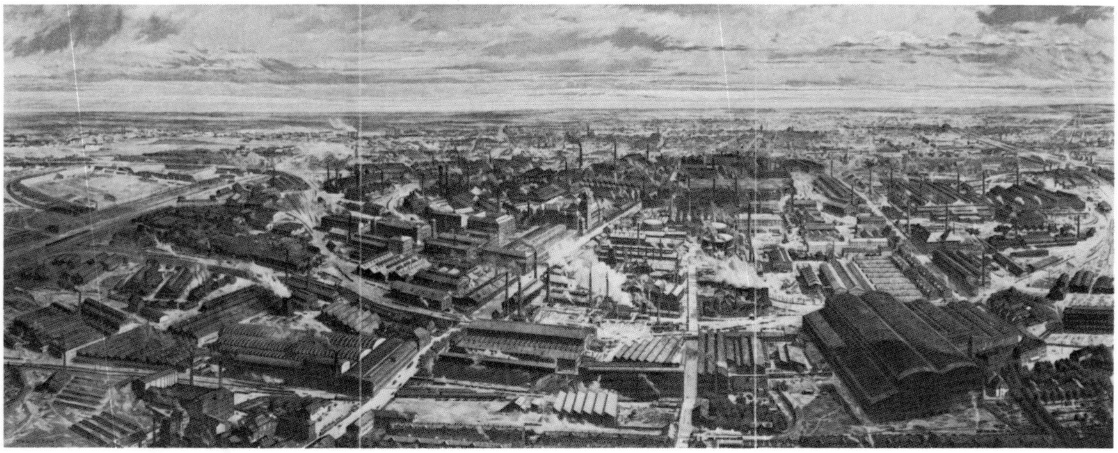

10/146

Weimar

»Der Gipfel des deutschen Parnasses«

Hartmut Schmidt

Wenn denn der 7. November 1775 in der deutschen Geistesgeschichte Epoche machen sollte, wäre dem Schicksal eine glücklichere Hand bei seiner Regie zu wünschen gewesen. Der Hauptakteur, der Frankfurter Lizentiat der Rechte Johann Wolfgang Goethe, wenig über 26 Jahre alt, hatte mehr als 14 Tage auf sein Stichwort zum Auftritt warten müssen, für den der Hof von Weimar vorgesehen war. Es gab Schwierigkeiten mit der Requisite: Der in Straßburg für die soeben vermählten Weimarer Durchlauchten verfertigte Landauer, der den schriftstellernden Advokaten nach Weimar mitnehmen sollte, war verspätet geliefert worden. Auf der Bühne entstand eine quälend lange Pause, nur halbherzig gefüllt durch Arbeiten am ›Egmont‹. Für einen kurzen Aufenthalt im spätherbstlichen Weimar war der Koffer gepackt; jetzt drängte Goethes Vater den Sohn zur Reise ins südliche Italien. Goethe willigte ein. In Heidelberg erreichte ihn dann doch noch ein Eilbrief des Kammerrats Johann August Alexander von Kalb, vorerst einer Nebenfigur des Stücks. Der Kammerrat, Goethe und sein Diener Philipp Seidel trafen um fünf Uhr morgens auf dem Schauplatz ein, gewiß übernächtigt und malträtiert, denn die Straßen des Herzogtums Sachsen-Weimar waren berüchtigt wegen ihres schlimmen Zustands. Die Reichspost hatte schon mehrfach mit Verlegung ihrer Postkutschenroute gedroht, wodurch freilich die Residenz vollends zum provinziellen Hinterland degradiert worden wäre.

Überhaupt: der Schauplatz – eine sehr dürftige Kulisse! Kaum 6500 Einwohner zählte die Residenzstadt. Im Mai 1774 war das herzogliche Schloß abgebrannt, und an einen Neubau war vorerst nicht zu denken. Im sogenannten ›Fürstenhaus‹ war für den gerade achtzehnjährigen ›Landesvater‹ und seine Frau, die gleichaltrige hessen-darmstädtische Prinzessin Luise, eine bescheidene Hofhaltung eingerichtet worden. Die Herzoginmutter Anna Amalia, seit dem Tode ihres Mannes 1758 Regentin des Herzogtums, lebte beim Regierungsantritt ihres Sohnes, am 3. September 1775, im sogenannten ›Wittumspalais‹, dem eigentlichen Stadthaus des Geheimrats und Ministers Jacob Friedrich von Fritsch, das dieser nach dem Schloßbrand seiner Regentin zur Verfügung gestellt hatte. Der jüngere Bruder des Herzogs, Prinz Constantin, bewohnte mit seinem Erzieher, dem Major Karl Ludwig von Knebel, das wenige Kilometer entfernt gelegene Schlößchen Tiefurt, eigentlich eher ein geräumiges Gutshaus als ein Schloß, aber umgeben von einem weiträumigen Park. Womit denn neben dem Schauplatz auch die Hauptpersonen vorgestellt wären.

In diesem Zusammenhang die Metaphorik des Theaters zu bemühen, mag aus zwei Gründen nicht ganz unangemessen sein. Einmal benutzte Goethe sie selbst in den ersten Weimarer Wochen, wenn er sehen wollte, wie ihm »die Weltrolle zu Gesicht stünde« oder was er »auf dem Theatro Mundi zu tragieren« wisse. Zum anderen geriet ihm in dieser Zeit beinahe alles zu dramatischer Form, nicht selten zur Farce. Wenn Goethe aus seinen ›Faust‹-Szenen und anderen kleineren dramatischen Arbeiten vorlas, mochte der theatralische Funke leicht auf die Zuhörer überspringen, zumal der Autor des ›Werther‹ damals selbst noch gerne im Kostüm seiner tragischen Romanfigur auftrat. Im Hause des Hofjägers Anton Hauptmann an der Esplanade war der Redoutensaal deshalb im Herbst 1775 mit einer kleinen, etwa sechs Meter breiten Bühne versehen worden und fungierte nun als »Comödie«.

Hier und im Saal des ›Wittumspalais‹, im Sommerschloß Ettersburg und in den Parks von Weimar und Tiefurt spielten der Hof und mit ihm eine Handvoll Bürgerlicher mit Begeisterung Theater. Friedrich Justin Bertuch, Geheimsekretär und Schatullenverwalter des Herzogs, Dramatiker und Übersetzer, Verleger und Fabrikant, stand neben dem Gymnasialprofessor Karl August Musäus auf der Bühne, und in einer Kinderrolle spielte einmal auch dessen Neffe August von Kotzebue mit. In 20 Stücken war Goethe selbst zu sehen, am 11. Juni 1776 vom Maître de plaisir zum Geheimen Legationsrat mit Sitz und Stimme im Geheimen Consilium avanciert, dem engsten Beratergremium des Herzogs. Für das Bühnenbild war der wie Goethe aus Frankfurt stammende Maler Georg Melchior Kraus zuständig, und die Theatertechnik besorgte der Hoftischler Johann Martin Mieding. Choreographie führte der Hoftanzmeister Johann Adam Aulhorn, gelegentlich auch in komischen Rollen agierend, und die musikalische Leitung lag in den Händen des Hofkapellmeisters Johann Friedrich Kranz.

Die Kammerherren von Seckendorff und von Einsiedel, der Major von Knebel und die Hofdamen Luise von Göchhausen und Charlotte von Stein vervollständigten das Ensemble, zu dem gelegentlich der Herzog selbst und sein Bruder stießen. Die Herzoginmutter, eine nicht unbegabte Komponistin, lieferte die eine oder andere Bühnenmusik. Noch ehe Goethe im Geheimen Consilium eine besondere Aufgabe zugewiesen wurde, übertrug ihm der Herzog am 1. Oktober 1776 offiziell die Leitung des ›Liebhabertheaters‹. Die Leitung aller Bergwerksangelegenheiten über-

Goethe liest einer Abendgesellschaft bei Herzog Carl August vor (Kat. Nr. 11/3)

Modell von Goethes Gartenhaus (Kat. Nr. 11/2)

nahm er erst am 14. November desselben Jahres.

Ohne Frage entsprang die theatralische Union von Adel und Bürgertum am Weimarer Hof einer Laune des Herzogs, dessen spätpubertäre Tollheiten auch das Spiel der ›verkehrten Welt‹ für eine Weile einschlossen. Überdies fehlte es dem Hof an anderen standesgemäßen Äußerungsformen repräsentativer Kulturpflege. Italienische Oper, französisches Schauspiel, Ballett, Gemäldegalerie und Antikensammlung hätten die finanziellen Möglichkeiten des Landes weit überstiegen, und die im sogenannten ›Grünen Schloß‹ aufgestellte Hofbibliothek war zwar beachtlich, aber doch nicht imposant. Die Folgerichtigkeit, mit der die selbstgenügsame Dilettantenbühne schließlich 1791 in einen ordentlichen Hoftheaterbetrieb einmündete, ist für das fürstliche Selbstverständnis Carl Augusts ebenso kennzeichnend, wie es die Bemühungen des Hoftheaterintendanten Goethe charakterisierte, sein Ensemble und sein Publikum zu professionalisieren.

Vorerst aber zog das genialische Treiben in Weimar die Männer des Sturm und Drang an. »Den Hof zu Weimar zu sehen, der jetzt ein Zusammenfluß der schönen Geister in Deutschland wie der der Medicis ehemals in Florenz wird, wäre mir freylich mit eine große Belohnung für die Beschwerlichkeiten der Reise«, schrieb J. M. R. Lenz einem Freund, bevor er Anfang April 1776 tatsächlich in Weimar eintraf. Der Graf Leopold Stolberg, mit seinem Bruder gleichfalls im Frühjahr 1776 für ein paar Tage in Weimar, stellte in modisch burschikosem Ton fest: »Der Herzog ist ein herrlicher Junge, seine Frau u. Mutter zwo trefliche Weiber. Es ward uns sehr wohl in Weimar, so eine gute Fürstenfamilie hab ich nicht für möglich gehalten.«

Trotz solchermaßen erklärter Sympathie blieb freilich keiner der Stürmer und Dränger auf Dauer in Weimar. Nur Johann Gottfried Herder, dessen Berufung in das vakante Amt des Superintendenten Goethe 1776 angeraten und gefördert hatte, prägte neben Christoph Martin Wieland, der, zum Hofrat befördert, nach Erledigung seiner Aufgabe als Erzieher des Erbprinzen Carl August jetzt im wohldotierten frühen Ruhestand in Weimar lebte, nachhaltig das geistige Profil der Residenzstadt. Später – im Dezember 1799 – würde Friedrich Schiller von Jena nach Weimar übersiedeln und seinerseits den Ruf ›Ilm-Athens‹ steigern helfen.

Daß es nach dem Durchzug des Sternschnuppenschwarms der Stürmer und Dränger vornehmlich das Weimarer Theater war, auf das sich zunächst der kulturelle Rang Weimars stützte, steht außer Frage. Goethe hatte ihm zur Bedeutung einer Musterbühne verholfen; zum ›Deutschen Nationaltheater‹ avancierte es zu seiner Zeit indes ebenso zweifelsfrei nicht. Die enge Bindung an den Geschmack, die Repräsentationsbedürfnisse und die Finanzmittel des Hofes verhinderten eine Entwicklung in diese Richtung ebenso wie die Vorstellung des Intendanten Goethe von ›seinem‹ Theater und die des Weimarer Publikums von dem ihren. Der Hof bevorzugte deutlich die Oper, der Herzog selbst die Sängerinnen. Seine Neigung zu Corona Schröter, der ersten Iphigenie, ist bekannt, seine Liebe zu Caroline Jagemann, der nachmaligen Freifrau von Heygendorff, mußte auch von Goethe respektiert werden. Die Heygendorff, eine tüchtige Schauspielerin, aber eben doch zuvorderst eine der großen Sopranistinnen ihrer Zeit, versuchte über den Herzog Einfluß auf den Spielplan zu gewinnen und möglichst häufige Opernaufführungen durchzusetzen. 1808 fand sich Goethe genötigt, in für ihn ungewöhnlicher Entschiedenheit ultimativ eine Beseitigung dieser latenten Doppelintendanz zu fordern.

1817 ließ er sich nach dem Auftritt eines dressierten Pudels im Theater von dessen Leitung entbinden, wohl wissend, daß er damit das Feld für Frau von Heygendorff geräumt hatte. Die Wirkung solcher Privatverhältnisse hatte 1801 auch Schiller spüren müssen. Als er, nach dem Erwerb seines Hauses an der Esplanade in steter Geldnot und deshalb auf die Einkünfte aus den Aufführungsrechten seiner Dramen angewiesen, die ›Jungfrau von Orleans‹ nicht in Weimar, sondern in Leipzig uraufführen ließ, weil inzwischen das Verhältnis zwischen Caroline Jagemann und dem Herzog stadtbekannt und die Jagemann zudem schwanger war, zeigte sich der Hof Schiller gegenüber deutlich verstimmt; die Weimarer Premiere der ›Jungfrau‹ mußte bis 1803 warten. Schließlich waren auch politisch-diplomatische Rücksichten zu nehmen. Obwohl Goethe nie eine unmittelbare politische Wirkung des Theaters angestrebt oder auch nur zugelassen hätte und für den literarischen »Sansculottismus« auch auf der Bühne scharfe Worte fand, muß es ihn hart getroffen haben, als er 1812 wegen der Anwesenheit des französischen Gesandten in Weimar den ›Tell‹ vom Spielplan nehmen und die große Szene des Riccaut im vierten Akt der ›Minna von Barnhelm‹ streichen mußte. Daß gelegentliche Auftritte europäischer Bühnengrößen, auf die der Hof Wert legte, den jeweiligen Etat stark beanspruchten und damit Goethe zwangen, den Spielplan so einzurichten, daß ›volle Häuser‹ der Theaterkasse wieder aufhalfen, verweist auf ein weiteres Problem.

Hatten zur Zeit des Liebhabertheaters Goethes eigene Stücke zeitweilig dominiert, änderte sich das in der Ära des Hoftheaters gründlich. Im Sprechtheater, das ohnehin allmählich von der Oper zurückgedrängt wurde, nahmen bald die Produktionen Ifflands und Kotzebues den breitesten Raum ein. Begründet war diese Entwicklung im Geschmack des Weimarer Publikums, das in dem etwa 500 Plätze fassenden, 1780 erbauten und 1798 um-

Szene aus ›Iphigenie auf Tauris‹ (Kat. Nr. 11/6)

›Gallerie merkwürdiger und intereßanter Menschen‹: Die Schloßmagd Frau Bamberg

Der Aufseher der Großherzoglichen Wildprets-Niederlage Rost

Kaufmann Philipp Bose

Consistorialsecretär List (Kat. Nr. 11/25a, c, h, l)

gebauten alten Haus ohnehin die Hälfte der Plätze abonniert hatte. Der Hof selbst beanspruchte nur einen kleinen Teil der Plätze, vornehmlich die Logen. Es ließe sich leicht nachrechnen, daß im Theater als dem größten, den Bürgern in Weimar öffentlich zugänglichen Versammlungsraum ziemlich genau die Weimarer Familien Platz fanden, die durch Vermögen und Bildung nach dem Hof zur städtischen Oberschicht gehörten.

So sehr sich Goethe auch bemühte, dieses Publikum zu ›erziehen‹, so wenig konnte er es wagen, auf die Dauer am Geschmack der Weimarer vorbeizuinszenieren. Als bei der Premiere von August Wilhelm Schlegels ›Ion‹ das Publikum die antikisierende Inszenierung auslachte, donnerte Goethe zwar sein berühmtes »Man lache nicht!« ins Parkett und hielt sich schließlich das Verdienst zugute, den »weniger gebildeten Teil« der Zuschauer genötigt zu haben, »zu Hause wieder einmal ein mythologisches Lexikon zur Hand zu nehmen und sich über den Erichthonius und Erechtheus aufzuklären«, unübersehbar aber war doch, daß selbst das gebildete Weimar hinter Goethes Anspruch an bürgerliche Bildung zurückblieb. Wenn nach dem Brand des alten Hauses im April 1825 ein Weimarer schrieb: »Übrigens ist unser Theater, als Gebäude, dahin; als geistige Anstalt steht es noch kräftig da und ungeschwächt. Alle Anstalten zum Neubau sind getroffen . . . Weimar kann ohne Bühne nicht gedacht werden«, dann hatte es den Anschein, als bewahrte die Idee Weimar ihre Kraft, sich stets neu zu materialisieren.

Tatsächlich aber wuchs die Distanz zwischen Goethes eigener künstlerischer Entwicklung in seinem Alterswerk und jener Idee von Weimar, die auch im eiligst errichteten Theaterneubau weiterwirken sollte. Den 1819 neu engagierten Hofkapellmeister Johann Nepomuk Hummel, einen Schüler Mozarts und Freund Beethovens, gefeierten Klaviervirtuosen und beachteten Komponisten, mochte Goethe als Bewunderer Mozarts noch als Fortsetzer der eigenen Bemühungen um die musikalische Tradition Weimars akzeptieren.

Miniaturbildnisse von Christiane, Johann Wolfgang und August von Goethe (Kat. Nr. 11/13)

Als 1822 Carl Maria von Webers ›Freischütz‹ und zwei Jahre später dessen ›Euryanthe‹ mit riesigem Beifall in Weimar aufgeführt wurden, fuhr Goethe nicht ins Theater. Er muß spätestens damals gesehen haben, daß hochentwickeltes musikalisches Spezialistentum ungleich gewaltigere Wirkungen zu erzielen imstande war, als das Theater als Integrationsort aller Künste sie je hatte erreichen können. Die Berufung von Franz Liszt auf die Weimarer Hofkapellmeisterstelle 1848 setzte diese Entwicklung professioneller Steigerung der Einzelkünste zur Virtuosität konsequent fort. Nicht ohne den Beigeschmack von Ironie ist in Liszts Weimarer Testamentsentwurf von 1860 zu lesen: »Zu einem gewissen Zeitpunkt (vor ungefähr zehn Jahren) hatte ich für Weimar eine neue Kunstperiode erträumt – ähnlich wie die von Carl August, wo Wagner und ich die Koryphäen gewesen wären wie für Goethe und Schiller –, aber ungünstige Verhältnisse haben diesen Traum zunichte gemacht …« – Die Erneuerung Weimars aus dem Geiste der Musik?

Anfang Oktober 1837 besuchte Karl Immermann Weimar. Bewußt wollte er den Spuren Goethes nachforschen, den er nicht persönlich kennengelernt hatte. In seinen Reiseaufzeichnungen gelang dem »Urheber des modernen Epigonenbegriffs« eine subtile Beschreibung jener seltsamen Mischung aus jüngerhafter Verehrung und höfischem Dichterkult, die das geistige Weimar nach Goethes Tod charakterisierte. Höhepunkt des Weimar-Besuchs war für Immermann ein Gang durch das Goethe-Haus am Frauenplan. »A Jove principium, in Jove finis«, überschrieb er das entsprechende Kapitel seiner Notizen. Sehr schnell spürte der Besucher, daß die Erwartung einer gewissen Pracht von der Anordnung und Ausstattung der Räume nicht bestätigt wurde. Der Schlüssel zu dieser Divergenz war ebenso schnell gefunden. Wer einst Goethe besucht hatte, sah »den Zeus, und darum erweiterten sich die Wände um ihn zu Tempelhallen, welche von seinem Abglanze strahlten«. Präzise traf Immermann damit das Problem des nachgoetheschen Weimar. Aus den Persönlichkeiten Goethes und der Mitlebenden – viel weniger aus den jeweiligen Œuvres – speiste sich die Wirkung des klassischen Weimar. Im Goethe-Haus freilich wurde auch spürbar, daß die Wirkung der Persönlichkeit Goethes gestützt war auf eine sorgfältige Selbstinszenierung, für die das Haus mit zwingender Diskretion hergerichtet worden war. »Das Formvollendete und Bürgerkönigliche der Hofhaltung« (Hans Mayer) Goethes fand hier den ihm gemäßen Rahmen und vollkommenen Ausdruck.

Als das Gartenhaus an der Ilm, ein Geschenk des jungen Herzogs und eigentlich nicht mehr als eine geräumige Garçonnière, den wachsenden Repräsentationsverpflichtungen des inzwischen geadelten Geheimrats nicht mehr genügte, bezog Goethe 1782 das zunächst gemietete Helmershausensche Haus am Frauenplan. Es war 1710 erbaut worden und entsprach mit der Schwere des barocken Deckenstucks durchaus nicht mehr dem Geschmack des späten 18. Jahrhunderts. Als der Herzog 1792 das Haus erwarb, um es seinem Minister zum Geschenk zu machen, bezuschußte er auch die erforderliche Modernisierung mit einer ansehnlichen Summe. Goethe selbst lieferte Ideenskizzen zur Neugestaltung des Treppenhauses im Stil der palladianischen Renaissance, der Kunsthistoriker und Maler Heinrich Meyer beaufsichtigte die Bauarbeiten. Am 17. Dezember 1792 nahm Goethe das Haus, nunmehr sein Eigentum, in Besitz. Sein Enkel Walther verfügte 1885 testamentarisch die Rückgabe des Hauses an das Großherzogtum Sachsen-Weimar.

Daß Goethe durch das herzogliche Geschenk weniger seine persönliche Bequemlichkeit vermehrt sah, sondern es vielmehr zur Förderung von Künsten und Wissenschaften zu nutzen gedachte, ist bekannt. Infolgedessen trug das Haus von Anfang an museale Züge. Die wachsenden Sammlungen Goethes dienten freilich nicht nur eigenen Informationsbedürfnissen, sondern wurden bereitwillig auch Besuchern vorgeführt. Jedes Gespräch über wissenschaftliche oder künstlerische Gegenstände war damit sogleich am Konkreten festzumachen und folglich der Gefahr bloßen Theoretisierens enthoben. Da der eigentliche Arbeitsbereich Besuchern in der Regel unzugänglich blieb, herrschte in den Staatsräumen im ersten Stock des Hauses jene offenbar unnachahmliche Festlichkeit einer Synthese von Süden und Norden, Geschichte und Gegenwart, Wissenschaft und Kunst, Anschauung und Idee. Ob jeder Besucher wußte, daß die Zentralräume mit der Farbabfolge gelb, blau, rot die Reihenfolge der Farbenbehandlung im Kapitel »Sinnlich-sittliche Wirkung der Farbe« aus Goethes Farbenlehre reproduzierten? Da aber jeder Prunk mit Mobiliar oder Dekoration unterblieb, teilte sich der Eindruck behaglicher, aber durchaus zurückhaltender Bürgerlichkeit den Besuchern notwendig mit. Auch erschien Goethe selbst ja nicht stets im ordensgeschmückten Staatsrock, sondern gerne in korrekter, aber bequemer Hauskleidung. Waren die Besucher über die Treppe in das Empfangszimmer des ersten Stocks geführt und bei Goethe angemeldet worden, waren die Schritte des Hausherren, der meist aus dem Arbeitszimmer durch das Brückenzimmer, vorbei an den Büsten der verstorbenen Schiller und Herder, in das Vorderhaus kam, schon auf den Fußbodendielen vernehmbar, ehe Goethe selbst erschien. Nur selten verfehlte dieser Effekt seine Wirkung.

Leicht wurde und wird dabei übersehen, daß Goethe in diesem Haus nicht nur repräsentierte, sondern auch arbeitete. Hierbei sind nicht nur die literarischen und wissenschaftlichen Arbeiten gemeint, sondern auch die beruflichen. Altem Beamtenbrauch folgend, benutzte Goethe ja keine Dienstzimmer in einem Bürogebäude, sondern wickelte seine

Bühnenbildentwurf für die Oper ›Titus‹ von Mozart für eine Aufführung des Hoftheaters zu Weimar: das Capitol in Rom (Kat. Nr. 11/26a)

Dienstgeschäfte, sofern sie nicht die persönliche Anwesenheit bei Hofe oder sonst an Ort und Stelle forderten, in seinen Wohnungen ab. Goethes dienstliche Aufgaben beanspruchten ihn über Strecken weit mehr als die eigentlichen künstlerischen Produktionen. Seiner bereits erwähnten Ernennung zum Geheimen Legationsrat 1776 und der Beförderung zum Geheimrat am 5. September 1779 folgte am 12. Dezember 1815 die Ernennung zum Staatsminister mit dem Recht auf die Anrede ›Exzellenz‹. Am 10. April 1782 war Goethe auf Vorschlag des Herzogs durch Joseph II. in den Freiherrenstand erhoben worden.

Die Regierungs- und Verwaltungsarbeit des Herzogtums, das genaugenommen aus den beiden durch Personalunion verbundenen Herzogtümern Sachsen-Weimar und Sachsen-Eisenach mit jeweils selbständigen Verwaltungen bestand, wurde vom Geheimen Consilium, dem Gremium der drei ständigen Berater des Herzogs, gesteuert. Vom Beginn seiner dienstlichen Tätigkeit an hatte Goethe hier Sitz und Stimme, eine Entscheidung des jungen Herzogs, die zunächst auf entschiedenen Widerstand der hier bereits amtierenden Geheimräte stieß. Anstehende Entscheidungen wurden nach Vortrag und Beratung entweder sogleich getroffen und dann in der Form eines landesherrlichen Erlasses oder Mandats der betreffenden Unterbehörde oder den Antragstellern mitgeteilt oder den Mitgliedern des Consiliums zunächst zu schriftlicher Stellungnahme übergeben.

Gerade dieser Teil der Verwaltungsarbeit, der umfassende Sach- und Fachkenntnisse voraussetzte, läßt aufgrund des aktenmäßigen Niederschlags das Urteil zu, daß fast alles, was zwischen 1776 und 1785 als Versuch zur Reform des Herzogtums eingeleitet oder durchgeführt wurde, entscheidend der Initiative Goethes zu danken war. Neben der kontinuierlichen Arbeit des Consiliums wurden zur Erledigung besonderer Aufgaben sogenannte Kommissionen gebildet, deren Leiter für die Dauer ihrer Arbeit die Federführung und Fachaufsicht übertragen wurde. Nacheinander, zeitweilig auch gleichzeitig, leitete Goethe folgende Kommissionen: Bergwerkskommission (1777), Kriegskommission und Wegebaukommission (1779), Ilmenauer Steuerkommission (1784), Schloßbaukommission (1789). 1782 übernahm er die Leitung der ›Kammer‹, der obersten Finanzbehörde des Landes, nachdem deren Leiter – es war jener Johann August Alexander von Kalb, der Goethe nach Weimar eskortiert hatte – aufgrund von Untreue und Unfähigkeit aus dem Amt entfernt werden mußte. Bereits erwähnt wurde die Hoftheaterkommission, der Goethe von 1791 bis 1815 vorstand. Kleinere Aufgaben, wie die der Regulierung der Saale bei Jena und Dornburg, traten zeitweilig hinzu. Die Reform des Ilmenauer Steuerwesens erforderte eine neue Landvermessung. Goethe ließ sie durchführen und gab damit anregende Impulse auch für andere Landesteile. Versuche mit neuen Be- und Entwässerungstechniken auf dem herzoglichen Weideland verfolgten dasselbe Ziel: die thüringischen Kleinbauern mit

Bühnenbildentwurf für ›Faust I‹ von Goethe für eine Aufführung des Hoftheaters zu Weimar: Fausts Studierstube (Kat. Nr. 11/26b)

fortschrittlichen Methoden der Agrikultur vertraut zu machen.

Man hat sich daran gewöhnt, Goethes erste Italienreise als eine Art dienstlichen Verweigerungsakt und zugleich als persönliches Eingeständnis der Erfolgslosigkeit und der Resignation zu verstehen. Diese Deutung ist zumindest zu modifizieren, denn immerhin war es Goethe um die Mitte der achtziger Jahre gelungen, durch Verringerung des Militäretats, der Förderung infrastruktureller Maßnahmen mit den freigewordenen Mitteln und einer umfassenden Finanzreform, die immerhin so überzeugend war, daß die Landstände 1783/84 die Mittel zur Entschuldung des Kammerhaushalts bereitstellten, den Staatshaushalt wenigstens für kurze Zeit zu ordnen. Macht man sich klar, daß noch 1783 der Militäretat 58774 Reichstaler betrug, die Hofhaltung rund 70000 Reichstaler erforderte und die damalige Verschuldung der Kammer bei 200000 Reichstalern lag, wird man Goethes Leistung selbst dann nicht gering einschätzen dürfen, wenn sie keinen dauerhaften Erfolg hatte.

Nach 1788 verlagerte sich Goethes Aufgabenschwerpunkt allmählich in den Bereich der Kulturpflege und -förderung. Nach der Erhebung Sachsen-Weimars zum Großherzogtum 1815 und der Neuordnung der Landesregierung durch die Einrichtung von Ministerien leitete Goethe die ›Unmittelbaren Anstalten für Kunst und Wissenschaft‹. Der umschweifige Name dieser offenbar eigens auf Goethes besondere Fähigkeiten hin konzipierten Behörde besagte, daß in ihr diejenigen Kultureinrichtungen zusammengefaßt waren, deren Finanzierung unmittelbar aus Mitteln der Hofhaltung erfolgte, also nicht der Bewilligung – und damit der Kontrolle – der Landstände unterlag. Da Benennung, Finanzierung, Zuständigkeit und behördlicher Sonderstatus der ›Unmittelbaren Anstalten‹ ausdrücklich auf Goethes eigene Wünsche zurückgingen, muß auch der gewissermaßen antikonstitutionelle Charakter der obersten Kulturbehörde Weimars als Ausdruck der politischen Haltung Goethes in Kulturangelegenheiten gewürdigt werden.

Hier wurde einmal mehr deutlich, daß Goethe seine Leistungen in Weimar stets als persönlichen Dienst für den fürstlichen Freund empfunden hatte und öffentliche Kulturpflege immer noch als Ausfluß monarchischer Gewaltvollkommenheit und landesväterlicher Pflichten verstand. Weiterhin wußte Goethe, daß Weimar nicht der Leistung eines Kollektivs sein Ansehen dankte, sondern der Addition und Ergänzung individueller Einzelleistungen. Wenn er im Dezember 1815 voll Stolz feststellen konnte: »Weimar hat den Ruhm einer wissenschaftlichen und kunstreichen Bildung über Deutschland, ja über Europa verbreitet«, vergaß er auch nicht festzustellen, daß es längst üblich geworden war, »sich in zweifelhaften literarischen und artistischen Fällen hier guten Rats zu erholen. Wieland, Herder, Schiller und andere haben soviel Interesse erweckt, daß bei ihnen dieser Art Anfragen öfters anlangten, welche die gedachten Männer oft mit Unstatten erwiderten, oder wenigstens freundlich ablehnten.« Ihm als Überlebenden sei nach dem Ableben der drei Genannten zusätzlich zu der Fülle der Anfragen und Aufträge nun gleichsam auch deren ›Erbe‹ zugefallen. Nunmehr liege, wie er dem Ministerkollegen Christian Gottlob Voigt am 19. Dezember 1815 in komischer Verzweiflung schrieb, allein auf ihm die Last, sich »gegen das liebe deutsche Vaterland als Fakultät und Ordinarius ... einwirkend zu verhalten«. Wenn Heinrich Heine mit dem Tode des Weimarer »Kunstgreises« nicht die Weimarer, sondern die »Johann-Wolfgang-Goethesche Kunstperiode« abgelaufen sah, traf er zweifellos den Kern des Phänomens.

Obwohl sich also in Goethes später Ministertätigkeit Züge des Ancien régime mit solchen willentlich-unwillentlich autokratischer Dienstausübung verbinden, sind die Inhalte seiner Arbeit zweifellos von einem bürgerlichen Selbstverständnis geprägt. Die Institute, denen Goethe »oberaufsichtlich« vorstand oder denen er langjährige, intensive Förderung gewidmet hatte – der Weimarer Zeichenschule, den Bibliotheken in Jena und Weimar, dem Botanischen Garten, den medizinischen und naturwissenschaftlichen Instituten der Universität und der Philosophischen Fakultät –, waren ja ausnahmslos Bildungseinrichtungen für die bürgerlichen Eliten, die im 19. Jahrhundert wesentliche gesellschaftliche Rollen zugewiesen erhielten. Auch ist unübersehbar, daß in Weimar eher das Kunstgewerbe als die Kunst gefördert wurde, und selbst am Hoftheater hatten sich, seitdem Goethe das Ensemblespiel an die Stelle virtuoser Einzelleistungen gestellt hatte, deutlich bürgerliche Strukturen ausgebildet. Das Kleinformatige, Mattfarbige, in Geste und Ausdruck Verhaltene, der Kammerton und die bürgerlich bescheidene Salonatmosphäre, das Praktische und Funktionale, unpathetisch Biedermeierliche der Goetheschen Spätphase brachte ohne Frage eine bürgerliche Tradition auf den Punkt.

Es war aber die Bürgerlichkeit letztlich des 18. Jahrhunderts, der die des 19. Jahrhunderts zunehmend fremder gegenüberstand. Der gepflegte graphische Spätklassizismus der Weimarer Zeichenschule wurde abgelöst vom großformatigen, laut koloristischen, emotional-pathetischen Stil der Düsseldorfer und Münchener Malerschulen, und so wundert es nicht, wenn Karl Immermann das Weimarer Pantheon, jene vier Gedenkzimmer für Goethe, Schiller, Herder und Wieland, die Bernhard Neher und Friedrich Preller im Auftrage der Großherzogin Maria Paulowna im Weimarer Schloß ausmalten, eine »schicklichere Räumlichkeit« nannte, »als die gewaltigen Säle des Münchner Königsbaus«. Die ›Idee Weimar‹ hatte klare humane Proportionen. Ihr entsprachen die Dimensionen der Residenz. Die Vergrößerung auf die Maße einer deutschen Metropole hätte diffuse, groteske und ideologische Züge erhalten.

»Ich ernenne zur Erbin des von Goetheschen Familien-Archivs, wie solches bei meinem Tode sich vorfindet, Ihro Königliche Hoheit die Frau Großherzogin von Sachsen.« Dieser Satz im Testament des letzten Goethe-Enkels Walther Wolfgang von Goethe, der am 15. April 1885 starb, ist der Beginn eines neuen Abschnitts der Wirkungsgeschichte Weimars. Um das Goethe-Haus, das bislang nur wenigen Besuchern zugänglich war und in dessen Räumen noch ungehoben der Schatz Goethescher Handschriften ruhte, der Allgemeinheit öffnen zu können, wurde das Archiv ausgelagert und das Haus für eine museale Nutzung hergerichtet. Als vier Jahre später die Erben des Nachlasses von Friedrich Schiller dem Beispiel des Goethe-Enkels folgten, ließ die Großherzogin das Goethe- und -Schiller-Archiv errichten, das schon 1896 eröffnet werden konnte. Hier entstand, gleichfalls durch die Großherzogin gefördert, die ›Sophien-(oder Weimarer)Ausgabe‹ der sämtlichen Werke Goethes als erste historisch-kritische Edition. Die ersten Bände erschienen bereits 1887, die letzten 1919.

Auf bedeutungsvolle Weise schienen Goethe und Weimar nach dem Ende des Ersten Weltkriegs und der Monarchie die Brücke in die nun republikanisch-demokratische Zukunft schlagen zu sollen. Die Wahl Weimars für die Einberufung der verfassungsgebenden Nationalversammlung, die am 19. Januar 1919 gewählt worden war und im Weimarer Theater zusammentrat, brachte die bisher eher geistes- und kulturgeschichtliche Bedeutung Weimars nun auch als dezidiert politischen Faktor ins Spiel. Weimar und Goethe als kleinster gemeinschaftlicher Nenner der divergierenden Parteiinteressen und die Begründung des Rechts- und Verfassungsstaats im Geiste des Weimarer Humanitätsideals – solche Formeln waren nicht nur publizistisch griffig. Das Theater war eilig zum ›Deutschen Nationaltheater‹ ausgerufen worden; die neue Verfassung wurde hier am 11. August verkündet und trat drei Tage später in Kraft. Zwar verließ die Nationalversammlung schon am 30. September Weimar und tagte bis zu ihrer Auflösung am 21. Mai 1920 in Berlin, der Name Weimars aber blieb der ersten Republik erhalten.

Im Jahre 1932 rückte Weimar erneut in den Blickpunkt des Interesses. Der einhundertste Todestag Goethes am 22. März war zu feiern. Die Feierlichkeiten zielten ins Große. Das Nationaltheater, 1908 von den Münchener Architekten Jakob Heilmann und Max Littmann im Stil des Neoklassizismus erbaut, bot nicht genügend Raum. Die Stadtverwaltung griff 1930 den schon 1913 beschlossenen, durch den Kriegsausbruch aber nicht zur Ausführung gelangten Plan zum Bau einer Stadthalle auf, die termingerecht am 12. März 1932 eingeweiht werden konnte und damit für die Goethe-Feiern zur Verfügung stand. Auf der Liste der Festredner stand auch Thomas Mann. Der ›Völkische Beobachter‹, das nationalsozialistische Parteiorgan, hatte in seiner Ausgabe vom 10. Februar 1932 heftig gegen den Weimar-Redner Mann polemisiert. In einer Reihe von Zitaten sollte das aus nationalsozialistischer Sicht skandalös unbestimmte Verhältnis Manns zu Fragen des ›Deutschtums‹, des ›Judentums‹, des Kommunismus, des ›Wehrwillens‹ und des ›Rassegedankens‹ dekuvriert werden. Die Attacke machte deutlich, daß die Weimarer Goethe-Feier ein Politikum war.

Der Versuch der mehr als schwankenden Republik, die spätestens seit 1930 durch die dauernde Anwendung der Diktaturgewalt des Reichspräsidenten das nun geübte Präsidialsystem der parlamentarischen Kontrolle entrückt und damit den Sinn der Weimarer Verfassung umgekehrt hatte, sich noch einmal unter den Schutz Weimars zu stellen, wirkte wie ein letzter Hilferuf. Er blieb erfolglos. Die eine der beiden Reden Thomas Manns, »Goethe im bürgerlichen Zeitalter«, zielte auf ein bürgerliches Profil Goethes, als dessen Projektion in die Gegenwart das eigene Selbstverständnis des Redners als bürgerlicher Schriftsteller erschien. Mochte diese Bürgerlichkeit sich noch am Anfang der Weimarer Republik als mehrheitsfähige politische Kraft artikulieren können, im Jahre 1932 vermochte auch die Beschwörung Goethes als *des* bürgerlichen Repräsentanten den Vormarsch des Nationalsozialismus nicht mehr aufzuhalten. Zudem, auch das wurde 1932 in Weimar deutlich, gab es einen bürgerlichen Konsens in der Bewertung Goethes und Weimars gar nicht. Die Rede Kolbenheyers, der neben Thomas Mann und anderen sprach, verfing sich hilflos in dem Versuch, Goethes ›Weltbürgertum‹ von einer inkriminierten, bloß gewollten internationalen Geistigkeit abzuheben und als aus der ›Volkheit‹ gewachsenes zu rechtfertigen.

Die Haltung des Nationalsozialismus zu Weimar und Goethe mußte der Sache nach ablehnend sein. Schon das Weimarer Humanitätsideal stand den nationalsozialistischen Rassentheorien entgegen. Wo es freilich galt, Reputation einer geistigen Tradition für die Ideologie des Nationalsozialismus zu reklamieren, bemächtigten sich Literaturhistoriker wie Politiker der Weimarer Klassik. »Von der Goethezeit bis zum Nationalsozialismus geht die stetige und naturhafte Verbindung deutschen Wesens«, stellte Walter Linden fest, und Rudolf Erckmann pries »diese deutsche Idee der Persönlichkeit, wie sie in den einzigartigen Leistungen der Großen von Weimar ihren Ausdruck gefunden hat und wie sie durch die nationalsozialistische Bewegung dem gesamten Volke verpflichtend vor die Seele gestellt wird...« Über Goethe selbst schrieb Hermann Burte: »Und so stark ist seine menschliche, seine urdeutsche, erzdeutsche Natur, daß er alles verdeutschte, was er einatmete.« Aus der Rede Baldur von Schirachs vor der Hitlerjugend in Weimar zitierte die ›Frankfurter Zeitung‹ vom 16. Juni 1937: »Du handelst im Sinne des Mannes, dem du dienst, wenn du den Inhalt dessen, was der Begriff Weimar und Goethe umschließt, in dir aufnimmst und in einem neuen und tapferen Herzen einschließt.« Dabei hatte gerade von Schirach, in Weimar als Sohn des Hof- und Nationaltheaterintendanten aufgewachsen, alle Mühe, Bestrebungen in der Hitlerjugend zu neutralisieren, die auf die Ausklammerung Goethes aus dem Bildungskanon der Schulen zielten. Seine damals verbreitete Goethe-Anthologie, die Goethe als nationalsozialistischen Vordenker reklamierte, verhinderte,

Das Juno-Zimmer im Goethe-Haus zu Weimar. (Marburg, Bildarchiv Foto Marburg)

daß sich die Opposition gegen ›Goethe und Weimar‹ allzu lautstark vernehmen ließ.

Zur dekorativen Nutzung des Erbes – eigentlich nur des Namens – von Weimar gehörten auch die fortgesetzten Klassikerinszenierungen an deutschen Theatern und die Vergabe der Goethe-Medaille. Reichspräsident von Hindenburg hatte sie zur Welt-Goethe-Feier 1932 gestiftet. Seit 1938 wurde dem Entwurf von E. H. Hanisch-Conceé das nationalsozialistische Hoheitszeichen beigegeben. Hitler selbst spendete einen Beitrag zum Ausbau des Weimarer Goethe-Museums; Weimar war wiederholt Tagungsort für ›Dichterkonferenzen‹. Die Liste der Inanspruchnahme Weimars für Propagandazwecke ließe sich fortsetzen und wäre besonders für das Jahr der Olympiade in Berlin 1936 an Belegen reich.

Noch einmal, zur Zweihundertjahrfeier von Goethes Geburtstag im Jahre 1949, schien Weimar eine besondere Rolle in der deutschen Geschichte zuzufallen. Wieder war es Thomas Mann, der am 1. August 1949 in Weimar eine Festrede hielt. In abgewandelter Form hatte er sie am 25. Juli in Frankfurt vorgetragen. Der Vergleich beider Reden macht deutlich, daß es von nun an nicht mehr möglich war, für beide Teile Deutschlands in einer Rede an einem Ort des Dichters Goethe zu gedenken.

Die Deutsche Nationalversammlung in Weimar

Hasso Spode

Weimarer Republik, Weimarer Verfassung – für eine kurze, doch in ihren Folgen bis heute wirkende Epoche hatte das politische Deutschland den Namen einer verträumten Residenzstadt in Thüringen angenommen. Weimarer Republik – das klang allemal besser als Potsdamer oder Berliner Republik, zumal für die süd- und westdeutsche ›Los von Berlin‹-Bewegung. Weimar stand für das ›andere‹, nicht-militaristische, nicht-preußische Deutschland. So beließ man es gerne bei diesem Attribut, obwohl die Nationalversammlung eher notgedrungen und zufällig nach Weimar gegangen war und über die Annahme der Verfassung nicht hier, sondern in der Berliner Universität abgestimmt hatte. Doch zunächst noch Ausdruck hoffnungsfrohen Neuanfangs – dem todesmatten »deutschen Aar« sollte Weimar »frische Flugkraft« bringen – geriet ›Weimar‹ zunehmend zum Schimpfwort. Für die Gegner der Republik wurde es zum Synonym für ›Erfüllungspolitiker‹ und ›Novemberverbrecher‹, für das Massenelend, für die kaum einmal abreißende Kette der wirtschaftlichen, politischen und sozialen Krisen, die schließlich in der sogenannten ›Machtergreifung‹ gipfelten.

Von all dem ahnten die Deputierten der Nationalversammlung noch nichts, als sie im Februar 1919 im tiefverschneiten Weimar eintrafen. Die Nationalversammlung sollte nicht in der Hauptstadt tagen. Gegen Berlin hatten sich die süddeutschen Staaten ausgesprochen und von der provisorischen Regierung verlangt, die Konstituante nach Würzburg einzuberufen. Offenbar behagte die Bischofsstadt dem Kabinett aber nicht. Auf einer Rundreise ließ man daher eilig weitere Standorte erkunden: Bayreuth, Jena, Nürnberg und Weimar. Auch Dresden, Frankfurt und Kassel waren im Gespräch. Am 14. Januar wurde in der Reichskanzlei über den Tagungsort beraten. Dem Bericht erstattenden Oberregierungsrat Schulze hatte das idyllische Weimar am meisten zugesagt: Das dortige Nationaltheater, erst 1908 erbaut, sei bestens geeignet für parlamentarische Arbeit und könne für eine Million Mark pro anno gemietet werden. Der Oberhofmarschall (des längst abgedankten Großherzogs) hatte den Volksbeauftragten das Schloß offeriert und lediglich gebeten, die Dichterräume und die großherzoglichen Gemächer nicht zu belegen. Zwar habe »wegen etwaiger Unruhe und Gefahren« die örtliche Verwaltung »wenig Entgegenkommen« gezeigt, doch der Oberbürgermeister habe versichert, daß sich viele Bürger finden würden, die die Parlaments- und Regierungsmitglieder »gegen eine angemessene Entschädigung« aufnähmen; »trotz seiner Bedenken« habe er nur den Wunsch geäußert, die »notwendigen militärischen und polizeilichen Maßnahmen zu treffen«, um zu verhindern, daß sich »bolschewistische und spartakistische Elemente« einnisten.

Da die Ausführungen des Oberregierungsrats die Anwesenden überzeugten, war die Entscheidung auf die Alternative Weimar oder Berlin reduziert. In der Beratung gaben schließlich drei sehr verschiedene Argumente den Ausschlag. Für einige Kabinettsmitglieder, insbesondere Philipp Scheidemann, standen Sicherheitsbedenken im Vordergrund: In Berlin könne man »jeden Tag Hunderttausende von Menschen auf die Beine bringen«, da könne man nicht einfach hineinschießen. »Diese Gefahr besteht aber nicht an einem Ort«, so Friedrich Ebert, der Vorsitzende des Rats der Volksbeauftragten, »wo solche Arbeitermassen nicht vorhanden sind«. Die Ängste vor der Straße blieben nicht unwidersprochen: »Nach den Ereignissen der letzten Tage« – gemeint war die blutige Niederschlagung des sogenannten Spartakus-Aufstands – »braucht man aus Sorge vor einer ungenügenden Sicherheit Berlins keinen Ort außerhalb Berlins zu wählen.«

Einigkeit dagegen herrschte über den zweiten Punkt: Die »Stadt Goethes ist ein gutes Symbol für die junge deutsche Republik« – die »Konstituante in Weimar sagt aller Welt, daß die Festigung des Deutschen Reiches im Sinne des weimarischen Geistes erfolgen soll«. So oder ähnlich beschwor man den – nicht näher definierten – Genius loci der Dichterstadt. Ulrich Graf Brockdorff-Rantzau, der spätere Außenminister, gab gar der Überzeugung Ausdruck, man würde in Weimar »einen besseren Frieden bekommen« als in Berlin.

Der dritte Punkt betraf die Sorge vor einem weiteren Anwachsen separatistischer Tendenzen. Es galt, jeden Streit mit den süd- und westdeutschen Staaten und mit Österreich, dessen Teilnahme später von den Siegermächten untersagt wurde, zu vermeiden; diese Staaten würden – so Ebert – »viel freudiger nach Weimar gehen als nach Berlin«. Vielleicht wog dies dritte Argument sogar am schwersten; jedenfalls ist die Nationalversammlung nicht allein aus Furcht vor der Straße nach Weimar verlegt worden.

Gegen Weimar sprach sich denn auch vor allem der Liberale Hugo Preuß aus, der im Auftrag Eberts den Verfassungsentwurf ausgearbeitet hatte. Das Ausweichen »sei ein gewisses Zeichen der Schwäche« gegenüber den separatistischen Bestrebungen: »Die Macht muß beim Reiche sein, und das wird am stärksten dokumentiert, wenn die deutsche Nationalversammlung in Berlin sitzt.« Indem Ebert abschließend feststellte, die Mehrheit sei für Weimar, war auch eine Vorentscheidung gegen die von Preuß vorgesehene Stärkung der Reichsgewalt im zukünftigen Deutschland gefallen.

Die am 19. Januar abgehaltenen Wahlen erbrachten eine breite Zustimmung für die Parteien des parlamentarischen Weges. Am folgenden Tag beschloß das Kabinett endgültig, die Verfassungsgebende Deutsche Nationalversammlung für den 6. Februar nach Weimar einzuberufen. »Der Reichsregierung«, telegrafierte Oberbürgermeister Donndorf, »huldigen freudig bewegt. Die Gemeindebehörden von Weimar.«

Wer den ersten – später täglich verkehrenden – ›Parlamentszug‹ aus Berlin verpaßt hatte, hatte Mühe, rechtzeitig zur Eröffnungssitzung in Weimar einzutreffen. Paul Löbe berichtet, wie er im kalten Nachtschnellzug »zwischen zerbrochenen Fensterscheiben und zerrissenen Sitzen, überfüllt von heimkehrenden Soldaten«, die Fahrt auf den Gängen verbrachte. Am Ende fanden dann aber doch alle 423 Deputierten den Weg nach Weimar, und mit ihnen ein Troß von 2000 bis 3000 Beamten, Technikern und Journalisten. Die Quartiere

Matthias Erzberger im Hof des Schlosses zu Weimar (Kat. Nr. 11/43)

Die Wahl Friedrich Eberts zum Reichspräsidenten in der Weimarer Nationalversammlung am 11. Februar 1919 (Kat. Nr. 11/45)

der Stadt und der Umgebung waren ›bis unters Dach‹ belegt; die Preise – besonders die Lebensmittel- und Restaurantpreise – zogen drastisch an, und es kam zu Versorgungsengpässen, von denen freilich die Gäste, zumal die politische Prominenz, wenig zu spüren bekamen. An Fremdenverkehr gewöhnt, stellten sich die Weimarer mit Wohlwollen und organisatorischem Geschick, dabei nicht ohne eine gewisse Geschäftstüchtigkeit, auf den unerwartet großen Ansturm ein. Die 42 Deutschnationalen (DNVP) residierten standesgemäß im ›Erbprinzen‹ und im ›Elephant‹, den ersten Häusern am Platze. Auch die 90 Abgeordneten des Zentrums, die 22 Abgeordneten der Deutschen Volkspartei (DVP) und die 75 der Deutschen Demokratischen Partei (DDP) wählten Häuser ›ersten Ranges‹. Die 22 Vertreter der Unabhängigen Sozialdemokraten (USPD) zogen in den gutbürgerlichen ›Thüringer Hof‹, und die 165 Mehrheitssozialisten (SPD) kamen in den Probensälen des Nationaltheaters unter.

Die Stadt war zur Sperrzone erklärt worden, bei deren Betreten ein Ausweis vorgezeigt werden mußte – ein »rosaroter Talisman«, der keineswegs leicht zu erringen war. Am Bahnhof und auf dem Theatervorplatz kontrollierten 50 aus Berlin abgestellte Schutzpolizisten die Papiere. Zwar kam es zu kleineren Störversuchen von Spartakisten und Monarchisten, doch blieben ernsthafte Zwischenfälle aus, so daß die Kontrollen allmählich nachlässiger wurden. Da zudem die eigens eingerichtete ›Fremdenstelle Weimar‹ dem Andrang gar nicht gewachsen war, scherten sich viele Anreisende nicht um die bürokratische Prozedur. Selbst das Schloß – der Sitz der Reichsregierung – war kaum gesichert: »Irgendein Zettel . . . genügte, um den Posten zu einem müden Kopfnicken zu veranlassen.«

Mit der Bewachung der Stadt hatte Gustav Noske das Landjägerkorps unter Generalmajor Georg Maercker betraut, womit er beinahe den Bock zum Gärtner gemacht hätte. Die größte Gefahr für die Versammlung ging nämlich von ihren Bewachern aus: Als die Alliierten ultimativ die Annahme des Versailler Vertrags forderten, wollte die Truppe gegen Konstituante und Regierung putschen; nur der Einsatz von General Wilhelm Groener und eine patriotische Ansprache Eberts vermochten die Gemüter vorerst zu beruhigen. Neun Monate später schloß sich die Truppe Maerkkers dem Kapp-Putsch an.

Am 6. Februar läuteten in Weimar die Glocken, es war festlich geflaggt (vornehmlich in den kaiserlichen Farben Schwarz-Weiß-Rot), und die mehrheitlich gut situierte Bevölkerung der 37000-Einwohner-Stadt – Beamte, Rentiers, Witwen mit und ohne Adel, Kaufleute, Hofbedienstete, Handwerker, Privatgelehrte, einige Künstler und nur gut 1000 Industriearbeiter – drängte sich neugierig auf den Straßen, als die Deputierten durch das Spalier der Landjäger ins Nationaltheater einzogen. Umflort von Blumenschmuck hielt der designierte Reichspräsident Ebert die Eröffnungsrede, unterbrochen von stürmischen »Bravo«-Rufen links und Widerspruch rechts und ganz links: »Jetzt muß der Geist von Weimar, der Geist der großen Philosophen und

Dichter, wieder unser Leben erfüllen ... Wir wollen ein Reich des Rechtes und der Wahrhaftigkeit, gegründet auf Gleichheit alles dessen, was Menschenantlitz trägt ...«

Nach dem bescheidenen, dennoch feierlichen Auftakt legte sich bald eine prosaische Arbeitsatmosphäre über die pittoresk-museale Dichterstadt, freilich mit einem Schuß Ferienstimmung, einem spürbaren Abstand zur bedrückenden Außenwelt. Man richtete sich nicht ungern ein in dem idyllischen Provisorium: Ein sogleich von der USPD eingebrachter Antrag, nach Berlin umzuziehen, kam gar nicht erst zur Abstimmung. Die Nationalversammlung war beileibe kein mitreißender, revolutionärer Konvent, doch sie war ein fleißiges Parlament, das seine Aufgaben mit Disziplin und Elan anging. Viele Deputierte waren Berufspolitiker, und fast ein Drittel hatte bereits dem alten Reichstag angehört. Aber es gab auch viele neue Gesichter, und zum ersten Mal waren Frauen vertreten.

Die Enge und Abgeschiedenheit, die ein wenig urlaubshafte Stimmung schufen ein Gemeinschaftsgefühl unter den politisch verfeindeten Parlamentariern, dem sich selbst die dem Projekt ablehnend gegenüberstehenden Flügelparteien nicht entziehen konnten. »Die Kleinheit der Stadt wird sogar zum Vorzug«, schrieb ein Berliner Korrespondent, »man trifft sich und sieht sich öfter, und am Abend finden sich fast alle in den vier oder fünf Lokalen zusammen, in denen es etwas Eßbares oder einen guten Tropfen gibt.« Im ›Kaiser-Café‹ fanden sich Oskar Cohn (USPD) und Fritz Warmuth (DNVP) regelmäßig zum Schachspiel ein, im ›Weissen Schwan‹, im ›Fürstenkeller‹ – bald ›Präsidentenkeller‹ getauft –, im ›Goldenen Adler‹ oder im ›Stadthaus‹ waren die »politischen Berühmtheiten dutzendweise zu bewundern«. Unterschiedslos, meinte ein Berichterstatter, seien die verschiedenen Fraktionen im Bunde mit den Journalisten bemüht, die Weinvorräte der Stadt zu vertilgen – der »Genius loci Weimar ist feucht«. Wenn es denn einen Geist von Weimar gab, dann bestand er in einem Anflug von Corpsgeist, einer durch die Umstände erzwungenen gegenseitigen Angewiesenheit in dem »deutschen Konklave«, als dessen Schattenseite das Provinzielle, die Abgehobenheit der Volksvertreter, das Treibhausklima und die Gerüchteküche geschildert wurden.

Dieser Geist von Weimar bewährte sich in den dramatischen Junitagen, als die Nationalversammlung über den Versailler Vertrag abzustimmen hatte. Pausenlos tagte das Kabinett – die Tür zum Sitzungssaal im Theater trug die Aufschrift ›Ankleideraum für das Ballett‹. Unter dem Druck des alliierten Ultimatums – bis sieben Uhr abends mußte die Entscheidung in Paris eingetroffen sein – ermächtigte die Nationalversammlung am 22. Juni die Regierung zur Unterzeichnung; selbst die Deutschnationalen gaben zu Protokoll, daß sie die »vaterländische Gesinnung« der zustimmenden Fraktionen anerkannten. Die Ablehnung des Diktatfriedens war, mit Ausnahme der USPD, quer durch die Lager gegangen, und mit Scheidemann, der die Annahme nicht mittragen konnte, demissionierte nach nur vier Monaten Amtszeit der erste Kanzler der Republik. Mit ihm gingen unter anderem Hugo Preuß, der ›Vater‹ des Verfassungswerks, und ein desillusionierter Graf Brockdorff-Rantzau. Sein Glaube, Weimar würde Franzosen und Engländer milder stimmen, hatte sich als pures Wunschdenken erwiesen. So war es denn nicht die Ausarbeitung der Verfassung, die die Gemüter bewegte und womit ›Weimar‹ in Zukunft verbunden sein sollte, sondern die Zustimmung zu dem unseligen Diktatfrieden der Siegermächte.

Mit den erbitterten Auseinandersetzungen um den Versailler Vertrag war die Außenwelt in das Konklave eingebrochen. Man war der nun entzauberten Idylle überdrüssig und kehrte nach Berlin zurück. Als dort am 31. Juli mit den Stimmen von SPD, Zentrum und DDP die Verfassung angenommen wurde, war das kein euphorischer Aufbruch zu neuen Ufern. Man wußte nur zu gut mit welch schweren Hypotheken diese erste deutsche Republik belastet war.

Buchenwald

Günter Morsch

Im Juli 1937 wurden die in der ›Nationalsozialistischen Kulturgemeinde‹ zusammengeschlossenen Honoratioren des Weimarer Bildungsbürgertums bei dem Inspekteur der Konzentrationslager, Theodor Eicke, vorstellig. Sie hatten erfahren, daß das etwa zehn Kilometer von Weimar entfernt erbaute neue Konzentrationslager nach seiner topographischen Lage als ›KL Ettersberg‹ bezeichnet worden war.

Der Ettersberg aber, an dessen Nordhang sich Lagerbaracken, Wirtschaftsgebäude, SS-Kasernen, Offiziersvillen und später auch Produktionsanlagen auf einer Fläche von insgesamt 190 Hektar erstreckten, sei, wie die ›NS-Kulturgemeinde‹ erklärte, mit dem Leben des Dichters Goethe untrennbar verbunden; in den Werken des hochgeschätzten Weimarer Hofrates nämlich wird die dicht bewaldete Anhöhe als beliebter Ausflugs- und Rückzugsort häufig erwähnt. Unter einer großen, uralten Eiche, die immer noch inmitten der kleinen Buchen stand, soll er sich, der Überlieferung zufolge, häufig niedergelassen haben, um seinen Gedanken nachzuhängen und zu schreiben. Selbst Theodor Eicke, der sich als Lagerkommandant von Dachau mit der Einführung eines abgestuften Prügelstrafensystems einen Namen gemacht hatte, befürchtete die ›Besudelung‹ nationaler Ideale. Ebenso hatte auch der Thüringer Gauleiter der NSDAP, Fritz Sauckel, der bei Kriegsende nur knapp daran gehindert werden konnte, die Särge Goethes und Schillers in die Luft zu sprengen, den Einspruch der um das Andenken des Dichters besorgten Bürger unterstützt. So schrieb denn Eicke an den ›Reichsführer SS‹ Heinrich Himmler und bat ihn um eine andere Benennung. Himmler sah als Sohn eines humanistisch gebildeten bayerischen Gymnasialdirektors sofort die Berechtigung der Beschwerde ein. Der romantisch klingende Name ›Buchenwald‹ war daher wohl seine ganz persönliche Schöpfung. Außerdem wurde verfügt, daß die alte Goetheeiche, die nun zwischen Häftlingswäscherei, Isolierbaracke und Häftlingsküche stand, mit einem Stacheldrahtzaun von den KZ-Gefangenen getrennt werden sollte. Bei einem Luftangriff geriet der knorrige alte Baum allerdings in Brand und mußte schließlich gefällt werden. Nach Kriegsende wurde Buchenwald schnell zum international geläufigen Begriff für das deutsche Konzentrationslager. Einer der wichtigsten Gründe für diese dem Lager zugeschriebene Bedeutung lag sicherlich in seiner Nähe zur Hauptstadt der deutschen Klassik. Der thüringische Sozialdemokrat Ernst Thape, selbst zwischen 1939 und 1945 Häftling auf dem Ettersberg, hat den metaphorischen Beiklang der geographischen Lage mit folgenden Worten beschrieben: »Weimar, das war Wieland und Herder, das war Schiller und Goethe, das war Liszt und Friedrich Nietzsche, und das war nun zugleich auch das Konzentrationslager Buchenwald. Dieser Kontrast von weltbedeutender Literatur und Musik und schrecklichster Barbarei wirkte auch auf die durch den Krieg strapazierte Weltöffentlichkeit noch sehr stark und machte Buchenwald zum Minuspol der deutschen Kultur, deren Pluspol so lange Goethe gewesen war. Weimar wurde zum Synonym für die deutsche sittliche Zwiespältigkeit.« Wenn es also einen Ort gab, wo das ›Deutschland der Dichter und Denker‹ und das ›Deutschland der Richter und Henker‹ geographisch zusammenfielen, dann war dies Buchenwald.

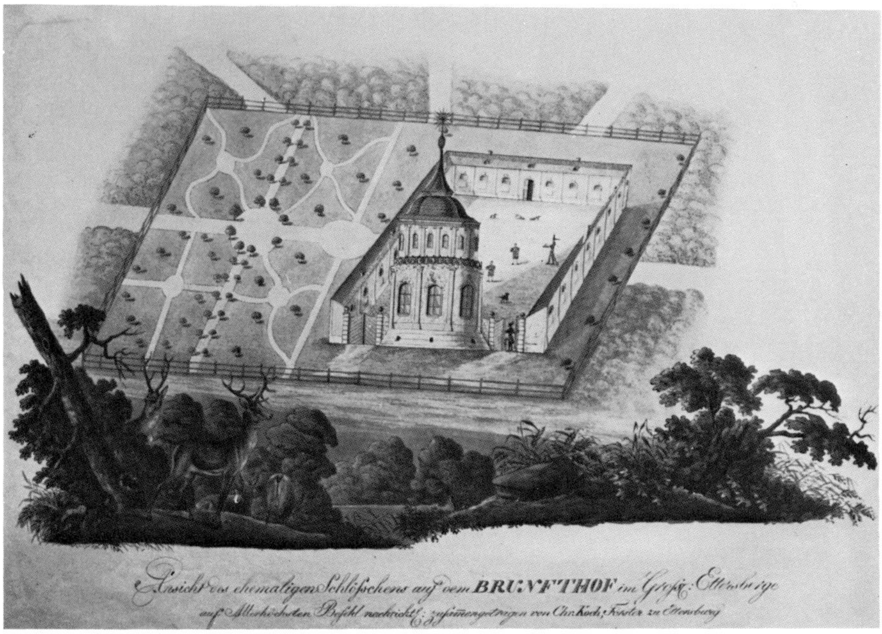

›Ansicht des ehemalige Schlößchens auf dem Brunfthof im Groß-Ettersberge‹ (Kat. Nr. 11/5)

Trotzdem fällt es auch heute noch schwer, das höfische, galante Weimar mit den brutalen, ungebildeten NS-Horden in Einklang zu bringen. Dabei wird gerne übersehen, daß die Hauptstadt des erst 1920 gebildeten Landes Thüringen gerade auf Grund ihres mittelständischen Charakters, ihres überproportionalen Anteils von Beamten, Angestellten und Kleingewerbetreibenden, schon früh zu den Hochburgen der NSDAP zählte. In den Wahlgängen zwischen Mai 1928 und November 1932 erzielte die Partei Hitlers in Weimar regelmäßig Wahlerfolge, die weit über dem Reichsdurchschnitt lagen. Auf der politischen Landkarte der thüringischen Städte stach die Stadt, die der ersten deutschen Demokratie ihren Namen gegeben hatte, als ein ›brauner‹ Farbklecks in überwiegend ›rotem‹ Umfeld ins Auge. Darüber hinaus war Weimar eine wichtige Station auf dem Marsch der Nationalsozialisten an die Macht. Im Juli 1926 feierte nach der Wiedergründung der NSDAP die seitdem auf Hitler persönlich zugeschnittene Bewegung im Weimarer Nationaltheater ihren ersten Reichsparteitag. Hitler, der in Trenchcoat und Gamaschenhosen vom offenen Wagen aus den Vorbeimarsch seiner Anhänger erstmals mit dem gestreckten Arm der italienischen Faschisten abnahm, wird später der Ausspruch zugeschrieben: »Von diesem Tage an datiert der Wiederaufstieg der Nationalsozialistischen Deutschen Arbeiterpartei!« Auch Goebbels notierte über den Parteitag in sein Tagebuch: »Weimar! Eine der wichtigsten Etappen auf unserem Weg.«

In den folgenden Jahren war die ›Gauhauptstadt‹ Thüringens noch oft Brennpunkt bedeutender nationalsozialistischer Veranstaltungen. Von historischer Tragweite jedoch war die im Januar 1930 gebildete Regierungskoalition zwischen den bürgerlichen Rechtsparteien und der NSDAP im Thüringer Landtag. Der spätere Reichsinnenminister Wilhelm Frick, ein wegen seiner Beteiligung am Hitler-Putsch 1923 verurteilter fanatischer Republikgegner, wurde zum Minister für Inneres und Volksbildung ernannt. Eine seiner ersten Amtshandlungen bestand in der Entfernung der Gedenktafel, die an die verfassungsgebende Nationalversammlung im Februar 1919 erinnerte. Mit Hilfe eines ›Ermächtigungsgesetzes‹ wollte er über Thüringen den Ausnahmezustand verhängen. In einer Zeit, da in anderen Ländern noch ein Uniformverbot für die SA oder ein Redeverbot für Hitler bestanden, wurde damit Weimar zur Zuflucht für Nationalsozialisten. Erst im April 1931 zerbrach die Koalition, und eine peinliche Ungeschicklichkeit des NS-Ministers wurde bekannt: Er hatte versucht, den Österreicher Hitler »auf krummen Wegen in die Geschichte einzuschmuggeln«, wie der Sozialdemokrat Hermann Louis Brill, Vorsitzender einer parlamentarischen Untersuchungskommission, formulierte. Als Gendarmerie-Kommissar von Hildburghausen hatte Hitler deutscher Staatsbürger werden sollen. Trotzdem blieb die erste Regierungsbeteiligung der NSDAP vor 1933 ein entscheidender Meilenstein in Hitlers Konzept der ›legalen‹ Machtergreifung, deren späteren Ablauf sie in einigen Zügen fast vorwegnahm.

Obwohl der ›Führer‹ der NS-Bewegung im März 1932 wegen der Tolpatschigkeit Fricks vor dem Untersuchungsausschuß, dieses Mal in Frack und Stehkragen, Rede und Antwort stehen mußte, verleidete ihm dies offenbar nicht seine Zuneigung zur Goethe-Stadt. Eine Chronik der ›NSDAP – Gau Thüringen‹ verzeichnet 26 Besuche Hitlers in den Jahren 1925 bis 1938. Häufig, so wird berichtet, ging er dabei in das Goethe-Haus, besuchte Vorstellungen im Nationaltheater oder fand sich zum Tee bei der hochbetagten Schwester Friedrich Nietzsches ein. »Der musische Staatsmann Hitler in der Musenstadt Weimar!« – mit dieser Parole versuchte nach dem 30. Januar 1933 die ›Gauhauptstadt‹ Thüringens ihre besondere Stellung im neuen Staat zu bestimmen. In den ersten Jahren des ›Dritten Reichs‹ konkurrierte Weimar mit Nürnberg um die Ernennung zur ›Stadt der Reichsparteitage‹. Als Entschädigung für die entgangene Ehrung erhielt Weimar als erste deutsche ›Gauhauptstadt‹ ein sogenanntes Gauforum, mit dessen Planung Ende 1935 begonnen wurde. Inmitten der Stadt, zwischen Bahnhofsgebiet und dem alten Stadtkern, hatte Hitler bei einem seiner Besuche eine flache, unbebaute Talsenke entdeckt. Da er nach eigenen Worten »das Chaotische, das Ungestaltete im Stadtraum überwinden« wollte, ließ er an dieser Stelle, nur wenige hundert Meter vom Nationaltheater entfernt, im typisch nationalsozialistischen Burgen- und Kasernenstil ein Forum mit Glockenturm und einer am Ende der Mittelachse gelegenen ›Halle der Volksgemeinschaft‹ errichten. 1937/38 ließ man auch das fast 250 Jahre alte, traditionsreiche Hotel ›Elephant‹ völlig abreißen, um an seiner Stelle einen Neubau mit ›Führerzimmer‹ und Garagenbühne für die schweren Limousinen der Nazigrößen zu erbauen. Alle Umbauplanungen für das »Zentrum einer intimen deutschen Kultur«, wie die Nationalsozialisten Weimar benannten, konnten noch im Krieg abgeschlossen werden. Damit war Weimar die einzige deutsche Stadt, in der das ›Dritte Reich‹ seine Neugestaltungspläne weitgehend hatte verwirklichen können.

Bürger Weimars werden nach der Befreiung Buchenwalds auf Befehl der US-Army durch das Konzentrationslager geführt (Kat. Nr. 11/51)

1936 begann mit dem Bau des KZs Sachsenhausen bei Berlin eine zweite Periode in der Entwicklung der deutschen Konzentrationslager. Außer Dachau wurden alle bestehenden Lager aufgelöst, um sie durch neue und, wie die SS-Führung betonte, »modernere K-Lager« zu ersetzen. Diese Neuorganisation stand in unmittelbarem Zusammenhang mit den Kriegsvorbereitungen des NS-Regimes, die mit der Proklamation des Vierjahresplans im September 1936 umfassend verstärkt wurden. Himmler sah darin die Chance, durch die Gründung eigener SS-Wirtschaftsunternehmen, die sich auf die totale Ausbeutung der Häftlinge verlegten, gleichzeitig einen Beitrag zur Vierjahresplanproduktion sowie zum weiteren Ausbau des SS-Staats zu leisten. Thüringen wurde dabei »aus Gründen der Staatssicherheit« als Aufnahmegau für das zweite neu zu bauende KZ ausgewählt, weil es, laut einem Schreiben von SS-Gruppenführer Eikke an Gauleiter Sauckel, »als Herz Deutschlands im Falle eines Krieges von staatsfeindlichen Elementen besonders heimgesucht wird«. Wieso die Wahl angesichts der zahlreichen Bewerber, die die enorme wirtschaftliche Bedeutung eines KZs zu schätzen wußten, ausgerechnet auf die Hauptstadt fiel, läßt sich nicht mehr eindeutig feststellen. Sicher aber dürften die erwähnten historischen Bezüge die Entscheidung mitbeeinflußt haben. Der Ettersberg dagegen wurde, soviel ist gewiß, wegen seines schon von Goethe erwähnten Steinbruchs und des abbaufähigen Lehm- und Tonbodens ausgesucht.

Im Juli 1937 kamen die ersten KZ-Häftlinge aus den Lagern Sachsenhausen, Lichtenburg und Sachsenburg mit Lastwagen auf den Ettersberg und begannen, den Wald zu roden, erste primitive Holzbaracken anzulegen und Wassergräben zu ziehen. Nach und nach wuchs so zwischen den hohen Buchen und in unmittelbarer Sichtweite eines kleinen Dorfes das KZ Buchenwald heran: Nahezu eine Viertelmillion Häftlinge wurden im Verlauf von acht Jahren dazu eingesetzt, eine in Schutzhaftlager, Kommandantur- und Truppenbereich gegliederte Lagerstadt aufzubauen, die über eine eigene Gärtnerei, einen für Hermann Göring gebauten Falkenhof, eine Reithalle, einen eigenen Bahnanschluß und sogar einen kleinen Lagerzoo verfügte. Das eigentliche Häftlingslager, das sogenannte ›Schutzhaftlager‹, erstreckte sich auf einem Gelände von 40 Hektar. Es war ganz umgeben von einem meterhohen, elektrisch geladenen Stacheldrahtzaun, der in regelmäßigen Abständen von dreistöckigen Wachtürmen durchbrochen wurde. Die neu angekommenen Häftlinge hetzte man über den ›Karacho-Weg‹ durch ein Spalier von schreienden und prügelnden SS-Leuten hindurch. Sie erreichten das ›Schutzhaftlager‹ durch ein Torgebäude, in dessen Gittertore die Inschriften »Jedem das Seine« und »Recht oder Unrecht – mein Vaterland« geschmiedet waren. Direkt dahinter dehnte sich der Appellplatz aus, auf dem alle Gefangenen blockweise vor und nach der Arbeit anzutreten hatten. In sechs Reihen hinter-

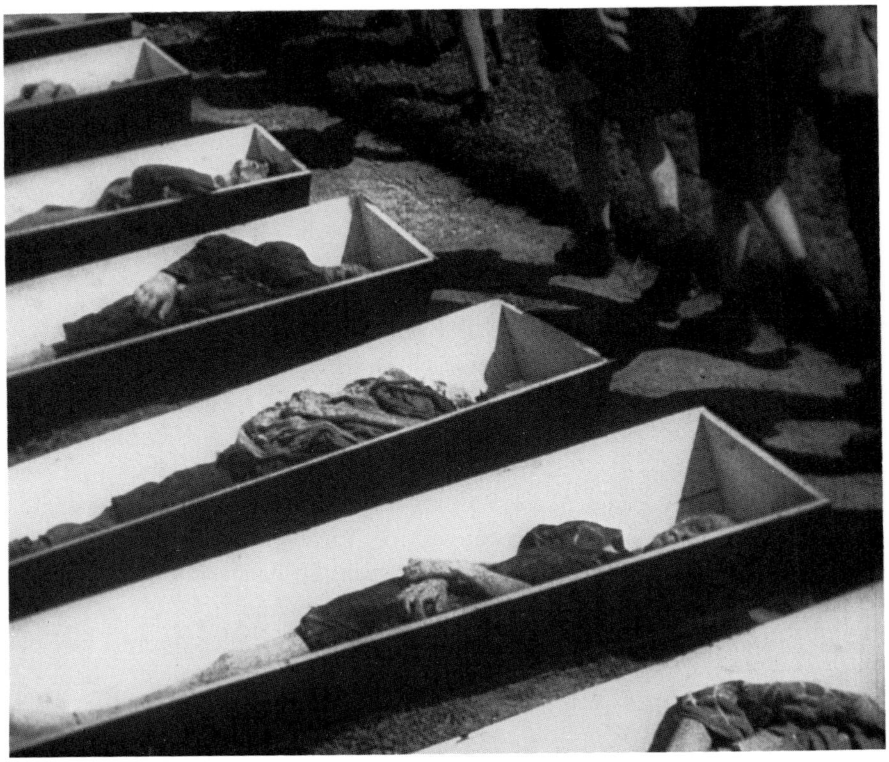

einander gestaffelt, schlossen sich die Unterkünfte an, 35 Holzbaracken und zwölf zweistöckige Steinblocks, sowie verschiedene Wirtschaftsgebäude einschließlich eines 1940 erbauten Krematoriums.

Die neue rüstungswirtschaftliche Funktion der KZs beim Aufbau eines SS-eigenen Wirtschaftsimperiums erforderte viel ›Menschenmaterial‹. Denn von den Zehntausenden politischer Gegner des Nationalsozialismus, die in der Phase der Machtergreifung, zwischen Januar 1933 und Juli 1934, in den frühen Lagern geschunden und gefoltert worden waren, hatte man bis auf einen Kern von etwa 7000 bis 8000 Häftlingen alle wieder entlassen. Neue ›Menschenjagden‹ waren also erforderlich. Die Massenverhaftungen erfolgten bis Kriegsbeginn in drei großen Wellen: Etwa 7000 Bettler, Landstreicher, ›Zigeuner‹, streikende oder sonstwie ›renitente‹ Arbeiter kamen zwischen April und September 1938 im Rahmen der sogenannten ›Asozialenaktion‹ nach Buchenwald; mehr als 10000 deutsche Juden, die man nach dem Novemberpogrom 1938 verhaftet hatte, folgten bald darauf. Kurz nach dem Überfall auf Polen schließlich kamen mehrere tausend sogenannte ›A-Häftlinge‹ auf den Ettersberg, um sie als politische Gegner des NS-Regimes vorsorglich zu internieren. Der Krieg ließ dann die Zahl der ausländischen Häftlinge gewaltig anschwellen; unter den aus 35 Nationen stammenden Gefangenen wurden die Deutschen zu einer kleinen Minderheit.

Die unübersehbaren Menschenmassen, die, in Güter- und Viehwagen gepfercht, auf dem Weimarer Bahnhof ankamen – der eigene Lagerbahnhof wurde erst 1943 gebaut –, um dann in endlosen Kolonnen auf den Ettersberg getrieben zu werden, konnten in dem meist bis zum Bersten gefüllten Lager kaum untergebracht werden. Viele starben deshalb schon in den ersten Tagen. So begann bereits vor dem Krieg die Grenze zwischen bloß gebilligtem und bewußt geplantem Massenmord zu verschwimmen. Dies wurde beim Vorgehen der SS gegen etwa 70 Juden, die auf Grund der Mißhandlungen bei ihrer Einlieferung im November 1938 ›verrückt‹ geworden waren, am deutlichsten. In dem im Torgebäude untergebrachten berüchtigten ›Bunker‹ ermordete man sie innerhalb weniger Tage. Einige Opfer wurden dabei von SS-Ärzten ›abgespritzt‹, eine Tötungsmethode, die die NS-Medizin später in großem Umfang im Rahmen der sogenannten ›Euthanasie‹, der Ermordung von mehr als 100000 ›Geisteskranken‹, anwandte.

Obwohl Buchenwald nie ein Vernichtungslager wie Auschwitz, Maidanek, Kulmhof, Belzec, Sobibór und Treblinka war – Lager, in denen die Nationalsozialisten den Völkermord an den Juden fabrikmäßig durchführten –, wurde es wie alle KZs im Deutschen ›Altreich‹ schwerpunktmäßig in bestimmte Massenliquidierungsaktionen einbezogen. Eine der ersten richtete sich gegen etwa 200 Polen, die man kurz nach dem Ende des Feldzuges im Oktober 1939 eingeliefert hatte. Diejenigen, die bei dem Hinmarsch vom Weimarer Bahnhof zum Lager nicht erschossen oder erschlagen worden waren, ließ man verhungern, stürzte sie in Abortgruben, erschoß und erschlug sie im Steinbruch oder ließ sie an Seuchen sterben, die aufgrund völlig chaotischer hygienischer Verhältnisse in den Zeltlagern grassierten, in denen die Polen untergebracht waren. Ähnlichen Aktionen fielen in der Folge immer wieder kleinere Häftlingsgruppen, vor allem Juden, zum Opfer. Die größte Vernichtungsmaßnahme in Buchenwald aber richtete sich gegen sowjetische Kriegsgefangene, die schon bald nach dem Beginn der Kampfhandlungen gemäß den vorherigen Vereinbarungen zwischen der Wehrmacht und der SS zur Tötung in KZs gebracht wurden. Am 16. September 1941 wurden die ersten sowjetischen Soldaten von einem SS-Peloton mit Karabinern und Pistolen niedergeschossen. Aber das Verfahren erwies sich als zu langwierig und zu blutig; außerdem befürchtete man wohl Auflehnung und Meuterei, weil die Massenerschießungen nicht geheim zu halten waren. Daher richtete der Kommandant von Buchernwald in einem auf dem Weg vom Lagertor zum Steinbruch gelegenen Pferdestall eine als Sanitätsbaracke getarnte Genickschußanlage ein. Über 8000 Rotarmisten wurden so von einem eigens aus SS-Freiwilligen gebildeten Kommando getötet.

Im Winter 1941 blieben die deutschen Armeen vor Moskau stecken. Damit war der als ›Blitzkrieg‹ angelegte ›Barbarossafeldzug‹ gescheitert. Für den nun absehbaren, lang andauernden Krieg mußten alle Leistungsreserven mobilisiert werden. Das hatte für die deutschen KZs im allgemeinen und für Buchenwald im besonderen weitreichende Konsequenzen. Der bisherige Kommandant des Weimarer Lagers, Karl Koch, ein wegen Unterschlagung vorbestrafter Sadist, wurde abgesetzt. SS-interne Rivalitäten hatten den zuständigen höheren SS- und Polizeiführer, Josias Prinz zu Waldeck-Pyrmont, bewogen, das weitverzweigte Korruptionsnetz und private Bereicherungssystem Kochs aufzudecken. Himmler, der seine ›Männer unter dem Totenkopf‹ gerne rühmte, beim millionenfachen Morden innerlich ›anständige‹ Menschen geblieben zu sein, leitete ein ›Ehrengerichtsverfahren‹ gegen Koch ein, das mit dem Todesurteil endete. Nach ihrem Mann verließ auch bald die ›Kommandeuse‹ ihre Luxusvilla auf dem Ettersberg. Die wegen ihrer sadistischen Exzesse und Ausschweifungen als ›Bestie von Buchenwald‹ berüchtigte Ilse Koch hatte unter anderem angeregt, aus der Haut getöteter tätowierter Häftlinge Bucheinbände, Lampenschirme und andere ›Erinnerungsstücke‹ für Besucher herzustellen.

Der neue Kommandant, Hermann Pister, entsprach eher den Anforderungen, die an den Verwalter eines Mammutkonzerns mit zeitweise über 80000 Zwangsarbeitern gestellt werden mußten. Das Wirtschafts-Verwaltungshauptamt der SS nämlich, das den Arbeitseinsatz der Häftlinge steuerte, wählte neben dem KZ Neuengamme auch Buchenwald als Experimentierfeld für die Produktion von Rüstungsgütern innerhalb von Konzentrationslagern aus. Daraufhin ließen die Weimarer Gustloff-Werke 13 Fabrikhallen in unmittelbarer Nähe des Lagers errichten, in denen die Häftlinge Karabiner zusammensetzen mußten. Als wirtschaftlich effektiver jedoch erwies sich die Beschäftigung der KZ-Gefangenen direkt in den Industriebetrieben. So dehnte sich Buchenwald mit Hilfe seiner über 130 Außenkommandos auf einer Fläche aus, die im Westen von Düsseldorf, im Osten von Dresden, im Norden von Braunschweig und im Süden von Neustadt an der Orla begrenzt wurde. Krupp, BMW und Rheinmetall Borsig, der Bochumer Verein, die Junkers-Werke, die Mauser-Werke und viele andere Konzerne mehr ließen Häftlinge des KZs Buchenwald für sich arbeiten. Eines der schlimmsten Außenkommandos befand sich im Harz bei Nordhausen. Hier gruben die Zwangsarbeiter ein weitläufiges Tunnelsystem, das nach der Bombardierung von Peenemünde die Raketenproduktion der V1 und V2 aufnahm. Die Crème deutscher Techniker und Wissenschaftler, unter ihnen die späteren Raumfahrtpioniere Wernher von Braun, Kurt Debus und Arthur Rudolf, betrieben dort ihre Forschungen und arbeiteten neben Bergen von quadratisch aufgeschichteten Leichen, die auf Grund der hohen Mortalität nicht schnell genug abtransportiert und verbrannt werden konnten. Nicht nur Techniker und Rüstungsmanager, sondern auch Mediziner und Pharmahersteller nutzten die ihnen in den KZs gebotenen einzigartigen Möglichkeiten. In enger Zusammenarbeit mit dem Robert-Koch-Institut, der Wehrmacht, dem Reichsgesundheitsamt und der IG Farbenindustrie testeten SS-Ärzte in Buchenwald unter anderem verschiedene Medikamente gegen Fleckfieber. Eugen Kogon, dessen Monographie über den SS-Staat großen Anteil daran hat, daß Buchenwald für das deutsche KZ schlechthin steht, mußte als sogenannter »Arztschreiber« genau Buch über die zahlreichen, zumeist tödlich verlaufenden Experimente an seinen Mithäftlingen führen. Er urteilte über den Sinn dieser Menschenversuche: »Der wissenschaftliche Wert war entweder gleich Null oder sehr gering, da das Infektionsverfahren geradezu irrsinnig war.«

Trotzdem würde man die wirkliche Bestimmung der KZs verkennen, wollte man sie aus ihrem Nutzeffekt ableiten. Die ›Verwertung‹ der Häftlinge in der einen oder anderen Form war bestenfalls ein Motiv neben anderen. Vernichtungs- und Ausbeutungsgedanken vermischten sich vielmehr, wie die von Himmler stammende Formel der »Vernichtung durch Arbeit« ausdrückte. Nach neuesten Schätzungen wurden in Buchenwald etwa 65 000 Menschen getötet, oder präziser, wie es in dem berühmten Buchenwald-Schwur vom 19. April 1945 hieß: »Erschossen, gehenkt, zertrampelt, erschlagen, erstickt, ersäuft, verhungert, vergiftet, abgespritzt.«

Als die dritte amerikanische Armee unter der Führung General Pattons das Buchenwalder Außenlager Ohrdruf erreichte, hatten die Soldaten im wesentlichen nur sanfte deutsche Landschaften und kleine saubere Dorfhäuser gesehen. Die frühen Berichte der deutschen Emigranten über die Zustände in den KZs waren vergessen, die Schreckensmeldungen der verbündeten sowjetischen Streitkräfte über ihre Entdeckungen in Maidanek und anderswo waren heruntergespielt oder ignoriert worden. Die Amerikaner konnten in ihrer großen Mehrheit nicht glauben, zu welchen ungeheuerlichen Verbrechen das ›Volk der Dichter und Denker‹ fähig war. In den Salzbergwerken von Ohrdruf sahen die Spitzen der amerikanischen Armee zum ersten Mal die Greuel der KZs mit eigenen Augen. Der Oberbefehlshaber der US-Streitkräfte, Dwight D. Eisenhower, schrieb nach seinem Besuch dort an seine Frau: »I never dreamed that such cruelty, bestiality and savagery could really exist in this world! It was horrible!« Ebenso erging es George Patton, den dieses Schreckenslager auf die Idee brachte, die deutschen Einwohner der benachbarten Ortschaften zum Besuch der Lager zu zwingen. Nachdem Patton auch das Hauptlager auf dem Ettersberg besucht hatte, wo er, so seine Schilderung, »kaum atmende Mumien« vorfand, mobilisierten die amerikanischen Generale die heimische Öffentlichkeit. Von nun an besichtigten täglich ganze Scharen von Soldaten und Journalisten, sogar hochrangige Parlamentskommissionen das KZ bei Weimar. In Wort, Bild und Ton gingen die Schilderungen des Lagers, in dem trotz größter Bemühungen immer noch täglich 40 Häftlinge an Entkräftung starben, fast um die ganze Welt. Alle vorgefaßten philosophischen, historischen, soziologischen oder politologischen Theorien über den Nationalsozialismus verblaßten im Angesicht der Wirklichkeit der NS-Verbrechen. Über die Welt wogte eine Welle des Abscheus. Große Teile zumindest der westlichen Öffentlichkeit zeigten sich jetzt von der kollektiven Schuld aller Deutschen überzeugt; eine politische Selbstbestimmung, dies war danach die Ansicht einer überwältigenden Mehrheit, durfte selbst nach der Vertreibung der Nationalsozialisten den Deutschen erst dann erlaubt werden, wenn die gesamte deutsche Bevölkerung entnazifiziert und umerzogen worden sei.

Dabei hatten die amerikanischen Soldaten, die am 11. April 1945 als erste eher zufällig auf das Lager am Ettersberg stießen, eine für sie überraschende und tatsächlich sehr ungewöhnliche Entdeckung gemacht: Sie wurden von bewaffneten Trupps selbstbewußter Häftlinge in das Lager geführt, wo man ihnen eine größere Gruppe gefangener SS-Leute zeigte. Die Häftlinge erklärten den Soldaten, daß sie kurz zuvor die Wachtürme mit Karabinern und Pistolen, Handgranaten und selbstgefertigten Benzinbomben gestürmt und sich damit selbst befreit hätten. Spätestens nach der Absetzung des ersten Kommandanten von Buchenwald nämlich war das Lager bei Weimar zu einem ›roten‹ KZ geworden, d. h.: Die mit einem roten Dreieck gekennzeichneten politischen Gefangenen hatten die ›Blauen‹, Kriminelle zumeist, aus den Funktionen der Häftlingsverwaltung mehr und mehr herausgedrängt. Vor allem Kommunisten fast aller im Lager vorhandenen nationalen Gruppen bildeten ein geheimes Internationales Lagerkomitee, das ab 1944 Pläne für einen allgemeinen, bewaffneten Lageraufstand vorbereitete. Aus den Gustloff-Werken wurden Waffen beschafft und sorgfältig verborgen. Da natürlich trotzdem die Häftlinge ihren Bewachern, 4000 bis 5000 Soldaten und SS-Leuten, militärisch weit unterlegen waren, sollte der Aufstand nur im Fall akuter Lebensbedrohung des gesamten Lagers ausgelöst werden. So konnte das Lagerkomitee zwar nicht verhindern, daß die SS bei Annäherung der Amerikaner noch Tausende auf sogenannte ›Todesmärsche‹ schickte. Durch hinhaltenden Widerstand aber, bei dem die Häftlinge mehrfach den offenen Aufstand riskierten, gelang es immerhin, die vollständige Evakuierung zu verhindern. Als die amerikanischen Panzer schließlich auf das Lager zurollten, erfolgte das Signal zum Aufstand. Obwohl bis zum heutigen Tag heftig über Zeitpunkt, Verlauf und Umfang der Kampfhandlungen des Lagerschutzes und der illegalen militärischen Widerstandsorganisation gestritten wird, hatten sie für die Befreiung des Lagers wohl keine entscheidende Bedeutung.

Die amerikanischen Streitkräfte rückten erst zwei Tage später im Lager selbst ein. Von Anfang an begriffen sie den Aufstand als einen ›Machtergreifungsversuch‹ der Kommunisten und unterbanden daher sehr schnell alle politischen Aktivitäten der Häftlinge. Das berühmte ›Buchenwalder Manifest‹ aber, das am gleichen Tag von einem Komitee sozialdemokratischer Häftlinge, unter ihnen Hermann Louis Brill, Ernst Thape und Benedikt Kautsky, unterzeichnet wurde, verdeutlichte, daß der politische Führungsanspruch, den die Häftlinge für sich geltend machten, nicht nur auf die Kommunisten beschränkt war. So standen sich in Buchenwald die Vertreter einer Besatzungsmacht und die Vertreter eines ›Anderen Deutschland‹ verständnislos gegenüber. Die einen waren gerade auf Grund ihrer furchtbaren Entdeckungen von einer kollektiven Schuld aller Deutschen überzeugt und sahen vielfach in den deutschen Gefangenen ›Herrenmenschen unter KZ-Bedingungen‹; die anderen fühlten sich durch ihr jahrelanges Leiden moralisch und durch ihren Selbstbefreiungsversuch auch politisch legitimiert, den Aufbau eines neuen Deutschland selbst zu bestimmen. Weder in ›Ost‹ noch ›West‹ aber gelangten sie später, von wenigen Ausnahmen abgesehen, in entscheidende politische Funktionen.

Der ›Kalte Krieg‹ schuf bald neue Fronten. Beide Seiten bezogen Buchenwald in die Auseinandersetzungen der Systeme mit ein. Die DDR, die auf dem Ettersberg eine große Gedenkstätte errichtete, setzte ihrem Anspruch, das bessere Deutschland zu repräsentieren, hier ein riesiges Denkmal. Immer wieder, vor allem während der Thälmann-Prozesse, prangerte sie die ungenügende Bestrafung der Buchenwalder SS-Täter in der Bundesrepublik an. Die westliche Öffentlichkeit konnte im Gegenzug leicht auf eine angebliche Kontinuität totalitärer Systeme verweisen. Der sowjetische Geheimdienst nämlich richtete zeitweise ausgerechnet in ehemaligen deutschen KZs, so auch in Buchenwald, Internierungsstätten ein, in denen nicht nur NS-Verbrecher, sondern auch politische Gegner des SED-Staates einsaßen. Dermaßen zwischen die Fronten des Kalten Krieges geraten, war es wohl kein Zufall, daß der damalige Bundeskanzler Willy Brandt nach seinem Erfurter Treffen im März 1970 mit dem Vorsitzenden des Ministerrates der DDR, Willi Stoph, der Gedenkstätte bei Weimar einen Besuch abstattete. Die deutsche Geschichte läßt sich eben nicht, wie der ehemalige deutsche Emigrant und Germanistik-Professor Richard Alewyn in einer Goethe-Vorlesung in Köln 1949 erläuterte, in ›gut‹ oder ›böse‹ aufteilen: »Was aber nicht geht, ist sich Goethes zu rühmen und Hitler zu leugnen. Es gibt nur Goethe und Hitler, die Humanität *und* die Bestialität... Zwischen uns und Weimar liegt Buchenwald.«

11/1 »Prospekt des Fürstl: Sachs: Weimar: Schlosses. Die Wilhelmsburg genant wie solches nach dem Brande Anno 1774. d. 10ten May. gestanden«

F. C. A. Starcke

nach 1774; Feder, aquarelliert, 32,5 × 40,9 cm
Düsseldorf, Goethe-Museum

Das Blatt zeigt den Zustand der Stadt, wie er sich Goethe bei seiner Ankunft in Weimar 1775 bot. Das auf eine 1424 zerstörte Wasserburg des 10. Jahrhunderts zurückgehende Schloß zu Weimar, das den Namen ›Hornstein‹ trug, brannte im Jahre 1618 nieder. Das neuerrichtete Schloß, nach Wilhelm IV. ›Wilhelmsburg‹ genannt, bot Platz für den gesamten Hof einschließlich des Theaters und der Landesverwaltung.

Nach dem Brand am 6. Mai 1774, der nur die Außenmauern des Gebäudes stehen ließ, mußte die Hofhaltung behelfsmäßig in verschiedenen Gebäuden der Residenzstadt untergebracht werden. Da zunächst die Mittel für den Wiederaufbau fehlten, konnte erst im Jahre 1789 mit den Arbeiten begonnen werden. 1803 bezog der Weimarische Hof das Schloß, an dessen Wiederaufbau Goethe maßgeblich beteiligt gewesen war.

11/2 Modell von Goethes Gartenhaus (Abb. S. 260)

1949; Holz, 47,5 × 32 × 50 cm
Düsseldorf, Goethe-Museum (Leihgabe der Bayerischen Akademie der Schönen Künste, München)

Im April des Jahres 1776 schenkte Herzog Carl August von Sachsen-Weimar Goethe das Gartenhaus mit umgebendem Grundstück am unteren Park nahe der Ilm. Goethe, der den Garten im englischen Stil neugestalten ließ, bewohnte das bescheidene, aber reizvoll gelegene Häuschen aus dem 17. Jahrhundert bis zum Einzug in das Helmershausensche Haus am Frauenplan im Jahre 1782. In dieser Zeit arbeitete er an ›Wilhelm Meisters Theatralischer Sendung‹, an der Prosafassung der ›Iphigenie auf Tauris‹, am ›Egmont‹ und am ›Torquato Tasso‹.

Das Gartenhaus prägte sich als Urbild einer bürgerlich-kultivierten und bescheidenen Lebensform in das deutsche Weimar-Bild ein, vielleicht mehr als das Haus am Frauenplan, das weitaus eher den Lebenszuschnitt eines Mannes bei Hofe wiedergab. Welchen Symbolwert das Bauwerk besaß, zeigt die Schrift ›Das deutsche Wohnhaus‹ (1932) des konservativen Architekten Paul Schmitthenner. Dort wurde das Gartenhaus polemisch einer modernen ›Wohnmaschine‹ der zeitgenössischen, internationalen Architektur-Avantgarde gegenübergestellt. Das hier gezeigte Modell entstand im Goethe-Jahr 1949.

11/3 Goethe liest einer Abendgesellschaft bei Herzog Carl August vor (Abb. S. 259)

Georg Melchior Kraus

um 1780; Sepia, weiß gehöht, 21,4 × 24,9 cm
Darmstadt, Hessisches Landesmuseum (HZ 310)

Zu den gesellschaftlichen Vergnügungen des Weimarer Hofes zählten neben dem Liebhabertheater, den Redouten, Hoffesten und Ausflügen auch Leseabende. Goethe, der am gesellschaftlichen Leben der Residenz stets regen Anteil nahm, las gelegentlich auch aus seinen eigenen Werken. Der Maler Georg Melchior Kraus (1737–1806), der ab 1799 die Weimarer Zeichenschule leitete, hinterließ zahlreiche Personen-, Szenen- und Landschaftsdarstellungen des klassischen Weimar.

11/4 Blick aus der Laube in Tiefurt

Carl Lieber

um 1820; Feder, Aquarell, 19 × 23 cm
Düsseldorf, Goethe-Museum (B-Mag. III KK 6827)

In den Jahren 1781 bis 1800 verbrachte die Herzoginmutter Anna Amalia regelmäßig ihre Sommermonate in Tiefurt, einem kleinen Dorf in der Umgebung von Weimar. Sie richtete sich im Schlößchen, das ursprünglich nur das Pächterhaus eines großen Gutshofes gewesen war, wohnlich ein und gestaltete den Park, nach dem Vorbild des Wörlitzer Parks des Herzogs von Dessau, im englischen Stil. Der Landschaftspark mit seinen Gartenhäusern, Kleinarchitekturen, Freundschafts- und Erinnerungsdenkmälern entsprach dem Wunsch der Mitglieder nach naturnahem, einfachem ländlichen Leben. Hier ›rustizierte‹ man, feierte man Feste und veranstaltete Theaterabende. Alle gesellschaftlichen Ereignisse fanden in den Beiträgen der Mitglieder des ›Musenhofes‹ zum ›Tiefurter Journal‹ (1781–1784) ihren Niederschlag.

11/5 »Ansicht des ehemaligen Schlößchens Brunfthof im Groß-Ettersberge ...« (Abb. S. 275)

Theodor Goetz

um 1831; Feder, aquarelliert, 34,5 × 46 cm
Düsseldorf, Goethe-Museum (KK 6895)

Das auf ein Augustiner-Chorherrenstift zurückgehende Schloß Ettersburg, das Herzog Wilhelm Ernst 1706 bis 1712 an der Nordwand des nordwestlich von Weimar gelegenen Ettersbergs erbauen ließ, wurde in der Folgezeit erweitert und umgestaltet. In den gegenüberliegenden Hang des Ettersbergs wurde eine Schneise geschlagen, deren Blickpunkt das auf dem Bergrücken errichtete, bald verfallene Brunfthof-Schloß bildete. Anna Amalia, die in den Jahren 1776 bis 1780 ihre Sommer in Ettersburg verbrachte, ließ den Garten zu einem Landschaftspark umgestalten. Die Weimarer Hofgesellschaft machte den Ettersberg oft zum Ziel sommerlicher Ausflüge. Goethe hat hier aus der Prosafassung der ›Iphigenie‹ vorgelesen.

Auf dem Ettersberg wurde 1937 das Konzentrationslager Buchenwald errichtet.

11/6 Szene aus ›Iphigenie auf Tauris‹ (Abb. S. 261)

Angelica Kauffmann

1787; Kohle, weiß gehöht, 27,2 × 35,5 cm
Düsseldorf, Goethe-Museum

Das Haus der berühmten Angelica Kauffmann (1741–1807) in Rom war das Ziel berühmter Reisender der Zeit, zu denen auch der von ihr porträtierte Goethe gehörte.

Dieser beschreibt in seinem Bericht ›Italienische Reise‹, wie er seinen römischen Freunden aus ›Iphigenie auf Tauris‹ vorlas: »Die zarte Seele Angelica nahm das Stück mit unglaublicher Innigkeit auf; sie versprach mir eine Zeichnung daraus aufzustellen, die ich zum Andenken besitzen sollte.« ›Iphigenie‹, woran Goethe seit 1779 arbeitete, wurde zu einer Art Schlüsselwerk für die Humanitätsideale der Weimaraner, der »Entwurf von ›gelinder Menschlichkeit‹, ein Gegenbild zur mangelhaften Realität«.

11/7 Goethe und Großherzog Carl August im Gespräch

Carl August Schwerdgeburth

1860; Stahlstich, 28,5 × 23,1 cm
Marbach a. N., Schiller-Nationalmuseum/Deutsches Literaturarchiv (B 69.259)

Herzog Carl August von Sachsen-Weimar, der Goethe 1774 in Frankfurt kennengelernt hatte, berief den Dichter im folgenden Jahr nach Weimar. Goethe, der sich gerne am ›Genietreiben‹ des jungen Herzogs beteiligte, wurde bald zum Freund und engsten Vertrauten Carl Augusts. Die stabile, jedoch keineswegs konfliktfreie Freundschaft der beiden währte bis zum Tod des Herzogs.

Der Stich des Zeichners und Kupferstechers Carl August Schwerdgeburth (1785–1878), der an der Weimarer Zeichenschule lehrte und für das Landes-Industrie-Comptoir Friedrich Justin Bertuchs, des einstigen Arbeitgebers von Christiane Vulpius, arbeitete, zeigt Goethe und Carl August im sog. ›Junozimmer‹. Dieser Raum, der nach dem hier aufgestellten überlebensgroßen Kopf der Juno Ludovisi benannt wurde, war der repräsentativste und eleganteste Raum des Hauses am Frauenplan – Goethes ›bürgerköniglicher Hofhaltung‹ (Hans Mayer) – und diente Goethe als Empfangszimmer.

11/7

11/8 Das Goethe-Haus im Festschmuck zum Jubiläum am 3. September 1825

C. Horny

10,4 × 18,5 cm
Düsseldorf, Goethe-Museum

Als das Gartenhaus für seine Bedürfnisse zu klein wurde, mietete Goethe 1782 eine Wohnung in dem 1710 erbauten Haus des Kammergerichtsrates Helmershausen am Frauenplan. Nach Goethes Teilnahme am Feldzug gegen Frankreich ging das inzwischen umgestaltete Haus endgültig in den Besitz des Dichters über; am 17. Dezember 1792 bezog er sein neues Domizil. Walther von Goethe vermachte das Haus im Jahre 1885 dem sachsen-weimarischen Staat, nachdem 1842 in der Deutschen Bundesversammlung schon einmal über einen Ankauf des Hauses beraten worden war.

Am 3. September 1825 wurde das fünfzigjährige Regierungsjubiläum des Großherzogs, am 7. November die Ankunft Goethes vor 50 Jahren gefeiert – nicht das Jubiläum seines Dienstantrittes, der erst 1776 erfolgt war. Dies galt als besondere Ehrung des Dichters, wie auch eine Medaille mit den Porträts des Großherzogpaares auf der einen und Goethes auf der anderen Seite bezeugt. »So hat wohl noch kein Fürst seinen Diener gefeiert«, schrieb der Kanzler von Müller.

11/9 Bildnis des Johann Gottfried Herder
Carl Hermann Pfeiffer nach J. A. F. Tischbein

undatiert, Kupferstich, 27 × 37 cm
Marbach/N., Schiller-Nationalmuseum/Deutsches Literaturarchiv

Herder kam im Oktober 1776 mit seiner Familie in Weimar an. Seine Existenz in der Stadt gestaltete sich weitaus problematischer, als es bei anderen Weimaranern, bei Wieland oder Goethe, der Fall war. Herder zählte nicht zum Kreis der Vertrauten um den Herzog Carl August; sein geistliches Amt eines Generalsuperintendenten war mit erheblicher bürokratischer Alltagsarbeit belastet und empfahl ihn nicht eben für die Libertinage im Hofleben des jungen Landesherren. Schwerwiegender noch war Herders starke Ablehnung des höfischen Absolutismus, selbst in einer so reformfreudigen, aufgeklärten, unfeierlichen Form wie im Weimar dieser Zeit. Herder, der ganz im Gegensatz zu Goethe deutliche Sympathien für die Französische Revolution hegte, hat die kleine Fürstenstadt Weimar als Lebensform niemals überschätzt.

In Weimar verfaßte Herder sein 1784 bis 1791 erschienenes Hauptwerk ›Ideen zur Philosophie der Geschichte der Menschheit‹. Sein letztes Lebensjahrzehnt verbrachte er in zunehmender Entfremdung von Goethe und Schiller, die sich von der verletzenden Art seiner literarischen Kritik abgestoßen fühlten. Goethe wiederum hatte sich im Jahre 1795 bei der Regelung von Herders Amtsbezügen so brüsk gegenüber Herders Ehefrau verhalten, daß der Bruch unvermeidlich schien. Herder starb im Dezember 1803 in Weimar.

11/10 Bildnis der Johanna Schopenhauer
Julius Oldach

um 1820; Öl auf Leinwand, 59 × 44 cm
Düsseldorf, Goethe-Museum

Im Jahre 1806, nach dem Tode ihres Mannes, siedelte Johanna Schopenhauer mit ihrer Tochter Adele nach Weimar über. Dort lud sie zu geselligen Teerunden ein, in denen auch Goethe verkehrte. Dessen Verhältnis zu Johanna Schopenhauer war nicht zuletzt davon bestimmt, daß sie als erste bereit war, Christiane Vulpius nach ihrer Eheschließung mit Goethe bei sich im Hause zu empfangen und ihr so den Zutritt zur Gesellschaft Weimars zu erleichtern. Die Abende bei Johanna Schopenhauer vereinigten, was in Weimar Rang und Namen hatte: den Kanzler von Müller und Goethes Sekretär Riemer, den Kammerrat Riedel und die Malerin Bardua.

Freilich macht ein Vergleich mit der Berliner Salons jener Jahre auch deutlich, daß Weimar trotz der berühmten Schriftsteller am Ort Charakter und Grenzen einer kleinen deutschen Residenzstadt nicht verloren hatte.

Johanna Schopenhauer mußte – in finanzielle Bedrängnis geraten – ihren Haushalt in Weimar 1827 aufgeben und zog nach Bonn, wo sie bis 1837 lebte und sich mit eigenen schriftstellerischen Arbeiten über Wasser hielt. Noch einmal nach Weimar zurückgekehrt, starb sie dort im Jahre 1838.

11/11 Miniaturbildnis des Großherzogs Carl August von Sachsen-Weimar

um 1808; Deckfarben auf Elfenbein in verschließbarem Medaillon mit durchbrochener Goldarbeit, 7,2 × 5 cm (Bild)
Frankfurt, Freies Deutsches Hochstift/Frankfurter Goethe-Museum (IV–1677)

Herzog Carl August von Sachsen-Weimar-Eisenach (1757–1828) übernahm 1775 die Regierung des Herzogtums. Der junge Herzog, der seit 1772 von Wieland erzogen und in die Prinzipien des aufgeklärten Fürstentums eingeführt worden war, berief Goethe nach Weimar und setzte durch, daß dieser ins Geheime Consilium, die höchste Behörde des Herzogtums, berufen wurde.

Carl August gehörte zu den führenden Köpfen des 1785 ins Leben gerufenen ›Fürstenbundes‹ etlicher kleinerer Reichsstände, die im Zeichen wachsender Polarisierung des Reiches zwischen Österreich und Preußen und seiner dringenden Reformbedürftigkeit nach einer eigenständigen Politik suchten. An dieser Idee hielt der Herzog auch dann noch fest, als Friedrich II. von Preußen den Fürstenbund zum Instrument seiner antiösterreichischen Politik machte.

Nach seiner Beteiligung an der ›Campagne in Frankreich‹ kehrte Carl August, der der Französischen Revolution ablehnend gegenüberstand, restriktive Maßnahmen im eigenen Land jedoch nicht befürwortete, nach Weimar zurück. In den relativ ruhigen Jahren zwischen dem Basler Sonderfrieden von 1795 und der Niederlage von Jena und Auerstädt 1806 widmete sich Carl August inneren Reformen sowie der Förderung von Kultur und Wissenschaft.

Nach dem Wiener Kongreß, durch den er zum Großherzog erhoben wurde, führte er als einer der ersten deutschen Fürsten die durch die Wiener Bundesakte vorgeschriebene landständische Verfassung ein und gewährte in seinem Herzogtum die Pressefreiheit, die er jedoch infolge der Karlsbader Beschlüsse (1819) widerrufen mußte.

11/12

11/12 Miniaturbildnis der Caroline Jagemann

Christian Hornemann

1800; Silberstift, 9,4 × 7,6 cm (oval)
Düsseldorf, Goethe-Museum

Die Schauspielerin und Sängerin Caroline Jagemann (1777–1848), Tochter des Hofbibliothekars der Herzogin Anna Amalia, kehrte nach Beendigung ihrer Ausbildung bei Iffland in Mannheim im Jahre 1797 nach Weimar zurück, wo sie dank ihrer ausgezeichneten Ausbildung, ihres natürlichen Talents und ihres vorteilhaften Äußeren bald zum Liebling des Publikums wurde. Zu ihren Bewunderern zählte auch Herzog Carl August von Sachsen-Weimar, der sie schon bald zu seiner Geliebten und im Jahre 1802 zu seiner offiziellen Nebenfrau machte. Aus der Verbindung mit dem Herzog, der sie 1809 zur Frau von Heygendorff erhob, gingen drei Kinder hervor.

Da die Schauspielerin die Protektion durch Carl August ausnutzte, um ihre ehrgeizigen Pläne durchzusetzen, mußte es früher oder später zum Konflikt mit Goethe kommen. Die Theaterkrise von 1808 konnte zwar noch einmal überwunden werden, die Intrigen der Schauspielerin führten jedoch 1817 zum Rücktritt Goethes vom Amt des Theaterleiters.

Nach dem Tode Carl Augusts im Jahre 1828 verließ Caroline Jagemann die Residenz. Sie starb in Dresden.

11/13 Miniaturbildnisse von Christiane, Johann Wolfgang und August von Goethe (Abb. S. 263)

Karl Joseph Raabe

1811; Deckfarben auf Elfenbein, 8 × 7 cm, 10 × 8 cm, 2 × 7 cm (oval)
Düsseldorf, Goethe-Museum

Von Januar bis April 1811 weilte der Maler Karl Joseph Raabe (1780–1846) in Goethes Haus. In dieser Zeit entstanden Miniaturbildnisse Johann Wolfgang von Goethes, seiner Gemahlin Christiane und seines Sohnes August.

Die am 1. Juli 1765 in Weimar geborene Christiane Vulpius, die nach dem frühen Tod ihrer Eltern in der Blumenfabrik Caroline Bertuchs arbeitete, überbrachte Goethe kurz nach seiner Rückkehr aus Italien eine Bittschrift ihres Bruders, des Schriftstellers Christian August Vulpius. Am Tag darauf begann ihre Lebensgemeinschaft mit Goethe. Dieser heiratete seine Geliebte jedoch erst am 19. Oktober 1806. Die Verbindung der beiden, die sich allen gesellschaftlichen Anfechtungen zum Trotz harmonisch gestaltete, währte bis zum Tode Christianes am 6. Juni 1816.

Aus der Ehe Goethes mit Christiane Vulpius gingen fünf Kinder hervor, von denen jedoch nur der am 25. Dezember 1789 geborene Julius August Walther das Erwachsenenalter erreichte. Um so sorgfältiger wurde August vom Vater und später von seinem Hauslehrer Riemer erzogen. Nach juristischen Studien trat August von Goethe in den Weimarer Staatsdienst ein und unterstützte seinen Vater bei der Oberaufsicht über die künstlerischen und wissenschaftlichen Anstalten des Herzogtums.

Die Ehe August von Goethes mit Ottilie von Pogwisch war unglücklich. Dies und das Leben im Schatten des übermächtigen Vaters ließen August von Goethe den Aufenthalt in Weimar unerträglich werden. So reiste er 1830 mit Eckermann nach Italien, wo er in der Nacht zum 27. Oktober einer Infektion erlag.

11/14 Miniaturbildnis des Johann Wolfgang von Goethe nach einem Portrait von L. Sebbers

1849; Wasserfarben auf Porzellan, 6,6 × 5,7 cm
Frankfurt, Freies Deutsches Hochstift/Frankfurter Goethe-Museum (IV-1960-5)

11/15 Miniaturbildnis des Johann Wolfgang von Goethe nach Rauch/J. M. Schwindt

1932; Dm 5 cm
Frankfurt, Freies Deutsches Hochstift/Frankfurter Goethe-Museum (IV 1611)

11/15

11/16 Gemmenring mit dem Bildnis Goethes nach Bovy

Goldeinfassung mit Karneol, 2,8 × 2,2 cm (Stein)
Frankfurt, Freies Deutsches Hochstift/Frankfurter Goethe-Museum (IV 795)

11/17 Bestickter Pantoffel Goethes

1819; Stoff, Leder, Stickerei, Bandapplikationen, L 27,5 cm
Schönenwerd, Bally Schuhmuseum (381/24)

11/18 Blatt vom Lorbeerkranz Goethes auf dem Totenbett, eine Haarlocke des Verewigten und die Todesanzeige Ottilie von Goethes an den Bildhauer Dannecker

24 × 19 cm
Düsseldorf, Goethe-Museum (KK 176)

11/19 Miniaturbüsten von Goethe und Schiller

um 1860; Bronze, H jeweils 3,2 cm
Marbach/N., Schiller-Nationalmuseum/Deutsches Literaturarchiv (1288)

11/20 Miniaturbildnis der Elisabeth von der Recke

Anton Graff

um 1798; Silberstift, laviert, auf Karton, 8,4 × 6,3 cm
Frankfurt, Freies Deutsches Hochstift/Frankfurter Goethe-Museum (III–13459)

Die durch autobiographische Werke, Reisetagebücher und empfindsame Lyrik bekanntgewordene Schriftstellerin Elisabeth (Elisa) Charlotte Constanzia von der Recke (geb. Gräfin Medem) wurde am 1. Juni 1756 auf Schloß Schönburg in Kurland geboren. Im Jahre 1779 geriet sie am Hof der Herzöge von Kurland unter den Einfluß des vorgeblichen Grafen Cagliostro, den sie 1787 in einem aufsehenerregenden Buch entlarvte.

Nach Reisen durch Italien und Deutschland ließ sich Elisabeth von der Recke 1819 in Dresden nieder. Goethe, mit dem sie seit ihrem ersten Zusammentreffen in Weimar im Dezember 1784 regen brieflichen und persönlichen Kontakt unterhielt, schätzte den Umgang mit der weltläufigen Schriftstellerin, kritisierte jedoch ihre mitunter gefühlsselige Art.

11/21 Miniaturbildnis des Christoph Martin Wieland

Gerhard von Kügelgen

undatiert; Deckfarben auf Elfenbein, 9,3 × 7,9 cm (oval)
Marbach/N., Schiller-Nationalmuseum/Deutsches Literaturarchiv (4975)

Im Jahre 1772 berief Herzogin Anna Amalia von Sachsen-Weimar den am 5. September 1733 in Oberholzheim geborenen Dichter Christoph Martin Wieland als Prinzenerzieher an den Weimarer Hof. Dank der Eleganz und Formgewandtheit seiner am französischen Spätrokoko geschulten Sprache erfreute sich Wieland bald auch in den

11/20

Kreisen regen Zuspruchs, die bislang französische Literatur bevorzugt hatten. Als der junge Goethe, der Wieland 1773 in seiner Farce ›Götter, Helden und Wieland‹ verspottet hatte, 1775 in Weimar eintraf, blieb der allgemein erwartete Eklat aus. Die gegenseitige Hochachtung der Dichter führte bald zu einem Verhältnis der wechselseitigen Anregung, das bis zum Tode Wielands am 20. Januar 1813 andauerte. Bekanntheit erlangte Wieland vor allem durch seinen Staatsroman ›Der goldene Spiegel‹ und seinen Entwicklungsroman ›Geschichte des Agathon‹ sowie durch die Herausgabe des ›Teutschen Merkur‹, der ersten bedeutenden deutschen literarischen Zeitschrift.

11/22 Bildnis der Luise von Göchhausen

Johann Wolfgang von Goethe

vor 1780; Bleistift, 28,5 × 19,9 cm
Düsseldorf, Goethe-Museum

Die Hofdame der Herzoginmutter Anna Amalia genoß in der Weimarer Gesellschaft hohes Ansehen. Witz, Schlagfertigkeit, Geistreichtum und Sprachgewandtheit zeichneten die kleine und etwas verwachsene Luise von Göchhausen (1752–1807) aus. Ihre Mansardenzimmer im Wittumspalais stellten eine Art Salon dar, wo sich jeden Sonntag Gäste aus dem geistigen Leben Weimars einstellten.

In ihrem Nachlaß fand sich 1887 eine Abschrift des ›Urfaust‹, wodurch dieser Text, dessen Original Goethe nach dem Erscheinen der endgültigen Fassung des ›Faust‹ vernichtet hatte, der Nachwelt erhalten blieb.

11/23 Bildnis des Carl Theodor von Dalberg

Johann Martin Bückle

um 1800; Kamee auf einer Brosche, 2,7 × 2,3 cm (oval)
Marbach/N., Schiller-Nationalmuseum/Deutsches Literaturarchiv (1288)

Dalberg war 1771/72 zum Statthalter des zu Kurmainz gehörenden Erfurt ernannt worden. Dadurch kam er in Berührung mit der literarischen Gesellschaft des nahegelegenen Weimar. Goethe, der Dalberg sehr schätzte, schrieb am 5. Mai 1780 an Frau von Stein: »Durch die Erzählungen aus seinem mannigfaltigen politischen Treiben hebt er meinen Geist aus dem einfachen Gewebe, in das ich mich einspinne.«

11/24 Visitenkarte Goethes mit einer handschriftlichen Mitteilung an Eckermann

um 1830; gerahmt, 12,5 × 8 cm
Düsseldorf, Goethe-Museum

11/23

Johann Peter Eckermann wurde am 21. September 1792 in Winsen an der Luhe geboren. Der literaturbesessene Autodidakt, der sich Goethe durch seine Schrift ›Beiträge zur Poesie unter besonderer Hinweisung auf Goethe‹ empfohlen hatte, kam im Jahre 1823 nach Weimar.

Nach der Begegnung mit Goethe, der um diese Zeit nach einem geeigneten Mitarbeiter Ausschau hielt, gab

11/22

Eckermann alle eigenen Pläne auf und stellte seine Arbeitskraft in den Dienst des Dichters. Die von ihm aufgezeichneten ›Gespräche mit Goethe in den letzten Jahren seines Lebens‹, die 1836 erschienen, wurden von Friedrich Nietzsche als »das beste deutsche Buch« bezeichnet.

Nach Goethes Tod übernahm er, zusammen mit Friedrich Wilhelm Riemer, die Ordnung des schriftlichen Nachlasses. Zurückgezogen und völlig verarmt starb er am 3. Dezember 1854 in Weimar.

11/25 ›Gallerie merkwürdiger und intreßanter Menschen‹ (Abb. S. 262)

Aus dem 1. Heft:

a) Die Schloßmagd Frau Bamberg
b) Hofjäger Hauptmann
c) Der Aufseher der Großherzoglichen Wildprets-Niederlage Rost
d) Nachtwächter Simon
e) Ehemaliger Ratsdiener Waltmann
f) Tambour Rüppler

Aus dem 2. Heft:

g) Madame Kümmerfeld
h) Kaufmann Philipp Bose
i) Tuchmacher Zünckel als Brautführer
j) Briefträger Jacob
k) Oekonom Bose
l) Consistorialsecretär List

Theodor Goetz

1820; Kupferstiche, koloriert, max. 18 × 12,5 cm, min. 16,5 × 10,5 cm
Düsseldorf, Goethe-Museum

Der Zeichner und Kupferstecher Theodor Goetz (1779–1853) hielt in dieser Folge stadtbekannte Persönlichkeiten und Originale Weimars fest.

11/26 Bühnenbildentwürfe für das Hoftheater zu Weimar

a) Für die Oper ›Titus‹ von Mozart: Das Capitol in Rom (Abb. S. 264)
b) Für ›Faust I‹ von Goethe: Fausts Studierstube (Abb. S. 265)

Friedrich Christian Beuther

1815; a) Lithographie, 51,9 × 67,5 cm; b) Bleistift, Aquarell, 33,6 × 41,5 cm
Köln, Universität zu Köln, Theatermuseum des Instituts für Theater-, Film- und Fernsehwissenschaft

Seit dem 17. Jahrhundert fanden in einem Saal des Weimarer Residenzschlosses Theateraufführungen statt. Nach dem Brand des Schlosses am 6. Mai 1774, der auch das Theater zerstörte, wurde die Schauspieltruppe entlassen. Mitglieder der Hofgesellschaft schlossen sich daraufhin zu einem Liebhabertheater zusammen. Goethe, der sich an den Aufführungen in Weimar und den umliegenden Sommerschlößchen beteiligte, übernahm 1776 die Leitung des höfischen Laientheaters. 1784 verpflichtete man wieder eine Schauspieltruppe. Als deren Vertrag 1791 auslief, übernahm Goethe die Leitung des Hoftheaters. In Zusammenarbeit mit Schiller machte Goethe das Weimarer Theater zu einer führenden Bühne Deutschlands, auf der neben ihren eigenen Dramen von Schiller bearbeitete Werke der Weltliteratur aber ebenso auch populäre Stücke des leichten Genres aufgeführt wurden. Goethe, dem neben der Konzeption des Spielplans, der Verpflichtung der Schauspieler und der Leitung der Proben auch die Sorge für die Bühnendekoration oblag, verpflichtete 1815 den Theaterdekorationsmaler Friedrich Beuther (1776–1856), der das klassizistische Bühnenbild entwickelte, nach Weimar. In den ›Tag- und Jahresheften‹ schrieb Goethe: »Ganz zur rechten Zeit gewannen wir an dem Decorateur Beuther einen vortrefflichen, in der Schule von Fuentes gebildeter Künstler, der durch perspectivische Mittel unsere kleinen Räume in's Gränzenlose zu erweitern, durch charakteristische Architektur zu vermannichfaltigen, und durch Geschmack und Zierlichkeit höchst angenehm (zu) machen wußte.« Goethes ›Faust‹, für den Beuther schon 1815 einen Entwurf gemacht hatte, wurde in Weimar erst 1829 aufgeführt.

11/27 Karikatur auf die ›Xenien‹ und ihre Autoren

Christian Fürchtegott Fulda

1797; Kupferstich, 21,5 × 33,2 cm
Marbach/N., Schiller-Nationalmuseum/Deutsches Literaturarchiv (238)

Als Reaktion auf das mangelnde Verständnis der Kritiker gegenüber den Veröffentlichungen der ›Horen‹ und des ›Musenalmanaches‹ verfaßten Goethe und Schiller gemeinsam nahezu 1000 Epigramme in Monodistichen, die sie im Rückgriff auf den Titel des 13. Buches der Epigramme des römischen Dichters Martial ›Xenien‹ nannten. Diese »wilde gottlose Satire, untermischt mit einzelnen poetischen, auch philosophischen Gedankenblitzen« (Schiller), mit der sich die Dichter gegen literarische Erscheinungen der Zeit wandten, eröffnete eine literarische Fehde, die in der Vielzahl der Angegriffenen und der Schärfe der Kritik ihresgleichen sucht. Bereits kurz nach dem Erscheinen einer Sammlung der ›Xenien‹ im ›Musenalmanach für das Jahr 1797‹ (Oktober 1796) machten ›Anti-Xenien‹ und Karikaturen die Runde.

11/28

11/28 Entwurf zu einem Goethe-Denkmal
Bettina von Arnim

1823; Bleistift, 50 × 40 cm
Bad Homburg, Verwaltung der Staatlichen Schlösser und Gärten Hessen (1.3.2.)

Bettina von Arnim (1785–1859), Tochter Maximiliane Brentanos, bedrängte Goethe mit ihrer schwärmerischen Verehrung. Der Dichter nahm sie zwar zunächst ebenso freundlich auf wie ihre Briefe, in denen sie die Erinnerungen der alten Frau Rat an Goethes Kindheit festgehalten hatte. Sein Verhältnis zu ihr kühlte jedoch schon bald ab – besonders, da sie seine Frau Christiane im Verlauf eines Streites beleidigt hatte. Dennoch suchte sie weiterhin Goethes Nähe und entwarf 1823 im Wettstreit mit Christian Rauch ein Goethe-Denkmal für die Stadt Frankfurt.

11/29 Nachbildung des Denkmals für Goethe und Schiller vor dem Hoftheater zu Weimar
nach Ernst Riedschel

19. Jhdt.; Terrakotta mit Ölfarbenlasur, H 55 cm
Düsseldorf, Goethe-Museum

11/30 Bildnis des Friedrich von Schiller im Reigen tanzender Genien
nach Anton Graff

Tuschlithographie, 12,5 × 20,5 cm
Marbach/N., Schiller-Nationalmuseum/Deutsches Literaturarchiv (5973)

11/31 Die Särge Goethes und Schillers in der Fürstengruft zu Weimar

undatiert; Fotografie (alter Abzug), 22,8 × 17,1 cm
Marbach/N., Schiller-Nationalmuseum/Deutsches Literaturarchiv (883)

Die schlichten Eichensärge Goethes und Schillers befinden sich in der 1825 bis 1826 nach den Plänen des Weimarer Baumeisters Clemens Wenzeslaus Coudray (1775-1845) errichteten Fürstengruft zu Weimar. Die Gebeine Schillers, die ursprünglich in einer Gruft des alten St. Jacobsfriedhofs ruhten, wurden bei einer der üblichen ›Aufräumungen‹ des Gewölbes geborgen und im Jahre 1827 in die neuerbaute Fürstengruft überführt. Goethe, der den Wunsch geäußert hatte, an der Seite Schillers bestattet zu werden, wurde 1832 ebenfalls in der fürstlichen Familiengruft beigesetzt.

11/32 »Souvenir de la cour de Weimar« – Hofgesellschaft bei Carl Friedrich und Maria Paulowna
Bernhard von Arnswaldt

um 1830; Kupferstich, koloriert, 16 × 20 cm
Düsseldorf, Goethe-Museum

11/32

Carl Friedrich von Sachsen-Weimar (1783–1853), der älteste Sohn Carl Augusts, übernahm im Alter von 45 Jahren die Regierung des Herzogtums. Der eher farblos wirkende Landesherr bemühte sich um politische Kontinuität und die Fortsetzung der liberalen Verwaltungsreform von 1816.

Seine am 3. August 1804 geschlossene Ehe mit der schönen und geistreichen russischen Großfürstin Maria Paulowna (1786–1859) führte zu einer Zunahme des Wohlstandes und des politischen Einflusses der Familie Sachsen-Weimar. Die Herzogin, die mit Goethe in wechselseitiger Verehrung verbunden war und sich von ihm in allen wissenschaftlichen, künstlerischen und pädagogischen Fragen beraten ließ, förderte die Bildung und Wohlfahrt ihres Landes.

11/33 Festliches Buffet im Schloß Belvedere

Carl Wilhelm Holdermann

1842; Feder, aquarelliert, 23,5 × 32,5 cm
Düsseldorf, Goethe-Museum

Schloß Belvedere, das neben Ettersburg und Tiefurt einen Sammelpunkt des gesellschaftlichen Lebens der Weimarer Klassik bildete, verkörpert auf eindrucksvolle Weise den Typus einer deutschen kleinstaatlichen Sommerresidenz des 19. Jahrhunderts. Es diente nicht nur als Ausgangspunkt für die Jagd, sondern bot auch Gelegenheit zu geselligen Zusammenkünften und Hoffesten.

11/34 Großherzog Wilhelm Ernst von Sachsen-Weimar

um 1900; Fotografie (Reproduktion)
Berlin, Bildarchiv Preußischer Kulturbesitz

Der letzte regierende Großherzog von Sachsen-Weimar (1876–1923) stellte einen wenig rühmlichen Abschluß in der Geschichte dieses Hauses dar, das durch die enge Beziehung zum geistigen Leben der Residenzstadt und vielfältige mäzenatische Förderung über Generationen hinweg zum Ruhm Weimars beigetragen hatte. Bis zu seinem Regierungsantritt im Jahre 1901 hatte er als preußischer Offizier in Potsdam gelebt; der Stil, den er in Weimar einführte, war der des wilhelminischen Kaiserreiches, der zu dem kultivierten, europäischen Milieu, das Weimar wie auch andere Residenzen der kleineren deutschen Territorien damals noch auszeichnete, in krassem Wider-

11/35

spruch stand. Zwar ließ er sich bewegen, Harry Graf Kessler und Henry van de Velde nach Weimar zu berufen, aber die künstlerische Avantgarde, die durch sie Eingang nach Weimar fand, blieb ihm fremd und führte zu beständigen Konflikten, die 1906 in der brüsken Entlassung Kesslers ihren Höhepunkt fanden.

11/35 In einem Ausstellungssaal des Weimarer Museums

Atelier Louis Held

um 1903/04; Fotografie (alter Abzug), 20,5 × 27,9 cm
Hagen, Henry-van-de-Velde-Gesellschaft (B 34)

Die Fotografie zeigt v. l. n. r. den Grafen Kessler, die Künstler Ludwig von Hofmann (1861–1945), Max Klinger (1857-1920), Henry van de Velde, Theodor Hagen (1842–1919) und Hans Olde (1855–1917).

Harry Graf Kessler (1868–1937) wurde 1902 zum Direktor des Museums für Kunst und Kunstgewerbe in Weimar berufen. Seine guten Beziehungen zur Kunstwelt, insbesondere in Paris, ermöglichten es ihm, in kurzer Zeit und mit geringen finanziellen Mitteln bedeutende Ausstellungen zeitgenössischer französischer und deutscher Künstler in Weimar zu organisieren. Er war die treibende Kraft des ›neuen Weimar‹, zu dessen tragenden Elementen neben dem Museum die von van de Velde geleitete Kunstgewerbeschule und das Nietzsche-Archiv, dessen Gebäude van de Velde einrichtete, gehören sollten. Kesslers Weimarer Museumstätigkeit endete trotz ihrer großen Erfolge schon 1906, als ihn der Großherzog nach heftigen Intrigen der Hofgesellschaft gegen eine Ausstellung von Aktzeichnungen Auguste Rodins entließ. Kessler behielt einen Wohnsitz in Weimar – wo er seine bibliophile ›Cranach-Presse‹ unterhielt – bis zu seiner Emigration aus Deutschland 1933. Er trat entschieden für die Republik ein, war u. a. 1918 bis 1921 als Gesandter in Polen, später als Politiker der liberalen Deutschen Demokratischen Partei, als Förderer des Völkerbundgedankens und des Pazifismus publizistisch tätig.

11/36 Porträtbüste des Henry van de Velde

Georg Kolbe

1913; Bronze, H 31,5 cm
Hagen, Karl Ernst Osthaus Museum (K 1530)

Im Jahre 1902 in die Residenzstadt Weimar berufen – auf Vermittlung von Friedrich Nietzsches Schwester Elisabeth und Harry Graf Kessler – sollte Henry van de Velde (1863–1957) den darniederliegenden Heimindustrien des Großherzogtums neue Wege weisen, die sie zur Konkurrenz mit den fortgeschritteneren und verkehrsgünstiger gelegenen Gewerberegionen befähigen sollten. Ähnliche Überlegungen standen wenige Jahre zuvor hinter den Bemühungen des hessischen Großherzogs Ernst Ludwig, Darmstadt zu einem Zentrum des ›Jugendstils‹ zu machen. Seit dem Bau seines eigenen Wohnhauses in Uccle (1895/96) galt der gebürtige Belgier van de Velde als führender Kopf des Reformstils um die Jahrhundertwende, mit dem die historistische Erstarrung in Architektur und Kunstgewerbe des 19. Jahrhunderts überwunden wurde.

Nachdem van de Velde dem Fabrikanten und Mäzen Karl Ernst Osthaus in Hagen die Einrichtung von dessen ›Folkwangmuseum‹ zugesagt hatte, war er 1900 für kurze Zeit nach Berlin übergesiedelt, da er und seine Förderer im Kreis um den Grafen Harry Kessler hofften, die dynamische Metropole Mitteleuropas werde der Verbreitung von van de Veldes schöpferischen Ideen förderlich sein. Die geschäftliche Verwertung seiner Arbeit dort empfand er freilich als Ausbeutung und Qualitätsminderung; sein Berliner Kompagnon trennte sich nicht ungern von ihm, da der neue Stil den Argwohn des Kaisers auf sich gezogen hatte. Henry van de Velde gründete in Weimar zunächst ein ›Kunstgewerbliches Seminar‹, in dem Fabrikanten und Handwerker fortgebildet wurden; 1906 erhielt er vom Großherzog von Sachsen-Weimar ein Baugrundstück und die finanziellen Mittel für seine ›Kunstgewerbeschule‹, die – Jahre nach van de Veldes Ausscheiden – 1919 in das Weimarer ›Bauhaus‹ überging. Van de Velde verließ Weimar im Kriegsjahr 1917. Er kehrte zur Regelung seines Hausstandes im Jahre 1919 noch einmal kurz dorthin zurück, wobei er nicht versäumte, eine Sitzung der im ehemaligen Hoftheater tagenden Nationalversammlung zu besuchen.

11/37 Vierteiliges Teeservice mit Tablett

Henry van de Velde, Theodor Müller

um 1905; Silber, Holz, Tablett: 49,2 × 33,5 cm, Kanne H 12,5 cm; Zuckerdose H 9 cm; Milchgießer H 6 cm
Hagen, Karl Ernst Osthaus Museum (K 1657–K 1660)

Die Hofjuweliere Hans und Wilhelm Müller gehörten zu den ersten Weimarer Gewerbetreibenden, die nach van-de-Velde-Entwürfen arbeiteten. Im Dezember 1905 stellte van de Velde erstmals 50 ausgesuchte, nach seinen Vorlagen bei Müller geschaffene Silberarbeiten in der Pariser Galerie Druet aus. In seinen Memoiren zitiert er eine Rezension des ›Figaro‹ über diese Ausstellung: Sie lasse »den Willen zur Logik erkennen, zur Einfachheit und Harmonie . . . ein Können von einzigartiger Feinheit und Sensibilität; meisterhaft in der Hammerarbeit wie in der Ziselierung, in denen sich das Materialgefühl des Entwerfers wie des Ausführenden offenbart.«

11/38 Entwurf eines Theaters für Louise Dumont in Weimar

Henry van de Velde

11/38

um 1904; Feder, aquarelliert, 27,4 × 32,2 cm
Köln, Universität zu Köln, Theatermuseum des Instituts für Theater-, Film- und Fernsehwissenschaft

Zum ›neuen Weimar‹ nach dem Konzept Kesslers und van de Veldes sollte auch die zeitgenössische Theaterreform gehören, die sich damals insbesondere mit dem Namen des englischen Regisseurs und Bühnenbildners Gordon Craig verband – er sollte nach dem Willen Kesslers auch in Weimar arbeiten. Als Folge eines Gastspiels im Jahre 1903 äußerte überdies die Tragödin Louise Dumont den Wunsch, in Weimar eine Spielstätte zu eröffnen, in der alljährlich Theaterfestspiele nach dem Vorbild von Bayreuth stattfinden sollten. Van de Velde fertigte mehrere Entwürfe für ein solches Theater an, das auf dem Weg zwischen Weimar und dem Schloß Belvedere liegen sollte. Die Hofgesellschaft mit dem Intendanten des Hoftheaters als treibender Kraft durchkreuzten diesen Plan, weil – wie van de Velde vermutete – es dem Vorhaben eines Theaterneubaues anstelle des alten, noch aus der Goethe-Zeit stammenden Hoftheaters im Wege stand.

11/39 »Unsere Minister auf der Fahrt zwischen Berlin und Weimar«

1919; Fotografie (Reproduktion)
München, Süddeutscher Verlag, Bilderdienst

Die Aufnahme zeigt links den damaligen preußischen Landwirtschaftsminister und späteren Ministerpräsidenten Otto Braun (1872–1955), rechts den preußischen Kultusminister Conrad Haenisch (1876–1925), beide Mitglieder der SPD.

11/40 Parlamentarier der Weimarer Nationalversammlung und Journalisten im Gespräch

Hildegard Arminius

1919; Bleistift, 25 × 37 cm
Bonn, Deutscher Bundestag (2593)

11/41 Einladungskarte für Conrad Haußmann zu einem Frühstück bei Reichspräsident Friedrich Ebert

1919; 14,4 × 18,6 cm
Stuttgart, Hauptstaatsarchiv (Q 1,2 BÜ 36)

Der württembergische Liberale Conrad Haußmann (1857–1922), im Kabinett des Prinzen Max von Baden als Staatssekretär tätig, gehörte der Weimarer Nationalversammlung als Vizepräsident und Vorsitzender des Verfassungsausschusses an.

11/42 Ansicht des Nationaltheaters in Weimar zur Zeit der Nationalversammlung

1919; Fotografie (Reproduktion)
München, Süddeutscher Verlag, Bilderdienst

Das 1825 erbaute Weimarer Hoftheater wurde 1907 abgerissen und durch einen Neubau des Münchener Architekten Max Littmann ersetzt (Wiedereröffnung im Januar 1908). Im Jahre 1939 kam es noch einmal zu einem Umbau durch den Berliner Architekten Paul Baumgarten. Seit Oktober 1944 unterhielt der Elektrokonzern Siemens & Halske in dem Gebäude einen Rüstungsbetrieb, bis es im Februar 1945 bei einem Bombenangriff zerstört wurde. Nach dem Krieg wurde es wieder aufgebaut.

11/43 Matthias Erzberger im Hof des Schlosses zu Weimar (Abb. S. 271)

1919; Fotografie (Reproduktion)
München, Süddeutscher Verlag, Bilderdienst

Der Zentrumspolitiker Erzberger (1875–1921) hatte im November 1918 das Waffenstillstandsabkommen unterzeichnet und war als Minister ohne Geschäftsbereich für die Durchführung seiner Bestimmungen verantwortlich.

Dadurch zog er in besonderem Maße den Haß der politischen Rechten auf sich, der sich in seiner Ermordung durch ehemalige Offiziere entlud.

11/44 Das Kabinett Gustav Bauer tagt im Weimarer Schloß

1919; Fotografie (Reproduktion)
Berlin, Bildarchiv Preußischer Kulturbesitz

Der SPD-Politiker Gustav Bauer (1870–1944) war der erste Regierungschef der Weimarer Republik, der den Titel ›Reichskanzler‹ wieder führte. Als Nachfolger von Philipp Scheidemann amtierte er von Juni 1919 bis März 1920. In seine Amtszeit fielen der Kapp-Putsch und das Ausweichen von Reichsregierung und Nationalversammlung nach Stuttgart.

11/45 Die Wahl Friedrich Eberts zum Reichspräsidenten in der Weimarer Nationalversammlung

1919; Fotografie (Reproduktion)
München, Süddeutscher Verlag, Bilderdienst

11/46 Adolf Hitler vor dem Nationaltheater beim zweiten Reichsparteitag der NSDAP in Weimar

Heinrich Hoffmann

1926; Fotografie (Reproduktion)
Berlin, Bildarchiv Preußischer Kulturbesitz

11/47 Otto Meißner, Staatssekretär beim Reichspräsidenten, Großherzogin Feodora von Sachsen-Weimar und Reichskanzler Heinrich Brüning (v. l. n. r.) nach dem Verlassen der Fürstengruft in Weimar

1932; Fotografie (Reproduktion)
Berlin, Ullstein Bilderdienst

11/48 ›Dichtertreffen‹ in Weimar 1941: ausländische Gäste vor dem Denkmal für Goethe und Schiller

Fotografie (Reproduktion)
München, Süddeutscher Verlag, Bilderdienst

Die Aufnahme zeigt Arturo Farinelli und Alfredo Acito (Italien), Frau Popowa-Mutafowa (Bulgarien), den Ministerialdirigenten im Propagandaministerium Haegert, R. P. Sybesma (Niederlande) und Kaare Bjoergen (Norwegen). Zu den alljährlichen ›Dichtertreffen‹ in Weimar während des Krieges wurden neben NS-Schriftstellern wie Erich Edwin Dwinger oder Georg von der Vring in großer Zahl intellektuelle Kollaborateure aus den besetzten europäischen Ländern eingeladen. Der weltbürgerliche Nimbus Weimars sollte in den Dienst der ›Europäischen Neuordnung‹ gestellt werden – der Unterwerfung des Kontinents unter die deutsche Diktatur.

11/49 Gegenstände aus dem Besitz von Gefangenen des nationalsozialistischen Konzentrationslagers Buchenwald

a) Holzlöffel, geschnitzt von einem dänischen Polizeihäftling
b) Zwei Benzinfeuerzeuge, gefertigt von russischen Kriegsgefangenen
c) Eßgeschirr eines dänischen Polizeihäftlings mit den eingeritzten Namen der Durchgangslager
d) Zwei rote Häftlingswinkel dänischer Polizeihäftlinge
e) Zigarettenetui mit Holzschnitzereien eines polnischen Häftlings
f) Trageriemen für Steine aus den Steinbrüchen des KZ
g) Häftlingsmütze
h) Kleines Standbild eines Häftlings als Steinträger, gefertigt von einem französischen Gefangenen
i) Zigarettendose mit eingravierten Fahnen der Alliierten und einer Weltkugel mit dem Sowjetstern
j) Zwei Wertmarken der SS-Standortkantine Buchenwald
k) Brief eines dänischen Häftlings auf Schreibpapier mit aufgedrucktem ›Auszug aus der Lagerordnung‹
l) Papiertüte für Häftlingseffekten
m) Häftlingsnummer ›85790‹ eines dänischen Polizeihäftlings
n) ›Roter Winkel‹ eines französischen Häftlings
o) Häftlingsarmbinde eines ›Vorarbeiters‹
p) Lageplan des Konzentrationslagers auf der Rückseite eines Flugblattes der dänischen Widerstandsbewegung

1944/45
Kopenhagen, Museet for Danmarks Frihedskamp (30 F/387/87, 30 F/101/79 und 30 F/30/60, Leihgabe: Birger Scholler, Vanlose, 30 F/152/79, 30 F/4/69, 30 F/1/63, 30 F/4/97,70, 30 F/243/51, 30 F/132/66, FM. DOK. 30 F–9, FM. DOK. 30 F/22, FM. DOK. 30 F–18, 30 F/159/71, 30 F/62/80, 30 F/98/70, FM. DOK. F–7)

a) Den hohen Wert einer Eßschüssel oder eines geschnitzten Eßbestecks in der ›naturalen Tauschwirtschaft‹ eines Konzentrationslagers verdeutlicht folgender Bericht eines ehemaligen deutschen Buchenwald-Häftlings aus dem Jahre 1945: »Eigene Eßschüsseln gab es nicht. Hatte einer seine Wassersuppe heruntergeschlungen, gedrängt von dem Nächsten, der auf die Schüssel wartete, so wurde die Schüssel ungespült sofort weiter benutzt, denn es gab kein Wasser und keine Gelegenheit, die Schüsseln zu reinigen. Schnell aber mußte es gehen, um mit der geringen Zahl von Schüsseln alle Insassen der Baracken in der kurzen, dafür zur Verfügung stehenden Zeit abspeisen zu können. Glücklich derjenige, der wenigstens einen Löffel und einen Trinkbecher besaß. Es ist klar, daß diese Zustände die Gefahr von Ansteckungen und Seuchen ungeheuer vergrößerten ...«

b) Während des ganzen Krieges fertigten die Häftlinge massenweise Feuerzeuge, Zigarettendosen und andere Materialien an, die sie zum Teil gegen Lebensmittel eintauschten. Oft genug aber wurden sie dazu von der SS aufgefordert, die mit diesen Gegenständen einen schwunghaften Handel trieb. In Spezialwerkstätten stellten KZ-Häftlinge außerdem kostbare Bucheinbände oder Schreibtischgarnituren aus hochwertigen Materialien für NS-Prominente her.

c) Dieses Eßgeschirr tauschte ein dänischer KZ-Gefangener von einem russischen Kriegsgefangenen in Buchenwald gegen ein paar Zigaretten ein. Es begleitete ihn auf allen Stationen seines Leidensweges. Die eingeritzten Namen von neun Konzentrations-, Kriegsgefangenen- und Zwangsarbeiterlagern verdeutlichen seine ›Reiseroute‹, in deren Verlauf er Deutschland als ein einziges großes Konzentrationslager erleben mußte.

d) Häftlingsnummer und Häftlingswinkel wurden auf die Kleidung aufgenäht. Der rote Winkel, ursprünglich das Erkennungszeichen politischer Gefangener, wurde während des Krieges an fast alle ausländischen KZ-Gefangenen verteilt. Die hier gezeigten Aufnäher wurden von dänischen Polizeibeamten getragen.

Diese waren im September 1944 in Kopenhagen verhaftet und nach Deutschland deportiert worden. Von den rund 2000 Polizisten, die bis Oktober 1944 Buchenwald erreichten, starben mehr als 60 schon in den ersten Tagen auf Grund der hygienischen Verhältnisse im Lager auf dem Ettersberg.

f) Mit diesem einfachen Trageriemen versuchten Häftlinge des Steinbruchkommandos sich ihre schwere Arbeit zu erleichtern. Dieses Kommando war sehr gefürchtet. Hier vor allem wurden nicht nur die Neuankömmlinge ›gesiebt‹, sondern auch Häftlinge gezielt hin versetzt, um getötet zu werden. Mit schlimmsten Mißhandlungen und Quälereien wurden diese dann dazu gezwungen, die Postenkette, die das Kommando bewachte, zu überschreiten, woraufhin sie ohne Anruf erschossen wurden. Der Todesschütze erhielt zur Belohnung zumeist eine Geldprämie und Urlaub.

g) Selbst das Auf- und Absetzen der Häftlingsmützen wurde von der SS dazu benutzt, die Gefangenen zu quälen. Wenn beim Morgenappell nach dem Kommando ›Mützen ab!‹ Tausende von Händen ruckartig die Kopfbedeckungen herunterrissen, verriet das Klatschen, mit dem die Mützen gegen die Oberschenkel geschlagen werden mußten, die Nachzügler. Dann mußte die Übung stundenlang wiederholt werden. Versäumte es ein Häftling gar, seine Mütze herunterzureißen, wenn er einem SS-Mann begegnete, so konnte dies unter Umständen seinen Tod zur Folge haben.

h) Diese aus einem Kalkstein des Buchenwalder Steinbruchs herausgearbeitete Skulptur stellt einen aus dem Steinbruch in das Schutzhaftlager zurückkehrenden KZ-Häftling dar. In den ersten Jahren mußten die Häftlinge des Steinbruchkommandos bei ihrer Rückkehr ins Hauptlager einen Stein auf ihren Schultern mitschleppen, der zur Pflasterung der Lagerstraße und des Appellplatzes benutzt wurde. Eugen Kogon, seit September 1939 in Buchenwald interniert, beschrieb diese Tortur: »Wie die Arbeit am Morgen mit dem Kampf um die Werkzeuge begonnen hatte, so endete sie mit dem Kampf um die Steine ... Man mußte in den letzten Minuten vor Arbeitsschluß unter erheblicher Gefahr Ausschau nach einem Stein halten, der groß und schwer aussah, nicht zu kantig und einigermaßen sauber war, damit durch ihn nicht die Kleidung ruiniert wurde. So beladen marschierten die Kolonnen der Arbeitssklaven bei hereinbrechender Dunkelheit von des ›Tages Last und Mühen‹, die Toten und Zusammengebrochenen mit sich tragend, ins Lager zum stundenlangen Abendappell zurück.«

j) Die SS-Kantine war ein Hauptumschlagplatz für die umfangreichen Schieber- und Diebeswaren des ersten Buchenwalder Kommandanten Karl Koch. Die Lebensmittel, die hier bei Festen und sonstigen Gelagen der SS verbraucht wurden, stammten aus den Häftlingsrationen. In der SS-Kantine wurden auch die zahlreichen KZ-Besucher, Jugendabordnungen verbündeter Länder, Offiziersanwärter der Wehrmacht, Rot-Kreuz-Schwestern, Weimarer Honorationen u. a., bewirtet.

k) Nur selten passierte ein Häftlingsbrief die Zensur der SS. Wahrheitsgetreue Berichte über die Zustände in den KZs waren deshalb nicht nur sinnlos, sondern wurden mit schärfsten Lagerstrafen geahndet. Auch Pakete von Angehörigen erreichten kaum ihren Adressaten; sie wurden von den SS-Mannschaften geplündert. Die in diesem Brief eines dänischen Polizeihäftlings allerdings erwähnten Pakete wurden auf Grund energischen Eintretens des dänischen Roten Kreuzes tatsächlich verteilt und kamen auch anderen Gefangenen zugute.

l) Die Abgabe der übriggebliebenen Habseligkeiten in der Effektenkammer bildete den letzten Akt eines fast immer gleichen und in allen KZs ähnlichen ›Einlieferungsrituals‹. Diesen geplanten Prozeß der Willensbrechung und menschlichen Entwürdigung überlebten viele der Neuankömmlinge nicht.

11/49n

p) Dieser handgezeichnete, von der dänischen Widerstandsbewegung auf einem illegalen Flugblatt hektographierte Lageplan des KZ Buchenwald zeigt vor allem den Grundriß des Schutzhaftlagers mit dem Appellplatz, den Häftlingsbaracken und der Gärtnerei. In der oberen rechten Ecke ist der Steinbruch eingezeichnet. Dieser Plan wurde vermutlich von einem dänischen Polizeihäftling aus Buchenwald herausgeschmuggelt. *Günter Morsch*

11/50 Das Konzentrationslager Buchenwald kurz nach der Befreiung

Mai 1945; vier Fotografien (Reproduktionen)
Kopenhagen, Museet for Danmarks Frihedskamp (Fotoarchiv Rosenstock)

Erst zwei Tage nach der Befreiung Buchenwalds, am 13. April 1945, übernahmen amerikanische Truppen das Lager. Sie konzentrierten ihre Bemühungen darauf, das Überleben der verbliebenen 21000 Häftlinge zu sichern, von denen noch Wochen später viele an den Folgen ihrer Inhaftierung starben. Dagegen kam es schon bald mit den überwiegend kommunistischen Vertretern des Lagerkomitees zum Konflikt, da der amerikanische Kommandant die Abgabe der Waffen verlangte und jede politische Betätigung verbot. Am 19. April versammelte sich das ganze Lager zu einer Trauerfeier für die in Buchenwald ermordeten Gefangenen. Sie endete mit dem berühmten Buchenwald-Schwur. *Günter Morsch*

11/51 Bürger Weimars werden nach der Befreiung Buchenwalds auf Befehl der US-Army durch das Lager geführt (Abb. S. 276f.)

1945; zwölf Einzelbilder aus dem Film ›Todesmühlen‹
Koblenz, Bundesarchiv

Die amerikanische Journalistin Margret Bourke-White berichtete über dieses Ereignis für die Zeitschrift ›Life‹: »Frauen fielen in Ohnmacht. Männer bedeckten ihre Gesichter und drehten die Köpfe weg. Als die Zivilisten immer wieder riefen: ›Wir haben nichts gewußt! Wir haben nichts gewußt!‹, gerieten die Ex-Häftlinge außer sich vor Wut. ›Ihr habt es gewußt‹, schrien sie. ›Wir haben neben euch in den Fabriken gearbeitet. Wir haben es euch gesagt und dabei unser Leben riskiert. Aber ihr habt nichts getan.‹« *Günter Morsch*

11/52 Baracke des Konzentrationslagers Buchenwald mit der Aufschrift »Die deutschen politischen Häftlinge begrüßen ihre amerikanischen Freunde«

1945; Fotografie (Reproduktion)
Koblenz, Bundesarchiv (Bildarchiv 78/134/25 A)

11/53 Vernehmung des Zeugen Schilling im ›Buchenwald-Prozeß‹ in Dachau

1947; Fotografie (Reproduktion)
München, Süddeutscher Verlag, Bilderdienst

Im April 1947 begann vor einem amerikanischen Militärgericht in Dachau der erste große Buchenwald-Prozeß. Das Foto zeigt die Vernehmung eines Zeugen, im Hintergrund sind die 31 Angeklagten zu sehen, von denen 21 zum Tode verurteilt wurden; zehn Todesurteile wurden auch vollstreckt. Die ›Kommandeuse‹, Ilse Koch, die 1949 von der amerikanischen Militärregierung begnadigt worden war, wurde 1951 in einem spektakulären Prozeß

zu lebenslänglicher Haft verurteilt. Leitende Beamte der Lagergestapo dagegen blieben nicht nur straffrei, sondern kehrten später in den Polizeidienst zurück.
Günter Morsch

11/54 Bildnis des Hermann Louis Brill

nach 1945; Fotografie (Reproduktion)
Koblenz, Bundesarchiv (Bildarchiv 74/8/5,7)

Hermann Louis Brill (1895–1959) wurde 1932 als thüringischer Abgeordneter für die SPD in den Reichstag gewählt. Nach 1933 nahm man ihn wiederholt in Haft. Im Jahre 1939 wurde er wegen ›Vorbereitung zum Hochverrat‹ zu zwölf Jahren Zuchthaus verurteilt. Ab 1943 war er im Konzentrationslager Buchenwald inhaftiert, an dessen Befreiung er maßgeblich beteiligt war. Er gehörte zu den Erstunterzeichnern des sogenannten Buchenwald-Manifests ›Für Freiheit, Frieden, Sozialismus‹ vom 13. April 1945. In diesem Manifest unterbreiteten die Gefangenen ihre Vorstellungen von einem neu zu gründenden Staat.

Die amerikanische Besatzungsmacht ernannte Brill zum ersten thüringischen Ministerpräsidenten. Nach seiner Flucht in den Westen amtierte er 1949 als Staatssekretär und Leiter der hessischen Staatskanzlei. Von 1949 bis 1953 war er Mitglied des ersten Deutschen Bundestages.
Günter Morsch

11/55 Thomas Mann vor dem Nationaltheater in Weimar

1949; Fotografie (Reproduktion)
Berlin, Allgemeiner Deutscher Nachrichtendienst ZB

Im Juli 1949 kam Thomas Mann zu seinem ersten Besuch seit der Emigration 1933 nach Deutschland, um in Frankfurt und Weimar einen Festvortrag zum 200. Geburtstag Goethes zu halten.

Neben dem freundlichen, ja emphatischen Empfang sah er sich im Westen heftigen publizistischen Angriffen ausgesetzt, die seiner kompromißlosen Haltung gegen das nationalsozialistische Deutschland galten, aber auch seiner Bereitschaft, den Besuch auf die sowjetische Besatzungszone auszudehnen. In Weimar trafen Thomas und Katja Mann am 31. Juli 1949 ein. Am nächsten Tag hielt er im Nationaltheater den Festvortrag und empfing Goethe-Preis und Ehrenbürgerwürde Weimars. Links neben Thomas Mann ist der spätere Minister für Kultur der DDR, der Schriftsteller Johannes R. Becher (1891–1958), zu sehen.

11/56 Plakat zum ›Goethe-Jahr‹ 1949

102 × 64 cm
München, Münchner Stadtmuseum, Plakatsammlung (B [D] J. 4/4)

Vier Jahre nach Kriegsende diente dieses Plakat mit der Aufschrift »Goethe's Germany Invites You« dazu, in Amerika für den Tourismus in die Bundesrepublik zu werben.

11/57 Krawatte mit Goethe-Porträts für die Exportmesse in Hannover

Hersteller: Alpi/Fotograf: Umbo
1949; Fotografie (Reproduktion)
Hannover, Deutsche Messe AG (410/23)

11/57

Nationaldenkmäler

»Fern vom alltäglichen Gewühl . . .«

Hans Wilderotter

Am 18. Oktober 1842, auf den Tag genau 29 Jahre nach der Schlacht bei Leipzig, in der die verbündeten Armeen Preußens, Österreichs, Rußlands und Schwedens mit einem Sieg über die Armee Napoleons der französischen Besetzung Deutschlands ein Ende bereiteten, fand auf dem Bräuberg bei Donaustauf nahe Regensburg die Einweihung der ›Walhalla‹ statt. In einer kurzen Ansprache hob der Freiherr Zu-Rhein, Regierungspräsident von Oberpfalz und Regensburg, noch einmal ausdrücklich die Bedeutung der Wahl dieses Datums hervor; hatte man doch schon die Feier der Grundsteinlegung zwölf Jahre zuvor an einem 18. Oktober begangen. Während der damalige Festredner, der bayerische Innenminister von Schenk, vom »Tag eines glorreichen, ächt teutschen Sieges« sprach, glaubte der Freiherr Zu-Rhein, »das noch in den Lüften hinrollende Tosen der Befreiungsschlacht« hören zu können, »welche . . . auf Leipzigs Ebenen geschlagen wurde«.

Der Gedanke, diese Schlacht mit einem Denkmal in Verbindung zu bringen, war durchaus nicht neu. Bereits wenige Monate nach dem entscheidenden Ereignis war Ernst Moritz Arndt mit dem Vorschlag an die Öffentlichkeit getreten, auf dem Schlachtfeld ein Denkmal zu errichten. In der Begründung führte Arndt aus, die Schlacht bei Leipzig sei »ein starkes und mächtiges Bindungsmittel aller Teutschen«, und ihr dankten wir es, »daß wir wieder ein ganzes Volk werden können«. In diesem Denkmal sollte die an der ›Völkerschlacht‹ sichtbar gewordene Einheit Deutschlands verkörpert werden, eine Einheit über die Grenzen der deutschen Einzelstaaten hinweg. Das Denkmal, so hoffte Arndt, könnte das symbolische Zentrum einer Nation sein, die, nicht politisch zur Staatsnation verbunden war und des faktischen Zentrums entbehrte.

Wie groß die partikularistischen Vorbehalte gegenüber einem solchen Monument sein würden, geht aus einem Brief hervor, den Achim von Arnim an der Jahreswende 1814/15 seinem Freund Joseph von Görres in Köln schrieb. Der Herausgeber des ›Rheinischen Merkur‹ hatte im November 1814 in seiner Zeitung den Vorschlag Ernst Moritz Arndts aufgegriffen und ein wenig umgedeutet. Statt der Errichtung eines neuen Denkmals schlug Görres die Fertigstellung des Kölner Doms vor, dessen Bau im 16. Jahrhundert eingestellt worden und der seither Torso geblieben war; der vollendete Dom, so Görres, würde zu einem Symbol »des Reiches, das wir bauen wollen«. Arnim gab seinem Freund zu bedenken, daß der Bau in Köln wohl die Bedürfnisse der Bevölkerung der Einzelstaaten nicht befriedigen könne: ». . . aber du wirst doch nicht überwinden, daß nicht jede Völkerschaft sich lieber etwas in seiner Mitte baut . . .«

Im gleichen Brief setzte er Görres von den Plänen Karl Friedrich Schinkels in Kenntnis, der seit Sommer 1814 ebenfalls an einem Denkmal für die Befreiungskriege arbeitete. Schinkel präsentierte sein Denkmal als »Heiligtum«, dessen Besuch er sich als »eine Art von Wallfahrt« vorstellte, ein Gedanke, den er mit Ernst Moritz Arndt ebenso wie mit dem Festredner der ›Walhalla‹-Eröffnung teilte. Arndt war überzeugt, daß das Leipziger Schlachtfeld durch das Denkmal in »geheiligtes Land« verwandelt würde, »wohin unsere Urenkel noch wallfahrten gehen«. Der Freiherr Zu-Rhein bezeichnete die ›Walhalla‹ als »geweihten Tempelbau« und äußerte die Hoffnung, daß »Enkel und Urenkel fortan zu diesem Tempel wallen«.

An der Wahl religiöser Begriffe läßt sich ablesen, daß diese Projekte, die bis ins Detail als Verarbeitungen von Erfahrungen mit der besonderen politischen Situation Deutschlands in der ersten Hälfte des 19. Jahrhunderts gedeutet werden können, auch Teil eines umfassenderen, europäischen Vorgangs waren, der bereits im Jahrhundert zuvor begonnen hatte. Man hat diesen Vorgang als Säkularisierung beschrieben, und Säkularisierung meint hier die Rezeption christlicher Kultformen, deren religiöse Inhalte durch politische ersetzt wurden. Seinen spektakulären Höhepunkt fand dieser Prozeß in der Französischen Revolution, die nach der Maxime, daß man nur das zerstört, was man ersetzt, an die Stelle des christlichen Festkalenders einen patriotischen Festkalender setzen wollte.

Regelmäßig wiederkehrende patriotische Feste dieses Typs hatte Friedrich Weinbrenner im Sinn, als er, etwa zur gleichen Zeit wie Ernst Moritz Arndt, seine ›Idee zu einem teutschen Nationaldenkmal des entscheidenden Sieges bei Leipzig‹ vortrug. An jedem Jahrestag der Leipziger Schlacht, zwischen dem 16. und dem 19. Oktober, sollten sich »Abgeordnete und Repräsentanten der Nation« bei dem Denkmal zu einem »National- und Gedächtnisfest« zusammenfinden. Bei solchen »Hauptfesten des Volkes« sollten »große Rückerinnerungen einer kräftigen Vergangenheit als frische Aufregungen der Kraft für die Zukunft erzeugt werden«, wie Schinkel mit der Variation einer bereits geläufigen Formel erklärte. Die Denkmalspläne von Arndt und Görres, Weinbrenner und Schinkel waren, ebenso wie das ›Walhalla‹-Projekt des bayerischen Kronprinzen und späteren Königs Ludwig I., von eminent praktischer Absicht: Die Denkmäler sollten handlungsmotivierend wirken, aber eben in der Bestimmung der Handlungsziele unterschieden sie sich grundsätzlich voneinander.

Anders als Schinkel, der ein ›Dankdenkmal für Preußen‹ plante, das zwar nicht im Zentrum, aber am Rande der preußischen Hauptstadt errichtet werden sollte, verfolgten Ernst Moritz Arndt und Ludwig I. – der protestantische preußische Historiker und der katholische bayerische König – mit ihren Denkmälern ›gesamtdeutsche‹ Ansprüche. Beide gingen von der politischen Neuordnung Deutschlands nach den Befreiungskriegen aus, dem auf dem Wiener Kongreß ins Leben gerufenen Zusammenschluß von 34 souveränen Fürsten und vier Freien Städten zum ›Deutschen Bund‹. Während der bayerische König in dem »nach heldenmüthiger Befreiung« entstandenen »kräftig verjüngten Staatenbund«, von dem sein Innenminister bei der Grundsteinlegung zur ›Walhalla‹ sprach, die Hoffnungen verwirklicht sah, die er »in den Tagen der tieffsten Erniedrigung Teutschlands« gefaßt hatte, »wo das teutsche Reich . . . zusammengebrochen« war, zielte Arndt, der schon zwei Jahre nach seiner Berufung als Professor an die Rheinische Friedrich-Wilhelms-Universität zu Bonn im Jahre 1818 wegen demagogischer Umtriebe vom Dienst suspendiert worden war, auf die von den deutschen Fürsten auf dem Wiener Kongreß verweigerte Bildung eines deutschen Einheitsstaats. Auf dem Weg zu diesem Ziel, das dann 1848 für ein paar Monate sehr nahe zu liegen schien, sollte das Denkmal auf dem Leipziger Schlachtfeld durch die Verkörperung der deutschen Einheit gewissermaßen die Dienste eines symbolischen Katalysators leisten.

Die ›Walhalla‹ hingegen war nicht als Vorgriff auf die noch zu gründende Einheit der Staatsnation gedacht, sondern als eine Verkörperung der schon bestehenden Einheit der Kulturnation. Die Versammlung von Marmorbüsten in dieser ›Ruhmeshalle für deutsche Geisteshelden‹ ist das Zentrum einer Nation, die, durch das Band einer gemeinsamen Kultur geeint, der politischen Einheit entbehren kann.

Schon kurz nach der Ausschreibung des Architekturwettbewerbs im Februar 1814 wurde Kritik an der ›Walhalla‹ laut, die sich an dem vermeintlichen Widerspruch zwischen Bauaufgabe und Bauform entzündete. Daß ein Denkmal für »rühmlich ausgezeichnete Teutsche« im dorischen Stil zu erbauen sei, wie der Ausschreibungstext forderte, mußte bei denen auf Widerstand stoßen, die glaubten, in der Gotik einen »großen herrlich ächt originalen deutschen Baustyl« zu besitzen, wie Peter Cornelius dem Kronprinzen schrieb. Die Walhalla wurde zum zweiten Mal Gegenstand heftiger Kritik, als bei der Eröffnung bekannt wurde, daß die Büste Luthers, die bereits seit 1832 fertiggestellt war, nicht in den »Ehrentempel für die großen Männer der Nation« aufgenommen worden war, womit die Walhalla weniger die Einheit der Nation zu repräsentieren, als vielmehr deren konfessionelle Spaltung zu bestätigen schien. Die genau umgekehrte Situation ergab sich beim Weiterbau des Kölner Doms. Die Allianz heterogener Kräfte, die sich zu diesem Unternehmen zusammengefunden hatte, schien lange Zeit dessen überkonfessionellen Charakter zu gewährleisten. Als am 15. Oktober 1880, auf dem Höhepunkt des Kulturkampfes, die Domvollendung gefeiert wurde, befand sich der Kölner Erzbischof, der 1876 von den preußischen Behörden seines Amtes enthoben worden war, im holländischen Exil.

Zu den schärfsten Kritikern der Wahl des dorischen Stils zählte Ernst von Bandel, der, selbst an der Ausstattung der ›Walhalla‹ beteiligt, sein eigenes Denkmalprojekt verfolgte, die Errichtung des Hermannsdenkmals auf der Grotenburg im Teutoburger-Wald. Projekte für ein Denkmal für den Cheruskerfürsten, die sich bis in die letzten Jahrzehnte des 18. Jahrhunderts zurückverfolgen lassen, mußten im Kontext der französischen Besatzung an Aktualität gewinnen. Gerade nach den Befreiungskriegen lag die Parallele zwischen dem Sieg Hermanns über die römischen Besatzer und dem gerade eben siegreich abgeschlossenen Kampf nur allzu nahe.

Innenansicht der ›Walhalla‹ (Kat. Nr. 12/4)

Geplant und begonnen zu einem Zeitpunkt, zu dem sich die politischen Hoffnungen des liberalen Bürgertums noch ganz auf die Bildung eines deutschen Einheitsstaats mit demokratischer Verfassung konzentrierten, wurde der Bau des Denkmals 1846 aus finanziellen Gründen unterbrochen und konnte erst nach 1871, mit finanzieller Unterstützung durch den Reichstag, fertiggestellt werden. Zwar war der erhoffte Einheitsstaat jetzt verwirklicht, von den demokratischen Forderungen aber fast nichts geblieben.

Hatten in den Reden bei der Feier zur Schließung des Grundsteingewölbes 1841 die Stimmen überwogen, die das gegen Napoleon erkämpfte Selbstbestimmungsrecht der Völker in den Vordergrund stellten, so wurden bei der Einweihung des Denkmals am 16. August 1875 aggressive Töne laut. Hermann galt jetzt im Kulturkampf als Sieger über das ›Kaiserliche Rom‹, den sich das ›neue Deutschland‹ in seinem Kampf gegen das ›Päpstliche Rom‹ zum Vorbild nehmen sollte.

In dem typologischen Schema, das die Schlacht am Teutoburger Wald mit der Schlacht bei Leipzig in Beziehung setzte, wurde der zeitgenössische Bezugspol ausgetauscht: An die Stelle von Leipzig trat Sedan, an die Stelle der Befreiungskriege der Deutsch-Französische Krieg von 1870/71, und aus Wilhelm I. wurde ›Arminius redivivus‹. Der Hinweis auf die Tatsache, daß es sich bei diesem Krieg doch keineswegs um den Kampf gegen eine fremde Besatzungsmacht gehandelt habe, hätte wohl kaum Aufmerksamkeit erregt. Es ist kein Zufall, daß Friedrich Nietzsche gerade in diesen Jahren in seiner ›Zweiten unzeitgemäßen Betrachtung‹ von einer Historie, die er nicht von ungefähr ›monumentale‹ nannte, sagte, daß sie »durch Analogien« täusche; »sie reizt mit verführerischen Ähnlichkeiten den Mutigen zur Verwegenheit, den Begeisterten zum Fanatismus«.

Analogien dieser Art spielten bei vielen Denkmälern eine Rolle, die nach der Reichsgründung gebaut wurden. Fast alle waren Denkmäler für Kaiser Wilhelm I., deren Bau schon wenige Tage nach dem Tod des Kaisers am 9. März 1888 von Ausschüssen und Komitees, privaten, halbstaatlichen und staatlichen Stellen in die Wege geleitet wurde.

Besonders aktiv waren die Vertretungskörperschaften der preußischen Provinzen im Westen Deutschlands. Auf derartige Aktivitäten gehen sowohl das Kaiser-Wilhelm-Denkmal auf dem Deutschen Eck in Koblenz als auch das Denkmal an der Porta Westfalica bei Minden zurück. Bei diesem Denkmal der Provinz Westfalen waren nach langen Auseinandersetzungen über den Standort von den ursprünglich elf Bewerbern noch zwei übrig geblieben: die Hohensyburg bei Dortmund und eben die Porta Westfalica. Für beide Standorte wurden in Denkschriften Argumente vorgetragen, die mit Analogien und verführerischen Ähnlichkeiten ›reizten‹.

Die Befürworter der Porta Westfalica sprachen von der »weihevollen Helden-Vergangenheit« ihrer Berge, wo nicht nur Arminius in der Varusschlacht die römischen Eindringlinge besiegt, sondern auch Widukind, der Sachsenherzog, den heldenhaften Widerstand seines Volkes gegen die Franken geleitet habe. Auch die Hohensyburg, das räumte der Verfasser der vorliegenden Denkschrift ein, stehe auf »historisch bedeutsamem Boden«; aber gerade wegen dieser historischen Bedeutung käme sie als Standort eines Denkmals für Kaiser Wilhelm I. nicht in Frage. »Der Berg von Hohensyburg erzählt von den Niederlagen der Deutschen gegen den fränkischen, über den Rhein vorgedrungenen Unterdrücker. Der unbefangene Sinn sträubt sich, dem Helden und Sieger ein Denkmal auf der Stätte zu errichten, wo die Altvorderen von den jetzt besiegten Feinden ehemals Niederlagen erlitten haben.« Die Eroberung der Festung Hohensyburg durch die Franken unter Karl dem Großen war eines der entscheidenden militärischen Ereignisse des Krieges gewesen, der zur Unterwerfung der Sachsen durch die Franken geführt hatte. Die Franken unter Karl dem Großen gegen die Sachsen unter Widukind – das ist der historische Gegensatz der hier, mit leichter Hand aktualisiert, auf die Ereignisse des 19. Jahrhunderts übertragen wurde: Der Sieg der deutschen Heere im Krieg von 1870/71 war die Umkehrung der damaligen Niederlage, der Triumph Kaiser Wilhelms I. Widukinds Rache.

Die Verfechter der Hohensyburg als Standort für das Denkmal beriefen sich in ihrer Begründung auf die gleichen historischen Ereignisse wie ihre Gegner; sie konnten dies, weil sie diese Ereignisse genau umgekehrt bewerteten. Für sie war Karl nicht der fremde Unterdrücker, sondern derjenige, der »einerseits die Einfügung der Sachsen in das Frankenreich und damit die Vollendung der ersten staatlichen Einigung der rechtsrheinischen Germanen, andererseits die Bekehrung der letzten Heiden unter unseren Vorfahren, nämlich gerade auch der Vorfahren der heutigen Westfalen, zum Christentum bewirkt hat«. Für die Vertreter dieser Position legten die Ereignisse von 775 kein Zeugnis ab von einer schmachvollen Niederlage, die jetzt, durch den Sieg vor 1871 getilgt sei; im Gegenteil, der Sieg Karls des Großen sei mit dem Sieg Wilhelms vergleichbar, ja, er könne gar als eine der Voraussetzungen dieses Sieges und seiner Folgen, der Reichseinigung, betrachtet werden: Von Karl dem Großen, dem »ersten Einiger Alldeutschlands«, führte kein historisch belegbarer, aber ein mythologisch bedeutsamer Weg zu Wilhelm dem Großen.

Im Zentrum aller Bemühungen aber, das neugegründete Kaiserreich mit dem mittelalterlichen Kaiserreich in Verbindung zu bringen, stand die Figur des Staufers Friedrich I. Barbarossa. Als im Vorfeld der Erweiterung des Norddeutschen Bundes unter Historikern, aber auch in der politischen Publizistik die Frage diskutiert wurde, ob diese Erweiterung als Reichsgründung mit einem Kaiser an der Spitze erfolgen solle, standen zwei Positionen einander gegenüber. Eine Partei lehnte jede Beziehung auf das Kaiserreich des Mittelalters ab, weil die Großraumpolitik der Kaiser nicht nur die nationale Konsolidierung Deutschlands, sondern auch die anderer europäischer Völker behindert habe. Dem hielten die Vertreter des ›Ghibellinismus‹ entgegen, daß eine Anknüpfung an die Höhepunkte des mittelalterlichen Kaiserreichs sinnvoll sei; einen solchen Höhepunkt hätten die Stauferkaiser mit ihrer antipäpstlichen Politik gebildet.

Diese Beziehung zwischen dem Ersten und dem Zweiten Kaiserreich, den Hohenstaufen und den Hohenzollern, war zu verführerisch, als daß sie den Planern von Nationaldenkmälern hätte entgehen können. Die Sage vom mehrhundertjährigen Schlaf Barbarossas im Kyffhäuser, aus dem er wieder erwache, wenn der Zerrissenheit des Reiches ein Ende bereitet würde, bot an, die Gründung des Reiches unter die Symbolik von Barbarossas Erwachen zu stellen. Als der ›Kyffhäuserbund der deutschen Landeskriegerverbände‹ nach dem Tod Kaiser Wilhelms an die Planung eines Denkmals ging, stand der Kyffhäuserberg in Thüringen von vornherein als Standort fest. Hier wurde nach einem Entwurf von Bruno Schmitz zwischen 1892 und 1896, ein Denkmal gebaut, das, vor einem massiven Turm, eine Reiterstatue Kaiser Wilhelms zeigt. Am Fuße des Turms sitzt Barbarossa, als ob er im Augenblick des Erwachens aus dem Boden emporwachse. In der Urkunde zur Grundsteinlegung hieß es: »Auf dem Kyffhäuser, in welchem nach der Sage Kaiser Friedrich der Rotbart der Erneuerung des Reiches harrte, soll Kaiser Wilhelm der Weißbart erstehen, der die Sage erfüllt hat.«

Der Abstand dieses Denkmals, das in seiner Gestaltung auf Überwältigung setzt und in seiner Begründung an unhistorische, der Kritik nicht erreichbare Mächte appelliert, zu den Denkmälern Arndts und Schinkels, die sich am Christentum orientierten, und dem Denkmal des bayerischen Königs, der seinem Plan den Kanon humanistischer Bildung zugrunde legte, ist unermeßlich. Gemeinsam aber ist allen ein antiurbaner Affekt, für den Schinkel die treffende Formel »fern vom alltäglichen Gewühl« fand.

12/1 ›Denkmäler Deutschlands‹

Herausgeber: Verlag des Deutschen Patriotenbundes

um 1913; Postkarte, 9,1 × 13,1 cm
Minden, Kommunalarchiv, Bildsammlung (C1)

12/2 Modell der Walhalla

Leo von Klenze

Holz, 16,7 × 24,8 × 20 cm
München, Münchner Stadtmuseum

Am 4. Februar 1814 schrieb die Bayerische Akademie der bildenden Künste einen Architektenwettbewerb für drei Gebäude aus, eines davon »dem Andenken großer Deutschen bestimmt«. Im Ausschreibungstext, den Kronprinz Ludwig von Bayern formulierte, der Spiritus rector des Unternehmens, waren Form und Baustil genau vorgeschrieben. Das Gebäude solle ein »länglichtes Viereck, mit sich herumziehendem Säulengang« sein, und »alle Theile überhaupt sollen wie das Ganze im reinsten antiken Geschmack gezeichnet seyn.«

Im Sommer 1816 ging Johann Anton Weiss als Sieger aus dem Wettbewerb hervor. Sein Plan blieb allerdings unausgeführt, da aus finanziellen Gründen an eine Verwirklichung des Projekts zunächst nicht zu denken war. Der Kronprinz nahm bereits 1817 zusammen mit seinem Architekten Leo von Klenze (1784–1864) die Planung wieder auf. Bis zum Baubeginn im Jahre 1830 wurden verschiedene Alternativentwürfe erörtert und wieder verworfen. Der verwirklichte Entwurf Klenzes orientierte sich am Vorbild des Parthenon auf der Akropolis in Athen.

12/3 Entwurf für die Walhalla – Aufriß

Daniel Joseph Ohlmüller

1814–1816; Feder, aquarelliert, 52 × 36,5 cm
München, Architektursammlung der Technischen Universität München

Mindestens zwei der 17 Teilnehmer des Walhalla-Wettbewerbs hielten sich nicht an alle Auflagen der Ausschreibung. Neben Karl Friedrich Schinkel (1781–1841) reichte auch Daniel Joseph Ohlmüller (1791–1839) statt eines klassizistischen einen neogotischen Entwurf ein.

Die Gotik galt als deutscher Baustil sui generis. Wie aus einer Reihe privater und öffentlicher Stellungnahmen zu Ausschreibung und Wettbewerb hervorgeht, waren viele der Überzeugung, dieser vermeintlich spezifisch deutsche Baustil eigne sich am besten für ein Gebäude, das dem Andenken großer Deutscher gewidmet sei.

12/4 Innenansicht der Walhalla (Abb. S. 299)

Leo von Klenze

Feder, 56,8 × 45,2 cm
München, Staatliche Graphische Sammlung (26813)

Die Büsten der in der Walhalla zu Ehrenden wurden und werden auf Wandkonsolen aufgestellt. Die ersten Büsten wurden bereits 1807 in Auftrag gegeben, als Ludwig sich in Berlin aufhielt, wohin er im Gefolge Napoleons kam, mit dem das Königreich Bayern als Mitglied des Rheinbunds verbündet war. Damals will ihm der Gedanke gekommen sein, »den fünfzig rühmlichst ausgezeichneten Deutschen Bildnisse in Marmor verfertigen zu lassen«; »er hieß gleich Hand an die Ausführung legen«.

Unter den Berliner Bildhauern, die Hand anlegten, war Christian Daniel Rauch (1777–1857), der ab 1831 auch die sechs Viktorien fertigte, die im Innern der Walhalla vor den Längswänden aufgestellt sind. Die erste Büste, deren Zahl später auf hundert erhöht wurde, bestellte Ludwig bei Johann Gottfried Schadow; es ist die Büste Friedrichs II. (des Großen).

12/5 Der Schützenfestzug zur Grundsteinlegung der Walhalla – Leporello in: ›Ratisbona und Walhalla. Eine Denkschrift auf die Tage vom 16ten bis 19ten Oktober 1830‹

Verlag J. Reitmayr, Regensburg

1831; Stahlstich, koloriert, 11 × 127,8 cm
Regensburg, Stadtarchiv

Die feierliche Grundsteinlegung zur Walhalla fand am 18. Oktober 1810 statt, dem 7. Jahrestag der Völkerschlacht bei Leipzig. An den beiden vorausgehenden Tagen bereiteten die Regensburger ihrem König, der bereits am frühen Nachmittag des 16. Oktober zu seinem ersten offiziellen Besuch in der Stadt eingetroffen war, einen festlichen Empfang.

Die Tatsache, daß Regensburg erst im Jahre 1810, aber nicht auf eigenen Wunsch, dem Königreich Bayern einverleibt worden war, gab Anlaß genug, jeden möglichen Zweifel an der Loyalität der Regensburger durch wiederholte Beteuerung der Treue zum Landesherrn zu zerstreuen. Von der »Huldigung der Repräsentanten Ihrer getreuen Stadt Regensburg«, die »E.K.M. allergnädigst anzunehmen« gebeten wurde, sprach Bürgermeister Eggelkraut. Der Ort allerdings, an dem der Bürgermeister sprach, beschwor, im Gegensatz zur Beteuerung der Untertanentreue, die glanzvolle reichsstädtische Vergangenheit der Stadt. Man hatte »Ihre K.K. Majestäten ... in den uralten Re- und Korrelations-Saal, in dem Kaiser Karl V. und die Ferdinande oft gethront und die teutsche Reichsversammlung durch 143 Jahre ihre Beschlüssegefaßt, geführt«.

Nach diesem Empfang im alten Rathaus, dem ehemaligen Sitz des Immerwährenden Reichstages, fand am Nachmittag des 17. Oktober ein »althertümlicher Schützen-Ausgang« statt, der vom Rathaus am Präsidialpalais, dem königlichen Quartier, vorbei, zur Schießstätte außerhalb der Stadt führte. Die Teilnehmer dieses Festzuges trugen Kostüme, die von Carl Alexander von Heideloff (1789–1865), der für die Gestaltung der gesamten Festarchitektur zuständig war, nach Vorbildern aus dem 16. Jahrhundert entworfen worden waren. Die Waffen hatte man sich beim städtischen Zeughaus in München ausgeliehen. Der Festzug wurde am 19. Oktober, nach der Abreise des Königs, wiederholt.

12/6

12/6 ›Feyerliche Eroeffnung der Walhalla durch Seine Majestät den König Ludwig von Bayern, Gründer und Vollender derselben den 18ten Oktober 1842‹

Gustav Kraus

Lithographie, 32,7 × 49,7 cm
München, Münchner Stadtmuseum (Z 1725)

Die Eröffnung der Walhalla fand auf den Tag genau zwölf Jahre nach der Grundsteinlegung statt; anders als im Jahre 1830 begab man sich jetzt nicht zu Schiff, sondern auf dem Landweg zum Denkmal auf dem Bräuberg.

›Die Eröffnung der Walhalla‹ ist in der ›Allgemeinen Bauzeitung‹ Nr. 7 aus dem Jahre 1842 beschrieben: »Der königliche Festzug war am Fuße des Berges angelangt. König Ludwig, umgeben von seinem ganzen Hause und dem neuverbundenen Prinzenhause aus Preußen, begleitet von seinen Ministern, von den deutschen Gesandten, von fremden Offizieren u. A. wurden unweit des von der Regensburger Landwehr bewachten Treppenaufganges von einer schönen, als Germania kostümierten Jungfrau bewillkommt. Sie war an der Spitze von 32 jungen Mädchen, den Genien der Bundesstaaten.«

Nach einer kurzen Ansprache des Regierungspräsidenten der Oberpfalz, des Freiherrn von Zu-Rhein, besichtigte der König mit seiner Entourage das Innere. Erst nach dieser königlichen Besichtigung und nachdem die hohen Herrschaften den Ort wieder verlassen hatten, war auch die Öffentlichkeit zugelassen.

12/7 Modell des Hermannsdenkmals

Holz, farbig gefaßt, H 168 cm; Dm 78 cm (Sockel)
Detmold, Lippische Landesbibliothek

Das Hermannsdenkmal auf der Grotenburg bei Detmold verdankt sich der Initiative des Bildhauers Ernst von Bandel (1800–1876). Erste Skizzen Bandels für ein Hermannsdenkmal stammen aus den Jahren 1819/20. Sie stehen, wohl von einem Projekt Karl Friedrich Schinkels zu einem solchen Denkmal aus den Jahren 1813/14 angeregt, in engem Zusammenhang mit dem Krieg gegen Napoleon. Der Kampf des Fürsten der germanischen Cherusker gegen die römische Besatzung und der Sieg über ein römisches Heer unter Quinctilius Varus in der Schlacht im Teutoburger Wald im Jahre 9 n. Chr. galten als Modell für den Kampf gegen die französische Besatzung.

Im Sommer 1838 konnte, nachdem der regierende Fürst zur Lippe seine Zustimmung zu dem Projekt gegeben hatte, mit den Bauarbeiten begonnen werden. Auf eine Feier zur Grundsteinlegung wurde verzichtet, da die lippische Regierung ihr unangenehme politische Kundgebungen befürchtete. Bis 1846 ging der Bau zügig voran, kam dann aber aus finanziellen Gründen zum Erliegen und konnte erst nach der Reichsgründung 1871 und einer finanziellen Unterstützung durch den Reichstag abgeschlossen werden. Am 16. August 1875 fand die feierliche Einweihung statt.

12/8 Modell der Innenkonstruktion des Hermannsdenkmals

um 1865; Eisen, H 198,5 cm; Dm 65 cm (Sockel)
Detmold, Lippisches Landesmuseum

Die 26 Meter hohe Statue des Hermann ist innen hohl. Die Kupferblechplatten, aus denen sie besteht, werden von einer eisernen Strebekonstruktion gehalten. Die Lösung der statischen Probleme dieser Konstruktion gelang Bandel wohl erst in den sechziger Jahren.

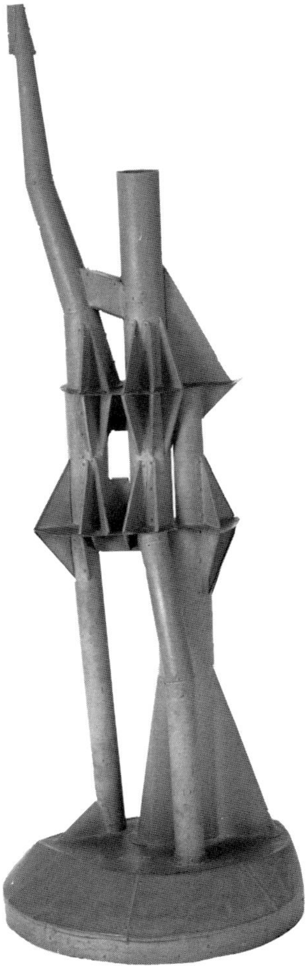

12/8

12/9 Spendenliste für das Hermannsdenkmal – Mit Illustrationen des Denkmals im Bau

um 1840; 32 × 40 cm
Detmold, Lippisches Landesmuseum (1984/I/33)

Zu Ende des Jahres 1837 wurde, auf eine Initiative Ernst von Bandels hin, in Detmold ein ›Verein für das Hermanns-Denkmal‹ gegründet. Der Verein, der die wirtschaftliche Organisation des Projekts übernahm, erließ am 20. Februar 1838 einen ersten Spendenaufruf. Bis 1846 konnte der Bau aus Spenden finanziert werden; nach 1866 und mit der Aussicht auf eine nationale Einigung flossen die Spenden, die nach dem Scheitern der Revolution von 1848 fast vollständig ausgeblieben waren, wieder reichlich. Auch andernorts wurden Vereine für das Hermannsdenkmal gegründet; die beiden aktivsten waren der in Berlin und der in Hannover, dem Wohnort Bandels.

12/10 ›Reliquien des Herrn von Bandel‹ – Mütze, Nietbolzen, Proportionszirkel, Treibhammer

1840–1875; 78 × 45 × 10 cm (Vitrine)
Detmold, Lippisches Landesmuseum

12/11 Postkarten vom Kaiser-Wilhelm-Denkmal an der Porta Westfalica

a) ›Die lustigen Bauern auf der Fahrt von Porta-Westfalica über Berlin nach Wien‹
b) ›Waldpartie am Kaiser-Wilhelm-Denkmal‹
c) ›Porta Westfalica Bauernhaus und Denkmal

um 1900; a), b) Fotografien, koloriert, c) Lithographie, a) 13,9 × 8,9 cm; b) 8,9 × 13,9 cm; c) 14 × 9 cm
Minden, Museum für Geschichte, Landes- und Volkskunde (A II 8f3)

Am 15. März 1889 beschloß der Landtag der Provinz Westfalen den Bau eines Denkmals für Kaiser Wilhelm I. auf dem Wittekindsberg an der Porta Westfalica; auf der gleichen Sitzung wurden 500000 Mark für die Finanzierung des Projekts bewilligt. Zur gleichen Zeit begann man mit Sammlungen, die bis Januar 1892 301504 Mark erbrachten. Aus dem im Februar 1890 ausgeschriebenen Wettbewerb, an dem sich 56 Einsender beteiligten, gingen der Berliner Architekt Bruno Schmitz (1858–1916) und die Dresdner Fritz Reuter und Theodor Fischer als Sieger hervor. Sie teilten sich den ersten Preis, wobei Schmitz' Entwurf zur Ausführung bestimmt wurde. Der Entwurf sah einen sechseckigen, baldachinartigen Hallenbau vor, unter dem eine sieben Meter hohe Statue des Kaisers steht, der segnend seine rechte Hand über das Land hält.

Schon vor Baubeginn im September 1892 wurde deutlich, daß die veranschlagten Kosten bei weitem überstiegen würden. Nach einer Reihe von Auseinandersetzungen zwischen dem Architekten und seinen Auftraggebern über kostensenkende Maßnahmen konnte im September 1896 die von Kaspar Zumbusch in Wien gestaltete Statue aufgebaut werden. Die Gesamtkosten beliefen sich auf über eine Million Mark.

12/12 ›Einweihung des Provinzialdenkmals Sr. Majestät Kaiser Wilhelm I. am 18. October 1896. Kaiser Wilhelm II. und Kaiserin Auguste Victoria. Huldigung auf dem Marktplatz zu Minden.‹

Wilhelm Kreideweiss

Fotografie (alter Abzug), 19,8 × 24,2 cm
Minden, Kommunalarchiv, Bildsammlung (C1)

12/13 Das Kaiser-Wilhelm-Denkmal am Deutschen Eck in Koblenz

Bruno Schmitz

um 1893; Feder, aquarelliert, weiß gehöht, 111 × 173 cm
Berlin, Plansammlung der Universitätsbibliothek der Technischen Universität

Im Herbst 1888 beschloß der Landtag der Rheinprovinz den Bau eines Denkmals für Kaiser Wilhelm I.; diesem Beschluß waren Initiativen lokaler und regionaler Komitees vorausgegangen. Ein erster Architektenwettbewerb, der im Sommer 1890 mit der Preisverleihung abgeschlossen war, blieb ohne praktische Folgen, da die Frage nach dem Standort nicht geklärt werden konnte. Einige Architekten hatten eine Rheininsel vorgeschlagen, andere einen Höhenzug am Rhein; häufig wurde der Drachenfels als möglicher Standort genannt.

Nachdem Kaiser Wilhelm II. im März 1891 in der Antwort auf eine Anfrage des Provinzialausschusses der Rheinprovinz das Deutsche Eck in Koblenz als Standort bestimmte hatte, wurde ein zweiter Wettbewerb ausgeschrieben, aus dem im Oktober 1892 der Berliner Architekt Bruno Schmitz und der Bildhauer Emil Hundrieser als Sieger hervorgingen. Im Jahre 1894 konnte mit dem Bau begonnen werden, der im Sommer 1897 abgeschlossen war, so daß am 31. August die feierliche Einweihung stattfinden konnte.

12/14 Modell des Reiterstandbilds des Kaiser-Wilhelm-Denkmals am Deutschen Eck in Koblenz

Entwurf: Emil Hundrieser

um 1894; Bronze, 125 × 70 × 140 cm
Koblenz, Mittelrhein-Museum

12/11a

Hundrieser hatte in seinen ersten Entwürfen den Kaiser ohne Kopfbedeckung und mit einem Schwert in der Hand gezeichnet, das, nach Einwänden der Schiedskommission, durch einen Marschallstab ersetzt wurde. Die weibliche Figur eines Friedensgenius schien den Kommissionsmitgliedern »zu unvollständig bekleidet«.

12/15 Kopf Kaiser Wilhelms I. vom Reiterstandbild des Kaiser-Wilhelm-Denkmals am Deutschen Eck in Koblenz

Entwurf: Emil Hundrieser; Ausführung: Firma Howald, Braunschweig

1896/97; Kupferblech, 150 × 80 × 60 cm
Koblenz, Mittelrhein-Museum

Das 14 Meter hohe Reiterstandbild des Kaisers wurde aus finanziellen Gründen nicht in Bronze gegossen, sondern aus Kupferblechen getrieben. Dennoch beliefen sich die Gesamtkosten für das Denkmal auf etwa 1,5 Millionen Mark. Es wurde in den letzten Tagen des Zweiten Weltkriegs von amerikanischen Soldaten vom Sockel geschossen.

12/16 ›Schert euch ihr Raben mit eurem Geschrei! Barbarossa erwacht! Wählt Deutsche Volkspartei!‹

Postkarte, 13,2 × 8,8 cm
Amsterdam, Internationales Institut für Sozialgeschichte (100)

12/17 Das Arbeitszimmer Wilhelm Grimms in der Linkstraße 7 in Berlin

Moritz Hoffmann

1860; Aquarell
Nürnberg, Germanisches Nationalmuseum (HZ 5215)

12/13

Die innere Mitte

›Die machtgeschützte Innerlichkeit‹

Susanne Falk

›Hauptstadt‹ heißt auch politische Öffentlichkeit, heißt Straße und Parlament, Konflikt und Auseinandersetzung. Wo von Politik die Rede ist in der deutschen Geschichte, sollte das Gegenteil nicht unerwähnt bleiben: die gewollte Apolitik, zu der sich sogleich die Worte ›Kultur‹ und ›Bildung‹ gesellten. »Der Deutsche pflegt und wahrt am häuslichen Herd seine theuersten Güter. Kunst und Wissenschaft, Geschichte und Philosophie, der Umgang mit den Klassikern, alles hat allda in Bild und Wort, in Lehre und Wechselgespräch seine Stätte. Wir haben wenig öffentliches Leben, von dem der einzelne völlig ergriffen und über seinen nächsten Wirkungskreis weiter erhoben würde, aber unser Familienleben ist ... eine immer strebsame Bahn der Bewährung, eine ununterbrochene Fortsetzung und Ergänzung unseres öffentlichen Lebens. Nirgends leben wir uns natürlicher und freier aus als im Familienleben; wir bringen dort oft erst unseren ganzen Menschen zur Verwerthung«.

Diese Worte Karl Gutzkows aus seinem Familienblatt ›Unterhaltungen am häuslichen Herd‹ dürften die Befindlichkeit nicht weniger seiner Zeitgenossen bürgerlichen Standes wiedergegeben haben – in den Jahren zwischen 1850 und 1870, in denen die Industrialisierung Deutschlands in ihre entscheidende Phase trat, zugleich aber jene bleierne politische Atmosphäre nach der Revolution von 1848/49 herrschte. Sie deuten etwas an, was Eigentümlichkeiten im Verlauf der deutschen Geschichte des 19. und 20. Jahrhunderts hervorgebracht haben: eine ›innere Mitte‹ als Gegenpol zu einer kritischen politischen Öffentlichkeit.

Thomas Mann hat für diese Mentalität den Begriff der ›machtgeschützten Innerlichkeit‹ geprägt. Er selbst hatte noch am Ende des Ersten Weltkrieges in seinen ›Betrachtungen eines Unpolitischen‹ dem ›Irrtum deutscher Bürgerlichkeit‹, man könne ein unpolitischer Kulturmensch sein, sprachmächtig Ausdruck verliehen. Er war überzeugt, »daß der vielverschriene ›Obrigkeitsstaat‹ die dem deutschen Volke angemessene, zukömmliche und von ihm im Grunde gewollte Staatsform ist und bleibt«.

Sehr oft wird das, was man mit dem Hang des deutschen Bürgertums zur ›Innerlichkeit‹ bezeichnet, aus der Enttäuschung über das verweigerte politische Mitspracherecht erklärt, wobei Fritz Stern allerdings darauf hinweist, »... auf welch vielfältige Weise sich die deutsche Elite ihrer eigenen politischen Unmündigkeit angepaßt und Nutzen aus ihr gezogen (hat)«. Dem Freiheitsgeist, der den Kampf gegen die Vorherrschaft Napoleons in Deutschland zu Beginn des 19. Jahrhunderts beflügelt hatte, blieb unter dem Diktat der Metternichschen Restauration nicht viel Raum. Die Verwirklichung der bürgerlichen Freiheiten und die Teilhabe an der politischen Macht waren nach den Befreiungskriegen in weite Ferne gerückt. Die Karlsbader Beschlüsse von 1819 brachten statt dessen die Einschränkung der ohnehin bescheidenen Presse- und Versammlungsfreiheit und bereiteten so allen Anstrengungen zur Etablierung einer kritischen bürgerlichen Öffentlichkeit ein frühes Ende. »Das deutsche Leben« – so Thomas Nipperdey – »wird zum einen ins Innerliche abgedrängt, ins Biedermeierlich-Philiströse, in die ›Gemütlichkeit‹, manchmal auch in Indolenz oder Resignation, oder in die Kunstreligion, die Wissenschaft, das Reich des Gedankens, ins Historische, ins Apolitische jedenfalls.«

Freilich wäre die Trennung zwischen privater und öffentlicher Sphäre zunächst einmal vor dem Hintergrund eines vielschichtigen gesellschaftlichen Wandels zu betrachten. Seit der Mitte des 18. Jahrhunderts versuchte das aufstrebende Besitz- und Bildungsbürgertum sich Freiräume zu schaffen, die der Entfaltung des Individuums vorbehalten sein sollten. Der Ort, an dem sich diese Haltung am deutlichsten manifestierte, war die ›bürgerliche Familie‹.

Hier fanden sich im Idealfall die Bedingungen zur Entfaltung der ›inneren Freiheiten‹, die sich das aufgeklärte Bürgertum seit dem 18. Jahrhundert erträumte: Freiheit des Empfindens und des Geistes, des Gemütes und der Bildung. Diese war zunächst alles andere als ein Rückzugsgebiet enttäuschter politischer Partizipationswünsche, wie es nach 1871 der Fall wurde. ›Bildung‹ stellte in der ersten Hälfte des 19. Jahrhunderts den Grundstein bürgerlichen Selbstbewußtseins dar, mehr noch: Sie bedeutete diejenige Gemeinsamkeit, die die nach Vermögen, Tätigkeit und Lebensweise heterogenen Schichten überhaupt erst als ›Bürgertum‹ konstituierte und seinen Anspruch auf politische Mündigkeit untermauerte. Ein Wort des Kulturhistorikers Wilhelm Heinrich Riehl aus dem Jahre 1855 macht dies deutlich, auch wenn es die Not einer gescheiterten Emanzipationsbewegung zur Tugend einer deutschen Eigenart umdeutete: »Die Franzosen haben sich die Anerkennung des dritten Standes mit dem Schwerte des Bürgerkrieges und der Revolution erfochten, wir haben uns dieselbe erdacht, erschrieben und ersungen.«

›O du fröhliche, o du selige, gnadenbringende Weihnachtszeit!‹ – Kunstbeilage zur ›Sonntagszeitung fürs Deutsche Haus‹ (Kat. Nr. 13/19)

Die ›bürgerliche Familie‹ als neue Form familiären Zusammenlebens entwickelte sich zunächst in den Städten. Ihre Verbreitung beschränkte sich auf die relativ dünne Schicht des sich zu Beginn des 19. Jahrhunderts herausbildenden Besitz- und Bildungsbürgertums. Dazu zählten jene wirtschaftlich abgesicherten, selbständigen und gebildeten Familien, die ihren Aufstieg den neuen beruflichen und wirtschaftlichen Möglichkeiten der Industrialisierung und eines immer stärker expandierenden Staatsapparates verdankten. Die große Masse der Landbevölkerung und der abhängigen Lohnarbeiter hatte am ›Idyll vom deutschen Hause‹, wie Riehl es bezeichnete, keinen Anteil.

Noch im 18. Jahrhundert war das Leben der meisten Familien keineswegs in dem Maße von der Öffentlichkeit separiert, wie es heute selbstverständlich scheint. Für Bauern, Handwerker oder die in der Hausindustrie Beschäftigten bildeten Haushalt und Arbeitsplatz eine

Die zwölf Monate – Januar (Kat. Nr. 13/5)

Einheit. Die Mitarbeit aller Familienmitglieder, also auch der Frauen, Kinder und Verwandten, war selbstverständlich. Je nachdem zählten die Knechte und Mägde der Bauern – in den Haushalten der Handwerker auch Gesellen und Lehrburschen – zur ›Familie‹, die mehr den Charakter eines wirtschaftlichen Zweckverbandes hatte.

Mit der Trennung von Haushalt und Arbeitsplatz, wie sie die industrielle Produktion mit sich brachte, verlor diese Lebensform jedoch zusehends an Bedeutung. Gleichzeitig wurden die emotionalen Bindungen zwischen Eltern und Kindern immer wichtiger. In den Familien der Kaufleute, Akademiker, Unternehmer und höheren Beamten war der Vater allein für die Sicherung der materiellen Existenz der Familie verantwortlich. Die Aufgabe der Frauen bestand dagegen darin, für ein behagliches Heim und ein harmonisches Familienleben zu sorgen, das dem Vater die Möglichkeit bot, den täglichen Existenzkampf ›draußen‹ zu kompensieren. Es handelte sich also weniger um einen Rückzug ›des Bürgers‹ in Familie und Heim als vielmehr um eine zwangsweise Reduzierung der Aufgaben der Frauen und ihrer Möglichkeiten, am ›öffentlichen Leben‹ teilzunehmen.

In der zweiten Hälfte des 19. Jahrhunderts verhärteten sich die autoritären Strukturen der bürgerlichen Familie zusehends. Vieles von dem, was sich im frühen 19. Jahrhundert noch an gesellschaftlichem Fortschritt mit der neuen Familienform verbunden hatte, war kaum noch zu spüren. Die Ansprüche, welche die entfaltete Industriegesellschaft an die Familie stellte, waren von dieser nur noch unter großen Opfern zu bewältigen. Die zweifellos immer vorhandenen patriarchalischen Grundzüge waren ins Unerträgliche gesteigert, die Rollenverteilung zwischen den Geschlechtern fester denn je umrissen. Die Stellung der Frauen war dabei noch nie so unselbständig und abhängig wie in diesen Jahren.

Die Musik wurde, mehr als alle anderen Künste, das Medium nicht nur der politischen Ersatzöffentlichkeit in den Gesangvereinen nach 1848, sondern auch der politikfernen ›Innerlichkeit‹. Noch für Thomas Mann bildete in den ›Betrachtungen‹ die ›Musik‹ die eigentliche deutsche Antithese zur ›Politik‹. Kaum ein bürgerlicher Haushalt des 19. Jahrhunderts dürfte ohne Klavier, Laute oder Flöte gewesen seien. Integriert in Nähkästchen, Kommoden oder Schreibsekretäre fand das Hammerklavier auch in der kleinsten Stube Platz. Eine ganze Industrie deckte den durch die Hausmusik gestiegenen Bedarf nach Drucknoten, neuen Liedkompositionen, Potpourris und Arrangements. Für die ›höheren Töchter‹ wurde der Klavierunterricht zum absoluten Muß, wollten sie den gesellschaftlichen Vorstellungen von den Aufgaben einer bürgerlichen Frau entsprechen.

Das Bedürfnis nach ›Privatheit‹ zog die Abgrenzung gegen die Außenwelt, gegen Dienstboten und Geschäftsleben nach sich. Dies läßt sich sehr eindrücklich an grundsätzlichen Veränderungen im Grundriß der Wohnungen verfolgen: Statt ein und denselben Raum für mehrere Zwecke zu nutzen, ging man dazu über, den Zimmern gesonderte Funktionen zuzuteilen. Wohn-, Schlaf- und Arbeitsräume wurden getrennt, und selbst den Kindern gestand man eigene Räume zu.

Anschaulich überlieferte sich das Ideal bescheidener, aber von Kunst und Bildung erfüllter bürgerlicher Existenz in der Wohnkultur des ›Biedermeier‹. Erst nach 1900 war der Begriff aufgekommen, doch schon bald verband man damit nicht nur einen Möbelstil, sondern ein ganzes Lebensgefühl. Das Bild, das sich nachfolgende Generationen von der Wohnkultur des frühen 19. Jahrhunderts machten, hat allerdings weniger mit der Realität als vielmehr mit der Sehnsucht nach einem verlorengeglaubten Idyll zu tun: »Die Sehnsucht unserer Generation, soweit sie unsere Wohnstätten angeht, zielt auf die Wiederbegründung einer feinen, stillen, bürgerlichen Kultur, in der sie Ruhe und das Behagen wenigstens zwischen ihren vier Wänden findet, zu denen sie der Existenzkampf draußen nicht kommen läßt . . .« – so las es sich 1907 im ›Sauerländischen Gebirgsboten‹, dem Organ eines bürgerlichen Wandervereins.

Die von Helmuth Plessner begründete Deutungstradition für den deutschen Hang zur ›Innerlichkeit‹ und der damit verbundenen Abneigung gegen ›Öffentlichkeit‹ und Politik in der Zeit des Kaiserreiches hat besonders die Wirkungen des Luthertums als Ursache geltend gemacht: seine auf das Gewissensinnere gerichtete Religiosität, seine Willfährigkeit gegenüber der Obrigkeit und seine negative Besetzung des ›Römischen‹, das heißt die Ablehnung von ›Latinität‹ und ›Urbanität‹. Eine denkbare Veranlagung des deutschen politischen bzw. apolitischen Denkens in diesem Sinne hat allerdings Richtung und Gestalt von der Entwicklung der deutschen Geschichte des 19. Jahrhunderts bekommen, die mehrmals in Ohnmacht und politischer Enttäuschung mündete.

›Der Lotte ihre Stube‹ (Kat. Nr. 13/6)

Große Teile des liberalen Bürgertums gaben nach 1871 ihre Forderungen nach politischer Selbstbestimmung auf und nahmen die Unzulänglichkeiten des politischen Systems in Kauf, solange der Staat dafür ihr Refugium, gebaut aus dem Glauben an die Ideale der Kultur, unangetastet ließ. Wissenschaft und Bildung wurden zu den großen Tätigkeitsfeldern des Ausweichens vor der Politik. Der ›Vulgäridealismus‹ diente großen Teilen des Bürgertums, besonders aber den ›unpolitischen Deutschen‹ dazu, Massengesellschaft, Demokratie, Liberalismus und Modernität verächtlich zu machen. Der ›Rückzug ins Innere‹ aus den Jahren des Vormärz und nach 1848 hatte sich in ein offensives deutsches Sonder- und Sendungsbewußtsein umgekehrt, das Thomas Manns ›Betrachtungen‹ in schroffe Gegensatzpaare brachten: »Deutschtum, das ist Kultur, Seele, Freiheit, Kunst und *nicht* Zivilisation, Gesellschaft, Stimmrecht, Literatur«.

13/2

13/1 Die Familie des Malers Friedrich Wilhelm Doppelmayr

Friedrich Wilhelm Doppelmayr

Aquarell, 40 × 50,6 cm
Nürnberg, Germanisches Nationalmuseum (Hz 52100)

»In der traulichen Geselligkeit eines gebildeten Hauses liegt ein unendlicher Reiz ... Die Ordnung und die Pflege verbreiten eine Behaglichkeit, die ebenso das Gemüt wie die äußeren Sinne ergreift. Die kleinen Arbeitstische der Frauen am Fenster, ... nebenan das Piano mit Noten, ... die Begegnungen der Familie unter sich voll Maß und Ehrerbietung, kein Schreien, kein Rennen und Laufen, die Besuche mit Sammlung empfangen, abends der runde, von der Lampe erhellte Tisch, das siedende Teewasser, die Ordnung des Gebens und Nehmens, das Bedürfnis der geistigen Mitteilung – in dem Zusammenklang all dieser einzelnen Akkorde liegt eine Harmonie, ein Etwas, das jeden Menschen sittlich ergreift, bildet veredelt.« (Karl Gutzow, ›Aus der Knabenzeit‹, Jena 1871)

13/2 ›Hausmusik‹-Blatt aus: ›Fürs Haus von Ludwig Richter. Fünfzehn Zeichnungen in Holz geschnitten‹

Ludwig Richter

Holzstich; 29,6 × 22,4 cm
Detmold, Lippische Landesbibliothek (SW 2353 4 (4)

»... Gehet hin und belauscht sie eines Winterabends im kleinen Stübchen, dort sitzen ein Vater und seine drei Söhne um einen runden Tisch; die einen spielen Violine, der dritte die Bratsche, der Vater das Violoncello; was ihr so tief und innig vortragen hört, ist ein Quartett, das jener kleine Mann komponierte, der den Takt schlägt. – Dieser ist aber der Schulmeister aus dem benachbarten Dorfe, und das Quartett, was er komponierte, ist kunstvoll, schön und tiefgefühlt ... alles ist rein und unschuldig, aber ebendeshalb edel und erhaben ...« (Richard Wagner, ›Über deutsches Musikwesen‹, 1840)

12/3 Blick in eine Bürgerstube (Stammbuchblatt)

um 1800; Feder, aquarelliert, 10,2 × 12,2 cm
Stuttgart, Archiv der Stadt Stuttgart (3 3678/5)

13/4 Der Schöpfer des ›Hermannsdenkmals‹, Ernst von Bandel, im Kreise seiner Familie

Heinrich von Bandel

um 1850; Bleistift, 52 × 72 cm
Detmold, Lippisches Landesmuseum (1956/I/79)

13/5 Die zwölf Monate – Januar (Abb. S. 308)

Vincenz Raimund Grüner

um 1820; Radierung, koloriert, 11 × 7,2 cm
Wien, Museen der Stadt Wien (111.110/1)

13/6 ›Der Lotte ihre Stube‹ (Abb. S. 309)

Ludwig Emil Grimm

1821; Öl auf Leinwand, 37,7 × 28,8 cm
Kassel, Brüder Grimm-Museum (Dauerleihgabe der Verwaltung der Staatlichen Schlösser und Gärten, Bad Homburg 1. 1. 149)

Das Gemälde zeigt Lotte Grimm, die Schwester der Gelehrten Jacob und Wilhelm Grimm, in ihrem Haus in Kassel. Ein dritter Bruder, Ludwig Emil, hat diese für die Rollenverteilung in der bürgerlichen Familie so typische Szene festgehalten. Entbunden von der produktiven Erwerbsarbeit, verlagerte sich der Wirkungsbereich der Frauen aus wohlhabenden bürgerlichen Familien zusehends ins Innere des Hauses. Ihre wirtschaftliche Abhängigkeit vom allein für das Einkommen zuständigen Ehemann wurde immer größer, ihr öffentlicher Wirkungskreis dagegen kleiner.

13/8

»Die Angelegenheiten des ganzen Vaterlandes sollten Jedem wichtig und teuer sein, aber dazu hilft gar nichts... das Schwatzen über politische Angelegenheiten, das ist nur den Aufwieglern willkommen und stört die Pflichterfüllung... Das Politisieren in der Kneipe ist nebenbei sehr teuer, dafür kann man im Hause besseres haben. Nach getaner Arbeit verbleibet im Kreise der Eurigen, bei den Eltern, bei der Frau und den Kindern. Da sucht Eure Erholung, sinnt über den Haushalt und die Erziehung. Das und Eure Arbeit sei zunächst und vor Allem Eure Politik.« (Alfred Krupp, *Ein Wort an die Angehörigen meiner gewerblichen Anlagen*, Essen 1877, S. 10)

13/7 Im Kontor eines Handelshauses

J. M. Volz

um 1820; Feder, 16,4 × 21,5 cm
Nürnberg, Germanisches Nationalmuseum (HB 9208)

13/8 Wohn-, Schlaf- und Arbeitsraum eines Tischlers – ›Die Stände in verschiedenen weiblichen Lebensaltern, Bl. 5, Der Bürgerstand‹

Verlag Matthäus Trentsensky

um 1833/37; Federlithographie, 28 × 39 cm
Wien, Museen der Stadt Wien (79.892/1)

In der Wohnung dieser Wiener Tischlerfamilie war eine strikte Abgrenzung zwischen privater und öffentlicher Sphäre, in der sich eine traute und erfüllte ›Häuslichkeit‹ hätte entwickeln können, allenfalls in Ansätzen möglich. Die Arbeiterfamilien hingegen lebten in Anpassung an die industrielle Arbeitsweise zwar mit einer Trennung von ›Innen‹ und ›Außen‹, ihnen fehlte jedoch die wirtschaftliche Grundlage zur Ausgestaltung des ›Idylls vom deutschen Hause‹ (Wilhelm Heinrich Riehl). Noch 1871 lag der Anteil der Haushalte mit gesicherter wirtschaftlicher Existenz bei nur zehn Prozent (Ingeborg Weber-Kellermann). Die Lebensform der meisten Menschen war danach selbst Ende des 19. Jahrhunderts noch weit vom bürgerlichen Ideal entfernt.

13/9 ›Ereigniße in München/ am 18. Oct. 1848‹

C. Hohfelder

Lithographie, 36 × 45 cm
München, Münchner Stadtmuseum (Z 1901)

In den Revolutionsjahren 1848/49 wurde auch ein Teil des Bürgertums aus der teils erzwungenen, teils selbstgewählten Fluchtburg der familiären ›Innerlichkeit‹ gerissen. Für kurze Zeit waren Straße und Öffentlichkeit Schauplätze des sozialen und politischen Protestes. Auf dem hier gezeigten Blatt stürmt eine Volksmenge das Wohnhaus des Münchener Brauers Pschorr. Dabei wurde seine gesamte ›Häuslichkeit‹ samt ihrem vornehmstem Symbol, dem Klavier, auf der Straße zertrümmert.

13/10 ›Luther als Familienvater‹ – Szenen aus Luthers Leben, X. Bl.

Verlag Otto's Buchhandlung in Burg

13/12

19. Jhdt.; Lithographie, 14 × 19 cm
Berlin, Staatliche Museen Preußischer Kulturbesitz, Museum für Deutsche Volkskunde (33 S 1290f)

Um 1825 brachte der Nürnberger Verlag Friedrich Campe eine Serie von Szenen aus Luthers Leben heraus, die in den folgenden Jahrzehnten – vielfach kopiert und variiert – als Urbild des evangelischen Pfarrhauses massenhafte Verbreitung in den bürgerlichen Haushalten fanden. Eine der immer wiederkehrenden Szenen ist die von ›Luther als Familienvater‹, die vorbildhaft das zeitgenössische protestantische Verständnis von der Familie prägte. Das hier gezeigte Blatt geht ebenfalls auf eine Vorlage des genannten Verlages zurück, die folgende Unterschrift trägt: »So lebte Luther im häuslichen Kreise mit seiner Familie, in diesem Zimmer, das heutiges Tags noch in Wittenberg vorhanden, und hier, der Wirklichkeit treu nachgebildet zu sehen ist. Die edle Musica schätzte Luther ungemein hoch, und er leitete seine Kinder schon früh zu ihr, denn er hielt die Tonkunst für die Mutter vieler Tugenden. Hier singt er, mit seiner ehrbaren Hausfrau und seinen lieben Kindlein: Das Wort, sie sollen lassen stahn und kein Dank dazu haben u.s.w.«

Der Musikhistoriker Walter Salmen weist in seinem Buch ›Haus- und Kammermusik‹ darauf hin, wie wichtig gerade die evangelischen Pfarrhäuser für die Pflege der Hausmusik waren: »Pfarrhäuser indessen wurden häufig im Zusammenwirken mit der aufstrebenden Lehrerschaft Zentren der Hausmusik ... Für häusliche Andachten standen insbesondere in Wohnungen protestantischer und reformierter Pfarrersfamilien Harmoniums und Hausorgeln bereit, wofür eigens ›Hauschoralbücher‹ (gedruckt in Lage, 1896), mit ›Hausliedern im Volkston‹ (W. Nelle, 1892) herausgegeben wurden.«

13/11 ›Luthern zerspringt in Worms an der Tafel des Richard von Trier ein Glas mit Gift‹ Szenen aus Luthers Leben VII. Bl.

Verlag Otto's Buchhandlung in Burg

19. Jhdt.; Lithographie, 14,5 × 19,3 cm
Berlin, Staatliche Museen Preußischer Kulturbesitz, Museum für Deutsche Volkskunde (33 S 1290 f)

13/12 ›Dr. Martin Luther im Kreise seiner Familie zu Wittenberg am Christabend 1536‹

C. A. Schwerdgeburth

1843; Stahlstich, 25 × 31 cm

Berlin, Staatliche Museen Preußischer Kulturbesitz, Museum für Deutsche Volkskunde (33 S 697)

Eine Familienszene ist ebenfalls Teil der Luther-Folge von C. A. Schwerdgeburth, hier noch verstärkt durch die weihnachtliche Stimmung, die der leuchtende Christbaum verbreitet. Daß die Versetzung eines Christbaumes in das Jahr 1536 nicht den historischen Tatsachen entspricht, hat Ingeborg Weber-Kellermann in ihrem Buch ›Das Weihnachtsfest‹ nachgewiesen.

13/13 ›Unterhaltungen am häuslichen Herd‹

herausgegeben von Karl Gutzkow (1811–1878)
Verlag F. A. Brockhaus, Leipzig
1853; 24 × 29,6 cm (aufgeschlagen)
Bonn, Universitätsbibliothek (H 476)

Von größter Bedeutung für die Verbreitung des bürgerlichen Ideals familiärer Innerlichkeit waren seit 1800 die sogenannten ›Familienblätter‹, jene volkstümlichen illustrierten Unterhaltungsschriften und Kalender, die mit ihren dichterischen und populärwissenschaftlichen Beiträgen zur Verinnerlichung und Veredelung des Familienlebens beitragen wollten. Die politische Haltung dieser Schriften schwankte zwischen ›aufklärerischem Geist‹ und ›heiterem Quietismus‹. Ihre größte Verbreitung fanden sie zwischen 1850 und 1900. Karl Gutzkows ›Unterhaltungen am häuslichen Herd‹ wollten fern von Politik und Streit über Natur, Geschichte, Menschenleben, Kunst und Kultur, Erziehung etc. berichten. Adressaten waren insbesondere Frauen, für die diese Zeitschriften eine der wenigen Bildungsmöglichkeiten darstellten.

13/14 ›Daheim. Ein deutsches Familienblatt mit Illustrationen‹

Herausgegeben von Dr. Robert König und Theodor Pantenius
1878; 31,7 × 56 cm (aufgeschlagen)
Bonn, Universitätsbibliothek (Z [C15] 1901)

13/15 ›Berthold Auerbachs deutscher Familienkalender‹

Cotta'scher Verlag
1858; 17,4 × 27,6 cm (aufgeschlagen)
Bonn, Universitätsbibliothek

13/16 ›Die städtische Stube‹ – Bl. 2 einer Serie von Bildern zum Anschauungs-Unterricht (I)

Verlag J. F. Schreiber
um 1880; Farbdruck, 39 × 32,2 cm
Berlin, Staatliche Museen Preußischer Kulturbesitz, Museum für Deutsche Volkskunde (33 C 910)

13/17 Brautpaar unter dem Kaiseradler

Fotografie (Reproduktion)
Berlin, Claus-Peter C. Gross

Kaum jemand hätte den unpolitischen, aber loyalen Bürger des Kaiserreiches besser inszenieren können als der Fotograf dieser Feierlichkeit.

13/18 Hausmusik im Familienkreis

um 1900; Fotografie, 9 × 14 cm
Berlin, Staatliche Museen Preußischer Kulturbesitz, Museum für Deutsche Volkskunde (33 Q 1157)

13/19 ›O du fröhliche, o du selige, gnadenbringende Weihnachtszeit!‹ – Kunstbeilage zur ›Sonntagszeitung fürs Deutsche Haus‹ (Abb. S. 307)

nach einem Gemälde von F. B. Doubek;
Verlag W. Vonbach & Co
1910; Fotolithographie, 17,2 × 23,8 cm
Marburg, Sammlung Weber-Kellermann

13/16

13/23

13/20 Blick in ein Wohnzimmer der Kaiserzeit mit den Bildnissen von Bismarck und Moltke über dem Klavier

Ende 19. Jhdt.; Fotografie (Reproduktion)
Berlin, Claus-Peter C. Gross

13/21 ›Gestörtes Schläfchen‹ – in: ›Das Neue Gesicht der herrschenden Klasse‹
George Grosz

1930; 27,5 × 41,5 cm (aufgeschlagen)
Bonn, Kunsthistorisches Institut (R 3376/2)

13/22 Modell eines Flügels der Firma ›Steinway & Sons‹

Holz, Polyesterlack, 13 × 17 × 24 cm
Detmold, Pianohaus Harke

13/23 ›Deutschland das Land der Musik‹ – Plakat der Reichsbahnzentrale für den Deutschen Reiseverkehr

1942; Farboffset, 102 × 63,5 cm
Zürich, Kunstgewerbemuseum, Museum für Gestaltung, Plakatsammlung (4-559)

München

Die Hauptstadt der Kunst

Gerhard Brunn

»Jetzt ist München für die ganze gebildete Welt unstreitig die künstlerische Hauptstadt Deutschlands, sie läßt neidlos die politische Leitung dem schneidig scharfen Verstand des Nordens. König Ludwig's Erbschaft, einst viel geschmäht, sichert ihr im heitern Reich der Kunst die Führung zu.« Der Mythos von München als Hauptstadt der Kunst, so wie er uns in diesen Worten aus dem Jahre 1889 vorgestellt wird, hat nicht nur das Eigenbild der Münchner von ihrer Stadt, sondern auch die bildungsbürgerliche Vorstellung im übrigen Deutschland und über die Grenzen Deutschlands hinaus im 19. und im 20. Jahrhundert nachhaltig geprägt.

Das Zitat verweist auch auf den Begründer des Mythos, Ludwig I. (1825–1848), und die Besonderheit der ›Kunst‹-Stadt München, die selber ein Kunstprodukt, eine neoabsolutistische Schöpfung des 19. Jahrhunderts ist. Sehr wahrscheinlich handelt es sich bei dem vielbemühten Ausspruch Ludwigs, er wolle aus München eine solch einzigartige Stadt machen, daß keiner sagen könne, er habe »Teutschland« gesehen, der nicht München kenne, wohl um die nachträgliche Erfindung eines Panegyrikers; aber wenn er auch nicht authentisch ist, so bringt er doch Ludwigs Absicht auf den Punkt, die Stadt mit einer neuen äußeren Gestalt als ein neues Athen, Rom oder Florenz nördlich der Alpen zum repräsentativen Symbol der jungen bayerischen Monarchie auszubauen und sie als südliches Zentrum der Kunst dem nördlichen politischen Zentrum Berlin entgegenzusetzen.

Schon in seiner Kronprinzenzeit hatte er sich in Paris, Berlin, Rom, Florenz und wo immer sonst ihn seine Reisen hinführten, darüber unterrichtet, was denn für die Neugestaltung Münchens vorbildlich sein könne. Er begann aktiv in die Stadtentwicklung einzugreifen. Nach seinen Vorgaben schufen die beiden führenden Architekten jener Zeit, Leo von Klenze und Friedrich von Gärtner, eine Folge von imponierenden Straßen und Plätzen, die bedeutende klassizistische und historische Einzelbauten glücklich mit Ensemblewirkung verbinden. Der Königsbau der Residenz, die Ludwigstraße als Via triumphalis, die beiden Pinakotheken, der Königsplatz gehören noch heute zum Pflichtprogramm der Stadttouristen. Architektur, Plastik und Malerei wirkten zusammen. Ludwig, der während zweier längerer Romaufenthalte in engem Kontakt mit

›König Ludwig I. als Förderer der Künste‹ (Kat. Nr. 14/1)

der deutschen Künstlerkolonie gelebt hatte, zog herausragende Vertreter der deutschen Kunst aus dem Kreis der sogenannten Nazarener – Peter Cornelius, Julius Schnorr von Carolsfeld, Heinrich Maria Heß und andere – mit üppigen Aufträgen zur Ausmalung der Monumentalbauten mit neuartigen Historienbildern nach München. Bildhauer wie Ludwig Schwanthaler versahen sie mit plastischem Schmuck und erhielten Aufträge für Denkmäler zum Schmuck der Straßen und Plätze.

In den neuen Münchner Museumsbauten fanden die Gemäldesammlungen mit ihren Glanzpunkten aus der ›altdeutschen‹, der niederländischen und der italienischen Malerei Platz, die die Wittelsbacher seit Albrecht (1550–1579) in München angelegt hatten. Darüber hinaus aber nahmen sie auch Ludwigs Erwerbungen der ›neudeutschen Malerei‹ und die Antikensammlung auf, die er seit seiner Kronprinzenzeit systematisch zusammengetragen hatte.

Am Ende seiner Tätigkeit als Bauherr und Stadtplaner blickte er stolz auf das Geleistete zurück. Bei der Enthüllung des gewaltigen Denkmals der Bavaria auf der Oktoberfestwiese im Jahre 1850, zwei Jahre nach seinem Sturz, sagte er: »Nero und ich sind die Einzigen, die Einzigen, die so Großes gemacht haben. Seit Nero keiner mehr.«

Ludwigs neoabsolutistisches Kunst- und Bauprogramm zur Verherrlichung seines Thrones, die rücksichtslose Vernachlässigung der Volkswohlfahrt für seine Interessen, die Erpressung von immer neuen Steuergeldern für die Prachtbauten und der Einsatz der Kunst für reaktionäre Zwecke riefen bei Zeitgenossen heftige Kritik hervor, die erst in der verklärenden Rückschau späterer Jahre, vor dem Glanz, den dieses ludovizianische München nun ausstrahlte, verstummte.

Münchens Ruf als Stadt der Kunst, der Künstler und der Kunstschätze war begründet, aber ein Lexikon aus dem Jahre 1846 listete aus der Sicht des nördlichen Deutschlands auch Defizite auf: »Von geringer Bedeutung und namentlich in gar keinem Verhältnisse zu dem Aufschwunge, welchen das Kunstleben genommen hat, ist im allgemeinen die im Bereich der Literatur herrschende Thätigkeit und Theilnahme. Zwar fehlt es nicht an wissenschaftlich gebildeten und poetischen Kräften; allein theils aus Vorliebe für das Althergebrachte und Einheimische, theils aus überwiegender Zerstreuungssucht ist die literarische Thätigkeit der hiesigen Gelehrten und Dichter gegen den raschen Umschwung des literarischen Lebens in anderen Theilen Deutschlands zurückgeblieben, deren Bewegungen zu folgen man weder Neigung noch Stimmung, noch Beruf in sich fühlte.«

Aus München durch die Verbindung der Kunst mit Literatur und Wissenschaften ein wahres ›Isar-Athen‹ zu machen, sah Ludwigs Sohn Maximilian II. (1848–1864) als seine Aufgabe an. Er hatte in Göttingen und Berlin studiert, hatte selbst wissenschaftliche Neigungen und pflegte ungezwungenen Umgang mit Gelehrten und Schriftstellern. So wie sein Vater von auswärts hochgelobte Künstler nach München berufen hatte, so zog jetzt Maximilian wissenschaftliche Berühmtheiten und Dichter in die Stadt. Justus von Liebig, der führende Chemiker seiner Zeit, und Heinrich von Sybel, neben Heinrich von Treitschke einer der bedeutendsten politischen Historiker der Reichsgründungszeit, folgten dem Ruf des bayerischen Monarchen. Im ›Münchener Dichterkreis‹ versammelte der König hochangesehene, monarchiekonforme Schriftsteller wie Emmanuel Geibel, Paul Heyse, Felix Dahn oder den Begründer der deutschen Volkskunde, Wilhelm Heinrich Riehl, um sich.

Während die von Ludwig berufenen Künstler mit ihrer »alterthümelnden katholisch-christelnden« Ausrichtung in das strikt katholische Milieu integriert gewesen waren, erregten die von Maximilian berufenen Größen aus dem protestantischen Norden, die ›Nordlichter‹, auch wenn sie alles andere als radikale Reformer waren, das »tiefe Mißvergnügen der ultramontanen Partei« und provozierten mit ihren Angriffen auf die Gefühle und das Selbstverständnis der ›Eingeborenen‹ bittere Konflikte und Widerstände, die manche von ihnen bald wieder forttrieben. Maximilians Versuch, innerhalb kürzester Zeit die Auseinanderentwicklung von südlich-katholischer und norddeutsch-protestantischer Kultur aufzuheben, war damit gescheitert.

›Plakat zum Tag der Deutschen Kunst‹ – 14. bis 16. Juli 1939 (Kat. Nr. 14/24)

Sein Sohn, Ludwig II. (1864–1886), war der dritte bayerische König in Folge, der seine Kunst- und Kulturvorstellungen der Stadt München aufoktroyieren wollte. Ludwigs schwärmerische Begeisterung galt der ›in neue Welten weisenden‹ Musik Richard Wagners, den er 1864 als Freund zu sich rief, mit Gunstbeweisen überhäufte, verschwenderisch beschenkte und ein Jahr lang Gelegenheit gab, musikalisch von München Besitz zu ergreifen. Auch wenn der König angesichts des drohenden Aufruhrs der Münchner Bevölkerung durch ein Ultimatum seines Premierministers gezwungen wurde, die enge und kostspielige

Ansicht der Neuen Pinakothek (Kat. Nr. 14/8)

Bindung an den skandalumwitterten Wagner aufzugeben und ihn aus dem Land zu weisen, so war es diesem drei Jahre nach seinem Weggang wieder möglich, die glänzende Uraufführung der ›Meistersinger von Nürnberg‹ in der königlichen Loge an der Seite seines Gönners zu erleben.

Das Image der Kunststadt blieb München erhalten. Die historisierende Prachtmalerei der Münchner ›Malerfürsten‹ wie Karl von Piloty oder Friedrich August Kaulbach entsprach der Neigung eines zu Geld gekommenen Bürgertums zu üppiger Dekoration. Der Porträtist Franz von Lenbach mit seiner bizarren Hofhaltung, von dem sich die Großen der Welt malen ließen, verleidete allen, die sich seiner Kunstdiktatur nicht unterwarfen, den Aufenthalt in der Stadt und trieb Neuerer wie Wilhelm Leibl, Lovis Corinth und Max Slevogt fort.

Zunehmend aber geriet München, das doch so sehr sein Selbstbewußtsein aus der Vorstellung bezog, künstlerischer Antipode zu dem politisch-kommerziellen Berlin zu sein, unter den Druck der Konkurrenz Berlins, das ebenfalls den Anspruch erhob, Kunstmetropole zu sein. Die Debatten des bayerischen Landtags jener Jahre und periodische Diskussionen in der Öffentlichkeit waren beherrscht von der fixen Idee, die »Führerrolle auf dem Gebiete der deutschen Kunst« gegenüber Berlin zu erhalten, während man in Berlin schrieb, der »eifersüchtige Haß« der Münchner auf dem Gebiete der Kunst raube ihnen die Besinnung.

Neben der offiziösen Kunstwelt aber hatte sich um die Jahrhundertwende noch eine ganz eigenständige, kreative und urbane künstlerische Nebenwelt etabliert. Unter Duldung des Hofes und des Großbürgertums, abseits der vom ›Simplicissismus‹ so häufig karikierten bodenständigen Bevölkerung, die »so geistig tot und verbiert, wie nur möglich« ist (Theodor Fontane), traf sich eine intellektuelle, literarische und künstlerische Nebenbevölkerung, die, wie auf einer geistigen Insel lebend, dennoch auch von der heiteren bierseligen Sinnlichkeit der sie umgebenden Stadt profitierte. Unter der Chiffre ›Schwabing‹, dieser »Massensiedlung von Sonderlingen« (Erich Mühsam), lassen sich Lenin mit seiner Zeitschrift ›Iskra‹, und die führenden Zeitschriften der Moderne, ›Jugend‹, ›Simplicissimus‹ oder ›Die Insel‹, ebenso subsumieren wie das unübertroffene Künstlerkabarett der ›Elf Scharfrichter‹ oder der Komiker Karl Valentin. Bei ›Schwabing‹ denkt man an die Gruppe ›Der blaue Reiter‹, deren Mitglieder Wassily Kandinsky, Alexej Jawlensky, Franz Marc, Paul Klee heute zu den Großen der klassischen Moderne in der Malerei gehören. ›Schwabing‹ meint gleichfalls den »dichtesten Sammelplatz deutscher Literatur«, auf dem sich Frank Wedekind, Stefan George, Karl Wolfskehl, der junge Hans Carossa oder, mit Einschränkungen, auch Rainer Maria Rilke trafen, dessen Weg sich hier mit dem der genialischen Franziska von Reventlow kreuzte. ›Schwabing‹ lebt heute als lebendigste Verkörperung der kulturellen und geistigen Atmosphäre Münchens in den Jahren vor dem Ersten Weltkrieg weiter.

Auch Thomas Mann wohnte in München, bis er von den Nationalsozialisten 1933 vertrieben wurde. Im Jahre 1926, als der künstlerische Exodus aus der Stadt, der früher als Menetekel an die Wand gemalt worden war, wirklich begonnen hatte, beschwor er noch einmal den Mythos von der Hauptstadt der Kunst. Was München bis dahin ausgezeichnet hatte, »war eine Atmosphäre der Menschlichkeit, des duldsamen Individualismus, der Maskenfreiheit sozusagen; eine Atmosphäre von heiterer Sinnlichkeit, von Künstlertum; eine Stimmung von Lebensfreundlichkeit, Jugend, Volkstümlichkeit, jener Volkstümlichkeit, auf deren derber Krume das Eigentümlichste, Zarteste, Kühnste, exotische Pflanzen manchmal, unter wahrhaft gutmütigen Umständen gedeihen konnte. Der unsterbliche, mehr oder weniger humoristisch geprägte Gegensatz zum Norden, zu Berlin, hatte ganz anderen Sinn als heute. Hier war man künstlerisch und dort politisch-wirtschaftlich. Hier war man demokratisch und dort feudal-militaristisch. Hier genoß man eine heitere Humanität, während die harte Luft der Weltstadt im Norden einer gewissen Menschenfeindlichkeit nicht entbehrte.‹ Nun aber habe sich München »in den Hort der Reaktion, (den) Sitz aller Verstocktheit und Widerspenstigkeit gegen den Willen der Zeit« verwandelt. Die Stadt sollte bald ganz und gar in den diktatorischen Würgegriff der bilderstürmerischen Nationalsozialisten geraten; mit ihrem despotischen Geschmack ›reinigten‹ sie die ›Kunsttempel‹ von sogenannter ›entarteter Kunst‹, verunzierten sie statt dessen mit plattester Blut-, Boden- und Schamhaarkunst und trieben die großen Künstler ins Exil.

Ansicht der Alten Pinakothek (Kat. Nr. 14/7)

Die ›Hauptstadt der Bewegung‹

Volker Ackermann

Bei den Reichstagswahlen vom 5. März 1933 lag die NSDAP in München mit 176490 Stimmen zwar vor BVP (102479), SPD (96284) und KPD (55483), konnte damit aber, anders als erwartet, nicht die absolute Mehrheit erringen. Ungeachtet dessen schrieb der Leiter des Münchener Kulturamtes, Hans Zöberlein, im Jahre 1934, die Voraussetzungen für die »große deutsche Volksgemeinschaft« seien nirgends so gut wie in der Münchener Bevölkerung gewesen, in der schon seit altersher der Künstler ruhig neben dem Arbeiter, der Beamte neben dem Bauern am Tisch gesessen habe, »bis der Klassenhaß sie auseinanderführte«. Hier habe sich das »geistige Deutschland« gesammelt. Dem ›Genius loci‹ Ludwigs I. innerlich tief verbunden und verwandt, habe Hitler gewußt, warum er gerade München zur ›Hauptstadt der Bewegung‹ und der Kunst ausersehen habe.

Hitlers Interesse an München war unter anderem in seiner Biographie begründet. Er war 1912 nach München gekommen und schrieb in ›Mein Kampf‹, in der »Metropole der deutschen Kunst« habe er die »glücklichste und weitaus zufriedenste« Zeit seines Lebens verbracht. Im Gegensatz zum »Rassenbabylon« Wien habe er »innere Liebe« zu der »deutschen Stadt« empfunden; die »wunderbare Vermählung von urwüchsiger Kraft und feiner künstlerischer Stimmung« habe ihn am meisten angezogen. Von 1931 bis 1938 verbrachte Hitler die Weihnachtstage in München. In seinem ersten Testament von 1938 verfügte er, er wolle nach seinem Tod in einem der Ehrentempel beigesetzt werden, die man 1935 am Königsplatz errichtet hatte.

In München begann Hitlers politische Karriere. Dort wurde die NSDAP gegründet und 1920 auf dem ersten Parteitag der ›Bewegung‹ das Programm der Partei verkündet. Von München ging der Kampf gegen die Weimarer Republik aus, der 1923 mit dem gescheiterten Putschversuch begann und 1933 mit der ›Machtergreifung‹ seinen Abschluß fand. Hitler erklärte rückblickend: »Es wird ein ewiger Ruhmestitel für diese Stadt sein, daß aus der Tiefe ihres Wesens und ihres Gemütes die tiefsten seelischen Voraussetzungen für die Erneuerung des deutschen Wesens gekommen sind. Das ist kein Zufall, sondern Bestimmung und Notwendigkeit.«

Damit war das ›andere‹ München der kommunistischen Räterepublik von 1918/19 geleugnet. Eifrig versicherten die Nationalsozialisten, trotz dieser »Jahre der Not und Prüfung« sei die Stadt »in ihrem Kern und Wesen gesund geblieben«. Fünf Jahre nach der ›Machtergreifung‹ gelte München als »Weltreiseziel«; die Stadt sei Ausgangspunkt der Reichsautobahnen nach Berlin, Salzburg und Lindau sowie Durchgangsstation des nationalen und internationalen Flug- und Kraftpostverkehrs. Kunstausstellungen, der ›Tag der Deutschen Kunst‹, der Münchener Festspielsommer, das Oktoberfest, der Fasching sowie nationale und internationale Pferderennen seien regelmäßig wiederkehrende Hauptveranstaltungen.

Die »bevorzugte Kongreßstadt« habe 1936 die Winterolympiade, 1937 den Besuch Mussolinis und 1938 die Münchener Konferenz gesehen, wie Meyers Lexikon 1938 aufzählte. München bleibe die deutsche Stadt schlechthin und bis in ferne Zeiten das Mekka für die kommende Welt. Nur derjenige kenne das neue Deutschland, der das neue München, die Wahlheimat Adolf Hitlers, gesehen habe, hieß es in Variation eines Zitats, das Ludwig I. zugeschrieben worden war.

Die baulichen Aktivitäten der Nationalsozialisten in München konzentrierten sich nach 1933 zunächst auf die Kunst. Der Tag der Grundsteinlegung zum ›Haus der Deutschen Kunst‹ am 15. Oktober 1933 wurde zum ›Tag der Deutschen Kunst‹ erklärt, der das kulturelle ›Gemeinschaftsleben‹ wiederherstellen und den ›Tag der Arbeit‹ ergänzen sollte. Es sei, so Hitler in seiner Festansprache, ein Gebot der Gerechtigkeit, gerade München für alle Zukunft zum Mittelpunkt eines neuen Kunstschaffens und Kunstlebens zu wählen: »Wenn Berlin Hauptstadt des Reiches ist, Hamburg und Bremen die Hauptstädte der deutschen Schiffahrt, Leipzig und Köln Hauptstädte des deutschen Handels, Essen und Chemnitz Hauptstädte der deutschen Industrie, dann soll München wieder werden Hauptstadt der deutschen Kunst.«

Diese Entscheidung für die konservative Kunststadt München, die in den zwanziger Jahren von der künstlerischen Avantgarde als museal, dekorativ und provinziell kritisiert worden war, konnte breiter Zustimmung sicher sein. Die Ausstellungen beschäftigten sich mit konventionellen Themen und knüpften damit an den schon vor 1933 in München dominierenden Traditionalismus an. In seiner Rede zur Eröffnung der ersten ›Großen Deutschen Kunstausstellung‹ am 18. Juli 1937, die zur ›Weihe‹ des ›Hauses der Deutschen Kunst‹ gezeigt wurde, ging Hitler allerdings über diese konservative Position hinaus, als er von einer gegen die Moderne gerichteten »geschichtlichen Wende« in der Kunstpolitik und einem »unerbittlichen Säuberungskrieg« gegen die »letzten Elemente der Kulturzersetzung« sprach.

Was damit gemeint war, machte die Ausstellung ›Entartete Kunst‹ deutlich, die am nächsten Tag in den Hofgartenarkaden eröffnet wurde. Zu dieser Ausstellung, in der die Werke der wichtigsten Vertreter der modernen Kunst gezeigt wurden, hieß es in dem 1938 erschienenen Buch ›Deutsche Kunst und entartete Kunst‹: »Wer in der Hauptstadt der Bewegung die Ausstellung ›Entartete Kunst‹ besucht, der hat das entschleierte, aller Tarnung bare, ans helle Tageslicht gezogene Antlitz des Judentums und des Bolschewismus gesehen. Was in grauenvollen Zerrbildern, die alles Gemeine und Niedrige verherrlichen, hier zur Schau gestellt ist, bedeutet das Richtbild des liberalen Zeitalters.«

Im Laufe von fünf Monaten wurden in der Ausstellung ›Entartete Kunst‹ mehr als zwei Millionen Besucher gezählt. Nicht wenige Menschen nahmen womöglich die letzte Gelegenheit wahr, Werke von Kokoschka und Beckmann, Kirchner und Nolde, Dix und Grosz zu sehen; die meisten aber dürften dem offiziell verkündeten Kunsturteil zugestimmt haben: »... es hat keinen Sinn, einen Trost suchen zu wollen darin, daß einige wenige vielleicht gekommen waren, um Abschied zu nehmen von Kunstwerken, die sie liebten. Man darf nicht zweifeln, daß das propagandistische Ziel, der echten Kunst der Gegenwart den Todesstoß zu versetzen, damals in weitem Umfang erreicht worden ist«, erinnert sich der Kunsthistoriker Paul Ortwin Rave.

Zu den aufwendigsten Propagandaveranstaltungen der Nationalsozialisten zählte, neben den Nürnberger ›Reichsparteitagen‹, der zum Gedenken an den gescheiterten ›Hitler-

Aufmarsch der ›Alten Kämpfer‹ bei der Gedenkfeier an den ›Hitler-Putsch‹ am 9. November 1933 (Kat. Nr. 14/21a)

Putsch‹ von 1923 alljährlich am 9. November rituell wiederholte Marsch vom Bürgerbräukeller zur Feldherrnhalle. Den gescheiterten Putsch deuteten die Nationalsozialisten als heilsgeschichtliches Ereignis: Die 16 Gefolgsleute Hitlers, die bei einem kurzen Schußwechsel ums Leben kamen, als eine Einheit der bayerischen Landespolizei am 9. November 1923 den Zug der Putschisten an der Feldherrnhalle stoppte, wurden zu ›Blutzeugen‹ erklärt, deren ›Opfertod‹ den späteren Sieg von 1933 verbürgt habe. Am 9. November 1935 wurden sie feierlich in den von Paul Ludwig Troost erbauten ›Ehrentempeln‹ beigesetzt; seither führte der Marsch der ›Alten Kämpfer‹ bis zum Königsplatz.

Der Königsplatz, der seit 1935 ›Königlicher Platz‹ genannt wurde, war Schauplatz der ersten größeren städtebaulichen Maßnahmen der Nationalsozialisten. An der Arcisstraße errichtete man ›Führerbau‹ und Verwaltungsgebäude der NSDAP, dazwischen die beiden ›Ehrentempel‹ für die ›Blutzeugen der Bewegung‹. Diese sollte Glyptothek und Staatsgalerie, die den Königsplatz nördlich und südlich begrenzten, sowie die Propyläen im Westen ergänzen und in den Schatten stellen. Der Königsplatz wurde in eine Feier- und Kultstätte, einen Aufmarschplatz der ›Bewegung‹ verwandelt; die auf ihn zulaufende Brienner Straße mit dem bereits vor 1933 von Troost umgestalteten ›Braunen Haus‹ schließlich wurde zur ›Straße der Bewegung‹, zur nationalen ›Via triumphalis‹ erklärt.

Mit der offiziellen Ernennung Münchens zur ›Hauptstadt der Bewegung‹ am 2. August 1935 gingen Planungen zur Umgestaltung der Stadt einher, in deren Rahmen die Stadtverwaltung immer mehr Kompetenzen an den Staat abgeben mußte. Hitler, der das in der neuen Gemeindeordnung von 1935 vorgesehene Amt eines ›Beauftragten der NSDAP‹ für München selbst übernahm, sich allerdings von Staatssekretär Lammers vertreten ließ, veranlaßte die Einrichtung einer ›Sonderbaubehörde Ausbau der Hauptstadt der Bewegung‹, die am 22. Januar 1937 gegründet und von dem Stadtbaurat Hermann Reinhard Alker geleitet wurde. Diese Behörde, die zumindest offiziell noch der Stadtverwaltung unterstellt war, wurde im Dezember 1938 durch das Amt des ›Generalbaurats für die Hauptstadt der Bewegung‹ abgelöst. Hermann Giesler, der dieses Amt übernahm, war Hitler direkt unterstellt und damit in seinen Planungen von den kommunalen Behörden unabhängig.

Die Hauptaufgabe des Generalbaurats war die Veränderung des Münchner Stadtbildes. In ihrer neuen architektonischen Gestalt sollte das Wesen der Stadt als Ursprungsort der ›Bewegung‹ sichtbar werden. Im Zentrum dieser Planungen stand eine gigantische Ost-West-Achse; sie sollte im Osten, in der Gegend des Hauptbahnhofs, dessen Abriß vorgesehen war, beginnen und, bei einer durchschnittlichen Straßenbreite von 100 Metern, etwa zweieinhalb Kilometer weiter westlich an einem neuen Hauptbahnhof enden.

Das Projekt konnte aufgrund des Krieges nicht realisiert werden. Am 28./29. August 1942 fand der erste große Luftangriff auf München statt. Die ›Hauptstadt der Bewegung‹ war damit zur ›Frontstadt des Luftkrieges‹ geworden und erlebte bis zum Kriegsende

›Alte Kämpfer‹ im Bürgerbräukeller bei der Gedenkfeier an den ›Hitler-Putsch‹ am 9. November 1934 (Kat. Nr. 14/21c)

über 70 Luftangriffe. 22346 Münchener fielen oder starben als Wehrmachtsangehörige; 6632 kamen bei Luftangriffen um, 80000 waren bei Kriegsende in Gefangenschaft. In der sich auflösenden Gesellschaft der letzten Kriegsmonate gelang es der Stadt, gegenüber dem Gauleiter, der München zur Festung erklären wollte, ein Stück Handlungsfreiheit zurückzugewinnen. Vom stellvertretenden Bürgermeister beauftragt, übergab ein leitender städtischer Angestellter die Stadt am 30. April den Amerikanern. Die ›Hauptstadt der Bewegung‹ existierte nicht mehr. Was für die Ewigkeit gebaut war, wurde im Krieg zerstört oder überdauerte das Kriegsende nicht lange: Die Ehrentempel in der ›sakralen Mitte‹ Münchens wurden 1947 gesprengt.

14/1 ›König Ludwig I. als Förderer der Künste‹ (Abb. S. 316)

Wilhelm von Kaulbach

1848; Öl auf Leinwand, 80 × 165 cm
München, Bayerische Staatsgemäldesammlungen, Neue Pinakothek (WAF 406)

Sofort nach dem Baubeginn an der Neuen Pinakothek wurde Wilhelm von Kaulbach (1804–1874) mit Entwürfen für eine Bemalung der Fassade des Obergeschosses beauftragt; das Thema der 14 Szenen sollte die Einführung der neuen Kunst in München sein. Im Zentrum des Zyklus, über dem Haupteingang, stand diese Szene: Vertreter der bildenden Kunst, die, wie der König bei der Grundsteinlegung zum Bau der Neuen Pinakothek erklärte, »aufs neue herrlich erstand«, bringen Ludwig I. ihre Werke dar. Die Wandmalereien, die vor allem Friedrich Christoph Nilson ausführte, waren schon nach wenigen Jahren verwittert.

Im Hintergrund sind drei der Gebäude zu sehen, die Ludwig für Künste und Wissenschaften hatte errichten lassen. Links die Alte Pinakothek, in der Mitte die Glyptothek und rechts die Staatsbibliothek. Der Wettbewerb für den Bau der Glyptothek war bereits 1814 zusammen mit dem Wettbewerb für den Bau der ›Walhalla‹ ausgeschrieben worden. Im Zusammenhang mit diesem Wettbewerb, der ohne konkretes Ergebnis endete, steht die Berufung Leo von Klenzes (1784–1864) nach München, der zunächst als Privatarchitekt des Kronprinzen tätig war, aber bereits 1818 zum Leiter des staatlichen Bauwesens ernannt wurde. Der Bau der Glyptothek nach Plänen Klenzes am Nordrand des Königsplatzes war 1830 fertiggestellt. Die Staatsbibliothek wurde zwischen 1832 und 1843 von Friedrich von Gärtner (1792–1847), dem zeitweiligen Konkurrenten und Nachfolger Klenzes in der Gunst des Königs, an der Ludwigstraße erbaut.

14/2 Ansicht des Königsbaus der Münchner Residenz

Leo von Klenze

1826; Feder, braun laviert, 26,7 × 43,2 cm
München, Staatliche Graphische Sammlung (26517)

Die Münchner Residenz der bayerischen Herzöge bestand an der Wende vom 18. zum 19. Jahrhundert aus einem Konglomerat verschiedener Gebäude aus mehreren Epochen; nach einem Brand im Jahre 1750 waren einzelne Gebäude nur notdürftig wiederhergestellt worden. Nach der Erhebung Bayerns zum Königreich durch Napoleon im Jahre 1806 wurden Ausbaupläne vorgelegt, die allerdings nicht verwirklicht werden konnten. Erst unter Ludwig I. begann man im Sommer 1826 mit dem Bau eines Wohntraktes, der von Leo von Klenze im Stil florentinischer Renaissance-Bauten entworfen wurde.

14/2

14/4

14/3 Kaminuhr mit einer Reiterstatuette Kaiser Ludwigs des Bayern aus dem Arbeitszimmer Ludwigs I. im Königsbau der Residenz

Ludwig (von) Schwanthaler (Entwurf der Figur)

1842; Bronze, vergoldet, 77 × 60 × 20 cm
München, Bayerische Verwaltung der Staatlichen Schlösser, Gärten und Seen (Res. Mü. U 53)

Ludwig IV., der ›Bayer‹, war ab 1314 Deutscher König und von 1328 bis 1347 Römischer Kaiser.

14/4 Ansicht des Festsaalbaus der Münchner Residenz

Leo von Klenze

um 1820; Feder, laviert, 59,8 × 92,5 cm
München, Staatliche Graphische Sammlung (26564)

Um dem Mangel an großen Sälen für Staatsakte und höfische Feste abzuhelfen, ließ der bayerische König ab 1832 Leo von Klenze am Nordrand der Residenz einen Festsaalbau errichten. Der Bau war bereits 1836 fertiggestellt, der aufwendigen Innenausstattung wegen konnte die feierliche Einweihung aber erst am 12. Oktober 1842, anläßlich der Hochzeit des Kronprinzen Maximilian mit der Prinzessin Marie von Preußen, erfolgen.

14/5 Ansicht des Thronsaals im Festsaalbau der Münchner Residenz

Leo von Klenze

1834; Bleistift, Feder, aquarelliert, 12,3 × 18 cm
München, Münchner Stadtmuseum (M II/101)

Der Thronsaal war mit etwa 800 Quadratmetern nicht nur der größte, sondern auch der am aufwendigsten ausgestattete Saal der Residenz. Vor den beiden Längswänden zog sich jeweils eine Reihe korinthischer Säulen hin; in jedem zweiten Säulenzwischenraum stand eine von insgesamt zwölf überlebensgroßen Statuen der »berühmtesten Ahnen des Hauses« (Klenze). Die Reihe dieser zwölf Wittelsbacher beginnt mit Otto dem Erlauchten, Pfalzgraf bei Rhein, Herzog von Bayern (1231–1253) und endet mit Karl XII. König von Schweden, Herzog von Zweibrücken (1697–1718).

Die Statuen wurden von Ludwig (von) Schwanthaler (1802–1848) zwischen 1835 und 1842 entworfen und in Gips modelliert, von Johann Baptist Stiglmayer in Bronze gegossen und von Ferdinand von Miller feuervergoldet.

14/3

14/6 Kaminuhr mit einer Statuette Konradins von Schwaben aus dem Barbarossa-Saal des Festsaalbaus der Münchner Residenz

Ludwig (von) Schwanthaler

um 1840; Bronze, vergoldet, 61 × 60 × 20 cm
München, Bayerische Verwaltung der staatlichen Schlösser, Gärten und Seen (Res. Mü. U 53)

Der Zugang zum Thronsaal als dem Zentrum des Festsaalbaus erfolgte über eine Enfilade von drei kleineren Sälen, deren jeder einem Kaiser des Mittelalters gewidmet war: Karl dem Großen, Friedrich I. Barbarossa und Rudolf von Habsburg. Jeder dieser ›Kaisersäle‹ wurde von Julius Schnorr von Carolsfeld mit Szenen aus der Regierungszeit des jeweiligen Kaisers ausgemalt.

Konradin, Herzog von Schwaben, der letzte aus dem Hause der Staufer, wurde, nach seiner Niederlage gegen Karl I. von Neapel in der Schlacht bei Tagliacozzo im Jahre 1268, im Alter von 16 Jahren in Neapel hingerichtet.

14/7 Ansicht der Alten Pinakothek (Abb. S. 319)

Aquarell, braun getönt, 27,8 × 41,4 cm
München, Münchner Stadtmuseum (37/1278)

Schon wenige Monate nach Ludwigs Thronbesteigung wurde im Frühjahr 1826 mit dem Bau der Alten Pinakothek nach Plänen Leo von Klenzes begonnen; die Vorarbeiten gingen auf die Kronprinzenzeit Ludwigs zurück. Im Jahre 1836 konnte die Alte Pinakothek eröffnet werden. Hier wurden die schon seit dem 16. Jahrhundert bestehenden Kunstsammlungen der bayerischen Herzöge mit denen zusammengeführt, die der pfälzische Kurfürst Karl Theodor nach seiner Regierungsübernahme in Bayern im Jahre 1777 im Rahmen der Verlagerung seiner Residenz von Mannheim nach München mitgebracht hatte.

14/8 Ansicht der Neuen Pinakothek (Abb. S. 318)

Rohde/Druck: Max Ravizza, München

Lithographie, koloriert, 20,4 × 26,3 cm
München, Müncher Stadtmuseum (Z 1115)

Am 25. Oktober 1853 wurde die Neue Pinakothek ihrer Bestimmung übergeben, wie sie König Ludwig anläßlich der Grundsteinlegung am 12. Oktober 1846, zwei Jahre bevor er während der Märzrevolution zugunsten seines Sohnes Maximilian II. auf den Thron verzichten mußte, formuliert hatte. Das Gebäude sollte »Gemälde aus diesem und aus künftigen Jahrhunderten« aufnehmen, ein Programm, das durch den von Wilhelm von Kaulbach entworfenen Bilderzyklus, mit dem die Fassade des Obergeschosses bemalt war, auch nach außen hin sichtbar gemacht werden sollte.

Die Pläne zur Neuen Pinakothek sind wohl von Friedrich von Gärtner und seinem Schüler August von Voit gemeinsam erarbeitet worden; Voit führte nach dem Tod des Lehrers im Jahre 1847 den Bau alleine zu Ende. Das im Zweiten Weltkrieg völlig zerstörte Gebäude nahm die unter Ludwig begonnene und von seinen Nachfolgern fortgesetzte Sammlung zeitgenössischer Kunst auf.

14/9 Ansicht des Kunstausstellungsgebäudes am Königsplatz

Karl Ludwig Seeger

Bleistift, Feder, aquarelliert, 10 × 15,6 cm
München, Münchner Stadtmuseum (M II,247)

Nach Plänen von Georg Friedrich Ziebland wurde zwischen 1838 und 1845 an der Südseite des Königsplatzes als Gegenstück zur Glyptothek ein Gebäude für Kunstausstellungen gebaut.

14/10 Münchner Künstler bei einer Weihnachtsfeier in einem Schwabinger Atelier

1910; Fotografie (Reproduktion)
München, Süddeutscher Verlag, Bilderdienst

14/11 Franz (von) Stuck, kostümiert als ›Imperator‹, auf einem Faschingsball

1902; Fotografie (Reproduktion)
München, Süddeutscher Verlag, Bilderdienst

»... der typische Münchner Künstler (ist) immer ein geborener Festredner und Karnevalist.« (Thomas Mann)

14/12 Redaktionszimmer des ›Simplicissimus‹

Fotografie (Reproduktion)
München, Süddeutscher Verlag, Bilderdienst

Der ›Simplicissimus‹ war als politisch-satirische Wochenschrift 1896 von Albert Langen und Th. Th. Heine gegründet worden. Zu seinen Mitarbeitern zählten Ludwig Thoma, Frank Wedekind und, in den ersten Jahren, auch Thomas Mann. Mann war sogar eine Zeitlang als Lektor tätig: »Von der Straße weg, bei einer Begegnung, engagierte Holm mich mit einem Monatsgehalt von hundert Mark für die Redaktion des ›Simplicissimus‹, und etwa ein Jahr lang ... arbeitete ich in den eleganten Bureauräumen der Schackstraße als Lektor und Korrektor ...«

Die elegante Einrichtung war von Bruno Paul (1874–1968) entworfen worden, der auch als Zeichner für den ›Simplicissimus‹ arbeitete. Hergestellt wurden die Möbel in den ›Vereinigten Werkstätten für Kunst im Handwerk‹ in München, die 1897 gegründet worden waren.

14/13 Thomas Mann am Schreibtisch in seinem Arbeitszimmer in München, Poschingerstraße

1930, Fotografie (Reproduktion)
Zürich, Thomas-Mann-Archiv der Eidgenössischen Technischen Hochschule (Fa 1930 : 3)

Thomas Mann zog 1894 mit seiner Mutter und den Geschwistern nach München. Er lebte hier als freier Schriftsteller bis zu seiner Emigration im Februar 1933.

14/14 »Bayern, der Bolschewik geht um! Hinaus mit ihm am Wahltag!« – Plakat der Bayerischen Volkspartei

1919; Farblithographie, 100 × 75 cm
München, Münchner Stadtmuseum, Plakatsammlung (B 14/72)

Die Bayerische Volkspartei (BVP), im November 1918 gegründet, war von 1920 bis 1933 stärkste Partei im bayerischen Landtag; seit November 1924 stellte sie mit Heinrich Held (1868–1938) den Ministerpräsidenten.

Das Plakatmotiv ist charakteristisch für eine politische Propaganda, die mit allen Mitteln die Furcht vor dem Kommunismus zu steigern versuchte, wie sie nach der russischen Oktoberrevolution und den Unruhen in Deutschland in weiten Kreisen des Bürgertums verbreitet war. Der aggressive Antikommunismus dieser Propaganda war bei den zahlreichen nationalistischen Wehrverbänden, die an der blutigen Niederschlagung der Räterepublik in München beteiligt waren, mit antisemitischen, antidemokratischen und antipreußischen Ressentiments verbunden.

Eine der zahlreichen nationalistischen Gruppierungen, die in dieser Zeit entstanden, war die von Anton Drexler am 5. Januar 1919 gegründete ›Deutsche Arbeiterpartei‹, an deren Versammlungen der Österreicher Adolf Hitler seit dem Sommer 1919 regelmäßig teilnahm. Nach seinem Beitritt gelang es Hitler innerhalb weniger Monate, Drexler aus dem Vorsitz der Partei, die im Februar 1920 in ›Nationalsozialistische Deutsche Arbeiterpartei‹ umbenannt wurde, zu verdrängen.

14/15 ›Hitlerprozeß‹ in München, 1924 – Blick in den Gerichtssaal

Fotografie (Reproduktion)
München, Süddeutscher Verlag, Bilderdienst

Während einer Versammlung nationalistischer Gruppen, die am Abend des 8. November 1923 im Münchner Bürgerbräukeller stattfand, rief Hitler die ›Nationale Revolution‹ aus. Er erklärte, die bayerische Regierung, die Reichsregierung und insbesondere Reichspräsident Ebert seien abgesetzt. Am Morgen des 9. November begaben sich Verbände der NSDAP, des ›Bundes Oberland‹ und des Verbandes ›Reichskriegsflagge‹ unter Führung Hitlers und des Generals Ludendorff (1865–1937) auf einen Marsch durch die Innenstadt, der den Auftakt zum Putsch bilden sollte. Der Zug wurde von einer Einheit der bayerischen Landespolizei an der Feldherrnhalle nach einem kurzen Schußwechsel, bei dem drei Polizisten und 16 Putschisten ums Leben kamen, aufgelöst. Einige der Hauptbeteiligten konnten fliehen, andere wurden an Ort und Stelle oder einige Tage später verhaftet.

Gegen zehn führende Teilnehmer des ›Hitler-Putsches‹, unter ihnen, neben Hitler und Ludendorff, der spätere SA-Chef Ernst Röhm (1887–1934) und der spätere Reichsinnenminister Wilhelm Frick (1877-1946), begann am 24. Februar 1924 vor einem Münchner Gericht der Prozeß wegen Hochverrats. Das Gericht gab den Angeklagten nicht nur Gelegenheit zu langen Propagandareden gegen die Weimarer Republik, sondern billigte ihnen überdies ›ehrenhafte‹ Motive zu. Entsprechend geringfügig fielen die Haftstrafen aus. Ludendorff wurde wegen seiner ›Verdienste‹ im Ersten Weltkrieg freigesprochen und Hitler bereits im Dezember 1924 aus der Haft auf der Festung Landsberg wieder entlassen.

14/16 »Was ist Hitlertreue?« »(Die Hitlerbewegung ohne Hitler)« – Plakat der NSDAP München

Druck: Plakatdruckerei Volk & Schreiber, München

1924; Buchdruck, 125 × 86 cm
München, Bayerisches Hauptstaatsarchiv, Plakatsammlung (9825)

Nach dem ›Hitlerputsch‹ wurde die NSDAP verboten. Unter den nationalsozialistischen Ersatz- und Tarnorganisationen, die sich sofort bildeten, kam es zu Auseinandersetzungen über die zukünftige Taktik. Während einige am Plan des bewaffneten Umsturzes festhielten, plädierten andere für einen Weg, den Hitler, der aus dem gescheiterten Putschversuch gelernt hatte, aus der Haft heraus propagieren konnte: Die Eroberung der Macht auf legalem Wege, durch die Beteiligung an Wahlen und Parlamenten.

Während der Haft Hitlers, dessen Position als ›Führer‹ der NS-Bewegung zu diesem Zeitpunkt noch keineswegs unumstritten war, gehörten Julius Streicher (1885–1946) und der spätere bayerische Wirtschaftsminister Hermann Esser (1900–1981) zu seinen wichtigsten Anhängern.

14/17 Hitler mit Mitgliedern der ›Schutzstaffeln‹ bei einem Ausflug nach Starnberg

1925; Fotografie (Reproduktion)
München, Süddeutscher Verlag, Bilderdienst

14/17

Nach seiner Haftentlassung gründete Hitler im Februar 1925 die NSDAP neu. Zu den ersten Organisationen der neuen Partei gehörten die ›Schutzstaffeln‹ (SS), die aus der sogenannten ›Stabswache‹ hervorgingen, die von Josef Berchtold, hier links neben Hitler am Tisch sitzend, schon im Sommer 1923 gegründet und geleitet worden war. Im Januar 1929 übernahm Heinrich Himmler (1900–1945), der Sohn eines Münchner Gymnasialdirektors, die Leitung der ›Schutzstaffel‹, die in den ersten Jahren ihres Bestehens als eine Art Leibgarde Hitlers nur einige hundert Mitglieder hatte. Himmler baute die SS zu der Organisation auf, deren Namen untrennbar mit dem nationalsozialistischen Terror verbunden ist. Links im Vordergrund Heinrich Hoffmann (1885–1957), Hitlers ›Leibfotograf‹, der seinem Parteivorsitzenden den Zutritt zur Münchner Gesellschaft verschaffte, in der Hitler wohlgelitten war.

14/18 »Radfahrausflug der NSDAP-Sektion Schwabing nach Gars am Inn, Maria Himmelfahrt 1925«

Fotografie (Reproduktion)
München, Bayerisches Hauptstaatsarchiv, Bildersammlung

14/19 Die Geschäftsstelle der Reichsleitung der NSDAP in München, Schellingstr. 50

um 1928, zwei Fotografien (Reproduktionen)
München, Bayerisches Hauptstaatsarchiv, Bildersammlung

14/14

Die erste Parteizentrale der NSDAP befand sich seit 1922 in der Corneliusstraße 12; schon im nächsten Jahr zog man in die Schellingstraße 39 um. Nach der Neugründung amtierte der Parteivorstand zunächst in der Thierschstraße 15, ab 1926 in der Schellingstraße 50

14/20

14/20 Aufriß einer Wand für einen Raum im ›Braunen Haus‹

Bleistift, Buntstift auf Karton, 37,5 × 53,8 cm
München, Bayerisches Hauptstaatsarchiv (NSDAP-Baupläne 6422)

Im Jahre 1930 erwarb die NSDAP das ehemalige Barlow-Palais in der Brienner Straße. Nach umfangreichen Umbauarbeiten durch den Münchener Architekten Paul Ludwig Troost (1878–1934) zog 1931 die Reichsleitung der Partei hier ein. Die Träger brauner Uniformen, die in der Parteizentrale ein- und ausgingen, gaben dem Gebäude seinen Namen.

14/21 Gedenkfeiern an den ›Hitler-Putsch‹

a) Aufmarsch der ›Alten Kämpfer‹, 9. November 1933 (Abb. S. 321)
b) Aufmarsch der ›Alten Kämpfer‹, 9. November 1934

c) d) Im Bürgerbräukeller, 9. November 1934; 9. November 1935 (Abb. S. 322)

Fotografien (Reproduktionen)
München, Bayerisches Hauptstaatsarchiv, Bildersammlung

Nach dem seit 1933 alljährlich am 9. November stattfindenden Marsch vom Bürgerbräukeller zur Feldherrnhalle hielt Hitler am Abend im Bürgerbräukeller vor den ›Alten Kämpfern‹ eine Rede. Der Tischler Johann Georg Elser (1903–1945) nutzte im Jahre 1939 dieses Ritual für einen Bombenanschlag auf Hitler, der jedoch wenige Minuten vor der Detonation der Bombe das Lokal bereits verlassen hatte. Elser wurde im Konzentrationslager Dachau bei München, das als erstes KZ im März 1933 gegründet und als ›Musterlager‹ zum Vorbild für andere Konzentrationslager ausgebaut worden war, kurz vor Kriegsende ermordet.

14/22 Modell der Stadt München

1938/39; Lindenholz, farbig gefaßt,
Grundplatte 250 × 200 cm
München, Münchner Stadtmuseum

Das Modell zeigt die städtebaulichen Veränderungen bis 1938.

14/23 Zwei Obelisken

um 1938; Marmor. Messing, H 78 cm, Platte 19 × 19 cm
München, Münchner Stadtmuseum

14/24 Plakat zum ›Tag der Deutschen Kunst‹ – 14. bis 16. Juli 1939 (Abb. S. 317)

Kaspar

Farblithographie, 151 × 118 cm
Zürich, Kunstgewerbemuseum, Museum für Gestaltung, Plakatsammlung

14/25 ›Deutschlands heimliche Hauptstadt – München‹ – Titelseite des Nachrichtenmagazins ›Der Spiegel‹, Nr. 39, 23. September 1964

Offsetdruck, 29,2 × 22 cm
Hamburg, Spiegel-Verlag

München habe »immer mehr die Funktion einer verborgenen Hauptstadt übernommen«, bemerkte der damalige Münchner Oberbürgermeister Hans-Jochen-Vogel Mitte der sechziger Jahre. Eine Titelgeschichte des ›Spiegel‹ von 1964 brachte das Auseinanderfallen klassischer Hauptstadtqualitäten in der politischen und gesellschaftlichen Struktur der Bundesrepublik auf eine einfache Formel. In vielerlei Hinsicht übernahm München Funktionen der alten Rivalin Berlin, ob es sich nun um Industriezweige, den Kunsthandel oder die Regenbogenpresse handelte.

Die Stadt, deren behutsamer, alle radikalen Modernismen meidender Wiederaufbaustil es geschickter als andere verstanden hatte, ihre Atmosphäre und ihr Gesicht nach den Heimsuchungen des Bombenkrieges wiederherzustellen, scheint mit der Volkstümlichkeit ihres Lebensstils und der bohemehaften Nonchalance der alten Kunstmetropole den Ernst der Aufbaujahre besonders gut komplementiert zu haben. Der Schwerpunkt Deutschlands verlagerte sich unverkennbar nach Süden.

14/26 Der amerikanische Generalkonsul Edward Page Jr. und Intendant Harry Buckwitz auf dem ›Bal paré‹, 1958

Fotografie (Reproduktion)
München, Süddeutscher Verlag, Bilderdienst

14/27 Der Gesellschaftskolumnist ›Hunter‹ mit Michèle Demongeot beim Münchner Filmball, 1959

Fotografie (Reproduktion)
München, Süddeutscher Verlag, Bilderdienst

Berlin

Die Wilhelmstraße
Regierungsmeile in der Reichshauptstadt

Hans Wilderotter

Als Kurfürst Friedrich Wilhelm III. von Brandenburg im Jahre 1710, neun Jahre nachdem er sich in Königsberg selbst als Friedrich I. zum König in Preußen gekrönt hatte, die Doppelstadt Berlin-Cölln mit den neu gegründeten Vorstädten Friedrichswerder, Dorotheenstadt und Friedrichstadt zur ›Königlich-preußischen Residenzstadt Berlin‹ vereinigte, wäre es wohl niemandem in den Sinn gekommen, daß diese Stadt 160 Jahre später die Hauptstadt eines deutschen Reiches werden würde. Noch bei den Projekten um eine Neuordnung Deutschlands, die nach der Auflösung des Alten Reiches im Laufe des 19. Jahrhunderts in Angriff genommen wurden, war von einer Hauptstadt Berlin nicht die Rede. Bei der Gründung des Deutschen Bundes 1815 verzichtete man schon aus Gründen der Machtbalance darauf, eine der Hauptstädte der miteinander konkurrierenden Großmächte Österreich und Preußen zum Sitz des Zentralorgans, der Bundesversammlung, zu machen. Als die Nationalversammlung in der Paulskirche im März 1848 dem preußischen König Friedrich Wilhelm IV. die Krone eines kleindeutschen Kaiserreichs anbot, hatte niemand ernsthaft daran gedacht, daß die Residenz der preußischen Könige die Hauptstadt dieses Reiches sein würde. Als dann 1866/71 die langerwartete Bildung eines Nationalstaats als Ergebnis der militärischen Erfolge der preußischen Armee und der diplomatischen Erfolge des preußischen Ministerpräsidenten zustande kam, bestand an der Wahl Berlins als Hauptstadt kein Zweifel mehr.

Daß diese Entwicklung uns heute als selbstverständlich, ja geradezu als zwangsläufig erscheint, hängt eng mit der Tatsache zusammen, daß nach der Reichsgründung, vermittelt durch die politische Publizistik, die Theorien einer historiographischen Schule Eingang in das öffentliche Bewußtsein fanden, die man als ›Borussianismus‹ bezeichnet hat. Der wichtigste Vertreter dieser Schule, Johann Gustav Droysen, hat deren zentrale Thesen formuliert. Droysen, der 1848 selbst als Abgeordneter in der Paulskirche zu den Anhängern eines kleindeutschen Erbkaisertums gehört hatte, zog aus dem Scheitern der Pläne von 1848 die Konsequenzen: die demokratische Verfassung war für ihn nicht länger Voraussetzung der nationalen Einigung, sondern umgekehrt deren Folge, die Einigung selbst das Ergebnis von Machtpolitik und deren Protagonist der preußische Staat. In seiner ›Geschichte der Preußischen Politik‹ gab Droysen dieser Forderung einer Einigung Deutschlands unter preußischer Führung die geschichtstheoretische Deckung. Im Hochmittelalter, vor allem unter der Herrschaft der Stauferkaiser sei, auf der Grundlage des Reichsgedankens, die deutsche Einheit verwirklicht gewesen. Zwar sei auch nach dem Ende der Stauferherrschaft der Reichsgedanke lebendig geblieben, die Einheit des Reiches aber unter den partikularistischen Interessen der Territorialherren zerstört worden. Nur die Hohenzollern hätten, auch gegen die Kaiser aus dem Hause Habsburg, die nicht in der Lage gewesen seien, dem Auflösungsprozeß Einhalt zu gebieten, den Reichsgedanken bewahrt. Als eine unmittelbare Verwirklichung des Reichsgedankens nicht mehr möglich war, hätten die Hohenzollern gerade durch die Verwirklichung ihrer eigenen Partikularinteressen, den Ausbau ihrer Territorialherrschaft, die Voraussetzung für eine zukünftige Reichseinigung geschaffen.

Wie gut sich Droysens vor 1871 formulierte Theorie von Preußens »Beruf für das Ganze« nach der Reichseinigung so deuten ließ, daß die Ereignisse von 1871 als spektakulärer Höhepunkt einer zwangsläufigen Entwicklung erscheinen mußten, wird eindrucksvoll am Bildprogramm der Kaiser-Wilhelm-Gedächtniskirche sichtbar. In den Mosaiken der Vorhalle erweist sich die Geschichte des Hauses Hohenzollern seit der Belehnung der Burggrafen von Nürnberg mit der Mark Brandenburg als Fortschritt auf dem Weg zur Verwirklichung der im Spätmittelalter verspielten Reichseinheit.

Die Linie, die hier auf das Jahr 1871 zuläuft, wird nach rückwärts verlängert, die Hohenzollern werden als Erben der mittelalterlichen Kaiser, vor allem der Staufer, ausgewiesen. Am Übergang des Alten und des Neuen Westens gelegen, markiert die Kaiser-Wilhelm-Gedächtniskirche sehr genau die Grenze zwischen der preußischen Residenzstadt Berlin und der kaiserlichen Reichshauptstadt Berlin.

Die Kontinuitätslinie, die die preußische Hauptstadt mit der Reichshauptstadt verband, läßt sich, ebenso wie der Neubeginn von 1871, an der Geschichte der Wilhelmstraße ablesen. Hier hatten sich seit der Wende vom 18. zum 19. Jahrhundert preußische Ministerien angesiedelt, und nach 1871 gesellten sich die obersten Behörden des neu gegründeten Reiches hinzu. Der Name dieser Straße wurde damit zur topographischen Metapher für die Zentralisierung staatlicher Macht in Berlin. Daran änderte sich auch nichts, als der Hohenzollern-Kaiser abgedankt hatte und Berlin zur Hauptstadt der jungen deutschen Republik geworden war. Als man in den zwanziger Jahren beschloß, dem Platzmangel in der Reichskanzlei durch einen Neubau abzuhelfen, war es von vornherein unstrittig, daß dieser auch in der Wilhelmstraße zu erfolgen habe.

Wenige Tage vor Weihnachten 1930 konnten die Beamten der obersten Behörde des Deutschen Reiches neue Büroräume beziehen. Die Übergabe des ›Erweiterungsbaus der Reichskanzlei‹, wie das Gebäude in der Wilhelmstraße 78 im amtlichen Schriftverkehr genannt wurde, fand in aller Stille statt. »Geräuschlos wird die Reichskanzlei von ihrer neuen Amtsstätte Besitz ergreifen«, schrieb Dr. Hermann Pünder, der seit Juli 1926 Staatssekretär in der Reichskanzlei war und auf dessen Initiative der Bau vor allem zurückging. »Die Zeit«, so Pünder weiter in diesem Aufsatz, der für eine Festschrift geplant war, die dann doch nicht publiziert wurde, »ist nicht zum Feiern angetan«.

Seit März 1930 regierte Reichskanzler Heinrich Brüning auf der Basis von Notverordnungen, nur auf das Vertrauen des Reichspräsidenten, des greisen Feldmarschalls Hindenburg, gestützt; eine parlamentarische Mehrheit im Reichstag kam nicht mehr zustande, da die Parteien, insbesondere die KPD auf dem linken und die NSDAP auf dem rechten Flügel, sich wechselseitig blockierten.

Kein Wunder also, daß ›Reichskunstwart‹ Dr. Edwin Redslob in der kurzen Ansprache, die er bei der Übergabe hielt, an den Geist der

Treppengeländer im Erweiterungsbau der Reichskanzlei (Kat. Nr. 15/64b)

›Kaiser Barbarossa im Kyffhäuser‹ – Karton für ein Mosaik im Vorraum der Kaiserloge in der Kaiser-Wilhelm-Gedächtniskirche (Kat. Nr. 15/121)

Einigkeit jenseits aller Sonderinteressen appellierte, indem er den Reichsgedanken als Inbegriff dieser Einigkeit beschwor. Redslob verschaffte, um historische Differenzierung unbekümmert, dem Neubau eine beeindrukkende Genealogie: »Die Kaiserdome zu Aachen und Speyer, ein paar Kaiserpfalzen wie Gelnhausen, Kaiserswerth am Rhein und Eger, der Römer zu Frankfurt, allenfalls noch die Walhalla bei Regensburg, das Germanische Museum zu Nürnberg und das Deutsche Museum zu München, endlich das Reichstagsgebäude zu Berlin und das Reichsgericht zu Leipzig: Diese Reihe umfaßt die bauliche Entwicklung des Reichsgedankens.«

Nun war der ›Erweiterungsbau der Reichskanzlei‹, der in seiner schlichten Gestalt dem sachlichen Selbstverständnis der Weimarer Republik entsprach, keineswegs als bauliche Verkörperung des Reichsgedankens geplant; der Neubau war einfach notwendig. Seit mehr als 50 Jahren war die oberste Reichsbehörde in der Wilhelmstraße 77 untergebracht, dem ehemaligen ›Hotel de Radziwill‹, das vom Deutschen Reich 1875 eigens angekauft worden war, um seinem obersten Beamten, der bisher die Dienstwohnung des preußischen Ministers für Auswärtige Angelegenheiten im Auswärtigen Amt in der Wilhelmstraße 76 bewohnt hatte, eine angemessene Residenz zu verschaffen. Als der Umbau dann im Frühjahr 1878 abgeschlossen war, zog auch gleich eine neue Behörde mit ein, die am 18. Mai 1878 unter dem Namen ›Reichskanzlei‹ aus der Taufe gehoben worden war.

Daß der Reichskanzler bis 1878 die Dienstwohnung des preußischen Außenministers bewohnte und daß erst sieben Jahre nach der Berufung eines Reichskanzlers ein Amt mit dem Namen ›Reichskanzlei‹ eingerichtet wurde, hängt mit der besonderen Stellung des Kanzlers in der Reichsverfassung vom 16. April 1871 zusammen, die, wie in fast allen Teilen, auch in der Bestimmung der Stellung und des Aufgabengebiets des Kanzlers mit der Verfassung des Norddeutschen Bundes vom 16. April 1867 übereinstimmte; war doch die Reichsgründung von 1871 formal gesehen nichts anderes als eine Erweiterung des Norddeutschen Bundes.

Im Zuge der Vorbereitung zur Gründung des Norddeutschen Bundes notierte Bismarck am 30. Oktober 1866 in den ›Putbuser Protokollen‹: »Man wird sich in der Form mehr an den Staatenbund halten müssen ... Als Zentralbehörde wird daher nicht ein Ministerium, sondern ein Bundestag fungieren, bei dem wir, wie ich glaube, ein gutes Geschäft machen werden, wenn wir uns zunächst an das Kuriensystem des Alten Bundes anlehnen.« Tatsächlich wurde dann nach dem Vorbild des ›Deutschen Bundes‹ ein Gremium von Vertretern der Einzelregierungen als Bundesrat in die Verfassung aufgenommen. Dieser war die oberste Behörde des Bundes wie auch später des Reiches, und, insofern hier die Bevollmächtigten der souveränen Fürsten und freien Städte zusammenkamen, auch Träger der Souveränität. Das Präsidium des Bundes stand dem preußischen König zu, der zur Führung der Geschäfte, zu der auch der Vorsitz im Bundesrat gehörte, einen Kanzler ernannte.

Dieser Bundeskanzler sollte nach den Verfassungsentwürfen nichts anderes sein als der »stimmführende Bundesratsbevollmächtigte Preußens, der Gesandte der Präsidialmacht, wie es ihn schon am Frankfurter Bundestage – damals von seiten Österreichs – gegeben hatte«, schrieb Heinrich Otto Meißner, der in einer Fußnote darauf hinwies, man habe in diesem Zusammenhang von einer ›Generationenfolge‹ gesprochen, die auch noch den Prinzipalkommissar am Immerwährenden Reichstag einschloß. Bismarck selbst sprach von einem »Bundespräsidialgesandten mit parlamentarischer Tätigkeit«, und zwar in einem Brief an Karl Friedrich von Savigny, der als der letzte preußische Gesandte beim Frankfurter Bundestag wie selbstverständlich für dieses Amt vorgesehen war. Die Berufung Savignys schien so sicher, daß bereits konkrete Schritte unternommen wurden, ihm im Gebäude des Preußischen Staatsministeriums in der Wilhelmstraße 74 eine Dienstwohnung

GVILIELMVS II TERTIVS
IMPERATOR GERMANIAE
IMPERII NOVI
MEMORIAE FRIDERICHI I
IMPERATORI ET MILITI
ANNO DOM. MDCCCCII
dd.
HERMANN
PAETEL

Kabinettssitzungssaal im Erweiterungsbau der Reichskanzlei in der Wilhelmstraße 78 (Kat. Nr. 15/67b)

Kabinettssitzungssaal in der ›Neuen Reichskanzlei‹ (Kat. Nr. 15/84)

einzuräumen. Es war übrigens die Wohnung, auf die Bismarck als preußischer Ministerpräsident hätte Anspruch erheben können; als er 1862 dieses Amt übernahm, hatte er hier zunächst auch gewohnt. Die endgültige Entscheidung, welche der beiden ihm zur Verfügung stehenden Dienstwohnungen, die des preußischen Ministerpräsidenten oder die des Außenministers, er beziehen sollte, überließ er seiner Frau, an die er am 24. September 1862 schrieb: »Ob wir 74 oder Auswärtiges 76 künftig wohnen, darüber muß ich Deine Ansicht erst hören . . .«

Im Verlaufe der Beratungen im verfassunggebenden Norddeutschen Reichstag, der am 12. Februar 1867 gewählt worden war, kam es dann zu der entscheidenden Änderung in der Stellung des Kanzlers. Zwar wurden Anträge der nationalliberalen Fraktion auf die Einrichtung einer Exekutive von Fachministerien, deren Leiter dem Parlament verantwortlich sein sollten, mit knapper Mehrheit abgelehnt; der Antrag des Abgeordneten Rudolf von Bennigsen vom 27. März 1867 aber, der vorsah, daß »die Anordnungen und Verfügungen des Bundespräsidiums zu ihrer Gültigkeit der Gegenzeichnung des Bundeskanzlers bedürfen, welcher dadurch die Verantwortung übernimmt«, wurde angenommen und in den Paragraphen 17 der Verfassung übernommen; wem gegenüber der Bundeskanzler verantwortlich sein sollte, blieb kunstvoll ungesagt. Der Kanzler war damit nicht, wie geplant, ein »Unterstaatssekretär für deutsche Angelegenheiten im auswärtigen preußischen Ministerium«, wie Bismarck Jahre später formulieren würde, sondern leitender Reichsminister; da er nicht, wie ursprünglich vorgesehen, von den Weisungen des preußischen Außenministers abhängig war, mußte dieser das Amt selbst übernehmen. Ab August 1867 stand dem Bundeskanzler zur Erledigung seiner Aufgaben ein Bundeskanzleramt zur Verfügung, das im darauffolgenden Jahr Büroräume in der Wilhelmstraße 74 bezog. Zu den Aufgaben des neuen Amtes gehörten neben der Vorbereitung der Gesetzgebung im Bundesrat und der Aufsicht über die den Einzelstaaten überlassenen Angelegenheiten der Bundesverwaltung vor allem die Gegenstände, die zunächst in unmittelbarer Verwaltung des Bundes standen: das Post- und Telegrafenwesen und die konsularische Vertretung des Bundes.

Dessen völkerrechtliche Vertretung stand nach Artikel 11 der Verfassung dem König von Preußen als dem Inhaber des Präsidiums des Bundes zu. Die Wahrnehmung dieser Aufgabe wurde, da weder ein zusätzliches Amt noch Personal zur Verfügung stand, den preußischen Gesandten übertragen, die schon im Dezember ihre neuen Beglaubigungsschreiben überreichen konnten, in denen sie als Botschafter Preußens und des Norddeutschen Bundes ausgewiesen waren. Diese Doppelstellung, die der Gesandte in London, Graf Bernstorff, in einem Brief an seinen Kollegen in Paris, den Grafen von der Goltz, mit der Formulierung charakterisierte, sie seien jetzt »eine Art von Amphibien«, führte wiederholt zu Initiativen im Reichstag und im preußischen Abgeordnetenhaus, die zum Ziel hatten, das preußische Außenministerium in eine Behörde des Bundes umzuwandeln. Diese Initiativen blieben nicht ohne Wirkung: Am 1. Januar 1870 wurde das preußische Ministerium der auswärtigen Angelegenheiten auf den Etat des Norddeutschen Bundes übernommen.

Die neue Bundesbehörde erhielt allerdings nicht den Rang eines selbständigen Ministeriums. In einem Runderlaß vom 10. Januar 1868 hieß es: ». . . das Ministerium der auswärtigen Angelegenheiten (tritt) mit seinem bisherigen Personalbestande und unter der Bezeichnung ›Auswärtiges Amt des Norddeutschen Bundes‹ unter die unmittelbare Leitung des Bundeskanzlers. Der bisherige Unterstaatssekretär behält zum Bundeskanzler die Beziehungen, in welchen er zum Minister der auswärtigen Angelegenheiten gestanden hat, und führt den Titel ›Staatssekretär des Auswärtigen Amts‹.« Die preußischen Vertreter bei den anderen Bundesstaaten blieben natürlich weiterhin als preußische Gesandte akkreditiert, wie umgekehrt auch die anderen Bundesstaaten in Berlin mit Botschaften vertreten waren. Im übrigen blieb auch das Gesandtschaftsrecht der anderen Bundesstaaten unberührt, eine Regelung, die auch nach der Reichsgründung beibehalten wurde; von den süddeutschen Staaten, die damals dem Norddeutschen Bund beitraten, besaß zum Beispiel Bayern im Jahre 1914 noch Gesandtschaften in Bern, Paris, Petersburg, Rom, Wien und beim Vatikan. Umgekehrt gab es in München zu diesem Zeitpunkt noch sechs ausländische Vertretungen.

Nach der Gründung des Deutschen Reiches im Jahre 1871 wuchsen die Aufgaben des Reichskanzleramtes in solchem Maße, daß für einzelne Bereiche nacheinander eigene Abteilungen gegründet werden mußten, die oft schon nach kurzer Zeit zu Ämtern nach dem Vorbild des Auswärtigen Amtes verselbständigt wurden; diese wurden in der Weimarer Republik zu Ministerien umgebildet. Aus der Tatsache, daß im Reichskanzleramt nur noch einige Aufgabenbereiche verblieben, die die bisherige Bezeichnung mit dem umfassenden Anspruch keineswegs rechtfertigten, zog man Ende 1879 die Konsequenzen, indem man das Amt in ›Reichsamt des Inneren‹ umbenannte.

Schon im Jahr zuvor war, wie Bismarck in einem Immediatbericht vom 16. Mai 1878 ausführte, »auf die Notwendigkeit hingewiesen worden, zur unmittelbaren Verfügung des Reichskanzlers behufs seines Geschäftsverkehrs mit den Reichsbehörden und Ministerien ein besonderes Centralbureau zu errichten«. Der Reichskanzler sah sich jetzt, da vom Reichstag die dafür benötigten Mittel bewilligt waren, in der Lage, »die Genehmigung Euer Majestät zur Constituirung des quästionierten Central-Bureaux allerunterthänigst erbitten zu können.« Er fügte hinzu, daß die »Bezeichnung ›Reichskanzlei‹ am genauesten der Stellung und den Aufgaben desselben entsprechen (dürfte).« Nach Allerhöchster Genehmigung konnten die vier Mitarbeiter des Amtes zusammen mit ihrem Chef in das Palais in der Wilhelmstraße 77 einziehen, wo die Räume im

Bildnis des Reichspräsidenten Friedrich Ebert (Kat. Nr. 15/57)

südlichen der beiden Flügelbauten als Büros zur Verfügung standen. Der Personalbestand, der schon bis zum Ersten Weltkrieg auf 20 Beamte angewachsen war, erhöhte sich nach der Gründung der Weimarer Republik noch einmal erheblich. Dieser neue Zuwachs hing mit der grundsätzlich veränderten Stellung zusammen, die der Reichskanzler nach der Verfassung vom 11. August 1919 einnahm. Im Rahmen der Parlamentarisierung der Verfassung übernahm jeder Minister für seinen Geschäftsbereich die unmittelbare Verantwortung gegenüber dem Parlament. Diese Minister bildeten als Kollegium das Kabinett, dessen Vorsitzender der Reichskanzler war, dem nach Paragraph 56 der Verfassung die Richtlinienkompetenz zustand; der Aufgabenbereich der Reichskanzlei wurde entsprechend erweitert.

Schon vor dem Ersten Weltkrieg, aber auch in den ersten Jahren der Weimarer Republik hatte man durch eine Reihe innerer Umbauten, die auf Kosten der Größe der Büroräume einerseits, der Wohnung des Reichskanzlers andererseits gingen, dem immer größer werdenden Raumbedarf gerecht zu werden versucht. Am 18. Mai 1928 schließlich, auf den Tag genau 50 Jahre nach dem Erlaß der ›Allerhöchsten Ordre‹, mit der die Reichskanzlei ins Leben gerufen worden war, fand die feierliche Grundsteinlegung für den ›Erweiterungsbau der Reichskanzlei‹ statt. Anders als bei der ›geräuschlosen‹ Übergabe des Baus zwei Jahre später, waren diesmal noch die Spitzen des Reiches, Preußens und der Stadt Berlin versammelt. Welche Hoffnungen mit dem Bau verbunden wurden, geht aus der Ansprache hervor, die Reichskanzler Wilhelm Marx bei dieser Gelegenheit hielt: »Dieses neue Haus muß der Würde der Reichsregierung, der Reichshauptstadt und unserer Ministerstraße, der in der ganzen Welt bekannten Wilhelmstraße gerecht werden, aber wir können und wollen andererseits nicht daran denken, hier einen Prunkbau zu errichten. Er soll auch den auf uns folgenden Generationen deutlich vor Augen führen, daß er der heutigen Lage unseres Reiches und Volkes entspricht. Er soll künden, daß wir in schlichter Einfachheit, aber in tapferer Zuversicht für den Wiederaufbau unseres großen deutschen Hauses, des Deutschen Reiches tätig sind.«

Mit dem Reichspräsidenten, dem als Amtssitz das Palais in der Wilhelmstraße 73 zur Verfügung gestellt wurde, zog eine weitere Reichsbehörde in der Wilhelmstraße ein, in der jetzt der westlichen ›Reichsseite‹ die östliche ›Preußenseite‹ gegenüberstand. Hier war der Amtssitz des preußischen Ministerpräsidenten, das Preußische Staatsministerium, das, nachdem es 1868 dem Bundeskanzleramt weichen mußte, mehrmals die Adresse gewechselt hatte und erst im Jahre 1902 in die Wilhelmstraße zurückgekehrt war. Die Personalunion, in der das Amt des preußischen Ministerpräsidenten von 1865 bis 1918 zwar nicht

Eröffnung des Deutschen Reichstages im Weißen Saal des Berliner Schlosses durch Kaiser Wilhelm II. am 25. Juni 1888 (Kat. Nr. 15/103)

de jure, aber de facto mit dem Amt des Reichskanzlers und dem Amt des preußischen Außenministers verbunden war, wurde 1919 aufgelöst. Die zwei Seiten der Wilhelmstraße boten so ein Bild des Nebeneinander von Preußen und Reich, von preußischer Hauptstadt und Reichshauptstadt.

Dieses Nebeneinander wurde nach dem Vorspiel des Papen-Putsches vom 20. Juli 1932, dem sogenannten ›Preußenschlag‹, mit der ›Gleichschaltung der Länder‹, die mit dem gleichnamigen Gesetz vom 31. März 1933 ihren Ausgangspunkt nahm, gewaltsam aufgehoben. Bis 1936 war die zwangsweise Vereinigung der preußischen Ministerien mit den Reichsministerien abgeschlossen. Hermann Göring, der seit April 1933 preußischer Ministerpräsident war, unter welchem Titel er nach der ›Gleichschaltung‹ das Amt eines ›Reichsstatthalters für Preußen‹ wahrnahm, verlegte seinen Amtssitz in einen Anbau des Ministeriums für Reichsluftfahrt, einen Mammutbau, den er sich 1935/36 auf dem Gelände des ehemaligen preußischen Kriegsministeriums errichten ließ, das sich südlich der Leipziger Straße von Wilhelmstraße 81 bis 85 erstreckte.

Schon vor der Machtübernahme am 30. Januar 1933 hatten die Nationalsozialisten wiederholt versucht, ein Ladenlokal oder ein Haus in der Wilhelmstraße anzumieten, um sich das politische Kapital dieses Straßennamens nutzbar zu machen: Wer eine Adresse in

Die Beisetzung des Reichspräsidenten Friedrich Ebert – Der Trauerzug in der Wilhelmstraße (Kat. Nr. 15/58)

der Wilhelmstraße hatte, schien schon halb zur Regierung zu gehören. Allerdings gelang es erst im Oktober 1932, die Redaktion des ›Angriff‹, der Parteizeitung der Berliner NSDAP, in die Wilhelmstraße 106 zu verlegen. Schon 1930 wählte Hitler das Hotel ›Kaiserhof‹ am Wilhelmplatz, schräg gegenüber der Reichskanzlei, zu seiner Berliner ›Residenz‹.

Die Unterwanderung des Staates durch die NSDAP wird an zwei Gebäuden in der Wilhelmstraße deutlich sichtbar. Im Jahre 1934 zog der ›Verbindungsstab des Stellvertreters des Führers‹ in die Gebäude ein, die bisher das Preußische Staatsministerium beherbergt hatten. Das Borsig-Palais an der Ecke Wilhelmstraße und Voßstraße, in unmittelbarer Nähe der Reichskanzlei, wurde im März 1933 angemietet, um dem Inhaber des neugeschaffenen Amtes des Vizekanzlers, Franz von Papen, als Residenz zu dienen; Anfang 1934 vom Reich angekauft, wurde das Gebäude nach der Auflösung des Vizekanzleramtes umgebaut und einigen Beamten der Reichskanzlei, vor allem aber der Obersten SA-Führung zur Verfügung gestellt.

Weiter südlich, in der Wilhelmstraße 102, lag das zwischen 1736 und 1739 als Palais Vernezobre errichtete Gebäude, das unter dem Namen eines späteren Besitzers als Prinz-Albrecht-Palais bekannt wurde. Hier zog 1934 der ›Sicherheitsdienst der SS‹ ein, der 1939 mit der in der Prinz-Albrecht-Straße 8 benachbart untergebrachten Gestapo sowie anderen Dienststellen von SS und Polizei zum Reichssicherheitshauptamt zusammengefaßt wurde. Der Name der Wilhelmstraße wurde damit zum Synonym für Angst und Schrecken.

Rom, Berlin und Köln

Thomas Parent

Das Verhältnis zwischen Berlin und Rom, dem preußischen Staat einerseits und der ultramontan konzentrierten katholischen Kirche andererseits, war während des 19. Jahrhunderts spannungs- und konfliktreich. Der von den ›ultramontan‹ eingestellten Katholiken vorbehaltlos anerkannte päpstliche Führungsanspruch ging über die Grenzen des Katholizismus hinaus: »Jeder, welcher die Taufe empfangen hat, gehört in irgendeiner Art und irgendeiner Weise ... dem Papste an«, schrieb Pius IX. 1873 an Kaiser Wilhelm I., der jedoch konterte, der evangelische Glaube, zu dem er sich mit der Mehrheit seiner Untertanen bekenne, gestatte ihm nicht, in dem Verhältnis zu Gott einen anderen Vermittler als Jesus Christus anzuerkennen.

Die Irritationen zwischen preußischem Staat und katholischer Kirche, Berlin und Rom, lassen sich prägnant an den beiden Projekten des Ausbaus des Kölner Doms einerseits und des Neubaus eines Doms für Berlin andererseits beobachten. Seit den Befreiungskriegen galt die Vollendung der Kölner Kathedrale vielen als Symbol für die erhoffte Einigung Deutschlands. Der Beginn der Fertigstellung des Doms im Jahre 1842 wurde unter großer öffentlicher Anteilnahme vor allem vom preußischen Königshaus tatkräftig gefördert.

Die Idee, für Berlin einen neuen, repräsentativen Dom zu erbauen, fand im 19. Jahrhundert bei weitem nicht denselben Widerhall in der Öffentlichkeit wie die Vollendung der Kölner Kathedrale, was im Rheinland gelegentlich auch schadenfroh vermerkt wurde. Der preußische König Friedrich Wilhelm IV., der beide Projekte mit romantischer Begeisterung inspirierte und förderte, glaubte offenbar, sich rechtfertigen zu müssen, als er 1843 ausführte: »Ich baue meinen Dom nicht für die Berliner Domgemeinde, sondern als Primas des Protestantismus für die Protestantische Kirche Deutschlands, und da ich den Kölner katholischen Dom zu vollenden hoffe, so wird mir wohl das Recht zustehen, auch für meine Kirche einen solchen Riesenbau, wenn nicht auszuführen, doch zu entwerfen!« Vor allem seit 1866 wurden auch die Berliner Dombauüberlegungen von patriotischem Gedankengut überfrachtet.

Nachdem über Jahrzehnte hinweg mannigfaltige Projekte unrealisiert geblieben waren, gab die bevorstehende Kölner Domvollendung 1880 dem Berliner Vorhaben neue Impulse. Der Kronprinz und spätere Kaiser Friedrich III. regte an, der Staat solle die bislang jährlich für die rheinische Kathedrale verausgabten Mittel fortan für den Kirchenbau in der Hauptstadt zur Verfügung stellen. Zudem könne man die Kölner Werkleute gleich für Berlin übernehmen. Auch diese Vorschläge, wurden nicht verwirklicht; ein neuer Dom entstand in Berlin erst zwischen 1894 und 1905 unter Kaiser Wilhelm II.

Verschiedentlich sah man in einer repräsentativen Berliner Kathedrale ein evangelisches Pendant zur römischen Peterskirche, und der schließlich nach den Plänen von Julius Raschdorff errichtete Kuppelbau erinnert denn auch in manchem an die Hauptkirche des Papstes. Kaiser Wilhelm II. äußerte auf einem Empfang anläßlich der Berliner Domvollendung etwas vollmundig, der evangelische Glaube würde in Zukunft in dem Maße zur Weltreligion, in dem der katholische erlöschen würde. Die Baronin Hildegard von Spitzemberg trug damals in ihr Tagebuch ein: »Am 27. Februar Montag, einem himmlich schönen Tage, ward der Dom eingeweiht, zu welcher Feier Fürsten und ›Spitzen‹ aus aller Herren Länder sind zusammengetrommelt worden, wie der sonst so vorsichtige Derenthal sagte, ›als gelte es einen St. Peter, nicht eine häßliche Berliner Kirche einzuweihen!‹«

Reichstag und Schloß Bellevue

Michael S. Cullen

Schon in den ersten Debatten im Reichstag, zwischen März und Juni 1871, focht man für ein freistehendes Haus: Der Reichstagsbau sollte repräsentativ und monumental sein. Reichskanzler Otto von Bismarck und der Präsident des Reichskanzleramtes, Rudolf von Delbrück, hatten den Vorschlag gemacht, ein Reichstagsgebäude zwischen zwei Häusern in der Wilhelmstraße, der Deckerschen Druckerei und dem Königlichen Hausministerium, zu plazieren. Doch sowohl aus der Mitte des Reichstages als auch aus Architekten-Kreisen erhob sich Protest. »In gewohnter kleinlicher Weise« begonnen, genüge dieser Plan, »um den Geist, der in der ganzen Vorlage waltet, scharf zu charakterisieren. Von dem Gedanken, daß es sich hier thatsächlich um den bedeutendsten und dem Range nach ersten Monumentalbau des deutschen Volkes handelt, ... ist hier keine Spur zu entdecken ... So entsteht ein Bild, wie es der großen Aufgabe nicht kläglicher und kümmerlicher gedacht werden kann ... Und die neu geeinigte, siegreiche deutsche Nation, im Begriff die Führung Europas zu übernehmen, soll sich mit einem solchen Flickwerk begnügen!« Berlins neues Reichstagsgebäude würde sich weniger prächtig ausnehmen als das neue ›rote‹ Rathaus, als die Börse, ja »selbst das Gotteshaus unserer Judenschaft«, hieß es. Im Parlament fand der Liberale Hans Viktor von Unruh, der 1848 Präsident der preußischen Nationalversammlung war und als Ingenieur etwas von der Sache verstand, den richtigen Ton. »Ein Gebäude in einer Straßenfront, sie mögen ihm eine hübsche oder schlichte Schürze vorbinden, bleibt eben nur eine einfache Fassade, nichts weiter.« Freistehend müsse das Haus also sein.

Um ein solches Gebäude zu errichten, brauchte man zunächst ein Grundstück, das nicht nur den Bau eines adäquaten, repräsentativen Hauses gestattete, sondern ringsum auch freie Fahrt und freie Sicht bot. Der Reichstag richtete daher eine Baukommission ein, die Überlegungen über einen provisorischen Tagungsort anstellen, sich um ein passendes Grundstück für einen Neubau kümmern und über ein Bauprogramm einigen sollte. Mit der Porzellanmanufaktur in der Leipziger Straße 4 wurde schnell ein Provisorium gefunden und auch ein Programm erarbeitet, ein Grundstück für den Neubau fand man jedoch nicht.

Schon im Juni 1871 kam der Gedanke auf, das Palais des preußisch-polnischen Aristokraten Athanasius Raczynski abzureißen und dort, an der Ostseite des Königsplatzes, das Reichstagsgebäude zu errichten. Graf Raczynski wollte sich jedoch weder von seinem Palais noch von seinem Grundstück trennen. Von verschiedenen Seiten kam der Vorschlag, das Haus der Kroll-Oper, das dem Palais Raczynski gegenüber an der Westseite des Königsplatzes lag, entweder zu übernehmen und umzubauen oder einfach abzureißen und ein neues Haus zu errichten. Viele aber waren dagegen. So fragte sich der Zentrumsabgeordnete August Reichensperger, »ob das würdig ist, wenn um die Winternachtszeit die Vertreter der deutschen Nation schlotternd oder triefend (Heiterkeit) durch das Brandenburger Thor einmarschieren – das scheint mir doch sehr zweifelhaft zu sein.« Ludwig Bamberger meinte, der »jetzige Eigentümer des Krollschen Etablissements« warte »auf die zwei, drei, vier Millionen Mark, die wir ihm zahlen sollen, um selbst in die Stadt zu wandern, und auf dem Theile, wo wir sein sollten, sein Theater zu bauen (Heiterkeit), dann wird er als Inschrift an die Giebelfront seines neuen Baues schreiben: ›Dem deutschen Reichstage der dankbare Kroll!‹«

Graf Athanasius Raczynski starb zwar 1873, aber erst sechs Jahre später gelang es dem Reichskanzleramt, mit den Erben des Grafen einen Vertrag über den Erwerb des Grundstückes abzuschließen, der vom Reichstag jedoch nicht akzeptiert wurde. Zwei Jahre darauf legte Bismarck den Vertrag erneut vor, und am 13. Dezember 1881 wurde er schließlich ratifiziert. So konnte im Februar 1882 der Wettbewerb ausgeschrieben werden. Jeder Architekt, der sich daran beteiligte, wußte, was die Sache verlangte: Säulen, Kapitelle, Risalite, Vorsprünge, Treppenfolgen, und »aechte« Materialien; viele Entwürfe sahen sich deshalb sehr ähnlich. Am 27. Juni entschied sich die Jury mit 19 gegen zwei Stimmen für den Entwurf des Frankfurter Architekten Paul Wallot.

Wallot hatte, im Unterschied zu den meisten Mitbewerbern, die Bedeutung des Grundrisses erkannt; zum Kanon einer Raumfolge gehört die Bedeutungsfolge, von außen nach innen muß sich also eine Steigerung von Würde und Gediegenheit ergeben. Also: Treppe, Podest, Treppe, Tür, Halle, Garderobe, Treppe, Vorraum, Durchgang, Foyer, Hauptraum, in unserem Fall der Plenarsaal. In einer Flucht von 70 Metern war das möglich, nicht jedoch bei 35. Daher plante Wallot seinen Plenarsaal nicht im Schnittpunkt beider Achsen, wie so viele Konkurrenten, sondern so, daß er eine repräsentative Raumfolge sowohl vom Süden als auch vom Westen erreichte. Mit seiner Überarbeitung zwischen 1882 und 1884 konnte er diesen Grundriß-Vorteil noch steigern, ohne neue Nachteile zu schaffen. Die Architektur – auch Wallot verstand

›Heidelandschaft‹ – Entwurf für ein Wandgemälde im Reichstagsgebäude (Kat. Nr. 15/106b)

darunter vor allem die »Außenhaut« – wurde erst 1887 festgelegt. Das wichtigste für ihn war eindeutig der Grundriß. Wie der Erbauer des Kapitols in Washington, Benjamin Latrobe, hätte auch Wallot sagen können: »Hier planen wir ein Parlament und keinen Tempel, deswegen befragen wir die Verfassung und nicht ein Orakel.«

Der Reichstag hatte zwei Funktionen: Er war Arbeitsstätte des Parlaments und zugleich Symbol des Parlamentarismus. Als Arbeitsstätte und ›Werkstatt der Demokratie‹ war er jedoch nur bedingt tauglich. Gustav Radbruch nannte das Reichstagsgebäude wegen des fahlen Lichts, das durch das gläserne Oberlicht kam, das »Haus ohne Wetter«. Für die Abgeordneten gab es keine Arbeitsräume, dafür war das Restaurant – die ›Fraktion Schulze‹ – immer gut besucht. Im Laufe der Jahre kamen Räume für medizinische Betreuung, Duschen usw. hinzu. Arbeitsräume folgten erst 1913, als die Einführung von Diäten eine erhöhte Präsenz zur Folge hatte.

Seit den ersten Sitzungen des Reichstages war immer von der »Würde des Hohen Hauses« die Rede gewesen. Allerdings hatte vieles, was im, am und um den Reichstag geschah, mit Würde nichts zu tun. Unwürdig war beispielsweise die Behandlung der Inschrift »Dem Deutschen Volke«, die, von Paul Wallot ersonnen, von Wilhelm II. konsequent abgelehnt wurde. Doch die Stimmung gegen den Kaiser wuchs, als es der Bevölkerung 1915 dämmerte, daß der versprochene kurze Krieg länger dauern würde. Wilhelms Berater schlugen daher 1915 vor, er möge doch, um die Bevölkerung hinter sich zu bringen, die Inschrift genehmigen. Wilhelm ließ antworten, daß er nichts dagegen unternehmen würde, wenn eine Kommission sie beschließe. So nahm die Sache ihren Lauf, und die Inschrift wurde von dem Architekten Karl Jakobs im Atelier von Peter Behrens gezeichnet. Aus erbeuteten Kanonen der Freiheitskriege wurden die Buchstaben von der Berliner Gießerei S. A. Loevy gegossen und kurz vor Weihnachten 1916 am Giebel des Reichstages angebracht.

Seit Fertigstellung des Reichstages wurden immer wieder Stimmen laut, die Unzufriedenheit über die Umgebung des Parlamentsgebäudes äußerten. Schon während des Baus waren hierzu verschiedene Vorschläge aufgekommen: Das große Denkmal für Kaiser Wilhelm I. sollte 1889 nach den Vorstellungen des ersten Preisträgers gegenüber dem Reichstag errichtet werden. Da Wilhelm II. dieses Denkmal aber nicht in Beziehung zum Parlamentsgebäude setzen wollte, wurde es dem Schloß gegenüber aufgestellt. Im Jahre 1893 schlug der Reichstagsarchitekt Wallot eine Kolonnade und die Bepflanzung des Königsplatzes vor; aber auch diese Planung wurde nicht verwirklicht.

Mit der Geschichte des Gebäudes ist eine Reihe kleiner und großer Begebenheiten verbunden. Kaiser Wilhelm II. hat das Haus angeblich nur zweimal betreten: zur Einweihung am 5. Dezember 1894 und anläßlich eines Schwächeanfalls von Reichskanzler Bülow im Jahre 1906. Im Jahre 1910 wurde der Abgeordnete Roeren von der Polizei aus dem Hause geleitet, weil man pornographische Bilder bei ihm gefunden hatte. Im Jahr darauf besuchte Lenin den Reichstag, da er sich von August Bebel finanzielle Hilfe für seine Zeitung in der Schweiz erhoffte. H. G. Wells hielt 1927 im Plenarsaal eine Rede, in der er um Verständnis für seine Haltung gegen Deutschland im Ersten Weltkrieg bat. Adolf Hitler, der erst 1933 Mitglied des Reichstages wurde, hatte sich das Gebäude schon 1921 als Tourist angesehen. Offiziell war er dagegen nur einmal im intakten Reichstagsgebäude, um dem Reichsrat am 3. Februar 1933 einen Besuch abzustatten.

In den ersten Kriegstagen des Jahres 1914 versammelten sich vor dem Gebäude Tausende von Menschen, um für Deutschland zu beten; im Reichtag selbst hielt während des Krieges die Heeresführung ihre tägliche Pressekonferenz ab, auf der so viele falsche und verlogene Erklärungen abgegeben wurden, daß Helmut von Gerlach das Haus die »Reichslügenzentrale« nannte. Im Jahre 1918/19 besetz-

Tagung der Nationalversammlung im Stuttgarter Kunstgebäude (Kat. Nr. 15/42)

ten Soldaten das Haus. Im Zeitschriften-Lesesaal wurde Brot an sie verteilt, und auf dem Wandelgang stapelten sich Gewehre. Von einem Fenster im Zeitschriften-Lesesaal aus schließlich rief Philipp Scheidemann am 9. November 1918 die Republik aus. Ab 1920 wurde im Plenarsaal alljährlich am 11. August die Verfassungsfeier abgehalten. Seit die NSDAP im Reichstag vertreten war und besonders, seit sie nach den Reichstagswahlen von 1929 die stärkste Fraktion und damit den Parlamentspräsidenten stellte, kam es immer wieder zu Saalschlachten.

Über den Reichstagsbrand vom 27. Februar 1933 sind mehr Bücher erschienen als über das Gebäude selbst. Wohlbekannt sind die Folgen, die die Brandstiftung hervorrief, auch wenn immer noch Streit um die Urheberschaft besteht. Entgegen landläufiger Ansicht wurde das nur zum Teil zerstörte Gebäude nach dem Brand weiter benutzt – auch wenn der unterdessen zu einer dekorativen nationalsozialistischen Jubelversammlung herabgewürdigte Reichstag selbst in der Kroll-Oper tagte. Die ausgebrannte Kuppel wurde im Sommer 1933 repariert, Bibliothek und Archiv waren intakt und in Nutzung geblieben, und selbst die Reichtagsstenographen hatten im Haus ihre Büros. Im Jahre 1935 wurde die noch nicht zerstörte Täfelung entfernt und der Tobis-Film GmbH überlassen. Während der Olympiade führten KdF-Mitglieder ausländische Touristen durchs Haus, und noch zwischen 1936 und 1940 fanden im Haus mehrere Ausstellungen statt, unter anderem ›Bolschewismus ohne Maske‹ und ›Der ewige Jude‹.

Während des Krieges wurde das Haus weiter genutzt. So baute Albert Speer seine großen Modelle für die ›Neugestaltung der Reichshauptstadt‹ in den oberen Etagen auf, wo sie noch nach Kriegsende standen. Im Keller brachte man die wehrmedizinische Zentralkartei unter, und in einem Eckturm stellte die AEG Funkröhren her. Die Bibliothek, von der man lange Zeit glaubte, sie sei verbrannt oder im Krieg zerstört worden, hatte man bereits 1941 ausgelagert. Noch 1948 befand sie sich in Berlin, danach jedoch verliert sich jede Spur.

Für die Sowjets war der Reichstag das allerwichtigste Symbol für Hitler und die Nationalsozialisten schlechthin. Daher gibt es in der

Entwurf für das Reichstagsgebäude – Motto: Barbarossa (15/105)

Sowjetunion ungefähr so viele Bücher über die Einnahme des Reichstages und die Hissung der roten Fahne auf dem Dach wie in Deutschland über den Reichstagsbrand. Ein großer Teil des Sowjetmuseums in Karlshorst behandelt die Erstürmung des Reichstages, und als im Obersten Sowjet eine Feier zum 40. Jahrestag des Sieges über Nazideutschland abgehalten wurde, stand die rote Fahne, die 1945 auf dem Reichstagsgebäude aufgepflanzt worden war, im Mittelpunkt der Veranstaltung.

Schon 1954 wurde die Kuppel des Gebäudes abgetragen und eingeschmolzen – sie sei ›einsturzgefährdet‹, hieß es. Ab 1957 zeichnete die Bundesbaudirektion für die Enttrümmerung verantwortlich, und die seit Kriegsende herumliegenden Gesteinsbrocken wurden in Lastkraftwagen abtransportiert. Dann verursachte man neue ›Trümmer‹, indem man zum Zwecke der ›Stilbereinigung‹ die alten Fensterzwickel und Ornamente abschlug – so besteht das kleine Denkmal zum 17. Juni in Lichtenrade in der Hauptsache aus alten Reichstagstrümmern. Später wurde das Gebäude neu errichtet – ein beschränkter Wettbewerb zwischen Paul Baumgarten dem Jüngeren, Wassili Luckhardt, Rudolf Schwarz und anderen brachte Baumgarten den Zuschlag.

Von Anfang an aber wurde dem Architekten das Leben schwer gemacht; von Zeit zu Zeit hatte er derart zu kämpfen, daß er Baustellenverbot erhielt. Als das Haus 1971 dem Publikum übergeben wurde – keine feierliche Schlußsteinlegung, sondern nur eine ›Inbetriebnahme‹, sagte Baumgarten: »Zunächst: Ich habe den Reichstag nicht wieder aufgebaut. So wie er heute dasteht, ist er eine Karikatur seiner selbst, ist er das Werk der Bundesbaudirektion. Einer ihrer Präsidenten legte auch, wohl ohne zu wissen, was er sich damit antut, immer größten Wert darauf, bei Veröffentlichungen hinzuweisen: Gesamtleitung Bundesbaudirektion. Diese Feststellung ist gar nicht nötig, man sieht es auch so.«

Baumgarten war ein enthusiastischer Verfechter der Pläne des amerikanischen, in Bulgarien geborenen ›Verpackungskünstlers‹ Christo, das Reichstagsgebäude zeitweilig mit einem silbergrauen, schimmernden Polypropylengewebe zu verhüllen. Die Diskussion ist auch 17 Jahre nach ihrem Aufkommen im Frühjahr 1972 nicht verstummt, und Christo hält daran fest, einmal das Gebäude so zu ehren. »Und wenn ich bis zum Jahre 2000 warten muß: Warten ist ein Teil des Projektes.«

Ein – von Christo sicher nicht gewolltes – Ergebnis der Verpackungsidee ist der mittlerweile in Angriff genommene Plan, das Haus ganz neu zu gestalten, die Kuppel und den Plenarsaal in alter Form wieder erstehen zu lassen, die vier Ecktürme zu vervollständigen und das Westportal zu öffnen, das seit Bestehen des Gebäudes wohl nur fünfmal benutzt worden ist: zur Einweihung, zur Aufbahrung von Walter Rathenau, zur Trauerfeier anläßlich des Todes von Friedrich Ebert, zur Amtseinführung Paul von Hindenburgs und zur Trauerfeier für Gustav Stresemann.

Entwurf für die Eingangshalle im Schloß Bellevue (Kat. Nr. 15/168)

Das Schloß Bellevue

Das Schloß Bellevue, das seinen Namen von seinem ersten fürstlichen Besitzer, Prinz Louis Ferdinand von Preußen, erhielt, kann auf eine abwechslungsreiche Geschichte zurückblikken: abwechslungsreich in seinen Besitzverhältnissen, seinen Umbauten und in seinen Nutzungen.

Um 1717 wurde ein Haus gebaut, daß nicht besonders groß war, geschweige denn Schloßcharakter hatte; es diente als Wohn- und Verwaltungsgebäude eines Franzosen namens Jean Bechier Fayé, der die Erlaubnis, nein, die Pflicht hatte, eine Maulbeerplantage anzulegen. Fayé verkaufte das Anwesen nach kurzer Zeit wieder, und nach mehreren weiteren Besitz- und Funktionswechseln ging es 1784 in den Besitz des Prinzen August Ferdinand von Preußen über, der von dem Architekten Michael Philipp Boumann das errichten ließ, was wir heute ›Schloß Bellevue‹ nennen. Im Jahre 1789 wurde die Terrasse zur Gartenseite angelegt, und im Jahre 1791 richtete der Erbauer des Brandenburger Tores, Carl Gotthard Langhans, den sogenannten ›Langhans-Saal‹ ein.

Unter Prinz August Ferdinand erlebte das Schloß große Momente. Der Militärtheoretiker Clausewitz verbrachte seit 1803 viele Jahre als Adjutant des Prinzen im Schloß; hier lernte er auch seine spätere Lebensgefährtin, die Gräfin von Brühl, kennen. Der in Berlin weilende Friedrich Schiller wurde von dem Prinzen am 8. Mai 1804 ins Schloß zum Mittagessen eingeladen. Kaiser Napoleon besuchte Prinz August Ferdinand am 28. Oktober 1806 dort, als er seinen Statthalter, Marschall Augereau, der zwischen dem 25. und dem 29. Oktober 1806 im Schloß Bellevue logierte, sprechen wollte. Ansonsten wandelten im Park oder besuchten das Schloß die preußische Königin Luise, Wilhelm von Humboldt, Friedrich Schlegel, der Architekt Heinrich Gentz und andere wichtige Persönlichkeiten. Hier hat Prinz Louis Ferdinand einen Teil seiner Jugend verbracht, hier erhielt Minister Stein seine Entlassung. Nach dem Tode August Ferdinands am 2. Mai 1813 erbte sein Sohn August Wilhelm das Anwesen. Dieser setzte den Umbau fort; die wichtigste Ergänzung war ein runder Teepavillon von Karl Friedrich Schinkel aus dem Jahre 1828. Schloß Bellevue war ebenso, einem Ondit zufolge, der Lieblingsplatz Kaiser Wilhelms I. und seiner Jugendliebe, der Prinzessin Elise Radziwill.

1843 erhielt König Friedrich Wilhelm IV. das Schloß und ließ es prompt zur Bildergalerie ausbauen. Ab 1854 wurde es Sitte, Bellevue zum vorübergehenden Domizil der prinzlichen Bräute zu machen; so wohnte hier unter anderem Viktoria, die Tochter der englischen Königin, die den späteren Kaiser Friedrich heiratete. Hier gingen die fürstlichen Kinder zur Schule, hier fand an jedem Karfreitag ein fürstliches ›Ostereier-Suchen‹ statt, und hier war der Schah von Persien, Nassir ed-din, zwischen dem 9. und dem 12. Juni 1889 untergebracht.

Bei diesem königlichen Haus war die Architektur nicht das wichtigste – in ›Berlin und seine Bauten‹ von 1877 gibt es einen Absatz über Bellevue mit nur elf Zeilen, der mit dem Satz schließt: »... die einfache architektonische Ausstattung des Aeusseren und Inneren bietet keine bemerkenswerthe Methode.«

Zwischen 1918 und 1928 wurde das Schloß für Bürozwecke benutzt, und im November 1928 bezog Max Reinhardt Logis im Gärtnerhaus. Im Zuge der großen Hohenzollern-Abfindung desselben Jahres wurde das Schloß schließlich aus dem Familienbesitz herausgenommen und dem Staate Preußen einverleibt; schon damals wurde erwogen, Bellevue zum Sitz des Reichspräsidenten zu machen.

Im Jahre 1935 ließ der preußische Finanzminister Popitz das Schloß zum Museum für deutsche Volkskunst ausbauen. Doch auch diese Nutzung war nur von kurzer Dauer, denn bereits drei Jahre später ließ Hitler das Schloß von Professor Paul Baumgarten dem Älteren zu einem ›Gästehaus des Reiches‹ umgestalten. Der Umbau war Ende Mai 1939 abgeschlossen, so daß das jugoslawische Regentenpaar – Prinzregent Paul und Prinzessin Olga – ab 1. Juni 1939 dort residieren konnte.

Am 30. Oktober 1939 ging das Schloß in den Besitz des Reiches über. Auch der sowjetische Außenminister Molotow, der am 12. November 1940 nach Berlin kam, um mit Hitler und Ribbentrop zu verhandeln, hat offenbar zweimal im ›Gästehaus des Reiches‹ übernachtet.

Nach dem Zweiten Weltkrieg erfuhr Schloß Bellevue einen grundlegenden Funktionswandel. Nachdem in dem früheren, relativ wenig zerstörten ›Damenflügel‹ provisorisch kleine Wohnungen eingerichtet worden waren, beschloß man 1954, das Schloß zum Sitz des Bundespräsidenten auszubauen.

Im August desselben Jahres wurde mit dem Ausbau begonnen. Architekt der Umgestaltung war ein Schüler von Hans Poelzig, Carl Heinz Schwennicke, dessen Werk im Stil der fünfziger Jahre eine vernichtende Kritik erhielt: »Die repräsentativ gemeinte lange gerade Treppe führte direkt auf das Herrenklo (auf den blankpolierten Stufen aus rotem schwedischen Granit rutschte bei der Einweihung Hans Scharoun aus und brach sich ein Bein).«

In der ›Berliner Morgenpost‹ vom 24. Juli 1959 spottete man: »... Schwennicke (ist) für die Geschmacksunsicherheit verantwortlich, die sich fast überall im Schloß dokumentiert. Die mit einer Messingfolie bedeckte Decke des großen Festsaales, die die mißlichen Proportionen des Raumes auf illusionistischem Wege kaschieren soll, ist eine 14 mal 21 Meter große Sünde wider den guten Geschmack, und der Versuch, die verfehlten Proportionen des kleinen Speisesaals mit Hilfe einer Zwischendecke zu korrigieren, ist mißlungen.«

Um 1980 schließlich ließ die Bundesbaudirektion den bisher letzten, 20 Millionen DM teuren Umbau vornehmen. Der Innenarchitekt der Villa Hammerschmidt, Otto Meitinger aus München, machte aus Schloß Bellevue ein gediegenes, biedermeierlich-klassizistisches Schlößchen; mit etwas Wohlwollen könnte man den Stil ›präsidial‹ nennen. Martin Sperlich aber, der ehemalige Direktor der Staatlichen Schlösser und Gärten, der schon die vorhergehende Ausstattung scharf kritisiert hatte, nannte den Umbau schlicht ein »Malheur«.

Politische Architektur im Ostteil der Stadt

Christian Borngräber

Wohnbauten an der Stalinallee

Zu den ersten Ostberliner Neubauten der Nachkriegszeit gehören zwei niedrige Laubenganghäuser im Stadtbezirk Friedrichshain am heutigen U-Bahnhof Marchlewskistraße. Diese Zeilenbauten nach einem Entwurf von Ludmilla Herzenstein sprachen eine einfache moderne Sprache. In ihrer Umgebung sollte im Laufe der fünfziger Jahre die ›Wohnstadt Stalinallee‹ emporwachsen, die aus einer Vielzahl fünfgeschossiger Zeilenbauten, Hoch- und Einfamilienhäuser bestehen sollte. Was schließlich entstand, war aber etwas anderes.

Im März 1950 faßte das Zentralkomitee der SED einen Beschluß zum »Kampf gegen Formalismus in der Kunst und der Literatur«, der das ›Kulturerbe‹ vergangener Jahrhunderte gegen die Moderne der Weimarer Republik mobilisierte. Im selben Jahr wurden die städtebaulichen Grundsätze der DDR in 16 Punkten zusammengefaßt, von denen der Artikel 14 feststellte, die Architektur müsse »dem Inhalt nach demokratisch und der Form nach national sein«. Dem entsprach eine damals forcierte Politik der Wiedervereinigung, zu deren Mittel der Versuch gehörte, den Einfluß Amerikas auf die Bundesrepublik zurückzudrängen. Die Betonung der ›nationalen‹ Traditionen und Stilmittel auch in der Architektur war Teil eines Bündnisangebots an bürgerliche und konservative Schichten; die scharfe Ablehnung der internationalen konstruktivistischen Moderne in der Bauhaus-Nachfolge, wie sie aus Amerika zurückkam, hatte im gleichen Maße diesen politischen Aspekt. Damit einher ging die Entscheidung Walter Ulbrichts, den Symbolcharakter Berlins und seiner Geschichte im Wiederaufbau zu bekräftigen. Damit wurden für den Ostteil Berlins auch alle weiträumigen Gartenstadt-Pläne verworfen, deren Befürwortern Ulbricht nachsagte, »die Hauptstadt Deutschlands verniedlichen« zu wollen.

In Sichtweite der erwähnten Laubenganghäuser erfolgte am 2. September 1951 die Grundsteinlegung für das Hochhaus an der Weberwiese nach einem – auf Drängen Walter Ulbrichts überarbeiteten – Entwurf von Hermann Henselmann. Bereits am 19. Januar 1952 wurde das Richtfest und am 1. Mai die symbolische Schlüsselübergabe mit einem Feuerwerk gefeiert. Henselmann wählte als Entwurfsgrundlage die Maßverhältnisse der Fassadengestaltung des Stadthauses, das Schinkel für den Ofensetzer Feilner entworfen hatte. Sein Bau zeigte eine freie Bearbeitung der Berliner Bautradition. Noch konventionell aus Ziegelsteinen gemauert – dem Material, das buchstäblich vor der Haustür lag –, setzte das Gebäude Maßstäbe des Wohnkomforts, die in der Nachkriegszeit keineswegs selbstverständlich waren. Jenseits aller Polemik gegen die ›akademische‹ Phase der DDR-Architektur nimmt deren erster Wohnkomplex nicht nur in der Berliner Baugeschichte einen bedeutenden Platz ein.

Im April 1951 wurde ein Wettbewerb für die städtebauliche und architektonische Gestaltung des ersten Bauabschnitts der Stalinallee für ein knapp zwei Kilometer langes Teilstück zwischen Strausberger Platz und Frankfurter Tor ausgeschrieben. Die ausgeführten charakteristischen sieben- bis neungeschossigen Wohnblöcke parallel zur Straßenführung sind nicht, wie häufig angenommen, das Werk eines einzigen Architekten. An der Bauausführung waren vielmehr alle fünf Preisträger des Wettbewerbs beteiligt, die aus drei verschiedenen Städten der DDR kamen: Egon Hartmann (Weimar), Richard Paulick (Berlin), Hanns Hopp (Berlin), Karl Souradny (Leipzig) und Kurt Leucht (Berlin). Im September 1951 stellte die Ostberliner Tagespresse ihre Entwürfe der Öffentlichkeit vor.

Im Spätherbst 1951 wurde Hermann Henselmann als sechster Architekt hinzugezogen. Er entwarf die Bebauung für den Strausberger Platz: zwei Wohnhochhäuser mit Kinderkaufhaus und Restaurants – das spätere ›Haus des Kindes‹ und das ›Haus Berlin‹ –, die ursprünglich als Zugangsbauten zum ›Zentralen Bezirk‹ Berlins mit Blickrichtung auf den Alexanderplatz geplant waren. Am 3. Februar 1952 wurde der Grundstein für die Wohnblocks des ersten Bauabschnitts der Stalinallee gelegt; im Juli feierte man das erste Richtfest; im Dezember schließlich zogen die ersten Mieter ein: ›Aktivisten‹, ›Bestarbeiter‹ und ›Helden der Arbeit‹, wie die Presse meldete.

Auch am anderen Ende, am Frankfurter Tor, akzentuierten zwei Hochhäuser Henselmanns die Platzgestaltung, diesmal allerdings mit Kuppelaufsätzen, die auf die damals zerbombten Kuppeln vom Deutschen und Französischen Dom am ehemaligen Gendarmenmarkt verweisen sollten. Sie blieben für Jahrzehnte die letzten Beweise einer baulichen Annäherung an Vergangenes. Die Bauten am Frankfurter Tor gehören mit den östlich anschließenden Blocks von Hanns Hopp zum zweiten Bauabschnitt der Stalinallee, der Anfang 1953 begonnen wurde. Am 16. Juni jenes Jahres legten auf einer dieser Baustellen die Arbeiter des ›VEB Bau-Union‹ als erste ihre Arbeit nieder, um die Rücknahme überhöhter Arbeitsnormen zu erreichen. Am Morgen des 17. Juni versammelten sich alle Streikenden auf dem Strausberger Platz; es begannen die Unruhen, die schließlich mit dem Einsatz sowjetischer Truppen und der Verhängung des Ausnahmezustandes unterdrückt wurden. Am Abend desselben Tages erklärte das Zentralkomitee der SED die Normenerhöhung für nichtig. Als Ausdruck der Normalität trug zwei Tage später die Titelseite der ›Berliner Zeitung‹ die Schlagzeile: »Die Mauern der Stalinallee wachsen weiter.«

Für den Bau der Stalinallee standen Sondermittel zur Verfügung, und das ist heute noch deutlich an den detailreichen Fassaden mit Gesimsen, Säulen, Rundbögen, Reliefs und Mosaiken abzulesen. Walter Ulbricht nahm auf die Gestaltung direkten Einfluß. Diese Straße gehörte zum bekanntesten Teil des ›Nationalen Aufbauprogramms‹, das zunächst für 1952 und in vermindertem Umfang auch für die nachfolgenden Jahre galt. Es bezog sich in erster Linie auf Wohnbauten in der gesamten DDR sowie restaurierungsbedürftige historische Bauten, wie das Opernhaus Unter den Linden, das Alte Museum und die Neue Wache in Ost-Berlin. Der Signalwert der Neubauten inmitten einer kriegszerstörten Stadtlandschaft und der eingerichteten Musterwohnungen verfehlte auch in West-Berlin seine Wirkung nicht, wenngleich die Architektur als ›Zuckerbäckerstil‹ völlig abgelehnt wurde. Die Neugestaltung des Hansaviertels am Tiergarten, wofür 1953 erstmals ein Wettbewerb ausgeschrieben wurde, sollte eine direkte Antwort des Westens auf die Stalinallee und die von ihr repräsentierten baukünstlerischen und politischen Prinzipien sein. Auch das Hansaviertel war – wie die Stalinallee – ein innerstädtisches Wohngebiet. Das Ergebnis, die Internationale Bauausstellung von 1957, entsprach, als Gartenstadt mit konstruktivistischen Hochhäusern bekannter Architekten des In- und Auslandes, der damals im Westen herrschenden Auffassung von fortschrittlicher Städteplanung.

Repräsentationsbauten am Marx-Engels-Platz

Weberwiese und Stalinallee hatten als erste Großprojekte der Stadtplanung in Ost-Berlin dem proletarischen Ostrand des Zentrums gegolten. Die Stadtmitte selbst nahm man sich zögernder vor. Hier war nicht nur der Zerstörungsgrad höher, sondern es war auch schwie-

›Berlin Alexanderplatz‹ – Plakat für den Film (Kat. Nr. 15/131)

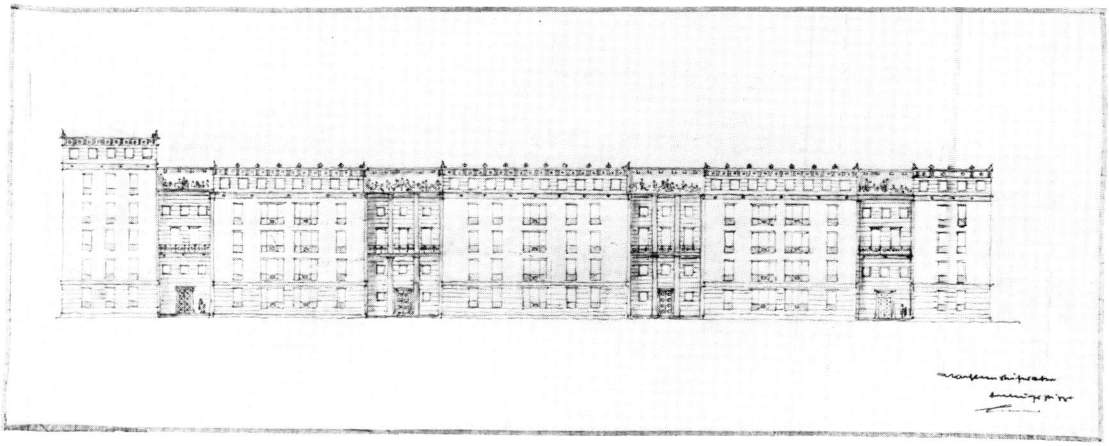

Fassadenriß für die Seitenbebauung der Weberwiese an der Stalinallee, Berlin (Ost) (Kat. Nr. 15/156)

riger, die vorgefundene, symbolisch besetzte Hinterlassenschaft in der Gestalt der Stadt mit dem Ziel zu verbinden, ›national‹ und im Bewußtsein des ›kulturellen Erbes‹ zu bauen.

Das Handels- und Finanzzentrum der ehemaligen Reichshauptstadt sollte nach Gründung der DDR zum politischen, administrativen und kulturellen Mittelpunkt verändert werden – und zum Ort der Volksfeiern und Aufmärsche. Nach Meinung der leitenden Architekten der DDR galt als Ausgangspunkt für jedes neu zu planende Zentrum nicht mehr der in einem Kraftwagen die Stadt durcheilende Reisende, sondern der zu Fuß gehende Mensch – der politische Demonstrant und seine Marschgeschwindigkeit.

Nach einer Rede Walter Ulbrichts auf dem III. Parteitag der SED beschloß der Ministerrat der DDR im August 1950 den ersten Bauabschnitt einer zentralen städtebaulichen Achse von der Stalinallee über den Marx-Engels-Platz bis zum Brandenburger Tor. Dieser Beschluß besiegelte gegen massive Proteste aus dem Westen den Abriß des barocken Stadtschlosses. Nur dessen älteste Bauteile an der Spree waren im Krieg nahezu völlig zerstört worden; die kunsthistorisch bedeutendsten Räume wurden in den unmittelbaren Nachkriegsjahren sogar noch für Wechselausstellungen genutzt. Die Hauptargumente für den Abriß dieses Baudenkmals bezogen sich auf die Geschichte des Staates Preußen, auf die ungeeignete Größe des bisherigen Platzes für Massenkundgebungen und darauf, wie viele Wohnungen für die Millionenkosten einer Erhaltung des Schlosses zu errichten seien. Einen Tag nachdem das Gesetz über den Aufbau der Städte in der DDR in der Volkskammer verabschiedet worden war, begann am 7. September 1950 die Sprengung des Schlosses. Lediglich der Fassadenabschnitt mit jenem Balkon, von dem aus Karl Liebknecht 1918 die sozialistische Räterepublik ausgerufen hatte, fand im Neubau des sogenannten ›Staatsratspalais‹ Verwendung.

Richard Paulick, ein Architekt, der mit Bauten im Stil der Neuen Sachlichkeit begonnen hatte, z. B. dem heute noch existierenden ältesten Parkhaus Berlins (1930), lieferte 1950 die ersten Vorschläge zur Gestaltung des Marx-Engels-Platzes und seiner Umgebung: Altes Museum und Dom sollten ebenso wie das Lindenforum mit Hedwigskathedrale und Zeughaus wiederaufgebaut werden. An Neubauten plante Paulick auf dem Gelände des ehemaligen – ebenfalls abgerissenen – Kaiser-Wilhelm-Denkmals an der Schloßfreiheit eine Gedenkstätte für die ermordeten Antifaschisten aller Länder sowie zu beiden Seiten der Rathausstraße das neue Staatsopernhaus und ein ›Zentrales Gebäude‹ für den Ministerrat und die Volkskammer der DDR. Zwischen

1951 und 1953 erarbeitete die ›Planungsgruppe Berlin‹ unter der Leitung von Edmund Collein, dem Vizepräsidenten der Deutschen Bauakademie, weitere Entwürfe auf dem Reißbrett. Die sichtbarste Veränderung gegenüber den Plänen Paulicks war die Aufstokkung des Regierungsgebäudes auf 200 Meter vor einer riesigen Freifläche im Stadtzentrum. Es kam soweit, daß in einer Schlußvariante das Hochhaus der Regierung direkt auf den Baugrund des abgerissenen Stadtschlosses gesetzt wurde. Diese Überlegungen bedeuteten eine überraschende Wiederkehr jener Idee der ›Stadtkrone‹, des monumentalen Gemeinschaftsbaus, der die utopischen Entwürfe von Architekturexpressionisten wie Bruno Taut unmittelbar nach dem Ersten Weltkrieg gekennzeichnet hatte. Keiner der Pläne für das zentrale Hochhaus wurde jedoch verwirklicht.

Seit den Maifeierlichkeiten des Jahres 1951 kündete im Zentrum nur der freigelegte Marx-Engels-Platz und eine provisorische Holztribüne von kommenden Baumaßnahmen. Klagen über den Zustand dieser Stadtbrache häuften sich; der Platzbelag aus Ziegelmehl führte zu Staubwolken bei Sonnenschein und Wasserlachen bei Regen. Als »endgültige Gestaltung« – möglichst bis zu den nächsten Maifeierlichkeiten – forderte 1953 die ›Berliner Zeitung‹ wenigstens eine neue Bodenabdekkung aus Granitplatten und Kleinmosaik sowie eine neue Beleuchtungsanlage mit 14 doppelarmigen Kandelabern, wie sie bereits an der Stalinallee installiert waren. Mit Ausnahme von Raumordnungsplänen aus der ›Meisterwerkstatt Städtebau‹ beim ›Chefarchitekten von Groß-Berlin‹, Hermann Henselmann, gab es bis 1957 keine weiteren Pläne mehr für den Marx-Engels-Platz.

Im Oktober 1957 wurde auf der vierten Tagung der Stadtverordnetenversammlung der Beschluß zur Ausschreibung eines Wettbewerbs für den Wiederaufbau des Zentrums gefaßt. Anläßlich des neunten Jahrestages der Gründung der DDR schrieben ein Jahr später Regierung und Magistrat den ›Ideenwettbewerb zur sozialistischen Umgestaltung des Zentrums‹ aus, wobei die Rolle »Berlins als Hauptstadt der Deutschen Demokratischen Republik« und als »künftige(r) Hauptstadt eines friedliebenden, demokratischen Deutschlands« gleichermaßen geltend gemacht wurde. Ein erster Preis wurde im Oktober 1959 vergeben. Einige Architekten schlugen vor, den Dom abzureißen, weil »er nicht zu den Ruhmestaten vergangener Bautraditionen gehört«, und an seiner Stelle eine Kongreßhalle zu errichten. Andere planten eine neue Variante des ›Zentralen Gebäudes‹ am Ostufer der Spree. Hermann Henselmann lieferte außer Konkurrenz einen Entwurf, der bei seinen Kollegen auf heftigste Ablehnung, bei der Berliner Bevölkerung dagegen auf so großes Interesse stieß, daß er vorfristig aus der dem Wettbewerb angeschlossenen Ausstellung genommen wurde. Es waren nicht so sehr die unter die Erde verlegte S-Bahntrasse, der korrigierte Spreeverlauf oder die Wasserbahnhöfe, die schockierten, sondern die Akzentuierung des Marx-Engels-Platzes durch einen technischen Zweckbau – einen Fernsehturm – an Stelle des erwarteten Regierungsgebäudes. Die Entwürfe aller 56 Teilnehmer aus der DDR und sechs weiteren sozialistischen Staaten zeigten ein modernes Stadtbild mit aufgelockerter Bauweise, ausgedehnten Grünanlagen, getrennten Fußgänger- und Autobereichen, Hochhäusern mit Rasterfassaden und anderes mehr: Nach der Kritik Nikita Chruschtschows an der ›Verschwendungssucht‹ und am ›Zierat‹ im sowjetischen Bauwesen der Stalinära war man auch in der DDR ab Mitte der fünfziger Jahre von der akademisch ausgerichteten Baupraxis abgerückt.

Bis zum April 1961 dauerte die Arbeit immer neuer Kollektive an einem Bebauungsplan für das Zentrum mit einem Hochhaus für Volkskammer und Ministerrat an. Die Ruine des Doms wurde geschont, Schinkels Bauakademie gegen die Proteste von Architekten beider deutscher Staaten abgerissen und später durch das Hochhaus des DDR-Außenministeriums ersetzt. Als Schlußwort zur Stalinallee galt im November 1961, drei Monate nach dem Bau der Berliner Mauer, die Umbenennung dieser ersten Nachkriegsmagistrale in ›Karl-Marx-Allee‹ und ›Frankfurter Allee‹.

Die Idee eines Hochhauses im Stadtbezirk Mitte wurde 1964 durch den Bau des ›Interhotels‹ am Alexanderplatz realisiert. Ein Jahr später rückte der bereits für die Müggelberge geplante Fernsehturm in die Nähe des innerstädtischen Bereichs, wie Henselmann Jahre zuvor vorgeschlagen hatte. Er wurde schließlich 1969 anläßlich des 20. Jahrestages der Gründung der DDR eingeweiht.

Zum IX. Parteitag der SED übergab Erich Honecker den ›Palast der Republik‹ – errichtet auf einem Teil des ehemaligen Stadtschloß-Areals – der Öffentlichkeit. Wie die Vertikale des Fernsehturms, so manifestiert die Horizontale des Palastes den hauptstädtischen Anspruch Ost-Berlins. Die Architekten Heinz Graffunder und Karl-Ernst Swora entwarfen einen Repräsentationsbau mit einem Saal für die Volkskammer, einem Kongreßsaal mit 5000 Plätzen, Lese- und Clubräumen sowie mehreren gastronomischen Einrichtungen. Seine architektonische Sprache ist unverbindlich modern, ohne die Eleganz westlicher Vorbilder zu erreichen. Der 85 mal 180 Meter große Kubus riegelt das Gelände, das sich nach Westen für einen riesigen Parkplatz öffnet, nach Osten zur Spree hin ab. Die Leere, die sich nach dem Abriß des Stadtschlosses über das Zentrum legte, ist aber immer noch spürbar, auch wenn man heute versucht, ihr in den neu angelegten Gassen des benachbarten Nikolaiviertels mit baulicher Verdichtung zu begegnen.

15/1 Napoleon I. marschiert am 27. Oktober 1806 in Berlin ein
G. Engelmann/Hte. Bellangé
nach 1815; Lithographie, 39,5 × 52 cm
Paris, Museé Carnavalet (Hb 010 A 054)

15/2 ›Berliner Straßen-Krawall. Angriff der Berliner Demokraten auf das Hotel des Minister-Präsidenten von Auerswald in der Wilhelmstraße zu Berlin am 21. August 1848‹
Neuruppiner Bilderbogen 2105: ›Das merkwürdige Jahr 1848. Eine neue Bilderzeitung, 34stes Bild‹
Lithographie, 44 × 35 cm
Berlin, Landesarchiv (Rep. 250 Acc. 507 Nr. 23 j)

Unter dem Eindruck der Pariser Februarrevolution von 1848 kam es im März auch in Berlin zu Demonstrationen und Unruhen. Nachdem die Revolutionäre eine Reihe von Erfolgen verbuchen konnten, kam es im Laufe des Sommers immer wieder zu Auseinandersetzungen zwischen radikalen Linken und liberalen Kräften, zu denen auch der Ministerpräsident Auerswald gehörte. Varnhagen von Ense notiert unter dem 22. August 1848 in seinem ›Journal einer Revolution‹: »Auerswald hatte gestern grade Assemblee, als die Steine in seine Säle flogen, die Gäste mußten sich hinter den Mauerpfeilern halten, um nicht getroffen zu werden, und nahmen alle durch den Garten ihren Rückzug. Der Minister schämte sich besonders, daß ihm der Schimpf in Gegenwart der fremden Gesandten widerfuhr; als wenn die zu Hause in ihren Ländern es besser hätten! Man sieht in diesem Zuge die ganze Erbärmlichkeit dieses hoffährtigen, immer den Schein zur Hauptsache machenden Staatsgesindels.«

15/3 Modell der Wilhelmstraße in Berlin
Werkstatt für Modellbau und Fotografie Monath & Menzel
1988/89; 190 × 480 cm; M 1:100
Bonn, Stadt Bonn
Berlin, Deutsches Historisches Museum

Im Jahre 1710 vereinte Friedrich I. die Doppelstadt Berlin-Cölln mit seinen drei Neugründungen Friedrichswerder, Dorotheenstadt und Friedrichstadt zur ›Königlich-preußischen Residenzstadt Berlin‹. Die westliche Begrenzung der Friedrichstadt zum Tiergarten hin bildete die Wilhelmstraße. Der Nachfolger Friedrichs I., Friedrich Wilhelm I., nötigte in den dreißiger Jahren des 18. Jahrhunderts durch die Schenkung von Grundstücken und Baumaterialien wichtige Vertreter seines Militär- und

Beamtenadels zum Bau repräsentativer Wohngebäude in der Wilhelmstraße.

Schon zum Ende des Jahrhunderts zogen in diese Gebäude die ersten preußischen Ministerien ein; nach der Reichsgründung 1871 lagen hier Regierungsbehörden Preußens und des Reichs nebeneinander. Die Wilhelmstraße wurde zum Symbol wie Downing Street in London oder der Quai d'Orsay in Paris.

Das in diesem Modell gezeigte Teilstück der Wilhelmstraße war ungefähr 500 Meter lang; es reichte von der Straße Unter den Linden im Norden bis zum Wilhelmplatz im Süden.

15/4 ›Der Wilhelms-Plaz zu Berlin‹

F. A. Calau

1813; Radierung, koloriert, 11,4 × 17,7 cm
Berlin, Berlin Museum

15/5 ›Denkmal des Fürsten Leopold von Anhalt-Dessau auf dem Wilhelmplatz in Berlin‹

1936; Feder, laviert auf Transparentpapier, 60,5 × 45,5 cm
Berlin, Landesarchiv (Pr. Br. 42, Plankammer VI. Nr. 13/7)

Nach dem Ende des Siebenjährigen Krieges ließ Friedrich II. von Preußen den beiden gefallenen Generälen Kurt Christoph von Schwerin und Hans Karl von Winterfeldt

15/5

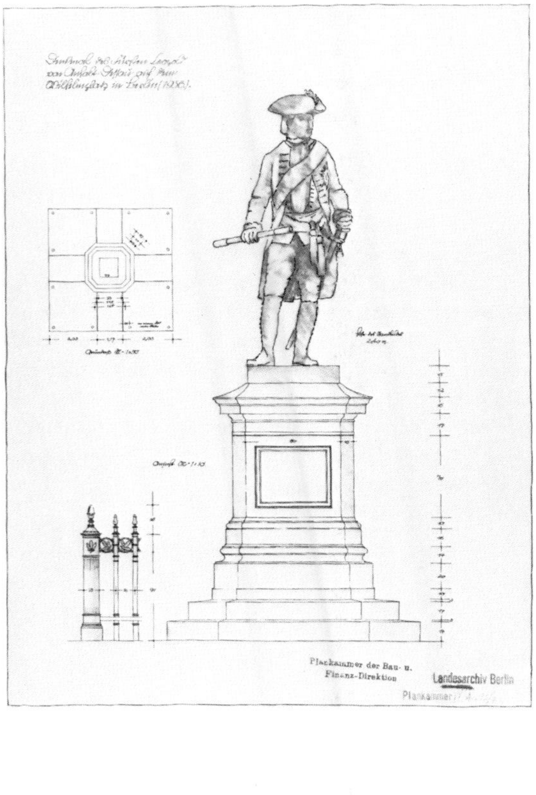

auf dem Wilhelmplatz Denkmäler errichten. Noch zu Lebzeiten des Königs folgten Statuen von Friedrich Wilhelm von Seydlitz und Jakob Keith. Friedrichs Sohn und Nachfolger, Friedrich Wilhelm II., ließ diese Denkmalgruppe durch ein Standbild des Husarengenerals Hans Joachim von Zieten, das von Johann Gottfried Schadow modelliert wurde, erweitern. Von Schadow stammt auch das Denkmal des ›Alten Dessauers‹, das im Jahre 1800 zunächst am Lustgarten aufgestellt und erst 1828 auf den Wilhelmplatz versetzt wurde.

Als der Wilhelmplatz im Zuge der Vorbereitungen auf die 700-Jahrfeier Berlins im Jahre 1937 in einen Aufmarschplatz umgewandelt wurde, stellte man die sechs Denkmäler in einer Reihe an der Ostseite des Platzes auf. Im Rahmen dieser Umsetzungsaktion ist diese Zeichnung entstanden.

15/6 ›Der neue Wilhelmplatz‹

1937; Fotografie (Reproduktion)
München, Süddeutscher Verlag, Bilderdienst

15/7 Menschenmenge auf dem Wilhelmplatz beim Staatsbesuch des japanischen Außenministers Matsuoka, 1941

Fotografie (Reproduktion)
München, Süddeutscher Verlag, Bilderdienst

15/8 ›Plan général de la maison et du jardin de Monsieur le comte de Schulenburg, Général de Cavalerie de Sa Majesté à Berlin, rue de Guillaume‹ – Ansicht

Horst/Jean George Ringlin

um 1750; Kupferstich, 25 ×40 cm
Berlin, Staatliche Museen Preußischer Kulturbesitz, Kunstbibliothek (OS 2125)

König Friedrich Wilhelm II. überließ im September 1736 dem Generalleutnant Adolph Friedrich Graf von der Schulenburg »eine Stelle auf der Friedrichstadt, in der Wilhelms Straße«, mit der Auflage, dort ein »sehr kostbares und ansehnliches Haus« zu bauen, wozu er dem General die Baumaterialien schenkte. Der Bau, nach dem Vorbild französischer Adelshotels mit einem Corps de Logis, zwei Flügelbauten und einem Cour d'honneur ausgestattet, war 1740 abgeschlossen.

Nach dem Tod des Grafen verkaufte dessen Sohn das Haus an den Grafen Gebhard Werner, der es 1757 an Prinz August Ferdinand vermietete. Nach dessen Übersiedlung in das gegenüberliegende ›Ordenspalais‹ in der Wilhelmstraße 61a wechselten verschiedene Mieter einander ab, bis der Sohn des Grafen Werner das Haus 1790

15/9

dem Kammerherrn Chevalier Adrian de Verdy du Vernois verkaufte. Zwei Jahre später erwarb es der preußische König für seine ›morganatische‹ Gattin, die Gräfin Sophie Julie Friederike Dönhoff, die es allerdings nicht bewohnte. Im Jahre 1795 ging das Palais in den Besitz des Fürsten Michael Radziwill über.

15/9 ›Ansicht des Fürstl. Radziwilschen Palais in der Wilhelmstraße‹

J. H. A. Forst/F. A. Schmidt

1809; Radierung, koloriert, 11,7 × 17,7 cm
Berlin, Berlin Museum

Fürst Michael Radziwill erwarb das Haus in der Wilhelmstraße 77 als Wohnsitz für seinen Sohn, Fürst Anton Radziwill, und dessen Gemahlin, die Prinzessin Friederike Dorothee Luise Phillipine von Preußen, die Tochter des Prinzen August Ferdinand. Das Haus, durch eine Inschrift auf dem Frontgiebel als ›Hotel de Radziwill‹ ausgewiesen, blieb im Besitz der Familie, bis die Erben es im Jahre 1875 für sechs Millionen Mark an das Deutsche Reich verkauften. Bis 1878 wurde es mit einem Aufwand von 872 000 Mark zur Residenz des Reichskanzlers ausgebaut.

15/10 ›Compositionen zu Göthe's Faust‹

Fürst Anton Radziwill

Berlin, Staatsbibliothek Preußischer Kulturbesitz, Musikabteilung (N. Mus. 323)

Das ›Hotel de Radziwill‹ war im ersten Drittel des 19. Jahrhunderts ein Zentrum des kulturellen Lebens in Berlin. Hier verkehrten, neben anderen, Frédéric Chopin, Wilhelm von Humboldt und Friedrich Schinkel.

Fürst Radziwill, der bei einem Besuch in Weimar Goethe kennengelernt hatte, legte als Ergebnis seiner Kompositionsversuche eine musikalische Bearbeitung des ›Faust‹ vor, die in seinem Hause mehrfach aufgeführt wurde. Die Gräfin Bernstorff, die im Jahre 1818 einer Aufführung beiwohnte, berichtet: »Da fand ich denn im originellsten Gewirr Königliche Hoheiten, Gelehrte, Künstler in Kreisen vermischt, deren ausgleichendes, ordnendes und belebendes Prinzip die Prinzeß war und blieb.«

15/11 Fürst Otto von Bismarck mit Graf Julius Andrássy und Graf Peter Schuwalow

Anton von Werner

1879; schwarze Kreide, 46,9 × 61,5
Nürnberg, Germanisches Nationalmuseum (Hz 5527)

Vom 13. Juni bis zum 13. Juli 1878 trafen sich in Berlin hochrangige Vertreter der Signatarmächte des Friedens von Paris, mit dem 1856 der Krimkrieg beendet worden war. Das später ›Berliner Kongreß‹ genannte Treffen, zu dem unter anderem der britische Premierminister Benjamin Disraeli kam, war notwendig geworden, da nach einer erneuten militärischen Auseinandersetzung zwischen Rußland und der Türkei im Frieden von San Stefano (1877) Vereinbarungen getroffen worden waren, die die Interessensphäre Österreichs auf dem Balkan einerseits, die Großbritanniens in Fragen des Zugangs zum Schwarzen Meer andererseits berührten. Mit seiner Rede vor dem Reichstag am 19. Februar 1878, in der er erklärte, er wolle der »ehrliche Makler« sein, »der das Geschäft wirklich zustandebringen will« hatte Bismarck die Weichen für die Wahl Berlins als Tagungsort gestellt. Die Sitzungen fanden im Bankettsaal des Hauses Wilhelmstraße 77 statt, dessen Umbau zum Reichskanzlerpalais erst wenige Wochen zuvor abgeschlossen worden war.

Ein Empfang, den der Magistrat der Stadt Berlin für die Teilnehmer des Kongresses geplant hatte, mußte aus Termingründen abgesagt werden; die bereits bewilligten Mittel konnten deshalb für die Anfertigung eines Gemäldes zur Erinnerung an den ›Berliner Kongreß‹ verwendet werden. Den Auftrag erhielt Anton von Werner (1843–1915). Die hier gezeigte Skizze ist eine Vorstudie zur zentralen Szene des ›Kongreßbildes‹, das den Abschluß des ›Berliner Vertrages‹ am 13. Juli 1878 festhält: Bismarck mit dem ersten Bevollmächtigten Österreichs, Graf Julius Andrássy, und dem russischen Bevollmächtigten, Graf Peter Schuwalow, dem er die Hand schüttelt.

15/12 Album mit den Porträtfotografien der Teilnehmer am ›Berliner Kongreß‹

1878; Leder, geprägt, Messing, 40 × 30 × 8 cm
Bonn, Politisches Archiv des Auswärtigen Amtes, Nachlaß Radowitz 02

Alle Teilnehmer am ›Berliner Kongreß‹ erhielten zum Abschied ein Album mit den Porträtfotografien der Kongreßbevollmächtigten. Dieses Album stammt aus dem Nachlaß des Botschafters Joseph Maria von Radowitz, der als Kongreßsekretär mit der Organisation betraut war.

15/13 Reichskanzler von Bethmann-Hollweg und seine Gattin im Lesezimmer des Reichskanzlerpalais

1913; Fotografie (Reproduktion)
München, Süddeutscher Verlag, Bilderdienst

15/14

Reichskanzler von Bethmann-Hollweg begab sich am 16. August 1914 in Begleitung des Staatssekretärs in der Reichskanzlei, von Jagow, und mit einem Stab von Beamten in das ›Große Hauptquartier‹, wo er, mit ganz kurzen Unterbrechungen, während der ersten Monate des Krieges blieb.

Das ›Große Hauptquartier‹ war für die Dauer des Krieges das eigentliche Machtzentrum.

15/14 Das Ministerium des Auswärtigen in der Wilhelmstraße 76

Carl Graeb (1816–1884)

um 1850; Aquarell, Deckfarbe auf Papier, 25,4 × 33,7 cm
Berlin, Berlin Museum (GHZ 83/51)

Das preußische Ministerium des Auswärtigen befand sich seit 1819 in der Wilhelmstraße 76. Christian Günther Graf von Bernstorff (1769–1835) hatte, aus dänischen Diensten kommend, im Jahr zuvor die Leitung des Ministeriums unter der Bedingung übernommen, daß ihm ein Gebäude als Residenz zur Verfügung gestellt würde, in dem auch Platz für Büroräume des Ministeriums wäre. Seine Wahl fiel auf das Palais in der Wilhelmstraße, das der ehemalige russische Gesandte, Graf Alopeus, zum Verkauf anbot. Das Haus, zwischen 1735 und 1740 von dem Obristen von Pannwitz erbaut, befand sich von 1752 bis 1756 im Besitz der Baronin Barbara von Cocceji geb. Campanini, die unter dem Namen ›Barbarina‹ als Tänzerin stürmisch gefeiert worden war.

Die Raumverhältnisse waren von Anfang an sehr beengt, so daß nur die politische Abteilung hier untergebracht werden konnte, während die Büroräume der Zweiten Abteilung, die unter anderem für Handel und Konsulate zuständig war, über Gebäude der näheren Umgebung verstreut waren. Nach der Umwandlung des Ministeriums in das Auswärtige Amt des Norddeutschen Bundes im Jahre 1870 bzw. das Auswärtige Amt des Deutschen Reiches im folgenden Jahr wuchs der Raumbedarf noch einmal erheblich. Im Jahre 1877 kam es deshalb zum Ankauf des Nachbarhauses Nr. 75, das seit 1794 die Kgl. Hofbuchdruckerei Decker beherbergt hatte und in dem das Ministerium schon seit 1862 einige Räume angemietet hatte. Gleichwohl blieben die Verhältnisse beengt. Bis zu sechs Beamte mußten sich ein Zimmer teilen, weshalb viele ihre Akten zu Hause bearbeiteten und, wie aus einer Anordnung vom 12. März 1885 hervorgeht, nur verpflichtet waren, sich um zwölf Uhr für Besprechungen im Dienstgebäude aufzuhalten.

Zum 1. Januar 1920 schließlich konnte das Amt auch noch das Gebäude Wilhelmstraße 74 übernehmen, das seit 1799 nacheinander das Preußische Justizministerium, das Preußische Staatsministerium, das Bundes- bzw. Reichskanzleramt und das Reichsamt des Inneren beherbergt hatte. In der Wilhelmstraße 74–76 verblieb das Auswärtige Amt bis 1945; zwei Tage vor Kriegsende brannten die drei Häuser aus.

15/17

15/15 Wohnzimmer im Ministerium des Auswärtigen in der Wilhelmstraße 76

Carl Graeb

um 1850; Aquarell, Deckfarbe auf Papier, 25,5 × 34,5 cm
Berlin, Berlin Museum (GHZ 83/52)

15/16 Eingangsbereich des Auswärtigen Amtes in der Wilhelmstraße 76

1905; Fotografie (Reproduktion)
Berlin, Staatliche Museen Preußischer Kulturbesitz, Kunstbibliothek (Staatliche Bildstelle 1481.6)

15/17 Wagenkolonne vor dem Auswärtigen Amt in der Wilhelmstraße

1929; Fotografie (Reproduktion)
München, Süddeutscher Verlag, Bilderdienst

15/18 Der ›Kurierwagen‹ des Auswärtigen Amtes

um 1925; Fotografie (Reproduktion)
München, Süddeutscher Verlag, Bilderdienst

Mit diesem Pferdewagen wurden noch bis 1926 Akten transportiert. In einem Stall auf dem Grundstück Wilhelmstraße 76 stand auch der berittene Kurier bereit, der dem Ministerpräsidenten und dem Bundes- bzw. Reichskanzler zur Verfügung stand. Moritz Busch erinnert sich an Herrn Leverström, den »damals vielgenannten ›schwarzen Reiter‹«, der, nach den Erinnerungen des Geheimrates Tiedemann, des ersten Leiters der Reichskanzlei, immer mal wieder »Immediatberichte im Galopp nach dem Palast« bringt.

15/19 ›Bureau des Auswärtigen Amtes‹ – ›Vom 2. bis d. 7. Aug. 1870‹

20 × 12 cm
Mainz, Christian Adalbert Kupferberg & Compagnie

Am 31. Juli 1870 begab sich der Bundeskanzler des Norddeutschen Bundes, Graf Otto von Bismarck, im Gefolge König Wilhelms I. in den Krieg gegen Frankreich. Im königlichen Hauptquartier stand dem Kanzler zur Erledigung seiner politischen Aufgaben ein Stab von Mitarbeitern zur Verfügung. Dieses ›mobilisierte Auswärtige Amt‹ wurde im Herbst 1870 und im Winter 1870/71 zur Zentrale der deutschen Politik; hier wurde die Gründung des Deutschen Reiches vorbereitet. Auf dem Weg zum Kriegsschauplatz machte man in den ersten Augusttagen einige Tage im Hause Kupferberg Halt.

15/20 Ansicht des Hauses Kupferberg in Mainz als Residenz des Bundeskanzlers des Norddeutschen Bundes im August 1870

Druck: Karl Pfeil, Mainz

Lithographie, 30 × 50 cm
Mainz, Christian Adalbert Kupferberg & Compagnie

15/21 ›Dem königlichen Administrator der Fürstlich Thurn und Taxis'schen Posten Herrn Geheime Postrathe Stephan am 30 Juni 1867, die Beamten der Fürstlichen General Postdirektion zu Frankfurt a. M.‹ – Silberpokal

Hersteller: Firma Schleissner, Hanau

Silber, H 46 cm, Dm 16 cm
Frankfurt, Bundespostmuseum (L 5132)

Mit Vertrag vom Januar 1867 trat das Haus Thurn und Taxis seine Postgerechtsame an die Krone Preußens ab; deren Leitung übernahm Heinrich Stephan (1831–1897), bei welcher Gelegenheit die Mitarbeiter der Thurn und Taxis'schen Post ihrem neuen Chef diesen Silberpokal überreichten. Noch im gleichen Jahr wurde, unter Aufhebung der Selbständigkeit des Postwesens der einzelnen Bundesstaaten, das Post- und Telegraphenwesen für das gesamte Gebiet des Norddeutschen Bundes institutionell vereinheitlicht. Zu diesem Zweck wurde die preußische Postverwaltung, bisher als Generalpostamt Abteilung I. des preußischen Ministeriums für Handel, als Abteilung I. dem Bundeskanzleramt zugeordnet. Heinrich Stephan übernahm 1870 als Generalpostdirektor die Leitung dieser Abteilung, die nach der Reichsgründung in das Reichskanzleramt eingegliedert wurde.

15/22 Rock der Galauniform des Staatsekretärs im Reichspostamt, Heinrich von Stephan

um 1889; blaues Tuch, lila Samtaufschläge, goldene Stickerei
Frankfurt, Bundespostmuseum (C 5125)

Heinrich Stephan, 1885 geadelt, wurde 1876 zum Generalpostmeister ernannt. Auf seinen Vorschlag hin wurde das Generalpostamt, das bereits 1876 aus dem Reichskanzleramt ausgegliedert worden war, im Jahre 1880 als Reichspostamt verselbständigt und er selbst, wie die Leiter anderer Reichsämter, zum Staatssekretär ernannt.

15/18

15/23 Zwei Entwürfe für die Wanddekoration im Reichsmarineamt in der Leipziger Straße

Franz Schwechten

1902; Bleistift, Tusche auf Transparentpapier, 22,7 × 47 cm; 30 × 18 cm

Berlin, Geheimes Staatsarchiv Preußischer Kulturbesitz (IX.HA Dep. Schwechten Nr. 867/2, 867/4)

15/24 ›Entwurf zu einem Dienstgebäude für das Reichsjustiz-Amt und das Reichskanzler-Amt für Elsaß-Lothringen, Voss-Straße Nr 4 + 5 Vorder-Ansicht‹

J. von Moerner

1878; Feder, 54,5 × 67,5 cm

Berlin, Plansammlung der Universitätsbibliothek der Technischen Universität (13553)

Die Gründung eines Reichsjustizamtes am 1. Januar 1877 war ein weiterer Schritt auf dem Weg zur Verselbständigung einzelner Aufgaben des Reichskanzleramtes. Als die 14 Beamten des Reichsjustizamtes im Sommer 1881 das neue Gebäude in der Voß-Straße bezogen, war das ›Reichskanzler-Amt für Elsaß-Lothringen‹, das ebenfalls in dem Neubau untergebracht werden sollte, bereits wieder aufgelöst. Das Gebäude in der Voß-Straße mußte, wie seine Nachbarn, 1937 dem Bau der ›Neuen Reichskanzlei‹ weichen. Die meisten Beamten waren bereits im Jahr zuvor in die Wilhelmstraße gezogen, nachdem mit dem ›Gesetz über den Neuaufbau des Reiches‹ vom 30. Januar 1934 das preußische Justizministerium mit dem Reichsjustizministerium verbunden wurde.

15/24

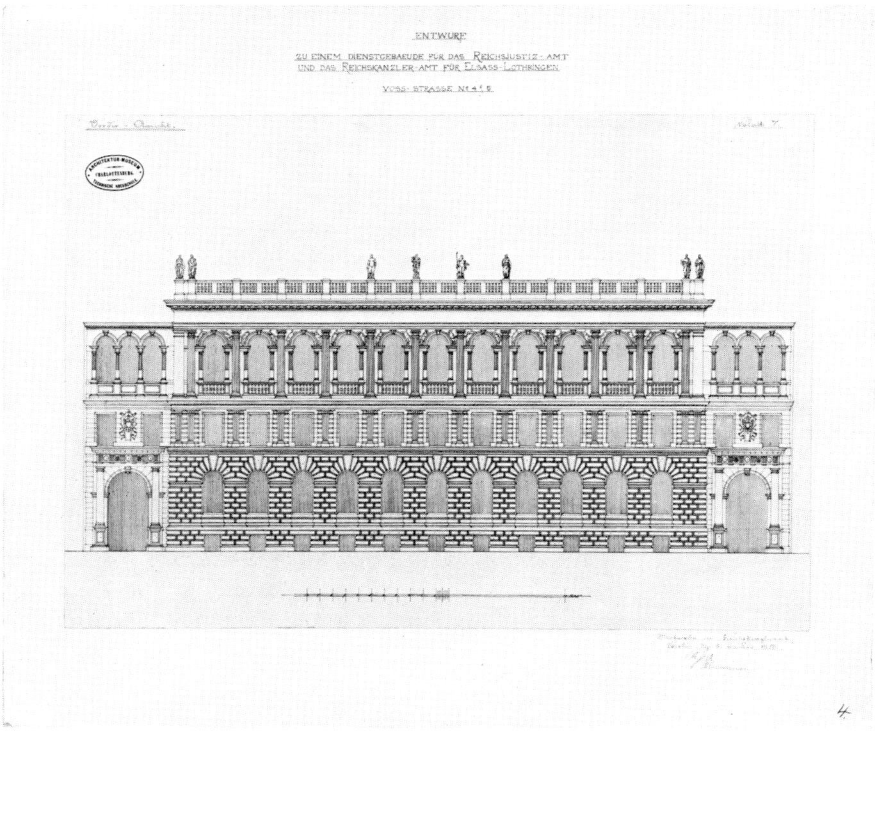

15/25 Der Blaue Saal im Preußischen Justizministerium

um 1900; Fotografie (Reproduktion)

Berlin, Staatliche Museen Preußischer Kulturbesitz, Kunstbibliothek (Staatliche Bildstelle M III, KBB 8163)

Das preußische Justizministerium zog im Frühjahr 1849 aus dem Hause Wilhelmstraße 74, das für das Preußische Staatsministerium freigemacht wurde, in das schräg gegenüberliegende Gebäude Wilhelmstraße 65 um. Dieses Palais, zwischen 1735 und 1740 für den Oberstleutnant von Pennavaire erbaut, hatte in der zweiten Hälfte des 18. Jahrhunderts mehrmals den Besitzer gewechselt, bis es im Jahre 1806 von Prinz Ferdinand gekauft wurde, der es seinem Sohn, dem Prinzen August, vererbte; dessen Erben wiederum verkauften das Gebäude im Jahre 1844 an Preußen.

Bei dem darauf folgenden Umbau für Verwaltungszwecke blieben, ebenso wie nach einem Um- und Erweiterungsbau zwischen 1865 und 1872, bei dem unter anderem ein weiteres Stockwerk hinzukam, »zwei durch eine Glaswand geschiedene, mit farbigem Stuckmarmor, Spiegelwänden und Vergoldung reich ausgestattete Säle erhalten, deren Decoration im Jahre 1816 durch Schinkel entworfen ist« (Berlin und seine Bauten II, Band 2, S. 107, 1899).

Das preußische Justizministerium verblieb auch nach seiner zwangsweisen Verbindung mit dem Reichsjustizministerium durch das ›Gesetz über den Neuaufbau des Reiches‹ vom 30. Januar 1934 als Reichs- und Preußisches Ministerium der Justiz bis zum Ende des Zweiten Weltkriegs in der Wilhelmstraße 65.

15/26 Ledertasche mit der Aufschrift ›Justizministerium‹

Leder, Messing, 43 × 26 × 17 cm

Bonn, Bundesministerium der Justiz, Justizhistorische Sammlung (H 6)

Diese Tasche wurde zum Transport von Akten benutzt.

15/27 ›Erweiterungsbau des Geschäftsgebäudes für das Ministerium der geistlichen pp. Angelegenheiten – Ansicht nach der Wilhelmstraße‹

Entwurf: Kieschke
um 1900; Feder auf Karton, 45 × 80 cm
Berlin, Landesarchiv (Pr. Br. 42, Plankammer II. Nr. 6c)

Das preußische Kultusministerium war seit 1849 in einem Gebäude Unter den Linden 4 untergebracht. Obwohl dem Ministerium ab 1874 noch das südliche Nachbargebäude Behrenstraße 71 zur Verfügung stand, wurde zur Behebung der Raumnot das Gebäude Unter den Linden ab 1879 durch einen Neubau ersetzt.

Im Jahre 1901 schließlich wurde das Gebäude Wilhelmstraße 68 angekauft und ebenso wie das Nachbargebäude Behrenstr. 71 abgerissen; das so frei gewordene Grundstück wurde zwischen 1901 und 1903 neu bebaut.

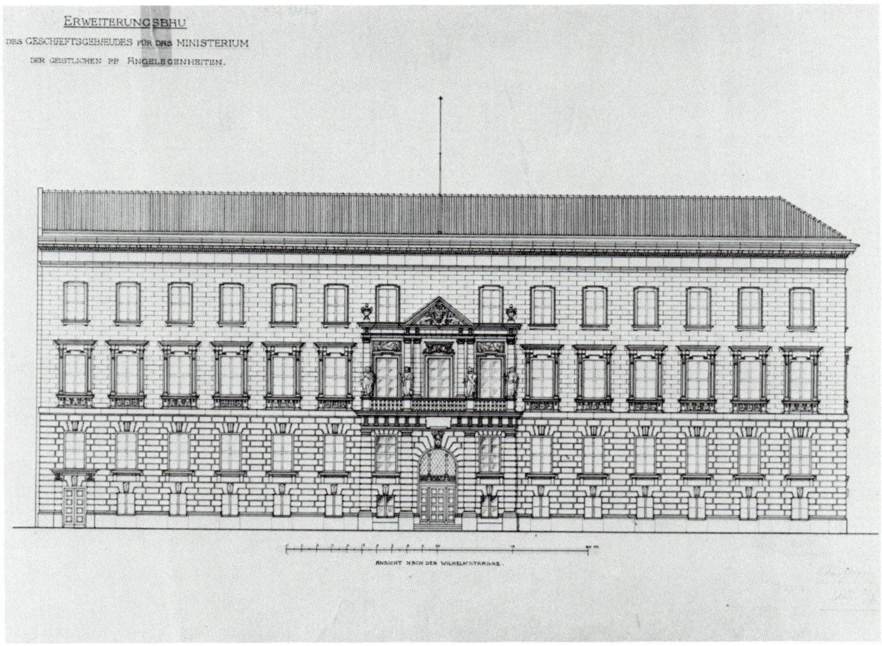

15/27

15/28 ›Dienstgebäude für das Ministerium für Wissenschaft, Kunst u. Volksbildung, Berlin, Unter den Linden 4 – Lageplan‹

1929; Bleistift, Feder, Buntstift, 54 × 37 cm
Berlin, Landesarchiv (Pr. Br. 42, Nr. 1234, fol. 94)

15/29 Der Festsaal der russischen Botschaft Unter den Linden 7

um 1900; Fotografie (Reproduktion)
Berlin, Staatliche Museen Preußischer Kulturbesitz, Kunstbibliothek (Staatliche Bildstelle 3328,6)

Im Jahre 1836 kaufte Zar Nikolaus I. das Haus Unter den Linden Nr. 7, das im Jahrhundert zuvor einige Jahre im Besitz der Prinzessin Amalie, der Schwester König Friedrichs II., gewesen war. Nach einem Umbau durch Eduard Knoblauch (1801–1865) zog hier 1842 der russische Botschafter ein.

15/30 Die sowjetische Botschaft Unter den Linden 7

1930; Fotografie (Reproduktion)
Berlin, Ullstein-Bilderdienst

15/31 Palais Strousberg – Schnitt durch Bibliothek und Musiksaal

August Orth
1867; Bleistift, Feder, aquarelliert, 30,5 × 38 cm
Berlin, Plansammlung der Universitätsbibliothek der Technischen Universität (14426)

Das Palais Strousberg in der Wilhelmstraße 69 beherbergte seit 1876 die englische Botschaft.

15/32 Palais Strousberg – Schnitt durch das Vestibül

August Orth/Otto von Großheim
1867; Bleistift, Feder, aquarelliert, 45 × 63,5 cm
Berlin, Plansammlung der Universitätsbibliothek der Technischen Universität (14425)

15/32

15/33 Die französische Botschaft am Pariser Platz 5

1920; Fotografie (Reproduktion)
Berlin, Ullstein-Bilderdienst

15/34 Entwurf für eine Deckenbemalung in der französischen Botschaft am Pariser Platz 5

Carl Sievers

1864/68; Bleistift, teilweise aquarelliert, 25 × 31 cm
Berlin, Plansammlung der Universitätsbibliothek der Technischen Universität (5408)

15/35 Konferenz der Vertreter der deutschen Länder in der Reichskanzlei am 25. November 1919

Fotografie (Reproduktion)
Berlin, Bildarchiv Preußischer Kulturbesitz

Am 9. November 1918 übergab der letzte kaiserliche Reichskanzler, Prinz Max von Baden (1867–1929), dem SPD-Vorsitzenden Friedrich Ebert das Amt des Reichskanzlers; am nächsten Tag übernahm Ebert zusammen mit Hugo Haase von der USPD den Vorsitz im ›Rat der Volksbeauftragten‹, der bis zum Zusammentritt der verfassunggebenden Nationalversammlung in Weimar am 10. Februar 1919 die provisorische Reichsregierung bildete. Dem ›Rat der Volksbeauftragten‹ gehörten neben Ebert und Haase von der SPD Scheidemann und Landsberg, von der USPD Dittmann und Barth an.

Am 25. November kamen in Berlin die Vertreter der Regierungen zusammen, die sich in den deutschen Ländern nach dem Rücktritt der regierenden Fürsten gebildet hatten; nicht vertreten waren Schwarzburg-Sondershausen und Waldeck. Diese von Friedrich Ebert geleitete Konferenz, die im Kongreßsaal der Reichskanzlei stattfand, plädierte für die Einberufung einer verfassunggebenden Nationalversammlung.

15/36 Demonstration gegen die Bedingungen des Versailler Vertrages vor der Reichskanzlei in der Wilhelmstraße

1919; Fotografie (Reproduktion)
München, Süddeutscher Verlag, Bilderdienst

15/37 Vollmacht für den Reichskolonialminister Dr. Johannes Bell für die Friedensverhandlungen in Versailles

1919; Siegel: Wachs, 35 × 21 cm
Bonn, Politisches Archiv des Auswärtigen Amtes

Am 18. Januar 1919 kamen in Paris die Vertreter der Siegermächte des Ersten Weltkrieges zu einer Friedenskonferenz zusammen. Nach mehr als drei Monaten Verhandlungsdauer wurde der deutschen Delegation unter Außenminister Graf Brockdorff-Rantzau, die an den Verhandlungen nicht beteiligt war, am 7. Mai der Vertragstext überreicht.

Johannes Bell (1868–1949), der der am 13. Februar in Weimar unter Philipp Scheidemann (1865–1939) gebildeten Reichsregierung als Kolonialminister mit der Aufgabe angehörte, die Kolonialverwaltung zu liquidieren, war Mitglied der deutschen Delegation. Seine Vollmacht wurde am 15. April von Reichspräsident Friedrich Ebert und Reichskanzler Scheidemann unterschrieben.

15/38 Federhalter und Petschaft des Reichskolonialministers Dr. Johannes Bell

1919; a) L 18 cm; b) H 6,5 cm
Bonn, Politisches Archiv des Auswärtigen Amtes

Die Alliierten, die nur einige wenige der von deutscher Seite geforderten Veränderungen am Vertragstext akzeptiert hatten, überreichten am 16. Juni 1919 den endgültigen Text. Daraufhin trat Philipp Scheidemann, der schon auf einer Sitzung der Nationalversammlung am 12. Mai in der Aula der Berliner Universität erklärt hatte, die Hand müsse verdorren, die diesen Vertrag unterzeichne, mit seinem Kabinett am 20. Juni zurück. Am nächsten Tag wurde ein neues Kabinett unter dem Sozialdemokraten Gustav Bauer (1870–1944) gebildet, dem Johannes Bell wiederum als Kolonialminister angehörte.

Der Vertrag, der von der Nationalversammlung am 22. Juni mit 237 zu 138 Stimmen akzeptiert worden war, wurde am 28. Juni im Spiegelsaal des Schlosses zu Versailles unterschrieben, im gleichen Saal, in dem am 18. Januar 1871 der preußische König Wilhelm I. zum Deutschen Kaiser proklamiert worden war. Johannes Bell gehörte auch der Delegation an, die den Vertrag unterzeichnete; er benutzte dafür diesen Federhalter und dieses Petschaft.

15/39 Mappe für Kongreßunterlagen

1919; Pappe, Stoff, 26 ×40 × 3 cm
Bonn, Politisches Archiv des Auswärtigen Amtes

15/40 Der Diplomatenpaß des Außenministers Hermann Müller

1919; 32 × 41 cm (aufgeschlagen)
Bonn, Politisches Archiv des Auswärtigen Amtes

Der Delegation, die am 28. Juni den Vertrag von Versailles unterzeichnete, gehörte auch der Sozialdemokrat Hermann Müller (1876–1931) an, der als Außenminister im Kabinett Bauer amtierte.

15/41 Angehörige der Marinebrigade Ehrhardt beim Kapp-Putsch am 13. März 1920
a) Putschtruppen in der Wilhelmstraße
b) Wache vor dem Auswärtigen Amt

Fotografien (Reproduktionen)
Berlin, Ullstein-Bilderdienst

Am 13. März 1920 besetzten Truppen unter dem Befehl des Generals von Lüttwitz und die Marinebrigade Ehrhardt das Berliner Regierungsviertel. Der ostpreußische Generallandschaftsdirektor Wolfgang Kapp wurde als Reichskanzler eingesetzt. Dieser Putsch, getragen von einer Koalition rechter Gruppierungen und Interessenverbände, scheiterte schon nach wenigen Tagen an dem von den Gewerkschaften ausgerufenen Generalstreik und der Weigerung der Ministerialbeamten, die Anordnungen der Putschregierung auszuführen.

15/42 Tagung der Nationalversammlung im Stuttgarter Kunstgebäude (Abb. S. 343)

1920, Fotografien (alte Abzüge), je 12,8 × 17,7 cm
Stuttgart, Hauptstaatsarchiv (Q 1/2 Bd 43)

Noch am ersten Tag des Kapp-Putsches vereinbarte Innenminister Koch mit dem Präsidenten der Nationalversammlung Fehrenbach die Einberufung des Parlaments nach Stuttgart. Dort entschied man sich für das Kunstgebäude am Schloßplatz als Tagungsort; andere Gebäude hatte man aus Sicherheitsgründen abgelehnt.

15/43 ›Ausweis für den Herrn Major Hirl zum ungehinderten Verkehr nach dem Gebäude der Nationalversammlung und in demselben‹

1920; 8,8 × 10,3 cm
Stuttgart, Hauptstaatsarchiv (Q 1/2 Bd 219)

15/44 ›An die Bevölkerung Stuttgarts!‹ – von einem Flugzeug abgeworfene Bekanntmachung zu Absperrungen und Demonstrationsverbot für den Schloßplatz

1920; 15,3 × 22,7 cm
Stuttgart, Hauptstaatsarchiv (Q 1/2 Bd 219)

15/45 Eintrittskarte zur Protestversammlung von DDP, SPD und Zentrum in der Rollschuhbahn/Neckarstraße am 19. März 1920 und Nachrichtenzettelchen des Ministers Heymann

1920; 5,3 × 10 cm auf 18,7 × 30,8 cm
Stuttgart, Hauptstaatsarchiv (Q 1/2 Bd 219)

15/46 Reichspräsident Friedrich Ebert während des Kapp-Putsches in Stuttgart

1920; Fotografie (Reproduktion)
Stuttgart, Landesbildstelle (F 831/20)

15/47 Verhandlungsvollmacht des Reichspräsidenten Friedrich Ebert für Otto Braun, Stuttgart, 19. März 1920

Autograph, 16,5 × 21 cm
Berlin, Geheimes Staatsarchiv Preußischer Kulturbesitz (I.HA Rep. 92 Otto Braun A 72)

Nach dem Ende des Kapp-Putsches am 17. März hatten die meisten am Generalstreik beteiligten Gruppen den Streik fortgesetzt, um ihren sozialistischen Forderungen Nachdruck zu verleihen. Otto Braun fuhr am 19. März nach Berlin mit der Vollmacht, »mit den Arbeitern sämtlicher sozialistischer Richtungen« zu verhandeln.

15/48 Sitzungssaal im Preußischen Staatsministerium in der Wilhelmstraße 65

um 1928; Fotografie (Reproduktion)
Berlin, Bildarchiv Preußischer Kulturbesitz

Das Preußische Staatsministerium, Amtssitz des preußischen Ministerpräsidenten, befand sich seit 1848 in der Wilhelmstraße 74; im Jahre 1868 mußte es dem neugegründeten Bundeskanzleramt des Norddeutschen Bundes Platz machen. 20 Jahre lang waren die Büroräume, zusammen mit Büroräumen des Preußischen Kultusministeriums, in der Behrenstraße 72 untergebracht, bis 1889 ein Haus am Leipziger Platz bezogen werden konnte.

Zehn Jahre später erwarb der preußische Fiskus das Grundstück Wilhelmstraße 63. Zwischen 1900 und 1902 wurde hier ein Neubau für das Staatsministerim errichtet, in dem auch die Generalordenskommission Platz fand; im Garten des 115 Meter tiefen Grundstücks wurde, mit separatem Eingang, ein Haus für die General-Lotteriedirektion gebaut. Der Sitzungssaal für die Preußische Staatsregierung befand sich im ersten Stock über dem Hauptportal.

15/49 Sitzung der Preußischen Staatsregierung

1931; Fotografie (Reproduktion)
Berlin, Bildarchiv Preußischer Kulturbesitz

In Preußen wurde, anders als im Reich, die Regierung von 1920 bis 1932 von SPD, DDP und Zentrum, den Parteien der ›Weimarer Koalition‹, gestellt. Der Freistaat Preußen wurde dadurch in gewisser Weise eine »demokratische Ordnungszelle« (Hagen Schulze) innerhalb der Weimarer Republik, in der sich die politischen Gewichte immer stärker nach rechts, zu den Gegnern der Republik, verschoben. Auf dem Foto sind, unter Vorsitz von Ministerpräsident Otto Braun (SPD), unter anderem Innenminister Carl Severing (SPD) und Kultusminister Adolf Grimme (SPD), Justizminister Hermann Schmidt (Zentrum) und Handelsminister Walther Schreiber (DDP) zu sehen. Im Hintergrund neben der Tür der persönliche Referent Otto Brauns, Herbert Weichmann, nach dem Zweiten Weltkrieg Erster Bürgermeister von Hamburg.

15/50 Büste des preußischen Ministerpräsidenten Otto Braun

Herrmann Brachert

um 1928; Bronze, H 58,8 cm
Berlin, Der Präsident der Stiftung Preußischer Kulturbesitz

Otto Braun (1872–1955) war von November 1918 bis März 1920 preußischer Landwirtschaftsminister und von März 1920 bis 1933, mit kurzen Unterbrechungen in den Jahren 1921 und 1925, preußischer Ministerpräsident.

15/51 Der preußische Ministerpräsident Otto Braun mit dem preußischen Innenminister Carl Severing im Amtszimmer Brauns im Preußischen Staatsministerium

Walter Israel

1932; Fotografie (Reproduktion)
Berlin, Bildarchiv Preußischer Kulturbesitz

Carl Severing (1865–1952) war von 1920 bis 1926 und von 1930 bis 1933 preußischer Innenminister; von 1928 bis 1930 war er Reichsinnenminister im Kabinett Müller. Otto Braun und Carl Severing galten zusammen als Repräsentanten des demokratischen Preußen; besonders bei den rechten Gegnern der Republik kursierte das Schlagwort vom »System Braun-Severing«.

15/52 Der preußische Ministerpräsident Otto Braun bei einer Rundfunkrede zur preußischen Landtagswahl am 24. April 1932

Fotografie (Reproduktion)
Berlin, Bildarchiv Preußischer Kulturbesitz

Bei dieser Wahl bekam die ›Weimarer Koalition‹ keine Mehrheit; die NSDAP konnte sich von bisher acht Sitzen im Landtag auf 162 verbessern. Das Kabinett Braun regierte zunächst als geschäftsführendes Minderheitenkabinett weiter.

15/53 Der Kölner Oberbürgermeister Konrad Adenauer in einer Sitzungspause des Preußischen Staatsrats

1930; Fotografie (Reproduktion)
Berlin, Bildarchiv Preußischer Kulturbesitz

Konrad Adenauer war von 1921 bis 1933 Präsident des Preußischen Staatsrats, der Vertretung der preußischen Provinzen.

15/54 ›Militärischer Ausnahmezustand in Berlin und Brandenburg‹ – Titelseite des ›Berliner Lokal-Anzeiger‹ vom 20. Juli 1932 (Abendausgabe)

47 × 31,5 cm
Berlin, Landesarchiv (Rep. 240 Acc. 834 Nr. 11)

Unter einem Vorwand setzte Reichskanzler von Papen am 20. Juli 1932 die preußische Regierung ab. Papen ernannte sich selbst zum Reichskommissar für Preußen und den Essener Oberbürgermeister Bracht zum kommissarischen Innenminister.

Dieser ›Papen-Putsch‹, der sogenannte ›Preußenschlag‹, war, mit dem Ziel, das demokratische Bollwerk Preußen auszuschalten, ein Schritt auf dem Weg zur Machtübergabe an die Nationalsozialisten.

15/55 Räume im Palais des Reichspräsidenten

zwei Fotografien (Reproduktionen)
Berlin, Stiftung Preußischer Kulturbesitz, Kunstbibliothek (Staatliche Bildstelle M III, KBB 8238, 8239)

Im Artikel 41 der Weimarer Verfassung vom 11. August 1919 war ein Reichspräsident als Staatsoberhaupt vorgesehen. Dem Reichspräsidenten stand als Wohn- und Amtssitz das Palais Wilhelmstraße 73 zur Verfügung, das, seit 1856 in königlichem Besitz, seit 1872 das Ministerium des Königlichen Hauses beherbergt hatte. Zwischen 1734 und 1737 von dem Geheimen Finanz- und Domänenrat Graf von Schwerin erbaut, war es in der ersten Hälfte des 19. Jahrhunderts Eigentum des Buchhändlers Reimer.

Als nach dem Tode des Reichspräsidenten Hindenburg am 2. August 1934 Hitler durch das ›Gesetz über das

Staatsoberhaupt des Deutschen Reiches‹ das Amt des Reichspräsidenten mit dem des Reichskanzlers verband, diente das Palais als ›Präsidialkanzlei‹ repräsentativen Zwecken. Anfang 1939 ließ Joachim von Ribbentrop, der seit 1938 Außenminister war, das Haus mit großem Aufwand für sich als Amtswohnung umbauen.

15/56 Das Arbeitszimmer des Reichspräsidenten in der Wilhelmstraße 73

um 1930; Fotografie (Reproduktion)
Berlin, Bildarchiv Preußischer Kulturbesitz

15/57 Bildnis des Reichspräsidenten Friedrich Ebert (Abb. S. 336)

Emil Orlik

1924; Öl auf Leinwand, 125 × 80 cm
Bonn, Galerie der Friedrich-Ebert-Stiftung (00004)

Friedrich Ebert (1871–1925) war seit 1913 als Nachfolger August Bebels Vorsitzender der SPD. Seit 1912 im Reichstag, übernahm er 1916 zusammen mit Philipp Scheidemann den Vorsitz der SPD-Fraktion. Am 9. November 1918 von Prinz Max von Baden zum Reichskanzler ernannt, übernahm er zwei Tage später zusammen mit Hugo Haase den Vorsitz im ›Rat der Volksbeauftragten‹.

Am 11. Februar 1919 wurde Ebert von der Nationalversammlung in Weimar zum vorläufigen Reichspräsidenten gewählt; am 27. Oktober 1922 verlängerte der Reichstag Eberts Amtszeit bis zum 30. Mai 1925.

15/58 Die Beisetzung des Reichspräsidenten Friedrich Ebert – Der Trauerzug in der Wilhelmstraße (Abb. S. 338)

1925; Fotografie (Reproduktion)
München, Süddeutscher Verlag, Bilderdienst

Friedrich Ebert starb am 28. Februar 1925 an den Folgen einer verschleppten Blinddarmentzündung. Thomas Mann, den die ›Frankfurter Zeitung‹ um einen Nachruf gebeten hatte, schrieb: »Die Todesnachricht hat mich tief ergriffen. Hier endet ein Mannesschicksal, das die Zeit ins ursprünglich ganz Unglaubwürdige, Phantastische trieb, das aber keineswegs vermochte, die Persönlichkeit ins Exzentrische zu zerren, sondern mit schlichter Würde, gelassener Vernunft getragen und erfüllt wurde. Meine Sympathie ist grenzenlos.«

Mittwoch, 20. Juli 1932

Berliner
Lokal-Anzeiger

Abendausgabe
Preis 10 Pfennig

№ 341 Zentral-Organ für die Reichshauptstadt 50. Jahrgang

Bezugs-Bedingungen und Anzeigen-Preise sind in der Morgen-Ausgabe angegeben

Fernspr.: für Groß-Berlin Amt Dönhoff (A7) Sammel-Nr. 4105; für den auswärtigen Verkehr nur Amt Dönhoff Sammel-Nr. 4100. — Für unverlangt eingesandte Manuskripte übernimmt die Schriftleitung keine Verantwortung

Militärischer Ausnahmezustand in Berlin und Brandenburg.

v. Papen Reichskommissar in Preußen. — Dr. Bracht nimmt die Geschäfte des preußischen Innenministers wahr. — Braun und Severing amtsenthoben. — Generalleutnant v. Rundstedt Inhaber der vollziehenden Gewalt in Berlin und Brandenburg. — Grzesinski zurückgetreten, Weiß und Heimannsberg ihrer Aemter enthoben. — Reichswehr in der Wilhelmstraße.

Der Reichspräsident hat heute vormittag durch Notverordnung auf Grund des Artikels 48 der Reichsverfassung den Reichskanzler v. Papen zum Reichskommissar für Preußen ernannt und ihm die Befugnisse des Ministerpräsidenten übertragen. Als Reichskommissar hat Herr v. Papen die Amtsenthebung des bisherigen preußischen Ministerpräsidenten Braun und des bisherigen preußischen Innenministers Severing ausgesprochen. In einer Besprechung des Reichskanzlers mit den bisherigen preußischen Ministern Severing, Hirtsiefer und Klepper hat Severing erklärt, er weiche nur der Gewalt. Daraufhin ist durch eine zweite Notverordnung der militärische Ausnahmezustand über Berlin und die Mark Brandenburg verhängt worden. Die vollziehende Gewalt ist auf den Wehrkreis-Befehlshaber Generalleutnant v. Rundstedt übergegangen; ihm ist die Polizei von Berlin und Brandenburg unterstellt worden. Der Reichskanzler hat weiter den bisherigen Oberbürgermeister von Essen, Dr. Bracht, zu seinem ständigen Vertreter im preußischen Staatsministerium bestellt und mit der Wahrnehmung der Geschäfte des preußischen Innenminister beauftragt. Polizeipräsident Grzesinski hat sein Amt zur Verfügung gestellt. Polizeivizepräsident Dr. Weiß und Kommandeur Heimannsberg sind ihrer Aemter enthoben worden; die Posten Grzesinskis und Heimannsbergs sind bereits neu besetzt.

Einsetzung des Reichskommissars

Ermächtigung zur Amtsenthebung der preußischen Minister – Uebergang der Regierungsbefugnisse auf den Reichskommissar und seine Beauftragten.

Die Verordnung des Reichspräsidenten, durch die der Reichskanzler als Reichskommissar für Preußen mit Wirkung vom heutigen Tage eingesetzt wird, hat den Titel:

„Verordnung des Reichspräsidenten betreffend die Wiederherstellung der öffentlichen Sicherheit und Ordnung im Gebiete des Landes Preußen, vom 20. Juli 1932."

Die Verordnung hat folgenden Wortlaut:

„Auf Grund des Artikels 48 Absatz 1 und 2 der Reichsverfassung verordne ich zur Wiederherstellung der öffentlichen Sicherheit und Ordnung im Gebiet des Landes Preußen folgendes:

§ 1.

Für die Geltungsdauer dieser Verordnung wird der Reichskanzler zum Reichskommissar für das Land Preußen bestellt. Er ist in dieser Eigenschaft ermächtigt, die Mitglieder des preußischen Staatsministeriums ihres Amtes zu entheben. Er ist weiter ermächtigt, selbst die Dienstgeschäfte des preußischen Ministerpräsidenten zu übernehmen und andere Personen als Kommissare des Reiches mit der Führung der preußischen Ministerien zu betrauen.

Dem Reichskanzler stehen alle Befugnisse des preußischen Ministerpräsidenten, den von ihm mit der Führung der preußischen Ministerien betrauten Personen innerhalb ihres Geschäftsbereichs alle Befugnisse der preußischen Staatsminister zu. Der Reichskanzler und die von ihm mit der Führung der preußischen Ministerien betrauten Personen üben die Befugnisse des preußischen Staatsministeriums aus.

§ 2.

Diese Verordnung tritt mit dem Tage ihrer Verkündung in Kraft.

Neudeck und Berlin, den 20. Juli 1932.

gez. v. Hindenburg.
gez. v. Papen.

Reichskanzler v. Papen

Oberbürgermeister Dr. Bracht

Generalltn. v. Rundstedt.

Braun und Severing, die Führer der bisherigen Regierung.

Grandi zurückgetreten.

Bericht über die Umbildung der italienischen Regierung 3. Seite.

„Der einzige Weg".

Die Reichsregierung begründet ihr Vorgehen: Hohe preußische Dienststellen hatten nicht mehr die innere Unabhängigkeit.

Die Begründung zur Verordnung des Reichspräsidenten vom 20. Juli hat folgenden Wortlaut:

„Durch die Verordnung des Herrn Reichspräsidenten vom 20. Juli 1932 ist der Reichskanzler zum Kommissar für Preußen bestellt worden. In dieser Eigenschaft hat er auf Grund der ihm erteilten Vollmachten den Ministerpräsidenten Braun und den Minister des Innern Severing ihrer Aemter enthoben. Die Befugnisse und Aufgaben des preußischen Ministerpräsidenten sind auf den Reichskanzler als Reichskommissar übergegangen.

Die Selbständigkeit des Landes Preußen im Rahmen der Reichsverfassung wird nicht angetastet. Die Reichsregierung erwartet vielmehr, daß alsbald eine Beendigung des auf Grund der Notverordnung geschaffenen Zustandes eintreten wird.

Die blutigen von kommunistischer Seite hervorgerufenen Unruhen haben die Reichsregierung vor die schwere Aufgabe gestellt, von sich aus für Ruhe und Sicherheit im größten Teil Deutschlands zu sorgen. In den übrigen deutschen Ländern, in denen die Polizeibehörden straff geleitet werden, besteht keine Befürchtung, daß kommunistische Umtriebe Erfolg erzielen. Die Reichsregierung bedauert lebhaft, daß diese Voraussetzungen für Preußen nicht in dem notwendigen Umfange zutreffen, obgleich die örtlichen Polizeiorgane durch Einsatz von Person und Leben der Beamten sich bemüht haben, der offenbar von langer Hand vorbereiteten Unruhen Herr zu werden. In Preußen hat die Reichsregierung die Beobachtung machen müssen, daß Planmäßigkeit und Zielbewußtheit der Führung gegen die kommunistische Bewegung fehlen. Es ist kein Zufall, daß gerade in Preußen die kommunistische Kampfesorganisation am straffsten und erfolgreichsten aufgetreten ist und an den verschiedensten Orten ernste und blutige Unruhen hervorgerufen hat.

Es besteht der begründete Verdacht, daß hohe preußische Dienststellen in Berlin und an anderen wichtigen Punkten nicht mehr die innere Unabhängigkeit besitzen, die zur Erfüllung ihrer Aufgabe notwendig ist. Dadurch ist in weiten Kreisen der Behörden, der Exekutivbeamten, sowie der Bevölkerung die staatliche Autorität erschüttert.

Verstärkt ist dieser Eindruck in der Oeffentlichkeit durch die ungezügelten scharfen Angriffe des

15/54

15/59 Lageplan der Wilhelmstraße mit dem geplanten Neubau eines Wohnhauses für den Reichskanzler

1925; Bleistift, Feder, Buntstift auf Papier, 64 × 88 cm
Koblenz, Bundesarchiv (R43I, 1583)

Zur Bewältigung der immer größer werdenden Raumnot in der Reichskanzlei legte der Leiter der Reichsbauverwaltung, Oberbaurat Groß, im Jahre 1925 diesen Plan vor, der die Errichtung eines Wohnhauses für den Reichskanzler im Garten der Reichskanzlei in der Wilhelmstraße 77 vorsah. Die Räume der Wohnung des Kanzlers im

15/63

Hauptgebäude würden dann Bürozwecken zur Verfügung stehen. Zusätzlich sollte an der Südgrenze des Grundstücks ein kleiner Büroanbau errichtet werden. Der Plan wurde aus finanziellen Gründen nicht realisiert.

15/60 ›Skizze für den Erweiterungsbau der Reichskanzlei Wilhelmstrasze 78 – Ansicht gegen die Wilhelmstr.‹

Heinrich Seeling

1927; Bleistift auf Karton, 47,5 × 88 cm
Berlin, Plansammlung der Universitätsbibliothek der Technischen Universität (16188)

Am 9. März 1927 wurde ein Wettbewerb für einen Erweiterungsbau der Reichskanzlei ausgeschrieben. Die Ausschreibung war begrenzt auf Architekten, »welche zur Zeit des Ausschreibens in Groß-Berlin ihren Wohnsitz oder eine ständige Zweigniederlassung haben«. Darüber hinaus wurden einzelne Architekten noch namentlich aufgefordert, sich an dem Wettbewerb zu beteiligen, unter ihnen German Bestelmeyer aus München, Wilhelm Kreis aus Dresden und Paul Bonatz aus Stuttgart. Unter den 128 Entwürfen, die bis zum 14. Mai 1927 in der Reichskanzlei eingingen, war auch der von Heinrich Seeling, der nicht in die engere Wahl kam.

15/61 ›Außer Wettbewerb‹ – ›Ein Projekt und eine Denkschrift zum An- und Umbau des Reichskanzler-Palais in Berlin‹

Hans-Alfred Richter

1928; 30 × 42 cm (aufgeklappt)
Koblenz, Bundesarchiv (R 43 I, 2737)

In dieser sieben Seiten starken Broschüre machte der Architekt Hans-Alfred Richter einen Vorschlag, den die Zeitschrift ›Bauwelt‹ in ihrer Nr. 22 von 1927 mit Recht zu den ausgefallenen Vorschlägen zählt. Richter will, wie das ›Zentralblatt der Bauverwaltung‹ Nr. 24 vom 15. Juni 1927 beschreibt, »nach Abbruch des linken Seitenflügels den rechts verbleibenden Teil einschließlich Mittelbau als Spiegelbild neu- bzw. wieder« aufbauen.

15/62 Zwei Fotografien des Modells für den Erweiterungsbau der Reichskanzlei

1927/28; Fotografien (alte Abzüge), je 16 × 18 cm
Koblenz, Bundesarchiv (R 43 I, 1584)

Das zur Bebauung vorgesehene Grundstück Wilhelmstraße 78 war, mit dem Ziel der Errichtung eines Bürogebäudes für die Reichsverwaltung, bereits 1910 angekauft worden; das Palais des Grafen Pleß, das seit 1875 hier stand, war abgerissen worden. Aus einem Architektenwettbewerb ging 1913 der Berliner Architekt Hermann Dernburg als Sieger hervor; an eine Verwirklichung seines Plans war jedoch bei Kriegsausbruch nicht mehr zu denken.

Die Jury des Wettbewerbs von 1927, der, unter dem Vorsitz des Staatssekretärs in der Reichskanzlei, Dr. Hermann Pünder, unter anderem Reichskunstwart Dr. Edwin Redslob angehörte, trat am 27. und 28. Mai zur Entscheidung zusammen. Da von den drei besten Entwürfen keiner den anderen zu überragen schien, wurde auf die Vergabe eines ersten Preises verzichtet, und statt dessen drei zweite Preise verteilt. Der Entwurf mit dem Kennwort ›Endlich geschlossen‹ wurde zur Ausführung bestimmt. Es war, wie sich nach der Öffnung der Briefumschläge herausstellte, der Entwurf von Professor Dr.-Ing. Eduard Jobst Siedler und seinem Mitarbeiter Dipl.-Ing. Robert Kisch.

Die Jury beurteilte den Entwurf abschließend: »Bei der äußeren Gestaltung geht der Verfasser von der Absicht aus, den Wilhelmplatz städtebaulich zu schließen. Er führt daher den Neubau in der Höhe, wie sie sich durch das Palais Borsig ergibt, durch und setzt gegen das alte Reichskanzlerhaus bewußt einen Turm als Zwischenglied. Die Formensprache ist klar und selbständig, aber etwas nüchtern; die gesamte Massenverteilung ist äußerst geschickt.«

15/63 Grundsteinlegung für den Erweiterungsbau der Reichskanzlei am 18. Mai 1928

Fotografien (Reproduktionen)
München, Süddeutscher Verlag, Bilderdienst

Am 18. Mai 1928 fand die feierliche Grundsteinlegung für den Erweiterungsbau der Reichskanzlei statt. Nach der Verlesung des Textes der Urkunde für den Grundstein wurde diese Urkunde mit einigen anderen Schriftstücken in einer Kapsel in eine Vertiefung im Grundstein gelegt. Nachdem der Reichspräsident mit einer Kelle, die ihm der Obermeister der Berliner Bauinnung überreichte, Mörtel auf den Grundstein geworfen hatte, vollzogen nacheinander der Reichspräsident, der Reichskanzler, der Preußische Ministerpräsident, der Oberbürgermeister von Berlin und einige andere jeweils drei Hammerschläge.

15/64 Der Erweiterungsbau der Reichskanzlei

a) Das Portal
b) Detail des Treppengeländers (Abb. S. 331)
c) Blick in den Saal

1931; Fotografien (Reproduktionen)
Berlin, Staatliche Museen Preußischer Kulturbesitz, Kunstbibliothek (Nachlaß Kisch)

15/64c

Daß der sachliche und schlichte Neubau zum Teil mit Rokoko-Möbeln ausgestattet wurde, hängt mit »der finanziellen Lage des Reichs« zusammen, wie Staatssekretär Hermann Pünder am 5. April 1930 dem Architekten in einem Brief mitteilte. Die noch im Vorjahr erhoffte Bewilligung von 500000 RM wurde auf Intervention des Finanzministers und des Reichssparkommissars hin verweigert.

Statt dessen mußte »die Einrichtung der Reichskanzlei zum großen Teil aus dem im besetzten Gebiet (gemeint sind die von Frankreich besetzten linksrheinischen Gebiete) freiwerdenden Mobiliar« bestritten werden. Zur Verfügung stand Rokoko-Mobiliar aus Schlössern in Koblenz und Umgebung.

15/65 Der Reichsadler für den Giebel des Erweiterungsbaus der Reichskanzlei

Entwurf: Ludwig Gies

1931; Fotografie (Reproduktion)
Berlin, Staatliche Museen Preußischer Kulturbesitz
Kunstbibliothek (Nachlaß Kisch)

In einem Schreiben vom 25. Februar 1930 an die Reichsbauverwaltung schlug der Reichskunstwart vor, den Bossen am Turm des Erweiterungsbaus der Reichskanzlei, an dem die Fahnenstange angebracht wurde, mit einer Adlerplastik zu schmücken. Die vier Künstler, die zu dieser Aufgabe herangezogen werden könnten, seien Waldemar Raemisch, Max Esser, Rudolf Belling und Ludwig Gies.

Am 21. Mai konnte Redslob dem Staatssekretär Pünder, der dem Vorschlag zugestimmt hatte, mitteilen, daß er nach einer Besichtigung des Entwurfs von Professor Gies diesen zur Ausführung vorschlage. »Mit dieser Lösung«, so Redslob weiter, »würde ein Sinnbild geschaffen werden, das man sich als Darstellung des neuen Reichsgedankens wünschen möchte. Es würde in wahrem Sinne ein Hoheitszeichen sein, indem es die Kraft des Staatsgedankens in origineller Weise ausdrückt.«

15/66 Das Arbeitszimmer des Reichskanzlers im Erweiterungsbau der Reichskanzlei

Max Krajewski

1931; Fotografie (Reproduktion)
Berlin, Staatliche Museen Preußischer Kulturbesitz, Kunstbibliothek (Nachlaß Kisch)

15/67 Zwei Kabinettsitzungssäle

a) In der Alten Reichskanzlei in der Wilhelmstraße 77
b) Im Erweiterungsbau der Reichskanzlei in der Wilhelmstraße 78 (Abb. S. 334)

a) 1928; b) 1931; Fotografien (Reproduktionen)
a) Berlin, Bildarchiv Preußischer Kulturbesitz; b) Berlin, Staatliche Museen Preußischer Kulturbesitz, Kunstbibliothek (Nachlaß Kisch)

15/66

15/68 Sitzung des Kabinetts unter Vorsitz des Reichskanzlers Hermann Müller (SPD)

Erich Salomon

1928; Fotografie (Reproduktion)
Berlin, Bildarchiv Preußischer Kulturbesitz

Hermann Müller (1876–1931) war von Juni 1919 bis zum März 1920 Außenminister; von März bis Juni 1920 leitete er als Reichskanzler ein Kabinett der ›Weimarer Koalition‹ von SPD, DDP und Zentrum. Im Juni 1928 wurde er erneut mit der Regierungsbildung beauftragt. Sein Kabinett einer Großen Koalition, in der neben den Parteien der ›Weimarer Koalition‹ noch die DVP vertreten war, stürzte am 27. März 1930 über die Frage der Erhöhung der Beiträge zur Arbeitslosenversicherung. Von links nach rechts: Innenminister Carl Severing, der Staatssekretär in der Reichskanzlei Dr. Hermann Pünder, Hermann Müller, Reichswehrminister Wilhelm Groener, Justizminister Erich Koch-Weser.

15/69 Sitzung des Kabinetts unter Vorsitz des Reichskanzlers Heinrich Brüning (Zentrum) – Im Garten der Reichskanzlei

Erich Salomon

1930; Fotografie (Reproduktion)
Berlin, Bildarchiv Preußischer Kulturbesitz

Heinrich Brüning (1885–1970) wurde nach dem Rücktritt Hermann Müllers und dem Austritt der Sozialdemokraten aus der Großen Koalition Kanzler einer Minderheitsregierung. Nachdem der Reichstag sein Finanzprogramm und entsprechende Notverordnungen abgelehnt hatte, ließ sich Brüning vom Reichspräsidenten zur Auflösung des Reichstags ermächtigen. Bei den Neuwahlen im September konnten die Nationalsozialisten die Zahl ihrer Abgeordneten von 12 auf 103 erhöhen.

Da Brüning für seine Politik keine parlamentarische Mehrheit fand, mußte er bis zu seinem Rücktritt am 30. Mai 1932 auf der Basis von Notverordnungen regieren. Auf der gleichen Basis regierten auch seine Nachfolger Franz von Papen (1879–1969) und Kurt von Schleicher (1882–1934), der am 28. Januar 1933 zurücktreten mußte. Zwei Tage später ernannte Reichspräsident Hindenburg Adolf Hitler zum Reichskanzler.

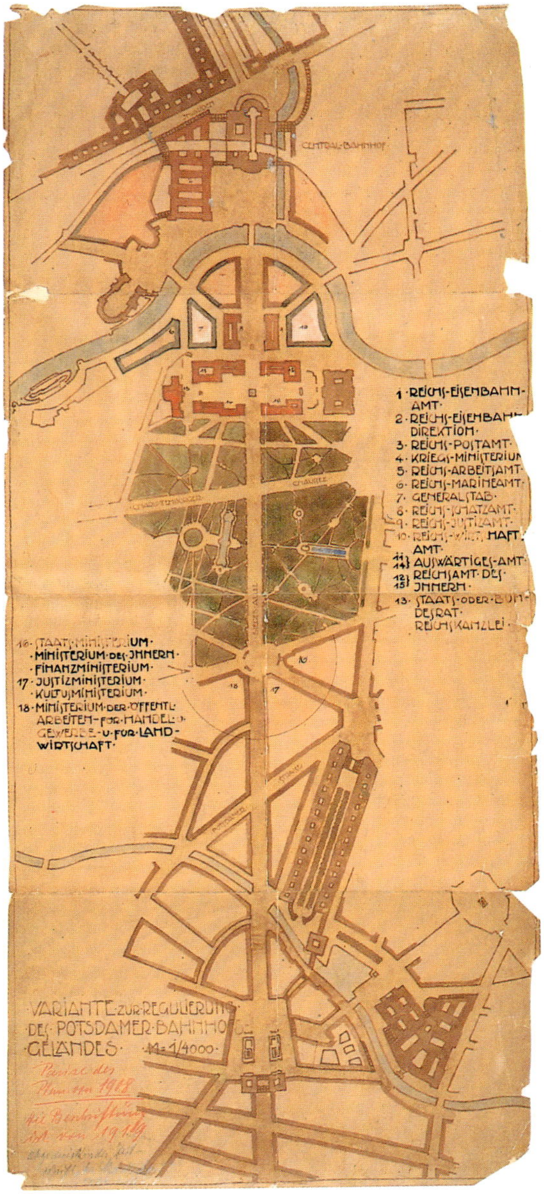

15/70

15/70 Entwurf für die Umgestaltung des Königsplatzes und die Bebauung des Spreebogens mit Gebäuden für Reichsämter

Martin Mächler

1909; Lichtpause, aquarelliert, 90,8 × 41 cm
Berlin, Plansammlung der Universitätsbibliothek der Technischen Universität

Schon vor dem Ersten Weltkrieg wurde wiederholt der Plan diskutiert, die in der Wilhelmstraße beengt und zum Teil weit voneinander entfernt untergebrachten Reichsämter und Ministerien in einem neu zu errichtenden Regierungsviertel zu konzentrieren. Als möglicher Standort für dieses Regierungsviertel wurde der Spreebogen in der Nähe des Reichstagsgebäudes erwogen.

15/71 Das Reichshaus am Königsplatz

Otto Kohtz

1921; Feder, laviert, 50 × 80 cm
Berlin, Plansammlung der Universitätsbibliothek der Technischen Universität (9066)

Dieses Hochhaus in Form einer Stufenpyramide am Nordrand des Königsplatzes sollte Platz für alle Reichsministerien bieten.

15/72 ›Bebauung des Platzes der Republik – Blick gegen Osten‹

Hans Poelzig

1927; Kohle, 45 × 93 cm
Berlin, Plansammlung der Universitätsbibliothek der Technischen Universität

Im Jahre 1927 wurde ein Wettbewerb zur Umgestaltung des Platzes der Republik, wie der Königsplatz seit 1926 hieß, ausgeschrieben. Hans Poelzig sah eine Randbebauung mit blockförmigen Gebäuden vor, die Ministerien aufnehmen sollten. Diese Planungen standen auch in Zusammenhang mit der Lösung eines verkehrstechnischen Problems. Da in der Berliner Innenstadt die Ost-West-Verbindungen auf die Straße Unter den Linden und die Leipziger Straße beschränkt waren, wurde von Stadtplanern die Anlage eines Straßendurchbruchs von der Französischen Straße durch die Gärten der Palais in der Wilhelmstraße, die sogenannten ›Ministergärten‹, und den dahinterliegenden Teil des Tiergartens in Erwägung gezogen. Diesem ›Wilhelmstraßendurchbruch‹ wären einige der Ministeriumsgebäude zum Opfer gefallen.

15/73 Das Hotel ›Kaiserhof‹ am Wilhelmplatz

um 1900; Fotografie (Reproduktion)
Berlin, Bildarchiv Preußischer Kulturbesitz

Der ›Kaiserhof‹, im Jahre 1875 eröffnet, war das erste der großen Berliner Hotels.

15/74 Zwei Flugblätter der SPD zur Reichspräsidentenwahl 1932

a) ››So lebt ER! Und wie lebst Du?‹‹
b) ›Erfolgreiche Schnorrerei‹

Druck: a) Hamburger Buchdruckerei und Verlagsanstalt Auer & Co; b) Vorwärts Buchdruckerei, Berlin

a) 30 × 21 cm; b) 19 × 19 cm
a) Bonn, Archiv der sozialen Demokratie, FES; b) Berlin, Landesarchiv (Rep. 240 Acc. 2088 Nr. 273)

Seit 1930 hatten Hitler und die NSDAP ihr Berliner ›Hauptquartier‹ im Hotel ›Kaiserhof‹ am Rande des Berliner Regierungsviertels. Während des Wahlkampfes zum zweiten Wahlgang der Reichspräsidentenwahl 1932 veröffentlichte die SPD ein Flugblatt, auf dem eine Rechnung der NSDAP abgedruckt war. Die hohe Summe, so die Kalkulation, würde vor allem den von der NSDAP so umworbenen Arbeitslosen deutlich machen, was es mit dem vielbeschworenen sozialen Engagement der Nationalsozialisten auf sich habe. Auf die Behauptung der NSDAP, es handle sich bei dieser Rechnung um eine Fälschung, antwortete die SPD mit einem weiteren Flugblatt, auf dem SA-Leute mit Sammelbüchsen – ein gewohnter Anblick auf der Straße – im Foyer des Hotels ›Kaiserhof‹ Hitler den Inhalt ihrer Sammelbüchsen zur Begleichung der Hotelrechnung übergeben.

15/74b

15/75 Die Reichstagsfraktion der NSDAP im Hotel ›Kaiserhof‹ nach der Reichstagswahl am 31. Juli 1932

Fotografie (Reproduktion)
München, Süddeutscher Verlag, Bilderdienst

Bei der Reichstagswahl am 31. Juli 1932 konnte die NSDAP die Zahl ihrer Abgeordneten von 107 auf 230 erhöhen; sie bildete damit die stärkste Fraktion im Reichstag.

15/76 Flugblatt der Sozialdemokraten zur Landtagswahl in Lippe, 1933

31 × 23 cm
Detmold, Nordrhein-Westfälisches Staatsarchiv (D 83 Nr. 353)

Als letzte freie Wahl der Weimarer Republik fand am 15. Januar 1933 die Landtagswahl in Lippe statt. Die NSDAP-Führung sah in der Wahl im ›Hermannsland‹ den ›Entscheidungskampf‹, der zeigen müsse, daß die Verluste der Partei bei der Reichstagswahl im November und in Thüringen im Dezember 1932 nicht der Anfang vom Ende der ›Bewegung‹ waren. Der Wahlkampf wurde daher unter Mobilisierung aller Kräfte geführt. Hitler selbst trat fast jeden Tag zwischen dem 4. und dem 14. Januar in mindestens einer Veranstaltung im Land Lippe auf; moderne Propagandamittel, wie Rundfunk und Lautsprecherwagen, wurden massiv eingesetzt. Im Ergebnis der Wahl wurde die NSDAP mit 39,5 Prozent der abgegebenen Stimmen und neun von 21 Landtagssitzen stärkste Partei, verfehlte aber die erhoffte absolute Mehrheit. Dennoch wurde das lippische Wahlergebnis psychologisch eingesetzt, um die Ernennung Hitlers zum Reichskanzler zu betreiben.

15/77 Hotel ›Kaiserhof‹ in Detmold – Das Hauptquartier der NSDAP im Wahlkampf, 1933

Fotografie (Reproduktion)
Detmold, Nordrhein-Westfälisches Staatsarchiv (D 75 3838)

15/78 ›Wählt Liste 1 Nationalsozialisten‹ – Plakat der NSDAP zur Landtagswahl in Lippe, 1933

50,2 × 32,6 cm
Detmold, Lippische Landesbibliothek (Soz. 10/18P)

15/77

15/79 Wahlkampf in Lippe, 1933 – SA-Motorradabteilungen sammeln sich am Falkenkrug bei Detmold

Fotografie (Reproduktion)
Detmold, Nordrhein-Westfälisches Staatsarchiv (D 75 3788/8)

15/80 Nationalsozialistischer Propagandaumzug in Detmold zur Landtagswahl, 1933

Fotografie (Reproduktion)
Detmold, Nordrhein-Westfälisches Staatsarchiv (D 75 Nr. 276)

15/81 Glocke aus dem ehemaligen lippischen Landtag

1909; Silber, Weißgold, Lapislazuli, 18,8 × 9,5 cm
Detmold, Lippisches Landesmuseum

15/82 ›Einschreibebuch für den Herrn Reichskanzler‹

Ledereinband mit Goldprägung, 50 × 40 × 5 cm
Koblenz, Bundesarchiv (R 43 I, 2750)

15/78

Dieses Einschreibebuch, das in der Halle der Reichskanzlei bereitlag, um Diplomaten die Möglichkeit zu geben, dem Reichskanzler ihre Reverenz zu erweisen, beginnt im Jahre 1906. Die letzte Eintragung ist vom 19. Januar 1933: »Botschafter Nadolny begibt sich zur Abrüstungskonferenz nach Genf.« Auf der gegenüberliegenden, leeren Seite steht mit Bleistift: »Führer und Reichskanzler Adolf Hitler (neues Meldebuch).«

15/83 Sitzung des Kabinetts Hitler am 16. März 1935

Fotografie (Reproduktion)
Berlin, Bildarchiv Preußischer Kulturbesitz

Ab Mitte 1933 wurde die Reichskanzlei in der Wilhelmstraße 77 umgebaut; der Kongreßsaal wurde zum Kabinettsitzungssaal. Paul Ludwig Troost entwarf neues Mobiliar, das in die ›Neue Reichskanzlei‹ übernommen wurde.

15/84 Kabinettsitzungssaal in der ›Neuen Reichskanzlei‹ (Abb. S. 334)

1938; Fotografie (Reproduktion)
München, Vereinigte Werkstätten für Kunst im Handwerk (RK II, 9)

15/85 Fotografie des Modells der ›Neuen Reichskanzlei‹

1937; Fotografie (Reproduktion)
Berlin, Ullstein-Bilderdienst

Im Januar 1938 begann der Architekt Albert Speer mit dem Bau einer ›Neuen Reichskanzlei‹. Der Bau nahm, im Osten an den vorhandenen Reichskanzlei-Komplex anschließend, die gesamte Nordseite der Voßstraße ein, deren Bebauung, darunter das Reichsjustizministerium, 1937 abgerissen wurde. Die Fassade hatte eine Länge von fast 230 Metern.

Erste Überlegungen zu einer solchen architektonischen Verkörperung des Machtanspruchs des nationalsozialistischen Regimes wurden bereits 1934 angestellt. Ein erster kleiner Schritt auf dem Weg zu diesem Ziel war der Anbau eines Balkons an den Erweiterungsbau der Reichskanzlei. Speer schreibt, falsch datierend, in seinen ›Erinnerungen‹: »1933 hatte ich in größter Eile dem Wilhelmsplatz zu den neuen ›Historischen Balkon‹ angebaut, damit Hitler sich dort repräsentativ zeigen konnte.«

15/86 Die ›Neue Reichskanzlei‹ im Bau
a) Stand vom 23. Juli 1938
b) Anschluß an das Borsig-Palais

Fotografien (Reproduktionen)
München, Süddeutscher Verlag, Bilderdienst

15/87 Karton für ein Detail des Deckenmosaiks in der ›Neuen Reichskanzlei‹

1938; Aquarell, Goldbronze auf Transparentpapier, 67,5 × 49 cm
Berlin, Berlinische Galerie (Archiv Puhl & Wagner)

15/88 Album mit Stoffproben für die Einrichtung der ›Neuen Reichskanzlei‹

1938
München, Vereinigte Werkstätten für Kunst im Handwerk (ARB 104 MS – ARB 165 MS)

15/89 Mappe mit Fotografien vom Bau der ›Neuen Reichskanzlei‹

1938; 31 × 23 cm
Berlin, Sammlung Rainer Laabs

Solche Mappen wurden Mitarbeitern zum Richtfest überreicht.

15/90 Zwei Invaliden des Ersten Weltkriegs vor der Reichskanzlei

1934; Fotografie (Reproduktion)
München, Süddeutscher Verlag, Bilderdienst

15/91 Berliner beim Eintopf-Essen im Ehrenhof der ›Neuen Reichskanzlei‹

1939; Fotografie (Reproduktion)
München, Süddeutscher Verlag, Bilderdienst

15/92 Stuhl aus dem Palais Prinz Karl
Entwurf: Karl Friedrich Schinkel

um 1828; Palisander, kirschrote Bezüge, Bronzebeschläge,
86 × 45 × 54 cm
Berlin, Verwaltung der Staatlichen Schlösser und Gärten

Im März 1933 wurde das neugegründete ›Ministerium für Volksaufklärung und Propaganda‹ im Hause Wilhelmplatz 9 / Wilhelmstraße 61a installiert, das seit dem 1. Oktober 1919 die Pressestelle der Reichsregierung, eine Abteilung des Auswärtigen Amtes, beherbergt hatte.

Der Bau dieses Palais war 1736 von dem General Graf Truchseß zu Waldburg begonnen, und, nach dessen Tod, von Markgraf Friedrich Karl Albrecht von Brandenburg-Schwedt, dem Hochmeister des Johanniter-Ritterordens, für den Orden fertiggestellt worden. Von 1826 bis 1883 wohnte hier Prinz Karl, der das Gebäude 1828 von Karl Friedrich Schinkel umbauen und neu einrichten ließ.

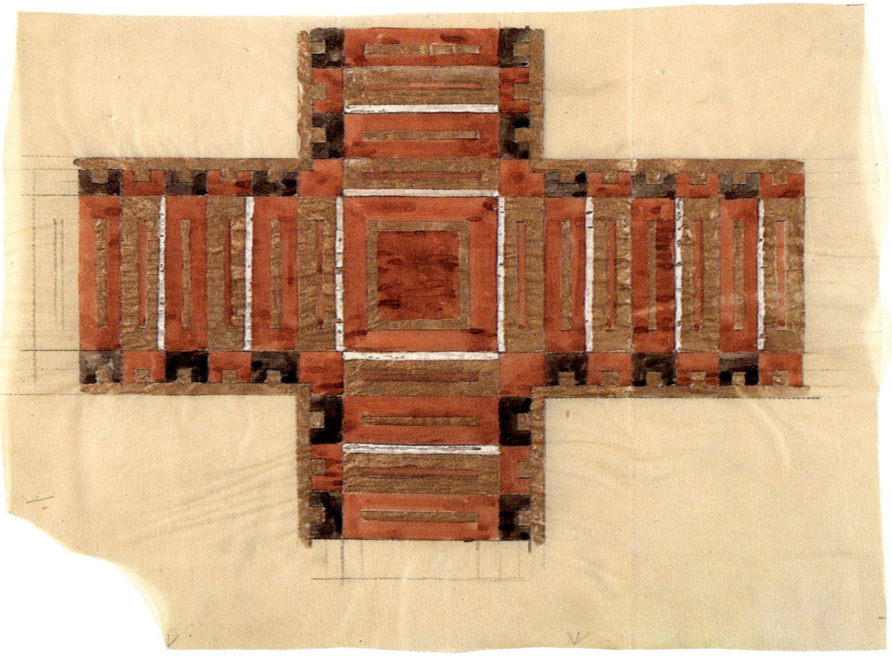
15/87

15/90

15/93 ›Aus dem modernsten Ministerium der Welt‹ – Das Ministerium für ›Volksaufklärung und Propaganda‹
a) Der Abhör-Raum
b) Das Mikrophonzimmer

1933; Fotografien (Reproduktionen)
München, Süddeutscher Verlag, Bilderdienst

15/94 Geheimes Staatspolizeiamt (Gestapo) in der Prinz-Albrecht-Straße 8
a) Ansicht des Gebäudes
b) Haupthalle

um 1935; Fotografien (Reproduktionen)
Berlin, Bildarchiv Preußischer Kulturbesitz

Anfang Mai 1933 zog die Gestapo in das Gebäude der Kunstgewerbeschule in der Prinz-Albrecht-Straße, einer Seitenstraße zur Wilhelmstraße, ein. Im Laufe der nächsten Jahre nahm die Geheime Staatspolizei immer mehr Gebäude in der Umgebung in Besitz. Als der Chef des Sicherheitsdienstes (SD) der SS, Reinhard Heydrich, im April 1934 zum Stellvertreter Himmlers und ›Leiter des

15/93b

Geheimen Staatspolizeiamtes‹ ernannt wurde, zog der SD von München nach Berlin in das Prinz-Albrecht-Palais in der Wilhelmstraße 102. Nach der Gründung des ›Reichssicherheitshauptamtes‹ im Jahre 1939 wurde das Palais in der Wilhelmstraße Dienstsitz des Chefs dieses Amtes.

15/95 ›Terminplan von der Großen Achse‹ (Stand der Planung: 24. September 1941) – Stadtplan mit farbigen Markierungen und eingetragenen Abrißterminen für November 1941

Pause, koloriert, 267 × 94 cm, M 1:4000
Berlin, Landesarchiv (Rep. 92, Acc. 2849)

Am 30. September 1937 ernannte Hitler den Architekten Albert Speer zum ›Generalbauinspektor für die Reichshauptstadt‹. Speers Aufgabe war die Umgestaltung Berlins zur Hauptstadt ›Germania‹ eines zu erobernden Weltreiches.

Im Zentrum der geplanten Baumaßnahmen stand die sieben Kilometer lange und 120 Meter breite ›Nord-Süd-Achse‹. Deren Verwirklichung erforderte umfangreiche Abrißmaßnahmen, denen bereits in den Jahren 1938/39 ganze Straßenzüge im Bereich des Spreebogens, am Kemper-Platz und in der alten Stadtmitte zum Opfer fielen. Insgesamt war der Abriß von etwa 50000 Wohnungen vorgesehen.

15/96 Modell der ›Großen Halle‹

Manfred Jonas

1984; Holz, Kunststoff, M 1:500
Berlin, Landesarchiv

Eines der Hauptprojekte der Planungen zur Umgestaltung Berlins in die Welthauptstadt ›Germania‹ war die ›Große Halle‹, die am Nordende der ›Nord-Süd-Achse‹ im Spreebogen gebaut werden sollte. In dieser Halle, mit 315 Metern Seitenlänge und einer Höhe von 220 Metern als größtes Bauwerk der Welt geplant, hätten 150000 bis 180000 Menschen Platz gefunden.

15/97 Blick über den Wilhelmplatz auf die zerstörte Reichskanzlei

1945; Fotografie (Reproduktion)
Berlin, Bildarchiv Preußischer Kulturbesitz

15/98 Die Fassade der Ruine des Erweiterungsbaus der Reichskanzlei mit Wahlplakaten der SED zur Wahl der Berliner Stadtverordnetenversammlung am 20. Oktober 1946

Fotografie (Reproduktion)
Berlin, Ullstein-Bilderdienst

15/99 Blick in die Wilhelmstraße nach Kriegsende – Blickrichtung zum Wilhelmplatz

1946: Fotografie (Reproduktion)
Berlin, Landesbildstelle

15/100 Die Ruine des Reichspräsidentenpalais

1960: Fotografie (Reproduktion)
Berlin, Landesbildstelle

15/101 Modell des Berliner Stadtschlosses
Wolfgang Schulz Modellbau
1984–1987; Gießholz, 430 × 340 cm; M 1:100
Berlin, Technische Universität Berlin

Das Berliner Stadtschloß war seit 1488 ständige Residenz der brandenburgischen Kurfürsten. Nach mehrmaligem Umbau wurde das Schloß ab 1698 von Andreas Schlüter ausgebaut; Johann Eosander Freiherr von Göthe und Georg Wenzeslaus von Knobelsdorff nahmen weitere Ergänzungen vor. Die Kuppel über dem westlichen Portal wurde im 19. Jahrhundert hinzugefügt.

Das Modell zeigt das Schloß in der Situation Anfang des 20. Jahrhunderts, als es die Residenz der preußischen Könige und deutschen Kaiser war. Das Schloß wurde im Zweiten Weltkrieg teilweise zerstört und auf Anordnung der Ost-Berliner Behörden 1950/51 abgerissen.

Das Modell des Berliner Stadtschlosses wurde im Auftrag der Technischen Universität Berlin aus Anlaß der Ausstellung ›Die Zukunft der Metropolen: Paris, London, New York, Berlin‹ (1984) unter der wissenschaftlichen Verantwortung von Frau Prof. Margarete Kühn, Berlin, hergestellt.

15/97

15/102 Kopien der Lehnen des Goslarer ›Kaiserstuhls‹
Bronzeguß, 80 × 65 cm; 60 × 59 cm
Goslar, Stadt Goslar

Am 21. März 1871 fand im Weißen Saal des Berliner Stadtschlosses die feierliche Eröffnung des ersten Deutschen Reichstags statt. Für Kaiser Wilhelm I. hatte man einen Thronsessel herbeischaffen lassen, der ehemals in der Kaiserpfalz zu Goslar aufgestellt war. »Es war ein Stuhl aus der Sachsenzeit«, erinnert sich der Abgeordnete Eugen Richter, »auf welchem einmal ein alter Kaiser gesessen haben konnte, von Goslar in eine private Sammlung gerettet, unten von Stein, oben von Erz, gar seltsam anzuschaun.« Tatsächlich war der Stuhl nicht aus Goslar herbeigeschafft worden, wie die Baronin Spitzemberg vermutet, die das Ereignis ebenfalls beschrieben hat, sondern aus Schloß Glienicke, wohin der Stuhl um 1850 gebracht und der Sammlung des Prinzen Karl einverleibt worden war.

15/103 Eröffnung des Deutschen Reichstages im Weißen Saal des Berliner Schlosses durch Kaiser Wilhelm II. am 25. Juni 1888
Anton von Werner
1888; Öl auf Leinwand, 102,5 × 152,5 cm
Berlin, Sammlung Werner des Johanniterordens (11/404)

Der junge Kaiser hatte gerade zehn Tage vor dieser Reichstagseröffnung als Nachfolger seines Vaters, des Kaisers Friedrich III., den Thron bestiegen. Friedrich selbst, der ›99-Tage-Kaiser‹, hatte am 9. März Kaiser Wilhelm I. abgelöst.

15/104 Sitzungssaal im Reichstagsgebäude
Martin Gropius/Heino Schmieden
1872; Feder, aquarelliert, 39,4 × 55,7 cm
Berlin, Plansammlung der Universitätsbibliothek der Technischen Universität (20 134)

Bereits im Dezember 1871 wurde der erste Architektenwettbewerb für ein Reichstagsgebäude ausgeschrieben; bis zum 15. April des nächsten Jahres gingen 101 Entwürfe ein.

Schon zwei Monate später entschied sich die Jury mit knapper Mehrheit für den Entwurf des Architekten Ludwig Bohnstedt (1822–1885) aus Gotha. Die beiden Berliner, Martin Gropius (1824–1880) und Heino Schmieden (1835–1913), kamen nicht in die engere Auswahl.

Bohnstedts Entwurf wurde nicht verwirklicht, da die Antwort auf die Frage nach dem Bauplatz noch einige Jahre auf sich warten ließ.

15/105 Entwurf für das Reichstagsgebäude – Motto: Barbarossa (Abb. S. 344)
Wilhelm Cremer/Richard Wolffenstein

1882; Feder, aquarelliert, 46 ×88 cm
Berlin, Plansammlung der Universitätsbibliothek der Technischen Universität (496)

Schon wenige Wochen nach dem Beschluß des Reichstags, das Reichstagsgebäude auf dem Grundstück des Grafen Athanasius Raczynsi an der Ostseite des Königsplatzes zu errichten, wurde am 1. Februar 1882 ein zweiter Architektenwettbewerb ausgeschrieben. Diesmal gingen fast 200 Entwürfe ein. Den ersten Preis gewann der Frankfurter Architekt Paul Wallot (1841–1912), dessen Entwurf, mit einigen Veränderungen, schließlich verwirklicht wurde. Der Bau dauerte zehn Jahre: Am 9. Juni 1884 fand die Grundsteinlegung statt, am 5. Dezember 1894 die Schlußsteinlegung.

Die beiden Berliner Architekten Wilhelm Cremer (1845–1919) und Richard Wolffenstein (1846–1919) teilten sich mit zwei anderen Teilnehmern den zweiten Preis. Die Wahl ihres Mottos spielt auf die populäre Symbolik an, die die Reichsgründung von 1871 in Verbindung mit dem Stauferkaiser Friedrich I. Barbarossa und dessen Erwachen nach jahrhundertelangem Schlaf im Kyffhäuser sieht.

15/106 Entwürfe für Wandgemälde im Reichstagsgebäude
a) ›Hünengrab‹
b) ›Heidelandschaft‹ (Abb. S. 341)
c) ›Kap Arkona‹
Eugen Bracht

1896; Bleistift, Wasserfarben, a) 47,4 × 96 cm; b) 51,4 × 71,3 cm; c) 51,2 × 69,1 cm
Darmstadt, Hessisches Landesmuseum (HZ 5648, HZ 5647, HZ 5649)

Ab 1895 arbeitete Eugen Bracht (1842–1921), von Wallot beauftragt, an einem Gemälde für den Lesesaal des Reichstagsgebäudes. Das Bild mit dem Titel ›Vorgebirge Kap Arkona auf Rügen‹ war 1897 fertig. Zehn Jahre später liefert Bracht für den Schreibsaal des Reichstags ein Bild ›Bastei in der sächsischen Schweiz‹.

15/107

15/107 Berittener Reichsherold
Rudolf Maison

um 1897; Bronze, H 115 cm
Privatbesitz

Es handelt sich um eine verkleinerte Bronzereplik von einem der beiden Reiterstandbilder, die Rudolf Maison für die Ostfassade des Reichstagsgebäudes entwarf.

15/108 Entwurf für ein Nationaldenkmal Kaiser Wilhelms I. gegenüber dem Reichstagsgebäude
Wilhelm Rettig/Paul Pfann

um 1889; Tusche, grau laviert und weiß gehöht auf Karton, 67,5 × 47,5 cm
Berlin, Plansammlung der Universitätsbibliothek der Technischen Universität (15047)

15/109 Steinmetz bei der Arbeit am Fassadenschmuck des Reichstagsgebäudes

um 1900; Fotografie (alter Abzug), 11 × 16,5 cm
Berlin, Bundesbaudirektion (102/565)

15/110 Bismarck im Gespräch mit Reichstagsabgeordneten auf einem parlamentarischen Bierabend
Ernst Henseler

1894; Öl auf Leinwand, 45 × 60 cm
Berlin, Verwaltung der Staatlichen Schlösser und Gärten

Nach der Verfassung des Deutschen Reiches vom 16. April 1871 wurde der Reichskanzler vom Kaiser ernannt und kam nicht aus der Mitte des Reichstags. Der Kanzler mußte sich deshalb, um sich Mehrheiten im Reichstag für seine Politik zu verschaffen, außerparlamentarischer Mittel bedienen. Zu diesen gehörten die regelmäßigen ›parlamentarischen Soireen‹ oder ›Bierabende‹, die in der Reichskanzlei stattfanden.

15/111 Bismarck mit den Bevollmächtigten zum Bundesrat

um 1885; Fotografie (Reproduktion)
Berlin, Bildarchiv Preußischer Kulturbesitz

Nach der Verfassung des Deutschen Reiches war das oberste Bundesorgan der Bundesrat, in den die Mitglieder des Bundes ihre Vertreter und Bevollmächtigten entsandten. Der Reichskanzler war, als Vorsitzender des Bundesrates, einer der Bevollmächtigten des Bundesstaates Preußen, dem 17 der 58 Stimmen des Bundesrates zustanden.

Die Sitzungen des Bundesrates fanden in einem eigens dafür eingerichteten Saal im Reichskanzleramt, das 1877 vom Reichsamt des Inneren abgelöst wurde, in der Wilhelmstraße 74 statt.

15/112 ›Die parlamentarischen Vertreter der deutschen Sozialdemokratie, 1888‹

Lithographie, 26,1 × 34,2 cm
Amsterdam, Internationales Institut für Sozialgeschichte (Fot./Dm. 5 SPD 3. Blatt)

Am 21. Oktober 1878 erließ der Reichstag mit den Stimmen der Konservativen und der Nationalliberalen das Ausnahmegesetz ›gegen die gemeingefährlichen Bestrebungen der Sozialdemokratie‹, das sogenannte Sozialistengesetz. Das Gesetz, das bis 1890 immer wieder verlängert wurde, verbot alle sozialistischen Organisationen, Versammlungen und Publikationen; ausgenommen war die sozialdemokratische Reichstagsfraktion.

15/113 ›Bebel spricht im Reichstag zum Etat. 7. December 1905‹

Postkarte, 9 × 14 cm
Amsterdam, Internationales Institut für Sozialgeschichte (Duitsl. SPD 5/17.1)

August Bebel (1840–1913) gehörte von 1871 bis zu seinem Tode dem Reichstag an. Seit 1892 war Bebel, zunächst zusammen mit Paul Singer, Vorsitzender der SPD.

15/114 ›Augenblicksbilder aus dem deutschen Reichstag‹ – ›Im Restaurant (Frühstückstisch der Sozialdemokraten)‹

Julius Braats

um 1900; Fotografie (alter Abzug), 21 × 28 cm
Amsterdam, Internationales Institut für Sozialgeschichte (Duitsl. SPD 5/3)

Am Kopfende des Tisches Paul Singer, rechts neben ihm August Bebel.

15/115 Rudolf Breitscheid spricht im Deutschen Reichstag

Annot Jacobi

um 1930; Öl auf Leinwand, 117,5 × 92,5 cm
Bonn, Die Präsidentin des Deutschen Bundestages (1525)

Rudolf Breitscheid (1874–1944) war von 1920 bis 1922 für die USPD, von 1922 bis 1933 für die SPD im Reichstag. Im April 1933 emigrierte er über die Schweiz nach Paris. Im Jahre 1941 von der französischen Polizei an die Gestapo ausgeliefert, starb Breitscheid 1944 im Konzentrationslager Buchenwald.

15/116 Der ausgebrannte Plenarsaal des Reichstagsgebäudes

1933; Fotografie (Reproduktion)
Berlin, Bildarchiv Preußischer Kulturbesitz

In der Nacht vom 27. auf den 28. Februar 1933 brannte das Reichstagsgebäude. Die nationalsozialistische Regierung nahm diesen Brand zum Anlaß, durch eine ›Verordnung des Reichspräsidenten zum Schutz von Volk und Staat‹, die am 28. erlassen wurde, wesentliche Grundrechte außer Kraft zu setzen. Zugleich begann eine Welle von Verhaftungen von Funktionären der SPD und der KPD.

15/117 Die Kuppelhalle im Reichstag vor dem Wiederaufbau

15/115

15/112

Max Krajewski

1959; Fotografie (alter Abzug), 17,2 × 22,9 cm
Berlin, Bundesbaudirektion (102/3)

15/118 Südostflügel des Reichstags nach dem Wiederaufbau

Wolf Lücking

um 1965; Fotografie (alter Abzug), 20,2 × 17 cm
Berlin, Bundesbaudirektion (102/413)

15/119 Der Reichstag im Wiederaufbau

Max Krajewski

um 1960; Fotografie (alter Abzug), 16 × 22,1 cm
Berlin, Bundesbaudirektion (102/93)

15/120 Entwurf für die Orgel in der Kaiser-Wilhelm-Gedächtniskirche

Franz Schwechten

Bleistift, Tusche, aquarelliert, 95,1 × 67,2 cm, M 1:10
Berlin, Geheimes Staatsarchiv Preußischer Kulturbesitz (IX. HA Dep. Schwechten Nr. 191/1)

Im Auftrag des ›Evangelischen Kirchenbau Vereins‹ errichtete Franz Schwechten (1841–1924) zwischen 1891 und 1895 die Kaiser-Wilhelm-Gedächtniskirche. Die Anregung zum Bau ging auf Kaiser Wilhelm II. zurück, der anläßlich der Grundsteinlegung am 22. März 1891 erklärte, die Kirche würde »zur Ehre Gottes« und »zum Gedächtnis meines unvergeßlichen Großvaters« errichtet. Der Entwurf Schwechtens im neoromanischen Stil, den der Kaiser favorisierte, ist nicht unwesentlich von der romanischen Marienkirche in Gelnhausen beeinflußt.

15/121 ›Kaiser Barbarossa im Kyffhäuser‹ – Karton für ein Mosaik im Vorraum der Kaiserloge in der Kaiser-Wilhelm-Gedächtniskirche (Abb. S. 333)

Max Seliger (1865–1920)

1903: Kohle, Wasserfarben mit Weißhöhungen auf Papier, 358 × 225 cm
Berlin, Berlinische Galerie (Archiv Puhl & Wagner)

Die Reichsgründung von 1871 wurde in populären Medien nicht selten unter die Symbolik von Barbarossas Erwachen im Kyffhäuser gestellt. 30 Jahre nach der Reichsgründung wird Barbarossa als Kaiser präsentiert, der, angetan mit den Reichsinsignien, im vollen Bewußtsein seiner Macht auf dem Thron sitzt.

15/122 ›Engel‹ – Drei Kartons für Mosaiken in der Kaiser-Wilhelm-Gedächtniskirche

Max Seliger

1904; a) Deckfarben, Pastellkreide, 98 × 398 cm; b) Deckfarben, Pastellkreide, Applikationen, 168 × 221 cm; c) Deckfarben, Pastellkreide, Applikationen, 215 × 153 cm
Berlin, Berlinische Galerie (Archiv Puhl & Wagner, Mappe 216)

Diese Entwürfe waren für die beiden den Chor begrenzenden Wandfelder bestimmt.

15/123 Karton zu einem Mosaik in der Vorhalle der Kaiser-Wilhelm-Gedächtniskirche – Teil des ›Hohenzollernzuges‹

Hermann Schaper (1853–1911)

1903; Tempera auf Karton, 204 × 166,5 cm
Hannover, Niedersächsisches Landesmuseum (Nachlaß Schaper)

Das Bildprogramm der Vorhalle der Kaiser-Wilhelm-Gedächtniskirche ist ganz der Verherrlichung der Geschichte des Hauses Hohenzollern gewidmet. Im Zentrum steht der ›Hohenzollernzug‹, ein Fries, auf dem die Geschichte des Hauses von der Errichtung der Herrschaft in Brandenburg bis zu Kaiser Wilhelm II. dargestellt ist. Auf dem hier gezeigten Karton sind Markgraf Albrecht von Preußen, seine Gattin Elisabeth und die beiden Söhne Joachim II. und Johann von Küstrin zu sehen. Albrecht präsentiert das Schwert, das seit 1857 zu den Insignien des preußischen Königreichs gehört.

15/124 ›Kniender Engel‹ – Karton für ein Mosaik in der Vorhalle der Kaiser-Wilhelm-Gedächtniskirche

Hermann Schaper

1904; Deckfarben, Aquarell, Goldbronze, 142 × 125 cm
Berlin, Berlinische Galerie (Archiv Puhl & Wagner, Mappe 54)

Die Geschichte der Hohenzollern ist im Bildprogramm der Vorhalle eng mit der Heilsgeschichte verbunden. Die Prozession des Hohenzollernzugs nähert sich diesem Engel, der die Abendmahlsgeräte bereithält.

15/125 Karton für ein Mosaik in der Vorhalle der Kaiser-Wilhelm-Gedächtniskirche

Hermann Schaper

1904; Tempera auf Karton, 208 × 208 cm
Hannover, Niedersächsisches Landesmuseum (Nachlaß Schaper, Rolle 151)

Das Bildprogramm der Vorhalle zeigt die Reichsgründung von 1871 als Höhepunkt der Geschichte der Hohenzollern. Deshalb sind nicht nur Kaiser des Mittelalters, von Karl dem Großen bis Rudolf von Habsburg, dargestellt, sondern auch die Wegbegleiter des Reichgründers Wilhelm I. Hier sind, von links nach rechts, Prinz Friedrich Karl, Albrecht von Roon, Otto von Bismarck und Helmuth von Moltke zu sehen.

15/126 Die Glocken für die Kaiser-Wilhelm-Gedächtniskirche vor dem Denkmal Friedrichs des Großen

1894; Fotografie (Reproduktion)
Berlin, Gemeindekirchenrat der Kaiser-Wilhelm-Gedächtniskirche

15/127 Die Einweihung der Kaiser-Wilhelm-Gedächtniskirche – Die kaiserliche Kutsche vor dem Portal

1895; Fotografie (Reproduktion)
Berlin, Gemeindekirchenrat der Kaiser-Wilhelm-Gedächtniskirche

15/114

15/128 Egon Eiermann erläutert sein Modell für den Neubau der Kaiser-Wilhelm-Gedächtniskirche

1957; Fotografie (Reproduktion)
Berlin, Gemeindekirchenrat der Kaiser-Wilhelm-Gedächtniskirche

15/129 Eingang zum ›Romanischen Café‹
Architekt: Franz Schwechten

um 1914; Fotografie (alter Abzug), 28,6 ×22,6 cm
Berlin, Geheimes Staatsarchiv Preußischer Kulturbesitz (IX. HA Dep. Schwechten Nr. 647/12)

»Um der Kaiser-Wilhelm-Gedächtniskirche eine geeignete Umgebung zu verschaffen, erbaute ich auf Anregung des Kaisers zunächst von 1893 bis 1896 das dem Hauptportal gegenüberliegende sogenannte Romanische Haus, dem später die Errichtung eines zweiten, dem Chore der Kirche gegenüberliegenden Romanischen Hauses folgte.« Dieses Zweite Romanische Haus, von dem Schwechten hier spricht, war 1900 fertiggestellt; es beherbergte das später so berühmte ›Romanische Café‹.

15/130 Das ›Romanische Café‹
Fritz Meisel

1928; Bleistift, Deckweiß, 41,9 × 29,4 cm
Berlin, Axel Springer Verlag AG (BZ 8. 11. 1928)

Das ›Romanische Café‹ war das Zentrum der kulturellen Avantgarde der Weimarer Republik. Der Name wurde zum Synonym für die weltstädtische Kultur Berlins in diesen Jahren. Hermann Kesten erinnert sich: »Da saßen Schulreformer neben Schwarmgeistern, abseitige Liebespaare neben Neutönern, Genies neben Pumpgenies, Revolutionäre neben Taschendieben, Morphinisten neben Gesundheitsaposteln . . .«

15/131 ›Berlin Alexanderplatz‹ – Plakat für den Film (Abb. S. 348)
Curt Arens

141,9 × 96,7 cm
Berlin, Stiftung Deutsche Kinemathek

15/132 Modell des Verlagshauses Rudolf Mosse in der Jerusalemer Straße
Werkstatt für Modellbau und Fotografie Monath & Menzel

1987; Holz, Glas, verschiedene Materialien, 210 × 105 cm (Platte), M 1:50
Berlin, Berlinische Galerie

Von 1921 bis 1923 baute Erich Mendelsohn das Verlagshaus Rudolf Mosse in der Jerusalemer Straße um. Von der elegant abgerundeten Eckfassade erklärte Adolf Behne, das sei »nicht Potsdam oder Neu-Ruppin, sondern Großstadt, moderne City . . .«. In diesem Hause wurde das ›Berliner Tageblatt‹ gemacht, die große liberale Zeitung, die seit 1906 Theodor Wolff als Chefredakteur leitete. Die Zeitung hatte Mitte der Zwanziger Jahre eine Auflage von über 300000 Exemplaren täglich.

15/133 Umbruch der ›B. Z. am Mittag‹ bei Ullstein
Magnus Zeller

1928; Öl auf Leinwand, 91 × 104,5 cm
Berlin, Axel Springer Verlag AG

Die ›B. Z. am Mittag‹ erschien seit Oktober 1904, als erste deutsche Zeitung im Straßenverkauf, im liberalen Ullstein-Verlag. Mit einem Abstand von acht Minuten zwischen dem Empfang der letzten Meldung und der Verbreitung der ersten Exemplare in Berlin konnte sich die ›B. Z.‹ rühmen, die »schnellste Zeitung der Welt« zu sein. Dargestellt auf dem Bild sind die Journalisten Egon Jameson, Ernst Wallenberg, Moritz Müller, Norbert Falk, Gustav Kauder und Metteure bei der Drucklegung.

15/134 Album mit 130 Porträtfotografien der Redakteure der ›Vossischen Zeitung‹

1904; Leder, Pappe, Metall (versilbert), 64 × 53 × 9 cm
Berlin, Ullstein Textarchiv

Im Jahre 1914 übernahm der Ullstein-Verlag die altehrwürdige ›Vossische Zeitung‹, die, bereits 1617 gegründet,

15/132

unter dem Namen ›Tante Voss‹ populär war und im Laufe ihrer Geschichte neben anderen Gotthold Ephraim Lessing und Theodor Fontane zu ihren Autoren zählte.

Chefredakteur der ›Vossischen Zeitung‹ war von 1920 bis 1930 Georg Bernhard. Seit dem 31. Oktober 1933 erschien die Zeitung, nach vielen Berufsverboten für Redakteure, nur noch als Morgenzeitung und mußte am 31. März 1934 ihr Erscheinen ganz einstellen.

15/135 Das Druck- und Verlagshaus August Scherl
a) Der Packraum
b) Zeitungsfahrer mit der neuesten Nachtausgabe beim Verlassen des Druckhauses in der Kochstraße

a) 1928; b) 1934; Fotografien (Reproduktionen)
Berlin, Bildarchiv Preußischer Kulturbesitz (a);
München, Süddeutscher Verlag, Bilderdienst (b)

Neben den beiden großen liberalen Häusern Mosse und Ullstein stand, als dritter großer Verlag, der August-Scherl-Verlag auf der äußersten rechten Seite des politischen Spektrums. Seit 1916 von dem Krupp-Direktor Alfred Hugenberg geleitet, begleiteten die Zeitungen des Scherl-Verlags publizistisch den Kampf gegen die Weimarer Republik, den Hugenberg als Vorsitzender der Deutschnationalen Volkspartei (DNVP) politisch führte. Hugenberg war im ersten Kabinett Hitlers einige Monate lang Minister für Wirtschaft und Ernährung.

15/136 Bildnis des Theodor Wolff
Benedict F. Dolbin

Bleistift, Tusche auf Papier, 28,5 × 22,5 cm
Dortmund, Institut für Zeitungsforschung

Theodor Wolff (1868–1943) übernahm 1906 als Chefredakteur die Leitung des ›Berliner Tageblatts‹. Als Mitbegründer der Deutschen Demokratischen Partei (DDP) gehörte er zu den führenden publizistischen Köpfen im Kampf für die Weimarer Republik. Im Jahre 1933 emigrierte Wolff nach Südfrankreich; nach der deutschen Okkupation wurde er im Jahre 1942 ausgeliefert. Nach Inhaftierung in mehreren Gefängnissen und Konzentrationslagern starb er 1943 im Jüdischen Krankenhaus in Berlin.

15/137 Bildnis des Georg Bernhard
Benedict F. Dolbin

Bleistift, Tusche auf Papier, 28,5 × 19,5 cm
Dortmund, Institut für Zeitungsforschung

Georg Bernhard (1875–1944) war von 1920 bis 1930 Chefredakteur der ›Vossischen Zeitung‹. Bernhard, der von 1928 bis 1930 als Abgeordneter der DDP dem Reichstag angehörte, emigrierte 1933 nach Frankreich, wo er in der antifaschistischen Exilpresse eine führende Rolle spielte. Er starb 1944 in New York.

15/138 Bildnis des Paul Schlesinger (SLING)
Benedict F. Dolbin

Bleistift, Tusche auf Papier, 28,5 × 22,5 cm
Dortmund, Institut für Zeitungsforschung

15/139 Spartakisten vor dem Gebäude der Redaktion des ›Vorwärts‹

1919; Fotografie (Reproduktion)
Bonn, Archiv der sozialen Demokratie/FES

Nach der Entlassung des Berliner Polizeipräsidenten Emil Eichhorn, der der USPD angehörte, kam es ab dem 5. Januar 1919 zu Massendemonstrationen und bewaffneten Auseinandersetzungen, deren Zentrum das Zeitungsviertel war. Der ›Spartakusaufstand‹ wurde mit Hilfe regierungstreuer Truppen, aber auch mit Freikorps-Einheiten blutig niedergeschlagen. Am 15. Januar wurden Rosa Luxemburg und Karl Liebknecht von nationalistischen Offizieren ermordet. Der ›Vorwärts‹, der seit 1876 zunächst als Zentralorgan der Sozialistischen Arbeiterpartei Deutschlands erschien und nach seinem Verbot 1878 als ›Berliner Volksblatt‹ im Jahre 1884 wiedergegründet worden war, erschien seit 1890 im Druck- und Verlagshaus in der Lindenstraße als Zeitung der SPD.

15/140 Ausweis für den Kontoristen Hans Ricke vom Ullstein-Verlag – Ausgestellt am 10. März 1919 von der Kommandantur des Zeitungsviertels

1919; ca. 25 × 25 cm
Berlin, Axel Springer Verlag AG

Auch während der Märzkämpfe war das Berliner Zeitungsviertel Brennpunkt des Geschehens. Nachdem die Vollversammlung der Arbeiter- und Soldatenräte von Groß-Berlin am 3. März 1919 zum Generalstreik aufgerufen hatte, um ihren revolutionären Forderungen Nachdruck zu verleihen, kam es zu bewaffneten Auseinandersetzungen, bei denen etwa 1200 Menschen ums Leben kamen.

15/147

15/141 Bildnis des Alfred Kerr
Benedict F. Dolbin

Bleistift, Tusche auf Papier, 29 × 24 cm
Dortmund, Institut für Zeitungsforschung

Alfred Kerr (1867–1948) war jahrzehntelang der führende Theaterkritiker Berlins. Seit 1919 schrieb er vor allem für das ›Berliner Tageblatt‹. Im Jahre 1933 emigrierte Kerr nach England.

15/142 Bildnis des Alfred Kerr – (Reklame für ›Adler‹-Schreibmaschinen)
Lotte Jacobi

um 1930; Fotografie (alter Abzug), 24,7 × 18,8 cm
Marbach/N., Schiller-Nationalmuseum/Deutsches Literaturarchiv (B 75.12)

15/143 Bildnis des Maximilian Harden
Franz von Lenbach

1891; Pastell, 35 × 30 cm
Privatbesitz

15/144 Ein Paraderiemen von einer Gig der kaiserlichen Yacht ›Hohenzollern‹

Holz, L 390 cm
Flensburg, Marineschule Mürwik

15/145 Ein Relingpfosten der kaiserlichen Yacht ›Hohenzollern‹

Holz, bemalt, 122 × 34 × 8,5 cm
Flensburg, Marineschule Mürwik

15/146 Steuerrad der kaiserlichen Yacht ›Hohenzollern‹

Holz, bemalt, Metall, Dm 180 cm
Flensburg, Marineschule Mürwik

15/147 Bugzier der kaiserlichen Yacht ›Hohenzollern‹

Holz, bemalt, H 183 cm; B 52–80 cm; T 50 cm
Flensburg, Marineschule Mürwik

15/148 Kopfbedeckung der Mannschaft auf der kaiserlichen Yacht ›Hohenzollern‹

Strohflechterei, Dm 38 cm
Flensburg, Marineschule Mürwik

15/149 Kaiser Wilhelm II. versteckt Ostereier an Bord der Yacht ›Hohenzollern‹

1912; Fotografie (Reproduktion)
Berlin, Bildarchiv Preußischer Kulturbesitz

15/150 Detail eines Kassettenschranks in der Halle des Hauses Wachenfeld auf dem Obersalzberg

Fotografie (alter Abzug), 17 × 22,7 cm
München, Vereinigte Werkstätten für Kunst im Handwerk (B 27 PSW)

Im Jahre 1927 erwarb Hitler das Haus Wachenfeld auf dem Obersalzberg als Landsitz. In der näheren Umgebung siedelten sich nach 1933 unter anderem Hermann Göring und Josef Goebbels an. Der gesamte Berghof-Komplex war wiederholt eine Art nationalsozialistischer Nebenhauptstadt: Hier wurden Regierungshandlungen vollzogen und ausländische Staatsgäste empfangen.

15/151 Blick aus dem ›Großen Arbeitszimmer‹ im Haus Wachenfeld auf den Untersberg

a) um 1938; b) 1946; a) Fotografie (alter Abzug), 17 × 22,7 cm; b) Fotografie (Reproduktion)
München, Vereinigte Werkstätten für Kunst im Handwerk (B 23 PSW) (a); Berlin, Bildarchiv Preußischer Kulturbesitz (b)

15/152 Großadmiral Dönitz auf dem Weg zur ›Patria‹

Fotografie (neuer Abzug)
Koblenz, Bundesarchiv (Welt im Bild 6/1945)

15/153 Großadmiral Dönitz auf dem Weg zur ›Patria‹

Fotografie (neuer Abzug)
Koblenz, Bundesarchiv (Welt im Bild 5/1945)

15/154 Großadmiral Dönitz betritt die ›Patria‹

Fotografie (neuer Abzug)
Koblenz, Bundesarchiv (Welt im Bild 6/1945)

15/155 Großadmiral Dönitz verläßt die ›Patria‹

Fotografie (neuer Abzug)
Koblenz, Bundesarchiv (Welt im Bild 6/1945)

15/156 Fassadenriß für die Seitenbebauung der Weberwiese an der Stalinallee, Berlin (Ost) (Abb. S. 350)
Hermann Henselmann
1951; Bleistift auf Transparentpapier, 71,5 × 158,5 cm
Berlin, Christian Borngräber

15/157 Die Stalinallee. Eine Broschüre mit Leporellos verschiedener Bauentwürfe
Hg.: Deutsche Bauakademie und Nationales Komitee für den Neuaufbau der deutschen Hauptstadt
1952; 24 × 27 cm; Leporello: 24 × 115 cm
Berlin, Landesarchiv (LAZ 3175)

15/158 ›Nationales Aufbauprogramm der Hauptstadt Berlin‹ – Propagandatafel an einer Baustelle im Nordteil der Stalinallee
1952; Fotografie (Reproduktion)
Berlin, Ullstein-Bilderdienst

15/159 ›...und Berlin bleibt doch die Hauptstadt Deutschlands‹ – Werbetafel der Zeitung ›Neues Deutschland‹ auf der Straße ›Unter den Linden‹
um 1952; Fotografie (Reproduktion)
Berlin, Landesbildstelle (20 700)

15/160 Der Regierende Bürgermeister Willy Brandt mit den Preisträgern des Wettbewerbs ›Haupstadt Berlin‹ am 26. Juni 1958
Fotografie (Reproduktion)
Bonn, Archiv der sozialen Demokratie, FES (Dep. Brandt)

15/161 ›Berlin Hauptstadt Deutschlands. Macht das Tor auf‹ – Plakat, hrsg. vom ›Kuratorium Unteilbares Deutschland‹
1961; Farboffset, 84 × 58 cm
Koblenz, Bundesarchiv, Plakatsammlung (Nr. 5/15)

15/162 Fotografie des Modells des Schlosses Bellevue als Reichsgästehaus – Architekt Paul Baumgarten
Max Krajewski
Fotografie (alter Abzug), 19,7 × 28,2 cm
Berlin, Landesarchiv (Rep. 200 Acc. 3102 Nr. 26)

15/163 Das Schloß Bellevue als Reichsgästehaus
a) Blick ins Treppenhaus
b) Blick in die Halle im Erdgeschoß
c) Blick in das Arbeitszimmer des Staatsministers Dr. Meißner
um 1938; Fotografien (alte Abzüge), a) 28,5 × 22,5 cm; b) 20 × 28,1 cm; c) 20,5 × 27,3 cm
Berlin, Landesarchiv (Rep. 200 Acc. 3102 Nr. 26 und 94)

15/164 Enwurf für den großen Speisesaal im Schloß Bellevue
Carl-Heinrich Schwennicke
Bleistift, Pastell auf Transparentpapier, 39 × 58,5 cm
Berlin, Friederike Schwennicke – de Figallo

15/165 Entwurf für das Amtszimmer der Bundespräsidenten im Schloß Bellevue
Carl-Heinrich Schwennicke

Fahrt der alliierten Stadtkommandanten durch das Brandenburger Tor, 1954 (München, Süddeutscher Verlag, Bilderdienst)

1957; Bleistift, Pastell auf Transparentpapier
33,8 × 52,2 cm
Berlin, Friederike Schwennicke – de Figallo

15/168 Entwurf für die Eingangshalle im Schloß Bellevue (Abb. S. 345)
Carl-Heinrich Schwennicke
1956; Bleistift, Pastell auf Transparentpapier, 44,2 × 59,5 cm
Berlin, Friederike Schwennicke – de Figallo

15/169 Entwurf für den Salon im Schloß Bellevue
Carl-Heinrich Schwennicke
1958; Bleistift, Pastell auf Transparentpapier, 33,4 × 39,7 cm
Berlin, Friederike Schwennicke – de Figallo

15/170 Ein Wandleuchter aus dem großen Speisesaal im Schloß Bellevue
1959; Glas, Messing, 37,5 × 25 × 12,5 cm
Bonn, Bundespräsidialamt

15/171 Fragment des Geländers der großen Haupttreppe in der Eingangshalle von Schloß Bellevue
1959; Messing, H 94 cm; T 6 cm, L 270 cm
Bonn, Bundespräsidialamt

15/172 Salon im Schloß Bellevue
Walter Kösler
um 1960; Fotografie (alter Abzug) 23,2 × 17,5 cm
Berlin, Bundesbaudirektion (101/67)

15/173 Sitzungssaal im Schloß Bellevue
um 1960; Fotografie (alter Abzug), 22,6 × 17 cm
Berlin, Bundesbaudirektion (101/85)

Exil

Weimar on the Beach?

Cornelius Schnauber

Als in Europa der Zweite Weltkrieg tobte und Millionen von Menschen entweder durch Kriegshandlungen oder organisierte Massenvernichtung ihr Leben verloren, war im fernen Los Angeles am Stillen Ozean eine deutschsprachige Kulturenklave entstanden, die das Ausmaß einer in die Diaspora verpflanzten Kulturmetropole angenommen hatte.

Schon vor 1933 war Los Angeles Anziehungspunkt für viele Künstler aus dem deutschsprachigen Raum gewesen und blieb es auch noch nach 1945. Die Emigranten der NS-Zeit machten aber den wesentlichen Teil der deutschsprachigen Zuwanderer in dieser Metropole aus. Eine erste große Welle der Kulturemigration setzte bereits 1933 ein. Als dann Österreich, die Tschechoslowakei, Frankreich und die Niederlande von deutschen Truppen besetzt wurden, war Hollywood mit seinen Filmproduktionsgesellschaften für Schriftsteller, Schauspieler, Regisseure, Komponisten usw. einer der wenigen Orte, mit denen noch eine Hoffnung auf Arbeitsmöglichkeiten verbunden war. Die deutschen Exilpolitiker, zum Beispiel viele frühere Mitglieder der SPD oder des Zentrums, blieben hingegen an der Ostküste, wo eine, wenn auch geringe Wirkung in der amerikanischen Politik eher zu erhoffen war.

Die meisten der Emigranten oder besser Exilanten, die nach 1933 in die Vereinigten Staaten bzw. nach Hollywood kamen, hatten es nicht leicht, Fuß zu fassen. Das betraf nicht nur jene Vielfalt von ›anonymen‹ Flüchtlingen, die heute in keinem Künstlerlexikon zu finden sind, sondern auch bereits berühmte Künstler oder Wissenschaftler.

Für die Verfolgten des NS-Regimes war es keineswegs sicher, in einem anderen Land aufgenommen zu werden, schon gar nicht in den USA. Denn hier galten – ob nun für offiziell Ausreisende oder Flüchtlinge – strenge Visabestimmungen. Jedes Konsulat durfte nach einem rigiden Quotensystem nur eine bestimmte Zahl von Einwanderungsvisa vergeben, und jeder Antragsteller mußte außerdem eine gewisse Geldsumme vorweisen, die ihm für eine bestimmte Zeit den Unterhalt sicherte. Andernfalls brauchte er einen Arbeitsvertrag aus den USA oder die finanzielle Fünfjahresbürgschaft eines amerikanischen Staatsbürgers und in vielen Fällen (besonders nach 1941) auch noch ein ethisches und politisches Charakterzeugnis durch einen US-Bürger, die beiden sogenannten ›Affidavits‹. Doch damit waren die Schwierigkeiten vor allem für die weniger prominenten Antragsteller noch keineswegs behoben: Oft wurde ihre Quotennummer zugunsten prominenterer oder mit den Konsulatsangestellten befreundeter Antragsteller wieder heruntergesetzt. Dazu gab es nicht selten peinliche Verhöre, und einige der amerikanischen Konsularangestellten sympathisierten mehr mit Hitler als mit den gefährdeten Juden oder den politisch Oppositionellen, denen sie die Visabeantragung erschwerten.

Auch die überwiegende Mehrheit der amerikanischen Bevölkerung und selbst ein entschiedener Nazi-Gegner wie Präsident Roosevelt waren bis zum Kriegseintritt im Jahr 1941 gegen eine Lockerung der Einwanderungsbestimmungen oder gegen die Erhöhung der Einwanderungsquoten; nach 1941 gab es auf deutschem Boden sowieso keine amerikanischen Konsulate mehr. Selbst nach dem Kriegseintritt wurden die Bestimmungen nicht gelockert, sondern eher erschwert. Die Amerikaner hatten nach wie vor Angst, zu viele Einwanderer würden zu viele Arbeitsplätze wegnehmen, denn schließlich lag die Weltwirtschaftskrise noch nicht allzu lange zurück. Außerdem gab es auch in den USA starken Antisemitismus und ausgeprägte Fremdenfeindlichkeit, letztere sogar vertreten durch höchste Repräsentanten des Außenministeriums.

Einer größeren Zahl von prominenten politischen Flüchtlingen, Intellektuellen und Künstlern half ein von Präsident Roosevelt bestelltes Komitee, die Flucht aus dem besetzten Frankreich nach Portugal zu organisieren, und es ermöglichte in Ausnahmefällen die Einreise in die USA unter Umgehung des Quotensystems. Dieses Komitee arbeitete unter anderem mit dem 1940 in New York gegründeten ›Emergency Rescue Committee‹ zusammen, für das Thomas und Erika Mann, besonders aber Hermann Kesten, dieser »Schutzvater und geradezu Schutzheilige aller über die Welt Versprengten«, so Stefan Zweig, sehr aktiv waren. Das ›Emergency Rescue Committee‹ organisierte zum Beispiel Lion Feuchtwangers Flucht aus Les Milles im Jahre 1940 und brachte ihn über Spanien und Portugal nach New York. Daneben gab es einige Wissenschaftsinstitute wie die Columbia University in New York, die University of California oder die ›New School for Social Research‹, die durch Gastprofessuren und Einladungen zu Vorlesungsreihen akademischen Emigranten zu einem ›Nonquota-Visum‹ verhalfen.

In Hollywood wurde 1938 auf Anregung des 1921 aus Teplitz-Schönau ausgewanderten Filmproduzenten und späteren Filmagenten Paul Kohner der ›European Film Fund‹ gegründet, in dem sich unter anderem Ernst Lubitsch, Charlotte und William Dieterle und Erika Mann engagierten. Aufgabe des Fonds war es, unter den bereits verdienenden Emigranten Spenden zu sammeln, um damit die noch nicht – oder nicht mehr – verdienenden Künstler aus Europa zu unterstützen, Überfahrten zu arrangieren, Visa zu besorgen und vor allem die Bürgschaft (Affidavits) zu koordinieren. Henry Koster, Marlene Dietrich, Salka Viertel, Walter Reisch, Peter Lorre, Fritz Lang, Erich Maria Remarque und Billy Wilder gehörten zu den frühen Beitragszahlern. Zudem setzte sich der Fonds, insbesondere Paul Kohnen und William Dieterle, mit den Filmgesellschaften in Verbindung und überredete MGM, Warner Brothers und Columbia, jene zwölf ›100-Dollar-pro-Woche-Verträge‹ abzuschließen, die auf ein Jahr begrenzt waren, und die unter anderem Alfred Döblin, Heinrich Mann, Leonhard Frank, Walter Mehring, Alfred Polgar und Alfred Neumann die Einreise in die Vereinigten Staaten ermöglichten. Doch saßen diese Autoren dann meist unproduktiv und frustriert in den Studios herum: unproduktiv, weil sie ihren Achtstundentag in den Studios absitzen mußten, dort aber angesichts der hektischen Atmosphäre oft

Szenenfoto aus Fred Zinnemanns Film ›The Seventh Cross‹ nach dem Roman von Anna Seghers (Kat. 16/14)

nicht schreiben konnten. Frustriert, weil immer, wenn sie doch etwas schrieben (Alfred Döblin hatte sich immerhin an vier Drehbüchern versucht), diese Arbeiten dann als zu unfilmisch oder zu literarisch verworfen wurden. Keiner der Verträge wurde verlängert, so daß die meisten der Schriftsteller von einer geringen Arbeitslosenunterstützung und Beihilfen des ›European Film Fund‹ leben mußten.

Wie aber sah das Los Angeles aus, in dem die europäischen Künstler ankamen? In New York, dieser europäisch strukturierten Wolkenkratzerstadt, gab es Wohnblock neben Wohnblock, Restaurant neben Restaurant, Theater neben Theater, und sogar literarische Cafés, in denen der in New York gebliebene Hermann Kesten verkehrte. Los Angeles dagegen war ein Gebilde von Hunderttausenden kleiner Einfamilienhäuser mit Rasen und Palmen, mit exklusiven Villenvierteln und langgestreckten Boulevards, gesäumt von flachen, leichtgebauten Häusern, aus denen nur inselhaft Zentren hervorragten, die an europäische Stadtbilder erinnerten. Hier befanden sich zwar, wie in New York, Geschäfte, Restaurants, Büros oder Kinos, doch wirkten die leichten Gebäude für die europäischen Emigranten ein wenig wie häßliche Hollywoodkulissen.

Um Freunde zu besuchen oder zu einem bestimmten Restaurant zu gelangen, fuhr man nicht selten 50 bis 100, mindestens aber 10 bis 20 Kilometer, was ein städtisches Zusammengehörigkeitsgefühl im europäischen Sinne kaum aufkommen ließ. Viele der an Berlin oder Wien gewöhnten Künstler konnten sich in »diese gewisse zelluloidverpackte Weltgewandtheit« (so Friedrich Torberg) kulturell nur schwer einfügen. Dennoch war Los Angeles nicht so ›kulturlos‹, wie es gern beklagt wurde. So gab es die bereits 1919 gegründete Philharmonie, die zwischen 1933 und 1939 von Otto Klemperer geleitet wurde, es gab das Columbia Symphony Orchestra unter Bruno

Walter und großartige Theateraufführungen im ›Pasadena Playhouse‹. Ebenfalls in Los Angeles wurde auch 1947 Bert Brechts ›Leben des Galilei‹ (zweite Fassung) mit Charles Laughton in der Titelrolle uraufgeführt, Max Reinhardt inszenierte 1934 in der ›Hollywood Bowl‹ Shakespeares ›Mittsommernachtstraum‹, und Leopold Jessner versuchte Schillers ›Wilhelm Tell‹ mit deutschen Schauspielern auf englisch zu spielen. Dazu gab es bekannte Inszenierungen von Max Reinhardt in seinem ›Workshop for Stage, Screen and Radio‹ (später Max Reinhardt Theater), oder im ›Jewish Club of 1933‹ Lesungen von Ernst Deutsch, Alexander Granach, Ludwig Marcuse, Fritz Kortner, Thomas Mann und Emil Ludwig, um nur einige zu nennen.

Dennoch zogen sich die meisten der bekannten Künstler in gewisse Zirkel zurück, die untereinander keineswegs immer befreundet waren. So kamen zu den Lesungen im Hause Lion Feuchtwangers vorwiegend Bert Brecht, Heinrich Mann, Ludwig Marcuse und gelegentlich Thomas Mann. Friedrich Torberg verkehrte im ›Salon‹ von Alma Mahler-Werfel, wo er auf Igor Strawinsky, Arnold Schönberg, Lotte Lehmann, Bruno Walter, Max und Gottfried Reinhardt und Bruno Frank traf. Es kam zu Gereiztheiten zwischen Thomas Mann und Arnold Schönberg wegen der musiktheoretischen Passagen im ›Doktor Faustus‹, ein Konflikt, an dem Theodor W. Adorno, der zusammen mit Max Horkheimer seit 1941 ebenfalls in Los Angeles lebte, nicht ganz unbeteiligt war. Schönberg mußte erleben, wie sein Schüler Hanns Eisler in seinen Kompositionen Kompromisse mit Hollywood einging und wie musikalische Opponenten und Rivalen wie Erich Wolfgang Korngold und Kurt Weill (letzterer ging bald nach New York) immer erfolgreicher wurden. Streitigkeiten und Antipathien, die in der Weimarer Republik begonnen hatten, setzten sich damit in Los Angeles fort.

Obwohl die Mehrheit der in die USA emigrierten Schriftsteller nach Los Angeles gegangen war – New York war das andere Zentrum emigrierter Schriftsteller in den Vereinigten Staaten –, hat doch keiner von ihnen den Ort während seines Aufenthaltes als Schauplatz seiner Werke benutzt, einige ›leichtere‹ Texte von Curt Goetz einmal ausgenommen. Nur bei Franz Werfel erscheint ein imaginäres Kalifornien in dem utopischen Roman ›Stern der Ungeborenen‹. Den meisten Autoren jedoch blieb Los Angeles fremd. Trotzdem entstanden dort im Exil einige der wichtigsten Werke der deutschen Literatur. Hier schrieb Thomas Mann ›Joseph der Ernährer‹, ›Der Erwählte‹ und ›Doktor Faustus‹, Heinrich Mann ›Ein Zeitalter wird besichtigt‹ und ›Der Atem‹, Bert Brecht ›Leben des Galilei‹ (zweite Fassung), ›Der kaukasische Kreidekreis‹ und ›Schweyk im zweiten Weltkrieg‹, und Lion Feuchtwanger ›Goya‹. Kürzere Texte, meist Erzählungen, erschienen in der von Ernst Gottlieb und Felix Guggenheim 1942 gegründeten, deutschsprachigen ›Pazifischen Presse‹, zu deren Autoren Thomas und Heinrich Mann, Franz Werfel, Alfred Döblin, Friedrich Torberg, Lion Feuchtwanger sowie Leonhard und Bruno Frank gehörten.

Lebten somit die deutschsprachigen Schriftsteller in Los Angeles im wahrsten Sinne des Wortes in der Diaspora, da sie keinen nennenswerten Einfluß auf die amerikanische Literatur hatten, so sind etliche Wissenschaftler, die allerdings vorwiegend in Chicago oder an der Ostküste lehrten, nicht ohne Wirkung geblieben: so zum Beispiel der Physiker Albert Einstein in Princeton und die Psychoanalytiker Bruno Bettelheim, Alfred Adler, Erich Fromm und Wilhelm Reich in Chicago bzw. New York, von wo aus auch der Regisseur Erwin Piscator ›Theaterschule‹ machte. Großen Einfluß gewannen außerdem Architekten, bildende Künstler und Musiker: Walter Gropius in New York, Boston und Los Angeles, Ludwig Mies van der Rohe in Chicago; Herbert Wilhelm Bayer in New York und später Santa Barbara (Kalifornien), Josef Albers in mehreren Orten des Ostens; Arnold Schönberg, Otto Klemperer, Bruno Walter in Los Angeles,

Paul Hindemith in New Haven, Ernst Krenek in New York, später St. Paul und schließlich seit 1947 in Palms Springs bei Los Angeles oder Lotte Lehmann in Santa Barbara. Den ›sichtbarsten‹ Einfluß aber hatten deutschsprachige Emigranten zwischen 1920 und 1953 im Film; und durch dieses Medium gab es auch, ausgehend von Los Angeles, einen direkten Einfluß der deutschen Literatur auf das amerikanische Kulturbewußtsein.

Erwähnt sei nur William Dieterle, der den Hollywoodfilm nicht nur thematisch auf die europäische Literatur sowie auf bedeutende europäische Ereignisse lenkte, sondern auch direkte Einflüsse der deutschen Romantik ins Visuelle umsetzte und bei all diesem ›Zauber‹ zugleich Vorurteile, Unterdrückung der Benachteiligten, Diktatur und Antisemitismus angriff. Außerdem gelang es ihm zum Beispiel mit seinem Film ›Der Glöckner von Notre Dame‹ auch den häßlichen oder unscheinbaren Menschen als eigentlichen Helden einzuführen, was bis dahin in Hollywood ungewöhnlich war.

Dem stand – zumindest bei denjenigen Emigranten, die bereit und fähig waren, sich der neuen Umgebung anzupassen – eine Veränderung ihres politischen Denkens oder ihres künstlerischen Schaffens durch die amerikanische Erfahrung gegenüber. Während der in Berlin zur Schau getragene ›Amerikanismus‹ vieler deutscher Künstler durch das Erlebnis der amerikanischen Realität eher irritiert wurde, empfanden andere die amerikanische Nüchternheit als Mittel gegen ›ererbte‹ Schwerfälligkeit, Tiefsinn und Traditionsüberfrachtung des eigenen Bewußtseins. Für Architekten wie Walter Gropius, Mies van der Rohe oder Ferdinand Kramer bedeutete die Bereitschaft zur Einfachheit, Zweckmäßigkeit und wirtschaftlichen Rationalität, die sie im Bauen der Vereinigten Staaten mehr als zu Hause vorfanden, eine Bestätigung ihrer in Deutschland begonnenen Entwicklung in Architektur und Design; insofern arbeiteten viele in den USA mit Gewinn und Erfolg.

Die Erfahrung der amerikanischen Demokratie wurde im Falle der Emigranten nur in begrenztem Umfange in eine spätere Wirksamkeit in ihren Heimatländern umgesetzt. In der DDR nicht, weil die dortigen politischen Verhältnisse dies nicht zuließen und die dorthin übergesiedelten Emigranten wie Brecht oder Eisler ohnehin wenig mit dem amerikanischen Demokratiemodell im Sinn hatten; in der Bundesrepublik nicht, weil es nur wenige Emigranten zu nennenswertem politischem Einfluß brachten bzw. die ehemaligen Repräsentanten der Weimarer Republik – überdies in allen Parteien – soweit möglich von einer neuerlichen Führungsrolle ferngehalten wurden. Eine Konstellation wie sie Thomas Mann in seiner Begegnung mit Franklin D. Roosevelt wohl vor Augen hatte, in der die traditionelle deutsche Bürgerkultur mit dem Ideal einer sozialverantwortlichen und politischen Ethik, durchdrungen von konsequent antifaschistischer Politik, vereint wäre, blieb ein bloß symbolischer Vorgang. In den USA selbst hatten die Emigranten nicht viel Einfluß auf die amerikanische Europa- und Deutschlandpolitik; schon deshalb nicht, weil der etwas anmaßende Tonfall in den Verlautbarungen deutscher Emigranten bei Kriegsende, wie jener des ›Council for a Democratic Germany‹, sie als wenig geeignete Konkursverwalter des deutschen Zusammenbruchs erscheinen ließ.

16/1 Umzugswagen in Nürnberg mit Bestimmungsort ›Los Angeles‹

1938; Fotografie (Reproduktion)
Nürnberg, Stadtarchiv (A E 9 NW 33 1168 Umschlag IX, 7, a)

16/2 Filmtreatment mit dem Arbeitstitel ›437 !! Ein Geiselfilm‹

Fritz Lang/Bertolt Brecht

1943(?) Typoskript, 28 × 22 cm (28 × 44 cm aufgeklappt)
Los Angeles, Archives of Performing Arts/ USC
(Fritz Lang Collection)

Fritz Lang (1890–1976) begann seine Tätigkeit beim Film als Drehbuchlektor und Cutter 1918 bei der Berliner Filmgesellschaft DECLA. Durch Filme wie ›Metropolis‹ (1927), zu dem ihn ein Amerikabesuch im Jahre 1924 inspirierte, und ›M‹ (1931), seinen ersten Tonfilm, mit Peter Lorre als Hauptdarsteller, machte er auf sich als Regisseur aufmerksam. Im Jahre 1933 – sein Film ›Das Testament des Dr. Mabuse‹ (1932) war verboten worden, und gleichzeitig hatte Joseph Goebbels ihm eine leitende Position in der deutschen Filmindustrie angeboten – emigrierte Lang nach Frankreich und von dort 1934 nach Hollywood.

Die Idee zu dem Film »Hangmen Also Die« (1943) lieferte das Attentat auf den von Adolf Hitler in Böhmen und Mähren eingesetzten ›Reichsprotektor‹ Reinhard Heydrich 1942 in Prag. Zusammen mit Bertolt Brecht arbeitete Fritz Lang ein Treatment aus, das den Titel »437« trug. Zur weiteren Ausarbeitung wurde der amerikanische Autor John Wexley hinzugezogen, der das Drehbuch letztlich auch ins Englische übersetzte. Nicht nur wegen der Namensnennung im Vorspann, wo Brecht nur noch als Autor des Entwurfes genannt wird, sondern auch bezüglich des Drehbuches verlief die Zusammenarbeit von Brecht und Lang nicht immer konfliktfrei. Für die Musik des Films wurde Hanns Eisler gewonnen, und zu den Darstellern zählte u. a. Alexander Granach.

16/3 Fritz Lang mit einem Modell der Bauten für den Film ›Hangmen Also Die‹, 1943

Fotografie (Reproduktion)
Berlin, Stiftung Deutsche Kinemathek (Fotoarchiv/Lang, Fritz)

16/4 Szenenfoto aus dem Film ›Hangmen Also Die‹

1943; Fotografie (Reproduktion)
Berlin, Stiftung Deutsche Kinemathek (Fotoarchiv/Hangmen Also Die)

16/5 Plakat für den Film ›Hangmen Also Die‹

104 × 68 cm
Los Angeles, Archives of Performing Arts/USC (Poster Collection)

16/6 John Wexley, Bertolt Brecht und Fritz Lang bei einer Besprechung des Drehbuchs für den Film ›Hangmen Also Die‹

1942; Fotografie (Reproduktion), 12,5 × 18 cm
Berlin, Stiftung Deutsche Kinemathek
(Fotoarchiv/Lang, Fritz)

16/7 Szenenentwurf für den Western-Film ›Rancho Notorious‹

Bleistift auf Papier, 35 × 22 cm
Los Angeles, Archives of Performing Arts/USC
(Fritz Lang Collection)

16/8 Von Fritz Lang hergestellter Weihnachtsbaumschmuck in Form eines Schlittengespannes des Santa Claus

Fritz Lang

Metalldraht, 20 × 30 × 100 cm
Los Angeles, Cornelius Schnauber

16/9 Zu Besuch auf William Dieterles Farm in Canoga Park, Kalifornien

a) Alfred Neumann, Thomas Mann, Charlotte Dieterle, Katia Mann
b) Thomas Mann, William Dieterle

1940er Jahre; Fotografie (alte Abzüge), je 8,5 × 13 cm
München, Stadtbibliothek, Handschriften-Abteilung
(Nachlaß A. Neumann)

William Dieterle (1893–1972) wurde in Deutschland in den zwanziger Jahren bekannt als Theaterschauspieler bei Max Reinhardt sowie durch seine Rolle des Valentin in ›Faust‹ von Friedrich W. Murnau. 1930 ging er nach Hollywood und machte sich dort einen Namen als Regisseur. Als 1934 Max Reinhardts Shakespeare-Inszenierung ›A Midsummer Night's Dream‹ bei Warner Brothers verfilmt werden sollte, führte Dieterle, der dort unter Vertrag stand, Regie. Weiterhin wurde er bekannt durch Filme wie ›The Life of Emile Zola‹ (1937), ›Juarez‹ (1939) oder ›The Hunchback of Notre Dame‹ (1939). Nebenher unterrichtete er an der von Max Reinhardt in Hollywood gegründeten Schauspielschule Filmregie.

1947 zog William Dieterle mit seiner Frau auf eine Farm in Canoga Park, Kalifornien; 1958 kehrten sie nach Europa zurück. Während seines Aufenthaltes in Hollywood setzte sich das Ehepaar Dieterle für deutsche Emigranten ein. Sie waren maßgeblich an der Gründung des ›European Film Fund‹ beteiligt, der die Emigranten finanziell unterstützte und zu dessen Vorstandsmitgliedern neben Dieterle u. a. Bruno Frank, Ernst Lubitsch, Erika Mann, Walter Reisch und Salka Viertel gehörten. Auf Betreiben des Film Fund und besonders auf Betreiben von Dieterle stellten die Filmgesellschaften MGM, Warner Brothers und Columbia sogenannte Titularverträge aus, Einjahresverträge über 100 Dollar pro Woche, die gefährdeten Autoren die Einreise in die USA ermöglichten und ihnen dort ein erstes Auskommen boten. Solche Verträge gab es z. B. für Alfred Döblin, Leonhard Frank, Heinrich Mann, Walter Mehring, Alfred Neumann und Alfred Polgar.

16/10 Das Haus von Salka und Berthold Viertel in der Mabery Road, Santa Monica

1930er Jahre; Fotografie (alter Abzug), 13 × 18 cm
Marbach/N., Schiller-Nationalmuseum/Deutsches Literaturarchiv (B 80.5615)

16/11 Berthold Viertel bei den Dreharbeiten zu ›Our Daily Bread‹

Fotografie (alter Abzug), 13 × 8 cm
Marbach/N., Schiller-Nationalmuseum/Deutsches Literaturarchiv (B 80.5651)

Der Regisseur und Schriftsteller Berthold Viertel ging 1928 mit seiner zweiten Frau Salka (1889–1978), einer Schauspielerin und Drehbuchautorin, nach Hollywood. Durch die Vermittlung von Friedrich W. Murnau hatte ihm die ›Twentieth Century Fox‹ in Hollywood für drei Jahre einen Regie- und Drehbuchvertrag angeboten. Er schrieb dort zunächst das Drehbuch für den Film ›Our Daily Bread‹, der sich u. a. mit der Geschichte des Weizens beschäftigt und der von Murnau mit Françoise Rosay verfilmt wurde, aber unter dem Titel ›City Girl‹ herauskam.

Berthold Viertel ging im Jahre 1932 ohne seine Frau zurück nach Europa. 1933 mußte er von Berlin nach London und 1939 wieder in die USA emigrieren. In Santa Monica, wo Salka Viertel weiterhin wohnte, hielt er sich nur begrenzte Zeit auf. 1947 verließ er die USA endgültig, 1948 wurde die Ehe geschieden.

Salka Viertel wurde in Hollywood bekannt als Drehbuchautorin für Greta Garbo, mit der sie gut befreundet war. Das Haus in der Mabery Road in Santa Monica, das die Viertels 1928 bezogen hatten und in dem Salka Viertel bis zu ihrer Rückkehr nach Europa 1953 wohnte, wurde sehr schnell zum Treffpunkt für die in Hollywood lebenden Emigranten, wie z. B. Carl Zuckmayer, Arnold Schönberg, Otto Klemperer oder Christopher Isherwood.

16/12 Bestätigung der erfolgreichen Teilnahme an der ›School of Citizenship‹ für den Regisseur Joe May

Berlin, Stiftung Deutsche Kinemathek (Inv. May, Joe)

16/13 Der Drehbuchautor Walter Reisch in Hollywood

um 1940; Fotografie (alter Abzug), 16 × 16 cm
Berlin, Stiftung Deutsche Kinemathek (Fotoarchiv/Reisch, Walter)

16/14 Szenenfoto aus Fred Zinnemanns Film ›The Seventh Cross‹, nach dem Roman von Anna Seghers (Abb. S. 385)

1946; Fotografie (Reproduktion)
Berlin, Stiftung Deutsche Kinemathek, (Fotoarchiv/The Seventh Cross)

Die Schriftstellerin Anna Seghers, die über Frankreich und Spanien nach Mexiko emigrierte, schrieb im Exil die Romane ›Das siebte Kreuz‹ (1942) und ›Transit‹ (span. 1944, dt. 1948). ›Das siebte Kreuz‹ schildert das Schicksal eines von sieben KZ-Flüchtlingen, der im Gegensatz zu seinen Mit-Flüchtlingen als einziger tatsächlich entkommen kann. In den USA wurde der Roman zu einem Bestseller und im Herbst 1943 in den ›Book of the Month-Club‹ aufgenommen. Die Filmgesellschaft Warner Brothers kaufte die Filmrechte, und der bei ihnen unter Vertrag stehende Regisseur Fred Zinnemann, ein gebürtiger Wiener, verfilmte den Roman.

16/15 Der Kameramann Eugen Schüfftan in Hollywood

Fotografie (alter Abzug), 9,5 ×13 cm
Berlin, Stiftung Deutsche Kinemathek, (Fotoarchiv/Schüfftan, Eugen)

Eugen Schüfftan, 1893 in Breslau geboren, fing 1920 beim Film als Spezialist für Trickverfahren an. 1933 verließ er Deutschland und emigrierte nach Frankreich und Großbritannien, 1940 ging er in die Vereinigten Staaten, wo er als Kameramann arbeitete. Das von ihm entwickelte und nach ihm benannte Schüfftan-Verfahren, eine Methode der Einspiegelung von Modellen und Bildern in Realszenen, wurde erstmals 1925 in Fritz Langs Film ›Metropolis‹ erfolgreich eingesetzt.

16/16 Kostümfest bei Henry Koster in Los Angeles, 1938

Fotografie (Reproduktion)

Berlin, Stiftung Deutsche Kinemathek (Fotoarchiv/Koster 1938)

Unter den Gästen befindet sich (stehend als 6. v. l.) der Komponist Friedrich Holländer (1896–1976). Berühmt für seine Schlagermelodien aus dem Film ›Der blaue Engel‹, gelang es ihm nach der Emigration 1935 nach Hollywood, dort rasch Fuß zu fassen und für viele Filme erfolgreich zu komponieren. Er kehrte nach dem Zweiten Weltkrieg nach Deutschland zurück.

16/17 Bildnis der Elisabeth Bergner mit einer handschriftlichen Widmung für Erika und Klaus Mann

Fotografie (alter Abzug), 28,5 × 23,5 cm
München, Stadtbibliothek, Handschriften-Abteilung (KM 15/72)

Die Schauspielerin Elisabeth Bergner (1897–1986) hielt sich seit Ende 1932 wegen Dreharbeiten in London auf und kehrte nach der Machtübernahme der Nationalsozialisten nicht mehr nach Deutschland zurück. 1940 ging sie mit ihrem Mann, dem Regisseur Paul Czinner, in die USA, der durch den Film ›Nju‹ (1924), in dem sie mitwirkte, bekannt wurde.

Elisabeth Bergner wurde durch Filme wie ›Der Geiger von Florenz‹ (1926), ›Ariane‹ (1931) und ›Der träumende Mund‹ (1932) sowie durch ›Catherine the Great‹ (1934), ›As You Like It‹ (1936) und der englischen Fassung von ›Ariane‹, ›Stolen Life‹ (1939), zu einer bekannten und populären Schauspielerin. 1951 kehrte sie nach London zurück und ging 1954 erstmalig auf Gastspielreise nach Deutschland.

16/18 Affidavit von Curt Riess für Klaus Mann

1941; Typoskript, 15 × 21 cm
München, Stadtbibliothek, Handschriften-Abteilung (KM 4)

16/19 Erich Maria Remarque und Douglas Sirk (Detlev Sierck)

Fotografie (alter Abzug), 23 × 16 cm
Berlin, Stiftung Deutsche Kinemathek (Fotoarchiv/Sirk, Douglas)

16/20 Ernst Lubitsch und Peter Lorre bei der Ankunft Ferdinand Bruckners in Los Angeles

um 1936; Fotografie (Reproduktion)
Berlin, Stiftung Deutsche Kinemathek (Fotoarchiv/Ernst Lubitsch)

16/21 Brief von Leonhard Frank zur Übersiedlung seiner Frau Elena in die USA auf einem Briefbogen der ›Warner Brothers‹

1941; 27,9 × 20 cm
Frankfurt, Deutsche Bibliothek, Deutsches Exilarchiv 1933–1945 (EB 73/21: Elena Frank 16)

Leonhard Frank (1882–1961), der aus pazifistischen Gründen 1914 in die Schweiz geflohen war, lebte nach dem Ersten Weltkrieg in Berlin als freier Schriftsteller. Im Jahre 1933, als seine antifaschistischen und sozialkritischen Werke verboten wurden, emigrierte er erneut in die Schweiz und dann nach Paris. In Frankreich wurde er 1939/40 mehrfach interniert, konnte aber im Herbst 1940 über Portugal in die USA fliehen. Er lebte zunächst in Hollywood, wo er von der Filmgesellschaft Warner Brothers einen jener ›100-Dollar-pro-Woche‹ – Jahresverträge bekam, über die er in seiner romanhaften Autobiographie ›Links wo das Herz ist‹ schreibt: »Der amerikanische Filmautor im Büro nebenan, der 3500 Dollar die Woche verdiente, löste das Rätsel, warum Frank keine Arbeit zugewiesen bekam. Er sagte, kameradschaftlich lächelnd: ›Die halten es für vollständig ausgeschlossen, daß ein Schriftsteller, der für 100 Dollar die Woche arbeitet, etwas Brauchbares schreiben kann.« 1945 ging Leonhard Frank nach New York, wo er seine schriftstellerische Arbeit wieder intensiv aufnahm, und im Januar 1950 kehrte er nach München zurück.

16/22 Rechnung für die Übersiedlung der Familie Alfred Döblins in die USA

1941; 28 × 21,6 cm
Frankfurt, Deutsche Bibliothek, Deutsches Exilarchiv 1933–1945 (EB 73/21: Alfred Döblin Nr. 35)

16/23 ›Identification Card‹ als ›Motion Picture Employee‹ für Alfred Döblin

1942; 6 × 9 cm
Marbach/N., Schiller-Nationalmuseum/Deutsches Literaturarchiv

16/24 Mappe Lion Feuchtwangers zur Aufbewahrung von Notizen

Leder, 78,9 × 68,6 cm (aufgeschlagen)
Beverly Hills, Harold von Hofe

16/25 Ankunft von Franz Werfel und Alma Mahler-Werfel auf der ›Ile de France‹

1940; Fotografie (alter Abzug), 12 × 16 cm

Los Angeles, University Library Special Collections/ UCLA (Franz Werfel Archive, Box 34)

Der jüdische Schriftsteller Franz Werfel, 1899 in Prag geboren, lebte nach dem Ersten Weltkrieg bis 1938 hauptsächlich in Österreich.

1938, als die Deutschen in Österreich einmarschierten, emigrierte Werfel zusammen mit seiner Frau Alma Mahler-Werfel nach Frankreich, wo sie in Sanary-sur-Mer lebten. 1940 flüchteten sie zusammen mit Heinrich, Nelly und Golo Mann über Lissabon nach New York und gingen von dort nach Los Angeles. Ende September 1942 ließen sie sich in Beverly Hills nieder, wo Werfel im August 1946 verstarb.

Während der Flucht aus Frankreich saß Franz Werfel für einige Wochen in Lourdes fest. Dort hatte er gelobt, ein Buch über Bernadette Soubirous, die Heilige von Lourdes, zu schreiben, wenn es ihnen gelingen würde, die USA zu erreichen. 1941 erschien der Roman ›Das Lied von Bernadette‹, Anfang 1942 lag er in englischer Übersetzung vor und wurde vom ›Book of the Month-Club‹ ebenso wie zuvor Werfels Roman ›Der veruntreute Himmel‹ (›Embezzled Heaven‹) zum Buch des Monats gewählt. 1943 wurde er von der ›Twentieth Century Fox‹ verfilmt (The Song of Bernadette). Franz Werfel gehörte zu den wenigen Emigranten, die in besten finanziellen Verhältnissen in den USA lebten, da seine Werke dort schon übersetzt und bekannt waren.

16/26 Bildnis der Alma Mahler-Werfel

Fotografie (alter Abzug), 16 × 10 cm
Los Angeles, University Library Special Collections/ UCLA (Franz Werfel Archive, Box 34)

16/27 Die heilige Bernadette Soubirous

Fotografie (alter Abzug), 23 × 18 cm
Los Angeles, University Library Special Collections/ UCLA (Franz Werfel Archive, Box 35)

16/28 Glaskaraffe in Form der Jungfrau Maria

blau getöntes Glas, H 32 cm; Dm 11 cm
Los Angeles, University Library Special Collections/ UCLA (Franz Werfel Archive, Box 35)

16/29 Franz Werfels Schreibtisch mit einem Kalender, dem Bild Alma Mahler-Werfels und einer Glaskaraffe

Fotografie (alter Abzug), 28 × 35,5 cm
Los Angeles, University Library Special Collections/ UCLA (Franz Werfel Archive, Pack 1)

16/30 Akademischer Mantel zur Verleihung der Ehrendoktorwürde aus dem Besitz Franz Werfels

1943; schwarzer Wollstoff, gelbes Futter, lila Samt, 100 × 100 × 63 cm
Los Angeles, University Library Special Collections/ UCLA (Franz Werfel Archive, Box 36)

16/31 Katia, Erika und Thomas Mann auf der ›Ile de France‹, USA-Reise, April 1937

Fotografien (alte Abzüge), 8 × 12 cm
München, Stadtbibliothek, Handschriften-Abteilung (EM 10/46)

Im April 1937 reiste Thomas Mann zusammen mit seiner Frau Katia zum dritten Mal in die USA. Die ›New School for Social Research‹ hatte ihn zu Beginn des Jahres zu mehreren Lesungen nach New York geladen, und auf Wunsch der ›American Guild for German Cultural Freedom‹, einer Hilfsorganisation für exilierte Autoren, sollte er anläßlich der Gründung der ›Deutschen Akademie in New York‹, in deren Präsidium er gewählt wurde, eine Rede halten. Nach einem elftägigen Aufenthalt in New York, begleitet von »Diners und Meetings, Interviews, Besuchsgedränge, Blumen, Büchern und Briefhaufen«, verabschiedete Erika Mann, die 1936 in die USA emigriert war, ihre Eltern am 24. April 1937 auf dem Dampfer ›Ile de France‹.

Auf dieser Reise hatten sich für Thomas Mann, wie er in seinen Tagebüchern von 1937–1939 schreibt, neue Lebensperspektiven für Amerika aufgetan. Nach einer weiteren Vortragsreise durch die USA von Februar bis Juli 1938 übersiedelte das Ehepaar Mann im Herbst 1938 – nach fünf Jahren im Schweizer Exil – von Küssnacht nach Princeton.

16/32 Thomas Mann im Gespräch mit Dorothy Thompson

1933; Fotografie (Reproduktion)
Zürich, Thomas Mann-Archiv der Eidgenössischen Technischen Hochschule (5 Fa 1938: Mai 2)

Dorothy Thompson (1894–1961), amerikanische Publizistin und Journalistin, war in den zwanziger Jahren in Wien und Berlin als Auslandskorrespondentin tätig. 1934 wurde sie wegen ihres Buches ›I saw Hitler‹ nazifeindlicher

Berichterstattung beschuldigt und aus Deutschland ausgewiesen – die erste Ausweisung eines amerikanischen Korrespondenten aus Deutschland.

Von 1936 bis 1941 war sie politische Kommentatorin der New Yorker ›Herald Tribune‹ und Rundfunkkommentatorin. Thomas Mann und Dorothy Thompson waren seit Manns zweiter Amerikareise im Juni 1935 befreundet. Zu dieser Zeit arbeitete Frau Thompson im Auftrag von Alfred A. Knopf, Thomas Manns amerikanischem Verleger, an einem Buch über Thomas Mann, das aber nie zustande kam. Dorothy Thompson veröffentlichte zahlreiche Aufsätze und Besprechungen zu Thomas Mann und seinen Werken.

16/33 Thomas Mann bei einem Besuch in Hollywood, 1938 (neben ihm Carl Laemmle, Max Reinhardt, Ernst Lubitsch)

Fotografie (Reproduktion)
Zürich, Thomas Mann-Archiv der Eidgenössischen Technischen Hochschule (5 Fa 1938: April 8)

16/34 Thomas Mann im Garten seines Hauses in Pacific Palisades, San Remo Drive, am 20. Oktober 1944

George Platt-Lynes
Fotografie (Reproduktion)
Zürich, Thomas Mann-Archiv der Eidgenössischen Technischen Hochschule (6 FA 1944: 5)

Bei seinem Aufenthalt in Südkalifornien Ende Juni bis Anfang Oktober 1940 kaufte das Ehepaar Mann ein Grundstück in Pacific Palisades und beauftragte den exilierten Berliner Architekten J. R. Davidson mit dem Bau des Hauses. Am 8. April 1941 zog die Familie Mann, die bis dahin in Princeton gelebt hatte, endgültig in ihr neues Haus, 1550 San Remo Drive, Pacific Palisades, das sie bis zu ihrer Rückkehr in die Schweiz im Jahre 1952 bewohnte. Zu ihren Nachbarn gehörten u. a. Bruno Walter, Franz Werfel, Bruno Frank, Lion Feuchtwanger und Theodor W. Adorno.

Die Aufnahme, die Thomas Mann im Garten des Hauses zeigt, wurde vermutlich am 20. Oktober 1944 von dem Fotografen George Platt-Lynes im Auftrag von The Condé Nast Publications, Inc. gemacht. In den Tagebüchern von Thomas Mann findet sich am 20. Oktober 1944 zu dem Besuch eines Fotografen, der ihn für die Serie ›Berühmte Europäer‹ ablichten wollte, die wahrscheinlich in der Zeitschrift ›Vogue‹ erschienen ist, folgender Eintrag: »Törichte Regie im Garten. Ermüdende Prozedur.«

16/35 Thomas Mann im Arbeitszimmer des Hauses in Pacific Palisades, San Remo Drive

1947; Fotografie (Reproduktion)
Zürich, Thomas Mann-Archiv der Eidgenössischen Technischen Hochschule (Fa 1947:5)

16/36 Clipboard aus dem Besitz von Thomas Mann

um 1946; Metall, Holz, 25 × 23 cm
Zürich, Thomas Mann-Archiv der Eidgenössischen Technischen Hochschule

Nach einer Lungenoperation im April 1946 im ›Billings Hospital‹ in Chicago und dem anschließenden sechswöchigen Genesungsaufenthalt dort, nahm Thomas Mann zwei Tage nach seiner Rückkehr nach Pacific Palisades die Arbeit an seinem Roman ›Doktor Faustus‹ wieder auf. In dem 1948 begonnenen und 1949 erschienenen Bericht über die Entstehung des ›Doktor Faustus‹ schreibt Thomas Mann: »Da das Sitzen am Schreibtisch mir Schmerzen im Rücken macht, war eine neue Arbeitspositur einzuführen, die ich bis heute beibehalten habe: das Schreiben in der Sofa-Ecke, auf dem Schoß das in die Metallklammer einer Unterlage gespannte Papier.«

16/37 Mannsches Haus in Pacific Palisades, San Remo Drive – Spiralringbuch mit 13 Fotos aus dem Besitz Erika Manns

um 1943; 16,5 × 14 cm
München, Stadtbibliothek, Handschriften-Abteilung (EM 5170/86)

16/38

16/38 Peter-Commons-Festsaal der Dubuque University in Iowa vor der Verleihung der Ehrendoktorwürde an Thomas Mann am 9. Februar 1940

Fotografie (Reproduktion)
Zürich, Thomas Mann-Archiv der Eidgenössischen Technischen Hochschule (6 Fa 1940: Feb 1)

16/39 Thomas Mann als Ehrendoktor der Dubuque University, Iowa, am 9. Februar 1940

Fotografie (Reproduktion)
Zürich, Thomas Mann-Archiv der Eidgenössischen Technischen Hochschule (6 Fa 1940: Feb 10)

16/40 Thomas Mann bei einem Vortrag am Rednerpult

Eugen Spiro

Lithographie, 37,8 × 28 cm
Marbach/N., Schiller-Nationalmuseum/Deutsches Literaturarchiv (B 80.49)

16/41 Heinrich Mann bei einem Vortrag vor der Liga für Menschenrechte in Paris

um 1936; Fotografie (Reproduktion)
Bonn, Archiv der sozialen Demokratie, FES

Bis zum Ausbruch des Zweiten Weltkrieges war es weniger Thomas Mann als vielmehr sein Bruder Heinrich (1871–1950), der unter den exilierten Schriftstellern den größten Einfluß besaß. Der Kritiker Kurt Hiller nannte ihn den »heimlichen Kaiser«.

Heinrich Mann floh am 21. Februar 1933 über Straßburg und Toulon nach Nizza, wo er sich niederließ. Im Oktober 1933 wurde Heinrich Mann Ehrenvorsitzender des ›Schutzverbandes deutscher Schriftsteller‹, im Mai 1934 Präsident der ›Deutschen Freiheitsbibliothek‹ in Paris, und 1935 gehörte er dem Präsidium des ›Weltkongresses gegen Krieg und Faschismus‹ an.

Am 29. November 1935 vertrat er die deutschen Exilanten vor dem Genfer Völkerbund. Seine Hauptaufgabe sah er ab Mitte der dreißiger Jahre in der Errichtung einer deutschen Volksfront gegen den Faschismus. Unter seinem Vorsitz konstituierte sich am 6. Februar 1936 im Pariser Hotel Lutetia das ›Komitee zur Vorbereitung einer deutschen Volksfront‹. Über Flug- und Tarnschriften rief dieses zum Widerstand gegen das NS-Regime auf. Ansprachen Heinrich Manns wurden über den Rundfunk nach Deutschland gesendet.

Über Spanien und Portugal flüchtete er 1940 in die USA, wo er sich in Kalifornien niederließ. Die ›Liga für Menschenrechte‹ war 1898 in Paris im Zusammenhang mit der Dreyfus-Affäre gegründet worden. Ihr Kampf galt der persönlichen Freiheit des Individuums gegenüber dem Staat, friedlichen Regelungen zwischenstaatlicher Konflikte und der Verteidigung der Demokratie.

16/42 Thomas Mann begrüßt Heinrich Mann bei dessen Ankunft in den USA am 13. Oktober 1940

Fotografie (Reproduktion)
Zürich, Thomas Mann-Archiv der Eidgenössischen Technischen Hochschule (6 Fa 1940: Okt 1)

16/43 ›Zeichnet Deutsche Freiheits-Spende‹ – Aufruf für einen Hilfsfonds der Emigranten in der ›Deutschen Volks-Zeitung‹

1939; 8,5 × 15 cm
Frankfurt, Deutsche Bibliothek, Deutsches Exilarchiv 1933–1945 (Exildokumente 19)

16/44 Registrierkarte Erika Manns als ›Enemy Alien‹

1941; zweiteiliger Karton, 7 × 21 cm
München, Stadtbibliothek, Handschriften-Abteilung (EM 4/Biogr. Dok. III)

16/45 Ausweiskarte Erika Manns für das ›International Military Tribunal‹

1946; Karton mit Paßbild, 6,5 × 10,5 cm
München, Stadtbibliothek, Handschriften-Abteilung (EM/Biogr. Dok. III)

16/46 Neun Postkarten aus dem Besitz von Klaus Mann

je 15 × 10 cm
München, Stadtbibliothek, Handschriften-Abteilung (KM 21)

16/47 Klaus Mann im Garten des Hauses seiner Eltern in Pacific Palisades, San Remo Drive

Florence Homolka

um 1942; Fotografie (alter Abzug), 24 × 19 cm
München, Stadtbibliothek, Handschriften-Abteilung (KM 14/3)

16/39

16/48 Klaus Mann in der Uniform der US-Army

um 1944; drei Fotos in originaler Passepartout-Montierung, 21 × 39,5 cm
München, Stadtbibliothek, Handschriften-Abteilung (KM 13/72)

16/49 Bildnis des Historikers Veit Valentin in der Uniform der US-Army

um 1944; Fotografie (alter Abzug)
Marbach/N., Schiller-Nationalmuseum/Deutsches Literaturarchiv (B 76. 1433)

Der Historiker Veit Valentin (1885–1947) habilitierte sich 1910 in Freiburg und erhielt 1916 an der dortigen Universität eine Professur. Angesichts seiner Kontroverse mit dem alldeutschen Freiburger Historiker Georg von Below wurde er zur Aufgabe seiner Dozentur veranlaßt. 1923 wurde er Archivar am Reichsarchiv in Potsdam. Nach seiner Entlassung 1933 aufgrund seiner pazifistischen und linksliberalen Einstellung emigrierte er nach London, wo sein allerdings schon in Deutschland konzipiertes Werk ›Weltgeschichte‹ entstand, und dann in die Vereinigten Staaten, wo er bis zu seinem Tod ohne feste Anstellung blieb.

16/50 Bertolt Brecht im Exil in den USA

um 1943; Fotografie (Reproduktion)
Frankfurt, Suhrkamp-Verlag

Bertolt Brecht (1898–1956) floh am 28. Februar 1933 über Prag, Wien und die Schweiz nach Dänemark, wo er sich auf der Insel Fünen bis 1939 niederließ. Nach weiteren Stationen in Schweden und Finnland siedelte er sich schließlich 1941 in Santa Barbara, Kalifornien, an.

16/51 Bertolt Brecht auf dem Balkon der Wohnung Ruth Berlaus in der 57. Straße in New York

Ruth Berlau

1946; Fotografie (Reproduktion)
Frankfurt, Suhrkamp-Verlag

16/52 Bertolt Brecht mit Mordecai Gorelik und Peter Lorre in Los Angeles

1942; Fotografie (Reproduktion)
Frankfurt, Suhrkamp-Verlag

1935 wurde Bertolt Brecht vom Arbeitertheater ›New York Theatre Union‹ mit der Bühnenbearbeitung von Maxim Gorkis Roman ›Die Mutter‹ beauftragt. Er reiste zu den Proben nach New York, doch scheiterten die Bemühungen, das Stück nach seinen Vorstellungen zu inszenieren. Bei dieser Gelegenheit lernte er den Bühnenbildner und Theatertheoretiker Mordecai Gorelik kennen. Eine von heftigen Meinungsverschiedenheiten geprägte Freundschaft begann. Während Gorelik Brecht mit den amerikanischen Theatertraditionen bekannt machte, wurde er selbst zum Verfechter der Brechtschen Theorien in den USA. Peter Lorre (1904–1964) kannte Brecht seit 1931, als er in Berlin den Galy Gay in ›Mann ist Mann‹ spielte. Lorre zählte zu den wenigen Exilanten, die in Hollywood Karriere gemacht hatten. Er unterstützte Brecht in den USA finanziell.

16/53 Bildnis des Charles Laughton als Galilei

Benedict F. Dolbin

um 1947; Bleistift, 29 × 24 cm
Berlin, Stiftung Deutsche Kinemathek

Im März 1944 lernte Bertolt Brecht die für ihn im amerikanischen Exil wichtigste Person kennen, der Schauspieler Charles Laughton (1899–1962). In einer dreieinhalbjährigen Zusammenarbeit mit Laughton entstand die Überarbeitung und Übersetzung des 1943 in Zürich uraufgeführten ›Leben des Galilei‹. Nach dem Abwurf der ersten Atombomben auf Hiroshima und Nagasaki änderte Brecht 1945 nochmals die Konzeption des Stücks, das am

16/53

30. Juli 1947 im Coronet Theatre in Beverly Hills und ab dem 7. Dezember 1947 in New York mit Charles Laughton in der Rolle des Galilei aufgeführt wurde.

16/54 Arnold Schönberg

a) Das Arbeitszimmer Arnold Schönbergs in seinem Haus in Beverly Hills
b) Arnold Schönberg vor dreien seiner Selbstporträts
c) Arnold Schönberg beim Unterricht in seinem Haus in Beverly Hills
d) Arnold Schönberg dirigiert

1943–48; Fotografien (Reproduktion)
Los Angeles, Arnold-Schoenberg-Institute/USC (1838Ph, 2013Ph, 1825Ph, 2901 Ph [Fish Collection])

Der Komponist Arnold Schönberg (1874–1951), Begründer der Zwölftonmusik, wurde am 1. März 1933 aus der Preußischen Akademie der Künste in Berlin, deren Meisterklasse für Komposition er seit 1925 leitete, ausgeschlossen.

Am 17. Mai 1933 emigrierte er über Paris in die USA. Zunächst lebte und unterrichtete er in Boston, zog aber schon im Herbst 1934 aus Gesundheitsgründen nach Los Angeles, wo er sich in Beverly Hills niederließ und von 1936 bis 1944 einen Lehrstuhl für Musik an der University of California innehatte. 1944 gab er die Professur auf und unterrichtete nur noch privat.

16/55 Besuch bei Bruno Walter in Beverly Hills – Thomas Mann, Lotte Lehmann, Bruno und Gretel Walter, Klaus und Erika Mann

1940er Jahre; Fotografie (alter Abzug), 10 × 18 cm
München, Stadtbibliothek, Handschriften-Abteilung (EM 11/4)

Der Dirigent Bruno Walter (1876–1962) besuchte mit acht Jahren das Sternsche Konservatorium in Berlin. 1894 dirigierte er am Stadttheater Köln seine erste Oper. In den folgenden Jahren war er an zahlreichen Bühnen in Europa tätig und unternahm Gastspielreisen in die USA. 1929 wurde er Kapellmeister des Leipziger Gewandhauses.

Als die Nationalsozialisten 1933 seine Konzerte boykottierten und ihm als Juden Dirigierverbot erteilten, ging Walter zunächst nach Österreich. 1938 floh er nach Frankreich und 1939 in die Vereinigten Staaten. Er ließ sich in Kalifornien in Beverly Hills nieder und war Dirigent u. a. der Metropolitan Opera in New York und der New Yorker Philharmoniker.

Bruno Walter war zeitlebens eng mit Thomas Mann befreundet, den er 1913 in München kennengelernt hatte. Während seiner Zeit dort als Generalmusikdirektor und auch in Kalifornien wohnten sie in unmittelbarer Nachbarschaft.

16/56 Besucher bei Otto Klemperer

1935; Fotografie (alter Abzug), 18 × 24 cm
Los Angeles, Arnold Schoenberg Institute/USC (2083 Ph)

Der Dirigent Otto Klemperer (1885–1973) wurde 1927 Leiter und 1928 Generalmusikdirektor der Kroll-Oper in Berlin. Nach deren Schließung im Jahre 1931 ging er als Generalmusikdirektor an die Berliner Staatsoper. 1933 emigrierte Klemperer in die USA und leitete bis 1939 das Los Angeles Philharmonic Orchestra. Er gehörte zu den Emigranten, die häufiger zu Gast waren bei Salka Viertel und bei Franz Werfel und seiner Frau. 1947 verließ er die USA. Nach Aufenthalten in Budapest als Dirigent der dortigen Oper und in London als Chefdirigent des Philharmonie Orchestra zog er 1956 in die Schweiz.

16/57 Hanns Eisler in Santa Monica

um 1943; Fotografie (Reproduktion)
Frankfurt, Suhrkamp-Verlag

16/58

16/58 Bildnis des Lion Feuchtwanger mit einer Klischieranweisung zur Veröffentlichung im ›Aufbau‹

Benedict F. Dolbin

1943; Tusche, Bleistift, 29,2 × 21 cm

Marbach/N., Schiller-Nationalmuseum/Deutsches Literaturarchiv (B 74.513)

16/59 Einladung des ›Aufbau‹ zur Gedenkfeier für Stefan Zweig am 28. Februar 1942 in New York

11 × 10 cm

München, Stadtbibliothek, Handschriften-Abteilung (KM 3)

Die Zeitschrift ›Aufbau‹, 1934 in New York vom Deutsch-jüdischen Club ursprünglich als Vereinsblatt gegründet, gehörte Ende der dreißiger Jahre neben der ›Neuen Volkszeitung‹ zu den bekanntesten der wenigen deutschsprachigen Zeitschriften und Zeitungen. Chefredakteur des ›Aufbau‹, bei dem eine Vielzahl exilierter Autoren mitarbeitete, war seit 1939 der Berliner Journalist Manfred George, ein ehemaliger Redakteur im Ullstein Verlag, der 1933 nach Prag und 1938 in die USA emigriert war.

Am 28. Februar 1942 veranstaltete der ›Aufbau‹ eine Gedenkfeier für den Schriftsteller Stefan Zweig, der im Exil in Brasilien zusammen mit seiner zweiten Frau am 22. Februar 1942 Selbstmord begangen hatte. Diese Tat hatte bei einigen Emigranten Unverständnis hervorgerufen, wurde teilweise sogar als ›unbegreiflicher Verrat am Geist‹ bezeichnet, vor allem da Zweig auch im Exil als Schriftsteller erfolgreich, finanziell abgesichert und aufgrund seiner 1934 erworbenen britischen Staatsbürgerschaft keinen Diskriminierungen ausgesetzt war.

16/60 Programmheft für ›Wilhelm Tell‹ in der Inszenierung von Leopold Jessner

1939; 29,6 × 46 cm

Berlin, Stiftung Deutsche Kinemathek (Nachlaß Rudi Feld 32)

Leopold Jessner (1878–1945) leitete seit 1919 als Intendant das Staatliche Schauspielhaus am Gendarmenmarkt in Berlin. Er führte insbesondere Klassiker auf, deren Stoffe er auf die großen politischen Herausforderungen seiner Zeit hin interpretierte und in betont nüchternen Bühnenbildern zur Geltung brachte, so z. B. Schillers ›Wilhelm Tell‹ (1919). Dies führte nicht selten zu heftigen Reaktionen nationalistischer Kreise gegen sein Theater. Jessner emigrierte 1933 nach England, arbeitete u. a. in Tel Aviv (Inszenierung von ›Wilhelm Tell‹ 1936) und siedelte schließlich in die USA über. Die Inszenierung von ›Wilhelm Tell‹ im ›El Capitan Theatre‹ in Los Angeles 1939, für die der aus Berlin emigrierte Bühnenbildner Rudi Feld die Ausstattung besorgt hatte, war mit Hilfe von Sponsoren aus der ›American Guild for German Cultural Freedom‹ und der ›German American League for Culture‹ zustande gekommen. Das Programmheft nennt u. a. die Regisseure Joseph Mankiewicz und Frank Capra sowie die Schauspieler Paul Muni, Basil Rathbone und Norma Shearer. Unter den mitwirkenden Schauspielern waren Ernst Deutsch und Alexander Granach.

16/61 Entwurfszeichnung für die Inszenierung ›War and Peace‹ in New York im ›Dramatic Workshop‹ an der New School for Social Research

1942; Bleistift, Kohle, 24,7 × 17,2 cm

Berlin, Akademie der Künste, Erwin Piscator Center (Hi 222 Bl. 2)

Erwin Piscator (1893–1966) hatte in Berlin in den zwanziger Jahren einen völlig neuartigen Bühnenstil entwickelt, das ›epische Theater‹, das sich als politische Überzeugungsarbeit verstand. Eine aufwendige Bühnentechnik, Film- und Diaprojektionen, bewegte Bühnenebenen sollten dem Theater eine mit dem modernen Medium Film konkurrenzfähige Wirkung verschaffen. Piscator, der sich selbst als Kommunist verstand, emigrierte 1933 erst in die Sowjetunion, dann nach Paris, von wo aus er 1939 in die USA übersiedelte. An der New School for Social Research konnte er eine Theaterabteilung einrichten, mit der er 1942 eine dramatisierte Fassung von Tolstois ›Krieg und Frieden‹ inszenierte. Diese Aufführung stand in

16/62

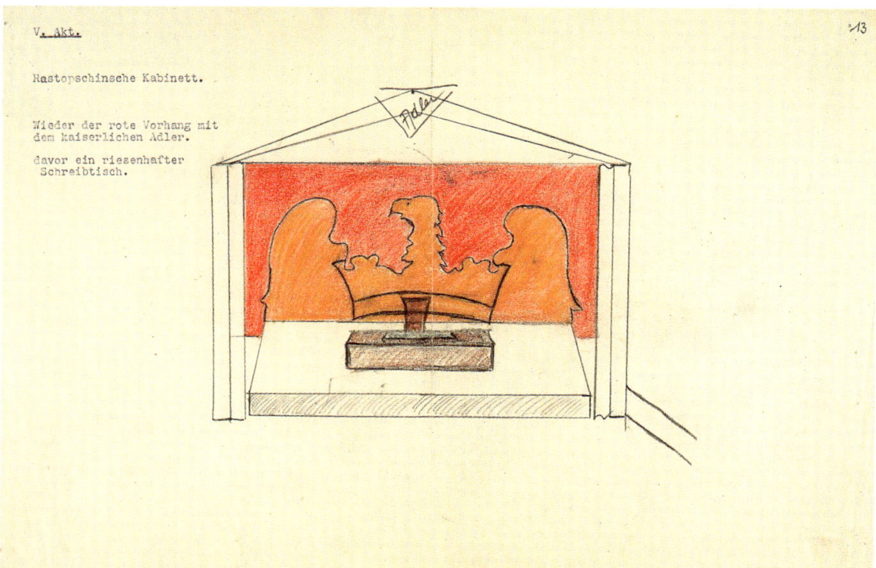

aktuellem Bezug zum Krieg Nazi-Deutschlands gegen die Sowjetunion.

Piscator kehrte 1951 nach Deutschland zurück und inszenierte längere Zeit vorwiegend an Provinzbühnen; seit 1962 leitete er bis zu seinem Tod die Freie Volksbühne in Westberlin. Auch hier machte er ein sehr politisches Theater, u. a. inszenierte er die vieldiskutierten zeitkritischen Stücke von Peter Weiss, Rolf Hochhuth und Heinar Kipphardt.

16/62 Entwurfszeichnung für die Inszenierung von ›War and Peace‹

1942; Bleistift, Kohle, 20,9 × 32,8 cm
Berlin, Akademie der Künste, Erwin Piscator Center
(Mappe Entwurf ›KGF‹ Bl. 13)

16/63 Erwin Piscator bei der Arbeit mit Schauspielern im Sommertheater in Lake Placid

Fotografie (Reproduktion)
Berlin, Akademie der Künste, Erwin Piscator Center

16/64 Albert Grzesinski spricht auf dem ›Alten Markt‹ in Stralsund am 19. Februar 1933

Fotografie (Reproduktion)
Amsterdam, Internationales Institut für Sozialgeschichte

Albert Grzesinski (1879–1947) war von Mai 1925 bis Oktober 1926 und von 1930 bis zum 30. Juli 1932 Berliner Polizeipräsident. Von 1926 bis 1930 leitete er das preußische Innenministerium. Am 6. Mai 1933 floh er zunächst in die Schweiz und lebte ab September 1933 in Paris. Dort gehörte er dem von Heinrich Mann geleiteten ›Komitee zur Vorbereitung einer deutschen Volksfront‹ an. Ab Juli 1936 führte er die Geschäfte der ›Zentralvereinigung der deutschen Emigranten‹, der Interessenvertretung der Flüchtlinge beim Völkerbund. 1937 siedelte er in die USA über, wo er 1939 zu den Gründungsmitgliedern der ›German Labor Delegation‹, der offiziellen Vertretung der SoPaDe in den USA, zählte. Bis zum Frühjahr 1943 war er der Vorsitzende dieser Organisation. Als er diese Funktion wegen persönlicher Querelen niederlegen mußte, war er gezwungen, sich als vierundsechzigjähriger wieder in seinem erlernten Beruf als Metalldrücker zu verdingen. Kurz vor seiner geplanten Rückkehr nach Deutschland verstarb er 1947 in New York.

16/65 Albert Grzesinski in Paris

Fotografie (alter Abzug), 15,8 × 11,6 cm
Amsterdam, Internationales Institut für Sozialgeschichte

16/74

16/66 Die Mitglieder des Exilvorstandes der SPD (SoPaDe) Friedrich Stampfer, Hans Vogel und Otto Wels bei einer Sitzung in Prag im Sommer 1933

1933; Fotografie (Reproduktion)
Bonn, Archiv der sozialen Demokratie/FES

Die liberale Asylpolitik des tschechoslowakischen Ministerpräsidenten Edvard Beneš (1884–1946) veranlaßte den Exilvorstand der SPD (SoPaDe) im Frühsommer 1933 dazu, seinen Sitz von Saarbrücken nach Prag zu verlegen. Die politische Tätigkeit der SoPaDe unterlag zunächst keinerlei Beschränkungen. Dies änderte sich, nachdem sowohl die rechtsradikale Sudetendeutsche Partei Konrad Henleins (1898–1945) als auch das Berliner Außenministerium ab 1937 auf die tschechoslowakische Regierung massiven Druck ausübten. Im Mai 1938 verlegte der SoPaDe-Vorstand seinen Sitz nach Paris.

In seinen Erinnerungen bemerkte Friedrich Stampfer, der langjährige Chefredakteur des ›Vorwärts‹ und Mitglied des SoPaDe-Vorstandes dazu: »Unsere Hoffnungen oder, wenn man so will, unsere Illusionen waren am stärksten in der Prager Zeit. Als wir Prag verlassen mußten, ging das Wort von Mund zu Mund: ›Jetzt beginnt erst unsere Emigration‹. Denn dort war man uns mit freundschaftlichem Verständnis begegnet, und so hatten wir uns bald fast zu Hause (!) gefühlt.«

16/67 Friedrich Stampfers letzter Besuch im eigenen Haus

1933; Fotografie (Reproduktion)
Bonn, Archiv der sozialen Demokratie/FES

16/68 Der amerikanische Präsident Franklin Delano Roosevelt bei einer Wahlkampfreise

Fotografie (Reproduktion)
Berlin, Ullstein-Verlag

Im Jahre 1932 wurde Franklin Delano Roosevelt (1882–1945) erstmals zum Präsidenten der USA gewählt, was sich 1936, 1940 und 1944 wiederholte. Seine Politik des ›New Deal‹, einer Kombination aus staatlicher Wirtschaftsförderung und sozialen Reformen, diente in den dreißiger Jahren dazu, die Folgen der Weltwirtschaftskrise in den USA zu überwinden. Roosevelts Politik im Zweiten Weltkrieg zielte darauf ab, das Kriegsbündnis mit den übrigen Alliierten zum Fundament einer neuen Weltfriedensordnung zu machen. Auf der Konferenz von Jalta 1945 war er bereit, Stalin, dem er übergroßes Vertrauen schenkte, weitgehende Zugeständnisse für die Rolle der Sowjetunion im Nachkriegs-Osteuropa zu machen.

Thomas Mann schätzte das ›Oberhaupt der kosmopolitischen Demokratie‹ (1944) sehr – er sah in Roosevelt »den geborenen und bewußten Gegenspieler des abgründig bösen, aber wohl eben damit auch abgründig dummen und weltblinden Diabolismus . . ., dem das arme Deutschland verfallen«. Der Präsident hat Thomas Mann im Weißen Haus in Washington empfangen.

16/69 ›Freiheit von Furcht‹ – Plakat

Norman Rockwell

1943; Farboffsetdruck, 72 × 101 cm
Zürich, Museum für Gestaltung, Plakatsammlung (7–406)

16/70 ›Freiheit der Rede‹ – Plakat

Norman Rockwell

1943; Farboffsetdruck, 73 × 103 cm
Zürich, Museum für Gestaltung, Plakatsammlung (7–405)

16/71 ›Freiheit von Not‹ – Plakat

Norman Rockwell

1943; Farboffsetdruck, 72 × 101 cm
Zürich, Museum für Gestaltung, Plakatsammlung (7–403)

16/72 Fritz Kortner und seine Frau bei einem Besuch 1948 in Berlin anläßlich der Uraufführung des Films ›Der Ruf‹

Fotografie (alter Abzug), 18 × 24 cm
Berlin, Stiftung Deutsche Kinemathek
(Fotoarchiv/Kortner, Fritz)

16/73 Anzeige für Gartenmöbel von Ferdinand Kramer

Aus: ›Look‹

1945; 28 × 21,2 cm
Frankfurt, Lore Kramer

Fasziniert von der Mobilität der amerikanischen Gesellschaft und ihrem Sinn für das Nützliche und Praktische, erhielt Ferdinand Kramer 1943 die Gelegenheit, Mehrzweck- und Kombinationsmöbel für eine Firma in South Carolina zu entwerfen. Wegen der kriegsbedingten Materialbewirtschaftung in den USA durften die Möbel keine Metallteile enthalten. Sie wurden u. a. über Versandhäuser vertrieben und wurden ein großer Verkaufserfolg. Eleanor Roosevelt, die Ehefrau des amerikanischen Präsidenten, erwarb etliche der von Kramer entworfenen Gartenmöbel aus Holz mit Koroseal-Bespannung für das Weiße Haus.

16/74 Programmheft zu einem Pavillon für die Weltausstellung in New York

1939; 25,5 × 18 cm
Frankfurt, Lore Kramer

Im Jahre 1939 bat ein Komitee aus Amerikanern und Emigranten Ferdinand Kramer, für die kommende Weltausstellung in New York einen ›Freedom Pavilion‹ zu entwerfen. Dem Komitee gehörten u. a. Thomas Mann, Dorothy Thompson, Henry Morgenthau, Otto Klemperer, Paul Tillich und Fiorello La Guardia, der New Yorker Oberbürgermeister, an. In dem Pavillon sollten den Amerikanern die von den Nazis verbrannten Bücher, verbotene und verfemte Werke der darstellenden Kunst, Architektur, Musik und Fotografie sowie des Films, verfolgte Künstler, Wissenschaftler und Politiker vorgestellt werden. Ferdinand Kramer sagte seine Mitarbeit zu, wollte aber seinen Namen in der Presse nicht genannt sehen, da er Repressalien gegen seine noch in Frankfurt lebende Mutter befürchtete. Die Drohung des italienischen Diktators Mussolini – wohl auf massiven Druck Hitlers –, er werde den Beitrag Italiens zurückziehen, falls der ›Freedom Pavilion‹ verwirklicht würde, hat die Ausführung des Projekts schließlich verhindert. *Lore Kramer*

16/75 Ansicht eines von Ferdinand Kramer entworfenen Wohnhauses für die ›Alden Estates‹

1939; Fotografie (Reproduktion)
Frankfurt, Lore Kramer

Als Vizepräsident von zwei Siedlungsgesellschaften, die von der Stiftung des Frankfurter Instituts für Sozialforschung gegründet worden waren, baute Ferdinand Kramer ›Little White Houses‹ in Westchester County, Alden Estates und Greyrock Park on Sound an der amerikanischen Ostküste. Konstruktion, Funktionalität und Flexibilität des traditionellen amerikanischen Farmhauses hatten es ihm angetan und eine intensive Beschäftigung nach sich gezogen. Jeder Laie konnte in zwei Tagen das leichte Skelett eines ›balloon framed house‹ zusammennageln. Anstelle massiver Balken mit Zapfungen, die nur Zimmerleute montieren konnten, eine leichte, preiswerte, flexible und zum Selbsttun animierende Konstruktion. Dieses Konstruktionsprinzip und ein den modernen, beweglichen Lebensformen entsprechender Grundriß bestimmten Kramers Konzept. *Lore Kramer*

16/76 Modell für die Planung einer Verkaufsetage in ›Aldens cross store‹

1947; Holz, Stahlblech, Kunststoff, 70 × 100 cm
Frankfurt, Lore Kramer

Die Direktion einer Investmentbank, welche die bedeutendsten amerikanischen Kaufhäuser kontrollierte, holte 1942 bei Ferdinand Kramer Rat ein, wie sich die Waren besser präsentieren ließen. In einem Gespräch mit den Präsidenten von ›Bloomingdale‹, ›Macy‹ und ›Federate Stores‹ entwickelte er ein Konzept. Ein Spezialbüro wurde für ihn eingerichtet. In einem ›Pilotstore‹ in Kankagee bei Chicago konnte er experimentieren und seine Ideen auf ihre Leistungsfähigkeit testen. Es entstand das neue System der ›Visual display trays‹, das aus kombinierbaren Baukastenelementen bestand mit eingehängten oder gestellten Plexiglasschalen, mit denen die Waren übersichtlich dargeboten werden konnten. Ebensowichtig war eine magnetische Planspieltafel. Mit ihrer Hilfe – jeder Verkaufsmanager hatte sie im Büro – konnten Verkaufs- und Ausstellungsstrategien allein über das Telefon aufeinander abgestimmt werden. Das zeitaufwendige Zeichnen von Plänen und der Postversand entfielen. *Lore Kramer*

16/77 Straßenszene in New York

1938; Fotografie (Reproduktion)
Frankfurt, Lore Kramer

Ferdinand Kramer (1898 bis 1985) hatte 1925 bis 1930 als Architekt an den Siedlungen des ›neuen Frankfurt‹ mitgearbeitet und funktionale Möbel, Türbeschläge, Öfen und anderes für diese Neubauten entworfen. Er emigrierte 1938 mit seiner aus einer jüdischen Familie stammenden Ehefrau, nachdem ein Arbeitsverbot gegen ihn verhängt und seine Arbeiten als ›entartete Architektur‹ ausgestellt worden waren. Im Unterschied zu vielen anderen Emigranten sah Kramer in amerikanischen Lebens- und Arbeitsformen eine Chance, verwandte eigene Vorstellungen unter ungleich günstigeren Bedingungen zu verwirklichen. Er kehrte erst 1952 nach Frankfurt zurück, wo er unter anderem viele Neubauten für die Frankfurter Universität errichtete.

16/77

16/78 Illustration für ›Whistle Stop‹ *Rudi Feld*

1945; Gouache, 25 × 34 cm
Berlin, Stiftung Deutsche Kinemathek (Nachlaß Rudi Feld)

Bonn

Entscheidung über die Bundeshauptstadt 1948/49

Reiner Pommerin

Schenkt man dem Text einer Karikatur des Jahres 1949 Glauben, dann mußte »Wer A – wie Adenauer – sagt, auch B – wie Bonn – sagen«. Damit sollte der auch heute noch weitverbreiteten Auffassung Ausdruck verliehen werden, es sei in erster Linie dem ersten Kanzler der Bundesrepublik Deutschland, Konrad Adenauer, zuzuschreiben, daß ausgerechnet die Stadt Bonn als Sitz des Bundes ausgewählt wurde. Dieser habe eben den Bundessitz ganz einfach in unmittelbarer Nähe seines schönen Wohnsitzes in Rhöndorf haben wollen.

In der Tat kam Adenauer ein wesentliches Verdienst bei der Hauptstadtwerdung Bonns zu; doch darf dabei nicht übersehen werden, daß es damals nicht allein den Deutschen überlassen blieb, diese Entscheidung zu treffen, sondern daß auch den Siegermächten, wenn sie es wünschten, ein durchaus entscheidender Einfluß zukam.

Nach der Entfesselung des Zweiten Weltkrieges durch das nationalsozialistische Deutschland wurde schnell klar, daß die Reichshauptstadt Berlin im Fall des Sieges der Alliierten ihre Hauptstadtfunktion verlieren würde. Von französischer Seite wurden schon vor dem Westfeldzug Überlegungen bekannt, die darauf abzielten, eine erneute Gefährdung der französischen Sicherheit durch den deutschen Nachbarn künftig auszuschließen. Zu diesem Zweck sollte das Deutsche Reich verkleinert und in mehrere Teilstaaten ohne eine Zentralregierung verwandelt werden. In diesem Fall mußte Berlin seine Funktion als nationale Hauptstadt verlieren. In Großbritannien bestand zunächst ebenfalls Einverständnis darüber, daß zumindest das Land Preußen zu zerschlagen und Berlin seiner Hauptstadtfunktion zu entkleiden sei. Die Sitzungsprotokolle der Komitees, die sich nach dem Kriegseintritt der USA seit dem Frühjahr 1942 mit der Nachkriegsordnung in Deutschland befaßten, sahen vor, Berlin und Ostpreußen anders zu behandeln als den Rest des Deutschen Reiches. Unterstaatssekretär Welles vom Department of State machte bei mehreren solcher Sitzungen deutlich, daß Berlin zumindest für eine Übergangsphase nicht mehr die Hauptstadt Deutschlands, allenfalls die Hauptstadt eines verkleinerten Preußen bleiben könne. Für die neue Hauptstadt müsse, so Welles, ein neuer, geographisch zentral gelegener Ort ausgewählt werden. In der inneramerikanischen Diskussion fiel der Name Frankfurt am Main mit dem Hinweis, diese Stadt sei schon einmal, 1848, Hauptstadt eines demokratischen Deutschland gewesen. Sowjetische Überlegungen zur Frage der Hauptstadt Deutschlands mag es zu diesem Zeitpunkt bereits gegeben haben, wir kennen sie aber nicht.

Die ursprünglichen Absichten, die auf eine Aufteilung Deutschlands hinausliefen, wurden dann jedoch von den ›Großen Drei‹ zugunsten einer Erhaltung des Reichsverbandes in verkleinerter Form verworfen. In den ›Londoner Protokollen‹ vom September und November 1944 einigten sich die drei Mächte auf die Einteilung Deutschlands in Besatzungszonen, die Einrichtung eines Kontrollrats als oberstem Organ und eine gemeinsame Verwaltung Berlins durch eine alliierte Behörde. Die Bestimmung Berlins zum Sitz des Kontrollrats war keineswegs so selbstverständlich wie es heute erscheint.

Nur wenige Tage vor den Vereinbarungen in London hatte der damalige Unterstaatssekretär im Kriegsministerium und spätere amerikanische Hohe Kommissar, John J. McCloy, in London anfragen lassen, ob Berlin nicht als Hauptstadt ausscheiden und das politische Zentrum Deutschlands künftig nach Süden verlegt werden könne. Ihm wurde jedoch die Antwort erteilt, die ›European Advisory Commission‹ beabsichtige, weiterhin Berlin als Hauptstadt zu nutzen; eine Alternative werde nicht erwogen. Doch nur wenige Monate später, als der Zerstörungsgrad Berlins nach dem 8. Mai 1945 auch für die westlichen Alliierten sichtbar geworden war, kamen im britischen Außenministerium Bedenken auf, den Sitz des Kontrollrats ausgerechnet dorthin zu legen. Überdies waren neue Erfahrungen in den von der Sowjetunion kontrollierten Hauptstädten auf dem Balkan und in Wien gemacht worden. Verschiedene alternative Standorte fanden Erwähnung, so Frankfurt am Main, Weimar, Leipzig und Halle. Dann

Dr. Konrad Adenauer, der Präsident des Parlamentarischen Rates, im Gespräch mit Dr. Hermann Wandersleb in dessen Bonner Büro (Kat. Nr. 17/4)

fiel die Wahl auf einen Ort, der zwar an der Grenze zwischen dem amerikanischen und dem sowjetischen Besatzungsgebiet lag, sich jedoch selbst eindeutig auf der amerikanischen Seite befand – die Stadt Coburg. Wohl auch dynastische Gründe waren dafür verantwortlich, daß das britische Außenministerium daran dachte, diese Stadt als Sitz des Kontrollrats ins Auge zu fassen. Coburg sei leicht nach dem Vorbild der Stadt Washington in einen deutschen ›District of Columbia‹ zu verwandeln. Es überwog dann aber doch der Wunsch, die Kooperation mit der Sowjetunion nicht durch einen solchen Vorschlag zu belasten. Es blieb, wie im Kommuniqué von Jalta vereinbart, bei Berlin als Kontrollratssitz.

Erst die immer stärker werdenden Spannungen zwischen den Alliierten, vor allem aber die Erfahrungen mit der in der sowjetischen Besatzungszone unter Zwang durchgeführten Vereinigung von SPD und KPD zur SED, führten zunächst auf britischer Seite zu Überlegungen, ob es überhaupt sinnvoll sei, eine deutsche Zentralregierung zu schaffen, da diese unter kommunistische Dominanz geraten könne. Wenn überhaupt, so schien es den Briten, mußte sich der Sitz einer solchen Zentralregierung im Westen befinden, am besten in der eigenen Besatzungszone. Bei den ersten Überlegungen zum Sitz der neuen Hauptstadt eines demokratischen Deutschlands erscheint in britischen Dokumenten bereits die Stadt Bonn. Im März 1946 ließ das britische Außenministerium eine Studie über eine neue Hauptstadt Deutschlands verfassen. In dieser Studie wurde Bonn nicht in Erwägung gezogen, galten doch alle Universitätsstädte als besonders belastet, da sie durch die Studenten dem Nationalsozialismus großen Zulauf gebracht hatten.

Am 7. Februar 1946, fünf Tage vor dem Auftauchen der Frage »What about Bonn?« in den britischen Akten, schrieb Konrad Adenauer einen Brief an den Oberbürgermeister Münchens, Scharnagl. Adenauer führte in diesem Brief unter anderem aus, daß unter allen Umständen angestrebt werden müsse, das politische Schwergewicht Deutschlands, welches so lange in Berlin gelegen habe, von dort fortzuverlegen. Dies müsse selbst dann geschehen, wenn Berlin nicht von den Russen besetzt sei. Seinem Parteifreund Jakob Kaiser erklärte Adenauer wenige Wochen später, es sei für den Westen und den Süden Deutschlands ganz ausgeschlossen, daß nach einer Wiedervereinigung »die politische Zentrale Deutschlands ihren Sitz in Berlin finde«. Dabei dachte Adenauer noch keineswegs an die Stadt Bonn. Er folgte bei diesen Überlegungen vielmehr seinen seit über 20 Jahren bestehenden Vorurteilen gegenüber der Stadt Berlin und befand sich damit durchaus in Übereinstimmung mit vielen Deutschen im Süden und Westen des Landes, für die Berlin nie die ›gewachsene Hauptstadt‹ Deutschlands, sondern eher die Hauptstadt eines keineswegs so geliebten Landes Preußen gewesen war. Zudem hatte sich Berlin als Reichshauptstadt auch während der NS-Zeit neue Feinde und auch Neider gemacht.

Im Jahre 1948 brachten die Deutschen selbst die Stadt Bonn ins Spiel. Als nach der Überreichung der ›Frankfurter Dokumente‹ im Juli 1948 eine verfassungsgebende Versammlung zusammentreten sollte, mußte für diese ein Tagungsort gefunden werden. Auf diesen Ort einigten sich die Ministerpräsidenten der deutschen Länder der drei Westzonen erst nach mehrmaligem Anstoß durch die Alliierten. Karlsruhe hatte sich als erste Stadt um den Parlamentarischen Rat beworben, und Koblenz war vom Ministerpräsidenten des Landes Rheinland-Pfalz vorgeschlagen worden. Von amerikanischer Seite war durchgesickert, daß der Militärgouverneur beide Städte abgelehnt hatte und keinen Ort in der französischen Besatzungszone wünschte. Andere Städte wie z. B. Celle und Bonn wurden von den jeweiligen Ministerpräsidenten vorgeschlagen. Entscheidend für die Wahl Bonns war zum einen der relativ geringe Zerstörungsgrad der Stadt, der bei etwa 16 Prozent lag, sowie zum anderen das Vorhandensein eines geeigneten Tagungsgebäudes, der Pädagogischen Akademie. Ins Gewicht fiel aber auch der Wunsch der britischen Besatzungsbehörden, daß endlich einmal eine wichtige Konferenz in der britischen Besatzungszone stattfinden solle, nachdem zuvor in der amerikanischen und der französischen Besatzungszone getagt worden war.

Das neue Land Nordrhein-Westfalen unterstützte dieses Anliegen natürlich gern und folgte dem Kabinettsvorschlag des Innenministers Menzel (SPD) vom 5. Juli 1948, den Parlamentarischen Rat ins eigene Land zu holen. Da Düsseldorf bereits Landeshauptstadt und überlastet war, Köln dagegen noch zu zerstört war, fiel die Wahl des Landes auf Bonn. Die Ministerpräsidenten einigten sich am 13. August telefonisch auf Bonn. Und die Stadt nutzte ihre Chance. Dem Ausschuß, den der Parlamentarische Rat zur Ermittlung eines künftigen Bundessitzes eingerichtet hatte, präsentierte sie sich von ihrer besten Seite. Von ihren Mitkonkurrenten hatte nur Frankfurt am Main eine wirkliche Unterstützung von seiten der SPD und der hessischen Landesregierung zu erwarten. Kassel fehlten die Voraussetzungen, Stuttgart die Unterstützung durch die Bürger der Stadt. Auch Adenauer favorisierte jetzt die Stadt Bonn, glaubte aber offensichtlich so wenig an ihren Sieg, daß er den Bankier Abs bereits zwei Häuser in Frankfurt zum Kauf auswählen ließ.

Von seiten Frankreichs und der Vereinigten Staaten wurde in der Frage des Bundessitzes Zurückhaltung geübt; freilich übersah man nicht das Ausmaß der britischen Bemühungen, Bonn durchzusetzen. Schon vor der Entscheidung des Parlamentarischen Rates verlegten die Briten ihr Hauptquartier nach Köln-Wahn. Die Abstimmung erfolgte am 10. Mai 1949 mit 33:29 Stimmen für Bonn und gegen Frankfurt am Main. Doch meldete die SPD sogleich Bedenken an und schlug vor, erst dem ersten Deutschen Bundestag die endgültige Entscheidung zu überlassen. Dies mobilisierte die britische Besatzungsmacht erneut. Die Belgier, die in Bonn ihre Besatzungstruppen stationiert hatten und die Stadt nicht verlassen wollten, mußten, nach schwierigen Verhandlungen, ihre Truppen aus dem Raum Bonn abziehen. Bonn wurde auf Wunsch der Alliierten besatzungsfreie Enklave.

Das Arbeitszimmer Konrad Adenauers im Museum Koenig mit dem Gemälde ›Steppenbrand‹ (Kat. Nr. 17/16)

Als der erste Deutsche Bundestag am 30. September nun seinerseits einen Ausschuß wählte, der erneut die Eignung der Städte Bonn und Frankfurt zum vorläufigen Sitz der Bundesorgane überprüfen sollte, kam es eigentlich gar nicht mehr darauf an, welche Stadt inzwischen bereits mehr für die Aufnahme von Behörden und Beamten gebaut hatte. Eine Reihe von Gründen sprach nach wie vor gegen Frankfurt. Es galt als ›amerikanisiert‹, als Stadt mit ›nervöser Großstadthast‹; man befürchtete den ›Druck des Großstadtproletariats‹ auf die Volksvertretung.

Mit einer Hauptstadt auf dem linken Rheinufer konnte etwaigen französischen Ambitionen auf dasselbe begegnet werden. Der eindeutigen Interessenvertretung der Briten standen die USA hilflos gegenüber. Die französische Seite – an einer deutschen Zentralregierung ohnehin nicht allzu interessiert – folgte dem amerikanischen Vorbild. Wohl gab es vereinzelte, in Frankfurt stationierte Offiziere der US-Streitkräfte, die ihre schönen Häuser in der Höhenlage um Bad Homburg nur ungern aufgeben wollten und an die demokratischen Traditionen Frankfurts erinnerten; ihre Vorstöße blieben jedoch in Washington ohne Resonanz. Dies zeigte sich schließlich, als Bundeskanzler Adenauer die amerikanischen Besatzungsbehörden kurz vor der Abstimmung über die Bundessitzfrage im Deutschen Bundestag fragte, ob sie im Fall einer Entscheidung für Frankfurt diese Stadt räumen würden. Die Amerikaner antworteten nur ausweichend und deuteten an, Frankfurt nicht ganz räumen zu können.

Maßgeblich für die Entscheidung vom 3. November 1949 für die Stadt Bonn als Sitz der Bundesorgane war der provisorische Charakter dieser Hauptstadt. Ebenso bedeutsam war der Wunsch der Abgeordneten, den Sitz der neuen Bundesregierung in einer Stadt zu wissen, in der sie – weitgehend unabhängig von Einflüssen der Besatzungsorgane – Unabhängigkeit und Handlungsfreiheit wenigstens in äußerlichem Rahmen besaß.

Treppenhaus im Palais Schaumburg (Kat. Nr. 17/36b)

Hauptstadtplanungen

Politische Architektur in Berlin, Frankfurt am Main und Bonn nach 1945

Werner Durth

Ende Oktober 1944, »nach dem Fall Aachens«, schreibt der Architekt Hans Schwippert »vor der Übernahme der Baudirektion für die verwüstete und entvölkerte Stadt« Beobachtungen und Gedanken nieder. Wie für viele andere sind ihm die nun drängenden Probleme des Aufbaus zuallererst Probleme einer neuen Moral, sind neue Städte nicht denkbar ohne neue Lebensformen in einer Gesellschaft ohne Haß und Gewalt. »Nichts wird erreicht sein, wenn wir mit jeder Ruine, die wir aufräumen, mit jeder Straße, die wir ebnen, mit jeder Notbehausung, die wir zustande bringen, nicht gleichzeitig den inneren Schutt beseitigen, die seelischen und geistigen Wege bahnen und die Wohnungen der Tugenden und des Verstandes wiedererrichten.« Skeptisch fügt er hinzu: »Wir brauchen große Konzeptionen, man wird sie vertagen. Wir brauchen große Zielpunkte, man wird dem nächstgelegenen zulaufen. Wir brauchen Zusammenarbeit, man wird auseinandergehen. Wir brauchen Geduld, man wird ungeduldig fordern und erzwingen wollen.«

Die Skepsis steigert sich in eine düstere Ahnung: »Rücksichtslosigkeit und Not in schlimmer Verbrüderung, Besitzgier und Armut in üblem Verein werden eine heillose Praxis machen, und die Diktatur der halben und somit falschen Wirklichkeit wird durch ›Wiederaufbau‹ den Aufbau zu verhindern suchen.«

Für Aachen entwirft Hans Schwippert im Winter 1944/45 erste Pläne zur Linderung der ärgsten Not: In einer ersten Stufe soll ein planmäßig organisierter ›Flickbau‹ in den Bebauungsresten nach der Zerstörung Lebensgrundlagen sichern; in einer zweiten Stufe ist ein ›Notbau‹ von Wohnungen in den ausgebrannten Stadtvierteln vorgesehen, dem in einer dritten Stufe ein Notbau in den Außenbereichen der Stadt folgen soll.

In systematischen Skizzen versucht Schwippert darzustellen, daß ›Flickbau‹ nicht Flickwerk bleiben muß, daß erste Notmaßnahmen schon Teil eines größeren Ganzen sein können und erste Schritte auf dem Weg zu einer aus dem Entsetzen des Krieges hervorgegangenen, solidarischen Gesellschaft der Überlebenden.

Die Hoffnung auf eine Gleichzeitigkeit äußeren und inneren Neubeginns nach der Befreiung vom Terror des Nationalsozialismus erfaßt in diesen Monaten auch andere Architekten an anderen Orten, für die der Aufbau nicht Wiederaufbau, sondern Neubau bedeutet. Die aus den Trümmern entstehenden Städte sollen einer neuen Lebens- und Gesellschaftsform Ausdruck geben.

Ein programmatisches Gegenbild zu der steinernen Hauptstadt des Kaiserreichs und ihrer Umgestaltung als Machtzentrale der Nationalsozialisten entwirft ab Frühjahr 1945 Hans Scharoun in Berlin, wie Schwippert dem Neuen Bauen der zwanziger Jahre verbunden. Als Leiter der Abteilung Bau- und Wohnungswesen des Magistrats von Groß-Berlin versammelt Scharoun nach Kriegsende im ›Planungskollektiv‹ eine Gruppe von Kollegen um sich, mit denen er zum Teil bereits in der Weimarer Zeit zusammengearbeitet und während des Dritten Reichs in konspirativen Treffen Kontakt gehalten hatte. Obgleich den Deutschen eine übergreifende Planung für Berlin

Hans Schwippert in seinem Haus in Düsseldorf (Kat. Nr. 17/28a)

von den Besatzungsmächten untersagt ist, entwickelt das Planungskollektiv innerhalb weniger Monate das Konzept einer Verwandlung der Stadt: einen umfassenden Neubauplan, der unter den gegebenen Bedingungen geradezu utopisch erscheinen muß, aber als Ausdruck einer »geistigen Konzeption der neuen Stadt« den Planern Voraussetzung jedes weiteren Schrittes zum Aufbau ist. Der sogenannte ›Kollektivplan‹ läßt vom alten Berlin nur noch einige museale Erinnerungsstücke im Zentrum erkennen, keine Spur mehr vom steinernen Berlin der Kaiserzeit mit seinen Mietskasernen oder vom Bauen im Dritten Reich.

Trotz des Planungsverbots erhält Scharoun die Erlaubnis, einen ersten Bericht über die Neuplanung im Weißen Saal des Berliner Schlosses öffentlich auszustellen. Am 22. August 1946 eröffnet er die Ausstellung ›Berlin plant‹ mit einer programmatischen Rede: »Was blieb, nachdem die Bombenangriffe und Endkampf eine mechanische Auflockerung vollzogen, gibt uns die Möglichkeit, eine Stadtlandschaft zu gestalten«; in ihr soll »aus Natur und Gebäuden, aus Niedrigem und Hohem, Engem und Weitem, eine neue lebendige Ordnung« entstehen.

Grundlage von Scharouns neuer Stadt ist ein Verkehrskonzept, in dem demonstrativ Gegenprinzipien zu Albert Speers Plänen zur Neugestaltung der Reichshauptstadt vorgestellt werden. Speer wollte die Stadt mit gigantischen Plätzen und Achsen – in umgreifende Autobahnringe eingespannt – stramm auf dominierende Blickpunkte ausrichten. Gegen diese städtebaulich artikulierte Hierarchie stellt Scharoun sein Konzept gleichwertiger Teile, die durch ein regelmäßiges Verkehrsnetz miteinander verknüpft sind: »Wir brauchen ein Gefüge gleichgewichtiger Straßen, die das Gefüge gleichgewichtiger Wirtschafts- und Wohnstätten organisch miteinander verbinden.« Auf die Gestaltung eines hervorgehobenen Zentrums wird vorerst verzichtet.

Doch weder die große Utopie Scharouns noch die ethisch begründete Politik der kleinen Schritte, die Max Taut in seinem Entwurf zum Aufbau der Stadt 1946 vorschlägt, wird die Berliner Planung auf längere Sicht prägen. Als Grundlage der weiteren Entwicklung in den westlichen Teilen der Stadt kann am ehesten jene nüchtern pragmatische Konzeption gelten, die etwa gleichzeitig zu den Entwürfen des Planungskollektivs von Walter Moest erarbeitet und als ›Zehlendorfer Plan‹ bekannt wurde.

Da am 10. Mai 1945 in Zehlendorf eine neue Bezirksverwaltung bereits eingesetzt war, eine zentrale Stadtverwaltung aber noch fehlte, hatte der Bezirksbürgermeister den Auftrag gegeben, ein Stadtplanungsamt aufzubauen »und alles Material, das als Unterlage für die Ausarbeitung eines Plans für die Neugestaltung Berlins noch vorhanden war, zu sichern und Vorschläge für die Neugestaltung Berlins zu machen«. Bereits im Juli 1945 werden von Moest erste Ideenskizzen vorgelegt, auch dem neuen Dezernenten für Bau- und Wohnungswesen, Hans Scharoun. An seine Adresse mag Moests einleitender Satz in seiner Studie von 1947 gerichtet sein: »Hüten wir uns davor, beim Thema Berlin von der ›Neuen Stadt‹, ihrer Idee und ihrem System zu reden; Berlin ist eine bestehende Stadt, es ist eben nicht so zerstört, daß man es nur einzuebnen brauchte und eine neue Stadt darauf errichten könnte.«

Die erste Aufgabe sei, das vorhandene Verkehrsnetz in Ordnung zu bringen und Voraussetzungen für neue Standorte zu schaffen. Konsequent nimmt der Plan die vorhandenen Straßenführungen auf, doch werden die radialen Einfall- und Ausfallstraßen durch weiträumige Verkehrsringe abgefangen und um die Stadtmitte geführt. Das Kernstück der Planung Speers im Zentrum, das gewaltige Achsenkreuz, wird von den umgebenden Straßen gleichsam abgenabelt und zu Verkehrswegen minderer Bedeutung degradiert. Ein Teil der Ost-West-Achse wird im Plan gelöscht, der darauf verlaufende Verkehr wird in einer geschwungenen Linie entlang großzügiger Grünanlagen geführt: ein Beispiel für viele der späteren Planungen in anderen Städten, in denen die Auflösung der starren Achsen in ›schwingende Verkehrsbänder‹ unter pragmatischer Beibehaltung des Konzepts publikumswirksam als ›Entnazifizierung‹ der Stadtplanung vorgeführt wird. Wie später auch in vielen anderen Städten wird 1945/46 von Walter Moest in Berlin eine Planung vorgestellt, in der diese »bisher so formlose« Stadt »mit einem Mal ›ein Gesicht‹ bekommen hat – nur durch reine Verkehrsplanung!«

Indessen schwinden bereits 1946 die Voraussetzungen zur Realisierung übergreifender Planungskonzepte. Mit der Kapitulation im Mai 1945 hat Berlin seine Funktion als Reichshauptstadt verloren. In den Kontroversen der Alliierten werden auch die gesamtstädtischen Planungen zerrieben. Die Planer geraten zwischen die Fronten des Kalten Krieges. In der Presse ›wird der Kollektivplan‹ als sozialistische Utopie bekämpft; Scharoun scheidet nach der ersten Kommunalwahl in Berlin im Oktober 1946 aus seinem Amt. Sein Nachfolger, Karl Bonatz, legt Ende 1947 zwei Varianten eines neuen, aus dem ›Zehlendorfer Plan‹ entwickelten Konzepts vor.

An einen planmäßigen Aufbau ist indessen noch längst nicht zu denken. Im Jahre 1947 gerät die gemeinsame Verwaltung der Militärbefehlshaber in Schwierigkeiten, die sich 1948 nach der Währungsreform und dem Auszug der Sowjets aus dem Kontrollrat rasch verschärfen. Am 24. Juni 1948 verhängt die sowjetische Besatzungsmacht eine totale Blokkade der Westsektoren, die bis zum 12. Mai 1949 von den Amerikanern und den Engländern durch die Luftbrücke überwunden wird. Durch die Verdrängung des Magistrats aus dem sowjetischen Sektor Berlins und durch die Konstituierung eines eigenen Magistrats dort wird im Dezember 1948 die Teilung der Stadt besiegelt. Planung und Wiederaufbau gehen nun in beiden Teilen der Stadt verschiedene und wechselnde Wege.

Ein Jahrzehnt nach der Vorstellung seiner Pläne im Berliner Schloß versucht Scharoun, im Rahmen des Wettbewerbs ›Hauptstadt Berlin‹ seine Vorstellungen erneut zu konkretisieren: Die Stadtmitte ist aufgelöst in eine Landschaft mit eingestreuten Baugruppen, durchzogen von weit ausschwingenden Verkehrsbändern. Ein Berlin ohne Grenzen und Mauern: Ein ›geistiges Band‹ von Kulturbauten verbindet Ost und West, das ehemalige Machtzentrum ist der Natur zurückgegeben. Doch ist dieser Plan noch weiter von der Wirklichkeit der Stadt entfernt als jener von vor einem Jahrzehnt. Das Berliner Schloß, einst Ausstellungsort des ›Kollektivplans‹ für Groß-Berlin, wurde als ungeliebtes Zeugnis der preußischen Herrschaft von den Machthabern im Osten der Stadt inzwischen gesprengt; die Stalinallee ist als Zeichen eines neuen Herrschaftsanspruchs errichtet. Längst haben sich die Erwartungen an eine künftige Hauptstadt im Westen Deutschlands auf andere Städte gerichtet. Das als ›Kulturforum‹ konzi-

Entwurf für die Sitzanordnung im Plenarsaal des Deutschen Bundestages (Kat. Nr. 17/25)

pierte ›geistige Band‹ in der Mitte Berlins bleibt Brache.

Berlin oder Frankfurt?

Schon vor der Teilung Berlins hatten jene Stimmen an Gewicht gewonnen, die bald nach Kriegsende vor einem Wiedererstarken des ›Berliner Zentralismus‹ warnten und für einen konsequenten Föderalismus deutscher Länder eintraten: gegen jene ›unitarischen‹ Bewegungen, die noch im Januar 1946 in Berlin durch eine gemeinsame Kundgebung der Kommunistischen, Sozialdemokratischen und Liberaldemokratischen Partei sowie der Christlich-Demokratischen Union Nachdruck erhalten hatten. Denn trotz aller Gegensätze sind sich die »Parteivorstände der Hauptstadt des ehemaligen Zweiten und Dritten Reiches« in einem einig: »Sie lehnten jeden föderalistischen Aufbau der neuen deutschen Republik heftig ab, ja sie versuchten ihn als Separatismus zu verfemen«, kritisiert Eugen Kogon 1946.

Solchen Vorwürfen stellen die Autoren der ›Frankfurter Hefte‹, allen voran deren Herausgeber Kogon, schon im ersten Exemplar dieser epochalen ›Zeitschrift für Kultur und Politik‹ im April 1946 den Vorschlag einer föderalistischen Verfassung entgegen, die allein Garant demokratischer Freiheit sein könne: »War die Freiheit der Deutschen und Deutschlands vielleicht in Berlin, auf dem Siegeswagen der Göttin des Brandenburger Tors, am besten aufgehoben? Die beiden Reiche, die diese Hauptstadt symbolisiert hatte, sind versunken.«

Als Alternative zum Berliner Zentralismus wird eine Frankfurter Bundesregierung vorgeschlagen, denn »Frankfurt am Main hat eine große demokratische, eine deutsche und eine weltbürgerliche Tradition. Es liegt an mannigfachen Nahtstellen einer föderalistischen Republik«. Der Vorschlag wird konkret: »Wir halten die Losung für trefflich: 1948, zur Jahrhundertfeier des Frankfurter Versuches einer deutschen Demokratie, das Bundesparlament in der wiedererrichteten Paulskirche, die Bundesregierung, wenn möglich, im IG-Farben-Gebäude.«

Als Tagungsort des Bundesparlaments könnte die Paulskirche Symbol eines tiefgreifenden Neubeginns werden – gerade weil sie wie Deutschland in Trümmern liegt. Große Erwartungen werden auf diese Ruine in Frankfurt gerichtet, die der Oberbürgermeister Walter Kolb (SPD) im Januar 1947 pathetisch mit dem Zustand der deutschen Nation vergleicht: »Auch das deutsche Volk kann nicht sterben, es kann sich nur wandeln und in der Flamme sich läutern. Noch steht das gewaltige Rund der Paulskirche. Seinen Quadern aus rotem Mainsandstein vermochte selbst dieser Riesenbrand nichts anzuhaben. Dach und Kuppel stürzten ein, Galerie und Fenster, Kanzel und Gestühl verbrannten, in seinem Inneren bäumt sich der Schutt. Regen rauscht hinein, durch die hohen Fenster jagt der Sturm. Selbst in unserer Armut können Willen und Liebe die Paulskirche zum 18. Mai 1948 wieder aufbauen. Darüber sind sich die Baumeister einig. Nur vermag heute nicht eine Stadt allein dieses Werk zu vollenden.«

Bereits im Herbst 1946 wurde ein Architektenwettbewerb zum Wiederaufbau der Paulskirche ausgeschrieben, dessen Ergebnisse jedoch eher die Kontinuität nationalsozialistischer Baugesinnung als das Bemühen um konzeptionellen Neubeginn auch in der Architektur erkennen lassen. Polemisch werden in einer Pressenotiz die Entwürfe ihrer Haltung nach als »fast lauter SA-Männer« bezeichnet. Wegen dieses unbefriedigenden Ausgangs wird unter Beteiligung des ersten Preisträgers eine Planungsgemeinschaft gegründet, der mit Rudolf Schwarz der Generalplaner für den Wiederaufbau Kölns sowie Eugen Blanck als Frankfurter Stadtbaurat angehören. Am 6. November 1946 erklärt sich der Magistrat mit dem Wiederaufbau einverstanden; auf Fragen nach den Kosten dieser exponierten Baumaßnahme weist Walter Kolb darauf hin, daß auf der Tagung der württembergisch-badischen Städte in Stuttgart alle Städte ihren Beitrag zum Wiederaufbau der Paulskirche in Aussicht gestellt hätten. Außerdem bestehe die Hoffnung, daß Bern die schweizerische Patenschaft für Frankfurt übernehme. Im Januar 1947 verbindet Kolb seinen »Aufruf der Stadt Frankfurt am Main zum Wiederaufbau der Paulskirche« mit konkreten Bitten um Baumaterialien und Arbeitskräfte, die er an alle deutschen Städte richtet: »Ganz Deutschland muß die Paulskirche wiederaufbauen, von außen und von innen, im Stein wie im Geiste.«

Im Ausblick auf die hundertjährige Wiederkehr des Versuchs einer deutschen Demokratie am 18. Mai 1948 richtet Kolb seinen Aufruf auch über die deutschen Grenzen hinweg: »An diesem Tage werden alle deutschen Augen wie vor hundert Jahren nach Frankfurt auf die Paulskirche gerichtet sein. Freudig wird allen das Antlitz leuchten, denen es ernst ist um das hohe Wort Demokratie. Auch in den Vereinigten Staaten Nordamerikas! Tausende jubelten dort 1848 der deutschen Volksbewegung zu, sandten Adressen und Gedichte, Geld und Waffen, und nahmen nachher die aus Deutschland vertriebenen Freiheitskämpfer wie Helden bei sich auf. Wie aber kann und soll der Aufbau der Paulskirche sich gestalten?, werden die praktischen Leute fragen. Indem möglichst viele Spender Baumaterial als ihre Gabe diesem Hause aller Deutschen schenken! Dielen, Träger, Balken, Kalk, Sand, Zement, Glas, Eisenteile, Farben, Werkzeuge, kurz alles, was ein solcher Bau an Material nötig hat, und was jeder einzelne zu geben vermag. Nicht Geld brauchen wir an erster Stelle, sondern die Dinge selbst, dazu willige Werkleute, die um guten Lohn sich an der Arbeit beteiligen.«

Dieser Aufruf hat einen ungeahnten Erfolg: Allein bis zum 7. November 1947 sind 1801429,60 Reichsmark in Aussicht gestellt; unter den Spendern treten insbesondere Städte aus der sowjetisch besetzten Zone hervor, die auf ihre Weise ihrer Hoffnung auf die Einheit Deutschlands Ausdruck geben. Die Landesregierung Sachsen spendet 100000 Reichsmark, Potsdam 10000 Reichsmark, Brandenburg und Erfurt spenden jeweils 5000. Mit 10000 Reichsmark ist die Sozialistische Einheitspartei Deutschlands (Zentralsekretariat Berlin) unter den Förderern des Projekts. Aus Thüringen werden drei Waggons mit Schalungsholz, Bohlen und Brettern angekündigt, aus dem Kreis Rügen ein Waggon Kreide, aus Fürstenberg/Mecklenburg fünf Kilogramm Nägel und aus dem Landkreis Leipzig 3750 Klinker. Aus großen und kleinen ost- und westdeutschen Städten werden Baustoffe geliefert. Doch man liefert nicht nur Baumaterial: Die Stadt Zell an der Mosel verspricht 100 Flaschen Wein, Bad Orb 2000 Zigarren.

Während der Entwurf zum Wiederaufbau der Paulskirche angesichts der Not in den zertrümmerten deutschen Städten durch äußerste Schlichtheit gekennzeichnet ist, melden sich auch Stimmen für einen repräsentativen Stil baulicher Selbstdarstellung. Die Kontroversen dringen im Februar 1947 in den Hochbauausschuß der Stadtverordneten: »Die eine Stelle verlangt, daß die Paulskirche wieder in demselben Stil und in derselben Form aufgebaut werde, wie sie gewesen sei. Die andere Seite verlangt, daß sich der Wiederaufbau im baulichen und architektonischen Geiste unserer Zeit vollziehen soll. Nach ernster Beratung aller dieser Fragen haben sich die Mitglieder dieses Ausschusses einstimmig für die letztere Einstellung entschieden, denn wir haben keine Veranlassung, unser eigenes Können in den Schatten zu stellen und längst vergangene Zeiten zu kopieren oder als falsches Pathos wieder lebendig werden zu lassen. Wir stehen einmütig auf dem Standpunkt, die Paulskirche als Denkmal baukünstlerischen Gestaltungswillens zu erhalten. Da wir arm an Material sind, müssen wir uns in spartanischer Einfachheit bewegen. Weil der vorgelegte Entwurf der Arbeitsgemeinschaft unter Führung von Stadtrat Blanck und des Preisträgers Schaupp sowie Professor Schwarz in allen Teilen diese Grundgedanken erfüllt, haben wir einhellig dem Plan zugestimmt.«

Diese ›spartanische Einfachheit‹ ist nicht nur ein unfreiwilliges Gebot der Not, sondern vor allem auch eine bewußte Entscheidung für eine Symbolik demonstrativer Bescheidenheit im Neubeginn. Entsprechend war der Entwurf der Planungsgemeinschaft angelegt, der dem Kirchenbaumeister Otto Bartning als besonders gelungenes Beispiel dafür galt, »wie eine wertvolle Ruine nicht zu rekonstruieren, sondern aufzubauen ist«. Frankfurt würde »eines Tages, wenn der Streit um die Neuheit sich beruhigt hat, stolz darauf sein, dieses Werk zu besitzen. Stolzer jedenfalls als auf die Unwahrheit des ›echt imitierten‹ Goethe-Hauses. Dieses wird das Urteil der Zukunft sein – so wahr wir überhaupt an unsere Zukunft glauben.« Mit dieser Bemerkung Bartnings von 1949 ist ein anderes Bauvorhaben angesprochen, das ebenfalls im Winter 1946/47 über Frankfurt hinaus die Gemüter erregte und in wenigen Monaten gleichsam als Gegenbeispiel umstritten wird: Unweit der Paulskirche war das Goethe-Haus ebenfalls mit Hilfe großzügiger Spenden, die zu einem nicht geringen Teil aus dem westlichen Ausland kamen, aufgebaut worden – versuchsweise originalgetreu rekonstruiert, was aufgebrachte Kritiker als Verrat am Ethos eines geläuterten Neubeginns empfanden.

Freilich, die Einrichtung einer neuen Demokratie mit einer Bundesregierung in Frankfurt hätte sich auch in dieser Stadt zunächst weitgehend der noch vorhandenen Bauten bedienen müssen; denn interpretierende Wiederherstellung, nicht symbolträchtiger Neubau ist das Gebot der Stunde: Daher der hier besonders heftige Streit um den richtigen Umgang mit dem beschädigten Erbe. Doch bevor sich an den Frankfurter Beispielen die Kontroversen um eine angemessene bauliche Repräsentation politischer Kultur weiter differenzieren und klären lassen, wächst im Wettbewerb um den Standort der künftigen Bundesorgane der Druck zugunsten pragmatischer Entscheidungen. Im November 1948 wird den Mitgliedern des Parlamentarischen Rates von Frankfurt aus ein ausführlicher Überblick über die Möglichkeiten zur Unterbringung der Bundesorgane gegeben, in dem die Umnutzung verschiedener Hotel- und Verwaltungsbauten vorgeschlagen wird. Für den Bundestag allerdings ist darin nicht mehr die Paulskirche, sondern die aus der Weimarer Ära stammende Pädagogische Akademie mit einem anzubauenden Plenarsaal vorgesehen. Der mit der Geschichte der Paulskirche verbundene gesamtdeutsche Anspruch läßt die Verlagerung in ein neu zu errichtendes Gebäude sinnvoll erscheinen, das dennoch in seiner Gestalt die Verbindung zum Ort der Ereignisse von 1848 festhalten soll.

Die Feier zur hundertjährigen Wiederkehr der Deutschen Nationalversammlung wird am 18. Mai 1948 in der Paulskirche festlich vollzogen; gleichzeitig werden neue Wohnsiedlungen fertiggestellt und insgesamt die Anstrengungen zur Profilierung Frankfurts als künftiger Bundeshauptstadt wirkungsvoll verstärkt. Dennoch hatten die Gegner der ›Frankfurter Lösung‹ im Parlamentarischen Rat offenbar an Boden gewonnen: Am 28. Oktober 1948 berichtet der Frankfurter Oberbürgermeister dem Magistrat von Bestrebungen, Bonn zum Sitz des Bundesparlaments und der Bundesregierung zu machen. »Diese Bestrebungen würden vorwiegend von dem Präsidenten des Parlamentarischen Rates, Adenauer, Oberdirektor Dr. Pünder und dem Oberbürgermeister Dr. Schwering protegiert, die Bonn sagten und Köln meinten«, notiert das Protokoll.

Am 10. Mai 1949 wird in Bonn die Entscheidung gegen Frankfurt getroffen. In der Magistratssitzung vom 12. Mai bezeichnet Walter Kolb in seinem Bericht über die Festlegung des vorläufigen Sitzes der Bundesregierung die Ablehnung Frankfurts als ein »Unglück für Deutschland«. Kolb deutet an, daß diese Entscheidung nur mit einer sehr knappen Mehrheit der Stimmen und nur durch äußerst geschicktes Taktieren erreicht worden sei. Damit entfällt für Frankfurt eine bisher für die Stadtplanung entscheidende Randbedingung, durch die einerseits der rapide Ausbau des regionalen Verkehrsnetzes und andererseits die Verzögerung des Aufbaus der Altstadt begründet war, für die bisweilen diffus Funktionen eines Regierungsviertels in Aussicht genommen worden waren.

Der anfangs als günstige Voraussetzung einer künftigen Bundeshauptstadt eingeschätzte, eng mit der Paulskirche verbundene gesamtdeutsche ›Anspruch von Frankfurt‹ kann schließlich ebenso gegen die Stadt ausgespielt werden wie die Konzentration der bizonalen Behörden und das rasche Aufblühen der Wirtschaft, das von interessierten Kreisen in der Forderung ›Politik gegen Kommerz‹ zugunsten einer Entscheidung für Bonn negativ gedeutet wird.

Entwurf für eine Einladungskarte für das Richtfest des Abgeordnetenhochhauses (Kat. Nr. 17/69)

Die unsichtbare Hauptstadt

Während einer Kabinettssitzung der Landesregierung Nordrhein-Westfalen wendet sich im Juli 1948 Hermann Wandersleb, Ministerialdirektor und Chef der Landeskanzlei, höchster Beamter der Landesverwaltung, gegen den Vorschlag, den vorbereitenden Verfassungskonvent nach Düsseldorf einzuladen. Er erinnert in diesem Zusammenhang an den ersten Verwaltungslehrgang Nordrhein-Westfalens, der in der Aula der Pädagogischen Akademie in Bonn mit Ausblick in die weite Rheinebene stattgefunden hatte, und an die Bereitschaft der Bonner Stadtverwaltung, diese Veranstaltung nach Kräften zu fördern. Nach eingehender Prüfung der in Bonn gegebenen Möglichkeiten und Zusagen rät der Ministerpräsident Karl Arnold den anderen Länderchefs, den Parlamentarischen Rat nach Bonn einzuberufen; eine Abstimmung unter den Ministerpräsidenten ergibt acht Stimmen für Bonn, zwei für Karlsruhe und eine für Celle.

Noch vor der konstituierenden Sitzung des Parlamentarischen Rats am 1. September in Bonn bringt indessen der damalige CDU-Vorsitzende der britischen Zone, Konrad Adenauer, den Gedanken einer Bonner Bundesregierung ins Spiel, den er nach seiner Wahl zum Vorsitzenden des Verfassungskonvents konsequent weiterverfolgt. Wenige Wochen nach dem 1. September läßt Adenauer prüfen, ob Bonn die künftigen Bundesorgane aufnehmen könne; dem Bundestag und dem Bundesrat solle die Pädagogische Akademie mit entsprechenden Erweiterungsbauten Raum geben. Zunächst müssen nun Unterbringungsvorschläge für die Bundesorgane abgeklärt werden, die allerdings für die neue Demokratie mit einer merkwürdigen Symbolik verbunden sind: Für das künftige Innenministerium räumt der Landesinnenminister Menzel ›seine‹ Polizeischule, für das Bundesfinanzministerium wird ein Kasernenrohbau übernommen. Für das Parlamentsgebäude wird – wie in Frankfurt zur gleichen Zeit – ein Anbau an die Pädagogische Akademie vorgesehen, die im Baustil des bestehenden Hauses wie im Stil des künftigen Anbaus dem Frankfurter Projekt entspricht.

Als Architekt für die Erweiterungen und den Umbau der Akademie wird Hans Schwip-

Einrichtung eines Abgeordnetenbüros im Bundeshaus (Kat. Nr. 17/29a)

pert gewonnen, der vom Juni 1945 bis zum November 1946 die Abteilung Bauwesen der Nordrhein-Provinz geleitet hatte, von wo aus er auch mit Hermann Wandersleb in Kontakt stand und dem damaligen Oberbürgermeister von Köln, Konrad Adenauer, für Fragen des Wiederaufbaus empfohlen worden war. Im Jahre 1948 hatte Schwippert als freier Architekt die Landesvertretung von Nordrhein-Westfalen in Frankfurt entworfen, wo neben den Spitzenverbänden der Wirtschaft, großen Banken und Versicherungen auch die Landesvertretungen einen Platz im Umkreis des bizonalen Wirtschaftsrates suchten.

Die sparsame Konstruktion und schlichte Modernität des Gebäudes der Landesvertretung Nordrhein-Westfalen stand ganz im Zeichen des bescheidenen Neubeginns, wie er auch in jenem ersten Nachkriegsaufruf deutscher Architekten gefordert worden war, den Schwippert mit Otto Bartning, Eugen Blanck, Max Taut, Rudolf Schwarz und anderen 1947 unterzeichnet hatte: »Für Wohnbauten und für unsere öffentlichen Gebäude, für Möbel und Gerät suchen wir statt Überspezialisierung oder kümmerliche Notform das Einfache und Gültige. Denn nur das Gültig-Einfache ist vielfältig brauchbar.« Unter solchen Prämissen beginnt Schwippert im November 1948, seine Entwurfsprinzipien am Umbau der Akademie zu erproben, deren helle Gestalt und funktionale Gebäudegruppierung dem Architekten als eine sympathische Herausforderung in geistiger Verwandtschaft erschienen sein mögen. Während er erste Konzepte zur räumlichen Organisation und Selbstdarstellung des künftigen Parlaments entwickelt, wird sein Projekt Teil des politischen Tagesgeschäfts; denn mit den Plänen zum Umbau der Akademie kann sich Bonn in diesem Punkt fast spiegelbildlich in Konkurrenz zum Frankfurter Angebot eines neuen Parlamentsgebäudes in Erweiterung der dortigen Pädagogischen Akademie präsentieren.

Bis zur Debatte um die Hauptstadtfrage am 10. Mai 1949 wird der Wettlauf der Planungen in Frankfurt und Bonn weiter beschleunigt, da beide Städte mit ihren Bauten Fakten zu schaffen versuchen: Am 5. Mai wird in Bonn das Richtfest des Plenarsaals gefeiert, für das sich Konrad Adenauer demonstrativ und unerwartet einen ganzen Nachmittag Zeit nimmt. Fünf Tage später findet die große Anhörung des Ausschusses zur Prüfung möglicher Standorte mit anschließender Aussprache statt. Der Berichterstatter erklärt, man habe die Frage des Standorts der künftigen Bundesregierung allein unter Gesichtspunkten der Zweckmäßigkeit geprüft und von allen politischen Erwägungen Abstand genommen. Da es unbestritten jedoch nur um die Entscheidung eines vorläufigen Standortes geht, schlägt die SPD zur Beschlußfassung vor: »Der Bundessitz ist Berlin. Solange das nicht möglich ist, ist der vorläufige Bundessitz die Stadt ...« Angesichts der Politik der Alliierten jedoch wird auf den ersten Satz verzichtet und mit der Formulierung: »Die leitenden Bundesorgane nehmen vorläufig ihren Sitz in der Stadt ...«, die Wahl zwischen Bonn und Frankfurt vorgeschlagen. Die Abstimmung am 10. Mai ergibt 33 Stimmen für Bonn, 29 für Frankfurt; eine ungültige Stimme wird gezählt.

Damit ist allerdings die endgültige Entscheidung über den vorläufigen Sitz der Bundesorgane noch nicht gefallen. Die Abstimmung gilt als ›Überraschungssieg‹ für Bonn, der von der Presse eher mit Unverständnis und Kritik aufgenommen wird. Zudem wird nun die Zuständigkeit des Parlamentarischen Rates in Frage gestellt, so daß sich der Hauptausschuß – ein aus den Länderchefs, Abgeordneten des Parlamentarischen Rates, Mitgliedern des Wirtschaftsrates und Vertretern der französischen Zone bestehendes Gremium zur Beratung für die Vorbereitungsmaßnahmen für die Bildung der Bundesorgane – mit diesem Problem beschäftigen muß. Ergebnis der Beratung des Hauptausschusses und der Ministerpräsidentenkonferenz ist die Feststellung, daß der Beschluß des Parlamentarischen Rates zwar zu Recht bestehe, der Bundestag nach seiner konstituierenden Sitzung jedoch erneut Stellung zu nehmen habe und daher die baulichen Maßnahmen in Bonn auf das Notwendigste zu beschränken seien.

Diese Empfehlung bringt die vom Land Nordrhein-Westfalen für Bonn zugesagten Zahlungen ins Stocken. Betroffen davon ist hauptsächlich der Bau von Wohnungen, wodurch wiederum die Befürworter Frankfurts veranlaßt werden, auf die vielen Wohnungen hinzuweisen, die dort seit Einrichtung des Wirtschaftsrates entstanden sind. In dieser prekären Situation eröffnet Wandersleb als ›Streiter für Bonn‹ einen überraschenden Ausweg, der für den von ihm favorisierten Standort am Rhein einen doppelten Vorteil bringt: Noch im Mai 1949 gelingt es ihm, in Gesprächen mit den Besatzungsbehörden, die Unterstützung seiner Planungen durch die britischen und französischen Beauftragten zu erreichen. Im Juni kann auch der einflußreiche Sonderbeauftragte des amerikanischen Hohen Kommissars, John J. McCloy, für Bonn gewonnen werden, obgleich die Amerikaner bislang die Frankfurter Pläne unterstützt hatten. Mit dieser Hilfe können Verhandlungen über die Verlegung des belgischen Oberkommandos aus dem Bonner Raum eingeleitet und die Ausweisung einer ›Bundeszone‹ als ›exzonales Sondergebiet‹ mit einem besatzungsfreien Kernstück, dem Stadtkreis Bonn, durchgesetzt werden. Dieser besatzungsfreie Raum wird als deutscher Parlaments- und Regierungssitz von den Alliierten demonstrativ deutscher Verfügung überlassen. Mit dem Abzug der Truppen und Besatzungsbehörden werden nicht nur dringend benötigte Wohn- und Büroräume frei. Wichtiger in der überregionalen Wirkung ist das politische Signal: »Zum ersten Mal seit 1945 gaben die Alliierten ein zur Verwendung für wichtige deutsche Zwecke gewünschtes Gebiet im Umfange eines geschlossenen Stadtkreises und zahlreicher angrenzender Gemeinden völlig frei.«

Dieser politische Lagevorteil läßt sich wirksam gegen Frankfurt ausspielen: Die dortige Konzentration alliierter Behörden und kommerzieller Einrichtungen gilt nun als Beeinträchtigung bei der Entfaltung einer eigenständigen Politik. Stets wird betont, daß sich Frankfurt seiner Geschichte, seiner Lage und seiner Wirtschaftsentwicklung nach dereinst als endgültige Hauptstadt anbieten würde. In Bonn dagegen sei die Vorläufigkeit der Hauptstadtfunktion vor allem auch durch den improvisatorischen Charakter der Unterbringung der Bundesorgane deutlich spürbar.

Gerade im Hinblick auf Berlin und Mitteldeutschland wird der glaubwürdigen Darstellung der Vorläufigkeit des Regierungssitzes hoher Wert beigemessen: daher wohl auch der Verzicht auf jeden tiefergreifenden planerischen Einschnitt in die Stadtstruktur Bonns, der als Vorgriff auf Dauerfunktionen hätte gedeutet werden können, obgleich schon die Verkehrsmisere der Stadt wesentliche Veränderungen nahelegte. Rückblickend erscheint dem Stadtplaner Ferdinand Stracke der bundesdeutsche Staat wie »ein bescheidener Untermieter bei einer unbescholtenen Familie namens Bonn. Sie mußte weder entnazifiziert werden, noch erinnerte sie sonst an die Geschehnisse der jüngsten Vergangenheit.«

Wie ein bescheidener Untermieter versucht die brave Hauptstadt, durch Unauffälligkeit aufzufallen: Die durch viele Anmietungen, räumliche Zersplitterung und auch baulich demonstrierte Vorläufigkeit der Hauptstadtfunktion mag dazu beitragen, daß alle Vertreter des Landes Berlin im Parlamentarischen Rat, auch die der SPD, sich schließlich ebenso für Bonn aussprechen wie später die Berliner Abgeordneten im Bundestag – wenn auch ohne Stimmrecht.

Am 7. September 1949 erfolgt die Konstituierung des Bundestages mit 402 Mitgliedern im vorläufigen Plenarsaal des Bundeshauses, wie die umgebaute Pädagogische Akademie inzwischen genannt wird. Am gleichen Tag tritt im gleichen Gebäude der Bundesrat in dem Saal zusammen, in dem der Parlamentarische Rat bisher getagt hatte. In der ersten Sitzung des Bundestages werden zwei Anträge zur Wahl Frankfurts gestellt, die jedoch einem Ausschuß übergeben werden. Erst am 3. November 1949 votieren in geheimer Abstimmung 200 Abgeordnete gegen eine Verlegung nach Frankfurt, 176 stimmen dafür. Bei drei Enthaltungen und elf ungültigen Stimmen ist damit die Hauptstadtfunktion Bonns vorläufig gesichert.

Noch vor dem Abstimmungstermin am 3. November 1949 sind unterdessen erneut Pressestimmen laut geworden, die zum einen die Provinzialität der Stadt, zum anderen die in der ›Adenauer-Atmosphäre‹ dort betriebene Politik angreifen: Mit hohem Aufwand werde in Bonn ein Übergangsstaat zementiert, der trotz anderslautender Erklärungen die Spaltung Deutschlands festige und insgesamt restaurativen Tendenzen Vorschub leiste. Mit Hintersinn werden die Baumaßnahmen und weiter vorgesehene Ausgaben zu einem Angriffspunkt, durch den das öffentliche Interesse nicht nur auf das gescholtene Bundeskanzleramt und andere staatliche Einrichtungen gelenkt wird, sondern auch auf die Planung des Bundeshauses.

Auch wenn diese Entscheidung in der Presse wieder ein zumindest zwiespältiges Echo findet, werden die in kürzester Zeit erbrachten architektonischen Leistungen in Fachzeitschriften einhellig gewürdigt. Dennoch kehrt sich intern die Stimmung bald gegen den Architekten – er hat seine Schuldigkeit getan und kann gehen. Die Folgen des ungeheuren Zeitdrucks im ›Wettrüsten‹ der Städte und die erzwungene Sparsamkeit, aber auch die anspruchliche Konzeption einer zugleich bescheidenen und transparenten Selbstdarstellung der jungen Demokratie werden nachträglich in persönliche Vorwürfe gegen Schwippert umgemünzt.

Infolge der öffentlichen Angriffe und schwelenden Intrigen gegen den Architekten des Bundeshauses ist in der Fachwelt bald vom ›Falle Schwippert‹ die Rede: Nach erheblichen Vorwürfen scheidet Schwippert 1950 aus der weiteren Planung aus. Es folgt ein Rechtsstreit, der zwischen dem Justitiar der Bundesbaudirektion und dem Justitiar des Bundes Deutscher Architekten verhandelt wird, bis er im April 1951 zugunsten Schwipperts entschieden ist. Für viele seiner Kollegen sind die Anwürfe gegen den freien Architekten und die Übernahme der Planung in eine ›beamtete Bautätigkeit‹ schlechte Omina für die weitere Entwicklung der Bundeshauptstadt, auch wenn einzelne Projekte, insbesondere Wohnsiedlungen wie die Reuter-Siedlung von Max Taut, in hoher Qualität vollendet werden können.

Schon in den ersten Jahren der jungen Demokratie scheinen sich in Bonn diffuse Bedürfnisse nach Repräsentation und Behaglichkeit verstärkt zu haben, die zum Konzept schlichter Improvisation bald in Widerspruch treten und in der groben Imposanz der ersten Neubauten für Ministerien eine Entsprechung finden, welche eher die Kontinuität konservativer Architekturauffassungen als einen Willen zum Neubeginn erkennen läßt.

Ohne übergreifendes städtebauliches Konzept wird indessen nicht nur abschnittweise am Bundeshaus, sondern auch an verschiedenen Einzelstandorten weitergebaut, obgleich ab 1952 zunehmend Kritik an den Verkehrsverhältnissen sowie am Mißverhältnis zwischen dem betriebenen Hochbauaufwand und den 1948/49 veranschlagten Kosten geübt wird. Der wachsende Unmut über die Bonner Bautätigkeit und mehr noch die ›Hauptstadt-Berlin-Bewegung‹ sind wohl die Ursachen des ab 1956 fast ein Jahrzehnt lang durchgehaltenen Baustopps, der freilich weiterhin kleine Baumaßnahmen und große Worte zuließ.

Erst ab 1969 wird nach langer Verzögerung die kommunale Neuordnung des Raumes Bonn vollzogen. Im Jahre 1970 schließen Bund, Land und Stadt ein Abkommen über Bonns Ausbau als Bundeshauptstadt; der Status des Provisoriums ist aufgegeben. Im gleichen Jahr noch legt eine Gruppe prominenter Sachverständiger aus verschiedenen Disziplinen ein erstes Gutachten vor, das von großräumigen Dispositionen bis hin zu Vorschlägen für die architektonische Selbstdarstellung der Demokratie ein schlüssiges Konzept zur Entwicklung einer ›Stadtlandschaft Bonn‹ enthält, das weitreichende Erwartungen weckt. Der »Glaube an die komplexe Planbarkeit« (Stracke) eröffnet eine neue Ära, die in den siebziger Jahren zu einer Reihe hochqualifizierter Wettbewerbsergebnisse, Gutachten und Gegengutachten führt, deren Umsetzung in gebaute Realität jedoch nicht nur an unzähligen Verfahrensfragen, Partei-, Ämter- und Architektenkonkurrenzen scheitert, sondern vor allem an den Spannungen zwischen Stadt und Bund sowie am Fehlen einer politischen Entscheidung für eine Bundeshauptstadt als europäischer Hauptstadt unter anderen. Mag dieser Mangel gerade von Architekten auch oft bedauert worden sein, ist er doch zugleich Anstoß zum Weiterdenken: im Versuch nämlich, das zufällig Provisorische in eine gelungene Ästhetik der Improvisation zu transformieren, die sich über die geschäftige Beliebigkeit früherer Jahrzehnte erhebt und gleichwohl der Versuchung widersteht, im Reflex der Kompensation das verschlissene Kleid der Bescheidenheit unangemessen mit architektonischen Broschen zu schmücken.

›Phoenix aus der Asche‹ – Skulptur von Ludwig Gies (Kat. Nr. 17/1)

Die Physiognomie der Politik

Hans-Werner Frohn

Die Entscheidung des Parlamentarischen Rates, Bonn zur provisorischen Bundeshauptstadt zu bestimmen, bedeutete nicht nur, daß die Kapitale des neugegründeten Staates am westlichen Rand des ehemaligen Deutschen Reiches lag. Mit dem Regierungssitz in Bonn statt in Berlin verband sich auch ein soziokultureller Wandel. Auf der Regierungsbank dominierten nun katholisch geprägte Politiker: Dem ersten Kabinett Adenauer gehörten bis auf Ludwig Erhard und dem erst auf Drängen der Protestanten hineingenommenen Gustav Heinemann nur Katholiken an. Auf der Rednertribüne des Parlaments wurden die Dialekte der früheren westlichen und südlichen Provinzen des Deutschen Reiches gesprochen. Rheinisch, Schwäbisch, Bayerisch und Fränkisch wurden durch Politiker wie Konrad Adenauer, Theodor Heuss, Hans Ehard, Fritz Schäffer und Ludwig Erhard salonfähig.

Diese Politikergeneration unterschied sich von der heutigen durch ausgeprägte Ecken und Kanten. Viele aus ihren Reihen hätten in der heutigen ›Fernsehdemokratie‹ kaum eine Chance, die Politik maßgeblich zu bestimmen: Sie waren alles andere als telegen.

»Gotischer Adenauer und barocker Erhard« oder: der Alte und der Dicke

»Ich habe mit Professor Martini, meinem Arzt, gesprochen, ob ich in meinem Alter dieses Amt wenigstens noch für ein Jahr übernehmen könne. Professor Martini hat keine Bedenken. Er meint, auch für zwei Jahre könne ich dieses Amt ausführen.« Mit diesen lapidaren Sätzen, mit denen Konrad Adenauer am 21. August 1949 in seinem Rhöndorfer Haus im Zenningsweg 8a eine Runde führender CDU-Politiker verblüffte, nahm eine der erstaunlichsten Alterskarrieren in modernen Demokratien ihren Anfang. Aus den ein bis zwei Jahren wurden 14, in denen Adenauer der Republik und insbesondere ihrer Hauptstadt seinen Stempel aufdrückte.

Adenauers Aufstieg begann mit einer taktischen Fehlleistung der SPD, die glaubte, ihn auf den repräsentativen, aber politisch einflußlosen Posten eines Präsidenten des Parlamentarischen Rates wegloben zu können. Adenauer indes nutzte seine Chance. Als alleiniger Verhandlungspartner der Hohen Alliierten Kommissare wurde er nicht nur über die britische Zone hinaus bekannt. Sein Verhandlungsgeschick verschaffte ihm Autorität. Populär war er allerdings 1949 noch nicht: Bei einer Emnid-Umfrage nach dem gewünschten Kanzler einer zu bildenden Regierung rangierte er hinter Kurt Schumacher und Erhard erst an dritter Stelle.

Das änderte sich mit dem Amt: Die Bundestagswahl 1953 und erst recht die des Jahres 1957 wurden zu Plebisziten für Konrad Adenauer. Die Zeit der Kanzlerdemokratie brach an. ›Der Alte‹ wußte die durch das Grundgesetz mögliche Machtfülle des Bundeskanzlers voll auszunutzen; er betrieb eine Politik der einsamen Entschlüsse. Parlament und Kabinett wurden erst im nachhinein unterrichtet, womit er die Opposition zur Weißglut brachte. Im Kabinett lehnte sich Gustav Heinemann gegen diese Haltung auf, resignierte jedoch und trat zurück. Spätere Kabinette wiesen keine ernsthaften Opponenten mehr auf.

Eine Eigenart der Kanzlerdemokratie Adenauers war seine Kamarilla-Politik. Im Zweifelsfall besaßen seine Mitarbeiter im Kanzleramt einen erheblich größeren Einfluß auf die Politik der Regierung als die Ressortminister. Die graue Eminenz im Kanzleramt, Hans Globke, hielt alle Fäden in der Hand. Globke, Verfasser des amtlichen Kommentars zu den Nürnberger Rassengesetzen von 1935, wurde für viele zur Symbolfigur der Restauration. In außenpolitischen Fragen suchte er den Rat von Walter Hallstein und Herbert Blankenhorn, einem ehemaligen Diplomaten des Auswärtigen Amtes in Berlin. Die Ausnahme in diesem Kreis war Otto Lenz, ein Mann des Widerstandes. Lenz, der für die Öffentlichkeitsarbeit zuständig war, stolperte jedoch 1953 über Pläne für ein Informations- und Propagandaministerium.

Adenauer versuchte sofort nach seinem Amtsantritt, sich durch rasche und überzeugende Erfolge in den Augen seiner Parteifreunde unersetzbar zu machen, um so eine Nachfolgediskussion schon im Keime zu ersticken. War der Weg ins Kanzleramt, wie der Politologe Rudolf Wildenmann meint, »von gefallenen Rivalen gepflastert«, so gelang es Adenauer in den Jahren bis 1963, auch potentielle Nachfolgekandidaten auszuschalten, worunter besonders der Wirtschaftsminister und spätere Bundeskanzler Ludwig Erhard zu leiden hatte. Am Anfang der Beziehung dieser beiden Männer stand das Bemühen Adenauers, mit Hilfe Erhards diejenigen Kräfte in der CDU auszuschalten, die das teilweise mit sozialistischen Forderungen gespickte Ahlener Programm aus dem Jahre 1947 durchsetzen wollten. Das Ende des gemeinsamen Weges markierte nicht nur ihr gegenseitiges ›Anschweigen‹ auf den Bänken des Bundestages 1966, sondern auch der für die Union verhäng-

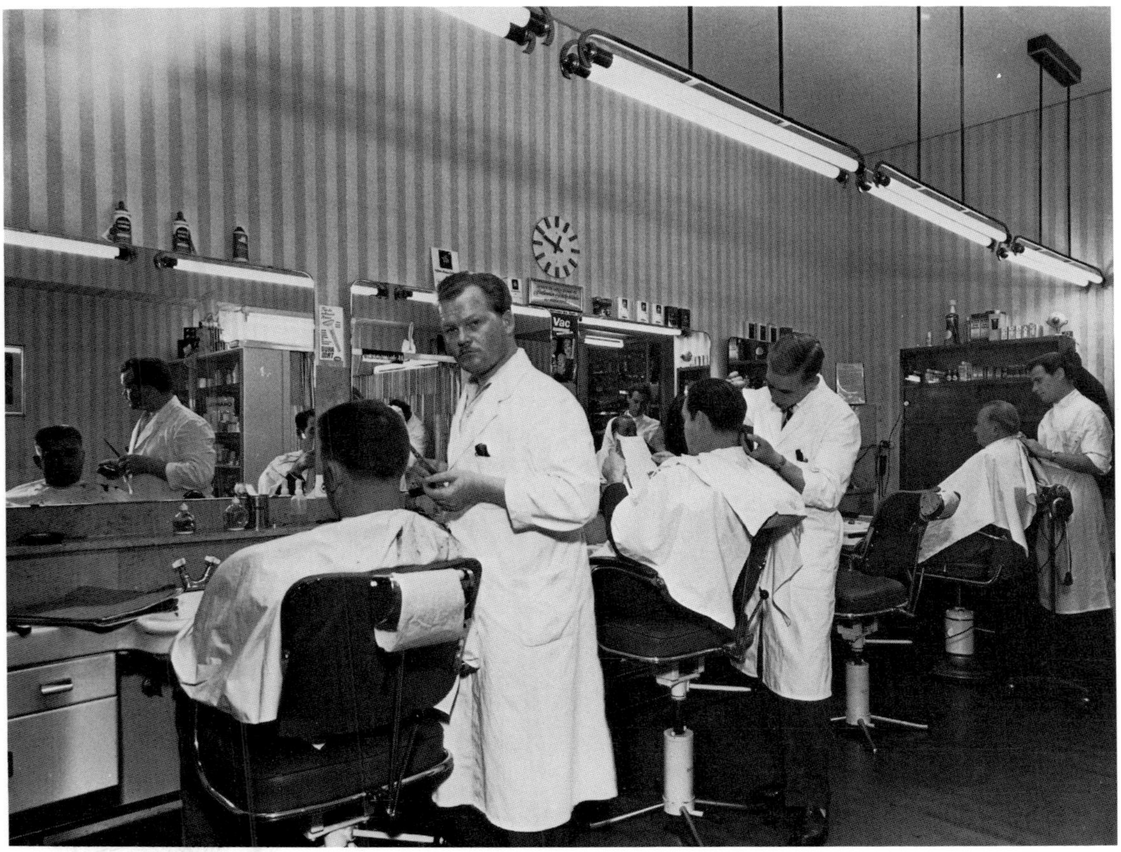

›Salon Werner‹ – Blick in den Frisiersalon im Bundeshaus (Kat. Nr. 17/30)

Bildnis des Wirtschaftsministers Professor Ludwig Erhard (Kat. Nr. 17/93)

nisvolle Satz Adenauers aus dem Frühjahr 1963: »Den bringe ich schon noch auf Null.« Erhard mußte ab 1956 eine lange Reihe öffentlicher Demütigungen mit einem ersten Höhepunkt in der sogenannten Präsidentenkrise 1959 über sich ergehen lassen, als Adenauer mit dem Gedanken spielte, für das Amt des Bundespräsidenten zu kandidieren. Er gab jedoch die Absicht auf, als er merkte, daß er als Bundespräsident die Kanzlerschaft Erhards nicht würde verhindern können. Er desavouierte seinen Wirtschaftsminister öffentlich, als er in einem Schreiben an den CDU/CSU-Fraktionsvorsitzenden Heinrich Krone alle Punkte auflistete, die Erhard in seinen Augen als Kanzler ungeeignet erscheinen ließen.

Adenauer hatte seinen ersten großen taktischen Fehler begangen. Es begann nun ein Prozeß, den Peter Wapnewski, in Analogie zu Leben und Werk Goethes, damit erklärte, daß sich Adenauers erstaunliche Schaffenskraft, seine Reiselust und sein verblüffender Aktivismus bis ins hohe Alter hinein durchaus nicht als bloßer Zeit-, sondern auch als Todesvertreib deuten lasse. Regieren wurde zum Lebenselixier. Die Wahl 1961 drohte zu einem Plebiszit gegen Adenauer zu werden. Die FDP führte den Wahlkampf mit dem Slogan »Mit der CDU, aber ohne Adenauer«. Adenauers Haltung in der Berlin-Krise und seine persönlichen, ehrverletzenden Angriffe gegen die uneheliche Abkunft des Kanzlerkandidaten der Sozialdemokraten, Willy Brandt, brachten der Union starke Verluste. In einem Wahlkampf, dessen Form bereits vom jung-dynamischen Stil Kennedys beeinflußt war, wirkte der Kanzler besonders alt.

Am 23. April 1963 war es für Erhard endlich soweit. Obwohl Adenauer in letzter Sekunde die Fraktion noch einmal von der Unfähigkeit Erhards als Bundeskanzler zu überzeugen suchte, nominierte diese ihn in geheimer Wahl mit 159 Ja- und 47 Neinstimmen bei 19 Enthaltungen. Kein besonders glanzvolles Ergebnis. Am 16. Oktober 1963 wurde Erhard zum Bundeskanzler gewählt, aber es sollte ein Pyrrhussieg werden. Es gelang ihm nicht, seine Stellung langfristig zu sichern. Seine Kanzlerschaft wurde zwar nicht das von Adenauer unablässig prophezeite Desaster für die Bundesrepublik, aber seine Versuche zu einem neuen gesellschaftlichen Aufbruch endeten mit einem Fehlschlag. Ein von ihm eigens geschaffener ›think tank‹ unter der Leitung von Rüdiger Altmann und Johannes Gross entwarf das Modell der ›formierten Gesellschaft‹. Dieses an korporativen Vorstellungen orientierte Modell wurde von der Bevölkerung nicht akzeptiert. Erhard reagierte auf die Ablehnung, die seine Vorschläge gerade bei Intellektuellen hervorriefen, zunehmend unwirsch; in einer Rede bezeichnete er Schriftsteller wie Rolf Hochhuth, Günter Grass und Heinrich Böll in diesem Zusammenhang als »kleine Pinscher«.

Im Vorfeld der Bundestagswahl 1965 sah sich der Bundeskanzler, der doch der ›Gefälligkeitsdemokratie‹ ein Ende hatte bereiten wollen, zu Wahlgeschenken gezwungen, von denen sich nach der Bundestagswahl herausstellte, daß sie nicht zu finanzieren waren. Wirtschaftliche Probleme stellten sich ein, und es gehört zur Ironie der Geschichte der Bundesrepublik, daß ausgerechnet der Vater des deutschen Wirtschaftswunders im Jahre 1966 über wirtschaftliche Probleme stürzte.

Bildnis des Bundespräsidenten
Professor Theodor Heuss
(Kat. Nr. 17/99)

Widerständler und Emigrant, »Biedermann und Patriot«

Noch ehe der Krieg zu Ende ging, meinten ausländische Staatsmänner, daß das Nachkriegsdeutschland von Männern geführt werden müsse, die einen radikalen Bruch mit der Vergangenheit symbolisierten oder, wie ein amerikanischer Politologe formulierte, »auf deren Rücken die Peitschenhiebe in den Konzentrationslagern die Erneuerungsbotschaft in Blut und Tränen geschrieben haben«. Die westdeutsche Bevölkerung schien diese Ansicht zunächst zu teilen. Als die britische Militärregierung 1947 durch eine Meinungsumfrage klären ließ, wen die Bevölkerung am meisten bewundere, wurde nur eine deutsche Persönlichkeit genannt: Kurt Schumacher. Der SPD-Vorsitzende erschien in jeder Hinsicht als der aussichtsreichste Kandidat für die Führung einer deutschen Regierung. Doch bei der Bundestagswahl im Jahre 1949 wurden Schumacher und die SPD auf den zweiten Platz verwiesen.

Schumachers Weltbild war wesentlich durch seine Erfahrung im Konzentrationslager geprägt. Er vertrat die Auffassung, daß nur die Sozialdemokraten, die für ihre Überzeugung gekämpft und gelitten hatten, historisch und

Carlo Schmid im Gespräch mit Kurt Schumacher und Erich Ollenhauer (Kat. Nr. 17/127)

moralisch den Anspruch anmelden könnten, nach dem Zusammenbruch der NS-Diktatur die Führung des Landes zu übernehmen. Daraus erklärt sich auch seine Verachtung für Adenauer. Dieser war für ihn einer der Repräsentanten der völlig diskreditierten reaktionären Schichten, die wenig gegen Hitler unternommen hatten und nun versuchten, durch opportunistische Zusammenarbeit mit den kapitalistischen Mächten und durch ein Ausnutzen der Teilung Deutschlands in ihre alten Positionen zurückzukehren.

Bereits im Frankfurter Wirtschaftsrat legte Schumacher seine Partei auf die Oppositionsrolle fest. Seine Angriffe im Bundestagswahlkampf 1949 – Theodor Eschenburg spricht von einer »Orgie von Schmähungen gegen den Gegner« – ermöglichten es Adenauer, der nach eigenen Worten im Umgang mit seinen Gegnern auch nicht »pingelig« war, sich staatsmännisch zu geben. Schumacher scheint gespürt zu haben, daß Adenauer ihm taktisch überlegen war. Selbst als die Auseinandersetzungen zwischen beiden Politikern ihren Höhepunkt erreichten, als Schumacher Adenauer im Bundestag mit einem Zwischenruf als »Kanzler der Alliierten« bezeichnete, blieb Adenauer kühl und gelassen.

Der SPD-Vorsitzende leitete seinen monokratischen Führungsanspruch aus historischer Erfahrung ab. Eines der Grundübel der SPD in der Weimarer Republik sei der Verzicht auf einen exponierten, charismatischen Parteivorsitzenden gewesen. Die alten SPD-Führer seien zu tolerant, zu kompromißbereit und zu wenig an der Macht interessiert gewesen. Die Übernahme verantwortlicher Stellungen durch die alten Repräsentanten der Weimarer Politikergeneration lehnte er ab. So wie Adenauer den Wiederaufstieg Heinrich Brünings zu unterbinden wußte, so verhinderte Schumacher, daß Carl Severing oder Paul Löbe wieder in führende Positionen gelangten.

Schumacher umgab sich mit absolut loyalen Mitarbeitern, die sich weniger durch Kreativität als durch organisatorisches Talent auszeichneten. Widersacher, wie die Riege der sozialdemokratischen Ministerpräsidenten, besonders Ernst Reuter und Wilhelm Kaisen, die für eine stärkere Kooperation mit Adenauer in außen-, besonders europapolitischen Fragen eintraten, wußte er auszuschalten. Nach dem Tode Kurt Schumachers stand Erich Ollenhauer wie selbstverständlich als Nachfolger bereit.

Annemarie Renger meint, daß Ollenhauer und Schumacher sich »auf nie dagewesene Art ergänzt« hätten. Ollenhauer sei der »gute Geist« der Baracke gewesen. Die Urteile der Zeitgenossen waren vernichtend positiv und reichen von »nichts an Erich Ollenhauer war auffällig« (Carlo Schmid) bis »Ollenhauer war ein Mann, dem niemand den persönlichen Respekt versagte, seine Integrität stand über jedem Zweifel, und er verfügte über ein hohes Maß an politischer Erfahrung« (Felix von Eckhardt). Er war, wie Brigitte Seebacher-Brandt in ihrer Ollenhauer-Biographie meint, »Biedermann und Patriot«, kein Kämpfer, sondern der treue Parteiarbeiter. Adenauer hatte in ihm keinen auch nur einigermaßen ebenbürtigen Widerpart. Ollenhauer blieb zwar der Linie Schumachers treu, sah aber 1957 ein, daß andere Wege beschritten werden mußten. Deshalb half er, der das Vertrauen der ›Traditionalisten‹ in der SPD besaß, den Reformern Fritz Erler, Carlo Schmid und Willy Brandt den Weg zum Godesberger Programm zu beschreiten.

Die Schöngeister: Theodor Heuss und Carlo Schmid

Neben den beiden Machtpolitikern Adenauer und Schumacher blieben für die beiden ›Schöngeister‹, Theodor Heuss und Carlo Schmid, im Bonner ›Treibhaus‹ bei aller öffentlichen Resonanz doch nur Nebenrollen übrig. Adenauers Wunsch nach einer kleinen Koalition ließ einen Mann an die Spitze des neuen Staates treten, der genau die Stimmungslage der Nation traf: eine »Vaterfigur in einer vaterlandslosen Zeit« (Ingelore M. Winter). Heuss verkörperte den Typ des Landesvaters: »behäbig, mit gemütlichem Dialekt, jovial, weise und gelehrt, aber auch ermahnend und zurechtweisend, wo es nötig erschien« (Christian Zentner). Ja mehr noch: »Mit Heuss war ein ›Bildungsbürger‹ zum Staatsoberhaupt gewählt worden. Mit seiner universalen Bildung konnte er als Bundespräsident brillieren, war er dem in Frankfurt geborenen Dichterfürsten von Weimar vergleichbar.« (Ingelore M. Winter)

Gegen seine innere Überzeugung hatte er sich 1933 dem Beschluß der Fraktion der Deutschen Staatspartei gefügt und für Hitlers Ermächtigungsgesetz gestimmt. Heuss hatte das Dritte Reich als Publizist, mit unpolitischen Büchern und Artikeln überlebt. Nach dem Krieg war er zunächst Kultusminister in Württemberg-Baden und 1948 FDP-Parteivorsitzender geworden. Als Mitglied des Parlamentarischen Rates zeichnete er sich, Carlo Schmid zufolge, weniger durch eigene Vorschläge als »durch seine klugen Ausführungen zu Anträgen anderer« aus.

Da Schumacher durch seine Krankheit von Bonn ferngehalten wurde, beherrschte ein politischer Seiteneinsteiger das Feld der SPD: Carlo Schmid. Walter Henkels beschrieb ihn so: »Er verhält sich zu den meisten Abgeordneten des Parlamentarischen Rates wie das frische Obst zur Konserve, er ist zweifellos die interessanteste Bonner Erscheinung.« Zu Konrad Adenauer bot er ein Kontrastprogramm: Während dieser eher asketisch lebte, war Schmid – von ›stattlicher‹ Figur – den angenehmen Seiten des Lebens zugeneigt. Als Vorsitzender des Hauptausschusses bestimmte er stärker als Adenauer die inhaltlichen Richtlinien des Grundgesetzes. Von 1949 bis 1966 und von 1969 bis 1972 war Schmid Vizepräsident des Deutschen Bundestages, von 1966 bis 1969 Bundesratsminister. Im Jahre 1959 wurde er von der SPD als Kandidat für das Amt des Bundespräsidenten nominiert, unterlag jedoch erwartungsgemäß gegen Heinrich Lübke.

Zum Liebling der Presse wurde er durch seine »literarisch-schöngeistigen Eskapaden« (Eschenburg). Bereits 1947 erschien sein ›Römisches Tagebuch‹. Sogar während der anstrengenden Tätigkeit als Mitglied des Parlamentarischen Rates fand er noch Zeit zur literarischen Arbeit. Im Jahre 1967 erhielt er den Goethe-Preis der Stadt Frankfurt und im Jahre 1975 den Hanseatischen Goethe-Preis.

Die jungen Leute

Die heutigen ›Urgesteine‹ der Bonner Politik galten in den fünfziger Jahren noch als vielversprechende Newcomer. Der Weg zum maßgeblichen politischen Einfluß verlief in den Reihen der Regierung und Opposition naturgemäß sehr unterschiedlich.

Während der ersten Legislaturperiode des Deutschen Bundestages profilierten sich in der Unionsfraktion einige jüngere Talente. Die Kabinettsbildung nach der gewonnenen Bundestagswahl 1953 brachte zum einen die

Bildnis des Altbundeskanzlers Willy Brandt (Kat. Nr. 17/121)

Rehabilitierung ehemaliger, langjährig aktiver Nationalsozialisten – die Vertriebenenverbände setzten bei Konrad Adenauer Theodor Oberländer als Minister für ihre Angelegenheiten durch –, zum anderen reagierte man auf den Vorwurf der ›Geriokratie‹ und brachte jüngere Minister aus der ›Frontgeneration‹ ins Kabinett.

Gerhard Schröder löste den greisen Innenminister Lehr ab, als dessen persönlicher Referent er seine Karriere begonnen hatte. Den Jahren als Innenminister folgten solche als Außenminister (1961–1966) und Verteidigungsminister (1966–1969). Ab 1960 galt er als einer der potentiellen Kanzlerkandidaten der Union; in Meinungsumfragen zwischen 1961 und 1963 gelang es ihm zeitweilig, Ludwig Erhard als möglichen Nachfolger Adenauers auf den zweiten Platz zu verweisen. Der Durchbruch blieb ihm jedoch verwehrt. 1969 unterlag er Gustav Heinemann bei der Wahl um das Amt des Bundespräsidenten. Schröders Auftreten in der Öffentlichkeit wurde oft mit dem angesehener britischer Politiker verglichen, doch »hinter den polierten äußeren Formen (steckte) eine beträchtliche Härte« (Hans-Peter Schwarz).

Das Kontrastprogramm zu dem dezent auftretenden Schröder bot Franz Josef Strauß. Nach der Wahl 1953 kam er als einer von vier Sonderministern ins Kabinett, 1955 übernahm er das Ministerium für Atomfragen, das im Zeichen des damals noch ungebrochenen Glaubens an die risikolose Nutzung der Kernenergie als das Ressort mit dem Signum der Modernität galt. Nach langen Bemühungen gelang es ihm 1956, den aus Gewerkschaftskreisen stammenden Theodor Blank als Verteidigungsminister abzulösen.

Strauß ebnete sich als »Genie der Ellenbogen« (Hans-Peter Schwarz) affärenreich seinen Weg nach oben. Theodor Eschenburg attestierte ihm fehlenden »Respekt vor dem rechtsstaatlichen Denken«. Bezeichnend war sein Verhalten gegenüber dem Verkehrspolizisten Hahlbohm, der es gewagt hatte, das Ministerauto auf einer Kreuzung zu stoppen. Strauß verlangte daraufhin, daß der Beamte nicht nur gemaßregelt, sondern in Zukunft auch nicht mehr als Verkehrspolizist in Bonn eingesetzt werden sollte. Es begann eine Folge von Skandalgeschichten, die ihren Höhepunkt in der ›Spiegel‹-Affäre von 1962 fand. Adenauer äußerte gegenüber Walter Henkels: »Wenn einem so die Affären nachlaufen wie dem Herrn Strauß, da muß wat dran sein. Dat kommt nicht von allein.«

Während über die politische Vergangenheit ehemaliger Nationalsozialisten nicht selten der Mantel des Schweigens gedeckt wurde, sah sich ein Politiker wegen seiner früheren Tätigkeit in der KPD zeitlebens angegriffen: Herbert Wehner. Im Jahre 1927 der Kommunistischen Partei beigetreten, 1935 zum Kandidaten für das Politbüro nominiert und 1937 nach Moskau delegiert, wurde Wehner nach illegaler Tätigkeit im In- und Ausland 1942 aus der Partei ausgeschlossen. Nachdem er die letzten Kriegsjahre in Schweden verbracht hatte, kehrte er 1946 nach Deutschland zurück und trat der SPD bei, wo er sehr bald zum engeren Mitarbeiterkreis Kurt Schumachers gehörte. Schumacher mußte 1949 Wehners Widerstände gegen eine Kandidatur für den Bundestag brechen. »Sie werden mir, dem ehemaligen Kommunisten, die Haut in Streifen abziehen«, prophezeite Wehner, worauf Schumacher lapidar antwortete:

»Du wirst das aushalten.«
Beide sollten recht behalten.

Adenauer suchte 1949 den Vorsitz Wehners im damals bedeutenden Bundestagsausschuß für gesamtdeutsche Fragen zu verhindern. Wehners Reaktion blieb nicht aus. Im Bundestag agierte er »wie ein Berserker« (Arno Behrisch). Bis zu seinem Ausscheiden aus dem Parlament 1983 handelte er sich 78 Rügen der Bundestagspräsidenten ein. Nach dem Tod Kurt Schumachers begann Wehners Aufstieg in der SPD. 1952 wurde er in den Parteivorstand, 1958 zum stellvertretenden Parteivorsitzenden gewählt. Wehner gehörte in der SPD der späten fünfziger Jahre nicht zu denjenigen, die durch neue Ideen auf sich aufmerksam machten. Den Richtungswechsel in der Partei bestimmten andere, Wehner setzte ihn aber mit einer solchen Energie durch, daß der Eindruck entstand, er sei der Initiator des Godesberger Programms gewesen.

Mit seiner eindrucksvollen Rede am 30. Juni 1960 akzeptierte er für die SPD die Adenauersche Politik der Westintegration. Nun genoß er vorübergehend das Wohlwollen führender Unionspolitiker, die in ihm den Machiavellisten sahen. Sogar Adenauer ließ mit ihm über die Bildung einer großen Koalition verhandeln. 1966 war Wehner am Ziel; die SPD hatte endlich Anteil an der Macht. Im Kabinett der Großen Koalition wurde er Minister für Gesamtdeutsche Fragen. Das Ministeramt kam einer »Art bürgerlichen Ehrenerklärung« (Günther Scholz) für Wehner gleich. Zwei Politiker höchst unterschiedlicher Vergangenheit lenkten in den folgenden drei Jahren die Geschicke des Kabinetts: das ehemalige NSDAP-Mitglied Kurt Georg Kiesinger und der ehemalige Kommunist Herbert Wehner.

Bundeskanzler Adenauer und Verteidigungsminister Josef Strauß während einer Debatte über die ›Spiegel‹-Affäre im Deutschen Bundestag (Kat. Nr. 17/182)

Mit Willy Brandt erhielt Konrad Adenauer 1961 einen jung-dynamischen Herausforderer. Brandt war allerdings ein Bonn-Flüchtling. 1955 wurde er Präsident des Abgeordnetenhauses, 1957 Regierender Bürgermeister von Berlin. Sein Verhalten während der Berlin-Krise 1958/59 und der Zeit des Mauerbaus brachten ihm Statur und Popularität.

Der Fiktive: Keetenheuve

Als Wolfgang Koeppen 1953 seinen Roman ›Das Treibhaus‹ veröffentlichte, bescherte er der Republik ihren ersten literarischen Skandal. Das politische Bonn fühlte sich ertappt. Der Roman beschrieb die damalige politische Szenerie nur verhüllt. Koeppen arbeitete zwar mit fiktiven Namen, doch war es ein leichtes, die dahinterstehenden Angehörigen der Parteiprominenz zu erkennen.

Im Mittelpunkt des Romangeschehens steht der sozialdemokratische Abgeordnete Keetenheuve, der zu den Randfiguren der Kaffeehaus-Boheme im Berlin der zwanziger Jahre gehört hatte, vor den Nazis in die Emigration geflohen war und voller Illusionen über die Möglichkeiten eines Neubeginns nach Deutschland zurückgekehrt war. »Er wollte Jugendträume verwirklichen, er glaubte damals an eine Wandlung, doch bald sah er, wie töricht dieser Glaube war, die Menschen waren natürlich dieselben geblieben, sie dachten gar nicht daran, andere zu werden, weil die Regierungsform wechselte ...«

Die Geschichte des Abgeordneten Keetenheuve ist die Geschichte einer politischen und persönlichen Niederlage. Keetenheuve heiratet nach seiner Rückkehr nach Deutschland Elke, die Tochter eines NSDAP-Gauleiters, die seiner bedurft hätte, um ihre Jugend- und Kriegserlebnisse zu bewältigen. Doch statt dessen glaubt Keetenheuve für anonyme Ziele, für anonyme Massen kämpfen zu müssen: »Ihm war ein Mensch überantwortet, und er ließ ihn fallen. Er reiste den Gespinsten nach, rang in Ausschüssen um nebelhafte Menschenrechte, die nicht erkämpft wurden, es war ganz überflüssig, daß er in den Ausschüssen agierte, er würde niemals etwas erreichen, aber er reiste hin und ließ Elke, das einzige Wesen, das ihm anvertraut und das seine Aufgabe war, in Verzweiflung verfallen.«

Da es ihm an Stallgeruch mangelt, er seinem literarischen Hobby auch weiterhin frönt und sich vom Parteivorsitzenden durch eine konsequente radikal-pazifistische Position unterscheidet, wird Keetenheuve in der eigenen Partei an den Rand des politischen Geschehens gedrängt. Die Regierungsparteien fürchten sein rhetorisches Talent und suchen ihn auf einen Botschafterposten in Mittelamerika abzuschieben. So wird Keetenheuve immer mehr zum Außenseiter. Die Zeit ist über ihn hinweggegangen. War »Keetenheuve ein Museumsstück?« Er beantwortet diese Frage mit seinem Freitod auf der Bonner Rheinbrücke: »Der Abgeordnete war gänzlich unnütz, er war sich selbst eine Last, und ein Sprung von dieser Brücke machte ihn frei.«

»Zurufe und Klappen mit Pultdeckeln« im ersten Deutschen Bundestag

Dem ersten Deutschen Bundestag gehörten acht Fraktionen an. Neben den heute noch im Bundestag vertretenen Fraktionen der CDU/CSU, SPD und FDP waren es Parteien, die im wesentlichen am äußeren Rand des politischen Spektrums angesiedelt waren. Von den 402 Abgeordneten verfügten 217 über keinerlei parlamentarische Erfahrung, und im Parlament herrschte eine hohe Fluktuation: Es kam zu fast 100 Fraktionswechseln, wobei einige Abgeordnete sogar mehrmals diesen Schritt taten.

In den ersten Jahren standen Beschimpfungen, Krawalle und sogar Schlägereien, an denen zumeist Abgeordnete der kleinen, extremistischen Parteien beteiligt waren, durchaus auf der Tagesordnung. Aber auch Herbert Wehner und der SPD-Abgeordnete Heiland wurden für einige Sitzungstage von den parlamentarischen Beratungen ausgeschlossen, weil sie sich an Tätlichkeiten mit dem aus dem Parlament ausgeschlossenen Abgeordneten der Deutschen Partei, Hedler, beteiligt hatten. Zeitgenössische Beobachter sahen sich an Zustände der Weimarer Republik erinnert.

Während der Debatten herrschte nicht selten große Unruhe. Die Statistik des Bundestages verzeichnet für die erste Legislaturperiode allein 156 Ordnungsrufe (in der zweiten waren es nur noch 69), 40 Wortentziehungen und 17 Sitzungsausschlüsse. Die davon Betroffenen gehörten zumeist wieder den kleinen, extremistischen Parteien an, wobei die KPD überproportional von den Strafmaßnahmen der Bundestagspräsidenten betroffen war. Den Höhepunkt der parlamentarischen Auseinandersetzungen zwischen den beiden großen Fraktionen des Parlaments bildet der Zwischenruf Kurt Schumachers, Konrad Adenauer sei der »Kanzler der Alliierten«.

Die extreme Polarisierung ließ dennoch am Rande menschliche Begegnungen zu. Obwohl der KPD-Abgeordnete Heinz Renner Konrad Adenauer im Parlamentarischen Rat und im

Bundestag wüst beschimpfte, verband die beiden Männer, die sich aus der gemeinsamen Tätigkeit im rheinischen Provinziallandtag der Weimarer Republik kannten, Sympathie. Trotz heftiger Kritik aus den eigenen Reihen hielt Konrad Adenauer den Kontakt bei gesellschaftlichen Veranstaltungen aufrecht.

»Wir spielten Wilhelmstraße – ohne Wilhelm. Aber er war auch der einzige, der fehlte.«

Nach 1949 dachte das politische Bonn in den Kategorien der Kontinuität des Beamtenkörpers. Unter der Ägide Herbert Blankenhorns zogen in die für auswärtige Angelegenheiten zuständigen Dienststellen ehemalige Diplomaten des Berliner Auswärtigen Amtes wieder ein. Darunter befanden sich Beamte von untadeliger Vergangenheit, aber auch ein Personenkreis, der tief in die nationalsozialistische Politik verstrickt war. Blankenhorn, der seit Mai 1950 die Dienststelle für Auswärtige Angelegenheiten im Kanzleramt leitete, hatte bald nach seinem Dienstantritt vom einstigen Staatssekretär der Reichskanzlei und späteren Oberdirektor des Vereinigten Wirtschaftsgebietes in Frankfurt, Hermann Pünder, eine Akte mit Bewerbungen von 140 qualifizierten und politisch unbelasteten Bewerbern zugestellt bekommen. Diese Bewerbungen wurden in seiner Dienststelle in alphabetischer Reihenfolge unter die bereits vorhandenen ca. 10000 anderen Bewerbungen eingeordnet, so daß diese in der Flut der Bewerbungen untergingen; belastete Kandidaten wurden unter diesen Umständen eher berücksichtigt.

Im September 1951 stellte Michael Mansfeld in einer Artikelserie der ›Frankfurter Rundschau‹ die schleichende Unterwanderung leitender Positionen des Auswärtigen Amtes durch belastete Diplomaten bloß. Ein vom Bundestag eingesetzter Untersuchungsausschuß kam zu dem Ergebnis, daß im Amte in leitenden Positionen Personen beschäftigt seien, »deren Verwendung das Vertrauen des In- und Auslandes zur demokratischen Entwicklung beeinträchtigen« könne. Robert von Lenwitz, ein 1943 in den Dienst des Auswärtigen Amtes eingetretener Diplomat, der 1956 seine diplomatische Laufbahn wegen der restaurativen Tendenzen freiwillig beendete, bemerkt hierzu in seiner Biographie: »Wir spielten Wilhelmstraße – ohne Wilhelm. Aber er war auch der einzige, der fehlte. Sonst nichts.«

Der Alterspräsident des Deutschen Bundestages, Herbert Wehner, bei der Eröffnungsrede der konstituierenden Sitzung des IX. Deutschen Bundestages am 4. November 1980 (Kat. Nr. 17/120)

Orden und Hymne

Auf Anregung Adenauers veröffentlichte Bundespräsident Heuss am 7. September 1951, dem zweiten Jahrestag der Konstituierung des Bundestages, den ›Erlaß zum Verdienstorden der Bundesrepublik Deutschland‹. Damit brach die Bundesregierung bewußt mit einer Tradition der Weimarer Republik. Diese hatte in Artikel 109 ihrer Verfassung allen staatlichen Organen die Verleihung von Orden und Ehrenzeichen untersagt. Heuss hingegen war der Ansicht, eine Republik brauche identitätsstiftende Symbole; die Bürger sollten für Leistungen im Dienste des Gemeinwohls ausgezeichnet werden.

Paternalistische Gedanken spielten bei den Überlegungen zur Einführung des Bundesverdienstordens eine besondere Rolle. So sollte die niedrigste Stufe des Ordens jenen Arbeitern und Angestellten in der freien Wirtschaft verliehen werden, die ihren Arbeitgebern 50 Jahre ›treue Dienste‹ geleistet hatten. Wenngleich der erste Ordensträger der hessische Bergmann Franz Brandl war, der die Auszeichnung wegen seines lebensrettenden Eingreifens bei einem Wassereinbruch in einem Bergwerk erhielt, so wurde doch bald deutlich, daß die neue Führungsschicht vor allem sich selbst auszeichnete. In einer Ressortbesprechung mußte der zuständige Ministerialdirektor des Präsidialamtes, Klaiber, bereits Mitte Dezember 1951 seine Kollegen dringend auffordern, »vor allem die kleinen Leute« bei den Vorschlägen nicht zu vergessen.

Während der Versuch des Bundespräsidenten, eine neue Nationalhymne einzuführen, scheiterte, trat Konrad Adenauer leidenschaftlich für das Deutschlandlied ein, das von den Alliierten verboten worden war. Mit seinem Vorschlag, während der Eröffnungssitzung des ersten Deutschen Bundestages die dritte Strophe des Deutschlandliedes zu singen, scheiterte er. Im April 1950 aber überraschte der Bundeskanzler seine Widersacher. Zum Abschluß einer Kundgebung im Berliner Titania-Palast stimmte er die dritte Strophe der Hymne an. Während die Berliner Stadtkommandanten demonstrativ sitzen blieben, verließen einzelne Vertreter der SPD den Saal. Schumacher sprach von einem Handstreich, worauf Adenauer entgegnete, das Lied sei 1922 von dem Sozialdemokraten Friedrich Ebert als Nationalhymne eingeführt worden.

Ende April 1952 ergriff Adenauer erneut die Initiative und richtete an Heuss die Bitte, dieser möge das Hoffmannsthal-Haydnsche Lied wieder zur Nationalhymne erheben. Bei staatlichen Veranstaltungen werde man sich mit dem Singen der dritten Strophe begnügen. Heuss stimmte schließlich mit dem Hinweis, er habe den Traditionalismus in der Bevölkerung unterschätzt, dem Vorschlag zu.

Metropole Bonn?

Ulrich Wickert

›Metropole‹ ist ein ephemerer Begriff: Weder geographische Lage noch sich erdrückende Bürgermassen oder sich übertrumpfende Bauten halten in der Erinnerung der Geschichte fest, welche Rolle ein Ort einst als Metropole gespielt haben könnte. In Renaissance-Zeiten hätte man das an der Rhône gelegene Lyon ›Metropole‹ genannt, wäre der Begriff damals schon üblich gewesen. In keiner Stadt Europas, außer in Venedig, wurden zu jener Zeit mehr Bücher gedruckt als am Zusammenfluß von Rhône und Saône. Lyon war größte Messestadt Europas, einer der wichtigsten Warenumschlagorte, mit einem großen Anteil von Ausländern an der Bevölkerung: Deutschen, Schweizern und besonders Italienern, die die Bankgeschäfte erledigten. Denn Lyon lag verkehrsgünstig: Hier schnitten sich die Wege von Ost nach West, von Süd nach Nord. Heute erregen gerade diese Verkehrswege den Unmut der nördlichen Bewohner Europas, weil sie, wenn sie an Lyon vorbeirauschen wollen, um an den südlichen Mittelmeergestaden das warme Wetter zu genießen, im Tunnel der Fourvière regelmäßig in einem Stau steckenbleiben, der sie ein, zwei Stunden festhält. Als Metropole ist Lyon längst vergessen, und daß heute noch die Altstadt eines der größten und schönsten Renaissance-Viertel der Welt umschließt, wissen selbst viele Franzosen nicht. Vielleicht wäre Lyon als Metropole zur Legende geworden, wenn Meeresfluten es wie Atlantis verschlungen hätten.

›Metropole‹ wurde vor 150 Jahren zum Modewort, und heute gilt es als modern, von Metropolen zu schwärmen, so daß sich auch die Deutschen innigst eine Metropole als Hauptstadt wünschen. Bei den alten Griechen bedeutete Metropolis ›Mutterstadt‹, im Gegensatz zu den Kolonialstädten, also als Ort des Ursprungs, als Ausdruck der verschiedensten Merkmale eines Volkes und eines Landes.

Es ist nicht der Fehler von Bonn, daß diese eigentlich schöne Kleinstadt nichts, aber auch gar nichts von einer Metropole hat. Was kann diese Residenzstadt, mit dem harmonischen Stadtzentrum, dem Schloß und seinem gepflegten Hofgarten, den inzwischen wieder restaurierten Markt- und Münsterplätzen und der hervorragenden Kneipenkultur dafür, daß sie die Hauptstadt der Bundesrepublik geworden ist! Nichts als Beleidigungen hat sie dafür hinnehmen müssen: »Pensionopolis« hat man sie geschimpft, bayerische Abgeordnete lästerten lange Jahre zynisch, das Schönste an Bonn sei der Zug nach München. Ganz arrogante deutsche Diplomaten verglichen Bonn mit dem Friedhof von Chicago: halb so groß und doppelt so tot sei die Stadt am Rhein. Das ist so, als werfe man Käse vor, keine Auster zu sein.

Noch am 28. Oktober 1948 hieß es in einer Pressemeldung aus Schlangenbad: »Die Länderchefs der Westzone haben sich auf ihren Beratungen mit Mehrheit gegen den ›unsinnigen Plan‹ ausgesprochen, Bonn zur Bundeshauptstadt zu machen.« Gerade weil der Plan unsinnig war, wurde er umgesetzt, denn in dem Unsinn lag die Logik: Bonn war geplant als Provisorium für die zwei, drei, vier Jahre bis zur Wiedervereinigung der Ost- mit den Westzonen. 20 Jahre später sagte der intellektuelle SPD-Politiker Professor Carlo Schmid: »Bonn macht Deutschland zur Provinz.« Noch weitere 20 Jahre später ist das Provisorische an Bonn vergessen, seine Hauptstadtrolle hat sich zum Alltäglichen entwickelt, dies Alltägliche aber befriedigt den inzwischen nach Höherem strebenden deutschen Bürger nicht mehr. Er jettet durch die Welt, stylt sich, wie er es in

Empfang des äthiopischen Kaisers Haile Selassie I. durch Bundespräsident Heuss auf dem Bonner Hauptbahnhof (Kat. Nr. 17/149)

den Auslagen der Weltmetropolen sieht, und weigert sich, die Schaufenster am Bonner Marktplatz als repräsentativ zu empfinden.

Wird in dem 1926 von Fritz Lang gedrehten Film ›Metropolis‹ diese Stadtform eher als Folterkammer dargestellt, so verbindet man heute mit dem Begriff ›Metropole‹ etwas Positives. Dort, so meint man, siede, brodle etwas, das auf den Rest des Landes, vielleicht der ganzen Welt ausstrahle. Aber meist ist es nur der Mythos der Metropolis, der für die ferne Außenwelt positiv besetzt wird. Er zieht Menschen in die Metropolen. Dabei sind diese Konglomerate aus der Sicht der Innenwelt erst einmal negativ besetzt, weil all die schlechten Seiten der Großstädte dort potenziert werden. In Tokio kostet der Quadratmeter 10000 Mark, eine Wohnungsmiete liegt bei durchschnittlich 13000 Mark im Monat, ein normales Abendessen in einem Restaurant ist nicht mehr unter 200 Mark zu haben. Der Verkehr ist kaum noch zu bewältigen. In Bombay liegt der Geräuschpegel mit 67 Dezibel weit über den erträglichen Normen. In Londoner Außenbezirken, in denen sich die Commonwealth-Bevölkerung einfindet, zerfallen ganze Straßenzüge, drehen Fernsehreporter und Filmregisseure Straßenschlachten mit der Polizei. Und in der Stadt, die Fritz Lang mit ›Metropolis‹ meinte, dem Mekka aller Metropolen-Pilger, New York, leben über 40000 Obdachlose auf den Straßen, entgleisen die U-Bahnen, mußte letztens eine Brücke gesperrt werden, weil sie für den Verkehr zu baufällig war. New Yorker Verhältnisse machten Selbstjustiz in der U-Bahn zum weltweit behandelten Thema. Ja, ich habe es selbst erlebt, wie man sich tagtäglich auf die Wegelagerer, die Kriminalität vorbereitet. Als ich eines Morgens in den Aufzug unseres Wohnhauses stieg, versteckte eine elegante ältere Dame gerade ihr Bargeld im Büstenhalter. Lachend knöpfte sie die Bluse zu und schob die restlichen Scheine, gerade 30 Dollar, ins Portemonnaie. Denn etwas Geld muß der Gangster finden. Das ist der Wegzoll, den die Raubritter, deren Burgen noch am Rhein stehen, schon immer verlangten.

Lärm ist gerade für die Metropole New York ein Symbol. Wer die drei verschiedenen Sirenenarten unterscheiden kann – Polizei, Ambulanz, Feuerwehr –, wird sie in der ganzen Welt wiedererkennen; denn überallhin werden sie exportiert. Das Geräusch der Gummiräder auf den Eisenrosten der Brooklyn-Bridge ist ein so starkes Symbol für Sehnsüchte, daß es Teil einer käuflich zu erwerbenden Geräuschkassette ist.

Eine Metropole lebt von Gegensätzen, von Widersprüchen, die aufeinanderprallen und Energien freisetzen, die produktiv sind, aber auch destruktiv wirken können. In New York ist das Spannungsverhältnis zwischen Harlem, Bronx, Brooklyn und der Fifth Avenue, zwischen Italienern, Schwarzen, Juden und den WASPs (White Anglosaxon Protestants) Literatur geworden – ›Last exit Brooklyn‹ –, Handlungselement für zahlreiche Spielfilme von Woody Allen bis Martin Scorsese. Metropolis ohne Kultur ist nur Megalopolis. Was bleibt davon in Bonn – außer vielleicht ›Ansichten eines Clowns‹ oder ›Das Treibhaus‹?

Eins kann den Metropolis-Zustand einer Großstadt vor dem Verblassen bewahren oder das Ausbleichen verlangsamen, man denke an Venedig: eine ästhetisch einmalige Stadtgestalt. Das gilt zum Beispiel für Paris. Allein die Ästhetik dieser im Augenblick wohl konkurrenzlosen europäischen Metropole zieht gerade großes Geld, klassische Kunst und Kultur unablässig an – und damit diejenigen, die sich in deren Glanz sonnen wollen. Paris bietet weitere Charakteristiken einer Metropolis an: Die Altstadtsanierung bedeutet, aus schlechten billigen Wohnungen das Proletariat vertreiben und in den renovierten teuren Wohnungen die Bourgeoisie ansiedeln. Außerhalb des Stadtgebiets kaserniert man in Satellitenstädten die ›Billiglohnempfänger‹.

Der Wert von Paris als Metropolis kann noch lange Zeit allein durch die Vergangenheit großer Kulturepochen in die Zukunft weitergetragen werden. Wenn auch am Ende des 20. Jahrhunderts Paris als Ort des kreativen Schaffens zu Recht keinen Ruf hat, so bleibt doch die Erbschaft vom Anfang dieses Jahrhunderts und besonders dem Jahrhundert zuvor, dem diese Stadt als monumentales Museum gewidmet zu sein scheint. Auch Venedig zeugt heute noch dank seiner Architektur davon, daß es zu seiner Blütezeit im 15. und 16. Jahrhundert die Rolle einer Metropolis spielte; als solche wird die Stadt der Dogen von Touristenschwärmen so heimgesucht, daß der Zugang wie zu einer großen Ausstellung geregelt und beschränkt werden muß. Einer der berühmtesten Söhne Venedigs reiste übrigens auch durch Bonn – das war im 18. Jahrhundert; aber Casanova hinterließ in dieser Voreifelstadt keine Spuren.

Mit der Baukunst haben die Bonner Stadtväter schon häufiger im Streit gelegen – zum Beispiel als sie ihr monumentales Stadthaus bauen ließen. Auch haben sich Bonn-Besucher schon an den häßlichen, unnötigen U-Bahn-Eingängen gestört, die den Hofgarten verschandeln.

In seinem Buch ›Geopolitik‹ schreibt Richard Henning: »Im lebenden Organismus des menschlichen Körpers regelt das Herz die inneren Funktionen des Körpers, das Gehirn seine Beziehungen zur Außenwelt. Ersteres ist einigermaßen zentral, letzteres ausgesprochen peripher gelegen. Genau ebenso kann man an der Lage der Hauptstädte der einzelnen Staaten in der Regel erkennen, ob bei ihnen in der Gegenwart, bzw. in der Vergangenheit das innenstaatliche Eigenleben und die in der Hauptsache autarke Wirtschaftsform überwiegen oder die außenpolitischen und Außenhandelsbeziehungen. Im ersteren Falle liegt nämlich die Hauptstadt zumeist im Zentrum oder doch nicht allzuweit von ihm entfernt, im letzteren an der Peripherie des Staates.« Bonn, das an der Peripherie der Bundesrepublik liegt, zeugt nach dieser Theorie von einer stark außenpolitisch abhängigen Politik, da spürt man nichts von kultureller Entwicklung wie in Berlin, das jenes große Potential hat, im nächsten Jahrhundert mitteleuropäische Metropole zu werden, falls der Osten sich dem Westen öffnen sollte und so die ehemalige Reichshauptstadt zum geopolitischen Mittelpunkt eines wichtigen wirtschaftlichen wie intellektuellen Raums wird.

Wenn die Bonner das kulturelle Niveau der Stadt preisen, dann zählen sie all die berühmten Männer auf, die für eine Weile dort lebten: Ludwig van Beethoven, der in Bonn geboren wurde, Giuseppe Verdi, Carl Schurz, Friedrich Nietzsche, Ludwig Tieck, Heinrich Heine – Karl Marx freilich unterschlagen sie. Ist dem Paris-Besucher der Friedhof Père Lachaise ein Ausflugsziel, so wirkt die stolze Aufzählung der berühmten Toten auf Bonns Nordfriedhof rührend: Friedrich von Schillers Gattin und Sohn, August Wilhelm von Schlegel, Ernst Moritz Arndt, Robert und Clara Schumann.

Die Bonner können zurecht jede Verantwortung für die Kritik ablehnen. Sie haben sich nicht darum bemüht, Hauptstadt zu werden, nein, sie haben sich sogar dagegen gewehrt: mit Fronleichnamsprozessionen gegen die drohende Zwangsrequirierung von Wohnungen. Gewiß, es ist nicht ungewöhnlich, daß ein Land seinen Regierungssitz verlegt, man

Entwurf für eine Festdekoration des Bonner Rathauses anläßlich des Besuchs der englischen Königin
(Kat. Nr. 171/154c)

denke nur an den mehrmaligen Wechsel zwischen Moskau und Petersburg. Vergleichbar ist die Situation zwischen deutscher Hauptstadt Berlin und ihrem permanenten rheinischen Provisorium eher mit dem Auszug des französischen Königs aus der Großstadt Paris in das Dorf Versailles. Von der Nähe des Volkes ging es in die Abgeschiedenheit eines sumpfigen Waldgebietes, wo der Herrscher, von den Lästigkeiten des täglichen Lebens befreit, auf dem Olymp inmitten seinesgleichen lebte. Einer der Gründe, weshalb die konservativen Abgeordneten 1949 Bonn Frankfurt vorzogen, war, weil man in der hessischen Großstadt »wegen jeder schnurriger Parole 50000 Mann auf die Straße holen und damit Druck ausüben« konnte. So wie im Frankreich des 17. Jahrhunderts zog auch die bundesrepublikanische Regierung in die Abgeschiedenheit. In beiden Fällen isolierte sich die Macht von dem Objekt, das sie lenkte. Carlo Schmid kam zu dem Ergebnis: »Bonn ist eine A-Polis; es gibt keine Durchdringung der Potenzen, die das politische Leben ausmachen.« Daß es in der Bundesrepublik auch Verbrecher, Slums und Huren gibt, vergißt man in Bonn, wo die Welt morgens um sieben wirklich noch in Ordnung ist.

In Frankreich haben Städte von der Größe Bonns längst nicht solch ein intensives, wenn auch nur kleines kulturelles Leben, können sich ein Hauptstadttheater, wie es sich in den letzten Jahren in Bonn entwickelt hat, nicht leisten, ist solch eine Menge an Galerien, Musikveranstaltungen, eine Institution wie Bahnhof Rolandseck und die Unmenge von Subventionen für eine über ihre räumliche Grenzen hinaus unbedeutende Oper nicht denkbar. Die Tragik für die Deutschen, die sich so nach der Metropole als Hauptstadt sehnen, ist, daß nur eine veränderte weltpolitische Lage auch ihnen eine Stadt mit Slums und Mythos, mit Verkehrschaos, unhaltbarer Immobilienspekulation und einem blühenden Kulturleben bescheren kann.

17/1 ›Phoenix aus der Asche‹ – Skulptur (Abb. S. 415)

Ludwig Gies

um 1950; Eichenholz, 166 × 145 cm
Leverkusen, Museum Morsbroich (4711)

Die Skulptur behandelt die Gestalt des Adlers in deutlichem Bezug zu den Zerstörungen des Krieges und zum Wiederaufbau. Von Ludwig Gies (1887–1966), der bereits in der Zeit der Weimarer Republik bei der Ausgestaltung öffentlicher Gebäude mitgewirkt hatte, stammt der Entwurf des Bundesadlers, der seit 1953 die Stirnwand des Plenarsaals des Deutschen Bundestags schmückte.

17/2 Zwei Trümmerpanoramen der Stadt Bonn, 1947 und 1954

Fotografien (alte Abzüge), je 73 × 280 cm
Bonn, Stadtarchiv

Bonn wurde zwischen dem 22. Mai 1940 und dem 4. Februar 1945 zum Ziel von 80 alliierten Luftangriffen; dabei kamen etwa 1900 Menschen ums Leben. Etwa 33 Prozent des Wohnungsbestandes der Stadt wiesen Schäden auf. Die beiden vom Beueler Ufer aus gemachten Aufnahmen ermöglichen einen Vergleich zwischen den Zuständen in den Jahren 1947 und 1954.

17/3 Modell der zerstörten nördlichen Innenstadt Bonns nach einer Atomexplosion

1960–1965; Kunststoff, Granulat, 320 × 300 cm
Bad Neuenahr, Katastrophenschutzschule des Bundes

Das Modell geht von der Explosion einer Atombombe von der Stärke der Bombe von Hiroshima auf der Kennedy-Brücke aus. Es sollen verschiedene Zerstörungsgrade durch Hitze und Druckwelle einer solchen Explosion veranschaulicht werden. Die Zerstörungen durch Strahlenwirkung sind nicht berücksichtigt.

Bemerkenswert ist, daß dieses Modell erst am nördlichen Rand der Innenstadt einsetzt. Hier schien der Grad der Zerstörung nämlich, immer unter Vernachlässigung der Strahlenwirkung, noch Überlebensmöglichkeiten zu bieten. Anders in der hier nicht gezeigten Innenstadt, von der tatsächlich nichts übrig geblieben wäre.

17/4 Dr. Konrad Adenauer, der Präsident des Parlamentarischen Rates, im Gespräch mit Dr. Hermann Wandersleb in dessen Bonner Büro (Abb. S. 401)

Hehmke-Winterer

1948; Fotografie (alter Abzug), 18 × 24 cm
Bonn, General-Anzeiger für die Bundeshauptstadt Bonn

Hermann Wandersleb (1895–1977) und Konrad Adenauer gelten als die ›Väter‹ der Bundeshauptstadt Bonn. Wandersleb, auf dessen Vorschlag hin Bonn zum Tagungsort des Parlamentarischen Rates bestimmt wurde, gelang es, in enger Zusammenarbeit mit der Bonner Stadtverwaltung innerhalb kürzester Zeit ausreichend Gebäude und Unterkünfte für die Abgeordneten, deren Mitarbeiter und für die Presse zur Verfügung zu stellen.

Adenauer, der einen Ort in der französischen Besatzungszone als Tagungsort vorgeschlagen hatte, nahm keinen Einfluß auf die Wahl Bonns. Doch bereits vor dem 1. September 1948, dem Tag der Konstituierung des Parlamentarischen Rates, scheint in ihm der Gedanke gereift zu sein, Bonn zur provisorischen Hauptstadt des neuen Staates zu erheben. Anfang Oktober 1948 entgegnete Adenauer auf die Frage Wanderslebs, ob er wirklich glaube, daß er für Bonn als provisorischen Sitz der Regierung eine Mehrheit beschaffen könne: »Wenn Sie mir die technischen Möglichkeiten schaffen, glaube ich, daß es gelingen kann.« Die These, Adenauer habe autoritär eine Zustimmung zu Bonn gefordert, überschätzt den Einfluß des späteren Bundeskanzlers zu dieser Zeit. Weder besaß er 1948/49 den Bekanntheitsgrad noch den politischen Einfluß, einen solchen Beschluß herbeizuführen.

17/5 »Bonn und der Rhein laden Sie ein«

Entwurf für ein vierseitiges Faltblatt mit eingeklebten Fotografien
1949, 30 × 21 cm
Düsseldorf, Nordrhein-Westfälisches Hauptstaatsarchiv (RWB 2415)

Im Vorfeld der Entscheidungen des Parlamentarischen Rates und des ersten Deutschen Bundestages versuchten die Verwaltungen der kandidierenden Orte, in Werbebroschüren die Vorzüge ihrer Städte für die Unterbringung der Bundesregierung darzulegen. Insbesondere zwischen Bonn und Frankfurt entbrannte ein heftiger Kampf, in dessen Verlauf der jeweils anderen Stadt unwahrhaftige Aussagen unterstellt wurden.

17/6 Die Abgeordneten Reimann (KPD), Dr. Menzel (SPD) und Prof. Heuss (FDP) bei den Beratungen über das Grundgesetz im Parlamentarischen Rat

Hehmke-Winterer

1948/1949; Fotografie (Reproduktion)
Bonn, Deutscher Bundestag, Parlamentsarchiv (B 4/3)

Die Debatten des Parlamentarischen Rates verliefen durchaus nicht immer nur in ruhigen, sachlichen Bahnen. Vor allem Vertreter der extremen rechten oder linken Parteien sorgten für Unruhe und gelegentlich sogar für parlamentarische Tumulte. Theodor Eschenburg nennt hier namentlich den Abgeordneten der Deutschen Partei, Hans-Christoph Seebohm, und die beiden Vertreter der KPD, Max Reimann und Heinz Renner.

17/7 Die Abgeordnete des Parlamentarischen Rates Dr. Elisabeth Selbert (SPD) bei der Unterzeichnung des Grundgesetzes

Hehmke-Winterer

1949; Fotografie (Reproduktion)
Bonn, Deutscher Bundestag, Parlamentsarchiv (B 4/210 a)

Über den ›Vätern‹ des Grundgesetzes werden oft die ›Mütter‹ der Verfassung vergessen. Vier der insgesamt 70 Abgeordneten des Parlamentarischen Rates waren Frauen.

Helene Weber (CDU) deckte die eher traditionellen Frauenthemenbereiche wie Elternrecht, Erziehung, Ehe und Familie ab. Elisabeth Selbert (SPD) setzte nach langwierigen Auseinandersetzungen den Artikel 3 des Grundgesetzes durch, der Männern und Frauen volle Gleichberechtigung zusichert. Helene Wessel (Zentrum) war eine der ganz wenigen Frauen, die in der Lage waren, zu nahezu allen Politikbereichen qualifiziert Stellung zu nehmen. Sie wurde 1949 Parteivorsitzende des Zentrums, gründete 1952 zusammen mit Gustav Heinemann die Gesamtdeutsche Volkspartei (GVP) und folgte diesem 1957 in die SPD.

17/8 ›Aus der Arbeit des Parlamentarischen Rates‹ – Journalisten in ihrem Aufenthaltsraum in der Pädagogischen Akademie

Hehmke-Winterer

1949; Fotografie (Reproduktion)
Düsseldorf, Nordrhein-Westfälisches Hauptstaatsarchiv

Die Arbeitsbedingungen für Journalisten in Bonn waren zunächst recht beschränkt; Ferngespräche zum Beispiel konnten nicht direkt geführt werden. Diese Tatsache mag dazu beigetragen haben, daß die Entscheidung des Parlamentarischen Rates für Bonn in der westdeutschen Presse kaum Zustimmung fand. ›Schildbürgerstreich‹ war noch eines der harmloseren Urteile. Die ›Frankfurter Rundschau‹ kam nach einer Befragung im Juli 1949 zu dem Ergebnis, daß von den 150 westdeutschen Zeitungen nur zehn eine pro-Bonn-Haltung bezogen. Die ausländischen Blätter verhielten sich allesamt ablehnend.

17/9 ›Aus der Arbeit des Parlamentarischen Rates‹ – Mitarbeiter der Fahrbereitschaft

Hehmke-Winterer

1949; Fotografie (Reproduktion)
Düsseldorf, Nordrhein-Westfälisches Hauptstaatsarchiv

Obwohl die Lebensumstände der Abgeordneten des Parlamentarischen Rates noch recht beschränkt waren, mochte man auf Statussymbole durchaus nicht verzichten. Von Anfang an stand eine Fahrbereitschaft mit repräsentativen Limousinen zur Verfügung, die auch Journalisten großzügig angeboten wurde.

17/10 Lage der Ministerien in Frankfurt und Bonn

1949; Bleistift, Tusche, 63,5 × 61 cm
Bonn, Stadtarchiv, Sammlung Wandersleb (31)

Die Kleinräumigkeit war ein wesentliches Argument Bonns in der Auseinandersetzung mit Frankfurt. Die Karte zeigt, daß in Bonn alle geplanten Gebäude der Legislative und Exekutive in einem Umkreis von drei Kilometern erreichbar sein würden. In Frankfurt dagegen hätte der Radius bis zu 14 Kilometer betragen.

17/11 Zwei Karikaturen zur Entscheidung für Bonn

a) »Frankfurt ist totaler, Bonn ist geniales Provisorium. Bleiben wir in Bonn«
b) »Fraktionelle Besprechung im Bundesrestaurant: warum in eine Großstadt-Steinwüste ziehen, wenn man einen Garten Eden haben kann? Wo, glauben Sie, daß die besseren Gesetze entstehen?«

Rudi vom End

1949; Bleistift, Tusche, je 29,5 × 19,4 cm
Düsseldorf, Nordrhein-Westfälisches Hauptstaatsarchiv, (RWN 91/5)

Alfred Grosser bemerkte 1977 zur Entscheidung des Parlamentarischen Rates bzw. des Bundestages zur Hauptstadtfrage: »Das stichhaltigste Argument für die rheinische Stadt war jedoch ihre mangelnde Eignung: Wurde dadurch nicht der provisorische Charakter der Bundesrepublik unterstrichen, während Frankfurt als echte Hauptstadt hätte gelten können, eine Rolle, die doch Berlin zufallen sollte?«

17/12 Taschenkalender

1948; Leder, 16 × 11 cm
Bonn, Stadtarchiv

Neben Freifahrscheinen für die städtischen Verkehrsmittel, dezent bereitgelegten Freikarten für kulturelle Veranstaltungen und der Vermittlung preiswerter Unterkünfte gehörte auch ein Taschenkalender für die Abgeordneten des Parlamentarischen Rates zu den Bemühungen der Stadt Bonn, die Abgeordneten positiv für die Stadt zu stimmen.

Eingeprägt auf der Innenseite des Umschlags: »Den Abgeordneten des Parlamentarischen Rates an der Wende des Schicksalsjahres 1948 überreicht von der Stadt Bonn. Dr. Stockhausen, Oberbürgermeister – Dr. Langendörfer, Oberstadtdirektor.«

17/13 »Die Bereisung des Raumes Bonn durch den Hauptstadt-Ausschuß des Bundestages«

a) ›Abfahrt vom Bundestag‹
b) ›Nach der Besichtigung des Finanz-Ministeriums‹
c) ›Vor dem Ministerium für Gesamtdeutsche Fragen‹

Hehmke-Winterer

1949; Fotografien (Reproduktionen)
Düsseldorf, Nordrhein-Westfälisches Hauptstaatsarchiv (RMB 2416)

Auf Anregung Konrad Adenauers setzte der Parlamentarische Rat im Januar 1949 einen Ausschuß zur »Prüfung der Angaben der Städte Bonn, Frankfurt a. M., Kassel und Stuttgart betr. vorläufigem Sitz des Bundes« ein. Adenauer wurde zum Vorsitzenden gewählt, überließ den Vorsitz bei den Verhandlungen jedoch dem Vizepräsidenten des Parlamentarischen Rates, Schäfer/Hamburg (FDP), um selbst in den Verhandlungen Partei ergreifen zu können.

Der Ausschuß führte eingehende Ortsbesichtigungen durch und legte die Ergebnisse der Beratungen in synoptischer Form vor, ohne einen Vorschlag zu unterbreiten.

In der konstituierenden Sitzung des ersten Deutschen Bundestages brachte der stellvertretende SPD-Fraktionsvorsitzende Erich Ollenhauer den Antrag ein, den Sitz der Bundesregierung nach Frankfurt zu verlegen. Wieder wurde ein Ausschuß eingesetzt, wieder bereisten Abgeordnete die beiden Städte. Am 3. November 1949 entschied der Bundestag mit 200 gegen 176 Stimmen bei drei Enthaltungen gegen die Verlegung nach Frankfurt.

17/14 Trinkglas mit Gravierung: »Bundesversammlung in Bonn, 12. 9. 1949«

1949; Glas, H 8 cm, Dm 6 cm
Ursula Heuss-Wolff

Jedem Mitglied der Bundesversammlung überreichte Theodor Heuss nach seiner Wahl zum ersten Bundespräsidenten ein solches Weinglas.

17/15 Der Parlamentarische Rat im Museum Koenig

a) Vorfahrt der Abgeordneten zur Eröffnungssitzung am 1. September 1948
b) Zwei präparierte Giraffen im Lichthof des Museums

1948; a) Fotografie (Reproduktion); b) Fotografie (alter Abzug), 17,8 × 12,5 cm
Bonn, a) Deutscher Bundestag, Parlamentsarchiv (B 4/113); b) Stadtarchiv, Bildersammlung (5349 b)

Das Museum Koenig war das einzige repräsentative Gebäude in Bonn, das den Zweiten Weltkrieg unbeschädigt überstanden hatte. In seinem Lichthof trat am 1. Septem-

17/15b

ber 1949 der Parlamentarische Rat zu seiner feierlichen Eröffnungssitzung zusammen.

Die äußeren Umstände dieser Sitzung waren fast surrealistisch. ›Der Spiegel‹ beschrieb die Situation so: »Den festlichen Worten ... hörten außer den Parlamentariern und ihren Gästen auch Perlhühner und ausgestopfte Flamingos zu, letztere sämtlich auf einem Bein. Die Museumsschaukästen auf der Galerie hatte man stehengelassen. Die russischen Bären im Erdgeschoß hatte man mit roten Tüchern zugehängt, ebenso die Wölfe, die einen Hirsch killen, ... Sogar den langen Giraffenhals hatte man rot drapiert und die wilden Leoparden, so daß nichts an einen Tiergarten erinnerte.«

17/16 ›Steppenbrand‹ (Abb. S. 403)

Wilhelm Kuhnert

um 1900; Öl auf Leinwand, 174 × 253 cm
Bonn, Zoologisches Forschungsinstitut und Museum Alexander Koenig

17/17 Zehn präparierte Adler und ein Adlerküken aus der Sammlung des Museums Koenig

Bonn, Zoologisches Forschungsinstitut und Museum Alexander Koenig (A 4916–4922, A 4924–4927)

17/18 Entwurf eines Anbaus an das Museum Koenig – Situationsplan

1948/49; Tusche, Buntstift auf Transparentpapier, 30,5 × 43 cm, M 1:500
Bonn, Stadtarchiv

Als die Bonner Stadtverwaltung Ende September 1948 erste Überlegungen anstellte, in welchen Gebäuden Bundesorgane untergebracht werden könnten, wurde das Museum Koenig zunächst als Sitz des Bundesparlamentes vorgesehen. Noch 1949 entwarf der Düsseldorfer Architekt Hans Schwippert alternativ Pläne für einen Plenarsaal in der Pädagogischen Akademie und im Museum Koenig.

17/19 Sechs Karikaturen Konrad Adenauers a) als Hase, b) als Eule, c) als Schlange, d) als Giraffe, e) als Fuchs, f) als Katze

Hans Gerboth

Bleistift, 13 × 42 cm
Bad Honnef, Stiftung Bundeskanzler-Adenauer-Haus

Konrad Adenauers Physiognomie, aber auch bestimmte Verhaltensweisen boten wiederholt Anlaß, ihn in Tiergestalt zu karikieren.

Die Darstellung Adenauers als ›schlauer Fuchs‹ hängt wohl auch mit der Tatsache zusammen, daß sich an der Außenfassade des Museums Koenig oberhalb seines Amtszimmers ein Fuchsrelief befand.

17/20 Entwurf für den Bau eines Plenarsaals für den Deutschen Bundestag – Ansicht aus der Vogelperspektive

Hans Schwippert

1948; Feder, Kohle auf Transparentpapier, 70 × 72,5 cm
München, Architektursammlung der Technischen Universität

Schwipperts erste Überlegungen gingen davon aus, daß der Plenarsaal aus Kostengründen auf den Fundamenten eines ehemaligen Luftschutzbunkers an der Görresstraße errichtet werden sollte. Die Möglichkeit, zu einem späteren Zeitpunkt Anbauten vornehmen und eine repräsentative Zufahrt zum Parlamentsneubau errichten zu können, war gegeben. Schwippert experimentierte zu diesem frühen Zeitpunkt mit einer einfachen Kubusform.

17/21 Die Pädagogische Akademie in Bonn – Ansicht aus der Vogelperspektive

1948; Feder, Buntstift, weiß gehöht, 57,5 × 81 cm
Bonn, Stadtarchiv (Schublade 1948)

Für die Entscheidung der Ministerpräsidenten vom 16. August 1948, den Parlamentarischen Rat nach Bonn einzuberufen, war das Angebot der Stadt Bonn, das Gebäude der Pädagogischen Akademie zur Verfügung zu stellen, von erheblicher Bedeutung. Gebaut in den letzten Jahren der Weimarer Republik, fand das Haus während des Krieges als Lazarett Verwendung. Danach wurde es von englischen Besatzungstruppen als College genutzt, um ab Mai 1946 nochmals für eineinhalb Jahre Stätte der Lehrerausbildung zu sein.

17/22 Entwurfsskizze für den Bau eines Plenarsaals für den Deutschen Bundestag

Hans Schwippert

1949; Bleistift, Feder, 32 × 21 cm
München, Architektursammlung der Technischen Universität

Aus Kosten- und Zeitgründen sollte Schwippert im Frühjahr 1949 innerhalb von drei Monaten durch den Umbau der Turnhalle der Pädagogischen Akademie einen ›vorläufigen Plenarsaal‹ errichten. Parallel dazu begannen auf dem vor der Turnhalle liegenden Grundstück die Maßnahmen zum Bau eines ›endgültigen Plenarsaals‹.

Da dieser endgültige Plenarsaal frühzeitig fertiggestellt werden konnte, übernahm die umgebaute Turnhalle von Anfang an die Funktion der Lobby.

17/23 Das geplante Bundeshaus – Ansicht vom Rhein

Hans Schwippert

1949; Feder, Buntstift, 24,5 × 42,3 cm
München, Architektursammlung der Technischen Universität

Auf dieser Zeichnung ist noch Schwipperts ursprüngliche, dann aber nicht verwirklichte Planung zu erkennen, die für den Plenarsaal eine Fensterfront zum Rhein vorsah.

17/24 »Zaungäste bei einer Sitzung des Deutschen Bundestages«

Hehmke-Winterer

1949; Fotografie (Reproduktion)
Bonn, Deutscher Bundestag, Verwaltung – Parlamentsarchiv (B 4/147)

Schwippert versah den Plenarsaal mit zwei großen Fensterfronten nach Norden und Süden, die für Passanten zugänglich waren. »Ich habe gewünscht, daß das deutsche Land der parlamentarischen Arbeit zuschaut«, meinte Schwippert in seinen Erinnerungen.

17/25 Entwurf für die Sitzanordnung im Plenarsaal des Deutschen Bundestages (Abb. S. 407)

Hans Schwippert

1948; Feder, Buntstift, 68 × 67 cm
München, Architektursammlung der Technischen Universität

Schwippert hatte zunächst an eine kreisförmige Anordnung der Sitze im Plenarsaal gedacht. In Gesprächen mit Konrad Adenauer als dem Vorsitzenden des Parlamentarischen Rates legte er mehrere Skizzen vor, die in diese Richtung gingen. Hermann Wandersleb, der bei diesen Gesprächen zugegen war, schrieb später dem Architekten: »Dr. Adenauer zeigte sich Ihrer Argumentation gegenüber sehr aufgeschlossen und beurteilte Ihre entsprechenden Skizzen als ausgezeichnet, meinte aber, für den Anfang der parlamentarischen Arbeit sollte man nicht gleich zu solch radikalen Neuerungen greifen.«

Wegen der verwirklichten Sitzanordnung in der Art eines Vortragssaals wurde Schwippert Mitte der sechziger Jahre heftig kritisiert. Der Architekt setzte sich gegen diese Vorwürfe zur Wehr, indem er auf die von ihm favorisierten Pläne einer kreisförmigen Anordnung hinwies, die er als Ausdruck eines demokratischen Neubeginns verstand.

17/26 Entwurf für die Sitzanordnung im Plenarsaal des Deutschen Bundestages

Hans Schwippert

1949, Kohle auf Transparentpapier, 66,5 × 73,8 cm
München, Architektursammlung der Technischen Universität

17/27 Entwurf für die Sitzanordnung im Plenarsaal des Deutschen Bundestages – Ausstattung mit Drehsesseln

Hans Schwippert

1948; Feder, Kohle, 34 × 24,5 cm
München, Architektursammlung der Technischen Universität

17/28 Hans Schwippert

a) In seinem Haus in Düsseldorf (Abb. S. 405)
b) Mit Egon Eiermann und Mies van der Rohe
c) Mit Ludwig Erhard und Walter Gropius

Fotografien (alte Abzüge), a) 29,5 × 23,5 cm;
b) 13,2 × 17,9 cm; c) 9 × 12,3 cm
Düsseldorf, Gerda-Maria Schwippert

17/29 Die Inneneinrichtung des Bundeshauses

a) Ein Abgeordnetenbüro (Abb. S. 412)
b) Der Ruheraum für männliche Abgeordnete

Hugo Schmölz

1949; Fotografien (alte Abzüge), a) 17,5 × 22,5 cm;
b) 12 × 17,5 cm
Düsseldorf, Gerda-Maria Schwippert

In Zusammenarbeit mit der Architektin Wera Meyer-Waldeck entwarf Schwippert für das Bundeshaus eine einfache Büro-Grundausstattung aus Anbauelementen. Nach Entwürfen von Johannes Krahn wurde ein Serienstuhl entwickelt, der in allen Büroräumen Verwendung fand. »Im Vorzimmer der Sekretärin stehen die gleichen Möbel wie im Arbeitsraum des Präsidenten, auch dies ein wohltuend zu vermerkendes Faktum im demokratischen Sinn«, kommentierte die Zeitschrift ›Bauen und Wohnen‹. Im ›roten Salon‹, dem Ruheraum für männliche Abgeordnete, fanden in den Anfangsjahren des Bundestages wiederholt Krisensitzungen des Ältestenrates statt.

17/30 ›Salon Werner‹ – Blick in den Frisiersalon im Bundeshaus (Abb. S. 417)

1959; Fotografie (Reproduktion)
Bonn, Bundesbildstelle (6731/1)

Bereits während der Tagungen des Parlamentarischen Rates richtete Karl Werner auf Bitten der Bonner Stadtverwaltung in der Pädagogischen Akademie einen Frisiersalon ein. Zunächst im Keller gelegen, wurde der Salon nach wenigen Wochen in zwei Räume neben dem heutigen Eingang III, nur etwa 100 Meter vom Plenarsaal entfernt, verlegt, wo er sich heute noch befindet.

Zunächst wurden hier im Rahmen der Servicebestrebungen der Bonner Stadtverwaltung nur Politiker bedient. Mit der Bemerkung Adenauers: »Dat müsse mer machen, mer hann doch jetzt enne Demokratie«, wurde der Salon ab 1952 auch der Laufkundschaft zugänglich gemacht. Hohe Politiker werden allerdings bis heute in Séparées mit Telefonanschluß bedient.

17/31 »Wer wählt, bestimmt den Weg« – Plakat zur Bundestagswahl 1949

Farboffsetdruck, 67,5 × 31,2 cm
Koblenz, Bundesarchiv, Plakatsammlung (5/2)

17/32 Wahlurne

1949; Bronze, H. 80 cm, Dm. 35 cm
Bonn, die Präsidentin des Deutschen Bundestages

Diese Urne wurde bei der Wahl des Bundespräsidenten am 12. September 1949 durch die Bundesversammlung und drei Tage später bei der Wahl des Bundeskanzlers durch den ersten Deutschen Bundestag verwendet. Die Urne ist mit den Wappen der zehn Bundesländer und Berlins geschmückt.

17/33 Prinz Adolf zu Schaumburg-Lippe vor dem Palais Schaumburg

um 1900; Fotografie (Reproduktion)
Bonn, Bundesbildstelle (44405/68)

Prinz Adolf zu Schaumburg-Lippe wurde am 29. Juli 1859 in Bückeburg geboren. Seine militärische Laufbahn unterbrach er für einige Jahre zum Studium in Bonn. Am 19. November 1890 heiratete er die Schwester Kaiser Wilhelms II., Prinzessin Viktoria von Preußen. Das Paar bezog eine 1858 vom Bonner Textilexporteur Wilhelm Loeschigk (1808–1887) an der Koblenzer Straße erbaute Villa, die seither den Namen Palais Schaumburg trägt.

Der Prinz, der während des lippischen Thronfolgestreits vom 20. März 1895 bis zum 10. Juli 1897 als Regent amtierte, starb am 9. Juli 1916 in Bonn. Sein Leichnam wurde nach Bückeburg überführt und im neuerrichteten Mausoleum beigesetzt.

17/34 Trauung der Prinzessin Viktoria von Preußen mit Alexander Zoubkoff

1927; Fotografie (Reproduktion)
Bonn, Bundesbildstelle (44404/45)

Nach dem Tode des Prinzen ging die Villa in den Besitz seiner Gattin über, die am 19. November 1927, im Alter von 61 Jahren, den russischen Lebemann und Abenteurer Alexander Zoubkoff heiratete; die Zeremonie fand im russisch-orthodoxen Ritus statt. Die unglückliche Ehe hielt nicht lange. Zoubkoff, der das Vermögen der Prinzessin verschleuderte, wurde 1928 ausgewiesen. Die Prinzessin verstarb völlig verarmt am 27. November 1929 in Bonn.

17/35 Modell des Palais Schaumburg

Polystyrol, H 28 cm, Grundplatte 64 × 64 cm
Bonn, Bundesbaudirektion

Das Palais Schaumburg wurde nach dem Tod seiner Besitzerin zunächst an verschiedene Behörden vermietet. Im Jahre 1939 ging es in den Besitz des Reiches über und beherbergte dann verschiedene Wehrmachtseinrichtungen. Nach dem Kriege diente es bis zum Oktober 1949 als Sitz des Oberkommandos der belgischen Besatzungstruppen. Am 5. November 1949 wurde es zum Sitz des Bundeskanzleramtes bestimmt. Das Modell zeigt Varianten für einen Umbau der Terrasse.

17/36 Im Inneren des Palais Schaumburg
a), b) Treppenhaus (Abb. S. 404)
c) Kabinettssitzungssaal
d) Arbeitszimmer des Bundeskanzlers
Hugo Schmölz

1950; Fotografien (alte Abzüge), a) 20 × 17 cm; b) 23,2 × 11,3 cm; c) 21 × 17,1 cm; d) 17 × 22 cm
Düsseldorf, Gerda-Marta Schwippert

Mit dem Umbau des Palais Schaumburg wurde Hans Schwippert beauftragt. Die vorgelegten Umbaupläne wurden von Adenauer grundsätzlich gebilligt. In den folgenden Monaten griff der Kanzler aber wiederholt in Detailfragen in das Bauvorhaben ein und verstärkte den Termindruck mit dem Hinweis, daß sich die ersten ausländischen Politiker angesagt hätten – Schuman etwa besuchte Ende Januar 1950 die Bundeshauptstadt. Die Handwerker mußten Überstunden und Sonntagsarbeit erbringen, wodurch die Kosten enorm stiegen.

Die sozialdemokratische Opposition beantragte die Einsetzung eines Untersuchungsausschusses. In einem Schreiben an diesen Ausschuß distanzierte sich Adenauer von Schwippert mit dem Hinweis, er habe mit all diesen Dingen nichts zu tun. Die SPD-Fraktion verfügte jedoch über handschriftliche Notizen des Kanzlers an Schwippert und beriet, ob der Ausschuß nicht auf einer Vereidigung bestehen sollte. Die Folge wäre eine Meineidsklage gewesen.

Der Schreibtisch war nur probeweise im Arbeitszimmer des Kanzlers aufgestellt, da er nicht Adenauers Billigung fand.

17/37a

17/37 Die Villa Hammerschmidt
a) Ansicht der Villa vor dem Umbau
b) Innenansicht um die Jahrhundertwende
c) Innenansicht nach dem Umbau

a), c) 1950; b) um 1900; Fotografien (Reproduktionen)
Bonn, Bundesbildstelle (8033/3, 55959/39, 7802)

Das Kerngebäude der heutigen Villa Hammerschmidt wurde 1862/63 von dem Bonner Universitätsbaumeister August Dieckhoff erbaut. Im Jahre 1868 kaufte Leopold König die Villa und ließ sie 1878 durch den Bonner Architekten Otto Penner im Stil der italienischen Renaissance umgestalten; die repräsentative Wirkung des Baus sollte durch die großzügige Parkanlage noch gesteigert werden. Im November 1898 ging das Haus in den Besitz des Unternehmers Rudolf Hammerschmidt über.

Das Gebäude, das im Zweiten Weltkrieg fast unbeschädigt geblieben war, wurde nach einer Beschlagnahmung durch belgische Besatzungstruppen am 5. April 1950 von der Bundesrepublik Deutschland erworben. Seit 1951 ist die Villa Hammerschmidt die Residenz des Bundespräsidenten.

Theodor Heuss konnte sich nur schwer mit dem Gebäude anfreunden: »Ich komme in den furchtbaren Kasten – die sog. Villa Hammerschmidt –, an der ich am liebsten erst einige Türmchen mit Artillerie abschießen lassen möchte.« (Brief an A. Fischer, 30. Dezember 1949). Heuss ließ nicht nur die Turmaufbauten des Mittelteils der Villa abreißen, sondern auch einige erhebliche Veränderungen im Inneren vornehmen.

17/38 Die Nibelungengrotte im Garten der Villa Hammerschmidt

Zwei Postkarten, koloriert, je 8,9 × 11,3 cm
Bonn, Stadtarchiv (Bildersammlung 4653)

17/39 Blick auf das Rheinhotel Dreesen vom rechten Rheinufer

E. Steiger

1935; Fotografie (alter Abzug), 23,5 × 29,5 cm
Bonn, Rheinhotel Dreesen

Nach einem Erweiterungsbau im Jahre 1925 stieg das Rheinhotel Dreesen zum First-Class-Hotel auf. Das Haus stand aber immer auch dem örtlichen Publikum offen. Vor allem war es Treffpunkt für regelmäßige Tanz- und Musikveranstaltungen. Ende der zwanziger Jahre wurde aus dem Hotel sogar allwöchentlich eine Unterhaltungssendung der Werag, der Vorläuferin des WDR, übertragen.

17/40 Das Rheinhotel Dreesen
a) »Sommermeisterschaft von Mittelrhein 26. 6. 24«
b) Die überflutete Hotelhalle an Silvester 1926
c) Putzfrauen beim Scheuern des Parketts

a) 1924; b) 1926; c) um 1965; Fotografien (alte Abzüge), a) 17,7 × 23,7 cm; b) 32 × 23,5 cm; c) 6 × 6 cm
Bonn, Rheinhotel Dreesen

Im Vordergrund der Gruppenaufnahme aus dem Jahre 1926 die drei Besitzer des Hotels Paul, Fritz und Georg Dreesen.

17/41 »Der Führer auf dem deutschen Rhein am Rheinhotel Dreesen Bad Godesberg«

1934; Postkarte, 9 × 14 cm
Bonn, Rheinhotel Dreesen

17/41

17/42c

17/42 Das Treffen Adolf Hitlers mit dem britischen Premierminister Neville Chamberlain im Rheinhotel Dreesen, 22.–24. September 1938

a) Fahrt Hitlers durch das geschmückte Bad Godesberg
b) Chamberlains Ankunft am Hotel Dreesen
c), d) Chamberlain und Hitler über einer Karte der Tschechoslowakei
e) Chamberlain und Hitler im Salon des Hotels
f) Chamberlain, Hitler und der deutsche Übersetzer Paul Schmidt

1938; Fotografien (alte Abzüge), a) 12,6 × 17,3 cm; b) 8,9 × 13,9 cm; c), d) 10,5 × 14,8 cm; e), f) 14,8 × 10,3 cm
Bonn, Rheinhotel Dreesen

Im Rahmen der Vorbereitungen des Münchner Abkommens trafen sich Adolf Hitler und der britische Premierminister Neville Chamberlain vom 22. bis zum 24. September 1938 im Hotel Dreesen. Chamberlain überbrachte Hitler die Zustimmung der englischen und der französischen Regierung zur deutschen Forderung, dem sudetendeutschen Bevölkerungsteil der Tschechoslowakei Autonomie zu gewähren.

Noch während der Verhandlungen glaubte Chamberlain sich angesichts der tschechischen Mobilmachung vom 23. September gezwungen, weitergehenden Forderungen zuzustimmen, die einer Annexion gleichkamen.

17/43 ›Weltgeschichte am Rhein. Hitler und Chamberlain in Bad Godesberg‹

1938; Postkarte, 9 × 13,8 cm
Bonn, Rheinhotel Dreesen

17/44 Das Hotel Dreesen nach Kriegsende

a) Besetzung des Hotels durch amerikanische Truppen
b) Ein Flüchtlingskind im Hotel
c) Bundeskanzler Konrad Adenauer beim Verlassen des Hotels am 1. Oktober 1952

a) 1945; b) um 1946; c) 1952; Fotografien (alte Abzüge), a) 20,3 × 25,4 cm; b) 17,7 × 12,5 cm; c) 18,2 × 24 cm
Bonn, Rheinhotel Dreesen

Seit 1944 diente das Rheinhotel Dreesen als Internierungslager. Umgeben von Stacheldraht und bewacht von SS-Posten, saßen hier ungefähr 450 Diplomaten südamerikanischer Länder und der französischen Vichy-Regierung ein. Sie wurden vom Hotelpersonal wie Gäste bewirtet, waren aber Geiseln des Nazi-Regimes. 1949 wurde das Hotel zum Sitz des Stabes des französischen Hohen Kommissars François-Poncet ausgebaut, der das Hotel 1952, nach der Unterzeichnung des Deutschlandvertrages, verließ. Noch im November des gleichen Jahres wurde der Hotelbetrieb wieder aufgenommen.

17/45 Das Hotel auf dem Petersberg
a) ›Die Hünengräber auf dem Petersberg‹
b) ›Gruß vom Petersberg‹

a) 1881; Feder, aquarelliert, 32 × 24 cm
Bonn, Rheinisches Amt für Bodendenkmalpflege (18/C/2,18)
b) 1901; Ansichtskarte, 9,1 × 13,7 cm
Bonn, Rheinisches Amt für Bodendenkmalpflege (18/C/2,18)

Im Jahre 1891 ließ Peter Josef Melles auf dem Plateau des Petersbergs ein großes Hotel errichten. Da eine Zufahrt fehlte, wurde bereits 1889 eine Zahnradbahn gebaut.

17/46 Ankunft des britischen Premierministers Neville Chamberlain auf dem Petersberg

1938; Fotografien (Reproduktionen)
Köln, Historisches Archiv der Firma 4711

Während der Verhandlungen zwischen Hitler und Chamberlain im September 1938 wohnte der britische Premierminister im Hotel Petersberg.

17/47 Herbert J. Bell, der Verwaltungschef des Hohen Alliierten Kommissariats, im Gespräch mit seiner Sekretärin

1949; Fotografie (alter Abzug), 12,6 × 17,8 cm
Ittenbach, Emil Siebertz

Das Hotel Petersberg wurde unmittelbar nach der Einnahme Bonns von US-Truppen besetzt. Bis März 1947 bot es englischen Truppen Unterkunft und war anschließend ein Erholungsheim für belgische Offiziere. Von 1949 bis 1952 diente es als Sitz der Hohen Alliierten Kommission.

17/48 Antrittsbesuch des Bundeskanzlers bei den Hohen Kommissaren im Hotel Petersberg

1949; Fotografie (Reproduktion)
Sankt Augustin, Konrad-Adenauer-Stiftung (Adenauer 109)

Konrad Adenauer sollte den drei Hohen Kommissaren am 21. September 1949 sein Kabinett vorstellen und das Besatzungsstatut in Empfang nehmen. Um zu demonstrieren, daß er nicht gewillt sei, eine Billigung für die Auswahl seiner Minister einzuholen, erschien er nur mit wenigen Ministern im Hotel Petersberg. In seinen Memoiren bemerkt Adenauer, die Hohen Kommissare hätten aus protokollarischen Gründen darauf bestanden, ihm keinen Platz auf dem Teppich zu gewähren, auf dem sie bei der Übergabe stehen würden. Er habe sich deshalb demonstrativ auf diesen Teppich begeben.

17/49 »Auszug aus dem Petersberg. Das alliierte Hochkommissariat wird aufgelöst« – Seite Nr. 6 der ›a.b.z.‹ vom 10. Februar 1952

Kupfertiefdruck, 28 × 26 cm
Köln, Historisches Archiv der Firma 4711

Nach der Unterzeichnung des Deutschland-Vertrages am 26. Mai 1952 beendeten die Hohen Kommissare ihre Tätigkeit und verließen das Hotel Petersberg.

17/50 ›Kurhotel Petersberg‹ – Werbeprospekt

nach 1954; 23 × 11 cm
Köln, Historisches Archiv der Firma 4711

Ferdinand Mülhens, der Besitzer der Firma 4711, ließ das Hotel, das er 1912 erworben hatte, zu einem Luxushotel ausbauen. Kurz nach der Eröffnung im Mai 1914 mußte es wegen des Ersten Weltkriegs wieder schließen. Von 1919 bis 1922 geöffnet, wurde der Hotelbetrieb während der Inflationsjahre eingestellt und erst nach dem Bau einer Zufahrtsstraße am 28. März 1926 wieder aufgenommen. Von 1943 bis Kriegsende hatte die Firma 4711, die aus dem zerstörten Köln geflohen war, hier ihren Verwaltungssitz. Nach dem Auszug der Hohen Kommissare wurde das Hotel 1954 wiedereröffnet.

17/51 »Herr von Förster stattet die Räume Kaiser Haile Selassies auf dem Petersberg mit 4711-Artikeln aus«

1954; Fotografie (Reproduktion), 24 × 18 cm
Köln, Historisches Archiv der Firma 4711

Von 1954 bis 1969 diente das Hotel Petersberg zahlreichen Staatsgästen der Bundesrepublik Deutschland als Herber-

Die Speisekarte des Hotels Petersberg aus den fünfziger Jahren ist zugleich Reiseführer in die kunstseidene Sprache, die eine den Nachkriegsdeutschen entrückte Welt von Internationalität und Luxus beschwört und Einblicke in das Innenleben nicht nur den Magen des Publikums ermöglicht: eine an ihrem Ende angekommene Escoffier-Tradition (›Pfirsich Melba‹); ein unstillbares Kulturbedürfnis, das es selbst beim Verzehr eines Stückes Rindfleisch zu befriedigen galt (›Entrecôte Strindberg‹); der unbewältigte Sprachnationalismus, der edle Saucen zu ›Tunken‹ teutonisiert hatte; Reminiszenzen an Pariser Restaurants, die mancher spendable Hotelgast zehn Jahre zuvor in Wehrmachtsuniform heimgesucht haben mochte (›Austern Cocktail Prunier‹); und Speisennamen, die den Klang der untermalenden Stehgeigermusik vorwegnahmen (›Kalbsmedaillons Toselli‹).

Robert Pferdmenges (1880 bis 1962), Teilhaber des Bankhauses Oppenheim, gehörte zu den Mitbegründern der CDU, deren Fraktion im Deutschen Bundestag er 1949 bis 1962 angehörte. Er galt als einflußreichster Finanz- und Wirtschaftsberater Konrad Adenauers und als sein Vertrauter.

ge. Im Jahre 1954 z. B. bezog hier der äthiopische Kaiser Quartier, und 1965 wohnte Königin Elisabeth II. von Großbritannien auf dem Petersberg. Ende Dezember 1969 schloß das Hotel seine Tore. Anläßlich des Staatsbesuchs des sowjetischen Staats- und Parteichefs Leonid Breschnew wurde es im Jahre 1973 noch einmal geöffnet.

17/52 Zwei Speisekarten des Hotels Petersberg
a) Die erste Speisekarte aus dem Jahre 1954
b) Die Speisekarte der Geburtstagsfeier für den Bankier Dr. Robert Pferdmenges am 27. März 1955

a) 30 × 21 cm; b) 14 × 11 cm
Königswinter, Herbert Veerkamp

17/53 ›Bönnsches Ballstück‹ – Kostümfest des Kurfürsten Clemens August im Hoftheater des Bonner Residenzschlosses
Franz Jacob Rousseau

um 1755; Öl auf Leinwand, 106,5 × 146 cm
Köln, Kölnisches Stadtmuseum

Unter dem Kurfürsten Joseph Clemens (1671–1723) und in den ersten Jahren der Regierungszeit Clemens Augusts (1700–1761) beging der Bonner Hof zum Abschluß des Karnevals sogenannte ›Bauernhochzeiten‹ oder ›Wirtschaften‹, bei denen 50 bis 100 adlige ›Kavaliere‹ und ›Damen‹ in Verkleidung durch die Straßen der Stadt zogen und sich schließlich abends zum Ball im Schloß einfanden. Ab etwa 1750 fanden die Kostümfeste und Maskeraden des Bonner Hofes im neuerbauten Hoftheater statt.

17/54 ›Hockender Affe unter Sonnenschirm‹ – Wetterfahne auf dem Nebenpavillon des ehemaligen ›Indianischen Hauses‹ im Park des Schlosses Augustusburg in Brühl

um 1750; Kupferblech, H 180 cm, Dm 140 cm
Brühl, Verwaltung Schloß Brühl

Das 1750 fertiggestellte ›Indianische Haus‹ war Bestandteil der Parkanlage des Schlosses Augustusburg in Brühl. Hier veranstaltete der Kurfürst im ausgehenden 18. Jahrhundert seine prunkvollen Gartenfeste.

Auf den Dachaufbauten der Nebenpavillons waren hockende vergoldete Affen unter Sonnenschirmen mit einer Tasse in der Hand angebracht. Nach einer Versteigerung im Jahre 1822 blieb nur noch ein Affe in Schloß Falkenlust erhalten. Diesem fehlt allerdings die Tasse.

Kurfürst Clemens August wurde wegen seiner Unbeständigkeit als Politiker ›vraie Giroutte‹, als ›wahre Wetterfahne‹, genannt. Zeitgenossen stellten Beziehungen zwischen dem Kurfürsten und den Affen her, die als Wetterfahnen dienten.

17/55 ›Die Kraftwagenstraße Köln – Bonn‹
a) Vermessung der Trasse
b) Autobahn im Bau
c) Autobahn bei Bonn

a) 1929; b) 1930; c) 1931; Fotografien (Reproduktionen)
Aachen, Institut für Straßenbauwesen, Erd- und Tunnelbau der Rheinisch-Westfälischen Technischen Hochschule Aachen, Prof. H. J. Kayser

Im Jahre 1929 wurde mit dem Bau der ersten deutschen Autobahn zwischen Köln und Bonn begonnen. Die Anregung dazu ging von dem Kölner Oberbürgermeister Adenauer aus, der an eine Verbindung des Köln-Bonner Raumes mit dem rheinisch-westfälischen Industriegebiet dachte. Auf Grund der Weltwirtschaftskrise wurde nur das 20 Kilometer lange Teilstück zwischen Köln und Bonn gebaut.

17/56 Die Koblenzer Straße in Bonn
Heinz Engels

1949; Fotografie (Reproduktion)
Bonn, General-Anzeiger für die Bundeshauptstadt Bonn

17/57 Fotografie des Modells für den Neubau des Auswärtigen Amtes

1951/52; Fotografie (Reproduktion)
Köln, Kölner Stadt-Anzeiger (15 c)

Im Frühjahr 1949 entstand unter der Leitung Herbert Blankenhorns, des früheren Generalsekretärs der CDU der britischen Zone und Vertrauten Adenauers, eine Verbindungsstelle zu den Alliierten Hohen Kommissaren. Dieses Büro blieb nach der Konstituierung der ersten Bundesregierung, als es direkt dem Bundeskanzler unterstellt wurde, unter der Leitung Blankenhorns und erhielt den Titel ›Friedensbüro‹. Im April 1950 entstand die ›Dienststelle für Auswärtige Angelegenheiten‹ unter der Leitung des zum Staatssekretär ernannten Prof. Walter Hallstein.

Durch eine Revision des Besatzungsstatuts wurde 1951 die Einrichtung des Auswärtigen Amtes möglich. Konrad Adenauer nahm seit dem 15. März 1951 zusätzlich die Funktion des Außenministers wahr. Er blieb es, bis die Bundesrepublik im Jahre 1955 die vollständige Souveränität erlangte. Sein Nachfolger wurde der vormalige Vorsit-

17/53

zende der CDU/CSU-Fraktion im Bundestag, Heinrich von Brentano.

In den Anfangsjahren waren die Büros der Beamten, die im Bereich der auswärtigen Angelegenheiten tätig waren, auf über 20 Gebäude im Bonner und Bad Godesberger Stadtgebiet verstreut. Im Juli 1951 wurden sieben namhafte Architekten aufgefordert, einen Entwurf für den Bau eines Auswärtigen Amtes einzureichen. Ein Beurteilungsausschuß machte den Entwurf des Berliner Architekten Prof. Hans Freese zur Grundlage der weiteren Planungen. Im Januar 1954 schließlich konnten die Gebäude in der Koblenzer Straße bezogen werden; ein Jahr später erfolgte die Übernahme des Hochhauses.

17/58 Die Diplomatenschule des Auswärtigen Amtes – Ein Attaché beim Klavierspiel im Musikzimmer

1959; Fotografie (Reproduktion)
Bonn, Bundesbildstelle (7229,2)

Angesichts der Skandale, die sich aus der Beschäftigung belasteter Wilhelmstraßen-Diplomaten in hohen Positionen des Bonner Auswärtigen Amtes ergaben, wurde Generalkonsul Peter Pfeiffer 1950 von Konrad Adenauer beauftragt, ein Konzept zur Ausbildung von Anwärtern für den höheren diplomatischen Dienst zu entwickeln. Ziel sollte der »urteilsfähige, urteilssichere und urteilsmutige Mitarbeiter« sein.

Die Ausbildung fand zunächst in Speyer statt. 1955 baute man im Bonner Ortsteil Ippendorf eine Diplomatenschule, in der, zunächst unter Internatsbedingungen, die Ausbildung erfolgte, die eine Verzahnung von theoretischem Unterricht und praktischer Erfahrung im Dienst bieten sollte.

17/59 Die ›Baracke‹ – Modell der Parteizentrale der SPD

Alfred Eberhard

1951; Kunststoff, Pappe, 15 × 125 × 103 cm
Bonn, Sozialdemokratische Partei Deutschlands, Der Parteivorstand

Die erste Parteizentrale der SPD, das ›Büro Schumacher‹, befand sich in einem ehemaligen Speicher in der Hannoveraner Jakobstraße; im Mai 1946 bezog man im früheren Gewerkschaftshaus in der Odeonstraße 15/16 Quartier. Der Parteivorstand faßte im November 1949 den Beschluß, seinen Sitz in die provisorische Hauptstadt zu verlegen; im Juni 1951 konnte der Umzug erfolgen. Der Parteivorstand bezog eine von Max Taut geplante Barackensiedlung in der Nähe des Regierungsviertels. Das Grundstück war zunächst für zehn Jahre von der Stadt Bonn gepachtet. Der Pachtvertrag enthielt eine Kündigungsklausel für den Fall, daß »die Hauptstadt der Bundesrepublik Deutschland verlegt wird«. An der ›Baracke‹ wurde der provisorische Charakter Bonns als Hauptstadt deutlich sichtbar.

Im Jahre 1974 wurde die ›Baracke‹ abgetragen, um dem Neubau des Erich-Ollenhauer-Hauses Platz zu machen. Teile der alten SPD-Parteizentrale fanden in der Nähe von Travemünde als Erholungsheim der Arbeiterwohlfahrt wieder Verwendung.

17/59

17/60 Außerordentlicher Parteitag der SPD in der Stadthalle von Bad Godesberg, 1959

a) Der Vorsitzende der SPD, Erich Ollenhauer, am Rednerpult
b) Der stellvertretende Vorsitzende der SPD, Herbert Wehner, am Rednerpult
c) Fritz Erler am Rednerpult
d) Der Regierende Bürgermeister von Berlin, Willy Brandt, beim Verlassen der Stadthalle Bad Godesberg

Fotografien (Reproduktionen)
Bonn, Archiv der sozialen Demokratie, FES

Nach den Wahlniederlagen von 1953 und 1957 gelang es Reformern um Adolf Arndt, Willy Brandt, Fritz Erler, Heinrich Deist, Carlo Schmid und Herbert Wehner, in der SPD eine Diskussion um die Erneuerung des Parteiprogramms in Gang zu setzen. Auf dem außerordentlichen Parteitag, der vom 13. bis zum 15. November 1959 in Bad Godesberg stattfand, verabschiedete die SPD ein neues Parteiprogramm, in dem die Wandlung von der marxistischen Klassenpartei zur sozialen Volkspartei im Vordergrund stand.

17/61 Formblatt für die Zuweisung von Zimmern an Mitglieder des Parlamentarischen Rates

1948; Typoskript, 15 × 20,5 cm
Bonn, Stadtarchiv (N 80/16 I)

Das Quartieramt der Stadt und später das landeseigene ›Büro Bundeshauptstadt‹ schrieben die Mitglieder des Parlamentarischen Rates bzw. später die gewählten Abgeordneten des Bundestages und der Bundesversammlung an, um ihnen umfangreiches Material unter anderem auch zur Wohnsituation in Bonn zukommen zu lassen. Das Quartieramt der Stadt organisierte die Unterbringung der Abgeordneten schließlich zentral.

Die Damen und Herren Abgeordneten wohnten in der Regel möbliert. Man rückte näher zusammen, und es ergaben sich unerwartete Konstellationen: So teilte zum Beispiel der später als ehemaliger Nationalsozialist enttarnte Abgeordnete Dr. Franz Richter die Wohnung mit einem Abgeordneten der SPD. Ein KPD-Abgeordneter wohnte mit einem MdB der CDU unter einem Dach.

17/62 Das Hotelschiff ›Knurrhahn‹

um 1950; Fotografie (alter Abzug), 8,2 × 11,4 cm
Bonn, Stadtarchiv, Bildersammlung (4495/57)

Zur Behebung der Wohnungsnot in Bonn griff man auch zu ungewöhnlichen Maßnahmen. Anfang 1950 ließ der

›Norddeutsche Lloyd‹, auf eine Initiative der Stadt Bonn hin, sein Hotelschiff ›Knurrhahn‹ nahe dem Bundeshaus vor Anker gehen. Bei der ›Knurrhahn‹ handelte es sich um ein ehemaliges Lazarettschiff, das zu einem schwimmenden Hotel umgebaut wurde; auf dem Schiff standen 75 Betten und je zwei Konferenzräume und Restaurants zur Verfügung. Obwohl dieses Angebot von vielen Parlamentariern in Anspruch genommen wurde, mußte der Betrieb wegen starker Defizite im Restaurationsbetrieb Ende Februar 1953 eingestellt werden.

17/62

17/63 Die Bundestagsabgeordnete Dr. Friederike Mulert
a) Visitenkarte
b) Porträtfoto

um 1952; b) Fotografie (alter Abzug); a) 6 × 3 cm; b) 7,8 × 5,7 cm
Aachen, Lore Müller-Arends

Dr. Friederike Mulert (* 1896) zog am 1. Februar 1952 bei einer Nachwahl des Berliner Abgeordnetenhauses für die FDP als Abgeordnete in den Deutschen Bundestag ein.

17/64 Die Wohnung der Bundestagsabgeordneten Dr. Friederike Mulert in Berlin-Schlachtensee

1951/52; vier Fotografien (alte Abzüge), je 11 × 8,3 cm
Aachen, Lore Müller-Arends

17/65 Die Wohnung der Bundestagsabgeordneten Dr. Friederike Mulert in der Graf-Galen-Straße 1a in Bonn
a) Ansichtskarte des Hauses
b), c), d) Wohnzimmer
e) Küche
f) Badezimmer

1952; sechs Fotografien (alte Abzüge), a) 14 × 9 cm; b), c) je 9,5 × 7,5; d), e), f) je 8 × 8,5 cm
Aachen, Lore Müller-Arends

Frau Dr. Mulert gelang es, zusammen mit ihrer Tochter eine der begehrten Wohnungen im sogenannten Abgeordnetenhochhaus in der ›Siedlung Reuterstraße‹ zu beziehen.

Der Bonner Stadtverwaltung war es gelungen, für den Bau der Siedlung, die zwischen 1947 und 1952 auf einem Gelände am Rande der Innenstadt errichtet wurde, den Berliner Architekten Max Taut zu gewinnen, der im Stile der ›Neuen Sachlichkeit‹ baute. In den kleinen Einfamilienhäusern der Siedlung wohnten Minister wie Ludwig Erhard und Bundestagsabgeordnete wie Erich Ollenhauer und Erich Mende.

Die Möbel wurden auf Bundeskosten angeschafft und für eine Benutzungsgebühr überlassen; eigene Möbel wollte man sich erst in der endgültigen Hauptstadt zulegen.

17/66 Bundeskanzler Prof. Ludwig Erhard vor dem Kanzlerbungalow im Garten des Palais Schaumburg

1964; Fotografie (Reproduktion)
Bonn, Bundesbildstelle (20661/167)

Auf die Initiative Ludwig Erhards hin erbaute der Münchner Architekt Sep Ruf 1963/64 im Garten des Palais Schaumburg einen Wohnsitz für den Bundeskanzler. Wegen seiner klaren und strengen Gliederung war der Bau schon bald scharfer Kritik ausgesetzt.

Erhards Nachfolger Kurt-Georg Kiesinger verglich den Bungalow in einem Gespräch mit Konrad Adenauer mit einem Schlafwagen: »In der Mitte ein Gang und rechts und links Zellen.«

17/67 Die Einrichtung des Kanzlerbungalows

a) Vor dem Einzug
des Bundeskanzlers Kiesinger
b) Nach dem Einzug
des Bundeskanzlers Kiesinger

a) 1964; b) 1967; Fotografien (Reproduktionen)
Bonn, Bundesbildstelle (19258/1, 24397/8)

Die Einrichtung des Kanzlerbungalows bestand aus klassisch-modernem Mobiliar der Kollektion des amerikanischen Designers Herman Miller. Kurt-Georg Kiesinger ließ diese Einrichtung bei seinem Einzug entfernen, da es ihm an ›Behaglichkeit‹ fehlte. Er beauftragte die Stuttgarter Innenarchitektin Prof. Hertha-Maria Witzemann mit der Umwandlung in ein ›richtiges Haus‹. Nachdem Willy Brandt den Bungalow erst gar nicht bezogen hatte, ließ Helmut Schmidt die ursprüngliche Einrichtung wiederherstellen.

17/68 Entwürfe für ein Abgeordnetenhochhaus
a) In Form mehrerer Pyramiden
b) In Stufenform

Egon Eiermann

um 1966; Bleistift, a) 21,1 × 29,8 cm; b) 29,8 × 21,1 cm
Karlsruhe, Universität Karlsruhe, Institut für Baugeschichte

Der Raumnot im Bundeshaus konnte mit den Anbauten von 1951 und 1953 nur vorübergehend abgeholfen werden. Ein dringend notwendiger Neubau scheiterte an dem Baustopp, der 1956 erlassen wurde, um die Entwicklung Bonns von einer provisorischen zu einer endgültigen Hauptstadt zu verhindern.

Als man Mitte der sechziger Jahre mit den Planungen für einen Gebäudekomplex als Kern eines erweiterten Regierungsviertels begann, von dem dann nur das Abgeordnetenhochhaus verwirklicht wurde, nahm man in den Planungsauftrag eine Klausel hinein, die den Architekten aufforderte, das Gebäude so zu konzipieren, daß es später auch einer anderen Nutzung zugeführt werden könne. Mit dem Bau des Abgeordnetenhochhauses wurde Prof. Egon Eiermann beauftragt.

17/69 Entwurf einer Einladungskarte für das Richtfest des Abgeordnetenhochhauses (Abb. S. 411)

Egon Eiermann

1968; Filzstift, 29,8 × 21,1 cm
Karlsruhe, Universität Karlsruhe, Institut für Baugeschichte

17/70 Modell des Abgeordnetenhochhauses

Holz, Pappe, 58 × 20 × 23 cm
Bonn, Bundesbaudirektion

Das Abgeordnetenhochhaus wird nach Eugen Gerstenmaier, von dem als Präsident des Deutschen Bundestages die Initiative zum Bau ausging, im alltäglichen Sprachgebrauch als ›Langer Eugen‹ bezeichnet. Das Gebäude ist, für Bonn ungewöhnlich, mit insgesamt 30 Stockwerken 106 Meter hoch. Neben 450 jeweils 18 Quadratmeter großen Büroräumen für Abgeordnete umfaßt der Bau auch 20 Sitzungssäle für Bundestagsausschüsse.

17/71 Bildnis des Altbundeskanzlers Konrad Adenauer

Oskar Kokoschka

1966; Öl auf Leinwand, 130 × 100 cm
Bonn, Deutscher Bundestag

Im Jahre 1965 erhielt Oskar Kokoschka (1886–1980) von der Illustrierten ›Quick‹ den Auftrag, für den Deutschen Bundestag ein Porträt des ersten Deutschen Bundeskanzlers zu malen. Das Projekt konnte erst im April 1966 an Adenauers Urlaubsort Cadenabbia am Comer See realisiert werden.

17/72 Der Kölner Oberbürgermeister Konrad Adenauer und Reichspräsident Friedrich Ebert

Alfred Pötschel

1954; Bleistift, Kohle, Pastell, 36,2 × 31,5 cm
Bad Honnef, Stiftung Bundeskanzler-Adenauer-Haus

Konrad Adenauer war bereits in der Weimarer Republik als Politiker tätig. Im Dezember 1920 wurde er, der seit 1917 Kölner Oberbürgermeister war, zum Vorsitzenden des Provinzialausschusses der Rheinprovinz, im Mai 1921 zum Präsidenten des Preußischen Staatsrats gewählt.

Das vorliegende Gemälde ist eines von vielen, die der Münchner Maler Alfred Pötschel dem Bundeskanzler alljährlich zum Geburtstag schenkte. Es entstand nach einer Fotografie, die Adenauer mit Reichspräsident Friedrich Ebert bei einem Rundgang durch die Kölner Messe im Jahre 1924 zeigt.

17/73 Rosenschere mit Etui aus dem Besitz Konrad Adenauers

Bad Honnef, Stiftung Bundeskanzler-Adenauer-Haus

Nach seiner Absetzung als Kölner Oberbürgermeister am 13. März 1933 durch die Nationalsozialisten zog sich Konrad Adenauer im Jahre 1935 nach Rhöndorf zurück, wo er im Zennigsweg 8a ein Haus errichten ließ, das die Familie 1937 bezog.

Mit Hingabe widmete er sich der Anlage des Gartens, wobei sein besonderes Interesse den Rosen galt, denen er auch noch in seiner Zeit als Bundeskanzler sehr viel Aufmerksamkeit widmete.

17/74 ›So siehst Du aus‹ – Titelseite des Nachrichtenmagazins ›Der Spiegel‹, Nr. 41, 16. Oktober 1948

1948; Offsetdruck, 27,5 × 21,5 cm
Bad Honnef, Stiftung Bundeskanzler-Adenauer-Haus

Die Titelseite dieser ›Spiegel‹-Ausgabe mit der ersten Titelgeschichte über Konrad Adenauer zeigt den Präsidenten des Parlamentarischen Rates als Rosengärtner mit einem Strohhut.

17/75 Schreiben von Eugen Zander und Ewald Bieg an Konrad Adenauer, Buchenwald, 12. Mai 1945

Faksimile, 20,6 × 14,6 cm
Bad Honnef, Stiftung Bundeskanzler-Adenauer-Haus

Konrad Adenauer, der während des ›Dritten Reiches‹ relativ unbehelligt blieb, wurde einige Tage nach dem Attentat vom 20. Juli 1944 verhaftet und in das Lager auf dem Kölner Messegelände gebracht. Lagerältester war der Kommunist Eugen Zander, ein früherer Angestellter bei der Stadt Köln, der dem ehemaligen Kölner Oberbürgermeister aus dieser Zeit bekannt war. Zander nahm sich seines früheren Vorgesetzten an und konnte dazu beitragen, daß Adenauer nicht in ein Konzentrationslager gebracht wurde. Eugen Zander und Ewald Bieg wurden in das KZ Buchenwald verlegt. Wenige Tage nach der Befreiung des Konzentrationslagers, an der sie beteiligt waren, richteten sie diesen Gruß an Adenauer.

17/76 Bundeskanzler Konrad Adenauer im Gespräch mit dem Staatssekretär Dr. Hans Globke während eines Spaziergangs im Park des Palais Schaumburg

Fotografie (Reproduktion)
Sankt Augustin, Konrad-Adenauer-Stiftung (Adenauer 1174)

Dr. Hans Globke war gewissermaßen die ›graue Eminenz‹ der Adenauer-Ära. Wegen des von ihm verfaßten amtlichen Kommentars zu den Nürnberger Rassegesetzen aus dem Jahre 1935 war Globke seit dem Beginn seiner Tätigkeit im Bundeskanzleramt heftigen Angriffen ausgesetzt. Im Jahre 1963 wurde er in einem Schauprozeß in Ost-Berlin zu lebenslänglicher Haft verurteilt.

Globke hatte Adenauers Angebot, Staatssekretär im Bundeskanzleramt zu werden, 1949 noch mit dem Hinweis auf seine Vergangenheit abgelehnt. Im Jahre 1953 aber wurde er zum Staatssekretär ernannt und blieb bis zum Ausscheiden Adenauers 1963 in dieser Funktion. Der Bundeskanzler hielt auch noch an seinem Staatssekretär fest, als die Diskussion um dessen Vergangenheit nicht nur im Inland, sondern auch im Ausland die Bundesregierung diskreditierte; Rücktrittsgesuche Globkes ließ er unbeachtet.

Globke, den Hans-Peter Schwarz »ein Genie der Verwaltung« nennt, organisierte vor allem die Personalpolitik der Bundesregierung. Als Mitglied des CV, des Cartell-Verbandes katholischer Studentenschaften, plazierte er dessen Mitglieder an den entscheidenden Stellen der Ministerien, so daß er und Adenauer jederzeit über Vorgänge in den einzelnen Häusern informiert waren.

17/77 »Willst Du so alt werden wie Adenauer? Halt's wie er – werde nie Soldat. Weg mit seinem Wehrpflichtgesetz« – Wahlplakat der KPD

um 1955; Farboffsetdruck, 86 × 58,4 cm
Koblenz, Bundesarchiv, Plakatsammlung (5/26)

17/78 Der Homburg des Bundeskanzlers Konrad Adenauer

Schwarzblauer Filz mit Ripsband; H 12 cm, Dm 31 cm
Bad Homburg, Museum im Gotischen Haus

17/79 Indianerkopfschmuck

1956; Federn, Glasperlen, Baumwolle, 75 × 25 × 70 cm
Bad Honnef, Stiftung Bundeskanzler-Adenauer-Haus

Dieser Kopfschmuck wurde Bundeskanzler Adenauer in Milwaukee während eines Staatsbesuchs in den Vereinigten Staaten überreicht.

17/80 ›Gotischer Adenauer und barocker Erhard‹ – Karikatur

Hans Gerboth
Feder, 21 × 21,2 cm
Bad Honnef, Stiftung Bundeskanzler-Adenauer-Haus

17/79

Ludwig Erhard brachte das spannungsreiche Verhältnis zwischen Adenauer und sich einmal auf die Formel: »Er ist gotisch und ich bin barock.«

17/81 Sechs Entwürfe für einen Schreibtisch für das Arbeitszimmer des Bundeskanzlers im Palais Schaumburg

17/80

Hans Schwippert

1949; Feder, Buntstift, je 30 × 42 cm
München, Architektursammlung der Technischen Universität

Hans Schwippert wurde nicht nur mit dem Umbau des Palais Schaumburg zum Bundeskanzleramt beauftragt, sondern auch mit dessen Einrichtung. Schwippert reichte zahlreiche Entwürfe für einen Schreibtisch in Adenauers Arbeitszimmer ein. Die meisten Entwürfe kamen Adenauers Vorliebe für Chippendale entgegen. Als Schwippert jedoch auch moderne Formen für die Möbel vorschlug, handelte er sich einen geharnischten Brief Adenauers ein: »Irrig ist die von Ihnen ausgedrückte Ansicht, daß Sie mein Zugeständnis gehabt hätten, in den zwei Repräsentationsräumen Ihrer gestalterischen Überzeugung Ausdruck geben zu können.«

17/82 Das Arbeitszimmer Konrad Adenauers im Palais Schaumburg – Werbetafel der Schreinerei Jakob Walkembach in Bad Honnef

1960; Fotografie (alter Abzug), 26,9 × 17,9 cm
Bad Honnef, Jakob Walkembach

Anfang 1960 erteilte Adenauer den Auftrag, sein Arbeitszimmer im Palais Schaumburg neu zu möblieren. Den Auftrag erhielt die Schreinerei Walkembach in Bad Honnef, die für die Familie Adenauer schon früher tätig gewesen war. Nach seinem Rücktritt erwarb Adenauer den Schreibtisch und nahm ihn mit in sein Haus in Rhöndorf.

17/83 Entwurf für einen Schreibtisch für das Arbeitszimmer Konrad Adenauers im Palais Schaumburg

1960; Feder, aquarelliert, 24,9 × 34,4 cm
Bad Honnef, Jakob Walkembach

Adenauer ließ sich mehrmals Entwürfe vorlegen; zunächst sagten sie ihm zu, dann forderte er Änderungen, verwarf sie schließlich ganz und ließ neue anfertigen.

17/84 Entwurf für eine Couch für das Arbeitszimmer Konrad Adenauers im Palais Schaumburg

Franz Walkembach

1960; Bleistift, Feder, 21,7 × 30,5 cm
Bad Honnef, Jakob Walkembach

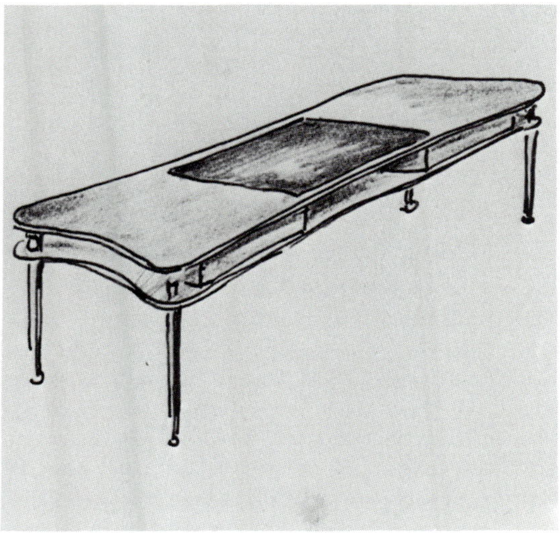

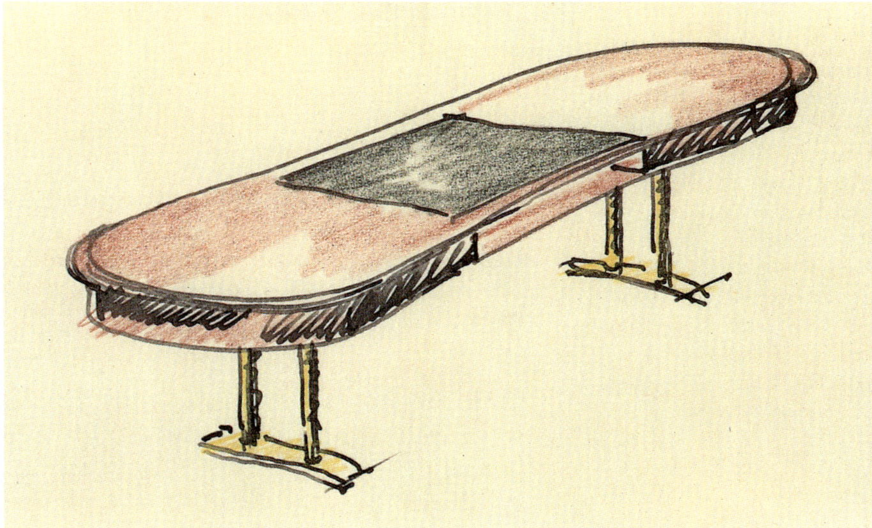

17/81

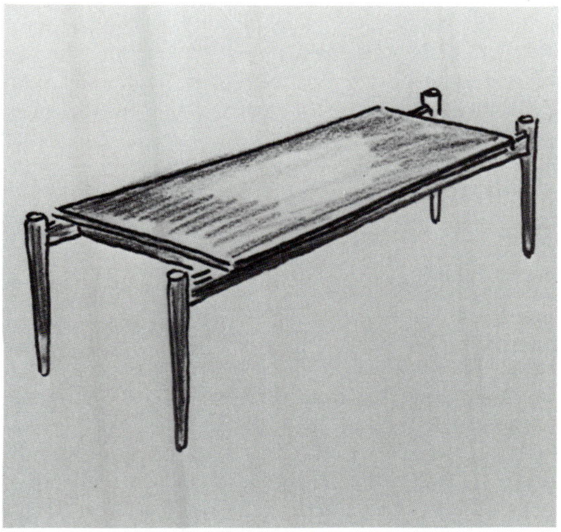

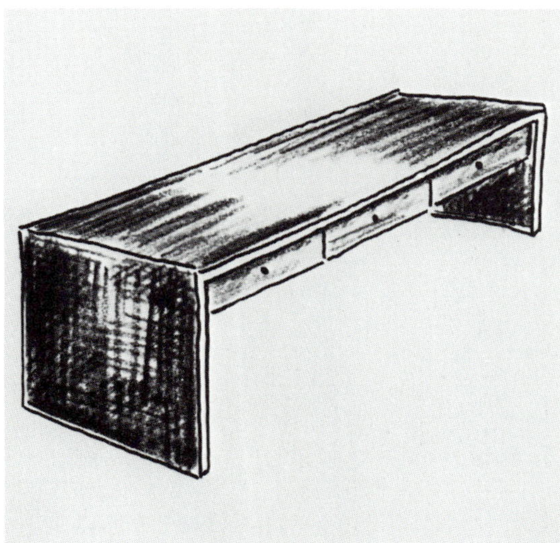

Die Geschichte um Adenauers Schreibtisch hat eine merkwürdige Entsprechung dort, wo man sie kaum vermuten würde. Für Max Horkheimer, seit 1952/53 Rektor der Frankfurter Universität, richtete Ferdinand Kramer, der Architekt der Neu- und Umbauten, auf dem Hochschulgelände ein Amtszimmer mit selbstentworfenen Möbeln ein. »Diese Möbel sollten Einfachheit, Bescheidenheit und Transparenz einer neuen, demokratischen, für alle Bevölkerungsschichten geöffneten Universität demonstrieren. Eine schweizerische Architekturzeitschrift habe die Einrichtung ›beispielhaft für deutsches Nachkriegsdesign‹ genannt, berichtete Ferdinand Kramer und zitierte den Frankfurter Oberbürgermeister Walter Kolb: ›Hier hättet ihr ruhig auch etwas mehr Geld ausgeben können!‹ Frau Horkheimers Bemerkung habe ihn frappiert: ›Aber Max, da sieht man ja deine Schnürriemen, das muß doch vorne zu sein!‹ Kramer wollte keinen Macht suggerierenden Schreibtisch wie eine Festung, kein einschüchterndes Statussymbol als Schranke zwischen Rektor und Publikum, sondern Offenheit und Selbstverständlichkeit. Derartige Ziele aber waren nicht gefragt. Die Möbel im Rektorat wurden später durch eine neobarocke Einrichtung ersetzt« (Lore Kramer). So trafen sich die politische Symbolgestalt der Nachkriegsrestauration und deren geradezu antipodischer Kritiker in verwandtem Einrichtungsgeschmack.

17/85 Handskizze Konrad Adenauers für den Fuß seines Schreibtisches im Palais Schaumburg

1960; Bleistift, 21,9 × 30 cm
Bad Honnef, Jakob Walkembach

Da Adenauer an seinem Ferienort Cadenabbia offenbar Gefallen an einem speziellen Schreibtischfuß gefunden hatte, fertigte er eine Handskizze für die Schreinerei an, nach der dann der Fuß seines Schreibtisches gebaut wurde.

17/86 Besuch Konrad Adenauers in der Schreinerei Jakob Walkembach in Bad Honnef

a) Bei der Auswahl des Holzes für seinen Schreibtisch
b) Beim Verlassen der Schreinerei in Begleitung seines Sohnes, Kaplan Dr. Paul Adenauer

1960; Fotografien (alte Abzüge), a) 9 × 12 cm; b) 17 × 11 cm
Bad Honnef, Jakob Walkembach

17/89

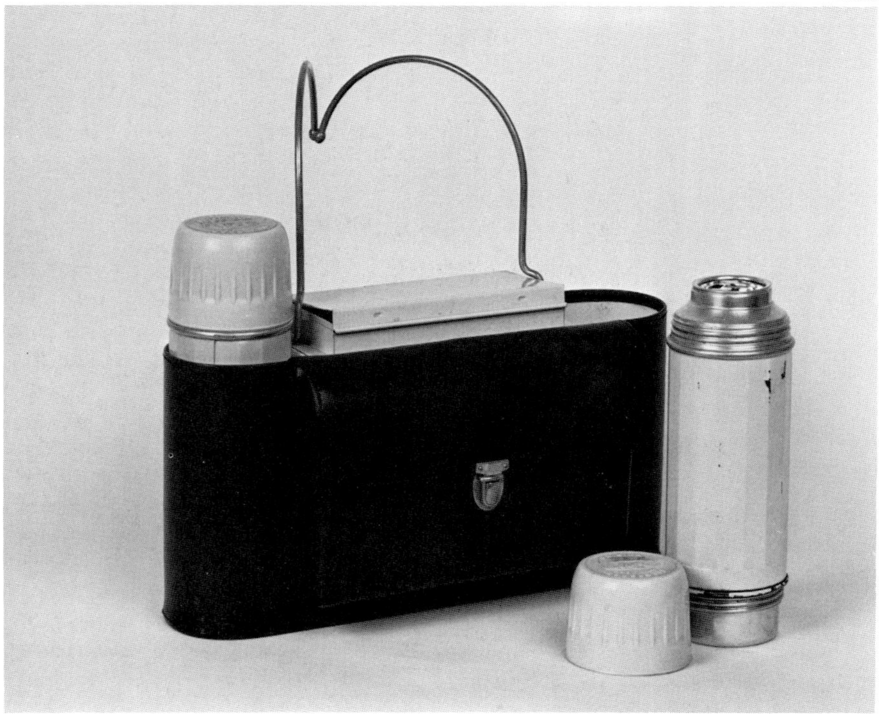

17/87 Amtszimmer für den Rektor der Universität Frankfurt, Max Horkheimer

Entwurf: Ferdinand Kramer

1952/53; Fotografie (alter Abzug), 24 × 18 cm
Frankfurt, Lore Kramer

17/88 Modell eines Mercedes 300

um 1950; Holz, lackiert, 97 × 35 × 31 cm
Stuttgart, Daimler-Benz-Museum

Seit November 1951 stand Konrad Adenauer ein Mercedes 300 als Dienstwagen zur Verfügung. Obwohl er 1917 in einen schweren Autounfall verwickelt war, unter dessen Folgen er sein ganzes Leben leiden sollte, hatte der erste deutsche Bundeskanzler ein ausgesprochenes Faible für schnelle Autofahrten. Sein langjähriger Pressesprecher, Felix von Eckhardt, bemerkt dazu in seinen Memoiren: »Die Autofahrten waren für mich eine Qual, da der Kanzler überhaupt kein Gefühl für die Gefahren der Geschwindigkeit besitzt. Ein Tempo von 140 bis 160 Stundenkilometer auf der Autobahn ist ihm gerade angenehm.«

17/89 Ledertasche mit zwei Thermoskannen

um 1950; Leder, Edelstahl, Plastik, 36 × 39 × 17 cm
Bad Honnef, Stiftung Bundeskanzler-Adenauer-Haus

Bis zum November 1951 war Konrad Adenauer gezwungen, sich mit einem alten Horch durch die Republik fahren zu lassen. Mit Butterbroten und Thermosflaschen und im Winter mit einer Wolldecke ausgerüstet, begab er sich häufig auf Reisen. Diese spartanische Ausrüstung behielt er auch noch bei, als ihm im November 1951 ein Mercedes 300 als Dienstwagen zur Verfügung gestellt wurde.

17/90 Modell einer Seilbahn von Rhöndorf auf den Drachenfels

um 1954; Holz, 109 × 49 × 22 cm
Bad Honnef, Peter Profittlich

Zusammen mit anderen Geschäftsleuten hatte sich der Rhöndorfer Konditormeister und CDU-Ratsherr Peter Profittlich daran gestört, daß der Strom der Rheintouristen im benachbarten Königswinter die Kassen klingeln ließ, während Rhöndorf leer ausging. Im Jahre 1953 plante Profittlich deshalb den Bau einer Seilbahn von Rhöndorf zur Ruine Drachenfels; es gelang ihm, eine Mehrheit des Bad Honnefer Stadtrates für dieses Projekt zu gewinnen.

Der CDU-Ratsherr hatte die Rechnung allerdings ohne den Bundeskanzler gemacht, dessen Wohnhaus in unmittelbarer Nähe der geplanten Bahn gelegen hätte. Adenauers energische Interventionen beim Stadtrat und beim Kölner Regierungspräsidenten ließen das Projekt scheitern. Im Verlauf mehrjähriger Auseinandersetzungen hatte Profittlich den Bundeskanzler wiederholt heftig attackiert; Adenauer revanchierte sich mit der Bitte um den Ausschluß des Konditormeisters aus der örtlichen CDU.

17/91 »Herr Profittlich will hoch hinaus«

Artikel in der Illustrierten ›Revue‹, Nr. 29, 1953;
51 × 32 cm
Bad Honnef, Peter Profittlich

17/92 Die Beisetzung von Altbundeskanzler Konrad Adenauer

a) Überführung des Sarges von Rhöndorf nach Bonn
b) Offiziere der Bundeswehr halten Totenwache im Kölner Dom
c) Offiziere der Bundeswehr tragen den Sarg aus dem Kölner Dom
d) Umbenennung der Koblenzer Straße in ›Adenauerallee‹

Farbfotografien (Reproduktionen)
Frankfurt, dpa

17/92b

17/93 Bildnis des Wirtschaftsministers Professor Ludwig Erhard (Abb. S. 418)

Oskar Kokoschka
1959; Öl auf Leinwand, 129 × 93 cm
Gmund, Elisabeth Klotz-Erhard

Oskar Kokoschka malte im Februar 1959 Prof. Ludwig Erhard noch während dessen Amtszeit als Bundeswirtschaftsminister an dessen Urlaubsort im Glottertal/Schwarzwald. Der Maler bemerkte zu den Sitzungen: »In Erinnerung ist mir noch der Eindruck des großen korpulenten Menschen, der schwerfällig wirkte, doch flinker als ich einen Pinsel vom Boden aufhob, der mir entfallen war. (...) In unseren Unterhaltungen fragte er sich besorgt, ob das deutsche Volk den wie einen Windfall erscheinenden momentanen Wohlstand überstehen würde, ohne den Blick für Probleme zu verlieren, die im Schoße der Gesellschaft liegen.«

17/94 ›Familie Jedermann‹ – Titelseite der Wochenzeitung ›Neue Illustrierte‹, Nr. 27, 1948

1948; 36,2 × 27 cm
Bonn, Archiv der Ludwig-Erhard-Stiftung

Professor Ludwig Erhard war auf Vorschlag der FDP zum Direktor für Wirtschaftsfragen in der Bi- bzw. Trizonenverwaltung gewählt worden. Angesichts der absoluten Mangellage der ersten Nachkriegsjahre ließ sich die reine Lehre von der Marktwirtschaft, die Ludwig Erhard vertrat, jedoch nicht durchsetzen. In bestimmten Marktbereichen mußte der Staat eingreifen, um das Lebensnotwendige zu angemessenen Preisen der Bevölkerung anbieten zu können. So entstand unter der Ägide Erhards 1948 das sogenannte ›Jedermann-Programm‹, das eine billige Serienproduktion zunächst im Bereich der Oberbekleidung gewährleisten sollte.

17/95 ›1948–1949 – Das brachte Dir unsere Wirtschaftspolitik‹ – Wahlplakat der CDU

1949; Farboffsetdruck, 86,5 × 59,2 cm
Koblenz, Bundesarchiv, Plakatsammlung (5/4)

17/94

17/96 ›Wohlstand für alle‹
a) Russische Übersetzung des Buches
b) Chinesische Übersetzung des Buches
Ludwig Erhard
a) 1960; b) 1983
Bonn, Archiv der Ludwig-Erhard-Stiftung

17/97 Ludwig Erhard zu Besuch bei der Wirtschaft
a) Eröffnung der ›Berliner Autoschau‹ 1950
b) Besuch der Mailänder Wirtschaftsmesse 1952
c) Besichtigung der Schuhfabrik ›Salamander‹, 1957
Fotografien (Reproduktionen)
Bonn, Archiv der Ludwig-Erhard-Stiftung (5018, 5006, 5067)

17/98 Zigarrenutensilien aus dem Besitz Ludwig Erhards
a) Aschenbecher
b) Zigarrenetui
Silber, a) 24 × 17 × 7 cm; b) 22,5 × 19,5 × 5,5 cm
Bonn, Archiv der Ludwig-Erhard-Stiftung

Das Markenzeichen des ersten Bundeswirtschaftsministers waren seine Zigarren. Die glimmende Zigarre wurde zum »zugkräftigen Symbol, das an rauchende Schornsteine ...« (Daniel Körfer) erinnerte.

Widmung auf dem Etui: »Dem Freunde Berlins Herrn Professor Dr. Ludwig Erhard mit herzlichen Wünschen der Berliner Wirtschaft zum 70. Geburtstag«

17/99 Bildnis des Bundespräsidenten Professor Theodor Heuss (Abb. S. 419)
Oskar Kokoschka
1950; Öl auf Leinwand, 105 × 80 cm
Köln, Museum Ludwig (ML 76/2862)

Oskar Kokoschka malte Bundespräsident Theodor Heuss 1950 in seinem Bonner Amtssitz. Da die Amtsgeschäfte Heuss wenig Zeit ließen, fanden die Sitzungen oftmals spät abends statt.

17/100 Bundespräsident Professor Theodor Heuss beim Zeichnen
um 1958; Fotografie (alter Abzug), 24 × 18 cm
Ursula Heuss-Wolff

Theodor Heuss, der bereits während seiner Studienzeit in München (1902–1905) regen Umgang mit Künstlern gepflegt hatte, war 1908 an der Gründung des ›Deutschen Werkbundes‹ beteiligt, dessen Geschäftsführung er 1918 in Berlin übernahm.

Heuss, der seit seiner Jugend zeichnete, ließ auch als Bundespräsident seinen Fahrer immer wieder anhalten, um Skizzen anzufertigen.

17/101 Lederkoffer mit Malutensilien aus dem Besitz von Theodor Heuss
14 × 37 × 26 cm
Ursula Heuss-Wolff

17/102 Gustav Stotz bei der Lektüre im Gras
Theodor Heuss
1903; Bleistift, 18 × 28 cm
Ursula Heuss-Wolff

Als Zeichner war Heuss Autodidakt. Zu seinen Zeichnungen sagte er: »Das Lustige an der Sache ist, daß für mich diese Bilder immer schön sind, bloß für mich, denn ich weiß ja, wie es eigentlich aussah. Um solch ein Blatt des Skizzenbuches hängt immer viel mehr als bloße Lust des ›Abmalens‹ – der ganze Atem einer Reise bleibt ihm lebendig . . .«

17/103 Ansicht des Potsdamer Stadtschlosses

Theodor Heuss

1929; Buntstift, 22 × 29,5 cm
Ursula Heuss-Wolff

17/104 Ansicht des Klosters Maria Laach

Theodor Heuss

1949; Kohle, 25 × 30 cm
Ursula Heuss-Wolff

17/105 ›GROMA‹ Modell K – Schreibmaschine aus dem Besitz von Theodor Heuss

Hersteller: G. F. Grosser, Fabrik für Büromaschinen, Markersdorf/Chemnitztal

15 × 34 × 32 cm
Ursula Heuss-Wolff

Theodor Heuss war lange Jahre als Publizist tätig. Am 1. Juni 1905 trat er als Mitarbeiter von Friedrich Naumann (1860–1919) in die Redaktion der Zeitschrift ›Die Hilfe‹ ein, wobei er sich besonders um den kulturell-literarischen Teil kümmerte. Im Jahre 1912 wechselte er als Chefredakteur zur ›Neckarzeitung‹ in Heilbronn. Im darauffolgenden Jahr wurde er Redakteur bei der Kunst- und Kulturzeitschrift ›März‹, 1918 wechselte er zur Wochenzeitschrift ›Deutsche Politik‹ und fünf Jahre später zur politischen Zeitung ›Die Deutsche Nation‹.

17/106 ›Friedrich Naumann. Der Mann, das Werk, die Zeit‹

Theodor Heuss

Berlin, Deutsche Verlags-Anstalt, 1937
Ursula Heuss-Wolff

Theodor Heuss wurde 1933 nicht nur sein Reichstagsmandat aberkannt, er verlor auch seine Dozentenstelle an der ›Deutschen Hochschule für Politik‹ in Berlin. Er arbeitete seither unter zunehmenden politischen Schwierigkeiten als Journalist. Um einen Beitrag zum Familieneinkommen zu leisten – die Hauptlast trug seine Frau, Elly Heuss-Knapp, die als Werbetexterin arbeitete – verfaßte Heuss Biographien.

Zunächst realisierte er den langgehegten Plan, ein Buch über seinen politischen Mentor, den liberalen Pfarrer und Politiker Friedrich Naumann, zu schreiben.

17/107 ›Hans Poelzig. Bauten und Entwürfe. Das Lebensbild eines deutschen Baumeisters‹

Theodor Heuss

Berlin, 1939
Ursula Heuss-Wolff

Mit Hans Poelzig (1869–1936), dem Werkbund-Architekten, über den er seine zweite Biographie verfaßte, hatte Theodor Heuss seit 1917 zusammengearbeitet.

17/108 Entwurfsskizze für das Schauspielhaus in Salzburg

Hans Poelzig

um 1920; Pastell, 30 × 41 cm
Ursula Heuss-Wolff

Diese Skizze machte Hans Poelzig Theodor Heuss zum Geschenk.

17/109 ›November 1918. Verratenes Volk‹ – Widmungsexemplar von *Alfred Döblin* für Theodor Heuss

München, Verlag Karl Alber, 1948
Ursula Heuss-Wolff

17/110 ›Bericht aus Normalien. Ein Fragment, 1948‹ – Widmungsexemplar von Hermann Hesse für Theodor Heuss

1948
Ursula Heuss-Wolff

17/111 Die Wahl von Theodor Heuss zum ersten Präsidenten der Bundesrepublik Deutschland am 12. September 1949

a) Rede an die Bevölkerung auf dem Marktplatz von Bonn
b) Fahrt zum Amtssitz auf der Viktorshöhe

1949; Fotografien (alte Abzüge), a) 18,2 × 24 cm; b) 24 × 18,4 cm
Küps, Hans und Elisabeth von Herwarth

Unmittelbar nach seiner Wahl zum Bundespräsidenten fuhr Theodor Heuss zum Bonner Marktplatz, um eine Rede an die dort versammelten Menschen zu halten. Er maß diesem Auftritt große Bedeutung bei.

In Ermangelung einer Nationalhymne sang man zum Abschluß dieser Veranstaltung das Kirchenlied ›Großer Gott, wir loben Dich‹. Im Anschluß an diese Ansprache fuhr Heuss im offenen Wagen, eskortiert von Radfahrerinnen, zu seinem Amtssitz, dem ehemaligen Erholungsheim der Deutschen Reichsbahn auf der Viktorshöhe in Bad Godesberg.

17/112 Kurt Schumacher im Konzentrationslager Dachau

1936; Fotografie (Reproduktion)
Bonn, Archiv der sozialen Demokratie, FES

Dr. Kurt Schumacher, der von 1930 bis 1933 der SPD-Fraktion des Reichstages angehörte, wurde am 6. Juli 1933 in Berlin verhaftet. Nach Gefängnisaufenthalten in Berlin und Stuttgart lieferte man ihn zunächst in das Konzentrationslager Heuberg (Württemberg) ein, wo er bis zum Dezember 1933 inhaftiert blieb.

Nach eineinhalb Jahren im KZ Kuhberg bei Ulm erfolgte im Juni 1935 die Verlegung ins KZ Dachau. Dort wurde er am 16. März 1943 als Schwerstkranker entlassen, um dann aber wieder im Rahmen der Verhaftungswelle nach dem Attentat vom 20. Juli 1944 vom 24. August bis zum 20. September 1944 ins KZ Neuengamme eingeliefert zu werden.

17/114

17/113 Kurt Schumacher vor einem Wahllokal in Berlin-Mitte anläßlich der Urabstimmung der Berliner SPD, 31. März 1946

1946; Fotografie (Reproduktion)
Bonn, Archiv der sozialen Demokratie, FES

Schumacher stand Bestrebungen zur Bildung einer Einheitsfront von SPD und KPD ablehnend gegenüber. An einer Urabstimmung am 31. März 1946 beteiligten sich in den westlichen Sektoren Berlins – im sowjetischen Sektor war die Abstimmung untersagt – 23755 Mitglieder der SPD; das entsprach 71,5 Prozent der auf 33747 bezifferten Mitgliedschaft. Die Frage: »Bist Du für einen sofortigen Zusammenschluß beider Arbeiterparteien?«, wurde von 82,2 Prozent verneint. Am 20/21. April 1946 wurde in der sowjetisch besetzten Zone Deutschlands die Zwangsvereinigung von SPD und KPD zur SED vollzogen.

17/114 Der Vorsitzende der SPD, Dr. Kurt Schumacher, gestützt auf seine Sekretärin Annemarie Renger

1949; Fotografie (Reproduktion)
Bonn, Archiv der sozialen Demokratie, FES

Schumacher wurde auf dem ersten Nachkriegsparteitag der SPD im Mai 1946 zum Vorsitzenden gewählt, ein Amt, das er bis zu seinem Tode 1952 innehatte. Ende September 1948 mußte ihm als Spätfolge seines KZ-Aufenthaltes ein Bein amputiert werden. Ein Jahr lang konnte Schumacher nur vom Krankenhaus bzw. von seiner Wohnung aus versuchen, in das politische Geschehen durch Presseerklärungen und eine ausgedehnte Korrespondenz einzugreifen. Dies gelang: Schumacher war in der westdeutschen Öffentlichkeit präsent. Seine Sekretärin Annemarie Renger war ihm in diesen Jahren der Krankheit eine unersetzliche Stütze.

17/115 Szenen aus dem Leben des SPD-Vorsitzenden Dr. Kurt Schumacher

in: ›Revue‹ Nr. 23, 17. Juli 1949, S. 10, 37,4 × 27,6 cm
Bonn, Archiv der sozialen Demokratie, FES

17/116 ›Dr. Schumacher spricht‹ – Plakat der SPD

1951; Farboffsetdruck, 44 × 32 cm
Bonn, Archiv der sozialen Demokratie, FES

17/117 Die Beisetzung Dr. Kurt Schumachers

a) Aufbahrung vor dem Rednerpult im Plenarsaal des Deutschen Bundestages
b) Trauerkondukt auf der Autobahn nach Hannover
c) Trauerkondukt in den Straßen Hannovers

1952; Fotografien (Reproduktionen)
Bonn, Archiv der sozialen Demokratie, FES (F 84-2162, F 84-2148)

Zu den wenigen zeremoniellen Ereignissen in der Geschichte der Bundesrepublik gehört die Beisetzung Kurt Schumachers, der am 28. August 1952 in Bonn verstarb. Zunächst nahm der Deutsche Bundestag Abschied von seinem Oppositionsführer. Einem Beschluß des SPD-Parteivorstands folgend, wurde Schumachers Sarg im Geleit seiner Genossen und Freunde auf der Autobahn, deren Endpunkt symbolträchtig Berlin war, in langsamer Fahrt nach Hannover überführt. Hunderttausende, die von Schumacher Abschied nehmen wollten, säumten den Weg.

17/118 Acht Kranzschleifen von der Beisetzung Dr. Kurt Schumachers

a) ›Wir danken Kurt Schumacher für sein mutiges Eintreten für Berlin‹
b) ›Belegschaft der Sichel-Werke‹
c) ›Sozialdemokratische Widerstandsgruppe Erwin‹
d) ›The Allied High Comissioners‹
e) ›Rudolf Augstein‹
f) ›Konrad Adenauer‹
g) ›Deutsche Zentrumspartei‹
h) ›Deutsche Partei‹

1952; je 100 × 28 cm
Bonn, Archiv der sozialen Demokratie, FES, a) F 84–1746; b), c) F 84–1755; d) F 84–1739; e) F 84–1748; f), g), h) F 84–1754

17/119 Der Vorsitzende der SPD-Fraktion des Deutschen Bundestages, Herbert Wehner, mit Greta Burmester auf dem SPD-Parteitag 1973 in Hannover

1973; Fotografie (Reproduktion)
Bonn, Archiv der sozialen Demokratie, FES (F 82–βββ)

Herbert Wehners Tagesrhythmus wurde seit 1966 stark von seiner Diabetes bestimmt. Seine Stieftochter Greta Burmester – Wehner heiratete sie nach dem Tode seiner zweiten Frau 1983 – achtete auf die strenge Einhaltung der Diät; sie hielt die Thermoskanne und die eingewickelten Butterbrote stets bereit. Darüber hinaus ersetzte sie Wehner den persönlichen Referenten. Sie erstellte den Terminplan, bearbeitete die Post und fuhr zudem den Wehnerschen Volvo.

17/120 Der Alterspräsident des Deutschen Bundestages, Herbert Wehner, bei der Eröffnung der konstituierenden Sitzung des IX. Deutschen Bundestages am 4. November 1980 (Abb. S. 425)

Fotografie (Reproduktion)
Bonn, Bundesbildstelle (59298/8a)

17/121 Bildnis des Altbundeskanzlers Willy Brandt (Abb. S. 422)

Georg Meistermann

1978; Öl auf Leinwand, 104 × 85 cm
Bonn, Bundeskanzleramt

Der Kölner Maler Georg Meistermann erhielt 1969 den Auftrag, für eine für den Sommer 1970 in Recklinghausen

17/117b

geplante Ausstellung ›Zeitgenossen‹ ein Gemälde des ersten sozialdemokratischen Bundeskanzlers Willy Brandt zu malen. In den Jahren bis 1973 entstanden ›Farbige Notizen zu einer Biographie des Bundeskanzlers‹. Diese Skizzen riefen, ebenso wie das 1978 für die Ahnengalerie des Bundeskanzleramtes angefertigte Porträt Willy Brandts, harte Kritik hervor. Der Porträtierte fand während der offiziellen Übergabe selbst kein Wort über das Bild. Es wurde der Landesvertretung Nordrhein-Westfalens als Dauerleihgabe überlassen.

17/122 Willy Brandt auf der Rednertribüne des Deutschen Bundestages

1956; Fotografie (Reproduktion)
Bonn, Archiv der sozialen Demokratie, FES

17/123 Bundestagswahl 1961 – Willy Brandt als Kanzlerkandidat der SPD auf Wahlkampfreise

1961; Fotografie (Reproduktion)
Bonn, Archiv der sozialen Demokratie, FES (Depositum Brandt)

Der Bundestagswahlkampf 1961 orientierte sich stark am amerikanischen Vorbild. ›Personalisierung und Ubiquität‹ hieß jetzt die Parole in der Bundesrepublik. Der Kanzler und sein Herausforderer suchten auf Reisen den direkten Kontakt mit den Wählern.

17/124 Abschied Willy Brandts als Regierender Bürgermeister von Berlin – Mit Frau Rut Brandt und dem Ehepaar Grass

1966; Fotografie (Reproduktion)
Bonn, Archiv der sozialen Demokratie, FES (Depositum Brandt)

17/125 ›Prof. Carlo Schmid spricht‹ – Plakat der SPD

1952; Farboffsetdruck, 86 × 60 cm
Bonn, Archiv der sozialen Demokratie, FES

Carlo Schmid war Vorsitzender der SPD-Fraktion und des Hauptausschusses des Parlamentarischen Rates und von 1949 bis 1966 sowie 1969 bis 1972 Vizepräsident des Deutschen Bundestages. Während der Großen Koalition amtierte er als Bundesratsminister.

17/126 Reisepaß von Prof. Dr. Carlo Schmid, ausgestellt am 7. März 1951

14,8 × 21 cm
Bonn, Archiv der sozialen Demokratie, FES (Nachlaß C. Schmid)

17/127 Carlo Schmid im Gespräch mit Kurt Schumacher und Erich Ollenhauer (Abb. S. 420)

1952; Fotografie (Reproduktion)
Bonn, Archiv der sozialen Demokratie, FES

17/128 ›Elegie im Mai‹ – Gedicht *Carlo Schmid*

Manuskript, 30 × 21 cm
Bonn, Archiv der sozialen Demokratie, FES (Nachlaß C. Schmid)

Prof. Carlo Schmid war eine der ganz wenigen Politikerpersönlichkeiten der Nachkriegszeit, die geradezu als Verkörperung der Verbindung von Geist und Macht verstanden werden können. In Bonn sorgten seine »literarisch-schöngeistigen Eskapaden« (Theodor Eschenburg) für Abwechslung. Neben seiner politischen Arbeit fand er Zeit, eigene literarische Werke zu verfassen bzw. Übersetzungen französischer Autoren, besonders Baudelaires, anzufertigen.

Während der Tagungen des Parlamentarischen Rates karikierte er seine Kollegen in einer ›Parlamentarischen Elegie‹. Theodor Heuss revanchierte sich mit einem ›ABC des Parlamentarischen Rates‹, in dem es unter dem Buchstaben ›C‹ hieß: »Der Carlo celebriert wie ein Gedicht / die hohen Worte seines Staatsfragments, / auf jedem Comma wuchtet sein Gewicht- / jetzt die Cäsur, dann fühlsam die Cadenz.«

17/129 Fünf Mitgliedskarten von Carlo Schmid

a) Volkshochschule Tübingen, 1947
b) Deutsches Pen-Zentrum, 1956–1961
c) Friedrich Hölderlin Gesellschaft, 1957
d) Bonner Kunstverein, 1972
e) Schopenhauer-Gesellschaft, 1977

a) 10,5 × 14,8 cm; b) 8,1 × 13,8 cm; c) 10,4 × 14,8 cm; d) 7,5 × 10,5 cm; e) 9,8 × 10,5 cm.
Bonn, Archiv der sozialen Demokratie, FES (Nachlaß C. Schmid)

17/130 Bundespräsident Dr. Gustav Heinemann und seine Frau Hilda im Speisesaal der renovierten Villa Hammerschmidt

1969; Fotografie (Reproduktion)
München, Süddeutscher Verlag, Bilderdienst

Am 3. März 1969 wurde Gustav Heinemann von der in Berlin tagenden Bundesversammlung im dritten Wahlgang zum dritten Präsidenten der Bundesrepublik Deutschland gewählt. In einem Zeitungsinterview interpretierte er seine Wahl als »ein Stück Machtwechsel«.

Gustav Heinemanns Wort, er liebe nicht den Staat, sondern seine Frau, verdeutlicht in anschaulicher Weise sein Verhältnis zur staatlichen Macht.

17/131 Bundespräsident Dr. Gustav Heinemann und der Ministerpräsident des Landes Rheinland-Pfalz, Dr. Helmut Kohl, bei einer Besichtigung des Karl-Marx-Hauses in Trier

1974; Fotografie (Reproduktion)
München, Süddeutscher Verlag, Bilderdienst

17/132 Entwurf für einen Brief Gustav Heinemanns an Ulrike Meinhof im Zuchthaus Stuttgart-Stammheim, 11. Dezember 1974

Typoskript, 21 × 30 cm
Bonn, Archiv der sozialen Demokratie, FES (Nachlaß G. Heinemann, Mappe 0504)

Am Ostermontag 1968, wenige Tage nach dem Mordanschlag auf Rudi Dutschke, hielt der Bundesminister für Justiz, Gustav Heinemann, eine Fernseh- und Rundfunkrede zu den Protestdemonstrationen, in der er zwar die Ausschreitungen verurteilte, aber auch nach den Ursachen der Rebellion fragte. Durch diese Rede wurde Heinemann für »Teile der APO ... beinahe so etwas wie ihr Vertrauensmann in der Bundesregierung« (H. Lindemann).

Als im Dezember 1974 einige Mitglieder der Baader-Meinhof-Gruppe im Zuchthaus Stuttgart-Stammheim in einen Hungerstreik traten, bat der amtierende Bundesminister für Justiz, Dr. Hans-Jochen Vogel, den Altbundespräsidenten um Hilfe. In einem Schreiben vom 11. Dezember beschwor Gustav Heinemann Ulrike Meinhof, den Hungerstreik abzubrechen.

17/133 Außenminister Dr. Heinrich von Brentano

a) Bei der Morgentoilette
b) Am Frühstückstisch
c) Auf dem Flughafen Köln/Wahn beim Abflug in die USA

17/136

a), b) vor 1961; c) 1957; Fotografien (Reproduktionen)
Sankt Augustin, Konrad-Adenauer-Stiftung

Heinrich von Brentano gehörte zu den Mitbegründern der hessischen CDU, war Mitglied des Parlamentarischen Rates und wurde 1949 zum Vorsitzenden der CDU/CSU-Fraktion im Deutschen Bundestag gewählt. Bereits 1951

17/133b

versprach ihm Adenauer das Amt des Außenministers. Als Brentano 1955 dieses Amt übernahm, verzichtete Adenauer keineswegs darauf, auch in außenpolitischen Details in die Amtsführung des Ministers einzugreifen.

Heinrich von Brentano galt Mitte der fünfziger Jahre als potentieller Nachfolger Adenauers. Ende 1956 sprachen sich in einer Umfrage 36 Prozent der Befragten für Brentano und nur 14 Prozent für Erhard als Bundeskanzler aus.

17/134 Verkleinerte Nachbildung des Wanderschuhs von Bundespräsident Prof. Dr. Karl Carstens

um 1984; Leder, 13 × 4 × 8 cm
Butzbach, Richard Fenchel

17/135 Die stellvertretende Leiterin der Protokollabteilung des Auswärtigen Amtes, Erica Pappritz

vor 1958; Fotografie (alter Abzug), 18 × 13 cm
Bonn, Politisches Archiv des Auswärtigen Amtes (Album 33)

Erica Pappritz trat im April 1919 eine Stelle als Sekretärin im Auswärtigen Amt an. Im Jahre 1924 wechselte sie in das Vorzimmer des Personalchefs des Amtes, bis ihr 1929 der Sprung in das Referat für Zeremoniell und Rangfragen der Protokollabteilung glückte; sie verstand es, sich bald unentbehrlich zu machen.

Am 30. Januar 1933 lag sie mit einer Knieverletzung krank darnieder, ließ sich dann aber tagelang mit eingegipstem Bein ins Amt tragen, um die Machtübergabe ›protokollgerecht‹ abzuwickeln.

17/136 Der Leiter der Protokollabteilung des Auswärtigen Amtes, Hans von Herwarth, im Gespräch mit seiner Stellvertreterin, Erica Pappritz

1951; Fotografie (alter Abzug), 9 × 13 cm
Küps, Hans und Elisabeth von Herwarth

Im Jahre 1949 trat Erica Pappritz in die neueingerichtete Protokollabteilung, zunächst des Bundeskanzleramtes, ein. Die Initiative dazu ging von Hans von Herwarth aus, dem Leiter der neuen Abteilung, der 1951 dann die Leitung der Protokollabteilung des Auswärtigen Amtes übernahm. Als seine Stellvertreterin war Frau Pappritz die ranghöchste Beamtin der Behörde.

17/137 Erica Pappritz bei der Auswahl von Staatsgeschenken

1954; Fotografie (alter Abzug), 30 × 24 cm
Bonn, Politisches Archiv des Auswärtigen Amtes (Nachlaß Pappritz)

Das Monokel, das sie seit ihrer Berufung in die Protokollabteilung des Auswärtigen Amtes 1929 in Berlin trug, war, ebenso wie die brennende Zigarette, ein Markenzeichen der Erica Pappritz.

17/138 Drei Augengläser aus dem Besitz von Erica Pappritz

a) Monokel
b) Klappbrille
c) Lupe mit Lederetui

a) Dm 5 cm; b) 13 × 5 cm; c) 9,5 × 4 × 1 cm
Bonn, Inge Kiparsky

17/139 Nerzstola aus dem Besitz von Erica Pappritz

230 × 30 cm
Bonn, Inge Kiparsky

17/140 Abendtäschchen aus dem Besitz von Erica Pappritz

Perlenstickerei, 30 × 16 × 2 cm
Bonn, Inge Kiparsky

17/141 Erica Pappritz gibt auf dem Bonner Hauptbahnhof Bundespräsident Heuss protokollarische Anweisungen

vor 1958; Fotografie (alter Abzug), 11 × 16,5 cm
Bonn, Politisches Archiv des Auswärtigen Amtes (Album 35)

Die stellvertretende Chefin des Protokolls trat Vorgesetzten und Politikern gegenüber sehr bestimmt auf. Selbst Adenauer fügte sich ohne Widerrede ihren Anweisungen. Nur Heuss versuchte sich ihrem Einfluß zu entziehen; auf die Dauer gelang es allerdings auch ihm nicht.

17/142 ›Das Buch der Etikette‹

Erica Pappritz/Karlheinz Graudenz
Marbach 1956
Bonn, Deutscher Bundestag, Bibliothek (Mik 9340)

Frau Pappritz beschäftigte sich auch mit allgemeinen Fragen der Etikette. Zusammen mit dem bis dahin unbekannten Münchner Journalisten Karlheinz Graudenz gab sie das ›Buch der Etikette‹ heraus. Es hatte sehr großen Erfolg und wurde bis 1970 zehnmal aufgelegt.

In diesem Werk vergriff sie sich jedoch im Ton. So war das erste Kapitel mit »An Stelle eines Vorwortes: Wo wir sind ist oben« überschrieben. Auch wenn in diesem Kapitel davor gewarnt wurde, sich diesen Satz zu eigen zu machen: Die konkreten Empfehlungen des Buches entsprachen dieser Geisteshaltung. Annemarie Renger brachte den ›Fall Pappritz‹ vor den Bundestag. In einer parlamentarischen Anfrage wollte sie von der Bundesregierung wissen, ob sie es verantworten könne, daß eine Beamtin des Auswärtigen Amtes, die solche Ansichten vertrete, weiterhin den diplomatischen Nachwuchs ausbilden dürfe. Auch der sonst so tolerante Bonner Chronist Walter Henkels drängte mit dem Argument, sie vertrete die »Restauration gescheiterter Werte«, auf die Ablösung von Frau Pappritz.

17/143 Empfang bei Bundespräsident Theodor Heuss

1955; Fotografie (alter Abzug), 18 × 12,5 cm
Küps, Hans und Elisabeth von Herwarth

Das protokollarische Leben in Bonn gab sich zunächst noch bescheiden. Bei Empfängen gab es weder Hummer, noch Kaviar oder Austern wie im Berlin der Weimarer Republik. Den Ministerpräsidenten der Länder wurden beim Bundeskanzler bis in die Mitte der fünfziger Jahre Hähnchengerichte vorgesetzt. Lediglich beim Wein erlaubte man sich einen gewissen Luxus. Je mehr der Wohlstand wuchs und die Anzahl der akkreditierten Diplomaten stieg, um so üppiger wurde das kalte Büffet. Den Frack lieh man sich zunächst noch, doch bald besaß man auch den eigenen.

17/144 Der Vorsitzende der FDP-Fraktion des Deutschen Bundestags, Dr. Erich Mende, mit seiner Frau Margot während des Staatsempfangs für den türkischen Ministerpräsidenten Menderes im Schloß Augustusburg in Brühl

1958; Fotografie (Reproduktion)
Bonn, Bundesbildstelle (5565/34)

Seit September 1951 trug man auch wieder Orden. Im Jahre 1957 erschien mit Erich Mende zum ersten Mal ein Politiker der Bundesrepublik mit dem Ritterkreuz auf einem Staatsempfang.

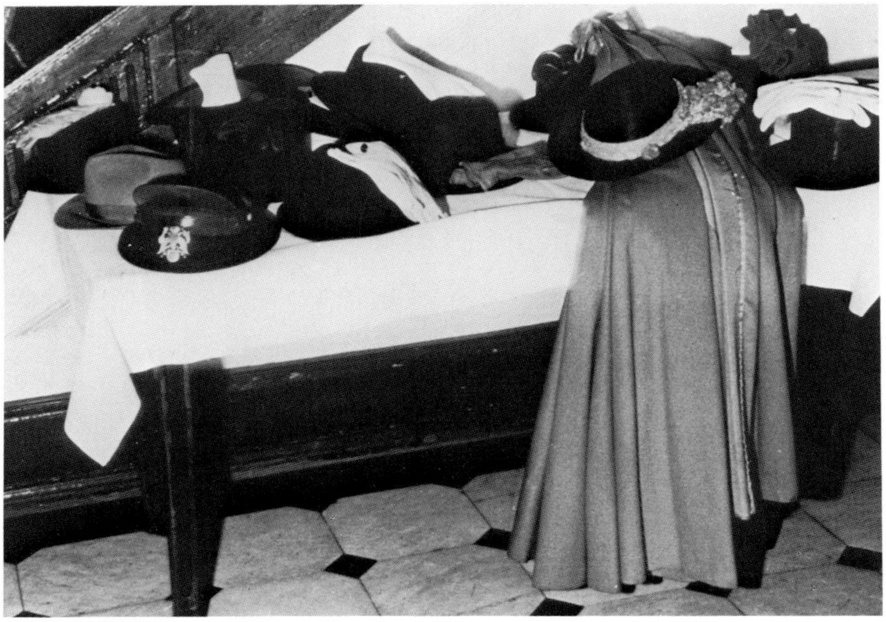

17/145a

17/145 Hutablagen

a) In der Garderobe der Redoute bei einem Empfang anläßlich der Wahl von Theodor Heuss zum Bundespräsidenten
b) ›Die Feierlichkeit beginnt schon in der Halle‹ (Abb. S. 469)

a) 1949; b) 1951; Fotografien (alte Abzüge),
a) 11,3 × 17,8 cm; b) 9,2 × 12,8 cm
Küps, Hans und Elisabeth von Herwarth

17/146 Tischkarte des Gesandten Hans von Herwarth für das Abendessen anläßlich des Staatsbesuchs des Schah von Iran

1955; Pappe, 11 × 12 cm
Bonn, Politisches Archiv des Auswärtigen Amtes (001–407)

17/147 Plan für die Abwicklung von Staatsempfängen im Schloß Augustusburg in Brühl

um 1954; Faksimile, 30 × 21 cm
Bonn, Politisches Archiv des Auswärtigen Amtes (Prot 1–1059)

Bonn fehlte es an repräsentativen Gebäuden. Die Residenz des Bundespräsidenten, die Villa Hammerschmidt, war für diplomatische Empfänge zu klein. Große Empfänge mußten im 15 Kilometer entfernten Barockschloß Augustusburg in Brühl stattfinden, das mit seinem imposanten Treppenhaus von Balthasar Neumann einen angemessenen Rahmen bot. Es hatte allerdings den Nachteil, daß es aus konservatorischen Gründen nicht beheizt werden konnte. Im Winter mußte man notgedrungen in die in Bad Godesberg gelegene Redoute ausweichen.

17/148 Plan für den protokollgerechten Empfang von Staatsgästen auf dem Flughafen Köln/Wahn

um 1954; Faksimile, 12 × 20 cm
Bonn, Politisches Archiv des Auswärtigen Amtes (Prot 1–1059)

17/149 Empfang des äthiopischen Kaisers Haile Selassie I. durch Bundespräsident Heuss auf dem Bonner Hauptbahnhof (Abb. S. 428)

1954; Fotografie (Reproduktion)
Koblenz, Bundesarchiv, Bildarchiv (2217/5)

Im November 1954 empfing man in Bonn als ersten Staatsgast seit der Gründung der Bundesrepublik Deutschland »Seine Kaiserliche Majestät Haile Selassie I., Kaiser von Äthiopien, Auserwählter Gottes, König der Könige, Herrscher auf dem Salomonischen Thron, siegreicher Löwe aus dem Stamm Juda«.

17/150 Staatsbesuch des Schah von Iran Reza Pahlewi und seiner Frau, Schahbanu Soraya

a) Der Schah beim Verlassen der Lokomotive des Sonderzuges
b) Der Schah und die Schahbanu beim Studium einer Karte des Mittelrheins

1955; Fotografien (alte Abzüge), je 18 × 23,8 cm
Küps, Hans und Elisabeth von Herwarth

Als im Jahre 1955 der Schah von Persien mit seiner Gattin zum Staatsbesuch kam, geriet die Bundesrepublik geradezu in ein ›Soraya-Fieber‹. Die zweiundzwanzigjährige Kaiserin war die Tochter einer Berlinerin und des ehemaligen iranischen Gesandten in Berlin, Esfandijary.

17/151 Die Eskorte des liberianischen Staatspräsidenten W. V. S. Tubman beim Verlassen des Geländes der Villa Hammerschmidt, 8. Oktober 1956

Fotografie (alter Abzug), 10 × 14,2 cm
Düsseldorf, Nordrhein-Westfälisches Hauptstaatsarchiv, Bildarchiv (RWB 639/9)

17/152 Plan für die Aufstellung des Diplomatischen Korps beim Neujahrsempfang des Bundespräsidenten Theodor Heuss, 1954

21 × 10,5 cm
Bonn, Politisches Archiv des Auswärtigen Amtes (000–290)

17/153 Das Diplomatische Korps beim Neujahrsempfang des Bundespräsidenten Theodor Heuss, 1954

Fotografie (Reproduktion)
Bonn, Bundesbildstelle (6969)

17/154 Entwürfe für Festdekorationen bei Staatsbesuchen

a) Dekoration des Bonner Hauptbahnhofs anläßlich des Besuchs des griechischen Königspaares

17/150a

b) Dekoration des Koblenzer Tores anläßlich des Besuchs des französischen Staatspräsidenten Charles de Gaulle
c) Dekoration des Bonner Rathauses anläßlich des Besuchs der englischen Königin (Abb. S. 430)
d) Empfangszelt für die englische Königin
e), f) Flaggenständer

a) 1956; b) 1960; c), d) 1964; e) 1960; f) 1965; Feder, Aquarell, a) 44 × 65 cm; b) 38 × 54,5 cm; c) 29 × 44 cm; d) 29 × 43,6 cm; e) 40,7 × 19 cm; f) 36,2 × 20 cm
Hamburg, Apfelstedt + Hornung

17/155 Geburtstagsfeiern Konrad Adenauers

a) Geburtstagsmesse im St. Elisabeth-Krankenhaus in Bonn 1958
b) Geburtstagsfeier im St. Elisabeth-Krankenhaus in Bonn 1967

Fotografien (alte Abzüge), je 10 × 14,5 cm
Bonn, St. Elisabeth-Krankenhaus

Seit dem 5. Januar 1950, dem 75. Geburtstag Adenauers, bürgerte sich ein Geburtstagszeremoniell ein, das Hans-Peter Schwarz in seiner Adenauer-Biographie interpretiert: »Es (das Geburtstagszeremoniell) eröffnet zugleich auch einen Blick auf den Stil der Zeit. Mit ursprünglicher Freude an der Repräsentation, aber zugleich mit sicherem Empfinden für die Breitenwirkung des Showeffekts läßt sich Adenauer Jahr für Jahr wie ein König feiern. Je mehr diese Geburtstagscours in Bonn zum festen Bestandteil des politischen Kalenders werden und zum Verdruß des Bundespräsidenten, dessen Neujahrsempfang in den Schatten treten läßt, desto stärker sickert ins Bewußtsein von Millionen die Überzeugung ein, daß im kleinen rheinischen Schlößchen des Palais Schaumburg ein Wahlmonarch die Zügel der Regierung ergriffen hat, unter dem alles wieder in Ordnung kommt und der am besten lebenslänglich regieren sollte.«

An seinem 83. Geburtstag lag Adenauer 1958 erkrankt im Bonner St. Elisabeth-Krankenhaus. Sein Sohn, Kaplan Dr. Paul Adenauer, zelebrierte in der Kapelle des Krankenhauses die Geburtstagsmesse. Daraus sollte eine bis zu seinem Tode aufrechterhaltene Tradition werden.

17/156 »Im gleichen Schritt und Tritt« – »Die deutsche Uniform für die Europa-Armee«

Titelblatt der Illustrierten ›Revue‹, 16. Februar 1952; 36,5 × 20,9 cm
Hamburg, Heinrich-Bauer-Verlag

Am 27. Mai 1952 wurde in Paris der Vertrag über die Europäische Verteidigungsgemeinschaft (EVG) unterzeichnet. Die EVG sah die Bildung supranationaler Streitkräfte von sechs europäischen Staaten vor. Das supranationale Moment sollte nicht nur in einer gemeinsamen Militärpolitik, sondern auch in einer organisatorischen Einheit Ausdruck finden. Ein Ausschuß beschäftigte sich deshalb mit der Entwicklung einer gemeinsamen Uniform. Da unterschiedliche Traditionslinien der einzelnen Staaten nicht ohne Berücksichtigung bleiben sollten, kam es erst am Ende zäher Verhandlungen zum Entwurf eines Uniform-Modells. Die EVG-Uniform orientierte sich schließlich an der US-amerikanischen. Neben der europäischen Kokarde sollte eine nationale angebracht werden. Die EVG scheiterte 1954 an einem negativen Votum des französischen Parlaments.

17/157 Brief der Schüler Franz und Ludwig Birner an das Amt Blank, 30. Mai 1953

Faksimile, 30 × 21 cm
Freiburg, Bundesarchiv-Militärarchiv (BW 9/1230b)

Der Brief der beiden Brüder aus Amberg mit Vorschlägen zur Gestaltung der Uniform der EVG-Armee ist nur einer von vielen. Die Frage der Gestaltung der EVG-Uniformen beschäftigte nicht wenige Bundesbürger; das Amt Blank wurde mit Eingaben überschüttet. Dieser Vorgang wiederholte sich nach der Gründung der Bundeswehr im Jahre 1955; Adressat war jetzt das Bundesverteidigungsministerium. Unter den Einsendungen waren eine Reihe kritischer Stellungnahmen, die vor allem den Schnitt der Uniformen betrafen, der vielen zu zivil erschien. Kernpunkt der Kritik war, daß ein bewußter Bruch mit den Traditionen der Reichswehr vollzogen worden sei.

17/158 Kampfanzug der Bundeswehr mit Tarnaufdruck

1956; Baumwolle, Jacke 70 × 65 cm, Hose 47 × 105 cm
Ingolstadt, Bayerisches Armeemuseum (191)

Die erste Uniform der Bundeswehr war bewußt im Gegensatz zu früheren deutschen Uniformen entworfen worden. Sie war zweireihig und sollte auf den Betrachter unmartialisch und zivil wirken.

Der dargestellte Kampfanzug wurde, wie auch die anderen Uniformen, bereits 1957 wieder eingezogen, ein Erfolg der Kritik besonders aus Kreisen ehemaliger Wehrmachtsangehöriger, denen die neue Uniform nicht militärisch genug war.

17/159 Modell des HS-30

um 1955; Holz, 62 × 18 × 26 cm
Koblenz, Bundesamt für Wehrtechnik und Beschaffung (BWB/WTS 2459)

Der HS-30 Schützenpanzer war das erste, speziell für die Bundeswehr entwickelte und gebaute Fahrzeug. Die Auftragsvergabe erfolgte unter starkem Zeitdruck und entwickelte sich zum ersten großen Rüstungsskandal der Bundesrepublik. Der Auftrag war vergeben worden, ohne daß es präzise Konstruktionsunterlagen gegeben hatte. Grundlage der Entscheidung waren ein Holzmodell und Fotografien eines anderen Panzermodells. Gutachten, die vor einem überstürzten Bau des Fahrzeugs warnten, wurden übergangen. Die beauftragte Firma Hispano-Suiza besaß keine Erfahrung mit dem Bau solcher Fahrzeuge. Wegen einer Vielzahl technischer Mängel kam es zu jahrelangen Verzögerungen; durch die laufend notwendigen Konstruktionsänderungen stiegen die Kosten erheblich. Der Umfang des Auftrags mußte deshalb auf die Hälfte reduziert werden.

Ein 1967 eingesetzter parlamentarischer Untersuchungsausschuß des Deutschen Bundestages hatte zu prüfen, ob es bei der Auftragsvergabe zu Bestechungen politischer Beamter sowie zu Abzweigungen von Millionenbeträgen für den Wahlkampffond der CDU gekommen war. Eine der Hauptpersonen des Beschaffungsskandals, der ehemalige Staatssekretär im Bundeskanzleramt Otto Lentz, war unter mysteriösen Umständen in einem Hotel in Neapel gestorben. Die Vorgänge konnten nie restlos aufgeklärt werden.

17/160 Bundeskanzler Konrad Adenauer und Verteidigungsminister Franz Josef Strauß bei der Besichtigung eines Holzmodells des Schützenpanzers HS-30

um 1957; Fotografie (Reproduktion)
Berlin, Ullstein Bilderdienst

17/161 Modell des Starfighter F 104-G

Aluminium, 170 × 85 cm
Klosterlechfeld, Jagdbombergeschwader 32

Im Frühjahr 1959 war es unter dem Verteidigungsminister Franz Josef Strauß zum Abschluß eines Vertrags mit der amerikanischen Firma Lockheed über die Lieferung von zunächst 66 Flugzeugen des Typs ›Starfighter‹ gekommen; im Jahr darauf wurde das Auftragsvolumen auf 700 Maschinen ausgedehnt.

Der Auftrag sah die Umrüstung des amerikanischen Schönwetter-Abfangjägers in ein Überschall-Mehrzweckflugzeug vor. Diese Umrüstung kam der Entwicklung eines neuen Flugzeugs gleich. Keineswegs handelte es sich nur, wie vom Verteidigungsministerium zunächst behauptet wurde, um »geringfügige Änderungen an der elektronischen Ausrüstung«. Die zusätzlichen Elektronik-Einbauten und die Ausrüstung des Flugzeugs als Atombombenträger verteuerten den Bau, erhöhten vor allem aber das Gewicht des Flugzeugs und beeinträchtigten dadurch die Flugsicherheit. Der Absturz von vier Starfightern bei Nörvenich im Jahre 1962 war der Anfang einer Serie von Flugunfällen. 1966 zählte man bereits 65 Abstürze; unter dem Druck der öffentlichen Meinung kam es zu einem zeitweiligen Startverbot. Bis in die achtziger Jahre verlor die Bundeswehr über 250 Flugzeuge dieses Typs. Mehr als hundert Piloten starben.

17/162 Flugschreiber eines Starfighter F 104-G

a) Absprengtür
b) Datenaufbereiter
c) Crash-Recorder

um 1965; a) 65 × 50 cm; b) 20 × 40 × 7 cm; c) 18 × 12 cm
Koblenz, Bundesamt für Wehrtechnik und Beschaffung (9440, 9441, 9998491)

17/163 Die Starfighter-Affäre

Titelblatt des Wochenmagazins ›Der Spiegel‹, Nr. 5, 24. November 1966
29,2 × 22 cm
Hamburg, Spiegel-Verlag

17/164 ›Weltgericht‹ – Vorstudie zu einem dreiteiligen Bildobjekt für den Sitzungssaal des Verteidigungsausschusses im Abgeordnetenhochhaus

HAP Grieshaber

1969/70; Mischtechnik auf Papier, dubliert, 72 × 65,5 cm
(Privatbesitz)

Im Jahre 1969 waren mehrere Künstler eingeladen worden, einen Beitrag zur Gestaltung des ›Langen Eugen‹ zu liefern; HAP Grieshaber erhielt den Auftrag zur Gestaltung des Sitzungssaals des Verteidigungsausschusses. Er nannte seinen Entwurf, der auch verwirklicht wurde, ›Weltgericht oder Inferno des Krieges‹. In ihrem Buch ›Pfauenschrei. Die Jahre mit HAP Grieshaber‹ (1986) berichtet Margarete Hansmann von der Entstehung dieser Arbeit: »Auf der Rückfahrt sagte Andreas: ›Ich sehe mich in der Tradition derer, die wohl wußten, wie wenig Kunst bewirkt, und dennoch nicht aufgaben durch die Jahrhunderte. Ich werde nicht auf den Gekreuzigten zeigen wie Grünewald. Das Zeichen meines Zeitalters ist die Atombombe, damit muß ich mich auseinandersetzen.‹ Also besorgte Andreas das Holz und schnitt einen dreiflügeligen Altar. Das Mittelstück die explodierende Bombe. Weltgericht nannte Grieshaber sein Bild. Um den Engel mit ausgereckten Armen wirbeln Menschen-, Tier- und Pflanzentrümmer. In das helle Holz mit den schwarzen Figuren legte er, wie Intarsien, rote Kunststoffsplitter ein, Reste von Blut und Feuer.«

17/165 Eingaben an den Parlamentarischen Rat mit Vorschlägen zur Gestaltung der Bundesflagge

a) Zwölf Entwürfe von Karl Schuster, Kiel
b) Entwurf von Gerhard Wallas, Meldorf
c) Entwurf von H. Rauschenberg, Bünde
d) Entwurf von Klaus Keil, Stuttgart
e) Entwurf von Monika Rittau, Berlin
f) Entwurf von S. Schmidt, Wertheim
g) Entwurf von Oskar Treichel, Sigmaringen

1949; Faksimiles, a) 23 × 38 cm; b) 21 × 30 cm; c) 10 × 14,7 cm; d) 15 × 21 cm; e) 15 × 21 cm; f) 15 × 20 cm; g) 30 × 21 cm
Koblenz, Bundesarchiv [a) Z 5/103; b) Z 5/104; c) Z 5/100; d), e), f), g) Z 5/105]

Den Flaggenausschuß des Parlamentarischen Rates erreichten 353 Eingaben von Bundesbürgern mit Vorschlägen zur Gestaltung der Bundesflagge. Die Unionsfraktion im Parlamentarischen Rat schlug eine Fahne nach skandinavischem Muster vor: auf rotem Grund liegt ein schwarzes Kreuz und auf diesem ein goldenes Kreuz. Damit sollte betont werden, »daß uns daran liegt, in der Flaggengestaltung, in dem Flaggenbild, das Zeichen des Kreuzes zu verankern, das uns ein Symbol der abendländischen Kultur in Jahrhunderten der Geschichte der Menschheit geworden ist«. Dieser Vorschlag wurde jedoch in der entscheidenden Abstimmung des Parlamentarischen Rates am 8. Mai 1949 mit 34 zu 23 Stimmen abgelehnt. Mit 49 zu 1 Stimmen wurde schließlich der Vorschlag der SPD angenommen, die Farben der Revolution von 1848, die Farben Schwarz-Rot-Gold zur Staatsflagge zu erheben.

17/166 ›Hymne an Deutschland‹

Hermann Reutter

1950; Manuskript, 34 × 27 cm
Tübingen, Monika Guenthner-Reutter und Gabriele Rogowski

Bis zum Jahre 1952 verfügte die Bundesrepublik über keine Nationalhymne; das Deutschlandlied war von den Alliierten verboten worden. Der Parlamentarische Rat hatte diesbezüglich keinen Beschluß gefaßt.

Im Jahre 1950 bat Bundespräsident Prof. Theodor Heuss den Dichter Rudolf Alexander Schröder, einen Text für eine neue Nationalhymne zu verfassen; als Komponist konnte Hermann Reutter gewonnen werden. Das Produkt, ›Land des Glaubens, deutsches Land‹, wurde im Dezember 1950 vom Knabenchor der Bad Godesberger Otto-Kühne-Schule beim NWDR aufgenommen. Theodor Heuss stellte seinen Vorschlag im Anschluß an seine Silvesteransprache 1950 der Öffentlichkeit vor. Die Telefunken-Tochter ›Teldec‹ produzierte eine Schallplatte ›Hymne an Deutschland‹ die, obwohl sie allabendlich im Radio gespielt wurde, keine Resonanz in der Bevölkerung fand. Nur 533 Exemplare wurden verkauft.

17/167 Das Hauptgebäude des Flughafens Köln-Wahn

a) Ansicht vom Rollfeld aus
b) Die Abfertigungshalle
c) Blick auf den Flugplan

um 1952; a) Farbfotografie (alter Abzug); b), c) Fotografien (alte Abzüge); a) 18 × 12 cm; b), c) 8 × 13 cm
Köln, Flughafen Köln/Bonn GmbH

17/167a

»Drei Tage lang in jedem Jahr ist die Clique, der anzugehören ich die Ehre habe, das Zentralcafé einer Literatur ohne Hauptstadt«, charakterisierte Hans Magnus Enzensberger die ›Gruppe 47‹ in dem 1962 von Hans Werner Richter herausgegebenen Almanach. Ähnlich drückte es der Kritiker Fritz J. Raddatz 1966 aus: »Muß man es wirklich sagen, daß die ›Gruppe 47‹ vor allem anderen Hauptstadtersatz ist in einem Land, in dem der literarische Klatsch nur per Ferngespräch möglich ist, in dem es kein ›Deux Magots‹ gibt und keine Via Veneto? In New York und Paris, London und Stockholm führt eine wichtige Premiere beispielsweise die interessierten Literaten zusammen, ein Verleger-Cocktail, ein Zeitschriften-Jubiläum. Das ist gut so und wichtig . . ., denn Kultur hat unter anderem mit Kommunikation zu tun.«

Unter Hans-Werner Richters Leitung fanden von 1947 bis 1967 zunächst zweimal, ab 1956 nur noch einmal im Jahr Tagungen der ›Gruppe 47‹ statt, zu denen Schriftsteller, Kritiker und Verleger, bald auch Vertreter von Rundfunk und Presse geladen wurden. Zu den Schriftstellern der ersten Stunde gehörten u. a. Alfred Andersch, Günter Eich, Walter Kolbenhoff, Wolfdietrich Schnurre und Hans Georg Brenner, der auch den Namen ›Gruppe 47‹ vorgeschlagen hatte. Im Laufe der Zeit kamen u. a. Ilse Aichinger, Heinrich Böll, Günter Grass, Martin Walser, Uwe Johnson, Hans Magnus Enzensberger, Ingeborg Bachmann, Wolfgang Hildesheimer hinzu. Die Gruppe verstand sich als Forum einer literarischen Generation – insofern suchte sie keinen unmittelbaren Kontakt zu den

Bereits zu Beginn der fünfziger Jahre wurde über die Anlage eines Flughafens in der Nähe der Bundeshauptstadt diskutiert. Das Interesse richtete sich auf einen im Gebiet der Wahner Heide liegenden Fliegerhorst, der seit 1945 von der britischen Luftwaffe als Militärflughafen genutzt wurde. Nach langen Verhandlungen gelang es im Dezember 1950, eine befristete Lizenz für die zivile Nutzung des Flughafens durch die Städte Köln und Bonn zu erreichen. Allerdings waren bis zur Übergabe des Flughafens in deutsche Verwaltung am 18. Juli 1957 nur acht bis fünfzehn Flugbewegungen täglich zugelassen.

17/168 Tagung der ›Gruppe 47‹ in Marktbreit, 1949
a) Mitglieder der Gruppe beim Spaziergang
b) Hans Georg Brenner und Hans Werner Richter
c) (?), Hans Werner Richter, Louis Clappier, Walter Kolbenhoff, Joseph Rovan

Fotografien (Reproduktionen)
Berlin, Akademie der Künste, Archiv (65, 68, 64)

17/169 Tagung der ›Gruppe 47‹ in Niendorf, 1952 – Hans Werner Richter, Walter Jens, Ilse Aichinger und Ernst Rowohlt mit einer von der Firma Osram als Preis gestifteten Kiste mit 150 Glühbirnen

Fotografie (Reproduktion)
Berlin, Akademie der Künste, Archiv (102/1)

17/170 Tagung der ›Gruppe 47‹ in Niederpöcking, 1956
a) Martin Walser
b) Ingeborg Bachmann und Dr. Herbert Hohenemser
c) Hans Werner Richter, Siegfried Unseld und Günter Eich

Farbfotografien (Reproduktionen)
Berlin, Akademie der Künste, Archiv (119, 130, 131)

17/171 Tagung der ›Gruppe 47‹ in Niederpöcking, 1957
a) Hans Magnus Enzensberger und Wolfdietrich Schnurre
b) Hans Werner Richter und Wolfgang Hildesheimer

a) *Elisabeth Heuser,* b) *Antonie Richter*

Farbfotografien (Reproduktionen)
Berlin, Akademie der Künste, Archiv (117, 134)

17/172 Walter Jens, Wolfgang Hildesheimer, Siegfried Lenz, Marcel Reich-Ranicki, Joachim Kaiser und Jürgen Becker bei der Tagung der ›Gruppe 47‹ in Göhrde, 1961
Antonie Richter

Fotografie (Reproduktion)
Berlin, Akademie der Künste, Archiv (240)

17/173 Tagung der ›Gruppe 47‹ in Berlin, 1962
a) Peter Rühmkorf
b) Walter und Inge Jens
Antonie Richter

Fotografien (Reproduktionen)
Berlin, Akademie der Künste, Archiv (307d, 272)

17/174 Günter Grass liest auf der Tagung der ›Gruppe 47‹ in Saulgau, 1963
Dieter Schmidt

Fotografie (Reproduktion)
Berlin, Akademie der Künste, Archiv (380)

17/175 SPD-Politiker im Gespräch mit Schriftstellern der ›Gruppe 47‹ auf der Wahlkampfparty der SPD in Bayreuth, 4. September 1965
a) im Vordergrund Willy Brandt
b) im Vordergrund Karl Schiller

Fotografien (Reproduktionen)
Berlin, Akademie der Künste, Archiv (350, 346)

17/176 ›Bundeswehr-Generalinspekteur Foertsch‹ – Titelseite des Nachrichtenmagazins ›Der Spiegel‹, Nr. 41, 10. Oktober 1962

Offsetdruck, 29,2 × 22 cm
Hamburg, Spiegel-Verlag

Unter dem Titel ›Bedingt abwehrbereit‹ berichtete ›Der Spiegel‹ in der Ausgabe vom 10. Oktober 1962 über das NATO-Herbstmanöver ›Fallex 62‹. Herausgeber und

Redakteur gerieten in den Verdacht, durch Bundeswehrangehörige in den Besitz von Informationen gelangt zu sein, die Geheimhaltungsvorschriften unterlagen.

17/177 ›Anzeiger von der Heydte‹ – Titelseite des Nachrichtenmagazins ›Der Spiegel‹, Nr. 47, 21. November 1962

Offsetdruck, 29,2 × 22 cm
Hamburg, Spiegel-Verlag

Mitte Oktober 1962 erstattete der Professor der Rechte und Oberst d. R. von der Heydte bei der Bundesanwaltschaft Anzeige gegen den ›Spiegel‹ wegen Landesverrats und landesverräterischer Fälschung.

17/178 Durchsuchung der Redaktionsräume des ›Spiegel‹ am 26. Oktober 1972

a) Mannschaftswagen der Polizei vor dem Eingang ›Versand und Lager‹
b) Beamte der ›Sicherungsgruppe Bonn‹ beim Abtransport von Akten
c) Polizisten im Flur der Redaktion
d) Erster Staatsanwalt Siegfried Buback bei der Durchsuchung des Redaktionsarchivs

Fotografien (Reproduktionen)
Hamburg, Spiegel-Verlag

Am 23. Oktober erließ die Bundesanwaltschaft Durchsuchungsbefehle für sämtliche Geschäftsräume des Spiegel-Verlags. Die Durchsuchung begann am Abend des 26. Oktober und dauerte bis zum nächsten Tag.

17/179 Die Verhaftung des ›Spiegel‹Herausgebers Rudolf Augstein am 27. Oktober 1962

Fotografie (Reproduktion)
Hamburg, Spiegel-Verlag

Rudolf Augstein blieb bis zum 7. Februar 1963, insgesamt 103 Tage, in Untersuchungshaft

17/180 Die Verhaftung des stellvertretenden ›Spiegel‹-Chefredakteurs Conrad Ahlers nach seiner Ankunft auf dem Flughafen Frankfurt am 28. Oktober 1962

Fotografie (Reproduktion)
Hamburg, Spiegel-Verlag

Der Militärexperte des ›Spiegel‹, Conrad Ahlers, befand sich am 23. Oktober 1962, als der Haftbefehl erlassen wurde, im Urlaub in Spanien. In der Nacht vom 26. auf den 27. Oktober wurde er von der spanischen Polizei vorläufig festgenommen. Ahlers trat freiwillig die Rückreise nach Deutschland an; bei seiner Ankunft in Frankfurt am 28. Oktober wurde er verhaftet und blieb bis zum 22. Dezember in Haft.

Die vorläufige Festnahme in Spanien ging auf eine Intervention von Bundesverteidigungsminister Franz Josef Strauß zurück, der den Militärattaché bei der deutschen Botschaft in Madrid telefonisch anwies, die spanische Polizei um ihr Eingreifen zu ersuchen. Diese Aktion war rechtlich ebenso unzulässig wie die Einschaltung von Interpol, über die ein Haftbefehl nach Spanien geleitet wurde, der allerdings erst nach der Festnahme von Ahlers eintraf.

17/181 ›Franz-Josef Strauß‹ – Titelseite des Nachrichtenmagazins ›Der Spiegel‹, Nr. 48, 28. November 1962

Offsetdruck, 29,2 × 22 cm
Hamburg, Spiegel-Verlag

Franz Josef Strauß stritt bis zur Bundestagsdebatte am 9. November jede Beteiligung an der Verhaftungsaktion ab. Nachdem es gelungen war, den Tatbestand zu klären, traten die fünf Minister der FDP am 19. Dezember zurück. Damit zwangen sie den Bundesverteidigungsminister, am 25. November ebenfalls seinen Rücktritt zu erklären.

17/182 Bundeskanzler Adenauer und Verteidigungsminister Franz Josef Strauß während einer Debatte über die ›Spiegel‹-Affäre im Deutschen Bundestag (Abb. S. 423)

1962; Fotografie (Reproduktion)
Hamburg, Spiegel-Verlag

17/183 ›Freiheit für Rudolf Augstein. Freiheit für den Spiegel‹ – Demonstrationstransparent

1962; 77 × 49 cm
Hamburg, Spiegel-Verlag

17/184 Protestdemonstrationen gegen die Verhaftung von Rudolf Augstein und Conrad Ahlers

a) Demonstranten in Frankfurt

Schriftstellern der Vorkriegszeit und der Emigration.

Zu den ungeschriebenen Gesetzen der Gruppe und ihrer Zusammenkünfte gehörte, daß diese allein der Literatur galten. Gleichwohl wird man nicht fehlgehen in der Annahme, daß die ›literarische Ersatzhauptstadt‹ (Heinrich Böll), bis in die frühen sechziger Jahre zugleich der wandernde Antipode zur politischen Hauptstadt der Bundesrepublik gewesen ist. Dem Verständnis der Gruppe von Sprache und Literatur lag die gemeinsame Erfahrung von Nationalsozialismus und Krieg zugrunde. »Literatur war für uns ein Instrument zur Bewältigung der Vergangenheit, zur Überwindung der Gegenwart und zur Gestaltung der Zukunft« – so Hans Werner Richter.

Steigende Teilnehmerzahlen machten die Gruppe heterogener und ließen im Laufe der sechziger Jahre persönliche, literarische und politische Gegensätze hervortreten. Einige Schriftsteller, darunter Günter Grass, ergriffen für die SPD Partei, jüngere Autoren sympathisierten mit der APO. Als Peter Weiss, Hans Magnus Enzensberger u. a. auf der Tagung des Jahres 1966 Kritik am militärischen Engagement der USA in Vietnam vortrugen und im Jahre darauf SDS-Studenten die Veranstaltung störten, wurde deutlich, daß die Gruppe und ihre Zusammenkünfte nicht in der bisherigen Form würden weitergeführt werden können. Die für 1968 in Prag geplante Tagung fiel wegen des sowjetischen Einmarsches in die CSSR aus; so traf man sich erst 1977 wieder, um die Gruppe offiziell aufzulösen.

b) Mit ›Spiegel‹-Titelseiten überklebte Wahlplakate der CSU während des Landtagswahlkampfes in Bayern
c) Der Hamburger Innensenator Helmut Schmidt spricht zu Demonstranten vor der Universität

Fotografien (Reproduktionen)
Hamburg, Spiegel-Verlag

17/185 ›Warnung vor de Gaulle‹ – Titelseite der Wochenzeitung ›Die Zeit‹, Nr. 7, 15. Februar 1963

Fotoreproduktion
Hamburg, ›Die Zeit‹

17/186 Das erste Gebäude des Bundespresseamtes in Bonn, Drachenfelsstraße

1949; Fotografie (Reproduktion)
Bonn, Bundesbildstelle (98736)

Am 12. Oktober 1949 ließ Konrad Adenauer das direkt dem Bundeskanzler unterstellte ›Presse- und Informationsamt der Bundesregierung‹ einrichten. Das Bundespresseamt war zunächst in einer Villa in der Bonner Drachenfelsstraße untergebracht. 1956 bezog das Amt ein neuerrichtetes Gebäude in der Welckerstraße, in unmittelbarer Nähe zum Palais Schaumburg.

Der Stuhl des Pressesprechers der Bundesregierung erwies sich zunächst als Schleudersitz. Von 1949 bis 1952 wechselten vier Sprecher einander in kurzer Folge ab. In Felix von Eckhardt, der mit kurzen Unterbrechungen von 1952 bis 1963 amtierte, fand Adenauer schließlich eine ihm genehme Person.

17/187 Provisorische Unterbringung des Bundespresseamtes in der Ermekeilkaserne
a) Ausgebauter Dachstuhl
b) Funkraum

1955; Fotografien (Reproduktionen)
Bonn, Bundesbildstelle (2577/6, 483/15 A)

17/188 Bundeskanzler Adenauer im Gespräch mit dem Journalisten Max Schulze-Vorberg

Fotografie (Reproduktion)
Bonn, Max Schulze-Vorberg

Adenauer verfolgte den Medien gegenüber eine Doppelstrategie: Auf der einen Seite gab es Einladungen zum ›Hofe‹: Berühmt waren die Kanzlertees im Palais Schaumburg, zu denen in- und später auch ausländische Journalisten geladen wurden, um mit dem Regierungschef vertrauliche Hintergrundgespräche führen zu können. Einzelne Journalisten wurden in dringenden Fällen auch mit direkten Zuwendungen aus den geheimen Fonds des Kanzleramtes bedacht.

Auf der anderen Seite griff Adenauer zu massiven Interventionen: zum Beispiel gegen Journalisten des NWDR oder gegen den dpa-Chefredakteur Fritz Sänger, weil diese sich Adenauers Presseverständnis vom Journalisten der Regierung nicht zu eigen machen wollten.

17/189 Bundeskanzler Adenauer während seines Urlaubs in Cadenabbia im Gespräch mit den Journalisten Max Nitzsche, Max Schulze-Vorberg und Walter Henkels

Fotografie (Reproduktion)
Bonn, Max Schulze-Vorberg

17/190 Modell eines Fernseh-Übertragungswagens des Westdeutschen Rundfunks

1974; Plastik, 20 × 56 × 13 cm
Köln, Westdeutscher Rundfunk

Bonn war und ist nicht die Hauptstadt der Presse. Von den Redaktionen überregionaler Zeitungen und Zeitschriften verlegte lediglich die konservative ›Welt‹ 1975 ihren Sitz nach Bonn. Die beiden großen Sendeanstalten verfügen in Bonn lediglich über Studios. So gehört der Ü-Wagen der Radio- bzw. Fernsehanstalten zum gewohnten Bild in der Stadt.

17/191 Präsentstand verschiedener Zeitungen beim Bundespresseball im Kurhaus Bad Neuenahr, 1953

Fotografie (Reproduktion)
Bonn, Bundesbildstelle (1157/19)

Das herausragende Ereignis im gesellschaftlichen Leben der Bundeshauptstadt war und ist der Bundespresseball. Die in der Bundespressekonferenz zusammengeschlossenen Journalisten geben sich seit 1951 die Ehre, die politische, diplomatische und gesellschaftliche Prominenz der Bundeshauptstadt zu Bällen einzuladen.

Der erste Bundespresseball fand im Januar 1951 im Bundestagsrestaurant statt. Das Restaurant erwies sich allerdings als zu klein und als zu wenig repräsentativ, so daß die Bälle ab November 1951 in das Kurhaus Bad Neuenahr verlegt wurden. Seit Anfang 1960 findet der Presseball in der neuerrichteten Beethovenhalle in Bonn statt.

17/192 Bundespresseball im Kurhaus Bad Neuenahr, 1954
a) Auftritt der Sängerin Martine Carol
b) Bundestagsvizepräsident Prof. Carlo Schmid im Gespräch

Fotografien (Reproduktionen)
Bonn, Bundesbildstelle (2307/3, 2306/44)

17/193 Karikaturen als Wanddekorationen beim Karnevalsfest im Bonner Presseclub, 1955
a) Der französische Ministerpräsident Pierre Mendès-France als Seiltänzer
b) Tennismatch USA gegen UdSSR

Fotografien (Reproduktionen)
Bonn, Bundesbildstelle (2441/11, 2441/10)

17/194 Studenten haben auf dem Bonner Münsterplatz ein Kondolenzbuch für Benno Ohnesorg ausgelegt

1967; Fotografie (Reproduktion)
Bonn, Bundesbildstelle (24995)

Die Zentren der studentischen Protestbewegung 1967/68 lagen in Berlin und Frankfurt. Die Bonner Universität spielte nur eine marginale Rolle.

Am 2. Juni 1967 kam es anläßlich des Besuchs des iranischen Schahs Reza Pahlewi in Berlin zu Zusammenstößen zwischen demonstrierenden Studenten und der Polizei, in deren Folge der Germanistikstudent Benno Ohnesorg getötet wurde. Es folgten bundesweite Proteste. In Bonn legten Studenten auf dem Münsterplatz Kondolenzlisten aus. Am Tage der Beisetzung Ohnesorgs fielen in der Universität die Vorlesungen aus.

17/195 Kondolenzlisten, die am 3. Juni 1967 auf dem Bonner Münsterplatz ausgelegt waren

Nienborstel, Hannes Heer

Diese Kondolenzlisten haben einen Umfang von 170 Blättern im DIN A 4-Format

17/196 ›Thieu, Henker von Saigon, raus aus Bonn‹ – Demonstrationstransparent

1973; 440 × 140 cm
Bonn, Stadtarchiv

Während des Besuchs des südvietnamesischen Diktators Nguyen Van Thieu am 10. April 1973 kam es im Laufe einer Demonstration zum sogenannten ›Bonner Rathaussturm‹. Etwa 30 Mitglieder der KPD, die 1971 aus Resten des Berliner SDS entstanden war, verschafften sich gewaltsam Zutritt zum alten Bonner Rathaus, hißten rote Fahnen, entrollten Transparente und verwüsteten die Repräsentationsräume des Rathauses. Dieses Transparent hing aus dem Fenster des Rathauses.

17/197 Die Besetzung des Bonner Rathauses am 10. April 1973

Fotografie (alter Abzug), 24 × 17,8 cm
Bonn, Stadtarchiv (32.41 BPA)

17/198 Besucher einer städtischen Fotoausstellung zum ›Rathaussturm‹ im Verkehrspavillon vor dem Hauptbahnhof

1973; Fotografie (alter Abzug), 17,9 × 24 cm
Bonn, Stadtarchiv (32.41 BPA)

In einer Bild- und Tonschau dokumentierte die Bonner Stadtverwaltung am 14. und 15. April 1973 in einem Informationspavillon auf dem Friedensplatz den Bonner Bürgern die entstandenen Schäden.

17/199 Das Gebäude des Instituts für Demoskopie in Allensbach

um 1950; Fotografie (Reproduktion)
Allensbach, Institut für Demoskopie Allensbach

Zu den Pionieren der empirischen Sozialforschung in Deutschland zählt Prof. Elisabeth Noelle-Neumann, die, nachdem sie sich während eines Studienaufenthaltes in den USA mit den Methoden George Horace Gallups vertraut gemacht hatte, 1940 in Berlin mit einer Arbeit über ›Meinungs- und Massenforschung in den USA‹ promoviert hatte. Anfang 1947 gründete sie zusammen mit ihrem Mann, dem Journalisten Erich Peter Neumann (1912–1973), in dem Dorf Allensbach am Bodensee das ›Institut für Demoskopie Allensbach. Gesellschaft zum Studium der öffentlichen Meinung mit beschränkter Haftung.‹

17/200 Magnetlocher für Lochstreifen

19,5 × 46,5 × 27 cm
Allensbach, Institut für Demoskopie Allensbach

Die Ergebnisse der Umfragen wurden zunächst mittels eines Hollerith-Lochkartenverfahrens, bei dem gelochte Karten als Informationsträger durch Abtastfedern entsprechend der Lochung sortiert wurden, ermittelt.

17/201 Mitarbeiterinnen des Instituts für Demoskopie bei der Auswertung von Fragebögen

Fotografie (alter Abzug), 23,6 × 17,9 cm
Allensbach, Institut für Demoskopie Allensbach

17/202 ›Stäbchenspiel‹ – Farbcode für die Gesellschaftsanalyse

22,5 × 29,4 × 2,5 cm
Allensbach, Institut für Demoskopie Allensbach

17/203 ›EDV per Hand: die Arbeit am Allensbacher Stäbchenspiel‹

Fotografie (Reproduktion)
Allensbach, Institut für Demoskopie Allensbach

17/204 Bundeskanzler Adenauer im Gespräch mit Frau Dr. Elisabeth Noelle-Neumann

Fotografie (alter Abzug), 18,2 × 22,6 cm
Allensbach, Institut für Demoskopie Allensbach

Im Jahre 1950 schloß die Bundesregierung mit dem Allensbacher Institut einen Vertrag ab, der das Institut verpflichtete, der Bundesregierung monatlich über die Stimmung in der Bevölkerung zu berichten. Dieser Vertrag besitzt noch heute Gültigkeit.

In einer Schrift der frühen fünfziger Jahre ›Warum ist Bonn so unbeliebt?‹ hieß es: »... hat Dr. Adenauer sich daran gewöhnt, uns durch ein Institut für Meinungsforschung monatlich ganz unauffällig beobachten zu lassen. In den Berichten dieses Instituts schrumpfen wir alle, 40 Millionen Menschen, schrumpft alles, was wir fühlen und denken, fürchten und hoffen, zu einer einzigen Prozentzahl zusammen. (...) Diese kahle Zahl ist das Guckloch, durch das der alte Herr nach uns ausschaut, ein kleines Guckloch in einer dicken Wand.«

17/205 ›Deutschland wählt Adenauer‹ – Plakat der CDU zur Bundestagswahl 1953

Farboffsetdruck, 42 × 30 cm
Sankt Augustin, Konrad-Adenauer-Stiftung, Plakatsammlung (BTW 53/427)

Im Vorfeld der Bundestagswahl 1953 hatte das Allensbacher Institut herausgefunden, daß die wirtschaftliche Existenzfurcht entscheidend nachgelassen hatte und daß die Wähler einen direkten Zusammenhang zwischen diesem Tatbestand und der Person Konrad Adenauers sahen. Die CDU reagierte auf diese Tatsache damit, daß sie in riesiger Auflage Plakate, auf denen nichts als Adenauers Kopf mit dem Text ›Deutschland wählt Adenauer‹ zu sehen war, drucken ließ.

In seiner Analyse der Ergebnisse der Bundestagswahl 1953 kam der SPD-Politiker Fritz Erler zu dem Ergebnis: »Die SPD hat mit ihren handwerklichen Propagandamethoden gegenüber den wissenschaftlichen Methoden moderner Meinungsforschung, deren sich die Bundesregierung bedient hat, nicht vermocht, sich auf die Meinung vieler Wähler ›Uns geht es gar nicht schlecht‹ einzustellen.«

17/206 Anzeigen der ›Gemeinschaft zur Förderung des sozialen Ausgleichs e. V., Die Waage‹

a) ›Wie schnell der Mensch vergißt‹
b) ›Wir ziehen alle am gleichen Strang‹
c) ›Endlich ein eigenes Heim‹

a), b) 1952; c) 1957; a), b) 38 × 26,2 cm; c) 21,2 × 40 cm
Bonn, Archiv der Ludwig-Erhard-Stiftung (Zug. 122)

Bereits 1948 gelang es Elisabeth Noelle-Neumann und ihrem Institut, Ludwig Erhard von der Bedeutung der empirischen Sozialforschung zu überzeugen.

Am 23. September 1952 wurde auf Anregung des deutsch-amerikanischen Soziologen und Gewerkschaftstheoretikers Götz Briefs und mit Hilfe der rheinischen Unternehmer Franz Greiß und Alphons Horten, denen es gelang, Unternehmen jeder Größe zu Spenden zu bewegen, der Verein ›Gemeinschaft zur Förderung des sozialen Ausgleichs e. V., Die Waage, Köln‹ gegründet. Über diesen Verein wurden in engstem Kontakt mit Erhards Mitarbeiter Karl Hohmann zwischen 1952 und 1963 Public-Relations-Kampagnen für Erhard und die Förderung des Gedankens der sozialen Marktwirtschaft finanziert. Die Themenauswahl wurde vom Allensbacher Institut durch eine Felduntersuchung vorbereitet.

Die Anzeigen wurden in Tageszeitungen und Illustrierten in Form von Comic strips breit gestreut. Die beiden Normalverbraucher ›Fritz und Otto‹ thematisierten wahlrelevante Fragen.

17/207 ›Mit beiden Füßen auf der Erde‹ – Ein Film der ›Gemeinschaft zur Förderung des sozialen Ausgleichs e. V., Die Waage‹

Entwurf: Loriot (Victor von Bülow)
um 1960; 32,5 × 50 cm
Bonn, Archiv der Ludwig-Erhard-Stiftung (Mappe 123)

17/208 Bundespräsident Theodor Heuss und Bundeswirtschaftsminister Ludwig Erhard im Gespräch mit VW-Generaldirektor Heinrich Nordhoff auf der Internationalen Automobilausstellung in Frankfurt, 1955

Fotografie (Reproduktion)
Wolfsburg, Automuseum, Bildarchiv

Bonn und Wolfsburg besaßen für die bundesrepublikanische Gesellschaft der fünfziger Jahre besonderen Symbolwert. Beide galten als Pionierorte für die Zeit des Wiederaufbaus und des ›Wirtschaftswunders‹.

Besonders die CDU und ihr Wirtschaftsminister Prof. Ludwig Erhard nahmen sich der Stadt Wolfsburg an. Als Arbeitnehmervertreter es im Bundestagswahlkampf 1957 Erhard untersagten, vor der Belegschaft des VW-Werks zu reden, während dies einem führenden SPD-Politiker erlaubt worden war, ließ Erhard allen 35000 VW-Arbeitern einen Brief des Bonner Wirtschaftsministeriums zukommen, in dem er seine Bestrebungen zur Teilprivatisierung des Konzerns erläuterte. Wolfsburg, bis dahin fest in der Hand der SPD, wurde in dieser Wahl für die CDU gewonnen.

17/209 Modell des Prototyps VW 3

um 1972; Kunststoff, 45 × 90 × 45 cm
Wolfsburg, Automuseum

Im Jahre 1936 wurden drei Prototypen der Serie VW 3 in einem Großversuch über je 50000 km getestet.

17/210 Stadtkrone Wolfsburg

H. Neumeister
um 1938; Feder, 51,6 × 66,9 cm
Wolfsburg, Stadtarchiv

Im Jahre 1937 erteilte Hitler den Auftrag, den Bau eines Werkes für die Produktion des Volkswagens in die Wege zu leiten. Die Wahl fiel auf den Standort Wolfsburg, das am 1. Juli 1938 als ›Stadt des KdF-Wagens bei Fallersleben‹ gegründet wurde. Die Partei- und Freizeitbauten sollten auf einer ›Stadtkrone‹ errichtet werden, die ein bauliches Gegengewicht zum Werk bilden sollte.

17/211 Rollschuhläufer auf dem Marktplatz von Wolfsburg

1954; Fotografie (Reproduktion)
Wolfsburg, Stadtarchiv

Die Stadt bot für das VW-Werk nur die ›dienende Infrastruktur‹: sie wuchs vom Rand zur Mitte. Erst Anfang der fünfziger Jahre begann man mit dem Bau der City um die Porschestraße.

17/212 Die Porschestraße in Wolfsburg, 1954

Fotografie (Reproduktion)
Wolfsburg, Stadtarchiv

17/213 Modell des Hauses der Zentralverwaltung der Deutschen Bank AG in Frankfurt am Main

Walter Hanig, Heinz Scheid, Johannes Schmidt
1984; Holz, Acryl, lackiert, H 80 cm, Platte 150 × 150 cm
Frankfurt, Deutsche Bank AG

Das Stadtbild Frankfurts wird wesentlich durch die beiden Bürotürme der Zentralverwaltung der Deutschen Bank AG bestimmt. Im Jahre 1971 schrieb die Stadtverwaltung einen Wettbewerb zur Gestaltung des Bereichs Westend/Gallusanlage aus, den die Architektengruppe Walter Hanig, Heinz Scheid und Johannes Schmidt gewann.

Der Gebäudekomplex wurde in den Jahren 1979 bis 1984 errichtet. Die beiden Türme sind 155 Meter hoch, mit 38 bzw. 40 Geschossen, in denen rund 2000 Mitarbeiter tätig sind. Die Außenfassade besteht aus verspiegeltem Glas, das vielfach abgewinkelt ist. Um die Luftzufuhr der Stadt aus dem Taunus nicht abzuschneiden, wurden die beiden Türme im Abstand von 13 Metern erbaut.

17/214 ›Kulturgutbehälter‹

1986; Edelstahl, H 70 cm, Dm 30 cm
Bonn, Bundesamt für Zivilschutz

Die künftige Kulturhauptstadt der Bundesrepublik wird in einem Stollen bei Freiburg im Breisgau ihren Sitz haben. Dort werden in solchen festverschlossenen Behältern Kulturdokumente aller Epochen mikroverfilmt gewissermaßen ein unsichtbares Museum bilden. Der hier gezeigte Behälter sichert einen Katalog der Ausstellung ›Hauptstadt – Zentren, Residenzen, Metropolen in der deutschen Geschichte‹.

Dokumente

Die Hauptstadt und das Provisorium

Hermann Schreiber

Der Jubeltag des Provisoriums – das ist so paradox wie die Bundeshauptstadt Bonn selber. Denn wenn man etwas Provisorium nennt, dann will man doch damit sagen, daß es nicht für lange und eigentlich überhaupt nicht existieren sollte, und wenn etwas eigentlich überhaupt nicht existieren sollte, dann kann es auch nicht gut Hauptstadt sein.

Bonns paradoxe Rolle

Doch Bonn ist tatsächlich beides: Hauptstadt und Provisorium. Das Klischee von der provisorischen Bundeshauptstadt, das so oft geistlos hergeleiert und so oft geistvoll verspottet wird, ist gar nicht nur ein Klischee. Es entspricht ziemlich genau der Wahrheit. Ich finde, wir sind es dieser vergewaltigten Ortschaft, die ja schließlich nichts dafür kann, daß Adenauer seine Villa vor vielen Jahren just vis-à-vis in Rhöndorf gebaut hat und daß die Wiedervereinigung nicht kommen will – wir sind es dieser Stadt nachgerade schuldig, die Behauptung einmal zu wagen, daß Bonn seine paradoxe Rolle in der deutschen Nachkriegstragödie immerhin überzeugend genug zu spielen weiß, um fortgesetzt kritisch oder mitleidig oder gar zornig glossiert zu werden (was man von manchen anderen, nicht minder glossierenswerten Produkten der deutschen Spaltung schon lange nicht mehr behaupten kann). Bonn muß so oft herhalten als wohlfeiles Thema für die Abschätzigkeit derer, die vor lauter monomanischer Deutelei an den Makeln unserer erzwungenen Vorläufigkeit so etwas wie ein Staatsgefühl erst gar nicht aufkommen lassen, daß wir jetzt einmal versuchen wollen zu beweisen, Bonn sei zugleich hinlänglich provisorisch und hinlänglich hauptstädtisch, um die Anomalie dieses unseres Teilstaates bewußt werden zu lassen, ohne ihn lächerlich zu machen. Und welcher Tag wäre geeigneter, einen solchen Beweis zu versuchen, als der heutige – der Jubeltag des Provisoriums? Denn heute vor zehn Jahren ist Bonn ›Bonn‹ geworden.

Ausgerechnet die Kommunisten

Für einen augenblicklichen Umzug nach Berlin waren damals nur – die Kommunisten. »Damit würde eindeutig der Beweis erbracht, daß Berlin die Hauptstadt Deutschlands ist«, sagte ausgerechnet der Kommunist Gundelach (obwohl es die ›Deutsche Demokratische Republik‹ durchaus schon gab). Die Kommunisten machten sich sehr viel Mühe, die Bundesorgane unter verdächtig lautem Hinweis auf den gemeinsamen Kampf beider deutscher Regierungen um die Wiedervereinigung nach der Insel Berlin zu locken. Aber niemand ließ sich darauf ein. Als der KPD-Abgeordnete Nuding mit einer heftigen Tirade über Berlin als Symbol der Einheit zu Ende war, beantragte der Abgeordnete Strauß (CSU), wenn auch erfolglos, Übergang zur Tagesordnung. Berlin wurde vertröstet, Bonn konnte in Ruhe ein richtiges Provisorium werden. Und für das allfällige Satyrspiel sorgte die skandalumwitterte Veröffentlichung, bei der Entscheidung für Bonn sei Bestechung im Spiel gewesen.

Unterdessen nun hat die provisorische Bundeshauptstadt Bonn 46000 Neubürger aufgesogen, ihre Bevölkerungszahl um rund dreißig Prozent erhöht (einschließlich der Umgebungsgemeinden sind es 340000), hat achthundert Mark Schulden je

Kopf der Bevölkerung gemacht, hat sich von einer Hochburg der Pensionäre in eine solche des Frauenüberschusses verwandelt, die gewerbliche Produktionsleistung ist auf das Doppelte gestiegen, die Zahl der übernachtenden Fremden auf über das Dreifache, der Stromverbrauch beinahe auf das Vierfache, die Zahl der im Stadtgebiet zugelassenen Kraftfahrzeuge auf das Fünffache und die Verkehrsunfälle auf den Bonner Straßen auf das Siebenfache; mit 15,6 Kraftfahrzeugen auf hundert Einwohner hat Bonn Ende 1958 auch München und Frankfurt überholt und steht mit seiner Kraftfahrzeugdichte an der Spitze aller Großstädte, wie es auch mit 22 Fernsprechanschlüssen auf hundert Einwohner die höchste Fernsprechdichte erreicht hat; und mit 46 Einwohnern je Hektar der Stadtfläche ist Bonn, nächst Wanne-Eickel, gleich überdicht besiedelt wie derzeit – einzige, traurige Parallele – Westberlin.

Die Aura des Regierens

Aber natürlich soll hier nicht behauptet werden, Bonn sei deshalb eine Hauptstadt, weil es für seine Verhältnisse über die Maßen gewachsen ist. Ebensowenig sollte man freilich behaupten, es sei nur deshalb *keine* Hauptstadt, weil es mit seinen drei Promille der Bundesbevölkerung dennoch klein bleibt. Ist denn das Hauptstädtische wirklich in erster Linie eine Frage der Dimension? Ist es nicht vielmehr eine Frage der Aura des Regierens, eine lokalisierbare Ausstrahlung der praktizierten Macht? Auch die regierenden Körperschaften eines halbierten Staates haben ihren atmosphärischen Mondhof. Entsteht nicht überall, wo regiert wird, und erst recht in Bonn, eine Art von ›District of Columbia‹, ein bißchen Washington, D. C.?

Um Mißverständnissen vorzubeugen: Bonn ist selbstverständlich keine Metropole und wird niemals eine sein, kein Sauerteig der Nation, kein geistiges Zentrum. Dazu ist es, von den unabdingbaren Voraussetzungen der Dimension und des weltverbundenen Wachstums einmal ganz abgesehen, viel zu unbestritten die Prägung einer einzigen, außerordentlichen Persönlichkeit. »Paris hat seine blühenden Kastanienbäume«, schrieb das ›Algemeen Handelsblad‹ neulich, »seine Paraden auf den Champs-Elysées, seinen Auszug nach der Riviera im August, ... London hat sein Cup-Finale, seine Horse-Guard-Parade und sein neues Theaterstück. Bonn hat nur Adenauer.« Bonn, der Regierungssitz, trägt wie ein Stigma Adenauers Namenszug – ich möchte behaupten: einschließlich der SPD. Außerdem ist Bonn, das Städtchen, viel zu innig verwachsen mit jener partikulären, speziell rheinischen Variante deutscher Gemütsverfassung, die sich so populär in der Landschaft ausdrückt, aber für das übrige Deutschland zum Glück doch nicht typischer ist, als es die Touristenattraktionen anderswo auf der Welt für ihre Länder sind: all diese romantische Düsternis; Schwermut im alten Gemäuer und aus den Wassern Tiefsinn; Burgen natürlich, im Dutzend, und verfallene Türme; und dazwischen diese dunkle, kleingewürfelte Dörfelei, Fachwerk und Schiefer fugendicht aneinandergeschmiegt, Trutzburg und Erkerseligkeit, dazu ein Kirchturm, der die Ruinen grüßt und den Wein am Hügel. Dort, wo andere Stämme den Horizont haben, da sitzt hier eine Feengestalt auf einem Felsen und kämmt Vater Rhein ihr Blondhaar entgegen. Und gar nicht weit davon, in den Armen des Stromes, liegt Bonn.

Bonn, der Regierungssitz, und Bonn, das Städtchen. Die rechte Erkenntnis liegt in der Unterscheidung. Denn Bonn, der Regierungssitz, ist tatsächlich eine Hauptstadt, ein kleines Washington, D. C., in dem nichts Wesentliches mehr provisorisch ist, außer vielleicht den Pressebaracken. Es

›Die Feierlichkeit beginnt schon in der Halle‹ (Kat. Nr. 17/145b)

hat seine komplette Diplomatie, sein komplettes Beamtenheer, seine tausendfenstrigen Gebäude, seinen Strahlenkranz ausländischer Repräsentanten, seine konforme Bürokratie, seine Lauscher an der Wand, seine Lobbyisten, seinen Aufwand, seine Skandale, seine Hektik und seinen Jargon. Bonn, das neue Bonn, hat ohne Frage eine Aura, einen hauptstädtischen Bannkreis.

Man gerät in diesen Bannkreis spätestens dann, wenn man es unternimmt, sich mit dem Wagen auf der Koblenzer Straße, dort wo sie schmal wird und die Bäume noch stehen, in fünf oder sechs Anläufen an die immer hoffnungslos überlastete ›Kanzlerkreuzung‹ beim Palais Schaumburg heranzuschleichen und dann zum Bundeshaus oder ins Diplomateneldorado nach Godesberg weiterzufahren. Dort trifft man sie bestimmt, auf der nicht minder verstopften Gegenfahrbahn, manchmal im Schutze großer schwarzer Limousinen mit einem CD-Schild und einer Null vor der Nummer: die Bonner Neubürger, die hauptstädtische Equipe, die Figuren vom Schachbrett der Politik, von unsichtbarer Hand hin und her geschoben. Dann am Abend, wenn die Papierwoge des Tages verebbt ist, trifft man sie wieder, in einem der spärlichen, teuren Neubonner Treffpunkte, im Chinesischen Restaurant etwa, das sich in einem alten Gäßchen nahe dem Beethoven-Haus mit viel Schwarz-Rot-Gold in der Dekoration eingerichtet hat, oder im Godesberger-Stammlokal, oder im amerikanischen Klub in der US-Siedlung Plittersdorf, oder in einer der neuen, engen, hellhörigen Wohnungen in den diplomatischen Vororten und auf dem Venusberg, wo früher ein Naturschutzpark war »mit reichem Vogelleben« und wo heute Parties sind – jene Parties, zu denen ein halbwegs ansehnlicher Neubürger zwei- oder dreimal wöchentlich in zierlich vorgedruckter Schönschrift eingeladen wird.

Die Party als hauptstädtische Lebensform

Dort trifft man sie wieder, die anderen Neubonner, diese geschlossene, hauptstädtische Gesellschaft: den Amtskollegen, den Pressechef, den Referenten, den lächelnden Attaché mit seiner Gattin – einer »noch immer schönen Frau«, wie es in den Romanen heißt – und auch manche ihrer jüngeren Schwestern, die zur Diplomatie zu gehören scheinen wie Regenschirm und Homburg zu den Veteranen der Wilhelmstraße. Man lächelt den Gastgeber an, quetscht sich zwischen beiseite gerückte Möbel, greift nach dem Glas und den regenbogenfarbenen Sandwiches und beginnt das Gespräch dort wieder, wo man es vorgestern abgebrochen hat. Denn geredet wird viel; in Bonn ist alles diskutabel, sogar die Tabus sind diskutabel, und zu später, vertraulicher Stunde erörtert wohl auch einmal ein Minister die Möglichkeit der diplomatischen Anerkennung Pankows. Warum nicht? Man weiß ja, die Entscheidung fällt letztlich doch der eine, der auch bisher immer die Richtlinien bestimmt hat.

Dieses neue, komplette, hauptstädtische Bonn aber trifft an allen Ecken und Enden immer wieder nur auf sich selbst. Das, was an Bonn kein Provisorium mehr ist, lebt in ständiger Isolierung innerhalb der Grenzen seines imaginären Distrikts. Es produziert Gesetze, Verordnungen und Parolen für sein Volk, das irgendwo hinter den sieben rheinischen Bergen wohnen muß, denn die Betroffenen sieht man nicht. Es ist fast so, als habe die ganze Regierung einen Dampfer bestiegen, sei schiffbrüchig geworden und wirke nun auf einem verlassenen Eiland im Ozean drahtlos weiter, damit zu Hause die Geschäfte nicht stocken. Der oft glossierte Umstand, daß Bonn, der Regierungssitz, zu Bonn, dem Städtchen, bestenfalls diplomatische Beziehungen unterhalte, doch sonst keine, ist nach zehn Jahren noch immer fast uneingeschränkt richtig. Altbonner, Neubonner und der Zirkel der Bonner Akademiker bleiben – trotz der gemeinsamen Beethovenhalle – weiterhin unter sich. Zwar gehen mittlerweile Alt- und Neubonner Kinder gemeinsam in die alten und in die achtzehn neuen Schulen, zwar nimmt die ›Lese‹, die Altbonner ›Lese- und Erholungsgesellschaft‹, auf entsprechende Referenzen hin auch Neubonner auf; aber daraus folgt nichts, jedenfalls noch nichts. Bonn, der Regierungssitz, liegt immer noch auf einer Insel.

Und deshalb ist diese Hauptstadt eben doch ein Provisorium. Das Provisorische an ihr gründet in der Beziehungslosigkeit, in der inzüchtigen Kontaktschwäche – darin, daß sie immer noch so wirkt, als gehöre sie eigentlich gar nicht hierher. Frankfurt, München, Hamburg hätten – wäre das Los auf sie gefallen – in diesen zehn Jahren zweifellos damit begonnen, sich den Regierungssitz anzuverwandeln, Basis zu werden und Nährboden, eine Metropole, ein neues Berlin. In Bonn aber hat man den Regierungssitz einem Neutrum aufgepfropft, einer historisch passiven, kurfürstlichen Residenz, die nun umgekehrt sich selber den neuen Herren anzugleichen versucht, indem sie sich hemmungslos für Neubauten verschuldet; die im Grunde aber doch nichts anderes will von der Geschichte als ihre linksrheinische Ruhe und hie und da vielleicht ein bißchen Karneval. So haben wir in Bonn genau das bekommen, was wir brauchen: ein Sinnbild der Vorläufigkeit, eine provisorische Hauptstadt.

Zentrum des Staates?

Wirklich: was wir brauchen? In der großen ernüchterten Verwirrung, die nach dem Scheitern aller bekannten Pläne und Entwürfe für die Wiedervereinigung heute die Bonner Gespräche, insonderheit auf der Linken bestimmt, schwingt auch diese Frage mit. Man hat sich an Bonn gewöhnt, kein Mensch lebt zehn Jahre lang provisorisch, seit zwei Jahren etwa schimpft man auch kaum noch auf Bonn, und jede zweite Unterhaltung über dieses Thema beginnt mit den Worten: »Ich bin ja gewiß kein Freund von Bonn, aber ...«

Freilich – genügt das? Wir können es uns nicht so leicht machen wie jener Diplomat, der nach diesen zehn Jahren lächelnd sagt: »Das Schöne an Bonn ist, man ist in fünf Stunden in Paris.« Uns stellt sich die Frage, ob Bonn mit dem Verstreichen der Jahre und dem Verblassen der Pläne genügend Phantasie und Loyalität in uns erwecken kann, um wirklich Zentrum dieses Staates zu sein, der auch als ein Staat auf Zeit nicht leben kann ohne unser Ja. Wahrhaftig: Nach diesen zehn Jahren fängt Bonn erst an, ein Problem zu sein.

Gekürzter Nachdruck eines Artikels aus der ›Stuttgarter Zeitung‹ vom 3. November 1959

Am Anfang stand die Verachtung

Erich Mende

»Muß das sein? Intellektuelle und Politiker, oder, wie man einst zu sagen pflegte, Geist und Macht: Ich gebe zu, daß dies ein Thema ist, bei dem auch dem Geduldigsten das Herz sinkt, eine urdeutsche Spezialität ...!« So begann kürzlich ein Aufsatz von Hans Magnus Enzensberger in der Wochenzeitung ›Die Zeit‹ zu dem, wie er fand, erschöpften Thema eines Spannungsverhältnisses zwischen beiden, das über viele Jahre hindurch vorwiegend larmoyant erörtert wurde. Am Ende kommt Enzensberger zu dem versöhnlichen Schluß: »Politiker und Intellektuelle: Sie halten sich für Feinde, in Wahrheit aber sind sie in derselben Situation: Ihr Einfluß sinkt, ihre Selbstüberschätzung wächst. Der Tag ist nicht fern, da sie sich in die Arme sinken!«

Wie war das vor vier Jahrzehnten am Beginn der deutschen Nachkriegsdemokratie, und was hatten damals die Kontrahenten einander zu sagen? In der rasch sich entwickelnden geistigen und kulturellen Wiedergeburt blühten trotz materieller Not Literatur und Theater. Carl Zuckmayers ›Des Teufels General‹ und Wolfgang Borcherts ›Draußen vor der Tür‹ fesselten die Besucher schon durch den aktuellen Bezug zur jüngsten Vergangenheit. Die Ablehnung jeglicher Restauration verbunden mit vagen Vorstellungen eines demokratischen Sozialismus bestimmte das intellektuelle Klima in zahlreichen Aufsätzen und Leitartikeln.

Freilich lag in alledem eine ziemliche Fehleinschätzung der politischen Gestaltungsmöglichkeiten für die Deutschen selbst. Schließlich wurden ihre Lebensverhältnisse zuerst einmal durch die alliierten Militärgouverneure bestimmt. Selbst die von den Besatzungsmächten eingesetzten Bürgermeister und Landräte amtierten unter der Aufsicht der Kontrolloffiziere der jeweiligen Besatzungsmacht. Die späteren Länder entstanden auf den Reißbrettern der Alliierten, wie Theodor Heuss richtig formulierte, und wurden ohne Anhörung der Deutschen dekretiert, ihre Regierungen und Landtage nicht gewählt, sondern ernannt.

Nach der Gründung der Bundesrepublik war Mißtrauen gegenüber der neuen Demokratie, ja Verachtung, weit verbreitet – durch alle Schichten und Lager. Es überrascht nicht, daß entsprechende Ressentiments in der Bundeshauptstadt ihre Ziel-

Der Vorsitzende der FDP-Fraktion des Deutschen Bundesstages, Dr. Erich Mende, mit seiner Frau Margot während des Staatsempfangs für den türkischen Ministerpräsidenten Manderes im Schloß Brühl (Kat. Nr. 17/144)

scheibe fanden. Für den Deutschen Bundestag kam das böse Schlagwort des alten Antiparlamentarismus von der ›Schwatzbude‹ wieder auf. Die Parlamentarier und Bundesminister wurden als Befehlsempfänger und Erfüllungsgehilfen der Siegermächte denunziert. Ganze Schulklassen sangen mit ihren Lehrern das populäre Lied ›Wer soll das bezahlen, wer hat das bestellt‹, wenn sie auf den Ausflugsdampfern am Bundeshaus vorbeikamen.

Zu einem recht herabsetzenden literarischen Denkmal der Bundeshauptstadt geriet auch Wolfgang Koeppens 1953 veröffentlichter Roman ›Das Treibhaus‹ – weit und breit, zumindest in diesen Jahren, die einzige Auseinandersetzung mit Bonn in Romanform überhaupt. Der Bundestagsabgeordnete Keetenheuve; seine junge Frau Elke, die Tochter eines hohen Nazifunktionärs, die als Säuferin in der Gosse des Alleinseins verkommt; die Politik in Bonn einzig und allein als Tummelplatz für Wirrköpfe und ehrgeizige Opportunisten, die eine Restauration vergangener Verhältnisse betreiben – waren das nicht Zerrbilder der Wirklichkeit? Kamen dem Autor am Ende Zweifel an den bitterbösen Zügen des Romans, wenn er im Vorwort abmildernd erklärte: »Der Roman ›Das Treibhaus‹ hat mit dem Tagesgeschehen, insbesondere dem politischen, nur insoweit zu tun, als dieses einen Katalysator für die Imagination des Verfassers bildet. Gestalten, Plätze und Ereignisse, die der Erzählung den Rahmen geben, sind mit der Wirklichkeit nirgends identisch!« Die ›Wirklichkeit‹, also wir, die Abgeordneten des ersten Deutschen Bundestages, hatten überwiegend andere Gedanken, Vorstellungen und Probleme als Koeppens Keetenheuve, der schließlich von der Beueler Brücke in den Rhein springt.

Es galt, die einfachsten Lebensvoraussetzungen wie Wohnung, Nahrung, Kleidung und Arbeitsplätze in den zerstörten Großstädten ebenso zu schaffen wie in den von Heimatvertriebenen und Flüchtlingen überfüllten ländlichen Bezirken. Das öffentliche Verkehrsnetz war weitgehend zerstört. In dieser außergewöhnlichen Lage fiel eine erste, damals keineswegs nur unpopuläre Grundsatzentscheidung für die freie Marktwirtschaft als leistungsbezogener und eigentumsfördernder Wirtschaftsform.

Den Schwerbeschädigten, Witwen und Waisen mußte mit der Kriegsopferversorgung ein Existenzminimum gesichert werden. Die Vertriebenengesetzgebung und der Lastenausgleich sollten bei der Eingliederung der neun Millionen aus den deutschen Ostgebieten und den drei Millionen Flüchtlingen aus Mitteldeutschland helfen. Der soziale Wohnungsbau führte zu einem raschen Wiederaufbau unserer Städte durch die Erstellung von einer Million neuer Wohnungen in jedem Jahr. Die Wiederherstellung des Verkehrsnetzes und die Schaffung neuer Arbeitsplätze und Produktionsstätten brachten in wenigen Jahren das zuwege, was man in der Welt das ›deutsche Wirtschaftswunder‹ nannte. Nicht zuletzt verdanken wir diesen Aufstieg auch stabilen politischen Verhältnissen und dem Funktionieren des neuen deutschen Parlamentarismus in Bund und Ländern. Mit der Konsolidierung der Demokratie wuchs auch das Ansehen ihres politischen Mittelpunktes, der Bundeshauptstadt Bonn.

In der Folgezeit fehlte es nicht an Versuchen, die wirkliche oder vermeintliche Kluft zwischen Bonn und dem geistigen Leben in der Bundesrepublik zu überwinden und Begegnungen aus beiden Bereichen zu arrangieren. Besonders Bundespräsident Professor Theodor Heuss, einzelne Bundesminister und hervorragende Abgeordnete aus Wirtschaft und Wissenschaft bemühten sich um Kontakte. Eine gute Gelegenheit bot der erste Bundespresseball am 10. Dezember 1949 im Kurhaus zu Bad Neuenahr, zu dem bereits viele Chefredakteure und Leitartikler mit bekannten Namen anreisten.

Zur Buchmesse 1951 erschien der Bundespräsident, um für einen Freund, den Philosophen und Arzt Professor Albert Schweitzer, die Laudatio zur Verleihung des Friedenspreises des deutschen Buchhandels zu halten. Erstmalig trafen Autoren von Rang und Namen mit Vertretern der deutschen Nachkriegsdemokratie in größerer Anzahl zusammen. Aber es blieb bei der einen Begegnung.

Um ein Zeichen zu setzen, erneuerte der Bundespräsident die von Friedrich dem Großen im Jahre 1740 gestiftete Friedensklasse des Ordens ›Pour le mérite für Kunst und Wissenschaft‹ und sorgte dafür, daß der Kreis der noch lebenden drei Träger auf 30 Mitglieder erweitert wurde. Die jeweiligen Zusammenkünfte stehen auch heute noch unter der Schirmherrschaft des Bundespräsidenten.

Schließlich gründete sich nach englischem Vorbild die Deutsche Parlamentarische Gesellschaft in Bonn. Sie wurde zu einer Stätte der Begegnung zwischen Parlament, Regierung und Gesellschaft mit zahlreichen Veranstaltungen, Vorträgen und Ausstellungen. Spätestens diese Einrichtung hätte in mehr als drei Jahrzehnten ihres Bestehens zu einem engeren Verhältnis zwischen Geist und Macht führen können. Doch habe ich in ihren Räumen weder Heinrich Böll noch Wolfgang Koeppen je getroffen. Als sich Günter Grass beim Berliner Presseball im Januar 1964 über die große Distanz zwischen Künstlern und Literaten zur Bonner Regierungsszene beklagte, empfahl ich ihm, öfter zur Parlamentarischen Gesellschaft nach Bonn zu kommen, wo er ausgezeichnete Kontakte zu Politikern aller Parteien finden könnte. Auch ihn habe ich niemals in der Parlamentarischen Gesellschaft getroffen.

Anfang der sechziger Jahre wurde es Mode, daß sich Literaten und Künstler als Wahlhelfer engagierten. Das trug natürlich zur Verschärfung bestehender Animositäten bei. Es wäre ungerecht, nur Konrad Adenauers oder Ludwig Erhards abfällige Bemerkungen über Intellektuelle zu zitieren. Die darin angesprochenen prominenten Literaten und Schriftsteller waren auch nicht gerade zimperlich. Es bleibt nach vier Jahrzehnten der deutschen Nachkriegsdemokratie nur die Hoffnung Enzensbergers in seinem ›Zeit‹-Artikel, daß Politiker und Intellektuelle einsehen mögen, sie säßen im gleichen Boot der Selbstüberschätzung und des schwindenden Einflusses. Den Intellektuellen wäre weniger elitäre Arroganz zu wünschen, den Politikern mehr Mut zu geistigem Florett!

Hauptstadt in Prozenten

Hauptstadtfunktionen in der Mitte Europas

Politische, kulturelle und wirtschaftliche Standortveränderungen zwischen 1250 und der Gegenwart

Klaus Fehn

Das Deutsche Reich des Mittelalters und der frühen Neuzeit sowie der Deutsche Bund des 19. Jahrhunderts waren politische Gebilde ohne Hauptstädte. Dadurch unterschieden sie sich grundsätzlich von den westeuropäischen Königreichen Frankreich und Großbritannien, die mit Paris und London seit dem Spätmittelalter unangefochtene Metropolen besaßen. Erst 1871 übernahm für das neu gegründete Deutsche Reich die preußische Hauptstadt Berlin diese Rolle, um sie jedoch schon 1945 wieder abgeben zu müssen.

In diesem, historisch gesehen kurzen Zeitraum, konzentrierten sich in immer größerem Umfang überregionale politische, wirtschaftliche und kulturelle Funktionen, ohne daß Berlin eine den anderen europäischen Metropolen vergleichbare Stellung innerhalb des Deutschen Reiches erringen konnte. Trotz beachtlicher Fortschritte auf dem Weg zu einem Zentrum fehlten der Stadt auch 1939 noch wichtige Teilkomplexe aus der Gesamtheit der hauptstädtischen Funktionen. So behielten zum Beispiel zahlreiche große Verlage ihre alten Standorte vor allem in Leipzig und Stuttgart bei.

Während dieser Sachverhalt bekannt ist, hat sich die Forschung bisher noch nicht genügend mit der Frage beschäftigt, in welchen Orten die einzelnen Hauptstadtfunktionen oder Teile von ihnen im Laufe der Jahrhunderte lokalisiert waren. Mit diesem Beitrag wird ein erster Versuch unternommen, das Thema anhand von fünf Zeitschnitten (Ende des Hochmittelalters, Ende des Spätmittelalters, Ende der Frühneuzeit, Zwischenkriegszeit, Gegenwart) kartographisch darzustellen. Dahinter steht die Vorstellung einer theoretischen Gesamtheit aller Hauptstadtfunktionen, die mit 100 Prozent gleichgesetzt wird. Diese können in dem einen Extremfall restlos auf eine Stadt konzentriert und in dem anderen auf Hunderte von Orten verteilt sein. Das heutige Frankreich etwa weist eine Struktur auf, die sehr nahe an dem einen Extrem liegt. Neben der überragenden Metropole Paris gibt es zwar zahlreiche wichtige Regionalzentren wie zum Beispiel Bordeaux, Marseille, Lyon und Straßburg; diese haben aber einen sehr geringen Anteil an den Hauptstadtfunktionen. In Mitteleuropa kam es dagegen nie zu einer derartigen Konzentration.

Die Auswahl der Städte für die fünf Karten erfolgte aufgrund der Gesamtbedeutung; diese setzt sich wiederum zusammen aus der Summe der Teilbedeutungen in den Bereichen Politik, Kultur und Wirtschaft, wobei dem Bereich Politik ein besonderer Stellenwert eingeräumt wurde. Für alle fünf Zeitschnitte wurden jeweils 80 Städte ausgewählt, um eine erhöhte Vergleichbarkeit zu erzielen. Zahlreiche weitere einschlägige Orte konnten wegen der Lesbarkeit der Karten nicht berücksichtigt werden, was bei der Interpretation zu berücksichtigen ist. Bewußt wurde die Einschränkung auf das Gebiet des Deutschen Reiches vermieden und ein Ausschnitt gewählt, der die gesamte europäische Mitte umfaßt, um eine zu sehr auf das Deutsche Reich des frühen 20. Jahrhunderts orientierte Betrachtung zu vermeiden und raum-zeitliche Zusammenhänge deutlich werden zu lassen.

Die vorliegenden fünf Karten sollen zusammen mit dem dazugehörigen Text eine Vorstellung vermitteln, in welchem geographisch-funktionalen Umfeld sich die in der Ausstellung besonders berücksichtigten Orte jeweils befunden haben. Da es hierfür so gut wie keine speziellen Vorarbeiten gibt, sind nur holzschnittartige Raumbilder möglich. Auch diesen liegen umfassende methodische und quellenkritische Überlegungen zugrunde, die hier leider aus Platzgründen nicht wiedergegeben werden können. Ganz allgemein ist zu sagen, daß die Quellenlage für das Mittelalter und die Frühneuzeit sehr schlecht ist und auch für das 19. und 20. Jahrhundert nur sehr wenige direkt verwertbare Statistiken zur Verfügung stehen.

Obwohl es sicherlich Differenzen über die Zuordnung einzelner Funktionen aus den Bereichen Politik, Kultur und Wirtschaft zum Idealtyp einer Hauptstadt geben mag, so dürften doch keine Zweifel darüber bestehen, daß es hauptstadtspezifische Aufgaben und Institutionen gibt. Im Sektor Politik sind zum Beispiel folgende Institutionen und Aktivitäten von so großer überregionaler Bedeutung, daß sie zumindest für einzelne Zeiten zu den Funktionen einer fiktiven Hauptstadt zu zählen sind: die Königspfalz; der zentrale Verwaltungssitz eines Territoriums; die Residenz; der Sitz von Regierung, Parlament, obersten Behörden, politisch relevanten Verbänden usw. Für den Bereich Wirtschaft sind zu nennen: Spezialgewerbe, Fernhandel, Messe, Münze, Überseehafen, Verkehrsknoten, Industriekonzentration, Sitz von Wirtschaftsverbänden, Banken, Börsen. Zu den kulturellen Hauptstadtfunktionen gehören zumindest der Bischofssitz, die internationale Wallfahrt, die Universität, die Akademie, das führende Theater, Opernhäuser und Museen, die zentrale Bibliothek, ein herausragendes Publikations- und Kommunikationszentrum, die Konzentration einer künstlerisch-wissenschaftlichen Elite und ähnliches. Wenn schon die Bedeutung der einzelnen Funktionen allgemein und vor allem speziell je nach Zeitabschnitt sehr verschieden sein kann, so ist die Gesamtgewichtung naturgemäß noch viel schwieriger. Hier hilft oft nur eine Kombination unterschiedlicher Methoden, um die einzelnen Mosaiksteinchen zu einem Bild zu vereinigen.

In den Personenverbandsstaaten mit ihren reisenden Herrschaftsträgern gab es keine Verwaltung und keine ortsfesten Institutionen. Erst der Flächenstaat entwickelte nach der Übergangsphase des institutionellen Personenverbandsstaates neue Herrschaftsformen, die eine dauerhafte Konzentration des Herrschaftsinstrumentariums auf einzelne Zentren als sinnvoll erscheinen ließen. Vom Herrschaftsobjekt aus gesehen läßt sich eine Linie von der Herrschaft über einzelne Personen, die im Extremfall – wie bei den wandernden Germanenstämmen – gar keinen festen Wohnsitz hatten, zur Herrschaft über einzelne militärisch oder wirtschaftlich wichtige topographische Punkte mit den dort lebenden Menschen ziehen; von dort zur Herrschaft über Räume, wozu noch lange unwichtiges Umland wie Berge oder Sümpfe nicht zählte. Das moderne Raumdenken war im Mittelalter noch nicht vorhanden. Es dauerte noch bis weit in die frühe Neuzeit hinein, bis sich das in der Renaissance erwachte Interesse an der

Geographie der gesamten Erdkugel auch auf die unmittelbare Nachbarschaft auswirkte. Einigermaßen genaue Karten sind für die meisten mitteleuropäischen Landschaften erst aus dem 18. Jahrhundert bekannt.

Vor 1250 gab es in Mitteleuropa jedoch eine größere Anzahl von Kernlandschaften wie zum Beispiel den Frankfurter, den Kölner oder den Magdeburger Raum, deren Bedeutung meist auf ihrer Wirtschaftskraft beruhte. Die Rangordnung dieser Gebiete untereinander blieb nicht gleich, sondern wechselte im Laufe der politischen Entwicklung. Ähnlich war es bei den Vororten, da es für sie keine absolut, also zeitlos günstige Lage gab, sondern nur topographische Potenzen, die unterschiedlich je nach der politischen und wirtschaftlichen Situation aktiviert werden konnten.

Die primär nach wirtschaftlichen Gesichtspunkten entstehenden Städte bildeten allmählich ein geschlossenes Netz, das sich über die älteren Raumstrukturen der Pfalzen, Burgen und Bischofssitze legte, ohne daß es jedoch zu stabilen hierarchischen Systemen gekommen wäre. Eine besondere Rolle spielten in dieser Zeit die kirchlichen Zentren, da hier im Gegensatz zum politischen Bereich ortsfeste Institutionen in Form der Erzbischofs- und Bischofssitze und dazugehörige, eindeutig geographisch abgegrenzte Sprengel, also Raumeinheiten vorhanden waren. Im Gegensatz dazu war dies bei den zahlreichen Pfalzorten nicht der Fall. Obwohl um 1250 die ersten Ansätze einer modernen Herrschaftsausübung in den neu entstehenden Territorialstaaten nicht zu übersehen sind, die einigen Orten einen erheblichen Bedeutungszuwachs brachten, war die Situation im politischen Bereich insgesamt immer noch durch Zersplitterung und Instabilität gekennzeichnet. Die Pflegestätten der Kultur waren ebenso über das ganze Gebiet verstreut; in diesem Zusammenhang dürfen die Klöster und Stifte keinesfalls vergessen werden. Die wichtigsten wirtschaftlichen Hauptstadtfunktionen waren um diese Zeit eindeutig mit den gewachsenen Städten und den älteren Gründungsstädten verbunden. Hier konzentrierten sich das überregional bedeutsame Exportgewerbe und der Fernhandel. Gegen diese etablierte Schicht von älteren Städten konnten sich die Neugründungen nur selten durchsetzen.

Während es dem Reich nicht gelang, seinen Einflußbereich in einen institutionellen Flächenstaat umzuwandeln, schafften dies zumindest die größeren Territorien des Reiches. Hier kam es schon bis 1500 und in steigendem Maße zwischen 1500 und dem Ende des Alten Reiches zur Ausformung moderner Staaten, die mit Frankreich und England verglichen werden können. Während auf der Ebene des Reiches sich nur einige Orte mit besonderen Funktionen für bestimmte Anlässe, wie zum Beispiel die Wahl oder die Krönung herausbildeten und sich die Institutionen des Reiches nur unvollkommen entwickelten, trat in den großen Territorien der Typ der Residenzstadt immer stärker in den Vordergrund. Dort konzentrierten sich mehr und mehr in der unmittelbaren Nähe des Herrschers die wichtigsten politischen Institutionen, die auch bei der immer noch häufigen Abwesenheit der regierenden Einzelperson weiter ihre Tätigkeit ausübten, also ortsfest wurden. Aber auch hier handelte es sich nicht um eine konsequente Planung im Sinne einer gradlinigen Hauptstadtbildung, sondern um eine von vielen Zufällen beeinflußte Selektion unter einer größeren Anzahl von bestehenden Vororten. Die wichtigsten überregionalen Wirtschaftsfunktionen waren um 1500 immer noch überwiegend mit den alten Städten verbunden. Zu diesem Zeitpunkt hatten aber nicht wenige dieser Städte ihren Höhepunkt schon überschritten; Verschiebungen zugunsten der Residenzorte kündigten sich an. Während um 1250 die kirchlichen Zentren auch den Hauptteil der kulturellen Hauptstadtfunktionen besaßen, wurden die neuen überregionalen Kulturinstitutionen des Spätmittelalters, die Universitäten, meist in kleineren Städten gegründet. Auch die großen Reichsstädte erlebten mit der wirtschaftlichen eine kulturelle Blüte.

Bis zum Ende des Alten Reiches entwickelte sich eine größere Zahl von Städten zu echten Hauptstädten für Teilgebiete Mitteleuropas. Daneben blieben in weiten Bereichen spätmittelalterliche Strukturen erhalten; deshalb ist es sehr schwierig, die dort gelegenen Städte hinsichtlich ihrer Bedeutung innerhalb des Systems von Hauptstadtfunktionen festzulegen. Das Reich bildete erst sehr spät – und dann auch nur sehr wenige – Zentralinstitutionen aus, die aber wiederum auf mehrere Städte verteilt wurden, wodurch es zu keinem spektakulären Zuwachs an hauptstädtischen Funktionen für den einzelnen Ort kam. Viele der großen wirtschaftlichen Zentren des Spätmittelalters waren Reichsstädte geworden und erlebten gerade deshalb in einer Schwächephase des Reiches zumindest eine Stagnation, wenn nicht teilweise einen geradezu dramatischen Abstieg. Die Gewinner waren neben den Überseehandelsplätzen und den Bergbau- und Industriestädten die Residenzstädte. Sie gewannen nun neben ihrer politischen Bedeutung zumindest in den großen Territorien eine beachtliche wirtschaftliche Stellung. Auch die Kultur konzentrierte sich nun immer stärker in den Residenzstädten, wobei aber zu berücksichtigen ist, daß sich nur die Hauptstädte der großen Territorien das ganze Spektrum der überregional bedeutsamen kulturellen Institutionen wie Theater, Museen und Bibliotheken und das entsprechende Bauprogramm leisten konnten.

Nach dem Ende des Alten Reiches verschwanden die meisten der kleineren Herrschaftsgebiete, ohne daß sich im Hinblick auf die Verteilung der Hauptstadtfunktionen grundsätzlich etwas gewandelt hätte. Nach wie vor gab es zunächst kein Deutsches Reich mit einer eindeutigen Haupstadt, sondern eine größere Zahl von verschieden großen Staaten mit ihren jeweiligen Hauptstädten. Diese Orte hatten in unterschiedlichstem Ausmaß überregionale Funktionen ausgebildet, wobei es schwierig ist, die Überregionalität in eine Beziehung zu den sich formierenden neuen Nationalstaaten zu bringen. Während man 1815 noch keine echte Haupstadt für den gesamten Deutschen Bund zu etablieren suchte, änderte sich die Situation 1871 grundlegend. Zu einem modernen Großstaat gehörte nach der allgemeinen Überzeugung eine adäquate Hauptstadt oder, besser gesagt, eine Metropole.

Es entwickelte sich nun rasch eine Vorstellung davon, welche Funktionen eine solche Hauptstadt in sich vereinigen sollte. Jedoch ließen sich die gewachsenen Strukturen nicht so rasch verändern; der Polyzentrismus wirkte noch lange nach. Obwohl die Defizite der Metropole schon im Kaiserreich erheblich geringer geworden waren und sich diese Entwicklung in der Weimarer Zeit vor allem auf kulturellem Gebiet noch beschleunigt und intensiviert hatte, blieb doch ein beträchtlicher Rest bei den Regionalzentren. Die großen politischen Zentren versuchten planmäßig, auch wichtige wirtschaftliche und kulturelle Institutionen und vor allem die entscheidenden Verwaltungsgremien in diesen Bereichen an sich zu ziehen. Den neuen Industriestandorten gelang es trotz ihrer wirtschaftlichen Stärke nicht, einen größeren Anteil an den Hauptstadtfunktionen zu bekommen.

Nach dem Zweiten Weltkrieg zerfiel das mitteleuropäische Vorkriegssystem, da das Deutsche Reich aufgeteilt wurde und Berlin einen gesonderten Status erhielt. Die hauptstädtischen Funktionen, die um 1930 bereits zu einem überragenden Prozentsatz auf Berlin konzentriert waren, verteilten sich nun wieder auf eine größere Zahl von Städten. Diese Aussage gilt primär für die Bundesrepublik Deutschland, da die Deutsche Demokratische Republik den sowjetischen Sektor von Groß-Berlin zur Haupstadt erklärte. Ein völlig neues Element kam 1949 durch die Bestimmung der Mittelstadt Bonn zum Regierungssitz der Bundesrepbulik Deutschland hinzu, da Bonn damals keinerlei Voraussetzungen für eine Metropole aufwies und außerdem die Bundesrepublik nach wie vor Berlin als die eigentliche Hauptstadt des Deutschen Reiches betrachtete.

Aus Platzgründen ist es leider nicht möglich, den Bedeutungswandel aller auf den Karten dargestellten Orte zu kommentieren und darüber hinaus auf die nicht enthaltenen Zentren einzugehen. Daher soll ein ausgewähltes Teilgebiet exemplarisch untersucht werden. Bayern mit seinen historisch unterschiedlichen Großräumen Altbayern, Franken und Schwaben eignet sich hierzu besonders gut, da dort fast alle Entwicklungstypen vorkommen.

Auf der ersten Karte für die Zeit um 1250 finden sich die Bischofssitze Freising, Regensburg, Passau, Bamberg, Eichstätt, Würzburg und Augsburg. Kempten war der Sitz eines Reichsklosters, München der wichtigste Ort des aufstrebenden weltlichen Territoriums der Wittelsbacher und Nürnberg ein hochrangiges Zentrum der Staufer, also des Königs. Nicht in die Karte aufgenommen sind weitere königliche Pfalzorte wie Rothenburg und Donauwörth, andere Residenzorte der Wittelsbacher wie Landshut, weitere Reichsklöster wie Ebrach und andere überregional bedeutsame Orte wie Wessobrunn in kultureller oder Reichenhall in wirtschaftlicher Hinsicht. Es gab um 1250 im altbayerisch-fränkisch-schwäbischen Raum noch kein dominierendes Zentrum, sondern nur eine Fülle unterschiedlicher Orte, auf die sich die Hauptstadtfunktionen im politischen, kulturellen und wirtschaftlichen Bereich verteilten. Obwohl sich einige spätere Entwicklungstendenzen wie die Stabilisierung des Wittelsbacher-Territoriums oder die Vergrößerung des ökonomischen Potentials der Reichsstädte bereits abzeichneten, wäre es verfehlt, von Zwangsläufigkeiten zu sprechen. Richtiger ist es, die zahlreichen, sehr unterschiedlichen Möglichkeiten vor allem im politischen Bereich herauszustellen und ihre Bedeutung für die spätere Zentrenbildung hervorzuheben.

Für die Zeit um 1500 sind die Bischofssitze nicht mehr vollständig verzeichnet, da ihre Bedeutung ganz allgemein zurückgegangen ist. Mehrere Bischofsstädte wie Augsburg und Regensburg waren nunmehr Reichsstädte geworden und damit der ehemaligen Pfalzstadt Nürnberg, die ebenfalls den Status einer Reichsstadt erlangt hatte, nähergerückt. Das Spätmittelalter war diejenige Phase, wo sich ein erheblicher Prozentsatz der Hauptstadtfunktionen aller drei Bereiche auf die Reichsstädte konzentrierte. Augsburg, Regensburg und Nürnberg waren wichtige Faktoren in der Reichspolitik; in ihnen blühte das kulturelle Leben, und sie betrieben einen einträglichen Fernhandel auf der Basis eines eigenen Exportgewerbes. Im wirtschaftlichen Bereich waren diesen Handelszentren jeweils Regionalsysteme zugeordnet. Als Beispiel soll das Verhältnis von Augsburg zu Memmingen genannt werden. Eine gefährliche Konkurrenz entstand den Reichsstädten mit den Hauptorten der großen Territorien. Innerhalb von Bayern war dies vor allem München. Nachdem diese Stadt schon um 1250 gegenüber den anderen Vororten der Wittelsbacher eine Sonderstellung eingenommen hatte, verstärkte sich diese noch im Spätmittelalter, obwohl zwischen 1255 und 1505 das Herzogtum geteilt war und dadurch Landshut, Straubing, Ingolstadt und Burghausen eine Aufwertung erfuhren. Eine besondere Rolle in dieser Entwicklung spielte die Regierungszeit des Wittelsbacher-Königs Ludwig des Bayern 1328 bis 1347, da während dieser fast zwanzig Jahre München faktisch die Haupstadt des Deutschen Reiches war. Danach übernahmen andere Städte wie Prag, Heidelberg, Wien, Wiener Neustadt, Graz, Linz und Innsbruck die Funktionen von Mittelpunkten des königstragenden Territoriums.

Während der Regierungszeit König Karls IV. von 1347 bis 1378 war zwar Prag der wichtigste Ort des Reiches; das Bild bliebe aber unvollständig, wenn nicht die Ost-West-Achse von Breslau nach Frankfurt mit dem nicht hoch genug einzuschätzenden Mittelort Nürnberg erwähnt würde. Nürnberg war in dieser Zeit eine Art heimliche Hauptstadt des Reiches, da hier reichsorientierte politische Macht, überregional bedeutsame kulturelle Institutionen (Buchdruck, Globusherstellung usw.) und eine überragende Wirtschafts- und Finanzkraft zusammentrafen. Nördlingen hatte als Messeplatz überregionale Bedeutung, und Ingolstadt war ein Vertreter der im Spätmittelalter aufkommenden neuen kulturellen Zentren, der Universitätsstädte (1472 gegründet). Schließlich sind noch die zahlreichen reichsunmittelbaren Herrschaftsträger mit kleinen und kleinsten Territorien und entsprechenden Vororten zu nennen, die meist in Franken und Schwaben, vereinzelt aber auch in Altbayern lagen, so zum Beispiel die Grafschaft Ortenburg in Niederbayern, die bis zum Ende des Alten Reiches vom Herzogtum bzw. Kurfürstentum Bayern unabhängig blieb.

Der dritte Querschnitt gibt den Zustand am Ende des Alten Reiches wieder. München gehörte nun als Hauptstadt des nach Preußen und Österreich wichtigsten deutschen Territorialstaates zu den Städten europäischen Ranges. Seit 1505 war es systematisch zur Haupt- und Residenzstadt ausgebaut worden. Dies wirkte sich neben dem politischen Bereich besonders im kulturellen aus, wobei noch verstärkend hinzukam, daß München ein Zentrum der Gegenreformation wurde. Der Ruf als Kunststadt wurde bereits im 16. Jahrhundert begründet; danach bemühten sich fast alle Wittelsbacher mit durchweg beachtlichem Erfolg, diesen Stand zumindest zu halten. Im späten 15. Jahrhundert hatten die bayerischen Herzöge noch einmal ernsthaft versucht, den altehrwüdigen Hauptort des bayerischen Raumes, Regensburg, zu ihrer Hauptstadt zu machen. Nachdem dies aber gescheitert war, geriet die Stadt politisch immer mehr ins Abseits. In dieser Situation bedeutete es eine erhebliche Aufwertung, als sie 1663 zum Sitz des Immerwährenden Reichstages bestimmt wurde (bis 1806). Wie kompliziert im Einzelfall die staatsrechtlichen Verhältnisse in einer Stadt sein konnten, dafür ist wiederum Regensburg ein gutes Beispiel. Hier existierten nebeneinander als jeweils selbständige, reichsunmittelbare Territorialgebilde die Reichsstadt, das Hochstift des Bischofs, das Reichskloster St. Emmeram sowie die Reichsstifte Niedermünster und Obermünster. Augsburg und Nürnberg erlebten noch über das Ende des Mittelalters hinaus im Gegensatz zu vielen anderen Reichsstädten eine wirtschaftliche Blütezeit. Von etwa 1700 an stagnierten aber auch sie, ohne daß sie von München trotz der intensiven Bemühungen der bayerischen Kurfürsten im merkantilistischen Zeitalter eingeholt werden konnten. Ingolstadt spielte im Aufklärungszeitalter eine wichtige Rolle in der Wissenschaft. Eine Konkurrenz entstand dieser und anderen katholischen Universitäten durch die Gründung von evangelischen Universitäten in Altdorf bei Nürnberg (1623) und in Erlangen (1743). Altdorf gehörte zum Territorium der Reichsstadt Nürnberg; Erlangen lag dagegen im Herrschaftsbereich der Markgrafen von Bayreuth aus dem Geschlecht der Hohenzollern. Ursprünglich sollte die Universität im Hauptort Bayreuth selbst gegründet werden, der im 18. Jahrhundert großzügig zu einer der prunkvollsten Barockresidenzen ausgebaut wurde. 1791 kam die Markgrafschaft Ansbach-Bayreuth durch Erbfall an Preußen, seit 1810 war das Gebiet Bestandteil des neugebildeten Königreichs Bayern, dem auch das Hochstift Würzburg zugeschlagen wurde. Vorher hatten dieses Territorium und vor allem seine Haupstadt Würzburg noch eine Blütezeit erlebt, die in großartigen Bauten ihren Niederschlag fand. Würzburg hatte seit 1582 auch eine Universität, die im Zuge der Gegenreformation gegründet worden war und am Ende des Alten Reiches als größte katholische Universität Deutschlands galt.

Der vierte Querschnitt ist der Zwischenkriegszeit gewidmet. München war unangefochten die Hauptstadt Bayerns, wenn auch nicht zu übersehen ist, daß die regionalen Kräfte in Franken, Schwaben und der Rheinpfalz (die bis 1945 zu Bayern gehörte) stark geblieben waren. Diese Widerstände konzentrierten sich wiederum hauptsächlich in Nürnberg und Augsburg, zwei alten Konkurrenten von München. Diese hatten seit der Mitte des 19. Jahrhunderts ihre Stagnation überwunden und sich zu wichtigen Industriestandorten entwickelt. In stärkerem Maße als Augsburg konnte Nürnberg auch den kulturellen Sektor beleben, wobei der Stadt das nostalgische Wiederanknüpfen an das Mittelalter im 19. Jahrhundert besonders zugute kam (siehe etwa die Gründung des Germanischen Nationalmuseums). München verbesserte seine hauptstädtische Position durch die Verlegung des Bischofssitzes von Freising 1821 und der Universität von Ingolstadt 1826 (nach einem kurzen Zwischenspiel in Landshut von 1802 bis 1826). Die Universitäten Erlangen und Würzburg blieben dagegen in ihren Mittelstädten. Nach wie vor dominierte in München bis zum Zweiten Weltkrieg neben der Verwaltung die Kultur, wenn auch der industrielle Sektor kontinuierlich an Bedeutung gewann. Während der Regierungszeit von Ludwig I. (1825–1848) kulminierte dieses Kunstmäzenatentum, was München sehr bald den schmückenden Beinamen ›Hauptstadt der Kunst‹ eintrug. Im frühen 19. Jahrhundert war zwar Wien eindeutig eine höherrangige Hauptstadt, der Vorsprung Berlins war jedoch gering. München hatte wie auch Berlin und Wien von der Säkularisierung und Mediatisierung profitiert, da es nun im Territorium des Königreichs Bayern keine politischen Konkurrenten mehr gab. Die Wirtschaftskraft der Hauptstadt stärkte darüber hinaus die konsequente Ausrichtung des neuen Verkehrsmittels Eisenbahn auf München. Eine veränderte Situation entstand durch die Gründung des Deutschen Reiches 1871, da es nun erstmals eine deutsche Hauptstadt gab. Trotz aller Widerstände zog Berlin mehr und mehr Hauptstadtfunktionen an sich und vergrößerte damit seinen Vorsprung gegenüber München. Noch größer wurde der Abstand in der Weimarer Republik, als die politische Stellung der bayerischen Landeshauptstadt durch das Ende der Monarchie wesentlich geschwächt wurde, wichtig kulturelle Funktionen sich verlagerten und das Wirtschaftspotential bei weitem nicht so rasch anwuchs wie in Berlin. Die preußische Hauptstadt hatte also um 1930 in der Entwicklung zu einer echten Metropole bereits einen deutlichen Vorsprung. Dieser Prozeß sollte nach der Planung der Nationalsozialisten im Dritten Reich zum Abschluß kommen und darüber hinaus der qualitative und quantitative Sprung zur ›Welthauptstadt‹ vollzogen werden, was die Bedeutung der ›Hauptstadt der Bewegung‹ noch weiter verringert hätte.

Der fünfte Schnitt führt in die Gegenwart. Die Bundesrepublik Deutschland ist ein Staat ohne Metropole, da als Regierungssitz die Mittelstadt Bonn bestimmt wurde. Berlin hat seinen politischen Hauptstadtrang verloren, ist geteilt und dem Viermächtestatus unterworfen. Als Folge davon hat es auch viele wirtschaftliche und kulturelle Hauptstadtfunktionen abgeben müssen, was wiederum zu einer Aufwertung der alten Regionalzentren geführt hat. Neben dem westdeutschen Ballungsgebiet hat davon sicherlich am meisten München, das der neue Sitz von höchstrangigen Wirtschaftsunternehmungen wie Siemens wurde und kulturell aufholte, profitiert. Innerhalb der föderalistischen Struktur der Bundesrepublik Deutschland beanspruchte die Stadt von Anfang an eine herausragende Rolle. Dies alles führte zusammen mit dem sehr hoch einzuschätzenden Schub durch die Olympischen Sommerspiele 1972 zu einem Stand, der das Aufkommen der nicht selten verwendeten Bezeichnung ›Heimliche Hauptstadt der Bundesrepublik Deutschland‹ verständlich werden läßt. Nürnberg und Regensburg konnten ihre wirtschaftliche Position einigermaßen behaupten, während Erlangen durch die Verlagerung wichtiger Teilbereiche des Weltunternehmens Siemens von Berlin ebenso wie München vom Bedeutungsverlust der ehemaligen deutschen Metropole profitierte.

Kommentare zu den Karten

1250

Am Ende des Hochmittelalters entfällt ein Großteil der politischen und kulturellen Hauptstadtfunktionen auf die gewachsenen Städte und die frühen Gründungsstädte. Viele von ihnen beherbergen einen Bischofssitz. Auch im wirtschaftlichen Bereich spielen einige von ihnen eine hervorragende Rolle wie Straßburg, Köln und Magdeburg; andere wie Worms und Eichstätt müssen hier benachbarten großen Pfalzstädten wie Frankfurt und Ulm den Vortritt lassen. Von den Zentrentypen der vorhergehenden Zeit, den Klöstern und Pfalzen, haben nur einige wenige ihre Bedeutung noch bewahrt, wie zum Beispiel Kempten und Eger. Insgesamt verteilen sich die hauptstädtischen Funktionen auf zahlreiche Orte, wozu noch eine nicht genau zu fassende Menge hinzuzurechnen ist, die auf der Karte nicht mehr dargestellt werden konnte. Es gibt keine überragenden Zentren und nur wenige mit einer überdurchschnittlichen Bedeutung.

1500

An die Stelle der Pfalzstädte und der Bischofssitze treten jetzt die Reichsstädte, die frühen Territorialstädte und die Universitätsstädte. Die Versuche der deutschen Könige, das Deutsche Reich zu einem modernen Flächenstaat nach dem Vorbild von Frankreich und England umzuwandeln, sind gescheitert. Es ist zur Ausbildung relativ straff organisierter Territorialstaaten wie Bayern und Sachsen gekommen, die mit der allmählichen Konzentration von Hauptstadtfunktionen in wenigen Orten verbunden ist. Das wirtschaftliche Schwergewicht liegt immer noch bei den Reichsstädten, obwohl nicht wenige Vertreter dieser Gruppe kontinuierlich an Bedeutung verlieren. Parallel dazu schwand auch die kulturelle Leistungsfähigkeit. Die Universitäten liegen durchweg nicht in den großen Städten, sondern es wurden für diese Neugründungen fast immer kleine Städte gewählt, die dadurch erheblich aufgewertet werden.

1789

Der sich um 1500 schon abzeichnende Prozeß der Ausbildung von modernen Territorialstaaten auf dem Gebiet des Deutschen Reiches hat bis zum Ende des 18. Jahrhunderts viele neue Standorte von politischen Hauptstadtfunktionen geschaffen (z. B. Düsseldorf, Hannover, Karlsruhe, Kassel und Mannheim). Neben diesen Städten gibt es aber noch eine kartographisch gar nicht darstellbare Vielzahl von kleinen und kleinsten Herrschaftszentren, die alle mit winzigen Prozentteilen an der politischen Zentralität beteiligt sind. Der Aufstieg der Residenzstädte ist begleitet von einem Abstieg vieler Reichsstädte, wie zum Beispiel Dortmund. Auch ehemals so wichtige Zentren wie Speyer und Worms sind in der Bedeutungslosigkeit versunken. Die herrschaftliche Zersplitterung bringt eine erstaunliche kulturelle Vielfalt, aber auch sehr komplizierte Wirtschaftsstrukturen hervor. Die wenigen Reichsinstitutionen sind auf mehrere Städte verteilt, die dadurch aber keinen wesentlichen Bedeutungszuwachs erleben. Eine Ausnahme bildet Wien, das überragende Zentrum dieser Zeit.

1930

Im Zeitalter der Nationalstaaten konzentriert sich die politische Zentralität immer mehr in deren Hauptstädten. Seit 1871 besitzt auch das Deutsche Reich erstmals eine Hauptstadt, der es trotz erheblicher Widerstände gelingt, auch einen sehr großen Prozentsatz der nichtpolitischen Hauptstadtfunktionen an sich zu ziehen. Der Abstand zu den nach wie vor wichtigen Konkurrenten wie München, Hamburg, Leipzig und Köln ist auch im Bereich der Kultur und Wirtschaft immer größer geworden. Gegenüber dem Querschnitt am Ende des Altes Reiches hat die Industrialisierung des 19. Jahrhunderts neue Wirtschaftszentren vor allem im Ruhrgebiet geschaffen. Trotz unübersehbarer Zentralisierungstendenzen zugunsten der Hauptstadt und der großen Regionalzentren sind viele kleinere Standorte von kulturellen Hauptstadtfunktionen erhalten geblieben, wobei meist weit in die Geschichte zurückreichende Wurzeln, zum Beispiel bei den ehemaligen Residenzstädten, erkennbar werden.

1989

Die schwerwiegendste Veränderung gegenüber der Weimarer Zeit ist der Bedeutungsverlust der überragenden Metropole Berlin. Die Gegenwart ist gekennzeichnet durch das Nebeneinander einer relativ großen Zahl von einigermaßen gleichgewichtigen Standorten von Hauptstadtfunktionen. Unter ihnen ragen wiederum die Hauptstädte der selbständigen Staaten wie Wien und die Sitze von europäischen Institutionen wie Luxemburg und Straßburg, aber auch einige Städte innerhalb der Bundesrepublik Deutschland von internationalem Rang wie Hamburg, Frankfurt und München hervor. Bemerkenswert ist, daß diese erste Gruppe von Zentren immer mehr überregionale Funktionen an sich zieht und dadurch der Bedeutungsabstand zu den ebenfalls noch auf der Karte dargestellten Orten immer größer wird. Gegenüber dem vorhergehenden Zeitabschnitt sind vor allem einige neue Wirtschaftsstandorte wie Wolfsburg hinzugekommen, während die Hauptstädte der ehemaligen Länder wie zum Beispiel Bückeburg ausfielen.

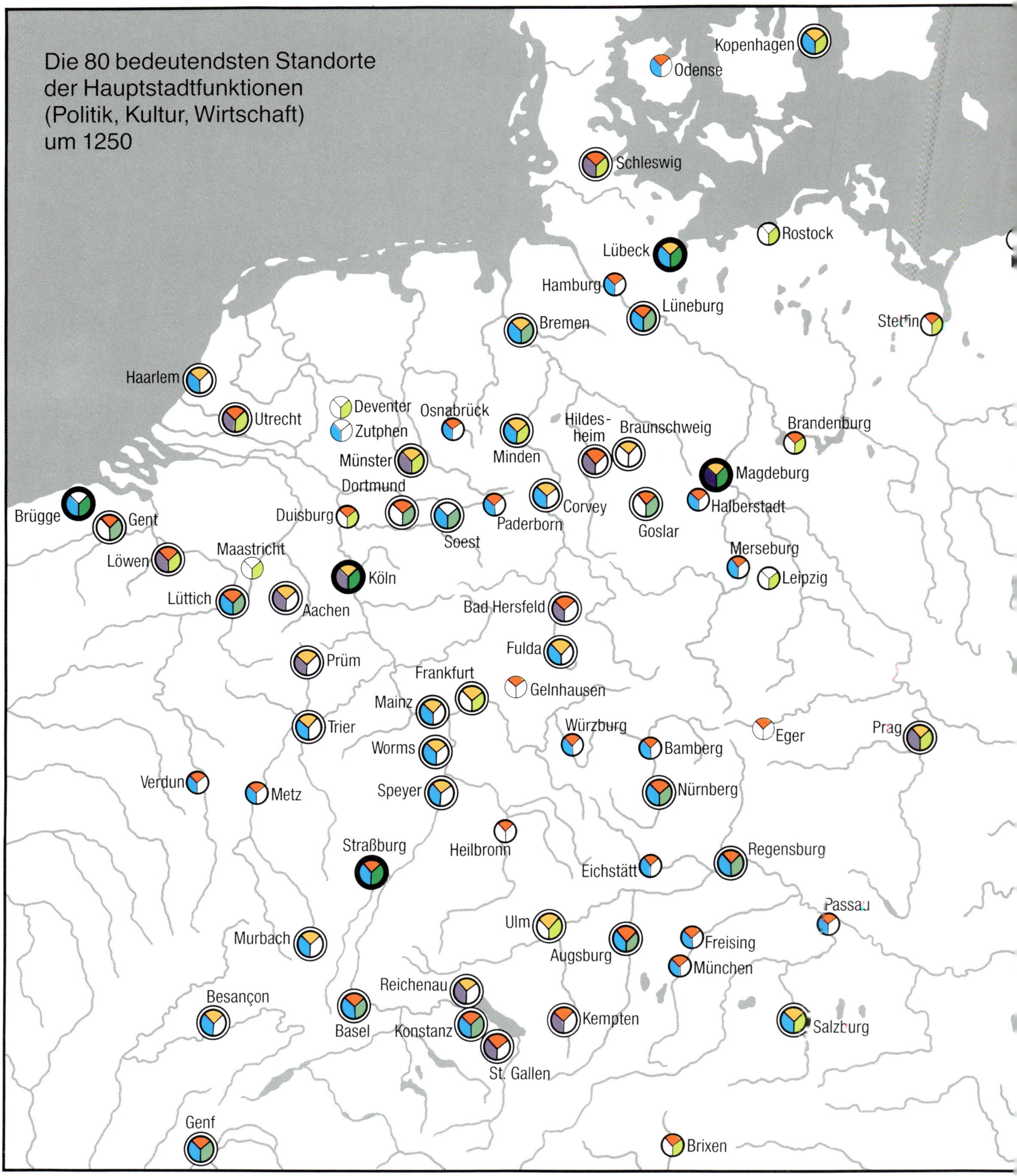
Die 80 bedeutendsten Standorte
der Hauptstadtfunktionen
(Politik, Kultur, Wirtschaft)
um 1250
Kopenhagen
Odense
Schleswig
Rostock
Lübeck
Hamburg
Lüneburg
Bremen
Stettin
Haarlem
Utrecht
Deventer
Zutphen
Osnabrück
Minden
Hildes-
heim
Braunschweig
Brandenburg
Münster
Magdeburg
Dortmund
Brügge
Gent
Duisburg
Soest
Paderborn
Corvey
Goslar
Halberstadt
Löwen
Maastricht
Köln
Merseburg
Leipzig
Lüttich
Aachen
Bad Hersfeld
Fulda
Prüm
Frankfurt
Gelnhausen
Mainz
Trier
Würzburg
Bamberg
Eger
Prag
Worms
Verdun
Metz
Speyer
Nürnberg
Straßburg
Heilbronn
Eichstätt
Regensburg
Passau
Ulm
Murbach
Augsburg
Freising
München
Reichenau
Besançon
Basel
Konstanz
Kempten
Salzburg
St. Gallen
Genf
Brixen

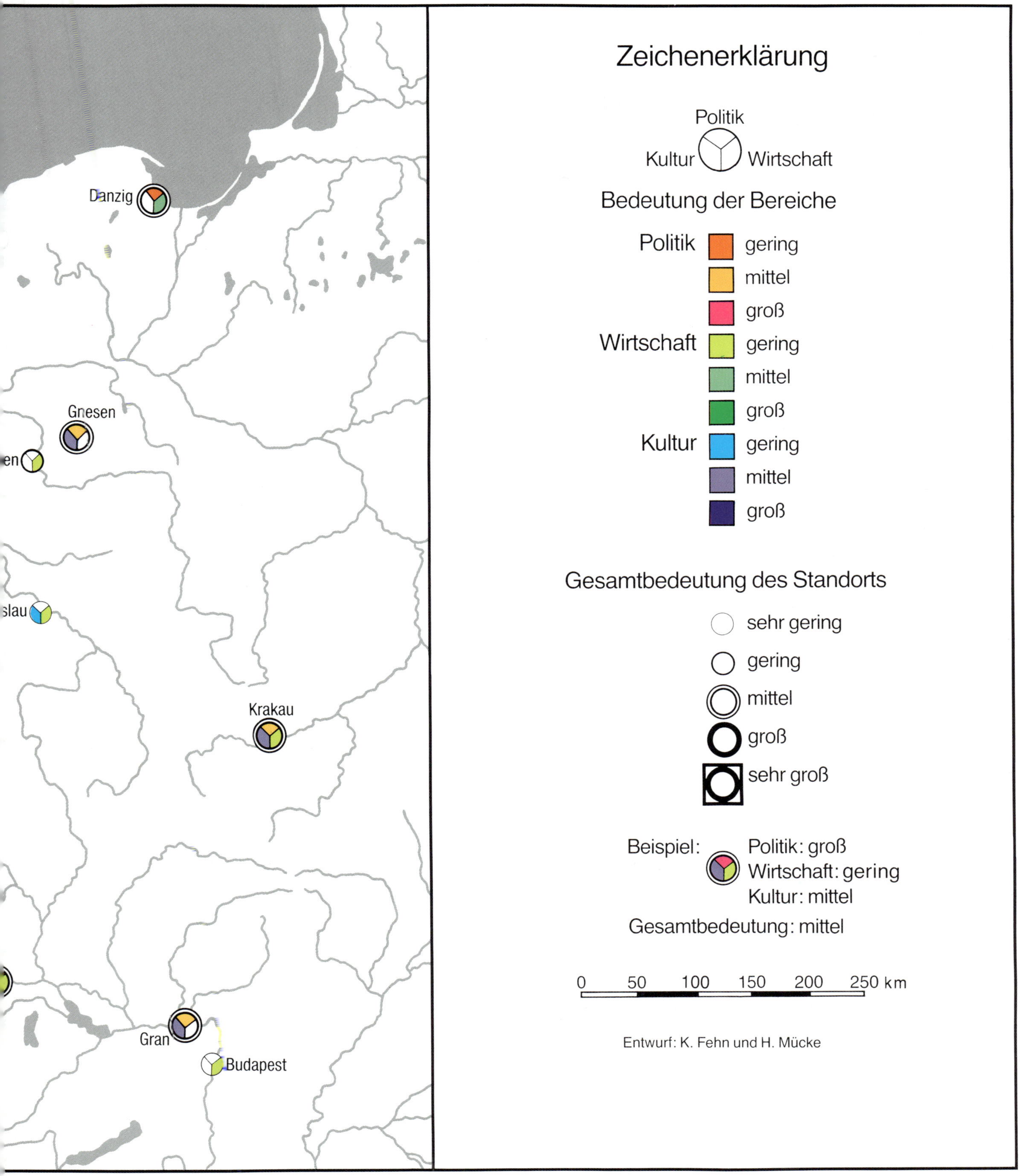
Danzig
Gnesen
slau
Krakau
Gran
Budapest
Zeichenerklärung
Politik
Kultur
Wirtschaft
Bedeutung der Bereiche
Politik
gering
mittel
groß
Wirtschaft
gering
mittel
groß
Kultur
gering
mittel
groß
Gesamtbedeutung des Standorts
sehr gering
gering
mittel
groß
sehr groß
Beispiel:
Politik: groß
Wirtschaft: gering
Kultur: mittel
Gesamtbedeutung: mittel
0 50 100 150 200 250 km
Entwurf: K. Fehn und H. Mücke

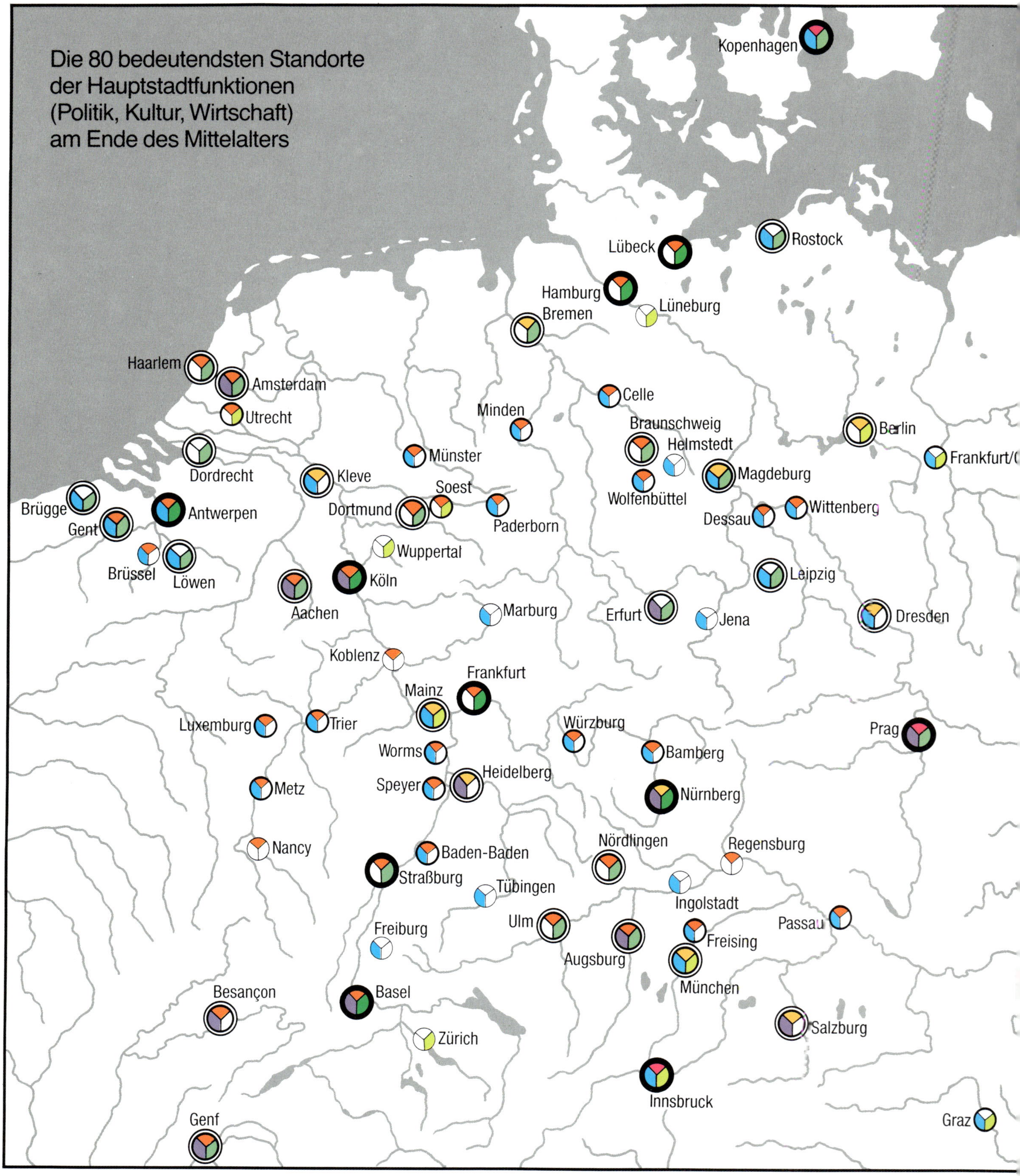
Die 80 bedeutendsten Standorte
der Hauptstadtfunktionen
(Politik, Kultur, Wirtschaft)
am Ende des Mittelalters
Kopenhagen
Lübeck
Rostock
Hamburg
Lüneburg
Bremen
Haarlem
Amsterdam
Utrecht
Celle
Minden
Braunschweig
Helmstedt
Berlin
Frankfurt/
Münster
Dordrecht
Kleve
Soest
Magdeburg
Wolfenbüttel
Brügge
Antwerpen
Gent
Dortmund
Paderborn
Dessau
Wittenberg
Wuppertal
Brüssel
Löwen
Köln
Leipzig
Aachen
Marburg
Erfurt
Jena
Dresden
Koblenz
Frankfurt
Mainz
Luxemburg
Trier
Würzburg
Prag
Worms
Bamberg
Heidelberg
Speyer
Metz
Nürnberg
Nördlingen
Regensburg
Nancy
Baden-Baden
Straßburg
Tübingen
Ingolstadt
Passau
Freiburg
Ulm
Freising
Augsburg
München
Besançon
Basel
Zürich
Salzburg
Innsbruck
Genf
Graz

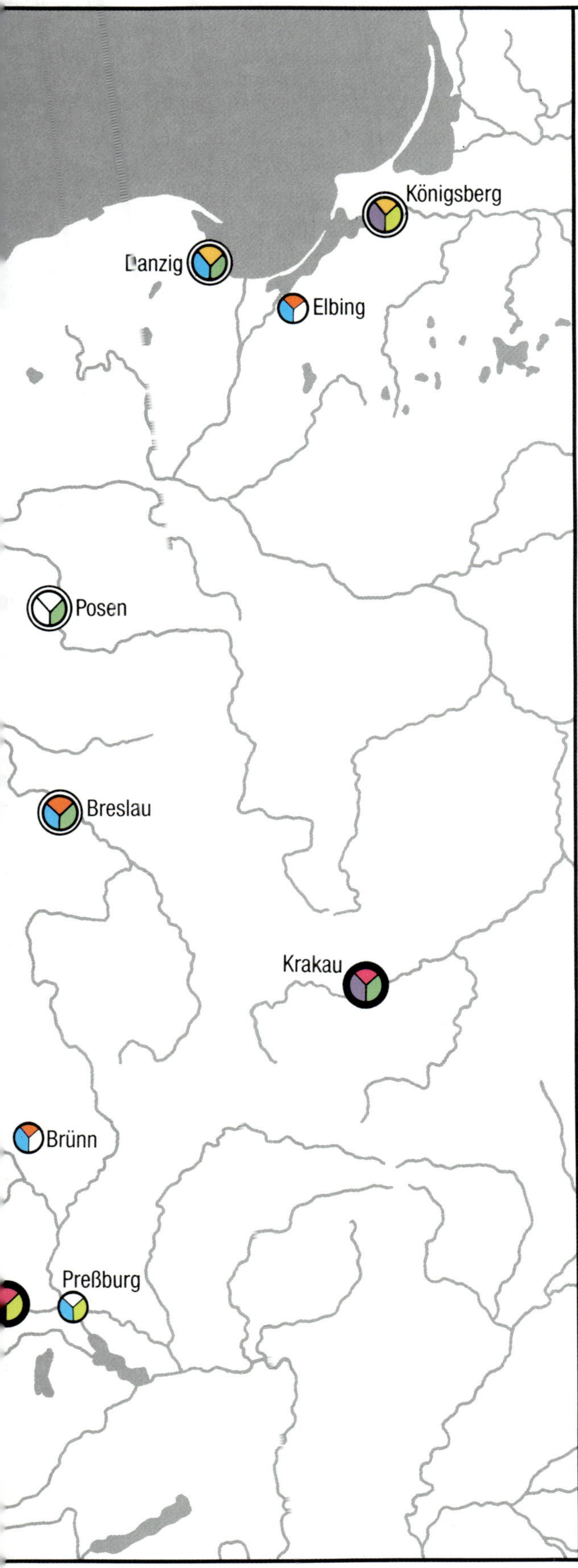

Zeichenerklärung

Politik
Kultur Wirtschaft

Bedeutung der Bereiche

Politik: gering, mittel, groß
Wirtschaft: gering, mittel, groß
Kultur: gering, mittel, groß

Gesamtbedeutung des Standorts

sehr gering
gering
mittel
groß
sehr groß

Beispiel: Politik: groß
Wirtschaft: gering
Kultur: mittel
Gesamtbedeutung: mittel

0 50 100 150 200 250 km

Entwurf: K. Fehn und H. Mücke

Die 80 bedeutendsten Standorte
der Hauptstadtfunktionen
(Politik, Kultur, Wirtschaft)
am Ende des Alten Reiches
Kopenhagen
Flensburg
Bad
Doberan
Rostock
Lübeck
Wismar
Hamburg
Schwerin
Oldenburg
Bremen
Neustrelitz
Amsterdam
Den Haag
Utrecht
Rotterdam
Hannover
Braunschweig
Bückeburg
Berlin
Münster
Detmold
Bad
Pyrmont
Wolfen-
büttel
Magdeburg
Antwerpen
Düsseldorf
Bochum
Paderborn
Göttingen
Wuppertal
Halle
Kassel
Brüssel
Köln
Weimar
Aachen
Dresden
Leipzig
Bonn
Marburg
Gotha
Jena
Wetzlar
Gießen
Koblenz
Bad Ems
Wiesbaden
Frankfurt
Würzburg
Mainz
Prag
Luxemburg
Bayreuth
Darmstadt
Erlangen
Mannheim
Metz
Nürnberg
Karlsruhe
Regensburg
Straßburg
Stuttgart
Tübingen
Ingolstadt
Augsburg
München
Salzburg
Basel
Zürich
Bern
Genf

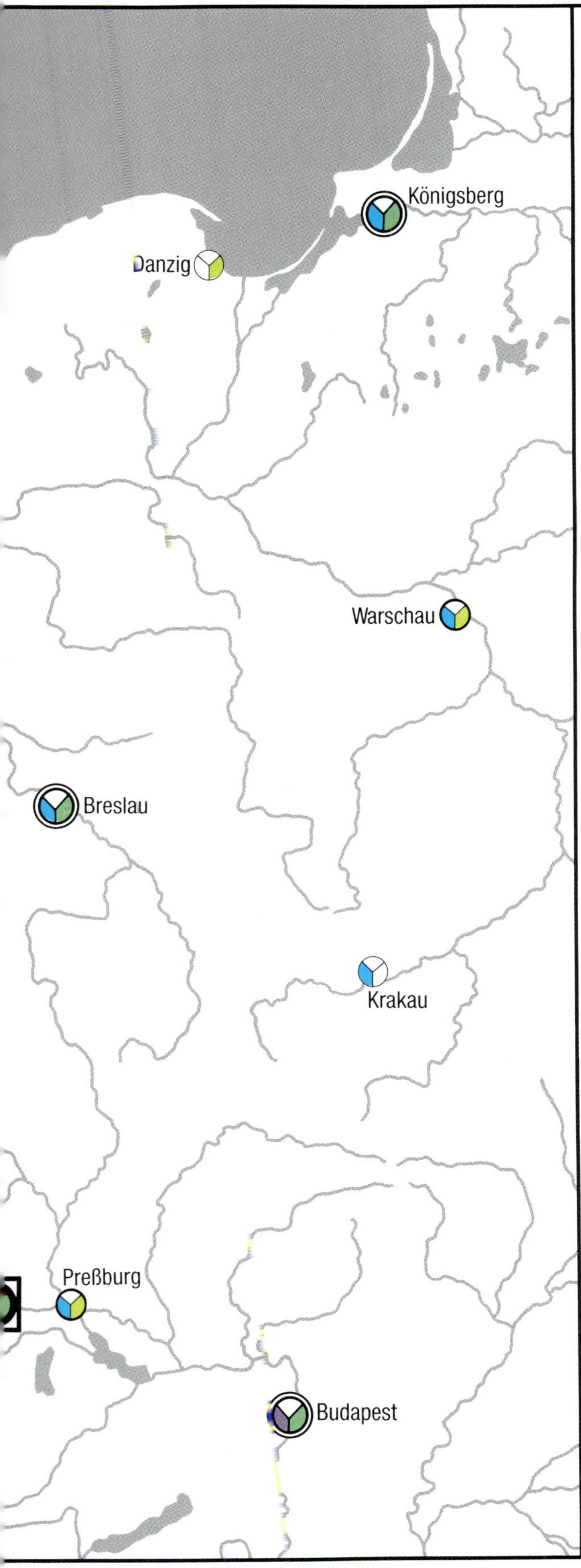

Zeichenerklärung

Politik
Kultur Wirtschaft

Bedeutung der Bereiche

- Politik: gering, mittel, groß
- Wirtschaft: gering, mittel, groß
- Kultur: gering, mittel, groß

Gesamtbedeutung des Standorts

- sehr gering
- gering
- mittel
- groß
- sehr groß

Beispiel: Politik: groß
Wirtschaft: gering
Kultur: mittel
Gesamtbedeutung: mittel

0 50 100 150 200 250 km

Entwurf: K. Fehn und H. Mücke

Die 80 bedeutendsten Standorte
der Hauptstadtfunktionen
(Politik, Kultur, Wirtschaft)
in der Zeit der Weimarer Republik
Kopenhagen
Kiel
Rostock
Lübeck
Hamburg
Schwerin
Stettin
Oldenburg
Bremen
Haarlem
Amsterdam
Den Haag
Rotterdam
Hannover
Braunschweig
Berlin
Bückeburg
Gelsenkirchen
Oberhausen
Magdeburg
Antwerpen
Duisburg
Dortmund
Detmold
Essen
Göttingen
Dessau
Düsseldorf
Wuppertal
Brüssel
Kassel
Halle
Leipzig
Leverkusen
Mons
Charleroi
Dresden
Lüttich
Köln
Erfurt
Weimar
Maubeuge
Frankfurt
Luxemburg
Würzburg
Darmstadt
Prag
Ludwigshafen
Mannheim
Erlangen
Metz
Pilsen
Nürnberg
Saarbrücken
Heidelberg
Karlsruhe
Straßburg
Stuttgart
Budweis
Tübingen
Freiburg
Augsburg
München
Linz
Mülhausen
Basel
Salzburg
Zürich
Bern
Innsbruck
Genf
Graz
Klagenfurt

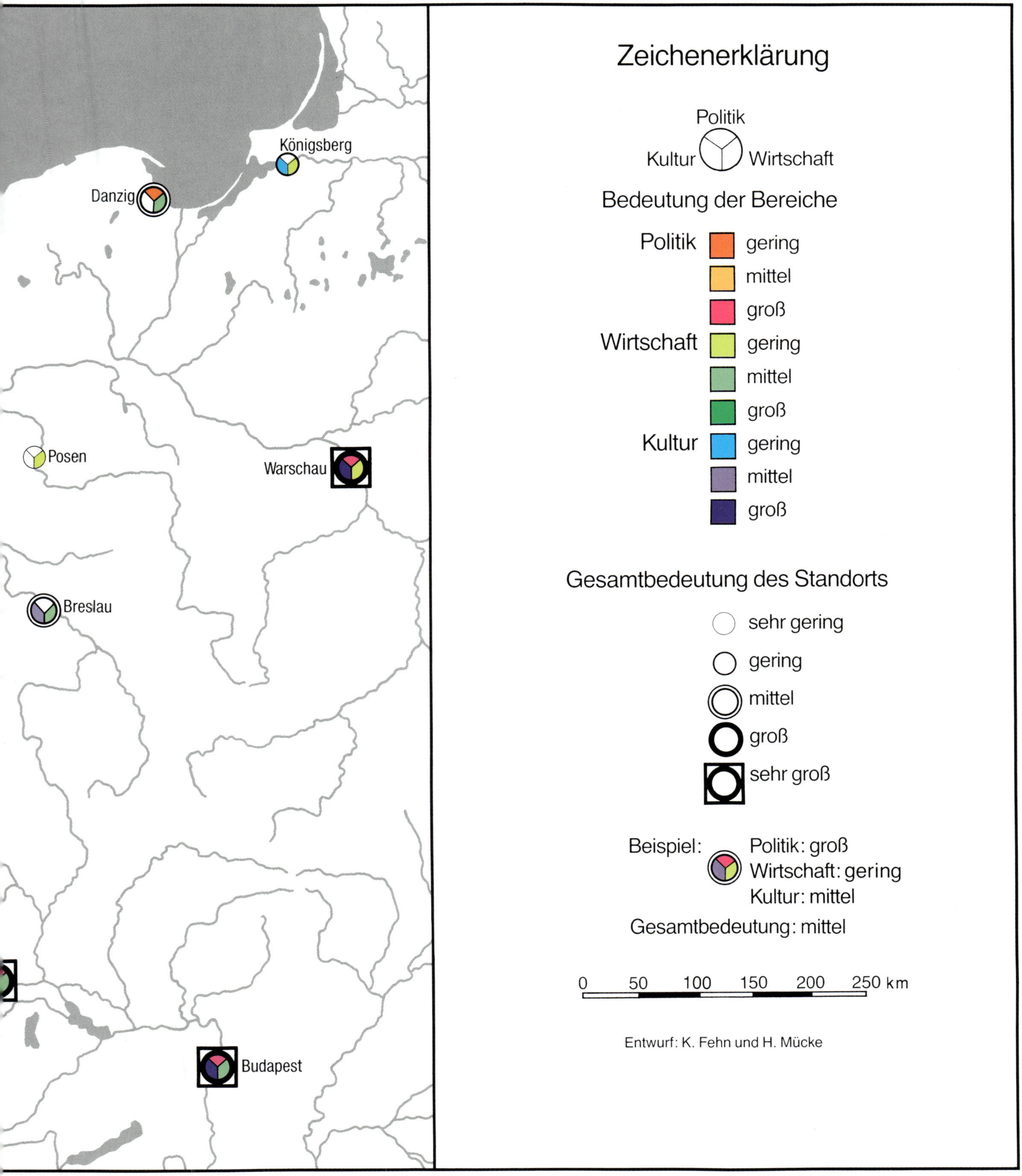
Königsberg
Danzig
Posen
Warschau
Breslau
Budapest
Zeichenerklärung
Politik
Kultur
Wirtschaft
Bedeutung der Bereiche
Politik
gering
mittel
groß
Wirtschaft
gering
mittel
groß
Kultur
gering
mittel
groß
Gesamtbedeutung des Standorts
sehr gering
gering
mittel
groß
sehr groß
Beispiel:
Politik: groß
Wirtschaft: gering
Kultur: mittel
Gesamtbedeutung: mittel
0 50 100 150 200 250 km
Entwurf: K. Fehn und H. Mücke

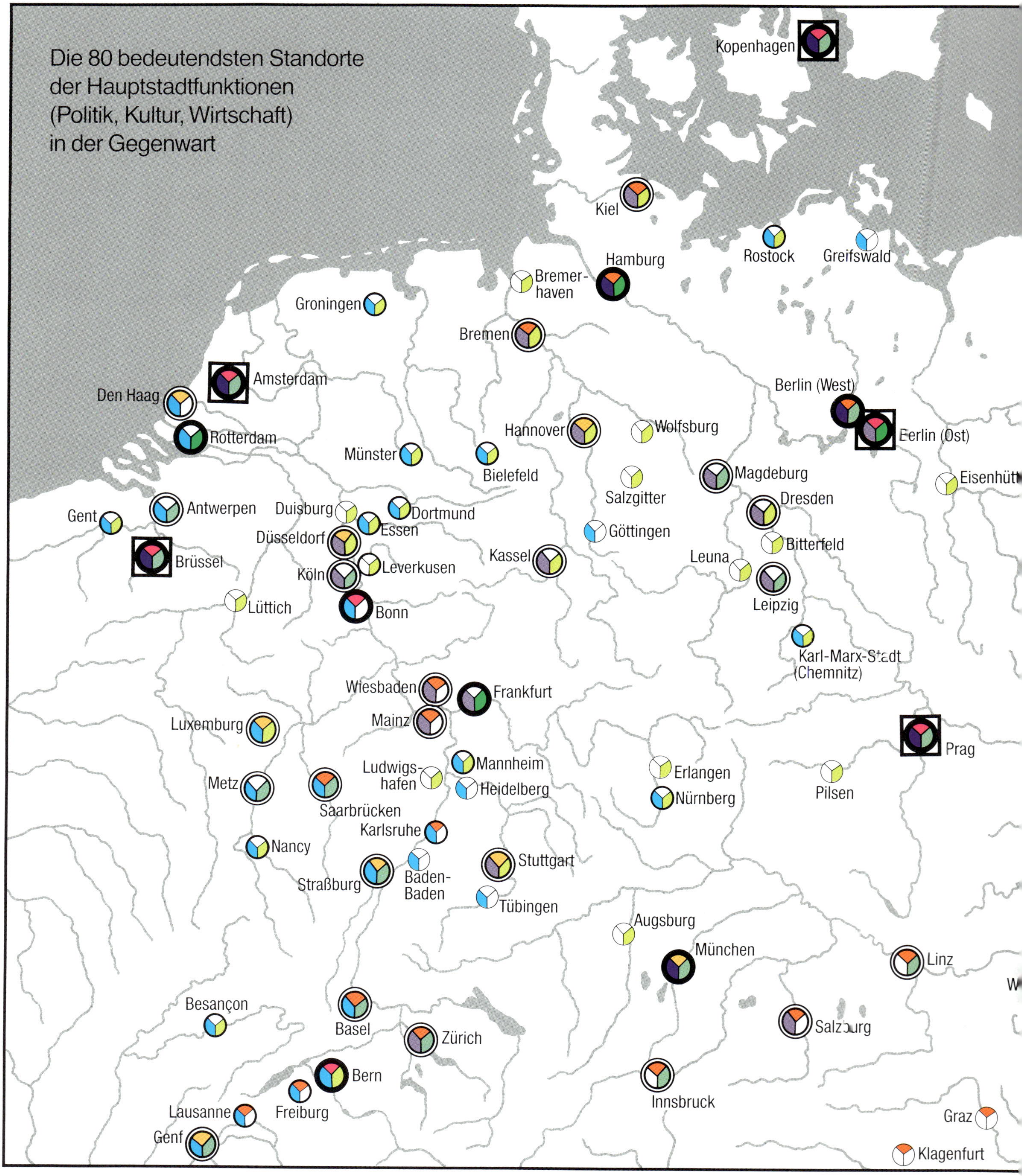

Die 80 bedeutendsten Standorte
der Hauptstadtfunktionen
(Politik, Kultur, Wirtschaft)
in der Gegenwart
Kopenhagen
Kiel
Rostock
Greifswald
Hamburg
Bremer-
haven
Groningen
Bremen
Amsterdam
Den Haag
Rotterdam
Berlin (West)
Berlin (Ost)
Hannover
Wolfsburg
Münster
Bielefeld
Magdeburg
Eisenhütt
Salzgitter
Dresden
Antwerpen
Gent
Duisburg
Dortmund
Essen
Göttingen
Bitterfeld
Düsseldorf
Brüssel
Kassel
Leuna
Köln
Leverkusen
Leipzig
Lüttich
Bonn
Karl-Marx-Stadt
(Chemnitz)
Wiesbaden
Frankfurt
Mainz
Luxemburg
Prag
Ludwigs-
hafen
Mannheim
Heidelberg
Erlangen
Nürnberg
Pilsen
Metz
Saarbrücken
Karlsruhe
Nancy
Straßburg
Baden-
Baden
Stuttgart
Tübingen
Augsburg
München
Linz
Besançon
Basel
Zürich
Salzburg
Bern
Innsbruck
Lausanne
Freiburg
Genf
Graz
Klagenfurt

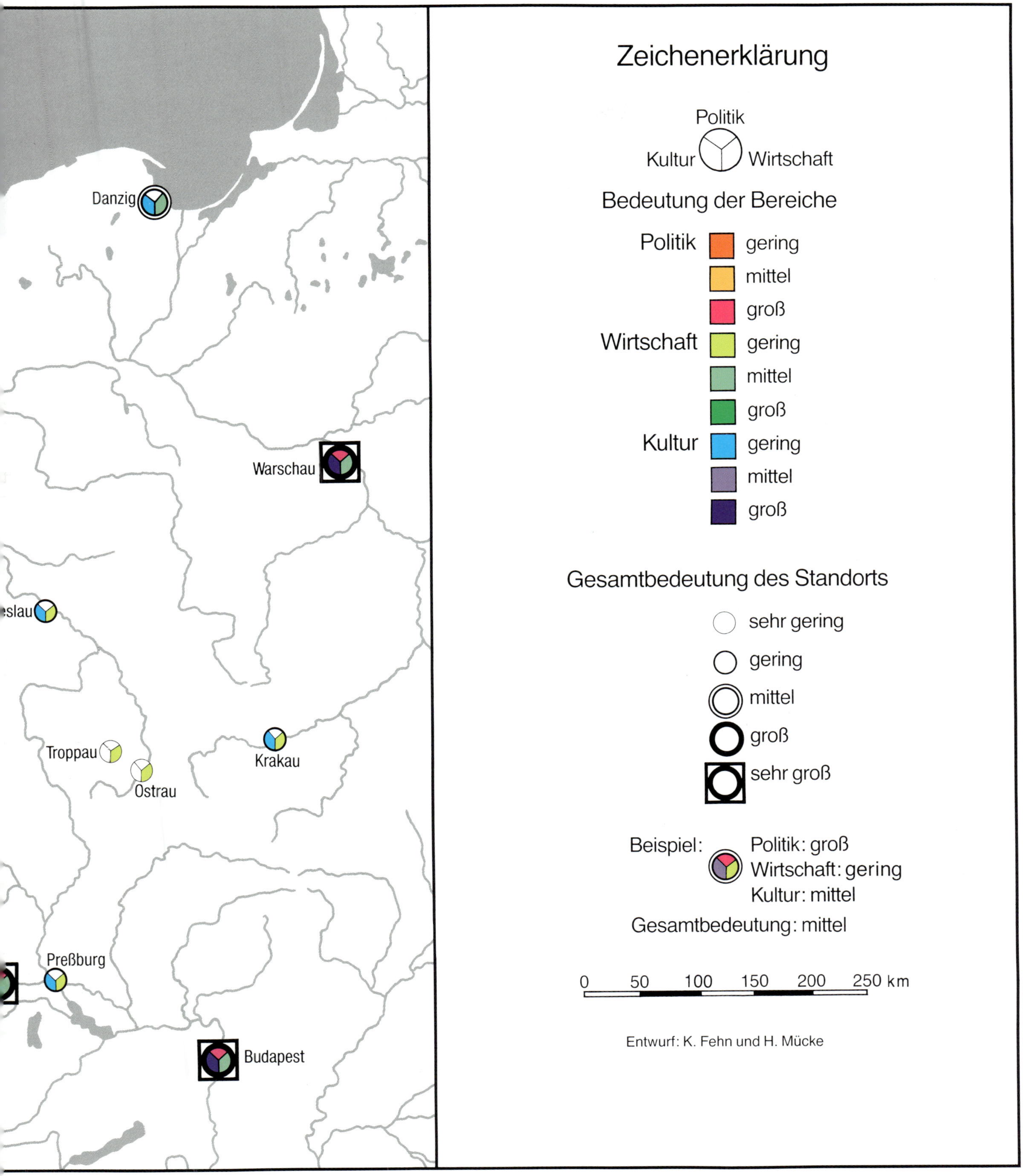
Danzig
Warschau
…slau
Troppau
Ostrau
Krakau
Preßburg
Budapest
Zeichenerklärung
Politik
Kultur
Wirtschaft
Bedeutung der Bereiche
Politik gering
mittel
groß
Wirtschaft gering
mittel
groß
Kultur gering
mittel
groß
Gesamtbedeutung des Standorts
sehr gering
gering
mittel
groß
sehr groß
Beispiel:
Politik: groß
Wirtschaft: gering
Kultur: mittel
Gesamtbedeutung: mittel
0 50 100 150 200 250 km
Entwurf: K. Fehn und H. Mücke

Auswahlbibliographie

ALLGEMEINE LITERATUR

Das Hauptstadtproblem in der deutschen Geschichte. Festgabe zum 90. Geburtstag F. Meineckes. Tübingen 1952

Schieder, Theodor/Brunn, Gerhard, Hg., *Hauptstadt in europäischen Nationalstaaten,* München/Wien 1983

Wendehorst, Alfred/Schneider, Jürgen, Hg., *Hauptstädte. Entstehung, Struktur und Funktion,* Neustadt/Aisch 1979.

REISEKÖNIGTUM

Brühl, Carlrichard, ›Zum Hauptstadtproblem im frühen Mittelalter‹, in: Erffa, Hans-Martin Freiherr von/Herget, Elisabeth, Hg., *Festschrift für Harald Keller,* Darmstadt 1963, S. 45–70

Brühl, Carlrichard, *Fodrum, Gistum, Servitium Regis. Studien zu den wirtschaftlichen Grundlagen des Königtums im Frankenreich und in den fränkischen Nachfolgestaaten Deutschland, Frankreich und Italien vom 6. bis zur Mitte des 14. Jahrhunderts,* 2. Bde., Köln/Graz 1968

Deutsche Königspfalzen. Beiträge zu ihrer historischen und archäologischen Erforschung, 3. Bde., (Veröffentlichungen des Max-Planck-Instituts für Geschichte), Göttingen 1963–1979

Drabek, Anna Maria, *Reisen und Reisezeremoniell der römisch-deutschen Herrscher im Spätmittelalter,* Wien 1964

Ewig, Eugen, ›Résidence et capitale pendant le haut moyen âge‹, in: *Revue historique* 230 (1963), S. 25–72

Heimpel, Hermann, ›Bisherige und zukünftige Erforschung deutscher Königspfalzen‹, in: *Geschichte in Wissenschaft und Unterricht* 16 (1965), S. 461–487

Hotz, Walter, *Pfalzen und Burgen der Stauferzeit. Geschichte und Gestalt,* Darmstadt 1981

Meckseper, Cord, ›Das Palatium Ottos des Großen in Magdeburg‹, in: *Burgen u. Schlösser* (1986/II), S. 101–113

Peyer, Hans Conrad, ›Das Reisekönigtum des Mittelalters‹, in: *Vierteljahresschrift für Sozial- und Wirtschaftsgeschichte* 51 (1964), S. 1–21

AACHEN

Die Stadt Karls des Großen

Braunfels, Wolfgang, Hg., unter Mitwirkung von H. Beumann, B. Bischoff, H. Schnitzler, P. E. Schramm, *Karl der Große – Lebenswerk und Nachleben,* 5 Bde., Düsseldorf 1965–1968

Bühler, Albert, *Reichskleinodiengeschichte im Überblick,* Karlsruhe 1953

Ennen, Edith, ›Aachen im Mittelalter. Sitz des Reiches – Ziel der Wallfahrten – Werk der Bürger‹, in: *Zeitschrift des Aachener Geschichtsvereins 86/87* (1979/80), S. 457–487

Falkenstein, Ludwig, ›Zwischenbilanz zur Aachener Pfalzenforschung. Kritische Bemerkungen zu Forschungsberichten über die Aachener Pfalz im Sammelwerk *Karl der Große – Lebenswerk und Nachleben*‹, in: *Zeitschrift des Aachener Geschichtsvereins* 80 (1970), S. 7–71

Fillitz, Hermann, *Die Insignien und Kleinodien des Heiligen Römischen Reiches,* Wien/München 1954

Flach, Dietmar, *Untersuchungen zur Verfassung und Verwaltung des Aachener Reichsgutes von der Karolingerzeit bis zur Mitte des 14. Jahrhunderts,* Marburg 1974

Groten, Manfred, ›Studien zum Aachener Karlssiegel und zum gefälschten Dekret Karls des Großen‹, in: *Zeitschrift des Aachener Geschichtsvereins* 93 (1986), S. 5–31

Schlesinger, Walter, ›Beobachtungen zur Geschichte und Gestalt der Aachener Pfalz in der Zeit Karls des Großen‹, in: Wolf, Gunther, Hg., *Das Kaisertum Karls des Großen,* Darmstadt 1972, S. 384–435

Schulte, Aloys, *Die Kaiser- und Königskrönungen zu Aachen 813–1531,* Bonn/Leipzig 1924

Karl der Große im Geschichtsbewußtsein

Stadtarchiv Aachen, ›Bestand Jahrtausend-Ausstellung‹, Nummer I, III, V, VIII

Crous, Helmut A., ›Zerstörungen des Weltkrieges‹, in: Braun, Ottmar, Hg., *Rathaus zu Aachen,* Aachen o. J., S. 60–65

Devliegher, Luc, ›Jean Bethune und das Kuppelmosaik im Dom zu Aachen‹, in: *Beiträge zur Rheinischen Kunstgeschichte und Denkmalpflege II,* Düsseldorf 1974, S. 279 ff.

Einem, Herbert von, *Die Tragödie der Karlsfresken Alfred Rethels,* Köln/Opladen 1957

Faymonville, Karl, *Der Dom zu Aachen,* München 1909

Heckes, Pia, ›Die Mosaiken Hermann Schapers im Aachener Münster‹, in: *Aachener Kunstblätter* 52 (1984), S. 187–230

Kaufmann, Paul, *Rheinische Jahrtausendfeier,* Berlin 1925

Lepper, Herbert, ›»Rettet das ›Deutsche Volksheiligtum‹!«. Die Gründung des ›Karlsvereins zur Restauration des Aachener Münsters‹ 1847–1850‹, in: Bayer, Clemens/ Jülich, Theo/Kuhl, Manfred. Hg., *CELICA IHERVSALEM. Festschrift für Erich Stephany,* Köln/Siegburg 1986, S. 119–175

Oellers, Adam C., *Alfred Rethel, Die Karlsfresken im Aachener Rathaus und die Ölstudien im Museum Burg Frankenberg,* Aachen 1987

Pohl, Karl Heinrich, ›Rheinische Jahrtausendfeier und deutsche Locarno-Politik‹, in: *Rheinische Vierteljahrsschriften* 43 (1979), S. 289–317

Reimer, Klaus, *Rheinlandfrage und Rheinlandbewegung (1918–1933),* Frankfurt/Bern/Las Vegas 1979

SPEYER

900 Jahre Speyerer Dom. Festschrift zum Jahrestag der Domweihe 1061–1961. Im Auftrag des Domkapitels hrsg. v. Ludwig Stamer, Speyer 1961

Bühler, Johann, *Speyer und das Reich,* München/Berlin 1940

Doll, Anton, ›Speyer als Königspfalz‹, in: *Mittelrheinische Beiträge zur Pfalzenforschung* (1964), S. 7–31

Gebhardt, Franz Josef, *Die 900-Jahrfeier des Speyerer Doms 1930. Ihre Vorbereitung, ihr Verlauf, ihre Früchte in Wort und Bild,* Speyer 1930

Hege, Walter/Heigert, Hans, *Die Kaiserdome am Mittelrhein. Speyer, Mainz und Worms,* Berlin 1933

Kubach, Hans Erich / Haas, Walter, *Der Dom zu Speyer. Textband (Die Kunstdenkmäler von Rheinland-Pfalz Bd. 5),* München 1972

Schulte, Aloys, ›Deutsche Könige, Kaiser, Päpste und Kanoniker an deutschen und römischen Kirchen‹, in: *Historisches Jahrbuch* 54 (1934), S. 149–152

Schultz, Karl/Roller, Otto, *Historisches Museum der Pfalz in Speyer. Wegweiser durch die Sammlungen,* Speyer 1961

Voltmer, Ernst, *Reichsstadt und Herrschaft. Zur Geschichte der Stadt Speyer im hohen und späten Mittelalter,* Trier 1981

NÜRNBERG

Die Kaiserstadt

Frawe, Eugen, *Nürnberg, Kaiser und Reich. Studien zur reichsstädtischen Außenpolitik,* München 1930

Heimpel, Hermann, ›Nürnberg und das Reich des Mittelalters‹, in: *Zeitschrift für bayerische Landesgeschichte* 16 (1951/52), S. 231–264

Kircher, Albrecht, *Deutsche Kaiser in Nürnberg. Eine Studie zur Geschichte des öffentlichen Lebens der Reichsstadt Nürnberg von 1500–1612,* Nürnberg 1955

Murr, Christoph Gottlieb von, *Beschreibung der sämmtlichen Reichskleinodien und Heiligthümer, welche in Nürnberg aufbewahret werden,* Nürnberg 1790

Nürnberg – Kaiser und Reich. Katalog einer Ausstellung des Staatsarchivs Nürnberg (Ausstellungskataloge der Staatlichen Archive Bayerns Nr. 20), München 1986

Pfeiffer, Gerhard, Hg., *Nürnberg – Geschichte einer europäischen Stadt,* München 1971

Schnelbögl, Julia, ›Die Reichskleinodien in Nürnberg 1424–1523‹, in: *Mitteilungen des Vereins für Geschichte der Stadt Nürnberg* 51 (1962), S. 78–159

Germanisches Nationalmuseum

Aufseß, Hans Max von, *Des Reiches erster Konservator. Hans von Aufseß, der Gründer des Germanischen Nationalmuseums,* Würzburg 1971

Burian, Peter, ›Die ›Verstaatlichung‹ des Germanischen Nationalmuseums 1891–1894‹, in: *Anzeiger des Germanischen Nationalmuseums* (1983), S. 59–88

Calov, Gudrun, *Museen und Sammler des 19. Jahrhunderts in Deutschland,* Berlin 1968

Deneke, Bernward/Kahsnitz, Rainer, *Das Germanische Nationalmuseum Nürnberg, 1852–1977. Beiträge zu seiner Geschichte,* München 1978

Grote, Ludwig, *Die romantische Entdeckung Nürnbergs,* München 1967

Reichsparteitage und Nürnberger Prozesse

Fritsch, Robert, *Nürnberg unterm Hakenkreuz: im Dritten Reich 1933–1939,* Düsseldorf 1983

Fritzsch, Robert, *Nürnberg im Dritten Reich 1939–1945,* Düsseldorf 1984

Henke, Josef, ›Die Reichsparteitage der NSDAP in Nürnberg 1933–1938. Planung, Organisation, Propaganda‹, in: Boberach, Heinz/Booms, Hans, Hg., *Aus der Arbeit des Bundesarchivs (Schriften des Bundesarchivs Bd. 25),* S. 398–422

Maser, Werner, *Nürnberg, Tribunal der Sieger,* Düsseldorf 1977

Taylor, Telford, *Die Nürnberger Prozesse. Kriegsverbrechen und Völkerrecht,* Zürich 1950

Thamer, Hans-Ulrich, ›Faszination und Manipulation. Die Nürnberger Reichsparteitage der NSDAP‹, in: Schultz, Uwe, Hg., *Das Fest. Eine Kulturgeschichte von der Antike bis zur Gegenwart,* München 1988, S. 352–368

FRANKFURT

Krönungsstadt Frankfurt

Berger, Erna/Bund, Konrad, Hg., *Wahl und Krönung Leopolds II. 1790. Brieftagebuch des Feldschers der kursächsischen Schweizergarde,* Frankfurt 1981

Bothe, Friedrich, *Die Geschichte der Stadt Frankfurt am Main,* Frankfurt [3]1929

Goethe, Johann Wolfgang, *Dichtung und Wahrheit. Aus meinem Leben.* Bde. 22, 23 und 24 der dtv-Gesamtausgabe, München 1962

Gräser, August, *Der Kaisersaal im Römer zu Frankfurt. Neubearbeitet von Hans-Otto Schembs,* Frankfurt 1988

Hlawitschka, Eduard, Hg., *Königswahl und Thronfolge in fränkisch-karolingischer Zeit (Wege der Forschung Bd. 257),* Darmstadt 1975

Meinert, Hermann, *Von Wahl und Krönung der deutschen Kaiser zu Frankfurt am Main. Mit dem Krönungsdiarium des Kaisers Matthias aus dem Jahre 1612,* Frankfurt 1956

Mitteis, Heinrich, *Die deutsche Königswahl. Ihre Rechtsgrundlagen bis zur Goldenen Bulle,* Darmstadt 1969

Schembs, Hans-Otto, *Kaiserkrönungen im historischen Frankfurt,* Velbert 1987

Sieber, Siegfried, ›Volksbelustigungen bei deutschen Kaiserkrönungen‹, in: *Archiv für Frankfurts Geschichte und Kunst* 3/2 (1913), S. 1–116

Bundesversammlung und Paulskirchenparlament

Bentfeldt, Ludwig, *Der Deutsche Bund als nationales Band 1815–1866,* Göttingen 1985

Heilbrun, Rudolf, *Das Ende der freien Stadt Frankfurt,* Vortrag, Frankfurt 1963

Klötzer, Wolfgang/Moldenhauer, Rüdiger/Rebentisch, Dieter, Hg., *Ideen und Strukturen der deutschen Revolution 1848. Im Auftrag des Frankfurter Vereins für Geschichte und Landeskunde e. V. (Archiv für Frankfurts Geschichte und Kunst Bd. 54),* Frankfurt 1974

Klötzer, Wolfgang, ›Die Frankfurter Paulskirche – Symbol der deutschen Einheit‹, in: *Archiv für Frankfurts Geschichte und Kunst* 51 (1968), S. 5–22

Lübbecke, Fried, *Das Palais Thurn und Taxis zu Frankfurt am Main,* Frankfurt 1955

Schwemer, Richard, *Geschichte der freien Stadt Frankfurt am Main (1814–1866),* 3 Bde., Frankfurt 1910–1918

Valentin, Veit, *Frankfurt am Main und die Revolution von 1848/49,* Frankfurt 1908

Frankfurt im 20. Jahrhundert

Der vorläufige Sitz der deutschen Bundesorgane. Bearbeitet von den Beauftragten der Stadt Frankfurt, Frankfurt 1949

Emrich, Willi, *Ebert und Frankfurt am Main,* Frankfurt 1954

Lorei, Madlen/Kirn, Richard, *Frankfurt und die drei wilden Jahre. 1945–1947,* Frankfurt [5]1980

Mick, Günter, *Den Frieden gewinnen. Das Beispiel Frankfurt 1945 bis 1951,* Frankfurt 1985

Schembs, Hans-Otto, *Frankfurt in den Jahren 1945 bis 1960,* Würzburg 1987

MAINZ

Aretin, Karl Otmar Freiherr von, Hg., *Der Kurfürst von Mainz und die Kreisassoziationen, 1648–1746,* Wiesbaden 1975

Bärmann, Johannes, ›Zur Entstehung des Mainzer Erzkanzleramtes‹, in: *Zeitschrift der Savigny-Stiftung für Rechtsgeschichte, Germanische Abteilung* 75 (1978), S. 1–92

Brück, Anton Phillip, *Mainz vom Verlust der Stadtfreiheit bis zum Ende des Dreißigjährigen Krieges (1462–1648) (Geschichte der Stadt Mainz Bd. 5),* Düsseldorf 1972

Falck, Ludwig, *Mainz im frühen und hohen Mittelalter (Mitte 5. Jahrhundert bis 1244) (Geschichte der Stadt Mainz Bd. 2),* Düsseldorf 1972

Falck, Ludwig, *Mainz in seiner Blütezeit als Freie Stadt (1244–1328) (Geschichte der Stadt Mainz Bd. 3),* Düsseldorf 1973

Fleckenstein, Josef, ›Friedrich Barbarossa und das Rittertum. Zur Bedeutung der großen Mainzer Hoftage von 1184 und 1188‹, in: *Festschrift für Hermann Heimpel zum 70. Geburtstag,* Göttingen 1972, S. 1023–1041

Hantsch, Hugo, *Reichsvizekanzler Friedrich Carl von Schönborn 1664–1746,* Augsburg 1929

Heinemeyer, Walter, ›Erzbischof Willigis von Mainz‹, in: *Blätter für deutsche Landesgeschichte* 112 (1976), S. 41–58

Literarische Geheimberichte aus dem Vormärz. Mit Einleitung und Anmerkungen herausgegeben von Karl Glossy, Wien 1912

Schöntag, Wilfried, ›Stadtherr und Stadtgemeinde im stauferzeitlichen Mainz‹, in: *Blätter für deutsche Landesgeschichte* 112 (1976), S. 87–106

Schröcker, Alfred, *Ein Schönborn im Reich. Studien zur Reichspolitik des Fürstbischofs Lothar Franz von Schönborn (1655–1729),* Wiesbaden 1978

Seeliger, Gerhard, *Erzkanzler und Reichskanzleien,* Innsbruck 1889

Trusen, Winfried, ›Kurmainz und das Einberufungsrecht zur deutschen Königswahl seit der Goldenen Bulle‹, in: *Geschichtliche Landeskunde* 3/2 (1967), S. 127–152

Weber, Eberhard, *Die Mainzer Zentraluntersuchungs-Kommission (Studien und Quellen zur Geschichte des deutschen Verfassungsrechts, Reihe A: Studien, Bd. 8),* Karlsruhe 1970

WETZLAR

Diestelkamp, Bernhard, Hg., *Forschungen aus Akten des Reichskammergerichts,* Köln/Wien 1984

Diestelkamp, Bernhard, *Das Reichskammergericht im Rechtsleben des Heiligen Römischen Reiches Deutscher Nation,* Wetzlar 1985

Diestelkamp, Bernhard, *Das Reichskammergericht in der deutschen Geschichte, Wetzlar 1987*

Felschow, Eva-Marie, *Wetzlar in der Krise des Spätmittelalters,* Darmstadt/Marburg 1985

Gehrke, Heinrich, *Die privatrechtliche Entscheidungsliteratur Deutschlands. Charakteristik und Biographie der Rechtssprechungs- und Konsiliensammlungen vom 16. bis zum Beginn des 19. Jahrhunderts,* Frankfurt 1974

Jahns, Siegrid, *Die Assessoren des Reichskammergerichts in Wetzlar,* Wetzlar 1985

Schumann, Sabine, *Joachim Mynsinger von Frundeck (1514–1588). Herzoglicher Kanzler in Wolfenbüttel – Rechtsgelehrter – Humanist. Zur Biographie eines Juristen im 16. Jahrhundert,* Wiesbaden 1983

Sellhorst, F., ›Bauern kämpfen um ihre Rechte. Der große Prozeß zwischen den Surressern und dem Grafen von Nesselrode als dem Herrn von Haus Leythe von 1731 bis 1745, in: *Beiträge zur Stadtgeschichte* 12 (1985), hg. vom Verein für Orts- und Heimatgeschichte Gelsenkirchen-Buer, S. 149–190

Smend, Rudolf, *Das Reichskammergericht. Erster Teil: Geschichte und Verfassung,* Weimar 1911

Zwierlein, Christian Jakob von, *Vermischte Briefe und Abhandlungen über die Verbesserung des Justizwesens am Reichskammergericht,* Frankfurt/Leipzig 1767

REGENSBURG

Corterier, Peter, *Der Reichstag. Seine Kompetenzen und sein Verfahren in der zweiten Hälfte des 18. Jahrhunderts,* Bonn 1972 (Diss. Ms.)

Fendl, Elisabeth, *Volksbelustigungen in Regensburg im 18. Jahrhundert,* Vilseck 1988

Freytag, Rudolf, ›Vom Sterben des immerwährenden Reichstags‹, in: *Verhandlungen des Historischen Vereins für Oberpfalz und Regensburg* 84 (1934), S. 185–235

Fürnrohr, Walter, ›Der immerwährende Reichstag zu Regensburg‹, in: *Verhandlungen des Historischen Vereins für Oberpfalz und Regensburg* 103 (1963), S. 165–255

Gumpelzhaimer, Christian Gottlieb, *Regensburg's Geschichte. Sagen und Merkwürdigkeiten von den ältesten bis auf die neuesten Zeiten, in einem Abriß aus den besten Chroniken, Geschichtbüchern und Urkunden-Sammlungen,* Regensburg ^{4}1838

Hable, Guido, *Geschichte Regensburgs. Eine Übersicht nach Sachgebieten (Studien und Quellen zur Geschichte Regensburgs Bd. 1),* Regensburg 1970

Möseneder, Karl, Hg., *Feste in Regensburg. Von der Reformation bis in die Gegenwart,* Regensburg 1986

Neubauer, Edmund, *Das geistig-kulturelle Leben der Reichsstadt Regensburg (1750–1806) (Miscellanea Bavarica Monacensia 84),* München 1978

Piendl, Max, Hg., *Beiträge zur Kunst- und Kulturpflege im Hause Thurn und Taxis,* Kallmünz 1963

Reiser, Rudolf, *Adeliges Stadtleben im Barockzeitalter. Internationales Gesandtenleben auf dem Immerwährenden Reichstag zu Regensburg (Miscellanea Bavarica Monacensia 17),* München 1969

Repertorium der diplomatischen Vertreter aller Länder seit dem Westfälischen Frieden (1648): Bd. I 1648–1715 (Bittner, Ludwig/Groß, Lothar, Hg.) Oldenburg 1936; *Bd. II 1716–1763* (Hausmann, Friedrich, Hg.) Zürich 1950

Schönfeld, Roland, ›Studien zur Wirtschaftsgeschichte der Reichsstadt Regensburg im achtzehnten Jahrhundert‹, in: *Verhandlungen des Historischen Vereins für Oberpfalz und Regensburg* 100 (1959), S. 5–147

Wittmer, Siegfried, ›Geschichte der Regensburger Juden zwischen Absolutismus und Liberalismus‹, in: *Verhandlungen des Historischen Vereins für Oberpfalz und Regensburg* 127 (1987), S. 95–119

WIEN

Czeike, Felix, *Geschichte der Stadt Wien,* Wien/München/Zürich/New York 1981

Fellner, Theodor/Kretschmayr, Heinrich, *Die österreichische Zentralverwaltung,* Bd. 1, Wien 1907

Gross, Lothar, ›Der Kampf zwischen Reichskanzlei und österreichischer Staatskanzlei‹, in: *Historische Vierteljahresschrift* 22 (1923), S. 279–312

Gross, Lothar, *Die Geschichte der deutschen Reichshofkanzlei von 1559 bis 1806,* Wien 1933

Gschließer, Oswald von, *Der Reichshofrat. Bedeutung, Verfassung, Schicksal und Besetzung einer obersten Reichsbehörde von 1559–1806,* Wien 1942

Gutkas, Karl, Hg., *Prinz Eugen und das barocke Österreich,* Salzburg/Wien 1985

Lichtenberger, Elisabeth, ›Wien – das sozialökologische Modell einer barocken Residenz um die Mitte des 18. Jahrhunderts‹, in: Rausch Wilhelm, Hg., *Städtische Kultur in der Barockzeit,* München 1982, S. 235–262

Matsche, Franz, *Die Kunst im Dienst der Staatsidee Kaiser Karls VI.,* 2 Bde. Berlin/New York 1981

Matsche, Franz, ›Zur Planungs- und Baugeschichte des Reichskanzleitraktes der Wiener Hofburg‹, in: *Akten des 25. Kongresses für Kunstgeschichte, Wien, 4.–10. September 1983, Bd. 7: Wien und der europäische Barock,* Wien 1986, S. 31–50

Regele, Oskar, *Der österreichische Hofkriegsrat 1556–1884,* Wien 1949

Sedlmayer, Hans, ›Die politische Bedeutung des deutschen Barock‹, in: *Gesamtdeutsche Vergangenheit. Festgabe für Heinrich von Srbik,* München 1938, S. 126–140

RESIDENZEN

Baur, Willy, *Die Stadt Sigmaringen. Landschaft, Geschichte, Kunstdenkmäler,* Hechingen 1936

Bergsträsser, Gisela, *Darmstadt. Eine bürgerliche Residenz,* Amorbach 1965

Bock, Helmut/Heise, Wolfgang, Hg., *Unzeit des Biedermeiers. Historische Miniaturen zum Deutschen Vormärz 1830–1848,* Köln 1986

Both, Wolf von/Vogel, Hans, *Landgraf Friedrich II. von Hessen-Kassel. Ein Fürst der Zopfzeit,* München/Berlin 1972

Both, Wolf von/Vogel, Hans, *Landgraf Wilhelm VIII. von Hessen-Kassel. Ein Fürst der Rokokozeit,* München/Berlin 1964

Dehart, Steven, *The Meiningen Theater 1776–1926,* Ann Arbor, Michigan, 1981

Ein Dokument deutscher Kunst, Darmstadt 1901–1976, 4 Bde., Darmstadt 1977

Engelbert, Günther, Hg., *Fürstin Pauline. Ihr Leben und Wirken, Eine Ausstellung von Archivalien und Gemälden im Staatsarchiv Detmold anläßlich der Wiederkehr ihres Geburtstages vor 200 Jahren,* Detmold 1969

Erdmann, Jürgen, *Coburg, Bayern und das Reich. 1918–1933,* Coburg 1969

Gaul, Otto (Bearb.) *Stadt Detmold. Mit geschichtlichen Einleitungen von Erich Kittel und Beiträgen von Leo Nebelsiek, Peter Berghaus und Konrad Ullmann,* Münster 1968

Geschichte der Stadt Detmold, Detmold 1953

Gönner, Eberhard, *Die Revolution von 1848/49 in den Hohenzollerschen Fürstentümern und deren Anschluß an Preußen,* Hechingen 1952

Haddenhorst, Gerda, *Die Wiesbadener Kaiserfestspiele 1896–1914,* Wiesbaden 1985

Hennebo, Dieter/Hoffmann, Alfred, *Geschichte der deutschen Gartenkunst,* 3 Bde., Hamburg 1962–1963

Kirchner, Gerda Franziska, *Das Kasseler Schloß als Residenz- und Musensitz. Bearbeitet aus dem Schloßinventar von 1787 und aus der Korrespondenz der Markgräfin Karoline Luise,* Stuttgart 1959

Köbler, Herhard, *Historisches Lexikon der deutschen Länder. Die deutschen Territorien vom Mittelalter bis zur Gegenwart,* München 1988

Maedebach, Heino, *Veste Coburg,* München/Zürich 1969

Merten, Klaus, *Schlösser in Baden-Württemberg. Residenzen und Landsitze in Schwaben, Franken und am Oberrhein. Mit einer Einleitung von Alexander Herzog von Württemberg und einem Beitrag von Volker Himmelein. Aufnahmen von Hubert Häusler,* München 1987

Na'aman, Shlomo, *Der Deutsche Nationalverein. Die politische Konstituierung des deutschen Bürgertums 1859–1867,* Düsseldorf 1987

Neumann, Herbert, *Deutsche Turnfeste. Spiegelbild der Deutschen Turnbewegung,* Bad Homburg 1985

Peters, Georg, *Vom Hoftheater zum Landestheater. Die Detmolder Bühnen von 1825 bis 1969,* Detmold 1972

Reichold, Helmut, *Bismarcks Zaunkönige. Duodez im 19. Jahrhundert. Eine Studie zum Föderalismus im Bismarckreich,* Paderborn 1977

Sante, Georg Wilhelm, Hg., *Geschichte der deutschen Länder (Territorien-Ploetz),* 2. Bde., Würzburg 1964 und 1971

Schramm, Willy, *Albert Lortzing während seiner Zugehörigkeit zur Detmolder Hofgesellschaft 1826–1833. Ein Beitrag zur Theatergeschichte von Detmold, Bad Pyrmont, Osnabrück und Münster,* Detmold 1951

Schreier, Walter, *Coburg im Spiegel der Geschichte. Von der Urzeit bis zur Gegenwart. Auf den Spuren von Fürsten, Bürgern und Bauern,* Coburg 1986

Schwabe, Klaus, Hg., *Die Regierungen der deutschen Mittel- und Kleinstaaten 1815–1933,* Boppard 1983

Schwede, Franz, *Kampf um Coburg,* München 1939

Deutscher Schützenbund, *Wir Schützen. 800 Jahre Deutsche Schützen,* Stuttgart 1961

Uhland, Robert, Hg., *900 Jahre Haus Württemberg. Leben und Leistung für Land und Volk. Mit einem Geleitwort von S. K. H. Carl Herzog von Württemberg,* Stuttgart/Berlin/Köln/Mainz 1985

Werner, Karl Ferdinand, Hg., *Hof, Kultur und Politik im 19. Jahrhundert. Akten des 18. deutsch-französischen Historikerkolloquiums Darmstadt vom 27.–30. September 1982,* Bonn 1985

Wolde, Annette, *Die Darmstätter Künstlerkolonie, 1893–1914,* Bonn 1983 (Diss.)

WEIMAR

Das klassische Weimar

Bruford, Walter, *Kultur und Gesellschaft im klassischen Weimar 1775–1908,* Göttingen 1966

Göres, Jörn, Hg., *Gesang und Rede, sinniges Bewegen. Goethe als Theaterleiter,* Düsseldorf 1973

Hartung, Fritz, *Das Großherzogtum Sachsen unter der Regierung Carl Augusts 1775–1828,* Weimar 1923

Jens, Inge, Hg., *Thomas Mann an Ernst Bertram. Briefe aus den Jahren 1910–1955,* Pfullingen 1960

Kindermann, Heinz, *Das Goethebild des 20. Jahrhunderts,* Darmstadt ^{2}1966

Lecke, Bodo, Hg., *Goethe unter den Deutschen. Materialien zur literarischen Wirkung in drei Jahrhunderten,* Frankfurt 1978

Mann, Thomas, *Gesammelte Werke in dreizehn Bänden, Bd. 11: Reden und Aufsätze 3,* Frankfurt ^{3}1974

Mayer, Hans, *Goethe. Ein Versuch über den Erfolg,* Frankfurt 1973

Meßner, Paul, *Bauten und Denkmale in Weimar. Ihre Geschichte und Bedeutung,* Weimar 1984

Oettingen, Wolfgang von, ›Das Weimarische Goethe-Haus und seine Einrichtung‹ in: *Jahrbuch der Goethe-Gesellschaft* 2 (1915), S. 206–226

Strothmann, Dietrich, *Nationalsozialistische Literaturpolitik. Ein Beitrag zur Publizistik im Dritten Reich,* Bonn 1960

Tümmler, Hans, Hg., *Goethes Briefwechsel mit Christian Gottlieb Voigt, 4 Bde. (Schriften der Goethe-Gesellschaft Bde. 53–56),* Weimar 1949–1962

Tümmler, Hans, *Carl August von Weimar, Goethes Freund. Eine vorwiegend politische Biographie,* Stuttgart 1978

Windfuhr, Manfred, Hg., *Am Grabe des Propheten. Karl Immermanns Bericht über seinen Besuch in Weimar nach Goethes Tod,* Düsseldorf 1979

Nationalversammlung

Bundeszentrale für Heimatdienst, Hg., *Die Weimarer Nationalversammlung,* Bonn 1960

Harnisch, Johannes/Arminius, Hildegard, *Skizzen und Stimmungen aus dem Weimar der Nationalversammlung,* Berlin 1919

Heilfron, Eduard, Hg., *Die Deutsche Nationalversammlung 1919,* 9 Bde., Berlin 1919/20

Kaiser, Paul, *Die Nationalversammlung 1919 und die Stadt Weimar (Weimar – Tradition und Gegenwart Bd. 16),* Weimar 1970

Oehme, Walter, *Die Weimarer Nationalversammlung 1919. Erinnerungen,* Berlin 1962

Die Regierung der Volksbeauftragten 1918/19, bearbeitet von Susanne Miller, unter Mitwirkung von Heinrich Potthoff, mit einem Vorwort von Erich Matthias, 2 Bde., Düsseldorf 1969

Buchenwald

Abzug, Robert H., Inside the Vicious Heart. Americans and the Liberation of Nazi Concentration Camps, New York/Oxford 1985

Brill, Hermann, *Gegen den Strom,* Offenbach 1946

Frei, Norbert, ›»Wir waren blind, ungläubig und langsam.« Buchenwald, Dachau und die amerikanischen Medien im Frühajhr 1945‹, in: *Vierteljahreshefte für Zeitgeschichte* 4 (1985), S. 385–401

Kautsky, Benedict, *Teufel und Verdammte. Erfahrungen und Erkenntnisse aus sieben Jahren in deutschen Konzentrationslagern,* Wien 1961

Kogon, Eugen, *Der SS-Staat. Das System der deutschen Konzentrationslager,* Berlin 1946

Nationale Mahn- und Gedenkstätte Buchenwald, Hg., *Buchenwald. Mahnung und Verpflichtung. Dokumente und Berichte.,* Berlin 1983

Pingel, Falk, *Häftlinge unter SS-Herrschaft. Widerstand, Selbstbehauptung und Vernichtung im Konzentrationslager,* Hamburg 1978

Thape, Ernst, *Von Rot zu Schwarz-Rot-Gold. Lebensweg eines Sozialdemokraten,* Hannover 1969

NATIONALDENKMÄLER

Arndt, Karl, ›Denkmaltopographie als Programm und Politik. Skizze einer Forschungsaufgabe‹, in: Mai, Ekkehardt/Waetzold, Stephan, Hg., *Kunstverwaltung, Bau- und Denkmalpolitik im Kaiserreich,* Berlin 1981, S. 165–190

Arndt, Monika, ›Das Kyffhäuser-Denkmal. Ein Beitrag zur politischen Ikonographie des Zweiten Kaiserreichs‹, in: *Wallraff-Richartz Jahrbuch* 9 (1978), S. 75–125

Das Kaiser Wilhelm-Denkmal und die Porta Westfalica, Minden 1888

Engelbert, Günther, ›Die Errichtung des Kaiser-Wilhelm-Denkmals auf der Porta Westfalica‹, in: *Westfalen* 51 (1973), S. 322–345

Engelbert, Günther, Hg., *Ein Jahrhundert Hermannsdenkmal 1875–1975,* Detmold 1975

Hohensyburg oder Porta Westfalika? Ein Beitrag zur Lösung der Denkmalfrage, Essen 1889

Laumann, Antje, ›Das Denkmal Kaiser Wilhelms I. am Deutschen Eck. Zur Baugeschichte des Kaiserdenkmals für die Rheinprovinz‹, in: *Landeskundliche Vierteljahresblätter* 21 (1975), S. 165–175

Nipperdey, Thomas, ›Nationalidee und Nationaldenkmal in Deutschland im 19. Jahrhundert‹, in: *Historische Zeitschrift* 206 (1968), S. 529–585

Nipperdey, Thomas, ›Kirchen als Nationaldenkmal. Die Pläne von 1815‹, in: *Festschrift für Otto von Simson,* Frankfurt 1977, S. 412–431

Stolz, Ruprecht, *Die Walhalla. Ein Beitrag zum Denkmalsgedanken im 19. Jahrhundert,* Köln 1977 (Diss.)

Traeger, Jörg, *Der Weg nach Walhalla. Denkmallandschaft und Bildungsreise im 19. Jahrhundert,* Regensburg 1987

DIE INNERE MITTE

Böhmer, Günther, *Die Welt des Biedermeier,* München 1968

Henning, Hans-Joachim, *Das westdeutsche Bürgertum in der Epoche der Hochindustrialisierung,* Wiesbaden 1972

Mann, Thomas, *Betrachtungen eines Unpolitischen,* Berlin 1918

Ottomeyer, Hans/Laufer, Ulrike, Hg., *Biedermeiers Glück und Ende ... die gestörte Idylle 1815–1848 (Ausstellung des Münchner Stadtmuseums),* München 1987

Plessner, Helmuth, *Die verspätete Nation. Über die politische Verführbarkeit bürgerlichen Geistes,* Stuttgart ²1969

Salmen, Walter, *Haus- und Kammermusik. Privates Musizieren im gesellschaftlichen Wandel zwischen 1600 und 1900,* Leipzig 1969

Sieder, Reinhard, *Sozialgeschichte der Familie,* Frankfurt 1987

Stern, Fritz, ›Die politischen Folgen des unpolitischen Deutschen‹, in: Stürmer, Michael, Hg., *Das kaiserliche Deutschland,* Düsseldorf 1984, S. 168–186

Weber-Kellermann, Ingeborg, *Die Familie. Geschichte, Geschichten und Bilder,* Frankfurt 1970

Weber-Kellermann, Ingeborg, *Die deutsche Familie. Versuch einer Sozialgeschichte,* Frankfurt 1974

Weber-Kellermann, Ingeborg, *Das Weihnachtsfest,* Luzern/Frankfurt 1978

MÜNCHEN

›Hauptstadt der Kunst‹

Böttger, Peter, *Die alte Pinakothek in München,* München 1972

Mittelmaier, Werner, *Die neue Pinakothek in München 1843–1854,* München 1977

Nerdinger, Winfried, Hg., *Romantik und Restauration. Architektur in Bayern zur Zeit Ludwigs I. 1825–1848 (Katalog einer Ausstellung der Architektursammlung der Technischen Universität München und des Münchner Stadtmuseums),* München 1987

Schwahn, Britta, *Die Glyptothek in München (Miscellanea Bavarica Monacensia 83),* München 1983

Wasem, Eva-Maria, *Die Münchner Residenz unter Ludwig I. – Bildprogramme und Bildausstattungen in den Neubauten,* München 1981

›Hauptstadt der Bewegung‹

Arndt, Karl, ›Die Münchener Architekturszene 1933/34 als ästhetisch-politisches Konfliktfeld‹, in: Broszat, Martin/Fröhlich, Elke/Wiegemann, Falk, Hg., *Bayern in der NS-Zeit, Bd. 3B,* München/Wien 1981, S. 443–512

Hanko, Helmut M., ›Kommunalpolitik in der ›Hauptstadt der Bewegung‹ 1933–1935. Zwischen revolutionärer Umgestaltung und Verwaltungskontinuität‹, in: Broszat, Martin/Fröhlich, Elke/Wiegemann, Falk, Hg., *Bayern in der NS-Zeit, Bd. 3B,* München/Wien 1981, S. 329–441

Deuerlein, Ernst, Hg., *Der Hitlerputsch. Bayerische Dokumente zum 8./9. November 1923,* Stuttgart 1962

Gordon, Harold J., *Hitler and the Beer Hall Putsch,* Princeton, New Jersey, 1972

Maser, Werner, *Die Frühgeschichte der NSDAP,* Frankfurt 1965

Preis, Kurt, *München unterm Hakenkreuz. Die Hauptstadt der Bewegung: Zwischen Pracht und Trümmern,* München 1980

Rasp, Hans-Peter, *Eine Stadt für tausend Jahre. München – Bauten und Projekte für die Hauptstadt der Bewegung,* München 1981

Schuster, Peter-Klaus, Hg., *Die ›Kunststadt‹ München 1937. Nationalsozialismus und ›Entartete Kunst‹,* München 1987

BERLIN

Architektenverein zu Berlin/Vereinigung Berliner Architekten, Hg., *Berlin und seine Bauten II, Bd. 2,* 1899

Cullen, Michael, S., *Der Reichstag. Die Geschichte eines Monumentes,* Berlin 1983

Deuerlein, Ernst, *Deutsche Kanzler von Bismarck bis Hitler,* München 1968

Deuerlein, Ernst, Hg., *Der Reichstag. Aufsätze, Protokolle und Darstellungen zur Geschichte der parlamentarischen Vertretung des deutschen Volkes,* Frankfurt/Bonn ²1963

Deuerlein, Ernst, Hg., *Die Gründung des Deutschen Reiches 1870/71 in Augenzeugenberichten,* Düsseldorf 1970

Frowein-Ziroff, Vera, *Die Kaiser Wilhelm-Gedächtniskirche. Entstehung und Bedeutung (Die Bauwerke und Kunstdenkmäler von Berlin, Beiheft* 9), Berlin 1982

Grundsteinlegung für den Erweiterungsbau der Reichskanzlei. Ordnung der Feier, Gästeliste, Urkunde, Zeitungsausschnitte, Bundesarchiv Koblenz, R 43 I/1585

Haltern, Utz, ›Architektur und Politik. Zur Baugeschichte des Berliner Reichstags‹, in: Mai, Ekkehard/Waetzold, Stephan, Hg., *Kunstverwaltung, Bau- und Denkmalpolitik im Kaiserreich,* Berlin, 1981, S. 75–102

Hegemann, Werner, ›Geschichte einer berühmten Straße. Politik und Schicksale der Wilhelmstraße in Berlin‹, in: *Uhu* 7/12 (1931), S. 6–16, 109–110

Henselmann, Hermann, *Gedanken. Ideen. Bauten. Projekte,* Berlin (Ost) 1978

Herzfeld, Hans, ›Berlin als Kaiserstadt und Reichshauptstadt‹, in: *Jahrbuch für Geschichte des deutschen Ostens* 1 (1952), S. 141–192

Herzfeld, Hans, *Berlin in der Weltpolitik 1945–1970,* Berlin 1973

Institut für Denkmalpflege, Hg., *Die Bau- und Kunstdenkmale in der DDR. Hauptstadt Berlin, Bd. 1,* Berlin (Ost)/München 1983

Kieschke, P., ›Der Erweiterungsbau des Kultusministeriums in Berlin‹, in: *Zeitschrift für Bauwesen* 54/1–3 (1904), S. 2–8

Lampmann, Gustav, ›Der Wettbewerb für den Erweiterungsbau der Reichskanzlei‹, in: *Zentralblatt der Bauverwaltung* 47/24 (1927), S. 283–291

Meisner, Heinrich Otto, ›Bundesrat, Bundeskanzler und Bundeskanzleramt 1867–1871‹, in: *Forschungen zur Brandenburgischen und Preußischen Geschichte* 54 (1942) S. 343–373

Morsey, Rudolf, *Die oberste Reichsverwaltung unter Bismarck 1867–1890,* Münster 1957

Niederschrift über die Sitzung des Preisgerichts für den Wettbewerb zum Erweiterungsbau der Reichskanzlei am 27. und 28. Mai 1927 im Reichskanzlerhause, Bundesarchiv Koblenz, R 43 I/2737

Pünder, Hermann, Hg., *Zur Geschichte des Reichskanzlerpalais und der Reichskanzlei. Festschrift zur Grundsteinlegung des neuen Dienstgebäudes der Reichskanzlei am 18. Mai 1928,* Berlin 1928

Pünder, Hermann, *Wilhelmstraße 78. Die neue Reichskanzlei.* Typoskript, Bundesarchiv Koblenz, R 43 I./1586 a

Redslob, Edwin, *Bauen tut not,* Typoskript, Bundesarchiv Koblenz, R 43 I/1586 a

Reichhardt, Hans J./Schäche, Wolfgang, *Von Berlin nach Germania. Über die Zerstörungen der Reichshauptstadt durch Albert Speers Neugestaltungsplanungen (Ausstellungskataloge des Landesarchivs Berlin Bd. 2),* Berlin ⁴1986

Richter, Eugen, *Im alten Reichstag. Erinnerungen,* 2 Bde., Berlin 1894/96

Rürup, Reinhard, Hg., *Topographie des Terrors. Gestapo, SS und Reichssicherheitshauptamt auf dem ›Prinz-Albrecht-Gelände‹,* Berlin 1987

Sasse, Heinz Günther, Hg., *100 Jahre Auswärtiges Amt 1870–1970,* Bonn 1970

Sasse, Heinz Günther, ›Die Wilhelmstraße 74–76. Zur Baugeschichte des Auswärtigen Amtes in Berlin‹, in: Hauser, Oswald, Hg., *Preußen, Europa und das Reich (Neue Forschungen zur Brandenburgisch-Preußischen Geschichte Bd. 7),* Köln/Wien 1987, S. 357–376

Sievers, Johannes, *Bauten für den Prinzen Karl von Preußen,* Berlin 1942

Sievers, Johannes, *Bauten für die Prinzen August, Friedrich und Albrecht von Preußen. Ein Beitrag zur Geschichte der Wilhelmstraße in Berlin (Karl Friedrich Schinkel Lebenswerk Bd. 2),* Berlin 1954

Schönberger, Angela, *Die Neue Reichskanzlei von Albert Speer. Zum Zusammenhang von nationalsozialistischer Ideologie und Architektur,* Berlin 1981

Schümann, Carl-Wolfgang. *Der Berliner Dom,* Berlin 1980

Stever, ›Das neue Dienstgebäude für das preußische Staatsministerium in Berlin‹, in: *Zentralblatt der Bauverwaltung 23/17* (1903), S. 105–109

Tiedemann, Christoph von, *Sechs Jahre Chef der Reichskanzlei unter dem Fürsten Bismarck,* Leipzig 1909

EXIL

Heilbut, Anthony, *Kultur ohne Heimat. Deutsche Emigranten in den USA nach 1930,* Berlin 1987

Hilchenbach, Maria, *Kino im Exil. Die Emigration deutscher Filmkünstler 1933–1945,* München/New York/London/Paris 1982

Horak, Jan-Christopher, *Anti-Nazi-Filme der deutschsprachigen Emigration von Hollywood 1939–1945,* Münster 1984

Krohn, Claus-Dieter, *Wissenschaft im Exil. Deutsche Sozial- und Wirtschaftswissenschaftler in den USA und die New School for Social Research,* Frankfurt 1987

Radkau, Joachim, *Die deutsche Emigration in den USA. Ihr Einfluß auf die amerikanische Europapolitik 1933–1945,* Düsseldorf 1971

Schnauber, Cornelius, *Fritz Lang in Hollywood,* Wien 1986

Spalek, John/Strelka, Joseph, *Deutsche Exilliteratur seit 1933. Bd. 1: Kalifornien,* Bern 1976

Taylor, John Russell, *Fremde im Paradies,* Berlin 1984

Viertel, Salka, *Das unbelehrbare Herz,* Reinbek bei Hamburg 1977

BONN

Entscheidung für die Bundeshauptstadt

Höroldt, Dietrich, ›Hermann Wandersleb‹, in: Först, Walter, Hg., *Aus dreißig Jahren. Rheinisch-Westfälische Politiker-Porträts,* Köln/Berlin 1979, S. 222–231

Pommerin, Reiner, *Von Berlin nach Bonn. Die Alliierten, die Deutschen und die Hauptstadtfrage nach 1945,* Köln/Wien 1989

Wandersleb, Hermann, Hg., *Die Unterbringung der Bundesorgane in Bonn,* Denkschrift vom 27. Oktober 1947

Wandersleb, Hermann, ›Die Berufung Bonns zur vorläufigen Bundeshauptstadt‹, in: *Bonner Geschichtsblätter* 23 (1969), S. 310–336

Wandersleb, Hermann, ›Erinnerungen an Konrad Adenauer‹, in: *Bonner Geschichtsblätter* 27 (1975), S. 209–268

Politische Architektur

Bartning, Otto, ›Ketzerische Gedanken am Rande der Trümmerhaufen‹, in: *Frankfurter Hefte* 1 (1946), S. 63–72

Bartning, Otto, ›Entscheidung zwischen Wahrheit und Lüge‹, in: *Baukunst und Werkform* 2 (1948), S. 28–29

Bartning, Otto, ›Ein grundsätzliches Wort zur Neuen Paulskirche‹, in: *Baukunst und Werkform* 3 (1948), S. 102–107

Bauen und Wohnen 10 (1949): ›Das Bundeshaus in Bonn – Der Plenarsaalbau in Frankfurt‹

Durth, Werner, ›Frankfurt – Illusion als Schicksal?‹, in: *ARCH +* 69/70 (1983), S. 102–107

Durth, Werner/Gutschow, Niels, *Architektur und Städtebau der Fünfziger Jahre,* Bonn 1987

Durth, Werner/Gutschow, Niels, *Träume in Trümmern. Planungen zum Wiederaufbau zerstörter Städte im Westen Deutschlands, 1940–1950,* Braunschweig/Wiesbaden 1988

Flagge, Ingeborg, *Architektur in Bonn nach 1945,* Bonn 1984

Knopp, Gisbert/Schumacher, Angela, ›Das Bundeshaus in Bonn‹, in: *Bonner Geschichtsblätter* 35 (1984), S. 251–276

Kogon, Eugen, ›Berliner Zentralismus oder Frankfurter Bundesregierung?‹, in: *Frankfurter Hefte* 1 (1946), S. 5–7

Kogon, Eugen, ›Der entscheidende Schritt‹, in: *Frankfurter Hefte* 2 (1948), S. 586–591

Moest, Walter, *Der Zehlendorfer Plan. Ein Vorschlag zum Wiederaufbau Berlins,* Berlin 1947

Pfankuch, Peter, *Hans Scharoun. Bauten, Entwürfe, Texte,* Berlin 1974

Schumacher, Angela, ›Das Gebäude der Pädagogischen Akademie in Bonn‹, in: *Bonner Geschichtsblätter* 35 (1984), S. 277–284

Schwippert, Hans, ›Theorie und Praxis. Manuskript 1944‹, in: *Baukunst und Werkform 1* (1947)

Schwippert, Hans, *Denken – Lehren – Bauen,* Düsseldorf/Wien 1982

Stracke, Ferdinand, ›33 Jahre Hauptstadtplanungen Bonn‹, in: *Bauwelt* 74 (1983), S. 332–339

Taut, Max, *Berlin im Aufbau,* Berlin 1946

Werner, Frank, *Stadtplanung Berlin,* Berlin 1976

Zänker, Jürgen und Ursel, *Bauen im Bonner Raum 49–69. Versuch einer Bestandsaufnahme,* Düsseldorf 1969

Physiognomie der Politik

Benz, Wolfgang, *Die Gründung der Bundesrepublik. Von der Bizone zum souveränen Staat,* München 1984

Caro, Michael, *Der Volkskanzler. Ludwig Ehrhard,* Köln/Berlin 1965

Edinger, Lewis J., *Kurt Schumacher. Persönlichkeit und politisches Verhalten,* Köln/Opladen 1967

Hartmann, Jürgen, *Staatszeremoniell,* Köln/Berlin/Bonn/München 1988

Henning, Friedrich, *Heuss. Sein Leben vom Naumann-Schüler zum Bundespräsidenten,* Gerlingen 1984

Hirscher, Gerhard, *Carlo Schmid und die Gründung der Bundesrepublik Deutschland,* Bochum 1985

Körfer, Daniel, *Kampf ums Kanzleramt. Erhard und Adenauer,* Stuttgart 1987

Laitenberger, Volkhard, *Ludwig Erhard. Der Nationalökonom als Politiker,* Göttingen/Zürich 1986

Mansfeld, Michael, *Bonn. Koblenzer Straße. Der Bericht von Robert von Lenwitz,* München 1967

Mende, Erich, *Von Wende zu Wende 1962–1982,* München 1986

Schmid, Carlo, *Erinnerungen,* Bern/München/Wien 1979

Scholz, Günther, *Kurt Schumacher,* Düsseldorf/Wien/New York 1988

Scholz, Günther, *Herbert Wehner,* Düsseldorf/Wien 1986

Schwarz, Hans-Peter, *Konrad Adenauer. Der Aufstieg 1876–1952,* Stuttgart 1986

Seebacher-Brandt, Brigitte, *Ollenhauer. Biedermann und Patriot,* Berlin 1984

Winter, Ingelore M., *Theodor Heuss. Ein Porträt,* Tübingen 1973

Glossar

GOLDENE BULLE 1356

Auf Reichstagen in Nürnberg und Metz im Jahre 1356 von Kaiser Karl IV. erlassen. Kodifikation des Rechts der Königswahl durch Institutionalisierung des Kollegiums der sieben Kurfürsten, die mit landesherrlichen Vorrechten ausgestattet wurden. Die Durchführung der Königswahl lag beim Erzbischof von Mainz. Die Goldene Bulle, so genannt nach ihrem Goldsiegel, regelte darüber hinaus das Zeremoniell für die feierliche Repräsentation des Reiches: Zum Ort der Königswahl wurde Frankfurt bestimmt, zum Ort der Krönung Aachen und zum Ort des ersten Reichstages Nürnberg.

WESTFÄLISCHER FRIEDE 1648

Der Westfälische Friede beendete 1648 den Dreißigjährigen Krieg. Die Verhandlungen begannen 1644 zwischen der kaiserlichen Seite und Schweden in Osnabrück bzw. mit Frankreich in Münster. Ab 1645 nahmen auch die Reichsstände an den Verhandlungen teil. Geklärt wurden Konfessions-, Verfassungs- und Territorialfragen. Die Vereinbarungen des Augsburger Religionsfriedens von 1555 wurden bestätigt; als Normaljahr für die konfessionelle Struktur der Territorien wurde das Jahr 1624 festgelegt. Die Reformierten (Calvinisten) erhielten den Status einer im Reich anerkannten Konfession. Die im Reichstag vertretenen Reichsstände traten in ein Corpus Catholicorum und ein Corpus evangelicorum auseinander, die einander nicht überstimmen konnten.

Die Versuche zur Errichtung einer Universalmonarchie im Reich waren gescheitert. Fürsten und Reichsstände erhielten innere Souveränität in Form der vollen Landeshoheit in ihren Territorien. Der Kaiser war bei Reichsgeschäften und der Reichsgesetzgebung an die Zustimmung der Reichsstände gebunden. Die Schweiz und die Niederlande schieden aus dem Reichsverband aus. Die Bistümer Metz, Toul und Verdun fielen an Frankreich. Schweden erhielt Vorpommern, Wismar, Bremen und Verden.

REICHSDEPUTATIONS-HAUPTSCHLUSS 1803

Im Frieden von Lunéville (9. Februar 1801) wurde die Abtretung der linksrheinischen Gebiete des Alten Reichs an Frankreich beschlossen. Zur Entschädigung der betroffenen Fürsten kam in Regensburg eine Reichsdeputation, d. h. ein ständiger Ausschuß des Immerwährenden Reichstags zusammen, der am 25. Februar 1803 einen Beschluß faßte, der folgende Änderungen vorsah: Mit Ausnahme des für den Mainzer Kurfürsten neugeschaffenen Territoriums Aschaffenburg-Regensburg, des Malteserordens und des Hoch- und Deutschordens wurden sämtliche geistlichen Fürstentümer aufgelöst; die Kirchengüter wurden säkularisiert. Bis auf Hamburg, Lübeck, Bremen, Frankfurt, Augsburg und Nürnberg wurden alle Reichsstädte mediatisiert.

RHEINBUND 1806

Der (2.) Rheinbund (Confédération du Rhin) entstand auf Druck Napoleons I. am 12. Juli 1806 als Bund von 16 süd- bzw. westdeutschen Fürsten, die ihre Souveränität erklärten und am 1. August 1806 aus dem Reichsverband austraten. Am 6. August 1806 legte daraufhin Franz II. die Römische Kaiserkrone nieder. Nach der Niederlage Preußens traten bis 1808 eine Reihe mittel- und norddeutscher Kleinstaaten sowie das Königreich Sachsen dem Rheinbund bei. Für einige Fürsten war der Beitritt zum Rheinbund mit einer Rangerhöhung und einer Vergrößerung des Territoriums verbunden. Der Bund hatte seinem französischen Protektor ein Truppenkontingent von 119 180 Mann zu stellen. Durch den Beitritt der meisten Mitgliedsstaaten zum Bündnis zwischen Preußen, Österreich und Rußland wurde der Rheinbund im Oktober 1813 aufgelöst

WIENER KONGRESS 1814/15

Vom 18. September 1814 bis zum 9. Juni 1815 fand in Wien die im ersten Pariser Frieden vom 30. Mai 1814 vereinbarte Zusammenkunft europäischer Fürsten und Staatsmänner statt, auf der über die Neugestaltung Europas nach dem Sturz Napoleons I. entschieden wurde. Unter dem Vorsitz des österreichischen Staatskanzlers Fürst Metternich nahmen als herausragende Verhandlungspartner teil: der russische Zar Alexander I., der englische Außenminister Lord Castlereagh, der preußische Staatskanzler Fürst Hardenberg und Herzog von Talleyrand als Vertreter Frankreichs.

Leitlinie der Verhandlungen war das Prinzip dynastischer Legitimität, d. h. die Rückkehr zu der vorrevolutionären Ordnung. Die territoriale Neugliederung erfolgte nach dem Gesichtspunkt des Gleichgewichts der Kräfte. Preußen erhielt den nördlichen Teil Sachsens sowie die nördlichen Rheinlande und Westfalen zugesprochen. Österreich verzichtete auf seine alten Besitzungen am Oberrhein und auf die österreichischen Niederlande, die mit Holland zum Königreich der Vereinigten Niederlande zusammengeschlossen wurden. Die französischen Grenzen wurden auf den Verlauf von 1792 festgelegt. Mit der Bundesakte vom 8. Juni 1815 wurde der Deutsche Bund gegründet.

DEUTSCHER BUND 1815

Zusammenschluß von 34 souveränen Fürsten und vier freien Städten durch Vereinbarung der Bundesakte vom 8. Juni 1815 auf dem Wiener Kongreß. Dem Deutschen Bund gehörten auch die Könige von Großbritannien (für Hannover), von Dänemark (für Holstein und Lauenburg) und der Niederlande (für Luxemburg und Limburg) an. Österreich und Preußen gehörten ihm nur mit den Gebieten an, die Bestandteil des Alten Reiches gewesen waren. Nach dem Scheitern der Revolution von 1848/49 wurde die Bundesversammlung, die als einziges Organ des Bundes in Frankfurt tagte, 1850 wieder eingesetzt. Im Zusammenhang mit dem Konflikt um Schleswig-Holstein wurde der Deutsche Bund 1866 aufgelöst.

NORDDEUTSCHER BUND 1866

Die 17 Alliierten Preußens im Krieg gegen Österreich von 1866 schlossen sich am 18. August 1866 unter der Führung Preußens zu einem Bund zusammen. Nach dem Friedensvertrag von Prag (23. August 1866) wurden auch das Königreich Sachsen, Hessen-Darmstadt mit seinen Gebieten nördlich des Mains, Sachsen-Meiningen und Reuß ä. L. Bundesmitglieder. Der im Februar 1867 nach allgemeinem, gleichem und geheimem Wahlrecht gewählte Reichstag verabschiedete am 16. April 1867 eine Verfassung.

DEUTSCHES REICH 1870/71

Erweiterung des Norddeutschen Bundes durch den Beitritt süddeutscher Staaten mit Ausnahme Österreichs. Nachdem im Oktober 1870 die Großherzogtümer Baden und Hessen, dessen Gebiete nördlich des Mains bereits zum Norddeutschen Bund gehörten, förmliche Gesuche um Aufnahme in den Norddeutschen Bund gestellt hatten, lud Bismarck die Vertreter süddeutscher Regierungen zu Verhandlungen ins königliche Hauptquartier ein. Nach der feierlichen Proklamation des Königs von Preußen zum Deutschen Kaiser am 18. Januar 1871 im Spiegelsaal des Schlosses zu Versailles wurde am 16. April 1871 die Verfassung des Deutschen Reiches, die auf der des Norddeutschen Bundes basierte, verabschiedet.

VERTRAG VON VERSAILLES 1919

Die Friedensbedingungen, die eine Konferenz der Siegermächte des Ersten Weltkrieges seit Januar 1919 in Versailles aushandelte, sahen in den wichtigsten Punkten vor: Das Deutsche Reich übernimmt die Schuld am Ausbruch des Krieges; Reparationszahlungen in Höhe von 226 Mrd. Goldmark; Abtretung von Gebieten mit insgesamt 73485 km^2 und 7,3 Millionen Einwohnern. Beschränkung des deutschen Heeres auf 100000 Mann, der Marine auf 16500 Mann und Abschaffung der Luftstreitkräfte. Eine fünf- bis fünfzehnjährige Besetzung des Rheinlands durch alliierte Truppen. Am 28. Juni 1919 wurde der Vertrag in Versailles unterzeichnet.

›MACHTÜBERGABE‹ – ERMÄCHTIGUNGSGESETZ 1933

Am 30. Januar 1933 ernannte Reichspräsident Hindenburg Adolf Hitler zum Kanzler eines Präsidialkabinetts, dem Mitglieder der NSDAP und der DNVP als Minister angehörten. Am 23. März 1933 wurde mit den Stimmen aller im Reichstag vertretenen Parteien außer der SPD, die dagegen stimmte, das ›Gesetz zur Behebung der Not von Volk und Reich‹ verabschiedet. Dieses ›Ermächtigungsgesetz‹ übertrug das Gesetzgebungsrecht auch für verfassungsändernde Maßnahmen auf die Reichsregierung und eliminierte die Kontrollinstanz des Reichspräsidenten durch die Aufhebung des Gegenzeichnungsrechts. Das auf eine Legislaturperiode beschränkte ›Ermächtigungsgesetz‹, das die Reichsregierung mit diktatorischen Vollmachten ausstattete, wurde 1937 und 1939 durch Reichstagsbeschluß verlängert.

LONDONER PROTOKOLLE – POTSDAMER KONFERENZ 1944/45

Zwischen dem 17. Juli und dem 2. August 1945 fand im Schloß Cäcilienhof in Potsdam das letzte Gipfeltreffen der ›großen Drei‹ (Churchill, Truman, Stalin) der Anti-Hitler-Koalition statt. Am 2. August 1945 wurden nach harten Auseinandersetzungen zahlreiche Beschlüsse zur Regelung der Nachkriegsprobleme gefaßt, denen Frankreich am 7. August 1945 mit Vorbehalten zustimmte.

Das Potsdamer Abkommen regelte u. a. die militärische Besetzung Deutschlands, die Entmilitarisierung, die Entnazifizierung und die Verfolgung der Kriegsverbrecher; ausdrücklich wurde festgelegt, daß die wirtschaftliche Einheit Deutschlands gewahrt bleiben sollte. Dieser Grundsatz erfuhr jedoch durch die Vereinbarung, daß jede Besatzungsmacht (mit Ausnahmeregelungen zugunsten der Sowjetunion) ihre Ansprüche auf Reparationen vor allem aus ihrer Zone befriedigen solle, alsbald eine Herabminderung.

Die Einteilung Deutschlands in vier Besatzungszonen und die gemeinsame alliierte Verwaltung Berlins (Viermächte-Status) wurde bereits im ›Londoner Protokoll‹ vom 12. September 1944 mit den Änderungen vom 14. November 1944 vereinbart.

Die Oder-Neiße-Linie als Westgrenze Polens wurde in dem Abkommen de facto anerkannt. Unter dem Vorbehalt einer endgültigen friedensvertraglichen Regelung stimmten die Alliierten darin überein, die ostdeutschen Gebiete bis zur Oder-Neiße-Linie aus der sowjetischen Besatzungszone Deutschlands herauszunehmen und unter sowjetische bzw. polnische Verwaltung zu stellen.

FRANKFURTER DOKUMENTE – PARLAMENTARISCHER RAT 1948/49

Die Errichtung eines westdeutschen Teilstaates nahm auf der Londoner Sechsmächtekonferenz (20. Februar bis 1. Juni 1948) konkrete Gestalt an, nachdem es den Amerikanern und Briten gelungen war, den bisherigen Widerstand der Franzosen abzubauen. In den ›Londoner Empfehlungen‹ wurde daraufhin die Absicht, eine gemeinsame staatliche Ordnung für die westlichen Besatzungszonen zu errichten, zum Ausdruck gebracht. Einen konkreten Schritt in dieser Richtung bildeten die ›Frankfurter Dokumente‹ der drei Militärgoverneure vom 1. Juli 1948, in denen die Ministerpräsidenten der westlichen Länder aufgefordert wurden, eine verfassunggebende Versammlung einzuberufen.

Die Ausarbeitung des ›Grundgesetzes‹ durch einen aus 65 Mitgliedern der Landtage bestehenden Parlamentarischen Rat – und nicht durch eine vom Volk gewählte Nationalversammlung – sollte den provisorischen Charakter des zu errichtenden Staates verdeutlichen. Zwischen dem 1. September 1948 und dem 23. Mai 1949 trat der Parlamentarische Rat, zu dessen Präsident Konrad Adenauer gewählt wurde, zusammen. Am 8. Mai 1949 wurde das Grundgesetz für die Bundesrepublik Deutschland mit 53 gegen zwölf Stimmen angenommen. Die drei Militärgouverneure genehmigten das Grundgesetz am 12. Mai 1949; am 24. Mai 1949 trat es in Kraft.

ALLIIERTE HOHE KOMMISSION 1949

Als oberstes Aufsichtsorgan der drei Westmächte wachte die Alliierte Hohe Kommission während der Geltungsdauer des Besatzungsstatuts vom 21. September 1949 bis zum 5. Mai 1955 über die Einhaltung desselben. Durch das Besatzungsstatut wurden dem Bund und den Ländern die Befugnisse der gesetzgebenden, vollziehenden und rechtsprechenden Gewalt übertragen. Hinsichtlich einiger Sachgebiete (z. B. militärischer Angelegenheiten) behielten sich die Westmächte die Zuständigkeit vor.

DEUTSCHLAND-VERTRAG 1952/55

Der am 26. Mai 1952 zwischen der Bundesrepublik Deutschland und den drei westlichen Besatzungsmächten abgeschlossene Deutschland-Vertrag (auch ›Generalvertrag‹ oder ›Bonner Vertrag‹ genannt) regelte das Ende des Besatzungsregimes in der Bundesrepublik und erteilte dem westdeutschen Staat eine durch Vorbehalte eingeschränkte Souveränität.

Auf Grund des Nichtzustandekommens der Europäischen Verteidigungsgemeinschaft (EVG), an deren Inkrafttreten der Deutschlandvertrag ursprünglich gekoppelt wurde, entschlossen sich die Teilnehmer der Londoner Neun-Mächte-Konferenz im Herbst 1954, der Bundesrepublik u. a. den Beitritt zur NATO zu ermöglichen. Die Anpassung des Deutschlandvertrags wurde daraufhin notwendig und schließlich in den Pariser Verträgen vom 23. Oktober 1954 vollzogen. Am 5. Mai 1955 trat der Deutschlandvertrag in modifizierter Form in Kraft.

VIERMÄCHTEABKOMMEN 1971

Mit der Unterzeichnung des ›Viermächteabkommens über Berlin vom 3. September 1971‹ durch die Botschafter der USA, Großbritanniens und Frankreichs in Bonn und den sowjetischen Botschafter in der DDR wurden die Verantwortlichkeiten und Rechte der vier Mächte unter Wahrung ihrer unterschiedlichen Rechtspositionen festgeschrieben. Es wurde darüber hinaus vereinbart, daß die bestehende Lage nicht einseitig verändert werden solle – womit die Anwesenheit der Westmächte in Berlin bekräftigt wurde. Inhalt des Abkommens sind die Regelung des zivilen Transitverkehrs zwischen Berlin (West) und der Bundesrepublik; die Aufrechterhaltung und Entwicklung der bestehenden Bindungen zwischen der Bundesrepublik und den Westsektoren Berlins und der Ausbau der ›Kommunikations-‹ bzw. Reisemöglichkeiten zwischen Berlin (West) und Berlin (Ost). Obwohl betont wurde, daß die Westsektoren Berlins kein konstitutiver Teil der Bundesrepublik sind und auch weiterhin nicht von ihr regiert werden, soll Berlin (West) im Ausland durch die Bundesrepublik Deutschland vertreten werden.

Personenregister

Das Register umfaßt die Textbeiträge und den Katalogteil, die Bibliographie wurde nicht aufgenommen. Jahreszahlen sind Regierungsdaten.

Autoren

Ackermann, Dr. Volker, geb. 1959, Historiker, wissenschaftl. Angestellter der Universität Düsseldorf

Aretin, Dr. Karl Otmar Freiherr von, geb. 1923, Professor, Direktor des Instituts für Europäische Geschichte der Universität Mainz

Baumunk, Bodo-Michael, geb. 1952, Kunsthistoriker, Ausstellungsleiter der HAUPTSTADT-Ausstellung

Borngraeber, Christian, geb. 1945, Architekturhistoriker und Designtheoretiker

Brunn, Dr. Gerhard, geb. 1938, Professor für Neuere Geschichte an der Universität zu Köln

Cullen, Michael, geb. 1939, Bauhistoriker und Journalist

Durth, Dr. Werner, geb. 1949, Professor für Umweltgestaltung an der Universität Mainz

Endres, Dr. Rudolf, geb. 1936, Professor für Neuere Geschichte an der Universität Erlangen

Falk, Susanne, geb. 1961, Kulturwissenschaftlerin, Mitarbeiterin der HAUPTSTADT-Ausstellung

Fehn, Dr. Klaus, geb. 1936, Professor, Direktor des Seminars für Historische Geographie der Universität Bonn

Frohn, Hans-Werner, geb. 1957, Historiker, Mitarbeiter der HAUPTSTADT-Ausstellung

Mikoletzky, Dr. Juliane, geb. 1949, Historikerin, Lektorin für Wirtschaftsgeschichte an der Universität Wien

Morsch, Günther, geb. 1952, Historiker, Mitarbeiter am Rheinischen Industriemuseum

Pommerin, Dr. Reiner, geb. 1943, Professor für Neuere Geschichte an der Universität Erlangen

Rusinek, Dr. Bernd, geb. 1954, Historiker, wissenschaftl. Angestellter der Universität Düsseldorf

Schieffer, Dr. Rudolf, geb. 1947, Professor für Mittelalterliche und Neuere Geschichte an der Universität Bonn

Schembs, Hans-Otto, geb. 1942, Historiker und Publizist

Schmuck, Johann, geb. 1951, Historiker, Mitarbeiter des Stadtarchivs Regensburg

Schnauber, Dr. Cornelius, geb. 1939, Professor für Deutsche Sprache und Literatur an der University of Southern California, Los Angeles

Spode, Hasso, geb. 1951, Historiker

Theissen, Andrea, geb. 1952, Historikerin, Mitarbeiterin der HAUPTSTADT-Ausstellung

Wickert, Ulrich, geb. 1942, ARD-Studioleiter in Paris

Wilderotter, Hans, geb. 1949, Kulturhistoriker und Ethnologe, Mitarbeiter der HAUPTSTADT-Ausstellung